人口、就业和社会保障

《人口与经济》创刊30周年纪念文集

Population, Employment and Social Security

A Collection of Papers Celebrating the 30th Anniversary of the 1st Publication of *Population & Economics*

童玉芬　杨河清/主编

方　志/副主编

中国书籍出版社
China Book Press

图书在版编目（CIP）数据

人口、就业和社会保障：人口与经济创刊30周年纪念文集 / 童玉芬主编 . — 北京：中国书籍出版社，2011.12

ISBN 978 – 7 – 5068 – 2546 – 7

Ⅰ.①人… Ⅱ.①童… Ⅲ.①人口—中国—文集②就业—中国—文集③社会保障—中国—文集 Ⅳ.①C924.24 – 53②D669.2 – 53③D632.1 – 53

中国版本图书馆 CIP 数据核字（2011）第 173770 号

策划编辑 / 李建红
责任编辑 / 牧　人　高　雅　杨铠瑞
责任印制 / 孙马飞　张智勇
封面设计 / 3A 设计工作室
出版发行 / 中国书籍出版社
　　　　　地址：北京市丰台区三路居路97号（邮编：100073）
　　　　　电话：（010）52257143（总编室）（010）52257153（发行部）
　　　　　电子邮箱：bptougao@126.com
经　　销 / 全国新华书店
印　　刷 / 河北省高碑店市鑫宏源印刷包装有限公司
开　　本 / 787毫米×1092毫米　1/16
印　　张 / 57.25
字　　数 / 1260千字
版　　次 / 2011年12月第1版　2011年12月第1次印刷
定　　价 / 158.00元

编者前言

一、本书的缘起

本论文集的出版，缘于 2010 年 10 月 23—24 日一个重要的全国学术研讨会"纪念《人口与经济》创刊 30 周年及全国人口、就业与社会保障学术会议"的召开。《人口与经济》创刊于 1980 年，是国内最早诞生的人口学刊物之一，自创刊以来，《人口与经济》一直坚持"学术为先"的办刊理念，追踪国内人口学以及人口学与经济学、社会学等学科交叉领域的最新研究成果。经过多年的不断努力，《人口与经济》率先进入核心期刊行列，并在国内学术期刊影响因子排名中处于前列，深受读者的支持与欢迎，获得了学界的赞誉。2010 年是《人口与经济》创刊 30 周年，而立之年，不可不有纪念活动。

《人口与经济》是一个学术期刊，学术是期刊的灵魂，学术传播则是期刊始终不变的职责与宗旨。作为一个学术期刊，纪念活动也必须体现学术的主旨。为了更好地达到纪念这个学术期刊 30 周年的效果，在召开纪念活动的同时，召开一个与期刊学术方向密切联系的学术研讨会，用学术研讨的方式来纪念学术期刊，这也算是纪念活动的一个创新吧。于是，2010 年 10 月 23—24 日，"庆祝《人口与经济》创刊 30 周年暨全国人口、就业和社会保障学术研讨会"在北京会议中心召开了。会议由首都经济贸易大学、中国人口学会和中国劳动学会共同主办，首都经济贸易大学劳动经济学院和人口经济研究所承办。

这是一个十分重要的学术研讨会议，出席会议的有首都经济贸易大学、中国人口学会、中国劳动学会三个主办单位的主要领导，有来自国家人口和计划生育委员会发展规划与信息司、政策法规司、国家人力资源与社会保障部就业促进司、国家人力资源与社会保障部劳动关系司以及北京市人口和计划生育委员会、吉林省人口和计划生育委员会、中国老龄科研中心等政府部门的领导，有中国体制改革研究会、中国人力资源开发研究会、北京市人口学会、广东省人口学会、吉林省人口学会等学会的领导，有来自中国人民大学、南开大学、复旦大学、北京大学、吉林大学、河北大学、西安交通大学、西南财经大学、江西财经大学、中国劳动关系学院、南京大学、南京人口管理干部学院、武汉大学、北京师范大学、华东师范大学等多达 55 所高等院校和科研机构的 180 余位专家学者，以及《人口研究》、《中国人力资源开发》、《人口学刊》等十余个国内期刊、杂志社的领导和代表。中国人口学会前副会长中国人民大学邬沧萍教授、中国人口学会原副会长北京大学张纯元教授、国务院参事北京交通大学袁伦渠教授等10余位老一辈人口学家、劳动经济学家也出席了大会。

不仅如此,大会还收到了上百篇的参会论文,来自人口学界、劳动经济学界,以及其他相关研究领域的众多学者为大会提交了自己的宝贵的研究成果,并在会上对研究内容进行了充分的交流讨论,而这些成果就是本书内容的最初来源。

二、本书的研究意义

人口问题在我国一直是一个十分重要的问题。2010年是"十一五"规划的末年,也是"十二五"规划即将启动的一年,在此背景下,人口问题作为一种最基本的问题,常常同各类经济社会政策密切联系。只有深刻理解我国当前的人口问题,才能更好地分析与此相关联的产业发展、公共服务等一系列问题。而在当下,研究好我国的人口发展与人口政策、人口流动及城市化发展、人口老龄化等复杂的人口方面的问题,才可以为政府科学地制定未来的经济、社会政策提供帮助。

就业问题也是一个重要的民生问题,在当前的背景下,如何实现国家鼓励提倡的"促进就业"的方案,是一个有待我们不断深化研究的问题。就业是同劳动力人口数量与质量密切联系的,结构性的劳动力供需严重失衡是就业领域需要解决的长期难题。与此同时,大学毕业生等社会群体的就业问题,也是不可忽视的。此外,人力资源开发也是一个需要不断深入研究的领域。

随着总人口年龄结构的变化,老年人口占总人口中的比重不断提高,如何应对人口老龄化的挑战,也成为一个亟须研究解决的大问题。此外,社会保障方面的研究也成为当前社会研究方面的焦点和热点。不仅仅是养老保障方面,建设一个包含医疗、工伤、生育等完善的社会保障体系,是众多相关研究领域的学者们共同关注的研究课题。

有鉴于此,"人口、就业和社会保障"成为本书研究的三个重要的主题。三个主题实际上是指向一个巨大的命题,那就是"民生"。无论是人口问题,还是就业问题和社会保障问题,都是"民生"问题,且都是与人们关系十分密切的,也是最为大家所关注的问题。从这个意义上来说,此次的研讨可以说是一个针对民生问题的一个集中性的研究。本书选编的论文研究的一个最重要的特征可以概括为"民生性"。

"民生性"研究是本书的一个重要的特征,同时也是本书研究的意义所在。但本书的特征,也即研究与出版的意义不仅仅在于此,除了"民生性","交互性"研究可以说是本书研究的第二个重要的特征和意义了。

"交互性"研究主要反映在两个方面。一方面是本书研究领域的交融性。人口、就业、社会保障,看似是不甚相关的三个主题,但事实上,这三个主题都是密切相关的,从研究领域来看,三个主题都是相互渗透、相互包容的。人口问题无疑是一个复杂的问题,其劳动力数量、城市化发展进程等都是与就业问题相关联的,先前的人口政策影响着当下的就业情况,而当下的人口发展和人口政策无疑又会对未来的就业形势产生重要的根源性影响。此外,人口年龄结构的变动、人口老龄化的发展,无疑为加快完善的社会保障建设提出挑战。从一定程度上来看,就业和社会保障更偏向于一种应用性研究，而人口学则偏向于理论研究，但无疑这三者的研究是可以相互补充、相互促进的。

另一方面，"交互性"研究还直接反映在研究的交叉性上。参加本书写作，以及先前参加学术研讨会的作者，主要是来自两个方面的群体，一是国内的人口学界，另一是劳动经济学领域的专家和学者，两个先前相对独立、相对封闭的研究群体平时很少有大规模密集交流互动的机会，正是此次研讨会的召开使得不同的两个学科领域的人群能够在一起就相同的研究主题进行交流与探讨，各自贡献自己的研究成果，并从对方的研究视角、方法等方面对自己研究的主题获得了拓展型的认识，并在会后对自己的研究成果进行了深化。因此，学术研讨会上，大家一致对这种跨学科性的研讨做出很高的评价，并表示希望能在以后形成惯例加以坚持。也正是从这个角度来讲，本书所收录的研究成果是一个"无偏的"综合性的研究成果，同时也是一个备受作者们关注的跨学科交流研究的实验。

综上，本书的研究成果无疑是对社会具有一定的意义的，相信本书的出版会对大家最为关注的"民生性"问题的解决提供理论和实践的参考价值，同时，以本书为起点，也可以更好地促进未来不同学科之间的交流和互动。

三、关于本书的出版

"这本书一定要出版！"正是因为本书具有以上的一些意义和价值，为此，才会备受各界学者的关注和极大的支持。在本书的出版过程中，曾经一度希望与国外出版集团合作，出版能够被国际检索的文集，但是在英文版论文收集过程中因为多种原因未能达到篇数要求，因此最终依然决定在国内正式出版，在这个过程中使得论文集的及时出版受到一定影响，在一年后的现在才得以与大家见面。

这本书的出版凝结了众多作者的心血。首先，这本书收录了众多作者的研究成果，正是因为有这些作者的支持和帮助，才会使先前的学术研讨会得以顺利召开，才会有本书的出现。行笔至此，编者脑海里还能回想到有不少作者在沟通中表现出来的对本书出版的殷切关注，同时，还能想象得出其中不少作者对自己的文章不断修改并精益求精的样子。另外，首都经济贸易大学人口经济研究所的硕士研究生郑冬冬同学为本书的出版付出了艰辛的劳动。可以说，这本书的出版承载着很多学者和编者对《人口与经济》期刊的热爱和对本文集的期待，凝结着大家的共同心血和辛勤付出，我们谨向他们致以诚挚的谢意。

本书编者
2011.7

专题一
人口发展与政策

十字路口的中国人口：危机与挑战

穆光宗　张　团

一、引　言

　　1980年9月25日，《中共中央关于控制我国人口增长问题致全体共产党员、共青团员的公开信》（下称《公开信》）发布，中国由此进入了严格控制人口增长的"急刹车"时代。《公开信》的发布成为我国人口发展和社会发展的重大转折点。纪念《公开信》，既要肯定成绩，也要汲取教训。温故而知新，回顾为展望，历史无法假设也不能重来，但未来可以选择也可以创造。历史虽有无奈，未来却有希望。

　　放置特定的历史坐标，可以看到《公开信》发表三十年前和三十年后的历史情境大不相同，无论是体制背景、意识形态还是人口理论都不能相提并论。《公开信》不是简单的号召和提倡，而是号令与执行，叙述温和，实则刚强，是一封带有特殊意义的公开信。就《公开信》所提倡的"一胎化"的必要性和可行性而言，视野放宽到了20年，社会目标是四个现代化，人口目标是控制在12亿以内，人口经济目标是实现人均GDP800美元。问题的视野则放宽到了40年，如预见2020年可能出现人口老龄化。

　　应该承认，《公开信》中的一些价值取向至今仍有意义，如信中谈到三十年后可以采取不同的人口政策，克服重男轻女，尊敬、爱护和供养老人，适当强调晚婚晚育，要照顾独生子女及其家庭，有困难的家庭可以生育两个孩子，节育方法由群众自愿选择，杜绝强迫命令，等等。《公开信》之后，我们在减缓人口增长压力方面取得了有目共睹的成绩，但也有三个历史的结论和启迪：第一，低生育目标的实现并不意味着人口问题的终结，而是伴随着人口问题的转型。我国的人口问题早已从单一的人口增长问题转变为集人口数量、人口素质、人口结构、人口分布、人口流迁为一体的复合人口问题。第二，单一的人口控制不足以统筹解决人口问题，生育率也不是越低越好。当初，人口问题被理解为人口增长问题。第三，人口问题具有极其重要的相对性，人口问题的本质是发展问题。改革开放的制度创新、经济发展和妇女发展和社会参与也是降低生育率的重要力量，也是缓解人口压力的重要机制。人口的行政控制只是促使生育率快速下降直接的政府力量。

　　任何一个政策都是历史的产物，也有历史的终期。2000年3月2日，中共中央、国务院发布了《关于加强人口与计划生育工作稳定低生育水平的决定》（下称《稳定低生育水平决定》），《稳定低生育水平决定》的问世实际上已经标志我国的人口发展开始淡出人口控制为中心的思路。其时，我国政府意识到生育率继续下降的任务已经完成，全国上下需要警惕的是来之不易的生育率的反弹问题。2006年12

月17日，中共中央、国务院发布了《关于全面加强人口和计划生育工作统筹解决人口问题的决定》（下称《统筹解决人口问题决定》），以人为本、以人的全面发展为中心、统筹解决人口问题新的命题提出标志着后《公开信》时代的真正到来。因为我们面临的问题更多、挑战更大、任务更艰巨，对人口问题、人口规律和人口工作的认识再次被刷新。人口问题观和人口治理观达到前所未有的高度和深度。

纪念《公开信》的意义在于：一方面，好的理念和经验要发扬光大。另一方面，则要总结历史的教训，尽量减少人口发展的代价和风险，走一条人口长期均衡、协调、可持续发展的科学道路。为此，我国需要在后《公开信》时代在科学人口观的指引下努力打造以人为本、以人的全面发展为中心、统筹解决人口问题的价值—政策—制度体系。

二、《公开信》出台的历史背景和实施成效

十一届三中全会以后，百废待兴的中国刚刚从"文革"的噩梦中醒来，全民族都怀着极其强烈的脱贫致富、振兴中华的渴望。现代化的航道正在令人兴奋地拓展，但与此同时，几乎所有的有识之士都看到了中国最大的一个国情——这就是人口多、底子薄。正如邓小平所指出的："我们要经常记住，我们国家大，人口多，底子薄，只有长期奋斗才能赶上发达国家的水平"。

"一胎化"政策的出台是以当时的认识为基础的，是当时的中国领导人和人口理论界对国情进行估计的产物。1979年，"鼓励一对夫妇只生一个孩子"就已经开始酝酿。1980年9月第五届全国人民代表大会第三次会议上，国务院正式宣布调整70年代以来"晚、稀、少"的计划生育政策，指出："在今后二三十年内，必须在人口问题上采取一个坚决的措施，就是除了在人口稀少的少数民族地区以外，要普遍提倡一对夫妇只生育一个孩子，以便把人口增长率尽快控制住，争取全国总人口在本世纪末不超过十二亿。"其后不久，著名的《公开信》发表，标志着中国特色独生子女政策正式出台。《公开信》号召党团员带头执行新的计划生育政策，在当时十分讲政治的社会环境中起到了巨大的示范引领作用。

《公开信》以信的独特形式宣告了中央政府的决心和信心，这封信基本上框定了现行生育政策的基本内容，这就是：①反复强调普遍提倡一对夫妇只生育一个孩子的紧迫性和重要性；②某些确有实际困难的群众，可以生育两个孩子，但不能生三个孩子；③少数民族的生育可适当放宽。特别应当指出，这里的"提倡"实际上只是一种宣传用语，新生育政策的核心就是"一胎化"，所以可简称为独生子女政策。

"一胎化"政策的出台大致有这么几方面的背景：

其一，体制背景。"一胎化"政策的出台受到了计划经济时代宁"左"勿右的意识形态的深刻影响，计划生育从一开始就烙上了计划经济的烙印，这一点非常重要却常常被人所忽视。其实，《公开信》只是一个动员和发动，之前国家的决心已下，舆论已起。例如，1978年10月中央批转的《关于国务院计划生育领导小组第一次会议的报告》提出："提倡一对夫妇生育子女数量最好一个，最多两个，生育间隔三年以上。各地根据人口规划的需要，对生得晚一点、稀一些，可根据实际情

况进行具体安排。"对于晚婚年龄，该报告提出"农村提倡女23岁，男25岁结婚，城市略高于农村"。这是中央文件中首次出现一对夫妇生育子女数"最好一个，最多两个"的提法。计划经济的一大特点就是下达计划指标。1979年国务院计划生育领导小组召开过全国计生办主任会议，已经明确提出："今后要提倡每对夫妇生育子女数最好一个，最多两个，间隔三年以上；对于只生一胎，不再生第二胎的育龄夫妇，要给予表扬；对于生第三胎以上的，应从经济上加以必要的限制。"在实际中，山东荣成等地已经提出一对夫妇生育一个孩子的口号，"只生一个"被视为政治上先进的表现。

其二，政治背景。邓小平作为一个大有作为的政治家，他的务实精神和宏大追求使得他的政治目标非常实际和明确，这就是他复出之后并不是当当官就完事了，而是想做点事——始终萦绕在他胸中的是如何使国家强大、人民富裕这样的大问题。正如他自己所说："我出来工作，可以有两种态度，一种是当官，另一种是做事，但是谁叫我是共产党员呢？所以我的态度是做点事。"话语朴实，但态度明确。他的抱负必须通过经济发展来体现，而当时不得不面临的一个难题就是人口太多、增长过快，他看到了人口因素对现代化步伐的阻滞作用。譬如，1980年9月9日邓小平在接见联合国人口活动基金执行主任萨拉斯一行时谈到："我们制定了控制人口的计划，争取到本世纪末不超过十二亿。这个任务虽然艰巨，但我们必须这样做。否则，我们的经济不能很好地发展，人民的生活也不能提高。"

其三，经济背景。如果我们分析一下改革开放之初的社会心理，那么"民心思定，民心思富"八个字也许就足以概括。70年代末80年代初的中国太穷了，绝对贫困人口估计有2亿多，虽然建国已经30年，但由于政治运动频繁，经济发展一波三折，人民生活没有得到明显改善，相反，绝大多数人还相当贫困。就业上的压力也非常之大，而僵化的经济体制能够提供的就业机会却极为有限。一方面，城镇每年有700万~800万新增的就业人口；另一方面，农村有上亿的剩余劳动力，而且新生人口还在不断增长。经济不发展，一切都谈不上。10亿人口对于中国这么一个贫穷落后的国家来说实在是压力太大了，经济实力和人口压力形成了巨大反差。

其四，历史背景。20世纪初叶特别是在建国以后，在学术理论界和政府领导人中，避孕节育的必要性逐渐达成共识并形成氛围。早在20世纪二三十年代，我国学者陈长衡的《中国人口论》、《三民主义与人口政策》、陈达《人口问题》、许仕廉《中国人口问题》、《人口论纲要》等发表了人口节制的主张。陈长衡提出"一个儿子提心吊胆；两个儿子，锦上添花；三个儿子，到老变成四家；多男多女多冤家，无男无女赛仙家。"陈达先生提出的"限制人口的数量，改善人口的品质"一直是人口理论界的中心议题。陈达先生建国后提出："节育无论对家庭生活、对国家建设以至整个民族的健康和兴旺，都有莫大的好处。"但他不赞成绝育和堕胎，而主张主要依靠晚婚。

1953年政务院批准了中央卫生部修订的避孕和人工流产办法，指示卫生部帮助群众做好节育工作。毛泽东、刘少奇、周恩来、邓小平等党和国家领导人都提倡过避孕节育和计划生育。1956年9月，周恩来总理在《关于发展国民经济的第二个五年计划的建议》中，明确提出"在生育方面加以适当的节制"。1957年10月，毛泽东在党的八届三中全会上谈到人口问题时说："计划生育，也来个十年规划。少数民族地区不要去推广，人少的地方也不要去推广。就是在人口多的地方，也要进行试点，逐步推广，逐步达到普遍计划生育。计划生育，要公开作教育，无非也是来个大鸣大放、大辩论。人类在生育上头完全是无政府状态，自己不能控制自己。将来要做到完全有计划的生育，没有一个社会力量，不是大家同意，不是大家一起来做，那是不行的。""计划生育也有希望做好。这件事也要经过大辩论，要几年试点，几年推广，几年普及。"

其五，人口背景。当时中国即将面临第三次生育高峰的冲击，为了平抑增长型人口年龄结构所产生的生育惯性，实施"一胎化"就被一些学者和决策者看做是最必要的一种选择。当时普遍存在着一种人口增长危机论，认为在10亿人口的基础上再迅速增加人口，无异于在亲手葬送现代化的一切成果。影响至今的主流观点认为，新增人口每年都要"消费"掉相当比例的国民收入，这影响了生产积累。人口增长巨大的分母效应需要通过严格的生育控制加以遏制。

其六，学科背景。其时中国人口学刚刚恢复，还处在重建阶段，对一些问题的认识还有较多的局限。根据田雪原研究员在《新中国人口政策回顾与展望》一文的回顾，1980年3~5月，中央书记处委托中央办公厅召开五次人口座谈会，就提倡一对夫妇生育一个孩子是否可行，可能遇到什么问题，如何解决等展开讨论。当时关心的问题是：①生育一个孩子会不会引起孩子智商和智能下降。②提倡一孩多长时间为宜。田雪原提出应该理解为控制一代人的生育率，既非长久之计，也非权宜之计。③四二一结构问题。认为是部分现象，取决于政策的把握。由此可见，风险问题、成本问题和代价问题（矛盾冲突）没有予以充分的考虑。

其七，国际背景。中国虽然是一个大国，但还不是一个强国。中国之大，主要体现在人口众多和地理广大上，但从人均占有的资源、产值和收入来说，中国又是名副其实的"小国"。中国的国际地位和政治影响力都将取决于综合国力的提升程度，取决于经济的发展和人民生活的改善。中国虽然早在1949年就在政治上获得了独立，但长期以来由于经济上不能强大起来，所以政治上的影响力也深受制约。人口问题可以说是当时中国最大的政治问题之一。

总之，国内外的种种情形都证明一点：中国只有尽快富强起来，才可能使诸多的国内和国际问题迎刃而解。而在设计中国现代化蓝图的过程中，人口控制问题是必须认真考虑的战略性大问题。

独生子女政策是改革开放以来中国的一个基本国策，对社会经济的各个方面都产生过积极的影响。具体来看，至少体现在四个方面：

首先，遏止了中国人口过快增长的势头，相对减缓了人口增长对于社会经济发展和脆弱生态环境所带来的压力。据估算，自从上个世纪70年代初推行计划生育政策以来，按70年代生育水平推计，中国已经少生了大约3亿~4亿人口。有人认为，人口控制的这一成就不仅为社会的可持续发展争取了时间和空间，而且为早日稳定全球人口作出了贡献。

其次，促进了妇女的解放和妇女素质的提高。计划生育使大多数育龄妇女从过去多生密育的繁重劳动中得到了很大程度的解放。由于女性的解放，所以，中国妇女的地位有了显著提高，即在家庭、社区以及社会中获得和控制资源、权力和威望的能力在不断提高。妇女们可以有更多的时间和精力去充实和完善自己，计划生育拓展了中国妇女的"发展空间"和"成就空间"，这给她们素质的提高提供了帮助。

再次，促进了生育质量的改善。一般少生可以促进优生，我们所观察到的许多事实也正是如此。最突出的就是：在独生子女家庭，一般父母对孩子的期望更高，更乐意、更有条件进行人力资本方面的投资，孩子少使得家庭的经济负担也相对要轻，"少生"的确可以为望子成龙的父母们创造更优越的培育孩子的条件。许多研究已经证实，独生子女新生代比多子女家庭出来的孩子平均的智力发展水平更高。

第四，有利于农民群众的脱贫致富。独生子女家庭和双女户家庭一般更能得到来自基层组织的照顾和帮助，在这个意义上，"政策型生育"可以为农民群众的脱贫致富间接地创造一些条件。特别是"抓好计划生育"的口号提出之后，中国的计划生育道路逐渐走上了一条"以育龄人群为本"的可持续发展的道路，效果日见显著。"三结合"*的做法已经并将继续展现这样的效果。此外，由于"少生"使农民在时间资源和经济资源的家庭配置上余地更大，所以在市场经济条件下，农民机会成本的增大同时也使少生的潜在优势得到了发挥。

三、中国人口发展的六十年和改革开放的三十年

我们可以从人口增长、人口控制和人口问题三个角度来看中国人口发展的历程。

第一个角度是从人口增长看人口发展，根据人口转变理论，我们大致可以将1949年到现在中国人口发展历程划分为三个阶段，可以看出基本上是20年一个变化：

第一阶段是人口高速增长阶段（建国初到1973年）。人口增长变动要看出生率、死亡率和自然增长率三个变量的组合特征。这一阶段人口发展的基本特征是：出生率居高不下（多数年份在30‰以上），死亡率大幅度下降（从20‰下降到7‰，50年代下降10个百分点），自然增长率高（年人口自然增长率20‰以上，最高年份是1963年，达到33.33‰），人口增长较快。人口转变开始，出现人口转变增长（所谓"人口爆炸"，这是一个形象的说法，但并不科学），与20世纪50年代之后世界人口发展遵循了相似的轨迹，马寅初先生就处在这么一个特殊的年代。50年代马寅初先生的《新人口论》提出人口控制、计划生育主张，70年代罗马俱乐部《增长的极限》提出"人口零增长目标"。

第二阶段是人口减速增长阶段（1974—1990年）。这一阶段的基本特征是高水平的出生率也开始下降了，死亡率继续有所下降，人口自然增长率也开始下降。1974年，我国人口自然增长率下降到20‰以下，之后的年份出现了连续、稳定的下降趋势。1974年这一年也是全国范围里普遍提倡和开展计划生育的特殊年份。根据《公开信》的说法，1971年到1979年，我国努力控制人口增长9年，累计少生婴儿5600万。

第三阶段是人口低速增长阶段（1991年到现在）。这一阶段的基本特征是低出

---

* "三结合"是指把计划生育工作与发展社会主义市场经济相结合，与群众勤劳致富奔小康相结合，与建设文明幸福家庭相结合，简称"三结合"。

生率、低死亡率、低自然增长率。1991年人口出生率开始持续、稳定地下降到20‰以下，同时育龄妇女平均生育的子女数开始达到更替水平。1991~1997年的年人口自然增长率在10‰~13‰范围内变动，1998年之后稳定下降到10‰以下。

从生育行为的特征看过去的六十年，我们可以尝试划分如下：①50年代的自由生育阶段。大众的生育行为基本上处在自由放任的状态。经济学家、社会学家、人口学家呼吁避孕节育。1956年开始，有人提出计划生育。②60年代的家庭计划阶段。在一些城市和发达地区开始推行避孕节育和人工流产，国家提供避孕指导，地方开展节育门诊。③70年代的国家倡导阶段。1971年，毛泽东提出"人口非控制不行"。后来，生育政策演变为"晚、稀、少"。④80年代以后的严格控制阶段。1980年9月25日，中共中央颁布了著名的《关于控制我国人口增长问题致全体共产党员、共青团员的公开信》，这是一个历史的转折点，中国进入普遍提倡和推行一对夫妇只生育一个孩子的"一胎化"时代。

改革开放的三十年，也是继往开来的三十年。我国的人口发展走过了一条波澜壮阔、可歌可泣、成就辉煌、可圈可点的道路。由于干预性政策的介入，我们比西方国家更快地实现了人口转变的过程，人口转变是指人口出生率、死亡率和自然增长率三率组合类型的演变，也就是人口再生产类型的演变。目前，我国已经实现了人口低出生率、低死亡率、低自然增长率的现代人口再生产类型，育龄妇女平均生育的子女数从过去的5个左右下降到现在的1.5~1.6个左右。其实，早在20世纪90年代初，我国就实现了梦寐以求的低生育目标，在过去的20年里，生育水平不仅长时期地保持在更替水平以下，而且相当稳定甚至有继续下降的趋势，就是广大家庭的意愿生育水平也很低了，根据1997年国家计生委人口和生殖健康抽样调查，我国农村育龄妇女平均期望的子女数是1.77个，城镇地区是1.6个，属于意愿低生育。换句话说，过去是"政府要求少生"，现在是"自己追求少生"，这个变化意味深长，说明我国的人口控制机制发生了重大的变化——就是从外部约束性的生育控制机制逐渐向内部约束性的生育控制机制演进。人口控制所取得的巨大成就对于缓解人口大国的人口增长压力贡献卓著。

但是我们也注意到人口问题不仅仅是生育问题，生育问题也不仅仅是生育水平问题。低生育目标的实现并不意味着人口问题的终结，相反，低生育时代的到来人口问题却更为纷繁复杂了。从生育问题看，马寅初先生提出的《新人口论》针对的是"高生育问题"，在后马寅初时代，我们所面临的是"低生育问题"，是长期的低生育率所带来的新的人口问题挑战和社会经济危机。换个角度说，也就是从人口问题看，马寅初时代所面临的是"人口增长太快问题"，后马寅初时代面临的是"人口结构失衡问题"。

从人口问题本身以及我们的认识相互结合的演变来划分，我们可以区分出马寅初时代（建国到1980年）、过渡时代（80年代）和后马寅初时代（90年代以后）：

（1）建国初到1980年为"马寅初时代"。这一时期就是单一面对人口增长过快问题。从马寅初先生1954年提出人口控制主张到20世纪70年代初（1974年）实施"晚、稀、少"人口控制政策，取得了人口自然增长率快速下降的显著成就。1949年，全国人口出生率为36‰，死亡率为20‰，自然增长率为16‰，年底全国总人口为5.42亿。到1957年，死亡率下降到了10.8‰，而自然增长率上升为

23.2‰，总人口达到6.47亿。1962—1970年，这一阶段的人口年平均自然增长率达到27.5‰，年平均出生人口达到2688万人，8年净增人口1.57亿。1971—1980年是人口快速控制阶段，人口出生率和自然增长率迅速下降，分别由1971年的30.7‰和23.4‰下降到1980年的18.2‰和11.9‰。

（2）1980年《公开信》发表到1990年为"过渡时代"。一方面，我们还受到人口过快增长的困扰，另一方面结构性人口问题开始积累。1982年第三次人口普查已经发现，我国出生人口性别比出现失调的征兆，之后逐渐演变为一个普遍、持续、严重失调的社会人口问题。在1982年第一次世界老龄大会的影响下，国内以邬沧萍教授为代表的一些先锋学者开始关注和研究人口老龄化问题。上海1979年就开始了人口老龄化。

（3）1990年以后到现在逐渐进入"后马寅初时代"。在这一阶段，结构性问题开始明显凸现。从人口增长看，人口学的研究发现，大陆1990年人口内在自然增长率开始变为负值，人口再生产已经出现内在的缩减趋势。从生育水平看，20世纪90年代初，《人民日报》对外公布，中国已经进入低生育国家行列，1991年我国人口出生率已经下降到20‰以下，妇女总和生育率已经达到更替水平。上述两个方面的变化都标志着我国现代人口再生产类型宣告实现，但还没有完成，因为人口控制主要依靠的是外部政策性力量的约束和干预。1991年人口出生率为19.7‰，2008年降至12.1‰，下降了7.6个千分点，并一直稳定在低水平上。1998年人口自然增长率首次降到10‰以下，从2000年开始，年净增人口低于1000万，中国人口进入平稳增长阶段。

在政策层面上，20世纪90年代以后，国家领导人讲话中开始关注人口结构问题。例如，1996年3月10日，江泽民在中央计划生育工作座谈会上的讲话中首次指出："所谓良好的人口环境，是指适度的人口总量，优良的人口素质，合理的人口结构。良好的人口环境，将促进人口与经济、社会、环境、资源的协调发展和可持续发展"，主管部委计生委和卫生部开始关注性别失调问题，2000年中国进入人口老龄化。中共中央2006年颁布了统筹解决人口问题的决定，提出了稳定低生育水平、提高出生人口素质、遏止出生性别比失调、加强流动人口的服务管理、应对人口老龄化挑战五大工作任务，意味着结构性人口问题进入了高层的决策视野。

西方早年提出了人口再生产类型转变理论，结合过去三十年的历史经验和教训，我们要提出人口问题转型理论。就是说，在以"一胎化"为主导的生育政策引领下，在急剧的社会转型的推动下，我们要看到人口转变的同时，我国的人口问题也在转型，简单说就是从增长型人口问题转向结构型人口问题，从自然型人口问题转向政策性人口问题。所谓自然型人口问题是自发产生的人口问题，而政策性人口问题是指问题的产生是与政策有关的。到了后马寅初时代，我们需要面对人口发展的代价和风险问题，很多是直接或者间接与政策有关的。

四、后《公开信》时代的新人口问题

2010年又是一个标志性年份，启示人口发展将出现新的转折。其一，当年的《公开信》曾经庄严承诺："到30年以后，目前特别紧张的人口增长问题就可以缓和，也就可以采取不同的人口政策了"。人口生育政策调整的必要性、紧迫性和重要性日益彰显。其二，2010年高层对生育控制的认识出现了一个重大的变化，提出要"稳定适度低生育水平"的重大战略思想，意味着生育率既不是越高越好，也不是越低越好。2010年7月，国家人口计生委主任李斌在南京"促进人口长期均衡发展——中国人口学会年会（2010）"上提出："解决新时期中国人口问题，必须继承创新具有中国特色的人口理论，与时俱进确立新的人口观；完善人口政策体系和调控机制，坚持计划生育基本国策，稳定适度低生育水平，提高人口素质，为经济社会发展提供持久动力。"无独有偶，2010年9月21日北京人民大会堂召开了"做好人口和计划生育工作暨中国计划生育协会成立30周年座谈会"。会上，中共中央政治局常委、国务院副总理李克强指出，随着我国工业化城镇化推进和人均收入水平的提高，经济社会结构正在加快调整，人口结构也会相应发生变化。在新的形势下进一步做好人口计生工作，要按照加快经济发展方式转变、调整经济结构的要求，在稳定适度低生育水平的基础上，更加重视提高人口素质、优化人口结构、促进人口合理分布，着力提高人力资本和劳动者素质对经济增长的贡献率，努力将我国人口多的压力转化为人力资源丰富的优势。

"稳定适度低生育水平"这个提法旨在提醒我们要对低生育水平给出合理的界定，对生育率越低越好、宁"左"勿右的做法提出了警告。这个提法是对人口自身持续规律的尊重，也是对社会和谐发展的期盼，是实现人口长期均衡发展的必然抉择。将历史承诺和最新认识结合起来，我们发现：独生子女家庭本质上是风险家庭，独生子女人口占主体的社会本质上是风险社会的观点。具体可以从微观、宏观两个层面来看。首先对独生子女这个群体来说，可能遭遇成长风险、成才风险、就业风险、婚姻风险、养老风险。其次对独生子女父母来说，因代际居住分离或者孩子伤病残亡可能遭遇无后老龄化的养老风险，以及家庭结构缺损风险。再次对独生子女社会来说，可能遭遇社会发展风险和国防军力风险。

在新的历史时期，中国面临着少子高龄化、性别失衡、人口分布不均等新人口问题的巨大挑战。用历史的眼光看，很多问题是一点点积累起来的。人口问题的产生有一个潜伏期和爆发期，如果说有远见者看到的是潜在的问题苗头并能够提出积极的预防措施和风险应对方案，那么近视者看到的是当下的甚至是片面的问题表现。对一个人口大国来说，特别需要战略的眼光和历史的洞见。《公开信》代表的是历史，却不一定代表未来。事实上，《公开信》已经预见到了未来可能出现的新人口问题，例如，人口老龄化问题，性别失衡问题，劳动力不足问题，独生子女家庭养老问题。但当时的论述是极其简单的，基本上是一笔带过，因为当时论证的重点是提倡一对夫妇只生育一个孩子的必要性和可行性。后来的事实表明，实际问题远比当初预见的复杂和困难。

毫无疑问，《公开信》的颁布是中国人口发展的里程碑和分水岭。虽然在20世纪70年代初，我国就已经开始了大范围的计划生育工作，人口生育率大幅度下降到接近更替水平，但《公开信》之后中国才走上一条以"一胎化"为主导的人口增量减少之路。《公开信》之后的中国人口发展走上了一条以牺牲结构为代价实现政策性低生育目标的道路，这是一条非均衡的发展道路，代价巨大、风险巨大。《公开信》之后的中国虽然在人口控制上取得了巨大的成就，一般的说法是少生了几亿人口，为经济社会的可持续发展创造了良好的人口环境。人口问题具有很强的相对性，而且人口问题的本质是发展问题,所以真正接近以人为本、与家庭友好的人口控制是降低了非意愿的不育率、非意愿的生育率。

历史是无法割断的"洪流",历史和现实、今天和未来总是存在着千丝万缕的联系。《公开信》时代的作为和后《公开信》时代的遗产有着很强的历史关联。纪念《公开信》,我们同样要取一分为二甚至一分为几的态度来对待,经验要光大,教训要汲取。而对于未来的健康发展来说,更重要的是纠正偏差、是避免走弯路、是借古而鉴今。我们今天面临的很多问题都有历史的伏笔,有些问题属于政策性人口问题和制度性人口问题,所以我们的目光既要向内看,也要向外看,更要从历史的角度向未来看。

首先就人口老龄化问题而言,后来的发展表明,中国比《公开信》提前20年就出现了人口老龄化问题。计划生育与人口老龄化的关系可以表现在宏观微观、长期短期诸多方面。我国的计划生育有一个前无古人后无来者的核心价值,就是大力提倡"一胎化",甚至出现过"无婴月"的极端做法。从全球的视野出发,"一胎化"的国家意志在人口数量控制方面可以说难出其右、到边到底了。但人口的数量控制与人口的结构优化天然存在着矛盾的关系,人口的数量控制一定会影响、损害甚至危及人口的结构。

第一,我们要清醒地认识到,我国的人口老龄化正处在快速发展的阶段。不久将迎来深度老龄化、重度老龄化的挑战。问题在于,我们并没有准备好。我们迎来的是未富先老、未备先老。我国老年人口的规模世界第一(1.6亿),速度也相当惊人。白发浪潮滚滚而来,我们却缺乏完备的应对之策。

第二,人口老龄化的影响很深远和广泛。老年人口是已经出生的人口,无法"回去",只能"顺变",而且他们的平均余寿在不断延长。

第三,人口老龄化带来的挑战不仅仅是老年人多了,而且是年轻人少了。有一个说法很好,叫"少子老龄化",这个概念巧妙地将人口生育率的下降和人口老龄化的出现结合了起来。老年人需要有人赡养,在社会上,有一个"生养比"问题,我们的挑战是"生之者寡食之者众";在家庭中,有一个"老少比"问题,我们的挑战是"老人多孩子少",人口年龄金字塔倒置。

第四,要说对策可以从不同角度说很多,这里侧重战略上的考虑。扼要言之,我们需要"成功老龄化战略",包括三个子战略的协同推进,即健康老龄化、积极老龄化和和谐老龄化。

其次就性别失衡而言,男女人口性别失衡是因为出生人口的性别失衡。正常的出生人口性别比应该在103~107之间。从1982年以来,我国的出生人口性别比就出现了偏高失调的问题,当年达到107.6,后来逐渐演变为一个普遍、持续、严重的新人口问题,是"马寅初时代"所没有的新问题,而且积重难返。2009年,我国出生人口性别比比上一年120多虽略有下降,下降到119.45,但仍在高位运行,而且是高危运行。

从产生原因看,主要有三:一是性别歧视,重男轻女。二是生育政策限制。生育政策数量规定限制了人们对孩子性别的自然选择,生育是有选择空间的。1995年我就提出出生人口性别比失调是因为男孩偏好过于强烈和生育选择空间过于狭小相互挤压和冲突的结果。三是B超等性别鉴定和性别选择的市场化选择。市场经济发展起来之后，受利润和人情的驱动，一些 B 超执业者违背国家规定，开展非医学需要的性别鉴定和人工引流产，直接导致出生性别比的失调。

出生性别失衡的后果很严重，挑战巨大：

第一，出生性别比失调意味着很多女胎仅仅因为性别的原因而被剥夺了出生权利，这是对生命的亵渎和践踏。

第二，出生性别比失调若干年后会演变为可婚人口的性别失调。有估计推测，届时中国可能出现 4000 万左右的男性过剩可婚人口。由于每个年龄组人口都是男性过剩，导致一些男性被无情地挤压出婚配市场。这些男性的婚配权利、生育权利、做父亲的权利和家庭养老的权利被剥夺。他们自己、生身家庭、父母和亲属也会因为他们找不到对象而感受到巨大的文化压力。

第三，今后会出现一个性压抑和性冲动交织在一起的失意人口和威胁人口，产生不平心理和仇恨心理，可能结帮滋事，危及社会的和谐稳定。例如，性犯罪、拐卖妇女甚至未成年少女、骗婚，等等。

五、实现人口长期均衡发展

我们乐意从人口生态优化的角度去理解"统筹人口发展、综治人口问题"的题中应有之意。简单说，一方面是淡化人口数量的硬性控制，实现家庭计划的自主性和社会计划的保障性；另一方面优化人口生态的演进控制，保障人口生态的多样性和持续性。

近年来，国家人口计生委领导多次谈到要实现人口长期均衡发展。2010 年，中国人口学会开始组织力量讨论和研究这一重大命题。其背景主要有：

第一，社会背景。中国政府提出了要构建和谐社会的目标，同时提出了要构建资源节约型社会和环境友好型社会的主张，具有重要的意义。其实，在我们追求可持续发展的过程中，资源环境都是作为条件出现的，而人类人口的地位要更高，它是主体，人口是一人一口，但是人决定口而决不是相反，人口不仅仅是一个数量概念，而且是结构概念，不仅仅有一个统计规模性，而且有社会主体性。人口在和谐社会建设中是什么地位？需要回答。毋庸置疑，她是和谐社会建设的主体与发展核心。

第二，人口背景。中国过去三十年的人口发展是朝人口零增长的数量目标前进的过程，但"一胎化"政策实施多年之后，我们发现单一、快速追求人口零增长目标是危险的，因为我们为此将付出人口失衡发展的巨大代价。人口零增长可能会在未来某个时点出现，对于缓解中国人口压力也有意义，但毕其功于一役的做法可能是得不偿失的。2006 年，中共中央提出要以人为本、以人的全面发展为中心、统筹解决人口问题，标志着科学大人口观的建立。

人口均衡发展的提出有着重大意义。在科学上，是人口科学发展的表现，是科学人口发展观建立的标志。在人文上，有助于我们建设人口生态体系，恢复人口发展的生态价值。在政策上，是打造关怀、救助、服务、保障政策和制度体系的认识基础。

人口均衡型社会意味着人口发展的各个要素处在和谐共生的状态，人口能够实现协调发展的社会。人口均衡型社会是一个人口的性别平衡发展、年龄平衡发展、分布平衡发展的社会。我们已经提出"和谐社会"的建设目标，和谐实质上是指社会各个系统和要素之间的协调和平衡。一个社会有六大系统，人口系统、文化系统、行政系统、经济系统、环境系统、资源系统。它们之间的关系需要协同，需要共生，需要发展。中央已经认同资源节约型、环境友好型的提法，但没有人口的均衡，和谐社会是难以实现的，相反，会充满矛盾和冲突。人口是社会生活的主体。没有人口，社会就是空的。对社会的和谐发展和持续发展来说，人口不仅在规模上有一个"最小人口"的要求，而且在结构上有一个"人口平衡"的要求。

"还权于民，赋权于民，造福于民"是人文计生、和谐计生和幸福计生的核心价值取向。未来呼唤人本、人文和人权的回归，在意愿低生育普遍出现的新时期，"减少一胎、鼓励两胎"是符合中华民族大利益的战略选择。生育权首先是私权，其次是公权。作为私权，公民有自由且负责地决定生育的数量与间隔的权利；作为公权，政府有关怀、救助、服务和保障计划生育家庭的责任和权利。所谓家庭计划的自主性，是说以人为本的核心是以人权为本，生育的决策和行为首先属私权范畴，生育几个孩子、生育间隔如何决定是应该得到尊重的基本权利。所谓社会计划的保障性，是说真正完美的家庭计划需要社会计划的匹配和支撑。行政化的计划生育需要"改头换面"，强化行为的关怀、服务、保障的导向，彰显的核心价值是人本、和谐、发展。特别是进入后计生阶段的计划生育家庭，他们需要解决养老、照料、孤独等后顾之忧和现实困难，也离不开"社会计划"的落实和执行。

参考文献

邓小平．目前的形势和任务．1980 – 01 – 16．
彭珮云．中国计划生育全书．中国人口出版社，1997：14，244．
杨魁孚，等．中国人口与计划生育大事要览．中国人口出版社，2001：65．
田雪原．要建立科学的社会主义人口理论．人口问题论丛，1979 年专刊．
陈达．节育、晚婚与新中国人口问题．新建设，1957，104，(5)．
毛泽东选集（第 5 卷）：471，495．
田雪原．新中国人口政策回顾与展望．人民日报，2009 – 12 – 04．
国家人口计生委发展规划与信息司，中国人口与发展研究中心编．人口和计划生育常用数据手册（2008）．中国人口出版社：93 – 94．
国家统计局．新中国 60 周年系列报告之五：人口总量适度增长结构明显改善．http：//xxw3441.blog.163.com/blog/static/75383624200981304025544．
穆光宗．确立适度低生育率、实现人口长期均衡发展．学习时报（中共中央党校主办），2010 – 05 – 26．
穆光宗．独生子女家庭本质上是风险家庭．人口研究，2004，(1)．
穆光宗．中国人口转变的风险前瞻．浙江大学学报（人文社会科学版），2006，(6)．
穆光宗．近年来我国出生性别比升高偏高的原因解释．人口与经济，1995，(1)．
穆光宗．人口优化论：实现人口长期均衡发展的必由之路．人口研究，2010，(3)．

（作者单位：北京大学人口研究所）

改革开放以来中国居民生育意愿的变化*

吕红平

生育意愿反映着人们在生育方面的愿望和要求,体现着家庭或个人对生育孩子的目的以及在生育数量、时间、性别、素质等方面的期望。但是,由于其中的质量维度在生育意愿调查中较少涉及,而时间维度在问卷调查中又难以操作,因此,多数生育意愿调查的内容往往体现在生育目的、意愿生育子女数和意愿生育性别三个方面。受已有资料的限制,本文主要从生育目的、意愿生育子女数和意愿生育性别三个维度探讨中国居民生育意愿的变化及其成因,在此基础上提出相应的对策建议。

一、生育意愿变化状况

1978年中国共产党第十一届三中全会作出实行改革开放的重大决策后,中国开始引入市场经济因素,社会经济发展速度明显加快,人民群众生活水平显著提高。人口和计划生育工作也在70年代刚刚起步的基础上,逐渐走向法制化和规范化轨道,取得了生育率急剧下降的巨大成就。与此同时,也出现了超前老龄化和出生性别比偏高的问题。从意识和行为的关系讲,生育意愿是生育率下降的主导因素,人口和计划生育工作所取得的成就与人们生育意愿的变化高度相关,或者说生育意愿的变化是生育率下降的重要内在因素。超前老龄化虽然也是个体生育行为的集合结果,但并非生育意愿研究的范围,因此不涉及这一问题;而出生性别比偏高却是个体生育意愿主导下生育选择的必然结果。因此,研究改革开放以来中国居民生育意愿的变化,不仅有利于科学总结30年来人们在婚育观念领域发生的深刻变化,探讨生育目的由一元向多元、意愿生育数量由多生向少生、意愿生育时间由早生向晚生转变的一般规律,以及在意愿生育数量减少的同时人们对生育性别的特别关注的情况及其原因和结果,而且可以为未来的生育政策调整和工作重点转移提供理论依据,使中国的人口和计划生育工作在可持续发展的道路上继续前进。

(一) 生育目的的变化

中国居民的生育目的经历了一个曲折变化的过程。20世纪70年代末80年代初,虽然传宗接代的生育目的有所遏制,但养儿防老和传宗接代仍然是农村居民最主要的生育目的;城镇居民的生育目的则表现出了较多的现代性特征。

1979年由中国社科院社会学研究所组织了一次对北京、四川两地城乡青年的生育意愿调查(以下简称"1979年京川调查"),这是中国第一次就生育问题进行的民意调查。虽然此次调查仅涉及北京和四川两地,但由于当时的特殊环境以及人们

---

* 实际调查范围是15~30岁人口。

思想观念的单纯性，对全国还是具有一定的代表性的。从"1979年京川调查"中男女青年对生育目的主次地位的认识可以看出，城乡之间存在着明显的差异。在四川汉族农村青年中，男青年把养老送终排在第1位，把传宗接代排在第2位；女青年把养老送终排在第2位，把传宗接代排在第3位，而排在第1位的是父母应尽的社会责任。北京城区青年由于受现代文化的影响较大，生育目的显示出一定程度的现代特征，把父母应尽的社会责任排在了第1位，把调剂家庭生活的内容和气氛排在第2位，把维系夫妻感情排在第3位，而将养老送终排在第4位，将传宗接代排在第5位。

1990年中国人民大学人口研究所在北京市海淀区的调查表明，城市居民的生育目的具有比较明显的多样化特征，家庭欢乐和为社会作贡献等已经上升为最主要的生育目的，反映出情感因素在城市居民的生育目的中已占据主导地位。这与"1979年京川调查"中北京城区青年前两位的生育目的表现出了较大的一致性。西安交通大学人口研究所分别于1990年和1992年对陕西省洛川地区的农村妇女生育目的进行了两次调查。从调查结果看，农村妇女仍然把养老送终排在第1位，填答该选项的妇女1990年占52.10%，1992年上升到67.11%；而把传宗接代排在第2位，填答该选项的妇女1990年为24.85%，1992年为21.05%。这与"1979年京川调查"的结果较为接近，基本上反映出当时农民的生育目的。

进入21世纪后，生育目的的变化表现明显的出多元化趋势，发生了由以多子多福和传宗接代为特征的传统生育目的向以感情慰藉为主的现代生育目的的转变。2002年国家计划生育委员会宣传教育司组织了一次城乡居民生育意愿调查（以下简称"2002年调查"），采取开放问卷的形式对生育目的进行调查，整理出来的生育目的多达166种之多，从大的方面看，大致可以分为6类，即传宗接代、经济需要、情感需要、义务和责任、顺其自然和其他，分别从不同角度反映了人们的生育动机。其中值得注意的是，一些传统生育目的被赋予新的时代内涵，例如，传统的"养儿防老"生育目的中的"儿"，在一些人的心目中已经变成了不分性别的"儿"，女儿也能养老的观念已经被部分居民所接受。经济发展和社会保障水平的不断提高，弱化了子女在养老方面的性别差异。城市选择"养儿防老"的被调查者中，意愿生育女孩而非男孩的比例已经占到了16.06%；农村选择"养儿防老"的被调查者中，意愿生育女孩而非男孩的比例仅为2.89%，并且意愿至少生育一个男孩的占97.11%。由此可以看出，由于农村社会养老保障体制不够完善，男孩在养老方面仍然起着重要作用，从而使人们保留了较强的生育性别偏好。而在城市被调查者看来，女孩同样可以养老，养老"唯男性化"的观念发生了根本变化。

与以往生育目的调查不同的是，2007年全国政协人口资源环境委员会资助的社情民意调查（以下简称"2007年调查"），采用的是多项选择方式，被调查者可以根据自己的真实意愿，选答适合自己想法的选项。实际上，这样的设计更符合实际情况，更易于被调查者回答。因为人们的生育目的往往不是单一的，或者说不是互斥的，而是可以并存的。因此，在诸多生育目的中，既可以让被调查者选择排序的方式，把问卷中给出的生育目的按自己理解的重要程度排出先后顺序；也可以让被调查者选择自己认可的生育目的，然后进行汇总，以反映持这一生育目的的被调查者所占的比例。这两种方式中，前者既可以反映个体的态度，也可以反映群体的情况；后者只能反映群体情况。在"2007年调查"中，问卷中列出了9种生育目的，即养老送终、传宗接代、家庭稳定、精神慰藉、家族兴旺、顺其自然、增加劳动力、继承财产和舆论压力，在22591名接受调查的女性中，选答上述生育目的的比例分别为61.52%、52.99%、51.84%、44.02%、33.11%、31.08%、12.65%、6.84%和4.65%。这说明，在文化多元化的大趋势下，传统生育目的仍然占据较大"市场"。

综上可见，改革开放后，随着市场经济体制的逐渐发展和人们经济、文化、教育水平的不断提高，以及计划生育宣传教育的影响，人们的生育意愿已经发生了较大变化。

（二）意愿生育数量的变化

"1979年京川调查"时，青年人的平均意愿生育子女数情况为：北京城区1.32个、农村1.78个；四川城镇男性1.26、女性1.30，农村汉族1.79个。这一调查结果基本上反映了当时计划生育政策的实际情况。

20世纪80年代，中国的计划生育政策执行力度比70年代进一步加大。然而，全国生育水平不仅没有在70年代大幅度下降的基础上继续下降，反而在波动中稍有回升。例如，1980年总和生育率为2.31，1982年为2.86，1985年为2.20，1987年为2.59，1989年为2.35。当然，这里可能有很多原因，例如，80年代初农村经济体制改革后农民被赋予了较大的经营自主权，以往对农民的约束和限制大大减少，农民的经济支配能力增强，这些因素在某种程度上导致了政策外生育的增加；修改后的《婚姻法》*调低了结婚年龄，导致了结婚堆积，促进了生育率回升，等等。这里有一个问题需要说明："1979年京川调查"时，北京和四川两地农村青年平均意愿生育子女数分别为1.78个和1.79个，为什么1980年总和生育率就高达2.31，大大高于农村平均意愿生育子女数呢？笔者认为可以作出四种可能的解释：一是生育意愿发生了变化；二是当时的调查由于受到社会环境的影响并没有真实地反映出人们的生育意愿；三是个体生育意愿与生育行为不一致；四是个体生育意愿与国家政策不一致。一般说来，生育意愿的变化需要一个较长的过程，只有在社会经济条件发生较大变化的情况下才有可能发生，因此，在短短一年的时间里发生变化的可能性基本上是不存在的。第二种情况说明，当时的调查没有真实地反映人们的生育意愿，高估了生育意愿的转变。也就是说，人们的意愿生育子女数在一定程度上被掩盖了，80年代的生育率变化实际上在一定程度上反映了人们当时的实际生育意愿。第三种情况从理论上有存在的可能性，但实际发生的几率几乎为0。第四种情况说明，80年代后更加严格的生育政策与人们的生育意愿存在较大差距，人们为了实现个人的生育意愿，出现了较多的政策外生育行为。

---

* 尽管原来的《婚姻法》对婚龄的规定为男20周岁、女18周岁，但实际上当时执行的婚姻登记标准却大大高于法定婚龄：城市一般执行男27周岁、女25周岁的规定，农村一般执行男25周岁、女23周岁的规定；修改后的《婚姻法》规定的婚龄，名义上比原来增加了2岁，但与当时实际执行的婚龄相比，无论男性还是女性，城镇均降低了5岁，乡村均降低了3岁。新《婚姻法》颁布后，"婚龄"的下降不可避免地导致了结婚人群的堆积。

20世纪90年代，改革开放带来的经济发展提高了城乡居民的家庭收入，父母对子女经济回报的需求趋于下降；生产力水平的提高降低了社会劳动和家务劳动的强度，父母对子女劳动回报的需求趋于下降；社会保障事业和多种养老方式的发展，促使父母对子女生活照料和养老送终回报的需求趋于下降……在社会经济发展和计划生育政策的综合作用下，人们的意愿生育子女数比"1979年京川调查"时又有所下降。1995年方菁等人对232名流动人口中已婚妇女的调查表明：60.9%的人想要2个孩子，其中75.35%的人想要1男1女。1997年周长洪和黄宝凤的生育意愿调查表明：育龄妇女的理想生育子女数，农村为1.77个，城市为1.5个；认为生育2个孩子最理想的，农村占61.5%，城镇占51.5%；认为生育1个孩子最理想的，农村占25.1%，城镇占42.2%。这些调查表明，20世纪90年代农村妇女的理想生育子女数都在2.0以下。尤其在部分农村地区，甚至出现了育龄夫妇自愿放弃二胎生育指标的现象，人们已经不同程度地接受了"生男生女一样好"的观念。

进入21世纪后，有四次较大规模的调查显示了中国居民意愿生育数量的情况，除上面已经提到的"2002年调查"和"2007年调查"之外，还有2001年全国计划生育与生殖健康调查（以下简称"2001年调查"）和2006年全国人口和计划生育调查（以下简称"2006年调查"）。

"2001年调查"表明，有56.6%的被调查者认为生育2个孩子最理想，35.4%的人认为生育1个孩子最理想。其中城镇48%的人认为生育1个孩子最理想，46.7%的人认为生育2个孩子最理想；农村29.7%的人认为生育1个孩子最理想，61.3%的人认为生育2个孩子最理想。

"2002年调查"设置了"有计划生育政策限制"和"无计划生育政策限制"两种情形，要求被调查者分别回答两种情形下的生育意愿。调查资料表明，在"有计划生育政策限制"情况下，被调查者的意愿生育子女数平均为1.78个。在"无计划生育政策限制"情况下，被调查者的意愿生育子女数平均为2.04个。其中男性分别为1.82个和2.09个，女性分别为1.75个和1.99个；城市分别为1.39个和1.7个；城镇分别为1.53个和1.78个，农村分别为2.01个和2.23个。

"2006年调查"表明，育龄妇女中有25.12%的认为生育1个孩子最理想，60.14%的认为生育2个孩子最理想。其中城镇认为生育1个孩子最理想和生育2个孩子最理想的分别占31.14%和52.21%，农村分别占21.98%和64.28%。

"2007年调查"表明，在"有计划生育政策限制"情况下，育龄妇女理想生育子女数为1.80个，其中城镇为1.70个，农村为1.82个；在"无计划生育政策限制"情况下，理想生育子女数为1.87个，其中城镇为1.72个，农村为1.91个。在"有计划生育政策限制"情况下，有23.71%的育龄妇女认为生育1个孩子最理想，66.01%的育龄妇女认为生育2个孩子最理想，其中城镇和乡村认为生育1个孩子最理想的比例分别为33.70%和21.20%，认为生育2个孩子最理想的比例分别为60.60%和67.60%；在"无计划生育政策限制"情况下，有18.32%的育龄妇女认为生育1个孩子最理想，69.11%的育龄妇女认为生育2个孩子最理想，其中城镇和乡村认为生育1个孩子最理想的比例分别为21.41%和17.00%，认为生育2个孩子最理想的比例分别为67.80%和69.44%。

（三）意愿生育性别的变化

意愿生育性别的变化主要表现在以下两个方面：

一是城市居民"男孩偏好"有所减弱，农村居民"男孩偏好"仍然较强，城乡差异较为明显。"1979年京川调查"显示，在1孩生育意愿中，不分男女的比例最高，北京城区和四川城镇男女青年中"1个孩子不论性别"均为第1位的选择，分别占43.47%、51.82%和45.24%、47.83%；北京农村男女青年中均为第2位的选择，男女青年分别占17.87%和16.86%；四川农村男青年中为第3位的选择，占10.24%；四川农村女青年中为第2位的选择，占11.47%。另据"2002年调查"结果，人们不仅存在性别偏好，而且在已有一孩的情况下，性别偏好还十分强烈。在"有计划生育政策限制"条件下，希望生育一个孩子的被调查者中，希望生育男孩的占63.11%，希望生育女孩的占36.89%，意愿性别比高达171.08。究其原因，主要在于计划生育政策对于生育孩子数量的限制加剧了人们的生育性别偏好。分城乡看，农村被调查者的意愿子女性别比为117.72，城市为103.94。"2006年调查"表明，在理想子女数量性别组合上，持无所谓态度的育龄妇女占31.62%。分城乡看，城市中持无所谓态度的占39.56%，农村占27.71%。在城市被调查者中，至少想要一个男孩的育龄妇女占54.49%，农村占69.30%。可见，生育性别偏好在农村仍然较为严重，而多数城市居民已经认同了"生男生女一样好"的生育观念。"2007年调查"表明，在回答生育1个孩子最理想的育龄妇女中，希望生育男孩的占31.14%，希望生育女孩的占9.01%，持无所谓态度的占59.87%，显示出"男孩偏好"程度的下降。

二是"1男1女"成为人们最普遍的意愿生育性别组合。1995年方菁等人的调查显示，75.35%的人想要1男1女；2000年尤丹珍和郑真真对安徽、四川农村外出妇女的调查表明，认为生育的理想性别结构为1男1女的分别占75.4%和76.7%；2002年陈彩霞和张纯元对四川农村的调查中，83%的人希望有1男1女；"2002年调查"结果也显示了类似的情况，在希望生育2个孩子的8495人中，95%的人希望1男1女；根据"2006年调查"，全部被调查者中，57.31%的育龄妇女希望生育一男一女，分城乡看，城市希望1男1女的占49.24%，农村希望一男一女的占61.29%。可见，"1男1女"的理想子女性别组合是大多数育龄妇女的愿望，并且在农村比城市更为普遍。"1男1女"之所以成为最普遍的意愿生育性别组合，一方面在于传统生育文化中"儿女双全"的观念还在很大程度上发挥着影响，这一点在农村育龄妇女中表现得尤其突出；另一方面，独生子女成长、教育等方面日益凸显的诸多问题以及独生子女家庭的高风险性，也是广大育龄群众希望拥有"一男一女"的重要原因。"2007年调查"表明，在希望生育2个孩子的育龄妇女中，希望1男1女的占60.79%，其中在2个孩子的先后性别组合上希望先男后女的占35.25%，希望先女后男的占25.44%；希望2个男孩的占4.03%，希望2个女孩的占1.38%；对性别持无所谓态度的占33.90%。

二、影响生育意愿的主要因素

按照存在决定意识的原理，生育意愿的形成与变化取决于现实社会经济条件。

笔者认为，中国居民生育意愿的变化是多种因素综合作用的结果，但最为重要、最为关键的因素包括以下几个方面：

（一）城市化水平

城市和农村是两个有着重要区别的文化实体，具有不同的文明特征。城市文明的特点决定了城市居民一般都拥有较高的文化水平、较强的事业心和竞争意识，结婚较晚，注重子女质量，生育数量较少；农村文明则与传统的农业生产方式相适应，农村居民文化程度普遍偏低，较多地保留着传统的婚育观念，对子女的数量需求和性别需求仍然较强。由上面的分析可以看出，城市和农村居民在生育目的、意愿生育子女数和意愿生育性别方面均存在明显差异。这种差异说明，提高城市化水平可以降低农村流动人口的生育意愿。究其原因主要在于，广大农村人口变为城市人口后，为适应现代城市生活的需要，必然会在工作方式、生活方式、社会交往、社会心理等诸多方面做出调适，以顺应生存环境的变化。例如，城市生活改变了人们的生产方式和工作方式，生产过程对劳动者数量和体力的需求不断降低，而对劳动者素质和技能的需求越来越高。为了适应这种变化，并且能够在日趋激烈的市场竞争中获得发展，人们不得不把主要精力投入到自身的事业发展之中，对婚姻和家庭的重视程度有所减弱，从而使"晚婚晚育"成为很多人的自觉选择，甚至出现不愿生育子女的"丁克家庭"。城市社会化水平的提高，降低了子女在家庭中作为劳动力的效用；社会养老保障水平的提高，弱化了孩子的养老保障功能；养育孩子"成本"的增加，使得男孩在经济、社会和文化场域的核心位置发生动摇，子女的性别差异对父母来说变得越来越无关紧要。传统的男性不可替代的"经济支柱"角色、"养老依靠"角色和"传宗接代"角色在城市生活中已经不复存在。在这种背景下，育龄群众的子女价值观也随之发生变化，开始从经济效用的角度考虑生育子女的时间和数量，而不再受或较少受传统生育观念的束缚，更注重对子女的质量要求，发生质量替代数量的变化。中国多次生育意愿调查所显示的城乡差别均说明：在生育目的方面，城镇居民现代性因素较多、农村居民传统性因素较多；在意愿生育数量方面，城镇居民较多地倾向于少生、农村居民的意愿生育子女数量明显偏多；在意愿生育性别方面，多数城镇居民能够接受生男生女一样好的生育观念、农村居民较多地存在"至少一个男孩"和强调儿女双全的传统生育观念。因此，随着城市化水平的提高，人们的生育观念必然伴随着文化观念的现代化发生根本性变化，进而使城乡之间的差异趋于弱化，最终导致人口总体生育意愿的变化。

（二）受教育程度

无论是城市还是农村，不同受教育程度者的生育意愿均存在差异。主要表现为：文化程度越高，意愿生育数量越少，意愿生育性别偏好越不明显。"1979年京川调查"表明，文化程度低的被调查者希望生育的子女数较多；随着文化程度的提高，被调查者希望生育的子女数逐渐减少。以北京市青年为例，文化水平与理想子女数呈现出较弱的反比关系；而希望不要和只要一个孩子的比重从小学、初中、高中到大学依次为35.71%、61.01%、64.41%、67.26%，呈明显的正相关关系；希望要2个及以上孩子的依次为64.29%、38.98%、35.59%、32.76%，呈明显的负相关关系。可见，文化水平愈高，意愿生育子女数愈少的趋势非常明显。

"2002年调查"表明，在无计划生育政策限制的情况下，小学以下、小学、初中、高中/中专/技校、大专、大学本科及以上文化程度人口的意愿生育子女数分别为2.7个、2.33个、1.99个、1.79个、1.72个和1.72个；从意愿生育性别来看，文化程度越高，选择男孩的趋于减少，而选择女孩的趋于增多。

根据"2006年调查"资料估算，文盲、小学、初中、高中或中专、大专及以上文化程度育龄妇女的意愿子女数分别为1.94个、1.86个、1.69个、1.59个和1.58个；从理想子女性别组合来看，持无所谓态度的育龄妇女所占比重分别为16.38%、22.70%、34.20%、42.41%和42.35%。

根据"2007年调查"资料，笔者计算了不同文化程度育龄妇女对生育孩次的意愿情况，在"有计划生育政策限制"情况下，小学及以下、初中、高中、大专及以上文化程度育龄妇女意愿生育1个孩子的比例分别为13.87%、18.45%、23.49%和24.64%，意愿生育2个孩子的比例分别为67.39%、71.08%、68.19%和66.71%，意愿生育3个及以上孩子的比例分别为12.71%、4.74%、3.83%和3.47%；在"无计划生育政策限制"情况下，小学及以下、初中、高中、大专及以上文化程度育龄妇女意愿生育1个孩子的比例分别为17.45%、23.12%、30.87%和36.72%，意愿生育2个孩子的比例分别为65.30%、69.61%、62.57%和57.47%，意愿生育3个及以上孩子的比例分别为16.28%、6.82%、6.25%和5.45%。可见，无论在"有计划生育政策限制"的情况下，还是在"无计划生育政策限制"的情况下，生育意愿与文化程度之间都显示出较强的负相关关系。也就是说，提高育龄妇女的文化程度，有利于降低其意愿生育子女数。

不同文化程度被调查者的生育意愿之所以不同，主要有以下原因：首先，不同文化程度人口的受教育年限不同，直接影响到初婚时间，从而影响到意愿生育时间和意愿生育子女数。其次，对生育本质的认识不同，受教育程度高的人更容易摆脱传统观念的束缚，在他们看来，生育的本质已不再是家族和家庭链条的延续，而是个人和家庭情感的需要。考虑生育时间和生育数量时，他们往往从经济效用角度衡量生育孩子的利与弊，作出较为理性的抉择。第三，对新事物、新观念的接受程度不同。受教育程度越高，思想观念越开放，越容易接受新事物、形成新观念，对"丁克家庭"等新兴生育观念的认同率明显高于受教育程度低的人群。第四，对个人意识和发展的认识不同。受教育程度高的群体在社会中处于较高层次，生活的场域往往与先进生产力有较强的联系，生活的重心不再是家庭，而通常以个人发展为首要目标。在这种情况下，往往会在个人发展与生育子女之间权衡利弊，作出抉择。此外，受教育程度不同，对子女的期望也会有所差异。文化程度高的人对子女的未来期望值也高，更关心子女的质量，从而使得他们易于作出重视子女素质提高的决策，将有限的投入集中在对子女的教育上，这就必然会降低生育数量上的偏好。

（三）经济发展水平

整体上讲，社会经济发展水平的提高是导致人们生育意愿变化的最根本原因。一般而言，经济发展水平低，营养水平和医疗条件差，婴幼儿死亡率高，要实现意愿子女数，就必须增加实际生育子女数。经济发展水平提高，婴幼儿死亡率大幅度下降，为补偿由于担心子女夭折而增加的生育数也会随之减少，从而会减少实际生育数量。

对个体或特定人群而言，劳动条件、收入水平、子女的成本—收益关系等是影响生育意愿变化的主要因素。一个人或人群所从事的职业是以体力劳动为主还是以脑力劳动为主，收入水平的高低及其对子女成本—收益关系的考虑程度，对其生育意愿具有重大影响。一般而言，以体力劳动为主的人或人群，生育男孩多就意味着有较强的劳动力，有利于发展生产，因此，意愿生育子女数较多，对子女的素质要求不高，但倾向于偏好男孩。而以脑力劳动为主的人或人群，对子女的整体素质要求较高，对数量方面的要求不显著，会发生质量替代数量的变化。"1979年京川调查"资料就反映出经济地位高低对个体生育意愿的影响：家庭经济状况越好，对子女的经济效用要求越低，越关注子女的质量，意愿生育子女数量越少（见表1）。

表1 北京城区青年按经济地位分的平均意愿生育子女数

性别	下等经济地位	中等经济地位	上等经济地位
男	1.333	1.374	1.310
女	1.392	1.276	1.154

资料来源：张子毅等. 中国青年的生育意愿 [Z]. 天津：天津人民出版社，1982.

表2 2006年中国东、中、西部居民生育意愿比较

项目		东部地区	中部地区	西部地区
人均GDP（元）		27589	11345	10051
理想子女数（%）	0个	0.92	0.64	0.85
	1个	26.26	23.75	24.97
	2个	56.97	65.46	58.77
	3个及以上*	1.81	1.13	4.94
	说不清	14.03	9.01	10.48
理想子女性别（%）	一男一女	55.20	63.49	53.04
	无所谓	34.26	26.65	33.68

资料来源：人均GDP数据源于国家统计局网站；理想子女数和理想子女性别源于张维庆主编《2006年全国人口和计划生育调查数据集》（中国人口出版社，2008年出版）。

从表2可以看出，中国东、中、西部居民的生育意愿存在着一定差异。在人均GDP较高的东部地区，居民选择不生育和生育一孩的比例最高，对子女性别持无所谓态度的比例也最高；而在人均GDP最低的西部地区，选择生育3个及以上孩子的比例最高。究其原因，就在于各类地区之间在经济发展程度、计划生育执行情况、文化教育水平、风俗民情等方面存在较大差异：东部地区经济发展水平较高，文化教育事业比较发达，人们思想观念中的现代性因素较多、传统性因素较少；中部地区经济和文化发展相对滞后，地处相对封闭的平原地带，受传统生育观念的影响较

---

* 在估算中，考虑到超过3孩的多孩意愿所占比重较低，笔者将"3个及以上"意愿子女数计为3.2个；在所有被调查育龄妇女中除去了选择"说不清"的被调查者。

大；西部地区经济发展水平最低，受教育程度低，再加上少数民族多，计划生育政策相对较宽，不少人倾向于通过多生多育满足对孩子的性别需求。

（四）政策与文化

1. 政策引导

影响中国居民生育意愿变化的因素中，政策因素占据着主导地位。计划生育政策的制定和实施在很大程度上影响着居民生育意愿的变化。然而，由于生育意愿属于个人意识范畴，政策因素对于生育意愿变化的影响十分有限。笔者认为，在人们的内心深处隐藏着一个关于生育意愿的"潜在界限"，它有上限和下限，具有一定的弹性，可以在外力的影响下发生变化，但并非没有止境。就像一根弹簧，它可以被拉长，也可以被压短，但却有一定的限度。中国妇女生育水平在20世纪70年代大幅度下降、80年代不仅没有继续下降反而出现波动的情况就说明，政策因素对人们生育意愿的影响作用是有限度的。

此外，计划生育政策的严格执行，还有可能在一定程度上刺激人们生育中的"性别偏好"。中国现行计划生育政策中，核心内容是"提倡一对夫妇只生育一个孩子"。当人们的生育子女数受到严格限制时，对于性别选择的意愿就会在一定程度上凸现出来。由此可能引发意愿生育性别比升高，进而导致实际出生性别比升高或失调。根据"2002年调查"数据，在"有计划生育政策限制"条件下，希望生育一个孩子的意愿生育性别比为171.3，而希望生育两个孩子的意愿生育性别比则回落至104.8。由此可见，严格限制生育数量的政策对性别选择意愿的影响是非常显著的。

2. 文化变迁

生育意愿是生育文化的直接体现，生育意愿的变迁反映着生育文化的变迁；生育文化的变迁也会在一定程度上影响到生育意愿的变化。在中国的传统文化观念中，子女被看做是继承和发扬光大上一代事业的接班人。受传统文化中"家本位"观念的影响，"儿女双全"、"多子多福"等是当时人们生育意愿的主要体现。没有生育男孩的妇女，往往被人们看不起，自己也会因为没有完成"传宗接代"的任务而产生自卑感。根据"2002年调查"数据，在主要生育目的中，有35%的被调查者仍然选择"传宗接代"，回答比例超过1/3。

文化对生育意愿的影响是非常深刻的，其中的性别文化对人们生育意愿的影响更为直接，但其影响也具有惰性。鉴于此，中国政府在全国城乡大力开展了倡导和建设新型生育文化的活动。目前，"生男生女一样好"、"女儿也是传后人"等新型生育文化正在被越来越多的人所接受，并且在一定程度上改变着人们的生育观念，影响着人们的生育行为。但这种新型生育文化不可能在短时间内完全取代传统生育文化，传统生育文化对人们生育意愿和生育行为的影响不可小视。

此外，改革开放以来，随着文化的交流与发展，西方文化中以个人为本位的价值观念逐渐传入中国，并在很大程度上影响着人们的思想观念，进而影响到人们的生育意愿。一方面，市场经济的活跃激发了人们的自主意识和独立人格，由此形成了对个人幸福的追求，人们开始把自我发展放在重要位置，而不是像传统社会那样将生活的重心放在家庭和养育子女上；另一方面，由于西方文艺作品、生活方式的影响，再加上以往"性禁锢"的逆反心理，西方性解放的文化思潮猛烈地冲击着中国的传统性文化，人们开始注重对性生活质量的追求，生儿育女不再是两性关系的主要内容。总之，不论是新型生育文化的倡导，还是西方文化的传播，都是影响中国居民生育意愿发生变化的重要力量，这是"文化力"作用的结果。

三、结　论

研究表明，生育意愿的变化，除了与国家政策的干预相关以外，还有更为复杂多样的因素。随着社会经济发展水平提高和城市化进程加快，以及社会保障制度不断完善，人们的生活方式必然发生变化，生育意愿还有进一步变化的趋势。在这一变化过程中，主要表现为意愿生育子女数的减少，但也隐藏着一个尖锐的矛盾：意愿生育数量减少与儿女双全之间的矛盾。"2001年调查"结果说明，中国计划生育政策与实际生育需求和生育行为之间的主要矛盾在于性别结构，而不是数量。从意愿生育数量看，几乎没有人坚持越多越好的观点了，但一定要生个男孩或者要求"儿女双全"的愿望还是比较普遍、比较强烈的，农村大部分超生行为就与强烈的"男孩偏好"有关，出生性别比持续偏高的事实更是生育观念中"男孩偏好"的结果。因此，当前人口和计划生育工作的重点是弱化性别偏好，而不是进一步降低生育率。而要实现这一点，构建先进性别文化、推进性别平等是一个非常重要的方面。

笔者认为，单纯依靠生育政策并不能完全转变人们的生育观念，社会经济的发展与进步才是推动生育意愿转变的根本因素。因此，解决中国人口问题的策略应当是"用发展的办法解决发展中的问题"。社会经济发展体现在城市化水平、经济收入、受教育程度等方面。从微观角度看，这些变化会直接渗透到家庭生活的方方面面，影响着个体的生育意愿；从宏观角度看，这些变化改变着社会的群体结构以及生产和生活方式，进而影响到社会群体生育意愿的变化。因此，社会经济发展以及由此导致的城乡结构和受教育程度的变化是生育意愿发生根本转变的重要因素。

参考文献

于淑清等. 市场经济与婚育意愿［J］. 人口研究，1994，18（1）：50-56.

梁巧转，朱楚珠. 生育观转变的定量研究［J］. 西安交通大学学报，1994，28（3）：126-131.

吕红平，陈胜利. 社会性别与人口发展［M］. 北京：中国人口出版社，2005：76.

张子毅等. 中国青年的生育意愿［Z］. 天津：天津人民出版社，1982：34，47，69，77，17，41，57，71，37.

于学军. 中国人口生育问题研究综述［EB/OL］. 中国人口网，2004-03-26.

方菁，张开宁，王爱玲. 昆明市部分女性流动人口生育意愿和避孕状况调查［J］. 人口学刊，1997（1）：63-65.

周长洪，黄宝凤. 育龄妇女理想生育意愿及其影响因素分析［C］. 国家人口和计划生育委员会计划财务司，中国人口与发展研究中心编. 1997年全国人口与生殖健康调查论文集. 北京：中国人口出版社，2000：81-87.

潘贵玉. 婚育观念通论 [M]. 北京：中国人口出版社, 2003：394.
陈胜利, 张世琨. 当代择偶与生育意愿研究 [M]. 北京：中国人口出版社, 2003：101-118, 140, 194, 197, 114, 140.
张维庆. 2006 年全国人口和计划生育调查数据集 [Z]. 北京：中国人口出版社, 2008：181.
社情民意调查课题组. 社情民意调查资料 [Z]. 2007.
尤丹珍, 郑真真. 农村外出妇女的生育意愿分析——安徽、四川的实证研究 [J]. 社会学研究, 2002 (6)：52-62.
陈彩霞, 张纯元. 当代农村女性生育行为和生育意愿的实证研究 [J]. 人口与经济, 2003 (5)：76-80.
郑真真. 中国育龄妇女的生育意愿研究 [J]. 中国人口科学, 2004 (5)：73-78.
吕红平. 中国性别文化的变迁及其现实意义 [J]. 河北大学学报, 2010, 35 (5)：12-16.

（作者单位：河北大学人口研究所）

基于回汉家庭子女数差异检验计划生育政策的有效性

樊　明　李晓庆　张善华*

一、引　言

中国长期实行计划生育政策。关于中国的计划生育政策，有三点值得关注：

第一，中国面临巨大的人口压力，需要减缓人口增长以实现人口与资源环境相协调，而计划生育政策被认为能有效地降低出生率，从而实现减缓人口增长的目标。然而，中国计划生育政策的有效性一直是一个备受争议的话题。长期以来，多数学者和政府部门强调计划生育政策对于减轻人口压力的重要性。但是，也有诸多不同看法，如顾宝昌等（2009）。

第二，实施计划生育政策耗费庞大的社会资源。截至2005年底，全国人口计生机构总数为82350个，编制为423042名；计划生育协会专职干部11.42万人，兼职干部57.27万人。在直接的计生控制系统外围，还有一个严密的网络。计生部门成为财政投入最多的部门之一。因此，中国的计划生育政策是一项高成本运行的公共政策。

第三，计划生育政策带来其他的一些负效应。一是出生性别比的失调。20世纪80年代以来，中国出生人口性别比偏高且持续升高，2007年攀升至118.58，使中国成为世界上出生性别结构失衡最为严重的国家之一，产生一系列社会问题。二是独生子女政策导致越来越沉重的社会养老负担。三是执行计划生育政策的野蛮执法在基层难以避免，尤其在广大乡村地区，影响社会和谐稳定，在国际上也造成不良影响，中国的国际形象因此受损。

因此，我们需要对中国计划生育政策进行全面深刻的反思，其中最主要的问题是计划生育政策的有效性，即在多大程度上减少了城乡居民生育子女数，降低了出生率。

中国有56个民族。依据不同民族的具体实际情况，中国对少数民族实施了较为宽松的计划生育政策，以实现各民族共同繁荣。这样就给我们提供了一个机会来观察由于计划生育政策宽松不同所带来的生育子女数的差异，从而检验计划生育政策的有效性。本文侧重分析，对回族家庭较为宽松的计划生育政策是否导致城乡回族家庭显著比汉族家庭多生育。如果回族家庭比汉族家庭显著多生，则说明计划生育政策有效；相反，如果回族家庭没有显著比汉族家庭多生，则意味着回族家庭可以多生却普遍没有多生，至少从这个角度来说中国计划生育政策的有效性是有限的。

---

* 作者简介：樊明（1957-），江苏扬州人，河南财经政法大学资源与环境科学系主任，博士，教授。李晓庆、张善华，河南财经政法大学学生。

从 2008 年 7 月到 2009 年 3 月,我们主要在河南省及周边地区对城乡居民的生育行为进行了问卷调查,其中城镇有收入的有效问卷为 1702 份,乡村为 1841 份。我们研究不同的计划生育政策对回汉家庭子女数的影响,故选取 1980 年后生育受到严格计划生育政策限制的样本,在技术上删除最后一个孩子的出生时间在 1980 年及以前的样本。此外,我们关注的是计划生育政策对回汉家庭实际生育子女数的影响,故再删除未婚、已婚未育样本,但包含在已婚未育样本中已明确表达无生育意愿的样本。在所采用样本中,少数民族的样本数为:城镇 404 个,乡村 178 个。数据显示,其中绝大多数为回民。《河南省人口与计划生育条例》第十八条规定:夫妻双方均为少数民族的,经批准可以按计划生育第二个子女。其他省份对少数民族的计划生育政策基本相似。

二、研究方法

一个家庭决定生育子女数是诸多因素作用的结果。我们把这些因素分为两类:一类是计划生育政策因素;另一类是非计划生育政策因素。我们关注的是,计划生育政策因素对回汉家庭子女数的限制作用。通过问卷调查,我们可知回汉家庭平均生育子女数的差异,但这一差异是受上述两类因素影响的结果。因此,我们要将这两类因素的影响作用分解开来,由此检验针对回族相对宽松的计划生育政策是否导致其比汉族家庭多生。方法如下:

设决定一个家庭生育子女数的家庭子女数模型为:

$$KIDSNUM = \alpha * X \tag{1}$$

这里,$KIDSNUM$ 为家庭子女数,α 为回归方程变量的系数矩阵,X 为回归方程中的解释变量矩阵,包含受教育程度、收入等,即:

$$\alpha = \begin{cases} \alpha_0 \\ \alpha_1 \\ \cdots \\ \alpha_n \end{cases} \quad X = \begin{pmatrix} 1 & X_1 & X_2 & \cdots & X_{n-1} & X_n \end{pmatrix}$$

用 X_i^H 代表第 i 个解释变量汉族家庭的均值,用 X_i^I 代表第 i 个解释变量回族家庭的均值,用 $(X_i^H - X_i^I)$ 代表在 X_i 解释变量上汉族家庭与回族家庭均值之差。定义 Y 为汉族家庭与回族家庭解释变量均值差矩阵,并规定矩阵不含民族变量,则

$$Y = \begin{pmatrix} 0 & X_1^H - X_1^I & X_2^H - X_2^I & \cdots & X_n^H - X_n^I \end{pmatrix}$$

表 1 和表 2 分别报告了城乡汉族和回族家庭平均生育子女数,二者之差记为 $ACTDIF$。对城镇居民,$ACTDIF = 1.390 - 1.483 = -0.093$;对乡村居民,$ACTDIF = 1.986 - 2.230 = -0.244$。此外,还报告了可能影响生育子女数的解释变量汉族和回族家庭的均值 X_i^H 和 X_i^I,由此可求得各解释变量均差 $(X_i^H - X_i^I)$。这里值得关注的是,对城镇居民,汉族和回族家庭平均子女数差异很小,绝对值仅为 0.093,对乡村居民,绝对值为 0.244,也不大。

表1　城镇家庭子女数及相关因素：回汉家庭对比

	孩子个数	年龄	中共党员比例(%)	受教育程度(年)	公职人员比例	收入(元)	男孩偏好指数	父母影响指数	超生惩罚影响				
									很有	有一定	一般	基本没有	完全没有
汉族	1.390	39.049	0.250	12.115	0.236	2046	2.231	1.749	0.125	0.208	0.203	0.273	0.192
回族	1.483	41.005	0.144	10.738	0.144	1718	2.205	1.488	0.097	0.203	0.124	0.287	0.290

表2　乡村家庭子女数及相关因素：回汉家庭对比

	孩子个数	年龄	中共党员比例(%)	受教育程度(年)	公职人员比例	收入(元)	对外信息指数	男孩偏好指数	父母影响指数	超生惩罚影响				
										很有	有一定	一般	基本没有	完全没有
汉族	1.986	40.053	0.058	8.644	0.917	12668	2.360	2.634	1.888	0.143	0.314	0.203	0.229	0.111
回族	2.230	38.669	0.157	9.534	0.978	13348	2.562	2.461	2.101	0.191	0.253	0.107	0.303	0.146

据前分析，ACTDIF 可分解为两部分：一部分由计划生育政策因素所导致，记为 POLDIF；另一部分由非计划生育政策因素所导致，记为 NONPOLDIF，即：

$$ACTDIF = POLDIF + NONPOLDIF \tag{2}$$

在家庭子女数方程（1）中，HAN 代表汉族，这一变量在相当程度上也可理解为政策变量，因为其代表所适用的计划生育政策，当然也反映与民族特征相关的其他因素，则其他变量代表非计划生育政策因素。令 β 为 α 系数矩阵中删除与民族变量 HAN 对应的系数后留下的系数矩阵。这样，$\beta*Y$ 可以理解为因非计划生育政策因素所导致的汉族与回族家庭生育子女数差，即：

$$NONPOLDIF = \beta * Y \tag{3}$$

如果 NONPOLDIF > 0，则意味着，汉族家庭因非计划生育政策因素比回族家庭平均多生的子女数；相反，如果 NONPOLDIF < 0，则为平均少生的子女数。从汉族和回族家庭实际子女数差 ACTDIF 中减去由非计划生育政策因素所导致的部分 NONPOLDIF，即可求得主要由计划生育政策宽松不同所导致的生育子女数差 POLDIF，即：

$$POLDIF = ACTDIF - \alpha * Y \tag{4}$$

三、家庭子女数模型

下面对家庭子女数模型 $KIDSNUM = \alpha * X$ 进行具体分析，先逐一分析解释变量。

1. 年龄（AGE）

与年长者相比，年轻人的受教育程度相对较高，受中国传统生育观念的影响较小，相反受西方思想影响较大，大多享有社会养老保障，平均生子女数相对较少。表3显示，随着年龄的增长，平均生育子女数随之增多。

表 3　年龄与生育子女数

	城　镇		乡　村	
	子女数	样本数	子女数	样本数
≤29 岁	1.111	190	1.224	214
30–39 岁	1.240	525	1.808	480
40–49 岁	1.540	515	2.253	600
50–59 岁	1.827	185	2.585	195
≥60 岁	2.667	9	2.714	21

2. 民族

本次调查特别关注以回族为代表的少数民族的生育行为。少数民族除了享受较为宽松的计划生育政策，其宗教文化和民族传统与汉族相比也不尽相同。表 1 和表 2 显示，在城镇和乡村，汉族家庭平均生育子女数少于以回族居民为代表的少数民族家庭。在回归方程中，用 HAN 代表汉族，以少数民族为比较基础。

3. 中共党员（CPC）

在中国，中共党员是一个特别的政治身份，一般经过较为严格的选拔，具有较高的政治觉悟。此外，有更多的机会担任领导职务，在执行国家法律、法规方面起到一定的带头作用。可以预见，中共党员比一般民众更能遵守计划生育政策，因而所生子女数相对要少。表 4 显示，无论在城镇还是乡村，中共党员的平均生育子女数均低于普通群众，但相差不是很大。

表 4　中共党员与生育子女数

	城　镇		乡　村	
	子女数	样本数	子女数	样本数
中共党员	1.288	313	1.895	105
非中共党员	1.453	1111	2.024	1405

4. 受教育程度（EDU）

一般来说，受教育程度高的人受中国传统思想观念的影响较弱，诸如"多子多福"等，相反受现代西方文化的影响较强。受教育程度高，也意味着享有较高的收入、较好的工作保障、更好的养老保障，由此削弱了其养儿防老的动机。所有这些因素导致其生育子女数减少。表 5 显示，随着受教育程度的提高，城乡居民的生育子女数明显递减。

表 5　受教育程度与生育子女数

	城　镇		乡　村	
	子女数	样本数	子女数	样本数
未读书	2.086	35	2.455	99
小　学	1.893	103	2.206	296
初　中	1.563	334	1.974	736

续表

	城 镇		乡 村	
	子女数	样本数	子女数	样本数
高中、中专	1.438	496	1.859	305
大 专	1.207	276	1.917	48
本 科	1.027	147	1.333	21
研究生	0.909	33	1.400	5

5. 公职人员（GOVSTAFF）

《人口与计划生育法》第四十一条第一款规定：不符合本法第十八条规定生育子女的公民，应当依法缴纳社会抚养费。第四十二条规定：按照本法第四十一条规定缴纳社会抚养费的人员，是国家工作人员的，还应当依法给予行政处分；其他人员还应当由其所在单位或者组织给予纪律处分。我们把以财政拨款为主的政府部门和事业单位称为公职部门，在其工作的人员称之为公职人员。在本研究中，我们把政府部门以及科教文卫部门定义为公职部门。显然，由于公职人员受到计划生育政策更多惩罚的限制，应倾向于少生。此外，公职人员执行国家政策的自觉性也应比一般民众要高，因此也会倾向于少生。表6显示，公职人员比非公职人员生育子女数要少。

表6 公职人员与生育子女数

	子女数	样本数
公职人员	1.268	299
非公职人员	1.456	1125

6. 是否务农（FARMINGWTBZ）

在中国，一方面，农业属于劳动密集型产业，需要投入大量的劳动力，所以需要多生孩子以补充家庭劳力；另一方面，务农人群的年总收入低于非务农人群，在目前乡村社会养老保障制度不完善的情况下，务农人群会更多地考虑养儿防老。表7显示，在乡村，务农人群的子女数多于非务农人群。

表7 是否务农与生育子女数

	子女数	样本数
务 农	2.047	1396
非务农	1.623	114

7. 收入

李竞能（2004）总结了西方学者关于收入对生育率影响的理论，作出以下归纳：无论根据发达国家历史还是发展中国家的实际情况，一般结论是——在人均收入刚开始提高时，生育率呈上升趋势；而当人均收入提高到一定水平后，经过若干中间环节的作用，人均收入继续提高，则生育率呈下降趋势。在家庭收入提高时，会增加对孩子（作为消费品）以及孩子之外的商品的需求。在家庭收入上升的情况下，家庭愈重视孩子的质而非孩子的量。随着孩子数量的增加，孩子的经济成本和机会成本都会增加。表8和表9分别报告了城乡居民收入与所对应的平均生育子女数。总的来说，随着收入的提高，人们生育子女数变化趋势不明显。

这里要澄清一个问题：所调查的收入是现在收入，而其生育是过去的行为。我们以现在收入解释过去的生育行为是基于中国的弱收入流动性。收入流动是指某个特定的收入组人员的收入在经过一段时间的变化后，其所拥有的收入份额或者所在的收入组别发生的变化位置。这就意味着，今天的收入可以反映过去生育行为发生时的相对收入关系。关于中国在一定程度上的弱收入流动性，权衡（2005）的研究认为，由于中国不完善的市场经济制度、不统一的社会公共政策，以及一些体制和机制性障碍的存在，特别是现有的户籍制度、地区保护主义等因素使中国居民收入流动性比较小。在回归方程中，用 *INCOMEMONTH* 代表月收入，用于城镇和城中村居民；用 *INCOMEYEAR* 代表年收入，用于乡村务农居民。

表8　月收入与生育子女数：城镇居民

	子女数	受教育程度	男孩偏好指数	样本数
<1000元	1.457	10.213	2.233	258
1000–1499元	1.393	11.346	2.151	272
1500–1999元	1.415	11.815	2.346	205
2000–2499元	1.332	12.863	2.151	205
≥2500元	1.316	13.687	2.283	307

表9　年收入与生育子女数：乡村居民

	子女数	受教育程度	男孩偏好指数	样本数
≤1500元	2.193	7.735	2.640	336
1500–5000元	2.227	8.437	2.700	277
5001–12500元	1.956	8.947	2.549	319
12501–20000元	1.842	9.200	2.621	330
≥20000元	1.869	9.620	2.557	237

8. 男孩偏好（*BOYPREF*）

中国传统生育文化中有相当强的"重男轻女"倾向。在古代农业社会，和女孩相比男孩在农业生产劳动中可发挥更大的作用。传统中国文化重视祖先祭祀，并规定只有男孩才能继承香火，这样强化了对男孩的偏好。男孩偏好比较强的人群，如果第一孩为女孩，则可能要求生育二孩，有的甚至持续生育直到至少有一个男孩为止，这就可能导致多生。此外，男孩偏好强的群体由于受中国传统生育文化的影响，本身就倾向于多生孩子。表10显示，随着男孩偏好程度的增强，人们生育子女数明显递增。

表 10　男孩偏好与生育子女数

	城　镇		乡　村	
	子女数	样本数	子女数	样本数
一定要有男孩	1.913	80	2.355	248
最好有个男孩	1.500	272	2.092	478
男孩女孩都一样	1.370	959	1.862	737
女孩更好	1.257	113	1.851	47

9. 父母影响（PARENTIMPACT）

问卷询问，生育决策受父母的影响，备选答案有："完全没有"，"有一些影响"，"一般"，"影响较大"，"影响很大"，依次赋值 1~5。如果父母对子女生育决策施以较大影响，通常也意味着父母受传统文化影响较深，而子女生活在这样的家庭中所受到的传统文化影响通常也较大。子女如果更多地接受来自父母对其生育决策的影响，通常也意味着受传统文化影响较深。这些因素都导致子女多生倾向。表 11 显示，随着父母对生育决策影响增大，城镇居民平均生育子女数变化趋势不明显，而乡村居民平均生育子女数有上升趋势。

表 11　父母影响与生育子女数

	城　镇		乡　村	
	子女数	样本数	子女数	样本数
完全没有	1.415	814	1.984	686
有一些影响	1.410	344	2.037	430
一　般	1.360	200	2.039	259
影响较大	1.745	47	2.046	109
影响很大	1.368	18	2.115	26

10. 对外信息了解程度（INFORMOUT）

这一问题是针对乡村居民所设计的。对外信息了解程度高的人群有更多的机会接触到城镇少生优生的生育文化，从而削弱传统生育文化的影响。此外，对外信息了解得多的乡村居民通常受教育程度相对较高，能够接受较多的现代西方生育思想，可能导致其少生孩子。表 12 显示，随着对外信息了解程度的提高，生育子女数明显减少。

表 12　对外信息了解程度与生育子女数

	子女数	受教育程度	样本数
很了解	1.813	9.698	139
比较了解	1.990	9.121	522
一　般	2.037	8.821	630
所知很少	2.142	7.055	219

11. 超生惩罚的影响

问卷询问，"超生惩罚对您生育决策的影响"；备选答案有："很有"（IM-

PACTVERY)、"有一定"(IMPACTFAIR)、"一般"、"基本没有"(NOBASIC)、"完全没有"(NOTALL)。表13显示，和选择"一般"的相比，选择"有一定"(IMPACTFAIR)和"很有"(IMPACTVERY)的人生育子女数有下降趋势，在一定程度上，可以将其解释为这类人群生育子女数受到超生惩罚的遏制。回归方程中，以"一般"为比较基础。

表13 超生惩罚与生育子女数

	城 镇		乡 村	
	子女数	样本数	子女数	样本数
完全没有	1.217	313	1.690	174
基本没有	1.411	394	2.033	359
一 般	1.580	257	2.135	289
有一定	1.510	294	2.035	463
很 有	1.386	166	2.044	225

根据以上讨论，我们提出家庭子女数回归方程。

城镇家庭子女数回归方程为：

$KIDSNUM = \alpha_0 + \alpha_1 AGE + \alpha_2 HAN + \alpha_3 CPC + \alpha_4 EDU + \alpha_5 GOVSTAFF$
$+ \alpha_6 INCOMEMONTH$
$+ \alpha_7 BOYPREF + \alpha_8 PARENTIMPACT + \alpha_9 IMPACTVERY + \alpha_{10} IMPACTFAIR$
$+ \alpha_{11} NOBASIC + \alpha_{12} NOTALL$

乡村家庭子女数回归方程为：

$KIDSNUM = \alpha_0 + \alpha_1 AGE + \alpha_2 HAN + \alpha_3 CPC + \alpha_4 EDU + \alpha_5 FARMING$
$+ \alpha_6 INCOMEYEAR$
$+ \alpha_7 INFORMOUT + \alpha_8 BOYPREF + \alpha_9 PARENTIMPACT + \alpha_{10} IMPACTVERY$
$+ \alpha_{11} IMPACTFAIR + \alpha_{12} NOBASIC + \alpha_{13} NOTALL$

表14报告了采用OLS进行回归的结果，几乎所有变量的符号和理论预期相符，绝大多数变量达到95%的显著水平。根据计量分析结果以及前面的讨论，我们获得以下结论：

与年轻者相比，年长者平均生育子女数较多；乡村少数民族家庭平均生育子女数多于汉族家庭；中共党员平均生育子女数少于普通群众；受教育程度高的人平均生育子女数少于受教育程度低的人；有较强男孩偏好的人平均生育子女数要多；生育决策受父母影响大的人倾向于多生孩子；受超生惩罚影响大的人群其平均生育子女数有减少的趋势。对于城镇居民来说，公职人员的平均生育子女数少于非公职人员。对于乡村居民来说，相对于非务农人员，务农人员的平均生育子女数较多；随着对外界信息了解程度的加大，平均生育子女数有下降趋势。

表 14　生育子女数方程回归结果

	城　镇		乡　村	
	系数	t - 值	系数	t - 值
C	0.7193	5.1623	0.2523	1.3769
AGE	0.0285	13.4664	0.0451	19.6468
HAN	-0.0079	-0.2113	-0.3651	-5.8194
CPC	-0.0514	-1.1853	-0.0771	-0.9508
EDU	-0.0495	-8.6943	-0.0179	-2.7749
GOVSTAFF	-0.0432	-1.0196		
FARMING			0.2140	2.6615
INCOMEMONTH	2.68E-06	0.2777		
INCOMEYEAR			2.93E-07	0.7086
INFORMOUT			-0.0241	-0.9852
BOYPREF	0.1218	4.7219	0.1599	6.2190
PARENTIMPACT	0.0079	0.4289	-0.0111	-0.5663
IMPACTVERY	-0.1489	-2.3708	-0.0550	-0.8011
IMPACTFAIR	-0.0543	-1.0305	-0.0926	-1.5924
NOBASIC	-0.1048	-2.1136	-0.0830	-1.3535
NOTALL	-0.2434	-4.5219	-0.3075	-4.1040
R^2	0.2651	0.2889		
样本数	1248		1498	

四、计划生育政策宽松度对家庭子女数影响

根据公式 (3) 计算，对于城镇居民，因非计划生育政策因素导致汉族与回族家庭子女数均值差为 $NONPOLDIF = -0.107$，而汉族与回族家庭实际子女数均值差为 $ACTDIF = -0.092$，由此求得：

$POLDIF = -0.092 - (-0.107) = 0.014$

这个细小的差异既包含有计划生育政策所导致，也包含回归方程中解释变量以外的因素（缺失变量）以及因样本量不是充分大从而随机误差较大所导致。介于这一差值如此之小，我们倾向认为，对回族家庭相对宽松的计划生育政策没有因此导致回族比汉族家庭多生。

对于乡村居民，$NONPOLDIF = 0.122$，$ACTDIF = -0.244$，由此可求得：

$POLDIF = -0.244 - 0.122 = -0.366$

这个差异仍然既包含有计划生育政策所导致，也包含缺失变量以及因样本量更小从而导致随机误差更大所导致。由于这个数值的绝对值达到 0.366，我们倾向认为，在乡村对回族家庭相对宽松的计划生育政策导致回族家庭比汉族家庭多生。值得注意的是，在乡村，对汉族家庭实行的是一点——五孩政策，而对回族家庭则是两孩政策，如果回汉家庭超生行为相似，理论上回族家庭应比汉族家庭多生 0.5 孩，而实际平均多生 0.244 孩，考虑非计划生育因素在回汉居民间的差异，因计划生育政策相对宽松而导致回族比汉族家庭多生子女数为 0.366 孩，回族家庭似乎没有"用足"相对宽松的计划生育政策。

由此我们大体可以得出以下结论：基于回汉家庭在不同计划生育政策下所生育子女数相当接近，我们判断对回族家庭所采取的鼓励性计划生育政策（允许回族家庭生二孩）的有效性是相当有限的。这一结果与表 14 中变量 HAN 之不显著是相对应的。在乡村，与回族家庭的二孩政策相比较，对汉族家庭的更为严格的一点——五孩政策的限制作用还是明显的。这一结果与表 14 中变量 HAN 之显著也是相对应的。

顾宝昌等（2009）所做的一项调查值得关注。在其所著《八百万人的实践》中介绍了酒泉、承德、恩施、翼城在较为宽松的计划生育政策下人们的生育行为。在这些地区实行了两孩政策，但多年来人口保持低增长，总和生育率保持在 2 个孩子以下。说明即使在普遍可以生育二孩的较宽松的计划生育政策下，人们也并非一定要生育二孩。这一观察和我们对回汉家庭在不同计划生育政策条件下家庭子女数的研究结果有相通之处。

现在针对计划生育政策中出现的诸多问题，有不少学者和一般民众提出要放宽计划生育政策以减缓社会养老的压力和失调的出生婴儿性别比，其实这种建议基于一个隐含的假定：计划生育政策可决定人们的生育行为，政策允许多生人们就会多生，然而我们以及顾宝昌等的研究显示，放宽计划生育政策不一定就导致人们显著多生，尤其对城镇居民。其实，西方种种鼓励人们多生的人口政策基本上是无效的。

参考文献

樊明等. 生育行为与生育政策 [M]. 社会科学文献出版社, 2010.
费孝通. 生育制度 [M]. 商务印书馆, 2004.
冯立天, 马瀛通, 冷眸. 50 年来中国生育政策演变之历史轨迹 [J]. 人口与经济, 1999, (2).
顾宝昌, 王丰等. 八百万人的实践——来自二孩生育政策地区的调研报告 [M]. 社会科学文献出版社, 2009.
顾宝昌. 论生育和生育转变：数量、时间和性别 [J]. 人口研究, 1992, (6).
国家人口发展战略研究课题组. 国家人口发展战略研究报告 [J]. 人口研究, 2007, (1).
李竞能. 现代西方人口理论 [M]. 复旦大学出版社, 2004.
权衡. 居民收入流动性与收入不平等的有效缓解 [J]. 上海经济研究, 2005, (3).
杨菊华. 意愿与行为的背离：发达国家国家生育意愿与生育行为研究述评及对中国的启示 [J]. 学海, 2008, (1).

（作者单位：河南财经学院资源与环境科学系）

农村独生子女父母（50+）家庭的亲子关系

——基于对南京市高淳县的调查

周长洪 刘 颂 葛 芳 刘佩丹

一、问题的提出

根据"人口五普"数据，我国"独生子女户"的数量在2000年已达到9000万左右。目前，最早因计划生育成为独生子女家庭的父母年龄超过50岁，正逐渐步入老年阶段，据估计，2005年50~65岁的一孩母亲数量达到1292万，随着时间推移越来越多独生子女父母将进入老年，这不仅意味着人口老龄化进程的加速，更意味着这些家庭养老问题逐渐由隐性转为显性，过去一直不以为然的独生子女父母养老问题，将作为严峻的社会挑战真实地展现在我们面前。

特别值得注意的是农村独生子女家庭。根据2005年1%人口抽样调查，农村15~64岁的1孩母亲的数量累计达到7979万，超过城市的6433万。2005年，50~65岁的农村独生子女母亲数量为460万，加上父亲就几乎翻了一倍。农村独生子女父母养老问题之所以需要高度关注，不仅在于人数越来越多，更在于当今社会流动性增加情况下，唯一的子女不在身边常常导致父母家庭空巢，使父母养老风险激增。

本文根据对南京市高淳县调查，揭示目前农村50岁以上独生子女父母的家庭结构、亲子关系，以及对养老保障的预期，为有针对性地建立计划生育夫妇社会养老保障制度提供相关信息。

二、调查背景

（一）调查地基本情况

由于生育政策原因，江苏省农村独生子女家庭比例是全国最高的省份（不算直辖市），调查点高淳县在江苏算是一个典型的农村人口县，2008年全县人口43.48万，其中80.8%是农村人口；经济发展水平处于江苏中等，2008年农民人均纯收入8982元；高淳计划生育工作基础比较好，农村政策生育符合率长期超过90%，累积有大量农村独生子女家庭。对于我们的研究目的来说，高淳县是非常合适的调查点。

根据高淳县人口计生局提供的预测资料（见表1），"十二五"期间该县农村60岁以上农民数量将由2010年的71324人上升到2015年的113590人，年均增长速度为9.8%；其中，独生子女父母数量由2826人增加到7807人，年均增长速度为22.5%，大大高于老年人口增长速度；独生子女父母占老年人口比例由2010年的3.96%上升到2015年的6.87%，增幅高达73.5%。数据充分显示了我们要研究的这个群体养老问题的重要性，以及该县作为本课题调查点的典型性。

表1　高淳县"十二五"期间农村独生子女父母（60+）数量与比例

年份	2010	2011	2012	2013	2014	2015
60岁以上农民数量（人）	71324	77841	86986	97142	105724	113590
独生子女父母数量（人）	2826	3394	4410	5549	6676	7807
独生子女父母比例（%）	3.96	4.36	5.07	5.71	6.31	6.87

（二）调查过程与方法

本次调查时间是2010年元月下旬至2月上旬，历时约半月。调查对象为农村年龄在50岁以上的独生子女家庭父母，以家庭为单位，抽样比约10%，总共为200户家庭，分布在高淳县全部8个乡镇。考虑到被调查家庭父母文化水平普遍较低，因此由经过培训的调查员上门入户询问并进行填答，由被调查家庭父母的某一方回答。调查总共发放问卷200份，问卷包含42个问题，实行匿名填答，回收有效问卷195份，有效回收率为97.5%。本文数据来自这次调查的家庭。

（三）被调查者基本情况

被调查家庭的独生子女父母年龄最小的是50岁，最大的79岁，平均年龄为61.7岁。年龄分布见表2，50～60岁的人占48%，60岁以上的人占52%。直接回答调查问卷的人，以家庭男性主人为主，占76.4%，女性被调查者占23.6%。这些年满50岁以上的被调查老人中大多数文化水平比较低（见表3），有超过一半的人"不识字或很少识字"，另有29.7%的是小学毕业，两者合计高达84.6%，这些是可解释的——他们大多数人的童年是在新中国成立前后的农村度过。此外，他们中有接近90%的人"在家务农"（88.6%），还在职工作的占5.7%，退休等其他情况占5.7%。被调查的独生子女父母其孩子是男孩的占60.1%，是女孩的占39.9%。

表2　被调查的独生子女父母（50+）的年龄分布

年龄分布	(50,55)	(55,60)	(60,65)	(65,70)	(70,80)	合计
人数（%）	46(23.6)	28(14.4)	62(31.8)	40(20.5)	19(9.7)	195(100.0)

表3　被调查的独生子女父母（50+）的文化水平

文化水平	不识字或很少识字	小学	初中	高中、中专	大专及以上	合计
人数（%）	107(54.9)	58(29.7)	16(8.2)	12(6.2)	2(1.0)	195(100)

被调查的独生子女父母的婚姻状况是，有配偶的，即老伴健在的，为160人，占全部调查家庭的82.6%，其余17.4%的老人是无配偶的单身——其中7人离异（全为男性），28人丧偶。这些丧偶老人一般年龄偏大，平均为66.2岁，显著高于有老伴或离异的老人的平均年龄61.0岁——这一点比较好理解。数据表明，被调查群体具有很好的代表性，其自然与社会特征符合我们的研究目的。

三、独生子女父母（50+）的家庭结构

家庭代际结构对家庭养老功能有重要影响。根据家庭代际数目以及具体成员身份和相互关系的不同，家庭结构可能非常复杂多样，而不同家庭结构所具有的潜在

养老功能千差万别。

（一）家庭代际结构

尽管这次调查的全是50岁以上独生子女父母家庭，但这195个家庭的代际结构仍然呈现多样性，不同代际数目与成员关系共组合成8类不同家庭结构（参见表4）。

表4 农村独生子女父母（50+）的家庭结构

代际结构	单代	二代				三代		四代	合计
		正常两代		隔代	两代老人	下三代	上三代	祖父母 父母 已婚子女 孙子女	
	父母	父母 已婚子女	父母 未婚子女	父母 孙子女	祖父母 父母	父母 已婚子女 孙子女	祖父母 父母 已婚子女		
人数	107	47	14	3	9	11	2	2	195
%	54.9	24.1	7.2	1.5	4.7	5.6	1.0	1.0	100.0

调查数据显示，作为50岁以上独生子女父母，目前单独生活（即单代老人家庭）的最多，有107户（见表4），超过被调查家庭的一半（54.9%）。其次是与独生子女共同生活的正常两代家庭，共61户，占调查家庭的31.3%。此外，还有"隔代"和"两代老人"家庭12户，占6.2%，以及三代和四代家庭共15户，占7.6%。调查结果表明，50岁以上独生子女父母大多数处于与子女分开生活状态，也就是家里除了老人自身外，没有其他家庭成员。

（二）家庭空巢类型

空巢家庭通常指由于无子女或虽有子女，但子女长大成人后离开父母家庭另立门户，只剩下老人独自生活的家庭。这一概念的核心是一个家庭中缺乏主要劳动力，而由基本丧失劳动能力的老人组成，隐含家庭正常养老功能严重缺失。现在，由于人口寿命延长，还出现由低龄和高龄老人组成的两代老人空巢家庭。此外，由于大量中青年流出，农村还出现老人和孙子女共同生活的隔代家庭，按其对家庭养老功能的影响，被视为准空巢家庭。

按照上述分类，这次调查的195个农村独生子女父母家庭中，属于"单代老年空巢型"有107户，占被调查家庭的54.9%（见表4）；"两代老人空巢型"9户，占被调查家庭4.6%；"祖孙隔代空巢型"3户，占1.5%。合计空巢家庭119户，占全部被调查家庭的61.0%。调查结果表明：独生子女父母老人空巢比例超过六成，主要是单代老人空巢家庭，占空巢家庭总数89.9%，其次是两代老人空巢家庭，占空巢家庭的7.6%。

事实上，造成家庭空巢的最主要原因是子女外出打工或就业的结果。数据显示（见表5），被调查家庭的成年独生子女超过一半在外地打工或就业：在外地打工的占42.0%，在外地就业的占9.3%，还有个别在外地务农的，占3.1%，三者合计为54.4%；而在家务农和在附近乡镇企业就业的为45.6%。调查结果表明，超过一半独生子女没和父母常年住在一起。

表 5　家庭的成年独生子女劳动或工作地点

地点	在家务农	本地乡镇企业工作	外地务农	外地打工			外地就业			合计
				本县	本省	外省	本县	本省	外省	
人数	60	28	6	31	40	10	7	6	5	193
%	31.1	14.5	3.1	16.1	20.7	5.2	3.6	3.1	2.6	100.0
					42.0			9.3		

注：2 人未答。

"父母在不远游"，孝顺父母、养老送终，只有在传统农业社会才可能做到，而在改革开放带来的经济发展和快速工业化、城镇化过程中，人们为了改善境遇、追求幸福生活，流动就是不可避免的事情。和父母分开，并非不孝，实乃不得已！当然，如果子女多些，父母年老无子女陪伴照料的可能性会小些，而子女只有一个，老年无子女照顾的可能性就大大增加——这次调查证实了这一点。总之，不管造成空巢的原因是什么，有一点是确定的，那就是这些家庭老人将不得不面对严峻的养老挑战。

四、父母对与子女关系的认识

养儿防老，曾是亿万中国农民解决养老问题的主要选择，并在长期实践中形成广为人们接受的观念，成为人们赋予生儿育女的重要意义之一。对于父母来说，到了老年依靠成年子女养老送终，乃天经地义；对于子女来说，"父母在不远游"，孝顺父母，伺候父母，为父母养老送终，责无旁贷。然而，在只有一个孩子的情况下，子女的养老功能还能保持么？当事人对子女的养老效用又如何认识呢？这次调查给我们提供了有益的信息。

（一）对子女养老作用的认识

这次在问卷中我们设计了这样一个问题："在您这个年纪，就养老而言，您认为什么样的子女数量和性别为合适？"结果是（见表6）：超过六成的人回答"条件允许，应生2个"，三成人回答"一个孩子就行"，还有少量人认为"孩子多少与养老无关"（5.7%），至于认为为了养老需要生 3 个或更多孩子的人几乎没有（另有选项"条件允许，应生 4 个及以上"，也没有人选择）。调查结果表明，独生子女父母对靠子女养老的指望并不很强，但是如果政策允许，大多数人还是觉得 2 个孩子更好。

表 6　独生子女父母（50＋）对子女养老作用的认识

认识	一个孩子就行	条件允许，应生2个	条件允许，应生3个	儿女双全才是福	孩子多少与养老无关	合计
人数（%）	60（30.9）	121（62.4）	1（0.5）	1（0.5）	11（5.7）	194（100.0）

注：1 人未答。

尽管觉得独生子女养老不是最合适选择，但这些家庭父母靠子女养老的想法已经大大减弱，这反映了经济发展和日益增强的社会养老保障环境下，人们靠子女养老的观念在弱化，也许正是这种弱化使他们即使感到 2 个孩子比一个孩子更有益于养老，但还是能够接受了只有一个孩子的现实。

（二）对子女婚后是否与父母同住的态度

在传统中国农业社会里，许多家庭成年子女婚后也不和父母分家，这就是"多代同堂"的习俗。老舍先生把自己写的描述旧中国人们生存状态的名著取名为"四世同堂"，足以从侧面折射出中国人传统上对多代同堂的崇尚。那么，在计划生育的今天，这些只有一个孩子的父母对子女婚后是否和自己住又是怎么想的？调查结果显示（见表7）：接近七成人赞成分开住（68.6%），但其中绝大多数"赞成分开住，但最好在附近，便于照顾"，至于三成多的不赞成分开住的老人的顾虑，主要也是来自于对年老无人照料的担忧。

表7　独生子女父母（50＋）对子女婚后是否分开生活的态度

态度	赞成分开住，离得远些，避免不必要的矛盾	赞成分开住，但最好在附近，便于照顾	不太赞成，担心老了没人照顾	很不赞成，应住在一起，养孩就是为防老	合计
人数（%）	25（13.1）	106（55.5）	45（23.6）	15（7.9）	191（100.0）

注：4人未答。

调查显示，独生子女家庭父母的多代同堂观念已经大大削弱，即使只有一个孩子，即使知道有年老照料问题，即使希望孩子能照顾自己老年，但大多数人也不强求子女成家后和自己住在一起，在两代人关系上表现出非常开明的观念。

五、父母与独生子女间的互动

小时候由父母养，老了养父母，子女与父母的这种经济互动，是家庭实现代际传承的基本方式，也是家庭两代成员间的基本契约。自家庭诞生以后，社会正是依靠家庭的这种代际间财富流动，顺利完成人口的繁衍与发展。那么，今天在只有一个孩子情况下，父母与成年子女间在经济上的互动情况如何？这次调查我们对此进行了了解。

（一）父母对子女的经济补贴

调查显示（见表8），被调查家庭的成年独生子女有基本固定收入的略多一半，没有固定收入的略少一半，从收入稳定性上看彼此存在很大差异。前面我们看到（见表5），这些独生子女有接近一半是在外打工或务农，另有略多一半是在家务农或在本地、外地企业就业，如果将前者视为有固定收入、后者为无固定收入，则比例大体相当。

表8　独生子女的收入情况

子女收入情况	有固定收入	算是有固定收入	没有固定收入	没收入，靠救助	合计
人数（%）	34（17.5）	66（34.0）	94（48.5）	0（0.0）	194（100.0）

注：1人未答。

这些父母（50＋）在经济上是否补贴唯一的成年子女？调查结果是（7人未答）："不补贴"的为61.2%，"有时补贴"的占30.9%，"经常补贴"的仅为

8.0%，其中不补贴的占多一半。在回答"有时补贴"和"经常补贴"的73人中，其补贴的主要用途为（见表9，多选）：子女买房或盖房、子女结婚、补贴子女低收入，以及孙子女教育等。调查结果与传统农村家庭在子女开始进入成年的时候，父母在子女身上的几笔主要花费相一致。

表9 独生子女父母(50+)对子女经济补贴的用途

补贴用途	子女下岗或失业	子女收入低	子女结婚	子女买房或盖房	孙子女教育	子女生病	基数
人数(%)	3(4.1)	25(34.2)	28(38.4)	31(42.5)	12(16.4)	9(12.3)	73(100.0)

注：2人未答。

（二）子女对父母的经济资助

更值得注意的是，这些家庭的成年独生子女是否在经济上补贴父母呢？由于只有一个子女，子女的补贴就显得更为重要。调查结果显示（2人未答）："不补贴"的占39.4%，"有时补贴"的占46.6%，"经常补贴"的14.0%。相比61.2%的父母不补贴子女的情况，子女不补贴父母的仅占39.4%。这说明，在代际的经济流向上，处于生命周期的这个特定阶段的农村独生子女家庭，开始由父母养育子女为主转向子女对父母反哺为主。

至于子女对父母的经济补贴的主要用途见表10（多选）。在回答"有时补贴"和"经常补贴"的117人中（2人未答），子女在经济上补贴父母"日常生活"的有80.9%，补贴父母"看病买药"的46.1%，补贴父母"买营养品"的13.0%，这是主要的三个用途，这与我们平时的感受相一致。

表10 独生子女对父母(50+)经济补贴的用途

用途	日常生活	买房、建房、修房	看病买药	住医院	买营养品	旅游	买家用电器	基数
人数(%)	93(80.9)	9(7.8)	53(46.1)	8(7.0)	15(13.0)	1(0.9)	3(2.6)	115(100.0)

（三）对依靠子女养老的预期

这些年龄在50岁以上的独生子女父母，他们即将或者已经步入老年，在依靠子女养老方面是如何预期的呢？在回答问卷中"在您看来，当年老时如果有生活或医药上的需要，孩子能在经济上提供帮助吗？"的问题上，46.2%的人选择"一定会"，38.5%的人选择"可能会"，另分别有5.1%的人选择"不太可能"、"不可能"和"不知道"。总的来看，这些父母对于唯一子女在经济上会帮助自己养老这一点还是比较有信心。

在问卷中，我们还设计了一道题"如果子女将来在城镇安家落户，您会到子女家和他们一起住吗？"，这些父母的回答多少有点令人吃惊（见表11）——选择"会的"人只有11.3%，而明确回答"不会"的人达到58.0%。这些人只有一个孩子，而不到城里住，就意味着老年单独在农村生活，其后果他们不会不知。至于为什么不到城里子女家住，选择原因最多的是"不习惯城里生活"（39.0%），其次是"不想给孩子找麻烦"（15.9%），至于因为"孩子家庭不欢迎"的很少（3.1%）。

这表明，不到城里子女家住，并非是被迫，更多的是主动选择，多出于生活习惯不适应和替子女考虑。此外，值得注意的是还有高达30.8%的人回答"没想好这个问题"，这表明还有相当一部人对这个问题表现出犹豫不决，这也是非常正常的。

表11 独生子女父母（50＋）对到城里与子女住的预期

预期	会的	不会，孩子家庭不欢迎	不会，不习惯城里生活	不会，不想给孩子找麻烦	没想好这个问题	合计
人数（%）	22（11.3）	6（3.1）	76（39.0）	31（15.9）	60（30.8）	195（100.0）

调查似乎再次印证这些农村独生子女父母在对待子女养老方面，和传统观念完全不同，表现得相当开明。但是值得注意的是，这些父母只有一个孩子，如果晚年不和子女住在一起，当失去生活自理能力后，将由谁来照顾？难道是他们对我们社会养老保障有高度信任？然而下面的信息告诉我们情况并非如此。

对"年纪老了生活不能自理时，由谁照顾"的问题（1人未答），14.4%的人回答"没考虑过这个问题"，这值得注意，它意味着有一部分独生子女父母对这样一个与切身利益攸关的问题，是"骑驴看唱本——走着瞧"。在考虑过这个问题的166人中（见表12，多选），64.5%选择"孩子照顾"，30.1%选择"老伴照顾"，选择"上养老院、敬老院"的仅有15.7%。这其中，有14人同时选择"由孩子来照顾"和"由老伴来照顾"，3人同时选择"由孩子来照顾"和"上养老院、敬老院"，选择"由周围邻居照顾"的1人同时还选择了所有其他项。

表12 年纪老了生活不能自理时，由谁照顾？

选择	孩子照顾	老伴照顾	上养老院、敬老院	周围邻居照顾	其他	合计
人数（%）	107（64.5）	50（30.1）	26（15.7）	1（0.6）	1（0.6）	166（100.0）

注：1人未答。另，在该题选项"其他"中，只有一人填答，但其并未回答"自己老了由谁照顾"，而是写的"不知道谁来照顾女儿？"。该人是男性，67岁，丧偶，单独一人生活，独生女儿（女儿务农，无固定收入），自己健康状况一般，靠打零工维持生计，2009年收入在3001～5000之间，参加了新农保并获得计划生育奖励扶助。他的回答似乎表明，与对自己养老相比，他更关心女儿的生活保障。

调查表明，独生子女父母子在老年失能阶段，对养老方式的选择还是偏好由子女和配偶照顾，真正希望上养老院的很少。但同样这些人，在对前面问题的回答中更多地表达了养老不指望儿女的观念和想法，表现得很开明，但此处却又回到了指望"孩子照顾"，并不看好社会养老保障机构的作用。这种前后矛盾的现象，一方面折射出养老选择的窘境——既不指望这唯一的子女养老，又不得不依靠这唯一的子女养老；另一方面也反映出，作为替代的社会养老保障机构，由于各种原因还没有获得足够的信任。这很值得政府关注，政府应当承担起建设让人们放心的社会养老保障机构的责任，不要让这部分曾为国家人口控制作出巨大贡献的父母在养老上不知所措。

五、小 结

根据这次调查，得到如下结论：

（1）50岁以上独生子女父母老人空巢比例超过六成，主要是单代老人空巢家庭，占空巢家庭总数89.9%，其次是两代老人空巢，占空巢家庭的7.6%，其余少量为祖孙隔代空巢。造成家庭空巢的最主要原因是唯一成年子女外出打工或就业的结果。

（2）独生子女父母（50+）对靠子女养老的指望不是很强烈——这也许是他们能接受只生一孩结果的原因之一，但是如果政策允许，大多数人还是觉得2个孩子对于养老更好。

（3）接近七成（68.6%）独生子女父母（50+）赞成与子女分开住，但其中绝大多数希望"最好在附近，便于照顾"，其余不赞成分开住的老人的主要顾虑，源于对年老无人照料的担忧。

（4）超过六成（61.2%）父母在经济上不补贴子女，少数补贴子女的主要用途：为子女买房或盖房、子女结婚、补贴子女低收入，以及孙子女教育等。相反，超过六成（60.6%）子女在经济上不同程度地补贴父母，主要用途：补贴父母日常生活、看病买药和买营养品。这些家庭呈现由父母养育子女为主转向子女对父母反哺为主的变化。

（5）父母对于唯一子女在经济上会帮助自己养老比较有信心，但如果子女在城镇安家落户，大多数人不会到城里和子女住，这种选择多出于主动，主要原因是生活不习惯和不想麻烦子女。

（6）当到老年失能阶段，这些人对养老方式的选择还是偏好由子女和配偶照顾，真正希望上养老院的很少。既不指望这唯一的子女养老，又不得不依靠这唯一的子女养老——这种进退两难的窘境折射出一种无奈，也折射出社会养老保障还不能使他们感到放心。

参考文献

宋健. 中国的独生子女与独生子女户[J]. 人口研究, 2005, (2).

王广州. 中国独生子总量结构及未来发展趋势估计[J]. 人口研究, 2009, (1).

周长洪. 大量独生子女家庭将导致社会性养老困境[J]. 探索与争鸣, 2009.

谭琳. 新"空巢家庭"——一个值得关注的社会人口现象[J]. 人口研究, 2002, (4).

邓大松, 王增文. 我国的养老风险及其规避问题研究[J]. 河南社会科学, 2008, (5).

李建民. 建立农村计划生育夫妇社会养老保障制度是重大的民生问题[J]. 人口与计划生育, 2008, (4).

潘金洪. 独生子女家庭空巢风险分析[J]. 西北人口, 2006, (5).

肖结红. 空巢老人问题探析[J]. 巢湖学院学报, 2006, (5).

顾宝昌. 社会人口学的视野——西方人口学要论选译[M]. 商务印刷馆, 1992.

田遇春、刘玲琪. 农村计划生育家庭养老保障机制研究[J]. 人口学刊, 2007, (1).

何筠. 关于于农村计划生育社会保障制度的思考[J]. 人口研究, 2000, (1).

（作者单位：南京人口管理干部学院公共管理系）

北京市人口增长对资源环境影响的思考

王 静

人口问题是北京市未来面临的最大问题。北京市人口的快速增长使得城市承载力超负荷,资源环境的现状不容乐观,如何使北京市的人口资源环境协调可持续发展是当务之急。

一、北京市人口现状与问题

近年来北京市常住人口迅速增加,截至 2009 年末,北京市常住人口达到 1755 万人,比 2008 年末增加 60 万人,相当于增加一个中等城市的人口规模。特别指出的是,北京市近三年来每年常住人口增加都在 50 万人以上。其中,外来人口 509.2 万人,比 2008 年末增加了 44.1 万人,占北京市常住人口的比重由 2008 年的 27%上升为 29%;户籍人口 1245.8 万人,仅比 2008 年末增加 15.9 万人,占北京市常住人口的比重下降了两个百分点。在 2009 年北京市新增加的 60 万人口中,外来人口占73.5%,户籍人口只占 26.5%。从人口增长速度来看,与 2008 年相比,2009 年北京市外来人口的增长速度为 9.48%,远远高于户籍人口 1.29%的增速。见表 1。

表 1 北京市常住人口变动情况表

	年底数(万人)		人口比重%		2009 年与 2008 年比较		
	2008 年	2009 年	2008	2009	增长量(万人)	比重%	增长速度%
北京市常住人口	1695	1755	100	100	60	100	103.54
其中:户籍人口	1229.9	1245.8	73	71	15.9	26.5	101.29
外来人口	465.1	509.2	27	29	44.1	73.5	109.48

人口变动主要由自然变动和迁移变动两部分组成。从过去十年来看,北京市人口自然变动对人口总量变化的影响很小,北京市迁移人口的变动是引起的人口总量增长的主要原因。按照现行的人口管理办法,迁移人口分为两种:户籍人口迁入和非户籍人口迁入,非户籍人口迁入就是平时所说的外来人口。这两种迁入都在不断增加。实际上,目前北京市的外来人口已经有 800 万~900 万人,而且还在继续增长。按这种态势增长,2020 年北京常住人口预计将达 2500 万人,远远超出城市总体规划中"2020 年控制在 1800 万人"的目标。

我国整体区域发展不平衡,城乡、区域发展差距大,这是导致北京市外来人口迅速增加的原因。北京的经济发展在全国各大城市中名列前茅。2009 年全国城镇非私营单位在岗职工年平均工资为 32736 元,北京市为 58140 元,是全国的 1.78 倍。而流入北京人口较多的几个省,如河北、河南、安徽、四川等都只接近或低于全国平均水平。2009 年北京市财政收入突破 2000 亿元。与此形成反差的是,河北省扶贫办的数据显示，同年环京津贫困地区的24县的农民人均收入、人均GDP、县均地方财政收入仅为京津远郊区县的1/3、1/4和1/10。地区经济"落差"的存在，加之首都得天独厚的优势，吸引了大量外来人口，同时，北京人受旧的习俗影响，又腾出了许多低端工作岗位。

纵观今后十年，北京同全国其他地区的社会经济差别可能不但不会缩小，还可能进一步加大，可以预见，外来人口的规模将会进一步扩大。常住人口特别是外来人口的快速增长，所带来的经济社会发展与资源环境的矛盾不容忽视。

二、北京市人口对资源环境的影响

北京市人口对资源环境的影响，主要体现在土地资源和水资源方面。

首先是土地资源。北京市土地面积为16410.54平方公里，2009年的常住人口密度是1069人/平方公里；但是，北京市的山区面积较大，占全市土地面积的62%，平原面积仅有6236平方公里。若以平原面积计算，2009年北京市的人口密度为2814人/平方公里。而城市的核心区，即新东城和新西城面积仅为92.39平方公里；城市的拓展区，包括朝阳区、丰台区、石景山区、海淀区四个区，面积也仅有1275.93平方公里。把这两部分看做北京的中心城市地域，北京城市的面积是1368平方公里，人口密度为12829人/平方公里。与欧洲大城市市区人口密度相比，欧洲大城市市区每平方公里一般在4000~5000人，如柏林为3898人，伦敦为4363人。若按欧洲标准，则北京城市人口已经过密。

再看一下2009年北京市分区域的人口密度情况（见表2），全市人口分布极度不均。首都功能核心区（新东城和新西城）的人口密度竟达22849人/平方公里。而郊区即城市发展新区和生态涵养发展区的人口密度很低。

表2　2009年人口密度和土地面积

地　　区	土地面积（公里^2）	人口（万人）	常住人口密度（人/公里^2）
全　市	16410.54	1755	1069
首都功能核心区（新东城·新西城）	92.39	211.1	22849
城市功能拓展区（朝阳·丰台·石景山·海淀）	1275.93	868.9	6810
城市发展新区（房山·通州·顺义·昌平·大兴）	6295.57	491.7	781
生态涵养发展区（门头沟·怀柔·平谷·密云·延庆）	8746.65	183.3	210

资料来源：2010年北京市统计年鉴。

此外，北京的土地后备资源有限，未开发的土地资源不到全市面积的4%。随着人口的增加，城市建设规模的扩大，耕地逐年减少，已经不能保证首都的粮食、副食及蔬菜供应。北京市的菜地面积以每年30%的速度递减。90%的蔬菜要靠外地供应，而中国最大的城市上海，需外地供应的蔬菜只占50%。

可见，北京城市人口密度如此之大将无法保证北京首都功能的正常发挥，我们不能等到人口密度高到严重干扰国家管理功能时才考虑控制人口，必须及早做准备。

再来看看北京市的水资源（见表3），目前北京市最为严峻的是水资源问题。北京市近年平均水资源总量只有22.5亿立方米，2009年人均水资源仅有126.6立方米，远远低于联合国确定的人均1000立方米属于缺水，500立方米以下属严重缺水的警戒线。而科学家预言，未来很长时间内，气候将更趋干燥，淡水缺乏将更加严重。

表3 北京市水资源情况

（单位：亿立方米）

项目	2001	2002	2003	2004	2005	2006	2007	2008	2009
全年水资源总量	19.2	16.1	18.4	21.4	23.2	24.5	23.8	34.2	21.8
地表水资源量	7.8	5.3	6.1	8.2	7.6	6.0	7.6	12.8	6.8
地下水资源量	15.7	14.7	14.8	16.5	18.5	18.5	16.2	21.4	15.1
人均水资源/立方米	139.7	114.7	127.8	145.1	153.1	157.1	148.1	205.5	126.6
全年供水（用水）总量	38.9	34.6	35.8	34.6	34.5	34.3	34.8	35.1	35.5
按来源分：地表水	11.7	10.4	8.3	5.7	7.0	6.4	5.7	6.2	3.8
地下水	27.2	24.2	25.4	26.8	24.9	24.3	24.2	22.9	19.7
再生水			2.1	2.0	2.6	3.6	5.0	6.0	6.5
南水北调									2.6
应急供水									2.9
按用途分：农业用水	17.4	15.5	13.8	13.5	13.2	12.8	12.4	12.0	12.0
工业用水	9.2	7.5	8.4	7.7	6.8	6.2	5.8	5.2	5.2
生活用水	12.0	10.8	13.0	12.8	13.4	13.7	13.9	14.7	14.7
环境用水	0.3	0.8	0.6	0.6	1.1	1.6	2.7	3.2	3.6
人均年生活用水量/立方米	88.0	76.9	90.3	87.0	88.4	87.8	86.4	88.3	85.2
万元地区生产总值水耗/立方米	104.91	80.19	71.50	57.35	49.50	42.25	35.34	31.58	29.92
万元地区生产总值水耗下降率%	13.79	20.22	6.91	15.29	11.07	12.01	11.38	7.56	8.12

资料来源：除人均数据和万元地区生产总值水耗以外，其他数据来自北京市水务局。

与此同时，北京的用水量却在不断增加。2009年，全市水资源消费量为35.5亿立方米，同比增长1.14%。虽然近年来北京市工农业用水总量得到有效控制，但生活用水猛增，已超过了本地水资源的承载能力。例如：朝阳区崔各庄乡善各庄村是典型的城乡结合部村落3.6平方公里，常住人口是1300多人，流动人口却达30000人。相当于当地人口的20倍。原来全村就一眼井，供水一点没问题。现在，打了5眼井，24小时供水，仍然供不上。目前外地人还在不断地来。这个例子典型地反映了城市发展过程中人口与资源、人口与发展的矛盾。可以说，它是北京的一个缩影。通过它，我们可以看到，任何一个村镇、地区和城市的发展都是在一定的人口规模限度之内的。

由于用水过快增长超过了本地水资源的承载能力和环境容量，出现地下水大量超采、许多河道长期断流、城市湖泊逐渐萎缩、湿地干涸、土壤沙化以及地面沉降等一系列的生态环境问题，一个地区保证生态平衡水资源利用率应在40%以下，而北京水利用率已超过90%，人口增长正在严重透支北京的生存基础，水危机已成为北京致命的软肋。

政府为了解决水资源可持续问题，致力于南水北调工程，用4860亿重新构建中华水网，预计2050年完工。现在北京把全部希望都寄托在南水北调中线工程上，而南水北调中线工程干渠总长1226公里，耗资50个亿，需移民25万人，预计2020年才能全部竣工，北京平水年可分到的水量也不过12亿立方米，与缺水数量相比还有一定差距。这还不包括改善干旱环境，使山川秀美的生态用水及如有可能恢复京西稻、南苑稻等名优产品的用水、人口超计划增长用水等。真遇到旱年沿途截水保命时，水能不能流到北京都是问题。所以远水难解近渴。这么大的缺口光靠节水是根本不能解决的问题。

根据北京城市承载能力，北京城市总体规划提出2020年北京市人口规模应控制在1800万人。1800万人口将是北京可承载的最大极限。而据专家预测，北京市人口总量在2020年将达到2141万。北京市人口在不断地扩大，使得城市承载力超负荷。人口过快增长使北京人口环境关系高度脆弱化，降低人口增速已经是北京"十二五"头等重要发展任务。

人口与资源环境的关系是紧密的，二者相互影响。人口数量增多，就会引起以上资源环境的一系列问题，而这些问题同样影响着人类的生存与发展。人口是解决这些问题的关键，所以人口合理规模的实现将是一项重大的课题。

三、人口合理规模实现的相关对策

人口合理规模的实现离不开适度的人口数量和较高的人口素质，只有控制好数量、拥有较高的素质才能使环境得到改善，资源得到合理的利用。

宪法规定，外来人口有自由地到他认为能够增加他的福利地方就业、劳动的权利，所以对流动人口不能截堵，而是要根据北京发展的目标和规律性趋势，对来京务工人员进行合理、有效地疏导。对人口规模的管理应该通过社会政策、经济政策、产业调整等方式进行调控。

具体措施如下：

1. 提高人口控制意识，建立统一的人口管理体制

任何一个地区，如果人口只进不出，那么，这个地区人口容量再大，总有一天也会超载。只有真正从思想上认识到北京的人口问题，提高人口控制意识，中央、地方群策群力，步调一致，才能把人口问题解决好。另外，要尽快建立控制北京人口规模和对全市人口进行统一管理的协调机构，改变目前人口多头管理，政出多门的状况。对人口规模的管理应该通过社会政策、经济政策、产业调整等方式进行调控。

2. 调整产业布局，疏散分解首都功能

改变产业结构，调整产业布局，疏散首都功能，是疏导人口的有效方法。建立适应首都发展的经济体系，疏散、分解城市功能，可以降低城市特别是市中心人口的数量。北京要积极调整产业结构和用地布局，促进高新技术和第三产业的发展，而不应再发展那些耗能多、用水多、占地多、运输量大、劳动密集型的工业。这样，一方面有利于环境的改善，另一方面可以通过产业结构转型和生产方式的调整，让成熟的市场对劳动力市场进行理性选择，从而达到疏散人口的目的。

3. 加快发展周边地区经济，开展区域经济一体化建设

北京市对周边地区人口存在较大的拉力，是北京市与周边地区经济发展水平的不平衡造成的。要改变这种状态，仅仅靠北京市采取措施控制人口迁入不会奏效，必须加快发展北京市周边地区的经济，缩小周边地区在教育、医疗等方面与北京中心城市的差距，这是减缓中心城市人口增长的必由之路。因此，建议北京打破行政界限，把一些功能疏散到周边地区，积极开展区域经济一体化建设，促进北京周边地区的经济发展，削弱人口的"拉力"和"推力"。

4. 加快卫星城和小城镇建设，加大扶持力度

为了疏散市区人口，必须加强北京周边卫星城和小城镇的建设。同时，加大对北京周边卫星城和小城镇的各种优惠政策和扶持力度，从而吸引人们到卫星城和小城镇定居，例如，商品房价格的优惠政策、医疗保障措施、子女教育和教学质量保障、交通的便利通达程度、基础设施的建设水平和完备程度、治安等各方面的保障。总之，通过专项的调查研究，完善政策措施，使人们愿意前往居住，才能达到疏散人口的目的。

5. 以严格职业资格为核心，完善就业政策，大力强化职业资格培训制度

未来北京市人口规模的控制，主要是控制人口的迁入。然而，北京市未来的发展又需要各种人才的参与，必要的人才引进是必不可少的。所以，北京市未来的人口迁移政策，主要应该是实行选择性人口迁入政策。职业资格准入制度是目前世界上通行的制度，发达国家的职业资格准入制度非常严格。这不仅是行业管理的基本制度，也是提高人口素质的基本策略。运用就业政策提高人员素质，达到控制人口的目的，这也是和谐社会的需要。

以上，是对北京市人口合理规模实现的相关对策。当然，要彻底解决人口问题，必须解决国家整体区域发展不平衡的问题，让更多的城市具有北京同样的吸引力。

参考文献

王军．北京常住人口将破 2000 万．瞭望（新闻周刊），2010－08－29. http://www.e23.cn.

城市发展何以容不下一畦菜地？．新京报，2010－09－27.

北京市人口和计划生育委员会、北京市人口学会．人口与城市发展论文集［C］．北京：清华大学出版社．

2010 年北京市统计年鉴．

国务院人口普查办公室、国家统计局人口和社会科技统计司．转型期的中国人口［C］．北京：中国统计出版社，2005.

（作者单位：首都经济贸易大学劳动经济学院）

人口老化忧虑症和放宽生育政策论可以休矣！

——兼论加大人口统筹政策力度以加速实现人口零增长

李小平

中国作为第一人口大国，老百姓的生活水平越来越高，刚吃了几天饱饭的第一人口大国，可是有些学者忧患意识开始淡漠，在人口数量问题上似乎有些高枕无忧。主张放宽、放开二胎、鼓励生育三胎的论调，就是这种高枕无忧的最突出的体现（郭志刚，2010；周长洪，2010；王新海、易富贤，2009）。而在笔者看来，作为尚未实现零增长的第一人口大国，中国仍然存在人口过多和劳动力大量潜在过剩的问题，生育控制的任务远没有完成。中国不但应加速实现人口零增长，而且还必须以大幅度减少人口总量为最重大的战略目标。

一、人口均衡的首要目标与人口政策的第一要义：适度人口

对适度人口规模的判断是人口问题研究的首要任务。没有了适度人口问题，也就无需生育政策。离开对适度人口的判断，生育政策主张就很容易舍本求末和进入误区。对于人口过多从而劳动力将长期大量潜在过剩的国家来说，人口均衡的首要任务是追求适度人口规模；生育政策和人口政策措施的第一要义是使人口规模在可调控的范围内尽量加速向着适度人口规模逼近。排除国家间大规模迁移的可能性之后，人口政策向适度人口规模尽快逼近的唯一办法就是调控生育水平。离开人口均衡的首要目标和生育政策的第一要义而谈论人口均衡和生育政策，都是抓小放大、都是舍本求末，甚至属于乱箭齐发。

2010年在南京召开的全国人口会议的主题是"构建人口均衡型、资源节约型、环境友好型社会"。但令人感到不可思议的是，在这样的会议上，所有阔论人口均衡的学者都没有提出人口数量上短期、中期和长期的奋斗目标，有人甚至表示适度人口理论已经不合时宜了，或者说不存在适度人口规模这个东西了。这等于说，对一个国家来说，在一个具体时点上，几个人、几千万人、几亿人、十几亿人、几十亿人、几百亿人同样都可以是适度人口规模。以这样的人口高论为前提来阔论如何构建"人口均衡型、资源节约型、环境友好型"，其学术价值和政策意义可想而知。

对适度人口规模的判断是探讨生育政策的基本前提。没有建立在对适度人口规模进行判断基础上的所有生育政策方面的主张，很难说是出于利国利民的动机。请看以下论述：

人口发展本质上是由社会生产方式、科学技术发展和生产力水平所决定的。在传统农耕社会条件下，现在世界人口的1/10放到那时去养活都是大问题，但到了工

业化后和后工业化的现代社会，科学技术和生产力发达，人口数量翻了几十倍，总体生活水平却比以前好得多。中国现在 13.2 亿人口生活状况比起解放初期的 5.4 亿人，也不知好出多少倍。这里的根本原因是生产力发展和科学技术水平大大提高了人口承载能力。生产和科技发展了，一定程度的人口多不是问题，反之，人口再少也可能是问题。简单地从人均占有资源和人均经济水平来论证人多是问题，是静态和狭隘的思路；将人口数量视为经济社会发展的主要矛盾，是"人口决定论"的思维陷阱。至于用"一胎化"减少人口总量来提高人均 GDP 和加速现代化的荒谬主张，则是这种偏执的思维方式推到极致的结果。（周长洪，2010）

如果说用"一胎化"减少人口数量来提高人均 GDP 和加速现代化的主张是荒谬的，是一种偏执狂的思维方式推到极致的结果，那么，在人满为患、水资源短缺、能源紧张、环境恶劣、生态恶化、气候变暖、自然灾害频仍、收入低微、人口素质低下、就业艰难等困境下，使一个人口超过世界发达国家总和并每年仍以七八百万数量增长的国家的人口数量，通过多生二胎进一步增长的主张，如果不属于荒谬和偏执，那么到底明智和理性在哪里呢？按照所谓的偏执狂和荒谬论，那么，那些放弃计划内二胎的夫妻是否都陷入了荒谬和偏执呢？而那些违反生育政策的超生夫妻是否一个个都是具有高度理性的聪慧明智的忧国忧民之士呢？

在将中国与美国、巴西、俄罗斯、加拿大、澳大利亚这五个疆域大国的人口与经济比较的基础上，笔者提出了中国的两个百年人口目标。2100 年将人口降到 8 亿~10 亿之间，2200 年降到 3 亿~5 亿之间（李小平，2002），以使中国届时成为世界一流国家，并因此而对加速解决中国和世界已经过多且继续增长的人口和环境恶化问题作出更大贡献。经过多年的辩论听取了各种反对观点和意见后，笔者仍坚定地坚持这两个目标不变。为此，就必须坚定地坚持现行生育政策不动摇。一个人不应没有追求，一个国家更不能没有追求。现行生育政策是造福当代人和子孙后代的重大政策，是使中国缓解各种窘迫状况的不可替代的大政方针，是人口过多劳动力大量潜在过剩的中国早日迈入一流国家的明智之举。任何挑战这一人口大政方针和基本国策的主张都是肤浅的，都是舍本求末，都是小慈小悲、小恩小惠，都有失大慈大悲、大道大德。

二、狭义人口问题与广义人口问题

中文的"问题"二字，其实有三种含义，一是关于某事的疑问，即 question，比如，"我想提一个关于适度人口规模的问题"；二是相当于英文中的 issue，即议题或事项，比如，"本文将讨论中国人口的素质问题"；三是相当于 problem，意即出现了不利的情况，比如，"环境恶劣和生态恶化是一个令人十分焦虑的问题"、"水资源的严重短缺成为制约经济发展的大问题"、"人口老龄化到底是不是一个问题？"、"出生性别比失衡问题到底有多严重？"等等。

笔者以为人口问题可以分为狭义人口问题与广义人口问题。狭义人口问题是人口的主要问题或核心问题，广义人口问题或者大多是狭义人口问题所导致的问题，或者实质上是社会经济政策所导致的问题。广义的人口问题其实大多都是按人口分类或按人群划分的某种社会经济问题。

中国人口的 issue 很多，在人们关注的人口问题中，包括出生缺陷、出生性别失衡、不孕症、老龄化、地域分布等结构问题，也有人口素质、流动人口、就业、空巢家庭、低生育率问题，等等。但就中国人口的 Problem 而言，笔者以为中国其实只有两个狭义的人口问题：一个是人口数量过多和相应的劳动力大量潜在过剩问题（李小平，2009、2010），一个是出生性别失衡问题（李小平，2007）。许多广义的人口问题其实都是由人口总量过多这个最根本的人口问题所导致的，是人口数量过多这个最大的人口问题的伴生物或衍生物，如人口素质问题、人口分布问题、人口社会问题，等等。其中的道理很明显：如果中国人口停留在5亿的数量而不再增长，中国还有如今这么多的广义人口问题么？还有些问题，如出生缺陷和不孕症问题，虽然也可以视为人口问题，但却不是人口学问题，因为这是人口学者们可以大谈特谈却无力下手的问题，这两个问题应该由卫生部门组织生物医学科研工作者和广大医务工作者去应对。

人口数量过多毋庸置疑，不承认人口数量过多仍是中国人口的首要问题。

出生性别结构失衡问题，部分原因是生育控制政策的结果，部分原因是某些育龄夫妇的理想孩子数下降到二孩、三孩之硬约束之后的一种选择。对于期望孩子硬约束为二的育龄夫妇，在第一胎为女孩的情况下，由于无力承担或无意生育三胎，强烈的男孩偏好就会促使其选择第二孩的性别。中国农村一女孩户大多允许生育二胎，正是这些家庭成为出生性别失衡的主力军。而根据生育意愿研究，想生三个孩子的家庭比例已经很小，有些家庭甚至主动放弃了计划内二胎。因此，即便放弃现行生育政策，出生性别失衡也在所难免（李小平，2007）。在韩国和印度等有些没有实行强制胎次控制的国家，同样也出现了出生性别比失衡问题，这是男孩偏好强和数量偏好日益减少这两种目标难以匹配下的一种无视社会公益和公德的一种自私性选择。可以说，随着想生育三孩的家庭越来越少，中国出生性别比失衡与目前生育控制的胎次指标的相关度也会越来越小。也就是说，即便中国全面放开二胎或放弃生育政策，二胎和三胎出生性别失衡问题也仍然会是一种难免的现象。因为造成出生性别失衡的主力，恰恰是允许生育二胎的一女孩户家庭，而这部分家庭想生养三个孩子的比例很小，因此，放不放开二胎，对他们选择二胎性别影响十分有限。

不错，放开二胎后由于部分一男孩户会生育二胎，从而使总出生孩子数量性别之比的分子分母发生变化，有可能使出生性别比下降。比如，假定目前100对夫妇的出生性别比为120：100，那么，如果有100户一男孩家庭加入生育二胎且无人进行性别选择，也就是上下各加50，则性别比就可降为113.33。不过这样的结果除了为已经人满为患的中国多添人口外，并未解决任何性别失衡问题。因为100户一男孩家庭所生二胎的性别本身是平衡的，从而并未能够减少未来光棍汉总量。另外，由于男孩偏好的存在，放开二胎后现行政策下一胎政策家庭中的一女孩户加入生二胎行列的人数肯定会比一男孩家庭多得多，而这部分人中有许多人会选择生育男孩。而一男孩家庭即便生二胎，也极少会有甚至根本没有人会选择二胎性别。由此可知，放开二胎的结果必然是既使人口总量更多地增长，又使未来的光棍汉数量进一步增加。所以，为缓解性别失衡而主张放宽或放开二胎，其结局就是鸡飞蛋打，没事找事瞎折腾。

"利用2005年全国人口1%抽样调查数据检验生育政策类型对孩子性别比的影响，根据政策生育率的不同，将全国划分成四个区域，一孩政策地区，一孩半政策地区，二孩政策地区以及三孩及以上政策地区。分析数据发现，一孩半政策地区孩子的平均出生性别比最高，到达130%，远高于其他三类地区。出生性别比、0～4岁性别比以及5～9岁性别比三个指标，都是一孩半政策地区最高，其次是二孩政策地区，一孩政策地区相对较低，三孩及以上政策地区最低。说明政策生育率与出生性别比存在着倒U型关系，生育率最低和最高地区出生性别比相对较低，生育率是1.5左右的水平时，性别比偏高。生育政策的差异性对出生性别比有显著影响"（张现苓，2010）。这一按生育政策分区的研究表明，一孩政策地区无论是改成一孩半政策还是二孩政策，都会导致该地区的出生性别比升高，也就是为未来生出更多的光棍汉。

2002年笔者在湖南农村调研时，有计生专干主张干脆全国实行普遍的一胎化。因为事关重大，多年来笔者一直认为还是应该谨慎从事，不宜在如此重大的生育政策方面轻举妄动。笔者提出的办法是在现行生育政策下加大经济刺激和对农村一女孩给予从摇篮到坟墓的最优厚的社会保障，尤其是养老保障，大幅度减少一孩政策的一女孩户超生和促进更多的一女孩家庭放弃计划内二胎（李小平，2002）。

三、慎言人口规律和人口发展规律

在人口文章中，经常可以看到有人拿"人口规律"和"人口发展规律"来为自己的主张作根据或辩护。比如，一直认为中国生育率已经低得可堪忧虑并主张中国应放宽生育政策的北京大学人口学教授郭志刚强调："整个1980年代生育率的波动徘徊教给我们两件事，一是要遵循和顺应客观人口规律，二是做计划时要充分留有余地"。"人口自身发展的内在规律也必须受到充分尊重，否则同样会产生人口安全方面的巨大风险"（郭志刚，2010）。但是郭志刚教授并没有告诉我们他心目中的人口规律和人口自身发展的内在规律到底是什么。不过，郭教授倒是提供了一个"缓解人口对资源环境压力的非过急也非过度的衡量标准，这个标准就是生育率更替水平"（郭志刚，2010）。但笔者以为郭志刚教授并没有能够论证这个更替水平何以就是一个恰恰合适的衡量标准。为什么其他的标准就是过急、过度或过慢、欠度。笔者一直主张，凡是因担心低生育率会导致中国经济发展问题而主张放宽和放开二胎以求更替水平或比目前更高的总和生育率的学者们，有必要论证其放宽和放开二胎所形成的相对更多人口增长的结局。相对于维持现行生育政策并使总和生育率长期保持在1.5以下，会使未来50年、100年、200年后的中国人享有更高的生活水平和更好的生存环境。但令笔者感到遗憾、又有点不可思议的是，至今因低生育率而忧虑重重和不断撰文主张放宽和放开二胎的学者们，没有一个肯于迎接这个挑战。

再比如，周长洪教授表示："以当前人口是否增长为依据来决定生育政策的松紧，其思路违背人口发展规律。真正合理的思路是，关注人口生育水平的变化（注意，不是人口数量——周长洪），当其背离更替水平较远时，在尊重家庭自主选择权力的基础上，利用经济、社会、文化、教育等间接调控手段，引导人生育行为有利于人口在宏观上回到更替水平，这才是生育政策的正道"（周长洪，2010）。他并没有论证这个"合理的思路"正好符合了客观的人口发展规律。按照这种论点,一个国家调控生育水平不应该是为了人口数量的目标,而是为了生育水平本身。也就是说调控生育的目的只是为了实现更替水平这一特定的生育率水平,而与人口数量的增减和人口总量目标无关。按照这种遵循人口发展规律的指导思想,那香港的总和生育率就不应降到1.1,日本的生育率就不应该几十年低于2.1和至多年来停留在1.3,全世界总和生育率多年来低于更替水平的国家都犯了违背人口发展规律的大错。按照尊重人口发展规律之论,那些没有实行强制生育控制但生育率远低于更替水平的国家或地区到底是什么人口规律或人口发展规律在起作用呢?为什么这些国家的人口规律和人口发展规律多年来不肯将总和生育率规律到更替水平呢?

每见到尊重人口规律和人口发展规律这样的教导,笔者不免置疑,所谓的人口规律和人口发展规律到底是什么呢?从哪里找到心目中的人口规律的?你所认为的人口规律就一定是客观的人口规律?如果我所认为的人口规律和你所认为的人口规律不一样,应该将谁所认为的人口规律作为客观人口规律呢?此外,既然有人口规律,那这些人口规律到底是好规律还是坏规律呢?在一对夫妇平均生六七个孩子的时代,这个国家到底是在遵循人口规律还是违反人口规律呢?如果是遵循人口规律,那么,这个被遵循的人口规律到底是好规律还是坏规律呢?尼日利亚曾经有过平均生育9个孩子的时代,这种客观的"人口发展规律"是否应该也受到尊重呢?

笔者轻易不敢谈这规律那规律的,也不敢妄谈人口规律或人口发展规律,因为至今没有能力确定自己是否真的肯定找到了那些个客观人口规律或客观人口发展规律。我在上了大学之后只好将自己的头脑逐渐塑造成了搞"五然"的思维习惯:知其然,知其所以然,知其必然,知其合理然,知其可以然。在美国学习期间,我体会到了从事社会科学研究的学者其实可以将自己的研究限定在研究关系和改进关系的范围之内,我尤其佩服帕累托和卡尔多两个经济学者,并非常信服帕累托改进和卡尔多改进这两个福利经济学说中的重要指导思想。将"五然"思维与改进关系之思维运用在对中国人口的研究上,笔者的结论就是:中国人口太多了、劳动力潜在过剩数量太庞大了、世界人口规模也早已超过了适度人口规模(知其然);这是过去的岁月可控该控却不控而放任生育的结果(知其所以然);全世界的生育率如果不能降到更替水平之下那就意味着人口永远增长,从而全人类的总和生育率降到更替以下并保持一定时期并因此使人口不断老龄化对全人类和任何国家都是必然的结局(知其必然——必然在我的脑袋中并不意味着规律。"人是要死的"恐怕只能说是一种铁定的必然,而谈不上什么规律不规律);生育率的变动只有向着适度人口规模逼近才是合理的(知其合理然);所有人口过多从而劳动力大量过剩的国家都应该在本国国情所允许的范围内尽最大努力采取日益有效的措施来降低生育水平以使人口加速向适度人口规模逼近(知其可以然)。

所谓规律,在笔者看来,应该是指一种周而复始的现象。就中国的历史看,笔者以为唯一可称为人口规律的,就是一个与黄炎培所论及的中国历史的"周期律"有关的人口周期律:人口增长——人口过剩与贫富分化加饥荒——农民起义或战争——人口大量减少——改朝换代休养生息——人口增长——人口过剩与贫富分化加饥荒——农民起义或战争——人口大量减少。是否有人敢断言,这种人口周期律已经一去不复返了。但笔者却听到过这样的警告：如果 21 世纪发生大规模的战争，将不会是为了石油，而是为了水。

人类社会的事与自然界不尽相同。人类社会往往是选择的结果。制度经济学中强调了这一点，即一个国家的兴衰成败取决于制度选择，而制度选择往往又受到路径依赖。许多关于制度经济学的著作都强调了制度选择对一个国家盛衰成败的至关重要性。不过，制度经济学者又不得不承认，至于为什么有些国家善于选择良制，有些国家不善于选择良制，有些国家善于选择劣制，至今无人能够给出透彻的解释。康德的"不可知论"在这方面仍然显示出了思想的魅力。相对于轻言这规律那规律并要求他人去尊重，笔者倒以为卢梭在《爱弥儿——论教育》这本书中多次表示自己对许多这现象那现象的原因"我不知道"这一点，反倒更容易激发一个人的科学精神并有助于使自己保持自知之明。

在《绿叶》杂志 2010 年第 1 期和第 2 期的编辑手记中，主编杨学军针对笔者的文章进行了这样的议论："说起本期文章，我有一个意外，那就是李小平《人口乌托邦——加速中国老龄化进程》一文（李小平，2010）。什么是想象，小平兄的大作确实是好的注释。我的看法不一定妥当，至少不全面。但我总是暗自思忖：少童话、少宗教的中国，或者太务实的中国，真的太需要打破常规的乌托邦畅想了。传统的思维是，如果我知道今天发生的事，那么我也会知道明天将发生什么。在这种线性思维、进步逻辑的主宰下，怎么会有创新？更何况，与常人的认知相反，连续性绝不是历史最显著的特征，正如罗素所说，'世界全是各种点和跳跃'。据此，在我的思想图中，《鲁宾逊漂流记》、《一九八四年》与《战争与和平》同样伟大，现实主义与神话，于人类的均衡延伸都是不可偏颇的，它们有益于人们更好地应对不确定的世界，完成偶然的人生。""没有想象，就没有有意义的未来。而在如何想象中，看问题的方法太重要了。身出历史的我送上著名英国历史学家巴克拉夫的一句精辟之言，以飨读者：'我们只有对新的和不同的东西保持警觉，才会不至于轻易地放过本质性的东西，即新时代充满活力的动向'。"在这段评论之后，杨学军又以以下这段文字作为这篇编辑手记的结尾："最后我引用英国著名思想家以赛亚·伯林关于过去与未来的一段评论作为手记的结束，我相信这或许也是本期作者的心声：'要说出关于这个世界的任何有意义的话语，我们就必须引入过去和未来、缺席的对象和他人、尚未实现的可能性，以及一般的假设判断，等等。如果这些东西仅仅因为我们无法证明其可行就被排除的话，那么确切地说，到最后什么也不会剩下'。"

四、人口老龄化是中国和世界的福音

面对中国的人口老龄化趋势，有人口老化危机论（李强，1989），有未富先老严峻压力和挑战论（张车伟，2010；莫龙，2010），有负面风险效果论和严重经济后果论、有养老负担不堪重负论（李建新，2004，2005，2006），有人口红利消失论、有人口负债论、有劳动力面临短缺论（蔡昉，2004—2009；田雪原，2006；陈友华，2006）。有生育率过低不安全论和独生子女为主体的社会是风险社会论（穆光宗，2007，2009），依据这些老化忧虑论所形成的人口政策主张就是放宽或放开二胎论（曾毅，2004，2005）或鼓励三胎论。这些忧虑在我看来都是杞人忧天之论，是完全没有人口经济学、人口技术经济学、人口福利经济学依据的。"今人倘因长寿而惊愕'人口老化'、'银发浪潮'和'种群衰落'，把以占人口60%的劳动力去一半，占人口三分之一的少年儿童的零增长社会想象成人类的'冬天'，那就是幼稚和糊涂"（2010，宋健）。

无疑，老龄人口的快速增多并形成一个庞大的老年人口群体这一趋势对社会经济政策提出了新的应对任务，但人口老龄化本身并不必然直接构成经济增长意义上的实质性人口问题。人口老龄化只有在导致劳动力供给小于劳动力的真实需求时才构成实质性人口问题，也就是说，只有在劳动与资本按资本有机构成最大化潜能来配置的情况下出现了劳动力的真实短缺，人口老龄化才构成经济增长意义上的问题。在人口老龄化的过程中，如果大家都在强调发挥劳动密集型优势而害怕资本和技术密集型生产对劳动密集型生产的迅速替代，那就表明这个国家的人口老龄化程度远远不够。

中国2010年时的老年人都是1950年以前出生的，其总量与1972年开始的生育控制没有任何关系。2032年的老年人都是1972年以前出生的，也与1972年开始推行的生育控制没有关系。生育控制从人口年龄结构上来说确实导致了人口年龄结构的老龄化，但并没有为2032年之前的岁月添加老年人。因此，除非在2010—2032年之间出现了真实的劳动力短缺，否则，中国在2032年以前所必须应对的，就不是人口老龄化或人口老龄化所造成的问题，而是1972年实行生育控制前放任生育所形成的庞大的老年人群。如果不是1972年开始实行计划生育，尤其是1980年开始逐步调整到一孩半政策，今天的中国就会多出数亿0～38岁的人口。这数亿人口一旦生出来，对GDP总量的增长没有任何意义（从全社会就业难和大学生也就业难就不难体会这个结论），只能吞噬掉大量的GDP，从而只能使全体中国人陷入更低的生活水平，也必然使老年人可能的福利改善大打折扣。毫无疑问，正是因为日益严格的生育控制所导致的人口老龄化，才使我们有了今天相对宽裕的生活水平，也才有可能使老年人作为一个总体不至于陷入更艰难的境地。因此，在讨论人口老龄化问题之前，首要的前提工作是判断中国在老龄化过程中到底是否存在劳动力的真实短缺，或对中国劳动力到底是否存在潜在大量过剩进行判断。但大多数写文章忧虑老龄化并因此而主张放宽生育政策的学者却不知为何而回避了这个最根本的问题。这就难免让人感觉这些人口学者的学术研究工作有欠深入扎实以及在人口经济学、人口技术经济学和比较人口经济学方面缺乏应有的知识积累。

针对人口老龄化的忧虑症以及由此而提出的放宽生育政策论，笔者已经有多篇文章进行了反驳，并提出了中国在推进养老社会保障方面的一些大政方针和措施（李小平，1989—2010）。对中国人口老龄化趋势，笔者的判断是：①未富先老，形势大好；边老边富，快老快富。②人口老龄化是中国和世界的福音。③中国老年人作为一个整体，完全可以自己养活自己。这三个判断是毋庸置疑和驳不倒的，因为笔者有一个阿里巴巴岛的人造故事和鲁宾逊岛的故事新编：

假定太平洋某处有阿里巴巴岛，在2010年，该岛仍是一个田园牧歌式的农业国家。该岛有200户人家，每户6口人，每户老、中青、少三组各两人（60岁以上为老人，19~59 岁为中青年人，0~18 岁为未成年人），共有人口 1200 人。该岛有耕地 4800 亩，全部可由拖拉机耕种；果林 200 亩，全部种植苹果和葡萄树并皆可用机器采摘。该岛采用平均主义的耕地和果园承包政策，每户正好 24 亩耕地和 1 亩果园。该岛国仍然使用牛马、铁犁、锄头、镰刀从事耕种，是典型的传统农业社会，自给自足，与外界隔绝，没有电力。

假定 2010 年，一位热衷全世界农业现代化的美国富翁航海旅游发现了这个岛国，他决心让该岛国人民领教一下什么叫做资本和技术密集型的现代大型家庭农业。于是他从美国运来了正好耕种 4800 亩土地的一家家庭农场的全部超大型机器：拖拉机、播种机、联合收割机、粮食烘干机和仓储流水线传送带，等等；运来了包括摘苹果机和摘葡萄机在内的正好种植 200 亩果园的美国一家现代大型家庭果园的全部最先进机械设备；运来了一家家庭现代化大型综合养殖场所需要的全部现代化设备；运来了足够全岛用电的发电机和油料。然后，他用抓阄方法从村里抓出了四户人家。一家负责经营全部土地；一家负责经营全部果园；一家负责将全村的猪、马、牛、羊、鸡、鸭、鹅等全部集中起来饲养；一家负责发电、配电和维护。这四户人家可以雇用岛上任何他们所需要的劳动力（假定该岛国最多需要 10 户人家的劳动力）。这样一个戏剧性的结果，是该岛国粮食、苹果、葡萄、畜牧产品的产出一切都没有改变，但耕犁、锄头和镰刀没用了，牛马只能用于吃肉了，劳动力大量过剩了。我们假定剩下的 190 户全部迁居到乐于全力支持这一现代化实验的巴西、俄罗斯、加拿大和澳大利亚定居，并有一个农产品不能自给自足的国家定期派船去进口阿里巴巴岛国的全部剩余农产品。

从这个故事新编可知，由于农业机械替代劳动力的潜能之客观存在且能量巨大，这个岛国就存在着极高比例的人口和劳动力潜在过剩。如果这种一夜之间的现代化不能同时解决失业问题，那就无法推行。作为比较，我们再假定在离这个岛国不远的地方正好是原来的鲁宾逊岛，鲁宾逊本人当年并没有离开该岛，他在某天驾着那只木舟在海里救起了从轮船上被海盗抛下来的三个同龄男人和四个同龄女人，八人繁衍子孙直到那个美国富翁也光顾了该岛。他发现该岛只有十户人家共 60 口人，国土规模及其他所有情况与阿里巴巴岛一模一样，只是可耕地利用很少，果园面积也很小。于是，他用武装阿里巴巴岛的同样模式武装了鲁宾逊岛的农业。于是鲁宾逊岛农产品大量过剩，并由这个美国富翁将其出口到食物不能自给自足的国家换回大量的现代化产品，使这十户人家迅速过起了天堂般的现代生活。那么，这两个岛国的比较说明了什么？说明与阿里巴巴岛相比，鲁宾逊岛没有人口过剩的负债，机器提供红利或在开辟人均收入巨大增长潜能的征途上毫无人口数量上的障碍，从而该岛国从传统农业生产方式跨入现代农业生产方式十分容易和迅速。

从这两个岛的故事可知郭志刚教授以下这个论断恰恰是一个完全错误的判断："我们必须认识到，中国人口发展已经进入了低生育率时期，在这个新时期中会有很多传统人口理论、观点、经验正在变得过时，再继续以他们为准绳来认识新形式下的新问题就很容易产生错误判断（郭志刚，2010）。

五、四亿多老年人能否自己养活自己

根据阿里巴巴岛与鲁宾逊岛的故事比较，不难推论出，中国在老龄化的高峰时的四亿多老年人完全能够自己养活自己。为此，我们再假定阿里巴巴岛剩下的 10 户人家由于受人多力量大的重要小农人口思想的影响而无法适应现代化农业生产方式，故而全部选择去了印度和孟加拉去从事他们十分热爱的传统的高强度的劳动体力密集型的小农方式的农业生产，并将该岛腾出来让联合国人口基金会做一个老年乐园的试验。试验方案规定：从中国 60 岁以上老年人中随机抽取 600 对夫妇到岛上定居并接管全部农业生产。显然，这 1200 个老年人无论如何也能够使该岛各种物产的产量保持不变。这意味着他们作为一个整体，完全可以自己养活自己。

这个假象中的试验表明，在中国老龄化达到高峰时，4 亿多老年人也完全可以自己养活自己。我们只需按照阿里巴巴岛的土地和果园规模重新划分村庄，每个村庄正好 1200 位 60 岁以上的老年人，其他情况也与现代化后的阿里巴巴岛一模一样。结论很明确：一个只需要 10 户人家经营的"阿里巴巴岛"，由 1200 位六十岁以上的老年人来经营，有什么做不到的呢？每个村庄的 1200 口老年人完全可以将该村庄变成一个自给自足、自得其乐的老年乐园。

如果认为这种将全部老年人组织到农村去的想法是天方夜谭，另外的办法也很简单。只需将这几十万个"阿里巴巴岛"全部变成国营农场，每个农场雇用 10 来户年轻夫妇来经营，然后将全部收入平均分配给 1200 个"阿里巴巴老年人"，这没有什么做不到的吧？如果担心国营农场职工不好好干，可承包给私人公司，缴纳定额后的剩余归公司，积极性肯定没问题了吧！

这一假设表明，作为国家整体而言，在日益机械化、自动化、现代化、高科技、机器人等所支撑的不断更加密集的资本技术密集型生产继续突飞猛进趋势下，老龄化根本无需忧虑，而且是大好事。不仅 60 岁以上的老年人作为一个总体完全可以自己养活自己，65 岁以上的老年人作为一个整体也完全可以自己养活自己。况且，根据中美的人口数量和经济总量以及资本有机构成的巨大差别之对比可知，相对于科技进步而言，中国劳动力将长期大量潜在过剩，根本无需全体老年人作为一个整体自己从事生产经营来养活自己，否则，中青年就会大量失业。此外，根据发达国家的情况看，由于劳动强度随着科技进步日益减轻且服务行业所占比重越来越大，大多数人工作到 65～70 岁应该没问题。里根总统 77 岁还在职，哈默和皮尔·卡丹 80 多岁还管理着企业，北京大学经济学教授陈岱荪 80 岁还在当系主任并给学生讲课，美国上世纪 80 年代一位 86 岁的老太太开着汽车去推销化妆品，这些都足以说明，随着寿命的延长，将 70 岁以上老年人统统视为非劳动力也都早已不合时宜了（李小平，2010）。

由此可知，以下结论根本不成立："如果今后一个较长时间内一直保持过低的生育水平，人口对经济社会发展的负面影响将会逐步显现，经济增长的动力也会因此而削弱，国际竞争力就会下降，从而不利用于中国的长远发展"（张车伟，2010）。

从这两个岛的故事还可知，如果阿里巴巴岛在面临资本技术密集型对劳动密集型的巨大替代潜能的时代其剩余劳动力无处可去，那么，该岛立即实行普遍一胎化政策甚至有许多家庭根本不要孩子,正是今后养老金极大涌流的巨大源泉,也是争取早日实现最高水平的农业现代化的明智选择。

因此,毋庸置疑,中国人口的进一步增长对经济发展没有任何正面意义,对人民生活和环境的改善只有负面意义。面对人口增长对中国和世界所造成的种种困境和风险,中国必须坚定不移地实行加速人口零增长的伟大战略。

六、人口数量和生育政策到了换视角来看的时候了吗

周长洪教授在南京人口学会议上提交的论文题目为《换一种视角看我国人口数量与生育政策》(周长洪,2010),该文认为:

"现在或许更早一点就已经是生育控制适度放松的时候了"。"目前的人口增长是人口动量驱动的惯性增长。自上世纪90年代后我国就开始了人口惯性增长,这种人口增长是暂时的表面现象,内在低生育率才是决定人口后续发展趋势的力量。看不到这一点,以现在人口还在增长为理由,继续坚持现行严格生育政策不变,最终将导致我国人口在未来出现时间长和幅度大的递减,这倒是值得高度警惕的。想要我国人口长期均衡发展,现在或许更早一点就已经是生育控制适度放松的时候了。"对于这段文字,笔者有几个疑问:第一,如果坚持现行严格的生育政策不变,那么,中国人口未来的时间长和幅度大的递减大概要分别到什么时候递减到美国的3亿人口、巴西的1.9亿人口、俄罗斯的1.5亿人口、加拿大的3300万人口、澳大利亚的2100万人口的水平?第二,中国人口降到哪个国家的人口数量时才可以分别不必高度警惕和根本无须再警惕?第三,当阿里巴巴岛和鲁宾逊岛的人民在迎接了那个美国大富翁和他所带着的那些整套设备后,两岛的政府应该分别以什么样的视角来看待和确定今后自己国家的人口数量目标和生育政策?

该文还认为:"警惕生育政策上的技术主义倾向。""从宏观人口数量多少和生育水平高低的视角来决定微观家庭应该生育多少孩子的思路,是公共政策制定上的典型的技术主义陷阱。在宏观人口问题和微观家庭生育之间建立直接联系,既不合适也不合理,完全不符合现代公共政策制定的理念与程序。更遗憾的是,几乎没有人觉得这是个问题,这一点,从如今在对生育政策是否应当调整的讨论中,不管赞成者还是反对者,大家几乎都是从生育水平高低、人口结构优劣、人口能否平稳均衡发展等角度进行论述,有意无意地避开家庭生育权益,就不难看出,我们的生育政策几乎没有反映这项公共政策影响最大的利益相关方——百姓家庭的生育意愿,从这个角度看,现行生育政策在法理上缺乏合理性基础。"周教授的观点不免有失偏颇,我国率先运用控制论研究人口发展战略的杰出学者宋健的一段文字就充分否定了其观点:"世界科学界公认,20世纪下半叶中国成功地抑制了人口急速增长。只要再坚持一段低生育政策,25年后中国人口可望稳定在15亿左右,接近人口零增长。一百年来中外政治家和知识界担忧的'中国人口大爆炸'的引信已被拆除。这是中国民族千秋史上的重大转折,科学理性的伟大胜利,为可持续发展创造了条件,奠定了基础,极大地提高了全国人民建设小康社会,实现工业化和现代化的信心。联合国人口基金会和各国人口学界都认为:'中国通过计划生育成功地控制了人口过快增长的趋势,实现了社会人口转型和经济高速发展的两大奇迹,为世界发

展积累了宝贵的知识和经验'。西方少数人对中国人口政策的警言恶语也已销声匿迹"（宋健，2010）。

周教授还以为："生育权利——一个不应回避的问题。""生育政策选择不能仅考虑缓解人口问题，由于它涉及公民家庭的基本权利，适当性与适度性是必须考虑的因素。其次，对生育权利的约束要在人群中保持公平，不可以在不同人口群体间做出不同生育数量的规定，而后者恰是我们政策的重要缺陷。""生育涉及人的权力与尊严。我们不谈国际社会流行的生育权力观（其实这非常重要，但我们许多人不习惯和不喜欢），仅从我国经济社会变革角度看，生育权力的重要性越来越凸显。当我们选择了市场经济体制和民主法治社会为发展目标之后，'为了国家利益需要牺牲家庭利益'这一严格生育政策立于其上的逻辑，就变得似是而非了。当我们要建立公民社会时，公权和私权就有了界限，这些包括生育权在内公民私权就要受到最大限度的保护。"周教授这一段论述忽略了三个根本性问题：第一，国家存在的原因是什么？首要原因就是社会需要强制。第二，生育也涉及他人的权力与尊严。过多生育产生了外部负效应（李小平，2001）。第三，正义高于平等。

周长洪教授提醒我们换视角来看人口数量和生育政策中差别对待的不平等问题，这个建议是有一定的价值的，这个价值就是提醒世界各国的人口学者和政客们早日把狭隘的民族主义和种族主义的人口数量观和生育观换成具有国际主义精神的人口数量观和生育观，坚决取消一切鼓励生育的措施，以为世界人口早日实现零增长作出最大贡献。

七、"四二一"与"一二四"理论：全球化中的两个跳跃

"四二一"和"一二四"理论是人口经济学者胡伟略教授在网络论坛上发表的见解。意思是，三代人的"四二一"家庭的比例上升越快，"一二四"家庭比例也就增长得越快。这个"一二四"是指"一个孩子、两套房子、四个轮子（家庭轿车）"。这样的家庭，在发达国家比比皆是，在1.5亿人口的俄罗斯也是常见的现象。在中国则刚开始了万里长征。目前已有小部分城镇家庭进入了这种状况。其中有些是城里有一套公寓，农村有一个农家院。

不过，即便从现在起所有育龄夫妇都自觉只生一个孩子，中国实现像美国那样几乎家家有汽车也将是一个漫长的过程。如果按照放开二胎学者的主张办事，中国人口到2100年会是多少？不会比现在的13.4亿要少吧？须知每多生出一批第一代，在他们离世前就会有第二代和第三代。而坚持现行生育政策并鼓励更多的家庭放弃计划内二胎、三胎，将总和生育率控制并保持在1.5以下，那时中国人口就会落到8亿~10亿之间。那么，对低生育率忧虑重重并主张保1.8、放宽二胎或放开二胎或鼓励生育三胎的学者们，你们认为2100年的中国人到底是喜欢8亿~10亿人口还是喜欢13亿~15亿人口？甘地曾经表示，要想全世界都过美国人的日子，需要7个地球。由于人口进一步爆炸，当代美国学者认为需要9个地球，后来有需要15个地球的判断。美国目前大概消耗世界能源的1/4，中国人口将近美国的4.5倍，如果现在的13.4亿中国人过的是美国人的日子，那就意味着将消耗全世界的全部能源。由此可见，挖掘生育控制的潜力以早日实现人口负增长，对中国早日进入家庭轿车全

面普及的时代是多么重要。

笔者曾在网上辩论人口政策时发过一个帖子表示，如同现在绝大多数人都想拥有汽车一样，未来的世界肯定大多数人都想拥有私家飞机。但如果美国人口总量不减少，家家有飞机的话，不知道美国的空间是否能够承受？而13亿~15亿的中国，即便能够从经济能力上使得家家有飞机，但能够飞得起来么？

私家飞机是否普及的问题离中国太远了。我们这些茫茫寰宇熙熙攘攘的地球村的人生过客，还是只生一个孩子，以为农村家庭经营早日普及拖拉机收割机烘干机、为中国家家户户早日普及暖气和空调、为早日普及发达国家早已普及了的家庭汽车而作出贡献吧！

阿里巴巴岛和鲁宾逊岛的启示是：一个经济落后、人口稀少的农业国家可以通过外生现代化而实现"大跃进"式的飞速的跳跃式发展，而一个人口过多劳动力大量潜在过剩的落后的农业国家就难以如此。因此，这样的国家如果想加快人均收入意义上的发展，就必须实行另外一种跳跃，即使生育率尽快大幅度下降。在全球化的加速进程中，发展中国家要想加速发展，加速改善自己窘迫的状况，就必须争取多方面的加速跳跃。中国30多年来的发展举世瞩目，人民生活改善之迅速史无前例，就在于实行了多方面的成功的主动跳跃。其中最根本的两大跳跃是在生育控制上使总和生育率从几十年前的5.7跳到史无前例的1.6~1.8之间的低点，以及在经济制度上从计划经济跳跃到市场经济。阿里巴巴岛和鲁宾逊岛的故事对中国、印度、巴基斯坦、孟加拉、越南、尼日利亚等人口高密度的发展中国家的启示是，如果生育水平和人口总量越是不能向下快速跳跃，那么，人民生活就越难向上快速跳跃。

那些忧虑人口老龄化的人对八个人拿着锄头镰刀赶着老牛养一个老年人无比踏实放心，但为什么对一个人养活一个甚至两个老年人就忧虑重重诚惶诚恐了呢？这是因为，它们脑袋里始终被老牛镰刀养老或抡着大锤拿着锉刀养老的景象填满了，而不懂得什么叫做开着康拜因养老，什么叫按着电钮控制着流水线养老，这就是思想不善于跳跃。此外，那些继续用60岁或65岁作为老年人来计算老龄化程度和养老负担的人，则是不肯在什么是老年人、什么是劳动年龄人口问题上进行观念性的跳跃。50岁的人抡大锤就早已力不从心了，75岁的健康人按电钮开锻压机有什么困难么？对年龄中位数上升忧虑重重的那些人口学教授们也是不善于在观念上进行跳跃。以传统农业为主的年轻型的具有优势的年龄中位数在服务业为主的产业结构下和知识经济时代还会继续保持原有的优势么？在越来越需要大学生和熟练技工的时代还能将15~20岁的年轻人视为优质劳动力甚至视为劳动力么？世界上哪个发达国家在向发达国家迈进的发展过程中不是伴随着年龄中位数的提高的？

当然，也有些跳跃是许多国家的政府和人民坚决反对的。美国就恐惧中国13亿人中会有10亿人在一夜之间跳跃到美国去；加拿大和澳大利亚对1亿人跳跃到本国去恐怕就会恐慌至极了；俄罗斯政客们因忧虑低生育率而鼓励生育，但如果印度有2亿优质劳动力跳跃到俄罗斯的上空，俄罗斯政府和人民会欢迎这些跳跃者统统降落以安家落户么？如果有10亿中国人跳跃到欧洲上空，罗马教皇会命令各国必须接受其降落么？笔者看他们会动用所有武器将这2亿来自印度的优质人力资源和10亿来自中国的最宝贵的财富像扫射麻雀一样地扫射在地。

八、关于加大人口统筹政策力度的措施主张

关于加大统筹人口力度以求加速人口零增长的对策主张，笔者已在多篇文章中提出了（李小平：1989—2010），有些已经落实到政策上，比如加大对放弃一女孩户家庭的奖励，对独生子女和符合计划生育的双女户的养老奖励扶助制度。这些所有主张的实质，就是在已有措施的基础上，通过对农村独生子女家庭实行从摇篮到坟墓的更优厚的社会保障措施和给予更多的优惠或优先权待遇来进一步扩大"一胎化"。主要措施概括如下：

（一）"双二元"养老保障与服务照料体制

"双二元"养老保障与服务照料体制（李小平，2010）中最重要的内容是为独生子女父母提供生活不能自理时的社会化护理照料制度。其主要内容如下：

（1）在农村，国家为所有非超生户提供基本养老生活费保障。对独生子女和符合计划生育的双女户的额外的一份养老扶助金水平逐渐加以提高。建议将目前的农村独生子女与双女户家庭养老奖励扶助金不低于720元的水平提高到：放弃计划内二胎的一女孩户老年父母每人每年2000元，其他一孩户1500元，符合计划生育的两女孩户1000元。

（2）农村老年人生活能够自理时，除非自费进入养老院，否则一律居家养老。生活不能自理时，实行二级护理制度：无需经常医疗者，可以入住由国家法定必须举办的村办护老所。需要经常医疗者，可住进政府指定的乡镇护老院。符合计划生育的家庭，只需将国家提供的养老扶助金全部划拨给护老所或护老院即可，不足部分由国家补足。违反计划生育者，费用全部由自己或家庭成员提供。

（3）在城镇，老年人生活能够自理时，以居家养老为主，也可以自己选择进入民办养老院。国家负责对没有养老金的老年人提供基本生活保障。生活不能自理时，可进入老年护理所或护理院。护理所收留不用经常医疗者，护理院收留经常需要医疗者。鉴于国力有限，政府直接举办或以招标方式举办的老年护理所和护理院应采取简易标准。国家应大力鼓励民间举办商业化的中高档老年护理所和护理院来吸收相对富裕的老年人，以为国家减少财政负担。

这些措施对促进农村更多家庭只生一孩的效果如何？笔者为此与许多农民交流过，大多数人表示，如果真能做到如此，肯定会使更多的家庭只生一个孩子。有的甚至表示，如果真能做到这样的话，那不要说有没有男孩无所谓，就是有没有孩子都无所谓了。

（二）为农村独生子女家庭提供优厚的医疗保障

对放弃计划内二胎的家庭实行三口之家的住院医疗费用可全额报销95%的标准，处方药可以给予至少70%的报销。其他类一孩户住院医疗费可报销90%，处方药可以给予50%的报销。两女孩户和其他类型家庭实行现行的地方标准。超生夫妻医疗医药一律自费，其子女的医疗保障按农村现有社会保障规则执行。

（三）为农村独生子女家庭提供优厚的教育减免

对所有放弃计划内二胎家庭的独女率先实行普及高中和中专教育，学杂费全部免除；考上大学的，学费减免3/4。其他农户的独生子女考入高中者学费减免1/2；

考上大学的，学费减免1/4。

（四）生育控制、城镇化、地制改革、社会保障四位一体方案

四位一体方案是一个集生育控制、城镇化、社会保障与土地制度改革四位一体的城乡社会经济发展统筹与改革方案，主要内容是：

（1）分期分批将在城镇已经工作过一定年头的农民工转为城镇户口；

（2）优先将只有一孩的农民工特别是只有一女孩的农民工转为城镇户口，此举可以减少二胎生育；

（3）转为城镇户口的农民家庭所承包的土地允许以市场价格转让给任何人并成为私有产权，亦即转让后的土地不再属于农村集体承包土地，并由此而可以进行二次和多次转让，从而在农村形成一土两制（但耕地仍然必须继续作为耕地，除非经过政府批准，否则不得作为他用，同时毫无疑问地由国家保持最终所有权，即在必要时由国家有权在法定合理补偿下予以征收）；

（4）将土地转让金的全部或一部分作为已成为城镇居民的原农民工的社会保障储蓄金。鉴于农村土地价格差异巨大，国家可以通过对土地转让所得按累进制抽税的办法，取高补低，并可允许转入的所在城镇政府从卖地收入中提取部分资金作为准入费以用于补充市政建基础设施建设所需。

（五）将小城镇作为城镇老年人的养老的主战场

在人口老龄化的进程中，政府应采取多种"推—拉"措施将大多数城镇老年人安置到大中城市的远郊和中小城镇及农村养老，以使更多小城镇和农村的中青年得以早日到特大和大中城市定居，从而保持特大和大中城市更充分发挥经济、教育、文化等功能，以保持中国经济的长期可持续高速发展和教育文化事业的加速发展。在选择养老基地时，应尽量考虑资源枯竭型地区、人口稀少地区、经济落后地区的中小城镇和农村，以此带动当地的经济发展和就业。

"外推"的主要措施包括：

（1）征收房地产税。美国的房地产税各州有差别，约在房价的1%~2%之间，100万的房子因此就需每年支付1万~2万美元。由于美国联邦政府的法定养老金的中位数在1500美元左右，这对绝大多数老年人是一笔不小的负担甚至根本承担不起，从而促使许多老年人退休后会选择到中小城镇定居。

（2）禁止在大城市市区建养老院。在大城市市区无论是建常规性养老院还是瘫残老人护理院，都非常不经济。以商业方式运作，大多数人住不起；以社会福利方式运作，更是劳民伤财，且必然造成养老事业上的更多更大不公正。因此，大中城市应明令禁止在市区建养老院和护理院。已经建起来的，应逐步迁出去。

（3）推行吝啬的法定养老金水准。某些人法定养老金水平太高，不但不符合养老保障的基本理念、也不符合社会养老保障事业应尽量缩小人与人之间差距的社会主义原则，还就造成更多的老年人继续留在大城市养老送终。根据中国国情和目前经济发展水平，笔者提出了除极少数特殊人物外，中国近期养老金的合理水平应该是高不高于3000元，低不低于1000元。实行这样的养老金水平，会有助于将更多的老年人推到小城镇去养老。

"吸拉"的主要措施包括：

（1）小城镇建设适合老年医疗的相对高水准的医院。大城市享有较好的医疗设施，如果小城镇医疗服务跟不上，就难以吸引老年人。为此，就必须在作为养老主要基地的小城镇建立良好的常见病医疗服务设施。最好是养老院本身带有医院或诊所，这就需要一定规模。可以考虑在养老基地的小城镇建立老年人救护中心，并提供向省会和附近大城市医院运送急救病人的直升机服务。

（2）各省可以考虑在人口相对稀少、环境较为宜人的镇和乡村来建设若干个失能老人医疗养老镇，将一批失能老人集中到这类专业化镇里进行医疗养老。

（3）放开农村空置房屋的买卖。放开农村房屋的买卖，可以使想去乡间养老的老年人安居养老。人有恒产固有恒心，且购置的养老房产可以随时处置。农村呆够了，就可以将房屋卖掉另择他处养老。

（4）使环境对老年人有吸引力。首先要清洁卫生，其次要绿化得好，所乐所为能尽量满足。

（5）养老方式要多元化可变化。农家院式的养老，公寓养老，楼房养老，平房养老。进来容易，离开方便。

（6）保障养老服务机构的服务质量：简易、便利、方便、实用、价格适当、吃得好、住得安静、各种需求方便、服务到位，尤其是对生活不能自理的失能老人的服务照料，一定要保障优质服务，使服务比子女照料得更好，这是最关键的一条。为此，就要有一套精细的服务标准和严格的管理措施。

九、结　　论

笔者用以下文字来表达对老龄化社会的企盼之情：

"环境问题很严重，人口过多是根源。加速人口零增长，万众一心莫等闲。阿岛困境多体会，鲁岛景象要前瞻。人口越是老龄化，老人生活越美观。"

参考文献

郭志刚（2010）．中国的低生育水平及有关认识问题．人口与劳动绿皮书（2010）：中国人口与劳动问题报告——后金融危机时期的劳动力市场挑战：78 - 99．

周长洪（2010）．换一种视角看我国人口数量与生育政策．中国人口学会年会（2010）论文摘要：19 - 20．

张车伟（2010）．树立新人口观，实现人口均衡发展．中国人口学会年会（2010）论文摘要：2．

莫龙（2010）．中国人口老龄化经济压力及其调控．中国人口学会年会（2010）论文摘要．第莫龙，韦宇红（2009）．人口老龄化经济压力巨大有可能拖延中国的现代化．中国人口学会年会：中国人口六十年（论文摘要）．

李建新（2004）．中国人口：不能以追求减少人口数量为目标．人口研究，（4）．

李建新（2005）．稳定低生育水平与现行生育政策思考．中国人口：太多？还是太老？．社会科学文献出版社：271 - 272．

李建新（2006）．也论中国人口的百年战略：兼答李小平先生．人口研究，（1）．

蔡昉（2004）．人口转变、人口红利与经济增长可持续性．人口研究，（2）．
蔡昉（2005）．劳动力短缺：我们是否应该未雨绸缪．中国人口科学，（6）．
蔡昉（2007）．破解农村剩余劳动力之谜．中国人口科学，（2）．
蔡昉（2009）．未来人口红利——中国经济增长源泉的开拓．中国人口科学，（1）．
原新、王金营（2005）．过低的生育率就是人口不安全．人口研究，第29卷增刊．
陈友华（2005）．人口红利与人口负债：数量界定、经验观察与理论思考．人口研究，（6）．
田雪原等（2006）．老龄化——从"人口盈利"到"人口负债"．中国经济出版社．
王新海、易富贤（2009）．网上与电视辩论节目中言论主张．
张现苓（2010）．出生性别比偏高的理论与检验．中国人口学会年会（2010）论文摘要：421-422．
曾毅（2004）．继续提倡晚育，逐步适当放宽二孩政策．中国人口科学，（1）．
曾毅（2005）．以晚育为杠杆，平稳向二孩政策过渡．人口与经济，（2）．
穆光宗（2007）．人口控制的风险和底线．大地，2007，（4）．
穆光宗（2009）．"独生子女"风险论．绿叶，2009，（8）．
宋健（2010）．百年中国人口//程恩富．激辩新人口策论．中国社会科学出版社．
李小平（1989）．生育效用与生育控制的经济对策．中国人口科学，（1）．
李小平（1989）．论宏观与微观两种适度人口规模的矛盾冲突与缓冲对策．中国人口科学，（5）．
李小平（1991）．人口老化与人口老化危机．科技导报，（3）．
李小平（1992）．期望孩子的交易价格及其在生育控制中的应用．中国人口科学，（5）．
李小平（1993）．加速解决当代中国人口问题的经济模仿——期望孩子的交易价格原理及其应用．中国广播电视出版社．
李小平（2000）．外部性与过度生育——过剩人口成因的制度分析．中国人口科学，（6）．
李小平（2001）．人类生活的美学问题．读书，（10）．
李小平（2002）．生育控制与逆人口投资：人口过剩条件下人口与社会经济问题的综合治理．市场与人口分析，（2）．
李小平（2003）．向少生二胎要农村社会保障资金．首都经济，（4）．
李小平（2004）．计划生育史册上的伟大篇章：农村部分计划生育家庭实行奖励扶助试点的思考．中国人口报，2004-4-2．
李小平（2004）．尽量减少人口增长，加速提高人口安全系数．人口与计划生育，（2）．
李小平（2004）．反哺农民到时日，中关村，第1-2月（合刊）．
李小平（2004）．加速缓解三农问题的人口战略与对策：从开展对农村部分计划生育家庭实行奖励扶助制度试点工作说起．古今农业，（2）．
李小平（2004）．论中国的百年人口战略与对策：生育控制与农村社会经济问题的综合治理. 战略与管理, (3).

李小平 (2007). 人口老龄化并非危机: 兼论人口负增长前绝对不应放宽现行生育政策. 科学决策, (2).

李小平 (2007). 减少人口总量是最优选择. 大地, (4).

李小平 (2007). 建立和谐社会中的和谐人口政策探讨. 重庆工学院学报, (7).

李小平 (2007). 控制和减少人口总量就是优化人口结构. 人口研究, 第31卷增刊《统筹解决人口问题——第二届中国人口科学讨论会论文集》.

李小平 (2007). 控制和减少人口总量就是优化人口结构. 重庆工学院学报, (9).

李小平 (2007). 人口老龄化带给我们什么?. 中国信息报, 2007-02.

李小平 (2008). 人口减半经济学与老龄化经济学. 中国人口发展的理论与实践: 纪念改革开放30周年全国学术讨论会论文集, 中国人民大学人口研究所人口研究编辑部.

李小平 (2009). 一胎化比二胎化风险更大吗?. 绿叶, (9).

李小平 (2009). 最根本的问题仍是人口总量问题. 学者纵论当代中国人口理论与政策. 中国社会科学报, 2009-08 (3).

李小平 (2009). 生育率降下去就升不上来了吗?. 激辩新人口策论. 中国社会科学出版社, 2010.

李小平 (2010). 人口乌托邦——加速人口老龄化, 绿叶, 2010, (1) - (2).

(作者单位: 中国社会科学院人口与劳动经济研究所)

推行城乡一体化的生育政策应提上日程

——基于北京市的调查

马小红*

一、研究背景

2010年9月25日，是中共中央《关于控制我国人口增长问题致全体共产党员、共青团员的公开信》（以下简称《公开信》）发表30周年，这一具有重要意义的事件意味着两个事实：一是，独生子女政策在我国已推行30年，第一代独生子女已大规模地进入婚育期，双独家庭、单独家庭占到婚育家庭的相当比例。二是，生育政策的调整问题成为学界和社会关注的问题。在《公开信》提出了众所周知的"独生子女政策"的同时，也指出，提倡一对夫妇生育一个孩子主要是控制一代人的生育率，"到30年以后，目前特别紧张的人口增长问题就可以缓解，也就可以采取不同的人口政策了"，在《公开信》发表30年后的今天，生育政策调不调？如何调？成为不可回避的问题。

正如我们大多数人知道的，我们现行的生育政策早已不是单纯的"独生子女政策"，而是1984年后对"一孩"政策逐步调整形成多样化的生育政策格局。这一政策格局的主要特点是城乡二元性，即形成了占全国人口35.4%的城镇地区和部分农村实施的"一孩政策"，占全国人口53.6%的大部分农村地区实施以"一孩半"政策（即第一胎为女孩，可以生育第二个孩子）为主体的政策格局（郭志刚、张二力、顾宝昌等，2002）。近年来，各省市也正在对人口和计划生育条例进行微调和修订，提出的生育政策调整方案如七省市的农村单独政策（夫妇双方都为农村户口，一方为独生子女可以生育两个孩子），也是强化了城乡生育政策的二元性。

生育政策是为调节人们的生育行为而采取的政府行为，而人们的生育行为主要是各种因素影响人们的生育意愿造成的（郭志刚，2007）。以往的研究表明，在我国二元社会结构下，由于城乡在社会经济、文化教育、子女与家庭间财富流的流向以及计划生育政策与服务等方面存在不同，造成了城乡生育水平有相当大的差异（陆杰华，2004），生育意愿也存在一定的差异（郑真真，2004）。但是，伴随着快速现代化和城市化的进程，在经济和社会发展速度较快的地区，尤其是像北京这样的城市化水平较高的大城市，农村婚育主体受到城市生活方式和生活理念强大的冲击，在这些冲击下，他们的生育意愿会呈现什么样的状态？与城市相比仍然存在较

---

* 作者简介：马小红，女，1965年生，北京市委党校社会学教研部、北京市人口研究所副教授，北京人口发展研究中心研究人员，研究方向为人口与社会发展、北京人口问题。

大差异还是倾向趋同？影响他们生育意愿的因素是政策为主还是社会发展？对这些问题的回答对我们调整生育政策有重要的参考意义。

在经济发达地区，独生子女已逐渐成为婚育家庭的主题。以北京市为例，2005年1%抽样调查显示，常住人口中0～30岁独生子女累计达300余万，占同龄人口比重在一半以上，其中，15～30岁年龄段独生子女占60%，规模已接近200万（马小红，2008）。基于以上的认识，本文拟利用北京市人口研究所2006和2008年对北京市城区和农村地区独生子女生育意愿调查的数据，对城乡独生子女的生育意愿进行比较分析，对当前北京市农村与城市两种社会结构下的生育类型所处阶段作出判断，为生育政策的调整提出政策建议。

对独生子女生育意愿的研究大都集中在最近几年，为数不多的调查结果显示，独生子女和非独生子女在生育意愿方面没有显著差异；处于不同城市、具有不同文化程度、不同婚姻状况的城市青年的生育意愿也基本相同（风笑天，2004；侯亚非，2003；丁仁船、吴瑞君等，2007；马小红，2008）。但将城市和农村独生子女生育意愿的比较研究还是个空白。因此，该研究具有一定的理论意义和实践意义。

二、数据来源

本文研究的数据来源于北京市人口研究所于2006年、2008年分别对北京市城市和农村独生子女和双独家庭进行的两次生育意愿调查。调查样本具体说明如下：

2006年进行的"北京城市独生子女和双独家庭生育意愿调查"*，调查对象为拥有城市户口、居住在城区的20～34岁青年及共同居住的父母。调查者在东城、海淀两个城区采用等距抽样方法，随机抽取57个社区，在每个社区按照年龄、婚姻比例配额，聘请专业的调查公司对调查对象进行了入户访谈调查，同时对与调查对象共同居住的父母也进行了调查。调查的实施时间为2006年8～10月，共计回收有效问卷1100份（含父母问卷1060份）。

2008年进行的"北京农村地区独生子女和双独家庭生育意愿研究"**，根据昌平区育龄妇女信息系统（WIS系统）提供的信息，将昌平区18个镇农业人口中有双独家庭的村委会作为抽样框。对夫妇双方和单方为农业户口的双独家庭实行普查（双独夫妇只调查其中一人），同时按双独、单独家庭和未婚独生子女比抽样比例为1:1:0.5的比例在抽样框中等距抽取单独家庭中的和未婚的独生子女。为增大山区镇被调查者的比例，山区镇兴寿、长陵和流村按1:2:1的比例调查。男女比例按1:1左右配额，抽样人群为在1974年至1987年出生的20～34岁独生子女。抽样结果显示，被调查者分布在18个镇（街道）101个行政村，共计1002人。调查实施时间为2008年6～8月，共获得问卷1001份，其中有效问卷为982份，有效率为98.2%。

需要说明两点：一是样本的代表性，本文所选取北京中心城区之一的东城区和

---

* 该课题为北京市人口计生委2006年委托课题，课题负责人为北京市人口研究所马小红，课题级成员为侯亚非、董桂玲、张长有、黄洁、黄匡时，东城区和海淀区人口计生委给予了大力支持。

** 该课题为北京市人口计生委2007年委托课题，课题负责人为北京市人口研究所马小红，课题组成员：邱桂玲、谷永洁、张信锋、李鸿，昌平区人口计生委李春菊主任和邱少强副主任给予了大力支持。

城市拓展新区的代表区域——海淀区，基本可以代表北京城八区的区域特征和人口特征；选取昌平区的农村地区作为北京农村代表，是因为昌平地域上既包括平原又包括山区，经济上既有经济较为发达的与城八区接壤的城乡结合部区域，又有经济处于中游的发展地区、还有经济较为落后的深山区地区，基本上代表了目前北京市农村地区人口的区域分布。二是两次调查的时间差异性，两次调查时间上存在两年的差距，严格来说，不能算是同期人调查，这是本文存在的问题，不过，考虑到2006—2008年没有大的社会和政策变动，生育意愿保持了一定的稳定，故将二次调查的结果拿来比较有一定的基础。

本文把2006年"北京城市独生子女和双独家庭生育意愿调查"称为城市调查（简称"城市"），2008年"北京农村地区独生子女和双独家庭生育意愿研究"称为农村调查（简称"农村"）。两次调查被调查对象的基本情况见表1。

表1　两次调查样本情况

项目	分类	城市 样本量（个）	城市 百分比（%）	农村 样本量（个）	农村 百分比（%）
总样本		1100	100	982	100
性别	男性	497	45.20	475	48.40
	女性	603	54.80	507	51.60
年龄结构	20－24岁	328	29.80	309	31.60
	25－29岁	531	48.30	568	57.90
	30－34岁	241	21.90	101	10.60
文化程度	初中及以下	29	2.60	155	15.90
	高中（含中专、中技）	251	22.80	463	47.20
	大专	405	36.80	273	27.70
	大学本科及以上	414	37.60	91	9.20
婚否	未婚	601	54.60	234	22.40
	已婚	499	45.40	747	77.60
收入	无收入	237	21.50	7	1.00
	1－799元	18	1.60	83	11.40
	800－1599元	190	17.30	400	54.90
	1600－2999元	393	35.70	195	26.70
	3000－4999元	196	17.80	32	4.40
	5000元以上	66	6.00	12	1.60
是否双独	双独家庭	246	49.70	341	45.70
	单独家庭	249	50.30	405	54.30

数据来源：根据2006年"北京城市独生子女和双独家庭生育意愿调查"和2008年"北京农村地区独生子女和双独家庭生育意愿研究"的调查数据统计得出。除特别说明外，本文以下各图

表同此。

三、研究主要结果

(一) 被调查对象理想子女数城乡接近，以1孩为最高

在城市和农村两次调查的问卷中，都设计了"不考虑政策因素，您认为一个家庭生育几个孩子最理想？"这一问题，来了解被调查对象的理想子女数。统计结果见表2。

表2 城乡独生子女理想子女数

(单位:%)

	项目	城市	农村
	样本总体（人）	1099	983
理想子女数	0	15.20	1.40
	1	50.40	50.40
	2	33.40	47.60
	3个及以上	1.00	0.60
	平均值（个）	1.18	1.47

从统计结果来看，我们可以得到以下结论是：城乡选择理想子女数为1孩的比例最高，均为50.40%；其次为2个孩子，城市选择2个孩子为33.40%，城市为47.60%，农村高于城市14.2个百分点；城市选择不要孩子的比例为15.20%，农村仅为1.40%。可见不论在城市还是在农村，1孩生育观成为生育主流。农村的2孩生育意愿强于城市。

(二) 城乡"双独家庭"2孩生育意愿均不强烈

我国绝大部分省市生育政策中一个很重要的内容是双独政策（即两个独生子女组成的家庭可以生育两个孩子），双独家庭是双独政策的适用对象，因此他们的二孩生育意愿格外令人关注。然而，调查却显示，无论城乡，在回答"如果政策允许，您打算要第2个孩子吗？"这一问题时，双独家庭的二孩生育意愿均不强烈（见表3）。城市调查数据显示：城市全部双独样本中，被调查的双独家庭有26.13%选择了生育二孩，44.16%选择了不要，有29.71%选择了没想好；农村调查数据显示：农村全部双独样本中，有36.33%的双独家庭选择了愿意生二孩，34.19%的人选择了不要，有29.48%选择了没想好。农村的双独家庭愿意生二孩的比例高于城市10.2个百分点（见表3），但都没有超过40%，和非双独家庭相比，并没有显示出强烈的二孩生育意愿。

两次调查中对已育的双独家庭在要不要二孩做了调查，因为他们生育二孩在政策上没有障碍，是否生育二孩也是他们近几年必须面对的现实问题。统计结果显示，已育一孩的城乡双独家庭选择生育政策二孩的比例分别为30.21%和35.08%，基本接近。选择不打算生育政策二孩皆占有相当比重，分别为46.68%和36.11。见表3。可见，虽然理想子女数为2孩的比例，农村明显高于城市，但在面临实际的选择时，农村和城市的双独政策适用群体－双独家庭都没有表现出明显的2孩生育意愿。

表3 城乡双独家庭被调查者二孩生育意愿

（单位:%）

	项目	样本数（人）	要	不要	没想好
城市	全部双独样本	249	26.13	44.16	29.71
	未育	163	23.89	42.91	33.21
	已育	86	30.21	46.48	23.31
农村	全部双独样本	339	36.33	34.19	29.48
	未育	134	38.12	31.29	30.59
	已育	205	35.08	36.11	28.81

（三）城乡独生子女希望生育2孩选择原因基本一致

调查对理想子女数为2孩的被调查者进行了想要2孩的原因进行了调查。城市独生子女被调查者想要2孩的原因中，结果显示认为"1个孩子太孤单"得分最高，排在首要考虑位置，其次是"独生子女教育难"，另外，"降低养老风险"也是他们选择理想子女二孩的一个重要因素。而在对农村独生子女被调查者想要2孩的原因中，结果显示选择"家里1个孩子太孤单"、希望"儿女双全"、"充分享受天伦之乐"三个选项排在前三位，可见农村独生子女想要2孩主要出于家庭情感需求；养老因素排在第四位，经济原因排在最后两位。可见，城乡独生子女希望生育2孩选择原因基本一致，出于子女成长、天伦之乐等家庭情感需求。

（四）城乡独生子女均不存在男孩偏好

在两次调查的问卷设计中，通过设计"如果只生一个孩子，您想要男孩还是女孩？这一问题来考察调查独生子女的生育偏好。从统计结果（见表4）可以看出：认为男孩女孩都一样的比例最高，城市达64.80%，农村达73.10%，城市、农村独生子女均已不存在男孩偏好，农村独生子女的男孩偏好较城市独生子女还要低一些。这说明不论城乡，在性别偏好上，呈现出喜欢女孩的趋势，传统的重男轻女的观念已经淡化。

表4 城乡独生子女性别偏好

单位:%

	项目	城市	农村
	样本总体（人）	1067	984
性别偏好	喜欢男孩	16.00	13.00
	喜欢女孩	19.20	13.90
	男女都一样	64.80	73.10

（五）城乡生育模式一致——晚婚晚育、少生优生

在以往研究中初婚年龄被证明与生育率有明显的负相关关系，初婚年龄越晚希望生育的孩子数越少，不同年龄育龄群体间的理想生育数存在一定差异，并基本与年龄呈正相关（周福林，2005）。在我们的调查中，城市独生子女倾向24周岁以下结婚的比例仅为1.38%，倾向于25～28周岁比例为47.73%，29～32周岁结婚的比例占42.21%，两组占总体样本比例的89.94%。农村独生子女倾向24周岁以下结婚的比例仅为8.93%，倾向于25～28周岁比例为80.04%（见图1）。可见，不论城市还是农村，选择25周岁以上的被调查者已经占到绝大比例，晚婚的趋势已经

明显。

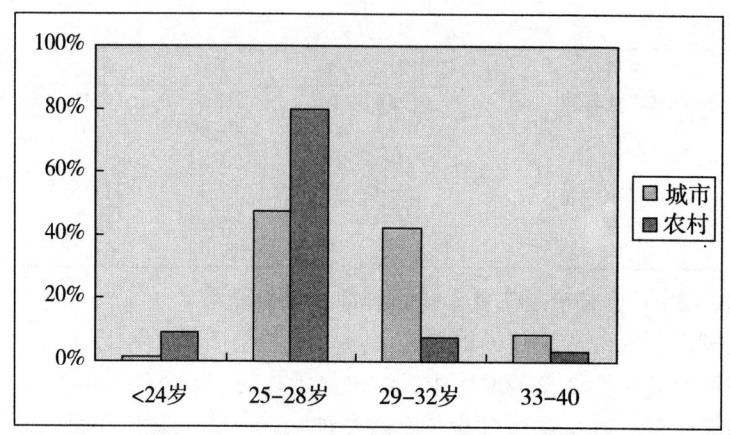

图 1 城市和农村年独生子女的初婚年龄

生育时间也呈现同样趋势。城市独生子女倾向于 24 周岁以下生育的比例仅为 0.71%，倾向于 25～30 周岁生育的比例占 55.73%，占到了一半以上，倾向于 31～36 周岁生育的比例达 41.65%，倾向于 37 周岁以上生育的比例占 1.92%；农村独生子女倾向于 24 周岁以下生育的比例仅为 1.21%，倾向于 25～30 周岁生育的比例占 94.42%，倾向于 30 周岁以上生育的比例达 3.38%，倾向于 37 以上的比例仅占 1.94%（见图 2）。独生子女比过去的人更侧重于对事业、个人发展等方面的考虑，生育年龄的考虑已经不光是一个从医学上最佳生育年龄角度的考虑，而变成一个对各方面综合因素的考虑，表现出更强的社会性。

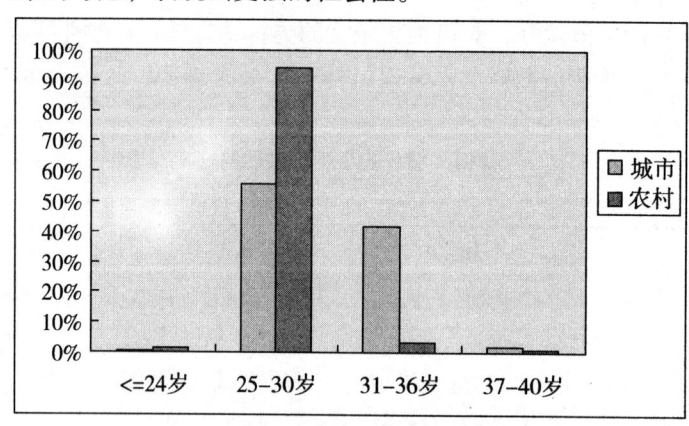

图 2 城市和农村年独生子女的初育年龄

（六）无论城乡，生育行为均以自主意识为主

独生子女生育意愿是独生子女对自身生育问题的看法、愿望和要求，但在支配自己的生育意愿的同时，也会受到来自不同方面的因素影响。影响独生子女生育意愿的因素错综复杂，共同对其产生影响。调查问卷中设计了"对您生育行为影响最重要的是"这一问题，调查结果比较显示（图 3）：城市独生子女在选择影响生育行为的人的因素时有 70% 的被调查者选择了"自己"，远远高于其他选项的百分比；"配偶""父母"则排在第二、三位，分别为 17% 和 11%。农村独生子女也显示出同样的趋势。在回答"对您生育行为影响最重要的是"这一问题时，58.72% 的农

村独生子女选择了自己,选择父母的为 18.10%。可以看出,尽管农村地区父母的影响要比城市高出 7 个百分点,但"我的生育我做主"的理念无论农村还是城市已成为主流意识。

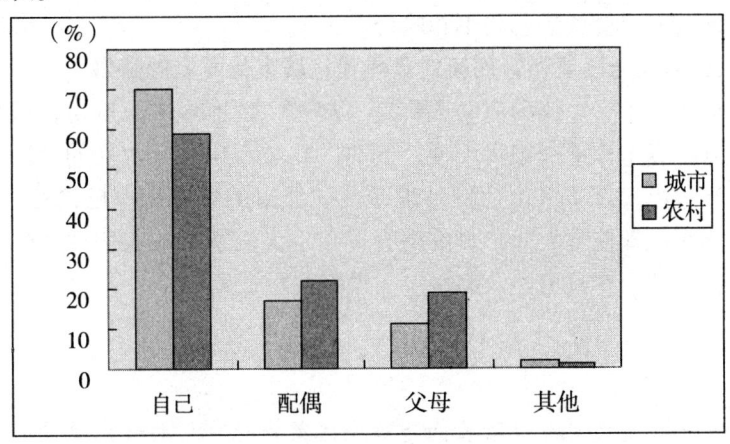

图 3　影响生育行为的人的因素比较

四、城乡生育意愿趋同趋势对生育政策调整的启示

通过比较与分析,我们可以看出,在北京市这样的经济社会比较发达,计划生育先进地区,农村独生子女跟城市独生子女在生育意愿上趋同性较为明显,更趋于现代型生育意愿,即少生、晚生、没有性别偏好,生育行为更多地由自己而不是长辈支配,政策对人们生育意愿的影响力渐微,经济发展和社会转型带来的作用日趋明显。

基于以上结论,本文对目前许多省市在调整生育政策时依然强化城乡区别的政策提出不同看法,认为在稳定低生育水平的前提下,在经济社会比较发达,计划生育先进地区,鉴于生育意愿的城乡差别日益缩小,趋同性明显,在计划生育政策调整时,应当推行生育政策城乡一体化。即无论城市还是农村地区,采取无差别的生育政策。主要理由如下:

(一) 城乡区域差距和生育意愿差距是二元生育政策出台的背景,但背景已出现了变化

20 世纪 70 年代在全国推行"晚、稀、少"生育政策是城乡统一的,其主要内容贴近人们的生育意愿,使总和生育率由 1970 年的 5.71 降到 1980 年的 2.24,成效非常明显。但 1980 年在城乡推行的一孩政策由于严重脱离经济发展水平和人们的生育意愿,导致社会矛盾激化。1984 年以来试点,90 年代确立的城乡不同的二元计生政策缓和了社会矛盾,符合大多数人的意愿。但是 21 世纪 10 年代,和 1980 年相比,情况已大为不同。全国尤其是较为发达的大城市,经济水平已接近中等发达国家,同时,正如本研究显示的,无论城乡,未来生育家庭的主题——独生子女显示了普遍的低生育意愿,二元政策出台的历史背景已发生了变化。

(二) 从社会发展的大背景来看,城乡一体化是当代社会的发展趋势

户籍制度改革步伐加快,全国许多省市先后取消了二元户口划分,传统的按农业和非农业划分的户籍制度正在由统一的居民户所代替;城乡统一的基本公共服务制度正在建立，正在逐步形成城乡居民平等享有文化体育、医疗卫生、设施建设的基本公共服务制度；社会政策城乡一体化的时期已经到来，医疗、养老、低保的城乡居民全覆盖的模式已形成。如果生育政策调整时依旧强化城乡的二元性，和社会管理和社会政策发展变革的趋势不相吻合。

（三）二元的社会政策和管理模式是现代化城市化发展的障碍

目前，以农民工为主体的流动人口正大规模、快速地进入城市，城乡二元的生育政策给计划生育工作带来很大不便；同时，在城市化水平较高的地区，农村政策的适用群体已很小，以北京市为例，2010年，北京的城市化率已高达77.31%，达到发达国家水平，即使是农业户口的婚育青年也大都从事非农职业，生育意愿接近城市，出台二元的生育政策涉及面很小，没有实际意义。

参考文献

中共中央. 关于控制我国人口增长问题致全体共产党员、共青团员的公开信，1980－09－25.

郭志刚，张二力，顾宝昌，等. 现行生育政策与未来家庭结构. 人口研究，2003，(9)：1－10.

郭志刚. 认真做好当前生育水平的监测与研究［J］. 中国人口科学，2007，(3)：14－18.

佟新. 人口社会学［M］. 北京：北京大学出版社，2006：63.

陆杰华，傅崇辉. 关于我国人口安全问题的理论思考［J］. 人口研究，2004，(1).

郑真真. 中国育龄妇女的生育意愿研究［J］. 中国人口科学，2004，(5)：73－78.

风笑天. 城市青年的生育意愿：现状与比较分析［J］. 江苏社会科学，2004，(4)：175－181.

侯亚非. 北京市独生子女生育意愿调查分析［J］. 北京社会科学，2003，(3)：62－67.

丁仁船，吴瑞君，钟勤华，等. 独生子女比例、婚育意愿变动对未来政策生育率的影响［J］. 南方人口，2007，(3)：11－18.

马小红，侯亚非. 北京市独生子女及"双独"家庭生育意愿及变化［J］. 人口与经济，2008，(1)：15－18.

（作者单位：北京市人口研究所）

我国未来中长期劳动力需求预测

齐明珠

一、研究背景和问题的提出

现阶段,中国不仅是世界上劳动力资源最丰富的国家,也是就业压力最大的国家之一。但是从中长期看,我国就业人口供给如何,同时岗位需求如何,未来的经济能吸纳多少以及什么素质的劳动力,可能的就业形势如何?要回答这些问题,就需要对我国未来人口数量、结构以及相应的经济运行规模、结构、水平等进行科学、客观的预测。

以往对就业问题的研究大都是短期的、静态的,缺乏长期预警性研究。由于目前劳动力供给过剩,大部分相关研究多是从劳动年龄人口持续增多,如何解决就业压力、减少失业的角度,谈扩大就业、治理失业,研究内容基本上是我国当前就业形势、特点、原因及治理对策等方面(何平,华迎放,2002;纪韶,2000,2006;王建阳,2006等)。在岗位需求方面,则多以目前的经济发展、产业结构水平下对劳动力的吸纳能力为假设,来考虑就业市场的需求,因此结论也多认为中国劳动力将长期过剩。总体看,对劳动力需求的定量预测非常少,尤其是定量的中长期预测。

事实上,随着经济的发展、产业结构的变化,对岗位的吸纳能力和岗位结构需求一定是变化的。所以,在劳动力岗位需求方面一定要加入经济预测,即考虑经济发展对岗位吸纳能力、结构特点的影响。

二、预测方法

从宏观角度看,劳动力需求是一个国家或一个社会对劳动力需求总的状况。影响劳动力需求的因素很多,根据不同的经济理论,考察劳动力需求的影响因素会有所侧重。从我国的实际情况来看,影响劳动力需求的因素主要有两类,一类为经济增长(即GDP)因素,一类为经济结构变动因素。本文也是从这两个角度分别以及综合考虑进行劳动力需求预测。

劳动力需求预测是个比较复杂的模型,涉及多种因素,其中多个自变量往往也都是需要预测或假定的变量,其间涉及的数据和方法并不一致,所以首先是需要对预测变量进行预测和假定。

(一)对我国2010—2050年GDP增长进行预测

经济增长是就业需求的最重要影响因素。如何合理判断我国中长期潜在经济增长率?从全球范围内来看,此次金融危机使各国间经济贸易竞争更加激烈,我国的外贸出口受到重创,在危机过后很难再恢复到之前高速增长的局面。从国内看,随着资源、环境对经济增长约束的强化以及劳动力、土地、资本等成本的上升,依靠低成本优势支撑出口高速增长的方式也必须改变,此外,为应对经济危机我国政府实施的4万亿元投资计划,已使不少领域的投资已经或接近饱和,所以预计我国的经济增长率也将放缓。

从发达国家的GDP增长的变动轨迹上看,GDP增长会趋于缓慢。此外,我国经济增长方式将发生重大变化,如上分析支撑我们对GDP增长进行如下假定:假定2010年我国GDP按照8%进行增长,在"十二五"期间按照7.5%进行增长,在2016—2020年间GDP平均年增长率为7%,2021—2030年间GDP平均年增长率为6%,2031—2040年间GDP平均年增长率为5%,2041—2050年间GDP平均年增长率为4%,以此计算2010—2050年间GDP的不变价格指数。

(二) 对未来就业弹性系数的变化进行预测

经济产出的增长,总是要依赖于资本、技术和劳动力等要素的投入,因此经济增长必然会带动就业的增长。但经济增长并不意味着同等速度的就业增长。因为,就业增长还取决于经济增长的就业弹性系数,即GDP每增长1%所创造的就业岗位增长的百分数。从历史上看,我国经济增长的就业弹性系数是逐步下降的。

总体上看,从1978年到2008年,我国GDP增长的弹性系数在逐渐下降,在1980年代,GDP增长的就业弹性系数保持在0.3~0.4左右,进入到90年代,就业弹性系数继续下降至0.1~0.2之间,2000年以后,就业弹性系数基本在0.1以下。如果分不同产业看,可以看出第三产业GDP增长的就业弹性系数最高,第二产业次之,第一产业基本为负。

造成我国GDP增长的就业弹性下降的原因主要有两点,一是经济发展过程中劳动生产率水平的提高使生产单位GDP所需劳动力数量减少;二是产业结构的变动,第一产业创造的GDP比重不断下降,第三产业GDP稳步上升,而第一产业GDP增长的就业弹性系数为负,使GDP增长对就业的拉动降低。

经济结构和劳动力成本等因素决定了就业弹性的变化。一定数量的就业人员所需要的资本投入和劳动力成本的单位成本,所需资本比例和就业成本相对低一些,就业弹性就高。随着我国经济增长方式的转变和产业结构的调整,我国的就业弹性系数总体上还将进一步下降,但是下降空间很有限。因为第一,该系数目前已经降至比较低的水平,2008年为0.07,第二,当第一产业向第二、三产业转移的潜力充分释放后,第一产业GDP增长的就业弹性系数将逐步向零回归,乃至会是正值,其对GDP增长总的就业弹性系数的抵消作用会减弱。

综合考虑这些因素,本文预计2010—2020年就业弹性系数保持在0.06,并至2050年保持不变。

(三) 对我国2010—2050年产业结构变化进行预测

三次产业结构的发展是反映一个国家或地区产业结构发展的重要指标。随着经济的发展,三次产业结构将发生调整。进入2000年以后,第一产业GDP比重继续下降,从2000年的15.10%下降到2008年的11.3%,第二产业GDP比重有所回升,从2000年的45.9%上升到2008年的48.60%,第三产业GDP比重基本保持在40%的水平。

我国仍处于工业化阶段,产业结构迅速变化是这一阶段的重要特征。相对于2010年,2020年第二产业的比重将有所回落,主要表现为采掘业和低技术产业比重将下降。随着居民收入水平的上升,居民对服务业消费需求的不断增加,以及工业快速发展带来的对于生产性服务业需求的增加,"十二五"期间以及一直到2020年服务业的比重将有所上升。

对产业结构进行预测,一方面考察历史的变化,另一方面对未来可能的影响因素进行分析,同时还要结合一些发达国家的经验,本研究借鉴了美国、日本等发达国家GDP在三次产业比重的历史变化。

综上,本研究预计到2020年,三次产业GDP的比重为7%、43%、50%,到2050年预计三次产业GDP的比重为5%、35%、60%,达到中等发达国家的水平。

(四) 我国未来平均人力资本水平预测

人力资本是由教育和健康等多种因素构成的,且不同要素在经济增长中的贡献份额各不相同。作为人力资本最重要的构成要素——教育,由于其较其他因素而言具有比较容易定量的特点,因此常用教育水平来代替人力资本水平,并以此来测算人力资本对经济增长的贡献。

首先考察1978—2008年就业人口教育水平的变化,这里将就业人口的受教育情况分为五个等级:文盲半文盲、小学、初中、高中和大专及以上5类不同的受教育层次,并分别按各层次的平均受教育年限给予权重,其中文盲半文盲为1,小学为6,初中为9,高中为12,大专及以上为16。然后得到计算公式如下:

$$h = h_1 \times 1 + h_2 \times 6 + h_3 \times 9 + h_4 \times 12 + h_5 \times 16$$

其中,h_1到h_5依次表示受教育层次为文盲半文盲、小学、初中、高中、大专及以上的就业人数在全国就业人数中的比重。由此得到1997—2008年我国就业人口平均受教育年限变动趋势*,具体数据不在此列出。

这里用SPSS软件中curve estimation对多种曲线进行拟合考察,最后选定cubic模型,它的拟合优度最高,$R-SQUARE = 0.989$,$F = 810.44$,预测结果见表1。

表1 2009—2050年我国就业人口平均受教育年限预测

(单位:年)

年份	受教育年限	年份	受教育年限
2009	8.77	2030	10.31
2010	8.85	2031	10.38
2011	8.92	2032	10.45
2012	9.00	2033	10.53
2013	9.08	2034	10.60
2014	9.15	2035	10.68
2015	9.23	2036	10.75
2016	9.30	2037	10.83
2017	9.37	2038	10.91
2018	9.45	2039	10.99

---

* 1978—1996的数据是由王金营《人力资本与经济增长:理论与实证》:第79-80页的数据计算整理而得,1997—2008的数据根据《中国劳动统计年鉴》(1998—2009)提供的就业人口教育构成数据计算整理而得。

续表

年份	受教育年限	年份	受教育年限
2019	9.52	2040	11.07
2020	9.59	2041	11.15
2021	9.66	2042	11.24
2022	9.73	2043	11.32
2023	9.80	2044	11.41
2024	9.88	2045	11.50
2025	9.95	2046	11.59
2026	10.02	2047	11.68
2027	10.09	2048	11.77
2028	10.16	2049	11.87
2029	10.23	2050	11.96

三、预测模型的建立和结果

本文分别采用考察经济规模变动、经济结构变动、规模和结构相结合的方法对未来劳动力需求进行预测，之后进行综合调整，得到更为合理的劳动力需求量。

（一）考察经济规模变动因素对劳动力需求的影响

通过 GDP 预测我国未来岗位吸纳能力，这里用两种方法进行预测，一个是就业弹性系数直接计算法，一个是模型法，以进行交叉验证。

一是从就业弹性系数变动预测就业岗位吸纳。在 GDP 增长速度确定、就业弹性系数确定的情况下，从就业弹性系数出来计算未来就业岗位的吸纳能力也即就业需求就很明确了。可以看出就业弹性系数逐渐下降，假如就业弹性系数保持在 0.06，则如果按照前述假定，则可以推算，得出到 2015 年，我国劳动力需求为 80468 万人，到 2020 年劳动力需求为 82459 万人，到 2050 年为 90212 万人。

二是用 GDP 总量增长去建立就业需求预测模型法。在此模型中，因变量为可吸纳的就业人口数，即就业需求，自变量为 GDP 指数的对数，建立 LOGARITHMIC 数学模型，该模型对历史数据拟合效果很好，R - SQUARE 达到 0.957，F 值也达到 649.90。

（二）考察经济结构变动因素对劳动力需求的影响

重点考察产业结构变动对劳动力需求的影响。考察最近 10 年从 1999 年到 2008 年，第一产业 GDP 的比重从 16.5% 下降到 11.3%，而在第一产业就业的人口从 35768 万人下降到 30654 万人，平均 GDP 比重每下降一个百分点，则从业人口减少 1000 万人。

到 2020 年预计三次产业 GDP 的比重为 7%、43%、50%。到 2050 年预计三次产业 GDP 的比重为 5%、35%、60%，达到中等发达国家的水平。这里用第一产业和第三产业 GDP 的比重变化来预测对劳动力的需求。自变量为第一产业和第三产业的比重，因变量为就业需求。模型主要结果如下，BETA 值表明自变量的相对重要性，第一产业 GDP 的比重变量 BETA 值为 -0.279，表明第一产业的比重对就业需求是负向影响，第三产业 GDP 的比重变量 BETA 值为 0.694，表明第三产业 GDP 的比重变化对就业需求是正向影响。相比之下，第三产业的变化对就业需求的影响更大。

（三）结合经济增长速度与经济增长方式变动对劳动力需求的影响

经济增长速度与经济增长方式对就业需求的影响是综合的，所以需要综合在一起考虑，建立线性回归方程，从而对就业需求进行预测。

自变量：第一产业 GDP 比重，第三产业 GDP 比重，GDP 指数的自然对数；

因变量：就业需求。

回归方程结果表明，总体看回归方程是显著的，ADJUSTEDR - SQURE 达到 0.945，F 值为 188.981，但是方程存在两点问题：一是第一产业 GDP 的比重对就业影响方向为正，这与我们观察到的经验值及相关理论不符，二是自变量间多重共显性的诊断结果表明，自变量间存在明显的多重共线性，超过能容忍的范围，方差膨胀因子远远大于 10。这两点问题主要都是由于自变量之间多重共线性比较严重造成的，而多重共线性违背了解释变量间不相关的古典假设，将给普通最小二乘法带来严重后果。要避免这样的后果，又要在模型中既体现经济增长速度的影响，又体现经济增长方式变动的影响，就需要考虑其他模型方法，这里采取两种方法对多重共线性进行处理。

一是用岭回归的方法。岭回归分析实际上是一种改良的最小二乘法，是一种专门用于共线性数据分析的有偏估计回归方法。岭回归方法是 70 年代以后发展起来的，在计量经济学中还是新方法，该方法放弃最小二乘法的无偏性，损失部分信息，以放弃部分精确度为代价来寻求效果稍差但更符合实际的回归方程。故岭回归所得剩余标准差比最小二乘回归要大。用岭回归的分析方法，同样将第一产业 GDP 比重，第三产业 GDP 比重，GDP 指数的自然对数作为自变量，就业需求作为因变量，结果如下：K 的取值在 0～1 之间，K 值越小，对最小二乘法无偏性的损害就越小。当 K = 0 时，其结果与多元线性回归的结果是一致的。但 K = 0.05 时，我们看到 GDP 第一产业的比重转为正值，所以取 K = 0.05 时，各自变量的标准化岭回归系数，经济增长速度对就业需求的影响是最大的，回归系数为 0.45，GDP 在第三产业的比重影响次之，系数为 0.39，GDP 在第一产业的比重影响最小，且作用方向相反，系数为 -0.12。

在岭回归分析中关键问题是如何选择 K 值，迄今为止，已有十余种选择 K 值的方法，但没有一种方法被证明为显著地优于其他方法。而选择不同的 K 值，其对应的非标准化回归系数也是有差异的，因此对预测来说结果相差会比较大。

二是用因子分析法提炼出公因子，然后回归。因子分析是通过线性变换，将原来的多个指标组合成相互独立的少数几个能充分反映总体信息的指标，从而在不丢掉重要信息的前提下避开变量间共线性问题，便于进一步分析。这里将这三个自变量放在一起采用主成分法，通过方差最大法进行因子旋转进行因子分析。首先判断一下是否适合做因子分析，从 KMO 的结果上看，是比较适合的，其值为 0.752。这里只提炼出一个公因子,其特征值的贡献度达到97.87%,说明通过因子分析,用一个公因子替代原来的三个自变量进行下一步的回归,信息的损失是非常小的,同时又规避了自变量间多重共线性的问题。用此公因子做自变量,比较多种回归模型,线性模型和二次方程模型的拟合效果是最好的,且基本符合就业需求的发展趋势,所以最终结合这两个模型的结果(平均),得到就业需求预测结果。

(四)多种预测模型结果的比较和调整

不能忽略人力资本水平对就业需求的影响,劳动力的需求不仅体现在数量方面还应该体现在质量方面,在质量上比较方便衡量的就是教育水平因素。随着经济增长方式的改变,产业结构的调整,人均受教育水平的提高,在劳动力市场上必然存在一个质量对数量的替换,因此上面的预测结果类似于就业需求总量,是夸大了实际的就业需求岗位数的,而这个总量必须要用质量去调节,最终才能得到真正的就业需求数量。这里用我国2008年就业人口的受教育年限8.28作为基数100,计算出未来各年的教育指数,然后用以上预测出来的就业需求总量除以各年的教育指数,从而得到调整后就业需求岗位数。

但是仅作这样的调整是不够的,因为在实际的就业市场中,还有部分岗位是被65岁及以上的老年人口占据的,还需要把这部分岗位剔除,才能与15~64岁劳动力供给相对应。这里参考了2000年第四次人口普查数据中,65岁及以上人口中的就业人口占全部就业人口的比例为3.27%,以及2005年1%的数据为3.20%。综合考虑人口老龄化的发展及人口健康度的提高,这个比例在未来应该有提高的趋势,所以此系数定位5%,为第二个调整系数。调整后的就业需求结果见表2。

表2 不同预测方法下的2010—2050年就业需求比较

(单位:万人)

年份	教育指数 (2008=100)	就业弹性 系数法	GDP增长 模型法	产业结构 模型法	经济总量和 结构结合法	最终 就业需求
2010	102.67	72,532	75,892	72,013	75,248	73,479
2015	107.08	71,390	76,350	74,505	76,575	74,082
2020	111.25	70,414	76,575	77,137	77,836	74,709
2025	115.43	69,095	76,310	76,827	76,894	74,077
2030	119.61	67,889	75,907	75,947	76,006	73,248
2035	123.90	66,528	75,123	75,022	75,061	72,224
2040	128.42	65,154	74,145	74,124	73,995	71,141
2045	133.41	63,474	72,691	73,154	72,608	69,773
2050	138.75	61,767	71,078	71,919	71,178	68,254

从表2中可以看出,在四种不同的预测方法当中,后三种模型方法得到的结果是比较接近的。由就业弹性系数法得到的预测结果相对偏低,究其原因,是在就业弹性系数法对就业需求的预测中,已经部分考虑了人力资本提升后劳动生产效率的提高对劳动力数量的替代效应,而在本研究的预测中统一对人力资本提升对劳动力

数量需求的替代作了调整。总体看，不同的预测方法得到的预测结果是基本一致的，这里对四种方法得到的结果进行了简单平均，得到最终的 2010—2050 年 15～64 岁劳动力需求预测。

四、小结

本研究的主要创新之处在于对我国未来中长期劳动力需求作了定量预测，并加入经济预测，即考虑经济发展对岗位吸纳能力、结构特点的影响。

预测就会涉及很多假设，尤其是经济预测部分，本身预测变量就需要预测或者是假定，这样就必须将研究者自身对相关问题的主观理解和判断加入到预测当中。此外，由于本研究涉及很多中长期的预测，尤其是 2020—2050 年的预测，时期较长，预测只能是假定现行各种政策不变的情况下做出来的，但事实上，政策总会不断根据实际情况调整，长期的预测只能提供一个方向性的判断依据，之后还需要不断进行修正。

参考文献

何平，华迎放．中国何以应对就业危机．经济学动态．2002，(1)．
纪韶．中国农民工流动就业现状的实证研究．经济与管理研究．2006，(4)．
纪韶．我国现行就业政策制定的目标选择．经济学家．2000，(1)．
王建阳．剩余劳动力转移与西部产业结构优化．西华师范大学学报．2006，(4)．

（作者单位：首都经济贸易大学人口经济研究所）

首都流动人口服务与管理的思路、战略和政策探索

尹志刚*

探索首都流动人口服务与管理的思路、战略和政策，应把握两个大前提：一是"怎么看"，即如何从首都城市可持续发展战略的高度正确看待首都流动人口的各种现象和问题？二是"怎么办"，即如何设计建构解决流动人口各种问题的系统的政策和措施？

一、流动人口是事关首都经济社会发展全局的重大问题

中国特别是北京的改革开放和经济社会转型的历史证明，流动人口问题是事关首都经济社会发展全局的大问题。

（一）中国的工业化、城市化与流动人口

1. 城市化、农民进城与"城乡一体化"

2001年诺贝尔经济学奖获得者斯蒂格利茨提出"中国的城市化将是区域经济增长的火车头，并将产生最重要的经济利益"。城市化是一个主要由市场机制导向的历史变迁过程，是一种经济发展现象，是人口、经济、社会结构优化转换的聚集，是人口的城市化、非农业化的集中、生活空间的转化、观念意识的转化，是交易效率即社会整体经济效率提升的一个过程。城市化的核心载体在于城市规模的扩大与城市交易效率的不断上升，而其终极目标在于实现城乡一体化、社会整体经济效率的提升。中国社会现代化的历史进程，是人类历史上最伟大、最深刻的工业化和城市化的社会转型。从一定意义上说，我国工业化和城市化的进程，就是减少农民和农民进城的进程；"三农"问题的解决，就是在减少农民的前提下实现富裕农民的进程。

2. 有中国特色的城市化的道路

西方的工业化和城市化走的是一条通过"圈地"等暴力手段，迫使农民失去土地、进城成为雇佣劳动者的道路。如何避免西方通过对农民土地掠夺的途径，开辟有中国特色的社会主义工业化和城市化道路，我国选择了保留农民土地并支持鼓励农民进城务工经商的非暴力的、渐进的途径。从这种意义上说，一个城市吸纳农民进城务工经商的数量，进而把进城农民城市化的程度，体现着这个城市对中国城市化的贡献度。

现存的问题是，农民进城务工经商了，但城市化的广度和深度却大打折扣。究其制度性根源，是现行的城乡二元结构和户籍制度及其连带的对农民的社会保障、

---

* 尹志刚，男，1949年生，北京市人口研究所（北京行政学院社会学教研部）教授，研究方向为人口问题与人口政策。

社会福利等方面的制度性排斥。换个角度看，保留进城农民在农村的土地，不仅为这一群体在城乡之间徘徊，甚至退回农村留下了空间，而且在制度上阻碍着我国城市化的进程。

可行的思路是，一方面，通过减少社会排斥，特别是制度性排斥，增进社会融合，从职业、教育、文化、社会保障和福利、基本公共服务均等化等方面，尽快实现农民工的城市化；另一方面，通过土地流转等方式，保留进城农民的土地收益，实现包融性的农村及农民城市化进程，走出一条有中国特色社会主义的城市化道路。

（二）首都经济社会发展与流动人口

1. 人口流动是市场和城市资本和资源聚集化的表现

人口流动是市场配置资源的必然结果。在社会主义市场经济的大背景下，哪里的资金、物资、信息及其他市场资源聚集化程度高，哪里的资本投入和收益率就高，哪里就成为各种人力资源的聚集地，哪里的流动人口就多。从一定意义上看，流动人口是原有计划经济体制外的人群，他们的市场意识最强，无论是出于货币资本还是人力资本的投资及收益，人口流动都是比较效益最佳的选择。

2. 流动人口对首都发展贡献巨大

近年来各年度全市流动人口总量与 GDP 呈正向相关关系。1986 年至 2007 年我市国内生产总值 GDP 增长曲线和流动人口总量增长曲线基本同步，GDP 的快速增长期和流动人口总量的快速增长期基本一致。22 年来，全市流动人口每增加 100 万人，GDP 总量增加 1676.7 亿元；GDP 总量每增加 1000 亿元，全市流动人口总量增加 59.6 万人。

大量流动人口在京工作生活，广泛分布于全市各个行业，弥补了我市劳动力不足，延缓了人口老龄化速度，延长了人口红利期，对于促进首都经济社会各方面发展发挥了重要作用，是建设首都、服务首都不可或缺的重要力量。

（三）社会稳定、包融发展与流动人口

1. 对流动人口的制度性排斥将导致严重的社会裂痕甚至对抗

近千万流动人口（其中农业人口占 70% 以上）涌入北京，由于原有的城乡二元经济社会结构及其附带的诸多制度性排斥，导致他们虽然在北京生活、工作，却无法获得与北京市民同样均等的公共服务，进而形成了我国大城市特有的社会"三元结构"，即农民、城市农民工和市民。二代乃至三代农民工群体凸现了现行户籍和人口制度严重的制度性缺陷，城市农民工成为一个被严重边缘化的庞大群体。如果党和政府不从制度和政策上减少制度排斥、加强社会融合，随着这一群体从"自在"向"自为"的成长——群体维权意识的觉醒，将导致社会严重的分裂甚至对抗。

2. 促进农民工城市化是"维稳"的重大政治议题

政治和社会稳定是压倒一切的。对稳定威胁最大的是社会动乱，社会动乱的隐患主要有三个：一是弱势群体的温饱等基本生计没有保障；二是社会制度性排斥导致生存和发展机会不均等，农民及农民工等弱势群体不管如何努力，也无法改变身处社会底层的命运；三是资本对劳工的压榨愈演愈烈，社会两极分化日益严重，达到多数社会成员无法容忍的地步。以上三个隐患都与城市和农村、市民与农民的制

度性排斥密切相关。大力推进城市农民工的社会融合,已经是促进社会和谐的一个亟待正视和解决的严峻政治议题了。

二、全面加强流动人口工作的战略思考

(一) 理念创新与人口调控新战略

建立新的加强流动人口工作的思路与对策的前提是理念和价值观的创新,即原有的管理、调控流动人口的理念和价值观需要在反思的基础上加以扬弃。首都人口调控的新思路和新战略是:

1. 实有人口是人口调控的基本理念

实有人口,是指一定时间内在某一项对封闭区域内生活、工作、居住并消耗各种资源的所有人口。根据居住或滞留时间分为:①永住人口。从现实和可能上都没有流出北京并将永远在京居住生活的人口。②常住人口。在京居住半年以上的户籍和非户籍人口。③短住人口。滞留1~6个月的人口。④暂住人口。滞留1个月以内的人口,如来京探亲访友、看病的人口。⑤过往人口。在京滞留1周左右的人口。如来京旅游、购物以及交通换乘等人口。

2. 通过结构调整实现数量调控

北京市流动人口总量过大、规模失控、结构失衡是不争的事实。关键是要跳出流动人口看流动人口调控,建立人口调控的新视角:加强数量调控还是结构调控、分布调控?结构调控从哪里入手?首都在全国的城市结构功能定位,北京市内的功能区结构、产业结构、户籍人口结构等与流动人口是怎样的关系?总之,要坚决摒弃原有一味强调调控流动人口数量的观念,树立实有人口观念,通过人口结构调整,实现人口的数量调控和结构平衡。

3. 通过社会融合,促进进城农民城市化

要树立三个理念:一是城市流动人口是社会转型和城市化的大势所趋;二是从制度层面加强社会融合,破除城乡二元结构的制度性壁垒,给予进城农民均等的公共服务,给予有能力在城市定居的流动人口以平等的居住权、就业权和社会保障权,给予他们的子女以平等的受教育权和其他福利权;三是倡导和扩大城市文明对进城农民的社会化,促进他们尽快成为新型市民,实现城乡一体化,最终消灭工农差别和城乡差别。

(二) 首都城市功能定位与流动人口结构调控的战略思考

1. 立足首都城市功能定位是调控人口的根本战略

2005年《国务院关于北京城市总体规划的批复》指出:"北京市是中华人民共和国的首都,是全国的政治中心、文化中心,是世界著名的古都和现代国际城市。北京城市的发展建设,要按照经济、社会、人口、资源和环境相协调的可持续发展战略,体现为中央党、政、军领导机关的工作服务,为国家的国际交往服务,为科技和教育发展服务,为改善人民群众生活服务的要求。"

任何一个城市的功能都应当明确且有限的,没有全功能城市,否则必然导致功能过载。北京城市功能过载是历史形成的,是人口膨胀和失控的根本原因。减少北京城市的功能超载,把部分功能及相关组织外迁,是分流和减少人口(包括户籍和

流动人口）的根本战略。

疏解北京人口，关键是梳理与首都城市功能定位不符的功能及组织机构有哪些。通过把这些功能及机构——如中低端制造业，低端批发市场，部分院校（特别是民办大学）、部分医院（特别是传染病医院）和部分党政军机关（特别是不必在京的军事机关）等——疏散出北京地区。随着这些功能及机构的外迁，为之服务的常住和流动人口也将外迁、分流。这样，才能从根本上疏解首都的人口压力。

2. 减少首都城市功能过载、疏解流动人口要有中央政府支持和组织保障

调控北京城市的过载功能，梳理与北京市功能定位不符的功能及组织机构，仅靠北京市委和市政府难以实施。建议成立包括中央党、政、军主要机构和北京市领导的"首都委员会"，统筹规划和实施首都城市功能、产业和人口的调控。

（三）北京产业结构升级与户籍人口和流动人口结构的战略思考

1. 产业结构调整升级与户籍人口和流动人口的结构

依据别人是否可替代的标准，可将个人所必须做的事务分为三类（参见图1）：一是日常生活事务——满足人体基本生理需求的饮食、休息等，生活自理的个体可以自行完成；二是个体凭此谋生的业务性事务，如务工经商等，有劳动能力的个体一般能自行完成；三是为保障生理性和业务性事务顺利进行的服务性事务，如提供饮食、服装、交通工具等，个体可自行完成，也可由他人替代完成。在现代社会中，不同阶层的三类事务通常有递进关系，第一阶层的服务性事务往往是第二阶层的业务性事务，第二阶层的服务性事务又通常是第三阶层的业务性事务，依此类推。当一个阶层人口数量的增加，通常会增加对下一阶层人口数量的需求。这就是为什么某一地区户籍人口增加，流动人口便会增加，为流动人口服务的流动人口群体也随之增加的原因。

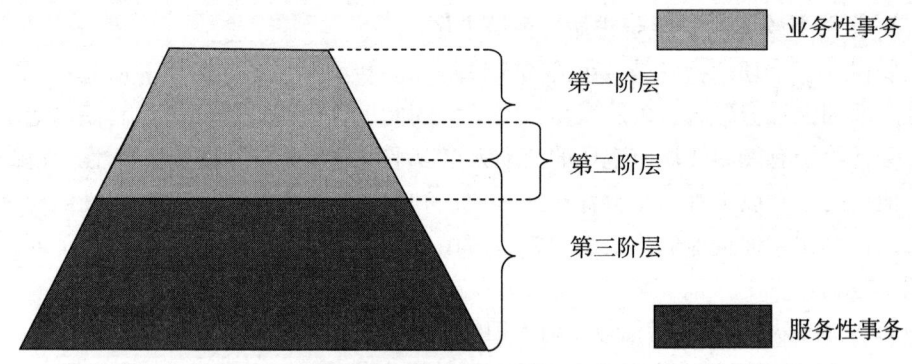

图1　社会不同阶层分工协作图

注：为清晰表达，已将每个阶层都需要从事的日常生活事务略去。

北京市户籍人口与流动人口的服务链展示为：北京产业结构急剧的跳跃式升级，导致原来从事二产的户籍人口的职业链断裂——使得原有的机械、冶金、纺织、采矿等产业急剧衰落，这些产业的从业人员无法进入新兴的金融、IT、传媒等新兴产业，出现难以再就业的低端户籍人口群（以40-50人员为代表）。这一人群需要马路菜市场、地摊餐饮等低端服务；农村流动人口为城市低端户籍人群提供廉价商品和服务；更为低端的流动人口形成衍生式或内卷式服务和消费（参见图2）。

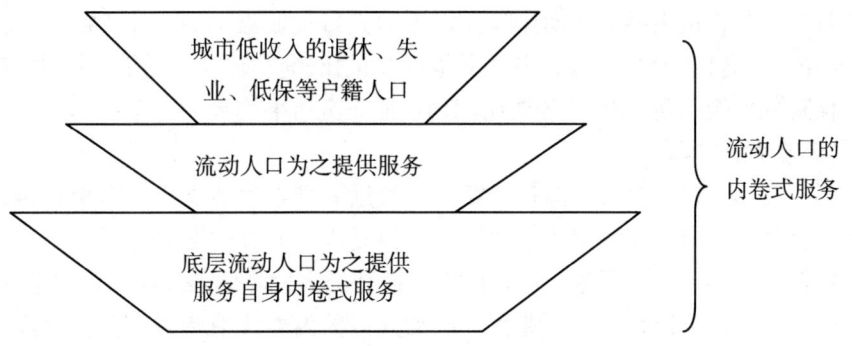

图 2 北京市户籍人口与流动人口的服务链

2. 产业结构调整升级与城市竞争力及流动人口的结构

（1）三次产业结构调整的困境

从常态看，三次产业的从业人口的合理结构是：二产约占40%左右，一产和三产共占60%左右，如果三产从业人口比例提升，一产的比例势必降低。

三次产业从业人口流动的梯度模式是：二产制造业的发展需要第三产业为其提供金融、信息、销售、物流、仓储、会展等生产型服务；二产的技术及资本有机构成提升将降低就业弹性系数，减少从业人口；一产（以农业为主）的科技、资本投入及规模化生产经营，将大量减少从业人口。一产流出的人口将进入二产或三产领域。在三次产业中，从事为二产提供服务的金融、物流等行业的人口属于生产型高端三产人口，从事餐饮等日常生活服务的属于生活型低端三产人口。由于北京限制低端二产的发展，北京高端三产的发展和升级必须打破行政地域界限，向周边乃至全国和全世界辐射，否则，北京三产的发展将陷入高端无市场空间、低端"差、滥、乱、黑"的困境。

（2）第三产业结构的失衡

首都产业结构失衡表现在，首都城市功能定位限制二产发展，导致三产的畸形发展，即缺乏为二产服务的高端生产型三产服务的就业空间，急速膨胀的是服务于机关、底层户籍人口和流动人口的纯消费型三产和"五小"、"七黑"等地下黑经济。有关调查显示，北京与苏州相比，GDP增加一个百分点，所需的流动人口数量北京要高于苏州。即是说，与工业城市的流动人口创造的经济效益相比，低端生活型三产从业流动人口的经济效益是低的。北京近年来滋生大量的低端三产，吸纳了数以百万计的低端流动人口，对首都经济社会发展、地方税收、社会文化的进步贡献率不大，局部综合贡献率（如地下黑经济）甚至是负值。

三、就业和生活成本与流动人口结构、规模调控的战略思考

在京流动人口就业、生活成本较低，导致低端人口能够长期滞留北京，且素质难以提升。

（一）流动人口城市就业、生活成本分析

1. 就业成本

低端岗位对受聘者的知识、技能等素质要求不高，工资待遇较低；一些私企雇主为降低劳动成本，极力压低工资，并逃避为雇员缴纳劳动保险金；受雇农民工出

于短期收益计算,也不愿上劳动保险。以流动人口从业为主的个体工商户中,签订劳动合同的比例仅有15%,参加基本养老保险的比例仅有36%,参加基本医疗保险和失业保险的比例不足20%,各项比例均远低于全市平均水平。

2. 日常生活成本

主要指流动人口的食品、医药、穿衣、通讯等日常生活支出。在聚集区,已经形成了一种流动人口内卷式消费,即区内有流动人口开办的各种摊点,为流动人口提供价格低廉的各种生活服务。这种内卷式消费极大地降低了流动人口的生活成本,导致低端流动人口可以在京长期滞留。流动人口的内卷式消费对首都社会经济的发展很难说有贡献可言。

3. 住房成本

住房成本包括两个:一是租金——货币成本,二是每日外出耗用的时间和精力——时间成本。鉴于北京房租的高低是由中心城区向边远郊区逐步降低的,低端流动人口的住房也就随着房租上涨、交通线延伸不断向外转移。北京不断改善的交通网络和低廉的公交价格,提供了便宜且便利的出行条件,每年100多亿的公共交通补贴,大大降低了出行成本。城乡结合部农民搭建的简陋房屋,为他们提供能支付得起的低价住房。此外,有些村集体对本村农民提供各种集体福利,如使用村机井地下水、村集体供电费用很低,甚至不收费。租住农民房者也享受这些村集体福利,降低了生活成本。这些也是造成城乡结合部环境脏乱差、犯罪率高等顽症的条件。

(二)城市就业、生活成本与人力资本双低的恶性循环

不容置疑,在市场经济条件下,劳动就业及生活成本高低与劳动者人力资本的高低是紧密相关的。造成北京流动人口的素质、职业低端化的主要原因,是就业和生活成本过低,且流入后也缺乏提升人力资本的紧迫压力,以致形成成本低、素质低的恶性循环。如何通过提升经济和产业发展水平,进而提升岗位的人力资本含量、工资待遇及保障水平,同时提升社会生活消费水平,是阻断低端人口盲目流入、长期滞留北京,进而调控人口结构和数量的重要举措。

(三)流动人口的人口红利与人口损益

从宏观看,年龄结构较轻的农民流入城市,使城市获得人口红利,但并不是所有流动人口都给城市经济带来红利。那些到城市后没有经过培训和提升人力资本,没有纳税,长期处于失业或半失业状态且处于内卷式生活的人口,并没有创造人口红利。如果流出地人口外流导致土地撂荒,经济衰退,而这些人口在流入地从事的是几乎没有效益的低端内卷式的经济活动和消费方式,甚至是地下黑经济,那么,就没有生成流动人口的红利,甚至是人口损益。

四、流动人口服务管理经济/社会成本—收益分析与对策

政府及社会对流动人口的管理和服务是需要各种资源的投入的,是有经济和社会成本的。问题是,现行的管理服务方式的投入—产出是否是合理的,成本是否是最小的,经济和社会收益是否是最大的。分割式与统筹式、堵与疏的管理服务成本和收益孰大孰小,是需要计算衡量的。

（一）分割管理/服务与统筹管理/服务的成本—收益分析与对策

1. 流动人口政策及管理碎片化的成本—收益

由于对流动人口问题缺乏长远和全局的战略思考，各部门只关注自己地块的事，各项政策的出台缺乏周密的论证和全局统筹，各自出台本系统的政策和措施，头痛医头、脚痛医脚，各自吹嘘自己的政绩，其实是事倍功半。从历史和整体来看，北京市流动人口管理和服务的政策缺乏完整一贯的体系。非连续的、碎片化的政策的管理成本高昂，且经济和社会效益低下。

2. 流动人口政策体系综合建构和制度创新

要从实有人口、城市功能定位、产业升级和布局、户籍人口与流动人口结构等战略视角，统筹谋划实有人口（含户籍和流动人口）的政策和制度体系的建构。这样才能降低管理和服务成本，提高经济和社会效益。

（二）堵与疏的成本—收益分析与对策

1. 只堵不疏的成本—收益分析

对流动人口不加区分，不统筹考虑他们的住房、子女教育等需求，致使他们聚集在城乡结合的聚集区，陷入"城中村"管理和服务问题成堆的困境。同时，成立各级流动人口管理机构，花费了大量人力、物力和财力，无论是经济还是社会效益都不高，结果是事倍功半。又如，对城郊流动人口聚集区，一味地堵塞农民建房、租房，而没有合理规划，鼓励农民按照城市规划，集资建房、租房。逼得农民只能吃低端的瓦片经济，无法成为合法的房产主。结果流动人口你拆我迁，且拆且退，步步为营，最终是劳民伤财，怨声载道。

2. 有疏有堵的成本—收益分析

应当区分不同群体、不同阶层、不同居住方式、缴税与不缴税的流动人口人群，采取不同的服务和管理政策及措施，不仅成本低，而且经济和社会效益会更好。比如，对合法经营、依法缴税的流动人口，要和北京市民一样，得到公租房、子女教育等均等公共服务；没有缴税的人口，有些公共服务势必受到限制；从事地下黑经济的，要坚决取缔。

（三）政府单元管理与社会多元参与、治理的成本—收益分析与对策

政府单元管理，把所有流动人口相关的各种事物包揽一身，往往是事倍功半。相反，实施用工单位、居住社区、行业协会，特别是把流动人口组织起来，参与服务和管理的全过程，实现各方面的多元参与，着眼于协商、自治，特别是流动人口的自我组织和自治，成本小，收益大，势必事半功倍。更为重要的是，只有通过社会多元参与，特别是流动人口的自我管理和服务，才能培育社会的主体意识，最终使流动人口真正完成城市化，实现城乡一体化和以人为本的全社会融合与包融的可持续发展。

五、全面加强流动人口工作的对策探索

(一)"地下经济"与流动人口

1."地下经济"的从业人群大多是流动人口

"地下经济"(Underground economy)一般是指逃避政府的管制、税收和监察,未向政府申报和纳税,其产值和收入未纳入国民生产总值的所有经济活动。表现形态分为两类:一是"地下灰色经济",指未经工商登记、逃避纳税的个体经济,如没有营业执照的小商小贩、家居装修、私房建筑等;二是"地下黑色经济",指抗税抗法的犯罪经济,包括走私、贩毒、洗钱、赌博、制假、色情业、贩卖人口等,还包括现代衍生出的新型的网络犯罪,如在网上搞假公司和假投资骗取钱财等。

由于流动人口大量聚居及其较低水平的生活需要,在城乡结合部地区形成了流动人口自给自足、自我封闭的低级次衍生经济圈,无照经营的小餐馆、小发廊、小作坊、小修理店、废品收购点大量集中,黑摩的、黑出租比比皆是,制假贩假、非法行医、"黑车"营运等违法现象十分严重,消防、交通、卫生、安全生产等隐患十分突出。据工商部门调查,目前全市共有从事无照经营的人员约30万人,其中约66%为流动人口。

2.治理地下经济的对策

(1)加强市场监管,使"灰色经济"浮出地下

①加强市场监管,使其尽快浮出地下,成为合法的地上经济。

②提升入市门槛、规模经营和服务质量,减压过多的从业人口。

(2)依法严厉打击,铲除"地下黑经济"

以"七黑"为代表的地下"黑色经济",对首都及周边地区的经济社会发展危害极大,不仅扰乱市场秩序,而且到处粘贴小广告,成为难以根除的城市之"癣"。特别要指出的是,现代城市是社会之网的"网结",其网线延伸到周边地区的各个角落。地下黑经济的销售、服务之网就是从北京这样的大城市的网结,辐射到周边的中小城市及农村,成为市场和社会的毒瘤。

出台制裁"地下黑经济"的法律,下重拳铲除,捣毁窝点,遣散从业人口。

(二)低端服务业升级与流动人口的结构和数量调控

1.加强行业监管,规范经营行为,提升行业门槛及行业规模效益和服务质量

据工商部门统计,目前全市共有个体工商户62.6万户,从业人员108.6万人;其中流动人口经营的个体工商户22.6万户,从业人员52.1万人,分别占总数的36.1%和48%,主要集中在城乡结合部地区,且档次较低,许多都在违法建设的出租房中经营。

以小餐饮店为例,店面小餐饮尚属可控范围,大量路边流动餐饮摊点,没有营业执照,售卖的大多是没有食品安全保障的劣质食品,是"地沟油"等有害食品的主要售卖渠道。摊主乱扔垃圾、乱倒污水,严重恶化城市环境卫生。此外,遍布全城的售卖各种蔬菜水果、鱼肉、熟食、百货、服装的"大棚"摊点。虽然方便了居民生活,但整体商品档次低,充斥假、冒、伪、劣,偷漏税收,食品卫生安全更是难以保证。多家小贩售卖同样的商品,这种内卷式的经济对社会发展贡献甚微。

制定小餐饮商店的行业标准，提升开业门槛，规范行业标准，实现取消马路游商，入店进铺，规模经营，把小餐饮转化为连锁式经营的大餐饮。

出台政策，特别是用房政策，鼓励大中型超市进驻社区，提供鲜活蔬菜和食品，通过连锁规模经营，降低成本，把低端"大棚"和马路摊点挤出市场，减少从业人口。

2. 提升各类集贸、批发市场的规范化和规模化经营水平

目前全市共有各类有形市场 1071 个，总从业人员 35.8 万人，其中 90% 以上为流动人口。这些市场过度集中于城区，其中超过 60% 建在城八区的城乡结合部地区。这些批发市场大多以中端和低端商品为主。

加强行业规范、准入制度，加强行业、产业和企业的规模聚集，实现各类批发和零售市场的规模效益，减少从业人口。

3. 加强行业管理、提升行业水平，压减再生资源回收等低端行业的从业人口

目前全市共有登记备案的再生资源回收经营户 1529 家，回收站点 7770 个，从业人员 1.3 万人。全市再生资源回收行业实际容纳的人员至少应在 20 万人以上，其中走街串巷的再生资源回收人员应不少于 7 万人，捡拾垃圾的拾荒人员保守估计也应在 10 万人左右。由于缺乏行业监管，还一群体还常常衍生出偷盗、销赃、团伙打斗等犯罪行为。具体治理对策是：

①加强再生资源回收的行业监管。再生资源捡拾可以放开让社会人员从事，但再生资源回收应当由政府批准的专业公司经营。

②通过减少垃圾进京量和垃圾分类等举措，减少垃圾总量，进而减少捡拾的人工成本和从业人员。

提升再生资源回收行业的机械化水平和规模经济效益，以减少从业人员。

（三）人力资本提升与流动人口职业结构及规模调控。

农民流入北京这样的国际化大都市后，要通过再社会化，提升其原有的知识、技能，进而提升其人力资本以适应城市就业的需要。数百万农民短期内涌入北京，又缺乏再社会化过程，结果不是北京把农民城市化了，而是农民把北京"农村化"了。因而，提升进城农民的人力资本，使他们尽快市民化，是城市化的必由之路。具体治理对策是：

①对在机关、企事业单位、物业公司从业的保安及其他服务人员，要加强职业知识、技能和体能的培训，否则，这一人群的人力资本将急剧下降，成为既无体能、又无技能的"废人"。同时，用人单位对这一群体要实行统一住宿管理。

②对家政、装修、医院护工等行业的流动人口，要加强职能培训及持证上岗等行业规范，提升从业人员的素质和服务质量，减少低端从业人员的数量。

③对电梯工、停车收费等特殊岗位的从业人员，要有年龄或性别等从业限制。这些岗位不需要专业技能和较高体能。在许多国家，是安置需要特殊照顾人群（如残疾人、中老年就业困难者）就业的岗位。如果年轻人长期从事这些岗位，会使他们的人力资本含量下降，无法实现就业岗位转换及向上的社会流动。

需要指出的是，以上这些行业规范，对流动人口和户籍人口同样适用。

（四）流动人口社会分层、分群服务、管理与调控

1. 不同来京动机人群的服务与管理

依据调查资料和日常观察，从来京动机看，流动人口大致分为以下人群：

（1）创业型人口

属于北京急需且稀缺的人口。分为两种：一是投资型人口，即拥有资金而到北京投资并寻求投资收益的；二是发展个人事业型人口，包括自由撰稿人、作家、画家、演艺电视媒体界的高中端人才等。

（2）就业型人口

分为四种：一是高端经营管理型，属于有经营管理能力的高端人才，市场极为稀缺；二是中端有专业知识和技能的技师和工人，市场较为稀缺；三是低端无专业知识和技能的熟练工人或粗工，稀缺度取决于市场供求；四是底端糊口型人口，在劳动市场上没有竞争力，难以找到稳定的岗位，常处于失业和半失业状态。具体治理对策是：

①北京经济和社会发展需要的创业和就业型高中端人口，应为他们提供就业、社会保障和纳税等公共服务，提供购房、租房等便利生活条件，维护其合法经营权益，督促他们合法经营、照章纳税。

②底端糊口型人口，通过提升低端产业从业门槛，实现规模经营，减少从业人口。

（3）学习培训型人口

大学毕业后想继续读硕、考博，以及来京参加各种培训的学习培训型人口。

①政府和学习培训承办单位要为其创造应有的学习、生活条件。

②学习培训结束后，要督促他们创业、就业，避免长期物业滞留北京，加入"蚁族"人群。

（4）待机型人口

指从各类学校毕业后，在京长期找不到工作，也不愿到外地二、三线城市就业、发展的学生，俗称"蚁族"、"北漂"*。属于在京等待发展机会人口——待机型人口。

①鼓励待机型人口继续学习、深造，提升人力资本，为他们创造更多的发展和就业机会。

②制定政策，督导待机型人口到二、三线城市和中西部地区寻求发展和就业机会。

（5）消费人口

这类人没有创业、就业动机和行为。大致分为三类：一是高端消费群体，如全国（甚至境外、国外）的有钱人在北京买房居住，享受在其他城市难以获得的高水平的物质、医疗、保健、文化娱乐、信息等服务；二是中端消费群体，如离退休费较高的返京人员，家庭收入较高者的无业眷属，在京享受各种中端消费品；三是低端消费群体，如退休金微薄的返京和投亲靠友人员、流动人口的眷属等，其消费水

---

* "北漂"是特指艺术院校毕业生在家等待发展机会的学生。

平极低。

鉴于北京特殊的市情，特别是人口资源压力，对纯消费人口，应通过税收等措施加以限制。

2. 不同流动轨迹流动人口的服务与管理

鉴于北京住房和生活成本及就业压力大，进京流动人口会形成不同的流动轨迹和归宿：

（1）城—乡环流型流动人口

属于低端流动人口，他们的人力资本低且没有大幅度提升的可能。大多从事城市需要的建筑、装修、餐饮等行业，收入不高，没有向上流动和长期定居的可能。该人群的优势在于年青，有体力，能干重、累、脏、险的工作。部分人到婚嫁年龄或中老年后，会返回原籍生活。

（2）城—城环流型流动人口

大多属于中端流动人口，他们有一定人力资本，且进城后得到提升，但缺少向上职业流动、在北京购房和长期定居的可能。如果其他城市有更好的发展机会，他们会向二、三线城市转移。

对城—乡、城—城环流型流动人口，要维护他们的劳动权益，减少职业病的危害，监督用人单位为他们交纳劳动保险金，并保证返回原籍后劳动保险的续接。

3. 不同移民倾向流动人口的服务与管理

（1）移民型流动人口

属于中高端流动人口，他们或有较高的人力资本及收益，或有丰厚的投资资本及收益，来京后工作和事业有所发展，已经建立了新的社会网络，融入城市社会主流文化，大多在京购房并打算长期定居。

①制定政策，发给对首都发展有较大贡献的优秀移民型流动人口居住证，给予他们与户籍人口一样权利。获取居住证的条件可参考上海、深圳等城市的政策标准。鉴于北京作为首都的特殊性，领证标准要高于其他大城市。

②对于短时期内难以获得居住证的移民型流动人口，只要依法缴税，就应当要让他们获得与户籍人口一样的教育、社会保障、福利、购房等均等的基本公共服务。

③促进移民型流动人口从各个方面尽快融入北京城市。

（2）流动和定居两难人口——新生代农民工

与第一代农民工一样，他们的人力资本较低，货币资本匮乏。不同的是，他们没有农村生活的知识、技能和记忆，缺乏父辈吃苦耐劳的品质。尽管在京生活多年，但没有获得在大城市生活发展的人力资本。该人群既无法回到农村生活，也难以在京定居。他们是流动和定居两难的人群，是城市化进程中的城乡边缘人。

①出台政策，加大对该人群的教育和培训力度，使其获得在城市生存和发展的知识、技能，以便获取谋生的职业及劳动保险。

②保障该人群的基本生活。可以考虑在京生活一定年限（如10年以上）的流动人口，生活陷入困境，可以申请一定期限的失业或最低生活补助金。总之，要避免该人群成为仇视、对抗城市主流社会的异己力量。

4. 流动人口的社会融合与基本公共服务均等化

在城乡二元结构一时难以化解的大背景下，城市流动人口的社会融合能做到什么程度？城市政府为他们提供均等的基本公共服务的范围划在哪里？这就需要从实际出发，分析不同阶层与群体、不同流动动机流动人口的核心权益的种类及权重，公共服务的项目及权重。

所有流动人口都需要的基本公共服务和权益：本人的基础文化和职业教育培训的权益；劳动及就业服务，职业安全及保护，劳动保险及其他社会保障的权益；政府扶持创业的各种权益；依法纳税的义务及其应享有的权益，如与居住相关的租房、购房及物业服务的权利，子女获得义务教育的权利，等等。

上述权利和义务对于不同流动人口群体的权重是不同的。对于城一乡、城一城环流型流动人口，最重要的是就业、劳动保护、劳动保险及返回原籍后的接续；依法纳税者，应享受子女义务教育的权益。对于移民型人口，除上述基本权利外，还包括子女在京获得从小学到大学的连续教育的权利，与居住相关的租房、购房及物业服务的权利，以及其他与户籍市民一样的均等的公共服务权利。

遵循权利和义务对等的原则，应区分"未纳税人"和"纳税人"两种不同的权利。未纳税人享受的仅能是政府提供的与基本生存和基本人权相关的权利；而纳税人应当享受超出基本生存和基本人权范围的、更多项目和更高水平的社会保障、社会福利等权利。

（五）对不同居住区流动人口的服务与管理

1. 流动人口聚集区的改造及可持续发展

①政府加大投入，成为解决流动人口住房问题的主体。要改善聚集区的供水、供电、公厕、道路等基础设施；建造具有规模经济效益的流动人口公租房，压缩农村"瓦片经济"的发展空间。

②加强城乡结合部的土地和房地产规划，研究出台适于京郊农村和农民集资、投资房地产、依照规划建造适合流动人口租住的房地产政策。

③推进城乡结合部的城市化进程。主要举措包括发展地区经济，加强职业培训，促进农民从事非农职业；加速农民由土地承包人向房产所有者的转变，激励农民更多地把土地收益金用来置买房产，通过房屋出租实现家计可持续发展；打造村集体和农民融资的股份制房地产公司，使农民成为股东，通过集体筹资、购买、经营房产及资本收益，获得可持续发展。

总之，只有立足于北京农民城市化水平的提升，使城市化进程中的农民不仅有职业收入，更要有房产等财产性收入，才能在源头铲除聚集区存在的条件。

2. 散居中高端流动人口的可持续发展

散居流动人口，除了户籍外，大多已经融入城市。

①解决住房是唯此为大的问题。如提供充裕的公租房源，做好租房中介及物业服务等。

②加强社区服务和管理，使他们尽可能地享受周到、均等的社区服务。

六、北京市流动人口政策体系构建

（一）就业和职业教育培训政策

①鞭策鼓励北京户籍人口积极就业、创业，避免落入福利陷阱。减少北京的低收入人口，才能减少低端产业和行业的流动人口。

②为流动人口提供与户籍人口一样的均等的与劳动就业相关的基本公共服务。如职业教育和就业培训，职业介绍、就业登记、就业指导，维护劳动权益等。

（二）社会保障政策

流动人口个人和用人单位是否交纳劳动保险，取决于双方对眼前和长远利益的权衡。

①收入较高的部分企业主、个体商贩、自由职业者，应把他们视同北京市的个体工商户。要加强宣传教育，使他们认识到参加社会保险的意义及重要性，同时给他们设计出适宜不同险种的交纳额度及方式，增加缴纳保险的比例。

②收入较低者，要权衡各种保险对他们的利害关系，首要的是工伤保险，应采取实名制的方式，由雇主为每一雇员缴纳；其次是医疗保险，要制定出他们可以接受的缴费方式和数额，使他们最大限度地参与，对于年轻的农民工，当前急需的是大病保险统筹；养老保险最长效，要动员他们参加。

③可供参考的对策还有，创新一种适合农民工的城市社会保险方式，建立像新加坡那样的强制储蓄性的、完全个人账户型的劳动保险基金制度，使参加者有较为宽泛的用途，如看病、购房或养老。当基金积累到一定程度时，依据个人选择，与城市职工社会保险制度续接。

（三）住房政策

《北京市流动人口最新状况分析》显示："居住条件是衡量居民居住质量的主要内容，从流动人口所居住房屋的类型看，居住在农民原建房和农民专门搭建的待租房的流动人口占全部流动人口的64.1%。另外，17.1%的流动人口居住在地下室、工棚、自建窝棚或工作场所。比如，北京市流动人口家庭住房内无厨房的占59.4%，炊事燃料使用煤炭的占38.1%，无洗澡设备的占82.3%，无厕所的占66.8%。"宅者，人之本，人以宅为家"，安居才能乐业。要解决流动人口的住房问题，必须从其本身、政府和房地产市场三方面入手：

①提高城市流动人口购房和租房的支付能力；

②规范房地产买卖和租赁市场，鼓励房地产企业开发小户型住房，向社会出租或出售，加强房屋中介市场管理，规范房屋租赁市场的服务和租赁价格指导体系，保护承租人的合法权益。

③政府主导，建立覆盖面更广、更为合理的城市住房保障体系。可采取以下三类措施：

第一，将城市流动人口纳入城镇住房保障体系；

第二，为城市流动人口单独建立一套住房保障体系；

第三，采取城乡统筹的形式解决城市流动人口的住房保障问题。

（四）子女教育政策

鉴于首都的教育资源极为丰厚，父母几乎都想把子女送到北京读书；鉴于流动人口不同的社会分层，特别是有无缴税记录，其子女的教育对策要加以区分：

①在京有稳定的职业及收入和住房，依法纳税，在京已经长期定居或准备定居的流动人口家庭的子女。必须无条件为这类家庭的子女提供与北京市民一样的义务教育，包括在京小升初、初生高、高升本的教育连续性。

②在京有稳定的职业、收入、住房，依法纳税，但不准备定居的流动人口家庭的子女。对他们在京就读期间，享受与北京市民子女同等的义务教育服务。

③在京没有稳定职业、收入及住房，从不纳税，不可能在京定居的流动人口的子女。要动员他们不要把子女带到北京读书，以免因生活无着、居无定所，影响子女的学业。

（五）户籍政策

鉴于北京的地区发展和行政区划带来的其他地区难以分享的优势，以及由此带来的户口的高含金量，几乎每一个流动人口都想获得北京户口，因而北京难以完全放开进京户口控制。但不能因此而排斥流动人口在京定居。可行的对策是：

①借鉴上海、深圳等大城市的经验，对少数有特殊贡献的优秀流动人口，给予北京户口；

②对居住一定年限、有完整的纳税记录、没有任何违法记录的人口，给予北京市居住证，凭此可以享受与户籍人口同等的公共服务；

③对没有纳税记录的人口，只能给予基本的公民公共服务；

④对于从事地下黑经济、有犯罪记录者，应限制乃至取消其在京居住生活的权利。

总之，流动人口问题事关首都改革发展稳定的大局。必须从我国城市化的战略高度，从首都城市功能定位，从产业结构及其调整、户籍人口及其就业结构、流动人口内部的各种结构的系统关联，探索宏观、中观和微观的各种结构功能关系。必须树立实有人口的理念，立足建构通过结构调整进而达到数量调控的长效机制，促进首都人口与资源、环境、经济、社会的全面协调可持续发展。

参考文献

北京市流动人口管理办公室. 关于我市流动人口规模调控问题的调研报告, 2010年1月.

（作者单位：北京市人口研究所）

再论人类自身生产中两种生命的生产及其相互关系

陈明立

本人于 1981 年撰写，于 1984 年发表于《人口与经济》杂志 2 期上的《人类自身生产中两种生命的生产及其相互关系》一文，至今近 30 年了。当时引起过一些争论，但很快即被学界普遍接受，21 世纪初被选入《现代经济文库》。今天，在隆重庆祝《人口与经济》创刊 30 周年之际，我想回过头来再次审视我第一次在《人口与经济》杂志上发表的那篇文章，结合学界和我后来的持续研究与思索，希望能够把我当初的观点进一步深化，使之从古典马克思主义人口思想观点中抽丝出来，运用定性与定量研究相结合的方法，实现其与现代马克思主义人口思想观点的有机结合，从而为推进人口再生产理论的深入研究提供一点可供参考的新思路。

这里，可能首先要解释一下关于"古典马克思主义"与"现代马克思主义"之间的承续与区分问题。本人认为，由马克思恩格斯于一百多年前开创的马克思主义，延续至今，人类社会已经发生了非常大的变化，虽然马克思主义的基本原理和思想体系仍然是我们今天乃至将来的指导思想，但是其思想内容和认识世界的方法经过几代共产党人的实践与理论创新，已经有了质的飞跃。将本源马克思主义提升为现代马克思主义，其间经历了普列汉诺夫、列宁、斯大林等人的伟大实践与理论过渡，经历了中国共产党人的伟大实践与理论创新，经历了各国共产党人百多年来的失败与成功的反复尝试与思想凝练，现代马克思主义无论从认识论和方法论上都与本源意义上的马克思主义有了划时代的区别。面对与马克思当年截然不同的世界环境，必然要求马克思主义者做出全新的理论回答。鉴于此，我把本源意义上的马克思主义称为古典马克思主义，而把当代经过毛泽东特别是邓小平为代表发展创新的马克思主义称为现代马克思主义。由于这里主要讨论人口理论问题，有关现代马克思主义与古典马克思主义的沿革与异同我们将另文探讨。基于这种认识，我把寓于古典马克思主义中的人口理论称为古典马克思主义人口理论，把我们近年来基于现代马克思主义的新认识新方法所进行的人口理论的研究称为现代马克思主义人口理论。下面，我将根据这种思想理论渊源，在 1984 年发表的那篇文章的基础上，对人类自身生产中两种生命的生产及其相互关系做进一步的探讨。

一、物质性是人口与经济之间的本质联系

直至如今，作为人口学对象的"人口"范畴，在认识上仍然存在很大争论。争论的焦点可能仍然是人口的物质性问题。回顾历史上关于马克思主义"两种生产"

的三次论战，其核心都集中在对人口的物质性认识上。现在大家没有正面讨论这个问题了，但是在接触到如何界定人口质量和人口、资源与环境经济学的理论内涵时，这个问题便凸显出来。

在古典马克思主义人口理论研究中，为了阐明人口的物质性，并因此将它纳入历史唯物主义范畴，恩格斯、普列汉诺夫、列宁等都曾做过深入的分析和论证。

围绕是否应将人的繁衍即人口的生产和再生产纳入唯物史观范畴并作为历史中的决定性因素来认识，百年间发生了多次大的论战，那么根据马克思恩格斯关于两种生产的原理，结合现代的新认识，应该怎样完整地理解人口及其生产过程的物质性呢？

（一）马克思主义关于人口再生产本质认识的基本观点

（1）关于"人的再生产是一种全面的再生产"的观点；

（2）关于"人的再生产的条件只有通过历史的经济过程才能创造出来"的观点；

（3）关于"人的躯体最初不是生产出来的，不可能是生产的结果，而是本身的自然前提"的观点；

（4）关于"生产过程中最基本的是人体再生产出本身所必需的物质交换"的观点；

（5）关于"物质产品的消费再生产人口自身及其关系"的观点；

（6）关于"人口属于社会存在，人口再生产属于社会再生产范畴"的观点；

（7）关于"人类增殖条件直接决定于包括人口再生产条件在内的社会机体的结构"的观点；

（8）关于"人口生产关系属于社会物质关系而非思想关系"的观点；

（9）关于"人的生命生产在'双重关系'中实现"的观点；

（10）关于"有计划进行人口再生产的社会条件"的观点。

（有关以上观点的详细内容及引文注释，见《财经科学》1990年3期；人大复印资料1990年3期；陈明立《人口再生产的社会本质一元论》一文）

古典马克思主义的以上基本观点，十分明确地揭示出人口及其生产和再生产的物质性特征，为我们深刻解剖和认识人口再生产的本质，提供了坚实的认识论、方法论基础，为人口再生产的理论研究开辟了道路。

（二）人口是由具有人的本质的个体构成的总体

马克思说，人口"是一个具有许多规定和关系的丰富的总体"。因此，人口的本质不完全等同于人的本质。人的本质是一切社会关系的总和。人口的本质是所有具有生命活动的人的个体构成的总体。总和是关系的抽象，总体是实体的抽象。人口总体是现实存在的活生生的物质实体。

（三）人口与人、人类和人体等范畴之间既有联系也有区别

其区别与联系如图1所示。

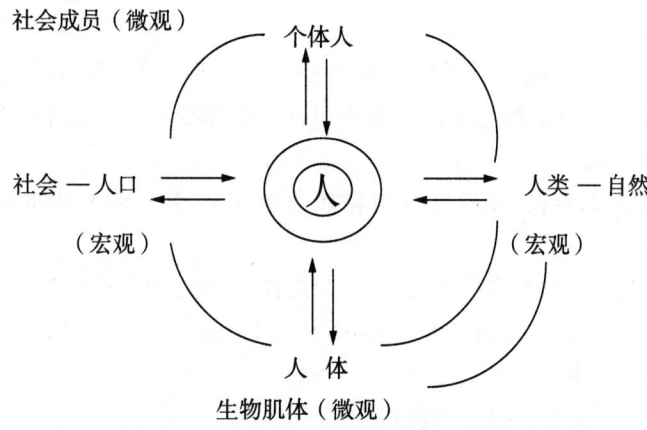

图1 人口与人、人类、人体之间的区别与联系

（四）人口及其生产和再生产的物质性所包括的内容

根据上述关于人口范畴及其本质的认识，人口及其生产和再生产的物质性包括四个方面：自然物质属性、社会物质属性、生命物质属性和社会有机体属性。

自然物质属性表现为人口源于自然，回归自然，统一于自然。构成人口总体的人的躯体由各种矿物质元素构成。人死了就回归自然，与自然物质无异。

社会物质属性表现为人口是社会存在物。人的个体及其总体的出生、成长、衰老、死亡是社会经济过程的转化形式。在物质生产中人物化；在人口生产中物人化。物质生产过程和人口生产过程统一于社会经济过程。

生命物质属性表现为人口个体和总体都是具有生命活力的生物体。人口的统计单位是活产婴儿。人口过程从出生到死亡的各种结构和构成，都是以人口各年龄段的实际存活人数为准。

社会有机体属性表现为人口及其个体的这种生命物质是社会地生产出来的有机体，并非跟动植物无异的生命物质。动植物是直接从自然界获取养料和食物维持其繁衍活动，人口却是通过社会的经济过程获取生活资料并通过自己躯体组织的生命活动转化为人的生命体和生命力。

（五）现代关于人口与资源、环境关系的深层次认识

（1）环境是一个由自然与人类社会共同构成的复杂的历史综合物。环境是存在于人们主观世界之外的相对于人类主体而言的客观世界。没有人类存在，无所谓环境问题，大自然就是大自然，只是在人类出现以后，大自然才成为环境——成为人类生存和发展所依赖的环境。同时，环境又是大自然和人类主观力量共同作用的产物。由于人类的活动，使环境的发展变化打上了人的印记，人类越是发展，打在自然环境上的印记就越深刻。因此，现实的环境实际上是人类活动与大自然发展变化的混合物，即人化的环境和环境化的人。

（2）人口是环境的主体，同时也是环境的构成要素之一。环境包含人口自身的因素。人口以社会客体和自然主体的双重身份与自然环境共同构成了人口运动的客观环境。

（3）人口是自身再生产的主体，同时又是自身再生产的客体和条件。人口通过自己生命的生产每天改变着现存人口的状况；通过他人生命的生产改变着新生人口

的状况。

(4) 现代的地球环境已经基本上是"人化"自然环境,在地球上几乎找不到一块纯自然的环境了。但是相对于社会实体而言,地球空间的一切非社会产物和物质,仍然被视为自然环境。

(六) 人是人的存在(自然存在和社会存在)和社会意识的统一体(主体和客体的统一)

(1) 人口表现人的社会存在方面。人类种属和人的肉体组织表现人的自然存在方面。人性、人道、人文则表现人的社会意识方面。人口是以人的个体为构成要素的社会聚合体,见图 2。

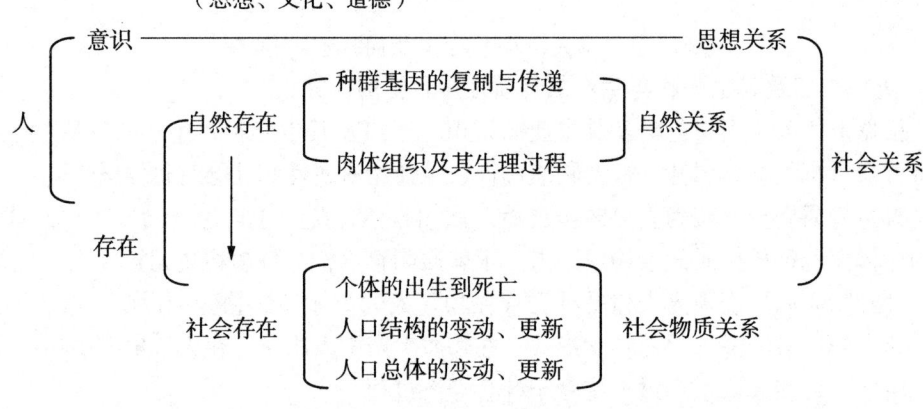

图 2　人口在人范畴中的位置

(2) 人口再生产与社会发展之间的关系,是人口实体与社会发展之间的物质关系,而非思想关系;人口再生产过程及其与外界联系中产生的各种文化形态、意识形态则为社会思想关系,而非物质关系。但是这种文化意识形态并非人口实体自身。

(3) 社会中的人的因素是主体因素,社会中的人口因素是客体因素,表现为社会存在的基础和前提。但是二者又是不能截然分开的,相反,上述双重身份在同一社会实体中双重地存在着。

(七) 人口与资源、环境之间的经济变换过程属于广义物质变换过程

人口、资源与环境既具有自然物质属性又具有社会物质属性。其发展变化不是或不完全是狭义的自然物质变换过程的产物,也不是狭义的社会经济过程的产物。人口、资源与环境之间的经济联系和经济过程是广义物质变换和广义经济活动的综合。这是一个非经济过程转化为经济过程的过程,是一个外部性转化为内部性的过程,是一个非产权属性转化为产权属性的过程。他们的存在、维护、开发、利用、循环、协调、平衡、代谢和发展变化都包含了自然和社会的交互作用。

综上所述,正是人口的这种"社会物质性"和"历史唯物性",使人口生育活动被纳入了"生产和再生产"范畴的认识领域,从而使人口、资源与环境经济学获得了最基本的理论支撑。它不但使人口与资源、环境在物质性上获得了统一,而且因人口、资源与环境及其联系作为最重要最基本的生产要素、作为人类发展的最基本的物质条件而显示其在经济过程中的重要地位。

二、人口变动与发展是通过自身生命的生产和再生产实现的

（一）人口再生产体系及层次

人口的多种规定和关系，构成人口再生产的错综复杂的网络体系。根据这些规定和关系在人口再生产体系中表露的深浅和研究顺序，可以大致地划分出一些较为明显的层次。

第一层次（人的本质规定性）作为一切社会关系总和的人的再生产，也即现实的具体的人的再生产。

$$P\begin{cases}\text{作为生产活动主体的人，体现一切社会关系的总和}\\ \text{作为生产活动客体的人，"单纯作为劳动力的存在的自然物"，"一种活的有自我意识的物，劳动本身则是那种力的物质表现。"（《资本论》一卷 200 页）}\end{cases}$$

第二层次，由生活及生产的物质生活资料的消费过程引起的物质变换，即人的生命的生产和再生产。

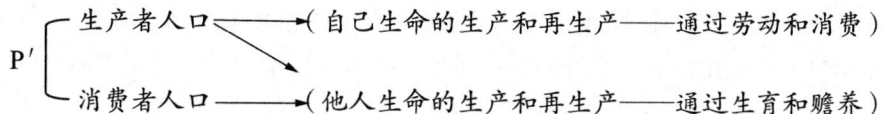

第三层次，人的生命生产和再生产外化为人口的再生产。通过这一过程，社会获得一定数量和一定质量的现实的人口。

$$P''\begin{cases}\text{人口数量的再生产（人口增长的规模、速度、密度等）}\\ \text{人口质量的再生产（人口质量的高低、素质的优劣等）}\end{cases}$$

第四层次，现实人口再生产及其在人口学中获得的抽象反映。

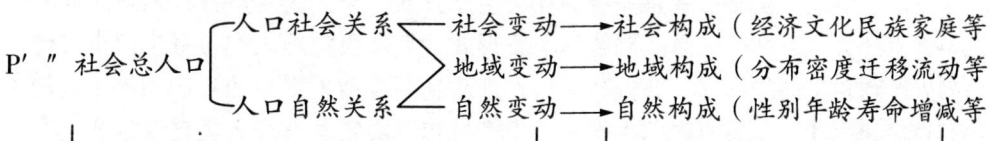

| 现实社会中处于复杂的 | 在人口学中被分解为各 |
| 有机联系中的人口总体 | 种构成要素的人口总体 |

上述四个层次，构成人口再生产体系的基干部分。人口再生产理论应该包括以上四个层次，并以第二、三层次为重点内容。传统人口学或人口统计学研究的是第四层次的外延部分，也即人口再生产的表层部分。

（二）人口再生产系统各层次之间的关系

（1）从第一层次到第四层次，是由内涵向外延扩展的关系。

（2）第一层次构成整个人口再生产过程的本质规律和变动的基础，第二、三层次构成人口再生产过程的主体，第四层次构成人口再生产的现象形态和外部运动形式。

（3）第二、三层次之间的关系，是社会生命实体转化为社会人口实体的关系。人的生命生产过程表现为人口生产过程的内涵。先有人口生命的生产和再生产，然

后有人口总体的生产和再生产。

（4）人口再生产的数量类型决定于人的生命生产和再生产的条件和性质。人口再生产包括数量再生产和质量再生产。因此，人口再生产的类型及其转变和演变，应该从上述四个层次进行综合考察，而不能只对其外延的数量方面进行考察就作出结论。

（三）人类自身生产中两种生命的生产及其相互关系

（1）人的生命生产与人口生产之间的关系。人类自身生命的生产与人类自身人口的生产，表现为人类自身总体生产中的内外两个层次。人的生命生产形成人口的生命实体，社会现实人口是人的生命生产的凝结物；现实社会人口是人的生命生产和再生产的载体，生命生产和再生产构成人口生产和再生产的物质内容和物质前提。二者互为因果，互为条件；同时产生，同时存在。也就是说，没有人的生命生产和再生产就没有人口的生产和再生产，但是同时没有人口的存在和发展也不可能有人的生命生产过程。

（2）人类自身生命生产是自己生命生产和他人生命生产对立统一的过程。在人类自身生命生产中存在着两种不同的生命生产活动，这就是自己生命的生产和他人生命的生产。人类自身生命的生产是这两种生命生产和再生产的有机统一。"每天都在重新生产自己生命的人们开始生产另外一些人，即增殖。""生命的生产——无论是自己生命的生产（通过劳动）或是他人生命的生产（通过生育）——立即表现为双重关系：一方面是自然关系，另一方面是社会关系。"

（3）人类自身生命的生产和再生产是通过劳动而建立在物质资料的生产和再生产的基础之上的，他人生命的生产和再生产是通过生育建立在自己生命的生产和再生产的基础之上的。自己生命的再生产直接与物质资料的再生产过程相联系，他人生命的生产通过直接与自己生命的生产和再生产相联系而间接与物质资料的生产相联系。由于劳动的历史形式是一定的社会生产方式，与一定生产方式相适应同时受到一定生产方式及其分配方式制约的消费形式，直接决定着人类自身生产中自己生命的生产和再生产的内容、条件和形式，进而制约着他人生命的生产和再生产的条件和规模，因此，物质资料的生产和再生产过程，决定着整个人类自身生命生产的条件和发展状况。

（4）人类自身生命的生产和再生产过程，同时也是他们的物质条件和所处社会关系的再生产过程。这个过程的承担者包括社会物质条件和社会人口状况。这个过程所处的关系包括物质资料的生产关系和人口的生产关系。

（5）两种生命生产之间存在着如下关系：

①质的规定关系。

区分两种生命生产，一是以劳动为标志的自己生命的生产，即以是否具备劳动能力从而具备进行自己生命生产的条件和能力；一是以生育为标志的他人生命的生产，即是否具备生育能力从而具备进行他人生命生产的条件和能力。因此，劳动是进行人类生命生产首先是自己生命生产的先决条件和必要前提，生育是进行他人生命生产的先决条件和必要前提。自己生命的生产和再生产是他人生命的生产和再生产的基础和前提，他人生命的生产和再生产是自己生命的生产和再生产的结果和延续。在自己生命的生产中积累着、孕育着他人生命生产的条件，在他人生命的生产中包含着、更新着自己生命生产的要素。

②量的规定关系。

第一，他人生命的生产和再生产只有在维持自己生命的简单再生产的基础之上，才是可能的。

第二，他人生命的生产是以自己生命的消费为其物质基础，因此，只有在维持自己生命的生产的同时，（以自己生命的扩大再生产为先决条件）能够提供充足的维持他人生命生产所需的物质消费量时，才能够使他人生命的生产变为现实的生产过程。

第三，生命的生产是以物质生活资料的消费为条件的，而生活资料的获得有赖于物质资料的社会生产和一定的分配方式，因此，自己生命的生产和他人生命的生产都必然要受到一定的经济制度和经济条件的制约和限制。

第四，不同质量的生命的生产，其所需消费资料的数量、质量及其构成是不相同的，因此，当自己生命的生产不能按一定社会质量正常进行的情况下，就不能保证一定社会质量的他人生命的生产得到正常的进行。

根据上述关系，按照恩格斯关于生活资料构成的三种划分，我们就可以得出以下关于两种生命生产之间的量的比例的一般公式。

$$P \begin{cases} P' \begin{cases} \mathrm{I}\ (f+d+e) = \mathrm{I}f + \mathrm{II}f \text{ 或 } \mathrm{I}\ (d+e) = \mathrm{II}f \quad \text{简单生命再生产} \\ \mathrm{I}\ (f+d+e) > \mathrm{I}f + \mathrm{II}f \text{ 或 } \mathrm{I}\ (d+e) > \mathrm{II}f \quad \text{扩大生命再生产} \end{cases} \\ P'' \begin{cases} \mathrm{II}\ (f+d+e) = \mathrm{I}\ (d+e) + \mathrm{II}\ (d+e) \text{ 或 } \mathrm{II}f = \mathrm{I}\ (d+e) \\ \quad \text{简单生命再生产} \\ \mathrm{II}\ (f+d+e) > \mathrm{I}\ (d+e) + \mathrm{II}\ (d+e) \text{ 或 } \mathrm{II}f > \mathrm{I}\ (d+e) \\ \quad \text{扩大生命再生产} \end{cases} \end{cases}$$

Ⅰ表示自己生命的生产

Ⅱ表示他人生命的生产

f 表示生存资料的量或其价值量

d 表示发展资料的量或其价值量

e 表示享受资料的量或其价值量

据此，根据一定社会条件下一定质量人口平均生活消费水平进行计算，就可以得出一定社会生活条件下所能提供的生活资料可能养活多少数量的人口。

根据上述公式反映的关系，可以明显地看出，人口数量与质量之间存在着相互制约的关系和呈现出反比例发展的趋势。

（四）人类自身生命的生产向人口生产的转化

（1）人口生产的质和量在总体规定上的转化。

生活资料的消费转化为人的生命的一般再生产，即抽象的人口再生产；生活资料消费量转化为人的生命生产量。在这一转化过程中，人类自身的生命生产，外化为与一定社会性质和生产条件相适应的具有一定数量和质量的社会实际人口。

（2）抽象的人口再生产向具体的人口再生产转化。

所谓抽象的人口再生产，就是指人口总体中无差别的人的生命的生产。也就是不论人口的年龄、性别、地域、国度等差异，作为一种人的生命形态物，他们都是一样的，无差别的。作为一般生命形态的抽象人口，他们只有量的不同，没有质的区别。但是，在现实社会中，这种抽象的人口生产都必须按照一定的历史形式、一定的社会性质和状况，转化为具体的具有各种构成特征的个别人口再生产。转化形式如图3所示。

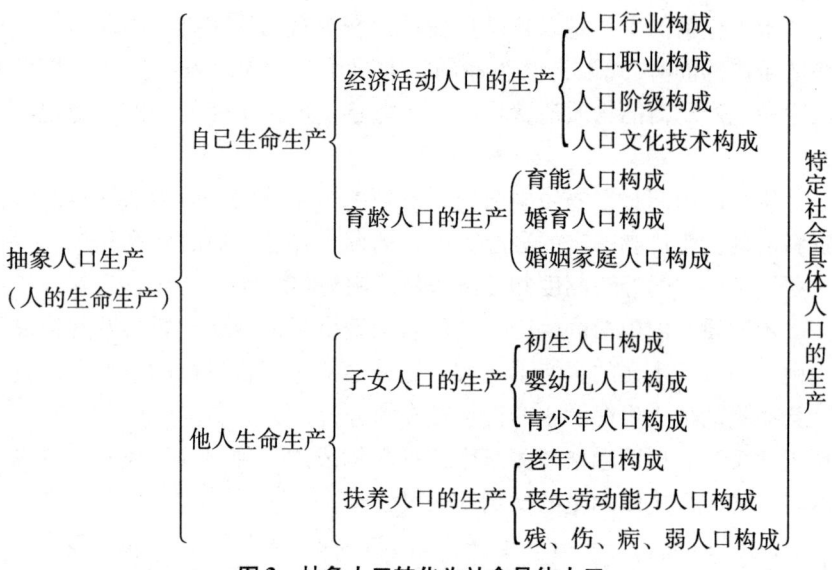

图3　抽象人口转化为社会具体人口

（五）人口生产过程向物质资料生产过程的转化以及物质资料生产过程向人口生产过程的转化

（六）人口再生产过程向人口发展过程的转化

人口再生产过程与人口过程有无区别？是否是一回事？有两种看法：一是狭义人口再生产看法，认为人口再生产过程只是人口过程中的自然变动过程；而另一种持广义人口再生产的看法则认为，人口再生产过程就是人口过程，即包含三种人口变动的人口过程。

我们认为，人口再生产过程既不等同于人口的自然变动过程，也不等同于由三种变动构成的一般人口过程。人口再生产包含了构成人的生命活动的生命生产过程和人口的依存更替过程及其各种关系。它是整个人口过程的核心。既是人口过程的出发点，又是人口过程的归宿点。人口过程的三种变动由人口再生产过程引起，同时又都作用于人口再生产过程。人口的各种具体形式和构成，均是人口再生产所处双重关系通过人口再生产过程本身而在人口总体中产生的不同效应或反映。

三、人口与大自然的物质交换是通过经济活动实现的

回顾科学发展观形成的历史轨迹，我们发现人类对自身发展与客观世界之间对立统一关系的觉悟，经历了一个从传统的增长观到发展观，再到可持续发展观，最后形成科学发展观的认识过程。

可以说，从人类诞生至工业社会以前的农耕社会发展的历史，都是以增长观为主导的历史。这个时期就整体而言，人类生存的主要来源是靠天吃饭。为了不断满

足人类的基本生存需要，在生产力十分薄弱的条件下，人们只能从大自然创造物那里索取生活资料，生存斗争导致了追求多产多子多人口的生育意识及图腾崇拜和宗教信仰。随着生产力水平提高，生活资料开始有了剩余，除满足生存之外有了更多的用途。根据恩格斯的划分，生活资料分为生存资料、发展资料和享受资料。在生存资料得到基本保障的情况下人们才有从事其他事情的可能。但是根据马克思的研究，生活资料是一个历史范畴。必要生活资料量（生存资料）因个人所处的时代、国度、民族、宗教、文化和生活方式等的不同而不同。在之前可能属于发展资料或者享受资料的东西，现在可能成为必要生活资料了。譬如电灯电话在20世纪60年代以前对于中国一般老百姓来说是可望而不可即的奢侈品，现在已经成为必要生活资料了。而要获得源源不断的生活资料的增加，人们对经济的增长欲求就没有止境。这种追求经济增长的历史根源深深植根于人口经济关系之中。

如果我们将上述人口自身生产中两种生命的生产及其相互关系，纳入马克思的关于经济活动过程中的资本流通公式进行考察，就会发现人口的生产和再生产同物质资料的生产和再生产之间存在的必然联系，本质上，人口再生产直接是历史的经济过程的转化形式。

根据马克思的经济活动过程中的资本流通公式：$I(v+m) = IIc$ 或 $I(v+m) + II(v+m) = II(c+v+m)$ 和上述人口过程中的两种生命生产公式：$I(d+e) = IIf$ 或 $I(f+d+e) = If + IIf$

便可以推算出如下关于人口经济关系中两种生产之间存在的比例关系的基本公式：

∵ $IIw(c+v+m) = Ip(f+d+e) + IIp(f+d+e)$（生活消费资料总量）

或者 $Iw(v+m) + IIw(v+m) = Ip(f+d+e) + IIp(f+d+e)$

∴ $Iw(v) + IIw(v) = Ip(f+d+e)$

或者 $Iw(v) + IIw(v) = Ip(f) + IIp(f)$ （劳动人口的简单再生产）

$Iw(v+m) + IIw(v+m) = Ip(f+d+e) + IIp(f+d+e)$ （物质资料的简单再生产、劳动人口的扩大再生产）

但是，∵ 体现为利润的 m 需要提留一部分用于 Iw、IIw 扩大再生产，这是生产发展、人类发展的基本条件，

∴ $Iw(v+m/n) + IIw(v+m/n) = Ip(f+d+e) + IIp(f+d+e)$ 方为实际提供给人口再生产的生活资料量从而现实的人口生产量。

由此可得：

A. $Iw(v+m/n) + IIw(v=m/n) = Ip(f) + IIp(f)$ （简单生命再生产）

或 $= Ip(f+d+e)$ （自己生命扩大再生产，也即现有劳动人口质量的扩大再生产）

B. $Iw(v+m/n) + IIw(v+m/n) > Ip(f) + IIp(f)$（人口数量扩大再生产或现有劳动人口质量的扩大再生产） 或 $> Ip(f+d+e)$

C. $Iw(v+m/n) + IIw(v+m/n) = Ip(f)$ （自己生命简单再生产）

$= Ip(f+d+e)$ （自己生命扩大再生产）

$= Ip(f) + IIp(f)$ （他人生命简单再生产）

$= Ip(f+d+e) + IIp(f)$ （自—扩、他—简）

$$= \text{I} p(f) + \text{II} p2(f) \quad \text{(他—扩、自—简)}$$
$$= \text{I} p(f+d+e) + \text{II} p(f+d+e) \text{(社会总人口质量简单再生产)}$$
$$> \text{I} p(f+d+e) + \text{II} p(f+d+e) \quad \text{(社会总人口质量扩大再生产)}$$

D. 社会人口对生活资料数量和质量的需求，成为促进物质资料生产发展进步的直接动力，迫使物质资料生产增加积累用于扩大再生产；这一运行趋势同时也制约着人口的再生产，从社会物质关系的联系上深刻地反映了两种生产之间的相互制约关系。

两种生产之间的一般运动形式如下：

1. 对流

$$\text{人的生产} \xrightleftharpoons[\text{消费}]{\text{劳动}} \text{物的生产}$$

2. 循环（见图4）

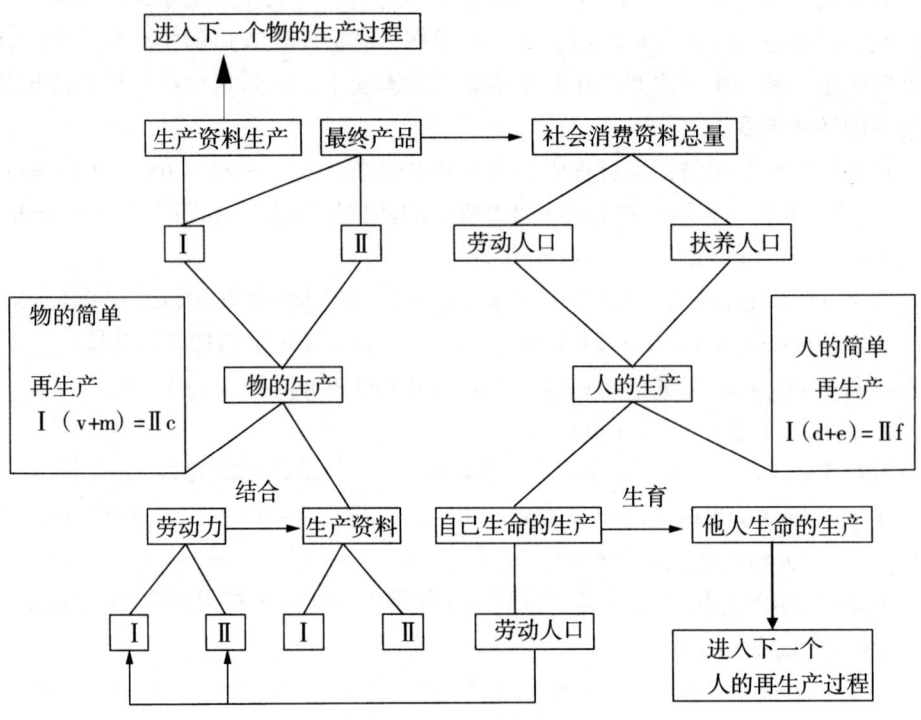

图4 两种生产之间的转化与循环

3. 转化

（1）一般转化形式：

生产 ⟶ 消费

① 两种生产、两种消费。

② 生产消费同一。

在物的生产中，消费着人的体力、智力，消费着材料、厂房、机器等。

在人的生产中，消费着生活资料、父母的体力、精力、脑力等。

在生产消费中，生产着新的产品；在个人消费中，生产着新人和新的生命体。

③ 转化为对立物。

生产转化为消费，消费转化为生产；

物的生产通过消费转化为人的生产；

人的生产通过劳动转化为物的生产。

（2）人和物的转化，在两种生产的对流和循环中实现。

在物的生产中，人物化；

在人的生产中，物人化；

表现为一个由社会无机体转化为社会有机体；

由社会有机体转化为社会无机体的对流循环过程。

（3）转化的主要机制：

A. 社会生产方式及劳动者与生产资料的结合；

B. 生殖生理机能及育龄男女的两性结合；

C. 消费资料的分配方式直接决定人口生产过程；

D. 劳动力资源的配置方式直接决定物的生产过程。

正是基于人口经济关系的制约，导致了对经济增长的追求。

因此，即使进入工业社会以后，人们对经济增长的欲求丝毫也没有消减，甚至更为强烈。但是这时的增长观与农耕时代的增长观不同，农耕时代是为了满足生存资料的增长；工业时代人们追求的是满足发展资料乃至享受资料的增长。而后者因生产力水平提高增强了对大自然的索取力量而更加疯狂，从而使人与大自然的矛盾不断升级。如果说农耕时代人类因依附于自然而基本上处于与大自然和谐相处的时代，那么工业时代则是人类因科学技术的发展而凌驾于大自然甚至掠夺大自然的时代，对经济增长的欲求是以资源环境的过度开发和破坏为代价。另方面，由于生存资料的增加和经济增长方式的制约使人口不断膨胀，人口的增多更加大了对经济增长的狂热追求，使人类与资源环境的矛盾雪上加霜！国家与国家之间的政治斗争和军事冲突也突出表现为争夺国土、能源的矛盾。环境、空气、矿产、水资源等公共品的权属、利益、整治、管理等问题也凸显出来。

人类进入20世纪以后，这一格局进一步升级。发达国家狂热地追求高消费的自我发展、发展中国家追求获得更多发展资料的经济增长、落后国家追求满足生存资料的增长、个人追求现多元化生活方式的全球化经济角逐笼罩全世界，地球环境也因此而遭遇到人类的任意宰割和摧残。

正是在这种严峻背景下，当人们还处于对大自然的胜利而津津乐道的时候，20世纪60年代一批觉醒的科学家，1968年在意大利成立的"罗马俱乐部"通过其对"人类困境"的研究，比较客观地论证了经济增长带来的消极后果，向世界发出了严重警告：世界到了《增长的极限》！传统增长观该下课了！这一警告最初被当成马尔萨斯主义遭到了强烈的批判。可是很快，到了70年代，1972年6月5日在瑞典斯德哥尔摩召开的"联合国人类环境会议"，揭开了人类发展史上环境保护的新一页。此后，人们开始积极探索新的发展模式，直到1992年6月联合国召开的环境与发展会议上正式提出"可持续发展"概念，以生态文明为标志的新的发展观呈现在各国政府面前。之后，中国以胡锦涛为代表的中央领导集体根据邓小平发展是硬道理的理论结合中外经济发展的历史经验教训，提出了科学发展观的理论构想，宣告了单纯经济增长观念的终结。

四、关于人口生产力和人口生产关系问题

既然人口生产和再生产属于社会物质生产范畴，与经济活动中的物质资料生产具有同一性，那么，关于人口生产力、人口生产关系和人口生产方式的问题也就顺理成章地被提出来。应该怎样认识人口生产力、人口生产关系和人口生产方式呢？

苏联人口学界于上世纪70年代首先提出了这个问题并做了初步研究。但是到目前为止，对这个问题的认识基本上还是一种逻辑推理：既然人口再生产是一种社会生产，就必然具备一定的人口生产力、人口生产关系和生产方式。

我们认为，如果将人口自身繁衍过程纳入生产再生产过程，并具有相应的生产力、生产关系和生产方式来认识，那么，它就与一般生产力、生产关系和生产方式具有共同的特征和内容，同时也应该有其特殊的性质和内容。具体包含些什么，还有待考察和确认。

（一）人口生产力

苏联人口学界的研究把人口生产力理解为围绕生育过程所必需的科学技术、医疗卫生条件等。这是跟物质资料生产进行类比可以发现的。但是，人口生产作为一种社会生物学过程，显然其生产力具有跟物质资料生产过程截然不同的特性和内容。从"生产者"来看，直接是通过婚姻关系实现两性结合的夫妻二人，间接地还包括相关部门的工作者；从"工具"看是包括了人自身的活的躯体、生殖器官及围绕生育过程必具的医疗卫生条件；从结果或者"产品"来看，是具有人的特征的活产婴儿的出生和成长。因此，人口生产力应该是人口自身所具有的维持自身生命和他人生命的延续和发展的能力。

（二）人口生产关系

对人口生产关系的研究似乎比人口生产力的研究要广泛深入一些。在一些很早的文献中就有关于人口生产关系的提法和论述。概括起来，有以下一些内容：

①生育关系或血族关系。
②婚姻关系或两性结合的社会关系。
③人口分布流动关系。
④人口生产的人际关系。
⑤人口生产过程中的物质资料消费关系等。

（三）人口生产方式

按照一般的关于生产方式的理解，人口生产方式应该是人口生产力和人口生产关系的总和。这种抽象的概括是简洁的也是容易理解的。但是，如果将其具体化现实化就比较复杂了。至少不能如此简单地将其同物质资料的生产方式同样看待。

总之，关于人类自身生产和人口生产问题，还有待于深入研究，特别是站在当代科学技术发展的高度，作出全新的回答。

参考文献

吴忠观. 关于两种生产原理的三次论战. 财经科学, 1985, (4).

马克思恩格斯全集, (46): 38.

陈明立. 人、人类、人口、人体古今奇秘. 西南财经大学出版社, 1990.

马克思. 政治经济学批判·导言（生产等节）. 马克思恩格斯选集（第2卷）：86 - 88，93 - 94.

陈明立. 人类自身生产中两种生命的生产及其相互关系. 人口与经济, 1984, (2).

刘洪康, 吴忠观. 人口理论. 西南财经大学出版社, 1994：45 - 79.

列宁. 什么是人民之友以及他们如何攻击社会民主主义者（第一篇）. 列宁选集（第1卷）：1 - 65.

马克斯恩格斯选集（第三卷）：454 - 458, 508 - 520.

陈明立. 资本论中的两种生产思想, 财经科学. 1983, (4).

吴建观. 关于两种生产原组的三次论战. 财经科学, 1985, (4).

（作者单位：西南财经大学人口研究所）

农村80后青年早育研究

——以江西省九江和吉安两地区为例

仰和芝　赵玲玲

一、研究背景

80后青年时值20～30岁，正是生育的黄金时期，他们的生育状况能直接反映我国计划生育政策实施30年来生育的变化与所取得的成果和不足。以农村80后青年为对象研究早育问题，主要是早育在农村更为普遍。本文希望通过对农村80后早育的研究，反映出当前农村早育存在的现状及其原因。同时，通过对农村80后青年早育的研究，希望对还未婚育的同代人给予预警，减少早育行为的发生。农村80后又是90后学习和效仿的对象，研究农村80后早育，并提出针对性有效性的解决措施，为农村90后形成正确的生育观、预防早育提供借鉴，以减少甚至杜绝早育的发生。

二、研究回顾与本文研究视野

（一）研究回顾

近年来，早育在我国农村已经成为一个很普遍的现象，并且越来越呈现多样化趋势。早育使农村地区有效地控制人口增长、保持低生育水平的稳定、缓解人口对环境的压力带来严峻的挑战。农村早育已引起很多学者的关注，代表性的有：田遇春的《15—19岁人口的婚育状况看陕西省早婚早育问题》中将早育青年定在15～19岁人群（1994）；卜玉梅的《农村未婚生育现象的原因探析——以湖南×村的个案研究为例》研究的未婚生育是指达到法定婚龄但没有按照法定程序登记结婚领取结婚证明和生育证明，也没有举行结婚仪式而生育抚养小孩的行为（2008）；房福调查了农村早婚早育现象的主要表现，认为早育的主要原因是"早生儿子早得济"和"早生儿子早得福"等传统观念的影响，注重传统习俗（2003）；严梅福的《我国八十年代早婚早育回升的心理成因分析——兼与冯立天先生商榷》认为，20世纪80年代以来，我国早婚早育的回升，是青少年心理由于性成熟提前，性意识开放失控，包办婚姻的存在等的生理、文化和习俗等因素影响发生的偏移与畸变的结果，但主要是侧重性文化的影响（1994）；提出杜绝早婚早育的对策是运用宣传教育、行政法律和经济等手段（严梅福，1994；田遇春，1994；李义新、张华清，1994）。

以上研究都很具有借鉴意义，但尚也存在不足：一是研究的对象在年龄的选择上代表性不足，具有片面性；二是分析早育的形成概况不全面，未婚生育只是早育其中一种表现形式，而婚姻又可细分为事实婚姻和法定婚姻；三是大部分学者认为早育和早婚密不可分，进行同等研究，因而对早育缺乏专门性的研究；四是对造成早育的原因还只停留在原有的传统习俗、政治经济文化等因素影响的归纳，一些最新出现的原因还没有考虑进去，且主要是侧重外部原因；五是对于解决早育问题，侧重政府部门事后的政治经济手段解决，而忽视预防为本、群众的参与和宣传教育需在整个婚育阶段进行的理念。

（二）本文研究视野

为了便于具体详细分析早育行为，本文尝试将早育划分为三类：一是未达法定婚龄又无举行婚礼的生育；二是未达法定婚龄但有世俗婚礼的生育；三是达到了法定婚龄但没有世俗婚礼也没有领取结婚证的生育。未婚先孕，但在领结婚证后生育的，因合法，故不列入早育行为，因而，在此也不作详细论述。但是，这一现象不能忽视，希望以后另作文章专门研究讨论。

本文的早育对象涉及整个年龄阶段的男女双方，早育的原因除了宏观原因（传统风俗习惯、政府监管不力、经济困难等）和微观原因（家庭和自身）外，还从物质和精神两个角度来进行分析，而精神方面的原因所占的比例很大，也就是说农村 80 后自身是早育的根本原因，因而注重农村 80 后青年的精神情感尤为重要。伴随着农村 80 后大部分人群的外出务工，工厂成了他们的第二寄居地。所以，在对早育提出的意见和建议上，应注重企业的参与。同时随着人们主人翁地位和意识的提高，要充分尊重和利用群众意见，让他们共同参与早育的监管，并通过引导形成新的生育观舆论。政府则应采取更加有针对性和有效的新政策。总而言之，预防是根本，治理是手段，提高人口质量是目的。注重家庭、学校、企业、社区、政府的共同参与，最终目标是逐渐减少甚至杜绝早育，提高人口质量。

三、概念的界定

农村 80 后青年：农村是个特定的地域，80 后是个特定的阶段。农村 80 后青年是指 20 世纪 80 年代在农村出生并具有农村户口的青年群体（目前正处于 20～30 岁），他们正处于生育的黄金和高峰时段，同时也是早育行为的多发人群，因此，正确了解他们的早育行为对计划生育的宣传与贯彻和新农村建设有重要作用。

早育：1980 年颁布的第二部《中华人民共和国婚姻法》第五条规定："结婚年龄，男不得早于 22 周岁，女不得早于 20 周岁"；晚婚为：迟于法定婚龄三年以上结婚，即男 25 周岁，女 23 周岁；晚育为：已婚妇女 25 周岁以上或晚婚后怀孕生育第一个孩子为晚育，男的无要求。婚姻法对早育没有定义，根据以上概念，相应的，本文将早育定义为：未达到法定婚龄，即年龄未满 20 周岁而生育或达到法定婚龄却没有法定婚姻的生育。男女双方只要任何一方没有达到婚龄生育都看做是早育，在此，早育时间为生育第一胎的时间。

计划生育：是指通过生育机制，有计划地调节人口发展速度，提高人口质量。计划生育是我国的一项基本国策，具体目标是：稳定人口的低生育水平，提高人口质量。其基本内容是：节制生育，提倡"晚婚、晚育、少生、优生"，从而有计划地控制人口增长，使人口的增长同经济和社会发展计划相适应。国家指导和群众自愿结合是我国计划生育的工作原则。（陆剑锋、罗思荣，2004）

新生育观舆论：即创建农村社区新型生育文化，是农村的一种乡规民约，是社区居民形成一种科学、文明、进步的婚育观念。农村社区生育文化可以取代家庭（家族）生育文化，并与社会的主流生育文化性协调。用这种社区新生育舆论来影响村民的生育观念，遵守生育道德，改变生育行为和生育状况，它与我国农村传统的生育观相对应。（李智环，2006）

四、研究对象的选取与研究方法的选择

（一）研究对象的选取

本文研究对象是户籍在农村，1980—1989年出生的男女青年，即20～30岁的一个群体。本文采取随机概率抽样和滚雪球的非概率抽样方法，对九江市和吉安市各抽取一定样本进行调查研究。此次，总抽样调查农村80后青年人数342人，其中，男132人，女210人，已婚301人，未婚41人，已生育的有287人，早育78人（其中，男22人，女56人）占生育的27.2%。从这些数据中可以看出，农村80后早育占农村80后生育的比例较大，了解他们早育的现状，可以知道农村80后青年早育的不同现状和原因，因而具有一定的代表性。

（二）研究方法的选择

本文力图从早育现象客观性出发，本着实事求是的态度，揭示农村80后青年早育现状，以及深入了解当事者的主体性，了解早育的原因，通过全方位的信息的掌握，提出适宜的有针对性的建议。

本文资料的获得主要运用了问卷调查、深度访谈（面对面访谈和电话访谈）以及文献调查方法。通过文献调查，获得国内相关的农村80后青年早育研究的文献，收集党和国家对生育的相关法律法规和政策。采取问卷调查的方法，研究样本的个体状况和共性特征。对一些具有典型意义的个案和关键人物进行深度访谈，通过对早育当事人、普通村民和基层管理者的访谈，旨在了解到更加本质的东西。首先，进行初步访谈，结合所掌握的文献，形成研究假设；然后，根据研究假设设计出调查问卷和访谈大纲；接着与2010年2月深入调查村庄，进行代填式问卷调查和个案深度访谈。问卷调查共300人，深度访谈42人，最后对259份有效问卷（有效率为86.3%）和访谈材料进行分析。

五、调查结果的分析与讨论

（一）达到法定婚龄又无世俗婚礼的生育

该类人数为19人，占早育人数的24.4%，其中，男11人，女8人，平均年龄为17.1岁，最小16岁，最大19岁，文化水平是初中水平的占26.9%，这类人群中，学生有5人，在外务工的有13人，占该类人群的68.4%，在家务农的有1人。男女双方是同学朋友关系的占78.9%，亲朋好友介绍的占21.1%，在家生育第一胎的占26.3%，在外生育第一胎的占73.7%，父母不知道子女怀孕的占31.6%，78.9%没有相关的婚育方面的知识，73.7%生下小孩后茫然不知所措，52.6%已感到了早育的危害并有后悔心理。

从以上数据可以看出，该类人群明显低龄，大部分是初中毕业，这也就决定了

他们的生理、心理和相关经验知识等各方面的不成熟。但他们又处在开始成熟的萌芽阶段，成人的各方面意识开始潜入他们的意识。他们主要是通过自身在外务工时而认识对方，如网上交友见面、同学、同事或朋友关系。双方多为流动青年，怀孕或生孩子后直接带回家。

1. 青少年的生理和心理特点

青春期分为三期，青年初期（14、15～18 岁）、青年中期（18～22、23 岁）和青年后期（23～28 岁）。这类早育群体大部分是出于青春期前期，即未成熟期。这期间，生殖器开始迅速发育，第二性征出现（男性的身体发育和性成熟从长阴毛开始，睾丸和阴囊加速生长，阴茎也同时增长，十四五岁首次遗精。女性的发展比男性平均早 1～2 年，首先是乳房的发育和阴毛的生长，生殖器官增大，十三四岁月经来潮）（董惠娟，2002）。

以上生理的发展，标志着他们开始走向成熟。他们的自我独立意识增强，并表现出成人感，因而在一些行为活动、思维认识、社会交往等方面表现出成人的样式，如过早的模仿成人的谈情说爱。他们希望按自己的想法为人处世，但由于年龄的限制，社会经验和生活经验及知识的局限性，在思想和行为上往往具有盲目性，做事易冲动，而且具有严重的逆反心理，易做出违规的事情。与此同时，进入青春期的他们的性意识和性心理开始发生变化，他们渴望与异性交往，并产生朦胧的爱情念头等。有的因为家长、学校和社会舆论的约束限制，他们处在了渴望与压抑的矛盾心理状态。加之青少年性成熟的提前与性期待的延长，使他们在两性关系上带有极大的随意性、盲目性和生物性，并呈现爆发式态势发展（严梅福，1994）。

2. 家庭、学校、社会等教育的缺失，导致性冲动的爆发

父母是孩子的第一启蒙老师，其一言一行都对孩子起着潜移默化的作用。对子女过分溺爱的家庭、简单粗暴的家庭和过分管教的家庭等不健全的家庭都易导致子女早育行为的发生。（靳丽霞，2009）"孩子不好好读书，还不如早点回家结婚生孩子，早生晚生都是生，早生我们还更高兴，早点抱孙子"（一位 17 岁早育者的母亲）。在一般正常的家庭，由于父母对子女在青春期的变化未注意，特别是常年外出务工的父母，对留守子女没管教过，易导致子女放任自流，发生早育行为（调查情况让我们了解到他们是中国第一代留守儿童）。其次，学校对他们的生理和心理发展也不够重视，只是以传授专业知识为唯一目的，对涉及性方面的知识避而不谈，甚至只是一味地强行禁止，而没有正确引导，这导致了他们对性更充满好奇和想尝试的心理。再次，社会不良文化的影响。目前文化市场上，图书报刊、音像制品、文化娱乐等中都充斥着大量的淫秽色情内容。他们宣传性却在生育观、节欲及性行为后果等问题上做得远远不够。事实上，观众看到的都是进行没有任何保护措施的随意性行为的"榜样"。（David Knox、Caroline Schacht，2009）青少年没有完全鉴别好坏能力则全盘吸收。因为控制不住直接的情绪，不计后果发生了早育行为。这些主要体现在：

（1）接受包办。由于他们正处于性萌芽和性无知阶段，他们亦因为生理冲动和无婚育意识而接受父母的包办婚姻。"当时什么都不知道，父母要我嫁人我就嫁了，我住他家，一年后生了小孩，因为年龄没到领不了结婚证，也没办酒席，怕罚款。"

(ZHG, 女, 16 岁)

（2）同居。同居变得越来越普遍。社会、父母和同伴容忍度增加，避孕技术提高，对风俗更大程度的忽视，使他们更渴望对没有法律约束条件下情感方面和性方面稳定关系。但这导致了早育中 65% 的孩子是在同居情况下出生。"老师从来不讲性方面知识，但我们买一些爱情小说全班传看。我跟我老婆就是那样同居，怀孕后我们直接退学回家生小孩。"（ZHR, 男, 17 岁）

（3）性享乐。Oscar Wilde 说："愉悦是人们活着的唯一期待。"青少年越来越有这种享乐思想，对生物性进行发泄，与异性多次发生关系或与多个异性发生关系，即"性互惠朋友"。但这种关系是玩笑的、游戏的、无承诺的爱（Hughes et al., 2005）。"我们不管年龄身份地位，只要是异性我们就可以在一起，玩完了就走人，谁也不认得谁，都是自愿的。"（GGL, 男, 18 岁）

3. 怀孕时与生育后的心理变化

因为相关知识的缺乏，他们怀孕时没有什么心理准备，就自然性地将小孩生下来，生育后也不知道怎么办，大部分是几个月就将小孩留给爷爷奶奶，甚至是将小孩遗弃。遗弃小孩或远离小孩都给他们心理造成了一定的负担和阴影。早育也给身体造成了很大伤害，所以，他们都有一定的后悔当初的冲动心理。生育后得到各方认可和关心的对自己的生育持平常态度。

（二）未达法定婚龄但有世俗婚礼的生育

该类人数为 48 人，占早育人数的 61.5%，其中，男 20 人，女 28 人，平均年龄为 18.6 岁，最小 16 岁，最大 21 岁，文化水平是初中水平是 64.1%，这类人群中，学生有 1 人。在外务工的有 42 人，占该类人群的 87.5%，在家务农的有 5 人，占该类人群的 10.4%。男女双方是同学朋友关系的占 18.7%，亲朋好友介绍的占 81.3%。在家生育第一胎的占 47.7%，在外生育第一胎的占 52.3%。43.8% 有相关的婚育方面的知识，83.3% 是自愿生下小孩，20.8% 有早育的危害并有后悔心理。

从以上可以看出，他们大部分是经过亲朋好友介绍认识的（即相亲），并经过父母的认可。该类早育人群年龄较第一类要高，而且主要是早婚促使的早育，并且绝大多数人都是在婚后一年内生子女。从以上可以看出，越接近法定年龄，早婚早育的人口比例越高。这类群体的生理发育较第一类更加成熟，意识也相应较高。该类早育行为的发生除了自身生理原因外，主要是因为精神和心理因素的影响。

1. 精神饥渴

该类人群大部分是初中或高中毕业后就直接在家帮忙（10.4%）或在外务工（68.4%），由于年龄和能力的限制，在家也只是从事简单的家务劳动，在外从事的工作主要是那些条件十分艰苦的行业，工时长，环境质量差，男女比例严重不协调的工厂做工。他们的生活简单枯燥无味，同时经济压力和工作压力使他们过早地体会到了身心疲惫。（朱敏, 2008）他们感到孤单寂寞，但他们的承受能力还不足以独自面对现实的一切，他们渴望得到扶助与关爱，但不是倾向于父母，而更多寄托于异性，并敢爱敢为。因此，男女交往频繁，同居现象不断增多。因而也出现了过年的"新风俗"——过年回家相亲结婚。"工作累倒没有什么，只是忍受不了除了工作就是吃饭睡觉，都快闷死了。去年回家相亲结婚，今年儿子出生，没事就跟老婆打打电话挺好的。"（LLY，男，21岁）"我娘死得早，过年过节就不像个家，自己早点结婚生子，有了孩子家里也就热闹了。"（ZYB，男，21岁）至于是否到民政部门登记结婚成为法定夫妻，在民间观念中并不重要，重要的是是否举行世俗婚礼。（石奕龙，2001）特别是低年龄在业妇女客观上有相对较高的早婚早育比例。（石人炳、严梅福，1995）"我初中毕业后就在外面打工，很辛苦，所以就想早点出嫁，然后在家带小孩。"（KKL，女，18）

2. 生理需要

较之第一类懵懂、盲目的尝试心理，该类人群有明显明确的生理需求。为解决生理需要，甚至会有意识有目的地去解决这种饥渴与欲望，如性自慰，看相关影片，去一些性服务提供场所，急找异性同居。他们明白自己的所作所为，而且认为理所当然。18岁时是性冲动的爆发时间，为适应和缓解这种性冲动，常采用发泄或压抑方式，而采用压抑方式的只占16.7%。

3. 承担起家庭重负的责任心理

他们心理意识的逐渐成熟，使他们对家庭有了更多的责任感，为家庭减轻重负成了他们工作和生活的使命。有些家庭遇到了一些特殊困难，如有的家庭子女多，经济困难，家长让女儿早点出嫁，可节省家庭开销，还可得到一定的彩礼补充家用。"家里穷，父母身体不好，还有一个弟弟要读书，我16岁嫁人，父母是用我的彩礼来维持生活的。17岁生的孩子。"（LJJ，女，17岁）有的是家庭没有主妇或家庭老人有病，通过早婚手段使家庭活动主妇照顾或以求有人侍奉病人。所以，为了解决这些难题，他们情愿牺牲自己，早点出嫁或娶妻来满足家庭的需要，换取家人的安宁与幸福。而且，村里男孩、女孩到了十六岁就可以结婚，大部分是十八九岁，超过二十岁不结婚反会而被村里人说闲话。

结婚生子，天经地义，顺其自然，所以，在家里办了酒席后，第一年内和第二年内生小孩的占该类早育的91%。父母想早点抱孙子，"早生儿子早得力"、"儿孙满堂家兴旺"，虽然父母思想有点守旧，但因为要孝顺父母，也就满足父母的心愿。"我娘在死之前想抱孙子，这是她的心愿，我不能违背。"（LGQ，男19岁）还有就是对母婴的负责。"都怀了我孩子，她不嫁给我嫁给谁。"（WB，男20岁）

满足家庭的攀比心理。有些地方，子女过了十六岁，谁家越早结婚谁家就越有面子：把子女长大成人了，同时能帮子女置办婚育，村里人不知有多羡慕。所以，如果有一定的经济能力，很多家长会让自己的子女早点结婚生子，这样他们也算是完成了毕生的心愿，以后就等着享福。"父母什么都为我准备好了，早结婚多生儿子，不断可继承香火，还可壮大家族势力。家族不能在我这一代弱下来。"（WJX，男，21岁）

4. 自己现实生活和对未来的担忧心理

第一，这类人群在外务工个人生活成本高，而工资又低，很难满足自己和兼顾家庭。为了降低个人生活成本，他们愿意与人同租一屋，特别是与异性同居，这样不仅可以减少经济支出，而且可以相互帮助，让生活更充实与丰富。时间长久下来，易发生早育行为。

第二，趁父母和自己都还年轻，早点生小孩。小孩可以有父母带，夫妻两个人可以到外面打工赚钱养家，一举两得。据统计，早育的留守婴儿最小的只有 5 个月大。

第三，为了尽早给家庭补充劳动力，在一些家长的心目中，早获得一个劳动力或一个人口，首先可以给家庭多增加一份对集体生产资料和其他共有材料的占有权，特别是土地和宅基地的占有权。"村里的房地都被政府征收搞开发，多一个人就多分一些钱，所以，我就立即结婚生子，过期就无效了"（ZNP，男，20 岁）其次，为未来获得更大收益。现阶段农村生育孩子的经济价值系数提高，即家庭从孩子长大后所获得的预期经济收益要大大超过家庭养育孩子的成本支出，因而早育。（冯立天，1992）最后，为尽早培育好养老条件。早育，可以加快劳动力的成长发育和缩短代际繁衍时间，增强自己的养老能力和减轻子女的养老负担。

5. 管理不善致使早婚早育

从法律层面上看，《婚姻登记法》、《人口与计划生育法》、《婚姻登记管理条例》等法律法规中，只对法定婚育有明确规定，对早育处理没有相关法律依据。

从实际情况看，计生政策在实施过程中，其执行力微弱。首先，乡镇以罚代法使村民误以为只要交了钱就可以漠视政策（李银河，2003）。"不就是要钱吗，现在小孩读书不要钱，又有医保低保，罚几千块钱算什么。"（普通村民）其次，村干部计生工作开展不力。由于计生工作的对象都是乡里乡亲，他们也不好得罪人，即使心知肚明也未必秉公执法，有的干部被请吃贿赂，更容易开"绿灯"。（卜玉梅，2008）再次，有些干部也有着浓厚的传统婚育思想，有深受习惯势力的影响，在心理上接受了早婚早育现象，甚至他们自己也会发生早婚早育行为（川军，2000）。"我都快六十了，儿子生的晚，孙子就要早点抱"（某村干部）。最后，近几年来人口流动性大，难以管理。"办酒席不违法，早育才算违法。但他们办酒席后外出打工，在外面生小孩生几个，我们也不知道。"（某村干部）

6. 怀孕时与生育后的心理变化

他们大多没有流产的概念，办了酒席也就是真正的夫妻，生孩子是他们自认为合情合理合法的事。怀孕了就生，其他事情什么都不想。由于父母的认可，他们怀孕后由于要人照顾，大部分是在家生育，生育后也得到家人的呵心照顾。他们对生育更抱着普通的心态，早育后的不适也认为是正常的。他们对早育是抱着顺其自然的心态。

（三）达到了法定婚龄但没有世俗婚礼也没有领取结婚证的生育

该类人数为 9 人，占早育比例的 11.5%，其中，男 5 人，女 4 人，平均年龄为 27 岁，最小 23 岁，最大 34 岁，文化水平是高中的占 88.9%。这类人群中，在外务工的有 9 人，占该类人群的 100%。男女双方是同学朋友关系占 77.8%，亲朋好友介绍的占 22.2%，被拐卖的有 1 人。在家生育第一胎的占 33.3%，在外生育第一胎的占 66.7%。父母不知道子女怀孕的占 66.7%，77.8% 有相当丰富的相关的婚育方面的知识，77.8% 是有计划生下小孩，22.2% 已感到了早育的危害并有后悔心理。

从上可以看出，该类人群年龄较大，主要是高中毕业，认知能力、思维能力和自我控制能力等都已成熟，他们有完全的自我认识能力和责任承担能力。他们的生育行为大多是计划中结果。他们之所以未婚生育主要是因为社会文化因素影响，具

体表现如下:

1. 传统的性别偏好

在农村,男性劳动力依然是家庭的顶梁柱。钟年教授分析说,延续家族的继嗣制度、以男性为家长的家庭制度,使人们在生育愿望的性别偏好上自然就倾向于男性,也就是重男轻女。虽然人们的思想有一定的改变,女孩也得到一定的接受和关爱,但不少社会学家的研究成果表明:生一个男孩是中国农村生育文化的底线。(王晶,2003)不登记结婚生育,可以免受管理者的监督,不办婚礼不易受人注意,这样就可以更好的实现生育意愿。(田玉春,1994)"当时是可以结了婚再生的,可因为不知道怀孕后是男是女,如果是女孩,要生第二胎很难,如果是男孩,自然是好。反正不登记的话,他们(村干部)也不知道,就这样先生下小孩再说。"(ZMP,男,26岁)"我们每个月都捡到弃婴,今天就有一对双胞胎女儿。"(某村干部)

2. 现实条件限制

男女双方自由恋爱,但父母反对,如觉得双方家庭离得较远,不忍心将女儿嫁那么远,或父母对男女一方不满意,觉得门不当,户不对等。但男女双方都要冲破家庭的牢笼束缚,私自生活在一起。即使父母不认可也要组成一个自己的家庭。先生下小孩,等小孩出生长大,再来征求父母的认可。"他是四川的,家里也比较穷,我是江西人,父母不同意我们,但我们还是在一起了,只是没有想到小孩都3岁了,父母还是不能接受他。"(ZLH,女,28岁)

3. 拐卖

这里只有一例。因为是买卖人口,所以不敢声张,一切等稳定下来再说。一般买过来的妇女时间一长,见没有逃跑的希望,丈夫待她好,又生下了孩子,是会安心在夫家生活的。"我家是砸锅卖铁凑足钱托人买个媳妇,她20多岁,跛脚,一年后给我生了个儿子,现在她也愿意和我一起过日子。我打算什么时候补办个结婚证去。"(HL,男,34岁)

六、结论与建议

(一)结论

本文主要从生育男女双方通过自身的认识——恋爱——(结婚)——生育——生育后状况等整个阶段来全面认识农村80后青年的早育。第一类——未达法定婚龄又无世俗婚礼的生育,主要原因是由于青少年生理因素影响的结果,他们年少、懵懂、冲动和叛逆,自己发生早育行为或单纯的接受父母对他们的安排结婚生子;第二类——未达法定婚龄但有世俗婚礼的生育,主要是因为青少年心理因素影响的结果,他们处于成熟而又缺乏社会和生活经验的阶段。过早地融进社会,可以承担家庭负担,但他们精神空虚,需要人的陪伴,因而自己发生早育行为或心甘情愿去相亲结婚生子;第三类——达到了法定婚龄但没有世俗婚礼也没有领取结婚证的生育,这主要是由于社会因素的影响,重男轻女的传统和现实需要,自己的自由开放与父母保守的不认可相冲突。但不管由于什么原因,早育都会给男女双方和小孩、家庭、社会等造成一定的危害:第一,早育(早育造成的超生占总超生的56.7%)加大了计划生育工作难度，缩短了人口生产周期，直接威胁我国计划生育这一国策顺利实现。第二，早育严重危害了青少年的健康。医学界认为，男青年要 22 岁，女青年到 20 岁才算发育成熟，如此过早的结婚生小孩，不但会出现未老先衰，而且女青年易患子宫癌、阴道炎等妇女疾病。第三，对婴儿的影响。早育引起早产、难产等，妇婴易死亡。早育，出生的畸形儿也较多，调查 287 例新生儿中，缺陷的有 11 人，而早育出生的新生儿缺陷占新生儿缺陷的 63.6%。而且，早婚早育易导致离婚，孩子抚养因此也成了问题，同时，不健全的家庭环境和隔代教育也不利于孩子的健康成长。第四，冲击家庭的稳定性。一是早育的罚款导致家庭经济困难，二是因躲避早育处罚，常年游居在外，没有安定性。三是早恋早婚组成的家庭，往往由于性格上、心理上的不稳定和社会生活经验不足而易发生家庭危机，如难以担负起家庭重担以及对下一代的良好教育。家庭关系易出现裂痕，直接影响家庭稳定与和谐。第五，给社会的负面示范效应。以米勒为代表的社会学习理论认为：某个人在某一定确定情境下，学会了某些行为，一旦遇到相同情境，便倾向于做出同样行为。因此，当早育成为一种社会现象时，这种现象就会被默认和效仿，早育也不再受到舆论的谴责，甚至成为一种习惯和规则，被平常化。

（二）建议

本着预防是根本，治理是手段，优育是目的的理念，注重家庭、学校、企业、社区、政府的共同参与，最终实现逐渐减少甚至杜绝早育，提高人口质量。

1. 家庭与学校教育和企业的参与

家庭是子女的第一学校，企业是青少年的社会学校，它们三者对青少年的影响伴随青少年整个生长时期。家庭与学校应注重青少年的生理发育与心理发展等状况与特点，教授他们相关常识和知识，如恋爱婚育知识、法纪知识等，引导青少年树立正确的人生观、价值观和生育观，使青少年保持生理和心理的双健康。学校尽量因材施教，创造良好的学习氛围，父母要抛弃早婚早育早享福等传统思想，创造良好的家庭环境，减少青少年的厌学情绪和辍学行为，共同防止、阻止他们早育。

企业是青少年进入社会的第一学校，也是青少年成熟成才的一个重要场所。因此，企业不能只注重经济利益，只让员工工作，而忽视员工的心理问题和精神需求。企业应改善工作环境，开展一些积极的文化娱乐和体育活动来帮助员工发泄自己的情绪，增加员工间的交流，让员工有归宿感。员工的业余生活丰富了，视野开阔了，他们在融入城市的同时也易接受城市的晚婚晚育的观念。企业可以开设企业社会工作室，帮助员工妥善处理婚育、家庭、教育、职业和生活习惯等问题。

2. 农村社区群众的参与，形成新生育舆论

"婚姻是用社会力量造成的，因为我所知世界上从来没有一个地方，把婚姻当作当事人间个人的私事，别的人不参加过问的"（费孝通，1998）。让村民自主参与决定形成一个新的关于生育的乡规民俗，他们资源制定并相互监督。这种舆论一旦形成，便可用道德规范来维护社会公德，调节家庭关系和移风易俗。最终使村民能够自我教育、自我管理、自我监督和自我服务，增加遵守计划生育政策的自觉性，杜绝早育行为。

3. 政府加强监管

（1）加大计生宣传和完善计生设施。政府通过各种渠道和各种方式宣传婚育政策，不仅是"张贴栏"型的宣传，还需进户进校，或有针对性教育，使村民个个都能了解国家政策与规定。同时，完善计生用品和卫生医疗设施，提高计生服务质量。

（2）加大计生工作的执行力度。一是要完善相关法律法规，将早育写进法律条文，使对早育的管理规范化、权威化和责任化。二是加大排查和奖惩力度。村干部积极入村调查，了解掌握全村村民的婚育状况，及时发现并制止早婚早育行为。对早育者进行处罚，如经济罚款、撤销职务等。对晚婚晚育进行奖励，如享受相关优惠政策。三是提高妇女地位，如在升学、就业和维权等方面对妇女倾斜。妇女地位提高，不再一味依靠男人而及早随便把自己嫁出去，降低早育发生率。

（3）追踪并提供生育后期服务。对已经早育的家庭，要专门进行思想教育，让其保证不再违反国家计生政策，不超生、多生，同时针对性加强监管。早育的母婴多危险和困难，因此，政府应提供相关的母婴保健指导服务，对经济困难的家庭要及时救助，提高人口质量。

参考文献

张文和，李明．"城市化定义研究"．城市发展研究，2005：32 – 33．

侯佳伟．北京市流动人口聚集地：趋势、模式与影响因素．光明日报出版社，2110，（1）：147．

北京市流动人口管理办公室．关于我市流动人口规模调控问题的调研报告，2010，（1）．

卜玉梅．农村未婚生育现象的原因探析——以湖南×村的个案研究为例［J］．南方人口，2008，（3）．

房福．农村早婚早育现象的五种表现［J］．人口与计划生育，2003，（6）．

严梅福．我国八十年代早婚早育回升的心理成因分析——兼与冯立天先生商榷［J］．湖北大学学报，1994，（4）．

李义新，张华清．农村早婚早育问题亟待解决——钟祥市 47 个村早婚早育现状的调查与思考［J］．人口研究，1994，（4）．

陆剑锋，罗思荣．以案说法——婚姻中的权利与义务［M］．浙江大学出版社，2004．

李智环．贵州农村生育文化研究［D］．贵州大学硕士研究生学位论文，2006．

董惠娟．青少年性生理与性心理教育［M］．群言出版社，2002．

靳丽霞．孩子有逆反心理怎么办［M］．新世界出版社，2009．

David Knox、Caroline Schacht. 情爱关系中的选择——婚姻家庭学入门．金梓等，译．北京大学出版社（第 9 版），2009．

Hughes M，K. Morrison, and K. J. Asada. What Is Love Got to Do with It? Exploring the ImPact of Maintenance Rules, Love Attitudes, and Network Support on Friends with Benefits Relationships. Western Journal of Communication, 2005.

石奕龙. 中国农村早婚比例的客观统计与分析——与《改革以来中国农村婚姻家庭的新变化》商榷 [J]. 云南大学人文社会科学学报, 2001.

石人炳, 严梅福. 中国低年龄在业女性人口与早婚早育 [J]. 人口与经济, 1995, (5).

朱敏. 80后员工的工作压力管理实证研究 [J]. 湖南财经高等专科学校学报, 2008, (6).

冯立天. 八十年代中国生育率变动与社会经济因素分析 [J]. 中国人口科学, 1992, (1).

川军. 小夫妻现象令人忧 [N]. 农民日报, 2000.

李银河. 生育与村落文化·一爷之孙 [M]. 北京: 文化艺术出版社, 2003.

王晶. "养儿防老"再剖析 [N]. 湖北日报, 2003.

田遇春. 15—19岁人口的婚育状况看陕西省早婚早育问题. 西北人口, 1994, (2).

费孝通. 乡土中国·生育制度 [M] 北京: 北京大学出版社, 1998.

实用百科全书编委会. 实用百科全书 [M]. 北京: 开明出版社, 1993.

(作者单位: 井冈山大学政法学院)

论生育政策的制定与调整[*]

——一个过程论的分析视角

湛中乐　谢珂珺[**]

引　言

　　生育作为人类社会最基本的活动，与个人、国家息息相关，生育政策作为一项公共政策，是国家对生育活动进行调节的主要手段。随着社会的发展，生育政策面临的问题越来越多，关于生育政策的争论也并不少见，学界对生育政策更是关注颇多。然而，在所有的争论和研究中，却大多把生育政策作为一项"结果"来讨论，鲜有从生育政策之制定和调整的过程入手，来探讨其面临的问题和可能的解决方法。实际上，作为一项专业性较强并且与公民基本权利密切联系的公共政策，其制定和实施更多地需要从过程论的视角出发，才能最终保证其结果的科学性和民主性。

一、生育政策的含义及其表达形式

（一）生育政策的含义

　　生育一词通常有两种理解，一是指"妇女受孕，足月怀胎和生产的全过程"，亦即"生孩子"；二是指既生且育，"生"为"生孩子"，"育"则主要指对出生的孩子进行抚养教育。"生"与"育"有着密切联系，一般情况下是既生且育，但毕竟两者处于不同的阶段，在特殊条件下会出现生者不育，育者不生（如收养）的现象。本文所关注之"生育"仅在于"生"这层含义。

　　生育政策在本质上是一种公共政策，即社会公共权威在特定情境中，为达到一定目标而制定的行动方案或行动准则。其作用是规范和指导有关机构、团体或个人的行动。一般以法律法规、行政规定或命令、国家领导人口头或书面的指示、政府大型规划、具体行动计划及相关策略等为表达形式。

　　随着人们对人口问题的关注，"生育政策"一词已经从人口学、社会学等理论概念逐渐进入法律中：2001年《人口与计划生育法》第十八条提到"国家稳定现行生育政策"，根据其《释义》所言"本法第18条对国家的生育政策作出了规定"，可以认为，第十八条是对"生育政策"的定义与解释。此外，"生育政策"也进入

---

[*] 本文系湛中乐主持的"司法部国家法治与法学理论研究项目一般课题"——公民生育权与社会抚养费制度研究（课题编号07SFB2013）成果的一部分。

[**] 湛中乐，男，1964年生，系北京大学法学院教授，博士生导师，教育部人文社会科学重点研究基地——北京大学宪法与行政法研究中心副主任，中国行政法学研究会副会长，中国人权研究会常务理事，国家人口与计划生育委员会综合改革专家组专家等；谢珂珺，女，1986年生，系北京大学法学院硕士研究生。

了规范性文件中。例如，2000年《中共中央、国务院关于加强人口与计划生育工作稳定低生育水平的决定》提到："稳定现行的生育政策"，2007年《中共中央、国务院关于全面加强人口和计划生育统筹解决人口问题的决定》中提到"稳定和完善人口政策和生育政策"、"必须坚持计划生育基本国策和稳定现行生育政策不动摇"。

生育政策有狭义与广义之分。前者一般仅指生育数量问题。后者除生育数量外，还包括生育质量、生育方式、生育时间等。狭义上的生育政策问题是近来为人们所关注最多的，也是上文在法律和大多数规范性文件中"生育政策"的含义。除了特别说明外，本文一般是在广义上使用这一概念的。

（二）新中国成立以来生育政策的表达形式

1952年卫生部制定的《限制节育及人工流产暂行办法》规定了绝育的条件；1954、1955年党中央在相关会议上相继表明了对节育的支持，"第一次把节制生育上升到了党的重大政策的高度"；1956年，中央在《1956—1967年全国农业发展纲要》（修正草案）中指出在除少数民族地区外推行节制生育；1956年周恩来在"关于发展国民经济的第二个五年计划的建议的报告"中、1957年毛泽东在最高国务会议第十一次扩大会议上相继陈述了对节制生育的主张；1962年中共中央和国务院发布《关于认真提倡计划生育的批示》，指出提倡节制生育和计划生育的重要意义，并在一年之后的第二次城市工作会议上再次予以强调；1970年周恩来在全国计划会议上明确指出计划生育属于国家计划范围，从此将人口计划正式纳入国民经济发展计划；1974年，中共中央在有关报告中肯定了"晚、稀、少"的方针；1978年3月，宪法第五十三条规定"国家提倡和推行计划生育"，10月中央转批《关于国务院计划生育领导小组第一次会议的报告》，指出"晚婚为女23周岁，男25周岁，一对夫妇生育子女数最好一个最多两个，生育间隔三年以上"；1979年《政府工作报告》第一次提出对只生育一个孩子的夫妇的奖励；1980年国务院在第五届全国人大会议上正式宣布实行计划生育政策，指出"除了在人口稀少的少数民族地区以外，要普遍提倡一对夫妇只生育一个孩子"；1982年2月中共中央、国务院发布关于进一步做好计划生育工作的指示，指出农村确有实际困难的可以生二胎；同年10月，中共中央办公厅和国务院办公厅转发《全国计划生育工作会议纪要》时指出实行计划生育是基本国策，晚婚、晚育没有变化，少生从允许生二孩调整为基本只准生一孩，增加了"优生"；12月，宪法第二十五条规定："国家推行计划生育，使人口的增长同经济和社会发展计划相适应"，第四十九条规定："夫妻双方有实行计划生育的义务"；1984年中共中央转批国家计生委党组《关于计划生育工作情况的汇报》，即7号文件，将农村生育二胎的口子开大，某些少数民族可以生育二胎，个别可以生育三胎；1998年，国家计生委经报国务院批准发布《流动人口计划生育工作管理办法》；2001年国务院颁布《计划生育技术服务管理条例》，并于2004年进行修改；2001年全国人大常委会制定并颁布《人口与计划生育法》；2002年，国务院发布《社会抚养费征收管理办法》；2009年5月国务院修改《流动人口计划生育工作管理办法》，制定《流动人口计划生育工作条例》，并于10月实施。

《人口与计划生育法》第十八条和第二十九条分别规定，对于生育二胎的具体办法由省、自治区、直辖市和较大的市的人民代表大会及其常务委员会规定；第二十九条规定，对独生子女父母的奖励措施由省、自治区、直辖市和较大的市的人民代表大会及其常务委员会，以及地方人民政府规定。据此，各地纷纷颁布地方性法规，至今，全国各省、自治区、直辖市（不含港、澳、台地区）除西藏自治区外已经都有"计划生育条例"，有些地方还通过地方政府规章对社会抚养费等问题作了具体规定。

从上述对生育政策的历史回顾中可以看出，在20世纪90年代以前，除了1952年卫生部发布的《限制节育及人工流产暂行办法》这一部门规章，以及1978年和1982年宪法规定外，其余有关计划生育政策的规定都是通过党中央的文件或领导人的指示来对生育行为进行规范的。而在此之后，生育政策主要由法律、行政法规、部门规章，以及地方性法规和若干地方政府规章来体现。

可见，作为一项公共政策，在我国，生育政策主要具有三类表达形式：立法机关的立法，行政决策（包括行政立法和中共中央和国务院［中办和国办］联合发布的规范性文件等），单纯性的党的规范性文件。

二、当前生育政策执行中所面临的困境及其形成原因

（一）当前生育政策执行所面临的诸多困境

当前生育政策执行中实际上面临着很多的困境。下面笔者只是简单列举几项予以说明：

1. 生育数量政策

我国最高权力机关制定的《人口与计划生育法》将生育二胎和对独生子女父母进行奖励的具体办法授权地方性法规、地方政府规章进行规定；最高行政机关国务院制定的《社会抚养费征收管理办法》授权省、自治区、直辖市对社会抚养费的具体标准进行规定。这种授权一是基于节省立法资源的考虑，二是基于各地具体情况不同的考虑，前者无可厚非，后者却可能给各地过大的立法裁量空间，以致可能作出不合理的规定。换言之，因地制宜的本质并非单纯的区别对待而是这种区别对待的正当性问题。

例如，从笔者所查阅的各省地方性法规规定来看，关于生育第二胎的条件，大多数地方性法规规定了双方为独生子女，第一胎为病残儿，一方不孕不育、收养一个子女后妊娠，一方为达到一定伤残级别的军人或因公致残，合法生育或收养的子女不超过两个、其子女有死亡的等；除此以外，有些地方性法规还规定了其他特殊群体生育第二胎的权利，如《河北省人口与计划生育条例》规定"从事海洋作业的沿海渔区的渔民"和"从事井下作业连续五年以上，且继续从事井下作业的矿工"可以生育第二胎，《上海市人口与计划生育条例》则规定为"夫妻一方为从事出海捕捞连续五年以上的渔民，现仍从事出海捕捞的"。笔者认为，对这些特殊行业的人员赋予生育第二胎的权利很大程度上是考虑到行业的危险性，为了加强家庭稳定性和增加劳动力，而行业的危险性是否足以成为享有这种权利的原因则需要对具体实践进行考察，包括从事这些行业的人员发生危险、导致家庭劳动力缺失的比例，以及生育二胎带来的成本与产生的收益之间的权衡等。如果这种必要性和正当性得到证实，那么其他地区未对此进行类似的规定则显然不合理；反之，若证明这种权

利的赋予是不必要的，则个别地区的这些规定也就是不合理的了。简言之，无论这种特殊规定合理与否，地区的差异性并不成为对特殊行业从业人员进行区别对待的理由。

2. 社会抚养费政策

对计划外生育者征收社会抚养费，这是首先从地方性实践开始的。1995年8月，以国务院新闻办发表的《中国的计划生育》白皮书指出："对多生育子女的家庭，则征收一定数额的社会抚养费，这样做既是对多生育子女行为的限制，也是多生育子女者给予社会的一种补偿。"2000年3月2日，中共中央、国务院作出了《关于加强人口与计划生育工作稳定低生育水平的决定》（中发［2000］8号），提出建立社会抚养费制度，即对于不符合法定条件生育子女的公民依法征收社会抚养费，以适当补偿因此所增加的社会公共投入；同年9月，财政部、国家发展计划委、国家计生委联合发出通知，决定将目前使用的"计划外生育费"名称变更为"社会抚养费"，并要求各地抓紧履行名称变更的法律程序。2002年《人口与计划生育法》第41条肯定了"社会抚养费"制度，同时实施的还有《社会抚养费征收管理办法》。此外，各省级人民政府相继出台了《社会抚养费征收管理办法》，省级以下人民政府也制定了相关的规范性文件。

（1）征收的正当性遭遇质疑。关于社会抚养费的性质，理论上有两种意见：一是行政收费，一是行政罚款（行政处罚）。笔者支持前一种意见，社会抚养费的性质是不符合法律、法规规定条件生育子女的公民对社会相应增加的社会事业公共投入给予补偿的行政性收费，从2001年社会抚养费已被列入财政部、国家计委公布的全国行政事业性收费项目目录可见一斑；它不同于属于行政处罚的范畴的"超生罚款"。其重点不是惩戒其未依法履行相应义务的行为，而是基于对因此加重社会公共负担的一种补偿。即使是"补偿"，社会抚养费的缴纳对公民来说仍然是一种"必须为"的负向调节机制，而这只"调节之手"便是公权力，通过对违反计划生育规定而生育的公民强制征收社会抚养费来对人口进行"调节"。

在现代国家，公权力对社会生活的调节本无可厚非，但并不是社会生活的每个领域都需要公权力进行干预，更重要的是，公权力的干预程度在不同的领域并不应当完全相同。对于生育活动来说，涉及公民的基本人权，当前公权力的干预色彩应当淡化，通过征收社会抚养费这种方法实际上存在着许多问题，具体便体现在社会抚养费制度中的各项内容中，例如，在征收条件方面，对于未到法定婚龄生育的、非婚生育的或符合规定生育第二个孩子的条件、但未达到生育间隔或未经批准发给《二孩生育证》而生育的，是否应当"一刀切"，都一律征收社会抚养费？实际上，对于未到法定婚龄生育的，可以责成他们首先补办婚姻登记手续（当然有的可能也未必就能结婚）；如果生育子女的数量符合其补办结婚登记手续后规定的子女数量，则不应征收社会抚养费。对于本可生育第二个孩子，只因未达到生育间隔时间或未获《二孩生育证》而生育的，也不应征收社会抚养费。因为以上情形并未引起所谓社会公共投入的增加，所以也就谈不上对他们征收所谓社会抚养费。

公权力的过度干预所带来的是相关政策的执行问题，这便是造成下文所述"征收难"困境的重要原因之一。实际上，对于生育这种涉及基本人权的活动，应当给予公民更多的自主决定权，正如国际文件中所说，培养其"自由负责"的生育意识，这种责任意识的培养固然需要公权力进行一定的调节和引导，但公权力的调节和引导应当仅限于通过利益导向机制对公民的生育活动进行正向激励。正如《中华人民共和国人口与发展报告》中所言："政府制定的有关的社会经济政策应有助于鼓励人们晚婚晚育、少生优生"。由此，生育活动才会得到良性发展，人口的数量、比例、质量等才可能达至最佳状态。

（2）征收条件和标准不一。《社会抚养费征收管理办法》第三条第二款规定："社会抚养费的征收标准，分别以当地城镇居民年人均可支配收入和农村居民年人均纯收入为计征的参考基本标准，结合当事人的实际收入水平和不符合法律、法规规定生育子女的情节，确定征收数额。社会抚养费的具体征收标准由省、自治区、直辖市规定。"据此，各地纷纷制定了社会抚养费的具体征收标准，但是各地的立法却大相径庭。

从征收社会抚养费的一般性标准来看，各地的规定存在差异。大多数地区采取"一孩半"政策，即原则上城市居民生育一胎，对于第一胎为女孩的农村居民而言，则可以生育第二胎；个别地区采取"一孩"政策，如四川；还有之前的广东采取的是"二孩"政策；至于西藏地区，由于缺少地方性法规和地方政府规章等对计划生育进行规定，因此在实际上农牧区藏民的生育数量是不受到限制的。可见，由于各地对于生育数量的一般性规定不同，导致社会抚养费的征收标准在实际上的不一致。

从更为具体的层面来看，在社会抚养费的征收基数方面，各省区条例采用的基本上是上一年的城镇居民人均年可支配收入和农村居民人均年纯收入这一静态指标，浙江等一些省区条例还对收入无法确定者和收入较高者作出特别规定，但是均为静态指标。黑龙江省等条例则未说明基数，广西壮族自治区则只对社会抚养费作出原则规定。另外，有定额（上海、云南、海南等）、夫妻双方收入之和的一定比例与累计征收年限之积等做法。

在具体计算模式上，各省市社会抚养费征收的基本模式大体有三种：第一，一定的收入核定基数×计征倍数，这种模式较为多见。其中，收入核定基数多数因城镇、农村的地域差异以及市、县、乡的级别差异而排列组合成了6种不同的标准；重庆等四省市按当地城镇居民年人均可支配收入和农村居民年人均纯收入为计征标准，收入超过当地平均水平的，按实际收入为计征基数；安徽则按双方实际年总收入之和。在计征倍数上各地差异极大，对于夫妻违反计划生育的处理尤甚。违法生育一个子女的，计征倍数在基数的1～10倍之间；违法生育两个子女的，有规定逐胎翻倍的，也有规定高于违法生育一个子女的一定幅度的倍数的，也有规定在违法生育一个子女的计征倍数上增加某一个具体倍数的。第二，夫妻双方年总收入×计征年份，山西省规定违法生育一个或者两个子女的，分别按夫妻双方总收入的一定比例（20%或者40%）计征（7年或者14年），且不得低于一定下限（5000元或者20000元）。第三，一定幅度的定额，只有黑龙江省的条例对各种违法生育行为均规定了具有上限和下限的明确额度。

这些征收标准的不一致带来的结果之一便是人口向有利于自身生育数量意愿的地区流动，使按征收标准计算出的征收数额较高地区的社会抚养费的征收变得困难。

（3）实际征收难。在国内学界关于社会抚养费的讨论中，焦点即为"征收难"问题。河南省的一个跨市调查显示，征收到位率平均只有63%左右，15个乡镇没有一例征收到位的。更有实务工作者认为，随着国家法制建设进程的不断加快，市场经济体制的不断完善，各项改革措施的不断深化，计划生育依法行政工作不断规范，行政手段逐渐弱化，社会抚养费征收的难度愈来愈大。从1998年起，福建省社会抚养费征收到位率一直在50%左右徘徊。在司法实践中，因为征收社会抚养费而发生的行政纠纷也很多。

3. 对违反法律、法规生育者的行政处分

《人口与计划生育法》第四十二条规定："按照本法第四十一条规定缴纳社会抚养费的人员，是国家工作人员的，还应当依法给予行政处分"。各地方性法规也大多对违反计划生育规定的国家工作人员规定了行政处分，有些地方还进行了进一步细化，如河北省和河南省政府的《国家行政机关工作人员违反计划生育行政处分规定》，甘肃省纪律检查委员会的《关于共产党员和国家机关工作人员违反计划生育法律法规和政策纪律处分的暂行规定》。此外，2007年实行的《行政机关公务员处分条例》第三十三条规定："违反规定超计划生育的，给予降级或者撤职处分；情节严重的，给予开除处分"。

首先，从现有规定来看，对计划生育活动中国家工作人员予以行政处分，一般分为两种情况，一种是与国家工作人员履行职责的行为有关的，例如计划生育工作人员在工作中滥用职权、玩忽职守，另一种是与国家工作人员履行职责的行为无关、单纯作为普通公民所作出的行为，例如违反计划生育规定超生子女，即这里所探讨的。笔者认为，对前一种行为予以行政处分无可厚非，对后一种行为予以行政处分的正当性是值得探讨的：第一，这种情形实际上使违反计划生育规定超生子女的国家工作人员承担了缴纳社会抚养费和受到行政处分的双重责任，与"一事不再罚"的理念相违背。第二，这种情形使违反计划生育规定超生子女的国家工作人员和普通公民受到了区别对待，而这种区别对待得以正当化的理由似乎只能在于建立与维护国家机关工作人员的"榜样作用"，而生育权作为公民的一项基本权利，是否足以因这"榜样作用"而使公民受到区别对待？第三，这种情形下的行政处分实质有侵犯国家工作人员劳动权的嫌疑（特别是"开除"这种情形），在生育权这一基本人权受到区别对待的同时，作为另一基本人权的劳动权又受到侵犯，其正当性就更易受到置疑了。

其次，即使上述第二种情形是正当的，在不同国家工作人员之间所存在的区别对待的正当性是更值得怀疑的，最明显的莫过于不同地方性法规对违反计划生育规定超计划生育的国家工作人员在相同情况下予以不同行政处分的规定。例如，对于非婚生育的，安徽省规定给予记过处分，广西壮族自治区则规定给予开除处分。

最后，对于对违反计划生育规定超计划生育的国家工作人员予以行政处分，不同地区的地方性法规也存在着具体办法不一的问题。例如，有些地方性法规只是概括规定了对违反计划生育规定超计划生育的国家工作人员予以行政处分，无形中使执行机关有了滥用裁量权的可能，如吉林省、广东省、福建省的规定。此外，即使是规定了具体处分种类，不同地域的地方性法规也并不统一，如河南省规定"给予记大过以上行政处分直至开除公职",同时,"对于生育三个以上子女的,开除男女双方的公职",湖南省规定"给予降级、撤职直至开除的行政处分",江西省规定"给予撤职、开除的处分",辽宁省则规定得相对比较全面,"根据违法情节严重程度,按照人事管理权限分别给予警告、记过、记大过、降级、撤职、开除的行政处分"。《行政机关公务员处分条例》(简称《条例》)规定了"降级、撤职和开除处分",作为上位法,无疑可以对各地方性法规起到统一指导作用,但是,对于情节轻微的行为,是否必须予以降级或降级以上的行政处分,还是值得进一步研究的;退一步而言,即使《条例》实现了"罪罚相当",其对于行政机关以外的国家机关工作人员的违反计划生育的行政处分仍然缺乏约束力。

(二)困境的主要成因:生育政策制定过程中科学性与民主性的不足

从上述介绍可知,生育政策,无论是体现为立法机关的立法,行政决策,还是单纯性的党的政策性文件等,进入公众视野的只是上述表达形式这一"结果",公众往往对这一形式及其内容的形成过程知之甚少。而在现代法治国家,对过程和程序的重要性(无论是其本身还是对结果的意义)所达成的共识已经毋庸置疑,这里所要探讨的是作为一项公共政策的生育政策在形成过程中的科学性和民主性不足的问题。所谓科学性,强调的是一种专业化和理性化;所谓民主性,强调的是一种公众性和多样性。

上述问题很大程度上就与政策制定过程中缺乏科学性和民主性有关。

在科学性方面,首先,是否需要制定公共政策对生育子女的数量进行人为限制?其次,如果需要限制,那么应当如何限制?前一问题涉及对人口发展规律和社会资源承受能力等的考量,同时需要对公共政策对人们行为的激励作用进行研究:如果人口的发展会对社会环境资源等造成过重的压力,那么无疑需要对人口数量进行限制。如果利用公共政策进行的人为限制对个人行为产生了正面的影响,即达到了政策预期且给个人造成的成本没有超过政策的收益,那么公共政策对个人生育行为的限制就是具有合理性的;相反,如果影响是负面的,没有达到政策预期,或者对个人造成的成本远远大于政策的收益,那么这种人为限制无疑就是不合理的。后一问题则涉及更为具体的科学研究:如生育数量的确定需要人口学、经济学等专业领域的科学知识,近年来逐渐强烈的"二胎政策"呼声中专家们的声音就体现了这一点——随着人口转变的急速推进和社会经济的深刻转型,现行生育政策引起了人口学家(冯立天等,1999;乔晓春,1999;张纯元,2000;李建新、李小平等,2002;叶文振,2002;梁中堂,2003;曾毅,2006)的热烈讨论和经济学家(林毅夫,2003)的关注。针对21世纪的人口发展,有的研究对中国生育政策的演变轨迹进行回顾以期悟出未来走势;有的通过国外经验的借鉴,以中国人口转变为背景,结合储蓄、消费和其他经济社会效应的分析,引申出调整现行生育政策的必要;有的研究通过1990年以来生育水平的评估或未来人口发展不同方案的比较(郭志刚,2004;王金营,2004;张广宇、原新,2004),直接或委婉地提出调整现行政策。与此同时,也有学者主张长期保持现行生育政策不变,甚至主张实行更加严厉的生育政策。再如,生育二胎的具体执行条件需要建立在对本地区人口的历史和发展、人口普查与统计等专业知识的基础上,社会抚养费的征收标准、计算方法的设置需要建立在对本地区居民收入、抚养子女成本、对激励措施的反应等专业分析的基础上，这些，都需要人口学家、社会学家、经济学家、历史学家、法学家等各领域专家的通力合作，在实地调研的基础上结合理论分析和预测。而且，建立于此的政策才会具有更大的稳定性，才不会出现某些地方性法规频繁修改的情况。

在民主性方面，同样，上述"二胎政策"的呼声中民众的声音更是表明了公众意愿的重要性——根据2001年全国计划生育/生殖健康抽样调查，"平均每个育龄妇女希望生育1.70个孩子，农村和城市妇女分别为1.79个和1.43个；在希望生两个孩子的妇女中，79.8%的人想要一儿一女，中部地区人们'儿女双全'的愿望更加强烈；城镇只有一个女儿的妇女，41.3%的人希望再生育一个男孩"。具体层面上，根据"21世纪中国生育政策研究"课题组对全国实行二孩政策地区共八百万人进行的调研报告来看，群众对"二孩政策"普遍持赞成态度。例如，在唐山农村，从总体样本中关于意愿生育子女的分析可知，意愿生育子女数为2个的为177人，占总体样本的56.37%；意愿生育子女数为3个以上的为8人，占总体样本的2.55%；其中，在实施"二孩政策"的河北迁西，调查对象中有90%以上的人都认为"二孩"生育政策很好，他们认为"二孩"生育政策下个人有选择的自由，这种生育政策符合实际：一方面对第一胎是男孩和女孩的家庭一视同仁，另一方面也满足了大多数群众想生育两个孩子的意愿；而在对实施"一孩半政策"的乐亭和玉田两个地区关于是否希望生育政策调整为"二孩"生育政策的调查中，综合两地的情况来看，共有56.08%的人希望生育政策能够调整为"二孩"生育政策。在对承德地区生育意愿的调查中，被调查者人认为理想孩子数为2孩的比例占70.30%，邯郸地区情况类似，相比而言，理想孩子数为2孩的比例比承德地区高13个百分点，达到83.83%。在与山西翼城和甘肃酒泉各村育龄妇女和基层计划生育专干就生育政策试点进行的座谈中，群众普遍希望政府允许农民生两个孩子，并一致赞誉当地的"二孩政策"，认为其符合大家的愿望，比其他地方的政策要好，翼城的妇女更是把"两晚一间隔"的生育政策称为"爱民政策"。而人们在分析超生情况多、社会抚养费征收难这一现象时，指出的重要原因之一往往是公众的法律意识不强，其实，换一个角度看，也许是因为生育政策的具体内容不能被公众所真正接受，缺乏认同感的政策当然缺乏足够的拘束力和执行力。而认同感和接受度来源于政策是否真正反映了被约束主体的意愿和利益，或者说，是否在政策所允许的范围内使利益主体的利益达到了最大化；退一步而言，是否通过参与使公众本身获得一种归属感和被认同感。实践中的调查更是证实了这一点。例如，在对山西翼城和甘肃酒泉的调查中，两地乡村干部普遍反映，两地的生育政策与群众的生育意愿接近，容易得到群众的理解和支持；现在计划生育不再是"天下第一难"了。人口专家顾宝昌、刘鸿雁总结道："二孩政策"更接近群众的生育意愿，更能得到群众的配合，起到了"群众拥护、干部好做工作"的作用，改善了干群关系；在群众生育的数量需求高于政策规定的标准时，政策对生育数量的限制越严格，或者说政策规定与群众的生育需求差距越大，群众就越难以接受政策的规定，因而在政策的实施过程中干部的工作越难做，而"二孩政策"相对于"一孩半"政策显然更接近群众的意愿，更能被群众接受。

此外，值得注意的是，随着法治化的进程，国家公共政策已经越来越纳入规范化的轨道，生育政策的表达形式也已经从党的政策性文件向立法机关的立法、行政决策（主要是行政立法、行政计划等抽象行政行为）过渡，今后的趋势也是逐渐用立法与行政决策来作为生育政策的表达形式，因此，这里以及下文所要讨论的生育政策制定和调整过程中的科学性和民主性问题也主要聚焦于这两大类表达形式。

综上，笔者认为，要解决生育政策所面临的问题，从过程切入是一个重要的视角，下文便主要从生育政策制定和调整过程中的科学性和民主性这两个方面着重进行分析。

三、生育政策制定和调整中的"科学性"分析

（一）专家参与的理由与作用

公共政策的作出包含事实问题和价值问题两方面。事实问题主要是指对政策所涉及的相关事实进行专业性和技术性的评估、分析，为价值选择提供基础，同时，在价值选择确定的前提下，对于价值实现的手段选择和方案优化，又需要知识和技术的支持。一般认为，在价值选择方面，应当鼓励多元主体参与（这在下文会进一步详述），而在事实问题方面，专家则通常具有更大的优势。

"专家理性模型"最早出现在美国行政法上，20世纪30年代，该模型成为了解释公共决策正当性的框架。在该模型中，行政机关要努力模仿一个全知全能的立法者，把握现状并预知未来，在此基础上作出理性的安排。该模式按以下几个步骤展开：决定者将其要追求的目标具体化——认定所有达到其目标的手段——评估每种方法实现目标的有效程度——挑选能最大限度实现目标的方案。可见，行政法领域对专家理性的要求很大程度上是对权力机关立法领域这种要求的模仿和延伸。因此，无论是权力机关的立法还是行政机关的行政决策，都离不开专家的参与。

具体来说，专家参与给公共决策带来的科学性和理性主要通过以下两方面来体现。

1. 专业性

随着社会的发展，很多问题愈趋复杂，从广度上来说，涉及众多学科知识，从深度上来说，则更加精细化。以社会问题的解决为目标的公共政策的制定与调整就必然离不开这些学科专业性知识和技术的支持。

一般来说，政策制定者并没有充分的时间和精力去处理复杂的政策决策问题。当他们希望了解问题的各种信息并需要知道过去政策的成本和收益时，思想库的研究与咨询有了需求和市场。在美国，早期就设立了咨询委员会，以促进决策的优化；二战后，咨询委员会的数量与影响与日俱增；1972年通过了《联邦咨询委员会法》，保证各种形式的专家咨询机构建议的客观性。在我国，专家咨询制度的建立也反映出政府对专家理性化资源的需求：温家宝总理在第十届全国人民代表大会第二次会议上所作的《政府工作报告》中，强调将"公众参与、专家论证和政府决策相结合"，以"保证决策的科学性和正确性"。2004年国务院颁发的《全面推进依法行政实施纲要》指出要"建立健全科学民主决策机制"，"建立健全公众参与、专家论证和政府决定相结合的行政决策机制"，在政府立法方面"实行立法工作者、实际

工作者和专家学者三结合，建立健全专家咨询论证制度"。这种对决策优化及正确性的强调，都是建立在专家"专业性"的基础上的，无论是广度上还是深度上的复杂性，问题的解决都离不开知识的力量。

从古至今，生育作为人类最基本的一项社会活动，与个人、民族、国家的发展可谓息息相关，很多社会问题都以之为基础。例如，性别失衡、老龄化、就业压力、经济发展、资源短缺问题等。因此，生育政策的制定和调整涉及的专业知识内容十分丰富，需要多学科的综合和交叉，需要多领域的专家共同参与，通力合作：需要人口学家对人口发展规律的考察，医学家对生育问题的分析，环境学家对资源消耗状况的把握，社会学家对人口与社会问题的调研，经济学家对人口与经济发展的评估，法学家对生育所涉之权利义务的平衡，等等。

无论是生育政策中哪一方面内容的确定，都不是一个领域的专家所能完全掌控或代替的。例如，在确定合理的生育数量方面，一方面涉及环境资源、经济和社会的承受能力，另一方面涉及人口本身发展的规律，包括历史、现状和对未来的预测，同时，也涉及许多社会文化因素，如生育观念、宗教等。综合这些方面的因素，最终确定符合人口自身发展规律的、与环境、经济和社会发展相适应的、同时又不与普遍生育观念和宗教观念相冲突的合理的生育数量，并且随着相关因素的变化发展而进行一定的调整。在确定社会抚养费方面，一方面涉及社会对个人发展所要承担的成本估算，另一方面也涉及何种利益导向机制能对经济理性人产生最大的激励——这又与建立在普遍生育观念基础上的个人成本收益分析的结果有关。因此，对与生育政策不符的行为如何进行调整（采取奖励还是惩罚，到何种程度等）需要在对上述一系列因素进行综合分析的基础上作出。同时，在法治社会，无论是何种政策的制定，都需要考虑到其在整个法治语境中的定位，例如，生育数量的确定是否会侵犯公民的基本权利和自由，社会抚养费的确定与执行是否会给予国家机关过多的权力或权力滥用的机会，等等。

2. 中立性

在公共政策的制定和调整过程中，传统上最主要的主体无疑是国家——立法机关或行政机关，随着公共参与的兴起，公众的作用也日益凸显。在这种框架中，涉及的利益是多方面的：作为利益相关者的公众，其中各个个体或组织在利益诉求上可能是多样化的；作为最终作出公共决策的国家，是代表着"公共利益"的（至少在名义上如此）。而专家作为上述两方主体之外的另一方主体，被假定是不代表任何利益的，或者说，是"科学"的代表，"科学"的内容本身是客观的，是不包含任何利益诉求等主观因素的。

如上所述，专家所要解决的是事实问题，具体来说，事实问题主要是科学问题，其本身就是客观的，换言之，并不会因为任何主观因素的影响而有利益或价值性倾向。科学的这种客观性是理性的前提，"科学是狂热和迷信之毒最好的解毒剂"，它能够纠正任何派别的狂热或迷信的误导。

生育问题所涉及的专业性的科学知识是多方面的，因此所涉及的专家也是多领域的。然而，这些专家只是代表了其所在专业领域的科学知识，这些知识之间并不存在着利益冲突和价值选择问题，所存在的只是相互之间的综合、渗透，因此，各专家的职责是将各领域的相关知识呈现在政策制定和调整的过程中，为价值选择提供基础，同时在价值选择确定后利用最优的科学方法达至选择的目标。

（二）专家参与可能面临的问题

上述专业性与中立性是理想状况下对专家参与之作用的表达。然而，在现实情况下，这种专业性与中立性的实现很有可能面临着一系列问题。

1. 专业性可能面临的问题

科学知识作为一种意识，本质上是人脑对物质的反映，由于客观环境、认识能力等的影响，这种意识是不可能完全反映客观规律的，因此，科学知识本身总是存在着局限性。"政策制定者通常要对重要问题进行权衡和作出决定，尽管我们对特定问题的科学性理解总是存在着不可避免的不确定性。科学从来不能给出所有答案。"例如，对人口发展规律的认识是否真正反映了这种客观规律本身是没有确定答案的，即使这种认识是正确的，按照这种规律对未来人口发展的预测是否会因为预测手段等的误差而产生错误？即使对人口发展的预测是准确的，在确定其对环境、经济和社会发展造成的压力时，对分析这一问题所仰赖的基础（即人口与环境、经济和社会发展之间的关系）的认识是否符合客观规律，也是需要实践来检验的，而非在政策确定时就能保证其完全正确性的。

除了科学知识作为一个整体所具有的局限性，专家个人知识的有限性也是影响专业性得到充分发挥的重要因素。诚然，与公众以及一般行政官员相比，专家在某一领域的知识上处于优势地位，但其并不占有全部知识，同一领域的不同专家因为占有的知识不同而极有可能对同一个问题作出不同的事实判断。例如，对于20年后的环境资源能否承受人口压力这一问题：首先，具有不同知识构成的人口学家对于人口过剩还是人口红利有着不同的答案；其次，即使是在主张人口过剩的专家中，具有不同知识构成的环境学专家基于对环境资源的不同认识，也可能会做出完全相反的结论。

2. 中立性可能面临的问题

上述中立性的论述是建立在专家仅作为科学的"代表"这一理想情境下而作出的。然而，在现实中，专家却极有可能代表了某种利益或价值倾向。

首先，专家作为普通的个人，本身必然是具有自己的利益和一定的价值倾向的。而当政策所涉及的问题与其利益或价值倾向具有特定联系或特殊偏好时，这种利益偏好和价值偏好便会渗透进政策的制定和调整过程中，并在结果中得以反映。此时，专家所做的工作不再是判断事实问题和提供专业知识，而是介入了价值选择和利益取舍。例如，如果某个参与生育政策制定过程的经济学家本身无论是由于家庭传统观念的影响、宗教信仰的影响还是自身需要的影响等，对不受限制的生育数量具有很强烈的偏好性，那么，在权衡对生育数量进行限制的利益导向机制从公民个体角度进行成本收益分析的时候，其极有可能赋予公民违反生育数量限制而获得的收益以更多的权重，从而使事实判断在一定程度上融入了其个人主观偏好的因素。

其次，即使专家本身能够将自身对生育问题所具有的利益或价值偏好排除在事实判断的过程外，其也可能成为其他利益集团的代表，此即"受雇佣"的专家。"雇主"既可能是最终作出决策的国家，也可能是作为公众的某个利益集团。例如，在前者，作为维护传统生育政策的国家（至少目前如此）所雇用的专家，必然就会使其专业知识的陈述和对事实问题的判断以一种倾向于对生育数量进行较严格控制的内容和方式进行表达；在后者，如果专家被那些渴望宽松生育控制的群体——例如现在被指责在实质上享有超生"特权"的富人、名人——所雇佣，那么其就必然会使作为价值选择基础的事实判断有利于宽松的生育控制。

最后，退一步而言，即使专家自身具有足够的理性和中立性的意识，能够杜绝自身和某一群体的利益和价值偏好的影响，也并非就一定可以如其所愿地防止其对价值问题的介入。因为从客观上来说，事实问题和价值问题的界限会因为问题本身的特殊性或因为人为的控制而被模糊化，从而使专家不可避免地过分介入事实问题之外的范围。例如，将生育数量的确定完全归结为技术性因素，而回避其中的公民生育自由与公共利益之间的权衡。

（三）问题的应对和解决

1. 对专业性所面临之问题的应对和解决

如上所述，专家专业性作用的发挥受到科学知识本身与专家本身的双重限制，而既然人类对真理的探知总是在摸索中不断前进的，终极真理总是不存在的，同时，个体的认知能力也总是有限的，因此，就需要在具有有限知识的个体之间进行协调、合作，使个体知识的综合发挥"$1+1>2$"的作用。

例如，在考虑上述20年后的环境资源能否承受人口压力这一问题时，可以让基于不同知识构成而持有不同观点的专家——不仅是不同领域专家，而且还包括同一领域的专家——进行充分的沟通和对话；将作为论据的各种事实，以及分析这些事实的手段和方法，进行交流，通过比较和讨论，对事实进行进一步考察，对手段和方法进行进一步衡量，从而尽量使各方达成一致；如果无法达成一致，则需要在各种方案中按照一定的标准选择一种，而这一标准则可以事先由各专家通过协商来共同确定——毕竟，对于抽象标准的制定，较具体问题而言，并不会存在由于知识构成之细节方面的不同所引起的冲突，换言之，抽象标准一般并不涉及具体的知识构成。

2. 对中立性所面临之问题的应对和解决

对上述第一种情况而言，要使专家完全摆脱自身利益和价值偏好的影响是不可能的，因此，最可行的办法莫过于选择"回避"，即将与政策所涉问题具有特定联系或特殊偏好的专家排除在政策制定和调整的过程之外。就上文所举例子而言，就必须选择无论在生育观念、宗教信仰上都具有普遍性的专家来进行论证，同时必须保证其本身较常人而言并不具有生育与否的特殊利益。当然，对不具有特定联系或特定偏好的专家的选择本身也可能具有一定的困难，需要按照具体情况进行进一步分析。

对上述第二种情况而言，则需要通过一系列的制度保障来使专家具有独立于国家和某一利益群体的自主性。具体而言，在实体上，必须使专家在经济利益、政治利益、社会利益等方面与这些群体没有联系。例如，专家本身不能兼任国家官员，也不能是某一利益群体的成员；在程序上，专家的选择必须完全脱离于政策所要解决之问题所涉及的国家机关和部门，也必须尽可能独立于所涉及的其他利益群体，例如，可以由一个独立的专家评选委员会按照事先确定的评选标准来选择。

对最后一种情况而言，除了要防止人为的干扰外，最为困难的是如何对待那些本身在客观上就难以划清事实和价值问题界限的情况，而既然在客观上本身就难以划清，要通过"解决问题"这一主观方法来划清似乎就是不可能的了。实际上，在这种情况下，最值得关注的是这种模糊界限所导致的结果：既然难以分清专家是否真正逾越了事实问题的范围，那么，实际上专家完全处于了一种垄断地位，造成了"专家专制"。因此，将专家权力限制在一定范围之内便成为最为可行和有效的解决方法，而这就需要整个体制从制度—结构上进行理性化，为专家权力设定一定边界。

四、生育政策制定和调整中的"民主性"分析

（一）公众参与的理由与作用

古代雅典的公民大会开创了人类对立法公众参与之先河，代议制民主发展起来以后，许多国家为了实践人民主权原则，还建立了直接民主制作为补充。在现代民主国家，公众参与立法是公民普遍和经常行使的一项政治权利，公民不仅通过选举产生国家机关和领导人行使国家权力，还以各种途径和形式直接参与法律的制定和重大事情的决策。在美国，公民直接参与的立法涉及非常广的领域，大到宪法的修改、国家的基本政策，小到子女的抚养和同性婚姻，地方项目建设等，参与的方式也是多种多样，最普遍的为立法听证。在日本，立法听证会先后在国家财政预算、《国旗、国歌法》、《食料、农村、农业基本法》、《环境影响评价法》等领域付诸实施。在我国，公民参与立法的渠道还很不畅通，而公民政治参与的诉求越来越强烈和广泛，中共十六大报告提出要加强公民有序的政治参与，在实践上，公众参与立法逐渐得到发展：例如，《物权法》、《劳动合同法》、《就业促进法》、《个人所得税法》等的制定就积极吸收了公众参与。此外，北京市人大立法过程中的公众参与工作也较为引人注目，其中向社会公开征求意见的有《北京市关于禁止燃放烟花爆竹的规定》、《北京市严格限制养犬规定》、《北京市见义勇为人员奖励和保护条例》、《中关村科技园区条例》、《北京市市容环境卫生条例》、《北京市食品安全条例》等，召开立法听证会的有《北京市实施〈中华人民共和国道路交通安全法〉办法（草案）》和《北京市烟花爆竹安全管理规定（草案）》。除此之外，在学术界，2000年开始，北京大学"人民代表大会与议会研究中心"与美国国家民主研究所合作，进行了一系列旨在推动立法听证制度在中国实施、从而促进立法民主化的活动。

在行政决策领域，传统行政法模式（传送带模式）合法化功能之实现所需的基本条件，在现代行政过程中已经很难得到满足：立法机关对行政机关"概括性授权"使行政机关成为"我们时代的立法者"；自由裁量成为行政过程中最重要的一种权力行使特征；行政的复杂化和专业化，自由裁量的泛滥，司法审查的可得性及有效性受到明显削弱。行政过程由此产生"合法化危机"，而在民主理论和现代"行政国"现实的紧张关系中，通过吸纳各种利益主体对行政过程的有效参与，可以为行政过程及其结果提供合法化资源。

无论是在立法领域还是行政决策领域，公众参与实际上是将价值选择问题交由政策所涉之利益主体，其给公共政策带来的民主性主要通过以下几方面来实现。

1. 利益诉求：公民基本权利与自由

按照社会契约理论，人们创制国家是为了"它能以全部共同的力量来卫护和保障每个结合者的人身和财富"，并且"使得每一个与全体相联合的个人又不过是在服从其本人，并且仍然像以往一样地自由"。当国家的公共政策涉及个体的自由和权利时，国家就有义务通过各项措施使其政策反映出相关利益主体的利益诉求，而要使利益诉求得以反映，最有效的方式莫过于让相关利益主体参与公共政策的形成，对公共政策的作出产生影响。在这种方式中，参与本身这一过程就使公共政策的形成带有了民主性的色彩；而参与过程对最终形成的政策产生影响（即最终反映了所涉主体的利益诉求），就使公共政策的结果带有了民主性的色彩。

生育作为人类社会最基本的活动，究其本质来说，是一项基本权利与自由，是每个个体所自然享有的。因此，生育政策关系到每个个体的切身利益，更精确地来说，关系到每个生育适龄个体的切身利益——无论性别、种族、地位等，生育政策对这些个体的利益诉求的充分反映，是其具有民主性、正当性的重要条件。

每个个体的参与只能在理论上保证涉及公民基本权利和自由的利益诉求得以表达，而在具体操作中，公众参与还需要通过组织化的利益表达方式来实现。

2. 利益表达：组织化

尽管卢梭指出，决策活动中有组织的团体能够使他们的"特殊利益"占上风，从而损害社会平等，这一观念是与其所设想的不存在利益分化的农民组成的小规模社会相一致的。而在现代社会，社会分工程度越来越高，社会利益的分化日益明显，社会呈现出"多样性"，政府决策面临的不是简单地"求同"而是"求异"。而该"异"并非针对每个个体而言，而是针对各个利益群体而言，因此，实质上也可以在一定程度上"求同"，即求得具有相同利益的群体的利益最大化。

然而，同质但分散的利益在利益诉求的表达过程中如果仍采取个体诉求的形式则产生的效果依旧会不理想，因为这些具有相同利益的个体都会产生"搭便车"的心理，即使不存在"搭便车"，这些个体在参与过程中也可能作"布朗运动"（无规则运动），"布朗运动"使得政府面对一大堆分散繁杂的信息（需要集中），而且，这些利益诉求往往会产生相互冲突的情形（需要协调），从而需要耗费巨大的成本（时间和精力）。而如果将具有相同利益诉求的利益主体组织化，则可以将分散的利益诉求予以整合（如公开征求公众意见），将整合后的利益诉求予以过滤，将过滤后有用的利益诉求通过交流和对话予以叠加和协调，最终形成集中、一致和理性的组织化利益诉求，而这种利益诉求可以产生"放大效应"，在公共决策的制定和调整过程中获得更大的"话语权"。

如上所述，生育是每个（生育适龄）个体普遍享有的基本权利与自由，然而，在实践中，每个生育适龄个体是不可能全部直接参与生育政策的制定和调整过程的，其利益需要被代表，而上述所谓"生育是每个（生育适龄）个体普遍享有的基本权利与自由"，具体来说便是要求利益代表的选择必须普遍化，即每个群体都必须得到充分的代表。

（二）公众参与可能面临的问题

1. 利益诉求的反映：程序性规则的缺失

我国公共决策领域对公众参与的引入的规定，早在1996年《行政处罚法》中行政执法部分的听证制度就有所体现；1997年制定的《价格法》中的行政决策部分也进行了规定；2000年《立法法》规定行政法规的起草，应当听取有关机关、组织和公民的意见，听取意见可以采取座谈会、论证会、听证会等多种形式；2002年《环境影响评价法》规定对于规划草案的编制、环境影响报告书的编制等应当举行听证会；2003年《行政许可法》规定对行政许可的设定、行政机关作出行政许可的决定都需要采取听证会形式，并用专节进行了规定；在立法领域，《立法法》规定对列入常务委员会会议议程的法案、行政法规的起草，应当听取意见，听取意见可以采取座谈会、论证会、听证会等多种形式。在实践中，无论是行政决策领域还是立法领域，也多有对公众参与的尝试。然而，由于缺乏必要的、完善的程序规则，致使这种公众参与受到一定程度的限制，即不能使相关主体的利益诉求真正在决策中得到反映，甚至不能使公众从决策过程本身获得真正的参与感。

具体来说，立法听证会的公告与通知、立法听证的范围、立法听证会的发言和记录、立法听证会主持人的规定、参加立法听证的人数及其代表的选定、立法听证的陈述与辩论程序、立法听证会后的法律效果、立法机关对于决策的回应机制，以及舆论媒体在听证活动中的行为规范等，都未有明确、可操作的程序性规范。另外，有些立法听证会的举行，实质上是类似座谈会性质的，而座谈会获取与反映民意的功能是在听证会之下的：座谈会对象内定；邀请这些对象的程序不公开，会议举行也不公开，会议上合理的意见是否得到采纳缺乏公众监督；座谈会不一定能邀请支持和反对法案观点的人同时参加，抗辩性弱；座谈会的意见只是作为立法的参考，征求来的意见是否采纳具有随意性。至于行政决策领域，2008年的《湖南省行政程序规定》可以说提供了较完善的程序性规则，例如规定"公众参与的范围、代表的选择应当保障受影响公众的意见能够获得公平的表达"，"决策承办单位……应当对公众提出的合理意见应当采纳；未予采纳的，应当说明理由。公众意见及采纳情况应向社会公布"，但作为一项地方政府规章，其借鉴范围和影响力有多大或许不是一个可以盲目乐观的问题——特别是对生育政策这种关系整个国家的全局性问题，相关国家机关是否会毫不犹豫地将决策过程纳入这种程序性规则的约束？此外，即使这种完善的程序性规则被借鉴，其在实践中的实施度如何又是一个有待解决的问题。

2. 利益的表达：组织化的困境

将利益诉求通过组织化来进行表达并非是一种完美无缺的方法。

首先，组织化所面临的一个重要问题便是代表的遴选问题，而代表遴选无论从实体上还是程序上来说都并不简单：从实体上来说，一方面要保证代表具有充分的代表性，进一步又涉及如何划分不同利益群体？（即使像生育政策这种涉及公民普遍权利和自由的问题，不同的群体也是存在着不同的利益的，例如农村与城市居民基于经济情况不同而在抚养后代的能力上也不同，从而可能对生育数量采取不同的态度，即便是同一态度也会存在程度差异）按照何标准对不同的群体进行代表名额的分配？另一方面要保证代表具有足够的代表能力，而这两方面在某种程度上存在着紧张关系，需要进行平衡与协调。从程序上来说，对代表的遴选是自上而下还是自下而上？如何保证遴选过程的透明性。

其次，对不同利益主体而言，组织化所需要的资源、组织的成本、组织的效率甚至组织的能力都存在很大的差别，其结果是，对不同的利益主体而言，虽然他们或多或少都会存在走向"组织化"的需求，但并不是所有的利益主体都能达到相同的组织化的程度，社会中必然存在"利益组织化程度不均衡"态势。参与者在组织化程度上的巨大差别，导致了政府决策过程的参与所面临的一种"参与的不均衡"，这无疑会对不同利益群体的"话语权"大小产生重要影响。

最后，如果个体从"组织化"异化成"聚众化"，即分散的个体"集合"（而非"结合"）起来，构成原子化个体的集合。聚众中的个体的人丧失了独立的、理性行动的能力，其行为主要受到脑下垂体的控制，在情绪的支配下，既有可能做出英雄之举，也有可能残暴无情。个体的"聚众化"，就有可能导致非理性的、非制度化的行动。这些行动在情绪的支配下往往偏离行动的初始目标，而且很难得到控制，具有很大的破坏性。正如勒庞在其《乌合之众》一书中指出的，作为个体的人是理性的、有教养的、有独立性的，但是随着聚众密度的增大，身处其中的个体的思维和行动方式将渐趋一致，变得越来越情绪化和非理性。

（三）问题的应对和解决

1. 对程序性规则缺失的应对和解决

首先，在规范层面上完善对程序规则的保障。在立法领域，通过法律、法规等对《立法法》中的笼统规定予以细化；同时，明确听证会、座谈会、论证会所适用的不同问题。例如，对于与公民息息相关的问题，就需要参与程度较高的听证会，对于更多需要国家从整体、宏观层面进行把握的问题，可以适当采取座谈会的方式。在行政决策领域，《湖南省行政程序规定》无疑应当充分发挥作用，其对行政决策程序的详细规定可以为其他范围、领域内的行政决策所借鉴。

其次，最为关键的是在实践层面上落实程序性规则。一方面，当然需要提高国家机关工作人员和公民的程序性意识，不仅要明确程序对结果的重要作用，更要明确程序本身所具有的特别意义和独立价值。另一方面，可以对违反程序性规则的行为规定相应的法律责任，例如，对于公众提出的意见不采纳又不说明理由的，可以要求相关人员承担重新说明理由的责任，或者承担行政决策相关部分无效的后果。

2. 对组织化困境的应对和解决

代表的遴选、对组织化程度的平衡、对组织化异化为"聚众化"的防范，所要寻求的都是如何在公共决策的制定和调整过程中采取适当的"代议制"的问题：选择那些能最广泛代表不同利益群体的代表并且保证其代表能力，保证每个群体及其代表都有充分的参与能力，同时避免打着"组织化"的旗号、但实质只是"个体简单叠加"的非制度化的"聚众"形式。而如何保证一个切实有效的"代议制"，从来就是一个复杂的问题，从直接民主到间接民主，本身在某种程度上就是一个不得已而为之的选择。

因此，组织化困境的应对和解决方法难以一言蔽之，在此仅提出一些大致的建议：对于代表的遴选，一般来说宜采取"自下而上"的模式，以保证代表的自愿性，并且不会在实质上受到"上"的控制，同时，这种模式也可以保证遴选程序的透明性，至于广泛性与代表能力的矛盾，应在前者得以保证的基础上考虑后者。对于组织化程度不均衡、利益群体能力差异大的问题，需要外力对于组织化程度弱、资源等匮乏的群体进行支持，而这种外力应由公共政策制定者之外的主体来担任，防止政策制定者出于自身利益考虑，打着"支持弱者"的旗号支持与自身利益一致的群体，而无论该群体实质上组织化能力、资源等是否强大。对于"组织化"的异化，则需要对"组织化"的方法进行制度化和法律化，让组织化的路径更为畅通，换言之，实质上还需要使表达利益诉求的渠道更加完善，避免寻求组织化不成而诉诸非理性的"聚众化"。

五、结语：生育政策制定与调整中过程论分析视角的引入

生育政策早已不是一个新鲜的话题，各种关于生育政策的表达形式——立法、行政决策、党的政策性文件——早已充斥了人们的视野，而生育政策本身在实施和执行的过程中问题不断，对生育政策的争论和质疑也从来没有停止过。究其原因，很大程度上便在于生育政策制定与调整中对"过程"的忽视：生育政策关系到公民生育权这一基本权利和自由，但公民对于这一于己如此重要的公共决策，所能做的只是面对与接受"已成定局"的立法、行政决策、党的规范性文件这些作为结果的表达形式，至于其如何形成则完全无能为力。

这种生育政策制定与调整过程中过程论分析视角的缺失，使得政策的形成很大程度上只是一种"自上而下"的路径，在这种路径中很难保证政策的科学性与民主性。诚然，其中也许会有专家的参与，但这种专家一般只是"上"之代言人，为"上"所"雇佣"，丧失应有的中立性，从而使基于客观性的科学性难以保证；至于公众的参与，这种路径中即使存在，如上文所述，更多的也是受到"上"之控制的参与，缺乏充分的自主性与透明性。因此，生育政策的制定与调整急需引进过程论的分析视角，并且是一种"自下而上"的模式，唯其如此，现行生育政策所存在的问题及对其的争论才可以真正解决，例如，什么样的生育数量为宜，再婚夫妇的生育自由如何被（实质地）平等保护，对于生育行为的调节应当采取怎样的利益导向机制，等等。

实际上，在立法领域，国外公众参与立法的实践早已为我们提供了借鉴，而我国也逐渐在各种立法听证会中积累着自己的经验；至于行政决策领域，对过程的日益重视更是获得了普遍认可，行政处罚领域、价格调整领域、环境影响评估领域、城市规划领域等的实践都已积累了足够的经验。作为与公民基本权利与自由密切相关的生育政策领域，对科学性与民主性的渴望甚至应当甚于其他大多数决策领域，但实质上却是最缺乏这种实践的领域；无论这种缺乏是惯性使然还是慎重使然，在这个公共决策早已不是国家之一力可以承担、公共决策早已不可以一系列单纯之表达形式为公众所接受的时代，对过程论分析视角的引入，对科学性与民主性的渴望，远非为时过早的话题了。其他公共决策领域的经验无疑可以提供很多借鉴，而上文所述的在寻求科学性与民主性时可能遇到的一系列问题只是实践过程中不可避免的现实，其解决远非一朝一夕可以完成的课题，需要很多配套制度的合作与实践的不断检验，但无论如何不应也不会导致"因噎废食"。

例如，若按照 A 地区征收标准计算出的征收数额比 B 地区低，那么，对于居住

地在 A 地区的人口来说，其极易于向 B 地区流动，从而使 A 地区（流出地）对这些人口的社会抚养费征收难；对于原居住地在 B 地区而在 A 地区生活（如打工等）的人口来说，其极易于向 B 地区流动，从而也使 A 地区（流入地）对这些人口的社会抚养费征收难。

的确，这一问题已经涉及政策制定后的执行效果，而本文的主题在于政策的制定和调整；但笔者认为，对政策制定和调整这一"过程"的研究，并不能忽视其执行效果这一"结果"的探讨，从"结果"入手，可以从更现实的角度来反思"过程"。因此，这里将执行效果问题纳入"生育政策所面临挑战"的讨论范围。

虽然，从国家工作人员所具有的"普通公民"与"国家工作人员"这一双重身份，以及规范执行的角度来看，"一事不再罚"初看具有一定的道理，但是，仔细考量，上述两种理由并不构成对国家工作人员之生育权进行区别对待的基础，这也就是下述理由所要进一步阐明的。

参考文献

福建省人口计生委政法处. 以强制执行为突破口全面推进社会抚养费征收工作. 人口与计划生育, 2005, (5).

http://vip.chinalawinfo.com, 2009 年 7 月 12 日访问.

乔晓春. 关于 21 世纪中国生育政策研究的思考. 人口研究, 1999, (2).

翟振武, 李小平, 李建新, 等. 中国人口数量：究竟多少亿才合适?. 人口研究, 2002, (4).

叶文振. 数量控制：21 世纪中国人口生育政策导向. 市场与人口分析, 2002, (8).

梁中堂. 20 世纪末中国大陆人口总量和妇女生育率水平研究. 中国人口科学, 2003, (4).

林毅夫. 人口老龄化及对我国人口政策的思考. http://business.sohu.com, 2009-07-05.

郭志刚. 对中国 1990 年代生育水平的研究与讨论. 人口研究, 2004, (2).

王金营. 中国 1990—2000 年乡城人口转移年龄模式及其变迁. 人口研究, 2004, (5).

张广宇, 原新. 对 1990 年代出生漏报和生育水平估计问题的思考. 人口研究, 2004, (2).

李通屏, 郭继远. 中国人口转变与人口政策的演变. 市场与人口分析, 2007, (1).

中国社科院. 2006 年人口与劳动问题报告. http://www.china.com.cn, 2009-08-05.

顾宝昌, 王丰. 八百万人的实践——来自二孩生育政策地区的调研报告. 社会科学文献出版社, 2009.

薛天良. 试析社会抚养费征收实践中存在的问题及对策. 人口与计划生育, 2003, (5).

姚瑛. 当前社会抚养费征收的困难与出路. 人口与计划生育, 2005, (8).

王锡锌. 公众参与和行政过程——一个理念和制度分析的框架. 中国民主法制出版社, 2007: 185.

朱旭峰. 司长策国论：中国政策决策过程的科层结构与政策专家参与. 公共管理评论，

2008,(5).

王锡锌. 我国公共决策专家咨询制度的悖论及其克服——以美国《联邦咨询委员会法》为借鉴. 法商研究,2007,(2).

http://news. xinhuanet. com,2009 - 07 - 05.

E. Donald Elliott, "Science in the Regulatory Process: Strengthening Science's Voice at EPA", 66 *Law & Contemp.* Prob. 45, Fall, 2003.

http://unpan1. un. org,2009 - 08 - 05.

万其刚. 立法的民主化和公众参与立法. 理论前沿,1999,(2).

蔡定剑. 国外公众参与立法. 法律出版社,2005:1 - 2,160 - 162.

[法]卢梭. 社会契约论. 何兆武,译. 商务印书馆,2003,3,(3):19.

陈家刚. 程序民主的实践——中国地方立法听证规则的比较研究. 南京社会科学,2004,(3).

黄信瑜. 从程序正义的视角看我国立法听证制度的实践. 法学杂志,2008,(4).

湛中乐. 现代行政过程论——法治理念、原则与制度[M]. 北京大学出版社,20056,(1).

谢明编. 公共政策导论[M]. 中国人民大学出版社,2008.

彭云. 中国计划生育全书[M]. 中国人口出版社,1997.

史成礼. 中国计划生育活动史[M]. 新疆人民出版社,1988.

于学军. 中国计划生育政策三十年的回顾与评论. 当代中国人口[J]. 2008,11.

康朝晖. 地方立法关于征收社会抚养费规定分析. 人口与计划生育[J]. 2005,(3).

曹林淇,阎用喜,李合明. 提高社会抚养费征收到位率的实践与思考. 人口与计划生育[J]. 2003,10.

冯立天,马瀛通,冷眸. 50年来中国生育政策演变之历史轨迹. 人口与经济[J]. 1999,2.

曾毅. 试论二孩晚育政策软着陆的必要性与可行性,中国社会科学[J]. 2006,2.

(作者单位：北京大学法学院)

年龄堆积问题的人类学考察

——以阿克苏地区库车县维吾尔族调查为例

王海霞

"年龄堆积"是人口普查年龄数据常见的误差之一，会造成漏报和错报。人口统计学上的所谓"年龄堆积现象"是指由于误报，以某一数字结尾的年龄或某一年龄的人口远远超过以其他数字结尾年龄或其附近年龄的人口，从而使整个人口年龄数字不准确，又称"年龄结"现象。造成这种现象的原因是"数字偏好"，即被调查人倾向于以0或5的数字结尾。

不少学者运用差分法、惠普尔指数、迈耶斯指数和联合国综合性指数，对过去的五次人口普查数据进行检验，发现维吾尔族的年龄堆积现象严重。其中在以"0"、"5"结尾的年龄上有明显的堆积（尤以0为多），误报的区间集中在40~49岁。其中，女性误报年龄的比例多于男性，农村多于城市，南疆多于北疆（喀什、和田和阿克苏三地区尤甚），在18岁、45岁、60岁堆积现象尤为严重。在维吾尔族高龄人口中，年龄误报情况普遍（90%以上），以多报为主（70%以上），多报幅度大（每人每年平均约多报0.56岁以上）。同样，维吾尔族死亡人口年龄堆积现象也很普遍。不少学者还进行了原因分析，认为这与维吾尔族记年龄的习惯、敬老习惯、该人口群的文化水平、调查员素质、户口管理体系、户口档案误差等有关。提出实用的调查甄别法，运用整体"修匀和内插"的内插法、喀拉普—金方法（Karup-King Method）和哥拉比方法（Grabill Method）对原始数据进行处理，以减少误差。

以上研究表明，维吾尔族年龄堆积问题主要出在南疆三地区的农村人口，其中20岁以下年龄组申报较为准确；21~59岁的误差较大；60岁以上高龄组堆积现象最严重，以高报为主，年龄越大，高报的幅度越大；其中除了18岁、45岁、60岁出现明显堆积，明显偏好"0"、"5"，其中更多地指向以"0"结尾的年龄。

这些研究主要是从人口学的角度进行分析和探讨的，对产生这一现象的深层原因还有待进一步挖掘。笔者于2005—2007年在阿克苏地区库车县牙哈乡克日希社区进行了为期11个月的田野调查，从人类学视角对此进行了关注。本文将从年龄堆积的分类入手进行原因探析，试图对第六次人口普查提出一些可操作性建议。

一、年龄及其分类

真的像某些学者所言，农村维吾尔族对年龄没有概念吗？笔者在长达11个月的参与观察中发现，事实正好相反。

（一）年龄之争

日常生活中，年龄是一个解不开也不能解的"谜"，尤其在同龄群体中，因年龄引发的争议常常持续一生。

案例1：两个同年出生的少妇坐在村中心水渠边候车，说着说着就争论起来：A说自己是下雪天出生，B说自己是春耕出生，认为A是年初下雪时出生，比自己大；两人都举了些例子，说明自己更年轻些。争论声引来不少人围观，年长者边听边发表意见，似乎在主持公道；年轻人则边听边笑……

案例1说明，人们对出生的天气特征和农时记忆较深，同时希望自己更年轻些。然而，人们普遍认为户口本和身份证上的年龄有问题，那是自己或父母随口报的，也有人认为是村干部随意填写的，与实际不符。关于年龄的争议在年长者中尤为常见。

案例2：阿依汗老人在谈到年龄时，就会以某人作参照："阿瓦汗说比我大，我却记得小时候，还在抗日吧?！有一次我们几个去沙漠里打柴，还轮流背过她呢！"言下之意自己实际上比阿瓦汗年长。

案例2说明，人们谈起年龄常常以同龄人为参照，或者参照一些历史事件，即更注重相对年龄。

案例3：我的一个女房东跟客人谈起自己的年龄时少说了3岁，几个孩子在一旁默不作声。她边说边回头给我递眼色，示意我不要纠正她。事后解释道："我跟她开玩笑，逗她玩的！"

案例3说明，人们是根据自己所需报出年龄的。除了同龄人之外，其他人不会与之争论年龄的真伪，一切以他（或她）自报的为准，即使明知矛盾百出也"留面子"，不会当众戳穿，更多是以玩笑视之，不会当真。

事实上，农村社区十分注重等级和次序。人们确定社会角色的重要指标之一就是年龄。例如，在各种仪式中都讲究长幼有序；同性别的客人会主动按照年龄大小顺序入座；路遇时要向长者问安。在当地农村，最清楚人们年龄的莫过于每个清真寺的伊玛目（宗教人士）和村委会历任的妇女主任了：伊玛目为教区内穆斯林主持人生仪礼，如命名礼（出生2~3天）、割礼（9~15岁的少年）、婚礼和葬礼。每个仪式上，伊玛目都要清晰地报出举行仪式者的年龄，这具有绝对权威；村委会的妇女主任主管计划生育，常常登门入户，按时上报出生与死亡数据，对辖区内的社情民意了如指掌。

（二）农村维吾尔族人口年龄堆积的分类

通过实地调查积累的大量资料，并对各项调查数据仔细甄别后，笔者认为，可以把年龄堆积分为以下三类：

（1）高报年龄，主要是3岁以下、60岁以上的男女，其中高龄组中年龄越大多报的幅度越大；

（2）低报年龄，主要集中在19~55岁；

（3）集中趋势，包括18岁、45岁和60岁。

二、年龄堆积的原因探析

要理解农村维吾尔族的年龄堆积现象，一定要结合当地社会环境，从社会分层、互动方式、民间信仰和民族心理等进行分析。

新中国成立前只有少数维吾尔族接受过经堂教育，历史上曾使用过历法与属相，可惜没有普及到民间，人们无法准确地记住自己的出生年月日。新中国成立后南疆农村普及了世俗教育，但文字的两次变动，造成了新一代文盲。由于受教育年限短，数理化教育又是当地的教育短板，人们对年龄的表达不求精确，在一个区间内弹性波动（如0～5），但这并不表明当地人不看重年龄。

第一，年龄是当地社会分层的重要指标。南疆农村的维吾尔族社会属于滕尼斯笔下典型的礼俗社会。由于社区内人们的同质性较强，主要靠性别和年龄等先赋特征进行社会分层。其中年龄分层跨度不同，大致可以分为6个阶段：婴幼儿期（0～6岁）、青少年期（7～15岁完成割礼后）、青年期（15～30岁完成婚育任务）、壮年期（30～45岁完成教育下一代任务）、中年期（45～60岁完成代际传递）和老年期（60岁以上）。在参加人生仪礼和社区内的交往中表现得尤为突出，如婚宴上是按性别层和年龄层分别安排在不同时段的。日常生活中，人们根据所属年龄层的规范，在各种情境下扮演自己的角色。其中对所属的年龄层没有异议，只在同龄群体中会发生争议。

第二，尊老爱幼的社区传统。年少者尊敬年长者，年长者保护和照顾年少者，如案例4所示。

案例4：6个少年一起搬土块，个头较大的艾力江是其中月份最小的一个。负责递土块的老人总是让他少搬一些，或者给他摆的土坯沾的土少一些，其他小伙伴都没有意见。

在此，人们更关注相对年龄，45岁以下的人中，年轻被视为一种优势，容易受到人们的关照；同时，年长者备受尊重，遇事有发言权，他们从过去家庭供养者的角色，逐步向家庭形象代言人和社区舆论监控者的角色转变。

通常，45岁左右开始宗教回归，到60岁左右要完成这一人生转型，即退出生产领域，回归伊斯兰教。过去一天念1次经，逐渐改为一天5次。着装上更为保守，女性穿长裙，披围巾，男性穿长袍、靴子，并留起胡须，每天去清真寺念经，加入到寺民的行列中，经常随伊玛目（清真寺主持人）一起，为教区内的人们主持人生仪礼，调解家庭纠纷，他们掌握着社区话语权。一旦遇到突发事件，如争吵打架，人们就会不由自主地把目光投向在场的最年长者，希望他们能出面主持公道。由此就能理解，为什么高龄组这么喜欢高报年龄了。

第三，符合情境化社会互动的需要。在农村维吾尔族人的眼里，年龄这个毋庸置疑的静态指标是富有弹性的，已经成为一种动态指标，随着情境的变化而变化。人们会以情境为中心，视其与互动对象之间的关系，表现出最为合宜的态度。人们在某一情境中确定自己的相对位置和角色，对年龄的自述往往会根据自我需要及当时的心态发生变化，因此很容易在同龄群体中引发争议。

正因为如此，当地人对年龄通常采取不较真、不质疑、不评价、视之以玩笑的态度。这已经成为一种独特的绿洲文化现象。为了给对方留下深刻印象，人们自报年龄时喜欢用整数，表现在数据上，"0"偏好最为明显，其次偏爱"5"。这使人们对年龄的表达具有一定的弹性空间，容易满足情境性变化的表达需要。

第四，家庭比较优势的需要。当地人很"爱面子"，喜欢相互攀比（比老和比小），在比较中处于优势地位。由于社区同质性较强，可比资源有限，年龄往往成为人们炫耀成就感的一个重要指标。人们把生命历程中某一特定阶段顺利完成发展任务视为一种成就。如未到婚龄就有人上门提亲、提前完成婚育任务、40岁前后抱上孙子、老人长寿等。喜欢向18、45、60岁集中。

（1）18岁女性的年龄堆积有两种情况：一种情况是高报为18岁（法定结婚年龄）。未满18岁就有人上门提亲，说明其家庭和睦，家教良好，社区口碑好。为了尽早完婚，甚至少数人为一时所需，更名、改年龄，如案例5所示，这也造成了人为误差。

案例5：明天是K姑娘的婚礼，我忙着为筹备婚礼的女士们拍照。K姑娘的表妹偷偷告诉我，三天前某宗教人士前来给K姑娘举行了命名礼，看上去只是改名字，其实是为了改年龄。原来她只有17岁，不到法定婚龄。命名礼之后村委会才出具证明，到镇政府办理了结婚证。

第二种情况是低报为18岁。当地人把晚婚看做"没面子"的事，如果20多岁仍待字闺中，家人要承受巨大的舆论压力，为保住家庭"面子"，直到结婚，家人都会对外宣称姑娘18岁。

（2）45岁的堆积有三种情况：一是为孩子们完婚是父母应尽的一种宗教义务，如果届时未能及时完成，常低报年龄为45岁；二是期盼年轻的心理所致；三是因为宗教的回归，每天开始坚持做一次辰礼。人们普遍认为越年长对宗教越虔诚，所以有些人45岁前就按时做礼拜，对外常高报为45岁。

（3）60岁年龄的堆积要看家庭重任的代际交接是否顺利，这分为两种情况：一是有些家庭儿女能自立，不到60岁父亲就能把家庭经济大权传续给幼子（幼子继承制），及早享受长者的受尊崇地位，这时对外会高报为60岁；二是有些儿子承担不起家庭重任，家长地位交接不顺，这时只能对外低报年龄，以免在社区中遭人嘲笑，失去比较优势。

第五，与早期的民间信仰有关。生活在塔里木盆地上的维吾尔族先民曾信仰过自然神、萨满教、祆教等，直到现在，人们在信仰伊斯兰教的同时，民间信仰仍占据重要地位。人们崇拜神灵，畏惧魔鬼。新中国成立前，农村维吾尔族的婴幼儿（3岁及以下）死亡率一直高居不下。即使是20年前，与其他民族相比，同比仍较高。当地人认为，3岁以内的婴幼儿生病或夭折是因为受到了魔鬼的侵袭；认为孩子越小，遭到侵袭的可能性越大。因此，家人通常会对外高报（或夸大）孩子的实际年龄。

第六，与女性扮演的角色有关。当地性别分工十分明确，男性负责社区外的交往，女性负责社区内的交往。在婚前，女孩备受父母宠爱，家里会竭尽所能培养她的社交能力；结婚独立门户后，女主人就成了家里的"外交大使"，负责在社区打理各种人情。她们的形象事关家庭的"门面"。因此参加各种活动，甚至到邻家做客，她们都要精心打扮一番，戴上黄金首饰，穿上做客的礼服，显得年轻靓丽。

案例6：在某户填问卷时，赛女士写到，现年35岁，初婚时17岁，跟丈夫相差2岁；然而，她的丈夫告诉我自己今年45岁。我提出了疑问，两人争执起来，我赶忙转移话题。等赛女士出去喂鸡时，她的丈夫悄悄告诉我，实际上女的41，男的43。

如案例6所示，女性通常会低报年龄，拉大夫妻年龄差，因为"老夫少妻"受人羡慕，甚至成为某些人炫耀的资本。因此，女性的年龄堆积现象较之于男性更为突出。

第七，与户籍管理不完善有关。不少人对户口本和身份证显示的年龄认可度较低。因为50年代之后才开始推行户籍制度，人们常常根据需要自报年龄，即使在人口普查中发现有明显出入，也无人核实；从60年代末到1982年，当地规定新生儿能得到10斤大米和30斤麦子，所以孩子一出生家人都立即报户口；1982年之后这一政策有所松动，及时报户口的人逐渐减少，有些人一拖就是十几年。直到该办结婚证，要用到身份证、户口本和村委会开具的证明时，才不得不去申办；90年代末到本世纪初，各村妇女主任实行上门服务，督促人们及时为新生儿上报户口。直到2005年7月，笔者在调查点看到，当地派出所奔赴各村，把各户的信息录入电脑，实现了户籍的联网统一管理。

从以上分析可以得出结论，在南疆维吾尔族聚居的农村，民间传统保留较完整，尊老爱幼之风盛行，民间信仰仍有一定影响；"年龄"成为社区的一个分层指标，而且是一个动态的情境化符号，对年龄的态度折射出一种特有的民族文化心理；人们根据需要自报年龄，以便在社区同龄人中处于比较优势；女性在家庭承担的特殊角色使年龄堆积现象加剧；而这些又与户籍管理不完善相关。

三、在人口普查中修正误差的建议

目前我国正要实施第六次人口普查工作，为了高质量完成这一任务，避免前几次人口普查中出现严重的年龄堆积，对南疆维吾尔族农村人口进行普查时，笔者建议从以下几点入手，在调查过程中减小误差。

第一，严格挑选和培训调查员。鉴于在维吾尔族聚居的南疆农村开展人口普查具有一定难度，调查前对调查员进行严格挑选和培训至关重要。他们要熟练掌握维吾尔语老文字*，最好采用边问边答的方式，由调查员填写。这样既节约时间，又便于调查员发现问题及时解释，待被调查者准确领悟后，准确作答。为避免因调查引发矛盾和纠纷，调查员应具备良好的心算能力、沟通能力和应变能力。

第二，营造良好的工作环境。为避免因比较优势心理导致的年龄堆积现象，在开展调查时，尽量适当避免多人在场。同时由知情人（如村妇女主任）带领入户，这有利于避免自报年龄的随意性。

第三，确定调查对象。调查对象的不同可能影响调查数据的准确性，因此，最好询问户主夫妇。通常，男主人主要负责对外交往，对家庭成员的情况最清楚；女主人负责保管家人的所有证件，如户口本、身份证、结婚证等。请村委会负责人提前通知户主做好准备，确保调查的顺利实施。

---

* 1963年前使用阿拉伯文和波斯文为基础创制的老文字，1963—1983年期间改用以斯拉夫文为基础创制的新文字；1983年之后又改为老文字，此间受教育的一批人不认识老文字，这批新文盲年纪在45~65岁之间，大都是社区中的主要劳动力。

第四，打消被调查者顾虑。此次全国人口普查的目的是全面详尽调查我国人口的真实现状，对被调查者更改年龄、过去普查时年龄不一、各种证件年龄不一等情况对所在乡镇保密，以免受到牵连遭受处罚，说明不会追究相关责任和原因，只需要被调查者把真实可靠的信息，尤其是年龄准确上报即可。只有打消被调查者的顾虑，才能保证调查数据的准确性和可靠性。

第五，通过多条途径核实年龄。调查时要参照户口本、身份证、结婚证、育龄妇女登记册（妇女主任处）等。当以上记录出现不一致时，首先通过小型问卷或结构式访谈进行甄别，最多不超过5个问题，从初婚年龄、初育年龄、夫妻年龄差（对初婚者）等，推断所报年龄的准确性。尤其在遇到"0"、"5"结尾的年龄，或"18"、"45"、"60"岁时，这种方法更是首选。其次单独询问妇女主任（历任）。最后把一些有疑义的年龄集中起来，询问所在教区的伊玛目（清真寺主持）。

参考文献

郭琳，车士义. 新疆维吾尔自治区2000年年龄堆积现象的分析. 西北人口，2008，（2）.

黄荣清. 中国百万以上人口的民族在人口普查时年龄申报的准确性. 中国人口科学，1993，（5）.

乔晓春，李建新，杨力民. 新疆人口年龄堆积现象分析——新疆人口年龄堆积现象研究报告之一. 人口研究，1993，（4）.

乔晓春，李建新. 对新疆人口年龄结构的调整与分析——新疆人口年龄堆积现象研究报告之三. 人口研究，1994，（4）.

刘同起. 新疆高龄人口中的年龄误报现象分析. 人口研究，1991，（1）.

杨云彦. 新疆年龄堆积现象比较研究. 西北人口，1988，（4）.

李建新. 新疆少数民族地区人口年龄堆积现象的分析. 新疆大学学报（哲学社会科学版），1994，（1）.

纪瑞斌. 新疆人口年龄误报问题的成因及对策. 人口与经济，1994，（4）.

查瑞传，乔小春. 新疆维吾尔族人口年龄堆积原因的初步分析. 中国人口科学，1993，（1）.

（作者单位：湖北经济学院社会科学系）

中国出生性别比失衡问题的再思考

郑冬冬

一、出生性别比的现状和后果

出生性别比（也称出生人口性别比），反映的是婴儿出生时男婴与女婴数量的比例关系，通常指平均每 100 个活产女婴所对应的活产男婴的数量。一般认为，正常的出生人口性别比应在 103～107 之间。

自 20 世纪 80 年代以来，中国人口出生性别比持续走高，引起国内外的广泛关注。中国在 20 世纪 50～60 年代出生性别比基本处于正常状态，虽然波动较大，但基本围绕 107 这个正常范围的上线上下波动。70～80 年代波动不大，而且基本在正常范围之内，也是正常的。从 80 年代开始至今，我国出生性别比开始逐渐升高，而且增长速度十分迅速，参见图 1。

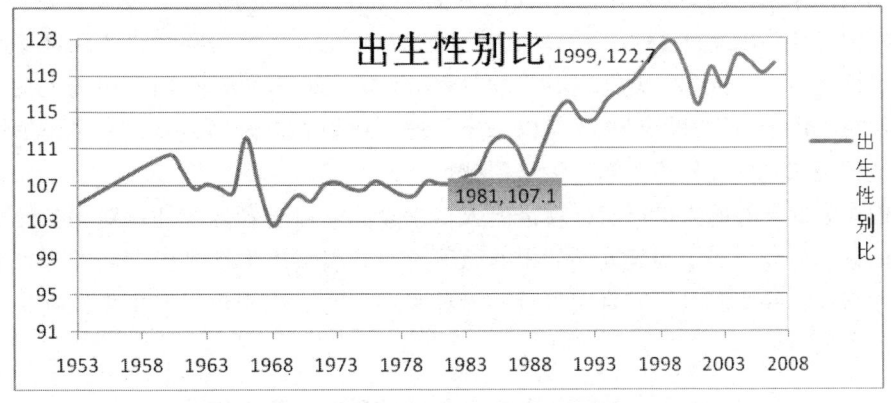

图 1　我国出生性别比从 1953 年到 2007 年变动趋势图

数据来源：（1）1953—1992 年数据来源于顾宝昌、徐毅（1994）；
（2）1993—2000 年数据源于吕红平（2003）；
（3）2005 年全国 1% 人口抽样调查资料；
（4）2001—2004、2006—2008 统计年鉴。

1994 年以来，出生性别比偏高问题越来越严重。虽然出生性别比会出现小范围的波动，但即使是最低的 2001 年也接近 116。出生性别比增长速度十分迅速。虽然出生性别比不是每年都是在增长的，但从长期趋势来看确实是在不断增长的趋势，而且增长速度也是很快的。1999 年出生性别比已经达到 122.7，2000 年至今也一直保持在 120 左右，由此可见中国当前的出生性别比失调问题之严重，参见图 2。

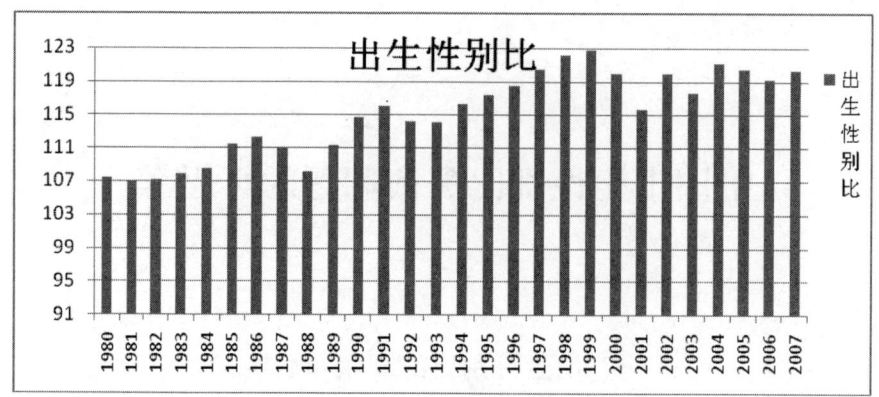

图 2　1980—2007 年我国出生性别比情况

数据来源：（1）1953—1992 年数据来源于顾宝昌、徐毅（1994）；
　　　　　（2）1993—2000 年数据源于吕红平（2003）；
　　　　　（3）2005 年全国 1% 人口抽样调查资料；
　　　　　（4）2001—2004、2006—2008 统计年鉴。

出生性别比年复一年的升高，随着时间的推移，必然带来未来的婚姻性别挤压等问题。而婚姻挤压又会引发强奸、嫖娼、卖淫等性犯罪，引发拐卖妇女等犯罪活动，还会加快性传播疾病传播的速度。

依据国家统计局 2005 年全国人口 1% 抽样调查提供的资料，计算出目前 0～19 岁人口中男性多出女性 2377 万。即在未来的 20 年内，平均每年新进入结婚年龄人口中男性要多出女性 120 万左右。平均每年大约有 120 万男性在婚姻市场上找不到初婚对象。由于自 20 世纪 80 年代以来出生性别比呈累进升高趋势，未来婚姻性别挤压也将呈累进增大趋势、越往后挤压越是严重。

面对如此严峻的人口形势，就需要人口学家、人口学者加快加深对出生性别比偏高问题的研究，尽快找到问题的根本原因所在和引起出生性别比偏高的现象的真正作用路径，并要深入研究真实可行的治理策略，能尽快制止当前出生性别比持续上升的现象。

二、我国出生性别比失衡的原因分析

笔者认为，出生性别比失衡的作用机理图如图 3 所示。由于篇幅的限制和很多因素的复杂性，这里只是选用了一些相对简单和概括的影响因素进行分析。

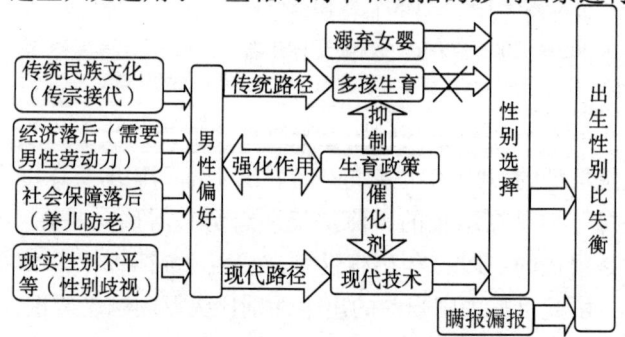

图 3　出生性别比失衡的作用机理图

（一）根本原因分析

目前学界普遍认为，传统民族文化因素是形成男孩偏好的根本性原因，而笔者认为，传统民族文化只是形成男孩偏好根本原因之一，经济发展落后、社会保障制度的落后和现实社会性别不平等现象等也是形成社会上男性偏好的根本原因。

不同的地区形成出生性别比失衡的根本原因不尽相同。有的地区（如西南民族地区）因为民族文化积淀厚重，地域封闭，人口素质较低，"重男轻女"观念根深蒂固，这样的传统生育观念会使父母千方百计生育男孩。而有的地区（如落后的农村）却是因为经济条件落后，社会保障体制的不健全，现实中男孩的效用远大于女孩，男孩在增加家庭经济收入，养儿防老方面具有明显优势。有的地区（如城市）则以上因素都不存在或相对较弱，但由于父母看到社会上客观存在的男女不平等想象，如城市里的父母看到当今大学生就业中存在的严重的性别歧视想象，他们也会选择生育男孩。还有极个别的纯粹由于个人好恶，是感情性的性别偏好，就是由衷地偏好男孩，这完全取决于个人的经历、想法、气质、教养、审美观以及对于男孩的未来期望和设想，但我们应该看到这个因素对出生性比偏高的影响还是很小的。

1. 传统的民族文化因素

男性偏好是出生性别比失衡问题原因体系中的汇聚点，是性别选择行为的动力源泉，男性偏好是中国生育文化的重要组成部分。

非物质形态的民族传统文化、家庭制度以及宗族观念对男性偏好的形成具有直接而根源性的影响，是众多影响男性偏好的因素的中最重要的根本原因。中国传统的"重男轻女"、"男尊女卑"、"传宗接代"、"延续香火"、"养老送终"、"多子多福"、"孝道"、"人丁兴旺"等生育观念根深蒂固，是传统生育文化和生育价值体系的重要组成部分，既有现实需求性，又有文化继承性，仍然潜移默化地影响着人们的生育意愿和生育行为，特别是广大农村地区，儿子对于家庭的重要性已经超越了其自然性别属性，成为家庭兴旺、家庭地位、家庭延续的象征，这种社会文化基础是滋生出生性别比偏高的温床。

在这些地区传统民族文化无疑是形成男性偏好的根本原因，比如西南少数民族地区。

2. 经济发展水平的落后和社会保障体制的落后

在广大的农村，粗放式体力型的农业生产方式以及劳动密集型的初级工业生产方式，客观上需要大量男性劳动力，男性仍是家庭的主要生产力，是家庭主要创收者，促使这些地区的家庭对男性产生明显的依赖。

中国经济正处在发展阶段，经济的发达程度还不足以改变人们的男性偏好观念，男孩在家庭中有现实需求性。处在社会经济转型过程中，多种经济形式并存，而且私有经济的成分越来越大，私有经济的基础是家庭和家族，男孩作为不改变家族经济姓氏的客观需要，是人们追求的目标。

有些地区传统生育观念对生育的影响已经相当微弱，但在目前的经济条件和农村社会保障制度极不完善的状况下，难以推行行之有效的社会养老、社区养老等模式，仍旧以传统的家庭养老方式为主，养儿防老、养儿送终成为人们的客观要求。而男性的养老能力相对女性来讲明显具有优势，更为实惠，男性是农村老人晚年生活的保障与寄托,因此,选择男孩是人们的现实需要和理想选择。

由此可见,在很多经济相对落后的农村,产生男性偏好根源在于经济发展水平的落后和社会保障制度的不健全。

3. 社会性别不平等现实效应

现实经济社会环境与以重男轻女为中心的观念的共同作用,使男女两性在社会生活中的现实待遇严重不平等,而这种不平等对人们的生育决策产生了负面引导作用。如:妇女在国家和社会事务管理上,尤其在领导权、决策权的参与度、参与层次、参与比例、参与渠道上受到很多限制。我国女性参政的总体水平偏低。全国660座城市中,男市长占99.12%,女市长只占0.78%。"村官"中的女性更是凤毛麟角,不到0.15%。女性公务员高层决策层比例很小,且多居副职,不能使女性的权利要求形成自上而下的政策影响力。而决策层中女性的缺失,容易导致女性群体利益的边缘化。

在广大农村,在土地集体所有、农户家庭承包经营的制度框架下,女性尤其是离婚妇女实际上担负着失去土地的最大风险。许多农村妇女因为结婚、离婚、丧偶等原因而失去责任田、口粮田和土地补偿金。由于生产方式的相对落后,重男轻女的传统思想本来就根深蒂固,而农村无地妇女的境遇,则在客观上造成农民更加强烈的男性偏好,通过生男来实现风险的最小化。在城市就业中相当多的用工单位存在着性别歧视,女大学生就业受歧视问题突出。

在很多地区,特别是城市中,这些不平等的社会现实成为很多父母形成男性偏好,进而通过各种方式进行性别选择的根本原因。

(二)导致出生性别比偏高的催化剂——生育政策

严格的控制生育政策,阻断了传统的通过多生来满足男性偏好的渠道,再加上现代医学技术的快速发展进一步为人们进行性别选择提供了可能性。

在不能通过多生来得到男孩情况,通过技术来选择男孩,必然成为满足其愿望的首选策略。这样必然导致出生性别比的失调,而且必然加速出生性别比失调的速度。在这个作用过程中计划生育政策就成了导致出生性别比偏高的催化剂。

在生育政策执行中,B超的普遍配备和使用,有可能部分增加胎儿性别鉴定的可及性;合法使用人工流产限制政策外生育,也可能部分增加性别选择性人工流产的可得性。部分第一孩为女孩的农民,可能有意在不满足间隔要求的条件下政策外怀孕,进行胎儿性别鉴定发现为女胎后,合法要求政府进行人工流产,使得非法的性别选择性人工流产合法化。总之,现行生育政策对男孩偏好可能存在催化作用,增加性别选择的可能性。

表1 计划生育政策条件下的生育意愿

生育意愿		城市	小城镇	乡村	合计
意愿子女数		1.39	1.53	2.01	1.78
意愿生育性别比	一孩	125.2	131.7	259	171.3
	二孩	101	111.4	106.6	104.8
	总体	108.5	109.8	121.5	117.8

数据来源:李建新:《生育政策与出生性别比偏高》,2008.11。

计划生育政策条件下的生育意愿更能说明了生育政策对性别选择的催化剂作用。从表1的数据可以看出：无论是在城市还是乡村，在严格控制生育数量的政策条件下，由于男性偏好的作用，使得人们在减少拥有的孩子数的同时，仍希望保持至少一个男孩，这样人们的生育意愿就会发生变化，最多能生育两个孩子，这样就在有限的机会中增加生男孩成功率，尽量第一个孩子就是男孩。农村的数据最能说明问题，实际上这就产生出生性别比偏高产生了催化作用。当然上表只是做了一个很简单的分析，并没有可考虑，不同地区人口比例对出生性别比的影响，考虑人口比例和不同地区贡献率更能说明生育政策的作用。

现行生育政策、男孩偏好之间可能存在复杂的因果关系，生育政策有可能强化男孩偏好，刺激出生性别比升高。但本质上，生育政策并不是形成和实现男孩偏好的根本原因和路径，其只是起到强化剂和催化剂的作用。

需要说明，生育政策对男孩偏好催化作用，只是一种基于已有理论、研究和现实提出的假设性框架，还需要实际数据验证。如果本文假设部分或全部经验证正确，结果将有助于全面、准确理解生育政策和男孩偏好关系，从而为治理出生性别比偏高问题提出更为有效的干预措施。

（三）导致出生性别比偏高的直接因素分析

男性偏好虽然长期存在，但出生性别比20世纪80年代才开始偏高的事实说明，生育观念只有转化为行动才能对出生性别比产生影响，由于计划生育"一孩制"的严格实施导致，传统的通过多生来满足男性偏好的渠道被阻断。从而选择性生育和溺弃女婴的各种行为成为导致出生性别比失衡的直接原因。

1. 现代技术

随着现代科学技术的发展，B超技术的普及和流行，B超的费用也大大降低，非法的胎儿性别鉴定和非医学需要的人工终止妊娠（简称：两非）也越来越多。在我国广大农村，有性别偏好的人群主要还是在怀孕后通过鉴定胎儿性别技术，然后再决定是否实施性别选择性人工流产，而目前人工流引产手术在我国是合法的，因而具有较强的可及性、可获性，这也为性别选择性的人工流产大开了方便之门。2003—2004年期间，广西共做的24048例人流引产手术中，有计划生育证明的仅占26.9%。很多研究表明，出生人口性别比的异常升高和B超的普及在时间和地域上有惊人的一致性。如我国出生人口性别比的上升呈现出由沿海向内陆扩张之势，这种趋势与我国主要用于产前性别鉴定的B超技术的传播路径基本吻合。

现代技术的发展为非法胎儿性别鉴定后实施终止妊娠手术提供了可能性，而这种性别选择技术正是导致真实的出生性别比偏高的最直接原因。

2. 部分地区溺弃女婴现象严重

溺弃女婴在旧中国曾十分盛行，且一般以控制人口与性别选择为目的。而现在社会中，因为出生数量受到生育政策的严格限制，这种性别选择的方法确实还存在，而且有些地区相当普遍。根据广西民政厅统计，2002—2003两年合计收养的弃婴达11066名，其中女婴占95%。再如2004年对黔东南州"关爱女孩行动"问卷调查上完婚后子女夭折调查对象中，女孩夭折的比例占72.55%。虽然溺弃女婴对时点上的出生性别比没有影响，但通过这种方式进行性别选择必然影响一定时期的出生性别比，导致出生性别比升高。溺弃女婴直接导致女婴的死亡率上升，进而使真实的出生人口性别比上升。

3. 瞒报漏报

漏报在经常性人口登记上是难以避免的，但瞒报是人们为多生和生男而有意识的漏报，并以对出生女婴的瞒报为主，这必然造成统计上出生性别比偏高。

有学者通过教育数据统计研究分析表明，普查数据低年龄组中确实存在女婴瞒报漏报的现象，导致普查数据所反应的我国出生性比水平虚假性升高。但同时也承认出生性别比水平确实很高，只不过没有普查数据显示的那么严重。而瞒报漏报的真正目的在于能继续生男孩，这势必从虚假的导致出生性别比偏高到真正的导致男性比例的增加。

三、治理出生性比偏高的对策

要治理出生性别比失衡问题就要从引起这种现象发生的原因和作用的路径（见图3）入手，短期内切断引起出生性别比失调的作用路径，长期内从根本上消除造成这种现象发生的原因。

（一）短期"治标"策略

1. 灵活的生育政策

考虑到生育政策在导致出生性别比失衡问题作用路径中起到的催化剂作用和对男性偏好的强化作用，应该创新计划生育工作的思路，建立计划生育利益导向新机制，减弱生育政策的催化作用和强化作用。认真调研分析本地实际，找出导致本地出生性别比失衡的真正原因。把开展深入细致的思想工作同解决群众的实际困难有机结合起来，对农村计划生育家庭提供奖励扶助。积极探索建立同经济发展水平相适应、有利于计划生育的农村社会保障体系，尽可能向纯女户提供政策、资金、技术等方面的帮助和扶持，给部分生活条件困难的农村独生子女户老人发放一定的奖励扶助金。这种利益导向机制和男女平等观念的传播可以使得群众的生育观念逐渐改变，慢慢淡化"养儿防老"的传统家庭保障观念，减弱老年人口对子女养老角色的期待，进而弱化父母生育的男性偏好。

少数地区可以采取稍微宽松的生育政策，如放宽"二孩政策"，减弱生育政策的催化作用，但鉴于我国现在人口规模的压力，笔者认为对于该项措施应该慎重实施。

2. 加强法制建设，依法严厉打击"两非"

加强法制建设主要是，通过立法平衡出生性别比偏高。中国政府对出生性别比失衡问题的关注是较早的，尤其在立法方面进行的试图禁止对出生性别的人为控制。例如，2002年9月1日在我国实施的《人口与计划生育法》第35条也明确规定："严禁利用超声技术和其他技术手段进行非医学需要的胎儿性别鉴定；严禁非医学需要的选择性别的人工终止妊娠。"现在的主要问题是不少地方存在执法不严和缺乏对"两非"处罚的法律依据。在B超的使用管理上存在不少漏洞，今后应当采取更严格的措施，严格限定B超使用的范围，严厉打击进行性别鉴定和实施选择性别人工流产的行为，并加强立法工作，明确对"两非"行为的处罚，对进行"两非"行为的当事人双方进行严厉处罚。

（二）长期"治本"策略

长期来看，灵活的生育政策和严厉打击"两非"行为都不能从根源上消除出生性别比偏高现象,而且长期施行强制性的措施,并不是很好的办法,不能期望过高,只要男性偏好这种需求存在,切断这个作用途径,又会滋生新的进行性别选择的途径和方法。这种方法指标不治本,短期见效较快,长期效果较差。因此,从长期角度来看,要根据各地的实际情况,找出本地区造成出生性别比偏高的真正原因,因地制宜采取合理有效的措施。

1. 改变传统的生育观念

我国带有明显男性偏好的传统生育观念已经存在了几千年,它作为一种文化积淀,不可能从我国群众的思想意识中轻易地抹去。这是一场移风易俗的大工程,需要时间的历练,需要长期不懈的努力。但我们也应该看到在很多经济较发达的地区,特别是大城市,这种传统的生育观念已经在减弱,而且减弱的速度也是非常快的,在北京、上海这样的大城市的白领阶层的生育观念已经完全抛弃了传统的生育观念,丁克家庭等的不断增加就是很好的佐证。

改变传统的生育观念是一项长期而艰巨的任务,也是解决出生性别比失衡问题的根本方法之一。所以,加强文化教育工作,普及更高水平的教育,提高人口素质,改变传统的生育观念,消除传统观念中的男性偏好。

2. 发展经济,健全社会保障机制

加快经济发展是建立健全的社会保障体制的基础,也是解决某些地区出生性别比失衡问题的根本方法之一。只有经济发展了才可以有财政支持建立完善的养老保险制度,才可以为卫生文教以及宣传教育工作提供资金。一项调查表明,有75%的农民认为家庭中拥有两个男孩其经济状况要远好于没有男孩的家庭的经济状况。如果经济发展到每个家庭都可以过上富裕的生活的程度,孩子的效用就会降低,进而家庭对孩子特别是男孩的需求就会大大降低。

结合利益导向机制,建立健全完善的社会保障和社会养老保险制度,特别是构建农村计划生育家庭养老保障体系。在教育、医疗、就业、社会保障、养老等方面向独女户倾斜。落实奖励优先优惠政策。对独生子女家庭尤其对农村的独生子女户或双女户,要落实发放奖励扶助金,并逐步提高扶助金标准。对农村独生女户,要在分配集体收入、特殊生活救助、医疗救助、升学考试、教育培训等方面给予优先照顾。对为保持我国人口低生育水平作出重大牺牲的广大城乡育龄妇女要给以奖励和补偿。如对独生子女户和双女户免费提供农村合作医疗服务,并且加大医疗保险的范围和深度,减弱实际生活中男孩和女孩的效用差别。

完善的社会保障和社会养老保险制度并且使之法制化,以社会养老取代家庭养老,解除了人们的后顾之忧,不必抱定"养儿防老"的信念。将完善的人口和计划生育政策同社会养老机制和完善公共财政体制结合起来,并且在农村积极探索建立社会保障和社会救助制度,这样一来,从养老的角度看生男生女就没有任何差别了,弱化老年人口对子女养老角色的期待,有助于控制出生性别比失衡。

3. 提高女性地位

从根本上提高女性的社会地位,创造公平合理的竞争环境,也是改变出生性别比偏高现象的根本路径之一。

在社会上树立男女平等风气,给女性提供均等的竞争机会,给女性展现能力的平台。一旦女性的社会地位得到了提高自然会改变人们原有的"女子不如男"的意识随之其家庭地位也会提高。一方面可以改变部分因社会现实不平等而选择生男孩的家庭的生育观念;另一方面还有助于女性的经济独立,提高文化素质,增强女性的自我意识,这就为女性在生育时做出自己决定提供了经济基础和理性分析的前提条件,而不需要因为在经济上依靠他人而被迫对婴儿的性别做出选择。其中,提高女性地位一个很关键的策略就是具体到就业上。女性的就业不仅能实现自身价值,也能在全社会树立一种女性也能成功、也能干大事的形象,从而提升女性的经济地位和社会地位。消除就业歧视现象,为女性就业创设良好的外部环境。

4. 将"关爱女孩"、"春蕾计划"等活动进行到底

近年来,政府有关部门和社会各界也采取多种形式共同参与解决性别比超高和女童权益得不到保障的问题。如国家计生委与联合国儿童基金会联合开展了"保护儿童权利宣传教育"项目;全国妇联牵头实施了"春蕾计划"来救助失学女童等活动。这些活动为推动保障女童的基本权利起了很好的促进作用,要把这些活动持续不断坚持下去,同时要发动社会各界共同参与关爱女童行动,在整个社会形成一个"关爱女孩"的浓厚的氛围,抑制乃至消除歧视女孩观念和行动。让男女平等,男孩女孩都一样的观念深入人心。从思想观念上,减弱和消除人们的男性偏好。

参考文献

郭凌燕. 出生性别比不平衡的根源探究. 社科纵横, 2008, (6).

郭志刚, 张二力, 顾宝昌, 等. 从政策生育率看中国生育政策的多样性. 人口研究, 2003, (5).

翟振武、杨帆. 中国出生性别比与数据质量研究. 中国人口发展的理论与实践论文集, 2008, (11).

刘爽. 中国的出生性别比与性别偏好-现象、原因及后果. 中国人民大学博士学位论文, 2005, (4).

穆光宗. 马寅初人口科学论坛:出生人口性别比异常偏高与生育政策有关吗. 人口与发展, 2008, (2).

潘金洪. 出生性别比失调对中国未来男性婚姻挤压的影响. 人口学刊, 2007, (7).

孙红, 桂江丰. 出生人口性别比异常原因的再解读. 人口与计划生育, 2008, (5).

王平, 刘瀛纪. 我国出生人口性别比失衡问题探析. 学习论坛, 2008, (3).

席小平. 解决我国出生人口性别比偏高问题的探讨. 前沿论坛, 2008, (7).

杨军昌. 论西南民族地区出生性别比失调问题. 中国人口发展的理论与实践论文集, 2008, (11).

曾毅, 顾宝昌, 涂平, 等. 我国近年来出生性别比升高原因及其后果分析. 人口与经济, 1993, (1).

周忠. 关注出生人口性别比实现人口生态平衡. 新西部, 2007, (18).

朱向东主编. 世纪之交的中国人口. 中国统计出版社, 2005.

(作者单位:首都经济贸易大学劳动经济学院)

基于人口承载力的区域协调发展研究

洪业应

一、前言

可持续发展是一种崭新的发展观和发展战略,它要求区域经济发展必须与资源的开发利用和环境保护相协调,以保持人与自然的和谐关系,在满足当代人需求的同时,不危及后代人满足其需求的能力的发展。区域作为一个整体的地理范畴,具有相对的独立性、层次性和整体性;同时它又与区域外系统相互联系、相互作用。所谓区域可持续发展,就是指"在现有自然资源(包括环境)约束条件下,充分发挥区域优势,实现区域内各系统持续有效增长"。

区域可持续发展就是要求人们在发展经济,满足当代人需求的同时,必须保护人类赖以生存的大气、水、土地等自然资源和环境可持续发展。可持续发展得到国际、国内社会如此重视,主要在于它的本质所决定的:首先,可持续发展理论的中心是发展,发展符合人类的生存和进步的要求,只有发展才能解决人类进程中的诸多问题和危机(比如人口问题、粮食问题、耕地保护问题等);其次,强调发展的协调性,可持续发展是人口与社会、经济、资源、环境的协调发展,不是片面追求某一方面的发展,而忽视其他方面的发展;第三,它强调发展的持续性,可持续发展重在持续发展,因此在发展中不要只顾眼前利益,不仅要满足当代人的需求,还要造福于子孙后代。

二、研究区域概况、研究方法与数据来源

(一)研究区域概况

毕节地区位于贵州省西北部,地处云贵高原向东部低山丘陵过渡的斜坡地带,分属长江流域和珠江流域两大水系,长江流域面积占95.38%,珠江流域面积占4.62%,是贵州省内典型的岩溶贫困山区。全区辖8个县市,254个乡镇;现有户籍人口780.38万人(其中农业人口723.33万人,占总人口的92.7%),人口密度290.6/km^2。气候类型属于亚热带高原季风湿润气候,多年平均降雨量在850~1444mm,且降雨多集中在5~9月份,占全年降雨量的70%左右。总土地面积为268.53×10^{5}hm^2(其中山地丘陵占93%,岩溶发育区占73.3%),常用耕地面积364.69×10^{4}km^2(其中旱地占87%,水田占13%);耕地面积少(仅占全区土地面积的14%),2008年毕节地区人均耕地为0.047hm^2(低于世界公认的人均耕地警戒线0.8亩),土地开发利用比例大、投入少、用地效率低,区域经济以农业为主,2008年该区GDP为402.98亿元(贵州省内排名第3位),人均GDP为5761元(贵

州省内排名倒数第 2 位)。

(二) 研究方法和数据来源

1. 研究方法

运用回归分析法,采用 SPSS11.5 分析软件,为有效消除数据中可能存在的异方差现象,因而对选取的变量进行了取自然对数处理,记为 $Ln(x_i)$,建立非线性回归模型后取对数,建立下列回归模型:$LnY = C + \alpha Lnx_{1t} + \beta Lnx_{2t} + \varepsilon$

其中 C 为常数,x_{1t}、x_{2t} 分别代表随时间 t 变化的耕地面积和粮食产量,参数 α 和 β 分别代表其变量的弹性,ε 为随机误差。

2. 数据来源

选取 1978—2008 年毕节地区 30 年以来的相关数据为研究时间段,选取的变量有:人口总量、耕地面积、粮食产量。数据均来自《毕节辉煌六十年(1949—2009)》及《贵州统计年鉴》。

三、预测方法与过程

(一) 人口现状及预测过程

人口因素是制约耕地人口承载力的重要因素之一,人口的迅速增长,必然需要更多的粮食来满足其人口增长的需要。根据《贵州省统计年鉴(1979—2009)》毕节地区人口规模的数据来看,人口数量呈现直线型增长,从 1978 年的 485.38 万人增加至 2008 年的 780.38 万人,31 年间增加了 295 万人。

根据人口数量随时间变化的资料,采用时间序列模型,运用 SPSS11.5 分析软件,进行人口数量的回归预测(见表1)。经过模型选优后得:

[人口预测值] $Y_t = 476.33 + 9.24(t - 1978)$

F 检验:$F_{0.05}(1, 29) = 4.18$,$F_1 = 6798.44 > F_{0.05}(1, 29) = 4.18$,$F$ 检验通过,表明方程的总体回归效果显著;$R^2 = 0.999575$,表明拟合优度接近 1,回归线对样本数据点的拟合程度很高。基于贵州统计年鉴数据为基准,对毕节地区未来 10 年人口数量变化进行了预测,预测结果(见表1)。预测 2015 年毕节地区的人口规模突破 800 多万人,预计到 2020 年该区人口总数达到 873.81 万人,人口压力更大。

表1 1978—2020 年人口变化发展趋势(单位:万人)

模型	2010	2015	2020
$Y = 476.33 + 9.24(t - 1978)$	781.38	827.6	873.81
$F = 6796.45$			
$R^2 = 0.999575$			

(二) 耕地资源现状及预测过程

毕节地区耕地面积为 3646.90km^2(其中旱地占 87%,水田占 13%);耕地面积少(仅占全区土地面积的 14%),从图1可以看出,耕地面积则呈现减少趋势,从 1978 年的 430.26 km^2,减少至 2008 年的 364.69km^2,31 年间耕地面积减少了近 66km^2,2008 年该区人均耕地仅为 0.047hm^2。显然,人口增长与耕地面积减少矛盾是较为突出的,人口与耕地反向发展导致人均耕地面积持续下降,已由 1978 年初的

0.089hm² 减少至 2008 年的 0.047hm²，结果见图 1。

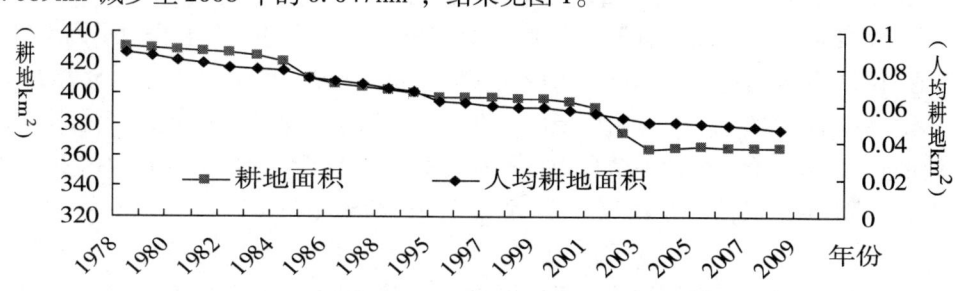

图 1　毕节地区 1978—2008 年耕地面积变化动态

根据耕地面积随时间变化的资料，结合该区近年来开展退耕还林、还草等相关措施，采用时间序列模型，进行耕地面积的回归预测。

［耕地面积预测值］$Y_t = 434.79 \times 0.995^{(t-1978)}$，$t$ 为年份。经过 F 检验，$F_{0.05}(1, 29) = 4.18$，$F_2 = 271.69 > F_{0.05}(1, 29) = 4.18$，通过了显著性检验，结果见表 2。

由表 2 可知，近年来，该区耕地面积都在减少。据预测，到 2020 年全区耕地面积约为 341.45km²。

表 2　1978—2020 年耕地面积预测过程（单位：km²）

模型	2010	2015	2020
$Y = 634.78 \times 0.994^{(t-1978)}$	361.19	351.18	341.45
$F = 271.69$			
$R^2 = 0.90356$			

（三）粮食产量变化趋势及预测

区域粮食安全的关键是要确保粮食的生产和供应足够的粮食满足区域内所有人口的粮食需求。根据《贵州省统计年鉴（1979—2009）》毕节地区粮食产量数据来看，粮食产量呈迅速增加态势，从 1979 年的 90.57 万 t 增加至 2008 年的 262.62 万 t。但 2000—2003 年间由于省内粮食价格下降的同时，该地区的粮食播种面积在 4 年间减少了近 23km²，导致粮食产量出现阶段性的逐渐下降，2004 年后粮食产量保持在一个比较稳定的增长状态。

根据粮食产量随时间变化的资料，采用时间序列模型，经过模型选优后得：

［粮食产量预测值］$Y_t = 82.05 \times 1.04^{(t-1978)}$，$F$ 检验：$F_{0.05}(1, 29) = 4.18$，$F_{0.05} = 251.28 > F_{0.05}(1, 29) = 4.18$，$F$ 检验通过，表明方程的总体回归效果显著；$R^2 = 0.89653$，表明拟合优度接近 1，回归线对样本数据点的拟合程度很高。基于贵州统计年鉴数据为基准，对毕节地区未来 10 年粮食产量变化进行了预测，预测结果见表 3。预计到 2020 年该区粮食产量达到 416.10 万 t。

表 3　1978—2020 年粮食产量变化趋势（单位：万 t）

模型	2010	2015	2020
$Y = 82.05 \times 1.04^{(t-1978)}$	285.24	344.51	416.1
$F = 251.28$			
$R^2 = 0.89653$			

(四) 人口、耕地、粮食三者之间相关性研究

一个区域的人口与耕地面积和粮食产量都是密切相关的，除了这两个因素外，往往还有很多因素可能会影响该区域内的实际人口总数，如流动人口、自然增长率等。本文鉴于研究的重点及资料收集的可获性，选取了耕地面积、粮食产量作为解释变量进行研究，为有效消除数据中可能存在的异方差现象，因而对选取的变量进行了取自然对数处理，记为 $Ln(x_i)$，建立下列回归模型：$LnY = C + \alpha Lnx_{1t} + \beta Lnx_{2t} + \varepsilon$。

为说明各解释变量对被解释变量的影响，我们先进行人口规模与本文中所选取的制约因素进行相关分析，计算简单相关系数，各变量简单相关系数矩阵如表4所示。根据相关系数分析，说明各因子对人口规模的影响是极为显著的。通过计算，由表4可知：人口规模与粮食产量、耕地面积之间 Pearson 简单相关系数分别为 0.937＊＊＊, -0.948＊＊＊，结果还表明人口规模与粮食产量成高度正相关，与耕地面积呈高度负相关。

表4 人口规模影响因子简单相关系数矩阵

	Y	x_{1t}	x_{2t}
Y	1.000	-0.948＊＊＊	0.937＊＊＊
x_{1t}	-0.9948＊＊＊	1.000	-8.488＊＊＊
x_{2t}	0.937＊＊＊	-0.848	1.000

注：＊＊＊表示在1%水平上显著。

其中，Y 为人口预测值，C 为常数项，α 为耕地面积回归系数，x_{1t} 为耕地面积，β 为粮食产量回归系数，x_{2t} 为粮食产量，n 为数据组 ($n=31$)，回归结果如表5所示。综上所述，整理得出回归方程：

[人口预测值] $Y = 1378.73 - 2.17x_1 + 0.69x_2$

表5 各变量回归系数及检验结果

	标准差	非标准化回归系数	标准化回归系数	T值	VIF
x_{1t}	0.275	-2.172	-0.547	-7.9＊＊	3.561
x_{2t}	0.100	0.687	0.473	6.834＊＊	3.561
C	123.377	1378.731	—	11.175＊＊	—
F 值			357.265＊＊		
R^2			0.962		
校正 R^2			0.96		

注：被解释变量为人口，$F = 357.265 > F_{0.05}(2, 28) = 3.34$，表明回归方程效果显著，校正 $R^2 = 0.96$，表明回归线对样本数据点的拟合度很高；＊＊结果表明在5%的水平上显著；VIF均小于10 (作为标准)，说明解释变量间不存在共性问题。

四、土地人口承载力研究

土地资源人口承载力 (PSCL) 是指在未来不同时间尺度上，以预期的技术水平、经济发展水平以及与此相适应的物质生活水准为依据，一个国家或者地区利用其自身土地资源所能持续、稳定供养的人口数量。它综合反映了区域人口、土地和粮食及社会经济等状况之间的一种关系，开展区域土地资源人口承载力研究，对于

制定适宜的土地政策与人口政策,保护生态环境,实现区域内耕地、粮食、人口的可持续发展具有十分重要的意义。

人口生活标准是影响人口承载力的一个重要指标。在土地生产能力一定的情况下,不同的生活标准,其承载的人口数量是不同的。人口生活标准与PSCL成反比,生活标准越高,PSCL越低,反之亦然。结果见表6。

表6 2010—2020年毕节地区土地人口承载力

年份（年）	总人口（万人）	粮食生产预测总量（万t）	温饱型		小康型		富裕型	
			承载人口供养人口（万人）	承载率超载率（%）	承载人口供养人口（万人）	承载率超载率（%）	承载人口供养人口（万人）	承载率超载率（%）
2010	781.375	285.24	713.1 68.275	91.26 8.74	633.87 147.551	81.12 18.88	570.48 210.895	73.01 26.99
2015	827.599	344.51	561.275 33.676	104.07 -4.07	765.58 62.02	92.51 7.49	689.02 138.579	83.26 16.74
2020	873.81	416.1	1040.25 166.44	119.05 -19.05	924.67 50.86	105.82 -5.82	832.2 41.61	95.24 4.76

从表6可以看出,2010—2020年毕节地区粮食产量可以达到温饱水平,在此基础上还有近13.47万~66.58万t粮食盈余,但是若想达到小康型和富裕型消费水平,差距仍然很大。从表中,我们也可以看出,随着时间的推移,超载率也在下降,似乎出现了好转的情况,即该区的生活水平在此种标准下逐渐提高;但是我们必须清醒地认识到,2008年该区粮食产量为仅262.62万t,要想提高到2020年的416.10万t,任务非常艰巨;同时该区地属岩溶贫困山区,科技技术发展水平低下,作物生产仍然是一种粗放的农耕作业。因此,该区必须采取有效措施提高土地承载力,从而保证该区人们生产和生活的需要,从农业的长远发展来看,该区必须保持耕地面积的稳定性,逐步改善生产设备,提高农民的生产技能,从而逐渐把粮食总产量提上去。

五、对策与建议

(一)保护耕地资源,提高土地利用率

目前,毕节地区常用耕地面积3646.9km²(其中旱地占87%,水田占13%);耕地面积少(仅占全区土地面积的14%),土地开发利用比例大、投入少、用地效率低。同时由于土地后备资源不足,耕地质量差,开发难度大,资金不足等问题,"耕地危机"极其突出;加之近几年,该区内自然灾害频繁,水土流失严重,造成大片耕地流失,解决耕地问题迫在眉睫。针对耕地利用这一问题,我们要遵循"开源节流"的方针,应大力发展农业,严格控制耕地面积和提高耕地质量;同时,要严格审批用地制度,严禁人为无偿划拨和任意破坏占有耕地的行为,对各种用地进行统一规划,统筹安排,尽量少占耕地,杜绝"多征少用,早征迟用,征而不用"的浪费现象。

（二）调整农业产业结构，提高复种指数，提高作物产量

毕节地区耕地资源有限，依靠开垦荒地增加粮食总产量难以持久，只有挖掘现有耕地的生产潜力才是解决人地矛盾的有效措施。调整种植业结构的，伴随粮食经济与饲料作物争地的矛盾日益突出，依靠发展复种指数来增加耕地面积是促进粮食稳定增长的关键途径之一。坚持耕地用养结合，增加有机肥，实行测土配方施肥，协调氮、磷、钾肥的施用量。同时，大力发展轮作、间作、套作等耕作技术，提高土地利用率，这些都是提升农作物产量的最有效方法。

（三）稳定播种面积，增加对农业投入，科学种田

毕节地区山地居多，农业机械化程度较低，有效灌溉面积的比率仍然不高，对粮食产量的影响较大。首先，加大农业基础设施建设和兴修水利的投入，有计划地扩大旱涝保收田面积，提高抗灾能力。其次，由于污水灌溉情况较为严重，要保护耕地资源，就要严格控制工业污水的排放，加大对大江、大河流域的污水企业进行综合治理。再者，通过加快农业水利设施、交通基础建设，推进农业现代化，提高粮食产量。

（四）控制人口增长，提高人口素质，开发人力资源

毕节地区要在稳定低生育水平的基础上，以人的全面发展统筹解决人口问题，为经济、社会、资源、环境的协调和可持续发展创造良好的人口环境，要提高农民科学文化素质（包括对提高人的健康、技能和知识等素质的投入），努力将我区人口多的压力转化为人力资源丰富的优势，科学种田，特别是要加强对农村基层干部的科学文化知识教育技能，大力发展生态农业道路。

参考文献

贵州统计局. 贵州统计年鉴 [Z]. 北京：中国统计出版社，2009.
低于世界公认的人均耕地警戒线0.8亩.
陈静生. 人类—环境系统及可持续发展 [M]. 北京：商务印书馆，2001.
编写组. 毕节地区综合农业区划 [M]. 贵阳人民出版社，1989.
赵翠薇，濮励杰. 贵州省50年来耕地资源数量变化特征及其与粮食生产 [J]. 南京大学学报：自然科学版，2005，41，（1）：105 - 112.
李玉平，蔡运龙. 区域耕地—人口—粮食系统动态分析与耕地压力预测——以河北省邢台市为例 [J]. 北京大学学报：自然科学版，2007，43，（2）：230 - 234.
杨忍，任志远. 贵州省粮食安全与耕地压力时空动态变化及驱动因素分析 [J]. 农业系统科学与综合研究，2009，5，（2）：159 - 162.
陈百明. 土地资源学概论 [M]. 北京：中国环境科学出版社，1996：135 - 141.
贵州统计局. 贵州统计年鉴 [Z]. 北京：中国统计出版社，1979—2009.
洪业应，陈景信. 区域人口—粮食—耕地的协调可持续发展——以贵州省毕节地区为例 [A]. 2010中国可持续发展论坛2010年专刊（二）[C]. 2010，（20）：32 - 36.

（作者单位：贵州大学人口研究中心）

高校开展性与生殖健康教育的必要性与经验

徐 江

一、引 言

　　大学生正处于性的活跃时期，是一个极易受到损伤和危险的阶段。加上现代社会经济发达、文化繁荣，各种时尚信息和诱惑冲击着大学校园，大学生中不安全性行为、意外妊娠、生殖道感染、未婚先孕、人工流产、性病/艾滋病病毒感染的发生率不断增加（杜建林，2008；李文彦等，2007；曾琳娜，2007；徐苇等，2004）。造成这种局面的原因有多种，归根到底，无非是高校大学生性与生殖健康信息的科学性和知识不够以及大学生的性观念逐步开放所致，急需要在高校进行性与生殖健康教育，来引导大学生的不安全行为。

二、在高校开展性与生殖健康知识教育的必要性

　　从高校大学生获取信息的科学性和性与生殖健康知识存量的角度来看，有必要在高校开展性与生殖健康教育。目前，我国青少年性与生殖健康教育存在严重的缺失。学校的教育与家庭的教育均在青少年的性与生殖健康主要来源中比例不高，而其他性与生殖健康渠道往往带有不科学、不系统的成分。很容易对大学生的性行为造成误导。和平英、张河川在云南大学生性与生殖健康状况分析中显示，主要靠学校教育的只占8.0%，远低于媒体（58.0%）的影响力（和平英、张河川，2008）。常丽军（2006）认为：不清楚避孕方法种类，认为安全期是绝对安全，缺乏紧急避孕知识，不清楚终止妊娠手术后近期及远期并发症，如感染、不孕等，性开放和性知识缺乏形成鲜明的对比，导致非意愿妊娠终止手术增多。其他的研究结果也大都如此，在校大学生性生殖健康知识缺乏，他们只是通过中学生理卫生课、报刊书籍、网络、电视广播等途径了解这方面一些知识，但不系统、不全面，远远满足不了他们的需要（周远忠等，2009；周丽苹、叶世明，2002；荆春霞、杨光等，2008）。在校本科生一般对避孕药的其他作用、副作用、紧急避孕等知识的认知显得严重不足（王敏、聂绍发等，2009；谷丽萍等，2005）。这就需要在高校进行系统的教学或培训，以期达到事半功倍的效果，弥补大学生性与生殖健康知识的不足。

　　从大学生的健康角度来看，有必要在高校开展性与生殖健康教育。性与生殖健康知识的不科学、不足够，最主要的表现为大学生各种健康风险的增加。如无保护的性行为、非意愿妊娠、人工流产1、不孕症、性传播疾病、艾滋病、性暴力、贫困以及缺乏经济机会，等等。在一项关于大学生避孕问题的调查中发现，有15%的男生和13%的女生承认有过婚前性行为，但在首次性行为发生时，只有16%的人回答他们采用了避孕措施，其中3.1%的被调查对象报告他们曾怀孕过或使对方怀孕过1次或多次（杨珍、蒋欢，2005）。另一项调查发现，第一次性行为时未采取避

孕措施者占42.6%，有过性行为的调查对象中有25.7%发生过意外妊娠，大学生发生意外妊娠后，绝大多数是选择人工流产为结局，这对女性大学生的身心健康以及他们的学习生活会产生巨大的影响（王敏、聂绍发等，2009）。

可见，从大学生的健康角度考虑，也有必要在高校进行性与生殖健康教育。当然，也有部分大学生及家长认为在大学开设性与生殖健康课程会促使婚前性行为增多。但是也有学者研究表明这之间并没有直接的关系（Natalie，2006；Kohler，2008）。Dilorio和Ancheta的研究结果表明，在性行为前接受性与生殖健康教育反而会降低婚前的不安全性行为的风险（Dilorio，1999；Ancheta，2005）。常丽军在辽宁省盘锦市妇幼保健站妇产科的计划生育手术案例中也表明，如果在校期间能够接受较好性生殖健康教育，将大大降低这部分青年非意愿妊娠终止早孕手术发生比率，不仅如此，大学生接受知识能力强，是社会的重要群体，在青少年中起主导作用，以大学生性生殖健康教育为突破口，能有效降低青少年非意愿妊娠终止手术的发生，带动全社会青少年素质的提高（常丽军，2006）。此外，其他一些研究也表明，大学生的性观念日趋开放，以学校为基础的性教育不仅不会导致他们较早和较多的性活动，反而可以推迟其性活动开始的时间，这将有利于其保持健康的生活（Resnick，1997；Patricia，2004；夏丹，2008）。

从大学生自己的需求来看，有必要在高校进行性与生殖健康教育。虽然不同的抽样调查得出的结果不同，但无论是在对北京市的大学生（周远忠、张玫玫等，2009）做的调查，还是对上海市的大学生（陈斌、卢永宁等，2009）做的调查，以及浙江省（周丽苹、叶世明，2002）和武汉市（王敏、聂绍发等，2009）的大学生调查，均显示有绝大多数（支持率均在90%左右）认为在大学开展性与生殖健康教育非常必要。同时，不同类型的大学生（如不同性别或不同年级、不同专业等）需求是不一样的，在此不作详细讨论。

可见，在高校开展性与生殖健康教育非常有必要。那么在高校开展性与生殖健康教育是否可行呢？已经开设性与生殖健康教育的高校，效果又是如何呢？

三、在高校开展性与生殖健康教育的现实可行性与效果（经验）

目前，开展性与生殖健康教育的高校有很多所，如北京大学、吉首大学、中山大学和石河子大学等，其中后三所大学还专门对听课的学生进行了一次调查。在高校开展性与生殖健康教育，必须要考虑的因素有：师资、教材（或授课内容）、学生情况以及课时等。下面分别介绍北京大学、吉首大学、中山大学和石河子大学的授课情况及效果，以供借鉴。

（一）北京大学

课时、教材和师资。北京大学在本科生的通选课（选修课）上，开设了一门《人类的性、生育与健康》课程，该课总共1学分，共17学时，参考教材为高教出版社出版，许世彤编写的《性科学与性教育》。俗称"三宝"课，被誉为文科生必选的两门A类（自然科学类）选修课程之一，授课的姚老师为理学博士，生命科学学院讲师。曾荣获未名教师优秀奖、北京大学专业技术岗位青年人才支持计划支持等多种荣誉，以及参加多种省部级科研项目和发表大量学术论文。自1998年7月至今在北京大学生命科学学院从事科研和教学工作，具备丰富的研究经验。

学生情况。"要选这门课要投比较高的意愿点，或者靠补选的时候用人品刷。"显示出其在选修课中的受欢迎程度和需求。这也反映了在高校开展此类教育的必要性。笔者通过曾选修过这门课程的访谈者了解到，"选修这门课的人不仅有男生，也有很多女生。在刚开始上课时会存在一些尴尬的心理，但是在上过几次课后就习惯了。"而且"旁听生大有人在"。

课件中说明，开设这门课的主要目的是：从生物学、生理学角度系统、全方位、科学地介绍人类性知识，使大学生深入地了解自身，并能以科学知识来正确指导自己在生活中的行为，尤其使女大学生建立自我保护意识。目前我国女大学生不安全性行为及意外怀孕的情况不容忽视，这些对女大学生的学习生活和心理都带来负面的影响。人工流产更是有可能伤害到女性大学生的健康。因此加强女性大学生性与生殖健康教育刻不容缓。

讲授的主要内容包括：第一讲为什么要开这门课；第二、三讲人类各大系统结构简介（男、女性生殖器官的构造和功能）；第四、五讲性机能的调节、性唤起和性反应；第六讲青春期的发育及有关问题；第七、八讲受精过程、避孕、人工流产和绝育；第九讲性的发育分化、优生和防止遗传病；第十、十一讲性生活、性行为和性功能障碍；第十二讲性疾病传播等。可见这门课基本包含了青少年性与生殖健康领域最关注的几大问题，如安全性行为、性传播疾病、避孕与人工流产等。这些也是与大学生这一年龄段最密切相关的。"总之是很有用的一门课，讲的知识还是很实用的。"

授课形式。北京大学采取选修课、讲座和 bbs 三者互相补充的形式。在授课的同时，借助医学部的先天优势，还不定期邀请性与生殖健康领域的专家学者开展多次讲座，如 2009 年的"平民学校男性生殖健康专题讲座"等。并通过北大未名 bbs（医学与健康版，版主基本都是具有医学背景的）进行同学之间的交流与教育，虽然此版并非专门针对性与生殖健康教育，但是版上每次有性与生殖健康的疑问时，都会有很多热心的医学背景的同学和有过类似经历的同学来答疑。同时，这一板块能够匿名发帖，从而保护了大学生的个人隐私，打消他们尴尬的顾虑，解决了在实际中遇到的各种性与生殖健康问题，取得良好的效果。

（二）吉首大学

（1）开设必修和选修课程：分两个学期分别在大一第二学期开设《大学生卫生与健康》公共必修课，在大二第学期开设《大学生生殖健康教育》、《青春期健康教育》公共选修课；课程内容形成了包括男女生殖系统、生理解剖、青春期生殖与生理卫生、性健康教育、怀孕与生命诞生、避孕与生育调节、人工流产与妇科病防治、艾滋病/性病防治等 7 大知识模块，教学内容贴近大学生实际需求，逐步实现大学生生殖健康知识体系的规范化、系统化、科学化和适用性。

（2）此外还举办学术讲座：两个学期共举办了 5 场卫生与健康、生殖健康、性病/艾滋病防治等专题讲座。

（3）组织主题讨论和同伴交流：利用课堂、访问、座谈、咨询、指导等机会，选择健康与生殖健康、生命价值与生存质量等主题与学生进行参与互动式讨论和交流，并指导和要求学生将所学知识向同学和同伴传播。

（4）发放生殖健康教育宣传资料和组织观看影像片。

（5）咨询服务：一是在课后、各种活动现场为学生面对面提供咨询和指导，二是运用网络、现代通讯工具，通过 Email、短信和 QQ 为学生提供咨询服务和信息互动交流。

（6）重点对象的跟踪指导：为存在生殖健康问题的学生建立档案，进行重点跟踪指导和必要的治疗；这一点比较新颖，是吉首大学区别于其他高校的一点。不过跟踪指导必将花费时间和精力。这就需要其他高校综合考虑成本与收益。

（7）教学与课题研究相结合：在教学中研究大学生生殖健康教育的方法、内容和问题，在研究中促进生殖健康教育教学改革（杜建林、罗雪梅，2008）。

吉首大学通过课堂讨论、影视宣教、座谈、咨询、小组或个别指导、社会实践和健康门诊等一系列师生互动活动，充分发挥学生主观能动性，运用了分享、赋权、自助与互助参与式行为干预方法，将一般卫生常识的普及、生殖健康知识教育和行为干预相结合，符合大学生知识掌握、技能形成和行为建立的循序渐进规律。

通过开设《大学生生殖健康教育》公共选修课程，抽取 489 名大一和大二的学生做调查，教育后大学生生殖健康知识掌握程度普遍提高，得到了良好的效果。对大学生同居、婚前性行为、性行为时愿意使用避孕套等正向态度和行为持有率明显增加，性安全防范意识增强，差异有高度显著性。有近 90% 不同年级大学生对课程在促进生殖健康行为养成方面评价较高（杜建林，罗雪梅，周昌菊，2008）。

（三）中山大学

采用多媒体课堂授课和讨论方式，共 36 学时。主要教学内容为性的生物学/社会学/伦理学、性卫生保健、男女性器官的解剖与生理、男性发育、性反应与性行为、常见男女生殖器官疾病、性传播疾病、性取向障碍与性偏好障碍、避孕与人工流产、不孕与辅助生殖技术、人类繁衍与优生、女性性功能障碍。

蔡柳洪、张滨等（2009）对听课学生的调查共发出问卷 120 份，回收 98 份，回收率 81.7%，其女生占 24.5%，男生占 75.5%。有 31.6% 的学生建议授课方式应该更多地互动（包括老师点名回答问题，允许向老师传递小纸条，男女分组讨论，设立公共网上社区，布置课外作业调查大学生中存在的问题并由老师点评，开办讲座等）；有 28.6% 的同学要求增加视频。对授课内容方面，29.6% 的学生认为过于偏重生理，要求增加讲授的内容主要是：讲授性技巧 17.3%，性心理内容 13.3%，实际临床例子 14.3% 等。可见大学生更加注重实用性。学生对所授课内容的兴趣分布依次是：男女性器官的解剖与生理 65.3%，性传播疾病预防 41.8%，性反应与性行为 35.7%，避孕与人工流产 35.7%，性的社会学/伦理学占 30.6%，常见男女生殖器官疾病 28.6%，不孕与辅助生殖技术 26.5% 等。

（四）石河子大学

（1）专题讲座。先后举办了 18 场性生理、性心理、性伦理、性道德以及性病、艾滋病的防治等知识讲座。参加人数为 4492 人，总的出席率为 166.4%；可见开展讲座能实现广覆盖和高出席率。

（2）同伴教育。培训内容为生殖生理、避孕节育、性心理、性病、艾滋病预防等相关知识，培训形式为听讲课、看录像、举办展览、参与式讨论等。

（3）主题班会。在 14 个学院 78 个班级中认真组织学生讨论了友情、爱情与婚姻家庭、远离毒品、珍惜生命、预防性病艾滋病等重要问题。两年中共进行了 78 场次,学生参与率为 85.7%。

(4) 发放宣传资料,并在石河子广播电台开办了《性与健康》栏目,据石河子电台统计有万人收听了此节目。

(5) 学校开设了咨询服务热线电话,以解决大学生各种性困惑问题。

杨晓煦等(2005)采用前瞻性干预研究的方法,对石河子大学 2000 级 2700 名新生进行为期两年多的性健康知识教育,通过教育,学生的性与生殖健康的知识、态度、观念和行为有了明显的提高和转变,总的问题回答正确率由干预前的 48.3% 上升到 71.1%。学生在性生理、性心理、性伦理道德、性病、艾滋病的预防以及避孕节育与安全性行为等科学知识方面,教育前后均有显著提高。

四、总　结

由以上四所高校的教育经验和调查结果基本可以看出,性与生殖健康教育有助于大学生提高性心理、性生理以及其他生殖健康相关知识,并降低性病、艾滋病和不安全性行为的风险,有助于保障大学生的健康。

而且各高校开展性与生殖健康教育的内容、方式基本趋于一致,教育方式基本都为选修课与讲座相结合,辅以材料分发、同伴教育或同伴交流、宣传与咨询、bbs 等多种手段。而授课内容则主要包括性心理、性生理、避孕与性病预防等与大学生最密切相关的知识。

参考文献

张河川. 从大学生对性的认、知、行中看 AIDS 的社会干预 [J]. 中国健康教育, 1995, 11, (6): 20-22.

张河川. 性道德对在校未婚青年性 KAP 的影响 [J]. 中国公共卫生, 2003, 19, (3): 371-373.

和平英, 张河川. 云南大学生性与生殖健康状况分析 [J]. 中国学校卫生, 2008, (10): 898-899.

周远忠, 张玫玫, 尹平, 等. 北京市大学生对生殖健康、避孕教育及服务需求的调查 [J]. 中国计划生育学杂志, 2009, (2): 75.

荆春霞, 杨光等. 广州市大学生生殖健康相关知识、观念和行为的调查 [J]. 现代预防医学, 2008, (19): 3732-3734.

王敏, 聂绍发等. 武汉地区高校本科生生殖健康知识、态度、行为现况调查 [J]. 中国计划生育学杂志, 2009, (2): 84-85.

陈斌, 卢永宁等. 上海市大学生生殖健康状况调查及干预研究 [J]. 中国计划生育学杂志, 2009, (6): 472-476.

周丽苹, 叶世明. 大学生生殖健康与生殖健康教育 [J]. 中国计划生育学杂志, 2002 年增刊: 115.

李文彦, 颜雪梅, 蔡妙芬, 等. 高校女生妇科疾病统计与分析 [J]. 保健医学研究与实践, 2007, 4 (2): 60-61.

杜建林. 健康信念模式下大学生生殖健康问题成因探析及对策 [J]. 护理学报, 2008, 15 (7): 85-87.

杨珍, 蒋欢. 我国大学生性健康教育存在的问题及对策 [J]. 中国学校卫生, 2005, 26 (12): 1028-1029.

常丽军. 大学生性生殖健康教育的必要性 [J]. 中国妇幼保健, 2006, 21 (11): 1472-1473.

谷丽萍, 王渠源, 崔松花, 等. 女大学生口服避孕药的调查 [J]. 中国妇幼保健, 2005, 20 (11): 1397-1398.

徐帯, 吴盛辉, 徐苹. 南京市某高校女大学生生殖健康状况 [J]. 中国学校卫生, 2004, 25 (1): 92.

杜建林, 罗雪梅, 周昌菊. 大学生生殖健康教育课程教学模式研究与效果评价 [J]. 实用预防医学, 2008, 15 (4): 1274-1276.

Dilorio C, Kelley M, Hockenberry—Eaton M. "Communication about Sexual Issues: Mothers, Fathers, And Friends" [J]. *Adolesc Health*, 1999, 24 (3): 181-189.

Ancheta R, Hynes C, Shrier LA. "Reproductive Health Education And Sexual Risk Among High—risk Female Adolescents and Young Adults" [J]. *Pediatr Adolesc Gynecol*, 2005, 18 (2): 105-111.

Natalie D. Smoak, Loft A. J. Scott—Sheldon, Blair T. Johnson, et al. "Sexual risk Reduction Interventions do not Inadvertently Increase the Overall Frequency of Sexual Behavior: A Meta—Analysis of 174 Studies with 116735 Participats" [J]. *Acquir Immune Defic Syndr*, 2006, 41 (3): 374-384.

Kohler PK, Manhart LE, Lafferty ME. Lafferty. "Abstinence—only and Comprehensive Sex Education and the Initiation of Sexual Activity and Unintended Pregnancy" [J]. *Adolescent Health*, 2008, 42 (4): 344-351.

夏丹, 凌莉, 彭韩伶, 等. 广东某高校本科生生殖健康认知状况调查分析 [J]. 中国健康教育, 2008, 24 (11): 839-841.

Resnick MD, Bearman PS, Blum RW, et al. Protecting adolescents from harm, findings from the national longitudinal study on adolescent health [J]. JAMA, 1997, (278): 823-832.

Patricia J, Sulak. Adolescent sexual health [J]. Supplement to the Journal of Family Practice, 2004, (6): S3-S4.

魏莎莉, 周生建, 杨戎, 等. 医学生对性行为态度及生殖健康知识的现状分析 [J]. 医学教育探索, 2002, 1 (1): 62-67.

杨晓煦, 郭菁兰, 郭耘, 等. 新疆石河子市大学生性与生殖健康教育干预研究 [J]. 石河子大学学报 (自然科学版), 2005, 23 (2): 191-193.

蔡柳洪, 张滨, 等. 大学生性与生殖健康素质教育的探索与实践 [J]. 中国性科学, 2009, 18 (3): 13-16.

(作者单位: 北京大学人口研究所)

河北省老年残疾人口规模和结构预测

王 曼 李翰炜

根据2006年第二次残疾人口抽样调查数据,全国的残疾人口比例为6.34%,而河北省残疾人口比例为7.23%,高于全国平均水平,其中河北省60岁及以上老年残疾人口占全省残疾人口总数的52.25%,是残疾人口的主体。由于受客观条件和老年人身体器官老化的影响,老年残疾人康复率低,而且许多有残疾人的家庭也没有足够的经济能力来承担残疾人的康复费用,老年残疾人凭借自身的能力难以得到稳定的基本生活保障。河北省老年残疾人口状况和变化趋势有以下特点,这些特点给未来带来深远的影响,应当引起社会和各级政府的重视:

(1) 老龄化加速老年残疾人口数量的增加。与1987年的残疾人抽样结果相比,2006年河北省残疾人口数量增加了202.9万人,残疾比例上升2.02个百分点。老龄化是残疾比例增加的主要原因。随着河北省人口老龄化的进一步深化,河北省残疾人口的数量尤其是老年残疾人口的数量将加速增加,残疾人口的年龄结构也趋向于老年型。

(2) 老年个体多种残疾类型并存。老年人的心、脑、肾等器官的生理功能退化比较明显,发生病变之后的新陈代谢能力减退,严重地影响了治愈与康复,还容易引起并发症,例如患糖尿病的老年人可并发心、脑、肾、视网膜以及精神方面的异常,导致多种残疾。

(3) 老年残疾人口的社会经济状况较差。据2006年第二次河北省残疾人口抽样调查,残疾人家庭年平均收入仅为2948元,其中农村残疾家庭年人均收入为2093元,残疾人相对贫困的问题突出,75.1%的残疾人的生活主要来源是家庭其他成员,仅有22.7%的残疾人的主要生活来源是离退休金,领取月基本生活费为主要生活来源的仅占2.0%。

(4) 老年残疾人享受社会保险现状为:医疗保险参与率较高、寿险参加率低;参保比例低。政府需要加大对社会保险的投入,鼓励民间机构介入,组织老年残疾人之间的相互照料从而提高老年残疾人生活质量。

总之,河北省残疾人口数量有加速增长的趋势,人口老龄化和老年人口残疾比例高是主要原因,并且残疾老年人的保障问题没有得到根本解决。这种老年残疾人口状况和变化趋势决定了需要从长远的角度来规划河北省老年残疾人保障的应对措施,因此必须要摸清楚未来河北省老年残疾人口的规模和结构的变化。

本文利用河北省2000年的人口普查数据,编制分性别的完全生命表,先根据男性和女性这两个生命表预测河北省2010年至2050年60岁及以上的分性别的老年人口数量。然后利用2006年残疾人抽样调查中的河北省数据来估计各年龄的残疾比例，预测 2010 年至 2050 年老年残疾人口数量。

一、编制河北省人口生命表

本文根据河北省 2000 年人口普查资料数据，得到河北省 2000 年分年龄、分性别的人口数量。具体请见图 1 的河北省 2000 年人口金字塔。

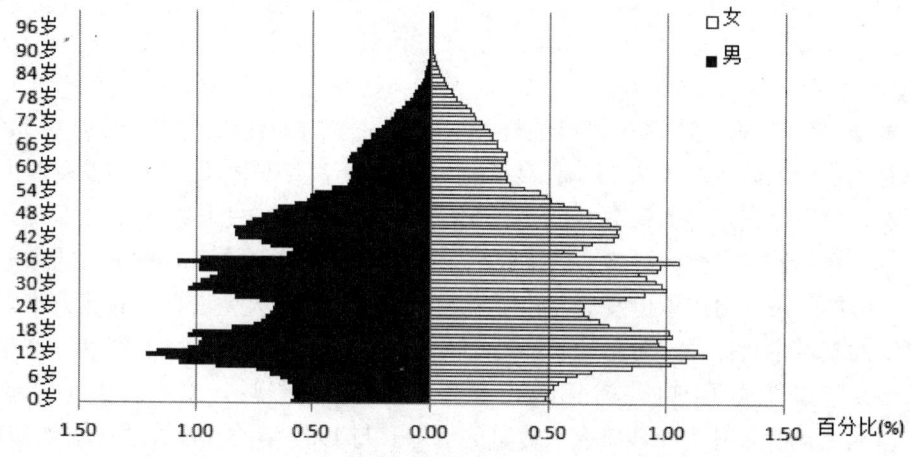

图 1　2000 年河北省人口金字塔

接着编制河北省的男性、女性生命表（见表 1），在计算死亡概率时按照 Farlle 死亡概率法进行估计，生存人年数 $L_0 = 0.276\, l_0 + 0.724 l_1$。

表 1　河北省 2000 年人口生命表（局部）

年龄	男性		女性		年龄	男性		女性	
	死亡概率	尚存人数	死亡概率	尚存人数		死亡概率	尚存人数	死亡概率	尚存人数
0	0.01556	100000	0.02198	100000	51	0.00595	90999	0.00356	93647
1	0.00078	98444	0.00088	97802	52	0.00665	90458	0.00407	93314
2	0.00055	98367	0.00057	97716	53	0.00702	89856	0.00411	92934
3	0.00047	98314	0.00040	97660	54	0.00863	89225	0.00521	92552
4	0.00044	98268	0.00030	97622	55	0.00912	88454	0.00560	92069
5	0.00047	98225	0.00033	97592	56	0.00974	87648	0.00600	91554
6	0.00045	98179	0.00034	97560	57	0.01114	86794	0.00682	91004
7	0.00054	98135	0.00023	97527	58	0.01178	85827	0.00749	90383
8	0.00060	98082	0.00028	97505	59	0.01442	84816	0.00915	89706
9	0.00047	98023	0.00021	97477	60	0.01630	83593	0.01075	88885
10	0.00055	97977	0.00024	97457	61	0.01648	82231	0.01086	87929
11	0.00048	97923	0.00020	97433	62	0.01923	80875	0.01242	86974
12	0.00044	97876	0.00018	97414	63	0.02072	79320	0.01330	85894
13	0.00045	97833	0.00018	97396	64	0.02372	77677	0.01617	84752

续表

年龄	男性		女性		年龄	男性		女性	
	死亡概率	尚存人数	死亡概率	尚存人数		死亡概率	尚存人数	死亡概率	尚存人数
14	0.00045	97789	0.00023	97379	65	0.02728	75834	0.01764	83381
15	0.00055	97745	0.00024	97357	66	0.02799	73765	0.01811	81910
16	0.00052	97691	0.00028	97334	67	0.03163	71700	0.02092	80427
17	0.00062	97641	0.00034	97306	68	0.03560	69432	0.02403	78745
18	0.00077	97580	0.00038	97273	69	0.04501	66960	0.03039	76853
19	0.00101	97504	0.00040	97237	70	0.05103	63946	0.03436	74518
20	0.00114	97406	0.00047	97197	71	0.05180	60683	0.03517	71957
21	0.00101	97294	0.00041	97152	72	0.06021	57540	0.04252	69426
22	0.00111	97196	0.00055	97112	73	0.06294	54075	0.04368	66475
23	0.00102	97088	0.00055	97058	74	0.07090	50672	0.04943	63571
24	0.00108	96989	0.00066	97005	75	0.07647	47079	0.05368	60428
25	0.00113	96884	0.00064	96941	76	0.08092	43479	0.05678	57185
26	0.00111	96775	0.00061	96880	77	0.08948	39961	0.06518	53938
27	0.00119	96667	0.00064	96821	78	0.09773	36385	0.07225	50422
28	0.00123	96552	0.00067	96758	79	0.12423	32829	0.09166	46779
29	0.00129	96434	0.00074	96693	80	0.14132	28751	0.10172	42491
30	0.00138	96309	0.00079	96622	81	0.13664	24688	0.10062	38169
31	0.00135	96177	0.00078	96546	82	0.15302	21314	0.11442	34329
32	0.00147	96047	0.00079	96470	83	0.16536	18053	0.11696	30401
33	0.00136	95905	0.00069	96394	84	0.18465	15068	0.13490	26845
34	0.00160	95774	0.00081	96327	85	0.19185	12285	0.13823	23224
35	0.00169	95621	0.00093	96249	86	0.19104	9928	0.14448	20014
36	0.00182	95460	0.00084	96160	87	0.21148	8032	0.16026	17122
37	0.00209	95287	0.00099	96079	88	0.22115	6333	0.17221	14378
38	0.00198	95088	0.00102	95984	89	0.25199	4933	0.19355	11902
39	0.00217	94899	0.00124	95886	90	0.29012	3690	0.22483	9598
40	0.00250	94694	0.00132	95767	91	0.29483	2619	0.21781	7440
41	0.00254	94457	0.00129	95641	92	0.32929	1847	0.25153	5820
42	0.00264	94217	0.00142	95517	93	0.31734	1239	0.26618	4356
43	0.00257	93969	0.00147	95381	94	0.32335	846	0.28808	3196
44	0.00300	93727	0.00164	95241	95	0.35459	572	0.31375	2276
45	0.00338	93445	0.00181	95084	96	0.31398	369	0.32708	1562
46	0.00362	93129	0.00196	94912	97	0.30957	253	0.32205	1051
47	0.00419	92792	0.00227	94726	98	0.34014	175	0.40716	712
48	0.00434	92403	0.00252	94510	99	0.21053	115	0.35926	422
49	0.00517	92002	0.00311	94272	100+	1.00000	91	1.00000	271
50	0.00576	91526	0.00354	93980					

二、根据生命表预测河北省 2010—2050 年老年人口数量

根据河北省 2000 年人口普查数据和生命表预测 2010—2050 年 60 岁及以上各年龄的人口数量，采用的方法如下：

2000 年的 0 岁组人口到 2050 年时为 50 岁，仍不属于老年人口，2050 年的老年人一定在 2000 年时已出生，因此，不需要预测未来婴儿的出生率等复杂问题，仅需要假设未来河北省老年人的死亡率保持较稳定。2000 年为 50 岁的人口到 2010 年时为 60 岁，50 岁的人口数经过 10 年后的尚存人数可以根据生命表计算出来。用公式表示如下：设 2000 年 x 岁平均人口数量为 Nx，它在 n 年后为 (x+n) 岁，估计此时其人口数量为 Nx+n，生命表中 x 岁尚存人数为 lx，(x+n) 岁尚存人数为 lx+n，则 Nx+n = Nx * (lx+n/lx)。其中，x = 10, 11, …, 50, n = 10, 11, …, 50。(2000 年 10 岁的人口到 2050 年为 60 岁)，则预测数据如图 2 所示。

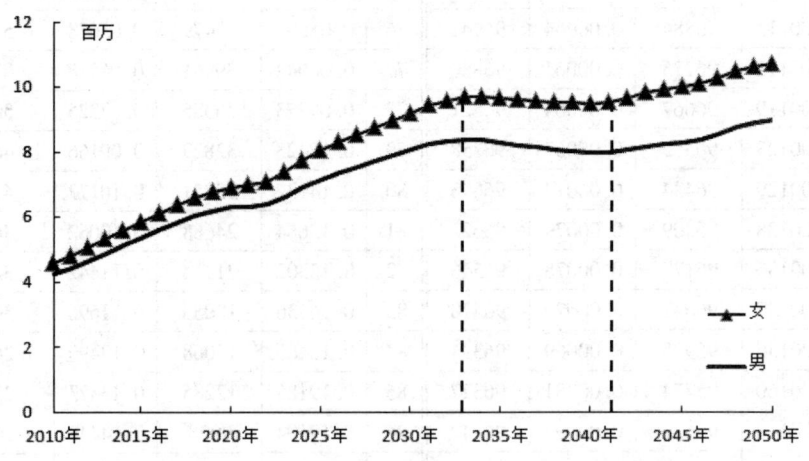

图 2　河北省 2010—2050 年 60 岁及以上老年人口数量预测

从图 2 中可以看出，在 2010 年至 2050 年期间，河北省的老年人口数量的变化将经历三个阶段：2010 年到 2033 年老年人口呈线性增长趋势，由 2010 年的 884.7 万增加到 2033 年的 1810.9 万；到 2033 起至 2041 年呈下降趋势，到 2041 年降到 1754.7 万；2041 年至 2050 年间又开始以线性增长速度增长，2050 年达到 1974.3 万的规模。老年人口的总量呈上升的趋势，且女性人口总量高于男性人口总量，两者之间的差距有增大的趋势。

三、2010 年至 2050 年河北分年龄残疾人口预测

根据 2006 年《第二次全国残疾人抽样调查资料（河北卷）》抽样调查资料中的调查人口数据和残疾人口数据，计算出各年龄分性别的残疾比例，如图 3：

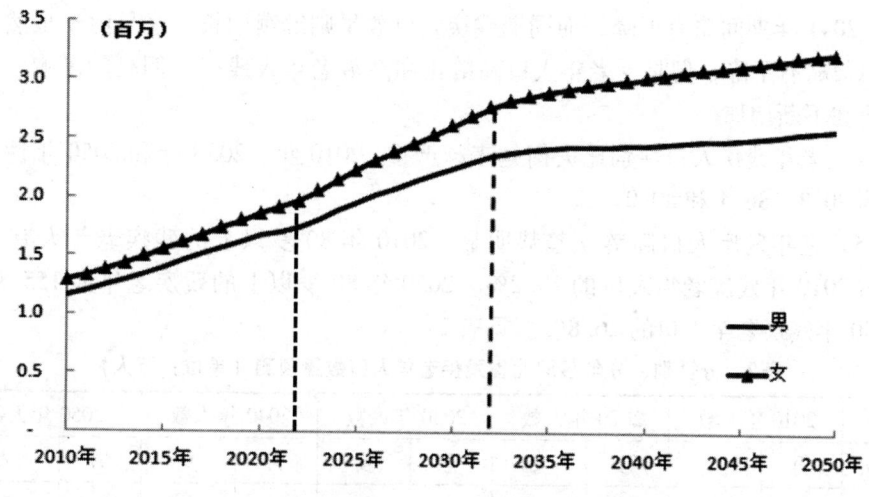

图 3 河北省老年人分年龄残疾人口比例

从图 3 看,男性残疾比例和女性残疾比例均随着年龄的增大而较快地增加,各年龄男性和女性的残疾比例相差不大,80 岁以上的男性和女性老年残疾人口比例都在 50% 以上。

利用以上数据和预测的 2010—2050 年 60 岁及以上老年人口数量估计各年龄的残疾人口数量。设某年 x 岁人口数量为 nx,x 岁人口残疾比例为 px,则 x 岁残疾人口数量 = nx * px。如图 4:

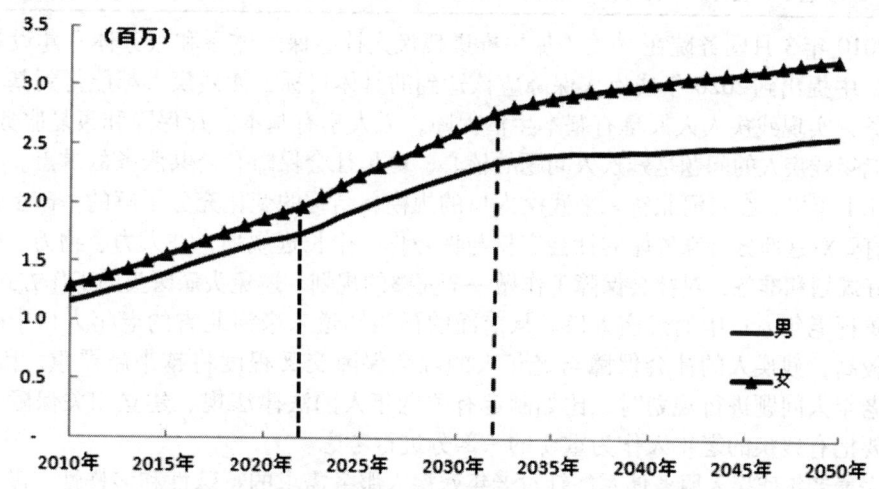

图 4 河北省 2010—2050 年老年残疾人口数量预测

因此,未来河北省老年残疾人口呈现以下特征:

(1) 随着时间推移,从 2010 年至 2050 年,男性和女性残疾人口数量不断增加。到 2050 年 60 岁及以上男性残疾人口达到 258.2 万,女性残疾人口达到 322.9 万,合计 581.1 万,是 2010 年 244.6 万的 2.38 倍。

(2) 河北老年残疾人口的增长呈现三个阶段:2010 年至 2022 年期间平均每年增长 10.6 万;从 2022 年至 2032 年期间,加速增长,平均每年增加 14.0 万;在 2032 年出现拐点,2032 年以后增长速度放缓,平均每年增加 3.8 万。

(3) 老年人口数量变化与老年残疾人口数量变化有差异。老年人口数量在

2033—2041 年期间略有下降，而同期残疾人口数量则继续增长，这是由于虽然老年人口总数略有下降，但是受老年人口高龄化和高龄老年人残疾比例高的影响，残疾人口仍在不断增加。

（4）老年残疾人口性别比失衡越来越严重。2010 年、2030 年和 2050 年性别比分别为 90.3、86.4 和 80.0。

（5）老年残疾人口高龄化趋势明显。2010 年 80 岁以上的残疾老年人有 47.0 万，占 2010 年残疾老年人口的 19.2%。2050 年 80 岁以上的残疾老年人 155.8 万，占 2050 年残疾老年人口的 26.8%。见表 2：

表 2　分性别、分年龄河北省残疾老年人口数量预测（单位：万人）

年份 年龄	2010 年人数		2020 年人数		2030 年人数		2040 年人数		2050 年人数	
	男	女	男	女	男	女	男	女	男	女
60－64	24.8	23.1	34.4	32.0	41.2	40.0	29.8	28.9	47.5	45.6
65－69	22.5	21.6	44.3	45.1	48.1	48.8	47.1	51.4	53.9	57.9
70－74	26.8	27.1	38.9	42.3	53.2	58.3	64.4	73.2	46.5	52.9
75－79	23.8	27.9	25.5	29.9	50.3	62.4	55.6	69.8	52.8	68.7
80－84	13.0	18.7	16.2	21.9	24.0	35.1	31.9	47.0	39.3	59.7
85＋	5.2	10.1	7.8	14.8	8.6	16.3	16.1	31.6	18.7	38.1
合计	116.1	128.5	167.1	186.0	225.4	260.9	244.9	301.9	258.2	322.9

2010 年 3 月国务院在《关于加快推进残疾人社会保障体系和服务体系建设指导意见》中提出到 2020 年残疾人保障应该达到的具体目标，使残疾人都能得到基本公共服务，实现残疾人人人享有基本生活保障，人人享有基本医疗保障和康复服务等。

老年残疾人的问题是残疾人问题的核心，更是社会保障和公共服务的重点。在之后的几十年里，在对河北省未来残疾人口的规模、结构的变化充分了解的基础上，各级政府要对这部分特殊群体的社会支持与保障作一个长远规划，在人力、物力、财力上做好规划和准备，对社会保障工作做一个完整的规划，避免头痛医头的工作方式。

重视老年人口中的残疾人口。从前面的预测知道未来河北省的老年人口中残疾比例较高，残疾人的社会保障与老年人的社会保障交叉程度将越来越严重。因此，在对老年人问题进行规划时，比如制定有关老年人的法律法规、建立相关保障制度等，要把有残疾的老年人作为重要的一部分进行考虑。

完善老年残疾人服务体系。针对老年残疾人服务需求的特殊性和多样性，需要研究制定残疾人服务领域的标准，加强对残疾人服务的支持引导和监督管理。发展老年残疾人托养服务产业，大力发展居家助残服务业。先在省会城市建立托养服务示范机构，把市和经济基础较好的县作为发展托养产业的骨干、逐步发展到以乡镇和社区为主体，同时可以通过税收优惠、资金支持等引进企业来共同发展托养服务产业。

参考文献

第二次全国残疾人抽样调查办公室. 第二次全国残疾人抽样调查主要数据手册［M］. 华夏出版社, 2007.

第二次全国残疾人抽样调查办公室, 北京大学人口研究所. 残疾人口与发展研究丛书:第二次全国残疾人抽样调查数据分析报告[M].华夏出版社,2008.
丁志宏.我国老年残疾人口:现状与特征[J].人口研究,2008(4):66-72.
马洪路.中国残疾人社会福利[M].北京:中国社会出版社,2002:8-12.
谢琼.人口老龄化与老年残疾人保障体系的构建[J].中国人民大学学报,2008.
郑功成.中国残疾人社会保障的宏观思考[J].河南师范大学学报:哲学社会版,2007,(6).

(作者单位:北京大学人口研究所)

省域人口抚养比的空间计量实证分析

张怀宇　王立波　梁信

一、引　言

　　国内近年针对人口经济的研究主要集中在人口红利和老龄化问题。人口抚养比是人口年龄结构的核心指标之一，广泛应用于人口转变和人口红利研究，与出生率、死亡率、劳动力比率等人口指标有高度一致性。

　　国内外学者从不同角度对人口抚养比进行研究。高小明、李学清指出，我国少年儿童抚养比随着经济的发展不断下降，老年人口抚养比随着老年人口的增多呈现缓慢上升的反向动态变化趋势，我国目前仍然处于人口机会窗口时期。陈涛等对人口抚养比进行标准化，并引入"标准消费人口"的概念，对不同年龄结构人口的消费状况进行统一，同时考虑产业结构，发现地区第一产业比重的下降，第二、三产业比重的上升，在一定程度上缓解了抚养比的负担。李文星等利用动态面板GMM估计方法，发现中国少儿抚养比对居民消费具有负的影响，中国老年抚养比变化对居民消费的影响并不显著。Leff模型拟合中国数据发现，人口抚养比对于储蓄率有显著的负向影响。同时，较多的文献考虑了人口抚养比的空间效应：Polasek W.等人考察了人口抚养比在欧洲的空间分布情况，并运用动态面板模型进行分析，表明了不同的人口抚养比对其地区GDP发展有显著影响；张晓青推导出含有年龄结构系数M的区域经济增长理论模型，通过构建空间经济计量模型发现增加人口年龄结构变量和考虑空间效应，可以显著提高模型的拟合优度。有些学者亦将空间因素引入人口研究的其他方面：刘德钦等利用空间自相关方法对中国人口分布的现象进行分析，揭示了其空间地理分布的内在联系；聂坚等研究表明，人口出生性别比在地理上存在集聚现象，空间地理因素对其影响显著。

　　在以往的研究当中，通常将人口抚养比作为解释变量，未充分考虑人口抚养比的地理空间效应对其估计结果的影响。本文将人口抚养比作为因变量，避免了以上不足。如果数据存在空间依赖性，使用经典线性回归模型将导致估计参数有偏或无效，从而得出错误结论。本文综合人口抚养比和空间计量经济学相关研究，对我国省域人口抚养比进行空间计量分析，解释说明其空间模式，并且建立空间视角下的人口抚养比分析框架，探究抚养比的影响因素。

二、数据来源和研究方法

　　本文选取2008年30个省、自治区、直辖市的数据*，指标及数据来自《中国

---

* 不包括与其他省份无地理邻接关系的海南省。

统计年鉴》和中经网统计数据库。综合统计量化分析指标的特性，结合资料收集方面的因素并参照以往研究方法，利用横截面数据对各区域人口抚养比的空间模式进行探索。

（一）探索性空间数据分析技术

探索性空间数据分析技术（Exploratory Spatial Data Analysis，ESDA），是一系列空间数据分析方法和技术的集合，以空间关联测度为核心，通过对事物或现象空间分布格局的描述与可视化，发现空间集聚和空间异常，揭示研究对象之间的空间相互作用机制。ESDA 是在没有太多先验知识、理论与假设的基础上，利用统计学和图形图表相结合的方法对空间信息进行分析、鉴别和归纳。

（二）空间自相关理论

空间统计方法通常认为某种地理现象或某个变量与邻近区域单元相关，不满足经典线性回归模型假设中观测单元独立的要求。这种地理上的相互影响就是空间自相关。

对于空间位置的属性衡量，通常用空间权重矩阵表示空间距离，用 0 和 1 两个数值来表现潜在的相邻结构。按照空间权重矩阵的概念，如果在区域范围内的两个单位存在一个共同的相邻部分，则将权数 W_{ij} 赋值为 1，其余部分为 0。

空间自相关度量的是一个区域单元上的某种现象或属性与邻近区域单元上同一现象或属性的相关程度，衡量空间自相关程度分全局和局域两种指标。全局指标通常使用全局 Moran's I 指数或者 Geary' c 指数进行衡量，其中 Moran's I 最为常用，它用单一指标值反映该区域的空间自相关程度。Moran's I 函数公式表示如下：

$$Moran's I = \frac{\sum_{i=1}^{n}\sum_{j=1}^{n} W_{ij}(Y_i - \bar{Y})(Y_j - \bar{Y})}{S^2 \sum_{i=1}^{n}\sum_{j=1}^{n} W_{ij}} \quad (1)$$

其中 $S^2 = \frac{1}{n}\sum_{i=1}^{n}(Y_i - \bar{Y})^2$，$\bar{Y} = \frac{1}{n}\sum_{i=1}^{n} Y_i$，$Y_i$ 表示各地区的观测值（本文中为各省区人口抚养比），n 为地区总数。

局域指标计算每一个空间单元与邻近单元就某一属性的相关程度。局域 Moran's I 最为常用，其定义如下：

$$I_i = \frac{(x_i - \bar{x})}{S^2} \sum_j C_{ij}(x_j - \bar{x}) \quad (2)$$

其中 x_i 为空间单元 i 的属性值，C 为空间权重矩阵，C_{ij} 是表示空间单元 i 和 j 相邻关系的向量，$\bar{x} = \frac{1}{n}\sum_{i=1}^{n} x_i$，$S^2 = \frac{\sum_{j=1,j\neq i}^{n}(x_j - \bar{x})^2}{n-1}$。正的 I_i 表示该空间单元与邻近单元的属性值相似（高值集聚或低值集聚），负的表示该空间单元与邻近单元的属性值不相似。

三、人口抚养比的空间模式

（一）人口抚养比全局空间自相关分析

本文利用 2008 年中国各省市自治区人口抚养比数据，进行空间自相关分析。空间权重矩阵基于 rook 邻接准则*计算。

表1 总抚养比、少儿抚养比和老年抚养比在不同的空间权重矩阵下的 Moran's I 及 p 值

权重	W1		W2		W21	
指标	Moran's I	p 值	Moran's I	p 值	Moran I	p 值
总抚养比	0.4816	<0.001	0.1489	0.012	0.2567	<0.001
少儿抚养比	0.4527	<0.001	0.1284	0.022	0.2315	<0.001
老年抚养比	0.2627	0.012	-0.0593	0.371	0.0582	0.073

W1 表示一阶 rook 相邻；W2 表示二阶 rook 相邻，即"邻居的邻居"，但不包括一阶相邻；W21 表示二阶 rook 相邻且包括一阶相邻。比较总抚养比、少儿抚养比和老年抚养比在不同的空间权重矩阵下的 Moran's I 及 p 值（见表1），一阶权重矩阵效果较好，下面的计算将基于一阶空间权重矩阵。

一阶空间加权的总抚养比和少儿抚养比的 Moran's I 在 0.001 的显著性水平下均显著，老年抚养比的 Moran's I 的 p 值也比较小，表明全国各地区抚养比在空间分布上具有明显的正自相关关系和空间依赖性。即较高抚养比地区相靠近，较低抚养比地区相邻，中国各地区的人口抚养比存在明显的空间集聚。总抚养比和少儿抚养比的空间自相关系数较大，老年抚养比的空间自相关现象不如前两者明显。总抚养比为少儿抚养比和老年抚养比的加总，可推断总抚养比的地区集聚趋势主要由于少儿抚养比空间集聚。

（二）人口抚养比的局部空间自相关分析

Moran's I 散点图（见图1）中，横轴表示当地标准化后的人口抚养比，纵轴表

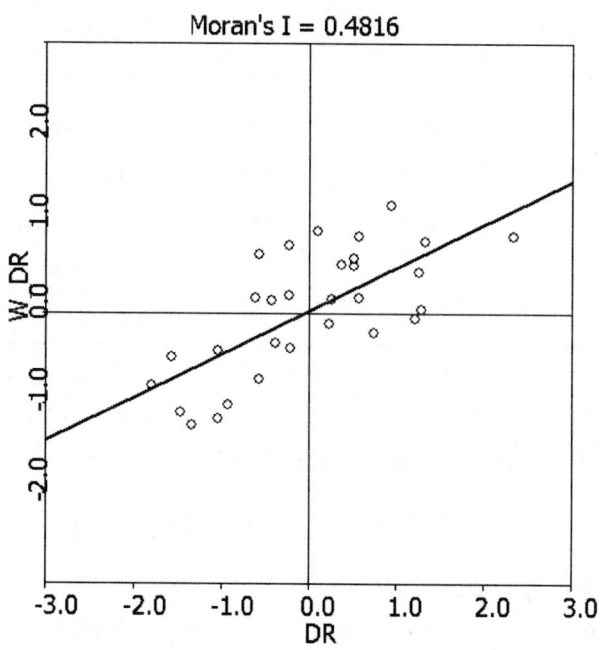

图1 我国各省人口抚养比 Moran's I 散点图

---

* 通常使用的准则包括基于距离的准则和基于邻接关系的准则。基于距离的准则设定一个阈值，地区几何中心距离低于该距离则认为相邻。本文基于邻接关系的 rook 准则定义相邻，两个省份有公共边界认为相邻，有对顶角不认为相邻。

示相邻地区标准化人口抚养比的算术平均值。第一象限及第三象限表示"高—高"和"低—低"模式,大部分省份都处于这两个象限,即空间集聚。二、四象限表示"高—低"和"低—高"模式,即空间离群,少数省份落在这两个象限里。

通过计算局域空间自相关系数(结果见表2)并结合图2,在0.05的显著性水平下,人口抚养比在广西、湖南、四川、贵州、云南等5个省区为"高—高"模式,即高抚养比地区被其他高抚养比地区围绕;黑龙江、吉林、辽宁、河北、天津5个省(直辖市)为"低—低"模式,即低抚养比地区被其他低抚养比地区围绕。*

表2 各地区人口抚养比局域 Moran's I 及 p 值表

地区	局域 Moran's I	p 值	地区	局域 Moran's I	p 值
北京	1.4329	0.0950	河南	-0.0309	0.3880
天津	1.2191	0.0440	湖北	-0.3648	0.0620
河北	0.4181	0.0050	湖南	0.0919	0.0090
山西	0.0845	0.1960	广东	-0.1697	0.0580
内蒙古	0.4410	0.0640	广西	1.0569	0.0320
辽宁	0.9406	0.0260	重庆	0.5621	0.1170
吉林	1.6048	0.0070	四川	0.49	260.0050
黑龙江	1.6750	0.0220	贵州	1.9788	0.0050
上海	0.7619	0.2180	云南	1.1381	0.0020
江苏	0.1276	0.2300	西藏	0.3178	0.1100
浙江	-0.1013	0.3520	陕西	-0.0449	0.2710
安徽	-0.0855	0.4930	甘肃	0.0925	0.2930
福建	0.0411	0.3890	青海	0.2656	0.1330
江西	0.0423	0.3890	宁夏	-0.1705	0.3700
山东	-0.0546	0.3930	新疆	0.2031	0.1810

综合局域自相关分析和 Moran's I 散点图,我国人口抚养比呈显著的全局空间正相关,一些地区局部自相关显著。我国人口抚养比的空间模式主要为空间正相关,表现为空间集聚现象,而没有显著的空间离群现象。

四、人口抚养比的空间计量模型分析

(一)人口抚养比省域差异原因假设

我国人口抚养比呈现一定的空间模式,本文做出一些假设,借助经典线性回归和空间计量模型验证。近20年的数据表明,我国人口抚养比的变动主要体现在少儿抚养比的变动,少儿抚养比主要受当地出生率的影响,假设中着重体现影响生育行

---

* 虽然看上去统计显著的地区不多,但是以统计显著的省份为中心,周边省份都包含该显著关系中。十个省份显著已经很多。

为的因素。

1. 我国各地区计划生育政策施行力度不同

（1）少数民族计划生育政策较为宽松。通过研究人口抚养比数据和四分位地图发现，我国少数民族聚集的地区人口抚养比比率较高，根据 2008 年的少儿抚养比数据，宁夏回族自治区为 32.39%，广西壮族自治区为 31.77%，云南省 31.62%，从全国来看，这些地区少儿抚养比居于前列。各省、市、自治区先后制定了本地区的计划生育条例，实现了区别对待、多元化的生育政策。例如云南省计划生育条例规定"夫妻双方或者一方是独龙族、德昂族、基诺族、阿昌族、怒族、普米族、布朗族的"或"夫妻双方都是居住在边境村民委员会辖区内的少数民族"* 的家庭可以申请再生育一个儿女。计划生育政策的宽松，导致上述省份的少儿抚养比较高。

（2）欠发达地区计划生育政策宽松。安徽、江西、广西、贵州等省区自然条件较差，经济发展缓慢，人口抚养比较高。1984 年以来，计划生育政策放宽了农村生育二胎的条件。青海、四川、重庆、云南、贵州、广西等地均规定农村户口的家庭可以有条件地生育二胎。放宽欠发达地区的计划生育政策有助于人力资本积累，帮助当地脱贫致富。人口自然增长率与人口抚养比之间的相关系数达到 0.83，存在高度相关关系。

2. 区域经济发展状况不同导致人口抚养比差异

（1）地区间收入水平差异。人口抚养比的四分位地图表明，人口抚养比较高的地区多为收入较低的地区。例如江西省的人口抚养比达到 45.11%，处于较高水平，人均 GDP 为 15900 元，处于较低水平。生育子女能为家庭增加劳动力，在未来可能改善家庭生活条件。我国养老行为基本由家庭承担，生育行为是父母为自己进行养老保障。目前我国社会保障体系尚不健全，低收入地区的高生育率是社会保障不足的补偿措施。

（2）发达地区养育子女成本上升对生育起抑制作用。养育子女的成本在东部沿海地区增势迅猛。东部地区的少儿抚养比明显低于西部，上海的少儿抚养比仅为 10%，北京为 12.13%。此外，城市化进程中的一些衍生问题，如丁克家庭增多，城市白领的亚健康状态和工作压力增大，发达地区未婚男女比例不协调也是城市的少儿抚养比下降的原因。

区域经济一体化以及城市文化的传递性，促成地区人口抚养比集聚。长三角地区、珠三角地区的抚养比普遍低于 33%，云贵高原和四川地区均高于 40%，其中贵州省达到 51.94%。

（二）空间常系数回归模型

本文使用的空间误差模型（Spatial Error Model，SEM）为：

$$DR = X\beta + \varepsilon$$
$$\varepsilon = \lambda W\varepsilon + \mu$$

空间滞后模型（Spatial Lag Model，SLM）为：

$$DR = \rho WDR + X\beta + \varepsilon$$

---

* 摘自《云南省人口与计划生育条例》。

其中 DR 表示人口抚养比，X 表示自变量向量，β 为参数向量，ε 为随机误差项，WDR 为随机误差项的空间滞后变量。ρ 为空间滞后项的待估计参数。

其中 DR 表示人口抚养比，X 表示自变量向量，为参数向量，为随机误差项，表示人口抚养比的空间滞后项，主要度量地理空间上的邻近影响，是相邻地区上人口抚养比的算术平均。为空间滞后变量的待估系数。

对于上述两种模型的估计如果仍然采用最小二乘法，系数估计值会有偏或者无效。在这种情况下，估计 SEM 和 SLM 模型可通过工具变量法、极大似然法或广义最小二乘估计等方法。本文采用极大似然法估计 SEM 和 SLM 的参数。

（三）空间自相关检验及模型的选择

判断我国省域人口抚养比的空间相关性是否存在，以及空间滞后和空间误差哪个模型更恰当，一般可通过 Moran's I 检验、两个拉格朗日乘数 LMERR、LMLAG 和稳健的 R – LMERR、R – LMLAG 等实现。

由于无法根据先验经验推断在 SLM 和 SEM 模型中是否存在空间依赖性，在模型选择时，通常根据如下判别准则：空间依赖性的检验中，若 LMLAG 比 LMERR 在统计上更加显著，且 R – LMLAG 显著而 R – LMERR 不显著，则断定适合的模型是空间滞后模型；若 LMERR 比 LMLAG 在统计上更加显著，且 R – LMERR 显著而 R – LMLAG 不显著，则可以断定空间误差模型是较为适合的模型。常用的检验准则还有：似然比率（Likelihood Ratio）、自然对数似然值（Log likelihood）、AIC 准则（Akaike information criterion），施瓦茨准则（Schwartz criterion）。似然比率越高，自然对数似然值越大，或是 AIC 和 SC 值越小，则说明模型拟合效果越好。

（四）人口抚养比计量结果分析

计划生育政策、经济因素影响人口抚养比，故选用地区少数民族人口比例（minorat，单位:%）作为少数民族地区计划生育政策实施力度指标，地区人口自然增长率（natuincrat，单位:‰）作为计划生育政策的一般指标，地区人均 GDP（gdpper，单位：元）作为经济因素的衡量指标。利用 2008 年《中国统计年鉴》和中经网数据库的数据，以人口抚养比为因变量进行回归。回归结果中少数民族人口比例变量的 p 值为 0.43，没有通过 t 检验，说明计划生育政策少数民族差异不显著。去掉不显著变量再进行回归，普通最小二乘法估计结果见表 3。

表 3　多元线性回归 OLS 结果

变量	估计系数	标准误	p 值
CONSTANT	37.8061	2.7965	0.0000
GDPPER	-0.000221	0.0000534	0.0003
NATUINCRAT	0.8973	0.3224	0.0097
S. E of Regression	3.9504	Log Likelihood	-83.7828
R^2	0.6205	AIC	173.566
F	22.0686	Schwarz Criterion	177.769

为了进一步验证空间自相关性的存在，进行人口抚养比的空间滞后和空间误差模型检验（结果见表4）。Moran's I（error）检验 p 值为 0.0001，表明经典回归模型误差具有很强的空间依赖性，经典模型不能正确估计方程参数，需要构建空间计量

模型。Lagrange Multiplier (lag) 和 Lagrange Multiplier (error) 的 p 值均小于 0.01，但 LMERR 更为显著，它们对应的稳定性检验也表现出同样的趋势。

表 4　空间自相关检验结果

空间依赖性检验	统计量值	p 值
Moran 指数误差	3.7981	0.0001
LMLAG	7.6242	0.0058
R - LMLAG	0.5121	0.4742
LMERR	8.1571	0.0043
R - LMERR	1.0449	0.3067

比较多元线性回归和空间回归模型 SEM、SLM 结果（表 3 和表 5），SEM 的对数似然值最大（-80.0662），AIC、SC 值和回归标准误最小（分别为 166.132、170.336 和 3.3346），因此 SEM 模型是最优的模型。

表 5　空间计量模型回归结果

	SLM			SEM		
	系数/值	标准误	p 值	系数/值	标准误	p 值
W_DR	0.4173	0.1715	0.0149			
CONSTANT	22.7691	6.8832	0.0009	38.9149	2.9783	0.0000
GDPPER	-0.00018	0.000049	0.0002	-0.00022	0.000052	0.0000
NATUINCRAT	0.6405	0.2828	0.0235	0.7371	0.3013	0.0144
LAMBDA				0.5720	0.1707	0.0008
Breusch - Pagan test	N/A		N/A	0.7003		0.7046
Likelihood Test	7.4332		0.0064	5.9514		0.0148
S. E of Regression	3.4984			3.3346		
Log Likelihood	-80.8071			-80.0662		
AIC	169.614			166.132		
SC	175.219			170.336		

在纳入空间因素的前提下，显著影响我国各省、市、自治区人口抚养比的因素包括人均 GDP 和人口自然增长率。LAMBDA 在 0.001 的显著性水平下显著，说明了空间地理效应对地区人口抚养比有正效应，并且人口抚养比对邻近地区有扩散溢出作用。使用空间模型能够排除空间自相关造成的模型估计错误。在空间误差模型当中，LAMBDA 体现了方程未包含变量的空间效应，除了模型中的人均 GDP 和人口自然增长率两个变量之外，其他变量也具有空间效应。

计量结果表明，人均 GDP 变量显著，经济是影响人口抚养比的因素。其他条件不变的情况下，人均 GDP 平均每提高 100 元，人口抚养比平均降低 0.022 个百分点。空间模型与经典线性回归结果中人均 GDP 的系数几乎没有差别。随着经济水平提高，家庭因增加收入和家庭保障引致的劳动力需求降低，少儿抚养比降低。可以推测随着富裕程度增加，我国未来人口抚养比，尤其是少儿抚养比将呈下降趋势。

人口自然增长率对人口抚养比有较大影响，前者平均每提高 1 个千分点，人口抚养比平均增加 0.74 个百分点。与经典线性模型相比，空间模型中的人口自然增长率系数比较小，经典模型高估了计划生育政策对人口抚养比的作用。人口自然增长率的提高隐含当地人口新生婴儿比例增加，显著地影响少儿抚养比。地区人口自然增长率与当地计划生育政策落实状况相联系，二者的显著正向关系证明了在空间模式下，不同地区的计划生育政策实施情况显著影响当地人口抚养比。

五、结论及建议

人口抚养比在全国范围内呈现显著的空间正相关关系，相邻地区有趋于相似的人口抚养比水平。西南省区呈"高—高"模式，东北省区呈"低—低"模式。我国各省份只存在显著的空间集聚，不存在显著的空间离群现象。由于空间集聚的存在，经典回归不能准确估计参数，空间计量模型的引入改善了估计效果。

人口抚养比省域差异的主要原因是计划生育政策和经济差异。欠发达地区鼓励生育以增加劳动力，家庭倾向于由较多子女。经济发达地区的抚养子女成本高，对生育行为有一定抑制作用。空间误差模型还表明，除了纳入模型中的人均 GDP 和人口自然增长率的变量之外，其他因素也具有显著的空间地理效应。

针对上述分析，本文提出以下建议：

第一，对不同地区使用差别化人口政策。我国人口年龄结构的区域模式明显，西南和东北地区人口抚养比有显著的集聚效应。制定国家和地区人口政策时，可以利用不同区域的空间特征，设计适合当地发展的人口政策。高人口抚养比地区可考虑收紧计划生育政策，低抚养比地区则可逐步放宽政策。

第二，人口政策的制定过程中，注意经济因素对人口年龄结构的影响。人口和经济可能存在动态协同关系，需要进一步研究和利用其作用机制。人口政策与经济政策不可分割，在实践当中经济调整比较频繁，人口政策相对稳定。当一个地区的经济政策发生变化时，人口政策要及时做出相应调整。

第三，紧密关注未来人口变动。人口状况随时间变动的模式较为明显，其空间模式也会随时间演变。当前人口模式未来将发生改变，随着高少儿抚养比地区儿童的长大，劳动力人口将会增多，而低少儿抚养比地区劳动力老化，两类地区的人口负担情况可能发生反转。我国目前尚处于人口红利期，应把握时机推进养老保障体制改革以及相关配套改革。

参考文献

高小明，李学清. 1995—2006 年我国人口抚养比时空分析 [J]. 西安财经学院学报，2008，(03)：107 – 113.

陈涛，陈功，宋新明，等. 从人口抚养比到社会抚养比的探索分析 [J]. 中国人口科学，2008，(02)：24 – 32.

李文星，徐长生，艾春荣. 中国人口年龄结构和居民消费：1989 – 2004 [J]. 经济研究，2008，(07)：118 – 129.

Leff, N. H. Dependency Rates and Savings Rates [J]. *American Economic Review*, Vol. 59, (05)：886 – 896.

Polasek W., H. Berrer. Regional Growth In Central Europe：Long – Term Effects Of Population Structure, Mimeo, Inst. of Adv. Srudies, Vienna. http：//www. ihs. ac.

at/~polasek, 2005.

张晓青. 人口年龄结构对区域经济增长的影响研究 [J]. 中国人口. 资源与环境, 2009, (05): 100 - 103.

刘德钦, 刘宇, 薛新玉. 中国人口分布及空间相关分析, 2004, (07): 76 - 79.

聂坚, 孙克. 中国人口出生性别比的空间计量分析, 2008, (14): 21 - 26.

Anselin, L. Interactive Techniques and Exploratory Spatial Data Analysis [C]. P. A. Longley. Geographical Information Systems: Principles, Techniques, Management and Applications. New York: Wiley, 1999: 64.

James P. LeSage. Spatial Econometrics, May, 1999.

Anselin. Spatial Externalities, Spatial Multipliers and Spatial Econometrics, 2002.

(作者单位: 东北财经大学统计学院)

我国青少年未婚人流问题的理论思考

茅倬彦

中国是世界上青少年人口最多的国家*，到2006年底，中国10~24岁的青少年已接近3亿。青少年正处于身心发育和成长的关键时期，生殖健康关系到青少年的健康成长。目前，影响青少年生殖健康最主要因素有两类：一是非意愿妊娠与人工流产，二是生殖道感染。青少年未婚妊娠的结果最后大多是以人工流产结束，人工流产是一种消极的避孕失败的补救措施，这对青少年女性的生理和心理上都会带来巨大的创伤。

近年来，国内青少年未婚人流问题引起了广泛的关注，但现有的相关研究存在"三多、三少"现象，即实证研究多，理论探讨少；医学角度研究多，从其他角度把握的少；对现象描述的多，对现象之间的关联的潜在机制分析的少。青少年未婚人流问题不仅是医学问题，更是社会问题。目前研究的不足使政府决策部门和实际工作者缺乏足够的科学理论和实证依据，不利于青少年生殖健康状况的改善。

本文将在社会经济转型的大环境下，在通过对现存相关文献分析整理的基础上，试图从人口学的理论角度分析我国青少年未婚人流问题，试图提供给人们解决青少年未婚人流问题以新的思路。

一、青少年未婚人流问题的现状

从现有数据和调查，可以将青少年未婚人流问题的现状归纳为以下四个特征。

（一）未婚人流比例高

未婚人流不仅比例高，而且出现逐年上升趋势。据卫生部统计，我国每年人工流产例数在逐年上升，其中未婚青少年占人工流产受术者的比例相当高，每年约进行1000万例次人工流产，其中18岁以下少女250万例次，占1/4。不少调查显示该比例更高，未婚人流女性占人流总数的30%。还有调查显示，未婚青少年的比例甚至达到50%以上。此外，青少年意外妊娠和人工流产急剧增多。南京一项研究表明，未婚人流者2004年与1999年相比增幅为166.38%，且以21~25岁居多。

（二）未婚人流低龄化

各种调查均显示，未婚人流已经出现低龄化趋势。一项对2000—2004年间自愿选择在门诊终止非意愿妊娠的446名未婚女青年进行的调查表明，年龄最小的为16岁，平均年龄为22岁；2005年一项上海对妊娠少女的研究表明，年龄最小的为13.5岁，平均年龄为17.86岁。2005年郑州的一项调查表明，未婚人流年龄最小的为16.4岁，中位年龄为22.5岁。

---

* 根据世界卫生组织界定的概念，10~19岁为青少年期。联合国人口基金限定青年期为15~24岁，因而通常所称的青少年或年轻人为10~24岁这个年龄段的人群。

（三）未婚重复人流比例高

现有研究，从不同侧面，反映了未婚妇女重复人流率较高。上海1996年报道其未婚去年的重复流产率为2.7%；北京市11大医院寻求人流服务的未婚青年，重复流产率为30.0%；2000年，北京15大医院对青少年女性（年龄小于22岁）的一项调查显示，在2164名流产者中，有多次流产史的占30.0%，其中，两次人流史的为77%，三次人流史的有16.9%，三次以上的为6.1%，次数最多的为六次。2005年郑州一项研究结果显示，65.1%的调查对象是第1次做人工流产，既往有1次人工流产史者占26.1%，2次及以上人工流产史者占8.8%，最多的有5次人工流产史。人流次数越多，各种并发症的发生率越高。

（四）未婚人流并发症高

未婚人工流产不仅给受术者生理、心理上带来痛苦，会引发相当高比例的近远期并发症，如生殖器感染、子宫穿孔、出血、月经失调、不孕症、宫外孕等，严重损害青少年生殖健康和心理健康。有研究报道未婚人流女性的生殖系统炎症检出率28.7%，还有调查显示检出率高达70.3%；黑龙江一项调查显示，未婚人流青少年患有外阴炎、阴道炎的比例占17.39%，患慢性宫颈炎的比例高达51.17%。此外，未婚人流女青年的焦虑和忧郁症状比未婚非人流女青年更为普遍和严重。

二、青少年未婚人流问题的宏观理论思考

（一）发育年龄和初婚年龄间隔拉大

随着社会经济发展，青少年发育年龄出现不断提前，而结婚年龄却不断推后的趋势，这意味着青少年性风险期时间出现不断增长的趋势。如图1所示，1980年，女性初经平均年龄为16岁，到2005年，城市女性初经年龄下降到12.7岁，农村为12.6岁；而初婚年龄从1980年的22.9岁提高到23.4岁。因此，从发育到初婚的平均间隔由八十年代初的7.1年增加到目前的10.7年，二十五年间，增加了3.5年。性风险期时间的增长，意味着青少年可能越来越早地开始性行为，而性行为开始得

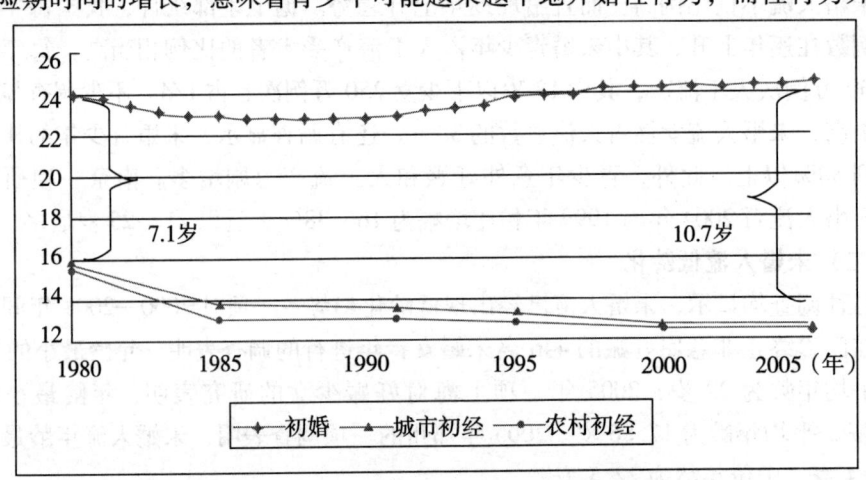

图1 1980－2005年女性平均初婚年龄和月经初潮年龄

数据来源：平均初婚年龄由郭志刚教授根据2005年1%人口抽样调查数据推算；月经初潮年龄：1985、1991、1995、2000、2005年《中国学生体质调研报告》，中国学生体质与健康研究组编。

越早，一生中有性伴侣的数目也有可能越多，感染性传播疾病和艾滋病的危险就会越大，不安全性行为发生的概率越大。

（二）人口流动更加频繁

随着经济发展步伐的加快，中国的人口流动达到了空前的规模。我国人口流动的速度和数量正以平均每年500万的速度增加，2005年全国1%人口抽样调查主要数据公报中称，全国流动人口数为14735万人，其中跨省流动人口为4779万人。据估计，2006年接近1.6亿，而在流动大军中，15岁以上未婚人口占47.85%。他们正处于性活跃期，经济情况较差，生殖健康相比户籍人口更为缺乏，是生殖健康问题较多的人群。

未婚流动人口由于脱离了家庭束缚，以及孤独、寻求依靠等心理，以及思想观念的改变，使他们更容易发生婚前性行为及婚前同居。同时，他们对避孕措施的采用率低，增加了意外怀疑、未婚先孕和人工流产的危险性。上海的一项调查显示，年龄在18岁及以下的女性中，流动人口未婚先孕发生比率要高于上海户籍人口，且她们首次性生活比上海户籍的未婚先孕妇女更随意，更具风险性，其婚前性行为发生次数也显得更为频繁。广州一项调查报道，外来女工到医院做人工流产的大约是本地4~6倍，最多的是在20岁以下，年龄越小，初次怀孕的月份就越大，往往在怀孕四个月以上才到医院做人工流产和引产的；外来女工来做2~3次人工流产的很普遍，有的甚至做了4~5次。而未婚人流人群的职业分布以服务业居多，占30.22%；工作单位以个体经营居多，占48.35%。

（三）婚前性行为态度更加开放

婚前性行为不再是神秘而敏感的话题。现在的青少年在"文革"后出生，在改革开放中成长，在市场经济中流动，思想观念与其父母辈相比，更加开放，其中包括了其婚前性行为态度的显著变化。根据一个14000份的定量调查显示：50.41%的青少年认为婚前性行为只要双方愿意就可以，对周围同伴或朋友发生性行为持理解和宽容的态度。对武汉市娱乐行业未婚青年的调查统计结果表明，赞成婚前性行为和未婚同居的比例分别为23.76%和34.77%，其中男性赞成比例为44.13%，比女性要高出13.14%；更值得注意的是，随着打工时间延长，赞成比例呈明显上升趋势。

这种态度变化还显著地体现在青少年首次性行为年龄提前。2004年在中国部分地区一项调查表明，青少年首次性行为的平均年龄20.3岁，这与1988年上海市婚前体检女青年首次性行为平均年龄（22.4岁）相比提前了2.1岁。并且有三分之一人首次性行为发生在19岁以前。还有研究显示，初次性生活平均年龄为19.3，最小的10.0岁，2005年一项上海对妊娠少女的研究表明，首次性行为年龄最小的为13岁，最大为18.8岁，平均年龄为16.92岁。

（四）生殖健康知识和服务渠道的缺乏

我国的青少年对于性和生殖健康知识比较贫乏。即便有性经历的青少年的生殖健康知识仍较缺乏。有调查数据显示，未婚人流青少年中，正确掌握避孕知识者不足10%，知道有关生殖道感染和性传播疾病知识者更少。有60.3%由于未采用避孕措施而导致该次怀孕，其主要原因是她们没有想到怀孕的问题；39.8%的青年人有避孕的意识却没有正确掌握避孕工具的使用方法，而导致非意愿妊娠。2006年的一项调查显示，人工流产的青少年中有19.4%不清楚人工流产对身体会造成什么危害，53.8%虽听说过人工流产的危害，但缺乏确切了解。

此外，青少年缺乏畅通和全面的获取性与生殖健康知识和服务的渠道。由于受传统文化观念的影响，人们对于性和生殖健康的话题仍很敏感，青少年的许多生殖健康知识是从报刊和网络等媒体获得，其信息往往是不全面或不正确的。很多人担心青少年了解性和生殖健康知识，会对他们起误导作用。但相关研究表明，有关知识和服务便利的获取，可以有效地保护青少年生殖健康。这方面欧洲国家做了很好的示范。根据世界卫生组织研究，欧洲一些国家青少年性首次发生性行为的平均年龄在17岁左右。而且在发生首次性行为时，使用安全套或口服避孕药的比例高达80%~90%。所以在欧洲，尤其是在北欧国家，青少年在未婚妊娠率、流产率和感染性病、艾滋病的比例方面都是全球最低的。

三、解决青少年未婚人流问题的对策

针对以上谈及的青少年人工流产状况中存在的问题以及影响因素，国内不少研究提出了相关的对策。

（一）对青少年性与生殖健康的观念需及时转变

在以往的观念中，通常认为人们应该按照从"结婚—性行为—怀孕—生育"这样的顺序发生（如图2所示），即结婚是性行为开始的前提条件，性行为发生导致怀孕，然后生育繁殖后代。但现在情况完全发生变化：由于社会经济快速发展，引起了人们思想观念的变化以及避孕和人工流产极易获得，这使得"结婚—性行为—怀孕—生育"过程中的三根链条均被切断。人们婚前性行为态度发生的根本转变，使得结婚不再成为发生性行为的前提条件；同时，避孕方法能够方便廉价获取，这就切断了从性行为发生到生育的链条，性行为发生的结果并一定不会带来怀孕；而今，人工流产手术在各级医院都能够获得，费用不高，这使得通过人工流产及时终止怀孕成为可能。传统"性行为链条"已经断裂。而随着青少年面临的性风险期时间的延长，流动更加频繁，这种断裂使得婚前性行为发生的可能性越大。这就需要人们对青少年性与生殖健康的观念及时发生转变。

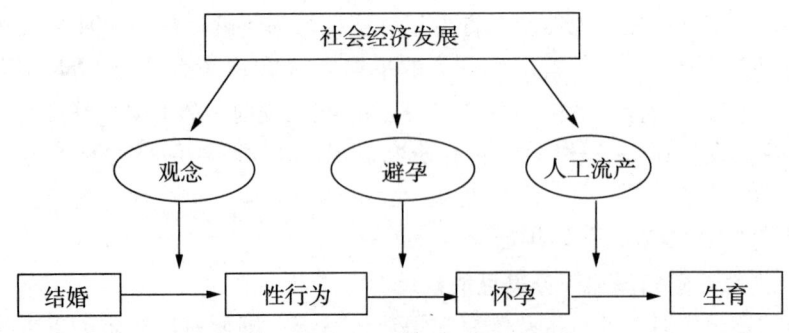

图2 "性行为链条"的理论框架

向青少年提供性与生殖健康服务，尤其是避孕措施服务，常常比向他们提供有关性问题的信息更有争议，其障碍主要来自于成年监护人、政策制定者、项目官员、服务提供者和父母。因此首先要在思想观念上解脱传统文化的束缚，这就需要认识到传统"性行为链条"的断裂，才能认识到现在的青少年在性与生殖健康是有迫切需求的，并且这种需求是正当合理的，提供给青少年更全面、周到的性与生殖健康的信息和服务是必要的。

（二）加强向青少年提供性与生殖健康的服务

长期以来，妇幼保健和计划生育服务主要针对儿童和已婚育龄人群，青少年和未婚青年的性与生殖健康需求在很大程度上被忽视，他们获得有关性与生殖健康及避孕措施往往是得不到或者是受限制的。国外大量研究和实践表明，向青少年提供性与生殖健康信息及服务不仅能增强他们对性行为的责任感，推迟他们性行为开始的能力，而且可以提高他们避孕措施的使用率并减少不安全的性行为。

随着计划生育/生殖健康服务范围的不断扩大，我国政府提出要鼓励向未婚青年男女提供性健康教育和生殖健康服务，因此，如何根据青少年和未婚青年的生殖健康现状以及他们对性与生殖健康知识、信息和服务的需求，强调"以人为本"，强调以青少年群体健康成长的特殊需求为出发点，制定项目规划，完善相关政策、采取相应策略与措施，为青少年提供适当的、特殊的、友好和可获得的服务，并评估不同模式的可行性和可接受性，以满足他们的需求，这是中国计划生育/生殖健康优质服务提出的挑战，也是计划生育、卫生、教育等相关部门面临的一项重要任务。

（三）探索符合流动青少年特殊需求的生殖健康服务模式

针对流动青少年处于性活跃期，经济情况较差，远离家人、生殖健康更为缺乏，同时宣传教育时，组织和管理上难度更大等特点，积极探索适合他们特殊需求生殖健康服务，从而最大程度减少他们不发生非意愿妊娠和人工流产的概率。

首先要继续大力宣传国家免费的技术服务项目，同时拓展免费药具的供应途径，做到流动人口未婚青少年避孕药具的"全覆盖"。调查显示，未婚流动人口迫切需要两大服务：生殖健康体检和免费（低价）的避孕药具。其次要积极探索适当的，可为流动人群定期的、接受的方式开展生殖健康教育工作。例如，发放相关的小册子、折页等宣传材料；举办专题讲座、学习班；开设咨询服务；社区内定期向外来人员宣传生殖健康知识等，以提高他们相关的意识和知识。最后，流动青少年人口的需求涉及社会多个部门的合作，从计划生育、妇幼保健、医疗部门等专业技术服务机构到各种宣传媒体；从居住的社区到工作所在的单位；还涉及教育、财政、公安等部门。

参考文献

程怡民，等. 三城市未婚青少年重复人工流产影响因素分析 [J]. 中华流行病学杂志，2006, 27, (8): 669 - 672.

林俊山，等. 泰安市1013例人工流产妇女的调查统计分析 [J]. 泰山医学院学报，2005, 26, (4): 334 - 336.

王小怀. 胡传来. 未婚女青年人工流产296例调查分析 [J]. 实用全科医学，2007, 5, (8): 727 - 728.

丁菊红, 等. 青少年生殖健康项目的运行管理 [J]. 中国计划生育学杂志, 2005, (1): 23-25.

邓亚丽, 等. 未婚青少年人工流产原因与避孕知识知晓状况分析 [J]. 医学与社会, 2007, 20, (5): 16-17.

楼超华, 等. 婚前避孕措施使用状况及其影响因素分析 [J]. 生殖与避孕, 2002, 22, (4): 226-230.

徐晓雯, 等. 中国八省市计划生育工作者对向未婚年轻人提供避孕服务的态度 [J]. 生殖与避孕, 2002, 22, (3): 169-175.

徐蒂, 等. 1999年与2004年人工流产的状况比较 [J]. 江苏卫生保健, 2004, 6, (5): 45-46.

曹晓明. 446例未婚女青年非意愿妊娠终止的临床分析 [J]. 生殖与避孕, 2006 (增刊2).

许结霜, 等. 上海市妊娠少女紧急避孕知识和使用横断面研究 [J]. 生殖与避孕, 2006 (增刊2).

杨永利, 等. 2006郑州市人工流产女青年避孕知识、态度、行为及其影响因素分析 [J]. 郑州大学学报(医学版), 2006, 41, (6): 1175-1178.

王波, 等. 上海市郊未婚青年的性行为和避孕使用召开 [J]. 生殖与避孕, 2002, 22, (2): 99-106.

程怡民, 康宝华. 非意愿性行为影响因素的研究. 中国妇幼保健, 2000, 15: 358-360.

程怡民, 等. 青少年流产后避孕服务必要性研究//青少年生殖健康教育/服务研讨会. 上海 (2003. 10. 15-17).

陈声容, 等. 未婚先孕者实施人工流产术情况调查分析及避孕指导 [J]. 护理学报, 2007, 14, (6): 17-19.

张幼鸿, 郭蓬春. 未婚先孕者生殖系统疾病构成 [J]. 中国生育健康杂志, 2005, 16, (1): 40.

焦波. 青少年人工流产高危因素分析与健康教育 [J]. 黑龙江医学, 2007, 31, (7): 546.

吴世仲, 等. 宜宾市未婚女青年人流人群的焦虑和抑郁症状. 生殖与避孕, 2006 (增刊2).

郑立新, 等. 广州流动人口未婚青年女工生殖健康高危因素分析. 南方人口, 2000, 15, (2): 33-38.

楼超华, 等. 城市外来青年女工的生殖健康状况与需求. 人口研究, 2001, 25, (3): 61-64.

郑真真, 等. 城市外来未婚青年女工的性行为、避孕知识及实践. 中国人口科学, 2001, (2): 67-72.

武俊青, 等. 我国流动人口的避孕节育现状. 人口与发展, 2008, 14, (1): 54-62.

王菊芬. 上海市流动人口未婚先孕妇女的性行为、避孕方法实用以及怀孕结果选择. 人口研究, 1999, 23, (1): 50-55.

徐芾,吴盛辉,等. 未婚女性人工流产流行病学调查. 江苏卫生保健, 2004, 6, (1): 49.

黄小娜, 等. 未婚流动人口生殖健康知识、态度与行为调查. 中国公共卫生, 2005, 21, (2): 210-211.

王临虹, 等. 中国部分地区未婚人工流产女青少年生殖道感染现况研究. 中国妇幼保健, 2004, (19): 21-23.

张小松, 赵更力, 等. 未婚人流女青年生殖健康知识、态度、行为和生殖健康保健需求研究. 中国妇幼保健2005年 (第20卷): 817-819.

崔念, 李民享. 计划生育/生殖健康服务应如何考虑未婚青年的生殖健康需求, 生殖与避孕, 2006 (增刊2).

Jennifer Catino, Meeting the Cario Callenge: Progress in Sexual and Reproductive Health, New York: FCI, 1999.

杨文姬, 等. 未婚流动人口的性与生殖健康知识状况及服务需求调查. 生殖与避孕, 2006 (增刊2).

(作者单位:国家人口计生委科学技术研究所)

从收入构成角度解析城市居民收入差距
——以大连市为例

庞清静 赵威

一、引　言

改革开放30年以来，我国居民收入差距拉大已经成为不争的事实，行业间、城乡间、区域间居民收入差距都呈现出不断扩大趋势，收入分配问题愈来愈成为学术界的关注点。但由于微观调查数据的局限性，很难对收入差距拉大的主要原因进行深入剖析。本文运用大连市调查户调查资料，从收入角度解析城市居民收入差距变动的主要原因，为相关政策的提出提供参考性建议。

二、数据和样本

本文选用的数据来源于国家统计局大连调查队提供的500户常规调查户资料，该资料通过账本式的记账方式，记录居民每月各种收支资料。样本截取具有代表性的2003年、2006年和2009年常规调查户数据资料，从收入角度解析大连市城市居民收入差距。

三、研究方法

收入分配领域的研究中，从收入构成上分解收入差距是一种非常常用的方法，这个思想是由饶（Rao, 1969）提出的，很多测度收入差距的指标都可以进行这种分解，如标准差、变异系数等。尽管如此，基尼系数仍是最常用的方法，基尼系数的分解公式如下：

$$G = \sum_{k=1}^{K} \frac{u_k}{u} \times G_k = \sum_{k=1}^{K} P_k \times G_k$$

式中，G代表总收入Y的基尼系数，G_1，G_2，$\cdots$，G_k代表各项收入Y_1，Y_2，$\cdots$，Y_k的拟基尼系数，u代表总平均收入，u_1，u_2，$\cdots$，u_k代表各分项收入的平均收入，P_k代表各分项收入的比重。根据此种方法还可以计算出各项收入的集中率，公式如下：

$$\Phi_k = \left[\frac{(u_k/u) \times G_k}{G}\right] \times 100$$

则Φ为各项收入Y_1，Y_2，$\cdots$，Y_k对总收入Y差距的贡献率。

当各分项收入发生变动时，也就是说当 P_k、G_k* 发生变化时，可以用公式 $\Delta G = \sum_{k=1}^{K} \Delta P_k G_k = \sum_{k=1}^{K} P_k \Delta G_k = \sum_{k=1}^{K} \Delta P_k \Delta G_k$ 来分析各分项收入对总收入变动的影响。式中，$\sum_{k=1}^{K} \Delta P_k G_k$ 是由各分项收入变动时所引起的总收入差距的变动，称之为结构效应；$\sum_{k=1}^{K} P_k \Delta G_k$ 是由各分项收入分配格局的变化所引起的总收入差距的变动，称之为分配效应；$\sum_{k=1}^{K} \Delta P_k \Delta G_k$ 是由两者同时变化所引起的总收入差距的变动，称之为交叉效应。这样，可以把总收入差距的变动分解为结构效应、分配效应和交叉效应，从而揭示收入差距变动的具体原因。

四、实证分析

借助城市居民生活情况调查数据，从收入构成的角度，考察进入 21 新世纪以来影响大连市城市居民收入差距的主要因素。这里选用 2003、2006、2009 三年的数据对居民收入构成进行分析，进而说明每项收入对收入差距的影响。

（一）收入构成项对收入差距的影响

首先，看一下各分项收入占家庭总收入的比重及变动情况，结果见表1。

表1 典型年份大连市城市居民各分项人均收入占家庭人均总收入比重（％）

年份	2003 年	2006 年	2009 年	平均	2003 年~2009 年
1. 工资性收入	63.59	63.21	65.44	64.08	1.86
1.1 工资及补贴收入	61.88	60.69	64.52	62.36	2.64
1.2 其他劳动收入	1.71	2.52	0.93	1.72	-0.78
2. 经营净收入	2.23	4.18	6.66	4.36	4.43
3. 财产性收入	0.60	2.08	2.43	1.70	1.83
3.1 利息和红利收入	0.24	0.46	0.91	0.54	0.67
3.2 其他财产租金收入	0.36	1.62	1.52	1.17	1.16
4. 转移性收入	33.59	30.53	25.47	29.86	-8.11
4.1 养老金和离退休金	20.65	22.51	20.60	21.25	-0.05
4.2 社会救济收入	0.22	0.04	0.11	0.12	-0.12
4.3 其他转移性收入	12.72	7.99	4.77	8.49	-7.95
总收入	100	100	100	100	—

由表1可以说明，从各年平均情况来看：①工资性收入仍是居民家庭总收入中

---

* G_k 是按居民总收入的高低排序而计算的，反映第 k 项收入与总收入差距的关系的基尼系数，与按 k 项收入自身排序计算的基尼系数不同，因而起名为拟基尼系数，也有的学者将其称为第 k 项收入的集中率。一般分项收入的拟基尼系数与总收入的基尼系数关系有三种：若前者是正值且大于后者，说明该项收入的分配比总收入的分配更加不平等，是使收入差距扩大的因素；若前者是正值但小于后者，说明该项收入的分配差别没有总收入的分配差别大，是使收入差距相对缩小的因素；若前者是负值，表明该项收入集中在低收入群体，高收入群体占比较少，是使收入差距绝对缩小的因素。当某项收入与总收入排序完全一致时，G_k 实际上是第 k 项收入的真实基尼系数。

的主要部分，2009年达到65.44%，三年平均比重为64.08%，占总收入一半以上的比重。这说明目前，工资性收入依然是大连市城市居民家庭收入最主要的收入来源，这也是由中国国情决定的。②转移性收入占总收入的比重排在第二位，平均为29.86%，且从变化趋势来看略有下降；而转移性收入当中，养老金和离退休金占主要部分。③排在第三位的是经营性收入，平均比重为4.36%，虽然比重比较小，但从趋势来看增长较快，从2003年到2009年几乎增长了两倍。④财产性收入虽然在总收入的比重很小，但其增长速度非常快，2009年的比重是2003年的四倍左右，这与大连市房地产市场的迅猛发展有着密切关系。

其次，分别考察一下各项收入的拟基尼系数，分析各分项收入的分配格局与总收入的关系。结果如表2所示。

表2 典型年份大连市城市居民住户各分项收入的拟基尼系数

年份	2003年	2006年	2009年	与总收入的关系
1. 工资性收入	0.1846	0.2404	0.2496	−
1.1 工资及补贴收入	0.1760	0.2236	0.2496	−
1.2 其他劳动收入	0.4972	0.6437	0.2513	＋
2. 经营净收入	0.3616	0.2965	0.4556	＋
3. 财产性收入	0.4577	0.5723	0.6230	＋
3.1 利息和红利收入	0.4863	0.6670	0.6185	＋
3.2 其他财产租金收入	0.4391	0.5451	0.6257	＋
4. 转移性收入	0.3628	0.2879	0.2702	−
4.1 养老金和离退休金	0.2411	0.1809	0.2310	−
4.2 社会救济收入	−0.4057	−0.5976	−0.4565	−
4.3 其他转移性收入	0.5738	0.5933	0.4560	＋
总收入	0.2777	0.2914	0.3141	——

注：1. 各项拟基尼系数不能直接加总比较；2. 表中的"＋"表明该项收入的拟基尼系数大于总收入的基尼系数，"−"代表该项收入的拟基尼系数小于总收入的基尼系数。

由表2可以看出：①从总体上可以看出，总收入的基尼系数是逐渐增大的，说明大连市城市居民收入差距延续了30年收入差距逐步扩大的势头。②从各分项收入的分配格局与总收入的关系来看，工资性收入的拟基尼系数始终小于总收入的基尼系数，这意味着工资性收入相对于总收入而言其分布还是比较平均的，因此工资性收入起到平均化的作用。③而经营性收入、财产性收入是使收入差距绝对扩大的主要因素，特别是财产性收入的拟基尼系数有逐年上升的趋势，且幅度越来越大。④对于转移性收入虽然整体也使得居民收入差距扩大，但从拟基尼系数的变化趋势来看，这种分配不均等的程度在逐年减弱，原因在于转移性收入中的社会救济收入的拟基尼系数在考察期内始终是负值，说明这项收入主要集中在低收入群体当中，起到了缩小收入差距的作用，这也体现了大连市社会保障制度逐步完善的一面。

下面进一步考察一下各分项收入对总收入差距的贡献率情况，结果如表3所示。

表3 典型年份大连市城市居民住户各分项收入对家庭总收入差距的贡献（%）

年份	2003年	2006年	2009年	平均	2003年~2009年
1. 工资性收入	42.27	52.14	52.00	48.80	9.73
1.1 工资及补贴收入	39.21	46.57	51.26	45.68	12.05
1.2 其他劳动收入	3.06	5.56	0.74	3.12	-2.32
2. 经营净收入	2.90	4.25	9.66	5.60	6.76
3. 财产性收入	0.99	4.08	4.81	3.30	3.82
3.1 利息和红利收入	0.42	1.06	1.78	1.09	1.37
3.2 其他财产租金收入	0.57	3.02	3.03	2.21	2.46
4. 转移性收入	43.88	30.17	21.91	31.99	-21.97
4.1 养老金和离退休金	17.93	13.98	15.15	15.68	-2.78
4.2 社会救济收入	-0.32	-0.07	-0.16	-0.18	0.17
4.3 其他转移性收入	26.28	16.26	6.92	16.49	-19.36
总收入	100	100	100	100	——

由表3可以看出：①工资性收入对总收入差距的贡献率最大，排在第一位。平均为48.80%。其中以工资及补贴收入为主，平均贡献率为45.68%，从变动趋势上来看，工资及补贴收入增幅比较大。②转移性收入对总收入差距的贡献率排在第二位，平均为31.99%，其中以养老金和离退休金和其他转移性收入的贡献为主，而社会救济收入对总收入差距的贡献率为负值，说明该项收入起到了绝对缩小总收入差距的作用，但是贡献率很低，作用并不明显。③经营净收入和财产性收入对总收入差距的贡献率很小，但增长幅度却很大。2003年—2009年两项收入的贡献率都增长了2倍左右，这与其在总收入中比重的发展幅度增长有关。

（二）三种效应对总收入差距增量的影响

以上分析了各分项收入占总收入的比重、各分项收入的分配格局以及各分项收入对总收入的贡献率。在考察期内，大连市城市居民的总收入差距进一步扩大了。那么从收入构成角度来看，各分项收入在收入扩大的过程中都起了什么作用呢？也就是说，是各项收入份额的变化对总收入差距的影响大，还是自身分配格局变化对总收入的影响大呢？或是两者对收入差距的影响一样。接下来具体分析一下每项收入的三种效应对总收入差距增量的影响*，结果如表4所示。

表4 2003和2009年大连市城市居民收入差距增量的分解结果

	分配效应		结构效应		交叉效应		合计	
	数值	比重	数值	比重	数值	比重	数值	比重
1. 工资性收入	0.04132	63.45%	0.00464	7.12%	0.00121	1.85%	0.04716	72.42%
1.1 工资及补贴收入	0.04554	69.93%	0.00659	10.12%	0.00194	2.99%	0.05408	83.04%
1.2 其他劳动收入	-0.00420	-6.46%	-0.00197	-3.03%	0.00193	2.96%	-0.00425	-6.52%
2. 经营净收入	0.00209	3.21%	0.02018	30.99%	0.00416	6.39%	0.02644	40.59%

---

* 总收入差距增量的三种效应包括分配效应、结构效应、交叉效应。

续表

	分配效应		结构效应		交叉效应		合计	
	数值	比重	数值	比重	数值	比重	数值	比重
3. 财产性收入	0.00099	1.52%	0.01137	17.47%	0.00302	4.63%	0.01539	23.63%
3.1 利息和红利收入	0.00031	0.48%	0.00413	6.35%	0.00088	1.36%	0.00533	8.18%
3.2 其他财产租金收入	0.00068	1.04%	0.00724	11.12%	0.00216	3.32%	0.01008	15.48%
4. 转移性收入	-0.03111	-47.76%	-0.02192	-33.66%	0.00751	11.54%	-0.04551	-69.89%
4.1 养老金和离退休金	-0.00209	-3.22%	-0.00011	-0.18%	0.00001	0.01%	-0.00220	-3.38%
4.2 社会救济收入	-0.00011	-0.17%	0.00053	0.81%	0.00006	0.09%	0.00047	0.72%
4.3 其他转移性收入	-0.01499	-23.02%	-0.03624	-55.65%	0.00937	14.39%	-0.04186	-64.28%
合计	0.03843	59.01%	-0.00556	-8.54%	0.03225	49.52%	0.06512	100.00%

从表4可以得出：①从总体上看，分配效应、交叉效应对收入差距增量的贡献均为正，其贡献率分别为：59.01%、49.52%，即这两种效应起到了扩大收入差距的作用，而结构效应的贡献率为-8.54%，为负值，即这种效应起到了缩小收入差距的作用。②从分项收入来看，工资性收入对收入差距增量的贡献率为72.42%，它的分配效应、结构效应、交叉效应的贡献率都为正，都起到了拉大收入差距的作用，但主要受分配效应的影响程度比较大。再从工资性收入的分项来看，工资及补贴收入的贡献率为83.04%；其他劳动收入对总体差距增量的贡献率为负值，在一定的程度上缩小了总收入差距，但总体上，工资性收入还是拉大了总收入差距。③经营净收入和财产性收入贡献率分别为40.59%、23.63%，其三种效应对总收入差距的拉大还是起到了推动作用，而且两种收入的结构效应对总收入差距的影响最大，这是因为近年来这两种收入在总收入的比重迅速增长的缘故。④转移性收入对总收入差距增量的贡献率为-69.89%，起到抑制收入差距扩大的作用。其中交叉效应起到拉大收入差距的作用，贡献率为11.54%。从转移性收入的各分项收入来看，三种转移性收入的分配效应对总收入差距增量的贡献率均为负值，这也体现了大连市政府部门扶贫救济工作的完善性。

五、结论和建议

（一）结论

从收入构成来看，工资性收入依然是大连市居民家庭收入最主要的收入来源，这也是由中国现实国情决定的；转移性收入占总收入的比重排在第二，略有下降；排在第三、第四位的是经营性收入和财产性收入，虽然比重很小，但增长速度非常快。

从各分项收入与总收入关系来看，工资性收入起到平均总收入差距的作用，但对收入差距扩大仍起推动作用；而经营性收入、财产性收入是使收入差距绝对扩大的主要因素；转移性收入起到缩小收入差距的作用。

从各分项收入对总收入差距的贡献来看，工资性收入对总收入差距的贡献率最大，从变动趋势上来看，工资及补贴收入增幅比较大；转移性收入对总收入差距的贡献率排在第二位，其中以养老金和离退休金和其他转移性收入的贡献为主，而社会救济收入对总收入差距的贡献率为负值，说明该项收入起到了绝对缩小总收入差距的作用；经营净收入和财产性收入对总收入差距的贡献率很小，但增长幅度很大。

从城市居民收入差距增量分解来看，总体上看，分配效应、交叉效应对收入差距增量的贡献均为正，即这两种效应起到了扩大收入差距的作用，而结构效应的贡献率为负值，即这种效应起到了缩小收入差距的作用；从分项收入来看，工资性收入、经营性收入、财产性收入起到了拉大收入差距的作用，转移性收入起到抑制收入差距扩大的作用。

（二）建议

1. 提高工资性收入在国民收入分配中的比例

工资性收入是居民收入的主要来源，只有提高工资性收入在国民收入分配中的比例，培育更多的中等收入群体，才能有效地缩小城市居民收入差距。加快推进工资集体协商谈判，提高普通工人在工资谈判中的地位，是合理量化和提高居民劳动报酬有效的措施。

2. 合理调控财产性收入和经营性收入，从而遏制收入差距的扩大。

政府部门需要营造良好的就业环境，鼓励大家创业，遏制垄断行业，减少巨富，对不合法注册登记的企业进行严厉控制，保护中小企业的健康发展。让更多的人使用财产使用权获得利息、租金、专利收入以及财产运营所获得的红利收入等。同时合理调控居民经营性收入，减少居民收入差距的扩大。

3. 增加转移性收入，缩小居民收入差距

转移性收入能够在很大程度上缩小居民的收入差距。近年来，大连市社会保障制度虽然有了很大的发展，但社会保障的覆盖范围还应进一步扩大，适当增加社会保障支出比例，增大社会救济比例。针对不同的低收入群体可以采用有效的扶贫政策，多渠道、多层次的为低收入群体创造更多的就业机会。只有这样，才能将大连市高低收入群体的收入差距控制在适度的范围内，进一步缩小城市居民收入差距。

参考文献

王卫，汪锋，张宗益. 基于人口特征的收入差距分解分析——以重庆市为案例[J]. 统计研究，2007，(3)：62-63.

周云波，覃晏. 中国居民收入分配差距实证分析[M]. 天津：南开大学出版社，2008.

黄贵新、钟细雨. 论家户特征对城乡收入差距的影响[J]. 长沙航空职业技术学院学报，2000 (2)：66-69.

任艳红. 中国城镇居民收入差距适度性研究[M]. 北京：中国农业科学技术出版社，2010.

（作者单位：东北财经大学）

我国老年人死亡年龄分析

——兼对"七十三,八十四,阎王不请自己去"的辨析

杨 慧*

引 言

俗谚中有关于"七十三,八十四,阎王不请自己去"(以下简称该俗语)的记载,意思是说七十三岁和八十四岁,是不吉利的"年龄坎",老年人容易在这两个年龄死亡。《中华上下五千年》、《辞源》及《辞海》记载,孔子生卒年为"公元前551年——公元前479年",孟子生卒年为"公元前372年——公元前289年"。据此计算,孔子、孟子的死亡年龄应分别为72岁和83岁。虚岁作为我国传统计算年龄的方法,与周岁一般相差一年左右,即孔子的死亡年龄为73虚岁、孟子为84虚岁。

随着我国人口平均预期寿命不断延长,虽然我国老年人已由传统的"人生七十古来稀"逐步转变为"活到七十不稀奇",但是,该俗语却始终流传甚广:笔者的两位亲人刚到这两个年龄便如履薄冰;毛泽东与英国军事家、二战杰出指挥官蒙哥马利谈话时曾说:"中国有句话:七十三,八十四,阎王爷不请自己去。"此外,他还在不同时代、不同场合多次说过该俗语(陈正稚,2007);2010年3月5日笔者在谷歌网站输入该俗语进行搜索,共得到11.4万条结果;在中国期刊全文数据库以"七十三 八十四"为题名进行检索,共获得14篇相关文献。

基于该俗语广泛流传,大量老年人为此忧心忡忡,即使是平时乐观、开朗的老人到该年龄也会如临深渊、寝食不安。这不但关系到老年人的身心健康,还关系到人们对生命规律的认识。因此,及时对该俗语进行科学辨析,具有重要的社会现实意义。

一、文献回顾

已往学者分别在该俗语来历、调查数据及生命活动周期等层面,进行了实证分析和思辨性研究,虽然取得了一定成果,但有关该俗语是否科学的评价仍然存在较大分歧。

部分学者认为该俗语缺乏科学依据。一些文献追溯了该俗语的来历:孔子、孟子作为儒家学说的创始人,被尊奉为圣人。人们认为既然圣人只活到73岁(实为

---

* 作者简介:杨慧(1973 -),女,河北保定人,全国妇联妇女研究所助理研究员,博士,研究方向为人口老龄化、性别问题、妇女发展。

虚岁）或84岁（实为虚岁），一般凡夫俗子也难以逾越这两个"坎"，于是该俗语由此流传开来。此外，裴雪重（1991）通过对北京市海淀区人口的生存死亡情况调研发现，该俗语不符合实际情况。

另有学者认为该俗语具有科学性。苏联科学家研究发现，人的健康状况存在如下规律：健康稳定年龄和健康减弱年龄平均以七年或八年为周期交替进行。在七年周期中，健康减弱年龄为7，14，21……84岁；在八年周期中，健康减弱年龄分别为8，16，24……72岁。由于身体状况不尽相同，减弱时间平均持续一年左右或更长（广珍，2000；青海省民政厅网，2010）。北京中医药大学张其成教授认为男性以八岁为周期、女性以七岁为周期，在七十三、八十四岁的健康减弱年龄，免疫力较弱、死亡相对较多，故将其称为魔鬼年龄。孙清廉主任医师（2009）从日月轮回与生命活动周期的密切关系着手，分析了七十三、八十四是人生坎年的原因，并认为古老的民间谚语在现代社会依然屡次应验。于是，很多老人如同西方忌讳数字"十三"一样，对于这两道"坎"唯恐避之不及，或采取不承认主义，或者通过扎红腰带等方法以期消灾避难、实现"平稳过渡"（田永清，1995）。

由以上文献可见，部分研究认为该俗语除了源于孔孟辞世之年外，并不符合实际情况。然而，很多文献却认为该俗语以生命周期为基础、具有科学依据。此外，在对中国期刊全文数据库1980—2010年间的文献以"老年人死亡率"为篇名进行检索发现，在仅有的46条记录中，几乎全部为老年性疾病与死亡率关系的研究，专门针对该俗语进行的大样本实证研究极为少见。在缺乏人口学视角、未能使用全国性大样本数据或人口普查数据进行科学分析的情况下，关于该俗语不符合实际情况的研究结论不免受到挑战，老年人对于是否信奉该俗语也便无所适从，于是在宁可信其有、不可信其无的观念影响下，该俗语口口相传、经久不衰，严重影响了该年龄段老人的身心健康。因此，基于人口学视角、运用全国性普查数据对该俗语进行辨析，尤为必要。

二、数据与方法

（一）使用数据

1990年第四次人口普查（简称"四普"）和2000年第五次人口普查（简称"五普"）数据，为分析七十三、八十四岁老年人的死亡情况提供了很好的数据基础。其中，"四普"时我国70～89岁中高龄老人共有3451.70万，该年龄段死亡的老年人共244.13万，而在73虚岁和84虚岁死亡的人数分别为16.93万和10.49万。"五普"时我国70～89岁人口已达4941.56万人，该年龄段死亡人数增至328.08万，73虚岁和84虚岁死亡的人数分别为21.87万和14.69万。此外，"四普"、"五普"还分别提供了其他各个年龄的死亡人数、死亡率等相关数据。以上数据对于澄清73、84虚岁的死亡事实、辨明该俗语真伪，提供了有效的数据保障。如无特殊说明，本文所用数据均为"四普"、"五普"数据。

（二）研究方法

为了验证该俗语是否科学，本文将通过比较分析方法，对如下假设进行检验：一假定73、84两个虚岁年龄的死亡人数明显多于相邻年龄；二假定在排除人口规模的影响下，该年龄的死亡率高于相邻年龄。如果以上假设都能通过数据验证，则说明该俗语确有道理；如果不能通过检验，则说明该俗语仅为谬传而已。

在年龄段的选取方面，分别考虑了以下两个因素：一是虽然"五普"统计的最高年龄为100岁，即将100岁以上的老年人合并在该年龄段，但是，由于"四普"的尚存人数和死亡人数年龄上限均为90岁及以上，本文无法将90～99岁单岁组人数剥离出来，因此，本本的年龄上限定为89岁。二是由于该研究重在考察73、84岁的死亡人数和死亡率，基于60～69岁的相关数据对该俗语的辨析作用不大，加之过多年龄段将增加表格篇幅、影响图示效果，因此，特将年龄下限定为70岁，即本研究的年龄区间为70～89岁。

此外，由于本文重在考察七十三、八十四的死亡情况，由于我国传统上使用虚岁、而人口普查则使用周岁，为兼顾两种计岁方法，如无特殊说明，本文出现的 x 岁为周岁，如有虚岁则明确标出。

三、死亡年龄的分析结果

（一）中高龄老人的死亡人数分析

73虚岁的死亡人数多于相邻年龄。图1显示，1990年、2000年71～73岁死亡人数曲线呈倒U型，72岁的死亡人数分别多于71岁和73岁。其中，1990年72岁死亡人数分别比71岁、73岁多5200人和3500人，2000年72岁死亡人数则分别比71岁、73岁多2.28万人和1.77万人。

那么，是哪个性别的72岁死亡人数多于相邻两个年龄呢？表1显示，无论是"四普"还是"五普"数据，72岁的男性死亡人数均大于相邻两个年龄，"五普"时72岁女性老人的死亡人数也远远大于相邻年龄。72岁（73虚岁）的死亡数据似乎印证了该俗语，如果仅此而言，假设一的部分内容可以通过检验。可为什么72岁的死亡人数会明显多于相邻两个年龄呢？这可能与72岁的人口规模较大有关，也可能与该年龄的死亡率偏高有关，具体原因见下文。

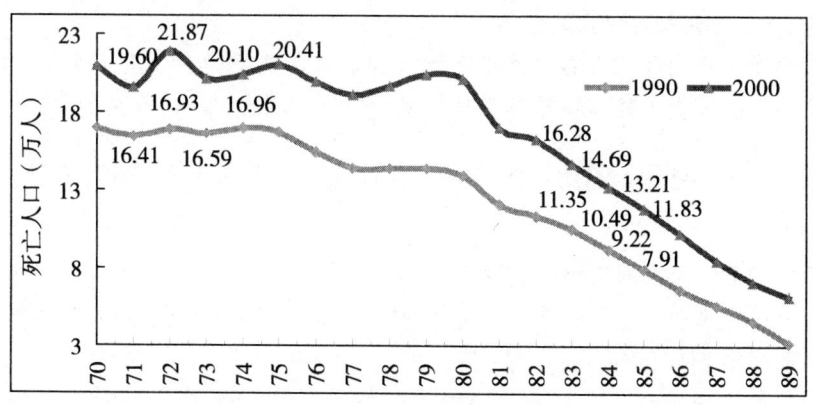

图1 1990年、2000年我国中高龄老人死亡数量

84虚岁的死亡人数少于83虚岁。1990、2000年82～84岁死亡人数曲线逐渐递减、死亡人数随增龄而减少。换言之，虽然83岁的死亡人数多于84岁，但是，如果与82岁死亡人数相比却相对较少。因此，在82～84岁年龄段，假设一无法通过检验。由对 73、84 虚岁的死亡人数分析可见，虽然 73 虚岁的死亡数据与该俗语部分一致，但是，84 虚岁的死亡人数并不符合该说法，因此，仅根据死亡人数尚无法准确判断该俗语是否科学。

表1 "四普"、"五普"中高龄死亡人数

年龄（岁）	"四普"死亡人数（人）			"五普"死亡人数（人）		
	合计	男	女	合计	男	女
70	169399	96850	72549	210037	125465	84572
71	164095	93493	70602	195956	115732	80224
72	169339	95274	74065	218738	127667	91071
73	165850	91440	74410	201002	116056	84946
74	169572	92215	77357	204078	115595	88483
……	……	……	……	……	……	……
80	139538	65754	73784	201462	100286	101176
81	120575	55414	65161	170063	82013	88050
82	113547	50350	63197	162769	76717	86052
83	104925	45112	59813	146921	67420	79501
84	92214	38408	53806	132140	58433	73707
85	79147	31803	47344	118258	50913	67345

注：为了节约版面，本表未展示 75~79 岁死亡人数。

《人口统计学》相关理论认为，死亡人数与尚存人口规模密切相关：一般而言，人口规模大，死亡人数多，反之，死亡人数就少（刘铮等，1981）。如果将人口规模考虑在内，分别用年龄别死亡率对 71~74 岁、82~85 岁进行比较，该俗语能否通过普查数据的验证呢？

（二）中高龄老人的死亡率分析

死亡率指一年内死亡人数与该年平均人数或年中人数之比，年龄别死亡率即为一年内某一年龄死亡人数与该年龄平均人数之比，通常以千分比表示。其计算公式如下：$m_x = \frac{D_x}{P_x} \times 1000‰$。其中，$m_x$ 为 x 岁死亡率，D_x 是指 x 岁的死亡人数，P_x 指 x 岁的平均人口数。

1. 71~74 岁死亡率随增龄而递增

按照上述计算公式，分别将"四普"和"五普"所得的年龄别死亡人数除以平均人数，即可得到年龄别死亡率。表2显示，1990 年 $m_{72}=48.62‰$，虽比 m_{71} 高 4.34‰，但却分别比 m_{73} 和 m_{74} 低 3.03‰和 9.56‰。在 2000 年的年龄别死亡率中，$m_{72}=43.89‰$，虽然比 m_{71} 高 6.23‰，但比 m_{73} 和 m_{74} 分别低 2.48‰和 6.37‰。由此可见，72 岁死亡人数之所以多于相邻年龄，其主要原因与该年龄人口规模较大有关。在考虑 71~74 岁尚存人口规模的情况下，死亡率不但不存在波状起伏，而且还随着老年人年龄不断增加，死亡率不断提高，即 71~74 岁老年人的死亡率符合随增龄而递增的规律（刘铮等，1982；黄荣清，2009），72 岁死亡率高于相邻两个年龄的假设无法通过数据检验。

表2 我国中高龄老年人年龄别死亡率（‰）

年龄	m_x 总		m_x 男		m_x 女		十年来 m_x 的下降情况		
	1990年	2000年	1990年	2000年	1990年	2000年	合计	男	女
70	43.41	36.39	52.69	44.09	35.14	28.90	-7.02	-8.61	-6.24
71	44.28	37.66	54.05	45.58	35.74	30.12	-6.62	-8.47	-5.62
72	48.62	43.89	59.26	52.91	39.50	35.43	-4.73	-6.36	-4.06
73	51.65	46.37	62.91	56.12	42.33	37.48	-5.27	-6.79	-4.86
74	58.18	50.27	70.69	60.76	48.05	41.01	-7.92	-9.93	-7.04
75	59.86	55.17	72.71	66.54	49.66	45.46	-4.69	-6.17	-4.20
76	67.29	60.35	82.33	72.92	55.76	49.99	-6.94	-9.41	-5.77
77	71.86	65.15	87.31	78.63	60.37	54.35	-6.71	-8.67	-6.02
78	81.84	74.48	99.23	89.61	69.47	62.69	-7.37	-9.62	-6.78
79	86.90	86.03	105.32	104.03	74.60	72.77	-0.87	-1.28	-1.83
80	101.14	99.46	122.66	119.86	87.47	85.11	-1.68	-2.80	-2.36
81	103.96	103.48	126.07	123.49	90.46	89.91	-0.48	-2.58	-0.56
82	116.89	114.20	141.46	136.91	102.68	99.48	-2.69	-4.55	-3.20
83	123.06	122.84	149.73	146.96	108.49	107.84	-0.22	-2.77	-0.65
84	133.56	133.09	162.25	158.87	118.59	117.92	-0.47	-3.38	-0.67
85	143.83	141.60	173.79	169.46	128.91	125.95	-2.24	-4.33	-2.96
86	153.99	150.97	185.09	178.09	139.13	136.32	-3.02	-7.00	-2.81
87	165.41	165.52	197.53	196.30	150.69	149.74	0.11	-1.23	-0.95
88	180.47	180.98	213.89	213.15	166.02	165.19	0.51	-0.74	-0.83
89	185.80	196.43	215.77	228.36	173.29	181.63	10.63	12.59	8.34

2. 82～85岁死亡率随增龄而递增

无论是"四普"还是"五普"数据，82～85岁老年人的年龄别死亡率均表现出不断提高的趋势。在1990年和2000年，m_{83} 分别比 m_{82} 高6.17‰和8.65‰，比 m_{84} 低10.50‰和10.25‰，比 m_{85} 低20.77‰和18.76‰。即82～85岁老年人的死亡率同样符合年龄别死亡率随增龄而递增的规律（刘铮等，1982；黄荣清，2009）。

对于年龄别死亡率而言，不论男女（见表2），也不论是"四普"或"五普"数据，还是1995年和2005年小普查数据*，均不支持该俗语，即有关83岁死亡率

---

* 1995年和2005年小普查数据显示：1995年72～74岁死亡率分别为46.3‰、51.7‰和54.7‰；2005年小72～74岁死亡率分别为33.8‰、37.24‰和39.36‰；1995年83～85岁死亡率分别为123.6‰、133.3‰和133.4‰；2005年小83～85岁死亡率分别为98.3‰、108.5‰和120.0‰。

高于相邻年龄的假设,仍然无法通过人口普查和人口抽样调查的大样本数据检验,同样不符合实际情况。

综上所述,通过对年龄别死亡人数和死亡率的比较可见,本文针对该俗语提出的两个研究假设,均不能通过数据检验,该俗语属于谬传并以讹传讹,并为该年龄段老年人带来了无谓的顾虑和担忧。

3. 死亡率具有下降趋势

1990 年我国 70～89 岁老人的死亡率为 49.48‰,男女死亡率分别为 57.11‰和 42.88‰,到 2000 年上述三个死亡率分别降至 44.57‰、50.25‰和 39.23‰。十年来老年人死亡率下降了 4.91‰,男女老年人死亡率分别下降了 6.86‰、3.65‰。从分性别来看,男性老人的死亡率下降速度快于女性老人(见表1),这可能主要与生活方式的改变有关,也可能与男性平均预期寿命低于女性、男性老人存活率的提升空间较大有关。尽管如此,女性老人的死亡率仍然低于男性。

从年龄别死亡率的变化情况看,70～86 岁老年人的死亡率均有不同程度的下降,其中,72～74 岁老人死亡率分别下降了 5～8 个千分点;83～85 岁的死亡率分别下降了 0.2～2 个千分点。随着死亡率的不断下降,在 73、84 岁尚存人口既定的条件下,该年龄段的死亡人数将随之减少,死亡率的下降趋势进一步证明该俗语不符合实际情况。

四、结论与建议

虽然在第四、第五次人口普查数据中,确实存在 72 岁死亡人数多于 71 岁和 73 岁的特征,即 73 虚岁死亡人数的确较多。而对于 83～84 岁的死亡人数,却表现出死亡人数逐渐递减的特征。在排除人口规模的影响下,不论是 72～74 岁死亡率,还是 82～85 岁死亡率,均符合死亡率随增龄而递增的规律。由此可见,"七十三、八十四,阎王不请自己去"无法通过普查数据检验,纯属以讹传讹的谬论。该谬论之所以广为流传,除了深受中国传统文化的深远影响外,还与该年龄死亡人数容易被记住并认为应验有关,更与缺乏科学的宣传倡导有关。

在老年人缺乏必要的宣传教育条件下,由于无法获得年龄别死亡情况的大样本数据,更无法对此进行专门研究,因此,老年人要想增加对该俗语的了解,或者只能从百度、谷歌等网页搜寻相关信息,抑或从鱼目混珠的养生栏目中获得有关印证信息。加之以往文献对该俗语的科学性存在较大争议,老年人通过对周围七十三、八十四岁的死亡情况进行观察(包括周岁和虚岁),在记住这些年龄的死亡人数、忽略相邻年龄的死亡人数时,扩大了该俗语的影响力。

虽然健康长寿受多种因素的影响,但与七十三、八十四的特殊年龄关系甚微:世界卫生组织宣布,能否健康长寿,60%取决于个人生活方式,15%来自于遗传,10%取决于社会条件,8%由医学条件决定(和红等,2005)。因此,针对老年人喜闻乐见的老年性广播影视期刊等各种媒体,从该俗语的来历、到对年龄别死亡率进行专题宣传,消除老年人对这两个年龄"魔咒"的顾虑,引导老年人在健康老龄化过程中,通过健康生活方式与平和心态度过该年龄。这无论对于年均 400 余万的 73 岁老人和近百万的 84 岁老年人,还是对于老年人家庭及整个社会,均具有重要的现实意义。

（感谢中国人民大学社会与人口学院资料室王丹霞老师对本文提供的支持与帮助！）

参考文献

阎青春．我国城市居家养老服务研究，2008-2-21．http://www.cnca.org.cn.
为什么老人一般去世在73、84岁？http://zhidao.baidu.com/question/16760920，2010-3-16.
田永清．从"七十三、八十四"说开去．解放军报，1995-7-11.
陈胜利．中华上下五千年．呼和浩特：内蒙古人民出版社，2007：62.
冯少波．中国人为何说"虚岁"．寻根，2009，（1）：110-113.
陈正稚．孔子只活七十三．咬文嚼字，2007，（4）：37.
聂崇山．"七十三、八十四"的思辨．民俗研究，1994，（3）：22-23.
王占清．"七十三、八十四是人生的坎"吗？．中老年健身科学，2003，（2）：51.
七十三、八十四不是老人的坎．中国营养保健，1995-7-8.
京天．七十三、八十四的由来．采风报，1982.
裴雪重．七十三、八十四"坎年"之研究．人口学刊，1991，（5）：39-42.
广珍．七十三与八十四．乡镇论，2000，（10）：39.
什么是七十三与八十四？．http://mzxx.qhmz.gov.cn.
张其成讲读《黄帝内经》：养生大道五．新浪博客（http://blog.sina.com.cn），2010-3-16.
孙清廉．从七十三与八十四谈生命周期．健康，2009，（8）：62-63.
乐亮辉，叶俊慧．谁能闯过"七十三、八十四"这一关？——揭开生命节律之秘．武当，2003（1）：56.
刘铮，邬沧萍，查瑞传．人口统计学．北京：中国人民大学出版社，1981：96，99-101.
黄荣清．全年龄连续的人口死亡模型．人口研究，2008，（5）：15-25.
和红，金承刚，杜本峰，等．亚健康"青睐"知识分子吗？——中国知识分子健康研究报告之二．人口研究，2005，（6）：2-11.

（作者单位：全国妇联妇女研究所）

我国部分地区生肖偏好及其影响分析

卜雯婷

正文：近几年，大众传媒热炒"千禧宝宝"、"金猪宝宝"等所谓的生肖偏好的现象，认为人们的盲目从众造成了产科爆满、月嫂急缺等现象，不但让自己受罪，也让"千禧宝宝"、"金猪宝宝"面临着从入托、升学、就业、婚姻到养老"一生拥挤"的命运。惟一值得庆幸的是婴幼儿市场，它们将迎来前所未有的发展机遇，有的媒体甚至高呼："快来抢'金猪宝宝'的钱"。虽然有人利用我国人口统计年鉴的数据进行实证研究，发现从全国范围来看，出生人口规模的波动，更多的是受人口惯性的影响，生肖偏好对其影响不大。但是不可否认，在我国部分地区确实存在着生肖偏好的现象。有研究表明：我国不同地区总和生育率与生肖之间的变动是有相关性的。将全国31个省市按六大区域划分，华东地区、华北地区的生育率水平变动幅度较小，意味着对生肖的选择性相对较小；东北地区、西北和西南地区的生育率水平变化起伏最大。

有学者将生肖偏好界定为：人们根据民间相关民俗或迷信的说法，认为出生在特定生肖所对应年份的婴儿将享有某些特殊的好运，因而选择在某些生肖对应的年份生育自己的孩子。其结果是造成这些年份的出生人口规模激增。与之相对应，生肖回避则指人们由于认为某些生肖会给孩子带来厄运，而刻意选择不在某些生肖对应的年份生育孩子。进而导致这些年份的出生人口规模骤减（马妍，2010）。

一、我国部分地区存在生肖偏好现象的原因

（一）封建迷信思想对人们生育观念的影响

中国的生育文化，一直受到民间传统思想的影响。中国人迷信算命术，算命术认为人的命运由生肖和五行来决定。生肖是以出生年份的农历计算，五行则是由出生的月份和时辰决定。民间封建迷信认为，龙年、牛年、猪年出生的孩子是吉祥的，一生的道路会充满好运；而羊年、蛇年、鼠年出生的孩子命运多舛，是不吉祥的。为了让自己的孩子能赶个好彩头，迷信的父母会选择在龙年、牛年、猪年等吉祥的年份里怀孕生孩子，尽量避开羊年、蛇年、鼠年等不好的年份怀孕生孩子，有些父母甚至违背自然的生育规律，不惜提前剖腹产，让孩子赶在吉时出生。比如"龙"象征着飞黄腾达，2000年为龙年，又逢世纪之交，当年我国部分地区出现了一个人口出生高峰；而在2001年蛇年，部分地区新出生人口数锐减了很多，因为"蛇"通常与阴险和狠毒等印象相关联。

部分学者经过研究发现，我国东部沿海地区和大城市的居民比广大农村地区的居民更迷信吉时生吉子的生育观念。这可能是经济越发达地区的居民对后代的期待

越高,对后代的命运与生肖关系抱着宁可信其有的态度,喜欢扎堆生育"千禧宝宝"、"金猪宝宝"。

(二) 对民俗的误读影响到人们的生育思想

据民间传说,2007年是60年不遇的"金猪年",很多育龄父母都争相孕育"金猪宝宝"。结婚早的,就千方百计避孕;结婚迟的,就使出浑身解数,以求怀孕。2006年出现结婚旺年之后,生育高峰也相继出现,有的夫妇为了生下个"金猪宝宝",甚至专门选在狗年怀孕。

著名民俗学家冯骥才指出,2007是"金猪年"本身就有问题,实际上2007年是土猪年,而民间流传所谓的金猪娃有福气,更没有科学根据。民俗是大众共同认可、约定俗成的生活行为,也是一种文化行为,更是一代代传承下来的民族精华。而民间流传所谓的金猪娃有福气之类的说法含有迷信色彩,它不代表生活理想,而是人们口口相传的生育迷信。一传十,十传百,很多育龄夫妇盲目从众,显得非常轻率。造成这一现象的主要原因就是人们对中国传统民俗文化的误读。

二、部分地区生肖偏好产生的影响

(一) 对当地的发展带来巨大的负担

社会资源总是有限的,每年人口占有的资源也是均衡的。如果非要进行人为的干预,将破坏社会系统的资源均衡,也可能会影响一代人的命运。这个道理对某个地区,某个城市也是适用的。由于生肖偏好造成的人口忽增忽减,一方面会对社会资源造成了无形的压力,另一方面,也会造成社会资源的白白浪费,破坏了人口与资源、经济、社会的和谐发展。

从医疗资源角度看,从挂号,检查,生产都需要排队,拥挤不堪,"千禧宝宝"、"金猪宝宝"过后,又造成了医疗资源的浪费。根据北京某医院门诊部的产妇预产期数据,该医院高峰时期的病床负荷量要超过200%——这意味着到时一张病床要挤两个产妇。为了保证宝宝能够顺利生产,一些准妈妈每月都要例行检查,已经需要丈夫凌晨2点就去医院排队挂号才能顺利进行。由于要例行检查和生产的人太多,医院开出苛刻的挂号条件:每天只能开具两张转诊单,要提前一周预约。为了这张转诊单,那些准爸爸、准妈妈们可谓吃足了苦头。从头天一直排到三四点,才拿到下周的最后一张,据说还是比较幸运的。可到了这批"千禧宝宝"、"金猪宝宝"过去以后,又会造成医疗资源的大量浪费。

从教育和就业的角度看,生肖偏好会使孩子一生都面临更激烈的竞争:出生时,产房紧缺;三年后,争着上幼儿园;六年后,入学更难。高中、大学阶段,孩子会面临残酷的淘汰。同时,由于中国人口老龄化问题日趋突出,教育资源呈现逐渐缩减的趋势,而此时突然出现一个生育高峰显然会对日趋缩减的教育资源形成挑战。当他们大学生毕业时,就业压力就会突然性地爆发,僧多粥少就会出现一大批的待业青年,他们滋生闹事,引起犯罪率突增。社会为了应付突如其来的"千禧宝宝"、"金猪宝宝",势必需要投入大量的教师、教师以及其他资源,可当这批"千禧宝宝"、"金猪宝宝"过去以后,先前的教师资源、教室资源以及其他教育资源又得面临重新分配,造成了社会资源的无谓浪费。

从基础设施的角度看，社会在一定时期内可提供的硬件资源总是均衡的。"千禧宝宝"、"金猪宝宝"会给如交通、水电、住房等基础设施带来巨大压力。人口在某一段时间内的突增和突减，对社会发展都是不利的。

从养老的角度看，"千禧宝宝"、"金猪宝宝"基本上都是独生子女，他们赡养长辈的压力将更大。他们退休后，对养老金制度都会有明显的压力，同时造成劳动力市场突然短缺。

从资源环境的角度看，自然界可以提供给我们的各种自然资源基本上是均衡的，出生人口的突然增加，那么向资源环境索取的就会突然变多，自然界的供给能力就那么多，势必造成生态破坏，资源破坏性攫取。

（二）对经济的影响

"千禧宝宝"、"金猪宝宝"可以缓解人口老龄化。一些大城市户籍人口的自然增长率连续多年负增长，"千禧宝宝"、"金猪宝宝"可以缓解这些地区人口老龄化，改变人口年龄结构，增加劳动力总量，降低人均养老的负担，有利于保持社会的活力。

"千禧宝宝"、"金猪宝宝"可以刺激消费增速加快。"千禧宝宝"、"金猪宝宝"的出现，首先会对非耐用消费品或者说快速消费品产生较大的拉动作用，生物疫苗、奶粉、日化、健康护理等行业将受益最大；其次大量人口进入结婚和生育时期将形成对房地产市场的刚性需求，与刚性需求对应的是房地产开发投资的刚性增长，并推动房地产投资稳步增长。

"千禧宝宝"、"金猪宝宝"预示人口红利下降。人口红利是支持中国改革开放以来经济快速增长的重要原因之一，但从统计上看，人口红利释放的强度正随着大量劳动适龄人口进入生育期而有所减弱。"千禧宝宝"、"金猪宝宝"的出现意味着第三次生育高峰期出生的人口已经开始进入生育期，长期以来被市场认为取之不尽的廉价劳动力会进一步减少，劳动力价格将逐渐提高，这对劳动密集型产业将产生不利影响。

"千禧宝宝"、"金猪宝宝"会对公司人力资源产生压力。一份职场网络调查数据显示，有超过四成的受调查人事经理认为，"千禧宝宝"、"金猪宝宝"对企业 HR 管理影响最大的是造成人手短缺；其次有 22.3% 受调者认为成本增加的影响最大；而认为工作纪律涣散、招聘压力增大和人员流失的比例相近，分别为 12.1%、11.3% 和 10.9%。

（三）对准父母及宝宝的影响

对准父母来说，要准备支付更高的养育成本。资源紧张的背后就是增加成本，时间成本，关系成本和金钱成本。对宝宝而言，将面临"一生的拥挤"，包括入托、升学、就业、婚姻、养老，等等。

综上所述，生肖偏好产生的"千禧宝宝"、"金猪宝宝"对经济的影响利大于弊，可以缓解老龄化，可以带动婴儿相关领域的经济发展；但从整体上来看是弊大于利，对地区的发展，对资源、对社会以及对准父母和宝宝等都有不同程度的影响。中国作为一个发展中的人口大国，必须树立科学的人口观、发展观，以人的全面发展为中心，促进人口、资源、环境、经济、社会的协调发展和持续发展，实现人口长期均衡发展。

三、针对部分地区存在的生肖偏好现象，我们需要采取一系列措施来应对

（一）加强宣传，破除封建迷信

加强科学生育观的宣传教育，营造健康的生育环境，引导广大育龄群众避开生育高峰，科学安排生育时间。破除迷信，使大家认识到同一年出生的孩子命运并不都一样，孩子命运的好坏与生肖无关。

（二）摸清孕情，做好规划

组织各乡镇街道开展入户调查，逐户逐人摸清孕情，建立人口出生信息资料库，以便及时掌握情况，发现问题，及时采取措施。同时，对照摸底情况合理规划医疗、教育等资源，防患于未然。

四、总结及思考

通过对我国部分地区存在生肖偏好现象的原因、影响和对策的分析，我们不难发现，我国部分地区存在的生肖偏好会造成当地人口规模剧烈波动，给当地的社会、经济、环境以及资源带来不利和不确定的影响。好年份出生宝宝多，坏年份出生宝宝少。同一年出生的人越多，该年的人就很可能要一生处于拥挤与争抢的环境中，一生的竞争都特别激烈。千禧、金猪不重要，一个健康聪明有备而来的宝贝才是父母最好的选择。选择什么时候生孩子是人们的自由，但是怎样才能让我们的下一代顺其自然、健康快乐地成长，公平地、高质量地享受社会提供给他们的服务，还需要我们用理性去判断和选择。

参考文献

马妍. 生肖偏好？中国生肖偏好的实证研究——基于1949~2008年出生人口数. 人口研究, 2010, (5).

段成荣, 王艺佳. 从"停电婴儿"到"羊年不宜生子"——兼论如何科学地分析人口现象. 人口研究, 2003, (3).

李银珩, 李硕珩. 婴儿潮与人口高龄化对美国经济的影响. 人口学刊, 2006, (2).

张敏杰. 金融危机下的人口问题及反思：以婴儿潮为视角. 浙江学刊, 2009, (3).

崔梦婷. "吉祥宝宝"现象及其社会影响分析. 科技信息(科学教研), 2007, (26).

刘琳. "婴儿潮"对我国房地产市场长期需求的影响. 中国投资, 2007, (3).

范凤琴. "婴儿潮"的出现利大于弊——访上海社科院社会学所副所长陆晓文研究员. 社会观察, 2008, (8).

文非. "奥运宝宝"入园难. 记者观察(上半月), 2010, (3).

金娟. "千禧宝宝"热"挤"校园. 思想工作, 2007, (9).

信叟. 丁亥不是"金猪年". 文史杂志, 2007, (2).

（作者单位：北京大学人口研究所）

专题二 人口城市化与迁移流动

我国农民工的代际差异状况分析

段成荣　马学阳

一、引　言

当前，我国的新生代农民工已经成为政府官员、研究学者、新闻媒体等社会各界高度关注的焦点问题。温家宝总理日前在北京考察工作时说，"要像对待自己的孩子一样对待年轻农民工，让他们逐步融入城市生活"。学界对于新生代农民工问题的研究热度大致从2000年开始不断升温，不同介质的大众传媒也在围绕这一问题大做文章。在这期间，对于该问题具有里程碑意义的是，中共中央、国务院发布了2010年中央一号文件《关于加大统筹城乡发展力度进一步夯实农业农村发展基础的若干意见》。在官方文件中，这个文件是首次正式使用"新生代农民工"这一提法的，该文件明确要求要"采取有针对性的措施，着力解决新生代农民工问题"。那么，新生代农民工的问题到底是什么呢？

要认识新生代农民工问题，必须要从农民工的代际关系出发。从根本上理解，新生代农民工作为一个"特殊"群体的出现，主要是由于农民工的内部已经发生巨大的变化，代际的分化非常严重。因此，对于当前我国农民工生存与发展代际差异的比较研究非常有必要。这不仅是全面认识新生代农民工的基本特征、系统把握新生代农民工问题的必要途径，而且对于政府出台有针对性的问题解决措施、推动城镇化进程也有着重大的政策参考价值。

现阶段对我国农民工生存与发展的代际差异状况进行全面系统的研究不仅意义重大，而且恰逢其时。2010年的中央一号文件为重新界定农民工的代际关系提供了非常难得契机，也为新的历史起点上的农民工问题研究提出了更高的要求。同时，国家人口计生委的流动人口动态监测调查为研究当前农民工的代际差异状况提供了最新的2010年数据，而且十万左右的样本量能够弥补许多研究样本过少的局限，数据有更好的代表性。

二、我国农民工的代际差异状况

结合流动人口动态监测调查，在2010年这个时点上，可以将1980—1994年出生的界定为新生代农民工（他们的年龄为16～30岁，这和大多数研究的界定相同）；进一步，将1980之前出生的农民工再细分为：1965—1979年出生的为中生代农民工（他们的年龄为31～45岁）和1965年之前出生的为老一代农民工（他们的年龄为46岁及以上）。值得指出的是，这种划分的"出生年代"标准是动态的，比如在2020年分析农民工代际差异时候就需要重新设定"出生年代"的标准，但是不同代际农民工的年龄区间依然可以确定不变。

在使用流动人口动态监测调查的数据来分析"新生代"、"中生代"、"老一代"农民工的代际差异之前,需要强调的是:首先,该项调查获得的是时点数据,仅仅反映的是当前(本文指的是2010年)农民工的代际差异状况,不能简单地推及到其他年份;其次,使用时点数据进行比较的这三代农民工都是当前留在城里的"存量"农民工,不涉及已经"返乡务农"或者"落户留城"的那些曾经的农民工。

(一)个人特征

国家人口计生委2010年5月的流动人口动态监测调查中,农民工总共有102598人,其中16～30岁的新生代农民占47.0%,31～45岁的中生代农民工占46.5%,46～60岁的老一代农民工占6.5%。正是由于年龄的不同,不同代际的农民工所处的生命周期不同,他们正在经历的生命事件也有所区别。

1. 不同代际农民工由于年龄不同正在经历的生命事件也不尽相同

新生代农民工同时面临着结婚和抚养后代的两项重大生命事件。从表1可以看出,近半数的新生代农民工未婚,而在已婚的新生代农民工当中有八成多的人需要抚育一个或多个的15周岁及以下子女。

表1 不同代际农民工的婚姻状况构成(%)

		婚姻状况					合计
		未婚	初婚	再婚	离婚	丧偶	
代际	新生代	44.1	55.5	0.2	0.2	0.0	100.0
	中生代	1.6	96.0	1.3	0.9	0.2	100.0
	老一代	0.8	95.3	2.0	0.6	1.3	100.0
合计		21.5	77.0	0.8	0.5	0.2	100.0

对于中生代农民工来说,结婚的比例已经接近百分之百,他们当前主要的生命事件是抚养后代,而且负担较重。从表2可以看出,近八成的中生代农民工需要养育一个或多个15周岁及以下的子女,而且三成多的中生代农民工需要养育子女数量为两个或以上。

表2 按15周岁及以下子女数量划分的不同代际已婚农民工构成(%)

		15周岁及以下子女数量					合计
		0	1	2	3	4+	
代际	新生代	14.9	70.1	14.3	0.7	0.0	100.0
	中生代	23.0	45.9	27.8	2.9	0.4	100.0
	老一代	86.4	11.1	2.2	0.3	0.0	100.0
合计		26.7	49.9	21.2	2.0	0.2	100.0

老一代农民工的已婚状况和中生代类似,几乎都已经结婚;与中生代不同的是,抚养后代并不是他们的主要生命事件。表2显示,近九成的老一代农民工没有15周岁及以下子女,这个群体即将面临的最大问题是养老。

2. 不同代际农民工的性别、受教育程度差异明显

表3清楚地显示，中生代农民工男女比例比较均衡，而老一代则是男多女少，新生代则是女多男少。这种女性比例不断增加、男性比例不断减少的代际发展趋势应该和经济发展尤其是产业发展状况密切相关。以制造业为例，有一半以上（53.8%）的女性新生代农民工在该行业就业，随着我国制造业的迅速发展和不断升级，其所吸纳的年轻女性农民工也会越来越多。

表3 不同代际农民工的性别比例（%）

		性别		合计
		男	女	
代际	新生代	44.4	55.6	100.0
	中生代	51.0	49.0	100.0
	老一代	59.2	40.8	100.0
合计		48.4	51.6	100.0

不同代际农民工的受教育程度具有明显的差异。本调查中，全体农民工的平均受教育年限为9年，也即是初中文化程度。中生代农民工的平均受教育年限为8.4年，还达不到初中水平；老一代农民工仅为7.6年。但是，新生代农民工的平均受教育年限则达到了9.8年，超出了初中水平。

表4 不同代际农民工的受教育程度构成（%）

		受教育程度						合计
		未上学	小学	初中	高中、中专	大学专科	本科以上	
代际	新生代	0.6	6.7	63.1	24.5	4.1	1.0	100.0
	中生代	3.4	27.8	55.3	11.8	1.5	0.2	100.0
	老一代	10.0	33.9	43.0	12.8	0.2	0.1	100.0
合计		2.5	18.3	58.2	17.8	2.6	0.6	100.0

由表4可知，新生代农民工的受教育程度明显高出中生代和老一代，首先是由于小学及以下的比例大幅锐减，由43.9%到31.2%再到7.3%；其次是由于高中和中专的比例翻番；另外，新生代农民工初中的比例较之中生代和老一代分别增加了8个和12个百分点，大学及以上的比例也由老一代的0.3%增加为5.1%。农民工在受教育程度分布上的代际特征可以总结为：老一代有五成多完成了九年义务教育，高中及以上的比例仅有13%；中生代有近七成读完了初中，高中及以上比例也仅为13%；新生代则有九成多完成初中学业，高中及以上的比例达到30%。这种巨大的差异和不同代际农民工所处的社会背景不无关系，尤其跟我国教育事业发展的阶段互相联系，比如扫盲工作的开展，实施九年义务教育，推动普及高中阶段教育，发展高等教育，等等。

（二）工作就业

工作就业是农民工的头等大事。研究农民工工作就业的代际差异，该调查可以从农民工是否能够就业、在哪些行业就业、从事何种职业、其单位的性质和就业身份以及从业时间等方面进行比较。总的来说，不同代际农民工的工作就业情况存在较大差异。

1. 女性新生代农民工较之中生代和老一代，就业比例不断上升，操持家务比例不断下降，无业和失业比例相对较高；男性差异则不明显

调查中农民工的就业状况分为三类：就业、操持家务、无业失业，其中就业比例高达88.2%。总体上看，新生代和中生代农民工在此三类就业状况上的分布差异不明显，只是新生代操持家务的比例低于中生代1个百分点；无业失业的比例高出中生代1个百分点。但是，老一代和中生代农民工的差异较为明显。相较而言，老一代农民工的就业比例要低于中生代4.2个百分点；操持家务比例要高出3.5个百分点；无业失业比例要高出0.8个百分点。

虽然总体来说，农民工就业状况的代际差异不太明显，但是若分性别来看的话，被掩盖的女性农民工的代际差异可以突显出来。由表5可知，老一代女性农民工的就业比例仅为67.8%，而新生代则超过了80%；老一代女性农民工操持家务的比例高达30%之多，而新生代则下降了近一半，为16.5%；就无业失业比例而言，新生代最高，高出老一代和中生代1个百分点。

对比不同性别的就业状况发现，"男主外、女主内"的传统性别分工依然存在，但随着代际发展，这种局面在逐步改变。对于男性农民工而言，无论代际，95%以上都有工作，而女性中就业最高的新生代农民工也只有80%，就业的性别差异非常明显。但也应该看到，女性老一代农民工差不多3人中有一个在操持家务；中生代则是4人中有一个；到了新生代，6个人中有一个在操持教务。这种变化在一定程度上反映了男女平等和社会进步。

表5 分性别不同代际农民工的就业状况构成（%）

性别			就业状况			合计
			就业	操持家务	无业失业	
男	代际	新生代	98.2	0.3	1.5	100.0
		中生代	98.6	0.3	1.1	100.0
		老一代	95.4	2.2	2.3	100.0
	合计		98.2	0.5	1.4	100.0
女	代际	新生代	80.8	16.5	2.7	100.0
		中生代	77.8	20.5	1.6	100.0
		老一代	67.8	30.4	1.8	100.0
	合计		78.8	19.0	2.2	100.0

2. 较之中生代和老一代，新生代农民工向四大行业集中，以制造业为最为典型；向四大职业集中，以产业工人最为典型

不同代际农民工的行业分布有着明显的发展趋势。农民工最为集中的四个行业分别为制造、批发零售、住宿餐饮、社会服务，也是常说的劳动密集型和低附加值、低素质要求、低准入门槛的行业。这四大行业集中了老一代农民工的70.5%，中生代的77.8%，新生代的86.6%。虽然如此，农民工逐渐集中的四大行业内部却有着不同的变化。集中趋势最为明显的是制造业，有一半以上的新生代在该行业，以代际间10多个百分点递增；退出趋势最为明显的是批发零售，新生代农民工较之中生代和老一代下降了7~8个百分点。

另外，值得关注的行业还有建筑和农林牧渔，农民工从这两个行业的退出趋势也非常明显，尤其是建筑业。老一代农民工在建筑业的比例为13.8%，但是新生代农民工却大量从这个行业退出，留下的比例仅为3.3%。十多个百分点的下降背后隐藏着农民工对于工作选择的理性（见表6）。

表6 不同代际农民工的行业分布（%）

		\"您现在主要从事何种行业工作\"						
		制造	批发零售	住宿餐饮	社会服务	建筑	农林牧渔	剩余九类行业
代际	新生代	50.9	13.6	11.8	10.3	3.3	0.5	10.2
	中生代	37.0	20.6	9.7	10.5	8.6	1.4	13.6
	老一代	26.3	22.2	8.8	13.2	13.8	3.8	15.8
合计		42.9	17.4	10.6	10.6	6.4	1.2	12.1

农民工最为集中的职业按照所占比例大小依次：产业工人、商业服务业员工、个体工商户、专业技术人员。代际比较发现，农民工在这四大职业也有不断集中的趋势，但是不同职业的变化差异很大。集中趋势最为明显的职业是产业工人，从老一代的32.4%上升到新一代的46.3%；其次，商业服务业员工也上升了6个百分点。退出趋势最明显的个体工商户，相比于老一代，新生代农民中个体工商户的比例下降近半（15个百分点）。除了这四大职业之外，农业劳动者、无固定职业这两类呈现出明显的农民工逐渐退出的发展趋势（见表7）。

表7 不同代际农民工的职业分布（%）

	\"您现在的主要职业\"									
	国家与社会管理者	经理人员	私营企业主	专业技术人员	办事人员	个体工商户	商业服务业员工	产业工人	农业劳动者	无固定职业
新生代	0.1	0.7	0.9	8.0	5.4	16.0	19.9	46.3	0.7	2.0
中生代	0.1	1.1	1.9	8.1	3.1	31.2	12.1	35.9	1.6	4.9
老一代	0.0	0.5	1.1	5.8	2.8	31.2	14.0	32.4	4.2	8.0
合计	0.1	0.9	1.4	7.9	4.2	24.0	15.9	40.6	1.4	3.7

3. 新生代农民工的就业身份为雇员的比例高于中生代和老一代；自营劳动者和雇主的比例则相对更低

新生代农民工中，八成多的就业身份为雇员，远高于中生代和老一代的六成比例；而自营劳动者的比例从中生代和老一代的30%下降到14%。这种就业身份的变化，从一个侧面反映了农民工逐渐融入城市的过程。雇员比例的不断提高、自营劳动者比例的不断下降，使得农民工的工作就业与市民至少在形式上趋于一致。这也是农民工市民化的第一步，只有在就业身份发生变化的基础上才可能实现其他方面的融合。

表8 不同代际农民工的就业身份构成（%）

		"您现在的就业身份"				合计
		雇员	家庭帮工	自营劳动者	雇主	
代际	新生代	82.2	1.1	13.9	2.9	100.0
	中生代	62.0	1.5	30.0	6.5	100.0
	老一代	60.1	1.9	30.5	7.5	100.0
合计		71.4	1.3	22.4	4.8	100.0

而就业身份为雇主的变化趋势则反映了不同代际农民工的从业时间或工作经验的不同。新生代农民工中雇主的比例仅为2.9%，不及中生代的6.5%和老一代的7.5%。而新生代农民工从事现在这份工作的时间平均为1年9个月，半数人都在1年以下；中生代则从业时间平均为4年2个月，中位数为3年；老一代的从业时间平均高达6年，中位数也为3年。

（三）劳动权益

最近几年出现的"民工荒"在一定程度上被认为是"权益荒"。尤其是我国沿海地区从事制造业的农民工由于工资待遇低、劳动强度大、工作环境差，劳动权益得不到保障，选择了用脚投票，导致区域性和结构性的用工短缺。以下将从代际发展的角度比较各代农民工在工资待遇、工作时间、合同签订状况等劳动权益方面是否存在差异。

1. 中生代农民工的工资水平最高，新生代和老一代差别不大

总体来看，中生代农民工的平均月收入为1800元，要高出新生代和老一代约200元。这和中生代农民工兼具人力资本（年龄、受教育程度等）和工作经验的优势有很大关系。从农民工集中的四大行业分别来看，不同代际农民工的收入水平各有不同。制造业和住宿餐饮业的农民工月收入水平和总体趋势基本一致，中生代高于老一代和新生代；在批发零售业则是老一代的收入高于中生代和新一代；而在社会服务业则是新生代农民的月收入水平优势明显。从表9中的标准差一项可以看出，此处用来衡量工资水平的平均月收入指标存在较大缺陷，但从同时给出的中位数来看，二者反映的趋势基本一致。

表9 分性别不同代际农民工的工资水平（元）

代际	性别	平均数	中位数	标准差
新生代	男	2020.97	1800.00	1383.421
	女	1370.93	1500.00	1217.810
	总计	1659.43	1500.00	1333.615
中生代	男	2320.18	2000.00	2543.399
	女	1263.54	1200.00	1535.182
	总计	1802.36	1500.00	2175.457
老一代	男	1945.41	1500.00	1886.722
	女	974.54	1000.00	1058.089
	总计	1548.94	1400.00	1670.533

需要指出的是，虽然工资水平的性别差异巨大，但是随着农民工的代际更替，这种差距在逐渐缩小。老一代和中生代农民工中，男性的月平均收入比女性要高出1000元，中位数月收入也要高500～800元。而到了新生代，男女的月平均收入的差距缩小到650元，中位数月收入差距也减至300元。结合前文越来越多的女性农民工从家庭中走出来加入到就业大军中，她们的工资水平随着代际的发展在不断提高，不断缩小与男性的差距。

受教育程度作为影响人力资本的重要因素对于农民工工资水平的代际差异产生了重要作用。详细考察不同受教育程度的农民工月收入变化，新生代农民工中小学及以下、初中、高中中专、大学及以上的月工资水平以约300元的幅度依次递增；而在与新生代数量差不多的中生代农民工中，高中中专的月工资水平较初中有着800元的提升。虽然当前新生代农民工中初中生是主体，但是如何进一步推动和普及外出打工农民的高中中专阶段教育，不仅对于不断更新换代的农民工的自身发展大有裨益，而且对于当前我国经济完成结构的调整和产业的升级提供宝贵的人力资源。

2. 农民工的合同签订状况随着代际发展不断好转，但是超时间、高强度的工作状况基本没有改变

签订劳动合同是保障劳动者就业权益的法律手段，对于农民工在城市稳定工作具有十分重要的意义。之前许多用工企业为了降低成本，恶意逃避企业责任，将农民工当做廉价的临时工，不愿意和他们签订劳动合同。随着新生代农民工成为城市劳动力市场的重要力量，较之老一代和中生代，他们的权益和法律意识在增强，逐渐开始用法律手段保护自己的合法权益。

表 10　不同代际农民工签订劳动合同类型构成（%）

代际		"您与目前工作单位签订的劳动合同是何种类型"							合计
		有固定期限	无固定期限	完成一次性工作任务	试用期	其他	未签订劳动合同	不清楚	
代际	新生代	53.0	7.8	0.8	4.1	0.1	31.1	3.0	100.0
	中生代	44.4	9.9	1.9	1.1	0.2	39.5	3.0	100.0
	老一代	33.0	12.0	4.6	1.3	0.0	45.7	3.3	100.0
合计		48.5	8.9	1.5	2.7	0.2	35.3	3.0	100.0

表 10 显示，新生代农民工未签订劳动合同的比例为三成，比老一代和中生代有较大幅度下降。而就签订有固定期限合同的比例来说，新生代农民工也要比老一代和中生代分别高出近 20 个和 10 个百分点。分单位性质来看，主要分析个体工商户和私营企业（此二类占到全体的八成以上），两者农民工签订合同状况都有所好转，但是，私营企业中新生代农民工未签订劳动合同的比例较之中生代下降了 10 个百分点；而个体工商户的下降幅度仅为 5 个百分点不到。特别需要指出的是，个体户工商户未与农民工签订劳动合同的比例略高，达到六成以上。如何在这一类型的单位群体中保障农民工的劳动权益值得深思。

由签订劳动合同的状况可以看出，农民工的就业环境在逐渐改善，就业权益逐步得到保护。但是，从工作时间看，他们的劳动强度超高的状况没有得到缓解，农民工仍然是城市劳动力中就业处境非常艰难的群体。当前，一些媒体和舆论把新生代农民工贴上了"娇气"的标签，认为他们抛弃了中生代和老一代农民工能吃苦的传统，工作耐力和工作时间都在下降。表 11 显示，新生代农民工与中生代、老一代比较，工作时间发生的变化可以忽略不计。他们每周工作的时间超过 6 天，而且每天工作的时间平均 10 个小时，由此可以看出新生代农民工照样能吃苦耐劳。无论代际，农民工超时间、高强度的工作状况并没有得到改善，他们的休息权利没有得到保证。

表 11　不同代际农民工的工作时间

代际	"您现在平均每天工作几个小时"			"您现在平均每周工作几天"		
	均值	中值	标准差	均值	中值	标准差
新生代	9.75	10	2.004	6.23	6	0.754
中生代	10.04	10	2.277	6.44	7	0.767
老一代	9.95	10	2.173	6.54	7	0.746
总计	9.9	10	2.15	6.35	7	0.768

3. 就业遇到的主要问题中，较多的新生代认为是收入低，而认为是缺技能的则是中生代和老一代相对较多；但在政府组织的就业培训中，新生代参加的比例较之中生代和老一代更高

无论代际，农民工在工作或找工作时遇到的最主要的问题有三项：收入太低，达不到自己的期望水平（简称为收入低）；缺乏技能，达不到工作要求（简称为缺技能）；工作时间太长（简称为工时长）。此三项分开来看，认为收入低是最主要问题的比例，新生代农民工最高（45%），中生代次之（44%），老一代最低（40%）；而认为缺技能的比例，老一代（19%）则明显高出中生代和新一代（12%）；认为工时长的比例和认为收入低的比例类似，新生代高于中生代高于老一代。由此，在解决农民工问题时，新生代和中生代要更多地注意收入的提高，对于老一代则更多地关注他们的就业技能培训。

分就业状况看，已经就业农民工在就业主要问题上的代际差异与农民工总体状况类似，但是，操持家务、无业失业这两类就业状况的农民工内部存在较大差异。对于操持家务的农民工来说，缺技能排在就业问题的首位，尤其是中生代（72%）。由于这部分人群大多为女性，如何采取有针对性的培训措施来提高农民工中家庭妇女的就业能力，应该成为当前农民工政策的重要议题。

对于无业失业的农民工而言，新生代也只有三成人认为就业问题主要是收入低。和中生代和老一代比较而言，他们更多地认为工时长、缺就业信息、工作环境差、社会保障差是主要的就业问题，而更少地认为缺技能是主要的就业问题。逐渐成为农民工主体的新生代劳动权益意识开始觉醒，这必然要求政府提供更多的就业培训、就业信息等公共服务，要求企业提高农民工收入、改善工作环境、保证合法权利。否则，"权益荒"就将会导致"民工荒"（见表12）。

表12 分就业状况不同代际农民工的主要就业问题所占比例（%）

就业状况		"您在工作找工作时遇到的最主要问题是什么"								
		收入低	缺技能	工时长	环境差	住宿差	社保差	缺就业信息	其他问题	没有问题
就业	新生代	45.2	12.4	10.2	2.9	1.1	5.5	2.8	0.8	19.1
	中生代	44.3	12.4	8.9	2.6	0.5	5.6	2.2	0.9	22.5
	老一代	40.7	17.7	7.2	2.8	0.5	4.9	1.7	1.6	23.0
操持家务	新生代	43.8	56.3							
	中生代	28.1	71.9							
	老一代	39.3	60.7							
无业失业	新生代	31.7	27.3	12.3	3.9	0.4	2.6	7.4	9.8	4.6
	中生代	27.4	38.7	4.7		0.6	0.6	6.1	16.8	5.4
	老一代	14.3	43.6	2.1	0.0		0.7	2.9	33.6	2.9

农民工缺乏培训的计划，技能和素质难适应劳动力市场需求的状况至今没有改变。到了2010年，农民工接受政府组织的与就业相关的培训的比例仍然只有一成左右。新生代农民工接受培训的状况也只是稍好于中生代和老一代。分不同的就业状况看，不同代际有工作的农民工接受培训的比例也只在10%~13%之间；对于操持家务的农民工来说，中生代和老一代就没有接受过任何培训，新生代接受培训也只有3%；比较不同代际无业失业的农民工接受培训的比例，最高的是新生代（也只

有 4%); 其次是中生代 (2%), 老一代 1% 都不到。

对比农民工就业的主要问题和接受培训的比例可以发现, 当前农民工的就业培训存在很大问题。老一代农民工无论就业状况如何, 相对于新生代和中生代来说, 他们认为就业的主要问题是缺技能的比例最高, 然而他们接受就业培训的比例却是最低。无论代际, 操持家务、无业失业的农民工认为就业的主要问题是缺技能的比例要远远高于有工作的农民工, 前者高达六成, 后者也有三成, 然而, 他们接受过就业培训的比例却接近于零。开展有针对性、富有成效的农民工就业培训, 已经刻不容缓。(见表 13)

表 13　分就业状况不同代际农民工接受政府就业培训比例 (%)

就业状况			"近一年来您是否接受过政府组织的与就业相关的培训"		合计
			是	否	
就业	代际	新生代	12.8	87.2	100.0
		中生代	11.4	88.6	100.0
		老一代	10.8	89.2	100.0
	合计		12.1	87.9	100.0
操持家务	代际	新生代	3.1	96.9	100.0
		中生代		100.0	100.0
		老一代		100.0	100.0
	合计		0.7	99.3	100.0
无业失业	代际	新生代	4.0	96.0	100.0
		中生代	2.0	98.0	100.0
		老一代	0.7	99.3	100.0
	合计		3.1	96.9	100.0

(四) 民生保障

党的十七大报告明确指出, 要着力保障和改善民生, 努力使全体人民学有所教、劳有所得、病有所医、老有所养、住有所居。然而, 许多研究表明, 农民工的民生保障普遍缺失, 绝大多数农民工被排除在城市的福利制度之外。根据调查数据, 以下将从消费结构、五险一金、住房条件三个方面来反映农民工在民生保障方面的代际差异。

1. 新生代农民工的月生活消费支出相对较少, 但衣着及日用品的花费所占比重较高; 他们用于休闲娱乐的费用相对较多, 但也因婚否而不同

中生代农民工的家庭月生活消费支出最高, 为 1777 元; 其次是老一代农民工 (1590 元); 新生代最少, 为 1441 元。这和他们的收入差异类似, 收入较高的群体消费较高。但是, 平均而言, 农民工的工资收入太低, 在减去消费支出后基本没有可能储蓄。

农民工在消费结构上存在一定的代际差异。新生代在衣着及日用品上的花费明显高出中生代和老一代；而在食品方面则明显偏低。由于收入不多，新生代农民工并不注重吃的如何，将食品费用压缩后用来提高在衣着及日用品的花费。计算恩格尔系数可知，新生代农民工更趋向于城镇居民的消费结构，而老一代农民工则与农村居民的消费类似。这种消费结构的代际差异，在一定程度上是不同代际所处年龄阶段的反映。新生代农民工相对年轻，对于衣着及日用品的消费偏重也在情理之中（见表14）。

表14 不同代际农民工家庭月生活消费支出（元）

代际	食品	住房	水电燃料	交通通讯	衣着及日用品	其他	合计	恩格尔系数
新生代	570	261	87	131	212	180	1441	39.5
中生代	748	351	121	152	182	223	1777	42.1
老一代	686	318	119	130	157	180	1590	43.2
总计	664	309	106	141	194	200	1614	41.1

就农民工的休闲娱乐费用看，新生代差不多是中生代、老一代的两倍。但是若看总量，新生代农民工每月用于休闲娱乐的费用平均为116.5元，中位数仅有78元。和城市同龄人比较，新生代农民工即使消费理念和消费方式发生了一定的变化，但他们仍然继承了中生代和老一代节俭的传统，消费水平处于较低水平。即使是代际间休闲娱乐支出差不多50元的差异，也在一定程度上是受到了不同代际农民工结婚比例的影响（见表15）。

表15 分婚姻状况不同代际农民工休闲娱乐费用

代际	婚否	均值	中值	标准差
新生代	未婚	141.69	100.00	163.620
	已婚	96.64	50.00	175.379
	总计	116.53	78.00	171.748
中生代	未婚	114.33	60.00	176.435
	已婚	65.43	20.00	142.258
	总计	66.21	20.00	142.999
老一代	未婚	23.54	0.00	54.273
	已婚	50.50	0.00	160.239
	总计	50.28	0.00	159.668
总计	未婚	140.46	100.00	164.070
	已婚	74.71	30.00	156.467
	总计	88.94	50.00	160.443

2. 农民工享有社会保障的程度不断提高，但是仍处在较低水平；而且新生代农民工参与在农村建立的社会保障比例较低

表16　不同代际农民工享有三险一金的比例（%）

		"您是否享有工伤保险"	"您是否享有失业保险"	"您是否享有生育保险"	"您是否享有住房公积金"
		是	是	是	是
代际	新生代	30.1	10.5	8.3	3.9
	中生代	22.5	6.4	3.7	1.7
	老一代	15.3	3.1	1.8	1.2
合计		25.6	8.1	5.8	2.7

表16显示，就工伤、失业、生育三险和住房公积金而言，新生代较之中生代和老一代有了非常大的提高，几乎都是倍增的速度，但是绝对水平仍然处在较低水平。以农民工没有制度和政策障碍的工伤保险为例，新生代也只有三成享有，老一代则只有15%。至于另外的两险一金，农民工享有的比例也都在10%以下，尤其老一代农民工几乎没有享有此类社会保障（见表17）。

表17　不同代际农民工享有不同医疗保险的比例（%）

	"您是否享有新型农村合作医疗"			"您是否享有城镇职工居民医疗保险"		"您是否享有当地政府为农民工建立的医疗保险"		
	是	否	不清楚	否	不清楚	是	否	不清楚
新生代	50.1	41.0	8.9	93.2	6.8	7.5	82.0	10.5
中生代	57.7	38.0	4.3	95.6	4.4	6.9	87.3	5.8
老一代	56.3	38.7	5.0	95.4	4.6	4.7	88.9	6.4
合计	54.1	39.4	6.5	94.5	5.5	7.1	84.9	8.1

对于养老保险和医疗保险来说，新生代农民工中享有当地政府为农民工建立的医疗保险和城镇基本养老保险的比例相对中生代和老一代有所提高，但水平同样有限。这两种社会保险的共同点在于都是城市提供的社会福利体系（见表18）。

表18　不同代际农民工享有不同养老保险的比例（%）

	"您是否享有新型农村养老保险"			"您是否享有城镇基本养老保险"		
	是	否	不清楚	是	否	不清楚
新生代	7.4	81.4	11.2	12.9	75.6	11.6
中生代	9.9	83.6	6.5	10.2	82.5	7.3
老一代	11.3	82.1	6.5	5.4	87.2	7.4
合计	8.8	82.5	8.7	11.1	79.6	9.3

而对于农村范围内的新型农村合作医疗和新型农村养老保险而言，新生代农民工享有比例要低于中生代和老一代。这和城镇范围内的社会保险形成鲜明的对比，一定程度上反映出新生代农民工更加倾向于融入到现居住地、脱离户籍地；倾向于

3. 住房条件

新生代农民工在单位雇主提供免费房居住的比例较之中生代和老一代高出一倍，而且住房环境也优于中生代和老一代农民工的住房情况主要有两大类，一类租住私房，所占比例为六七成；另一类是单位雇主提供免费住房，所占比例为一二成。新生代居住于单位雇主免费提供住房的比例要高出中生代、老一代10个百分点；而其租住私房的比例比中生代和老一代低10和6个百分点。对属于城市福利政策范围内的廉租房和经济适用房来说，农民工无论代际基本上是可望而不可即。另外，由于年龄相对较大，财富积累较多，中生代和老一代农民工购买商品房的比例比新生代的两倍还多，但其水平也仅仅只在5%以内（见表19）。

表19 不同代际农民工的住房情况构成（%）

		"您现住房属于何种情况"						
		租住单位雇主房	单位雇主提供免费住房	政府提供廉租房	租住私房	已购商品房	已购经济适用房	其他
代际	新生代	8.7	23.6	0.1	64.4	2.1	0.1	0.9
	中生代	8.1	11.0	0.1	74.1	5.0	0.3	1.4
	老一代	7.1	13.9	0.0	70.5	4.4	0.4	3.7
合计		8.3	16.9	0.1	69.5	3.7	0.2	1.3

农民工的住房环境可以用调查中的"现住房是否用作经商或生产"和"现住房内有没有厕所"两项指标进行简单说明。新生代农民工现住房用作经商或生产的比例低于10%，而中生代和老一代为15%左右；新生代住房中没有厕所的比例也明显低于中生代和老一代。就住房环境来看，新生代农民工较之中生代和老一代有了一定程度的改善（见表20）。

表20 不同代际农民工的住房环境比例（%）

代际	"现住房是否用作经商或生产"		"现住房内有没有厕所"				
	是	否	独立使用 抽水式	邻居合用 抽水式	独立使用 其他式样	邻居合用 其他式样	无
新生代	9.5	90.5	44.4	15.6	12.9	7.7	19.4
中生代	15.9	84.1	41.2	12.1	11.9	9.5	25.3
老一代	15.1	84.9	36.5	11.9	11.0	9.8	30.8
合计	13.0	87.0	42.3	13.7	12.3	8.7	23.1

（五）未来愿景

分析农民工的未来愿景的代际差异状况，根据调查的内容，可以从去留和户口两个方面共五个问题进行：首先是农民工希望留城还是返乡，希望返乡的农民工打算回到哪就业、从事什么何种工作；其次是农民工是否想把农业户口转为非农业户口，想把户口转到哪、什么原因，不想获得非农业户口的原因。

1. 二成左右的农民工打算返乡就业，新生代表现尤为明显；同时新生代留城的愿望并不强烈，较大比例处于彷徨状态

从表21可以看出，八成左右的农民工没有打算返回户籍所在地就业，但是较之中生代和老一代，新生代打算返乡就业的比例更高，并不符合通常人们认为的新生代农民工"回不去"的情况。

表21 不同代际农民工的留城、返乡打算比例（%）

代际	"近三年内您是否打算在本地生活居住下去"			您有没有打算返回户籍所在县市区就业	
	是	否	没想好	有	没有
新生代	55.5	9.8	34.7	23.7	76.3
中生代	68.3	6.9	24.7	19.4	80.6
老一代	64.5	8.8	26.6	18.6	81.4
合计	62.1	8.4	29.5	21.4	78.6

从留城的意愿考虑，新生代农民工近三年内打算在本地生活居住下去的比例在三代农民工之间为最低（55.5%），比中生代和老一代少了10个左右的百分点；而他们当中"没想好，取决于具体情况"的比例却高出10个百分点。由此可见，相比于中生代和老一代，新生代农民工的留城意愿并没有人们想象中那么强烈，由于"涉世未深"，对于自身未来发展的不确定使得他们较多地处于彷徨状态，这也是新生代农民工目前所处的尴尬境地。

2. 对于打算返乡就业的农民工中，新生代更多地想回户籍地的县市区，经商做买卖；而老一代则更多地想回户籍地农村，从事农业生产

打算返乡就业的农民工中，六成多新时代农民工希望在户籍所在县市区就业，还有二成多希望回到乡镇街道，而希望回到农村的只有一成多。打算返乡就业的老一代农民工则与之存在巨大差异，他们当中一半以上希望回农村，四分之一希望回户籍所在县市区，还有不到四分之一希望回户籍地乡镇街道。中生代返乡居留地的分布介于二者之间，在农村、乡镇、城市较均匀（见表22）。

表22 不同代际农民工的返乡就业的居留地比例（%）

		"您想回到哪儿就业"			合计
		户籍所在村居委会	户籍所在乡镇街道	户籍所在县市区	
代际	新生代	13.2	23.4	63.4	100.0
	中生代	30.9	29.5	39.6	100.0
	老一代	51.9	22.7	25.4	100.0
合计		22.9	26.0	51.2	100.0

打算返乡就业的农民工在从事何种工作方面也存在较大的代际差异。返乡新生代有近六成希望去经商做买卖，还有二成希望去企业做工，而想去务农的只有7%；与之对比强烈的是返乡的老一代农民工，他们只有二成希望去经商做买卖，一成多希望去企业做工，近半则希望回去务农。返乡的中生代经商做买卖的43.5%；务农的25.2%；去企业做工的18.9%（见表23）。

表23　不同代际农民工的返乡就业的工作形式构成（%）

		"您返乡打算从事何种工作"						
		务农	去企业做工	经商做买卖	开办工厂	去机关事业单位工作	打杂临时工	其他
代际	新生代	7.1	21.5	59.1	2.6	3.6	3.1	3.1
	中生代	25.2	18.9	43.6	2.0	0.9	6.1	3.3
	老一代	47.5	13.0	20.9	1.9	0.1	10.7	5.9
合计		17.0	19.9	50.4	2.3	2.2	4.8	3.4

3. 七成多的农民工不想"农转非"，新生代农民工"农转非"的意愿相对更为强烈一些，而且想把户口转到大城市的比例更高一些

大多数农民工并不想转为非农业户口，而就想转非农业户口的农民工的比例而言，新生代要相对高一些，但也不到三成。而当前对于农民工而言，能够向农民工开放的只有小城镇比较现实。调查发现，只有不到二成的农民工听说过小城镇户籍管理放开的消息，而且听说过这个消息的农民工想"农转非"的比例要高出没有听说的近10个百分点（见表24）。

表24　不同代际农民工的"农转非"的意愿比例（%）

		"您是否想转为非农业户口"		合计
		是	否	
代际	新生代	27.9	72.1	100.0
	中生代	24.6	75.4	100.0
	老一代	22.5	77.5	100.0
合计		26.0	74.0	100.0

相比于中生代和老一代，新生代农民工更多地希望能够把户口转移到大城市，"户籍地省会城市和直辖市"、"户籍所在省其他大城市"、"其他大城市"三者加起来所占比例到了近70%。但是现实的情况是，大城市的户籍管理放开需要一个长期的过程，新生代农民工的美好希望能否实现还有待时间检验（见表25）。

表25　不同代际农民工的"农转非"的落户选择构成（%）

		"您想把户口转到哪里"					合计
		户籍地省会城市直辖市	户籍所在省其他大城市	户籍所在省中小城镇	其他大城市	其他中小城镇	
代际	新生代	24.3	19.4	23.8	25.6	6.9	100.0
	中生代	19.3	16.1	24.1	31.3	9.3	100.0
	老一代	21.5	14.0	25.5	25.4	13.6	100.0
合计		22.0	17.6	24.0	28.1	8.3	100.0

4. 农民工希望 "农转非"，新生代和中生代多是由于子女教育升学，老一代则是城市社会保障福利好；而在不远 "农转非" 的原因中，新生代主要是认为非农户口没有太大作用，中生代和老一代则是想保留土地

在希望获得非农业户口的主要原因中，有57%的中生代农民工选择了子女教育升学，还有19%选择了城市居民社会保障福利；新生代选择子女教育升学为主要原因的也非常高（40%），而城市居民社会保障福利、就业机会、城市生活居住环境各项的比例均为15%左右；老一代排在首位的主要原因变成了城市居民社会保障福利（35.5%），紧跟其后的是子女教育升学（24.5%）和城市生活居住环境（19.4%）。不同代际农民工希望"农转非"的主要原因的侧重点有所区别，这和他们各自所处的生命周期存在关联（见表26）。

表26 不同代际农民工的希望 "农转非" 的主要原因构成（%）

		"您希望获得非农业户口的最主要原因是什么"						
		城市居民社会保障福利	子女教育升学	城市居民保障性住房	就业机会	城市生活居住环境	城市文化环境	其他
代际	新生代	17.8	40.7	3.8	15.8	14.9	6.5	0.5
	中生代	19.0	56.9	3.2	8.3	9.8	1.9	0.9
	老一代	35.5	24.5	4.6	10.8	19.4	4.5	0.7
合计		19.3	46.9	3.6	12.2	12.9	4.4	0.7

表27 不同代际农民工不愿 "农转非" 的主要原因构成（%）

		您不想获得非农业户口的最主要原因是什么							
		想保留土地	有别于城镇的计划生育政策	没有太大作用	农转非手续烦琐	原有农村社保无法接续	城市房价太高	农村生活压力小	其他
代际	新生代	28.0	2.0	29.9	3.2	0.3	19.4	14.5	2.7
	中生代	38.0	1.2	27.7	2.2	0.3	14.1	14.7	1.9
	老一代	44.2	1.4	22.9	1.4	0.3	11.4	15.4	3.1
合计		33.8	1.6	28.4	2.6	0.3	16.4	14.6	2.3

表27显示，不愿意"农转非"的主要原因中，排在前四位的是想保留土地、城镇户口没有太大作用、城市房价太高、农村生活压力小。新生代农民工不愿意"农转非"的主要原因中，认为城镇户口没有太大作用、城市房价太高的比例相对较高，而中生代和老一代则对土地更加眷恋，想保留土地的比例相对较高。

三、思考与政策建议

以上对当前我国不同代际的农民工进行了一个全景式的概要描述，展示了新生代与中生代、老一代农民工的差异状况。总的来说，伴随着代际之间新老交替的过程，我国保障农民工的政策和制度的不断完善，农民工在受教育程度、就业环境、劳动权益、社会保障等诸多方面都有了一定的提高和改善。

但是，新生代不是农民工出现的新问题。从代际转换的角度看，农民工作为一

个整体，其内部总在不断发生变化。年老的农民工逐渐退出这一行列，或返乡或留城；年轻的农民工后备力量源源不断地离开农村，进城打工。这一"吐故纳新"的过程会伴随整个工业化、城镇化进程。如何看待农民工代际转换过程中的代际差异，有如下两个基本结论：

首先，农民工内部确实存在一定程度的代际差异，这些差异，一方面源于社会环境的改变，如教育水平的提高。另一方面源于不同代农民工自身生命周期及所面临的生命事件的不同，如新生代面临结婚、生育；而中生代需要挣钱养家；老一代则是养家、养老。

其次，从根本上讲，农民工终归是农民工，各代之间的基本情况没有发生本质性的变化，许多重大问题没有取得实质性的突破。尤其是在工作就业、劳动权益、民生保障等方面农民工依然处于弱势地位。

在当前形势下，如何切实贯彻《国务院关于解决农民工问题的若干意见》（以下简称《意见》）精神，积极稳妥地推动解决农民工问题的进程，正确看待和解决新生代农民工问题，需要着重考虑以下问题：

（1）大力加强有关农民工特别是新生代的调查和研究，为"切实解决"农民工相关问题提供基础信息。

（2）在更准确的调研结果形成之前，不要过早给新生代农民工下结论，不宜随意给新生代农民工冠以"娇气"、"奢侈"等头衔，这样做，不利于真正解决相关问题。

（3）新生代也好，老一代也好，《意见》里所定位的农民工面临的诸多方面问题，依然存在，并可能长期存在下去。要继续确立《意见》强调的农民工问题的长期性，不要因为强调"新生代"问题而冲淡了农民工问题本身的实质。

（4）要加快户籍制度改革的步伐，关键是要进行实质性的改革，给人们带来实惠，否则，70%以上的农民工并不希望农转非，其中很大的比例是因为城市户口"没有用处"。而这不利于国家的整体城市化战略。

（5）尽管我们希望农民工能够到中小城市落户，但是，农民工的选择却是大城市。二者之间的矛盾需要得到重视。加快建设一批大城市（尤其是在中西部地区）应该作为城市体系发展战略的重要内容。

（6）多年来，我国的社会改革和社会发展一直滞后于经济改革和经济发展，其中，教育尤其突出。要尽快加快教育体制的改革，否则，它不仅仅妨碍教育公平的实现，已经成为妨碍城市化、现代化进程的重要因素。

总之，比较不同代际的差异为把握农民工问题提供了不一样的视角。而解决农民工尤其是新生代农民工的问题是涉及经济发展和社会建设方方面面的系统工程，必须统筹兼顾，从实际出发，及早制定相关政策。无论老一代、中生代还是新生代，农民工群体是中国政治稳定和社会和谐发展的重要力量，都希望能够尽快实现体面的劳动，过上有尊严的生活。

参考文献

国务院研究室课题组．中国农民工调研报告．中国言实出版社，2006．

刘传江，徐建玲．第二代农民工及其市民化研究．中国人口资源与环境，2007，(1)．
刘传江，程建林．第二代农民工市民化：现状分析与进程测度．人口研究，2008，(5)．
刘怀廉．中国农民工问题．人民出版社，2005．
罗霞，王春光．新生代农村流动人口的外出动因与行动选择．浙江社会科学，2003，(1)．
王春光．新生代农村流动人口的社会认同与城乡融合的关系．社会学研究，2001，(3)．
王春光．农村流动人口的"半城市化"问题研究．社会学研究，2006，(5)．

（作者单位：中国人民大学人口与发展研究中心）

发展低碳经济 促进绿色就业

——以日本经验为例

吕学静

本文主要谈三个问题：①绿色就业概念及其意义；②从日本经验谈发展低碳经济与绿色就业；③中国发展低碳经济与绿色就业面临的困境与对策建议

一、绿色就业概念及其意义

（一）绿色就业及相关概念的关系

绿色经济、循环经济、低碳经济等几个概念相近，容易混淆。其实它们在目的上是相同的，都是为了解决资源节约、环境友好问题。其中，绿色经济是更大的概念，凡符合资源节约、环境友好要求的都是绿色经济的范畴，包括循环经济、低碳经济等。循环经济侧重资源的循环综合利用，强调"减量化、再利用、再循环或资源化"，循环经济相对具体明确，操作性强，比较成熟，循环经济做得好，可降低CO^2排放。低碳经济侧重CO_2排放的减少，目标很具体，通过降低CO_2排放，衍生出许多相关问题。从对节能影响来看，低碳经济密切程度更高，对应性很强，对节能有直接推动作用。

绿色就业是采用绿色技术、工艺和原材料进行生产的就业，是从事绿色产品生产和服务的就业，是直接从事环境和生态保护工作的就业。所有从事经过绿化的经济活动的就业都是绿色就业。绿色就业是一个全新的研究领域，全球都正处于对这一问题深化认识的过程中。

绿色就业既包括直接创造的就业机会，也包括由此带动的间接就业机会，还包括诱导衍生的就业机会。直接的绿色就业如垃圾处理、污水处理企业的就业；更多是间接的，如污水处理设备生产企业的就业；诱致性就业如电子废弃物回收再利用带动的就业。总之，绿色就业是指使就业岗位逐步趋于绿色，带动环保产业的崛起，为人们提供更多的绿色就业机会。

（二）对绿色就业意义的全方位理解

（1）绿色就业已成为许多国家关注的重要命题。将实施"绿色就业"战略列为缓和本国就业压力的重要举措。美国总统奥巴马计划未来10年斥资1500亿美元大力发展太阳能、风能和生物能源等，创造500万个绿色就业岗位，构建美国的低碳经济领袖地位，就是典型的例证。2010年1月初，日本和韩国分别宣布，将在绿色项目中投入巨额资金，以创造就业机会和刺激经济增长。日本表示他们的目标是扩大绿色经济市场，创造100万个新岗位，对环境友好型企业实行零利率的贷款政策。韩国表示将在今后4年内对国内一系列生态友好型项目（包括绿色交通网络，200

万绿色家庭的计划,以及清洁韩国4条主要河流在内)投入380亿美元,由此产生96万个新就业机会。据联合国环境规划署的统计,近10年来,直接从事环保工作的员工从460万人激增到1800万人,而间接服务于环保方面的员工则从1000万人增至5500万人。在此期间,垃圾回收、处理、加工和营销部门吸收就业人数增长最快,平均每年增长25%～30%。因此,许多国家看好环保产业的发展前景,将实施"绿色就业"战略作为缓和本国就业压力的重要举措之一。

(2) 绿色就业的积极意义。从促进就业角度讲,绿色就业倡议的积极意义在于,促进各国尽早制定绿色人力资源开发战略,顺应绿色低碳经济的发展。第一,从长远看,绿色就业是发展方向,空间广阔,具有无限可持续发展潜力,能够促进体面劳动。第二,绿色就业直接导致劳动生产率和企业效益的提高,有利于劳动报酬的更快提高和收入分配中劳动份额的增长。第三,通过推进环保各种措施整合发展成不断延伸的绿色产业链条,蕴藏着的大量就业机会,长期中必将抵消传统产业中工作岗位的减少,而且新创造的就业机会更具安全性、经济性和稳定性。第四,节能环保措施在生产过程中的应用,能大大改善工人的作业环境,从而增进工人的安全和健康。第五,实施节能环保推动技术进步和产业升级,促进劳动技术含量的提高,有利于改善劳动者的技能素质。第六,绿色就业岗位比非绿色就业岗位更具职业安全性,绿色就业比非绿色就业更体面,企业采取环保措施有利于促进体面就业。总之,绿色就业有利于促进体面劳动。

(3) 绿色就业的消极意义。倡议绿色就业的消极意义在于,对发展中国家发展绿色就业面临的约束条件没有予以重视。正如绿色低碳经济转型要考虑转型成本和条件一样,向绿色就业转型也是有成本的。事实上,我国政府、企业、劳动者和社会都默默无闻地承担了巨大的绿色就业转型成本。如政府的脱硫电价补贴、对风电上网电价的补贴、对森工企业职工的一次性安置费用、建立下岗职工再就业中心的政策等;如很多企业因为职工无法安置而无法退出,进行技术改造增加成本,发电企业承担了安置关停小火电机组职工的责任,对他们进行培训和岗位安置等;如被关停小企业的职工失去工作岗位,难以实现再就业等。向绿色就业转型的社会成本也非常巨大,一些关停企业的职工为各种权益而上访,一些职工虽然被重新安置,但由于心理和现实落差,积累不满情绪。

我们应该理智地看到绿色就业所带来的正负效应,全面、客观地认识并理智地积极推动中国的绿色就业。

(三) 绿色就业的发展趋势

"全球观察"在一份报告中认为,绿色就业正处于上升趋势。环境保护和减少碳足迹创造的绿色就业,将成为推动21世纪经济的关键。应对气候变化将使全球经济在新技术、装备、建筑和基础设施方面投入大量资金,这将极大地刺激雇佣和转化现有就业和更大需求量的新就业岗位。近年来,全球可再生能源快速扩张,可再生能源和供应链的就业人数保守估计在230万。"全球观察"的报告认为,正在成长的生物燃料工业,把大量原料投入到乙醇和生物柴油产业中,提供了100万以上就业岗位。据估计,在循环经济领域,中国就可望容纳1000万人就业,美国则可能超过100万。

对于中国这样一个占世界1/4就业人口、仍然有40%的劳动力从事农业生产、城市化率不到45%、每年有600万农村剩余劳动力向城市转移就业、城镇就业人口中1/3为灵活就业、每年的非农就业需求在3000万而经济增长所创造的就业岗位仅有1000万的发展中国家，在低成本的情况下促进就业，还是保障公民基本就业权利的唯一可行的路径。需要根据我国正处于工业化中期、市场经济体制还不健全、就业压力持续巨大、就业结构还比较落后的国情，在财力和社会可承受的前提下，制定绿色就业转型战略。根据建设生态文明的基本国策，我国应坚定不移地实施绿色就业战略，将促进绿色就业发展纳入现行的就业优先战略中，制定相关政策措施，在持续扩大就业的过程中，推动绿色就业的发展。我国的绿色低碳发展战略也必须要充分考虑向绿色就业转型的经济和社会成本。因此，我们必须大力开发新的绿色就业机会，稳定现有绿色就业机会，将绿色发展对就业的积极影响最大化；在调整产业结构、向绿色经济转型的过程中，注重保障劳动者的合法权益，将环境对就业的消极影响最小化。在最大限度保护环境的同时，采取措施，将失业率控制在社会可承受的范围内，不能因为发展绿色就业而导致失业率上升、劳动者收入水平下降，使失业问题加重，甚至超过经济社会可承受的程度。最终实现环境和社会可持续的经济增长。

二、从日本经验谈发展低碳经济与绿色就业

发展低碳经济是迈向绿色就业的通道。严峻的能源、环境问题日益引起世界各国政府和很多有识之士的高度重视，并相应实施了节约能源、保护环境的可持续发展战略。在此背景下，"低碳经济"浪潮席卷全球，并迫使越来越多的国家积极开发包括太阳能在内的新能源及可再生能源。低碳经济实质是高能源利用效率和清洁能源结构问题，核心是能源技术创新、制度创新和人类生存发展观念的根本性转变。目前的迹象表明，发展"低碳经济"不但可以节约大量宝贵资源，而且将形成和发展绿色节能环保产业，推动节能减排工程、生态恢复工程建设，加强环境基础设施建设，创造就业岗位，有力地推动绿色就业。为此，大力发展"低碳经济"将成为一条通往生态现代化的出路。

"全球气候网络"组织认为，低碳可创造数以千万计新岗位。中国社会科学院发布的2009年《气候变化绿皮书》指出，中国目前处于以资本和能源密集化为特征的工业化中后期，城市化水平与社会消费需求还在持续提升，低碳经济发展模式将带来我国就业新机会。

（一）日本发展低碳经济的背景与构想

（1）背景。气候变化是当前国际社会关注的热点问题之一，它不仅关乎人类生存与发展面临的巨大挑战，也与世界各国的政治经济利益休戚相关。全球范围的金融危机和经济恐慌的出现，为以低污染、低排放为基础的低碳经济发展提供了难得机遇。低碳经济不仅是一种发展趋势，也将是世界经济的一次重要转型；在此背景下，日本近来不断出台重大政策，将重点放在发展低碳经济上，并率先提出建设低碳社会，声称欲引领世界低碳经济革命，将发展低碳经济作为促进日本经济发展的增长点。目的是希望通过转变经济发展模式，占领未来经济发展的制高点。

（2）构想。2007年6月，日本内阁会议制定的《21世纪环境立国战略》中指出，为了克服地球变暖等环境危机，实现可持续社会的目标，需要综合推进低碳社

会、循环型社会和与自然和谐共生的社会建设。2008年7月，日本政府制订了具体的"低碳社会行动计划"，明确将低碳社会作为未来发展方向和政府的长远目标。该计划提出，重点发展太阳能和核能等低碳能源，即到2020年，日本太阳能发电量是目前的10倍，到2030年是目前的40倍，并在2020年之前，将二氧化碳封存地下技术推向实用化。

（二）日本发展低碳经济的具体行动

日本是《京都议定书》的诞生地。根据2008年日本提出的"低碳社会行动计划"，其减排长期目标是到2050年温室气体排放量比目前减少60%~80%，把日本打造成为世界上第一个低碳社会。发展低碳经济、建设低碳社会，既有缓解能源短缺压力、履行减排义务的现实考虑，更有占领未来科技制高点、开拓经济发展空间的长远打算，是日本履行《京都议定书》所规定减排义务的有效途径，是缓解日本能源短缺压力的重要手段，同时还有助于推进日本的科技创新。在政府的主导下，依靠技术创新、制度创新、观念更新以及对外合作，日本的低碳社会计划正稳步推进。

作为世界第二大经济体，日本是世界上主要能源消费大国。近几年来，日本不断研发的新能源技术使能源利用效率大幅度提高，新能源开发利用展现出扭亏为盈的倍增趋势，使日本经济的抗风险能力不断增强，大大降低了对传统能源的依赖程度。日本已经在不知不觉中谋求着从"耗能大国"到"新能源大国"的转变。这使得日本在能源效率方面始终名列世界前茅，从1980年到2008年的30年里，日本的能源效率提高了38%，居世界第一。2008年7月，日本政府选定了包括横滨、九州、带广市、富山市、熊本县水俣、北海道下川町6个不同规模的城市作为"环境模范城市"，以表彰和鼓励它们积极采取切实有效措施防止温室效应。此外，重启太阳能鼓励政策，将是日本经济转型中的核心战略之一。2009年日本把发展太阳能首次被正式列入日本经济刺激计划，足见太阳能能源的受重视程度。

总的来说，日本主要从以下四个方面推动低碳经济发展和低碳社会建设。其一是减少能源使用量，即节能；其二是促进能源消耗从化石燃料向可再生能源转换（如热机从使用化石燃料向使用可再生能源转换）；其三是通过绿化（植树造林、防止森林破坏、加强对土地使用的管理）等促进碳固定；其四是削减自然界、农业活动等排放的温室气体（加强对家畜粪尿的管理和利用、防止森林火灾等）。

（三）日本发展低碳战略的经验

在过去的数十年的时间里，日本发展低碳战略无疑是成功的。日本完成向低碳社会转型的经验笔者认为有以下六个。

1. 把低碳战略置于国家战略高度，创建低碳社会，立法先行

日本政府重视应对气候变化等环境问题，制定了"21世纪环境立国战略"，将应对气候变化战略列为环境战略之首，把发展低碳经济、创建低碳社会作为应对气候变化有效途径，视为日本政府的重要任务，提升为国家战略。日本是低碳经济立法完善的国家。制定了《环境保护法》、《循环型社会形成推进基本法》、《促进建立循环社会基本法》、《促进资源有效利用法》、《绿色采购法》、《家用电器回收法》、《关于促进利用再生资源的法律、合理用能及再生资源利用法》、《废弃物处理法》、《化学物质排出管理促进法》、《关于促进新能源利用的措施法》、《新能源利用的措施法实施令》等与低碳有关的法律、法规,形成了完善的低碳经济法律体系。

2. 明确政府在低碳转型中的责任,积极推进扶持政策促进创建低碳社会

(1) 政府负责监督管理。日本建立了多层次的节能监督管理体系,第一层为以首相领导的国家节能领导小组,负责宏观节能政策的制定。第二层为以经济产业省及地方经济产业局为主干的节能领导机关,主要负责节能和新能源开发等工作,并起草和制定涉及节能的详细法规。第三层为节能专业机构,如日本节能中心和新能源产业技术开发机构等,负责组织、管理和推广实施。

(2) 政府利用财税政策加以引导。为促进节能减排政策的落实,日本政府出台了特别折旧制度、补助金制度、特别会计制度等多项财税优惠措施加以引导,鼓励企业开发节能技术、使用节能设备。

(3) 政策扶持促进创建低碳社会。日本近年来不断出台重大政策,2004 年,日本发起的"面向 2050 年的日本低碳社会情景"研究计划,其目标是为 2050 年实现低碳社会目标而提出的具体对策。2008 年 5 月,日本政府发布了《面向低碳社会的十二大行动》。2009 年 4 月,又发布了《绿色经济与社会变革》政策草案。出台了折旧制度、补助金制度、会计制度等多项财税优惠措施,引导、鼓励企业开发节能技术、使用节能设备。从 2009 年开始,日本政府向购买清洁柴油车的企业和个人支付补助金,以推动环保车辆的普及。

(4) 日本政府通过各项法规和激励措施,鼓励和推动节能降耗。除了注重产业结构的调整,停止或限制高能耗产业发展,鼓励高能耗产业向国外转移外,日本还制定了节能规划,对节能指标作出了具体的规定,对一些高耗能产品制定了特别严格的能耗标准。为降低温室气体排放量,近十年来,日本政府多次修改《节约能源法》。目前,绝大部分空调的耗电量已降到 10 年前的 30%~50%。日本政府对于使用节能设备的单位给予税收等多方面的优惠,对耗能过大的单位,进行罚款、停产整顿等处理。日本政府联手企业对更换节能冰箱、空调的用户,补贴 5000 日元/台。

3. 建立"产官学"一体化的创新体系

建立官、产、学密切合作的国家研发体系,以便充分发挥各部门科研机构的合力,集中管理,提高技术研发水平和效率。

(1) 日本政府吸引私营企业投入研发创新。根据欧盟研究总局的统计,2006 年,日本研究开发费用占 GDP 的比例为 3.39%,其中企业的研究开发费用占 GDP 的比例为 2.6%,政府仅占 0.55%。

(2) 在日本,企业才是技术创新的生力军。以日本建筑开发商为例,日本主要建筑开发企业都拥有自己的研究所,对高性能热泵、太阳能发电、住宅空调监控等许多有助提高能效,降低排放的技术进行研究,而这些企业研究所的研究水准和试验设施都处在世界一流地位。如今,日本的节能环保技术遥遥领先,已经成为全球最大的光伏设备出口国,仅夏普公司的光伏发电设备就占到世界的 1/3。日本企业不仅自己进行研究,更是不惜花费重金和拥有最强研究实力和前沿技术的研究所和企业合作。日本本田汽车就一直和加拿大燃料电池的代表企业巴拉德进行合作,力求在燃料电池车上领先一步。

(3) 支持合作研发和成果转化成为常态。为了加速学术界和产业界的研究合作,以及研究成果的转移,日本政府每年都举行多次针对大学、企业联合研发项目的招标活动，来为这些项目提供资金支持。比如在推出 21 项技术创新路线图不久，日本经产省就针对大学和企业的联合低碳技术研究开放项目进行公开招标，每一项获选的项目将获得日本政府 5000 万美元的资助资金。另外，日本政府还不惜投资重金来促进这些技术研发成果的商业化。2009 年，日本环境省就在全国范围内招募"在 3 年之内可以实现商业化的减排技术"，并为这些合格的项目提供丰厚的资金支持。

4. 注重低碳新技术研究，保证技术创新的资金投入

（1）积极资助低碳创新技术。在 2008 年 1 月，日本政府宣布今后 5 年日本将投入 300 亿美元来推进"环境能源革新技术开发计划"，目的就是为了率先开发快中子增殖反应堆循环技术、生物质能应用技术、气温变化监测与影响评估等技术。又如 2008 年 3 月，日本经济产业省（简称"经产省"）列出了 21 项技术作为日本低碳技术创新的重点。在选择这些技术时，日本经产省参照了三个标准：首先是有助于世界大幅度降低二氧化碳排放的技术；其次是日本可以领先于世界的技术，最后是对已有的技术进行材料革新和制造工艺的改进，比如比硅成本更低、更低碳的新材料太阳能电池。在制定出了 21 种未来关键技术后，日本政府动员日本产业界和学术界积极参与到这些技术的创新中来。日本政府专门设计研究制度来为产业界和学术界参与研发以及对他们研究成果的商业化提供资金支持。2008 年 5 月 19 日，日本公布的"低碳技术计划"，提出了实现低碳社会的技术战略以及环境和能源技术创新的促进措施，内容涉及快中子增殖反应堆循环技术、智能运输系统等多项创新技术。与此同时，大力推进开发二氧化碳的碳捕集及封存技术。预计到 2020 年处理 1 吨二氧化碳的成本由目前 5000 多日元，下降到 1000 多日元。日本还计划制定《能源环境技术革新方案》，加速研发节能技术，推广生物燃料的生产技术以及燃料电池的商业化运用，并且长期探索温室气体零排放的划时代技术。

（2）保证技术创新的资金投入。日本内阁综合科技会议制定每年的资源分配政策，环境省等政府机构依此进行资金的分配。为推动低碳经济，日本政府投入巨资开发利用太阳能、核能、风能、光能和氢能等替代能源和可再生能源的技术，积极开展潮汐能、水能和地热能等方面的研究，根据日本内阁府 2008 年 9 月公布的数字，在科技预算中，仅单独立项的环境能源技术的开发费用达近 100 亿日元，其中新型太阳能发电技术的预算为 35 亿日元。在 2008 年 1 月，日本政府宣布今后 5 年日本将投入 300 亿美元来推进"环境能源革新技术开发计划"。

5. 加大对低碳产业的补贴力度

日本经济产业省加大对本土低碳产业的补贴力度。据《日本经济新闻》2010 年 5 月 16 日报道，日本经产省将扩大 2010 年 1 月推出的"低碳型创造就业产业补助金"制度，把补助总额从 2009 年度第二次补充预算的每年 300 亿日元，扩大到每年 1000 亿日元。"低碳型创造就业产业补助金"制度是日本经产省为了防止日本具有优势的低碳产业流出日本，到别国投资建厂而推出的补助金制度，同时也为了扩大低碳产业的就业机会。所谓的低碳产业是指电动车用锂离子电池、LED 芯片、太阳能电池制造等日本具有明显市场优势的战略性新兴产业。经产省预计，日本此类产业占世界市场份额的 40%～50%，为了确保这一份额，到 2020 年需要 2.5 万亿日元的设备投资，并能创造出 33 万个就业机会。这一制度从 2010 年 1 月份实施以来，日本经产省已经对42家企业补贴了297亿日元，并带动这些企业进行设备投资1400亿日元。经产省之所以在2010年紧急推出这一制度，据称是因为已经出现了日本的尖端低碳产业为了得到美国的相关补助金到美国去投资建厂的个案。《日本经济新闻》也指出，欧美国家已经实施了同类制度，为了应对竞争，经产省提出要继续加大该制度的实施力度。

6. 官民携手创建设低碳社会，提倡低碳的消费方式和生活方式

（1）日本创建低碳社会体制是由政府主导全民参与的举国体制。日本政府要求创建低碳社会首先从政府做起，呼吁全社会参与。中央政府、地方政府、企业、国民都要积极参与创建低碳社会的全过程。

（2）提倡低碳的消费方式和生活方式。日本创建低碳社会重视每一位国民的作用，让国民理解减排的意义、重要性、做法和可能伴随的负担，从而采取实际行动。日本政府提倡"夏时制"；提倡夏天穿便装，男士不打领带；提倡夏季将空调温度由26℃调到28℃；提倡上班骑自行车、乘坐公共交通工具，少开私车；提倡国民购买低碳环保商品等。仅夏天调高空调温度2℃一项，便可节能17%。笔者暑假在日本看到日本国民建立低碳社会的几项具体事例：一是家电回收率世界第一。日本《家电回收利用法》从2001年开始实施，对电视、冰箱、洗衣机、空调和电脑等废旧家电的回收利用有着严格规定。他们从一台空调可拆解出55%的钢、17%的铜、11%的塑料、7%的铝，从一台电视可拆解出57%的玻璃、23%的塑料、10%的钢。索尼等日本企业的绿色回收工厂是把旧家电变废为宝的典范。日本的绿色回收工厂没有国家补贴，但照样可以实现赢利。在废旧家电严重影响地球环境的当下，日本废旧家电处理措施值得我们学习。二是拒绝使用一次性用品。日本航空飞机餐已不提供一次性的木筷，用的刀、叉也都是经过消毒的不锈钢制品，而非一次性塑料制品。一般酒店也找不到一次性的洗发水、护发素、沐浴液和塑料梳子，唯一的一件一次性用品，是支比门牙还小的牙刷，牙膏也只有胶囊大小。越来越多的日本人都拒绝使用一次性用品，包括原来使用率较高的一次性筷子。日本人也很少使用纸巾擦汗，人手一条漂亮的手帕，实在是既环保又有品位。三是健康饮食，吃到正好。不管是去到餐馆还是日本人家里，日本人的一顿饭，不过是一个饭团、几片鱼肉、几片菜叶外加一小碗大酱汤而已。他们饭量一般不大，只要营养达到标准，吃到几成饱就不再继续了。日本人80多岁的平均寿命更是位居世界第一。日本人的健康水准，跟他们量少质高的饮食习惯大有关系。四是不开私家车上下班。东京作为世界第二大城市，人均汽车保有量也不低，但很少出现很厉害的堵车现象。其最主要的原因在于日本极少有人开私家车上下班，遍布全国的新干线、火车、地铁、轻轨、电车、公交车为日本人提供了方便快捷的立体式交通。日本的公共交通便利、舒适而且便宜（对日本人的收入而言），既是节俭，也是节能。精明的日本人自然不会开昂贵的私家车上下班。此外，日本的公司不给职员提供私家车停车场，付费停车场则价格高昂。有分析认为，日本人不开私家车上下班的习惯还在于"经济杠杆"的调节。五是垃圾回收分类精细。日本地铁站等公共场所的垃圾箱一般都有四五个之多，普通垃圾、资源（可回收）垃圾、塑料包装容器类垃圾、易焚烧垃圾、粗大垃圾等分得十分精细，就连专门的书刊垃圾箱、瓶盖垃圾箱也很常见。而日本的大街和社区里，则很少看到垃圾箱。垃圾都是人们自己带回家处理，每天定时定点交给垃圾回收车，直接碾碎，不留任何痕迹。日本人平时把垃圾分类做得很到位，投放垃圾时的举手之劳就能大大提升回收效率，降低回收成本。而最重要的是，高效的垃圾回收，直接创造了一个无比洁净的城市环境。在政府的倡导下，创建低碳社会已深入人心。一项调查显示，有90.1%的日本人认为应该创建低碳社会。

综上所述，建立健全完善的法律法规和相应的政策体系，是日本发展低碳经济的根本保证；确立企业的主体地位，是日本发展低碳经济的关键；广大国民的积极配合，是日本发展低碳经济的基础。

三、中国发展低碳经济与绿色就业面临的困境与对策建议

日本发展低碳经济的中长期战略及其实施现状，为我国在科学发展观的指导下应对气候变化、积极参与全球低碳经济创新提供了新视点。国家主席胡锦涛在十七大报告中明确提出，中国实现全面建设小康社会奋斗目标的新要求之一，就是"建设生态文明，基本形成节约能源资源和保护生态环境的产业结构、增长方式、消费模式。循环经济形成较大规模，可再生能源比重显著上升。主要污染物排放得到有效控制，生态环境质量明显改善。生态文明观念在全社会牢固树立"。2009年9月，胡锦涛总书记在联合国气候变化峰会上的讲话明确提出，我国要大力发展绿色经济，积极发展低碳经济；2009年11月，国务院常务会议决定，到2020年我国单位国内生产总值二氧化碳排放比2005年下降40%~45%，作为约束性指标纳入国民经济和社会发展中长期规划。我国传统的高碳经济和外贸发展模式面临严峻挑战，向低碳经济转型势在必行。

（一）中国面临的困境分析

1. 中国向绿色低碳经济转型的直接就业效应并不乐观

容纳就业主要行业面临发展低碳经济与就业减少的矛盾。其一是向绿色低碳经济转型，能源行业主要是调整能源结构，发展可再生能源和新能源，提高能效，传统能源行业就业将减少，除了太阳能以外，新能源带动的直接就业有限；其二是原材料行业和加工制造业主要是通过技术改造，节约资源和加强资源综合利用，技术改造、技术进步通常都会导致直接就业减少；其三是建筑业主要是开发节能建筑和对建筑物进行能效改造，节能建筑发展受制于市场需求，直接就业前景并不乐观；其四是交通行业主要是发展公共交通系统，发展公共交通系统的直接就业效应也较小；其五是由于土地资源有限，林业和农业新创造绿色就业的潜力也受到限制，主要是就业替代。总体上讲，中国向绿色低碳经济转型的直接就业效应不乐观。所以向绿色低碳经济转型的就业效应主要在间接就业，主要是环保产业发展带动的就业。向绿色就业转型，最终导致就业的总量、结构、增量和就业形式发生变化

2. 中国绿色就业发展遇到劳动力素质低的挑战

近年来，中国政府提出了加快建设资源节约型、环境友好型社会的重大战略构想，为加强应对气候变化问题，制定了一系列促进节能减排的政策，为低碳经济的发展起到了推进作用。尽管我国对全球的绿色就业已作出了巨大贡献，但我国的绿色就业只是刚刚起步，相对于7.6亿的就业人口而言，绿色就业的比重还很低，而且，发展绿色就业的代价巨大，遇到巨大挑战。其一是由于就业结构还比较落后，劳动者的整体素质不高，淘汰落后产能不但使一部分职工面临失业的威胁，还增加

了巨大的职工安置的经济和社会成本;其二是绿色发展对劳动者的就业能力提出严峻挑战,技能转换和提升成本巨大;其三是一些新的绿色岗位被创造出来,但所需投入巨大,技术成本高昂,并且以替代原有岗位为主,真正净增的绿色就业机会有限。因此,中国发展绿色就业任重而道远。

(二) 中国发展低碳经济促进绿色就业应持有的理念

(1) 发展低碳经济要重视对就业影响。从国情和实际出发,是中国发展低碳经济的重要指导方针。我国正处于能源消耗量大的工业化发展中期,适度的能源消耗是经济发展所必需的,现在大气中发展中国家排放的二氧化碳累积不到10%,我们有为发展继续排放的充分权利。我们要充分考虑就业因素,需要找到一个合适的点,避免承担不适当的义务,导致巨大的就业压力,进而对我国经济社会发展产生负面影响。

(2) 对于中国这样的发展中大国来说,一方面要坚持"共同但有区别责任"的原则参加气候外交谈判;另一方面要大胆地进行理念创新,在有条件的发达地区及时地进行二氧化碳排放管制政策和制度的创新,推进低碳技术和低碳型产业的创新。建立低碳能源系统、低碳技术体系和低碳产业结构,并建立与低碳发展相适应的生产方式、消费模式和鼓励低碳发展的国际国内政策、法律体系和市场机制。

(3) 绿色就业是就业创造的新引擎。联合国的研究证明,投资于自然保护领域或生态基础设施领域的经济回报和劳动就业的收益,要远远高于传统的汽车制造、钢铁、信息等部门。由此可以预见,生态环境恢复工程、农村环境基础设施建设,是我国以工代赈,为广大农民工创造就业的大好机会。投资于生态环境恢复工程、农村环境基础设施建设等领域,与扩大就业有着直接密切的联系。在节能减排工程方面的环保投资扩大了内需,不仅会建设一批污染治理设施,增强污染治理能力,为改善环境质量提供条件,还将带动相关产业的发展,扩大相关行业的劳动力需求,有效缓解我国目前的就业压力。

(三) 中国发展低碳经济促进绿色就业的对策建议

在全球应对气候变化的大背景下,发展低碳经济已成为世界经济社会变革的潮流。发展低碳经济有助于缓解我国面临的减排温室气体压力和保护资源环境,是我国在可持续发展框架下应对气候变化的必由之路。我国应从战略的高度重视低碳经济发展,积极借鉴日本等发达国家低碳经济发展经验,但因国情不同,不宜全盘照搬日本模式,结合我国的国情,建议在以下4个方面借鉴日本的做法。

1. 加快研究制定发展低碳经济促进绿色就业战略

发展低碳经济,技术创新是根本,制度创新是保障。结合我国建设资源节约型、环境友好性社会的工作目标要求,借鉴和吸收低碳经济的先进理念,深入研究和制定国家低碳经济发展战略,推动社会经济朝着低碳方向转型。把发展低碳经济、创建低碳社会提升到国家战略的高度。建议将绿色就业、低碳经济发展理念和相关发展目标纳入"十二五"规划和相关产业发展规划中,抓紧研究制定《节能环保产业发展规划》、《新兴能源产业发展规划》、《发展低碳经济指导意见》、《加快推行合同能源管理促进节能服务业发展的意见》等。制定促进绿色就业、低碳经济发展的财税、金融、价格等激励政策。

2. 建立健全低碳经济和绿色就业法律体系

日本推进低碳经济，立法先行，建有完备的低碳经济法律体系。1979年时日本政府就颁布了《节约能源法》，将政府资助以及社会各行能源节约列入法律范畴，并制定了严格分明的奖惩条例，而令日本社会的每个国民，都具备了节能与环境保护的意识。到2000年前后，更出台了一系列《关于促进利用再生资源的法律、合理用能及再生资源利用法》、《废弃物处理法》、《化学物质排出管理促进法》、《2010年能源供应和需求的长期展望》等法案。至此，日本业已成为世界最大的光伏发电产业大国，太阳能发电、太阳能电池产量超过全球总产量的50%，位居世界第一。现阶段我国在低碳经济方面，虽有《煤炭法》、《电力法》、《节约能源法》和《可再生能源法》等法律，但尚不完善，中国目前尚未有任何正式的有关低碳发展的相关法规。日本的《节能法》比我国早制定了20年，他们修改后的《节能法》对企业的责任更加严格和政府的职能更加明确，并且从相当长的一个时期对工业、建筑、交通规定了更严格的措施，要搞各个领域和环节的基准制度和强制标准。因此，应加快制定与低碳经济配套的法律、法规，建立健全低碳经济的法律体系，为发展低碳经济提供了法律的保障。

3. 重视低碳技术研究，加强低碳经济扶持政策

低碳技术的开发、创新和利用，一定要得到国家政策的大力支持和鼓励。在低碳技术领域，发达国家的综合能效达45%，我国仅为35%。我国在整体煤气化联合循环技术、高性价比太阳能光伏电池技术、混合动力汽车的相关技术等方面与国外还有较大差距。借鉴日本的做法，急需加大研发投入，加强自身的低碳技术研究，采用先进的技术促进低碳经济发展。我国应对气候变化的技术需求必须摆脱对国外技术引进的依赖，将低碳技术创新作为我国未来高新技术发展的重要基础，建立国内低碳技术自主创新体系，进一步强化低碳技术创新的市场环境。参考日本的做法，加强低碳经济扶持政策，提供有利于低碳经济发展的税收优惠、财政补贴等政策。如对生产高效低碳低污染产品实施企业所得税优惠政策；实施绿色信贷和绿色保险政策；研究针对企业和公众的环境补贴政策等。

4. 提倡低碳消费方式和生活方式

特别值得我们借鉴和学习的是，日本在低碳社会发展战略中，将低碳与经济以及国民居住和生活紧密扣在一起，使之产生低碳经济的循环互动，同时有力促进日本低碳国民意识的增强。2009年5月开始，日本政府宣布全国统一实行家电生态积分制度，作为低碳社会发展的一个有机组成部分。这一制度规定：凡购买绿色低碳家电的国民，均可获得可交换各种商品与服务的分数。2009年年底，政府又追加更进一步的经济刺激政策，将家电、汽车、住宅作为"低碳生态消费三大支柱"。这一举措，使许多低碳生态家电和低排放量的汽车销售势头良好。2010年3月8日，政府又正式启动"低碳生态住宅积分"，借以推动新建的节能低碳房地产发展。依据日本的低碳生态住宅积分制度，对于提高窗户和外墙绝热性的工程，无论是新、旧房，都可以得到最高30万分（一分等于一日元）；如果在装修房屋中通过换窗和安装双层隔热降噪玻璃，则可以获得2000至1.8万分；如果使用日本国家规定的标准绝热材料，则外壁可获10万分，天花板3万分，地板5万分。而用于分数交换的商品也十分丰富，除了各种节能环保商品外，还有全国使用的商品兑换券和购物卡，

等等，总之，这一系列举措，反映出日本政府推动低碳社会转型发展的巨大决心和施行力度，特别值得中国各地参考。

同时，2007年日本环境部提出的低碳规划，提倡物尽其用的节俭精神，通过更简单的生活方式达到高质量的生活，从高消费社会向高质量社会转变。我们应当进一步倡导家庭低碳生活，不断提高家庭成员的环境意识，着力改变当前家庭生活中存在的过度消费、过多排放等与低碳经济不相适应的消费方式和生活方式。建议在全社会倡导"低碳"生活方式。减少直到杜绝过度使用空调、使用一次性筷子、工作浪费纸张、点菜不注意分量等"高碳"行为。社会倡导"低碳"生活方式。建议政府把实现"低碳"生活作为一个系统工程来抓，制定切实可行的规划及实施方案，在全社会尤其是党政机关、事业单位大力倡导"低碳"生活；充分发挥街道、社区、乡镇的区域优势，从衣、食、住、行、娱等方面就如何实现低碳生活进行引导；建立和健全与"低碳"发展相关的规章和制度；组织开展低碳生活的宣传、教育和培训等。提倡低碳消费方式和生活方式。建立低碳社会意味着从生产方式到生活方式的全面变革，传统的生活观念将面对巨大的冲击与挑战。从日常生活的一点一滴做起、从我做起，为发展低碳经济、创建低碳社会，做出每个人的贡献。

21项新技术：高效天然气火力发电、高效燃煤发电技术、二氧化碳的捕捉和封存技术、新型太阳能发电、先进的核能发电技术、超导高效输送电技术、先进道路交通系统、燃料电池汽车、生物质能替代燃料、革新型材料和生产技术加工技术、革新型制铁工艺、节能型住宅建筑、新一代高效照明、固定式燃料电池、超高效热力泵、电子电力技术、氢的生成和储运技术等。

参考文献

张燕. 日本低碳社会计划稳步推进 四方面推动低碳经济. 中国网，2010 - 05 - 25.
日本经济产业省加大对本土低碳产业的补贴力度. 科技部门户网站. www.most.gov.cn，2010 - 06 - 30.
叶海英. 专家全方位解读日本创建低碳社会战略，中国天气网，2010 - 03 - 15.
胡锦涛. 中国共产党第十六届中央委员会. 高举中国特色社会主义伟大旗帜 为夺取全面建设小康社会新胜利而奋斗. 2007 - 10 - 15.
日本低碳社会转型之鉴. 昆明日报，2010 - 05 - 07.

（作者单位：首都经济贸易大学劳动经济学院）

现代化时期中国国际移民新特点与对策研究

胡伟略

人类本来天生就是喜好流动和迁移的。目前中国正处在全面推进现代化和稳步进行改革开放的关键阶段或时期。当前，中国掀起的国际移民特别是由此引起的人才、资金、技术等的流出，当然会引起各方面的关注。

一、当前中国国际移民研究起因

2010年6月3日《南方周末》的《聚焦精英移民海外潮》，掀起波澜，移民问题引起热议。主要观点是：中国出现第三次移民潮，中国是世界最大的移民输出国，近年有大量人才精英和财富"集体流出"。人才和精英流出是因社会环境不好，财富流出是因有"仇富"现象和子女受教育支出等。

经过事先的采访，2010年6月24日《时代周报》的报道《中国迎来移民潮？》登了我的一些观点。主要是：

"仅仅从数量变动上来界定是否出现新一轮移民潮并不是完全科学的。因为移民是一个比较综合的动态的行为，尤其是跨国移民。"

"所谓的第三波移民潮也许确实出现并存在，但绝不是仅仅因为移民数量的有所上升，关键还是人们所说的新移民所呈现出的高学历、高技术、高成本等特点，已与以往的移民情况大不相同。上世纪80年代的移民带有很大盲目性，90年代移民有一定理性，这次就有综合的理性了。""这才是此次关于移民潮话题备受关注的焦点所在。"

国内发挥人才作用的社会环境越来越好，怎么可以说现在的人才和中坚在"集体流失"呢？

从一定程度上，人才内外流动也并非绝对意义上的坏事。"人才在全球化的大趋势中进行国际交流，从长远来看，也在人才储备、技术转移、国际合作等多方面有着其积极而重要的意义。"我们周围随时可见到，各类才俊进进出出国内国外的交往或交流，这不是很正常很好吗！

这篇报道和我的观点，被许多媒体转载，据不完全统计，有120多家国内外平面和网络媒体作了报道。

研究国际移民的数据资料是很难取得的。虽然可以研究没有的数字的人口学，但还是应当有相当的数据为好。国际移民问题有敏感性。敏感性研究是新的认识理论与方法。在此，我们看到移民问题越来越重要，就主要从学术方面来研究近年来中国的国际移民问题。

二、当前中国国际移民新情况新特点

改革开放以来，中国的移民逐渐形成一种"迁移流"，引起了国内外的关注。进入 21 世纪以来特别是最近又不断有中国掀起的移民潮。

以近 10 年移民美国为例，据美国国土安全部《2010 年移民年鉴》资料，中国大陆移民美国的人口数，2000 年 54443 人，2001 年 34353 人，2002 年 31987 人，2003 年 23991 人，2004 年 27309 人，2005 年 31708 人，2006 年 35387 人，2007 年 33134 人，2008 年 40017 人，2009 年 37130 人，10 年共计 349459 人。当前中国移民出现一些新情况新问题。

移民流可分为不同阶段。改革开放以来，移民流大体有三个阶段：20 世纪 80 年代初，90 年代和 21 世纪初期。我说过，80 年代初的移民流有较大盲目性，90 年代移民流有一定理性，现代移民流是最新的阶段，这是从盲目盲从移民走向自由自愿移民的新阶段，现代中国移民有综合的理性思考。

当前的移民是不是第三次移民潮？我还是那个观点：

"所谓的第三波移民潮也许确实出现并存在，但绝不是仅仅因为移民数量的有所上升，关键还是人们所说的新移民所呈现出的高学历、高技术、高成本等特点，已与以往的移民情况大不相同。上世纪 80 年代的移民带有很大盲目性，90 年代移民有一定理性，这次就有综合的理性了。""这才是此次关于移民潮话题备受关注的焦点所在。"用规范的话来说，当前是一波移民流或者是国外迁移流。现在向国外移民，不是想去就去、说去就去得了的，移民要求条件和办理手续都不是很简单的。

以投资移民的投资要求来看，到澳洲的投资要 7.5 万澳元，加拿大 40 万加币，美国要 50 万美元，新加坡 150 万新币，英国 100 万英镑，就是移民香港也要 650 万港币。办理到美国的手续费用要花 45 万美元。这还只是参考数。

当前移民流加剧，是不是"仇富"，引起大量投资移民；是不是歧视技术人才，引起的大量技术移民；是不是当前的移民流，反映我国社会经济环境"很糟糕"。我看不是这样的。只要是通过劳动或其他正当途径，发财致富的，广大群众是不会仇恨的。改革开放以来，吸纳和发挥人才社会经济环境是越来越好的，不然，怎么会有那么多的人才成长起来，并引进那么多的国外人才。

当前的国际移民流，是不是人才精英"集体流失"，是不是"财富大量流失"，就要作分析了。人才精英的流失，对于中国正在热火朝天进行现代化的关键时期，无疑是很大的损失。国际移民是会带走一些财富的，但有不少移民还会从国外寄回不少外汇，支援家乡和国家建设。

可是，当前中国出现的国际移民流确有一些新特点。移民要求条件多了；高端人员多也就是高文化、高学历、高技能的人多；他们综合的理性考虑多了，出去的条件，自身的发展前途，孩子的受教育，和国内的联系，等等；他们要做充分准备；而且是自由迁移的多，国内有一定的推力，但主要是所去国的吸引力；而且有去有来的人不少，有出有进，各种形式都有。总之，国际移民越来越走向现代类型，而流失的人才和财富，却对正在进行的现代化建设不利。

三、当前中国国际移民新认识新对策

人类天生就是迁徙的，迁移频率高和迁移距离大是人类区别于其他造物的一项最显著的特征。费孝通教授曾说，人口问题是中国的大问题。下好人口这盘棋，要像下围棋那样要做好两只眼，这样全盘就活了。他当时说的两只眼，一是小城镇，一是人口迁移。当时他讲的是合理组织国内人口迁移。我看现在已经到了需要合理组织国内人口迁移和国际迁移的时候了。

从国内来看，我国正处于现代化关键时期，需要越来越多的人才、技术、资金和管理经验。同时，现代化的发展，人们生活水平和现代意识的提高，特别是我国从长期闭关锁国走向开放搞活，国内外的人口流动与迁移会更加发展。从国际来看，西方经历了经济现代化和人口自由迁移和流动，在这方面积累了丰富的管理经验和制定了吸引人才的完善的法律法规。

在这种背景和形势下，对中国的国际移民有不少新认识。国际人口迁移理论中，有名的是推力和拉力理论，现在有新发展。我国现在经济上的推力并不是主要的，想移民的人，不是在国内生活不下去。推动他们移民的，是他们有没有大量的"支付力"。而到移入国则看其"政策力"，他们移民政策规定是不是吸收他们这样的移民。

移民人数有所增加，发达国家是主要移入地。移民职业从传统手工业向多元化发展。出国留学人员增多，留学移民扩大趋势。非法移民处境艰难。中国的国际移民有着正反两方面的作用。

脑流失与脑引进是同时在进行的。脑流失即是"Brain Drain"。脑引进可称之为"Brain Import"。脑流失是指在国际人口迁移中比较高级的科技人才流出的状况。一般来讲，总是发展中国家的高级科技人才流失到发达国家。中国近期的移民流是有一些人才流失的，我们应当承认这一点。但同时，由于我们实行了改革开放政策，大力吸引和引进外国高级科技人才，吸收了大量出国留学人才回国创业。

中国人口移民影响力不同一般，因为中国人口众多，国际移民数量也会很多。以美国为例：据美国国土安全部《2010 年移民年鉴》，近 30 年中国移民获得美国永久居留权（绿卡）人数，1980—1989 年 17 万 897 人，1990—1999 年 34 万 2058 人，2000—2009 年 59 万 1714 人；1980—2009 年（共 30 年）共计 110 万 4669 人。可见，最近 10 年，是 80 年代 10 年的 3 倍还多。可见，中国移民数量是很大的，这还只是美国。

现在，从第二次世界大战胜利以来，全世界的中国移民到底有多少？精确统计很难，大体估计差别很大。现在，有 2000 多万、3500 万、4000 万和 4500 万等的说法。我的估计是，不到 2000 万人。这已是很大数量了。为什么这么估计？因为，去美国最多，才 100 多万。全世界超不过 10 多个发达国家是中国移民想去的，总计 1000 万左右；其他国家再算上几百万。全世界最多 2000 万中国移民。这就很多了。所以，中国移民的影响力是很大的。

在中国实现现代化的关键时期，针对中国国际移民新情况新特点，需要有新的对策考虑：

（1）移民政策要为我国社会主义现代化服务，经济、技术、人才、管理等都要走向国际化。为了加快现代化步伐，要在政策法规上作出明确规定，并采取有力措施，大量引进人才、技术和资本。在国际人才技术资金大战中，立于不败之地。

（2）自由迁移是大趋势大方向，现代化越发展，迁移自由越发展。但是，任何国家包括发展中国家和发达国家，对尖端人才绝顶技术和大量资金，以及国务政要等都是要限制移出的。这是国家的利益，人民的利益。

（3）关于双重国籍问题。近几年，随着国际移民的不断增加，一些学者提出应承认双重国籍。有的已向全国人民代表大会提了提案，要求承认双重国籍。由于历史原因和国际国内形势，2005年，我国已回答：我国不承认双重国籍。不过，随着形势的发展变化，已有若干变通。比如："一个国籍、两种永久居住居民身份"，等等。

（4）要加快国际移民法制建设，完善国际移民的法律法规。总之，中国的人口经济学包括迁移经济学是应当大加重视，也是大有作为的。

（作者单位：中国社会科学院人口与劳动经济研究所）

专业性别隔离与女大学生就业*

胡永远 曾胜男

一、引 言

近年来，女大学生就业难问题引起了理论界和实践界的高度重视。就业过程中，女大学生往往面临就业和收入上的歧视；就业结果上，表现为就业概率低，工资低。但许多研究发现，一方面，男女大学生在专业分布上存在严重的性别隔离现象，女大学生集中在教育、护理、语言等文科性专业，而男生大多集聚在工程学、电子学、机械学等理工科专业；另一方面，大学毕业生就业率最高的10个专业，主要是所谓的"男性专业"。尽管性别、专业隔离、就业表现之间可能存在统计上的相关性，但是否存在因果联系却还不得而知。那么，专业上的性别隔离是不是导致男女大学生就业差距和收入差距的原因？专业上的性别隔离是不是性别因素自我选择的结果？

已有研究还没有对此做出很好的回答。心理学研究揭示了专业性别隔离的原因及其对收入的影响机制，但没有解释和验证各变量之间的量化关系；经济学、社会学的研究关注了职业隔离对收入差距的影响，但没有探究背后的心理学因素。尤其是针对大学毕业生群体的研究，大多数基于定性分析和简单相关分析，在模型选择、计量方法上还难以精确把握。因此，本文采用我们课题组获得的微观样本，试图在以下方面有所贡献：第一，利用适当的计量方法，检验专业性别隔离对女大学生就业概率和起始工资的影响；第二，检验专业性别隔离是否源于性别的自我选择。

二、文献回顾

专业的性别隔离，主要是指某一性别的学者或专业人士在某些专业上高度集中，形成了与另一性别人士的专业隔离状态。无论中外国家，高等教育中专业性别隔离有其历史渊源，而且，直到现在，高等教育中的性别选择分化仍然明显。中国的教育中，专业都是沿袭苏联模式按照社会的职业需求设置的，专业是学生和职业之间的桥梁，是学生进行职业选择时最重要的依据。由此可见，职业和专业高度相关。

诸多心理学学者分析了专业性别隔离的原因。主要有两大派别，一是生物主义理论，二是女性主义理论。生物主义理论即"生理决定论"，主要从先天的心理差异和生理差异来阐释专业的性别差异。生物主义理论认为，在心理上，男女之间存在显著性别差异，即女孩较男孩有更好的语言能力；而男孩较女孩有更好的空间知觉能力、数学能力，更富有攻击性。此外，生物主义还提出女性"母性本能"概

---

* 本文是作者主持国家自然科学基金项目（71073052）、教育部人文社会科学研究规划项目（09YJA790065）的阶段性成果。

念，强调女性细心体贴、擅长照顾他人，从而为女性选择社会人文学科，进入专业技术低的服务业提供依据。总之，生物主义的观点是，女性在学科、学历层次上的分布，正是女性在高等教育中与性别特征相符的学习能力体现；同样，女大学生在就业中所处的劣势地位，也正是女性在就业市场上与其性别特征相符的工作能力体现。这种观点实际上弱化了性别歧视。

与生物主义的观点相反，女性主义强调"社会性别"。该理论认为，女人的自然本质并不低于男性，之所以女人地位低下，并不是因为先天原因造成的，而是后天教育变成的，是社会历史文化习俗强加给她们的，即"女人"不是天生的，而是"变成"的。按照这一理论，两性在认知能力、空间思维能力上不存在统计学上的显著性差异。另一方面，女性究竟适合学习什么学科，也完全是一个人为过程，因为文化与社会制度在女性幼儿时代起，就将男孩与女孩置于分离的领域进行熏陶与训练，通过同性模仿、社会约束等手段，使两性的行为模式及角色要求内化为个体的行为规范，从而完成性别角色社会化。总之，按照女性主义观点，专业性别的隔离是后天环境塑造的，它只是复制社会结构的不平等工具。

国内外学者也研究了职业性别隔离对性别收入差异的影响机制。互动理论认为，女性报酬低的一个重要原因，是参照群体的信息影响他们的期望值，这种期望值反过来又影响对目前报酬的接受意愿，从而使男性女性以不同的标准来衡量职业和职业隔离。而按照拥挤理论，某一职业女性的供给增加，雇主会认为这个职业的价值在下降，从而降低女性工资。排队理论则认为，雇主在雇佣劳动力时偏好男性，从而导致高收入职业被男性占据。国内一些学者则主要从经验上验证了性别隔离对城镇居民个人收入的影响。姚先国、谢嗣胜以拥挤假说为理论基础，认为职业性别隔离造成了城市就业人口性别收入差距；吴愈晓、吴晓刚利用2003年"中国综合社会调查"数据以及2000年人口普查信息，估计了职业性别隔离对中国城镇在职人员收入的影响；李实、马欣欣利用1999年中国城镇居民收入的调查数据结合计量方法，指出职业对中国城市男女工资差异有显著影响；张丹丹的研究则发现，职业分布的性别差异对性别收入差异的解释力，1993—1997年间增加了20%。

已有研究大多来自于两大领域，一类来自于心理学领域，主要贡献在于揭示了专业性别隔离的原因及其对性别收入差距的作用机制。另一类来自于经济学、社会学领域，主要是利用调研数据，实证检验了职业隔离对性别收入差距的影响。然而，两类研究还没有实现很好的结合：经济学领域的实证研究解释了职业隔离对收入差距的影响，但是没有探究其背后的原因；心理学的研究探究了职业隔离背后的性别因素，却很少采用适当的计量方法去把握变量的因果关系。这一研究局限突出体现在针对女大学生就业问题的研究上。大多数文献集中于定性的描述和变量的相关性分析，即使有少数学者估计了性别对女大学生就业的影响，但没有将性别与专业结合起来思考，也没有检验专业性别隔离是否真正内生于性别本身。

因此，本文一方面要检验专业性别隔离是否显著影响个体就业概率和收入差异，另一方面，要检验专业性别隔离的内生性是否存在。本文提出两个基本假说：

（1）专业性别隔离显著影响个体就业。女性文科专业的就业率低、收入低，而男性工科专业的就业率高、收入高。

(2) 专业性别隔离是性别主动选择的结果，即专业性别隔离是内生的。

三、专业性别隔离的实证研究

本文采用 2008 年 5~6 月我们课题组《高校毕业生就业问卷调查》数据进行分析。问卷调查采用随机抽样法，在湖南、湖北、河南等 12 个省市选择了 30 余所大专以上高校，共发出问卷 4000 份，回收问卷 2900 份，回收有效率是 72.5%。由于本次调查注重了不同地域、不同级别、不同专业、不同生源特点，因此，能较为客观地反映高校生就业的真实状况。

问卷内容分为以下四个方面：

一是关于大学生人力资本的，主要有院校类型（college）、性别（sex）、专业（major）、成绩（achievement）、政治面貌（party）、学校所在地是否省会城市（csite）、是否学生干部（leader）、有没有工作经验（experience）、是否通过大学英语四级（cet）、是否选修过第二学位（major2）等变量。

二是关于大学生家庭背景即大学生的社会资本，主要包括家庭所在地省份（fsitep）、家庭所在地是农村还是城市（fsite）、父母的最高学历（pedu）、父亲的工作性质（djob）等变量。

三是关于工作搜寻努力程度的变量，包括学校举办供需见面的次数（sdemand）、学校的信息是否充足（inform）、参加就业指导课的次数（guide）、求职单位的个数（recom）、参加面试的次数（interview）、帮忙的熟人关系个数（relation）、找工作的总花费（jexpend）等。

四是关于工作搜寻的结果变量，主要指是否就业签约（circum）以及签约中的起始工资（mwage）。

在进行计量回归之前，对调查问卷的数据做如下处理：

首先，把同一类变量的几个虚拟分量合并，生成一个新的序数变量即包含等级的变量。如学校类型里包含重点大学（college1）、一般本科（college2）、民办二级学院（college3），以及其他。我们把这四个分变量合并成一个变量"大学类型（college）"，其中，令"其他"为基准变量，college = 0；民办二级学院（college3），college = 1；一般本科（college2），college = 2；重点大学（college1），college = 3。依此把同一类别的变量合并成等级的序数变量，还包括家庭所在地省份（fsitep）、家庭所在地是农村还是城市（fsite）、父母的最高学历（pedu）、父亲的工作性质（djob）、学校举办供需见面的次数（sdemand）、学校的信息是否充足（inform）、参加就业指导课的次数（guide）、求职单位的个数（recom）、参加面试的次数（interview）、帮忙的熟人关系个数（relation）、找工作的总花费（jexpend）等。

其次，生成"专业性别"变量。根据前面的理论分析，专业与性别相联系，因此，专业和性别可能对因变量产生交互影响。为此，生成四个交互项。分别让 sex = 1（男生）sex = 0（女生）与 major1（文科）、major34（理工科）相乘，形成 4 个变量：文科男生、工科男生、文科女生和工科女生。

再次，关于是否就业的变量处理。在问卷调查中大学生毕业有四种处境：①"已经签约"；②"自主创业"；③"出国或继续深造"；④"尚未找到签收单位"。由于大学毕业生中"自主创业"和"继续深造或出国"没有工资数据，因此我们只定义"已经签约"为就业，"尚未找到接受单位"为非就业。

本部分包括三方面内容：第一，用 logistic 模型检验专业性别变量对毕业生就业概率的影响；第二，用 Heckman 两步法检验专业性别变量对起始工资的影响；第三，用政策效应模型检验专业是否由性别内生。

（一）专业性别变量对就业概率的影响

这里检验的是工科男生、文史女生等专业性别变量对就业概率的影响。采用 logistic 回归方法，输出的是优势比 OR（Odds Ratio）值。运用 Stata 11 软件，选择工科女生作为基准变量，模型中逐步加入人力资本因素、家庭背景因素、工作搜寻努力程度因素，以检验其稳健性。

表 1　专业性别对就业率影响的 Logistic 回归结果

自变量	模型一		模型二		模型三		模型四	
	Odds ratio	p>|z|	Odds ratio	p>|z|	Odds ratio	p>|z|	Odds ratio	p>|z|
工科男生	1.9633***	0.000	2.0913***	0.000	2.0730***	0.000	2.0763***	0.000
文科男生	1.2778*	0.096	1.1830	0.290	1.1185	0.489	1.1174	0493
文科女生	1.1007	0.503	1.1701	0.317	1.1635	0.343	1.1670	0.335
大学等级			2.1285***	0.000	1.8706***	0.000	1.8665***	0.000
成绩是否是前25%			1.4153***	0.001	1.4124***	0.002	1.4131***	0.002
是否通过英语四级			1.7810***	0.000	1.5860***	0.000	1.5940***	0.000
是否是学生干部			1.3974***	0.001	1.3457***	0.005	1.3548***	0.005
是否是中共党员			1.2851**	0.045	1.3368**	0.023	1.3457**	0.02
是否有经验			1.3954***	0.007	1.2754*	0.056	1.2697**	0.061
找工作花费的等级					1.1504***	0.007	1.1493***	0.008
学校信息充足等级					1.4950***	0.000	1.5001***	0.000
面试次数等级					1.4601***	0.000	1.4523***	0.000
父母教育程度等级							1.0337	0.592

续表

自变量	模型一		模型二		模型三		模型四	
	Odds ratio	p>|z|	Odds ratio	p>|z|	Odds ratio	p>|z|	Odds ratio	p>|z|
家庭所在省份等级							0.9832	0.829
家庭所在地等级							0.9315	0.323
	样本量: 1968; LR = 37.71; 修正的 R^2 = 0.0138		样本量: 1953; LR = 352.75; 修正的 R^2 = 0.1304		样本量: 1953; LR = 418.92; 修正的 R^2 = 0.1548		样本量: 1953; LR = 419.99; 修正的 R^2 = 0.1552	

注:"***"、"**"、"*"分别表示通过显著性水平0.01、0.05和0.1。

由表1可知,四个模型都通过了极大似然的卡方检验,且在逐步加入自变量的过程中,模型是相对稳定的,说明这四个分析结果是可信的。以模型四的结果为例,工科男生的就业率是工科女生的2.0763倍,且通过1%的显著性水平,文科男生、文科女生与工科女生相差不大,且在统计意义上不具有显著性。因此工科男生的就业率最高,这符合我们前面的理论假说1。值得注意的是,单纯从估计系数看,工科女生的就业率最低,这可能与劳动力市场的其他歧视有关,如偏好歧视、统计性歧视等。这一结果形成"工科女生不好就业"的事实,又会反馈到前劳动力市场,加剧女性在文科专业的集聚,导致歧视持续存在。

(二)专业性别变量对起始工资的影响

这里检验的是工科男生、文史女生等专业性别变量对工资起薪的影响。为了消除样本选择性偏差问题,我们采用Heckman两步法估计影响工资的因素,因变量为工资的自然对数。估计结果见表2。表2中,基准变量是文科女生。结果表明,工科男生的工资起薪比文史女生的工资高15.63%,且通过1%的显著性水平检验。这说明工科男生进入男性职业与文科女生进入女性职业相比,占有较大优势,符合本文假说1。

表2 性别专业对就业工资影响的回归分析

变量名称	β值	标准误	p>|z|
工科男生	0.1563***	0.0392	0.000
文科男生	0.0896**	0.0433	0.039
工科女生	0.0700	0.0468	0.135
大学等级	0.2430***	0.0227	0.000
是否通过大学英语四级	0.0371	0.0404	0.359
是否是中共党员	0.0534*	0.03201	0.095
是否是学生干部	0.1152***	0.0300	0.000
家庭所在地省份等级	0.0459**	0.2096	0.028

续表

变量名称	β 值	标准误	p>|z|
参加面试次数的等级	0.0744***	0.2520	0.003
常数项	6.9592***	0.1302	0.000
	样本量：2776；wald = 163.31；prob > chi2 = 0.000		

注："***"、"**"、"*"分别表示通过显著性水平0.01、0.05 和0.1。

(三) 专业性别的内生性估计

按照前面的理论，专业性别隔离的形成，是女性对专业进行自我选择的结果，是内生的。为此，我们可以用政策效应模型检验这一假说。首先，定义一个二元内生变量"专业"：当"专业" = 1 时表示理工科专业，当"专业" = 0 时表示文科专业；然后，在工资回归方程中，取"专业"为内生变量，取"性别"为工具变量，定义男性 = 1，女性 = 0。这个模型分两步，第一步检验"专业"作为内生变量对工资的影响，第二步，检验专业和性别的相关性。如果专业是内生的话，那么专业和性别一定存在相关，即专业的选择和社会性别有关。估计结果见表3。

表3 专业与性别的内生性检验（模型因变量为工资对数）

变量名称	β 值	标准误	p>|z
专业	0.4565***	0.0973	0.000
重点大学	0.3591***	0.3394	0.000
成绩是否是前25%	0.0865**	0.0361	0.017
是否通过大学英语四级	0.0814*	0.0415	0.050
是否是中共党员	0.0647*	0.0360	0.072
是否是学生干部	0.1218***	0.3203	0.000
参加面试次数的等级	0.0753***	0.0208	0.000
家庭所在地省份等级	0.2901	0.2270	0.2010
常数项	0.7958***	0.0856	0.000
误差相关系数（rho）	-0.5333	0.1110	
	样本量：878；wald chi2 (12) = 247.00；prob > chi2 = 0.000		

LR test of indep. eqns. (rho = 0)：chi2 (1) = 11.31 prob > chi2 = 0.0008

注："***"、"**"、"*"分别表示通过显著性水平0.01、0.05 和0.1。

从表3可以看出，误差相关系数 rho 为 - 0.5333，说明政策效应模型存在内生性问题；而最后一行结果明显拒绝 rho = 0 的原假设。所以，我们得到一个重要的结论："专业"是一个内生变量，专业的选择和性别显著相关。这证实了我们的理论假说2。

四、基本结论和政策建议

前面的分析可以得到两个结论：

首先，高等专业性别隔离不是外生的，而是性别自我选择的结果。尤其是后天环境，诸如家庭、学校、社会，根据传统"男主外，女主内"的思想，予不同性别不同的职业期待，最终内化为个体自我的职业观，导致专业性别隔离。

其次，高等教育中，专业性别隔离导致职业隔离，加剧了大学生的就业性别差距。文科专业的女生进入女性职业，工资起薪低、就业率低；而学工科的男生进入男性职业，工资起薪高、就业率高。

因此，要从专业性别隔离的源头，如职业性别刻板印象、社会性别入手，为女性塑造一个真正自由平等的成长环境，减少职业性别隔离，促进大学生就业性别平等。具体从以下几个方面实施：

从政府来看，一方面应该完善相关的法律和制度，以法律的手段规定各行业或各职业接受女性就业的比例，保证女性进入技术含量高、收入高、社会地位高的职业数量。尽量减少高等学校对某一专业的性别设置。要鼓励女生进入理工科专业，全面发展。另一方面，建立多层面、多角度监督系统，在对教材内容、媒体宣传的审查上，增强性别平等意识的监督，从根源上减少性别不平等的意识。

从教育部门来看，首先要对全民开展和普及社会性别意识教育，要对社区、企业、学校、决策层等全社会进行性别意识培训，让性别平等的观念深入人心。其次在学校教育上，教师要避免向男生、女生传播根植于传统性别角色的专业选择；在教材编排时，增加女性话语权，多展示一些职业女性、科学女性，多出版反映女性在政治、经济等方面具有卓越成就的文章，以消除和纠正性别偏见。最后要注重培养女性的自我意识和主体意识，鼓励她们挑战传统观念，进入男性职业。

从媒体来看，强化媒体的性别责任意识，消除单一的女性形象，鼓励和引导女生从事非传统职业，支持非传统的女性形象，为走向真正的男女平等提供良好的舆论环境。同时，媒体也要承担起舆论监督、舆论评价的角色责任，震慑现实中的性别歧视现象。

参考文献

麦可思. 中国2009届大学毕业生求职与工作能力调查. http://www.mycos.com.cn.

王珺. 论高等教育中学科专业的性别隔离[J]. 妇女研究论丛, 2005, (4): 17-20.

张建奇. 我国女子高校的历史回顾与发展趋势探讨[J]. 妇女研究论丛, 2003, (6): 41-46.

史静寰. 妇女教育. 长春: 吉林出版社, 2000: 310.

刘贵华. 研究生专业与学科职业关系的研究[J]. 江苏高教, 2000, (3): 80-82.

滕芳, 许中华, 毛善超. 基于和谐视角下大学生职业选择与专业互动的探讨[J]. 科技创业, 2009, (6): 92-93.

Maccoby, E. and Jacklin. C. N. The Psychology of Sex Difference [M]. Stanford University Press, 1974, Vol 1 -4.

刘慧群. 社会性别视角下的高等教育公平[J]. 吉首大学学报,2009,(9):126-130.

林莉,吴雪. 论高等教育机构的性别不平等机制[J]. 福建论坛,2009,(8):153-157.

波娃. 第二性:女人[M]. 桑竹影,南姗,译. 长沙:湖南文艺出版社,1986.

Feingold, A. "Matching for Attractiveness in Romantic Partners and Same - sex Friends: A Meta - analysis and Theoretical Critique", *Psychological Bulletin*, 1988,(4):226-35.

张厚粲,王晓平. 瑞文标准推理测验在我国的修订[J]. 心理学报,1989,(2):113-121.

赵叶珠,林钟敏. 大学生空间思维的性别差异研究[J]. 心理科学,1993,(2):80-83.

凯利·米利特. 性政治[M]. 钟良明,译. 北京:社会科学文献出版社,1999.

Ridgeway, Cecilia L. "Interaction and the Conservation of Gender Inequality: Considering Employment". *American Sociological Review*, 1997, Vol. 62:218-235.

Bergmann, B. R. "Occupational Segregation, Wages and Profits when Employers Discriminate by Race and Sex". *Eastern Economic Journal*, 1974,(1):103-110.

Roos, Patricia A. "Revisiting Inequality". *Contemporary Sociology*, 1999:26-29.

姚先国,谢嗣胜. 职业隔离的经济效应对我国城市就业人口职业性别歧视的分析[J]. 浙江大学学报,2006,(2):73-79.

吴愈晓,吴晓刚. 城镇的职业性别隔离与收入分层[J]. 社会科学研究,2009,(4):88-110.

李实,马欣欣. 中国城镇职工的性别工资差异与职业分割的经验分析[J]. 中国人口科学,2006,(5):2-13.

张丹丹. 市场化与工资差异研究[J]. 中国人口科学,2004,(1):32-41.

胡永远,余素梅. 大学毕业生失业持续时间的性别差异分析[J]. 人口与经济,2009,(4):43-47.

(作者单位:南京财经大学公共管理学院)

美国的人口增长、分布与城市化

李仲生

一、人口的增长及其构成

美国人口在15世纪以前一直很少,到1492年,即哥伦布发现美洲大陆的那一年,美国人口增至80万,占全美洲的6%左右。从17世纪起,欧洲移民陆续来到美国东海岸,美国的人口开始爆炸性增长。1790年,美国进行了第一次人口普查,总人口为392.9万人,加上印第安人总数约460万人左右。到1820年美国人口达到963.8万人,1860年达到3144.3万人。这主要源于美国人口自然增长率较高的原因。即出生率很高,死亡率较低。据统计,1858年白人的出生率为43‰,死亡率为23‰,自然增长率为20‰;而整个人口增长率则高达3%左右,这意味着美国人口平均每20多年增长1倍。美国人口的剧增,除了人口自然增长因素外,更主要的原因是外国移民的大量涌入。这是因为领土扩张使美国占有了西部广阔的肥沃土地,构成对外国移民的强大吸引力;另一方面,美国政府一直奉行开国门吸收各类外国移民的开明政策。因而整个19世纪出现了世界历史上罕见的大规模地向美国西部移民的运动,刺激了人口的迅速增长。进入20世纪以后,美国的人口增长依然很快,到第一次世界大战爆发时,美国人口已接近1亿,到1950年总人口增至1.51亿。进入20世纪后半期,美国人口增长继续呈现迅速增长的趋势,1970年超过2亿,到2000年总人口增至2.81亿,2006年进一步增长到3.01亿。

17世纪的人口增长率由于欧洲移民的大量流入年平均在5%以上,在经历了最初的猛增后,人口增长突然放慢,但在18世纪和19世纪仍达到年平均约3%的快速增长。20世纪上半叶的人口增长趋势开始放缓,并呈现周期性的波动。而在20世纪50年代,人口增长显著加快,人口年平均的增长率为1.8%左右,这就是第二次世界大战后的生育高峰。随后,人口增长率除了20世纪80年代的小幅度上升外,基本上呈现下降趋势。20世纪90年代美国人口增长十分迅速。根据2000年人口普查,1990—2000年间,美国人口增长了3270万人,为美国历次十年人口普查的最高记录,超过50年代的生育高峰期,从人口增长率看,大约为每年1.3%左右,明显低于50年代的1.8%,但高于70年代1.1%和80年代的1.0%。

自20世纪初期以来,美国各州均出现人口增长的趋势,增幅从0.5%到66.3%。在20世纪90年代,美国人口增长最快的州分别是内华达、亚利桑那和科罗拉多,分别增长了66.3%、40.0%和31.0%,而人口增长最慢的州则是北达科他和西弗吉尼亚,分别增长了0.5%和0.8%。从人口规模看,加利福尼亚是人口最多的州,2000年为3382万人,比1990年的2981万人增长了13.8%。得克萨斯、纽约、佛罗里达、伊利诺伊、宾夕法尼亚、俄亥俄等 6 州的人口均在 1100 万以上,而密歇根、新泽西、佐治亚等 3 州的人口则在 800 万~1000 万之间。这十个州的人口占美国总人口的 54%。

人口增长的动态变化通常是由出生率、死亡率和人口流动性的变化结果来决定的。而美国作为"移民国家",在其经济发展的过程中,还吸纳了大量的国际移民,因此下面除了考察人口的自然增长率的两大因素,即出生率和死亡率外,还重点考察美国经济发展过程中的移民这一人口因素。

二、出生率的变化

与西欧和北欧各国相比,美国由于移民因素,加上人均占有的自然资源较丰富,出生长期偏高。19 世纪初期,出生率约为 55.0‰。这以前的出生率可能比这一数字略高,因为人类的最大生物潜能估计约为 60.0‰。在 19 世纪后半期以后,随着工业化的加速,出生率出现了逐渐下降的趋势(见图 1),到 19 世纪末,出生率几乎减半,到 1910 年,全国出生率依然保持在 30.0‰以上。20 世纪 20 年代末到 30 年代是美国经济的大萧条时期,移民锐减,结婚率猛增,出生率迅速下落,1933 年时仅为 18.4‰,其他年份也大多在 20.0‰以下,降低到前所未有的低谷。出生率在 19 世纪的长期下降模式与其在 20 世纪前 30 年发生的波动形成强烈对比。

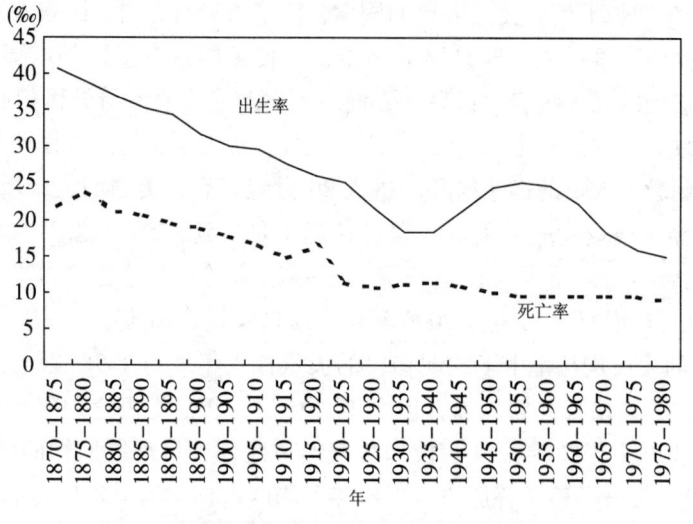

图 1　美国的出生率和死亡率(1870—1980 年)

资料来源:[美]马丁·费尔德斯坦编《转变中的美国经济》,商务印书馆 1990 年版。

对 19 世纪出生率的长期下降的一种可供选择的解释已被威廉·松德斯特伦(William Sundstrom)和戴维(Paul David)提出,这就是策略遗产模型。在这个模型中,父母通过许诺给予遗产来激励子女与父母间存在一个隐含协定,即子女将照顾父母晚年,作为回报子女将到一份家庭财富。不过,当高生产率的非农业部门的劳动力市场改善时,子女认为留在家庭农场是有机会成本的。子女往往因放弃机会期望父母给予自己更多的补偿。其结果子女留下来照顾年迈父母的概率下降。由于子女违约的风险增加,父母因养儿防老而赋予子女的价值下降。在这种情况下,理性的父母往往降低其生育率。具体的措施有不经常的性交、禁欲、使用障碍物以堕胎等。

在第二次世界大战期间，美国的出生率水平到1944年一直是上升的。战争结束后，大量的军人复员，于是结婚率的大幅度提高，引起出生率的上升，这种现象一直持续到1957年。随后美国生育率开始下降，但依然持续保持在25.0‰左右的较高水平上，直到1965年以后才降到18.4‰以下。其主要原因是60年代后期，口服避孕丸和子宫内避孕器开始使用的效果。70年代以后，家庭关系不稳定，离婚率上升对生育趋势影响很大。1970年离婚率为47‰，1979年又翻了一番。1960年全国25～29岁的年轻女子未婚率仅为9.5%，1990年上升到31.1%，而男女平均初婚年龄也升高了近3岁，这些因素促使出生率下降。

进入90年代，出生率出现了明显的下降趋势，即从1990年的16.6‰降到1997年的14.6‰。据分析，这种下降与对艾滋病的恐惧以及避孕的普及密切相关。但1998年和1999年美国出生率又有所回升，这种回升主要是受经济景气刺激的，而艾滋病得到明显的控制也是出生率回升的重要因素之一。与发达国家的平均水平相比，美国的出生率约高出3‰。而美国的总和生育率到70年代才降低到世代更替水平以下，完成了生育率的转换，1976年降低到1.74的历史最低点，此后总和生育率逐渐回升，1999年达到2.08的接近世代更替水平，这在发达国家是罕见的。

三、死生率的变化

在美国，直到20世纪30年代才有系统的全国范围的死亡登记，因而对死亡率的估计造成一定的困难。据美国人口经济学家罗伯特·福格尔（Robert Fogel）的估计，1700年的死亡率大约为40.0‰，人口增长率约为1.5%。到1850年，当时的白人死亡率约为23.0‰。所以这些估计值意味着人口的自然增长率每年约为20.0‰。1900年，死亡率降至17.2‰，但由于出生率的下降速度更快，所以自然增长率降到13.0‰。从20世纪初开始死亡率迅速下降，到1950年，死亡率下落到10.0‰以下。其主要原因是由于美国公共卫生事业的大幅度改善，以及30年代抗生素的发现和传播。到50年代初，传染病发生率降至极低的水平，死亡率的下降几乎停止。

20世纪50年代以后的25年间，美国的死亡率基本上保持在9.5‰左右的水平，随后，死亡率在70年代后期和80年代呈现若干下降趋势。这一时期由于心血管病导致的死亡的比率迅速下跌，这是老年人死亡率引人注目下降的主要原因。由传染病而造成的死亡率下降也发生在这一时期，但这个因素并不是像在30年代至50年代那样是死亡率改善的主要根源。心血管病导致的死亡率减少在一定程度上反映了医疗技术和医疗保健的新发展。它还可能反映了人们生活方式的变化，包括饮食的改进和营养水平的提高等。但在年轻成年人中，特别是男性中死亡率没有下降的趋向，这主要是由于意外事故、自杀和他杀在内的暴力所造成的原因引起的。在年轻成年人中，自1970年前后，这些原因造成的死亡率处于上升趋势，对整个死亡率的下降产生一点一定的影响。

进入90年代，死亡率又出现了若干下降趋势，1995—2000年间进一步降至8.5‰。今后，由于人口老龄化等因素的影响，死亡率难以进一步下降，仍将明显低于发达国家的平均水平。影响美国人口死亡率下降的因素，除了低龄组幅度大、高龄组幅度相对较小外，美国两性死亡率的差距越来越大也是很重要的原因。以 55～64 岁年龄组为例，1900 年男性死亡率只比女性高 0.11 倍，到 1995 年增大了 0.69 倍。由于死亡率下降幅度的差距，美国男子和女子的平均预期寿命虽然一直呈现上升趋势，但增幅相距逐渐拉大，1900 年两者平均预期寿命分别为 46.3 岁和 48.3 岁，相差仅 2 岁；而到 1995—2000 年间男子和女子的平均预期寿命分别为 73.6 岁和 79.4 岁，相差高达 5.8 岁。应当指出的是男性死亡率偏高，主要指的是青壮年。据统计资料表明，1970—1996 年间，美国男性中的婴儿死亡率下降 66%，65～74 岁的老年组下降 33%，而 25～34 岁的青壮年组的下降幅度最小，仅为 16%，男女死亡率差距也以青壮年组最为悬殊，这显然是与前述的交通事故、自杀和他杀等因素有关，而并非由生物性因素造成的。

四、国际人口迁移

19 世纪美国人口继续保持爆炸性增长的趋势，除了人口的自然增长率很高外，还与大规模的国际人口迁移密切相关。这一时期美国人口稀少，需要大批劳动力来发展经济，世界各地尤其是欧洲移民大量进入美国。据统计，1820 年至 1860 年间，大约有 500 万移民来到美国，他们的大多数来自西欧。而麦克莱兰（Peter McClelland）和泽克豪泽（Richard Zeckhauser）在《美国的国际人口迁移》一文中，估计该时期的移民总数高达 700 万，实际的国际移民总数可能会更高。

显而易见，这一时期来自西欧的移民是非常活跃的。例如，在 1847 年到 1854 年，每年都有超过 10 万的爱尔兰移民来到美国；而在 1852 年到 1854 年，每年都有 15 万以上的德国移民来到美国。移民的主要拉力因素是美国的高工资和低失业的经济效果。19 世纪 60 年代到 80 年代，美国的移民主要来自英格兰、爱尔兰、德国和斯堪的纳维亚半岛等西欧和北欧国家。这些移民的数量在 80 年代达到高峰，以后开始大幅度减少。从 19 世纪 80 年代开始，来自中欧和南欧的各国移民日益增加，到 19 世纪 90 年代，来自中欧、俄国和意大利的移民规模超过了西欧。从 1900 年到 1914 年，每年都有 20 万以上的欧人移居到美国。同一时期来自俄国的移民平均每年超过 15 万人；而来自意大利的移民平均每年超过 20 万以上。此外，随着美国经济的迅速发展，来自东欧和南欧的移民规模也较大，当时被称为"新移民"，成为日益引人注目的问题。

由于进入美国的移民增长很快，给美国的经济发展造成一定困难，另一方面美国经济的迅速发展仍需要一定数量的外来廉价劳动力，于是在 1921 年美国国会通过移民法，规定任何国家的移民人数不得超过 1910 年美国人口统计中在该国出生而居住在美国的人数的 3%。1921 年的移民法经过几次修改，其基本规章限制了大量移民流向美国，对控制美国人口的迅速增长起了重要作用。例如从 1930 年到 1965 年，入境移民共 550 万人，在同期人口增长总数中所占比重不到 8%。但从绝对数看，自 1950 年以来入境移民人数没有低于 25 万以下，而且经常保持在 30 万人以上。值得注意的是来自欧洲的移民有所减少，来自拉丁美洲的移民上升为流入人口主要来源地区。

美国在经历了近 50 年低水平的人口迁入后，从 20 世纪 60 年代起，国际迁移水平不断回升，拉丁美洲和亚洲逐渐取代欧洲成为美国移民的主要来源地区。自60年代初到70年代中期，来自拉丁美洲的移民大量移入美国，来自亚洲的移民也不断上升。进入70年代，亚洲的移民人数已超过了欧洲移民。到80年代后期，来自拉丁美洲和亚洲的发展中国家的移民继续保持迅速增长的趋势，已占该时期移民总数的90%左右。80年代期间，有733.8万移民合法地进入美国，包括非法移民在内移民总量约高达1000万人左右。1990年美国的人口普查表明，过去10年中，美国总人口增长不到10%，而亚洲的移民却增长了1倍，拉丁美洲的移民也增长了53%。这么多的移民流入美国自然会影响国家人口的特点，特别是在多数移民集中的大城市，所受的影响也越大。

五、人口的再分布

自从1790年第一次人口普查以来，美国不仅增加了两亿多人口，领土也扩大了两倍多。在两个多世纪的时间里，美国人口不断地从民族发祥地的东北部沿海地区向中西部、中央平原和南部平原以及太平洋沿岸地区扩散，人口分布状况也一再发生显著的变化。

美国人口分布重心不断西移，1790年，该重心位于巴尔的摩以东23英里处。随后，新美国的人口沿东海岸，从缅因州到佐治亚州群集。只有一少部分人定居在中西部的俄亥俄河谷和坎伯兰河谷，并朝莫霍克河谷上方进入明尼苏达州、密苏里州和阿肯色州等地区。到1900年，美国人口已有不少连续地从东海岸挺进到西部，人口重心向正西移动了530英里，达到印第安纳州的哥伦布城附近，这反映了当时人口移动和殖民的总趋势。当然，这种渐进殖民模式并不是随机的。在使人口沿特定路线再分布上，交通运输条件起了重要作用。随着公路、铁路和运河的拓展使人们能与老的殖民地区保持联系。于是，这些交通媒介使随后的人口迁移因沿途阻力小而通畅起来。

20世纪，特别是最初几十年的发展大致都是沿着19世纪所建立的路线进行的，但人口移动的速度明显趋缓。在20世纪前40年间，平均每十年人口分布中心向西移动仅仅21英里。而在这以前的110年间，每十年的平均数为50英里左右。从1940年以后美国人口向西移动的速度又加快了平均每十年前进45英里左右，到2000年，美国人口分布重心又移到了圣路易市西南170公里处，运动的方向仍然是向西偏南，这反映因东南部地区的发展而产生的反方向压力。2000年人口重心的南北向方位，大体上处在墨西哥湾和美国、加拿大边疆线的中点上，但东距大西洋岸1450公里，西距太平洋岸有2550公里。

从表1可以看出，19世纪美国人口高度集中在东北部地区的趋势是明显的。东北部的新英格兰、大西洋中部和中部东北三区，面积仅占全国的11.5%，1870年人口却占到55.6%，这里是全国工业的核心。东南部的大西洋南部和中部东南两区面积合计占全国的12.5%，人口也达到全国的26.5%。而东部的山地和太平洋地区的面积约占全国的一半，但人口仅占3.0%。南北纵贯中央的中部西北和中部西南两区，面积占全国的26.4%，当时的经济以粗放农牧业为主，人口仅占全国的15.3%。自19世纪后半期起，随着西部各州相继并入美国的版图以及欧洲移民的大规模涌入,人口不断向西推移,东部各区的相对地位不断下降。新英格兰自然增长率最低,人口占全国比重下降幅度也很大。大西洋中部和中部东北的人口所占全国的比重也呈现明显下降趋势。20世纪30年代以后,人口西进南下的规模增大,中部西南、山地和太平洋沿岸经济发展迅速,相对比重大幅度上升,由1930年的19.9%增至2000年的33.7%;而这一时期,其他地区人口的相对比重进一步下降了,特别是新英格兰、大西洋中部和中部东北三区的人口的相对比重的下降趋势尤其明显。

表1 美国九大区域的人口分布

区域	面积占全国比重(%)	2000人口(万人)	人口密度(人/平方公里)	人口占全国比重(%)			2000城市人口比重(%)
				1870	1930	2000	
新英格兰	1.8	1392.3	85.6	9.0	6.6	5.0	84.1
大西洋中部	2.8	3967.2	154.0	22.9	21.3	14.1	91.5
中部东北	6.9	4515.5	71.6	23.7	20.5	16.0	79.6
大西洋南部	7.5	5176.9	75.1	15.2	12.8	18.4	79.4
中部东南	5.1	1702.3	36.8	11.3	8.0	6.0	58.8
山地	24.2	1817.2	8.2	0.8	3.0	6.5	74.8
太平洋	25.3	4502.5	19.4	1.8	7.0	16.0	91.7
中部西北	14.3	1923.5	14.6	10.0	10.8	6.8	60.0
中部西南	12.1	3144.5	28.5	5.3	9.9	11.2	77.8

资料来源:张善余编《世界人口地理》,华东师范大学出版社2002年版。

在美国各地区人口相对地位的变化中,人口迁移起了很大作用。首先是国际人口迁移。20世纪90年代以来,美国每年净迁入国际移民为80余万。美国接纳的国际移民中在地理分布上具有高度集中性,其主要特点是集中于大中城市。据1996年统计,当年新移民计划中的居住地以纽约市高居第一位,比重达14.5%;其次是洛杉矶市;第三位至第九位分别是迈阿密、芝加哥、华盛顿、休斯敦、波士顿、圣迭戈和圣弗朗西斯科7市。这9个城市比重合计为42.4%,而这些城市占美国总面积的比重仅为0.06%。

其次,在国内移民方面,其规模和影响较国际移民更大。战后以来美国国内人口迁移的基本方向是向西向南,20世纪50年代人口净流出的有28个州,60年代有27个州,70年代减少到16个州,它们基本上集中在北部和中部。而西部和南部沿海各州多属于人口净流入州,其中最突出的有佛罗里达、加利福尼亚和内华达等州;这种趋势一直持续到90年代初,随后由于加利福尼亚和夏威夷等州在国内迁移中转变为人口净迁出,才使西迁的趋势有所减弱。

大规模的人口迁移使美国的人口分布发生了很大变化,但受基本的地理条件制约,东密西疏的特点至今依然保持。2000年美国平均人口密度每平方公里不足31人,其中密西西比河以东地区平均密度在每平方公里70人以上;密西西比河至落基山麓的平均密度仅为每平方公里20人;而落基山东麓以西平均密度每平方公里不足12人。从各州的人口密度看,新泽西州、罗德岛州2000年平均每平方公里分别高达437.9人和387.4人,而阿拉斯加州仅为0.4人,同前述两个人口稠密州的差距是显而易见的。

自从美国从英国统治下独立以来，这里的人口分布地点和人口构成都发生了显著的改变。过去美国未开发的土地广阔，人口密度差大，加上其他经济因素，吸引了大量移民，人口再分布活跃。美国人口不断向西挺进，先是在中西部而后又在西海岸殖民，随着广阔的土地越来越充分地被人们占据，人口再分布指数已出现明显的下降趋势，20 世纪 70 年代为 4.519，90 年代已降至 2.937，尽管美国的人口迁移速度已趋向缓慢的态势，但在世界上，美国仍然是人口再分布比较活跃的国家。

六、人口城市化

美国建国初期是典型的农业国家，1790 年进行的第一次人口普查时，城镇人口只有 20.2 万人，占总人口的 5.1%。但此后城镇人口比重不断上升，1820 年增长到 7.2%，1860 年上升到 19.8%，并于 1870 年达到 25.7%，初步实现了城市化。南北战争以后，随着工业化和城市化的发展，城镇人口比重持续上升，1890 年增至 38.0%，1920 年达到 51.2%，2000 年又增至 77.2%。人口城市化的发展，增加了劳动力供给和市场需求，又促进了工业化的发展。

同英国、德国一样，美国在城市化进程中城市数量不断增大。1790 年人口超过 2500 人的城市有 24 个，1820 年增至 61 个，到 1860 年增加到 392 个。从城市人口规模看，1820 年人口超过 5 万的城市有 3 个，到 1860 年增至 16 个，其中纽约市人口规模最大，达到 81.4 万人，成为美国第一大城市。而费城在 1810 年以前是美国第一大城市，随后被纽约超过，但到 1860 年人口规模仍达到 56.6 万人，为美国第二大城市。

这一时期的人口城市化大致可分为两个阶段。1790—1820 年美国经历了第二次独立战争，而美国经济发展主要目标是争取经济独立和进行战后经济恢复建设，因而人口城市化发展比较缓慢，城市人口从 20.2 万人增至 69.3 万人，平均每 10 年增长率仅为 51.6%，城市化水平维持在 5.1%～7.3%。而 1820 年以后的 40 年，美国城市人口增长很快，从 69.3 万人增加到 621.7 万人，每 10 年的平均增长率高达 73.5%，大幅度超过了同期美国人口的平均增长率。这说明美国人口城市化增长主要取决于国内和国外的移民，而不是人口的自然增长。

南北战争后，随着第二次工业革命的全面展开，美国逐步实现了工业化和城市化，人口城市化水平不断提高，如表 2 所示，1880 年美国城市人口达到 1413 万人，城市化水平达到 28.2%。随后城市人口迅速增长，从 1890 年的 2211 万人增至 1920 年的 5416 万人，同期城市化水平从 35.1% 上升到 51.2%，城市人口首次超过了农村人口，从而实现了美国人口城市化的转变。

伴随着工业化的推进，美国的城市数量和规模也有所增加。1880 年人口超过 2500 人的城市达到 939 个，到 1920 年增至 2727 个，增长了近 2 倍。从城市人口规模看，1880 年人口超过 2.5 万的城市 77 个增至 1920 年的 287 个。按照大城市的标准，同期人口超过 5 万的城市从 35 个增至 144 个，增长了近 3 倍。另外，1910 年以后美国还出现了大都会地区（Metropolitan Area），主要是指人口超过 20 万人的中心城市及其周围影响地区。1910 年，这种大都会地区为 25 个，总人口达到 2800 万，占全国城市人口的 51.6%。由此可见,美国人口自南北战争后越来越集中于城市,特别是大城市。

表2 美国人口城市化水平

年份	人口总数(千人)	城市人口(千人)	城市化水平(%)	年份	人口总数(千人)	城市人口(千人)	城市化水平(%)
1790	3929	202	5.1	1900	75995	30160	39.7
1800	5308	322	6.1	1910	91972	41999	45.7
1810	7240	525	7.3	1920	105711	54148	51.2
1820	9638	693	7.2	1930	122775	68955	56.2
1830	12866	1127	8.8	1940	131669	74424	56.5
1840	17069	1845	10.8	1950	150697	88927	59.6
1850	23192	3544	15.3	1960	179323	125347	69.9
1860	31443	6217	19.8	1970	203302	149630	73.6
1870	39818	9902	25.7	1980	226546	166964	73.7
1880	50516	14130	28.2	1990	248710	198403	79.8
1890	62948	22106	35.1	2000	281422	225982	80.3

资料来源:[英] B.R. 米切尔编《帕尔格雷夫世界历史统计·美洲卷(1790—1993)》,经济科学出版社 2002 年版; United States Bureau of the Census, Historical Statistics of the United States, Colonial Times to 1970, Washington 1975, Part I, P. 11 - 12; Glenn Porter, *Encyclopedia of American Economic History*, New York 1980, Charles Scribner's Sons, Vol Ⅲ: 1030.

1940 年到 1970 年,美国的城市化发展迅速,城市化水平从 56.5% 上升到 73.6%,但随后城市化发展的速度趋向缓慢的趋势,尽管中小城市人口增长较快,但大城市则呈现下降趋势。这一趋势在 20 世纪 70 年代最为明显。1970 年全国 40 万人以上的大城市有 33 个,到 1980 年有 22 个大城市人口减少,其中包括纽约、芝加哥、费城、华盛顿等,其减幅一般在 10% 左右。这一时期城市人口大量从大城市向中小城市或郊区移动。在全国城市人口中,中心城市的人口比重由 1950 年的 58.6% 降至 1970 年的 45.8%,1980 年进一步减少到 40.0%,这表明都市区人口分布重心已转向中小城市和郊区。自 20 世纪年代以后,一批人口减少的中心城市又呈现上升趋势。1980 年全国 32 个 40 万以上的大城市,到 1996 年人口增长的有 19 个,其余的 13 个大城市则呈现减少的趋势。值得注意的是 80—90 年代大城市人口比重回升的主要原因是国际移民引起的。这一时期美国接纳的外国移民较 60—70 年代显著增加,主要分布在洛杉矶、纽约、迈阿密、芝加哥、华盛顿、圣弗朗西斯科、休斯敦、达拉斯、波士顿、圣迭戈等 10 个都市区。正是这些源源不断涌入的外国移民对一部分大城市的回升起了推动作用。

从地区分布看,由于各地区工业化发展水平不一致,城市化水平的差距也不断增加。东北部地区是工业化较早的地区,城市化发展迅速,从 1820 年的 11% 增加到 1880 年的 50.8%,美国东北部基本上实现了城市化。中北部和西部基本上实现初步城市化;而南部地区工业化水平相对落后,城市化发展缓慢,从 1820 年的 4.6% 增长到 1920 年的 28.1%。

然而由于各地经济发展的不平衡性城市化发展速度是不同的。1920 年以后,东北部和中北部城市化速度放慢,西部城市化增长较快,而南部城市化速度最快,平均每 10 年的城市化速度都保持在 20% 以上,1960 年,南部城市人口达到 3216 万,超过农村人口。到 1970 年，除了南部外，其他各地区城市化都超过 75%，甚至西部城市化水平超过东北部，各地区城市化水平基本上趋于一致。但从总的发展速度看，1930 年以后美国城市化速度开始放慢，50 年代和 80 年代基本上处于停滞状态，90 年代略有上升，而城市人口增加速度相对于总人口增长速度开始减缓。这充分说明农村人口向城市转移的数量正在逐渐减少。这也是人口城市化发展的必然趋势。

参考文献

陈奕平. 人口变迁与当代美国社会. 世界知识出版社，2006.

[美] H. N. 沙伊贝，H. G. 瓦特，H. U. 福克纳. 近百年美国经济史. 中国社会科学出版社，1983.

[英] H. J. 哈巴库克，M. M. 波斯坦. 剑桥欧洲经济史（第六卷）. 经济科学出版社，2002.

韩毅，张兵. 美国赶超经济史. 经济科学出版社，2006.

[美] 杰里米·阿塔克，彼得·帕塞尔. 新美国经济史——从殖民地时期到 1940 年. 中国社会科学出版社，2000.

李仲生. 两次世界大战之间美国人口经济发展. 中华名人文论大全（Ⅲ），2007.

张善余编. 世界人口地理. 华东师范大学出版社，2002.

Rostow, Walter. The Stages of Economic Growth Cambridge, England: Cambriade University Press, 1960, p. 38; Cipolla, C. M. *The Economic History of World Population*, Penguin Books, 7th ed, Baltimore, 1978.

United States Bureau of the Census, Historical Statistics of the United States, Colonial Times to 1970, Washington: Government Printing Office. 1975, PartⅠ.

United States Department of Commerce. Historical Statistics of the United States, Colonial times to 1957, Washington: Government Printing Office. 1969.

（作者单位：首都经济贸易大学劳动经济学院）

论农民工的历史贡献

肖万春

"农民工"作为我国经济社会转型时期的特殊产物,它充分体现了我国向现代化转变的过渡性特色。中国改革开放以来的最大社会分化,就是从农民中分化出一个独特的且人数越来越多的"农民工"群体。近几年来,我国农民工发展的政策和环境不断改善,但问题仍然较多,深层次的问题没有解决。我们必须正视农民工阶层,必须深刻认识他们对经济社会作出的巨大贡献。农民工阶层的出现与发展壮大,给中国经济社会带来了重大影响,具有划时代的历史意义。

一、农民工是产业工人的重要组成部分

农民工,一头连着城市,一头连着农村,为改变城乡二元结构、解决"三农"问题闯出了一条工业带动农业、城市带动农村、发达地区带动落后地区的发展新路。中共中央2004年1号文件就明确强调:"进城就业的农民工已经成为产业工人的重要组成部分。"2006年3月国务院颁发的《国务院关于解决农民工问题的若干意见》中又进一步强调:"农民工是我国改革开放和工业化、城镇化进程中涌现的一支新型劳动大军。……已成为产业工人的重要组成部分。"农民工进城在建设城市、繁荣城市经济的同时,推动了经济结构的大调整、城乡经济的大发展。大批农村劳动力进城务工就业,丰富了城镇的劳动力资源,弥补了城市劳动力供给的结构性不足,有效地抑制了劳动力成本的上升速度,为发挥我国劳动力资源优势,提高企业的竞争力作出了重要贡献。同时也为城镇产业的技术升级和二、三产业的发展创造了有利条件。当前我国几乎所有产业,都有农民工进入。在很大程度上,这是新中国成立以来最大规模地产业工人队伍的壮大与更新。形成了一种新生力量,一种将工人与农民联系起来的农工阶层。

一是农民工成为产业工人重要组成部分是生产力发展的历史必然。马克思主义认为,生产力决定生产关系,生产力是社会经济形态发展的主导力量,随着生产力的发展,社会分工越来越细,经济形态由农业经济到工业经济再到知识经济转变,产业发展的主导地位将从农业到工业再到现代服务业转变。这是经济形态演进的必然规律,为世界各国经济发展的实践所证实。农民工成为产业工人的重要组成部分是农业经济向工业经济转变的必然产物,是生产力发展的内在要求。我国社会主义制度是在生产力水平低下的半封建半殖民地社会上建立起来的,农业经济占社会经济的主导地位,农业劳动力占社会劳动力的主体。新中国成立以来,尤其是改革开放以来,生产力得到了巨大的发展,综合国力和经济实力得到显著提高,推动着社会分工分业的发展和产业结构向高级化方向演进,促使社会劳动力就业比重在农业

中逐渐下降、在工业和服务业中逐渐上升。我国正处在工业化、城镇化加速发展的阶段，将有越来越多的农村富余劳动力逐渐转移到非农产业和城镇中来，大量农民工在城乡之间流动就业在我国将长期存在，农民工在产业工人中比重逐渐提高，这是生产力发展的历史必然。

二是农民工成为产业工人重要组成部分是社会进步的体现。随着生产力发展，人均国民收入水平的提高，人类社会生活文明方式将由农业文明向工业文明、城市文明转变，这是生产力推动人类社会发展进步的具体体现。农民工是随着我国经济体制改革的深化，在多种所有制形式、生产经营方式、就业方式和分配方式发生深刻变化的基础上分化出来的新的利益群体，是特定历史阶段的产物，是适应这一历史发展趋势要求的新型社会阶层，是活跃在城镇和乡村中最积极、最能干、最可敬的新生力量，他们在创造社会财富的同时也在塑造自己，已经与城市发展和居民生活、与农村繁荣和文明进步密不可分。农民工的产生和发展，不仅意味着职业的转换、非农产业的发展，更代表着城乡融合的趋势和社会进步的方向，适应了就业结构转换和农村生活文明方式转型的要求。因此，农民工成为产业工人的重要组成部分是与社会的发展和进步紧密相连的，是社会进步的具体体现。

三是农民工成为产业工人的重要组成部分是市场经济发展的内在要求。市场经济是现有生产力水平下有效的资源配置方式。资源和生产要素在区域间、城乡间、产业间自由流动，是市场经济有效率的前提条件。劳动力作为最重要的生产要素，实现自由流动，是市场经济发展的必然要求。没有劳动力的自由流动和公平就业，市场经济发展就只能是一句空话。农民工成为产业工人的重要组成部分，就是顺应了生产力发展分工分业深化所推动的农村劳动力由农村流向城市从事非农就业的要求；农民工成为产业工人重要组成部分的过程，就是劳动力自由流动的过程。要确保农民工成为产业工人的重要组成部分，必须打破制约农民工自由流动择业的各种制度性壁垒，形成公平竞争的市场经济环境。我国随着市场经济体制的建立和逐步完善，城乡分割的户籍制度、教育制度、社会保障制度、就业制度等一系列制度壁垒，已经越来越阻碍劳动力的优化配置和地区间的合理流动，越来越不适应市场经济发展的要求。因此，我国要实现全面建设小康社会和现代化发展的目标，必须按照市场经济要求，创新制度，确保农民工成为产业工人的重要组成部分。

二、农民工是推动我国现代化发展的生力军

党的"十六大"报告就明确指出："农村富余劳动力向非农产业和城镇转移，是工业化和现代化的必然趋势。"这一论断，既符合国家现代化的一般规律，更符合我国国情。农民进城打工，是冲破体制约束和习惯势力束缚的创新行为，是中国农民主动积极地参与工业化、城镇化、现代化的自觉行动。我国改革开放30多年来的实践证明，农民进城已非一般意义上的人口流动，而成为我国经济社会快速、健康发展的重要组成部分。"农民工"的出现，推动了我国现代化进程。

一是农民工是推动新型工业化发展的重要力量。加快工业化进程是我国现代化发展过程中面临的一项重要任务，我国正处于完成新型工业化和信息化任务的重要阶段。农民工在我国新型工业化发展中的作用日益重要。多年来，农民工为中国的

工业化建设作出了巨大的贡献，创造了难以估量的财富，提供了各种各类的产品和服务。现在全国各地各个城市，各个行业，各条战线，都有农民工在辛勤劳动。现在的矿山，真正在井下第一线工作的80%～90%是农民工；现在的建筑工地，80%是农民工；现在许多行业的工厂、车间在第一线劳动的大多数也是农民工；现在的IT等知识化产业中也有农民工的身影。农民工在城市和发达地区务工，与城市产业工人融为一体，经受了工厂的严格训练，适应了现代生产方式，掌握了技术，开阔了视野，积累了经验，促进了农村人力资本的形成，为农村工业化发展奠定了劳动、技术、资本、管理等要素基础，形成了输出劳务→积累生产要素→返乡创业的发展模式。农民工返乡创办的民营企业，已经成为农村工业化的主体。农民工已经成为我国新型工业化发展的重要力量。

二是农民工是促进城镇化健康发展的依托力量。城镇化作为城乡资源、资金、技术、文化、价值观念融合的过程，是我国实现现代化的有效途径。促进城镇化健康发展是我国目前面临的重要任务。农民工已经融进了我国城镇化过程中的方方面面，在城镇化建设中无所不有、无所不在，具有鲜明的社会化特点，成了城乡融合的不可缺少的纽带和桥梁。大量的农民工从农村转移到城镇，加快了农地的合理流转，促进了农村二、三产业的发展；农民工离开农村到城镇就业带动了农村人口向城镇聚集，既为社会创造了商机，也提供了产品和劳务，促进了商品经济的发展；农民工作为离开农村到城镇就业的新型产业工人，既不是传统意义上的农民，也不是传统意义上的工人，而是具有现代化市场意识、经营意识和城市文明的新型产业工人，是促进城乡文化价值观念融合和农村经济社会结构转型的主要推动力量。从一定意义上说，城镇化过程就是农村富余劳动力实现职业转换从事非农就业的过程，也就是农民市民化的过程。从这个角度看，农民工的发展过程，就是城镇化过程。城镇化离不开农民工，城镇化发展依托农民工。大量农民工进城冲击着城市消费，已经改变了并继续改变着城市消费规模、消费结构与消费水平。凡是农民工进城的地方，增加了对住宅的需求，食品供应与餐饮业也迅速漫延，服装、日用品与普通交通工具的需求也随之增加，对教育、文化娱乐、消遣之类的精神产品需求也不断增加，促使城市消费规模不断扩大和消费结构不断升级。

三是农民工是推动农村社会现代化变迁的加速力量。农民工的大量涌现，意味着农民在中国历史上第一次主动、积极地参与工业化、城镇化、现代化和社会化，它向传统体制下的计划就业、铁饭碗、高福利、安土重迁等观念提出了挑战。改革开放以后，随着制度松动催生农民工的产生，我国农村基层社会结构发生了巨大的社会变迁，其中很重要的一点是姻缘关系正在不断融入原先由血缘关系所支配的传统农村"差序格局"体系，对血缘关系构成了挑战。经济上的互利可以使亲属关系更加紧密，同样经济利益上的矛盾也可以使亲属关系更加疏远。"人情"作为传统"差序格局"中判别亲疏远近的基本标准，正受到"利益"标准的巨大挑战，在人情"和"利益"的博弈冲突中，"利益"已经占据了明显的上风，"人情"+"利益"的双重人际关系调节标准已经建立。伴随着我国农村的市场化改革深化和城乡产业融合发展，农村的相当一部分地区开始了新的现代化进程。在这样的社会变迁的背景下，乡土社会的"差序格局"亦发生了变化，从以血缘关系为主向以业缘关系为主、以家庭关系为主向以公共关系为主转变,这个过程充分体现了人们的互动从初级群体向次级群体的衍进。农民工的社会流动导致了利益的调整,独立的法人地位使他们彼此之间的往来越来越多、越来越频繁,业缘关系的增加促进了农村社会现代化。同时,农民工发展对传统中国农村的生育观念起到了根本性冲击。重男轻女,养儿防老,多子多福,在新生代农民工那里正逐渐淡化。像城里人那样生活,成为新生代农民工学习和追求的目标,成为他们崇尚的生活模式。少生优生,已经成为新生代农民工的生育新观念。新生代农民工的兴起与壮大,大大减轻了人口增长的压力,也推动着农村计划生育水平的提高。

四是农民工是推进城乡市场化的主体力量。改革开放的实践充分证明,没有农民工进城,就没有今天的市场化水平。第一,大量的农民从农村来到城市打工,形成并繁荣了城乡劳动力市场。没有劳动力市场就等于没有市场,也就没有现代市场经济。劳动力市场与资本市场,是现代市场经济资源配置的两大支柱,犹如车之两轮,鸟之双翼。第二,农民工的收入,最终不是消费在城市市场就是寄回家消费在农村市场,这将从总体上大大提高了居民的有效需求。第三,廉价劳动力,超低工资,将中国商品成本降到最低,提高了我国商品进入国际市场的竞争力。第四,农民工将城市生活的新观念,市场经济运行中的新规范,带回农村,推动了农村市场化。第五,农民进城打工,培养了一代新型农民,把农夫转变为"农商",推动了城乡市场一体化。农民工外出打工,开阔了视野、提高了素质,已经成为社会主义新农村的主要建设者。外出务工的农村劳动力,大多年龄在16～35岁,受过初中以上文化教育,各方面素质基础较好,是农村中的"精英"。从相对封闭的农村走向比较开放的城市,在与现代化大生产相融合的过程中,提高了他们的组织意识、生产技能;在与现代城市生活相融合的过程中,开阔了他们的人生视野、改变了他们的生活方式。在积累了一定的资本和经验以后,不少人萌动了创业的冲动。他们有的在落脚地成了当地企业的骨干,有的自立门户当上了"老板",还有的人,一旦时机、条件成熟,就带着资本、技术和多年形成的商业网络,回到自己的家乡经商办厂,扩大非农就业,发展当地经济,成为播向家乡工业化、城镇化和现代文明的种子,以一种新的方式回报家乡父老的养育之恩。

五是农民工是和谐社会建设和实现全面小康的促进力量。构建和谐社会是现代化发展的前提和保障,全面建设小康社会是我国现代化发展的重要阶段。构建和谐社会和实现全面小康,关键在农业,重点在农村,难点在农民。没有城乡的和谐,没有农民的小康,和谐社会的构建和全面小康社会的建设,就不可能实现。长期以来,我国实行城乡二元结构政策,导致城乡差距拉大。农民工的产生和发展,既为农业走向规模经营、农业劳动生产率提高提供了前提条件,又促进了农民收入增加、农民消费水平提高和农村经济社会结构转型。当前我国农民外出就业的收入已经占到当年农村人均纯收入的主体,并且呈继续增长趋势。这不仅为农民提高家庭收入、改善生活提供了条件,还增强了农民自身对农业的投入能力、为改善农业生产条件提供了可能。大批农村劳动力外出就业,不仅为城市发展增添了新鲜血液,而且为缓解农村资源承载压力、形成适度规模经营、加快农业现代化和提高农业劳动生产率、为农村建设全面小康社会创造了前提。目前,我国约有两亿多的农村劳动力转向非农产业和城镇就业，改变了以往农村单一的就业结构，使大批农村富余劳动力找到了新的就业空间，农民收入的增长因此获得了新的渠道。农民工也已经成为农村社会脱贫的主力军。只有促进农村富余劳动力转移到城镇实现非农就业，才能减少农民、富裕农民，才能加快新农村建设的进程、缩小城乡差别；只有不断打破歧视农民工的政策和体制壁垒，赋予农民工平等的发展机会，提升农民工的素质，才能促进城乡的融合和农村小康社会的实现；只有尊重、保障农民工的权益，才能确保社会的和谐。和谐社会的构建和全面小康社会的实现，离不开农民工的发展和参与。

三、农民工崛起增强了党的阶级基础

中国工人阶级，历来都是源源不断地从农民中得到补充。但中国农民阶级向工人阶级的转化，中国工人阶级人口数量前所未有的增长，是改革开放以来中国阶级阶层分化的最大特征。农民工进城务工之壮观，震惊全世界。目前农民工已成为我国建筑、纺织、采掘和一般服务业的劳动者主体，在数量上已超过了传统意义上的、主要由城镇居民构成的产业工人。无论是数量上还是属性上农民工都已经成为并继续成为中国工人阶级的新鲜血液，这就进一步增强了党的阶级基础。

一是农民工崛起壮大了工人阶级队伍。任何政党都是有阶级性的，都是一定阶级利益的代表，有着自己赖以存在和发展的阶级基础。中国共产党自成立之日起，就把自己确定为中国工人阶级的政党，按照中国工人阶级先锋队的要求来建设自己，巩固自己，加强自己。也正因为如此，我们党才能成为中国最先进的政党，取得领导中国革命和建设的资格，具有强大的号召力和凝聚力。新时期，中国工人阶级队伍的发展壮大，一个重要来源是农民工。随着我国经济市场化发展和产业技术转换升级，传统城市产业工人的数量逐渐减少，新型的知识化产业工人和农民工的数量逐渐增加。据国家统计局监测，2009年中国农民工总量为2.2978亿，比2008年增加436万，增长1.9%。其中，外出农民工1.4533亿人，比2008年增加492万人，增长了3.5%。农村劳动力大量转移到非农产业，使中国工人队伍结构发生了历史性的变化，农民工正成为产业工人的主体。据统计，第二产业中，农民工占从业人数总数的57.6%，其中在加工制造业中占到68%，在建筑业中占到近80%。第三产业的批发、零售、餐饮业，农民工占从业人员人数的52%以上。这充分说明，农民工顺应了社会化大生产发展的要求，成为我国工业化、城镇化和社会主义现代化建设的中坚力量，是新时期我国产业工人的重要组成部分，壮大了工人阶级队伍。

二是农民工崛起推动着工人阶级自身的进步。作为先进生产力的代表，工人阶级在推动生产力发展的同时，也推动着自身的进步。农民工已成为产业工业的重要组成部分，成为工人阶级的新生力量，在自身发展的同时，推动着我国工人阶级队伍素质的提升。农民工是随着社会化生产力发展而产生的，在社会化大生产的实践过程中，在用自己辛勤劳动为国家和人民创造着巨大社会财富的同时，也锻炼成为具有现代市场经营意识、掌握了一定技能、敢于吃苦耐劳、富有政治远见和牺牲精神、具有高度组织性纪律性和革命坚定性彻底性的现代产业工人。随着农民工思想道德素质和科学文化素质日益提高，工人阶级的先进性在发展；随着我国工业化和信息化的发展，农民工作为先进生产力代表的历史地位，将会越来越提升；以农民工为重要组成部分的工人阶级作为先进生产力代表的整体优势，将会越来越明显；作为先进生产力代表的积极作用，将会越来越突出；作为先进生产力代表所具有的品格，将会越来越鲜明。由此可见，农民工的崛起，必将推动着工人阶级的自身进步，进一步增强了党的阶级基础。

三是农民工崛起有利于扩大党的群众基础。党的十六大修改后的《中国共产党章程》规定：中国共产党是中国工人阶级的先锋队，同时是中国人民和中华民族的先锋队。当好这"三个先锋队"，要求我们党在增强阶级基础的同时，必须不断扩大自己的群众基础。只有这样，党才能最广泛最充分地调动一切积极因素，才能把全民族全社会的力量最大限度地团结起来，为着共同的理想和目标而奋斗。农民工作为产业工人的重要组成部分，一方面来自于农民，与农民有着天然的联系，有利于巩固工农联盟；另一方面，农民工在城镇从事各行各业的工作，与社会各阶层有广泛紧密的联系，有利于扩大党的影响力。同时，随着农民工的发展，一部分农民工可能成为个体户、私人企业主以及受聘于外资企业白领人员，成为党的群众基础的重要来源。因此，农民工崛起成为产业工人的重要组成部分，是符合时代发展潮流的，既没有改变工人阶级是先进生产力代表的历史地位，也没有改变工人阶级的阶级本质及其政治地位，而且从长远看有利于提高工人阶级的整体素质，发挥工人阶级的整体优势，扩大党的群众基础，提高党的执政能力。

四、进一步发挥农民工的历史创造作用，充分尊重保障农民工的地位和权利

农民工问题关系到农业增效、农民增收和农村繁荣。解决"三农"问题，归根到底是要减少农民，只有减少农民，才能富裕农民，才能提高农业整体效益，才能繁荣农村。农民工问题关系到工业化、城镇化和"以工补农、以城促乡"。在工业化、城镇化过程中，实现"以工补农、以城促乡"，缩小城乡差距，农民工是一支不可替代的生力军。农民工问题解决好了，工业化和城镇化的步伐就会大大加快，一些难点问题也会迎刃而解。中国的工业化和城镇化，绕不过农民工这道"坎"。在新的历史条件下，要有效地破解"三农"问题，推动城乡一体化，就必须抓住农民工这个关键，加快农村富余劳动力转移，切实尊重和保障农民工的地位和权利，充分发挥农民工的历史创造作用。

一是尊重农民工的经济地位，切实保障农民工经济权利。农民工与城市产业工人一样，在城市就业，从事非农业劳动，同属非农业劳动者。他们赖以生存和发展的生活资料，已经主要不是来自农业劳动收益，而是非农劳动的工资性收入。就其生产方式和取得生活资料的来源来说，他们已经成为产业工人的重要组成部分。但由于城乡分割的政策与制度的制约，农民工的经济地位和权利没有得到应有的尊重和保障。现实中的同工不同酬、工资被拖欠、滥用试用期、土地承包权益得不到有效保护等问题，都是农民工作为领导阶级的经济地位和经济权利没有得到应有尊重、保障的具体体现。因此，必须进一步深化经济体制改革，消除对农民工的歧视性政策，建立城乡统一的就业制度，实现农民工与城市工人平等公平地竞争，逐步做到农民工与城市工人就业标准一致，福利待遇、工资待遇一样，切实尊重、保障农民

工的经济地位和经济权利。

二是尊重农民工的文化地位,切实保障农民工文化权利。农民工虽然成为产业工人的重要组成部分,但还没有享受到与城市居民平等的文化权利,农民工往往被排斥在城市文化公共设施服务范围外,不能分享城市的公共文化服务,其文化地位没有得到应有的尊重,致使其文化生活贫乏、精神生活空虚。进一步深化文化体制改革,丰富农民工文化生活,切实尊重、保障农民工文化地位和文化权利,是当前各级党委、政府面临的一项重要任务。为此,必须积极探索适合于农民工文化生活的艺术形式,为农民工提供健康有益的文化产品;要充分利用图书馆、文化馆、文化站等公益性文化设施,发挥文化工作在提高农民工思想道德素质和科学文化素质方面的作用;积极鼓励文化经营单位和文艺工作者为他们提供免费或优惠的文化产品和服务;严厉打击违法违规文化经营活动,净化农民工文化生活环境;大力推动农民工用工单位自身文化建设,鼓励农民工创作和表演自编自演、自娱自乐的文艺节目,倡导健康文明的文化生活方式。

三是尊重农民工的社会地位,切实保障农民工社会权利。农民工为社会创造了巨大财富,但在社会保障、子女教育等社会公共产品分享方面受到一定程度的政策、制度歧视。在社会保障方面由于受到户籍的限制还没有享受到城市产业工人的待遇,在子女教育方面还受到一定制度的制约不能与城市居民子女平等地共享城市教育资源。现实中劳动时间长、安全条件差、职业病和工伤事故多是农民工的劳动安全社会权益没有得到尊重和保障的具体体现。因此,必须进一步深化社会体制改革,完善户籍制度,健全社会保障体系,建立城乡统筹的社会保障制度,彻底打破城乡二元结构性制度、政策壁垒,把农民工及其家属纳入到城市的社会公共政策保障体系内,认真解决农民工在就医、购房、入户、子女入学等方面的问题,切实尊重和保障农民工在养老、医疗、失业、劳动安全、生育和工伤等方面的社会地位和权利。

新的历史时期,正确认识和把握好农民工的历史贡献,充分发挥农民工的历史创造作用,尊重、保障农民工的地位和权利,是科学发展观的根本要求。当前,农民工虽然已经成为产业工人的重要组成部分,但是,歧视农民工的政策、体制还没有根本消除。因此,各级党委、政府要把切实尊重、保障农民工的地位和权利,更好地发挥农民工的历史创造作用,作为当前一项重要的政治任务抓紧抓好。

参考文献

杨定全. 当前我国农民工人力资本流动的十大特征分析. 人力资源管理, 2009, (2) – (3).

胡锦涛. 高举中国特色社会主义伟大旗帜 为夺取全面建设小康社会新胜利而奋斗. 人民出版社, 2007.

国务院关于解决农民工问题的若干意见. 人民日报, 2006 – 03 – 27.

中共中央. 关于推进农村改革发展若干重大问题的决定. 人民出版社, 2008.

(作者单位:中共湖南省委党校、湖南行政学院人口研究所)

流动在边缘：农民工子弟学校存在的问题与社会工作介入

——以北京HZ打工子弟学校的个案研究为例

吕新萍

一、HZ学校的情况简介

HZ学校位于北京市石景山区，京广铁路从学校的北墙外穿过，隆隆的火车声是学校日常的伴奏曲。成立于1998年的HZ学校，是北京众多民办外来务工子弟学校中的一所，目前，共有41个教学班，3100多名学生。学生清一色是外地来京工作人员子弟，其家乡遍布20多个省市。教师以北京市离退休教师和外地大中专毕业生为主，学校的创办者C校长，是来自河南省的一位中学教师。1996年辞去公职到北京寻求发展，发现北京市有许多随父母进京的农村适龄少年儿童在街头玩耍，于是办起了这所HZ学校。

二、调查中发现的问题

（一）学校的设施及师资方面

1. 学生多，地方小

3100多名学生在面积近5000平方米的学校中学习，每个教室都坐得满满的，已经达到了校舍承载量极限。要求入学的学生数目还在不断增加，但碍于空间的限制，学校无法接纳更多的孩子就读。

2. 教师资源匮乏

学校现有100多名老师，只能勉强应付语文、数学、英语等所谓主课的日常教学工作。音乐、体育、美术、科学等课程老师缺乏。例如，每班每星期只有一节体育课，而且体育课很多时候还是自由活动，无法给学生提供一些基本的体育运动项目。音乐课、美术课等几乎是形同虚设。

3. 教学设施不完善

体育设施匮乏，学校只有一个大约300米的简易跑道，跑道上没有铺石子，只是一些沙土，跑道中间是篮球场，另一侧是乒乓球场。

教学装备简陋，桌椅都是从旧货市场买的或是别的学校淘汰的，危险性大，钉子经常扎到同学，并且部分桌椅和同学身高不符合。没有电教设备，不能进行多媒体教学。没有音乐教室，全校3000多学生只有30台电脑可供使用。

辅助设施，特别是校车是一大难题。学校有三分之一的学生住得比较远，需要靠校车接送。学校没有能力自己养车，社会爱心人士捐助的也不太现实，家长非常不放心孩子回家，在家长期望和主管部门的规定之间，校车成为学校的一大难题。

4. 未来发展不容乐观

由于没有政府拨款，资金不足成为制约学校发展的瓶颈。HZ 学校学生的家长大多来自进城务工人员，一般收入都比较低，因此，每人每学期只收取约 300 元左右的费用。而这就是学校最主要的资金来源。仅靠从学生身上收取微薄的学费，可以说只能达到维持学校正常运转的生存性需要，无法适应学校改善设施、吸引更好的师资等发展性需要。例如，学校只能保证同学在语文、数学、英语等主课学习方面有所发展，除此以外的艺术熏陶、创造力培养、心理素质磨炼等课程都没有机会得到发展。此外，受到教育、公安、交通等各部门越来越收紧和严格的政策影响，学校的发展空间呈逐步缩小的趋势。

（二）学生在学习生活当中遇到的主要问题

1. 流动性大

农民工向城市的流动，呈现出"从父母到孩子"的推进模式，即先由家长进城，有了相对稳定的工作以后，再想办法接孩子进城。因此，家长工作的稳定性、收入状况，不仅影响到他们自身，同样会影响到他们的子女。孩子们的就读地点、在校时间与他们父母的工作流动状况息息相关。根据访谈了解到的情况，HZ 学校每个学期开学的时候，因为父母工作或收入的变动而离开学校（转学或辍学）的学生人数约占全部学生的 1/3，因而每次开学就等于重新招生，留下百分之七十，走百分之三十。这些孩子可能还在北京但距离父母新工作较近的其他学校，也可能随父母回了老家或去了其他城市。

家长收入状况的波动，常常导致部分学生因为无钱交学费而被迫辍学或转入另一所收费更低的学校。也有些学生认为学习没用，选择自愿退学，他们退学后多半继承父母的职业。对初中生来说，社会环境与社会风气已经对他们有一些影响，有些父母文化不高，但是胆子大，做事能力强，做的事情也多。因此这些孩子就子承父业。另外一些上了职业高中，学习一技之长。

如此高的流动性不仅给学校的教学管理带来很大的不便，更给孩子的学习以及社会交往等带来许多不利的影响。很多同学无法集中精力、安心地干好一件事情，表现很浮躁。在访谈中有的老师说很多同学不能认真完成作业并且找借口说不完成作业是理所应当的。也有的孩子自幼性格孤僻，缺少团队合作精神，团结同学能力不强。这种现象很大一部分来自于家庭经常搬迁，生活不稳定。

2. 学习基础整体薄弱，同龄学生差异大

学生到本市就学的起始年级不一，接受原教育的水准不同，导致同龄孩子之间学习基础的差异极大，总体显得薄弱。例如有一些学生中途转来，很多科目在老家没有开，除了语文、数学以外，英语、体育、音乐等都没有学过；有的四年级才开始学英语，一点基础都没有，非常不方便教师安排教学。

3. 一些孩子存在习惯、行为、情绪等问题

受到环境和家庭的影响，自幼生活在农村的孩子在学习和生活习惯方面，和现代城市文明的要求有一定的差距。随父母进城上学以后，他们身上还保持着部分在农村生活的习惯，如不太讲究个人卫生，随手乱扔东西，随地吐痰等。这些习惯不但影响了他们个人的形象，也成为学校评估和管理中比较头疼的难题。还有一些孩子身上表现出编瞎话、破坏公物、抽烟、打架等行为问题。部分初中生哥儿们义气浓重，青春期的叛逆表现突出。此外，也有一些学生表现出比较严重的情绪和心理问题。根据校长和老师的介绍，每个班都有一两个所谓的"问题孩子"，学校经常批评教育，也请过家长，但是效果不大。

4. 没有目标，未来预期渺茫

由于父母早早出门打工，大多数孩子从小跟着祖父祖母或者其他亲戚一起生活。缺少了父母的严格管教和关心教育，相当一部分学生对学习和未来生活失去了他们那个年龄应有的憧憬与目标。即使后来转学到北京，来到了父母的身边，这种惯性也在一定程度上持续着。因此，很多家长发现自己的孩子学习没有动力，老师也经常说学生学习缺乏目标，没有树立正确的人生观和价值观。特别是那些受到现行户籍制度和教育政策影响而需要提前面临选择的初中生，对未来的预期更加渺茫。除了那些准备回老家参加升学考试的学生还算认真学习以外，一些学生自感基础薄弱，升学无望，得过且过；有的甚至自暴自弃，严重的已经表现出危害社会的不良行为倾向。目前 HZ 学校的初中毕业生大致去向是三分之一回老家升学，三分之一上职业学校，三分之一随便找份工作或者跟随父母就业。跟随父母就业的大部分是和父母一起贩卖蔬菜水果、花鸟鱼虫、日杂五金等或是小商品批发和做些其他小买卖。已然明确的未来，几乎没有任何向上流动的机会，怎能让孩子们继续保持一颗乐观向上的心，预期和憧憬自己的未来美好生活呢？

三、学校社会工作可能介入的层面

（一）个人与家庭社会工作方面

1. 学生的个案工作

经过调查我们发现，有个别同学基于从小的家庭环境和生活经历，以至于在情绪、行为方面出现了一些问题。对于这些问题，无论是家长还是任课老师，因为缺少相关的知识训练，难以很好地对待与处理。社会工作者或者心理咨询师可以运用专业的价值理念和技能方法对这些孩子进行咨询、辅导和引导。因此，及时在打工子弟学校开展个案咨询与辅导工作，对那些需要个别对待和处理的孩子来说，是十分必要的。

2. 针对家长的社会工作

学生的进步需要老师、家长和孩子的共同努力，但因为各种各样的原因，很多家长没有足够的时间和精力关心孩子在学校的学习生活。例如有些家长是因为忙于工作或生意，有些家长是因为自身工作的流动性很大，也有的家长没有固定的工作，很晚才能回家，回去后孩子已经睡了；有些家长是观念问题，感觉自己给孩子提供足够的经济支持就够了，不太关心孩子在学校的学习生活情况。因此，每次开家长会能来的寥寥无几。个别家长由于自身的文化素质和法制素质不高，再加上工作十分繁忙，教育孩子的方式简单粗暴，听到老师的反映，对孩子骂一顿或者打一顿完事，或者向老师反映孩子的情况，希望老师给管严一点，对孩子的真实情况知之甚少。因此，可以通过家访、开办家长学校等方式，增进家长对孩子学习生活的关注程度，学习并培养与孩子沟通的能力与习惯。及时了解学生的情况，及时配合学校很好地教育孩子。

（二）小组工作

根据调查中了解到的情况，打工子弟学校高年级的学生，特别是初中一、二年级的学生普遍对未来感到比较茫然，学习缺乏目标，个别同学没有树立正确的人生观和价值观。尽管他们身上已经表现出一些偏差行为倾向，但是毕竟因为年纪还轻，亡羊补牢，未为晚也。如果以正确的方法引导，教会他们如何做人，特别是做一个对社会有用的人，而不是成为一个危害社会的人。这无论对他们个人的成长，还是对学校、社会的发展稳定都具有十分重要的意义。鉴于这部分学生已到青春期，叛逆心理比较严重，而且容易受到同龄群体的影响。对这些学生比较适合开展小组工作。通过精心设计的小组活动，首先吸引他们参加到小组中来，然后再通过适当的引导，同伴的经验分享等帮助他们顺利度过由学校转向社会的重要人生过渡期。

（三）社区层面

1. 推行社会共融理念，倡导沟通平等尊重

社会共融不是单方面地要求社会群体的哪一方应该适应、变成另一方，而是突出彼此的平等、接纳、尊重和独立。只有不同的社会群体之间彼此互相尊重和关怀，在生活各个层面互相接纳与了解，才能达到共融性社会的目标。

从中国社会的长远发展来看，农民工群体（包括其子女在内）与城市居民群体（包括其子女在内），都是和谐社会建设当中的重要力量和元素，各方都需要认识到无论哪一方都是我们生活的这个社会中不可缺少的一个重要组成部分。我们的目的是建立一个"互相沟通，消除歧视，彼此尊重"的共融性社会。因此，在社区层面，社会工作者可以着重从以下几个方面开展工作：

（1）通过打工子弟学校学生与公办学校学生的相互交流，消除孩子们之间彼此的隔膜，促进相互的了解；接纳彼此文化上的差异，尊重彼此的观念及生活方式。

（2）鼓励社区居民在生活层面上接纳农民工群体及其子女，并协助他们尽快融入城市社会；肯定农民工群体的贡献，协助他们建立正面的形象；消除对农民工群体及其子女的歧视及排斥的心理，尊重他们应有的权利。

（3）鼓励农民工群体及其子女积极参与城市事务，重视他们的意见并积极达成社会共融的理想。

2. 建立社会支持系统

在社区层面建立针对农民工子女教育的社会支持系统。包括：

技术的支持：①开展讲座，有条件的学校开展一些讲座，对学生人生观价值观进行讲解，让他们树立一个奋斗目标，每周开展一次这样的活动比较好。讲座的内容也可以是关于提高老师的文化素质的内容，从根本上提高老师的教学水平和方法。②免费授课，一些公立学校可以将自己好的教学理念和好的教学方式带给学校，从而让学生接受较先进的教学方式。

物资的支持：社区内的一些单位或个人可以把不用的一些图书、旧家具、旧电脑等捐赠给他们，或在其他物资方面给予一定的支持。假如个别孩子的家庭经济条件稍微好一点，就不会去地上捡别人丢的东西吃。假如学校得到来自各界的一些支持,学生就不会在狭小昏暗的教室里拥挤着上课了,校车、音乐、体育课的器材、电脑等也就可以部分满足学生的相关需要了。

精神的支持:老师们和孩子们在这么艰苦的条件下依然坚持工作和学习,他们需要社会各界人士的关注、关心和鼓励。节假日的慰问,经常性的探访,将会使他们感受到生活在社会中的温暖,也必将激励孩子们更加努力地学习,长大以后用自己的爱心与专长回馈社会。

(四) 社会政策方面

从现实情况来看,打工子弟学校已经成为我们这个社会解决流动人口子女教育问题不可缺少的重要组成部分。尽管各级教育主管部门出台了很多政策,积极鼓励打工子弟进入城市公办学校读书。但是,在日益加速的城市化进程中,庞大的流动人口(包括孩子)数量、相对较高的公办学校收费、来自城市居民显性或隐性的歧视与排斥,都使得打工子弟学校才是农民工群体解决子女教育问题的现实选择。城市政策制定者和公共管理者所能做的,不是"堵",即通过直接或间接地提高场地、交通、安全、卫生等方面的办学标准而达到限制、取缔直至打工子弟学校完全消失的目的。北京一些城区的做法已经证明了这样做的结果是非常不明智的。虽然表面上看,这些条件简陋、存在各种隐患的学校已经从我们的视线消失,但孩子们并不是像政策制定者与管理者一厢情愿认为的那样就此进入了公办学校,享受与城市孩子同样的教育。调查中了解到的实际情况是,限制或取缔的政策实际上导致了更多的流动儿童失学,他们或是不得已转入其他更加隐蔽、条件更差、而且几乎不受政府监控的学校;或是早早进入社会,成为与父辈一样的打工群体,从此,低素质的劳动大军中又多了新的成员;严重的甚至浪迹街头,变成影响社会稳定的危害力量。积极的做法应该是"疏",通过适当地政策、资金等的支持与引导,逐步规范和增强打工子弟学校的办学能力,使他们成为全社会解决流动儿童教育的一支重要补充力量。具体措施如下:

1. 制定具有弹性的管理制度与规定

加强对以接收进城务工就业农民子女为主的社会力量所办学校的扶持和管理。对设立这类学校的条件可酌情放宽,特别是不能比照城市条件较好的公办学校的标准来要求他们。

2. 公共财政的适当支持

农民工子女是弱势群体当中的弱势群体。农民工子弟的学校过去没有,将来很可能也没有,它是在改革开放过程中产生的一个暂时性的现象。随着农民工子弟学校的出现,政府应该多多关心这些孩子,因为他们都是祖国的未来,同在蓝天下,他们应该和城市的孩子一样享受同等的待遇。现在打工子弟学校从各方面和公办学校相比,差距都是巨大的,所以希望各级政府部门在有关打工子弟学校的各方面给予更多的关注,给予公共财政的适当投入和扶持。特别是在师资、交通、安全、卫生等方面对他们给予实质性的支持和帮助,而不是简单地提出要求,让他们自己限期整改。

参考文献

吕绍青，张守礼. 城乡差别下的流动儿童教育：关于北京打工子弟学校的调查. 战略与管理，2001，(4).

史柏年. 城市流动儿童少年就学问题政策分析. 中国青年政治学院学报，2002，(1).

唐斌. 双重"边缘人"：城市农民工自我认同的形成及影响. 中南民族大学学报，2002，(1).

王春光. 新生代农村流动人口的社会认同与城乡融合的关系. 社会学研究，2001，(3).

杨东平. 务实解决打工子弟学校问题. 瞭望，2007，(4).

张铁道，赵学勤. 建立适应社会人口流动的接纳性教育. 山东教育科研，2002，(8).

赵树凯. 边缘化的基础教育：北京外来人口子弟学校的初步调查. 管理世界，2000，(5).

周佳. 农民工子女义务教育：从教育问题到教育政策问题. 当代教育科学，2004，(17).

HZ学校针对学生、家长、老师、校长的问卷调查和访谈资料.

教育部、中央编办、公安部、发展改革委、财政部、劳动保障部：关于进一步做好进城务工就业农民子女义务教育工作的意见.

（作者单位：首都经济贸易大学劳动经济学院）

京津冀区域城市化协调发展研究*

张呈琮　张　健

京津冀区域作为中国北方的核心地区，不仅在政治方面是全国的中心，而且在北方地区国民经济发展中具有十分重要的意义。区域城市化协调发展是区域经济发展的基础，统筹京津冀区域城市化，制定有利于京津冀区域城市化协调发展的政策，建立京津冀区域城市化体系，打破影响区域城市化协调发展的各种壁垒，促进京津冀区域城市化协调发展，对于京津冀区域经济社会发展具有十分重要的作用。

一、京津冀区域城市化不协调

（一）城市化水平不协调

一是京津冀区域城市化水平整体较低。2008 年京津冀区域城市化水平仅为 53.32%，全国平均水平 45.68%，仅比全国平均水平高出 7.64 个百分点（中国统计年鉴，2009）。京津冀区域城市化水平远低于长三角经济区和珠三角经济区的城市化水平，与北方经济区域的地位极不相称（王文录，2005）。城市化水平低，必然影响城市功能的发挥，影响人口、资金和产业聚集，最终影响到区域经济的发展。

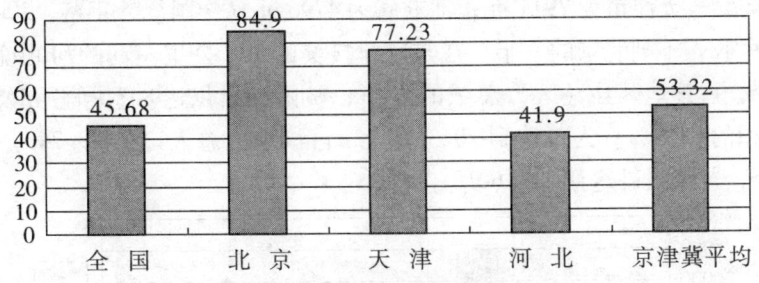

图 1　2008 年京津冀区域城市化水平

二是京津冀区域城市化水平不协调。作为区域中心的京津城市化水平在全国处于高位。2008 年北京市城市人口达到 1439 万人，人口城市化水平为 84.90%，天津市城市人口达到 908 万人，城市化水平为 77.23%。两市分别比全国平均水平高 39.22% 和 31.55%（中国统计年鉴，2009）。北京和天津城市化水平在全国排第二和第三位。与京津相比，作为京津冀区域外围的河北省城市化水平较低。河北省 2008 年城市人口达到 2928 万人，城市化水平只有 41.90%，比北京低 43 个百分点，比天津低 35.33 个百分点（中国统计年鉴，2009）。按照钱纳里模型，人均 GDP 在 1000 美元时，城市化水平应当达到 63.4%。2008 年河北省人均 GDP 达到 3300 美元，城市化水平应当达到 70% 以上。2008 年河北省人口城市化水平仅为 41.90%，

---

* 基金项目：2010 年度河北省社科联基金项目（201001012）

与钱纳里模型相差太远。河北省城市化水平过低，必然影响京津冀区域城市化进程，进而影响到区域经济健康发展（张呈琮，2008）。

（二）城市体系不协调

由于行政壁垒的影响，京津冀区域城市群分布比较散乱，京津冀区域内规模结构合理、分工明确、功能互补、良性互动的城市体系尚未形成。作为区域发展集合的北京、天津两市与周边地区相对独立的城市群在发展上相互脱节、自我封闭、各自为政，彼此间的空间联系松散且薄弱，核心城市对周围城市的经济辐射功能不足（王文录，2005）。

河北省城市体系结构不尽合理、发展质量不高。一是大城市辐射力不强。河北省只有石家庄、唐山和邯郸3个特大城市人口规模超过200万，城市规模明显不足（王文录，2005）。保定、张家口和秦皇岛三个大城市特色经济和支柱产业发展不突出，对周边市镇和农村的辐射带动较弱。二是中等城市缺乏。河北省只有沧州、廊坊、承德、邢台、衡水和任丘6个中等城市，在城市体系中比例偏低。三是小城市和小城镇发展质量较差，城镇规模小，城市化水平低，城镇布局分散，城镇经济功能比较弱。中小城市的缺乏吸引人口和产业的能力，不利于人口城市化。

（三）城乡差距大

城市化是农村人口进入城市，城市功能向农村延伸的过程。我国经济发展的城市偏向使城市在社会资源占有方面居于绝对优势，形成了我国特殊的城乡二元结构，现代化的繁荣富足的城市和相对落后贫穷的农村并存，这种二元经济结构在京津冀地区表现得尤为突出（王文录，2005）。2008年北京市城市居民人均可支配收入为24725元，天津市19423元，河北省仅为13441元。2008年北京市农民人均纯收入为10662元，天津市为7911元，河北省为4796元（中国统计年鉴，2009）。河北省农村居民收入不到北京的一半。在与京津接壤的100公里左右的河北境内共有贫困县32个，占该地区县（区）总数的44%；贫困县面积达8.3万平方公里，占该地区总面积的63.3%；人口达到1063万人，占该地区总人口的29.2%。其中贫困村3798个，贫困人口达到272.6万。

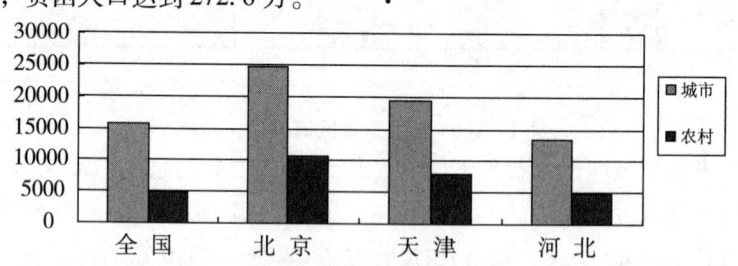

图2 2008年京津冀城乡收入差距

区域经济的高速、健康发展有赖于区域统一市场体系的建立和有效运行。京津冀区域内城乡居民如此之大的生活水平落差使城市发展缺乏必要的资源支撑和市场空间，直接制约区域整体经济的协调发展。

二、京津冀区域城市化协调发展有利于

（一）有利于京津冀区域城市化健康发展

任何一个地区的发展都离不开相邻地区的发展，该地区的发展必然影响相邻地

区的发展，而相邻地区的发展状况也必然影响到该地区的发展规模和发展速度。从京津冀区域城市化发展战略角度分析，北京和天津是京津冀区域城市化中心，是京津冀区域城市化经济发展的核心区域（吴良镛，2003），北京和天津的发展必然会依赖河北省的经济发展。河北省作为京津冀区域城市化外围，是北京和天津能源和原材料供应的基地和重要通道，是北京和天津技术、人才和商品的重要市场和通道，是北京和天津水资源的重要供应地和生态屏障，是北京和天津的安全屏障（王文录，2005）。将京津冀区域作为一个整体进行统筹规划，对京津冀区域城市化健康发展具有十分重要的作用。

（二）有利于京津冀区域经济健康发展

京津冀区域地处我国北方，是我国政治文化中心，在国家的安全方面具有不可替代的作用。京津冀区域城市化发展不协调，必将影响到首都的发展，影响到中国北方经济和社会发展。京津冀地区的三省市在社会经济各个方面，有着较强的互补性，政治、经济、文化交往密切。由于各种因素的影响，长期以来，这一地区缺乏统一的区域规划和产业布局，社会经济各方面协调性较差，在很大程度上制约着该地区经济的快速发展，影响了区域整体利益和竞争力（王文录，2005）。与该地区本身的区位优势、城市地位和各种资源优势极不协调，也与在全国经济社会发展中应起的作用很不相称。从建立大北京（即京津冀）的观念出发，加强京津冀区域城市化统筹发展，有利于促进京津冀区域经济健康发展。

（三）有利于环渤海经济区的发展

城市是经济发展的基础，区域城市化水平对区域经济发展具有十分重要的作用。经过几十年的发展，我国逐渐形成了长三角经济区、珠三角经济区和环渤海经济区三足鼎立的经济发展态势。三足中以长三角经济区和珠三角经济区发展最快，其经济发展速度处于全国领先地位。与长三角经济区和珠三角经济区相比，环渤海经济区的发展则明显落后（黄征学，2007）。环渤海经济区作为中国北方的重要经济地区，其经济的发展对北方经济发展具有十分重要的推动作用。区域城市化统筹发展，能够促进人力资源、物力资源和信息资源合理配置，发挥出最大的效用。京津冀区域经济发展之所以落后于长三角经济区和珠三角经济区，就是因为封闭的地域政治模式限制了人力资源、物力资源和信息资源的流动和合理配置，导致区域经济发展速度不高。统筹发展京津冀区域城市化，为区域经济发展提供城市基础，有利于促进环渤海经济区的经济发展。

（四）有利于京津两市的健康发展

区域城市化对区域发展具有十分重要的作用。京津两市拥有中国最优越的教育资源、最丰富的人才资源、最雄厚的科技资源，这些资源理应成为区域经济发展的有力引擎。行政权力筑起的地区壁垒，导致各类资源难于得到合理配置，市场机制的配置功能难于充分有效地发挥（王文录，2005）。长期以来的地区分隔和二元结构制度，不仅限制了河北省经济健康发展，而且也影响到京津的进一步发展。北京人口已经达到饱和，土地资源、水资源和能源需求大大超过北京和天津的承受能力。地域的限制影响了京津人口向河北疏散，导致北京和天津的人口压力不断增大。河北省具有丰富的土地资源，相对丰富的水资源和能源，能够为京津的经济发展提供较广阔的发展空间。统筹京津冀区域城市化发展，打破区域内各种限制，有利于北京和天津人口向外疏散，有利于缓解京津的人口压力。

三、京津冀区域城市化协调发展的对策建议

京津冀区域经济发展为京津冀区域城市化协调发展创造了条件，抓紧目前的大好机遇推进区域城市化协调发展，是促进区域经济健康稳定发展的关键。吴良镛教授提出了"双核心、多中心"的区域城市化战略，为统筹京津冀区域城市化提供了借鉴。依据优势互补，共同发展的目的，以京津双核为主轴，以唐保为两翼，调整产业布局，发展中等城市，构建大北京地区城市体系（吴良镛，2006）。实现京津冀区域城市化发展战略，就必须采取以下措施：

一是成立相关机构，统筹京津冀区域城市化。目前三省市相互分隔的状况不利于京津冀区域城市化协调发展，有必要建立相关机构，协调京津冀区域城市化。以三省市相关部门为基础，成立一个协调委员会，按照优势互补、互惠共享的原则统筹京津冀区域城市化。

二是制定相关政策，促进区域人口城市化。区域人口城市化必须要有相关政策作指导。应当根据区域发展现状及经济发展需要，从大北京的概念出发，以促进区域经济发展为目的，以人口城市化协调发展为目标，统一安排京津冀区域城市化进程。

三是建立外围城市群，分散京津人口压力。以京津为核心，建立外围城市群，将产业、资金和人才吸引到外围城市。河北省廊坊市的燕郊、保定市的涿州等已经成为京津城市人口的重要疏散地，在缓解京津人口压力方面作出了巨大贡献。

四是建立沿海城市群，全力打造港口城市，既能缓解京津的人口压力，促进区域人口城市化进程，又能为为京津提供物流通道，促进京津冀区域经济发展。天津的滨海新区建设，为天津市区人口疏散作出了贡献。河北省的唐山、秦皇岛作为沿海城市，具有得天独厚的地理优势，且人口容量还的相当大的潜力，可以作为京津两市人口疏散的第二阶梯。

京津冀区域城市化协调发展不能一蹴而就，必须坚持循序渐进的原则。在推进京津冀区域城市化协调发展过程中坚持优势互补的原则。京津冀作为中国第三大经济增长区域，其形成和发展对提高区域乃至中国经济的国际竞争力必将产生深远的影响。实现京津冀区域城市化协调发展，为区域经济发展奠定城市基础，不仅对于京津冀区域城市化具有十分重要的促进作用，而且对于促进京津冀区域经济发展和国家综合实力的提高，都具有十分重要的作用。

参考文献

吴良镛. 城市地区理论与中国沿海城市密集地区发展[J]. 城市发展研究,2003,(2).
张呈琮. 河北省沿海城市群发展的 SWOT 分析[J]. 石家庄学院学报,2008,(7).
王明浩,王勇. 京津冀地区城市化研究[J]. 环渤海经济瞭望,2005,(6).
张呈琮. 京津冀都市圈人才资源一体化研究[J]. 人口与市场分析,2006(增).

张呈琮. 人口迁移流动与农村人力资源开发[J]. 人口研究,2005,(1).
张呈琮. 河北省沿海城市群发展研究[J]. 河北师范大学学报(哲社版),2008,(9).
张呈琮. 京津冀都市圈人力资源一体化研究[D]. 研究报告,2005,(6).
王文录. 一线两厢框架下的河北省城市化[M]. 中国社会科学出版社,2005,(9).
王文录. 人口城市化背景下的户籍制度变迁[J]. 人口研究,2003,(6).
吕红平,杨慧. 河北省小城镇可持续发展战略研究[J]. 河北大学成人教育学院学报,2007,(3).
吕红平,董正信,吴伟,等. 河北省各城市竞争力研究[J]. 人口与发展,2008,(7).
国家统计局. 中国统计年鉴2007[M]. 中国统计出版社,2007
河北省统计局. 河北省经济年鉴2007[M]. 中国统计出版社,2007,(8).
黄征学. 京津冀城市群发展面临的问题及对策研究[J]. 中国经贸导刊,2007,(11).
齐长安,李智勇. 京津冀2+8城市群河北规划区加快发展的思考[J]. 领导之友,2007,(3).

(作者单位:河北师范大学商学院)

人口—经济—环境系统耦合时序规律分析

肖周燕

可持续发展作为发展的最佳模式，得到了各国政府、学者和公众的普遍认可，许多专家学者以及政府组织都从各自不同的角度，对可持续发展作了深刻和广泛的研究。然而，可持续发展不仅是协调人与环境的关系，还需协调经济发展与生态环境的关系，更应协调人口、经济发展和生态环境的关系，这样，才能从总体上把握和解决人口、资源与环境问题。但目前人口—经济—环境三者之间关系到底如何，从现有的文献来看却很少有学者论及。经典的环境压力 IPAT 公式显示，人口规模是导致环境污染的重要因素之一（Ehrlich P，1990）。此后，不少学者利用该公式及发展形势，通过实证强调人口因素与环境污染存在一定的关联（徐中民等，2005；王琳等，2008）。并探讨了人口因素对社会经济的发展（温军等，1999；陈卫，2009）；以及经济对环境的影响（陈华文等，2004；曹光辉等，2006）。但从理论上综合剖析人口—经济—环境三者关系的研究并不多。然而，从理论上把握人口—经济—环境的关系是实现可持续发展的关键。

由于不同的经济阶段，对资源的消耗和环境的破坏程度不同，同时也影响着人们的生育观念，必将影响着人口系统。因此，本文将以经济发展阶段为切入点，依据"各态遍历假说"*，从"时间序列谱"透析人口—经济—环境相互作用规律。

一、经济发展的阶段性

经济发展具有明显的阶段性。在不同的阶段，经济增长具有不同的特征。关于经济发展阶段，国内外学者进行了大量研究，涌现出许多经典理论，其中以罗斯托和钱纳里的研究最具影响力。美国经济学家 W. W. 罗斯托 1960 年出版了《经济成长的阶段》，提出经济增长的五个阶段：①不存在现代科学技术，主要依靠手工劳动，农业居于首位的"传统社会"。②从传统社会向"起飞"阶段过渡阶段。③新的技术在工、农业中得到推广和应用，投资率显著上升，工业中主导部门迅速增长，农业劳动生产率空前提高的"起飞"阶段。④现代科学技术得到普遍推广和应用，经济持续增长，投资扩大，新工业部门迅速发展，国际贸易迅速增加的"成熟"发展的阶段。⑤以耐用消费品生产为主到部门的"高额群众消费"阶段。其后，罗斯托在《政治与增长阶段》（1971）一书中，将其发展阶段进行丰富，提出了新的第六个阶段，即"追求生活质量"阶段，主导部门是服务业与环境改造事业是这一阶段主要特点。

---

* 各态遍历假说（Ergodic Hypothesis）可简单表述为："在一个充分大的空间内，同一区域在不同时段的发展状态（时间序列谱）可以从同一时间不同区域的发展状态（空间局域谱）中获得识别，反之亦然。"

1986 年钱纳里等人在《工业化和经济增长的比较研究》中，按照人均 GDP 的变化则将经济增长过程划分为三个阶段和六个时期，也成为划分经济发展阶段的重要依据。可概括为，准工业化阶段、工业化的实现阶段（包括工业化初级、中级及高级阶段）和后工业化阶段（或称发达经济阶段）。准工业化阶段，即钱纳里所提出的初级产品生产阶段，也是不发达经济阶段，产业结构以农业为主，没有或极少有现代工业，生产力水平很低。工业化的实现阶段包括三个时期，即工业化初期，产业结构由以农业为主的传统结构逐步向以现代化工业为主的工业化结构转变，工业中则以食品、烟草、采掘、建材等初级产品的生产为主。这一时期的产业主要是以劳动密集型产业为主。工业化中期，制造业内部由轻型工业的迅速增长转向重型工业的迅速增长，非农业劳动力开始占主体，第三产业开始迅速发展。工业化后期，在第一产业、第二产业协调发展的同时，第三产业开始由平稳增长转入持续高速增长，并成为区域经济增长的主要力量。这一时期发展最快的领域是第三产业。后工业阶段也包括两个时期，即初期和后期。后工业阶段初期以技术密集型产业为主导转换，同时生活方式现代化，高档耐用消费品被推广普及。后工业后期，第三产业开始分化，知识密集型产业开始从服务业中分离出来，并占主导地位；人们消费的欲望成现出多样性和多边性。

分析可以看出，罗斯托和钱纳里从不同角度对经济发展阶段进行了划分。虽然罗斯托对经济增长阶段的划分没有量化指标，缺乏实证研究，应用范围受到了限制，但其划分对于如何理解一个国家的经济增长还是具有重要意义。钱纳里的研究不仅为经济增长阶段提供了定量化的指标，同时其经济增长阶段的产业结构变动分析为本研究试图利用经济增长的阶段性寻找环境和人口发展的阶段性建立了理论依据。因此，我们将罗斯托的理论与钱纳里等人的相关理论相结合，将经济增长总结为五个阶段，初级阶段、起步时期、起飞时期、加速时期和成熟时期，各阶段特点如表 1 所示。

表 1 经济增长阶段及特点

经济发展阶段	罗斯托对经济增长的划分	钱纳里对经济增长的划分		特点
初级阶段	传统社会	初级产品生产阶段	工业化准备期	属于不发达经济阶段，农业居于首位，工业还没有建立，生产力水平很低
起步时期	起飞过渡阶段	工业化阶段	工业化初期	以农业为主的传统结构逐步向以现代化工业为主的工业化结构开始转变，从传统社会向"起飞"阶段过渡的时期
起飞时期	起飞阶段		工业化中期	工业化逐步开始，新的技术在工、农业中得到推广和应用，工业中主导部门迅速增长，农业劳动生产率空前提高
加速时期	成熟阶段		工业化成熟期	工业发展迅速，制造业内部由轻型工业的迅速增长转向重型工业的迅速增长，非农业劳动力开始占主体，第三产业开始迅速发展
成熟时期	高额群众消费和追求生活质量阶段	经济稳定增长阶段	工业化后期	科学科技进步、知识密集型产业发达，人们不断追求生活质量，经济增长稳定

二、环境发展的阶段性

环境质量随着经济发展路径演变趋势也表现出阶段性特点,可由环境的库兹涅茨曲线说明。环境的库兹涅茨曲线探讨了经济增长与环境质量之间的关系,认为环境质量虽经济增长先恶化后改善。当经济增长处于低水平时,环境退化的程度处于较低水平;当经济增长加速时,伴随着农业和其他资源开发力度的加大和大机器工业的崛起,资源消耗速度开始超过再生速度,产生的废弃物的数量和有毒物质迅速增长,环境出现不断恶化的趋势;但当经济发展到更高水平是,经济结构向信息密集的产业和服务业转变,加上人们环境意识的增强,环境法规定的执行、更先进的技术和更多的环境投资,使环境恶化现象逐渐减缓,并开始出现改善的趋势。环境库兹涅茨曲线提出后,在学术上得到了热烈反响,学者们进行了大量的实证研究。Sander M 和 De Bruyn 通过对美、英、西德、挪威四国20世纪60年代中期至90年代中期人均收入和 CO_2、NOx 和 SO_2 排放量变化进行相关分析,发现20世纪60—80年代这些国家人均收入和污染物排放量的关系曲线类似为倒 U 型。而 Grossman 和 Krueger(1995)利用世界卫生组织和联合国环境规划署的全球环境监测体系中1977—1993年42个国家的二氧化硫数据分析了城市空气污染与人均 GNP 的关系,发现两者不存在倒"U"型曲线,而呈 N 型曲线。Mc - Gillivray(1993)用建立在12种环境指标基础上的综合环境指标考察22个 OECD 国家,发现收入和环境质量表现之间没有明显的相关关系。综合有关环境库兹涅茨曲线的各类实证研究会发现,各种研究的结果是非常不一致的。

尽管环境库兹涅茨曲线存在很大争议,但大量的实证研究还是证明,经济发展与环境存在某种关联,而且环境发展随着经济增长之间表现出阶段性的特点可以得到理论支持。一国的经济增长主要是由工业化推动的。从产业结构的演化来看,工业化过程是非农产业迅速发展、非农产业在国民经济总的比重不断提高的过程。在非农产业中,第二产业与第三产业的发展与环境的关系出现不同的特征:第二产业是对资源进行加工的产业,工业生产过程是人类与自然不断进行物质、能量交换的过程,在其他条件(组织、技术、管理等)不变的前提下,工业规模的扩大必然意味着对资源需求量的增长以及污染物排放的增加;第三产业是为生产和生活提供服务的产业,在生产过程中与大自然不发生直接的、大量的物质、能量交换。因此工业对资源环境的影响比服务业要大得多。在经济增长过程中,第一产业和第三产业所产生的污染较少,而第二产业特别是工业部门是污染的主要来源。因此,根据经济增长的阶段理论,不同的经济增长阶段,产业发展的重点不同,那么,必然对环境的影响存在差异。在经济不发达及传统时期,主要以第一产业为主,因此,环境污染较少;而在经济增长起飞和加速时期,第二产业(尤其是工业)发挥了重要作用,因而,此阶段资源过度消费,环境污染严重;当经济走向成熟时期,第三产业成为主导产业,环保意识的增强以及技术、环保产业的发展,自然环境得以恢复。依据经济增长阶段的划分,通过库兹涅茨曲线,环境发展会随着经济发展阶段表现出阶段性特点(如图1所示):

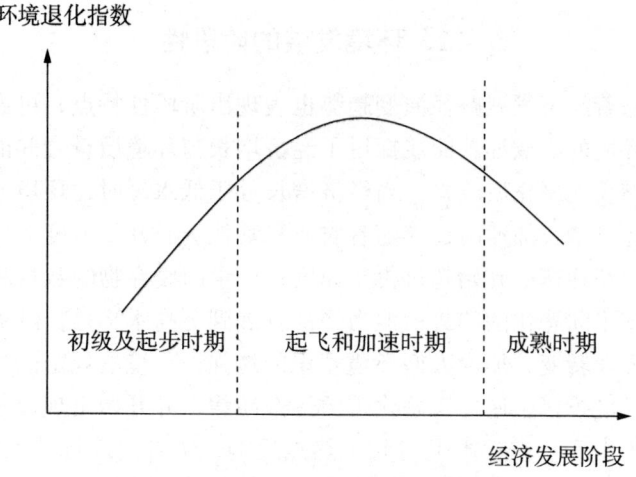

图1 经济增长与环境的库兹涅茨曲线

三、人口发展的阶段性

人口作为社会经济活动的主体，其发展是社会经济发展的一种结果，并不是一个独立的运用过程，因此，从长时间来看，人口发展会随着社会经济发展的阶段性表现出阶段性特点。

其实，从理论上来说，早在1909年法国人口学家兰德里就提出人口发展阶段论，将人口发展（人口再生产）模式划分为原始平衡阶段、中期阶段和现代阶段三阶段。只是其后在1945年美国人口学家诺特斯坦依据人口出生率、死亡率和人口自然增长率为标准，针对兰德里提出现代人口阶段，将人口划分为高增长阶段、过度增长阶段和低增长阶段，首次提出了"人口转变"概念，将人口发展阶段论演化成目前经典的人口转变理论。可以说人口转变理论实际就是阐述了人口发展的阶段性问题。除了兰德里和诺特斯坦以外，以英国布兰克为代表的众多学者对人口发展的阶段性划分进行了深入分析和探讨，对人口转变理论进行了丰富。从这些研究来看，不同学者对人口再生产类型的转变过程和阶段的划分粗细不一，除了兰德里和诺特斯坦所提出的三阶段论以外，四阶段理论和五阶段理论较有代表性，展示了人口发展的阶段性特点。四阶段理论以联合国为了便于国际比较而于1990年提出的新的划分方法最具代表性。具体划分为高出生率、高死亡率，人口增长速度缓慢，属于传统型人口再生产类型的转变前阶段；出生率和死亡率开始下降，后者先于前者，人口增长速度加快，属于过度型人口再生产类型的前期转变阶段；以及出生率和死亡率加速下降，人口增长率下降，人口再生产亦属于过度型的后期转变阶段和低出生率和死亡率阶段，人口低速增长，人口再生产属于现代型的阶段。五阶段理论由英国CP布莱克提出，将人口再生产类型的转变依次经过出生率和死亡率都处于高水平，并且二者比较接近，人口处于基本上不增长状态的高位静止阶段（HS）；经济有所发展后，死亡率开始下降，但出生率仍保持高水平，人口增长迅速的初期发展阶段（EE）；以及经济进一步发展后，死亡率接近可能达到的最低限度，出生率下降，人口增长缓慢的后期发展阶段（LE）；出生率和死亡率在低水平上均衡，人口处于基本上不增长状态的低位静止阶段（LS）和人口呈绝对负增长状态的减退阶段（D）。

综合比较上述人口转变阶段理论，不难发现他们虽然在划分标准和参照系方面有所区别，但对于人口再生产模式的分类和人口发展过程阶段性的描述则大同小异，并无本质区别，都揭示了随着社会经济发展水平的提高，人口出生率和死亡率下降的客观趋势，进而导致人口发展转变模式由原始模式向传统模式进而向现代模式转换的一般规律。

从人口转变的时期和背景看，人口发展的不同阶段分别适应不同的社会经济发展水平，即不同的社会经济发展水平，人口发展表现出不同的特点。因此，结合前面所提出的经济发展阶段，人口发展在不同经济发展阶段表现如此如下模式：

初级阶段是传统的农业经济，高出生率和高死亡率是其主要人口特征，且死亡率通常随着农业丰歉和传染病的爆发而上下波动。当时的高死亡率主要源于食品的贫乏和、卫生条件的恶劣及防止各种疾病的医疗条件和公共医疗设施的缺乏和落后等；出生率高则是高死亡率的必然结果，只有高出生率才能保证在高死亡率条件下使人类得以延续和发展。因此，在这样的社会中，高出生率和高死亡率共同决定了人口自然增长率低，人口规模小。起步阶段是农业经济迅速发展，为促进工业发展的过渡阶段。由于此阶段农业经济的变化，生产力水平开始提高，食品供给条件及医疗卫生知识和服务得到了改善，促使首先死亡率降低，出生率仍然偏高，人口规模增长。起飞阶段是社会经济不断发展阶段。工业化逐步开始，新的技术得以推广和应用，死亡率已达到较低的水平。由于工业化过程"起飞"需要大量劳动力，因此，这时期出生率仍然很高，人口快速增长。加速时期是工业化不断深入，经济快速发展阶段。在这一时期，城市出现经济地位较高的社会阶层，少育观念首先在城市出现，其后传播到小城市、较低的社会阶层，最后传播到农村地区，出生率开始降低，此时的死亡率已达到较低的水平，从而人口开始降低。成熟时期是经济发展完善，人们追求生活质量的阶段。此阶段，科学技术水平比较发达，但死亡率的进一步降低变得越来越困难，死亡率相当低且保持稳定，出生率开始接近死亡率，人口以一种极低的增长率增长。

如果按以上社会经济发展为标准来划分，结合人口转变理论，人口在各经济发展阶段具有以下特点，如表2所示。

表2 人口发展阶段表

发展阶段	出生率	死亡率	自然增长率
初级阶段	高	高	低
起步阶段	高	开始降低	高
起飞阶段	高	低	高
加速时期	开始降低	低	开始降低
成熟时期	低	低	低

四、人口—经济—环境关系时序演变规律

当然，经济和环境发展的阶段性以及人口转变历程的分析不是我们的目的。通过人口—经济—环境历程的分析，可以明确三者相互作用的过程，更加清楚地认识到人口经济和环境系统协调发展的艰巨性，以探求最终实现可持续发展的途径。综合以上分析可以看出，人口—经济—环境系统的关系主要是通过经济过程得以建立。因此，经济发展阶段是了解人口—经济—环境系统关系的切入点，通过依据现有了经济增长阶段理论，划分了经济发展的阶段，并根据经济发展阶段性，说明了经济增长阶段性与人口与环境系统的关系。依据"各态遍历"假说，可以抽象出人口—经济—环境的相互作用的时序规律。

在经济发展的第1、第2阶段，由于没有现代科学技术，工业水平不高，资源过多配置在农业而非工业，社会生产力水平低，人口增长缓慢，环境基本能够消化人类排放的废物，人口—经济—环境处于一种自然的低水平协调状态。在经济发展的第3、第4阶段，农业劳动力逐渐从农业中解脱出来，进入城市，此时工业水平开始加速发展，需要大量劳动力，人口开始快速增长。此时，人们只注重经济的发展，单纯地认为发展就是经济的增长，从而忽略了对环境的保护，简单粗放型"资源—产品—排放"的单一的经济增长模式，只通过成本、利润、产值等要素来分析人类生产活动的得失，很少顾及经济增长导致的资源代价和环境代价。加之技术水平的限制，大量的废弃物没有经过处理便排入到自然环境之中，造成环境污染，"人口—经济—环境"问题突出。尤其是在加速发展时期，新的主导产业部门逐渐形成，如钢铁、机械、化工等，生产污染与生活污染进一步加剧。人类虽然在物质上取得了丰厚的成果，但却失去了比物质更宝贵的东西，如清洁的水源、新鲜的空气、优美的环境，等等。此时，经济水平及教育的发展，少育观念的出现，生育率开始出现降低。但总的说来，由于经济发展的惯性，人口—经济—环境之间的问题依然不容乐观。在经济发展到第5阶段以后，人们的生活方式发生了变化、妇女受教育程度提高、职业结构的改变，人们对新生活目标和生活品质的追求，以及养育子女成本的增加等，都促使人们推迟婚育，人口处于低均衡状态。此外，传统的发展模式已经使人类面临人口、资源、环境的多重压力和危机，特别是工业化社会的发展模式造成严重的环境污染和生态恶化，导致加大了发展的代价、经济成本和产业的负担，人类已经不可能再通过高消耗的方式取得经济和社会的发展。人们逐渐认识到传统发展模式的不足和缺陷，认识到自然环境的重要性，开始致力于人类与环境的协调发展，在生产方式上由资源型发展模式逐步转变为技术型发展模式，即依靠科技进步、节约资源和能源、减少废物排放，建立经济、社会、资源、环境协调发展的新模式，走可持续发展的道路，相应的自然环境开始恢复。此时，人口—经济—环境向健康协调的方向发展。人口—经济—环境系统之间耦合演变趋势如图2所示。

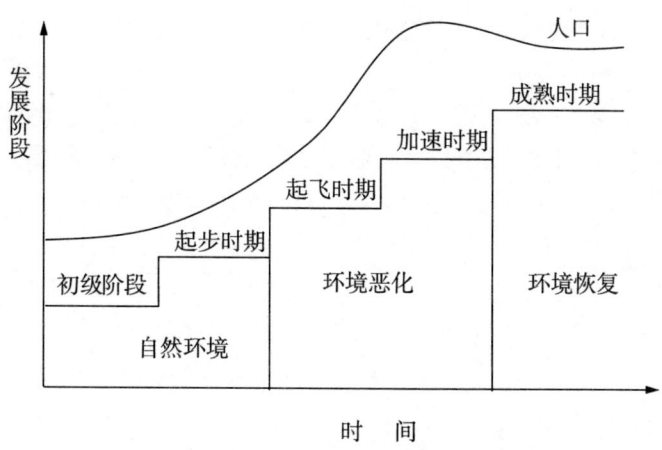

图 2　人口—经济—环境系统之间耦合演变趋势

五、结　语

通过以上分析发现，经济过程连接了人口—经济—环境系统。经济增长的不同阶段特点决定了人口和环境发展中所表现出与之相适应阶段特点。可以说，经济系统的发展过程实际上也是人口和环境系统不断变化的过程。因此，以经济增长阶段为切入点，通过寻找环境和人口系统在经济增长过程中的变化特点，我们探寻出人口—经济—环境系统之间耦合发展演变的规律。

参考文献

温军，赵军，何新发. 发展的理论：人口与经济发展的关系. 西北人口. 1999，(1).

张纯元. 人口经济学. 北京大学出版社，1983.

陈卫. 人口与经济发展关系理论回顾. 中国经济时报，2009 - 07 - 03.

王琳等. 基于 STIRPAT 模型的耕地面积变化及其影响因素 [J]. 农业工程学报，2008，(12)：196 - 200.

陈华文，刘康兵. 经济增长与环境质量：关于环境库兹涅茨曲线的经验分析 [J]. 复旦学报，2004，(2)：87 - 94.

曹光辉，汪锋，张宗益，等. 我国经济增长与环境污染关系研究 [J]. 中国人口资源与环境，2006，16，(1)：25 - 29.

徐中民等. 中国人口和富裕对环境的影响 [J]. 冰川冻土，2005，(5).

（作者单位：首都经济贸易大学人口经济研究所）

苏州城市化过程中"城中村"村民社会经济状况变迁*

——以沈巷村为例

范凌云 王 德

一、研究背景及意义

苏州是典型的快速城市化地区，城市化水平远高于江苏省乃至全国平均水平，但是其城市化模式却受到普遍质疑，被认为是"只长骨头不长肉""富GDP不富民"。苏州城市化呈现两个特征：在外向型经济的推动下的大规模、快速城市化；与快速、密集的工业化进程紧密结合。在快速城市化过程中，城市大规模的扩展和蔓延迅速地将原农村居民点包围，使之成为城市连绵建设区中的一个个孤岛。快速、密集的工业化创造了大量的以制造业为主的就业岗位，吸引了大批外来人口，对低成本住宅产生巨大的需求。而工业区与城中村空间分布的结合，促进了两者之间的功能配合。这种空间、功能的结合过程究竟给村落和村民带来了何种变化？苏州村民在这个城市化过程中"得"与"失"是什么？是否分享了城市化利益？对此村民如何评价？这些都是需要回答的问题。

我国学者对"城中村"的研究已有相当丰富的积累，现有研究成果主要集中于城中村概念、形成机制、类型特征、改造策略等（潘聪林等，2009；田莉，1998；蓝宇蕴，2001；闫小培等，2004；李培林，2002）。近年来城中村内原住民的微观生活逐渐成为学界研究的新热点之一。如，对"城中村"改造后居民生活状况的调查研究（王宁等，2008）；对城中村村民城市适应问题的研究（于孙姆等，2006）；以及对城中村村民市民化问题研究（倪杰，2007；靳龙，2006）。但是以上研究集中于城市化后城中村村民的生活状况研究，关于城市化过程中村民的社会经济状况变迁的相关成果，尤其是微观实证研究，还不多见。

基于以上背景，笔者通过对苏州典型城中村的实地调研，分析城中村居民在城市化前后社会经济状况的具体变化，在此基础上，从村民自身、基于村民得失进行评价，总结村民整体"得"与"失"的特征，进行村民不同人群的得失分析，考察城中村村民分享城市化收益的状况。以加深对城中村村民生活状态以及苏州城市化的理解，为城市化政策及城中村改造提供参考。

二、案例选择与研究方法

（一）案例选择依据

典型案例选择依据调研中获得的相关资料、数据与空间分布特征，按城市分

---

* 本文是科技部"十一五"支撑项目子课题"地区人口迁移动态模拟及安全预警"部分成果批准号：

区—镇—村三个层次层层筛选,以确保案例的代表性。吴中区城中村雄踞苏州市区首位,占城中村总数的52.11%。其中所辖木渎镇紧邻苏州高新区,工业化程度较高,城中村较多。结合木渎镇规划局访谈及现场探勘,最终选择沈巷村为研究对象。

沈巷村,为自然村,隶属吴中区木渎镇西跨塘行政村管辖。辖区面积1590亩,现有465户,户籍居民1790人,外来常住人口2.5万人,总人口26790人。沈巷村北临苏州高新区,南侧紧邻木渎新区。由于区位优越,沈巷村除了村庄现状占地面积122亩外,辖区内耕地全部被城市化,共建设工厂28家,以外资企业为主,具有苏州"城中村"的典型空间特征。

(二)研究方法

城中村村民在城市化过程中社会经济状况变化是多方面的,为了把握其变化的本质特征,本研究在预调研的基础上,尝试构建概念框架,筛选出城市化进程中切实关系到村民生活的"地"、"宅"、"人"三方面的变化主线,分析城中村村民社会经济在城市化前后的变化情况以及变化过程中获得的补偿。其中"地"细分为生产生活用地、集体资产用地,"宅"分为面积、形式,"人"分为就业、经济收入、社会保障、生活方式等指标来具体考量其变化的主要特征。其中"人"的变化是核心,"地"与"宅"的变化对"人"的变化产生影响。在此基础上进行村民对社会经济变化的综合满意度评价,"得""失"内容划分及不同人群"得""失"分析等深入研究。具体调查方法为问卷调查与深度访谈相结合,问卷分析揭示其变化规律,深度访谈则揭示出规律后面的深层原因。

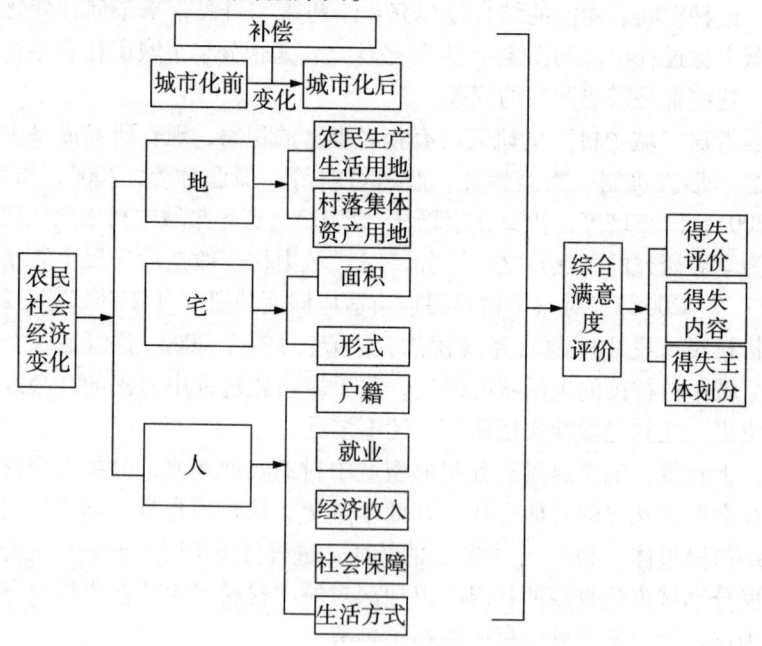

图1 城中村村民在城市化过程中的社会经济变化情况

三、沈巷村城市化微观过程

(一)土地城市化进程加速

访谈中发现,沈巷村土地城市化以2000年为分水岭。2000年前土地城市化速度缓慢，村落范围内用地性质以农民居住用地和耕地为主，96年前以村办厂为代表的工业化推动少量耕地转化为工业用地，96年后苏南模式改制，村办厂逐步演变成民营工厂。

2000年开始征地，村落周围道路陆续建成，随后耕地向工业用地转化速度加快，2002年木渎镇开始实施大规模招商引资策略，外向型经济推动快速城市化进程，沈巷村周围耕地迅速转化为大规模集中工业用地。实际调研这28家企业，50%为外资企业，18%为合资企业，32%为民营企业，外向型经济推动城市化特征明显。

（二）市场需求推动生活设施城市化

除了村内道路硬化，公交线路铺设等基础设施外，村里绝大部分的公共设施均是自发建设的，包括大超市、大网吧、三家诊所、小吃一条街等，与这里居住的大量外来人口需求相关，间接提高了村民生活设施使用的便捷性。在商业设施布局方面，目前已从村内主要道路扩展到居民区内部的小街弄堂内，由线状布局向网状布局演变。

（三）大规模外来人口异地城市化

外来人口是从2003年开始到沈巷村来租房的，房客由四部分组成：周围厂工人，木渎新区厂工人，高新区的华硕、明基等电子厂工人，苏州工业园区工人。其中高新区工人是居住主体，华硕、明基、达方等电子产业的工厂与村落距离较近，且为劳动密集型产业，如：高新区华硕一个厂雇佣几万个流水线工人。这与苏州产业类型的特征有关。这些外来人口在沈巷开始了异地城市化过程。

外来人口的异地城市化与周边土地城市化为沈巷村民带来丰厚的租金收入和部分补偿，同时也带来了环境和治安问题。

四、城中村村民在城市化前后社会经济变化

（一）土地变化

1. 农民生产用地丧失，生活用地萎缩

沈巷原有耕地1250亩，旱地160亩，村庄用地150亩，共1560亩生产生活用地，人均占有土地0.87亩。目前所有耕地、旱地及部分村庄用地被征用，仅余122亩村庄，人均占地0.073亩，不到原来的1/10，这些用地的补偿标准见表1，村民拿到的金额很少。

安置补助费16周岁以下的50元/月，支付10年或者选择一次性支付6000元/人；16—35（女）/45（男）支付10年100元/月，35（女）/45（男）——55（女）/60（男）支付120元/月到女55岁男60岁。55（女）/60（男）以上的支付终生360元/月，这个年龄段的补助金额会逐渐上涨。

表1　沈巷村土地补偿情况

补偿项目	政府补偿标准	补偿范围	集体所得部分	农民所得部分
青苗补助费	耕地560元/亩、旱地3200元/亩	耕地、旱地	无	人均600元
土地补偿费	20000元/亩	耕地、旱地、村庄内道路用地	20000元/亩	无
地上附着物补偿费	20元/m^2	非宅基地上搭建物	无	20元/m^2，归建设者所有
安置补助费	按年龄划分	被征地需要安置的农业人口	无	

安置补助费在城市化初始阶段，村民是欢迎的。"种田最多一年五六百块，还没除成本。现在不用种了每年还拿 1200 元，开心啊"。但随着近年 CPI 不断上涨，绝大部分村民的安置补助金维持不变，村民颇有微词"现在米啊油啊都涨价，这个还是 1200，吃饭都不够""拿个 10 年就没有了，那以后咋办啊？"

2. 村落集体资产用地不变，厂房面积增加

沈巷村原有集体资产用地 30 亩，仅建设了 3 幢厂房，租金利润为 50 万元/年，城市化时村集体用拿到的土地补偿款又建设了 9 幢厂房，目前集体资产利润 200 万元/年。村集体资产随城市化改为股份制，年终村民人均分红：150 元/人·年。可见，城市化过程中村集体资产壮大，部分回馈给村民。

（二）住宅变化

1. 住宅面积增加

随着外来人口集聚，私房出租行情火爆。在利益驱动下，村民在自家场院里盖平房，辅房打报告加一层，甚至天井里都建满了房子。统计得出 100% 村民住宅面积增加，平均增加 120m²/户。面积增加的直接结果是房租总收入的增加。区位好沿街的住宅一层出租给商业，租金更高，村民刘某说："沿马路，开个门就是店，政府不管的。先开小店，开得好开超市，我们这商业街就是这么搞出来的。"

2. 农民住宅形式调整

在加建住宅的同时，住宅内部空间也发生变化，2004 年开始沈巷村几乎每户都将房子内部隔成众多小间，最多的一户有 30 多间出租屋。至此，传统的院落、2 层主房、天井、辅房的住宅形式发生异变。随着住宅形式改变的还有宅内杂居化趋势，社会生态随之发生变化。

（三）农民自身变化

1. 高房租带来经济收入大幅提升

2000 年征地前，沈巷村民收入人均 1220 元/人·月，目前人均 2459 元/人·月，增加一倍有余，增长的经济收入主要来源于房租。村民小组沈组长说："光租金这块，至少每家 5 万/年，有门面房的租金能达到 20 万/年。好多店面房还在 2004 年时，翻建了 3 层，底层架梁打通，做超市，租金很高，现在翻建政策已经收紧，不能翻修加层了"。村民王女士表示，她们家共 35 间房间出租，仅此一年可以拿到 9 万。租金收入不可小觑。

2. 农民就业意愿低

高租金在带来村民收入增长的同时，也表现出一些负面效应，突出表现为大部分人拒绝就业。问卷统计显示，城市化前无业人员仅有 6%，65% 的村民为生产运输设备操作人员。现在生产运输设备操作人员下降到 21%，无业的高达 60%。深度访谈，发现高房租才是村民失业率高的主要原因："现在有房租收入，不想去干重活，辛辛苦苦赚个 1000 块，划不来，多隔几间房就出来了。"也有少部分村民反映："我们没什么文化，工厂一般不要我们。"

3. 社会保障与福利扩大

刚刚城市化时，村民社会保障与福利并未随之改善。2006 年苏州推行城乡一体化，"农保"、"城保"并轨，村民享受城市养老保险，保障水平提高了。但是年轻人需要在安置补助费里每月扣钱,折算成9年城保,另外自己再交齐6年的城保费用,故而年轻人参保率不高。

城市化前,村民医疗保险为每年交40元,报80元的门诊费用,住院另算,现在依据城乡一体化政策享受吴中区农民医保,平均保障水平360元/人·年,村民满意度较高。

4. 生活方式食租化

沈巷村村民原来大部分为兼业农民,生活方式是规律、繁忙的上下班或是做小买卖。而目前的生活方式发生了较大的变化,超过半数的村民变成食利阶层,不工作,整天闲得很,天天打打麻将,聊聊天,过着清闲、娱乐的生活。

五、城中村村民权益得失分析

(一) 村民自我评价——高租金导致高满意度

对于城市化所带来的总体变化,统计数据表明,58%村民选择基本满意,25%的人选择很满意,总计超过80%的人对这种变化持肯定态度,认为在城市化过程中"得"大于"失"。村民反映:"房子出租钱多了啊,可以想买啥买啥,改善生活啊,当然满意"。不满意的村民主要是考虑到环境和治安恶化,还有个别人的攀比心理。

(二) 基于实际得失的评价

城市化过程中村民失去了其耕种几代的土地,而土地对于农民来说是一种经济来源,一种保障。基于此,评价村民得失的最基本评价标准是:农民是否拿土地换来了不低于以前的保障水平,并且农民总的收益不应当低于原来的收益。从收益情况来看村民从土地得到的直接补偿比较有限,但是城市化带来的房租收入十分客观,总收益远远大于城市化前。村民目前的医疗保障水平大幅提高,满意度较高。参加"城保"的村民享受城市居民的养老保险,优于原来的土地保障。从这个标准看来,城市化中村民"得"大于"失"。

评价农民实际得失的另一个标准是土地的价值,土地从农用地转化为工业用地后,土地实现增值,那么农民得到的是否公平?调研得知,沈巷村周边土地出让金均价:25万/亩,城市化过程中沈巷人均贡献0.797亩,土地价值19.93万元。而村民近年来房租总收入已高达17.7万/人,再有一两年便可收回地价,还能继续盈利。可见这个标准下,村民"得"依然大于"失"。然而值得注意的是,导致村民"得"大于"失"的根本原因是租金收入,来自于市场,而非政府支付的补偿。而这个市场需求会受金融危机、产业转移的影响,同时还受政府大力建设外来人口集宿区的影响,在将来具有一定的不确定性。

(三) "得"与"失"总体特征

对村落及农民的社会经济状况在城市化前后的变化进行逐项比较,分析得出在城市化过程中城中村村民整体的"得"与"失",见表2。村民从城市化直接得到了房租收入与失地补偿;从城市化间接得到了生活设施服务水平的提升;得到的社会保障更多的来源于苏州城乡一体化。失去的主要是田地、原来的生活方式、环境质量,但从目前村民反映来看,似乎他们并不在乎。当笔者与村民谈到房租收入并不能弥补环境质量的下降时,村民说:"没关系啊,有了钱,受不了这个环境可以出去买房住啊,我们这已经有人出去买房了,这里的屋子全租出去。"笔者更为忧心的则是成为食利阶层的村民失去了拼搏的动力,"个人发展"停滞不前,将无法应对将来的变化。

表2 城中村村民"得"与"失"

得	经济收入大幅提高
	基础设施完善
	公共设施更加便利
	社会保障有所提升
"得"主要表现为村民的经济收入、社会保障与设施完善方面	
失	失去田地,原来生活方式
	村落环境恶化
	住宅条件下降
	住区治安恶化
	失业率上升,失去适应社会、参加劳动的动力
"失"主要表现为外部村落环境与住宅内居住环境、治安,人的发展	

(四) 村民不同人群的"得""失"分析

沈巷村村民作为群体在城市化中有"得"有"失",而群体内部不同人群"得"与"失"的程度不同,需要加以区分研究,并剖析其中的影响因素,探求造成群内差异的机制。对调查数据进行相关性分析,结果显示"农民对生活变化的满意度"与"对经济状况的满意度"正相关,这给研究提供了思路。结合访谈结果,得出影响不同人群"得""失"的主要特征要素是年龄、教育程度、原来的职业与人均居住面积指标(表3)。教育与原来的职业直接影响到村民再就业的难度进而影响到工资收入;年龄影响到安置补助费与城保的获益程度;人均居住面积影响到可出租房屋的面积进而影响到租金收入。深究这4个特征要素为何能影响村民的得失程度,结果发现本质上是由对应的"地""宅""人"的政策决定的,年龄特征是由按年龄分段的失地补偿与基本生活保障政策、城保政策决定的。人均居住面积影响村民收益程度是因为"吴中区农村房屋翻建政策"2004年规定檐口可建到8.5米,后来政策收紧,不得翻建。所以当时抓住机会扩建的人群得益更多。而教育程度低与原来从事农业的村民面临再就业的压力较大,由于政策层面缺乏相关就业保障政策,尤其缺乏弱势群体的保障政策。

表3 不同人群的得失分析

特征	失去最多的群体	界定依据	得到最多的群体	界定依据	政策原因
年龄	1. 征地时男不满40岁；征地时女不满35岁；2. 2006年城保并轨时女55男60以上的	1. 失地补偿较低，100元/月，从征地开始只能拿10年，目前每月扣73元/月交城保，等到满10年后不但没有失地补偿，而且还要再交6年的城保钱。2. 不能拿550元/月，只能拿基本生活保障360元/月	1. 征地时女55岁、男60岁以上的老人；2. 征地时女35岁，男40岁以上	1. 已丧失田间劳动能力，城市化后有征地保养费，收入增加 2. 拿120/月，且不用交钱，到达女55男60自动享受城保550/月	失地补偿与基本生活保障政策、城保政策（与地相关的政策）
教育程度	文盲、小学、初中	文化程度低，征地后难以再轻松就业	中专及以上学历	征地不影响其工资收入，还能享受租金收入	缺乏相关就业保障政策，尤其缺乏弱势群体的保障政策（与人相关的政策）
职业	征地前从事农业生产或与农村生活相关的农民；木匠、水泥匠等盖农房的手艺人	面临再就业的压力	征地后自主创业的人	主要经济来源增加，还能享受到租金收入	
人均居住面积	人均居住面积小的农民	人口多住宅面积小的住户，可出租的房子少，经济差	人均居住面积大的农民	翻修了3、4层，住宅面积增加最多，有更多房出租	吴中区农村房屋翻建政策（与宅相关的政策）

六、结 论

微观实证研究表明，城市化对苏州"城中村"村民社会经济状况有显著影响，具体结论如下：

（1）城市化过程中村落变化较大，乡村属性减弱，城市属性增强。村民生活变化主要表现为经济收入的大幅增加与失业率的大幅攀升。

（2）村民自身评价——满意度较高，认为"得大于失"。基于实际得失的评价结果与村民自身评价一致，村民主要通过租金的形式分享了苏州城市化收益，这个案例中苏州城市化"富GDP又富民"，但将来有一定的不确定性。

（3）"得""失"内容评价：

得：社会保障扩大、经济收入上升、设施完善。

失：住区环境下降、人的发展——人的发展更重要，是得到持续高收入的根本动力。

（4）不同人群"得""失"影响因素：主要包括年龄、教育程度、原来的职业与人均居住面积指标，这是由现行的地、宅、人相关的政策。尤其是宅的政策影响较大，城保政策虽然从长期看有利于农民的生活保障，但在近期会使年轻群体逃避。

（5）城市化是个动态的过程，村民对这个过程中自身社会经济状况变化的评价也是动态的，如同大家对安置补助的态度转变，应进行案例追踪研究。

参考文献

田莉． "都市里的乡村"现象评析——兼论乡村—城市转型期的矛盾与协调发展［J］．城市问题，1998（6）．

李培林．巨变：村落的终结—都市里的村庄研究［J］．中国社会科学，2002（1）．

闫小培，魏立华，周锐波．快速城市化地区城乡关系协调研究—以广州市"城中村"改造为例［J］．城市规划，2004（3）．

蓝宇蕴．城中村：村落终结的最后一环［J］．中国社会科学院学报，2001（6）．

潘聪林，韦亚平． "城中村"研究述评及规划政策建议［J］．城市规划学刊，2009（2）．

靳龙． "城中村"村民失地农民的市民化研究——以合肥市小鄢村为例［D］．合肥：安徽大学社会学系，2006．

于孙姆，刘艳飞． "城中村"村民城市适应问题研究——以福州市为例［J］．山西师大学报，2006（9）．

王宁，王录仓等． "城中村"改造后居民生活状况调查研究——以兰州市城关区为例［J］．城市发展研究，2008（4）．

（作者单位：同济大学建筑与城市规划学院）

农民工健康研究：认知—信念—行为的新视角*

刘平青　隋华杰　屈金照

一、引　言

近些年，生物医学模式发生了重大转变，由过去单纯生物医学模式向生物—社会—心理医学模式转变。随着这一转变，健康促进（health promotion）越来越受到社会各界的广泛重视，其根本目的是促使人们提高、维护并改善他们自身的健康，其基本内涵包含了内外两个层面，即个人行为改变和政府行为及社会环境改变，并重视发挥个人、家庭的健康潜能。

随着人们对行为与健康关系的进一步认识以及健康促进和健康教育的不断发展，特别是进入20世纪70年代后，人们深入的研究了与健康和疾病有关的行为，逐步形成了健康行为学，其形成的重要标志是1988年戈其曼（Cochman）主编的《健康行为》（Health Behavior）的出版发行。健康相关行为及其改变的理论成为健康行为学研究的诸多因素和变量中的重点。

在所有有关健康相关行为改变理论的研究中，影响比较广泛的是"知信行"模式（knowledge，attitude/belief，practice，KABP 或 KAP）。其基本原理可表示为：信息→知→信→行→增进健康。"知"为认知、学习，"信"为信念、态度，"行"为行为、行动。知信行模式认为：认知是基础，信念是动力，行为包括产生促进健康行为、消除危害健康行为等行为改变过程。要使人们从接受转化到改变行为是一个非常复杂的过程，可以概括为：信息传播→觉察信息→引起兴趣→感到需要→认真思考→想念信息→产生动机→尝试行为态度坚决→动力定型→行为确立。知、信、行三者间既存在因果关系，也有必然性，其中信念确立和态度改变是两个关键步骤。

西方社会心理学研究表明，人们要采取某种促进健康行为或戒除某种危害健康行为，必须具备以下三方面的认识：一是认识到某种疾病或危险因素的威胁及严重性；二是认识到采取某种行为或戒除某种行为的困难及益处，只有当人们认识到自己行为的有效时，人们才能自觉采取行为，只有当人们对这些困难具有足够认识，才能使行为维持和巩固；三是对自身采取或放弃某种行为能力的自信，也称自我效能，即一个人对自己的行为能力有正确的评价和判断，相信自己一定能通过努力，

---

* 本文得到国家自然科学基金项目的资助（编号为70872011和70503003），调查过程得到众多农民工朋友的大力帮助，在此一并致谢！作者简介：刘平青（1973 – ），男，湖北人，博士，教授，博士生导师，现为北京理工大学管理与经济学院院长助理、组织与人力资源管理系系主任。主要从事中小企业、人力资源管理、健康管理方面的研究与教学工作。隋华杰（1977 – ），男，山东人，博士，北京理工大学博士毕业，现供职于山东省河口区人民政府。屈金照（1985 – ），女，山东人，硕士，北京理工大学硕士毕业，现供于中铝集团人力资源部。

克服障碍，完成这种行动，到达预期的结果。包括世界卫生组织在内的众多机构对健康知信行的内在联系以及健康促进等方面展开了多年的研究，取得了丰富的成果。

目前，国内对于健康知信行的研究仍主要沿用生物医学模式，集中在某些具体疾病的知信行调查分析方面。计国平、尹惠萍对艾滋病流行地区研究育龄人群对艾滋病知识的认知、态度、行为进行了调查分析；王芳等调查了北京和天津居民"非典"知信行；李荣磊对居民乙肝知识、态度和行为的调查。近年来，公共卫生领域的学者对农民工这个群体也开展了相关的调查研究，但也都是集中在艾滋病、肝炎等重大疾病方面。

在"保民生，促和谐"的背景下，保障员工的职业安全健康理当成为全社会的基本共识。但不可否认的是，几乎每年我们都能从传媒中知晓许多令人痛心的工业事故，不少员工在事故中丧失了他们的健全体魄，甚至他们的生命。从目前工伤事故的受害主体来看，绝大多数是农民工。本文应用 2007 年对北京、广州、南京、东莞、常德、济南等 14 个地区 1089 位农民工职业健康知信行的问卷调查数据，借助 SPSS（社会科学统计软件包，Statistical Package for the Social Sciences） 11.5 for Windows，描述他们职业健康的认知、信念、行为状况，比较不同群体农民工健康知信行的差异，通过回归分析找出影响因素，对农民工健康知信行的规律及内在联系做进一步深入探索，为今后农民工健康促进研究提供理论依据。

二、描述性分析

（一）农民工样本的基本情况

在对北京、广东等地走访调查的基础上，在全国 9 个省市进行了问卷调查及跟踪研究。问卷调查采取的是分层抽样法，共完成有效问卷 1089 份。之所以重点调查北京、广东这两个区域。首先是因为在全国来说，这两个地区农民工都是较为集中的区域；其次是课题组在以往的研究过程中对上述两地进行了较为深入的调研，在这些地方具有较好的"人脉基础"，这是开展实证研究不可或缺的；再次，跟踪调查效果好，但要求研究者时间上能够保证，能够较长时间地观察农民工的工作与生活状况，因此选取北京作为调查点有时间上的考虑，只有在对一个区域深入解剖的基础上才便于与广东及其他地区进行对比分析。表 1 呈现出被调查农民工的性别、婚姻状况、文化程度、户籍、年龄、年工资、身高体重指数、医疗保险及样本地区分布情况。

有效样本性别分布（男性 68.9%，女性 31.1%）以男性为主。

文化程度初中及以下占到 65.5%，有效样本中小学、初中、高中、大专或以上分别占 9.0%、56.5%、25.6% 和 10.9%。

婚姻状况未婚者与已婚者比例大体相当（未婚者 51.8%，已婚者 48.2%）。

就户口所在地来看，农村外来务工者占到了绝大多数（农村比例占 75.4%）。

在年龄分布上 30 岁以下的占到 62.3%，有效样本中 20 岁以下、20—30 岁、31—40 岁、41—50 岁、50 岁以上分别占 19.1%、43.2%、24.0%、11.9% 和 1.8%。

年工资方面，8000 元以下占到 62.1%，有效样本中小于 3000 元、3000—5000 元、5000—8000 元、8000—12000 元、12000 元以上分别占 26.4%、14.8%、20.8%、20.3% 和 17.7%。

身高体重指数（BMI）反映是农民工有近1/3偏瘦，有效样本中20以下、20—24、24以上分别占37.4%、46.3%和16.3%。

有效样本中74%的明确表示没有参加医疗保险。

农民工岗位职务以普通员工为主体，其中，操作人员占39.1%，杂工、学徒占25.4%，其他占28.6%，班组长仅6.9%。

有效样本地区分布大体为：北京占28.4%、广州占20.5%、南京占15.5%、增城占15%、东莞占10.3%、济南与常德7.9%、广西占2.4%。

表1 农民工基本资料统计分析

变量	分类	频数	百分比（%）	有效百分比（%）	累计百分比（%）
婚姻状况	单身	550	50.5	51.8	51.8
	已婚	511	46.9	48.2	100.0
	缺失值	28	2.6		
性别	男	723	66.4	68.9	68.9
	女	327	30.0	31.1	100.0
	缺失值	39	3.6		
户籍	农村	793	72.8	75.4	75.4
	城镇	259	23.8	24.6	100.0
	缺失值	37	3.4		
文化程度	小学	93	8.5	9.0	9.0
	初中	585	53.7	56.5	65.5
	高中	265	24.3	25.6	91.1
	大专及以上	115	10.6	10.9	100.0
	缺失值	54	5.0		
年龄	20岁以下	198	18.2	19.1	19.1
	20—30岁	448	41.1	43.2	62.3
	31—40岁	249	22.9	24.0	86.3
	41—50岁	123	11.3	11.9	98.2
	50岁以上	19	1.7	1.8	100.0
	缺失值	52	4.8		
年工资	小于3000	275	25.3	26.4	26.4
	3000—5000	154	14.1	14.8	41.2
	5000—8000	217	19.9	20.8	62.1
	8000—12000	211	19.4	20.3	82.3
	12000以上	184	16.9	17.7	100.0
	缺失值	48	4.4		
身高体重指数（kg/m^2）	小于20	374	34.3	37.4	37.4
	20—24	463	42.5	46.3	83.7
	大于24	163	15.0	16.3	100.0
	缺失值	89	8.2		

续表

变量	分类	频数	百分比（%）	有效百分比（%）	累计百分比（%）
医疗保险	没有	775	69.7	74.0	74.0
	有	273	24.6	26.0	100.0
	缺失值	41	7.7		
岗位情况	班组长	72	6.6	6.9	6.9
	操作人员	408	37.5	39.1	46.0
	杂工、学徒	265	24.3	25.4	71.4
	其他	298	27.4	28.6	100.0
	缺失值	46	4.2		
样本地区分布	北京	307	28.2	28.4	28.4
	广州	222	20.4	20.5	48.9
	东莞	111	10.2	10.3	58.2
	增城	162	14.5	15.0	73.2
	南京	169	15.5	15.6	88.8
	济南、常德	85	7.8	7.9	96.7
	广西	26	2.4	2.4	100.0
	缺失值	7	0.6		

（二）农民工健康知信行描述统计

在问卷中，对农民工健康的认知、态度、行为分别用5个等距变量描述，通过加总得到对健康的认知、对健康的态度、对健康的行为三个因变量，其分值间距从5到15（KMO值为0.820，Bartlett球型检验达到了显著性水平，适合进行因素分析）。

（1）农民工对健康有关的知识相对缺乏。从表2可以看出，在认知的五项指标调查中，选"知"的比例都不高。问是否知道"工作环境中所接触的有害因素是什么"、"有害因素是如何进入人体的"、"有害因素所导致的常见症状"、"工作操作中如何保护自己"、"有关劳动和劳动安全方面的法律"，回答分别为32.1%、32.7%、26.1%、51.1%、23.2%。尤其是农民工的卫生知识、法律知识异常缺乏。在没有这些知识的情况下，农民工的自我保护及寻求法律保护的能力都将会受到很大的影响。

（2）农民工对健康的态度较为积极。从数据反映的情况来看，农民工对于健康的态度还是比较积极的。近60%的相信按程序操作会增加职业安全，68%的相信做好防护可以减少有害因素的侵入，75.3%的相信对危险因素认识多将对自己有好处，81%相信不良生活习惯会影响健康，但只有47.4%的相信参加保险可以减少职业风险。正如导论开篇提到的，健康的重要性对于每个主体包括农民工来说，都是非常认同的。

（3）农民工健康行为不容乐观，特别是较少使用防护设施。一个人知道了健康的重要性，但并不代表他就会产生健康行为。表中的五项指标得分很清楚地说明了这一点。回答有的比例："对自己的工作环境是否主动了解"是41.1%，"工作中是否使用防护设施"仅34.3%，"在工作中是否做到不吸烟、不进食这类活动"是46.8%，"下班后是否进行洗手、冲凉、更衣这类活动"是63.8%，"对在工作中出现的异常现象是否及时主动关心"是55.4%。尤其值得注意的是，工作中使用防护设施是保障员工工作健康的重要方面。调查显示，在工作中使用防护设施的被调查者仅占27.1%，有时使用的占51.15%，不使用的达到21.76%。

表2 健康知信行的得分比例

认知	不知	不全知	知
工作环境中所接触的有害因素是什么？	19.2%	45.0%	32.1%
有害因素是如何进入人体的	20.1%	43.2%	32.7%
有害因素所导致的常见症状	26.6%	43.3%	26.1%
工作操作中如何保护自己	8.1%	36.8%	51.1%
有关劳动和劳动安全方面的法律？	20.9%	51.7%	23.2%
态度	不信	不全信	信
您相信按程序操作会增加职业安全吗？	4.9%	30.9%	59.8%
您相信做好防护可以减少有害因素的侵入吗？	2.3%	25.2%	68.0%
您相信对危险因素认识多将对您有好处吗？	2.9%	17.4%	75.3%
您相信不良生活习惯会影响健康吗？	2.8%	12.1%	81.0%
您相信参加保险可以减少职业风险吗？	9.6%	38.7%	47.4%
行为	否	有时有	有
对自己的工作环境是否主动了解	5.9%	48.4%	41.1%
工作中是否使用防护设施	21.8%	39.6%	34.3%
在工作中是否做到不吸烟、不进食这类活动	18.1%	30.8%	46.8%
下班后是否进行洗手、冲凉、更衣这类活动	5.1%	26.7%	63.8%
对在工作中出现的异常现象是否及时主动关系	5.2%	34.8%	55.4%

（三）农民工健康知信行影响因子

调查问卷中农民工健康知信行的影响因素，通过因子分析可以概括为自我发展、满意情况、健康管理、身心状况、外在援助、关注收入等六个因子，旋转后每个因子载荷均达到0.5以上，六个因子的累计贡献率为58.64%。从表2、3中各因子对应的a系数来看，量表的信度是可以接受的。

三、差异性比较

（一）健康认知的比较

表3的均值和F值表明，户口在农村的农民工与户口在城镇的农民工，在健康认知上存在显著差异（F值为3.121，相应的P值为0.045<0.05）。参加医疗保险

的农民工与没有参加医疗保险的农民工,在健康认知上存在显著差异(F 值为 7.428,相应的 P 值为 0)。

表 3 人口统计学变量与健康认知

		医疗保险		户口类型	
		有	无	城镇	农村
健康认知均值		11.2434	10.5352	10.9255	10.6667
方差检验 F		7.428		3.121	
显著水平	组内				
	组间	.000		.045	

(二) 健康态度的比较

表 4 显示,男性农民工与女性农民工在健康态度上存在显著差异(F 值为 5.779,相应的 P 值为 0.016 < 0.05);参加医疗保险的农民工与没有参加医疗保险的农民工,在健康态度上存在显著差异(F 值为 4.638,相应的 P 值为 0.003 < 0.05);已结婚的农民工与没有结婚的农民工,在健康态度上存在显著差异(F 值为 23.645,相应的 P 值为 0)。

表 4 人口统计学变量与健康态度差异之一

		医疗保险		性别		婚否	
		有	无	男	女	是	否
健康认知均值		13.5933	13.1299	13.3291	13.0246	13.5281	12.9615
方差检验 F		4.638		5.779		23.645	
显著水平	组内						
	组间	.003		.016		.000	

表 5 显示,不同年龄的农民工在健康态度上存在显著差异(F 值为 14.61,相应的 P 值为 0),不同工作年限的农民工在健康态度上存在显著差异(F 值为 3.663,相应的 P 值为 0.006 < 0.05),不同收入的农民工在健康态度上存在显著差异(F 值为 4.939,相应的 P 值为 0.001 < 0.05)。

(三) 健康行为的比较

表 6 表明,不同岗位职业的农民工,在健康行为上存在显著差异(F 值为 3.663,相应的 P 值为 0.06 > 0.05);参加医疗保险的农民工与没有参加医疗保险的农民工,在健康行为上存在差异,但不显著(F 值为 2.373,相应的 P 值为 0.069 > 0.05);不同文化程度的农民工,在健康行为上存在差异,但不显著(F 值为 1.775,相应的 P 值为 0.150 > 0.05)。

表 5　人口统计学变量与健康态度差异之二

年龄	对健康的态度				工作年限	对健康的态度				收入	对健康的态度			
	均值	F	组内	组间		均值	F	组内	组间		均值	F	组内	组间
35-40	13.4471	14.61		0.000	>12	13.5085	3.633		0.006	12001-以上	13.3646	4.939		0.001
30-35	13.5035				[9-12)	13.4792				8001-12000	13.6986			
25-30	13.7869				[6-9)	13.4000				5001-8000	13.0841			
20-25	12.8970				[3-6)	12.9654				3001-5000	13.1457			
≤20	12.4191				[0-3)	13.0685				小于3000	12.9890			
Total	13.2161				Total	13.1984				Total	13.2425			

表 6　人口统计学变量与健康行为

保险	对健康的行为				文化程度	对健康的行为				服务	对健康的行为			
	均值	F	组内	组间		均值	F	组内	组间		均值	F	组内	组间
无	11.8590	2.373		0.069	大专上	12.3297	1.775		0.150	杂工徒	11.6154	3.663		0.06
有	12.1636				高中	12.0725				操作员	11.9651			
					初中	11.8621				班组长	12.6143			
					小学	11.7889								
Total	11.9398				Total	11.9518				Total	11.8966			

四、影响因素分析

（一）相关分析结果

表7　影响因子与健康知信行的相关分析

	关注收入	外在援助	身心状况	健康管理	满意情况	自我发展
知	.072（*）	.116（**）	.082（**）	.204（**）	.128（**）	.128（**）
信	.134（**）	.128（**）	.092（**）	.117（**）	.024	.162（**）
行	.017	.067（*）	.051	.321（**）	.121（**）	.216（**）

由表7可以得出，4个自变量即自我发展、满意情况、健康管理、外在援助与健康行为之间的相关系数分别为.216（**）、.121（**）、.321（**）、.067（*）均达到高度显著。5个自变量即自我发展、健康管理、身心状况、外在援助、关注收入与健康态度之间的相关系数分别为.162（**）、.117（**）、.092（**）、.128（**）、.134（**），均达到高度显著。6个自变量即自我发展、满意情况、健康管理、身心状况、外在援助、关注收入与健康认知之间的相关系数分别为.128（**）、.128（**）、.204（**）、.082（**）、.116（**）、.072（*），均达到高度显著。

表8　健康知信行的相关性分析

	对健康的行为	对健康的态度	对健康的认知
对健康的行为	.326（**）	.252（**）	1
对健康的态度	.299（**）	1	.252（**）
对健康的认知	1	.299（**）	.326（**）

表8显示，3个因变量即对健康的认知、对健康的态度、对健康的行为之间，对健康的认知与对健康的态度的皮尔逊相关系数为.252（**），对健康的认知与对健康的行为的皮尔逊相关系数为.326（**），对健康的态度与对健康的行为的皮尔逊相关系数为.299（**），表明这三者之间两两相互影响。

（二）回归分析结果

（1）健康认知的回归分析。把农民工自我发展、满意情况、健康管理、身心状况、外在援助、关注收入作为自变量，把农民工对健康的认知作为因变量，通过逐步回归方法研究自变量对因变量的影响程度。具体结果体现在表9中。

表 9 农民工健康认知的回归分析

因素	回归系数（β）	标准回归系数（β）	T 值	Sig	F 值	判定系数 R^2	调整判定系数 R^2
常数项	10.729		150.899	.000	18.739	.094	.089
健康管理	.494	.203	7.023	.000			
自我发展	.309	.127	4.390	.000			
外在援助	.280	.115	3.979	.000			
满意情况	.263	.108	3.732	.000			
身心状况	.198	.081	2.814	.005			
关注收入	.175	.072	2.484	.013			

表 9 的结果显示，P 值都小于 0.05 的是自我发展、满意情况、健康管理、身心状况、外在援助、关注收入这几个变量，说明假设这些回归系数为零的情况不存在，其对应的自变量能够较好的解释因变量的变化。根据校正后的判定系数，回归方程解释了总变异的 8.9%，说明自变量对农民工健康的认知有显著影响。各自变量的回归系数由大到小的顺序依次是：健康管理、自我发展、外在援助、满意情况、身心状况和关注收入。

（2）健康态度的回归分析。把自我发展、满意情况、健康管理、身心状况、外在援助、关注收入作为自变量，把农民工健康态度作为因变量，通过逐步回归方法研究自变量对因变量的影响程度。具体结果如表 10 所示。

表 10 农民工健康态度的回归分析

因素	回归系数（β）	标准回归系数（β）	T 值	Sig	F 值	判定系数 R^2	调整判定系数 R^2
常数项	13.233		243.272	.000	19.225	.082	.077
自我发展	.297	.161	5.521	.000			
关注收入	.247	.133	4.581	.000			
外在援助	.235	.127	4.371	.000			
健康管理	.214	.116	3.982	.000			
身心状况	.168	.091	3.115	.002			

从表 10 中可得，P 值均小于 0.05 的变量是自我发展、健康管理、身心状况、外在援助、关注收入，说明假设这些回归系数为零的情况不存在，其对应的自变量能够很好地解释因变量的变化。这五大自变量的回归系数由大到小的顺序依次为：自我发展、关注收入、外在援助、健康管理、身心状况。

（3）健康行为的回归分析。把自我发展、满意情况、健康管理、身心状况、外在援助、关注收入作为自变量，把农民工健康行为作为因变量，通过逐步回归方法研究自变量对因变量的影响程度。具体结果如表 11 所示。

表11 农民工健康行为的回归分析

因素	回归系数（β）	标准回归系数（β）	T值	Sig	F值	判定系数 R^2	调整判定系数 R^2
常数项	11.939		207.143	.000	53.896	.166	.163
健康管理	.656	.319	11.500	.000			
自我发展	.439	.213	7.687	.000			
满意情况	.245	.119	4.301	.000			
外在援助	.137	.066	2.394	.017			

从表11得出，自我发展、满意情况、健康管理、外在援助的回归系数的P值均小于0.05，说明这些回归系数为零的假设不存在，其对应的自变量能够很好地解释因变量的变化。

（四）结论与讨论

1. 结论

本文在健康知信行框架下，通过问卷调查及数据分析，对农民工人口社会学特征及健康知信行现状进行了描述性统计，对农民工健康知信行进行差异性分析，并对农民工健康认知的影响因素进行了探讨，得出如下主要结论：

（1）农民工健康认知、健康态度、健康行为具有相关性，表明对农民工实施健康促进在理论上是可行的。

（2）健康认知方面，农民工健康认知程度不高，不同户口类型的农民工健康认知存在显著差异，自我发展、满意情况、健康管理、身心状况、外在援助、关注收入等因素对农民工健康认知有显著影响。

（3）健康态度方面，农民工健康态度较为积极，女性、已婚、有医疗保险、工作年限长、年龄越大、收入越高的农民工的健康态度得分高，自我发展、健康管理、身心状况、外在援助、关注收入对农民工健康态度有显著影响。

（4）健康行为方面，农民工健康行为不容乐观，有医疗保险、文化程度越高、现任职务越高的农民工健康行为得高分，自我发展、满意情况、健康管理、外在援助对农民工健康行为有显著影响。

（5）影响因素分析结果表明，自我管理对于农民工健康知信行具有十分重要的作用，一定程度上比企业开展健康安全管理还要重要。比较健康认知、健康态度、健康行为的影响因素可以清楚地发现，"自我发展"都是属于排在前面的影响因素，"满意情况"也属于员工自己的价值判断，然后才是企业层面的"健康管理"。可见外在的健康促进，需要与农民工健康自我管理有机结合，"外因"需要通过"内因"起作用讲得也就是这个道理。

2. 讨论

（1）农民工健康认知、健康态度、健康行为的相关性说明，农民工的健康促进可以通过健康知信行的模式找到切入点。由于职业健康范围广泛，实际操作过程中，只能依据行业特点特别是对员工身体危害较大的行业的生产流程，提供相应的健康干预。

(2) 农民工整体健康认知水平不高，特别是农村外出务工人员几乎铁板一块，健康认知水平整体处于低层次而没有区别。可能的原因：现行的农村中小学教育是应试教育，没有将健康安全方面的知识纳入进来；农村家庭教育的重点主要是道德教育和应试考试的督导，农民父母自己没有太多健康安全知识，他们也无法对其子女实施健康辅导。调查中发现北京"浙江村"中的湖北籍女性农民工，不少一年要打一次胎，这对她们生理健康、心理健康、生殖健康等方面都具有重要的影响，需要女性农民工关爱自己，也需要引起有关部门的关注。

(3) 农民工在"干中学"的过程中，健康态度出现增高的趋势，从而表现为女性、已婚、有医疗保险、工作年限长、年龄越大、收入越高的农民工的健康态度得分高。可能的原因：随着他们在外务工时间的增加，他们听到或看到发生在自己周边的不健康、不安全的事故越来越多，虽然他们的健康知识难以有明显提高，但他们对健康的态度可以发生改变。

(4) 健康态度是健康行为的先导，但健康态度不决定健康行为的发生。除为数不多的有医疗保险、文化程度高、现任职务高的农民工健康行为得高分外，大多数农民工的健康行为依然是"我行我素"。可见，促使农民工健康行为发生改变不是一蹴而就的事情。

(5) 本文开展的调查，在一定程度上通过数据证实了自我管理在农民工健康安全管理中的核心地位，也印证了世界卫生组织以及美国等发达国家积极倡导自我保健的前瞻性。据《中国农民工问题研究总报告》估计，目前外出农民工数量为1.2亿人左右；如果加上在本地中小企业就业的农村劳动力，农民工总数大约为2亿人。另外，影响健康安全的因素是多方面的，包括个人遗传和生活习惯、工作及生活场所因素、卫生医疗条件等社会因素，各种因素往往彼此交织。面对如此庞大的农民工群体，面对如此复杂的健康安全因素，没有一个政府或机构能够对每一个员工的健康安全完全负责。政府和其他机构的作用是必须的，但这些作用也是外在的。只有每个农民工重视起来、切实行动起来，不健康、不安全的事情才会离自己越来越远。本文的研究为政府有关部门的开展农民工健康促进工作提供了一定的理论支撑。

参考文献

计国平，尹惠萍. 艾滋病流行地区育龄人群相关知识态度行为调查分析. 中国健康教育，2005（10）.

王芳等. 北京和天津居民"非典"相关知信行调查. 中国健康教育，2005（2）.

李荣磊等. 茂名市城乡居民对乙肝知识、态度和行为的现况调查. 临床和实验医学杂志，2007（3）.

张开金等. 流动人口性病、艾滋病知识、态度和行为调查. 中国公共卫生，2005（7）.

吴方等. 海宁市外来务工人员艾滋病相关知识现况调查. 中国健康教育，2008（8）.

于建平等. 353名流动人口肝炎、艾滋病知信行调查. 首都公共卫生，2008（2）.

骆名进等. 武汉市建筑业农民工预防艾滋病宣传教育现状研究. 中国社会医学杂志，2008，25（3）.

邵秀萍. 建德市外来农民工艾滋病知信行调查分析. 中国初级卫生保健, 2008, 22 (2).

Auster, Richard; Leveson, Irving; Sarachek, Deborah, 1969, "The Production of Health, An Exploratory Study", *Journal of Human Resources*, 4: 411 – 435.

Morris D, Wilson L. "Utilization of the Health Belief Model to Investigate Smoking Behaviors and Attitudes of Nurses and Nursing Assistants". *Research Quarterly for Exercise and Sport*. 2008

Musgrove, P., 1996, " Public and Private Roles in Health: Theory and Financing Patterns", World Bank Discussion Paper No. 339, Washington, DC.

Mushkin, S. J., 1962, "Health as An Investment", *Journal of Political Economy*, Vol. 70, pp. 129 – 157.

Sigle, J., Porzsolt, F., 1996. "Practical Aspects of Quality – of – life Measurement: Design and Feasibility Study of the Quality – of – life Recorder and the Standardized Measurement of Quality of Life in An Out – patient Clinic". *Cancer Treat. Rev.*, 22 (Suppl. A): 75 - 89.

简新华, 张建伟. 从"民工潮"到"民工荒"——农村剩余劳动力有效转移的制度分析. 人口研究, 2005 (2).

李建华. 沈阳市农民工健康状况及卫生服务需求调查. 中国公共卫生, 2006 (4).

李鲁, 王红妹, 沈毅. SF-36健康调查量表中文版的研制及其性能测试. 中华预防医学杂志, 2002, 36 (2).

梁雄军, 林云, 邵丹萍. 农村劳动力二次流动的特点、问题与对策——对浙、闽、津三地外来务工者的调查. 中国社会科学, 2007 (3).

刘声远, 陈心广, 曾尔亢. 生命质量问题与研究进展. 国外医学社会医学分册, 1996, 13 (2).

王曲, 刘民权. 健康的价值及若干决定因素: 文献综述. 经济学(季刊), 2005 (5).

隋华杰. 农民工职业安全健康需求实证研究. 浙江大学博士论文, 2009.

叶旭军. 城市外来农民工的健康状况及影响因素研究. 浙江大学博士论文, 2003.

(作者单位: 北京理工大学管理与经济学院)

大连市区域资源承载人口压力测算及评价

王志刚

一、引 言

人类社会经济和科技的进步，促进了城市化的进程，而城市化进程又对经济和科技的发展起着相当大的推动作用。随着经济的快速发展，我国城市化进程的脚步也越来越快。我国城市面积仅占国土面积的0.22%，却集聚了全国30%的人口，创造了70%以上的国内生产总值，其中第二产业占70%以上，第三产业占85%以上。可见，健康的、充满活力的城市是我国经济持续增长的发动机。

城市化在促进经济发展的同时也带来了一系列的自然、社会等问题。2008年中国城市生活垃圾无害化处理率仅为66.8%，生活污水处理率仅为57.4%；作为全球第四大汽车生产国和第三大汽车消费国，中国2008年汽车保有量达到近3501万辆，这也使得"机动车污染"、"空气质量差"、"饮用水水质不达标"等问题，成为中国城市居民环境投诉最多的问题，直接影响人们的生活质量。这些问题一方面是因为基础设施薄弱，处理能力不足，另一方面是因为城市化进程过快，城市定居人口超过了资源承载人口。

城市人口的发展是城市发展的重要组成部分。而长期以来，在城市发展规划中，人口的发展往往被忽视。由于在规划中缺乏人口发展观念，许多城市的建设规划仅仅是以本市户籍人口的自然变动为依据，在具体实施中往往不能满足城市发展的实际需要。城市的发展并不仅仅是城市建设的发展。城市经济结构的形成、城市经济实力的发展壮大以及市政设施的健全等等，是城市发展的必要条件，但是城市的发展归根结底是"人"的发展，是人口的城市化。由此可见，城市化是一个社会问题，也是一个可以定量分析的问题。

从资源供给的角度看，人口城市化模式取决于一个地区实际人口与资源承载人口的关系。区域资源承载人口不取决于单一资源的承载力，而取决于生态、经济和自然等多种资源的综合承载力。承载人口不仅要与社会经济变化相互适应，而且必须与资源环境系统的生产能力和供养能力相互协调。区域资源承载人口是动态的，随着经济发展水平的提高和生态环境的改善以及人们的生产和生活方式的改变而不断变化，导致人口城市化的模式不断发生变化。

二、区域资源承载人口的测算方法

（一）指标选取

广义的资源系统由自然资源、经济资源、社会资源和生态资源四个子系统构成，每个子系统又包含若干要素。自然资源子系统包括土地资源、水资源、矿产资源等；经济资源子系统包括经济发展水平、资金、技术、固定资产等；社会资源子系统主要包括劳动力、文化教育水平、社会保障等；生态资源子系统包括生物多样性、森林资源、草地资源等。但区域是一个开放的、动态的地域系统，区域内外存在着资源的流通和交换，而且随着科技进步和全球经济一体化的发展，一定区域人们的生产和生活对区域内已有自然资源存量和依赖性将越来越低，而且在特定时段，自然资源、经济资源和生态系统之间的优势和劣势在很大程度上可以相互补充。也就是说区域资源承载人口不仅要与社会经济变化相互适应，而且还必须与资源环境系统的生产能力和供养能力相互协调，区域资源承载人口不应该取决于单一资源的承载力，而取决于自然、经济和社会等资源的综合承载力。

在理论上，可以简略地概括为函数形式 $OP = f(e, s, n, u)$。其中，OP 为区域资源承载人口，e 为经济资源，s 为社会资源，n 为自然资源，u 为误差项。

由于研究对象是资源承载人口，故而以人口数目为因变量；自然资源承载人口，考虑到矿产资源已在 GDP 中体现，所以只选用土地资源和水资源作为承载资源，将建成区面积和全年供水总量作为主要指标；经济资源承载人口选用 GDP 作为主要指标；社会资源承载人口主要考虑城市基础设施建设和公共服务，为了方便起见，本文仅选取医院、卫生院数目和年度政府公共支出为指标进行研究。由于不能确定基准区域，因此本文以全国作为基准，以全国数据作为参照数据来进行模型建立和数据预测。

（二）区域资源承载人口测算方法

1. 自然资源承载人口测算

自然资源承载人口 $C_n = W_土 C_土 + W_水 C_水 = W_土 I_土 Q_土 + W_水 I_水 Q_水$

其中 C_n 为自然资源承载人口，$W_土$、$W_水$ 分别为土地资源和水资源的权重；$C_土$、$C_水$ 分别是土地资源和水资源承载人口；$I_土 = Qsp/Qs_土$，$I_水 = Qsp/Qs_水$，Qsp 为参照区人口数量，$Qs_土$ 为参照区建成区面积，$Q_土$ 为研究区建成区面积；$Qs_水$ 为参照区全年供水总量，$Q_水$ 为研究区全年供水总量。

2. 经济资源承载人口测算

经济资源承载人口：$Ce = IeQe$

其中 Ce 为经济资源承载人口，$Ie = Qsp/Qse$，Qsp 为参照区人口数量，Qse 为参照区国内生产总值，Qe 为研究区国内生产总值。

3. 社会资源承载人口测算

社会资源承载人口 $Cs = WhCh + WpCp = WhIhQh + WpIpQp$

其中 Cs 为社会资源承载人口，Wh、Wp 分别为医院和政府公共支出所占的权重，$Ih = Qsp/Qsh$，$Ip = Qsp/Qsp'$，Qsp 为参照区人口数量，Qsh 为参照区医院数目，Qsp' 为参照区政府公共支出，Qh、Qp 分别为研究区医院数目和政府公共支出。

4. 区域资源承载人口测算

区域资源承载人口 $OP = WnCn + WeCe + WsCs$，其中 Wn、We、Ws 分别为自然资源、经济资源、社会资源承载人口的权重。

5. 资源承载人口总公式

为了研究方便起见，假设自然资源、经济资源和社会资源在资源承载人口公式中所占的比重是相等的，即 $Wn = We = Ws = 1/3$。于是得到资源承载人口总公式为：

$$OP = 1/3Cn + 1/3Ce + 1/3Cs = (Cn + Ce + Cs)/3$$

（三）人口城市化模式分析

假设一个区域的实际人口数量为 OPS，则比较 OPS 与 OP 的大小关系有以下三种情况：(1) $OPS < OP$，即实际人口数量小于资源承载人口数量，则应该走分散型人口城市化道路，鼓励人口向城市外围的新建园区和卫星城市流动，同时注重城区的公共设施建设。(2) $OPS > OP$，即实际人口数量大于资源承载人口数量，则应该走集中型城市化道路，继续吸引周边城市和农村的人才进入本区域定居。(3) $OPS = OP$，即实际人口数量等于资源承载人口数量，则表示区域人口处于临界状态，但这并不表示本区域的人口城市化处于最优化状态，是否处于最优状态还要分析更多指标。

三、大连市区域资源承载人口测算

（一）应用 SPSS 软件进行定量分析

本文基于全国 1999—2008 年人口与资源数据，拟合人口与资源规模的回归方程，然后以此为基准，具体测算和评价大连市区域资源承载人口的压力，得到具体情况如下：

(1) 自然资源承载人口能力测算。以城镇人口数量为因变量，建成区面积和全年供水总量为自变量进行回归分析，选用逐步回归分析方法，最终得到的拟合结果为：

$$Cn = 1.064C_{\pm} + 219.21 = 1.064I_{\pm}Q_{\pm} + 219.21 \qquad (1)$$
$$(32.723)$$

其中 Cn 是自然资源承载人口；$C_{\pm}$ 是土地资源承载人口；$I_{\pm} = Qsp/Qs_{\pm}$，Qsp 为参照区人口数量，$Qs_{\pm}$ 为参照区建成区面积，$Q_{\pm}$ 为研究区建成区面积。

建成区面积的调整后的 $R^2 = 0.996$，t 值为 32.723，说明建成区面积对自然资源承载人口的解释程度很高。P 值为 0.000，在显著性水平为 5% 的情况下拒绝原假设。在方程 1 当中，建成区面积 $C_{\pm}$ 的系数为 1.064，这说明建成区面积每增长 1 单位，自然资源承载人口就会随之增长 1.604 单位。

(2) 经济资源承载人口公式。以城镇人口数量为因变量，区域国内生产总值为自变量进行回归分析，方法选用为逐步回归分析。最终得到的拟合结果为：

$$Ce = 0.077IeQe + 400.48 \qquad (2)$$
$$(7.900)$$

其中 Ce 为经济资源承载人口，$Ie = Qsp/Qse$，Qsp 为参照区人口数量，Qse 为参照区国内生产总值，Qe 为研究区国内生产总值。

区域国内生产总值调整后的 $R^2 = 0.941$，t 值为 7.900，说明区域国内生产总值对经济资源承载人口的解释程度很高，P 值为 0.000，在显著性水平为 5% 的情况下拒绝原假设。在方程 2 当中，$IeQe$ 前边的系数为 0.077，而在选定参照区的情况下，

Qsp、Qse 都为固定值,即 Ie 为固定值,也就是说,区域国内生产总值 Qe 每增长 1 单位,经济资源承载人口就随之增长 0.077 单位。

(3) 社会资源承载人口公式。以城镇人口数量为因变量,财政支出和医院数目为自变量进行回归分析,方法选用为逐步回归分析。最终得到的拟合结果为:

$$Cs = 0.21Cp + 483.39 = 0.21IpQp + 483.89 \quad (3)$$
$$(5.580)$$

其中 Cs 为社会资源承载人口,$Ip = Qsp/Qsp'$,Qsp 为参照区人口数量,Qsp' 为参照区政府公共支出,Qp 为研究区政府公共支出。

区域政府公共支出承载人口的调整后的 $R^2 = 0.955$,t 值为 5.580,说明区域政府公共支出对社会资源承载人口的解释程度很高,P 值为 0.011,在显著性水平为 5% 的情况下拒绝原假设。在方程 3 当中,区域政府公共支出 $IpQp$ 前边的系数是 0.21,而 $Ip = Qsp/Qsp'$,在参照区选定的情况下是不变的,也就是说区域政府公共支出每增长 1 单位,社会资源承载人口就随之增长 0.21 单位。

(二) 大连市资源承载人口测算

运用上述模型,采用《中国统计年鉴2009》、《辽宁省统计年鉴2009》的数据分别对大连市 2008 年的自然资源承载人口（表1）、经济资源承载人口（表2）、社会资源承载人口（表3）分别进行测算,并在此基础上,测算大连市 2008 年区域资源承载人口（表4）。

表1 大连市 2008 年自然资源承载人口表

全国城镇总人口（万人）	全国城市建成区面积（万平方公里）	Ih（人/平方公里）	大连市建成区面积（平方公里）	自然承载人口（万人）
60667	36295	1.671497	258	678.06

表2 大连市 2008 年经济资源承载人口表

全国城镇总人口（万人）	全国国内生产总值（亿元）	Ie（人/亿元）	大连市国内生产总值（亿元）	经济承载人口（万人）
60667	300670	0.201773	3858.2	460.42

表3 大连市 2008 年社会资源承载人口表

全国城镇总人口（万人）	全国财政支出（亿元）	Ip（人/亿元）	大连市财政支出（亿元）	社会承载人口（万人）
60667	62592.66	0.969235	410.0013	567.34

表4 大连市 2008 年区域资源承载人口表

自然承载人口（万人）	经济承载人口（万人）	社会承载人口（万人）	大连市资源承载人口（万人）
678	460.42	567.34	568.61

(三) 结果与分析

通过本章的计算可知,2008 年大连市资源承载人口为 568.61 万人,远远大于

347.8 万人的现实人口数。因此，在目前条件下大连市应走集中型人口城市化道路。具体分析如下：

（1）自然资源承载人口在这三方面当中最多，主要原因是土地承载人口较多。具体有以下两点：首先，大连新建城区速度与日俱增，高新园区、开发区、旅顺南路等区域都在建设当中，因此虽然中心市区附近的人口密度较大，但大连市综合人口密度还是在较低水平上的。其次，大连人口流动性较大，统计年鉴中的人口数据是以常住人口来统计的，但是在大连还存在着大量的暂住流动人口，如果剔除这些流动人口，仅仅来计算大连常住人口的话就会得到大连人口密度较低的结果了。

（2）经济资源承载人口在这三方面当中最少，这也体现出大连市 GDP 水平还达不到一线城市标准的尴尬现象。这主要是因为大连市产业结构不够合理。2008 年大连市第一产业总产值占 GDP 的 7.5%，而第三产业仅占 40.8%，大连作为一个旅游城市，第三产业产值所占比重比传统工业化城市沈阳（45.1%）还低了接近 5 个百分点，这就匪夷所思了。由此也可以看出大连市是一个旅游大市，但还不是一个旅游强市。

（3）社会资源承载人口在这三方面中表现的中规中矩，这说明财政支出在一个较合理的水平上发展，不会太激进，也不会太落后。

基于此，笔者提出如下建议：

（1）调整产业结构，大力发展第三产业，并树立正确的消费观，努力由旅游大市向旅游强市发展。第三产业的发展是经济发展的重要标志，积极发展第三产业，可以有力地推进第一产业（农业）和第二产业（工业）的发展，推进我国工业化和现代化的进程。加快发展第三产业还可以扩大就业领域和就业人数，保证社会安定。加快发展第三产业可以显著提高人民生活水平，改善生活质量。人们的需求从单纯物质方面向精神方面转化。这些发展趋势要求不断开发的消费领域，尤其是增加高层次的劳务消费，如文化教育、消遣娱乐、游览观光、医疗保健等。只有加快发展第三产业，才能适应人们以上的需求。

（2）控制新城区建设速度，停止盲目建设，避免重复建设，在了解市民需求的基础之上建设大连。要高度重视城市规划，努力提高建设项目的整体素质。规划要充分考虑到城市的交通、运输、电力、通讯、娱乐、污水和垃圾处理等重要因素。注重基础设施建设，重点抓好地下管网、污水和垃圾处理厂、城市立交、停车场等设施的建设，大力发展公共交通。实施廉价租房建设，建立金融资本、社会资金和财政补助共同参与廉价租房行动，在城市房屋建设中安排 30% 左右的廉租房，使进城农民以及城市困难群体居者有其屋，提升城市的文化程度。同时要严格保护城市用地，不仅要在宏观上控制土地用量，更要合理配置城区低效土地，挖掘土地潜力。这样才能使城市人口数量趋于合理，而且不会显得过于拥挤。

参考文献

中国统计年鉴 2009，2008 年环境统计年报。

王金营. 经济发展中人口城市化与经济增长相关分析比较研究 [J]. 中国人口资源

与环境，2003（10）：41-46.

杨青山，尹相飞等．东北区人口城市化对非农产业发展水平的响应类型研究 [J]．经济地理，2004（9）．

曹晓军，齐晓安．我国人口城市化制度创新对策研究 [J]．当代经济研究，2006（1）．

封华．人口城市化因素的计量分析——以陕西省为例 [J]．西安财经学院学报．2008（1）．

朱龙杰．区域人口城市化水平测定与趋势分析 [J]．统计与决策．2008（3）．

方含．人口城市化与政府财政支出研究 [J]．浙江大学 [M]，2008（5）．

赵玥，徐盈之．我国人口城市化水平与经济增长的关系分析——基于面板数据的实证分析 [J]．华东经济管理，2008（10）．

周俊山，张岭泉等．人口城市化对家庭养老影响的探讨 [J]．晋西学刊，2008（11）．

方铭，许振成．人口城市化与城市环境定量关系研究——以广州市为例 [J]．安徽农业科学．2009（12）．

（作者单位：东北财经大学）

实施流动人口服务管理区域"一盘棋"存在的问题与思考

苏德媛

2010年，流动人口计划生育工作遵照国家人口计生委提出流动人口"三年三步走"即到2009年省内"一盘棋"、2010年区域"一盘棋"、2011年全国"一盘棋"工作目标为主攻方向，积极稳健、大力推进流动人口服务管理工作区域"一盘棋"。具体实施中，我们不难发现，全面实现流动人口服务管理工作区域"一盘棋"存在诸多困难，出现许多新情况、新问题。

一、区域"一盘棋"实施中存在的问题

（一）人口流动迁移的活跃，造成了全员流动人口计划生育数据库的数据不完整

国家对农民工相关政策出台引导了人口流动有序、迁移活跃。十七届三中全会国务院作出的《中共中央关于推进农村改革发展若干重大问题的决定》（以下简称《决定》）中就明确提出："统筹城乡劳动就业，加快建立城乡统一的人力资源市场，引导农民有序外出就业，鼓励农民就近转移就业，扶持农民工返乡创业""统筹城乡社会管理，推进户籍制度改革，放宽中小城市落户条件，使在城镇稳定就业和居住的农民有序转变为城镇居民"。不难预见，统筹城乡一体化发展的一系列举措，对流动人口的发展将产生深刻的影响。城乡、区域、经济、社会不平衡的发展，也造成流动人口的居无定所、流动性日益加大，给全员流动人口个案信息的采集和建库工作带来不少的压力。势必造成流动人口信息登记量大、流动人口个案信息更新频繁、流动人口建档率低、流动人口数据质量差。根据有关部门的数据分析，至2009年底，我省流动人口为900万—1000万人，其中跨省流动的在600万以上。至6月17日止，全省人口计生系统全员人口信息数据库汇总的流动人口总数仅为317.11万人，流动人口的建档率只有30%左右，距国家人口计生委全员流动人口建档率在90%以上的要求相差甚远。还有大量的流动人口的流动信息没有录入到全员人口个案信息（PIS）中。由此可见，要保质保量、按期在2010年完成全省全员流动人口信息的采集和建库工作，对广大流动人口计划生育工作者来说确有一定压力和难度。

（二）队伍职业能力不强，造成了流动人口"区域一盘棋"动态化管理不到位

事业成败，关健在人。工作人员的素质是决定能否做好工作的基础。当前的流动人口服务管理工作是伴随着我国人口和计划生育事业不断发展前进的，正经历着

"由户籍地管理为主向现居住地管理为主、由重管理轻服务向管理服务并重"的两大转变。这必将要求计划生育流动人口工作人员要具备良好的职业操守、为民服务的职业觉悟、处理日常事务以及突发事务的能力、良好的沟通协调能力等相关的职业能力。而目前状况是，流动人口计划生育这支队伍成立晚，人员、机构、设备不完备，部分市县乡机构、人员、编制尚未到位，少数基层流动人口服务管理人员服务岗成了名副其实"流动岗""流动哨"，再加上有些流动人口工作人员，工作中缺乏积极性、主动性、服务性、创造性和破解难题的能力。直接造成了流动人口计划生育信息采集不全，信息采集、变更、传递、适时变动不及时、流动人口孕环情检查网上提交效验形同虚设，流动人口社会抚养费征收、依法落实节育补救措施、维护合法权益等服务管理通过网络得不到及时解决。直接造成严重后果是，全国统一的以信息化为基础的动态服务的PADIS流动人口服务管理平台发挥不了良性运转作用，已婚育龄妇女的经常化、动态化服务管理、流入地与流出地之间的信息共享根本达不到区域"一盘棋"。

（三）综合治理管理不完善，造成了全员流动人口清理清查工作进行不彻底

流动人口计划生育是一项政府主导、部门配合、社会共同参与的工程，需要各级党委、政府的重视和支持，需要相关部门联动，齐抓共管。即在当地政府的一把手亲自抓、负总责下，人口计生部门要与公安、工商、劳动和社会保障、卫生、住房城乡建设、民政、财政等部门及流动人口户籍所在地的乡（镇）政府之间建立协调配合机制。但一些部门、单位对人口问题存在认知上的偏差，往往在参与流动人口计划生育工作调查中，清查不认真、工作不主动、措施不落实。遇到本单位本部门违反计划生育的人和事，却抱着"家丑不外扬"和"维护本单位利益"错误认识，瞒报漏报本单位（系统）违反计划生育政策的人和事。直接导致每年一次全员流动人口清理清查工作不但没有得到全面落实，个别企事业单位反而成为违反计划生育流动人口"防空洞"。且政策外生育行为处理不到位，严重制约影响流动人口计划生育工作"一盘棋"开展。

（四）人口经济生育政策区域不同，造成了流动人口的均等化服务权利得不到保障

日前，国家人口计生委为加快流动人口"一盘棋"进展，实现重点区域的"一盘棋"。将全国划分四个重点区域，分别是环渤海区域，包括北京、天津、河北、山东、辽宁、黑龙江、吉林、河南、山西、内蒙古；泛长三角区，包括上海、江苏、浙江、安徽、江西、河南、湖北；泛珠三角区域，包括广东、福建、江西、湖南、广西、海南、贵州、重庆、四川、云南；西北区域，包括陕西、甘肃、宁夏、青海、新疆和新疆生产建设兵团。从中我们不难看出，国家人口计生委在划分这四个区域时，只考虑到周边省份之间人口迁移对接，实际上各区域中各省份人口数量、经济基础、生育政策和人们生育观念还是存在较大的差异。加之，国家对各级财政每年经费的投入是按人均指标要求的，而在人均计生经费的投入上，有些地方政府没有严格执行中央《决定》和国务院5号文件要求，往往按常住人口为基数计算，未将流动人口纳入流入地人口总数，所以在流动人口中的计划生育服务与管理经费在某些省市呈现相对不足，导致相当一部分流动人口难于享受免费国家规定的基本项

目的计划生育技术服务。现居住地为流动人口提供与户籍人口同等的计划生育、优生优育、生殖健康、避孕药具和技术服务,实现人口和计划生育优质服务全覆盖、实现计划生育基本服务均等化也就成了"雾里看花"、"空中楼阁",流动人口计划生育均等化权利得不到真正实现。

（五）"一盘棋"考核指标设置不科学,造成了流动人口计划生育工作者精力投之过大

2008年,国家人口计生委在下发《关于促进形成全国流动人口计划生育工作"一盘棋"格局的意见》的同时,下发了《流动人口计划生育管理和服务工作检查评估指标（试行）的通知》。检查评估指标分为保障指标、管理指标、服务指标、绩效指标和激励指标等五大类,其中流入地共计21个指标,流出地共计18个指标。39个考核指标对城市社区人口流动人口计生管理的考核,存在着考核标准不切合实际,在不同类型地区工作内容和情况不可比的情况下,直接进行比较的问题。考核标准不切实际,主要表现在对流入地的考核,要为流入人员制定流动人口免费、奖励、救助、优惠等多种形式的利益导向政策,这点在经济欠发达的地区,财政收入不充足,连常住人口享受的利益导向政策经费都得不到充分保障情况下,更何况流入人员,全面落实流入人口利导政策只能是"纸上谈兵";再者,在当前流动人口流动性较高的情况下,要求对流出地信息交换平台使用情况,查询反馈率达90%以上,查无此人率低于2%,要求对流动人口进行95%以上管理和信息登记。按常理,考核、评价流动人口计生管理工作的水平,应在同质地区之间进行。目前实际情况是,区域经济发展不平衡,区域布局不一致,城市和农村体制不相同,这必将造成流动人口计划生育工作即使投入大量人力财力,也可能达不到考核指标要求。

二、全面推进区域"一盘棋"的思考

适应新形势、新任务的要求,从实际出发,要按照"信息互通、服务互补、管理互动、责任共担"的思路,"三年三步走"的为主要目标和任务,积极推进区域"一盘棋"。

（一）统一认识、加强宣传

统一认识是推进区域"一盘棋"机制建设的必要前提。各级各部门要进一步统一思想、提高认识,树立长远发展、全局发展观念,切实转变思想,加大工作力度。同时,从事流动人口计划生育工作者也要进一步增强忧患意识、责任意识,深刻理解做好流动人口区域"一盘棋"工作,是有利于构建社会主义和谐社会;有利于建设社会主义新农村;有利于解决"三农"问题;更有利于稳定低生育水平、统筹解决人口问题、促进人口长期均衡发展、建设人口均衡型社会。各级人口计生部门要在当地党委、政府的统一领导下,协调宣传、新闻等部门,充分利用报刊、广播、电视、互联网等各种媒体,借助全国上下深入开展学习《流动人口计划生育工作条例》有利时机,公开全面宣传计划生育政策、生殖保健知识、技术服务等信息,开通并向社会公布流动人口计划生育维权热线或电子信箱,及时解答生育政策、生殖健康知识,及时解决流动育龄群众反映的相关证件的办理等有关问题,公开曝光各种强令流动已婚育龄妇女返乡孕检、跨省设立管理站开展孕检和乱收费等侵害流动人口权益的违法行政行为，维护流动人口合法权益。积极主动地引导流动人口参与到区域"一盘棋"工作中来，从而营造出全社会共同关心、共同推进流动人口区域"一盘棋"机制建设的浓厚氛围。

（二）健全机制、合力推进

一是要建立部门联动机制。推进区域"一盘棋"，是一项全局性工作，不仅仅是人口计生部门的事情，各个相关部门都有责任共同做好这项工作。要建立起与公安、民政、人力资源社会保障、住房城乡建设、卫生、价格、工商等部门组成流动人口统筹管理和协调机制，明确相关部门职责，实现资源共享、人才互用、职能互补、互促共进、共同解决区域"一盘棋"出现的新情况、新问题，构建部门配合、齐抓共管、综合治理的工作格局。

二是要加强队伍建设机制。各县区人口计生部门要设立流动人口计划生育专门机构，落实专职工作人员，乡（镇、街道）要有专人负责流动人口计划生育工作，积极创造条件，在流动人口较多的乡镇单独设立流动人口信息化工作人员，在流动人口较多的省、市、区成立流动人口计划生育协会，设立信息员，派驻联络员，组建一支从上至下懂电脑、能吃苦、会管理的流动人口计划生育"金字塔"型服务管理队伍。

三是要完善区域协作机制。充分利用PADIS流动人口服务管理平台，将已婚育龄妇女的管理和服务情况等相关信息及时提供、反馈，实现信息共享。进一步发挥PADIS平台孕环情报告单网络化交换作用，加强与本市籍流动人口较多地区的区域协作。同时，通过签订区域协作协议、建立信息通报和区域联席会议制度形式，形成合作共赢的长效协作机制，加快计划生育服务区域一体化进程。

四是要落实经费保障机制。各地要按中央《决定》和国务院5号文件的要求，将流动人口纳入流入地人口总数，按照户籍人口的标准，把流动人口计划生育管理和服务经费纳入各级财政正常的预算支出范围，实行专款专用。要在人口和计划生育事业中安排一定比例，用于流动人口计划生育管理和服务。

五是要健全监督考评机制。要完善流动人口目标责任制考核，创建一个符合流动人口实际情况考评指标的考核体系，强化平时监管，将流动人口孕环情检查网上交验质量和双向协作工作直接纳入考评，实行双向考核。

（三）服务均等、优质服务

一是要强化均等服务理念。流动人口应获得与户籍人口无差别的均等技术服务，即流动人口和常住人口享有同等的计生技术服务，和常住人口享有同等的药具服务、妇女健康检查治疗、婚前检查和孕前筛查服务。

二是要完善均等保障体系。通过统筹管理，围绕流动人口家庭优生优育、子女成才、抵御风险、生殖健康、家庭致富、养老保障等方面的需求，协同相关部门，建立高标准、全方位的流动人口计生利益导向政策体系，使流动人口得到多方面的关怀和实惠。

三是要提供优质服务。现居住地的流动人口可以获得"三免费二休假"服务。"三免费"即免费参加人口与计划生育法律知识和生殖健康知识普及活动，免费避孕药具，免费享受国家规定的其他基本项目的计划生育技术服务。"二休假"晚婚晚育休假，施行计划生育手术休假。并且在生产经营等方面可获得支持、优惠，在社会救济等方面可得到优先照顾，实现流动人口计划生育优质服务全覆盖。

参考文献

春运与流动人口（论坛），人口研究，2009.

王培安，积极推进全国流动人口计划生育工作"一盘棋"格局的形成，人口与计划生育，2007.

于学军，建立流动人口计划生育统一管理、优质服务新体制，人口与计划生育，2007.

张原震，当前城区人口计生管理的若干问题和建议，人口与计划生育，2008.

国家人口计生委关于促进形成全国流动人口计划生育工作"一盘棋"格局的意见

国务院第555号，流动人口计划生育工作条例

李斌，总结经验 把握机遇 加快"一盘棋"工作新机制建设，人口与计划生育，2010.

王培安，立足区域"一盘棋"改革创新流动人口服务管理体制，人口与计划生育，2010.

（作者单位：江西抚州市人口计生委）

金融危机对农民工劳动权益的影响及其对策

李 敏

20世纪80年代，我国大规模的人口流动开始出现。随着中国城市化进程的加快，大量的农民从农村来到城市，日益成为我国经济发展不可或缺的重要力量。2008年以来由美国次贷危机引发的全球性金融危机，对我国的经济也产生一定的冲击，大量企业通过裁员等行为来减少损失，农民工主要在劳动密集型企业中非正规就业，成为金融危机首当其冲的受害者。人力资源和社会保障部部长尹蔚民在对广东等地调研后，用"四大四小"概括了国际经济形势对我国的影响，认为金融危机对外来农民工影响大，对本地劳动者影响小。金融危机进一步使农民工原本就很薄弱的劳动权益进一步恶化，引起了金融危机及后危机时期社会各界的广泛关注。

一、农民工的基本特征及社会保障状况

（一）农民工的基本特征

农民工是指从农民中率先分化出来、与农村土地保持着一定经济联系，从事非农业生产和经营、以工资收入为主要生活来源，并具有非城镇居民身份的非农业化从业人员。我国特殊的城乡二元经济状态，农民工这种称呼本身也体现了"亦工亦农"的身份特征。19世纪末，E. G. 雷文斯坦对人口转移进行了研究，唐纳德·博格于20世纪50年代末著名的人口转移推拉理论，可以对农民工的"乡"—"城"迁移进行解释，该理论认为，农村农业生产成本增加、农村劳动力过剩导致的失业与就业不足、较低的经济收入水平的"推力"以及城市较多的就业机会、较高的工资收入等的"拉力"下，大量的农民从农村到城市打工，成为社会经济发展的力量。据2005年有关部门估计，进城农村人口总数已达1.4亿，超过全国总人口的10%，约占农村劳动力人口的30%，若包括离土不离乡的农村劳动力，人数超过2亿。

农民工的特殊性首先体现在身份与职业的分割上，大多数的中国农民，在城市化进程中虽进入到城镇，职业角色发生了转换，而户籍身份却仍然是农民。农民工的特殊性其次是表现在需转移数量较大以及空间流动频繁。我国城市化明显滞后于工业化以及城乡之间长期存在的社会经济二元分割状态，使得目前农村剩余劳动力存量很大且规模有持续增长的趋势。再次，我国农民工的流动，由于职业与身份分割带来的社会及制度认同问题，使得农民工的流动表现出"候鸟式"的空间流动特点和兼业型的职业转移特点，随季节变动频繁流动于城乡之间。农民工的空间分布研究具有十分重要的意义，我国民工流主要产生在一些经济相对欠发达的中部省份；流动的主要方向是由欠发达地区向发达地区流动，东部沿海地区是民工流的

强吸引中心。我国已形成民工流吸引场，即华南吸引场、东北吸引场、长三角吸引场、西北吸引场和华北吸引场，广东为场核的华南吸引场，为全国最大的民工流吸引场。

（二）农民工社会保障状况

中国社会保障改革从 20 世纪 80 年代开始，目前已初步建立起了以社会保险、社会救助、社会福利、社会优抚为主要内容的社会保障体系。农民工作为介于农村和城镇间的特殊边缘群体，其社会保障的问题成为人们关注的焦点。中国劳动关系学院学生 2009 年对劳动法律实施状况的调查发现，农民工主要集中在制造业、建筑业、零售和租赁行业，大部分农民工被雇佣基本都没有任何正式合同，他们受教育程度低，劳动条件较差，劳动报酬相对较少，劳动时间长，强度大，劳动及生活条件恶劣；本次调查农民工社会保障严重缺失，近 70% 的农民工没有任何保险，有些用人单位给农民工上保险，险种比较单一，主要以工伤保险为主，一定程度上意味着农民工的社会保障状况严重缺失。有学者通过对农业人口和非农业人口两种户籍身份的外来人口在流入地城市的社会医疗保险获得的比较发现，代表着城乡分割体制因素的户籍差异已不是影响农民工获得社会医疗保险的决定性因素，另一个制度变量——合同的签订，正在取代户籍制度发生作用。没有签订劳动合同的进城农民工获得社会保障的可能性较小；低工资收入者获得社会保障的可能性较小，因此需要更加关注那些获得社会保障可能性小的群体。

二、金融危机下农民工劳动权益状况

（一）农民工就业压力增大，"回流"现象严重

本次金融危机起始于 2007 年 4 月美国的次贷危机，仅仅在一年时间里，次贷危机就演变为金融危机，最终发展到实体经济危机，从范围来看，全球都受到波及，中国也受到前所未有的冲击。金融危机对中国的影响表现为输入性危机，由于中国劳动密集型企业和产品出口型企业在整体经济中的比例较大因此这些行业受到的影响也较大。在国际金融危机的冲击下，部分劳动密集型企业受到信贷支持的紧缩、长期接不到订单等原因，纷纷通过裁员等行为降低且有损失，甚至很多中小型企业倒闭，为数庞大的农民工是中国出口企业人力资源的支撑力量，他们在这种裁员、倒闭浪潮中，利益首当其冲受到损害，大量的农民工陷入失业状况。2009 年 3 月，中央农村工作领导小组办公室主任陈锡文在国新办举行的新闻发布会上表示，在 1.3 亿外出就业的农民工中，约有 2000 万农民工由于此次金融危机失去工作或者还没有找到工作而返乡，占外出就业农民工总数的 15.3%。加上每年新加入到外出打工队伍的农民，当年共有 2500 万农民就业面临很大压力。根据国家统计局对四川、河南、安徽、湖北、湖南五个劳动力大省进行了快速调查，得出的数据是提前回流的农民工占整个外出农民工总量的 5%—7%；农业部根据固定观察点对 10 个省市的数据调查，得出农民工提前回流量占农民工总量的 6.5%。因此，如以 6% 的回流量估计，全国 1.3 亿外出农民工中已有 780 万人提前返乡。农民工就业压力增大，返回农村的现象比较严重，迈克尔·保罗·托达罗是美国著名的发展经济学家，他针对第三世界国家中城市失业和就业不足，但农村人口仍然大规模地向城市地区流动的现象进行深入研究，提出关于发展中国家城乡人口迁移的理论模型，按照托达罗模型，农民工向城市的流动，在城乡预期收益差距很大的前提下基本呈现正向流动状态。但在预期收益差距缩小的情况下，这种流向则可能出现逆转。金融危机下的农民工"回流"现象，可以用托达罗模型进行解释，外出打工的收益得不到改善，甚至恶劣的情况下，农民工必然选择回乡。民工大量的返乡，对原本就脆弱的城镇就业平衡带来一定的冲击。

（二）金融危机下农民工权益首当其冲受损

尽管金融危机虽然对我国的冲击远不如欧美，但对企业，尤其是劳动密集型企业及涉外企业，带来严重的负面影响。一些企业面临订单减少、资金紧张、倒闭或半倒闭的压力，出现随意解除员工劳动合同、大量裁员、大范围降薪，甚至做出各种严重违反我国劳动法律规范，侵犯职工合法权益的行为，严重损害劳动者的权益。劳动者权益包括就业权、职业稳定权、劳动报酬权、社会保险权和劳动安全权等几乎都受到不同程度的损害。弱势劳工群体的状况更差，他们是工人队伍中在就业和报酬待遇等问题上，或遭受歧视和不公正对待，或竞争力不强的群体，他们在当前的国际金融危机中首当其冲地遭受到侵害。农民工作为弱势劳动群体的部分，其权益受到更为严重的损害。一是农民工的收入锐减，目前农民的收入结构中，有50%的收入来自非农产业，最主要是外出打工，尤其是从收入增量来看，非农产业收入的增量更是占到每年农民收入增量的70%以上，农民工就业形势恶化，其收入的增长产生了负面的影响，同时也加剧了本地的就业压力。二是农民工劳动合同签订状况进一步受损害，企业与农民工签订劳动合同的签订率相对较低，有研究在调查中发现，被调查的农民工中，66.2%的比例没有与企业签订劳动合同，29.3%的农民工与单位签订临时劳动合同，只有4.5%的农民工与单位签订了固定劳动合同，金融危机下，农民工劳动合同的签订状况进一步受到损害，甚至出现有意在签订劳动合同中侵犯农民工权益的事件。三是金融危机下，更多的企业没有为农民工办理国家规定的社会保险。社会保险是指国家通过立法、多渠道筹集资金，对劳动者因年老、失业、患病、工伤等减少收入时给予经济补偿，使他们能够享有基本生活保障的一项社会保障制度。金融危机中，一些企业没有为职工办理国家规定的社会保险，农民工的社会保险状况就更差强人意。有研究调查显示，高达75.9%的农民工没有参加社会保险，中国劳动关系学院学生2009年的调查也得出了相似的结论。

三、金融危机下解决农民工问题的对策

受国际金融危机的影响，我国的劳动密集型及进出口企业受到严重的冲击，农民工"亦工亦农"的身份始终在城市中处于边缘化境地，从事临时性、层次低的工作，他们在此次金融危机的浪潮中利益首当其冲的受到损害。金融危机要通过牺牲劳工利益和违背劳动法治的路径去摆脱危机，走出困局吗？答案是否定的，美国为应对上世纪30年代经济大萧条的重要经验就是加大对社会弱势群体——劳工的保护，以提升其社会购买力，进而刺激消费，扩大内需。应对经济危机的治本之策是增加有效需求，因此必须提高广大劳动者的收入水平和社会保障水平，农民工及广

大农村居民在我国人口中占绝对的比重，提高他们的收入及社会保障水平是增加有效需求的重要方面。农民工的稳定就业具有双重的意义，不仅关系着城市的发展，更关系着农民的增收和农村社会的稳定。政府需要充分发挥协调职能，在劳动就业、劳动权益保护等方面，处理好保护企业与保护劳动者的关系，解决好农民的问题，一定意义上维护农民工的劳动权益对于城乡的和谐发展有着深远的意义。

（一）加大对用人单位的管理力度，提高农民工劳动合同的签订率

劳动合同是劳动者与用人单位确立劳动关系，明确双方权利和义务的协议。订立书面劳动合同，能够使劳动关系清晰明了，明确用人单位与劳动者的权利义务，有利于维护劳动者自身的合法权益。由于受到主客观条件的限制，农民工的劳动合同签订率较低。目前我国的拉动力总量供大于求，导致了强资本弱劳动的格局，劳动合同具有工作内容、劳动保护和劳动条件、劳动报酬、社会保险和福利以及相关的经济补偿条款，会直接增加用人单位的成本支出（如社会保险费等），对用人单位来说，不签订劳动合同是有利的选择。农民工在就业市场上更是处于就业的弱势地位，农民工劳动合同的缺失是必然的现象。在这种情况下，政府作为资本和劳动之外的一个监督者和裁判员，可以制约各个经济主体，维护弱者的合法权益，加大对用人单位的监察与惩处力度，增加不签订劳动合同法的违法成本。

（二）加大对农民工的培训，提高就业技能

金融危机引发农民工的"失业潮"成为备受关注的社会经济现象，大量的农民工"回流"，"打工无前途，回乡没意思"生动而形象的表明了农民工的处境。我国农民工群体的整体素质不高，在市场竞争中处于劣势，这就使他们易处于失业状态，也是金融危机中农民工劳动权益首当其冲受损害的原因之一。对农民工进行专业技能培训有助于拓宽农民工的就业途径，提升其就业状态。政府应该加强农民工的职业技能培训，也可以引进民间技术进入农民工的培训领域，提高培训效率。金融危机下，尽管一些企业进行裁员等行为降低损失，但是有核心专业技能的熟练工人，受到金融危机的冲击相对小些。因此，加大对农民工技能的培训，加快其市民化的进程，从根本上解决农民工，尤其是新生代农民工面临的"城市扎根"还是"农村归根"的发展困境。

（三）提高劳动法律的宣教，提高农民工的法律维权意识

劳动法律意识是农民工维护权益的重要因素。目前，劳动者对劳动法律知晓率相对较低，农民工对法律的知晓率情况更是不容乐观。中国劳动关系学院学生2009年暑假劳动法律实施状况调查的数据分析结果表明，劳动者仔细阅读和详细了解过劳动相关法律的劳动者相对较低，仔细阅读过《中华人民共和国劳动合同法》的条例及相关学习资料的为24.87%，农民工群体仔细阅读过本部法律的仅为13.75%；劳动者根本不知道这部法律的为1.78%，而农民工群体不知道这部法律的高达5%。被调查的农民工仔细阅读和学习过《中华人民共和国劳动争议调解仲裁法》的比例为7.59%，所占比例仅相当于劳动者的阅读过这部法律比例的一半，高达25.32%的农民工根本就不知道这部法律。农民工对《中华人民共和国工会法》的知晓情况更是不容乐观，调查结果表明，仅有5.06%的农民工仔细阅读和了解过这部法律，根本不知道的这部法律的农民工高达到39.24%。农民工对劳动法律知识的掌握程

度非常薄弱,在金融危机背景下,农民工的劳动权益首当其冲的受损,但其维权意识相对较弱,维权渠道不畅,个别地方甚至出现了劳动者用违法的手段来维护自己权益的现象。因此,有必要在农民工群体中加大劳动法律等普法宣传力度,培育农民工理性法律意识,为农民工劳动权利提供特殊救助渠道。

(四) 加强社会保障力度,加快城乡一体化进程

在金融危机背景下,就业岗位减少,农民工失业率增加,农民工的社会保障水平非常薄弱,因此需要发挥社会保障的基本功能,扩大社会保障的覆盖面。农民工在城市就业非常弱势,首先,从就业身份看,农民工在城市中一直处于"二等公民"的状况,主要从事劳动强度大,工作时间长的工作;其次,从用工形式讲,大量的农民工属于被劳务派遣的对象,从事临时性、可替代行的工作,工资相对较低。从根本上改变农民工的这种状况,一方面应该以改革户籍制度为基础的二元社会体制为基础,协调各方主体,共同推进和加快城市农民工市民化的进程,另一方面促进地方城市化,努力缩小城乡差距,加快城乡一体化的进程。

参考文献

尹蔚民. 经济形势的变化对中国就业影响尚不明显, 2008 - 11 - 4, http://www. chinanews. com. cn/cj/gncj/news/2008/11 - 04/1437271. shtml

蔡建文. 中国农民工生存纪实. 当代中国出版社出版, 2006.

杨旸, 王同坤, 祁秋寅. 我国民工流空间分布特征与影响因素. 市场与人口分析, 2007, 05.

侯慧丽. 两种户籍身份外来人口及其社会医疗保障获得. 人口与经济, 2008, 06

王菊芬. 国际金融危机对劳动关系的影响及其应对 [J]. 工会理论研究, 2009, (2).

陈锡文. 金融危机致 2000 万农民工失业 [J]. 月度报告, 2009, (3).

王红茹. 农民工失业问题凸显. 中国经济周刊, 2009, (1).

黄汝接, 徐孝千. 面对国际金融危机的两次亚欧和亚太工会领导人会议, 国外理论动态, 2009, (5).

马红梅, 金彦平金融危机下我国农民工回流问题研究农业经济, 2009, 3.

孙红湘, 陈红芳. 农民工社会保险状况调查分析与对策研究, 开发研究, 2009, (3).

(作者单位: 中国人民大学人口与发展研究中心)

专题三
人口老龄化与社会保障

中国城镇社会保险反再分配问题研究：
基于省际面板数据的经验研究[*]

杨河清 孟续铎

一、问题的提出

中国经历了30年的改革开放，经济发展取得了举世瞩目的巨大进步，但是，随着改革开放带来的中国居民平均收入水平的提高，贫富差距也在逐渐扩大，成为越来越值得人们重视的经济社会问题。

在城镇居民收入分配差距问题方面，有学者研究指出，2004年城镇收入最高10%家庭的人均可支配收入是收入最低10%家庭的8.9倍，2003年这一数据为8.4倍。此外从收入的增长速度来看，2004年收入最高10%家庭的人均可支配收入比上年增长了16.2%，而最低10%家庭的人均可支配收入仅增长了10.5%，比前者低了5.7个百分点。正是由于收入增长速度的明显差异，加剧了城镇居民贫富差距。另据原劳动和社会保障部资料，2004年我国城镇最富的10%居民占有全部城镇财富总量的45%，而最穷的10%居民仅仅占有1.4%。这也说明收入分配领域存在的一系列问题，最终导致财富集中到城镇少数人手中。此外还有数据表明，城镇居民收入差距扩大的速度高于农村居民收入差距的增速。1978年改革开放前，城镇居民收入的基尼系数是0.16，社会分配比较均等；到2001年，该数据提高到0.32，是1978年的两倍。而2001年农村居民收入的基尼系数比1978年只增长了52%。城镇居民收入差距扩大的问题，已经成为当前经济社会中不容回避的重大问题。

本文以城镇社会保险反再分配问题为切入点，在理论层面进行一些分析和判断，并对理论假设进行经验研究，希冀对我国收入分配与社会保障良性互动的机制和政策措施给予一些启示，旨在更好地发挥社会保障特别是社会保险的再分配效应，以解决目前我国城镇居民收入差距过大的重大现实问题。

二、中国城镇社会保险制度模式中的反再分配问题

（一）片面强调自我负责的制度构建理念违背了再分配属性

中国新型社会保险制度的构建理念过于夸大社会保险中的个人责任，片面强调养老、医疗保险等的自我负责。这主要体现在过分突出社会保险中的个人账户制，参保条件倾向于正规就业人群，不利于覆盖其他群体等。这种片面强调个人负责的

---

[*] 本文在计算社会保险覆盖率指标时所使用的数据，从时间上来讲是1998年至2004年，从范围上来讲涵盖全国31个省、自治区、直辖市，因此如2007年部分城市实施的城镇居民基本医疗保险等所覆盖的非就业人群不含在覆盖率指标内。

制度理念，显然有悖于社会保险的公平目标及再分配属性，直接阻碍了社会保险再分配功能的发挥。社会保险制度建立的目标是调节收入分配差距，保护社会成员的基本生存权，实现社会意义上的收入分配公平，使社会关系处于稳定和谐的状态。而我国改革中的社会保险制度，其社会目标的要求体现得不够充分，甚至由于某些改革措施的不完善，还出现了与上述目标要求相悖的制度实施效应。

（二）个人账户制阻碍社会保险的公平性

社会保险制度中最大的公平与效率问题就是社会统筹与个人账户问题。显然，社会统筹体现着公平，而个人账户维护着效率。这是因为社会统筹具有社会互济的功能，个人账户完全由参保者个人缴费积累而成，多缴多得，因此使得高收入阶层在享受社会保险时能够获得更多利益，由此促进了贫富差距。智利政府在20世纪80年代初，建立了以个人资本账户为核心的社会保险制度，称其为"智利模式"。这种模式因其缺乏收入再分配的功能，一直为人们所诟病。由于对养老金实行完全个人积累账户制，职工之间不仅缺乏互济，而且延续着在职时的工资差别，加上政策鼓励高收入者多缴费，实际上扩大了劳动者退休后的收入差距。

我国基本养老保险和基本医疗保险实行的是"社会统筹与个人账户相结合"的制度模式。社会统筹即政府按照社会统一的标准，依法将分散的资金通过统一的方式集中起来，为全社会共同所有，其基金统一调度，统一分配，统一使用，任何企业和个人不能占有。而个人账户正相反，其所有权归属个人，其他人不能侵犯，其基金来源是在实施社会统筹的同时，政府部门依法在社会保险管理机构为每一个参保者建立独立的专用账户，用于记录个人缴费信息，同时积累提存的个人账户基金。个人账户中的基金由于其权益明确划归个人，不存在社会互济的可能，因此其不具备再分配的功能，它所发挥的主要是强调自我负责的强制性储蓄和保险功能。个人账户的优势是有利于增强参保者缴费的积极性，同时建立自我负责、自我保障的理念，能够有效应对未来人口老龄化的冲击，并且由于个人账户是附着在参保者本人身份上的，从而有助于劳动者的自由流动。但是在收入分配差距方面，个人账户不仅不能起到缩小的作用，反而会扩大收入分配差距。这是因为个人账户完全由个人自主缴费，而缴费又与个人收入成正比，因此个人账户缴费率越高，人们之间的收入分配差距就越大。此外，由于个人账户基金与个人收入有正相关关系，在当前城镇居民基本工资收入差距较大的前提下，由此筹集的个人账户基金也就相应存在较大的差距，这实际上是加强了本就较大的初次分配的收入差距。由此，个人账户的反再分配作用导致经过社会保险的再次分配，我国居民收入差距包括地区差距和国有经济内部不合理的行业差距、部门差距反而进一步扩大了。而社会统筹的基本功能是收入再分配，其恰恰体现了社会公平。因为，在社会保险制度中，社会统筹缴费是按收入水平进行的，而给付水平却与职工的收入水平没有关系。从任何的国际标准来衡量，这都是一个高度的财富再分配制度。

（三）就业关联式的社会保险排斥了非正规就业劳动者和其他人群

我国目前主要实行的是面向劳动者的就业关联型的社会保险，就业关联型的社会保险有可能也在促进着收入差距。首先，我国就业关联式的社会保险有利于正规就业者参保，对于其他非正规就业人群（如自谋职业者等）缴费基数较高，不利于非正规就业劳动者参保；而一般情况下，非正规就业者相对于正规就业者则是低收入群体，因此无法有效调节贫富差距。其次，对于非就业的其他人群（如家庭妇女等）更是没有渠道将他们纳入到社会保险体系中，而他们作为没有正规劳动收入来源的群体，显然是低收入甚至是贫困人群，而就业者相对于非就业者来讲就是高收入阶层，就业关联型的社会保险只覆盖那些就业的劳动者，没有将非就业者覆盖进去，将贫困人群排除在外。因此从这个意义上讲，就业关联式的社会保险导致反再分配问题的根源，即是它的非普遍性和覆盖面太窄，排斥了体制外人群。

从中国社会保险体系的覆盖范围来看，仍然存在较大程度的漏损，并没有达到制度设计所要求的覆盖程度。目前真正能享受社会保险的主要是国家机关和事业单位工作人员、国有企业和城镇集体企业职工等，对在非正规部门就业的低收入人群和流动劳动力覆盖程度很低。国家统计局资料显示，2005年末全国参加城镇基本养老保险、基本医疗保险、失业保险的人数分别为17444万、13709万、10648万人，仍不及劳动人口的一半。尤其要引起注意的是，没有加入社会保险体系的恰恰是最需要得到保障的低收入人群。在未被社会保险覆盖的人群中，大部分是乡镇企业职工、进城农民工、私营个体企业雇员以及非组织化就业人员等，人数在2.6亿左右。因此，这从一个侧面反映出中国社会保险体系在目前的主要缺陷以及对居民收入分配调节力度的弱化和不足。

（四）社会保险统筹层次低导致互济功能减弱，地区差距扩大

目前，我国的养老保险基金实行省级统筹，失业保险基金和医疗保险基金实行市级统筹。省级或市级统筹虽然在一定的时期发挥了积极的作用，取得了较好的效果，但由于各地经济发展水平和社会保险水平不同，各地区、各行业间的社会保险负担不均，而省级或市级统筹的互济能力较弱，加剧了经济发展和收入分配的不平衡。另外，地区分割的社会保险体系不能真正分散社会保险基金的风险，社会保险基金收支不平衡矛盾将进一步显现，不利于社会保险基金的保值增值。

（五）缺乏良好的收入分配信息系统，难以保证再分配的实际效果

根据我国现行的个人收入分配情况的统计来看，在工资制度内的收入差距很小，而制度外的收入差距才是造成收入差距不断加大的原因。而在收入分配信息系统不健全的情况下，便无法统计实际的"制度外"收入水平，因而也无法分析实际的"制度外"收入差距的程度，更无从针对制度外收入差距进行有效调节。这是因为社会保险体系是根据个人工资水平征缴保费的，因此只能够对合法性质的收入、制度内收入导致的收入差距进行调节，对制度外的收入差距则难以保证再分配效果，但是制度外收入才是真正需要运用再分配手段进行调节的。在缺乏有效的收入分配信息系统的情况下，我们不能对高收入者进行高保费的征收，因而不能有效地通过社会保险再分配的作用向低收入的个人和家庭倾斜，缩小收入分配的差距。另外，只根据制度内收入程度征缴保费，也使得社会保险基金收入减少，严重影响了再分配系统运行的资金来源。

针对这一情况，有些学者提出通过开征新税种的方式来补充。但是，这种方法在收入分配信息系统尚不健全的情况下，不仅难以起到补充社会保险资金及加强再分配效果的作用，而且还会加重收入来源单一的工薪阶层以及代扣代缴规范的企业的负担,破坏生产者的积极性,不利于社会的稳定和发展。

(六)管理成本过高导致社会保险基金的损失

在社会保险制度运行中,正常的管理费用会使转移支付少于预期,当然这是不可避免的,但其费用大小必须在一个可接受的范围内。除此之外,运行过程中的贪污挪用问题也会带来更多的损失。就管理成本来说,无论其是由社会保险制度负担或是一般税收负担,制度运行需要管理成本的性质不会改变。不过秩序良好的国家,社会保险制度管理成本是比较低的,比如美国社会保障制度管理成本只占制度收入的0.05%,在管理水平低下的国家管理成本会比较高。

目前我国社会保障专业法规少,法制不健全,有效的监督机制缺乏,管理上的混乱现象依然存在。由于历史原因,社会保障管理政出多门、多头分治,其公平性原则和互助性原则得不到充分体现。

三、养老保险体系中的反再分配问题分析

(一)收入关联型的养老保险轻视公平

所谓收入关联,就是指社会保险的缴费额度和养老保险金的给付标准都与劳动者退休前的工资收入有关联,一般与工资基数成一定比例。收入关联型的养老保险更多的是体现权利与义务对等,从而维系着效率,但是与收入相关联自然就使得"富者愈富"而"穷者愈穷"。以美国为例,美国养老保险体系实行按收入的比例进行缴纳,退休金的发放则根据个人工作期间的最高工资。有研究显示,在这一制度模式下,美国养老保险体系存在工作年限超过35年的群体向工作年限低于35年的群体的收入转移。在这里,高收入者的工作年限较短,这是由于高收入者一般受教育时间较长,参加工作较晚,因此高收入者显然从这一体系中获益更多,这就抵消了部分养老保险体系的再分配功能。

(二)倾向正规就业劳动者的养老保险体系造成对非正规就业劳动者的反再分配

我国养老保险体制体现出对正规就业者的倾斜,不利于非正规就业者参保,使得养老保险覆盖面不足,对贫富阶层的再分配功能受损。以《辽宁省完善城镇企业职工基本养老保险制度实施办法(试行)》为例,其中规定自由职业人员、城镇个体工商户业主按本人缴费基数的18%缴纳,其中8%记入个人账户,10%划入社会统筹基金;城镇个体工商户从业人员按本人缴费基数的8%缴纳,全部记入个人账户;城镇个体工商户业主按全部从业人员缴费基数的10%缴纳,划入社会统筹基金。这样的规定会极大地损害城镇自由职业人员、个体工商户业主及从业人员加入养老保险体系的积极性。有学者指出,在中国绝大多数自我雇佣者不是主动、而是被动地选择自谋职业,因为在体力劳动者大量剩余的情况下,没有足够的受雇工作,他们所从事的工作往往收入低、风险大。所以,如果养老保险过分倾斜正规就业人群,那么中国城镇居民中这些低收入、高风险的自我雇佣者就会自动选择退出养老保险体系,会造成中国养老保险体系覆盖面的漏损。

按照辽宁省现行养老保险制度的规定,缴费者按月领取基本养老金必须同时达到两个条件,其一是缴费者达到法定退休年龄,其二是个人缴费年限满15年。较高

的个人缴费年限为许多工作不稳定、就业具有短暂性和流动性的社会成员进入养老保险体系设置了较高的门槛。尤其是对于进城务工的农民工,他们虽然已经构成城镇就业人口和推动城市经济建设中不可或缺的重要力量和组成部分,但他们进城务工具有明显的短暂性和流动性,无法保证参保的连续性,也就很难跨越"累计缴费满15年"这道门槛。同时,农民工跨省区流动与现行养老保险的区域统筹存在尖锐的矛盾。现阶段中国养老保险只在省级达到社会统筹,而无法实现全国范围的社会统筹。这也使农民工消极对待养老保险,构成中国社会保障制度在覆盖范围上的重大漏损和对居民收入分配调节力度的严重弱化。

(三) 机关事业单位劳动者与企业劳动者保障模式的二元化

我国城镇就业人员的社会保险模式并不统一。由于机关事业单位与企业社会保险制度改革不同步,机关事业单位人员和企业职工实行不同模式的保障制度,基金筹集、待遇计发和调整办法都不同,导致了不同群体劳动者之间的反再分配问题。

首先,在待遇水平上,保障水平最高的是政府机关中的公务员,而最低的是企业职工,不同群体的保障水平差距大。在养老保险方面,2000年至2004年的5年间,全国企业职工的退休金以年均6.31%的速度增长,机关和事业单位职工的退休金增长速度分别是13.45%和11.67%。2004年,全国企业退休职工退休金人均为7831元,事业单位的职工退休金为14644元,机关单位的职工退休金为15932元,企业与机关的退休金每人月均相差650元,到2006年相差更扩大到千元。在这种二元化的政策下,企业退休人员的养老保险待遇与机关事业单位退休人员的待遇产生了巨大差距,一些具有可比性的人群差距更大一些。

其次,在基金筹集方面,机关事业单位现行的制度模式为现收现付制,没有独立的保险基金,也没有基金积累,是传统计划经济体制的产物。机关事业单位人员个人不缴纳养老、医疗保险费,费用全部由国家财政和单位负担,但是却在同等或更高层次上享受保险待遇。而当他们转移到企业工作时,其工龄视同养老保险缴费年限,但个人却从未缴费,却也和其他企业职工一样同等享受退休待遇。这种"不缴多得"的保障政策,使得机关事业单位人员与企业职工的收入分配拉开了差距,不利于社会公平。

为解决这一问题,近年来中央已经做出安排,在2005至2007年连续三年提高企业退休人员养老金的基础上,从2008年起再连续三年提高企业退休人员养老金,而且提高的幅度会高于前三年。这一重要决策得到广大企业退休人员的衷心拥护。随着政策的逐步落实,这一矛盾有望逐步缓解。但从长远看,解决这一问题的关键,是要加快推进机关事业单位养老保险制度改革,实现不同群体之间的养老保险制度合理衔接。

四、医疗保险体系中的反再分配问题分析

(一) 医疗保险覆盖面窄导致再分配功能薄弱

患病对每个人来讲都是存在的风险,因此医疗保险不仅可以免除人们看病的后顾之忧,而且可以作为一种再分配机制有效地调节初次分配的不平等。但是如果医疗保险覆盖面过窄,它的再分配功能就会受到影响。我国目前广泛实施的是城镇职

工基本医疗保险制度，于 1998 年 12 月正式实行，至今已有 10 多年。虽然目前已有部分地区开始试行城镇居民医疗保险，但毕竟还处于起步阶段。单就城镇职工医疗保险而言，虽然已经过 10 年发展，但其覆盖面也仍然不足。城镇职工医疗保险只覆盖了正规就业人群，相当一部分人没有被纳入，这其中就有不少下岗职工、失业人员、退休人员以及进城务工人员等。这些人相对而言都是弱势群体，他们的医疗问题没有很好解决必然导致他们看病的经济负担更重，不利于医疗保险的再分配功能，使制度本身缺乏公平性。此外，医疗保障权是公民的基本权利，国家应该保障全社会不同群体都能平等地享有国家提供的医疗保险的权利。

目前在我国城镇中，享有城镇职工基本医疗保险的人口约为总人口的 30.2%，公费医疗比例为 4.0%，劳保医疗比例为 4.6%，商业医疗保险比例 5.6%，而没有任何医疗保险的比例为 44.8%，城市低收入人口中无医疗保障的比例更是高达 76%。由此可见，在目前的医疗保险体系中，不同群体之间的医疗保险水平存在较大差异，仍然有一定人口没有被任何医疗保险覆盖，他们的看病就医问题亟待解决。如果医疗保险体系不能将这部分人群覆盖，那么原有的初次分配收入差距就会因疾病风险更加扩大，出现反再分配问题。因此有学者指出，社会福利和社会保障的歧视性是造成中国巨大收入差距的重要原因之一，可谓入木三分。

（二）医疗保险体系的健康筹资贡献率是累退的，而医疗服务却更多倾向于富裕人群

目前在我国城镇基本医疗保险体系中，个人现金支付的比例比较高，有学者指出，"健康筹资贡献率"在富人和穷人之间并没有明显的区别，甚至贫困家庭比富裕家庭更高。这里的健康筹资贡献率是指家庭对健康贡献的金额与家庭可支配收入的比例。该研究同时指出，在我国现有的医疗保障体系下，大部分相对富裕的家庭几乎都能享受免费医疗，而大部分相对贫困的家庭则几乎都是自费医疗。由此认为，我国健康筹资贡献率是逆向的，亦即累退的。与此形成鲜明对比的是，医疗卫生服务却更多的倾向于富裕人群。高收入人群使用的医疗卫生服务更倾向于高级服务，而低收入人群甚至连基本的医疗需求都无法保障，其健康水平要明显低于高收入者，这显然有悖于社会公平。

五、中国城镇社会保险反再分配问题的经验研究

（一）建立面板数据模型（Panel Data Model）

1. 模型的变量和数据来源

本文通过建立基尼系数与社会保险覆盖率等若干因素之间的变量模型，来检验中国城镇社会保险对城镇居民收入差距的影响效果。模型的因变量是城镇居民收入差距，本文用"城镇居民基尼系数"（以下简称基尼系数）这一指标来体现。模型的自变量包括养老保险覆盖率、医疗保险覆盖率、失业保险覆盖率、人均国内生产总值（以下简称人均 GDP）、城镇登记失业率（以下简称失业率），其中前三项指标表示城镇社会保险的发展情况，人均 GDP 表示各地区的经济发展水平。即方程为：

基尼系数 = 养老保险覆盖率 + 医疗保险覆盖率 + 失业保险覆盖率 + 人均 GDP + 失业率 + 常数项

城镇居民基尼系数来源于陈昌兵（2007）的测算；中国城镇社会保险以就业劳动者为覆盖对象，覆盖范围通过覆盖率指标显现，其计算公式是：覆盖率 = 受保人总数/应参保劳动者总数 * 100%，数据均来自于1999～2005年各年的《中国劳动统计年鉴》；人均GDP及失业率均来自于1999～2005年各年的《中国统计年鉴》。

由于研究数据既有横截面数据（不同省份）又有时间序列数据（不同年份），因此应通过建立面板数据模型（PanelData）进行分析。本文利用EViews5.0软件中的Pool分析方法，建立面板数据模型。

2. 模型：考察对收入差距的影响

表1　模型一

Dependent Variable：GINI
Method：Pooled Least Squares
Date：12/07/08　Time：14：30
Sample（adjusted）：1999 2004
Included observations：6 after adjustments
Cross-sections included：20
Total pool（unbalanced）observations：116
Crosssections without valid observations dropped

Variable	Coefficient	Std. Error	t – Statistic	Prob.
C	0.179902	0.036168	4.974070	0.0000
养老保险覆盖率	0.000830	0.000375	2.215135	0.0294
医疗保险覆盖率	-0.000216	0.000246	-0.880215	0.3812
失业保险覆盖率	0.000163	0.000374	0.436705	0.6634
人均GDP	0.003377	0.001091	3.095951	0.0026
失业率	-0.001438	0.004889	-0.294082	0.7694
Fixed Effects（Cross）				
TIANJING—C	-0.041525			
SHANXI—C	0.023041			
NEIMENG—C	0.021623			
LIAONING—C	-0.026174			
HEILONGJ—C	0.013734			
SHANGHAI—C	-0.134763			
JIANGSU—C	0.006631			
ANHUI—C	0.009788			
FUJIAN—C	-0.031230			
JIANGXI—C	-0.001621			
HEINAN—C	0.014038			
HUBEI—C	-0.001387			
HUNAN—C	0.018279			
GUANGD—C	0.004587			
GUANGXI—C	0.033625			
CHONGQ—C	-0.014447			
YUNNAN—C	0.004100			

SHAN3XI—C	0.024864		
QINGHAI—C	0.033520		
XINJIANG—C	0.021377		
FixedEffects (Period)			
1999—C	-0.029815		
2000—C	-0.021249		
2001—C	-0.012909		
2002—C	0.039363		
2003—C	0.019588		
2004—C	0.005022		
Effects Specification			
Cross-sectionfixed (dummy variables)			
Period fixed (dummy variables)			
R-squared	0.819149	Mean dependent var	0.271388
Adjusted R-squared	0.758164	S. D. dependent var	0.037211
S. E. of regression	0.018299	Akaike info criterion	-4.945947
Sumsquared resid	0.028797	Schwarz criterion	-4.233811
Log likelihood	316.8649	F-statistic	13.43201
Durbin-Watson stat	2.129577	Prob (F-statistic)	0.000000

以上模型的 R-squared 值大于 0.8，较好；F 检验的 P 值 Prob (F-statistic) 趋近于 0，通过检验，方程整体显著。但各自变量中失业率、失业保险覆盖率和医疗保险覆盖率的 P 值较大，非常不显著，首先考虑剔除这些变量，再进行二次模型建立。经过逐个剔除 P 值不显著的变量，最终得到下面的模型：

表2 模型二

Dependent Variable: GINI
Method: Pooled Least Squares
Date: 12/07/08 Time: 15: 26
Sample: 1998 2004
Included observations: 7
Cross-sections included: 20
Total pool (unbalanced) observations: 137
Cross sections without valid observations dropped

Variable	Coefficient	Std. Error	t – Statistic	Prob.
C	0.173473	0.021170	8.194447	0.0000
养老保险覆盖率	0.000921	0.000262	3.519060	0.0006
人均 GDP	0.002738	0.000844	3.245591	0.0016
FixedEffects (Cross)				
TIANJING—C	-0.029377			
SHANXI—C	0.024170			
NEIMENG—C	0.019683			

LIAONING—C	-0.020913
HEILONGJ—C	0.014944
SHANGHAI—C	-0.119952
JIANGSU—C	0.006605
ANHUI—C	0.006986
FUJIAN—C	-0.027419
JIANGXI—C	-0.002929
HEINAN—C	0.013040
HUBEI—C	-0.002474
HUNAN—C	0.010733
GUANGD—C	0.008483
GUANGXI—C	0.030681
CHONGQ—C	-0.013196
YUNNAN—C	0.002631
SHAN3XI—C	0.024897
QINGHAI—C	0.029967
XINJIANG—C	0.026745
FixedEffects（Period）	
1998—C	-0.021732
1999—C	-0.020669
2000—C	-0.013550
2001—C	-0.009025
2002—C	0.039649
2003—C	0.019578
2004—C	0.005748

EffectsSpecification			
Cross-section fixed (dummy variables)			
Period fixed (dummy variables)			
R-squared	0.832922	Mean dependent var	0.264591
Adjusted R-squared	0.791536	S. D. dependent var	0.038833
S. E. of regression	0.017730	Akaike info criterion	-5.046972
Sum squared resid	0.034265	Schwarz criterion	-4.450188
Log likelihood	373.7176	F-statistic	20.12561
Durbin-Watson stat	1.977913	Prob（F-statistic）	0.000000

该模型 R-squared 值较前一模型有所提高，F 检验通过，各个因素的影响在 $\alpha = 0.05$ 的条件下是显著的。从最终的模型可以看出，养老保险覆盖率、人均 GDP 对基尼系数的影响均是正向的，即养老保险覆盖率越大、人均 GDP 越大，基尼系数越大，收入差距越大。

（二）数据分析结果

1. 经济发展水平对收入差距的影响

我国收入分配差距研究学者陈宗胜认为，中国经济发展过程中的收入分配差距是符合倒 U 理论的。根据库兹涅茨倒 U 理论，在经济发展前期阶段，收入分配的差距是呈增加的趋势的。目前中国正处于经济发展的前期阶段，所以在进入经济发展的后期阶段之前，收入分配的差距呈增加的趋势。这一点反映在数据中表现为经济增长（人均 GDP）对收入分配差距（基尼系数）有正向影响，即人均 GDP 值越大，基尼系数值越大，表明我国经济发展与收入分配差距的关系符合倒 U 理论，正处在倒 U 的上升时期。

但从人均 GDP 的值（0.002738）可以看出，我国人均 GDP 与收入分配的正相关程度不是特别大，也就是说经济发展水平的迅速提高还不会带来收入分配格局的严重恶化。但是我国的收入分配差距已经达到国际公认的警戒红线。

2. 养老保险体系反再分配问题较显著

经实证检验，在实际情况下，养老保险体系的反再分配问题较医疗保险和失业保险要显著得多。高收入者从这个体系的受益大于低收入者从中的受益。

从养老保险覆盖率的值（0.000921）可以看出，虽然其数值较小，说明我国现有的养老保险制度体系对我国的收入分配格局的影响不是很大，但其数值为经济增长对收入差距影响数值的 1/3，表明依然不能忽视。特别是养老保险覆盖率与基尼系数成正向关系，表明我国的养老保险制度不但无法改善收入分配不均的状况，而且加剧了收入分配差距的扩大。

3. 医疗保险体系反再分配问题尚不显著

前文分析了医疗保险制度安排上存在的反再分配问题，但是根据模型结果，目前我国医疗保险体系反再分配问题并不显著。但即便如此，医疗保险也没有显示出正向再分配的显著效果，由此可以判断其制度安排方面还是有如前所述的种种问题，从而导致其再分配功能无法有效发挥。

4. 失业保险再分配效果不明显

本文假设失业保险有显著的再分配效果，但是检验结果显示其再分配效果并不显著，说明我国失业保险制度安排上也存在一定的反再分配问题，并没有起到有效的再分配效果。关于其中的问题有待进一步分析。

六、结 论

从模型可以看出，我国的经济发展水平和社会公平处在"两难"境地。世界一些国家的发展实践表明，即使具备了较高的人均财富基础，如果政府不实行积极的、有效的干预政策，库兹涅茨倒 U 型曲线的临界转折点也不会自发地出现，社会不公正程度还会不断地扩大。目前，我国要在人均财富较低的情况下实现经济发展与社会公正的"双赢"，必须对再分配实施积极的，而且是有效的国家干预才行，这就意味着政府作为"道德人"角色功能的加强。此外，从模型中可以得出，我国的养老保险制度存在反再分配效果，加剧了收入分配格局的恶化，医疗保险和失业保险再分配效果并不显著，而社会保险体系是维护社会公正、协调社会利益、构建和谐社会的重要方面。因此,我们必须在制度安排上改革现行的社会保险制度,使之能充分发挥再分配作用,改善收入分配格局,保证社会稳定,促进经济发展。

参考文献

李楠. 我国收入分配制度的演进及其对收入差距变动的影响. 江汉论坛, 2005, 2

高向华. 我国社会保障的收入再分配作用研究. 科教文汇, 2007, 12 (中旬刊): 135

国家信息中心经济预测部宏观政策动向课题组. 收入分配体制改革: 一场"静悄悄的"革命. 中国证券报, 2006-08-10.

朱国林, 范建勇, 严燕. 中国的消费不振与收入分配: 理论和数据. 经济研究, 2002, 5: 75.

2006年7月24日《人民日报》第13版.

金彩红. 中国医疗保障制度的收入再分配调节机制研究. 经济体制改革, 2005, 6: 120-124.

刘平, 李跃平, 张晓萍, 王晓. 用正义分配理论分析我国城镇职工基本医疗保险的公平性. 中国全科医学, 2007, 7: 1086-1087.

陈昌兵. 各地区居民收入基尼系数计算及其非参数计量模型分析. 数量经济技术经济研究, 2007, 1: 133-142.

经济学家库兹涅茨 (Kunznets) 在1955年首次提出了著名的收入分配差别倒U理论, 即"收入分配不平等的长期趋势为: 在前期工业文明向后工业文明过渡的经济增长早期阶段迅速扩大, 尔后是短暂的稳定, 然后在经济增长的后期阶段逐渐缩小"。

蓝春娣, 任保平. 论社会保障制度的再分配效应 [J]. 宁夏社会科学, 2004, 5: 50-53.

许彦, 郑平. 社会保障税收入再分配效应分析 [J]. 理论与改革, 1999, 4: 84.

张继海. 中国社会保障体系与居民收入分配研究 [J]. 吉林省教育学院学报, 2008, 24 (4): 70-72.

陈黎阳. 论社会保障(税)的收入分配效应 [J]. 法制与社会, 2006, 10: 224-225.

焦方义. 我国居民收入差距扩大的成因及解决思路 [J]. 经济学动态, 2006, 2.

金台临. 从城镇居民收入差距扩大看社会保障制度的完善 [J]. 社科纵横, 2007, 7: 71-73.

张平. 增长与分享: 居民收入分配理论和实证 [M]. 北京: 社科文献出版社, 2003.

荣燕. 社会保障与收入公平分配的关联性研究 [J]. 攀登 (双月刊), 2007, 26 (2): 74-76.

曾湘泉. 价值理念、收入分配差距与社会保障制度构建 [J]. 中国人民大学学报, 2002, 3: 60-66.

张晓立,杜长宇,郭林. 中国社会保障制度建设与收入分配差距研究 [J]. 经济论坛, 2007, 15: 49-62.

张继海. 中国社会保障制度变迁与收入分配差距 [J]. 大连干部学刊, 2008, 24 (5): 34-36.

奥肯. 平等与效率 [M]. 北京: 华夏出版社, 1999.2.

陈朝先. 论社会保障分配 [J]. 学术研究, 1996, 6: 10-13.

国际劳工局. 2000年世界劳动报告——变化世界中的收入保障和社会保护 [R]. 北京: 中国劳动社会保障出版社, 2001.

信长星. 关于就业、收入分配、社会保障制度改革中公平与效率问题的思考 [J]. 中国人口科学, 2008, 1: 2-9.

俞仁龙. 分配正义与中国社会保障制度的改革 [J]. 嘉兴学院学报, 2004, 16 (2): 25-31.

陶静. 建立收入分配与社会保障的互动机制 [J]. 劳动保障通讯, 2003, 2: 37-38.

李吉. 试论社会保障制度再分配功能的有效发挥 [J]. 苏州大学学报(哲学社会科学版), 2003, 2: 46-48.

李实. 中国个人收入分配研究回顾与展望 [J]. 经济学季刊, 2003.

黄文静. 经济增长过程中收入差距与社会保障制度 [J]. 发展研究, 2004, 9: 16-17.

(作者单位:首都经济贸易大学劳动经济学院)

北京市老年人晚年的健康意识和实践*

周 云

根据北京市统计局对第五次人口普查主要数据的分析，1990年尚处在成年型向老年型转化过程的北京市人口，1995年已经完全进入老年型社会，65岁以上人口的比重达到8.4%，比1990年上升了2.1个百分点。2009年北京市抽样人口调查数据又显示65岁以上老年人的比重超过了10.1%，平均每10个北京人中就有一位老年人。这种增加趋势将是今后数十年中的人口变动常态。为更好地服务于北京市老年人，了解老年人对健康和疾病的认识现状，特别是老年人自身的健康意识和行为的现状，我们于2009年12月开始在北京部分地区开展了调研活动。

一、有关老年人健康意识和行为

人们很早就对"健康行为"这一概念有很多思考。根据闫瑞红等人的研究，这一概念早在1960年代就受到关注并有多种概念定义。例如，它是"个体为了预防疾病或早期发现疾病而采取的行动…括改变危险生活方式，减少或消除健康危险行为，采取积极的健康行为以及遵从医生指导等行为"（2010：94）。大家对这一研究领域应该包括的内容有不同的界定。针对老年人的健康行为，有人认为每周锻炼次数、社区活动、书报电视、起居习惯、居住方式、出行购物这些因素对老年人的健康自我完好有积极的影响作用（朱建民、黄超群，2007）。对北京市中老年人的一项调查发现，老年人较中年人更为注意预防保健（张清华等，2005）。对沈阳市社区老年人的研究也发现，老年人健康促进生活方式的总体水平较高。60岁以后他们更加关注和实践健康促进行为（卜秀梅等，2005）。平常主观上健康意识较强的老年人，对他们测试的实际身体机能水平也较高（白海波、姚唯众，2010）。

目前针对不同人群某种健康意识的研究较多，表明人们已经意识到健康意识和行为对个体健康的影响。人们对此研究的目标是发现人们有怎样的健康意识，更多或更远的目的是如何干预个体的健康行为，发现更好的干预途径。然而这类研究较少关注老年人的有关问题，现有的研究还未更广泛和深入地展现老年人有怎样的健康意识，在平日生活中如何通过各种活动提高自己的健康水平。这种研究缺失已跟不上老龄化社会发展的步伐。老龄化社会意味着我们有更大比例的老年人群。老年人口数量的增加逐步在改变我们研究关注的方向及内容。本研究也是这种影响下的一项研究尝试。

---

* 作者在此感谢所有参与本项研究的老年人。本研究是"北京市老年人口疾病及健康的社会因素分析"项目的部分结果，该项目得到北京市科学技术委员会的资助，在此致谢。

二、有关本调查

(1) 人群：本研究所指的"老年人"是年代意义上的"老年人"，是社会赋予其特殊称呼的"老年人"，也就是 65 岁以上的个体。虽然很多人并不认同这种定义，但从中国人口寿命的现状和未来发展的特点看，65 岁是一个可以借鉴的划分"老年"与"非老年"人群的抽象的界定标准。在本研究 65 岁以上被访问的老年人中，我们又特别选择了年轻老年人和年老老年人以及不同性别的老年人，以其研究结果尽可能说明老年人群中健康相关的问题。

(2) 地点：研究地点设立在北京市海淀区（北京大学相邻社区和唐家岭中心地带）以及通州区（农村社区）。这种调查地点的设置考虑是：北京大学相邻社区的老年人更可能因为其居民退休前就职单位的特点而代表受教育程度较高的老年人。唐家岭属于城乡结合部，在我们调查期间处于拆迁如火如荼阶段，其中的老年人（特别是我们访谈的当地人）是城中村的村民，但居所相邻北京上地高科技地带，每天接触大量年轻蚁族住户，城市及城市生活方式近在咫尺，因此这一区域中居住的老年人的生活方式体现着城市和农村相结合的一定特点。而通州区则是距离北京市中心较远的市郊，当地有相当部分的居民为农民，那里的老年人代表着依靠更为传统的农村生活方式的老年人。应该强调的是本文分析的资料只来自北京大学相邻社区。

(3) 方法：定性研究是一种特殊的社会科学研究方法。因为老年人群体的特殊性和多样性，相对人口学或社会学，社会老年学研究更多利用定性研究方法。定性研究方法种类很多，本研究依靠的是参与观察、小组访谈和个人访谈几种方法。在具体调研中，几种方法穿插使用。利用这些方法所收集的资料并不强求对整个老年人群的行为具有统计意义上的代表性，但它有助于较为深刻认识与理解老年人群的健康意识和行为。

就本报告而言，我们尝试了一种新的研究方法，也就是"自我记录"方法。考虑到北京大学相邻社区老年人的受教育程度、参与调查的能力与热情，我们约请了 10 位男女老年人，按照事先给定或限定的调查内容，请他们记录日常生活内容和健康活动内容。具体而言，我们在 3 个月内每周选择一天，请所选老年人根据提供的提纲，详细记录自己活动内容。由此得到三个月内，每位所选老年人连贯的活动记录。所选日期根据星期几来定。2009 年 12 月 1 日周二开始第一次记录他们一天的活动，第二次记录则是 12 月 9 日的周三，以此类推。这种时间安排使我们可以获得每周不同天老年人活动的基本规律。虽然老年人的生活已经非常洒脱，不受平日或周末的过多影响，但社会上的一些活动（如看病、社区居委会组织的活动等）却受工作日和周末的影响，因此采用这种方法可以最大限度地涉及老年人更多的生活内容。这种记录方法也可以降低老年人记录的负担，同时引起老年人参与的兴趣。

调查人员每月发放一次记录表格或清单。表格上明确写下应记录的日期。对部分年龄较大的老年人，调查人员会提醒记录时间。在发放记录表格的同时调查人员收回上个月老年人的记录。原想请这些老年人记录更长时间的相关活动，但几个月下来后，多数老年人认为自己的生活规律、生活内容重复性很大，没有太多新内容可以记录。鉴于此，我们决定调研周期定为三个月。由于这 3 个月都在冬季（2009年 12 月至 2010 年 2 月），因此这些老年人的活动更多代表着特殊气象条件下的活动——气候不太适宜外出、老年人需要格外注意健康活动的形式和实践。或者说，本研究的结果说明的是老年人冬季的健康保健行为。

三、主要研究发现

老年人的日常活动虽然受到自身健康状况的影响，但在很大程度上也影响到老年人的健康。这正是我们想深入探讨的一个内容。10 位北京大学相邻社区的老年人三个月内连续记录的总共 120 份有关他们日常生活的资料为我们提供了丰富的信息。相关的资料内容是以半结构式的问卷方式出现，共有 6 大问题，其中包括简单的"是否"和"时长"的问题，也包括对其中一些问题自我感受的开放式描述空间。多数老年人在每次填写相同问题的问卷中都能或多或少地写出自己的一些体会和感受。对他们回答的整理和分析我们发现这些老年人中：

（1）男女老年人共同参与家务劳动：在自填个人活动内容的 10 位老年人 120 份连续记录资料中我们发现，多数男女老人都花时间做家务。老年人每天参与的室内活动依人次多少排列的位次是做饭、收拾卫生、拖地、洗衣、指点保姆和带孙子女（表1）。这种位次排列充分说明维持基本生活（吃饭）的重要性。但老年人也许把做饭不仅看作是维持基本生活不得已的内容，而将其看作是享受生活的一项内容。在这几项活动中，虽然有些项目老年人参与的人次少，但投入的时间多。带孙子女就是这样一个例子。尽管只有两人次参与了照看孙子女的活动，但每次平均照看的时间却长达 11 个小时。请保姆并指点保姆做事是老年人家内活动之一。有 11 人次的老年人日常指点保姆做事，他们每天用于指点的时间长达 1.77 个小时。在其他常见且参与人次较多的家务劳动中，老年人自己做饭每天平均耗时 1.87 个小时、洗衣要占 1.13 个小时、收拾卫生接近 1 小时、拖地要用半个多小时。若将这四项常见家务劳动全部由一位老年人做，那她或他白天就要花费 4.5 个小时的时间用于家务劳动。当然，这些活动更可能分散在不同男女老年人中。

表1 老年人每天家务劳动参与状况

性别		做饭	拖地	带孙子女	洗衣	收拾卫生	指点保姆
女	时长均值（小时）	2.05	0.55		1.17	0.93	1.77
	人次	58	39		26	53	11
	总和的%	74.7	68.5		71.2	69.3	100.0
男	时长均值（小时）	1.49	0.55	11.00	1.03	1.04	
	人次	27	18	2	12	21	
	总和的%	25.3	31.5	100.0	28.8	30.7	
总计	时长均值（小时）	1.87	0.55	11.00	1.13	0.96	1.77
	人次	85	57	2	38	74	11
	总和的%	100.0	100.0	100.0	100.0	100.0	100.0

做家务的种类很多，我们的调查小问卷中没能涵盖所有内容。例如一位女士（77 岁[5]）的爱好之一就是自制酒酿。尽管在超市里随处随时可以买到，但从食品安全、个人口味和休闲的角度，她更愿意自己做。

从家务劳动性别差异来看（表1），女性老年人参与家务劳动人次最多的前三位项目是做饭、收拾卫生和拖地；男性老人参与最多的项目与女性老年人相同，但参与的人次明显少于女性老人。从做事所用时长来看，虽然女性老年人平均每天做饭时间多于男性老年人近半个小时，但她们收拾卫生和拖地所用的平均时长与男性老年人相似。总的来看，在这组被调研的老年人中，男女老年人共同参与家内活动的意识强，分担家务的行为明显。

（2）老年人外出活动内容丰富：有关外出活动（不含看病类活动），老年人也被问到参与哪种活动以及参与时间的长短。所有被访老年人都有户外活动的经历，包括买东西、会朋友、会亲戚、逛公园、参加社区活动、社会活动、遛弯。其中买东西、遛弯、会朋友是回答人次最多的前三位户外活动项目，分别用去老年人每天 1.64、1.19 和 1.96 个小时（表2）。尽管参加社会活动和会亲戚的人次不多，但这两项活动所用的时间却最多，平均分别为 2.72 小时和 2.36 小时。室外活动与室内活动有着本质的不同。室内活动多与一个人的日常基本活动有关，关系到个人的吃饭穿衣、居住环境的整洁等，完全是必不可少的生活内容。室外活动则更多体现出个体的选择性、主动性和差异性。在上述几类户外活动类别中，买东西仍可看做是日常起居生活的重要内容，但其他活动则属于个人爱好和偏好的活动项目。例如，能否参与社会活动（如外出开会）往往与个人的能力、以往工作经验以及个人社会声望有很大的关联。遛弯、逛公园与健身相关；会朋友、会亲戚则与个人的社会交往意愿及交际网络圈有关联。

表 2 老年人每天外出活动的内容及所用时间

性别		买东西	会朋友	会亲戚	逛公园	社会活动	遛弯
女	时长均值（小时）	1.92	2.56	1.83	1.50	2.25	1.25
	人次	19	8	6	2	2	8
	总和的%	40.4	45.6	44.9	13.0	27.3	31.2
男	时长均值（小时）	1.50	1.63	4.50	1.54	2.40	1.16
	人次	36	15	3	13	5	19
	总和的%	59.6	54.4	55.1	87.0	72.7	68.8
总计	时长均值（小时）	1.64	1.96	2.72	1.53	2.36	1.19
	人次	55	23	9	15	7	27
	总和的%	100.0	100.0	100.0	100.0	100.0	100.0

相对于其他类别的户外活动，参加社区和社会活动的人次比较少。在总数为 120 人次的群体中，只有 18 人次的老年人参加过社区或社会活动（表未列出）。由于我们的调查时间是冬季，老年人在寒冷冬季为社区做贡献的一项活动就是降雪后主动帮助扫社区路面上的雪，"保障行人安全"（Z 先生，77 岁），"方便自己，方便

别人"（女[3]，62岁）。2010年1月和2月的几场大雪也让我们感受到这些老年人为他人着想的精神以及现在社会不多见的居民积极参加这类公益社区活动的现象。

人们参加的户外活动主要是健康讲座、志愿者活动和学术会议。但若从性别的角度看，参加健康讲座的人主要是女性老年人，而参加志愿者活动和学术会议的却是清一色的男性老年人。这从一个方面更可能说明的是退休前老年人工作的性质（如学术领域、社会地位、社会影响力等）对晚年生活丰富程度的影响。有位被调查的老年人曾是教师，现在还被学校聘为"教学调研员"，专门负责去学校听课，为学校的教学提建议。这项工作使他获得一定的社会工作角色，也有机会与更多学生和老师交流。"听现在年轻教师讲课，觉得内容比过去深了些，而且在课堂上运用多媒体教学，课堂效果较好。"（男，74岁）

尽管在这些活动中有时间长短的性别差异，例如女性会朋友的时间要比男性多出近一个小时、买东西的时间也比男性多半个小时，但男女各类活动的性别差异统计上并不显著。因此我们只能说存在这种性别差异的倾向。"会亲戚"是一项特殊的外出活动项目，与老年人是否有亲戚、以往亲戚来往程度、亲戚居住远近有关，但是男性老年人"会亲戚"的次数不多，平均每次花半天多的时间（4.5小时）；女性老年人"会亲戚"的次数比男性老年人多，但每次花费的时间短（1.83小时）。在另外一种人际交往类别"会朋友"上，女性老年人参与的人次少，但投入的时间长（平均2.56小时）；男性老年人"会朋友"的人次多，但时间少（平均1.63小时）。这种不同人际交往类别、频次和时长方面的男女差异值得我们进一步的考察，这将有助于我们了解老年人社会交往圈子的特性、维护和增加这种圈子并利用这种圈子提高老年人的身体健康状况。

（3）男女老年人自我保健意识强："自我保健意识强"主要体现在老年人能够主动进行健身活动。从利用人次上看，各类健身活动中（散步、游泳、器械活动、慢跑、打太极拳、跳舞、健美操、球类活动、室内锻炼），散步的男女老年人人次最多，其次是打太极拳，接下来是室内锻炼。这三项活动分别平均占用老年人每天1.38个小时、0.72个小时和0.69个小时（表3）。但从纯粹平均所用时间上看，跳舞、散步和球类活动却是平均用时最多的三项活动，分别是1.38、1.38和1.13个小时。当然，从老年人的回答来看，参加球类活动的男女老年人很少；跳舞和做健身操的老年人清一色为女性老年人。说明男女老年人在健身活动方面有共同的爱好，也有各自的偏好。社会上提倡的"慢跑"健身项目基本不适合这类老年人。

老年人基本都能意识到健身、自我保健的好处。这类好处是多层面的，作用本身可有主次之分；对不同的人，其主次序位可有所更换。他们认为晚年健康的秘诀是一要活动（运动），二要有爱好。虽然气候会影响到老年人的锻炼习惯，他们都能适当调整方式，坚持锻炼。例如2010年1月4日是大雪过后的一天，虽然天气晴，但气温低至零下8度。部分老年人就改在室内、阳台上做一些运动，活动腿脚。

大家普遍认识到健身活动可以换来健康的身体。针对散步，有老年人说"活动肢体，加强血液循环，有益身体健康⋯散步是老年人健身的法宝，已经习惯了，不活动觉得身体不舒服"（Z先生，76岁）。散步"使我的体格更强壮。现在膝盖也不痛了。将军肚也小了点"（男[6]，76岁）。

表3　老年人每天健身活动参与状况

性别		散步	器械活动	慢跑	打太极拳	跳舞	健身操	球类活动	室内锻炼
女	时长均值（小时）	1.50	0.50	0.40	0.78	1.38	1.00	0.75	0.69
	人次	24	1	2	20	13	1	2	26
	总和的%	35.8	20.0	100.0	61.7	100.0	100.0	33.3	92.3
男	时长均值（小时）	1.32	0.50		0.64			1.50	0.75
	人次	49	4		15			2	2
	总和的%	64.2	80.0		38.3			66.7	7.7
总计	时长均值（小时）	1.38	0.50	0.40	0.72	1.38	1.00	1.13	0.69
	人次	73	5	2	35	13	1	4	28
	总和的%	100.0	100.0	100.0	100.0	100.0	100.0	100.0	100.0

针对中国特有的太极拳，一位77岁的女士[5]认为她"体格健壮，打太极拳功不可没。我打拳和舞剑已有14年历史。一则参考消息报道，打太极拳的老人不太会摔跤，更增加我打太极拳的信心。事实也证明练了太极拳，我今年重阳节照样可以登上百望山的主峰…打太极拳后身体有一股热流上身，腿脚就灵活多了…太极拳能使我心身得到调剂和活动，避免人老腿先老"。也有人体会到"打拳从始至终都要缓慢柔和地进行。这有利于身体放松，松则利于内气畅通，可调整呼吸，调养内气，控制运动量。对体弱和慢性病有一定的疗效……太极拳既练形又练心，即身心同练"（女[4]，60岁）。

在小调查问题中我们没有细列多项健身活动，有相当一部分老年人回答说参加"其他体育运动"，但没有说明是何种项目。在老年人自由发挥记录部分，有老年人特别提到自我按摩这种他们认为是常见的健身活动。Z奶奶每天从头到脚按摩一遍，约用45分钟。按摩后自我感觉舒展，关节似乎也更加灵活。按摩的一个主要目标是降低自身已患疾病的影响，如按摩一定的穴位，降低血压。有的老人每天晚上没有事时都会按摩足底，为的是给脾胃、心脏做保健（女[3]，61岁）。按摩不仅对健身有好处，很多人也认为会对"心理状态好一点"（Z奶奶，82岁）。

健身活动的另外一个好处是它不仅强身健体，也提供了与朋友会面交流的机会。"两人一起做活动，可以相互参照，之后还会聊聊天"（女[4]，60岁）。同时，在健身活动中总会有人在哪些项目上更得心应手、做得更好，于是他们就在其群体中充当起老师、教练的角色，这对老年人的心境也有积极影响。"由于我喜爱跳舞，又有点基础，学的快一些。他们就让我慢点教她们。我就高兴地慢慢一步一步教……她们也都特别用心。看着她们一遍比一遍做得好，我也特别高兴。"（女[3]，61岁）。此外，健身的目的在为自己的同时，也有对家人的利他考虑。"运动应坚持，人会灵活，自己受益，不拖累家人"（女[4]，60岁）。

在这组老年人中，他们健康信息多来源于书籍、广播和电视、甚至网络。书籍来源对个体教育水平和读书习惯的要求高；广播和电视则是面向普通大众的信息传播手段；而网络对老年人的教育水平、经济条件以及接受新生事物的心态要求更高。

通过收音机他们听"百姓健康大讲堂"广播，了解医学发展；听关于失眠与保健、老年骨关节炎、健脾、针灸方面的内容。"听广播可以同时做事。它的内容是多方面的，如新闻、音乐、历史、健康等，可了解和学习各种知识"（女[4]，60岁）。通过电视看如"养生堂节目，边看边学着做各种保健操"（男[6]，74岁）。

(4) 老年人休闲活动多样化：在我们所给定的老年人常参与的休闲活动中（养花、看书报、遛鸟、下棋、唱歌）中，前三位人次最多的项目是看书报（83人次）、养花（39人次）、下棋（12人次）（表4）。从平均每天用时最多的项目看，下棋的老年人虽然不多，但他们每天下棋所用的时间最多，能达到3.25个小时。看书报的老年人平均用时近1.5个小时。参与唱歌的老年人很少（1人次），但这项休闲活动所用的时间相对长（1个小时）。

表4 老年人每天休闲活动参与状况

	性别	养花	看书报	遛鸟	下棋	唱歌
女	时长均值（小时）	0.66	1.18	0.50		1.00
	人次	25	36	1		2
	总和的%	72.9	35.3	100.0		100.0
男	时长均值（小时）	0.44	1.66		3.25	
	人次	14	47		12	
	总和的%	27.1	64.7		100.0	
总计	时长均值（小时）	0.58	1.45	0.50	3.25	1.00
	人次	39	83	1	12	2
	总和的%	100.0	100.0	100.0	100.0	100.0

男女老年人在休闲活动主要参与项目中有一定的性别差异。虽然男女老年人都看书报，但女性老年人看书报的人次少，每天所用时间少于男性老年人。在养花休闲活动上，更多人次的女性老年人专注养花，她们在此所用的时间也比男性老人多。偏文娱性活动——唱歌参与人次虽少，但完全是女性参与；她们投入的时间每天也往往要1个小时。至于下棋，参与者全是男性老年人，他们每天可用3.25个小时下棋！尽管我们没有机会深入询问这些老年人平日下什么棋，但从常理上说，下棋若不是网络上的对决一般是两个人的面对面的活动，同时这项活动也常会吸引或聚集部分观看者，从一项两个人的活动扩展成一个小群体的活动。因此，参与下棋活动的老年人，相比看书报、养花等，更像是参与了一项小小的集体活动。

在看书报的老年人中，他们常看如历史、保健方面的书籍（如中医健身术）、光明日报、文摘周刊等。书报中"数独"栏目是一些老年人的所爱。老年人愿意养花可能与生命力有关。"花总是向着太阳长的……它们的生长让人心悦……让人享受不同的美"（女[4]，60岁）。观察花的长势与变化，细心照料植物给老年人带来一些乐趣。"自己欣赏着杰作，看着美丽的花心情真好"（女[3]，61岁）。

部分老年人的回答出乎我们原来休闲研究的设想框架。几位老年人在休闲活动的回答中多次提到网络——会朋友时和朋友们一起上网，利用网络和外地亲友联络

（特别是视频联络），用电脑上的软件服务于自己的需求。"上电脑，用 Photoshop 修改照片。每天 2~4 个小时。看到修好的照片，很开心"（女[2]，72 岁）。有关网络这一话题，一位 77 岁女士[5]的经历在老年人中很是特别。从相关记录来看，这位女士平日做家务，包括做饭、洗衣、拖地、收拾卫生等，但没有带孙子女的任务，也不必指点保姆。她对网络有一种强烈的亲近感，网络不仅帮助她获得信息、与他人交流，在她眼中"上网让我与时俱进，学会很多知识，每天让自己充满了活力"。每天她会上网 3~4 个小时。针对老年人老年后开始学习网络，这位女士有一些心得，认为"熟人是宝"，在学习电脑时如有专人指点，个人进步会更快。她自己就为周围的人服务，有求必应，"一帮一教比上老年大学电脑课会更有效些"。

她不仅自己热衷于电脑，还于 2009 年鼓动自己的老同事买了电脑并答应"你学电脑有什么问题尽管找我"。77 岁的她想了很多办法让老同事走上用电脑的第一步，拿自己外孙女上小学时用的汉语拼音魔方帮助老同事学习拼音。经过 5 个月的努力，老同事不仅熟悉了拼音，也学会了上网和收发电子邮件。这位女士自己在 QQ 网上有 21 位好友（以亲戚为主）。大家"彼此可以聊天，视频见面，互看照片和日志……小辈们通过 QQ 和 MSN 与我联系，收发信件、笔聊或通话"。2008 年 1 月这位女士开始利用博雅博客，"我的网页访问量已达 14808 次（截止 2009 年 12 月 17 日），说明我写的日志有可观性"。从这些描述中我们看到更多的是有能力、热心的老年人。他们不在乎自己的年龄，用最大的热情拥抱着新潮技术。现代技术增加了他们生活的内容，扩大了社会网络圈子。他们的经历和经验也使我们对老年人健康、积极和成功老龄化增添了信心。

四、讨 论

本调研结果是北京大学邻近社区一组老年人日常生活的反映，代表了一类老年人的晚年生活。由于研究资料是老年人自我记录的信息，所以其结果更可能代表的是身体健康状况基本良好的老年人的生活。在这组老年人中我们能感受到他们对自身健康的注意，包括从不同渠道（如传统的书报、收音机和现代的电视、网络）获取健康促进信息，在日常生活中坚持他们认准的健康行为——从室内外的健身和休闲放松活动到更为个性自主的按摩保健。虽然我们的研究结果不一定发现了这组老年人的晚年健康行为与其他老年人有多大的不同，因为我们研究的对象是众多老年人中的一个小小的群体，仅在个体特性（如早年教育和工作经历）上略显特殊，但这一研究结果对我们今后类似的研究和健康项目的开展提出了一些新思路和建议。

第一，在研究方法上，特别是资料收集方法上我们尝试了一种新方法，也就是"自我记录"。针对老年人的研究，在有关主题上，我们不仅要依靠个人和小组访谈，也可以依靠老年人个人的力量，记录和整理他们自己的经验。老年人记录的很认真和生动。有人在记录中针对自己念过的文章或书籍，会做一些综述和评价。"自我记录"的方法不受被调查老年人时间的限制。他们可以在相当宽裕的时间段内整理和记录我们所需要的信息。想多说就多写，想休息可暂停。同时调研人员也可以避免调查时间与老年人日常作息时间的不同，免去花费更多的时间协调双方的调查时间。但是应该看到这种方法的局限性，它对适应人群的要求较高。如果被访老年人不理解调查目的及内容或没有能力记录就不可能利用"自我记录"的方法。

第二，在针对老年人的调查中，请老年人参与记录，更能引起老年人参与调查的热情。对于有能力记录的老年人，记录本身就在丰富他们的生活。可以看出有些老年人在记录中把"问卷"当作倾谈对象，把自己的心情、生活和想法都写在了其中。似乎这种调查方式本身也在丰富着部分老年人的生活。

第三，从干预、影响老年人健康生活方式及行为的角度看，书刊、电视广播等仍是重要的信息传递途径。在一些老年人的记录中，可以看出他们阅读的内容对他们自己的健康生活有一定的指导意义，各类健康信息对老年人，特别是有阅读和上网能力的老年人有很大的影响。但研究原来设想的老年人可能会参加的活动却很少有老年人提到，如老年大学课程、健康讲座。因此任何针对老年人的健康干预项目启动之前，必须对干预人群做较为细致的分析，找出主流和辅助渠道输送健康信息，强化健康意识。

第四，"自我记录"这种方法也给了老年人很大的自我发挥空间，让我们有机会更多了解老年人的所思所想。例如，因调查时间跨越 2010 年春节，在一些老年人的活动记录中，可以看出一些单位会组织春节联欢活动。"一年一度的新年团拜会……整个教工……包括退休的满满一堂，有机会见到一年才一见的老熟人，气氛很好，很和谐。参加者每个人都有奖，我得到一个电动足浴盆和一条床单"（男[6]，74岁）。联欢会的活动气氛、每个人得到的价钱不一定多贵但感情分量很重的礼物让老年人倍感亲切。

老年人的这番话让我们知道了老年人外出会友的受限性以及朋友相聚给他们带来的兴奋与感动，也让我们有心在今后助老为老的服务中考虑如何帮助老年人与老朋友的友谊常在的同时尽可能增加新朋友。例如，利用网络联系不同年龄的人群。如果老年人的朋友圈子不会因年龄而缩小，相反会保持甚至扩大，我们就更可能利用这一资源影响老年人的健康意识，强化他们的健康行为。

我们研究的终极目标是在未来通过各种努力将经过充分验证的正确有效的健康意识传播到老年人群中。培养健康意识没有年龄的限制。我们的社会不会因老年人的年龄而忽视他们的健康知识和健康行动的需求，要让未来的老年人享受到健康和幸福的晚年生活。本研究的结果也为这种目标的实现提供了一定的方向。

注：文中引用提供资料老年人后的数字标志（上标、阴影、下划线）是为识别不同老年人而设定。

参考文献

www. bjstats. gov. cn.

http：//www. bjstats. gov. cn.

白海波，姚唯众. 2010，"对老年人体质与健康意识相关分析及对策研究"，吉林体育学院学报，2010，(5)：81-82.

卜秀梅，苏兰若，曹丽君. 2006 "城市社区老年人健康促进生活方式及其影响因素调查"，中国临床康复，24：152-154.

林伟,蒋小毛,姚波,陈仁清,杨其刚.2006"不同运动强度运动队老年人心肺机能的影响",中华物理医学与康复杂志,7:40-41.

闫瑞红,刘蓉,张澜.2010"健康行为及其影响因素研究进展",护理学杂志,3:94-97.

张清华,蒋知新,孙宇,衣志勇,林虎,田莉,夏爱祥.2005"应用问卷调查北京市社区40500名中老年人生活习惯于健康状况的特征",中国临床康复,9:25-28.

朱建民,黄超群.2007"影响老年人健康自我完好的社会学因素分析",北京体育大学学报,8:1042-1044.

(作者单位:北京大学社会学系)

社会变迁与出生性别比拐点来临

陈友华

一、问题的提出

中国出生性别比升高乃至失调肇始于独生子女政策的实施。伴随着中国出生性别比的持续升高,对出生性别比及其相关问题的研究也逐渐升温,在经历最初的对中国出生性别比升高成因的讨论与"真性失调"还是"假性失调"的争论后,中国的政界与学界终于达成一致,并最终接受了中国出生性别比严重失调这一客观事实。

面对中国出生性别比持续攀升的局面,政界与学界苦思苦想苦寻与苦治,然而,出生性别比并没有低下那持续攀升的"高昂的头",而同当下的房价一样,"政府越调控越高",中国政府在治理出生性别比失调方面的努力未取得预期的成效。中国许多人、特别是中国各级政府习惯于依靠行政手段解决一切问题的习惯思维,在出生性别比失调治理问题上碰得头破血流,铩羽而归。同时也让我们认识到对中国出生性别比失衡的治理绝非一蹴而就的易事。

也许正基于此,每当谈及中国出生性别比失衡及其相关话题时,政界与学界就心情沉重,情绪低落,苦思冥想而又苦无良策与回天乏术,故而只能仰天长叹。实际上我们大可不必悲天悯人,政府依靠行政手段治理出生性别比升高成效甚微,绝不意味着出生性别比持续升高的势头仍将持续下去。我们应该看到改革开放以来中国经济的快速增长与广泛的社会变迁,已经逐渐积累起促使出生性别比从高位回落的社会经济基础。本文考察了导致中国出生性别比失衡的各种因素在社会变迁的时代背景下是否仍在起作用以及作用的方向(增大还是缩小)。明确指出传统意义上的导致出生性别比失衡的因素不是被消除就是被弱化,因而中国出生性别比从攀升到回落的转折点、抑或拐点已经或即将来临。

二、中国出生性别比失衡的影响因素分析

(一)直接因素

探讨中国出生性别比失调原因的文献很多,并可以将引致出生性别比失调的原因归结为直接原因与间接原因两大类。直接原因主要包括:一是胎儿性别鉴定与性别选择性人工终止妊娠,这也是导致中国出生性别比失调的最主要原因。人工流产的合法化某种意义上成为出生性别比失调的帮凶。虽然对流产有明确的规定,但实际情况是:只要孕妇愿意,几乎任何原因的人工流产都可以实施。二是出生的瞒报、漏报、错报与重报(领养不报与弃婴属于此类)。三是相对于男性而言的较高的女婴与女童死亡率(溺婴属于此类)。四是孕前性别选择。上述原因二至四虽然对中

国出生性别比失调也带来了一定的影响,但终究不是导致中国出生性别比失衡的主因(陈友华、徐愫,2009)。

(二)间接原因

从间接原因考察,出生性别比失调既与传统观念相关,又与中国的经济、政治、社会与文化环境密切相关。中国的现代化进程,虽然弱化了人们对子女的数量偏好,但在改变人们对子女的性别偏好方面却显得有些"力不从心",生育数量意愿转变在先,而生育性别偏好转变在后。这种"文化滞后"因素与经济因素(社会保障不健全,生产力发展水平不高,农村家庭对劳动力需求等)、社会因素(改革开放后宗法宗族宗派思想等的复活,妇女地位相对低下,家庭安全需要等)、心理原因(对儿子的心理满足感等)、单系偏重(财产、姓氏继承等)以及政策因素(土地分配、生育政策、奖励兑现不到位、婚姻登记与下岗失业政策等)、(领导的)认识水平、管理因素(综合治理局面没有真正形成、处罚不到位、管理到位难)等社会经济制度结合在一起,制约了出生性别比从高位的回落(陈友华、徐愫,2009)。

上述对中国出生性别比失衡影响因素的分析,可以用图1清晰地表述出来。社会经济政治文化因素通过两条途径来影响甚至改变出生性别比:第一条途径是孕后选择,即通过对受孕胎儿性别进行直接的人为干预,如实行胎儿性别鉴定与性别选择性人口流产等,对出生性别比施加影响;第二条途径是孕前选择,即通过对妇女受孕的生理环境与受孕时机等施加影响,从而增加或减少受孕男性胚胎的概率,进而对出生性别比产生影响。

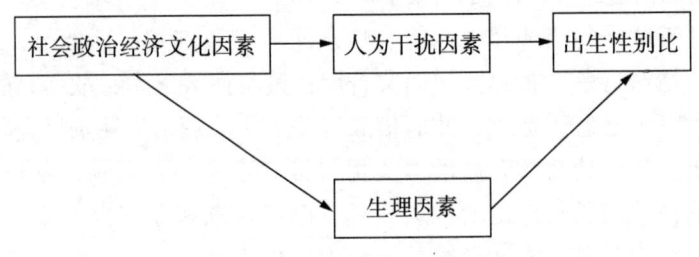

图1 出生性别比影响因素分析

三、出生性别比失衡影响因素在社会变迁背景下的影响力变化

在清楚地知道引致中国出生性别比失衡的影响因素后,如果我们要把握中国出生性别比的未来变动趋势,就必须考察导致出生性别比失衡因素在经济快速增长与社会广泛变迁的时代背景下是否仍在起作用以及作用的大小与方向。

(一)经济因素

第一,经济的快速增长与城乡居民收入的普遍提高,百姓的自我养老能力大大增强。与此同时,近年来中国开始强调社会建设,社会保障与社会福利制度建设已经取得实质性进展,社会保障与社会福利水平不断提高,在家庭养老功能急剧弱化的同时,社会养老功能逐渐增强,养老正逐渐由家庭转向社会,使得民众在养老问题上对家庭与子女的依赖程度下降,即男孩的养老效用减弱。"养儿防老"需求,特别是经济需求逐渐减弱,并可能最终退出历史舞台。

第二,中国城市化进程不断加快,人们的生产生活方式已经发生了很大,甚至根本性的变化。而社会经济发展与产业结构的调整升级,创造了大量适合女性工作的岗位,特别是第三产业的快速发展,对劳动者体力方面的要求下降,而对智力方面的要求增强,男性在体力方面的优势逐渐减弱,从而导致劳动者的职业结构与性别结构发生了根本性的变化。伴随着越来越多的妇女参与到社会经济生活中去,女性在经济上的独立性逐渐增强,社会经济地位也因此而大大提高。

第三,伴随着经济增长与社会进步以及快速的城市化,生育率下降与家庭的小型化与核心化,女婴、女童与妇女在包括土地制度、财产继承制度等权益维护方面取得了较大进展,中国主要是农村原有的在姓氏与财产继承等方面的单系偏重制度受到很大的削弱,部分地区甚至正在走向终结。

第四,计划生育利益导向机制逐步建立起来,并不断趋于完善。这对于缓解部分群众的生活困难或养老问题,弱化歧视性性别偏好具有一定的促进作用。

第五,结婚花费飞速上涨与不同性别子女婚配时父母承担的结婚花费间的巨大差别,也促使了重男轻女性别偏好的弱化。特别是近10年来(城市)房价(农村建房成本)急剧上涨,与女孩父母相比,男孩父母面临更大的经济压力。在(城市)房价(农村建房成本)不断上涨与对婚房要求越来越高的时代背景下,子女性别成为影响父母消费行为的一个被长期忽视的重要因素:女孩父母更倾向于将收入用于即时消费,以提高当下的生活水准,而男孩父母则更倾向于储蓄与购房。目前,全国部分地区,特别是城市逐渐形成一种男女结婚时的做法(惯例):男方供房(购房),女方供车(购车)。由此可见,不同性别子女婚配时父母所面临的经济压力是很不相同的。这实际上有利于重男轻女思想的消除。不仅如此,在部分地区(城市)甚至还因此而出现了偏好女孩的现象。

(二)社会因素

第一,今天的生育主体多是在开展计划生育以后出生,并在强大的计划生育宣传舆论教化,改革开放与市场经济浸染与熏陶,坐在电视机、计算机前与教室里长大的70后与80后,并逐渐过渡到90后与00后,其思想观念、权益意识与生育行为等所有方面已经与他们的父辈有根本性的不同。在现代化与全球化浪潮的冲击下,以儒家思想为代表的传统文化已经变得支离破碎,影响力逐渐衰微,"传宗接代"与"养儿防老"等传统观念正在被对物质享受的追求所取代,消费主义受到越来越多人,特别是年轻人的推崇与追捧。生育意愿与歧视性性别偏好已大为减弱,"生儿育女"的思想意识越来越淡薄,不愿其生活品质受生儿育女拖累。甚至有农民曾经对前来调研的学者说:生育一个孩子是责任,生育两个或以上孩子是找罪受。与以往相比,如今的育龄妇女,她们的生育数量意愿更低,歧视性性别偏好已经大为减弱。

第二,人口迁移流动与城市化,家庭成员地理空间上的分离现象急剧增加,家庭碎片化倾向十分明显。"养儿防老"在部分地区以及对部分人群而言,已经变得不太现实。现实社会中"不用说生女儿指望不上,即便生儿子也指望不上,养老主要靠自己"的现象屡见不鲜。传统意义上的歧视性性别偏好也因此而大为减弱。

第三,生育率急剧下降与出生性别比异常升高,所形成的严重的男性婚姻挤压等后果已经开始呈现出来,而人口迁移与流动的增加,特别是因婚姻市场失衡而诱发的婚姻迁移的增多,使得局部地区,特别是边远贫困的农村地区适婚女性人口严重短缺,部分男性,尤其是底层男性娶妻越来越难,娶妻成本越来越高,有的甚至把那些生育有男孩的家庭压得喘不过气来。男性婚姻挤压已经演变成一个严重的社会问题。生育男孩给家庭所带来的最初的那一点喜悦,被日后儿子娶妻难等经济与心理负担所逐渐取代。农民是最实际的,现实生活教会农民:生男孩不一定给家庭带来幸福与欢乐,有时可能比生女孩带来更多的忧愁与痛苦。家有"剩男",父母不仅经济上面临巨大压力,心理上也遭受折磨甚至是煎熬,不仅养老防老没有着落,而且还为光棍儿子愁白了头的情况在现实生活中屡见不鲜。由此可见,生男孩给家庭所带来的经济压力与负担远远超过了生女孩家庭。目前,包括农村在内的部分地区甚至因此而出现了偏好女孩的倾向。

第四,工业化、城市化与现代化,年轻人的自主意识、独立意识与权益意识大大增强,老年人社会经济地位急剧下降,家庭碎片化及居住上的代际分离,父辈对子女的影响力,其中包括对子女生育上的影响力大为减弱。现实生活中对父母言听计从的乖乖女(子)不是越来越多,而是越来越少。此外,城市化、现代化与家庭碎片化,使得宗法思想逐渐失去了赖以存在的土壤。

(三)文化因素

第一,义务教育的普及与教育的扩展,使女童与女孩至少在义务教育阶段真正享有了与男孩平等的受教育权利。越来越多接受过现代教育的年轻人,他们的思想观念,其中包括生育观念已经发生了很大的甚至是根本性的变化。尽管传统意义上的歧视性性别偏好仍然存在,并在未来一段时间内仍将继续存在下去,然而我们应该看到歧视性性别偏好程度正在逐渐减弱,出生性别比失衡正在失去赖以存在的思想基础。尽管使用"B"超等技术进行胎儿性别鉴定的现象在未来可能还将增加,但是在胎儿性别鉴定后,对不喜欢性别的胎儿实行人工流产的人和事将逐渐减少,从而有利于出生性别比从高位的回落。需要指出的是:西方国家出生性别比正常,并不意味着使用胎儿性别鉴定技术的人和事很少发生,事实上可能恰恰相反,只是这些国家很少根据胎儿性别鉴定结果而实施性别选择性人工终止妊娠而已。

第二,佛教等在中国的复活以及基督教等在中国部分地区,特别是部分农村地区的迅速传播,越来越多的人皈依佛门(基督教),宗教教义作为行为规范已经内化在人们的心里,从而部分阻止了胎儿性别鉴定,特别是性别选择性人工流产行为的发生。

第三,中国政府在加大对"两非"打击力度的同时,开展了以婚育新风进万家、关爱女孩行动、性别平等促进等活动为载体的新型生育文化建设,努力转变群众的生育观念,虽然这些活动形式多于内容,但不可否认的是也取得了一定的成效。通过宣传教育,有越来越多的民众逐渐认识到出生性别比失衡可能导致的社会经济后果的严重性,歧视性性别偏好因此而弱化,对抑制出生性别比的升高起到了一定的作用。

(四)政策因素

中国出生性别比失衡与现行生育政策之间存在着某种因果联系。然而,我们已经注意到,伴随着计划生育时期出生的人口陆续进入婚育行列,并成为生育的主体,现行生育政策条件下的政策生育率呈逐年上升的趋势。与以往相比,那些生育有男孩的妇女政策允许再生育的可能性增加,而这些妇女的再产出生性别比是正常,甚至是偏低的,这意味着对生育有女孩妇女的再产的较高的出生性别比起到了"稀释"作用。完全可以预期的是:"十二五"期间中国现行生育政策必将出现某种松动，这本身将有助于出生性别比从高位的回落。

（五）技术因素

中国出生性别比失衡主要归因于胎儿性别鉴定与选择性人工流产。然而，我们已经注意到如下两个基本的事实：

一是在"B"超引入之初，受歧视性性别偏好及其他原因的影响，将"B"超用于胎儿性别鉴定与性别选择性人工流产的数量与比例持续上升，出生性别比也随之不断向上攀升。然而，在"B"超设备与技术早已普及的今天，尽管加大了对"B"超的管理与对"两非"的打击力度，但"两非"现象屡禁不止。我们不得不承认，"胎儿性别鉴定与性别选择性人工流产"在今天并不是一件难以做到的事，想这样做的人基本上都做到了，不想这样做的人不会去做。打击"两非"对出生性别比失衡治理成效有限。从这里可清楚地看到，因胎儿性别鉴定与性别选择性人工流产而导致的出生性别比失衡的影响已经充分暴露出来。这种影响不可能长期持续扩大下去。随着时间的推移，想利用"B"超进行胎儿性别鉴定与性别选择性人工流产的人和事将越来越少，从而导致出生性别比从高位回落。

二是自1980年以来中国就出现了出生性别比的失调，距今已有近30年的历史，目前已升高至120左右，已经处在严重失衡状态。这种升高趋势不可能长期持续下去。近年来中国出生性别比在120附近有趋于稳定的迹象，局部地区（如浙江等）出生性别比甚至已经出现明显的回落。

需要指出的是：伴随着经济的快速增长与社会的广泛变迁，"B"超作为一种技术用于造福人类的可能性还将进一步增加，用于胎儿性别鉴定的可能性也可能增多，但根据胎儿性别鉴定结果而决定是否实行人工流产的人和事将会逐渐减少。这也就是说出生性别比从高位回落，并不一定意味着利用"B"超等技术对胎儿进行性别鉴定现象的减少，而更可能意味着即便鉴定出来是自己不很中意的性别的胎儿，进行选择性人工流产的情况会大为减少。

四、结果与讨论

（一）结果

伴随着经济的快速增长与社会的急剧变迁，原有的歧视性性别偏好逐渐失去了赖以存在的土壤，性别平等社会环境正在形成之中，促使中国出生性别比回复正常的社会经济基础已经逐渐具备，某些诱致出生性别比失调的因素正在逐渐消失，而另一些因素的影响力正在逐渐减弱，从而为出生性别比在原先较高水平上的回落，并最终回复到正常范围之内创造了条件。

中国出生性别比从高位的回落与政府推行的关爱女孩、婚育新风进万家、性别平等促进与打击"两非"等活动之间存在着某种因果联系。但我们必须承认的是：这些形式多于内容、效果被极度放大的活动的开展本身对中国出生性别比从高位的回落的影响比较有限。而中国出生性别比从高位回落本身主要应归因于中国的工业化、城市化、现代化、信息化、网络化与全球化，现代文明传播与人们生产生活方式转变，教育发展以及在社会保障与社会福利方面所取得的实质性进展。

（二）讨论

1. 性别偏好与出生性别比

歧视性性别偏好为出生性别比失衡提供了思想基础。然而，仅有偏好，但缺少实现偏好的手段，并不会导致出生性别比的失衡。有性别偏好不一定就有出生性别比失常，出生性别比正常也不一定没有性别偏好。出生性别比失衡的地区必然存在着重男轻女的问题，但重男轻女的存在并不一定转化为出生性别比的失常，那些出生性别比正常的地区并不见得就不存在重男轻女问题。

2. 社会变迁与歧视性性别偏好的变化

有学者认为现行生育政策强化了人们的歧视性性别偏好，甚至有学者依据中国出生性别比升高，据此认为中国的性别偏好被强化。实际上，出生性别比升高与性别偏好被强化是两个完全不同的概念，两者之间并不存在必然的因果联系。实际上，歧视性性别偏好并不因为对生育数量的限制而被强化，而仅仅是提前表达出来而已（陈友华、徐愫，2009）。

试想一下今天的生育主体——70后与80后——还与他们的父母一样喜欢多生孩子，特别是喜欢生男孩吗？答案自然是否定的。要注意的是：这些70后、80后与已经或将要步入婚育期的90后与00后们在一个与60前们完全不同的环境中长大。我们这些60前们不要以自身的成长经历、思想观点等老眼光去套用现在的年轻人，要知道这些70后的新生代与60前的老生代们有根本性的不同，否则，"代沟"一词也就不复存在了。目前在年轻大中学生中流行着一种说法：年轻人中相差3岁就已经存在"代沟"。虽然这种说法过于夸张，但不可否认的是：伴随社会急剧变迁而来的是不同代际之间的差异，即"代沟"不是被缩小了，而是急剧扩大了。我们这些60前们对70后们究竟真正了解多少呢？与时俱进不仅是干部与学者对要求的群众，更是对自身的要求。现在的问题是：学者们真的做到了与时俱进了吗？

3. 出生性别比拐点来临与出生性别比失衡治理

导致出生性别比失衡的因素，不是被消除，就是其影响力减弱，迄今为止我们还没有发现有什么因素对出生性别比失衡的影响力在增大。因而笔者作出了中国出生性别比拐点来临的判断。这里的拐点指出生性别比由上升转而回落的转折点。需要指出的是：出生性别比拐点来临与出生性别比是否正常是两个完全不同的概念，出生性别比拐点来临，只是意味着出生性别比从高位开始回落，绝不意味着出生性别比立刻会回落到正常水平。相反，尽管导致中国出生性别比失衡的某些因素的影响力日渐衰弱，但其在未来较长一段时间内仍将继续存在下去，因而中国出生性别比失衡现象不可能在短时间内消失。

需要特别强调的是：中国不能因为出生性别比从高位的回落，就忽视对出生性别比的治理与对性别平等促进的倡导与干预。恰恰相反，正是因为伴随社会变迁而来的出生性别比的自然回落更可能是渐进的与缓慢的，而对出生性别比的治理与性别平等促进等会促使出生性别比回落速度更快与更早回复到正常水平，从而更加显现出对出生性别比失衡治理的必要性与紧迫性。

参考文献

陈友华，徐愫. 性别偏好、性别选择与出生性别比. 河海大学学报（哲学社会科学版），2009，(4)：35–41.

（作者单位：南京大学社会学院）

主观贫困对农村老年人健康投资的影响研究：基于陕西省的数据

（摘要版）

韦艳　史思

一、研究背景

随着经济与社会的发展，人口老龄化是全球性的人口发展趋势。而我国也已全面步入人口老龄化社会，并且老龄化进程日益加快。与此同时，随着我国城镇化进程的加速，农村中大量青壮年劳动力涌入到城市中寻求工作机会，越来越多农村家庭面临空巢化，农村出现了大量留守老人。这一现象使得农村人口老龄化程度较城市更为严重。随着农村老龄化程度的加深，围绕农村老年人这一弱势群体的各方面问题受到学术界和社会的普遍关注，其中包括农村老年人口的贫困水平和健康状况这两个基本问题。

在研究经济贫困及其决定因素的基础上，有些学者认为应提高对贫困概念的认识，丰富贫困的内涵。并且有研究指出，在物质生产落后的地区有相当大比例的居民消费不是来自市场产品与服务，而是基于家庭生产和交换，并且由于居民的收入高度不稳定而造成测量其金钱收入相当困难，因此在这些地区仅仅从物质层面测量贫困是不妥当的。现阶段我国农村地区生产力仍然十分落后，广大农民靠种地维持生活，所以基于以上分析，本文将探索性地采用居民的主观贫困感即居民对自己经济状况的主观感受来衡量其贫困程度。国外学者已成功运用主观贫困这一概念来衡量居民的贫困水平，他们的研究成果证明了运用主观贫困反映贫困水平的可行性。

相关研究表明了贫困与健康状况之间的密切联系。一些学者发现，获得的医疗服务越少，人们的健康状况越差，这一现象对于低收入人群来说尤为明显。现实中，贫困人群获得健康服务的机会很少，并且提供给他们的健康服务的水平也较低，因此贫困人群的健康状况普遍较差。除了享受不到优质的健康服务之外，贫困人口还缺乏常规的身体锻炼，因此他们普遍肥胖以及患心血管疾病的概率较高，即处于较不健康的身体状态。

目前，我国农村地区的贫困状况得不到有效缓解，而且在子女普遍外出打工的环境下，农村老年人群体的生活条件和健康状况尤为糟糕。本文在以往有关研究的基础上，深入探讨我国农村地区老年人口的生活条件、生活方式和健康问题三者之间复杂的内在联系。本文借鉴了贫困水平对健康状况的作用关系以及主观贫困的相关研究成果，选取主观贫困影响居民的健康投资行为这一角度，系统研究了我国农村老年人口的主观贫困状态和健康投资水平的关系，并针对这一关系建立了统计模型，最终为旨在实现农村地区健康老龄化的相关政策、实践提出理论建议。

二、数据来源与方法

（一）数据来源

本文所使用数据来自西安财经学院人口与发展研究所于 2010 年 1 月—3 月在陕西省农村地区进行的"子女外出务工背景下的陕西农村老年人口健康状况研究抽样调查"。问卷调查内容主要涉及四大部分：个人基本信息、健康状况、日常生活、代际支持等信息。本次调查对陕西省的陕北、关中、陕南三个地区的农村分层等比例抽样选择 35 个县和 4 个村，调查对象为 60 岁及以上的老年人口，最终共收集到有效问卷 1036 份。在抽样调查和数据录入的过程中，通过培训、跟访、审查问卷、复访、逻辑检验和 10% 抽样重新录入等措施进行质量控制，保证了数据的质量。

（二）分析方法与变量设置

本文主要关注的是农村老年人口的主观贫困水平对健康投资行为的影响，其中老人的健康投资行为包括锻炼身体以及生病就医时的医院选择行为。本文首先运用交叉表分析方法研究了老人的主观贫困水平对其锻炼身体以及生病就医时医院选择行为是否具有统计学意义上显著的影响作用；然后采用 Binary Logistic Regression 分析方法，先单独分析主观贫困对这两个因变量的影响；而后考虑到个人的生理健康水平因素、其他个人因素及家庭因素对于主观贫困程度的影响作用，也将这些指标作为控制变量加入模型中进行回归分析。

三、研究结果

（一）描述性分析

表 1 通过对老人的主观贫困指标和健康投资行为指标进行交叉表分析，表明了不同主观贫困程度的农村老年人的健康投资行为存在明显差异。从表 1 可以看出，农村老年人的主观贫困水平对其健康投资行为有显著影响，并且主观感觉自己的经济状况越宽松的老年人的健康投资水平越高。具体来说，感觉自己经济条件困难的老年人中，只有 17.2% 的人经常锻炼身体；而有 23.5% 的主观贫困水平为宽松的老年人经常锻炼身体，高出前者 6.3 个百分点。在主观贫困感受为困难的老年人群体中，21% 的人就医时首选医疗服务水平较高的镇卫生院或县医院及以上等级医院；而对于主观贫困感受为宽松的老年人来说，这一比例提高了 11.4 个百分点，为 32.4%。

表 1 不同主观贫困水平的农村老年人健康投资行为的比较（%）

		样本数	积极锻炼身体与否		LR 检验	样本数	就医时首选医院的高低等级		LR 检验
			偶尔或从不锻炼身体	经常锻炼身体			个体医生或村卫生室	镇卫生院或县医院及以上等级医院	
主观贫困程度	困难	(419)	82.8	17.2	*	(419)	79.0	21.0	***
	宽松	(617)	76.5	23.5		(617)	67.6	32.4	

注：***，$p<0.001$；*，$p<0.05$。

(二) 回归分析

为了进一步准确考察各个因素对健康投资行为的作用，本节采用了 Logistic 回归分析方法建立模型，进行深入分析。表2提供了健康投资行为影响因素的回归模型。

表2 主观贫困水平对农村老年人健康投资行为影响的 Binary Logistic 回归结果

		积极锻炼身体与否		就医时首选医院的高低等级	
		模型1	模型2	模型3	模型4
自变量					
主观贫困程度	（困难）				
	宽松	0.392*	0.091	0.590***	0.482**
控制变量					
IADL					
	（差）				
	好		1.315***		-0.264*
性别	（男）				
	女		0.124		-0.290*
经济收入	（低水平）				
	中等水平		0.081		0.472*
	高水平		0.165		0.838**
受教育程度	（低水平）				
	高水平		0.762***		0.332*
婚姻状况	（无配偶）				
	配偶健在		0.293		0.287*
子女的经济支持	（低水平）				
	高水平		-0.111		0.074
子女的日常照料支持	（低水平）				
	高水平		-0.082		-0.450**
子女的情感支持	（低水平）				
	高水平		0.623***		-0.015
样本数		1036	1036	1036	1036

注：***，$p<0.001$；**，$p<0.01$；*，$p<0.05$。

就锻炼身体行为而言，模型1表示主观贫困因素对老年人积极锻炼身体与否的粗影响。从中可以得出，农村老年人的主观贫困水平对其锻炼身体的行为有显著影响，并且主观感觉自己的经济状况宽松的老人相比那些主观贫困程度较高的老人而言，更加积极进行身体锻炼。

模型2表示将个人生理健康因素、其他个人因素以及家庭因素纳入模型之后的回归结果。从中可以看出，主观贫困程度对锻炼身体行为的影响减弱为统计意义上的不显著，而个人的生理健康水平、受教育程度以及子女给予老人的情感支持水平均为决定农村老年人积极锻炼身体与否的重要变量，模型中这三个解释变量的回归系数均显著。具体来说，具有器械支持自理能力的老人较不具有这种能力的老人更加倾向于积极锻炼身体，不具有器械支持自理能力的老人明显是由于客观的身体条件限制而不能进行经常性的身体锻炼；受教育程度高的老年人更加积极锻炼身体，形成这种现象的原因可能由于文化水平较高的老年人日常更注重养生和保健；另外，子女给予老人越多的情感支持，老人的情绪会更加积极和健康，因此他们也会更加经常的进行身体锻炼活动。

就农村老人生病就医时的医院选择行为而言，模型3表示主观贫困水平对老人所选医院的高低等级的粗影响。模型显示，主观贫困变量对老人选择医院行为的影响是显著的，并且，老人的主观贫困程度越低，即感到自己的经济状况越宽松，他们就医时越趋向于选择等级较高、医疗服务治疗较好的医院。

将控制变量加入回归方程以后，得到了模型4。模型中回归系数显著的控制变量有个人生理健康状况、性别、经济收入、受教育程度、婚姻状况以及子女对老人的日常照料支持均为农村老年人就医时医院选择行为的重要影响变量。具体地，具有器械支持自理能力的老人就医时更倾向于选择等级较低的医疗单位，这可能是由于他们的身体状况较为良好，低层次的医疗服务即可满足其需求；女性与男性相比更大可能选择等级较低的医院就医，可能因为她们在经济上较节省，也可能是女性的身体状况总体上要比男性好的原因；随着经济收入的增加，老年人就医时更愿意选择条件好、等级高的医疗机构；受教育程度较高的老年人就医时也会更多地选择等级高的医院，此种情形也符合配偶还健在的老年人，这可能是因为夫妻双方都健在的家庭经济条件较好，或这也有可能配偶的存在使得他们的生活态度更加积极；而在子女给予老人更多的日常照料支持的情况下，老人就医时反而会选择等级较低的医院，产生这种现象的原因可能是子女给予其较多日常照料支持的老人的生活负担也许较重、经济条件较困难，所以他们的健康投资水平较低。

四、讨 论

本文利用陕西省农村老年人口健康状况的专项调查数据，探索性地运用了主观贫困这一指标来衡量调查对象的贫困程度，对农村老年人的健康投资行为进行了定量的分析与研究，探索了影响农村老年人口健康投资水平的因素。本文的研究发现，农村老年人口的健康投资行为还受到其自身的客观条件（如生理健康状况、经济收入等）以及对生活状态的主观感受（如主观贫困程度、婚姻状况、子女对其的情感支持等）的作用，影响因素还包括老人对生活的态度是否积极、对健康的重视程度如何以及老人对健康投资概念的理解程度以及付出时间、金钱成本的能力和意愿（具体表现为其受教育程度、性别以及婚姻状况等）。因此，基于以上分析，现提出以下关于提高农村老年人健康投资水平的建议：

子女要积极与老人沟通、交流，倾听老人的心事、想法或困难，给予老人更多的情感支持。并且子女要支持并鼓励丧偶老人重新选择老伴。社区层面应利用相关资源对老人进行文化教育，普及基本的医疗知识，提高老人进行健康保健的意识，并对心理负担重的老年人进行适当的心理辅导，降低其心理压力。而政府的相关机构应在农村地区加强并延展政府提供的公共健康服务，其中不仅包括医疗服务，而且还应尽可能为居民提供其他保持身心健康的硬件和软件；提供公平合理的医疗健康金融服务，最重要的是确保贫困人群能够得到这些服务；在加快农村经济发展和合理引导农村青壮年劳动力外出务工的基础上，不断加大对养老和医疗保障的财政投入，在农村地区逐步建立完善的社会保障体系，为农村老人提供稳定的经济来源；完善社区养老服务网络，建立由家庭和社区共同支持的居家养老方式，鼓励发展更现实、更人性化、更适合当地情况的养老方式；鼓励企事业单位、集体、社会团体、个人和外资兴办为老年人服务设施，并且大力发展老龄产业和相关的老年服务业。

（作者单位：西安财经学院公共管理学院人口与发展研究所）

老龄化背景下的照护服务型居家养老模式研究

李新伟　赵立新

资料显示，到 2008 年底，我国 60 岁及以上老年人口数为 1.5989 亿人，占总人口比重的 12%，约占全球老年人口的 22%，居世界首位，约相当于整个欧洲 60 岁及以上老年人口的总和。且老龄化增长速度快，年均增长率高达 3.2%，近乎总人口增长速度的 5 倍。在老年人口中，65 岁以上人口已经超过 1 亿（1.0956 亿），预计到 21 世纪中叶 65 岁及以上的老年人口将会达到 3 亿左右。值得注意的是，80 岁以上的老人每年以 5.4% 的速度增长，到老龄高峰到来之际（2030 年）80 岁及以上老年人可能超过 1 亿，是现在的高龄老人的 10 倍左右。显然，如此庞大的老年群体对养老的需求是巨大的。如果亿万农民的养老问题得不到有效解决，那么，建设和谐社会也只能是一句空话。

一、对目前我国几种典型养老模式的剖析

迄今为止，我国的养老还是以家庭养老为主，虽然社会养老、社区养老有了一定程度的发展，但是，从总体上讲，我国的养老保障制度仍在摸索之中，各类养老方式都存在着这样或那样的局限或不足。

（1）家庭养老虽然是当前养老的主要方式，但它也面临的挑战也越来越不可忽视。家庭养老一般是指子女对失去劳动能力且无收入的父母予以生活上的照顾、经济上的供养以及精神上的慰藉的养老方式。作为中华民族传统的养老方式，家庭养老既是一种美德，又有一定的化解奉献的能力，而且运作成本低，因而一直是我国保障老年人生活的主要形式。但是，传统的家庭养老在新形势下又面临着许多新的挑战：第一，家庭子女数的减少在增加了家庭的经济供养负担的同时也减少了赡养老人的人手。由于计划生育政策的推行，"4-2-1"模式家庭增多，一对夫妇可能要供养 4 位老人和 1-2 个孩子，这种供养压力可想而知；同时随着老人年龄的增大，他们对照顾和护理的需求越来越多，而小家庭也难以提供足够的人手。第二，老人较差的整体健康状况较差增加了家庭养老的困难。北京市的调查资料显示，在经济困难的老年人中，身体健康者仅占 22.6%，较健康的占 44.7%，不健康的占 32.0%。在城市中，经济困难的老年人不健康者占 34.3%，在农村，经济困难的老年人不健康者高达 50.4%。另据联合国 p22 项目"中国老年人供养体系调查"浙江调查资料，在所调查的对象中，城市老年人口的心理健康率为 30.2%，其中老年男性人口为 34.1%，老年女性人口为 26.9%；农村老年人口心理健康率仅为 26.8%，其中老年男性人口为 30.1%，老年女性人口为 23.6%。这显然会增加家庭对老人照顾的难度。第三，现代的生活方式导致对老人照护的时间稀缺，从而出现照护难的

问题。在城市,生活节奏快、生存压力大,子女对照顾护老人往往心有余而力不足。据调查,33%的中青年人认为照顾老人有困难,其中最大的困难是"工作压力大"和"没有时间"。在农村,越来越多的青壮年劳动力进城务工经商,虽然为家庭增加了一部分收入,但同时也牺牲了对老人的直接照顾,从而引发了留守老人的日常照顾难问题。第四,老年丧偶率、空巢率较高。第五次人口普查资料显示,我国60岁及60岁以上人口中丧偶者3885万,占总数的30.6%。与此相关,近年来,"空巢"老人家庭比例显著增加,城市地区中,49.7%的老人独自居住。研究表明,丧偶率和空巢率高无疑会给老年人的身体和心理带来不利影响,而空巢老人的发病率也普遍偏高。据相关研究,老年人口的年龄每增加5岁,发病率就增长1倍。第五,在当今中国,特别是收入较低的农村,农民普遍更重视对子女的教育,而养老意识变得淡薄,在资金投入的取向上有向教育子女方面倾斜的趋势,投资养老保险往往被作为一种奢侈行为。

(2) 社区养老也常因缺乏足够的集体经济支撑而难以为继。社区养老是借助社区的社会力量养老的方式,一般在较小的区域范围内,通过基层组织为区域内符合条件的老年人提供养老金或者养老服务。社区养老可以分为分散型的社区养老和集中型的社区养老。前者居住在家,后者居住在敬老院。目前,在城市中,社区养老主要指社区养老服务,是把它作为家庭养老的一种辅助方式,但是由于目前的社区服务发展尚不完善,仍存在着社区服务与养老的对接问题,从而产生诸如社区养老政策支持不足、老年人生活照顾不够、医疗保健网络不健全等问题。而在广大农村地区,社区供养的对象主要是"三无"老人(无子女、无劳动能力、无经济来源)。社区养老一般要求具备比较成熟的社区管理运作机制和相对发达的集体经济。这种养老方式可以利用集体成员之间较强的互济性,在一定程度上将个人养老风险分散到集体内的每个扶养者身上,从而使得区域范围内的老龄风险得到化解,而且可以共享区域范围内的其他养老资源。而在广大农村特别是经济欠发达的农村地区,集体经济发展普遍落后,社区养老难以为继。多年来农村养老的实践证明,纯粹意义上的集体养老在农村地区的推广困难重重。

(3) 作为养老的高级形态,社会养老的实施也面临同样困境。"社会养老是指在较大的区域范围之内,依靠全社会成员的力量或者某些经济实体的力量实现养老责任共担的养老保障机制。""社会养老有广义和狭义之分。狭义的社会养老仅指社会养老保险,它是现代社会降低风险的重要手段,其兴办主体是国家,保障对象为全体社会成员,侧重于实现社会公平并且以制度化的形式出现。而广义的社会养老,除了社会养老保险之外还包括商业保险。"[5]

在我国城市,社会养老主要指进入养老公寓、托老所等机构进行养老。它反映机构养老已经逐渐被城市居民接受的养老模式。但我国养老机构的规模还远远跟不上需求。按照调查测算,对机构养老床位的潜在需求量从2000年的1821万张上升到2006年的2261万张。但我国社会养老机构现有的床位数仅为149万张,尚不及需求的1/12。如果说城市对社会养老供给不足,那么农村则是对社会养老的需求不旺盛,或者说农村的社会养老还很幼稚。1992年,我国开始在全国范围内推广《县级农村社会养老保险基本方案》,各地实践证明,该方案在欠发达地区的推行是不成功的。典型的表现是：第一，农民投保的积极性不高，参保人数太少。据相关资料，截至 2000 年底，我国农村参加社会养老保险的人数尚不足全国农村人口的 1/10，仅为 6172 万人，基金余额为 195.5 亿元，人均只有 316.75 元。第二，农村养老院、福利院的入住率过低。根据 1998 年的数据（《中国统计年鉴 1999》），当年我国农村集体办的光荣院、敬老院有 18885 个，收养人数为 275390 人，而当年全国的五保户人数就有 282.8 万人，这也就是说，即使农村五保户，其入住养老院的比例还达不到 1/10，更不用说非五保农民了。

（4）社区照顾养老。该模式的主要特点是强调社区中的非正式网络对老年人的照顾，帮助有需要的老人能够独立地、有尊严地在社区生活。虽然有不俗的创意，但是，社区在农村和城市的发展差距明显，致使该模式要想在短期内推广有很大难度，这是其一。其二，以后发挥非正式照护功能的社区也仅仅是照顾资源的一种因素，而非全部，更不是唯一，而老年照护需要正式照护和非正式照护等多种力量共同发挥作用方可做好，在照顾护理服务没有形成规模、没有走上规范化、社会化之路时，它也难以应付老龄化形势下越来越多的老人群体对照护的需求。第三，该模式往往是倾向于有一定生活自理能力的老年人，并不能涵盖所有老年人。第四，由于社区服务建设缓慢，锦上添花的硬件建设较多，雪中送炭的服务却很少。据统计，从 2001 年起，中国政府连续 3 年实施建设社区老年福利服务设施的"星光计划"总投资 134 亿元，建成"星光老年之家" 3.2 万个，涵盖对老年人的入户服务、紧急援助、日间照料和文体娱乐等多种功能。但是有调查显示，日间照料的空置率一直很高。这与照护服务的质量建设不无关系。

由此可以看出，我国目前的养老形势十分严峻，而现有的养老方式又都存在着这样或那样的局限，因此，建立一种符合中国实际的养老方式非常必要。研究发现，照护服务型居家养老方式是符合目前中国的养老实际的。

二、照护服务型居家养老的涵义

养老包括经济供养、日常照顾、精神慰藉和居住方式等方面，这几个方面不可或缺，共同构成一种养老方式，组合的方式不同，构成的养老方式也就不同。社会养老和社区养老在居住方式上都表现为集中居住，在经济供养上都坚持以社会供养或国家供养为主，在日常生活照料方面都采取了社会化运作的方式，社会养老采用集中居住的方式，由国家提供经济供养（个人积累养老金是商业养老保险的运作方式，国家的作用也不可低估），日常生活照料是通过社会化管理来实现；社区养老（或集体养老）是由所在社区的集体经济提供经济供养，由社区通过集中居住和社会化管理给予区域内符合条件的老年人以日常生活照料的养老方式。但是，这两种养老方式在情感交流、精神慰藉方面比家庭养老要淡化了许多。传统家庭养老的经济供养、日常生活照料一般由子女提供，居住在家，可在代际交流中享受天伦之乐，满足精神慰藉和情感需要。简单地说，家庭是把养老的各方面资源集中于家庭内部的一种养老方式，是家庭内部养老资源的组合方式。考虑到我国的文化传统、经济社会发展水平、老龄化发展速度和特点以及养老的空间、成本等诸多因素，我们提出了照护服务型居家养老模式。相比前几种模式，这一模式具有以下几个特点：

第一，在经济供养方面，确定家庭的主要责任，采取多元化的供养模式。经济供养是养老的物质保障，是所有养老方式的基础，没有足够的经济支持，生活照料、精神赡养等都会大受影响。当然，经济供养的能力和方式同社会经济发展水平和养老方式的选择密切相关。在当今中国，居民的经济状况还有待改善而且存在着地区间的严重不平衡，单纯依靠国家或者集体养老都不现实，还应该主要依靠家庭供养，通过家庭内部经济核算，发掘和调整各类经济资源，确定一种适合个人实际的经济供养途径。除家庭供养外，也不能放弃社会供养和集体供养的形式，多种供养方式互相补充，有机结合，共同构成我国居民的供养体系。随着我国经济的不断发展，社会保障制度建设也将不断趋于完善，经济供养不应该再是社会养老的主要问题。

第二，这一养老模式选择了在家居住的养老方式。居住方式是养老的重要内容之一，居住方式与一个国家的文化、养老观念有着密不可分的关系。在西方，由于骨肉亲情相对淡薄，不强调家庭的养老功能，"除个人养老和通过与子女签订财产转移的退休合同寻求保障外，养老必须向外寻求团体的力量，因此，在居住方式上出现了所谓的'友爱社'、'基尔特'等家庭以外的共济组织。"而我国则不同，由于家庭在文化以及社会生活中的核心地位，骨肉亲情被看得举足轻重，人们崇尚、仰慕天伦之乐，因此，居家养老是中国老年人特别是农村老人更愿意接受的方式。"近些年来，在福利多元主义思潮的影响下，西方国家对机构养老进行了反思和批评，转而重视家庭在养老中的作用，并认为家庭在养老中发挥着其他社会组织无法替代的作用。1958年，英国的卫生部长指出："我们对老人服务的基本原则应该是：对老人而言，最佳的地方就是自己的家，若必要时可通过国家服务予以协助"。

值得注意的是，居家养老的"家"，并非仅仅指家庭，而是广泛意义上的家，它包括熟悉的社区、街道、村落等。因此，居家养老并不排斥小范围的机构养老或者公寓养老。对于生活不能自理的老年人可以就近在托老所或者专门的照护机构养老。

第三，在日常生活照料和精神慰藉方面坚持以社会化、规范化的正式照护服务为基础，注意开发利用各种非正式照护资源的作用。随着社会的发展，照护服务越来越成为衡量养老质量高低的主要标准。在这种情况下，照护的社会化、规范化工作就提上了议事日程。老年保障方式有正式支持和非正式支持两种形式（哈尔·肯迪格等，1997）。这两种保障方式都是可以运用的养老资源。非正式支持的形式，从养老资源的角度可以分为三类：第一类是家庭成员，主要是子女对父母的养老支持。第二类是亲属（兄弟姐妹及远亲、姻亲等）对老年人的养老支持。第三类是非亲属对老年人的支持，包括邻居、朋友、同事和慈善机构。受中国传统家庭文化的影响，中国老年人虽然比较看重家庭成员的作用，但也不排斥邻居、朋友、同事等的非正式支持。如前所述，随着社会发展和文化变迁，中国老年人也开始认可养老方式的多种选择性，所以，非正式支持就有了发挥其作用的机会。现实生活中，老年日常的一些事项并非必需专业人员的帮助，非正式支持系统提供的非正规照顾完全可以较好地执行正规照顾没有的功能。它成本低廉，服务快捷灵活，提供服务者又多为相熟的邻里朋友，所以较容易为老人所接受；另一方面，非正规照顾能增加社区的关怀感、安全感和归宿感，能培养社区成员相互关爱的互助精神。可以说，正规照顾是一个政府应该履行的职责并能使老人得到保质保量的服务，非正规照顾则在更大的范围内为老人提供补充了更加便利快捷的服务网络。

第四，在运作上，以社区为依托，注重发挥社区在养老中的支撑的作用。老年人口是一个相对特殊的消费群体，其消费需求有不同于其他群体的特殊性。老年人消费需求的满足程度与社区发展的程度、社区建设状况有关。一般来讲，社区建设完备，社区服务完善，服务项目齐全，运行机制良好，老年人的各种需求就容易得到满足，养老就有保障。所以，加强社区建设，健全社区服务体系，形成科学高效的为老年人服务运行机制是发展照护服务型居家养老的关键环节。当然，注重社区的作用也是西方国家养老实践总结出来的。

综上所述，照护服务型居家养老就是以社区为依托，通过发展和完善照护服务实现在家养老的局部社会化养老方式。其中，家庭供养是基础，照护服务社会化规范化是核心，社区建设是平台，居住在家是表现形式。以上几个方面有机结合，便构成一种独特的养老方式。

三、发展照护服务型居家养老的意义

（1）符合保障水平与经济发展水平相适应的基本保障原则。由于养老标准和待遇水平具有不可逆性，因此，养老水平必须与经济发展水平相适应，只有这样，才能实现养老水平的提高和社会经济发展的良性循环，否则，既不利于社会经济的发展，也不利于养老水平的提高。我国是个发展中国家，居民收入水平低，而且地区之间、城乡之间差距非常大，所以，养老模式的选择要充分考虑这一基本国情。而照顾护服务型居家养老在降低养老成本方面作用是明显的。首先，它把经济供养的主要责任分散到每个家庭，无论是通过个人储蓄积累养老金还是参加社会养老保险获取养老金，都需要个人或家庭承担一定的养老费用，从而减轻养老对国家的过多依赖；第二，它把个人贡献、家庭收入与个人养老需求和养老水平有机地结合起来，充分体现了权利与义务的统一；第三，照护服务型居家养老是以社区为依托，便于各社区结合自己实际情况机动灵活地开展养老服务项目，便于操作，易于推广。因此可以认为照护服务型居家养老是符合当今中国经济形势的养老方式。

（2）顺应社区居民管理改革的形势，有利于促进提高社区管理水平。社区是老年人社会交往与活动的主要场所，是居民的家外之家，拓展社区的管理和服务范围，不仅有利于促进转变政府职能，而且有利于提高村委会的管理水平。目前的调查数据说明，人们对社区服务的要求增加，社区需求增大，群众参与社区活动的欲望越来越强，这就要求社区管理机构改革迎合居民需要，扩大原有的服务范围，改进服务方法和服务理念，建立符合新形势的管理机制，从而推动社区管理水平的提高。

（3）对最终实现养老社会化起过渡作用。随着社会的发展，社会养老是大势所趋。但是，社会养老的全面实现绝非一蹴而就，它往往需要进行长期的实践，逐步积累经验方可建立。照护服务型居家养老就是实现社会养老过程中的重要一环，是走向社会养老的过渡阶段。其意义主要表现在两方面：第一，有利于促进发展基金的积累，缓解了在经济不足够发达和经济发展严重不平衡条件下国家财力不足的窘境，为最终实现社会养老奠定坚实的物质基础；第二，培养居民开展和利用社会化服务的意识,实践养老社会化运作的机制,积累社会养老的经验。

(4) 照护服务型居家养老不脱离老年人的人文环境,迎合农村老年人的心理,有利于老年人身心健康。首先,居家养老没有改变农村老年人的人文环境,老人们能够与自己朝夕相处的亲朋好友保持经常的接触,精神上就不会感到寂寞和孤独,显然这样会有利于身心健康。其次,从观念上讲,照护服务型居家养老不与传统的养老观念直接抵触,不伤害老年人的自尊心,老年人容易接受。再次,当子女不在身边时,与亲戚朋友、街道邻居保持密切的接触,这本身就是情感的一种延伸,在消除老年人的孤独感的同时,又可以发展社区邻里关系,增强团结,创造一个和谐的社区。

(5) 适应老龄化形势下老年人对照护的需求,有利于照护服务业的规范化发展。同生养孩子一样,照护劳动是一种时间密集型的社会活动。艰苦细致、繁琐枯燥、不定时、无规律都加大了照护的难度。近年来,"空巢"老人家庭比例显著增加,在城市中,49.7%的老人独自居住,老年人日常生活需要全护理和照料的比例已上升至9.3%。按照调查测算,对机构养老床位的潜在需求量从2000年的1821万张上升到2006年的2261万张。但我国社会养老机构现有的床位数仅为149万张,与此相差甚远,尚不及需求的1/12。可见,照护的供给满足不了需求是不争的事实。但是,从另一个角度看,社会养老机构供不应求就意味着潜力巨大的市场,这对于壮大照护服务业,推动照护服务业的规范化发展无疑是有利的。

四、照护服务型居家养老的实现条件分析

从经济供养看,社会养老保险覆盖面在不断扩大,已经由城镇向农村全面展开,2009年9月1日国务院公布《关于开展新型农村社会养老保险试点的指导意见》,要求探索建立个人缴费、集体补助、政府补贴相结合的新农保制度,实行社会统筹与个人账户相结合,与家庭养老、土地保障、社会救助等其他社会保障政策措施相配套,保障农村居民老年基本生活。2009年试点覆盖面为全国10%的县(市、区、旗),以后逐步扩大试点,在全国普遍实施,2020年之前基本实现对农村适龄居民的全覆盖。随着经济的进一步发展和各种保障制度的完善,作为养老的基础——经济供养在10年后有望得到有效的解决。

从照护服务的发展看,家庭养老一直是我国的传统,因此,照护服务社会化起步较晚,是伴随着我国城镇社区发展而出现的新事物,但是,近些年来,由于照护需求的扩大,照护服务活动蓬勃发展,城市社区中涌现出越来越多的老年保姆、保健护士、钟点工、陪护员甚至陪聊人员。不少城市的照护服务人员已经达到相当规模,照护服务的项目越来越多,相关部门对照护服务业的管理业开始涉及并在实践中不断积累经验。当然,照护服务业在西方发达国家发展较早,它们积累了比较成熟的经验,也形成了特点各异的模式,如德国的社区护理模式、日本的老年护理保险模式、新加坡的多元照料体系等。相信这些经验会有助于我国照护服务业发展的。

从社区发展的角度看,城镇和农村的社区建设都在积极推进,为照护服务型居家养老的发展奠定了基础。随着社会改革的推进,居民委员会的职能和运转模式在

发生变化，由政府的代言人逐步向居民的利益代表转化，由政府的帮手逐步向居民的管家转化，由行政强制向市场调节转化，由管理向服务转化。这样社区管理就会按照需求的方向运行，社区服务也会逐步具体化、规范化、完善化，照护服务型居家养老就有了发展空间。

党和政府非常重视以养老为主的社会保障体系建设。1996年通过的《老年人权益保护法》明确规定了老年人的各种权利，确认了基层政府、社区等在保障老年人方面的职责，从而为照护服务型居家养老奠定了法律基础。2000年中共中央国务院做出了《关于加强老龄工作的决定》，有关条文指出，"要坚持家庭养老与社会养老相结合，充分发挥家庭养老的积极作用，建立和完善老年社会服务体系"。2001年3月15日，九届人大四次会议批准的"十五"计划纲要，专门把社会保障列为一章，确立了今后五年扩大社会养老的范围。2002年党的"十六大"报告也指出："建立健全同经济发展水平相适应的社会保障体系是社会稳定和国家长治久安的重要保证……有条件的地方，探索建立农村养老、医疗保险和最低社会保障制度。"2006年6月，国务院下发了《关于加强和改进社区服务工作的意见》，标志着我国始于上世纪80年代的社区服务业将处在为建设和谐社会服务的一个新的起点上。它在新时期的主要目标是：建立与社会主义市场经济体制相适应的、覆盖全体人员、服务主体多元化、服务功能完善、服务质量和管理水平较高的社区服务体系。2008年上半年十部委颁布的《关于全面推进居家养老服务工作的意见》指出，在城市，所有社区都要力争在"十五"期间把居家养老服务开展起来，努力使居家养老服务网络实现全覆盖，服务设施不断充实，服务内容和方式不断丰富，服务队伍不断扩大，组织管理体制和监管机制逐步建立、健全和完善。显然，从政策的导向和实践的经验出发，可以认为，照护服务型居家养老就是在对国家政策和农村实际进行充分考虑基础上的创造性落实。

从文化观念看，人们更容易接受居家养老。由于受传统文化的影响，中国人特别是农民"家"的观念非常强，叶落归根、家庭养老的思想根深蒂固，以社区为依托的照护服务型居家养老结合了家庭养老和社会养老的优点，通过以社区为单位的社会化、规范化的照护服务在家养老，毕竟没有脱离家庭和村落，更容易为国人所接受。《北京晚报》联合搜狐网进行的一项"未来中国人如何养老"的调查显示（8745位网友参与），社区养老排在第一位，46.1%的人选择此项，接下来是居家养老（28.0%）和机构养老（26.0%）。这里的社区养老，是指一种以居家养老为基础，以社区服务为依托，以福利机构为补充的社会化居家养老新模式。很显然，这次养老意愿调查比较充分反映了国人对居家养老的认可和偏爱，也印证了照护服务型居家养老较强的可行性。

五、结 论

综上所述，照护服务型居家养老是一种以家庭供养为基础，以社区为依托，通过发展和完善照护服务实现在家养老的局部社会化养老方式。它作为一种新的养老方式，既克服了社会养老、社区养老的局限，又弥补了家庭养老的不足，既有合理性，又有可行性，因此，可以认为它是当今中国养老方式的理性选择。

参考文献

贺银风,周英华.我国老龄照料服务体系面临的挑战,长春:人口学刊,2009(4):47.

彭希哲.农村社会养老保险研究综述[J].长春:人口学刊,2002(5):43.

谭克俭.农村养老保障机制研究[C].济南:中国社会学年会2001文集,2001(6):552-555.

何雨,王振卯.社区照顾:城市养老模式的第三条道路,南京社会科学,2009(1):97.

赵立新.社区服务型居家养老:当前我国农村养老的理性选择[J],南宁:广西社会科学,2006(12):139.

李宗华,李伟峰,陈庆滨.欧美社区照顾模式对我国的启示,济南:东岳论丛,2005(4):43.

阳超镭,中国城市老年空巢家庭近半 社区养老成新趋势,http://news.QQ.com 2009年9月10日06:28.

(作者单位:吉林大学东北亚研究院)

困境破解：人口老龄化与社会保障的难题

——以上海为例

刘金祥　韩　晔*

人口老龄化是社会经济发展到一定阶段的必然产物，是一个不可避免的历史过程。联合国教科文组织规定，一个地区的 60 岁以上的人口占该地区人口总数的 10% 或以上，或一个地区的 65 岁以上的人口占该地区人口总数的 7% 或以上，这个地区就进入了老龄化社会。按照这个标准，上海在 1979 年经进入了老龄社会。目前，我们党提出了科学发展观，建立和谐社会，人口老龄化是一个不可忽视的、影响社会经济发展的潜在的问题。因此，人口老龄化应当得到广泛的重视。

一、上海人口老龄化的现状及发展趋势

（一）上海人口老龄化的现状

上海以高速发展和高度现代化的都市闻名，充满着青春和活力。但这种表象遮蔽了一个并不那么明显的事实：上海有着中国最老的人口群体，而且正急速地变得越来越大。根据研究，这座城市 20% 的人至少 60 岁——普通中国人退休的年龄，退休人员是人口中增长最快的部分。2010—2020 年 60 岁或 60 岁以上的人口数量预计每年增加 17 万人。到 2020 年，上海人口约 1/3 是由 59 岁以上人群组成，将会改变这个城市的社会结构，给它的经济和财政增添巨大的压力。截至 2008 年底，上海 60 岁及以上户籍老年人口已突破 300 万，占户籍人口将近 22%，老龄人口的比重接近全国平均水平的 2 倍。目前，上海人口预期寿命已达到 81.28 岁，预计到 2030 年前后，上海 60 岁及以上老年人口将超过 500 万，约占户籍人口的 40%。因此，上海老龄化程度已经接近日本、瑞典等世界人口老龄化最高的国家水平。

（二）对未来上海人口老龄化问题的预测

为了揭示未来上海人口老龄化的发展趋势，我们利用 2003 年的人口资料对上海人口未来发展前景进行了预测。主要预测参数的设定方法是：以 2003 年最新的上海市户籍人口的规模和年龄结构为基础，按照 2000 年"五普"的分年龄育龄妇女生育率和分年龄的死亡率模式，假设未来育龄妇女生育率从 2000 年的 0.70 个逐年上升到 2021 年的 1.50 个，以后保持不变；人口预期寿命从 2000 年男性的 76.7 岁、女性的 80.8 岁。逐年提高到 2030 年男性 79.5 岁、女性 85.0 岁；人口的机械变动假设 2004—2010 年每年净迁入 9 万人，2011—2040 年每年净迁入 7 万人，迁入人口

---

* 作者简介：刘金祥，华东理工大学法学院教授、博士生导师；韩晔，华东理工大学经济法硕士研究生。

的年龄和性别结构按"五普"时流动人口年龄结构计算。在以上参数假设的基础上,我们建立了上海户籍人口发展的预测模型,计算出上海市未来37年间各年龄、性别人口和人口老龄化的发展进程。

表1 上海市户籍人口规模和年龄结构预测结果(万人,%)

年份	总人口数	0-14岁儿童		15-59岁劳动力		60岁以上老年人	
		人数	%	人数	%	人数	%
2003	1342	124	9.24	963	71.76	255	19.00
2004	1346	115	8.54	970	72.07	260	19.33
2005	1350	109	8.07	976	72.30	264	19.59
2006	1354	106	7.83	976	72.08	272	20.06
2007	1360	106	7.79	973	71.54	281	20.63
2008	1365	106	7.77	969	70.99	290	21.24
2009	1370	107	7.81	962	70.22	301	21.98
2010	1375	109	7.93	954	69.38	312	22.71
2015	1390	124	8.92	870	62.59	395	28.43
2020	1391	138	9.92	773	55.57	480	34.50
2025	1379	133	9.64	724	52.50	523	37.91
2030	1357	119	8.77	709	52.25	528	38.92
2035	1328	116	8.73	693	52.18	519	39.11
2040	1293	122	9.44	651	50.35	521	40.30

人口结构的变动对经济发展也可能带来负面影响。当人口出生率持续下降一段时期后,总人口中老年人口的比重会不断增加,整个社会老年年龄人口的总负担会有明显的上升,因老年人口增多而大量增加的养老金、医疗费以及其他相关费用,会给社会带来沉重的养老压力。

表2 上海市户籍人口的抚养系数预测(%)

年份	少儿抚养系数	老年抚养系数	总抚养系数
2003	12.92	26.48	39.40
2004	11.88	26.81	38.69
2005	11.19	27.08	38.28
2006	10.9	27.83	38.73
2007	10.88	28.82	39.70
2008	10.98	29.93	40.91
2009	11.16	31.31	42.47
2010	11.41	32.73	44.13
2015	14.3	45.41	59.70
2020	17.85	62.06	79.91
2025	18.31	72.23	90.54
2030	16.83	74.46	91.29
2035	16.75	74.99	91.75
2040	18.69	80.13	98.82

与劳动年龄人口的比例下降相对应，少儿抚养系数和老年抚养系数却在增加，相对来说，老年抚养系数的增加幅度要远大于少儿抚养系数。在 2005 年，总抚养系数在下降到 38.23% 的低位以后就开始调头向上，到 2010 年增长到 44.13%。如果说在 2010 年以前的增幅还算很缓和的话，那么其后就进入了大幅飙升阶段，到 2020 年已经达到 79.91%，到 2040 年，高达 98.82%。这就是说 1 个人工作，要养活 1 个需要抚养的人口，而 2003 年上海市是 2.5 个劳动年龄人口抚养一个少儿或者老年人口。可见，20 多年后，上海的老龄人口抚养负担将非常沉重。

二、上海现行老年人社会保障制度及老龄化带来的困境

（一）社会保障的内容及功能

我国老龄化进程加剧的主要原因包括推行计划生育政策和长寿现象的增多等，老龄化带来的问题不容忽视，其中突出的是社会保障问题。社会保障制度包括社会保险、社会福利、社会救助、社会优抚和安置及社区服务等内容。社会福利是国家依照政策和法律，为改善和提高全民的物质、精神生活水平而建立的制度；社会救助是国家为帮助陷入危机中的公民而建立的制度；社会优抚是国家给予法定的特殊社会成员以物质优待和精神褒扬的制度；社区服务是在政府倡导下发动社区成员通过互助性的社会服务就地解决本地区社会问题的制度。社会保险是国家为帮助公民抵御生活危险而建立的制度。鉴于社会保险是社会保障体系最基本、最核心的内容，本文将以其为例进行探讨。

（二）上海现行老年人社会保障制度

1. 养老保险

第一阶段是建立基本养老保险社会统筹基金，即从 1986 年 10 月起，先在全民所有制企业实行退休费全市统筹，以后逐步扩大到集体企业。这一步改革的主要作用是缓解企业退休费负担畸轻畸重的矛盾，保障企业离退休人员能按时足额领到养老金。

第二阶段是养老保险制度的改革。1993 年上海市九届人大 41 次常委会通过了《上海市城镇职工养老保险改革实施方案》，从 1993 年 1 月起，在全市城镇所有机关、企事业单位的职工以及个体工商户中引入个人缴费机制，建立个人养老保险账户，实行社会统筹和个人账户相结合的社会养老保险制度。

从 1998 年起，以养老金社会化发放为主要内容的养老保险社会化管理服务开始启动，这标志着上海社会养老保险改革又进入一个新的发展阶段（即第三阶段）。这一步改革的主要作用是为适应社会主义市场经济发展的需要，为企业改革创造良好的外部环境，要使社会养老保险成为完全意义上的社会保险，使"单位人"逐步走向"社会人"，使单位彻底摆脱"办社会"的沉重负担，成为自主经营、自负盈亏、轻装上阵的经济实体。

2. 医疗保险

从 1996 年开始，上海医疗保险制度逐步进行了改革。1996 年 4 月，上海市政府批准了《上海市城镇职工住院医疗保险暂行办法》，规定由单位缴纳相当于工资总额的 4.5% 为住院医疗保险费，住院费超过一定数额的部分，85% 由医保负担。

这项措施保障了退休人员因患大病、重病住院时发生的高额医疗费用的支付。1997年5月，上海施行《上海市城镇企业职工门急诊部分项目医疗保险暂行办法》，将退休人员部分门急诊费用纳入了医疗保险范围，同时，经卫生部门认可的家庭病床治疗所发生的费用也纳入了医疗保险范围。为了减轻离退休人员的负担，上海的离退休人员自负医疗费的比例一般为在职人员的一半。1998年起，上海又开展了退休人员门诊医疗保险改革。

2008年对上海城镇职工基本医疗保险制度进行了修改完善：门急诊自负段标准、统筹基金起付标准和统筹基金最高支付限额由每年调整改为适时调整；单位缴费计入个人账户标准由每年调整改为适时调整；适当提高2001年1月1日以后参加工作人员（新人）的医保待遇；进一步完善医保综合减负政策。

3. 社会化管理服务

上海社保经办机构在征收五项基本社会保险基金的管理方面，主要是通过参保单位实行《社会保险缴费卡》缴纳社会保险费的办法。缴费卡实现了进行社会保险缴费和办理社会保险相关业务的双重功能，保证了社会保险基金的安全与完整，也方便了参保单位社会保险业务的办理。

上海社保经办机构在实施养老金社会化发放工作方面，确保了上海离退休人员每月按时足额领取基本养老金。目前社保经办机构委托发放养老金的金融机构已达10家，全市金融机构发放养老金的网点共有2460余个。推出了离退休人员可根据自身情况自主选择领取养老金金融机构，对80岁以上高龄、孤寡、残疾等有特殊困难的离退休人员提供便利服务等多方面的积极措施，进一步方便了全市离退休人员就近领取基本养老金。全市医保部门为了方便参保人员就医配药，结算医药费用，逐步扩大医保联网结算定点医院、定点药店。截止2008年末，上海医保一、二、三级定点医院508家、内设医疗机构177家、定点零售药店275家。

（三）人口老龄化使社会保障陷入困境

1. 对养老保险与医疗保险的冲击

虽然上海社会保障制度的改革取得了很大成绩，无论是社会保障的总体水平还是社会保障的覆盖面，目前上海在国内都处于比较领先的地位，但仍然有一些不尽如人意的地方。从老龄化人口的角度看，当前上海社会保障制度的问题主要存在于养老保险和医疗保险这两个领域。而从政府的角度看，目前上海社会保险体系中一个比较棘手的问题，就是社会养老保险基金的收支状况比较严峻，如果这种情况得不到根本改善，将对今后的地方财政构成一定压力。

第一，关于退休金的替代率水平偏低和增长速度较慢的问题。目前上海退休职工的平均养老金替代率大约在55%左右，与欧美许多国家（它们一般在60%—80%）相比的确偏低，养老金的增长率也低于在职职工工资的平均增长率，因此对于那些依靠社会养老金生活的退休职工，退休以后将很难维持生活质量不下降。然而，如果要全面提高养老金的替代率，以上海社会养老基金的支付能力看，也不可能。因为即使以目前的替代率水平来发放养老金，目前上海的社会养老基金也无法做到收支平衡，而只能依靠财政资金来填补缺口。

第二，关于社会养老保险基金收支状况严峻的问题。上海的社会养老保险基金已经连续多年出现赤字，只是由于当时财政状况较好暂时能够化解这个风险，但根本问题并没有得到解决。造成这个结果的主要原因有两个：一是由于社保制度改革以前没有形成社会养老基金的积累。上海自1986年起，对国有、集体所有制企业实行全市养老费用社会统筹，1993年实行社会统筹和个人账户相结合的社会养老保险制度。由于在计划经济时期实行的是"低工资、高福利"政策，而没有形成职工养老基金的历史积累，职工创造的劳动价值都以统收统支的方式转化为了国有资产，从而造成社会对老职工的严重负债。由于上海一直是全国最大的工业基地，所以个人养老金的历史性负债问题较之国内其他城市更加严峻。二是由于上海的老龄化现象非常突出。首先，改革开放以来居民生活水平提高很快，人们的平均期望寿命得到大幅度提高；其次，因计划生育政策执行得好，上海的人口出生率较低，以致目前上海老年人口的比重已突破20%，从而使上海率先步入了老龄化社会。目前离退职工与在职职工之比已高达69%。根据这个趋势测算，到2025年上海离退职工与在职人口的比例有可能达到1∶1甚至更高水平。可见，上海未来的社会养老保障将面临非常大的资金压力。

第三，关于人口老龄化对医疗保障的影响。人口老龄化对医疗保障的影响主要表现在医疗费用的快速增加上。由于老年人口患病率较高，随着人口老龄化的发展及高龄人口的增加，必然导致医疗保障资金的迅速增加。虽然上海市政府和社会为老年医疗保健付出了高昂的代价，但是仍然有很多老年人的医疗得不到应有的保障。这主要是由于医疗费的快速增长，老年人的低收入无法负担得起老年人健康的需要。所以，在人口老龄化和高龄化的严重影响下，昂贵的医疗费用，不合理的医疗保障制度，造成了上海目前医疗保障的困境。今后，随着劳动力人口的老龄化，退休人口将会继续以快于整个老年人口增长的速度发展，如果没有更加切实可行的有效措施，上海人口老龄化对医疗保障产生的压力将会更为严重，从而将对社会的健康协调与可持续发展产生不可忽视的影响。

2. 对社会保障制度其他方面的影响

第一，老年人活动场所标准和功能发挥不平衡。上海的大多数基层单位、村（居）委都建有老年人活动场所，部分场所达到了宽敞明亮、设施齐全的标准要求，但也有为数不少的老年活动场所矮小、简陋、活动设施缺乏，无法满足老年人的活动之需。老年活动室的活动设施，大部分停留在喝茶、打牌、麻将等层面上，对文化娱乐、生活服务、健身等方面考虑较少。相对而言，经济发展快、实力雄厚的基层老年活动场所建造较为规范，设施较全，功能发挥较好，但经济相对落后的基层老年活动场所则显得名不符实；其次，按"老有所学"的要求，老年人再教育场所明显不足。

第二，老龄工作经费和人员投入尚显不足。据调查，老龄工作经费是多年悬而未决的老问题。目前对老龄工作的经费主要是各级政府部门依据本地区的老龄工作实际予以投入，投入比例大小视经济情况而定。作为上级部门的上海市老龄委，至今还没有一个明确的意见。由于没有对老龄工作明文规定的经济投入作为保障和支撑，必然使老龄工作处于发展不平衡的状态。上海部分地区虽有好的思路和举措，但受经济所限而无法实施，真所谓"心有余而力不足"，使老龄工作处于一种较低水平的层面。

第三，传统居家养老模式受到严重挑战。首先，居家养老一直是我国传统的养老模式，但从社会发展眼光看，居家养老向社会养老的转变是一个不可逆转的趋势。特别是近30年上海实行计划生育以来，绝大多数家庭只生一个子女，实行计划生育的父母逐步进入老年人口行列，其家庭年轻人口的比例减少，城镇和农村中"四二一"家庭赡养结构占绝对比例，而且逐年增加，即一对年轻夫妇将照顾四名老年人和一个子女，这还不考虑目前人均寿命近80岁，尚有祖辈需要照顾的实际情况。要求家庭中的两个或一个年轻的劳动人口照顾双亲和祖辈老人往往困难重重，而高龄老人的照顾又往往是居家养老所不能胜任的，年轻人口无力承担人口老龄化所带来的社会和生活压力将成为不争的事实。同时，约有半数以上的老年人并不希望同儿女住一起，反映了老年人不依赖子女养老的心理变化，为社会养老提供了老年人的社会心理基础；其次，社会机构养老的模式尚未真正建立。国外发达国家成功经验表明，社会机构养老率为5%左右，上海目前为1.3—1.4%左右。由此可以看出，社会养老机构无论从数量和接纳老年人数而言，均处于较低水平，在传统居家养老模式受到严重挑战的情况下，社会机构养老显然准备不足。

三、困境破解：上海应对人口老龄化问题的对策与建议

（一）进一步健全和完善社会保障制度

（1）多渠道开辟社会养老保险基金来源。基金问题是应对老龄化发展趋势的首要问题。如今上海的社会保险基金筹集渠道仍较窄，只是靠单位和个人按工资收入的一定比例缴费，那是远远应付不了来势凶猛的人口老龄化高峰的，必须千方百计地拓展筹资渠道。

第一，牢牢抓住工资收入这个最大源头。目前，主要是依靠工资收入的一定比例向单位和个人征缴，征缴率达到了99%以上，这在全国是比较好的。而有一部分单位和个人却千方百计地少缴、瞒缴、漏缴、拖缴、欠缴，乃至不缴，劳动保障部门要组织一定的人力、物力进行监察，每年还要清欠查漏，催促补缴。为避免这种现象的蔓延，就要从根本上采取措施，杜绝这种现象的发生。为每个从业人员建立一个税号，每个从业人员所得的各种收入都必须打入才能取出现金。各类纳税、缴费在银行里就可完成，银行按规定将各类纳税、缴费分类划入各基金管理手段。如能采取这个做法，那将在全国是领先的。

第二，调整财政支出结构。现在社会保障的支出在整个财政支出的比重不到10%，况且还大多用于社会救济、社会福利事业。这个比例与国际上相比是比较小的，如澳大利亚要到40%以上。1993年上海进行养老保险制度改革时，就曾提出实施三方负担，实际上政府没有负担，只是单位和个人负担了。上海在作财政预算时，应该把社会养老保险所需资金计算进去，确定适当比例，用于社会养老保险。

第三，可以从福利彩票中划出一部分作为社会养老保险基金。目前，发行的彩票主要有两种，一是福利彩票，主要用于建设发展养老机构和福利事业；二是体育彩票，主要用于发展体育事业。养老机构和体育事业的发展是有阶段性的，应适当让位于社会养老保险。

(2) 注资社会保险基金、加快做实养老保险的个人账户。鉴于目前上海养老基金面临着比较严峻的收不抵支问题以及个人账户不实的现状，建议从国有资产收益和国有土地出让收入等预算外收入中，提取一定比例的资金用以充实社会保险基金。这些资金的注入，除了用以填补收支不平衡所造成的缺口以外，更重要的是要加快做实养老保险的个人账户，因为只有逐步做实个人账户，才能真正有效地提高上海社会保障的抗风险能力。

(3) 延长缴费年限和退休年龄。现行制度规定，只要缴费年限满15年，加之达到法定退休年龄，就可享受养老保险待遇。原来国家规定是连续工龄满10年就可以退休，当时是考虑刚刚建国，劳动力结构中有很多复杂的矛盾，这规定一实施就是四十多年。1993年上海在改革养老保险制度时，提出要提高这个标准，考虑到征地农民的实际情况以及进入市场经济后，失业现象会增加，就把连续工龄改为累计缴费年限只提高了5年。后来国家制定统一制度时把缴费年限确定为15年。针对这样的实际，上海要不失时机地、果断地提高缴费年限，把缴费年限提高到20年或25年。这是鼓励劳动年龄段的人口积极就业、积极缴费、不养懒汉，这对整个国家人员素质的提高都是有好处的。

(4) 延迟申领养老金。我国退休年龄政策是在上世纪50年代初制定的，1978年又作了重申，职工退休年龄为：男性60周岁，女干部55周岁，女工人50周岁。为了发挥各类人才作用和提高个人养老保险待遇，进一步完善本市养老保险制度，上海市制订了《关于本市企业各类人才柔性延迟办理申领基本养老金手续的试行意见》（以下简称《试行意见》）。考虑到企业用人的自主权，同时，根据企业需要和充分发挥企业各类人才的作用，《试行意见》将企业各类人才均纳入了柔性延迟申领养老金的实施范围对象，即参加本市城镇养老保险的企业中具有专业技术职务资格人员，具有技师、高级技师证书的技能人员和企业需要的其他人员。属于实施范围对象的人员，达到法定退休年龄、符合在本市领取基本养老金条件的，如企业工作需要，本人身体健康，能坚持正常工作，经本人提出申请，与企业协商一致后，可以延迟申领基本养老金。延迟申领养老金的人员，延迟年龄男性一般不超过65周岁，女性一般不超过60周岁。《试行意见》对于所有企业均适用，不论所有制，不论企业规模大小，按照企业各自的决策程序决定，决定后到上海社会保险经办机构备案即可。

上海市在国家法定退休年龄未作调整的前提下，积极探索柔性延迟申领养老金工作首先有利于发挥各类人才作用。随着社会经济发展，劳动者受教育年限增加，在目前法定退休年龄未作调整的情况下，可工作年限相对减少。受教育程度越高，服务社会时间越短。允许各类人才延迟申领养老金并继续工作，有利于充分发挥各类人才作用。其次，延迟申领养老金，有利于提高个人养老金待遇。参保人员延迟申领养老金，一方面能有一份在职时收入；另一方面能继续缴纳养老保险费，使个人养老保险缴费年限和个人账户资金得到增长，有利于提高养老保险待遇计发水平。

(5) 把管理成本降低到最低限度。目前，社会保险的管理机构仍有重叠，机构臃肿，管理手段繁琐，应该引入高科技手段，充分利用计算机。那么机构、人员都可以压缩，管理成本也可以降低，节支部分可以用于基本养老保险金的支出。社保基金每月的收支情况要公布于众,让市民监督。因为社保基金是市民的"活命钱"、"保命钱",市民有权参与管理和监督。

(二)加强发挥社区在老龄工作中的功能和作用

老年人的居住、生活在社区,与此有关联的一系列问题也大多产生在社区,加强社区在老龄工作中的功能和作用极为重要。运用得好,老年人可以用亲属、邻里、村(居)委会和原工作单位这四大资源构成中真正发挥社会关照系统的作用。具体建议为:

一是在各级政府的支持下,构筑社区老年人口生活照料服务体系,加快社区老年服务设施和服务网络建设,把社区建设成为老年人的"幸福之家"。

二是为迎接人口老龄化的挑战,迫切需要大力发展老年科学和教育。一方面要重视老年学的教育和科学研究,做好老年学的普及工作,另一方面要特别加强、建立各种形式的社区老年医疗服务机构,健全服务网络,增加服务设施和家庭病床,并为老年人口提供预防、医疗、护理、康复等服务,并将社会医疗服务纳入医保范围,有关职能部门积极配合,从社区老年人相对集中和便利的原则出发,积极实施老年人教育,建立老年人学校基地,开展形式多样的老年教育活动,并在活动场所、师资、资金上予以扶植和支持。应积极鼓励和重视在社区内举办各种老年知识讲座、学习班、形势报告会、读书读报会等,开展生动的老年思想教育工作,让老年人在社区真正获得老有所教的机会和乐趣。

三是加大社区老年人口文化娱乐、体育设施的建设,丰富老年人口的精神生活,提高他们的文化、身体素质和生活质量。

四是在社区内设点,落实专门人员,为老年人口开设心理、生理、法律方面的宣传教育和咨询活动,为老年人口排忧解难。

五是规范和发展社区"尊老一条龙"服务活动,扩大参与单位和服务项目,不断提高服务质量,并建立社区老龄工作志愿者队伍,积极为老龄工作和老年人口开展志愿活动。

六是资源整合,培育社区老龄民间组织。除政府继续支持开展老龄工作,加大老年服务设施建设外,在有条件的社区扶持发展公益性、服务性民间组织,采用"先试点,后推广"的方式,使其成为社区老年工作的主力军。可实行在部分服务行业,政府向社会购买服务,接受政府委托管理事务,根据老年人口的需求开展服务,形成政府重视、社会广泛参与的老龄工作社会化的管理机制。

(三)注重老年人口的精神赡养

老年人口精神赡养问题越来越被社会所重视。很大一部分老年人普遍感到寂寞,缺乏精神关照,已经成为他们亟待需要的大问题。老年人大体上可以分为两个阶段:低龄老人和高龄老人。明确这个划分原则,对老年人统筹自己的晚年生活十分重要。

一般来说,从退休年龄到完全丧失劳动能力为低龄老年。这时,其生活不仅能完全自理,而且还能帮助子女带好孩子、操持家务,同子女间也有更多的交流机会,生活上也有更多的自主权。同时由于人生经验丰富,在度过退休最初一段不适应期后,没有了工作和孩子的拖累,尚能参与各种社区活动,因而精神赡养问题尚不突出。然而随着年龄的增长,进入高龄老年时期,身体状况越来越差,行动越来越困难，做事力不从心，故交知己越来越少，对疾病和意外事故的恐惧越来越深，更重要的是，对他人、对社会的依赖越来越深，于是自由度也越来越少。此时，对精神赡养的需求和要求也越来越高。因此，重视和加强老年人口，特别是高龄老年和独居老人的精神赡养也就显得十分重要和迫切。除家庭人员和子女应引起高度重视，并加大与老年人的沟通、照顾、关怀外，各级政府、有关部门、单位等均要在关心老人精神赡养问题上有所作为，落实相关措施。同时，民间组织在这方面发挥的作用不可替代。如区计划生育协会参与全区老龄工作，充分发挥协会会员、志愿者与独居老人、贫困老人实行一对一帮困结对，为老年人的精神、生活帮困的做法，经实践证明，是一条行得通的好路子、好方法，并可为其他民间组织借鉴，从而真正形成全社会共同关心老年人口精神赡养的良好局面。

（四）制定合理的老龄产业优惠政策

人口老龄化与社会经济协调发展的前提，是人口与社会经济的协调发展。目前上海既要控制人口增长，又要防止人口老龄化速度过快和老年人口比重过高。因此，要制定一个二者兼顾的中长期人口发展规划，在人口与社会经济协调发展的基础上，实现人口老龄化与社会经济的协调发展。发展老龄产业需要政策方面的有力支持，包括如下：

第一，老龄产业发展的重要前提是政府的投入和政策优惠扶持，其中包括税收、投资、信贷、价格和市场营销方面，因为老龄产业有福利的特点，而且又属于微利行业。

第二，老龄产业需要舆论和媒体的宣传和引导，特别在市场潜力和营销策略和消费特点方面要有科学的探索和超前的分析，要让全社会增强发展老龄产业的意识。

第三，要对各项服务行业和项目的设置制定必要的标准和规章，逐步做到规范化、标准化、产业化。对从事老龄服务业的员工要进行最基本的专业培训。在人口与社会经济协调发展的基础上，实现人口老龄化与社会经济的协调发展。

（五）鼓励符合条件者生二胎

为了应对老龄化，上海市鼓励符合再生育条件的夫妻，按照政策再生育第二个子女，以期降低人口年龄中位数，优化人口年龄结构，并应对2050—2070年可能出现的劳动力短缺状况。

据悉，上海已经为此采取了一些措施，主要是依托社区的人口计生服务网络，对符合再生育条件的夫妻上门告知，发放计划生育宣传资料，帮助这些家庭制订生育计划，并派有关专家提供心理、经济安排方面的服务。据介绍，上海市从2004年起，取消了双方均为独生子女夫妻须隔4年才能生育第二个子女的规定。从数据上看，本市符合政策的再生育办理数量，近年来呈逐年上升趋势。从实际生育情况看，上海现在每年新出生人口中的计划内二孩生育数量逐年增多，2005年为2910人，2006年3177人，2007年达到3934人。

上海市人口计生委同时强调，对于违法生育的对象，按照国家和本市有关规定，征收社会抚养费，此外，还要给予其他处理。社会抚养费，以子女出生前一年市统计局公布的全市城市居民家庭年人均可支配收入或农村居民家庭年人均可支配收入为征收基数。违法生育第二个子女的，如果当事人实际收入低于基数，则按基数的

3 倍征收；如果高于基数，则按实际收入的 3 倍征收。因此，对于高收入超生对象，是按照其实际收入确定社会抚养费征收标准，收入越高，缴纳社会抚养费越多。

参考文献

左学金，周海旺，赵敏．上海老年医疗保障体制改革研究．http://www.popinfo. gov. cn/yearbook/2000nj/zhuanwen/7 - 8. htm, 2010 - 08 - 15.

沈士俊．上海人口老龄化后的社会保险．合作经济与科技，2008，(19).

彭彦．从我国人口老龄化的视角谈和谐社会构建．生产力研究，2009，(8).

上海市人力资源和社会保障局：《2008 年度本市社会保险基本情况》，2009 年 8 月 18 日, http://www. 12333sh. gov. cn/200912333/2009xxgk/ztxx/shbxxx/200909/t20090915 _1072039. shtml, 2010 - 08 - 01.

那英军．浅谈人口老龄化与社会保障．黑河学刊，2009，(9).

张凯军．承德市人口老龄化现状与社会保障制度的对策研究．工会博览，2009，(11).

周海旺，沈安安．上海人口老龄化对劳动力资源供给的影响研究．2006 年 5 月 17 日，http：//www. sass. org. cn/yjs/articleshow. jsp? dinji = 242&artid = 7244, 2010 - 08 - 10.

尹豪，龚莹．中国台湾地区人口老龄化与老年人社会保障．人口学刊，2006，(3).

上海市人力资源和社会保障局公布了《关于本市企业各类人才柔性延迟办理申领基本养老金手续的试行意见》（下称《试行意见》），并已于 2010 年 10 月 1 日起执行.

姜向群，万红霞．人口老龄化对老年社会保障及社会服务提出的挑战．市场与人口分析，2005，(4).

人力资源社会保障部发布 2009 年全国社会保险情况．中国劳动保障报，2010 - 06 - 14.

（作者单位：华东理工大学法学院）

中国社会保障财政制度特征与公共福利财政制度框架建设*

刘继同

一、中国社会保障制度框架与社会保障财政议题

中国社会保障概念内涵外延界定存在广泛争论，官方权威的社会保障制度框架演变轨迹是认识、理解中国社会保障制度范围内容的最佳视角，为研究社会保障议题奠定制度背景。

1840年鸦片战争以来，西方国家盛行的基本概念理论通过各种途径进入中国，如社会慈善、社会公益、社会救济与社会救助、社会保险、社会保障、社会事业、社会福利、社会政策、社会工作、社会服务、社会保护、社会福祉等。社会保障既是中国社会流行核心概念之一，又是人们主观认识、社会理解差异最大，导致理论政策分歧、争议最多，对总体制度框架设计与政策模式选择影响最大，也最容易引起人们思想认识、理论政策、服务体系混乱的概念。1986年，中国政府在《中华人民共和国国民经济与社会发展七五计划1986－1990》第五十一章"社会保障事业"中，首次明确提出"社会保障"概念，明确提出建立健全社会保险制度，进一步发展社会福利事业，继续做好优抚、救济工作，有步骤建立具有中国特色的社会主义的社会保障制度雏形，开创社会保障事业新局面，首次明确规定社会保障制度框架范围。

1993年11月，《中共中央关于建立社会主义市场经济体制若干问题的决定》，重申建立多层次社会保障体系的重要性，重新界定社会保障体系包括社会保险、社会救济、社会福利、优抚安置和社会互助、个人储蓄积累保障六部分，新增社会互助、个人储蓄积累保障两部分。

2006年10月，《中共中央关于构建社会主义和谐社会若干重大问题的决定》明确提出，逐步建立社会保险、社会救助、社会福利、慈善事业相衔接的覆盖城乡居民的社会保障体系。慈善事业首次纳入中国社会保障制度框架范围，中国社会保障制度框架与服务体系形成，如表1。

表1　中国政府界定的社会保障制度框架范围内容与历史演变状况一览表

时间	界定主体	政策声明	社会保障制度框架范围内容与排列顺序（斜体为新增）
1986	全国人大	七·五计划	社会保险；社会福利；社会救济；优抚工作四部分
1993	中共中央	《决定》	社会保险；救助；福利；优抚安置；*互助*；*个人储蓄积累*
2006	中共中央	《决定》	社会保险；社会救助；社会福利；优抚安置；*慈善事业*

---

* 本文系刘继同博士主持国家社科基金项目（10BSH060）《中国特色医务社会工作实务模式研究》，WHO与UNICEF联合资助课题《中国卫生保健财政体制现状与对策研究》终期成果之一，特此说明与致谢。

更为重要的是，中国社会保障制度框架的范围内容关系社会保障财政体制的范围内容，实质上，社会保障制度框架建设的基础、核心与关键问题是社会保障财政制度框架建设议题。

最重要的是，社会保障财政制度建设状况最能反映社会保障制度结构功能特征与真实状况。

政府的所有功能与责任承担都需要财政资源支撑，政府所有行为都会反映到财政体制上。

二、中国社会保障财政体制发展阶段与基本特征

1949—2009年间，中国社会保障财政体制历史发展阶段大体划分为1949—1978年的经济生产型财政与就业福利财政阶段，1979—1998年的双元财政与社会保险财政，1999—2009年的公共财政与社会保障财政三大阶段。每个阶段的宏观社会环境、价值理念基础、政治经济体制、主要社会问题、发展政策目标、政府职能角色、国家财政体制、社会保障制度、社会保障基金监管、社会保障财政体制等诸多层面，均存在结构性、系统性与体制性差异之处，典型反映当代中国政治法律体制、财政经济制度、社会保障制度和社会结构变迁轨迹与方向，典型反映当代中国社会保障财政体制与政策模式主题、结构性特征与制度化安排基本思路。

1949—1978年是中国特色社会保障财政体制形成和发展阶段，凸现计划经济体制特征。

1949年以来国际环境是资本主义与社会主义国家冷战，国内宏观环境是建立社会主义国家。当时主流和主导价值观念是社会主义、爱国主义、社会平等、阶级斗争、经济建设等理念。

国家政治经济体制是高度中央集权的计划经济体制，中央政府统收统支，掌控所有社会资源。当时主要社会问题是社会主义经济建设，主要矛盾是阶级矛盾，阶级斗争为纲是典型例证。国家发展政策目标是政治经济目标为主，如建立社会主义社会与发展经济，实现社会平等。

党和国家处于绝对主导地位，扮演主要角色，政府管理所有社会事务，发挥核心领导作用。国家财政体制是高度中央集权统收统支，国营企业利税为主与经济建设型财政特征明显。当时尚无明确的社会保障制度与制度框架，城镇职工社会保险福利是制度与政策的主题。社会救助、福利服务、社会互助体现在职工福利、集体福利、福利补贴和文化福利事业中。国家就业政策局限城镇居民，就业模式主要是国家统分统配和单位就业指标管理的政策。

1951年国家正式建立社会保险制度以后，1951年4月建立相应的《劳动保险基金会计制度》，全国社会保险基金统一征集、开支、运营、管理工作由全国总工会负责，社会保险色彩浓厚。与此密切相关的是，社会保险业务工作由劳动部管理，社会保险基金由中华全国总工会管理。

总体来说，1949—1978年间，中国社会保障制度高度集中管理、主体是劳动保险与职工福利、覆盖范围严格局限于城镇职工、创建社会保险基金会和中华全国总工会管理是主要特征。

1979－1997年是双元财政与社会保险财政阶段，体制改革与财政体制结构性转型明显。

改革开放以来，国际环境是东西方冷战结束，国内宏观环境是拨乱反正和实施改革开放政策。社会主流和主导价值观念是改革开放、解放思想、以经济建设为中心和经济效率优先等理念。国家政治经济制度由计划经济体制，经计划经济与市场调节转变为社会主义市场经济体制。当时主要社会问题是实施改革开放，发展经济，由以阶级斗争为纲转变为以经济建设为中心。国家政策目标是实施改革开放政策，开展城乡经济体制改革与建立社会主义市场经济体制，经济发展、经济效率与经济政策目标处于优先地位，政治目标、社会目标和文化目标次要。

改革开放以来，由于市场经济与市民社会出现，国家与社会的关系议题成为公共政策的议题，政府在社会生活中依然占据主导地位，扮演主要角色，发挥核心作用，职能转变的问题突出。改革开放以来，国家财政体制由高度中央集权统收统支，转为中央、地方实行分税制度。基本解决国家与企业、中央政府与地方政府间的关系问题，国家与公民的关系渐成战略重点。由于经济体制改革逐渐深入，1986年作为修补市场经济体制弊端的社会保障制度应运而生。1986年以来，政府普遍推行劳动、工资、社会保险三项制度改革，劳务市场与劳动力市场应运而生，就业模式发生重大变化，劳动力配置由行政配置为主转变为以市场配置为主。1986年以来，社会保险基金设立使用、保值增值和监督问题突出，但是监管政策不明。

社会保险基金运营与监管涉及多家部门，例如劳动、财政、计划、审计、银行和工会组织等。简言之，改革发展与结构转型、社会保险与社会救助、养老基金为主和多元管理是主要特征。

1999—2009年是公共财政与社会保障财政体制阶段，社会保障财政制度框架初见端倪。

1998年是中国社会保障制度发展进程中具有划时代意义的年份，劳动与社会保障部成立。同年12月，国务院颁布《关于建立城镇职工基本医疗保险制度的决定》，医疗保险应运而生。

更为重要的是，1998年5月，党中央、国务院召开《国有企业下岗职工基本生活保障和再就业工作会议》，1999年4月，城建部发布《城镇廉租住房管理办法》，10月，国务院颁布《城市居民最低生活保障条例》，加上失业保险，多种基本生活保护制度框架基本形成。国际环境是中国和平崛起和成为世界级经济大国，国内宏观社会环境是如何构建和谐社会。与此相关，中国社会主流价值理念、发展理念、执政理念和社会保障理念发生重大结构转变，最重要的是，2000年以来，世界和中国的主流价值观念发生重大变化，全面建设小康社会、"三个代表"思想、让人民群众分享改革发展成果、统筹城乡发展、以人为本和科学发展观盛行。社会保障、社会福利、社会福祉、公共服务型政府、民生财政和生活质量等现代观念流行。

国家政治经济体制由市场经济转为加快推进以改善民生为重点的社会建设和构建和谐社会。这从反面说明1998年以来，中国主要社会问题是经济发展与社会发展间不协调不平衡。2000年以来，以党的建设、生态文明建设、政治建设、经济建设、社会建设、文化建设为主科学发展政策目标，改变经济政策目标为主发展模式，社会公平与社会政策目标突出。

2000年以来，树立科学发展观、构建和谐社会与和谐世界，公共财政制度框架建设，公共服务型政府和机构改革，聚焦政府职能转变与国家角色，福利国家与福利社会呼之欲出。1998年既是中国预算管理与部门预算改革元年，又是中国特色公共财政制度框架建设元年，公共财政制度框架建设，尤其是如何妥善处理国家与公民关系成为财政管理体制核心。与此相关，2006年志愿服务，尤其是慈善事业成为中国社会保障制度框架的重要组成部分，中国新型社会保障制度框架应运而生，典型反映中国社会保障制度建设的轨迹与发展方向。

1998年以来，再就业工作，公益性就业岗位、社区就业、灵活就业、弹性就业、职业培训和各种就业援助、就业促进服务出现在就业领域，社会政策型就业政策与就业模式形成。按照国务院机构改革精神，1998年劳动与社会保障部首次设置专门"社会保险基金监督司"，制定社会保险基金收缴、支付、管理、运营的政策，综合协调各项社会保险基金管理政策等。2000年8月，全国社会保障基金理事长成立，相对集中社会保障基金监督事业发展迅猛。2006年陈良宇事件暴露全国社会保障基金监管体制存在诸多深层次、结构性与体制性问题。总体来说，1998年尤其是2000年以来，中国社会保障制度发生重大结构性与体系性变革，社会保障制度框架清晰，社会保障财政理念明确，社保基金范围广泛与类型齐全是主要特征，如表2。

表2 中国社会保障财政体制60年发展阶段与基本状况一览表

分析层面	1949–1978年	1979–1997年	1998–2009年	例证与说明
宏观环境	社会主义建设运动	拨乱反正改革开放	科学发展和谐社会	和平与发展
价值理念	社会主义社会平等	改革开放经济效率	社会福利民生财政	构建和谐世界
国家体制	集权计划经济体制	社会主义市场经济	构建福利化和谐社会	东亚福利模式
主要问题	经济建设阶级矛盾	以经济建设为中心	经济社会发展不平衡	社保严重滞后
政策目标	政治经济目标为主	经济政策目标为主	社会政策目标为主	社工人才培养
国家角色	主导地位主要角色	主导地位主要角色	服务与福利型国家	福利化和谐
财政体制	统收统支生产财政	中央地方分税制	公共财政制度框架	预算国家理念
社会保障	职工保险福利事业	社会保障制度框架	新型社保制度框架	新增慈善事业
就业政策	统分统配指标管理	以市场配置为主	社会服务型就业政策	就业促进法
社保基金	社会保险基金会	社保基金监管突出	二元社保基金监管	基金保值增值
管理体制	劳动部全国总工会	多头分散管理体制	基金监管体制问题	陈良宇事件
主要特征	生产财政福利财政	双元财政保险财政	公共财政社保财政	"民生财政"

三、社会保障财政的涵义、范围内容与战略重点

社会保障财政是个基础，但却是个尚无权威、明确界定的核心概念，如何科学准确界定社会保障财政概念内涵外延，这是中国特色公共财政与社会保障财政制度框架建设的基础。

2010年1月17日，笔者从事CNKI文献检索回顾发现，"社会保障与财政"记录仅有65条。

2010年1月26日，笔者从事CNKI文献检索回顾发现，"社会保障财政"记录多达4237条。但是，改革开放三十年来文献回顾检索发现，一是有关社会保障财政的权威界定凤毛麟角。二是社会保障财政的制度实践与社会保障财政的理论界定传统相差悬殊，理论与实践分离。三是1980年代流行"社会福利财政"概念，1990年代流行"社会保障财务"、"社会保障基金"、"社会保障预算"、"社会保障基金财政专户"等概念。例如，1995年11月，财政部在广西北海市召开第一次全国社会保障财务工作会议。从1998年起，"社会保障财政"逐渐取代"社会保障财务"概念，并且迅速流行起来，成为基本和常用核心概念。四是财政系统与社会保障系统界定的角度截然不同，财政系统通常使用的概念是"财政社会保障"与"社会保障支出改革"，"财政"位于"社会保障"前面，旨在说明社会保障是财政支出基本范畴之一。与此同时，社会保障系统则更喜欢使用"社会保障财政"与"社会保障基金监督"等概念，强调社会保障财政的特殊性，"社会保障财政学"的视角明显。简言之，中国社会保障财政与财政社会保障是两个尚无明确、权威、系统界定的核心概念。

目前，中国主流和盛行的界定方法是，从中央财政现在实际承担的支出责任与财政部社会保障司支出管理范围的角度，简单地罗列社会保障财政与财政社会保障实践的范围、内容。例如，以1995年财政部社会保障司界定的"卫生事业财务管理"为例，卫生事业单位（含中医事业，以下同）是社会主义公益性福利事业单位，包括医疗机构、防治防疫机构、妇幼保健机构、药品检验机构、卫生教育机构等。卫生事业财务管理，是指利用货币形式规范各级医疗卫生事业单位工作、业务活动过程中的资金运动（资金的筹集、分配、使用、管理等），及其所体现的各种经济关系。卫生事业单位财务管理实行"统一领导，分级管理"的原则。

这种界定取向的结果，一是将社会保障财政制度安排"局限"于现实财政社会保障制度实践。二是从财政社会保障实践的角度界定社会保障财政，将核心概念界定与制度范围联系起来，容易导致理想的社会保障财政制度框架"等同于"现实生活中现有财政社会保障实践的结果，进而极易造成误导公众，直接影响公共财政与社会公共福利财政制度框架的总体设计工作。三是将社会保障财政狭义地局限行政管理与事业单位的财政资金运动，缩小财政政策范围。

更重要的是，简单罗列社会保障财政范围内容和完全根据财政社会保障支出范围内容方法，最大的危害可能是就事论事，只看到具体现象，忽视对社会保障财政制度结构规律的探寻，因为最好概念源自对客观事物本质规律的深刻认识，

源于人类对社会发展规律的理解把握。笔者认为,社会保障财政泛指政府在社会保险、社会救助和福利服务的收支管理责任体系。社会保障财政是公共财政制度,尤其是社会公共福利财政制度框架最基础的组成部分。这意味社会保障财政体系至少包括四要素,一是社会保障财政的收入,二是社会保障财政的支出,三是社会保障基金的运营和财政监管,四是社会保障财政在社会公共福利财政中基础地位。

更为重要的是,中国社会保障财政制度的范围内容与优先领域不断发展变化,社会保障财政实践范围不断扩大,内容不断增多,优先领域与战略重点不断变化,清晰显示社会保障财政制度历史性、结构性、系统性与综合性发展变迁的历史轨迹,现实状况与总体发展趋势。

总体来说,中国社会保障财政制度范围内容界定途径有三,一是党和国家的宏观政策规定,二是财政与社会保障部门实际承担的职责范围,三是财政、社保部门人员和专家学者的看法。

按照重要程度与时间顺序,我们将社会保障财政制度范围内容与战略重点的观点分述如下,如表3。

表3 1998、2008年财政部主要职责和社会保障司主要职责变化状况一览表

比较层面	1998年财政部机构改革方案	2008年财政部机构改革方案
部级职责	13项主要职责与20个职能司局	14项主要职责与21个职能司局
财政社会保障制度部级职责	管理中央财政社会保障支出;拟定社会保障资金的财务管理制度;组织实施对社会保障资金使用的财政监督	会同有关部门管理中央财政社会保障和就业及医疗卫生支出,会同有关部门拟定社会保障资金(基金)的财务管理制度,编制中央社会保障预决算草案
社会保障司承担的主要职责范围内容	参与研究社会保障制度的改革和政策,提出有关部门建议;编制中央社会保障预算草案;管理属中央财政预算的社会救灾救济、劳动就业、医疗保险(包括公费医疗)等方面的财务和资金;管理卫生、民政、劳动与社会保障等部门的经费;拟定职工待业保险和职业退休养老等社会保障基金的财务管理制度;组织实施对社会保障资金使用的财政监督。	承担人力资源和社会保障部、民政、卫生等方面的部门预算有关工作,研究提出相关财政政策;会同有关方面管理中央财政社会保障和就业及医疗卫生支出;会同有关方面拟定有关资金(基金)财务管理制度;承担社会保险基金财政监督工作;编制中央社会保障预决算草案;承担全国社会保险基金预决算草案。
司内处室机构设置	设置综合处、制度精算处、卫生医疗处、优抚救济处、养老保障处、失业保障处6个处,编制34人	设置综合处、制度精算处、卫生事业处、医疗保障处、优抚救济处、养老保障处、失业保障处7个处,编制39人

资料来源:钱度龄(主编)《1999中国财政年鉴》。北京:中国财政杂志社,1999。中编办综合司编《中央政府组织机构2008》。北京:党建读物出版社,2009。

简言之,财政部是国家社会保障财政制度建设与职责范围内容界定的行政管理型主体,财政部社会保障司职责范围内容界定,典型反映和代表中国社会保障财政

制度变迁的状况。从1998年、2008年财政部机构改革方案与职责范围内容界定角度看，主要变化主要有九，一是社会保障、民政、卫生部门在社会保障财政制度建设中地位提高，部门预算的作用增大。二是就业及医疗卫生支出在社会保障财政支出中所占比例显著提高，成为新增的重要内容。三是由于社会保障资金（基金）数额迅猛增大，编制中央社会保障预决算草案成为重要职责。四是社会保障部、民政部、卫生部等三大部委部门预算日益重要，部门预算编制影响增大。五是工伤、养老、医疗、失业、生育保险基金数额巨大，新增全国社会保险基金预决算草案。六是由于城镇居民基本医疗保险、新型农村合作医疗制度和城乡医疗制度开展，有关"医疗保障"的财政支出管理成为社会保障司的重要职责，这集中体现在新增"医疗保障处"中。七是具体来说，社会保障司管理①中央财政安排的优抚安置经费、②军队移交地方管理的离退休人员离退休经费（包括离退休人员管理机构、建房、安置等经费）、③救灾救济补助费（包括特大自然灾害救济补助费和特大自然灾害灾后重建补助费等）、④卫生专项补助经费，以及⑤基本养老保险、⑥国有企业下岗职工基本生活保障和再就业（失业保险）、⑦城市居民最低生活保障补助等七种全国性社会保障资金、经费和财政补助，职责范围基本覆盖社会保险、社会救助、社会福利和优抚安置四大领域，分管的预算部门（单位）包括劳动和社会保障部、卫生部、民政部、国家中医药管理局、国家药品监督管理局、中国残疾人联合会、中国红十字会总会，共计七个部委局，中国社会保障财政范围超过世界劳工组织。八是1998年以来，虽然就业服务、医疗卫生和医疗保障资金支出比例不断提高，但是养老、医疗、失业、工伤、生育五大社会保险基金始终是社会保障财政管理的主体和核心组成部分。最后，实际上，中国社会保障财政范围主要由社会保险、社会救助、社会福利、优抚安置、各种财政补助津贴、福利与体育彩票、慈善捐赠和全国社会保障基金投资收益八部分组成。

中国社会保障财政实践说明，理想制度安排中的范围内容、党和国家的宏观政策规定、财政与社会保障部门实际承担的职责范围、财政部门、社保部门工作人员和理论专家学者之间四类看法并未形成广泛社会共识，制度框架、政策规定与财政实践、思想认识间差异明显。与此同时1998年以来，中国社会保障财政制度范围内容发展变化显著，清晰显示变迁轨迹。

例如1998年社会保障财政诞生初期，从财政社会保障制度角度看，社会保障财政范围内容主要是财政部门管理的就业服务基金、社会保险基金、社会救助基金和慈善募捐基金等资金。具体来说，主要是企业职工养老、失业、工伤、女工生育保险基金，机关事业单位养老保险基金，农村养老保险基金、帮困资金，再就业基金，职工社会救助资金及社会福利募捐资金，社会保障财政的范围内容与中央界定的社会保障制度框架的范围内容基本上吻合一致。虽然，这篇文章反映的是山东省财政社会保障资金范围内容，但能代表当时全国各地的状况。

2001年，高强从建立和健全社会保障体系，推进国有企业改革和发展社会主义市场经济、深化改革、促进发展、稳定社会、改善生活，大力加强社会保障体系建设的角度宣布，中国已初步建立以"两个确保"、"三条保障线"，及养老、失业、医疗、工伤、生育保险"五险并存"为主要内容的社会保障体系框架。"两个确保"

是指确保国有企业下岗职工的基本生活,确保离退休人员基本养老金按时足额发放。"三条保障线"是指国有企业下岗职工基本生活保障、失业保险体系和城市居民最低生活保障体系,深刻反映社会保障财政重点。

2006年,林兴禧从公共财政制度框架下建立社会保障基金预算制度角度,指出社会保障基金预算是社会保障预算的重要内容,是国家用以反映、管理、监督社会保障基金,包括养老、失业、医疗、工伤、女工生育以及住房公积金、残疾人就业保障、社会福利等各项社会保障基金收支和结余投资运营活动的重要手段。实际上,他从社会保障基金范围内容角度,界定社会保障财政制度范围内容,反映社会保障财政制度范围内容若干重大结构变化。

2008年以来,财政部门与社会保障部门决策者,财政系统科研人员和专家学者的看法发生重大变化,反映民生财政理念日趋流行和国家社会保障财政实践范围内容的显著变化。

胡少维从2007年财政经济运行状况与财政政策七大结构特征,指出2008年将加大减轻居民消费后顾之忧的保障措施,预测促进消费结构升级是2008年财政政策首要特征。如积极支持"三农"、教育、社会保障、医疗卫生、住房等各项社会事业,社会福利财政呼之欲出。

王华新从党的十七大全面部署中国特色社会主义经济建设、政治建设、文化建设、社会建设"四位一体"总体布局,尤其是把解决民生问题放在更加突出位置,从保障民生,促进和谐,努力推进财政社会保障工作再上新台阶角度,提出全新的社会保障财政制度范围内容。

安体富从"民生财政"理念起源形成,尤其是国家财政支出结构调整历史性转变的角度指出,2008年全国"两会"上,教育、医疗卫生、社会保障、文化体育、环境保护等民生问题格外引人关注,成为国内外媒体追逐报道的焦点,有关民生问题的提案占据相当大的比重。简言之,2008年四大建设、民生财政、科学发展与构建和谐社会等理念具有划时代的意义。

2009年以来,社会福利财政与社会福利的公共财政支持理念形成,由"社会保障财政"向"社会福利财政"战略升级的发展趋势明显,标志中国社会保障财政制度建设进入新时代。

贾康、王敏从社会福利筹资与公共财政支持,尤其是社会福利财政而非社会保障财政的角度,从社会保险、优抚和社会福利救济、医疗卫生、教育保障和住房保障等方面,重点分析中国社会福利筹资的历史演变与现实情况,特别是公共财政支持社会保障和福利体系发展情况,并对政府财政如何支持社会福利筹资提出基本看法,分三种假设方案预测未来中国财政对社会福利筹资的支持能力,开创由"社会保障财政"向"社会福利财政"战略升级的新局面。

2009年3月,构建全民共享的发展型社会福利体系的社会福利财政制度框架应运而生。2009年3月,国务院发展研究中心出版以《构建全民共享的发展型社会福利体系》为题的2008-2009年度中国发展报告,首次提出"构建全民共享的发展型社会福利体系"重大命题,突破以往社会保障制度框架的传统范围,第一次从社会政策框架与广义社会福利概念角度,指出中国发展型社会福利体系框架主要包括教育保障、就业保障、基本生活保障、养老保障、健康保障、住房保障和其他七个部分,共几十个项目和子项目,社会福利制度框架清晰。发展型社会福利体系、涵盖全体农民工的福利体系、健康保障、社会福利的公共财政支持等重大理论创新独树一帜,标志中国社会福利财政制度将成为公共财政制度框架的主体部分。

2009年9月,胡晓义从广义社会保障基金角度,首次权威界定社会保障基金范围内容。他指出"广义上的社会保障基金主要包括社会保险基金,补充保险基金、全国社会保障基金、优抚安置基金、社会救助基金、社会福利基金、住房保障基金、慈善事业基金等内容"。实际上,"广义上的社会保障基金"概念等同于国际通行的"社会公共福利财政基金"概念,标志财政部门与社会保障部门决策者实际上已开始认同、接纳"社会公共福利财政"的理念。

众所周知,社会保障财政实践主体是社会保障基金。社会保障基金是国家通过立法并依法对国民收入进行再分配,向全体劳动者和社会成员提供各种社会保险和相关收入保障的社会性、财政性资金。简言之,原有传统社会保障财政体制范围内容正发生革命性与结构性转变,如表4。

表4 1998年以来中国社会保障财政体制框架范围内容与战略重点发展变化状况一览表

作者	时间	社会保障财政范围与内容	优先领域	主要变化
本刊通讯员	1998.5	企业职工养老、失业、工伤、女工生育保险基金,机关事业单位养老保险基金,农村养老保险基金、帮困资金,再就业基金,职工社会救助资金及社会福利募捐资金等各类社会保障资金	社会保险基金 社会救助资金 社会福利募捐资金	局限企业职工农村养老保险基金帮困资金再就业基金
高强	2001.2	"两个确保"与"三条保障线"	社会救助为主	保障基本生活
林兴禧	2006.8	养老、失业、医疗、工伤、女工生育基金及住房公积金、残疾人就业保障、社会福利金等	社会保险基金 社会福利金	残疾人就业保障资金等
胡少维	2008.2	积极支持"三农"、教育、社会保障、医疗卫生、住房等	"三农"教育 社会保障医疗	"三农"教育医疗卫生住房
王华新	2008.4	教育、就业、收入分配、社会保障、医疗卫生、社会管理	教育就业分配 社会保障医疗	改善民生为重点的六大社会建设
安体富	2008.5	教育、医疗卫生、社会保障、文化体育、环境保护等民生问题	教育医疗卫生 社会保障	文化体育 环境保护
贾康 王敏	2009.1	社会保险、优抚、社会福利救济、医疗卫生、教育保障和住房保障等	社会保障体系 社会福利体系	"社会福利筹资"的理念
中国发展基金会	2009.3	教育、就业、基本生活保障、养老保障、健康保障、住房保障和其他七个部分	全民性发展性 社会福利财政	全民共享福利 发展型福利
胡晓义	2009.9	社会保险基金,补充保险基金、全国社会保障基金、优抚安置基金、社会救助基金、社会福利基金、住房保障基金、慈善事业基金等内容	社会保险基金 优抚安置基金 社会救助基金	广义社会保障 补充保险基金 慈善事业基金

简言之，改革开放尤其是 2000 年以来，中国政府界定社会保障制度框架范围不断扩大，内容不断增多，内涵不断丰富完善。这集中体现在社会保障财政体制的范围不断扩大，内容不断增多，内涵不断丰富上。社会保险基金财政的优先领域和战略重点正在发生结构性转变。

四、社会保障财政制度建设的若干重大基本关系

1949 年尤其是改革开放以来，中国社会保障财政体制从无到有，从小到大，由弱到强，由缓慢量变到重大质变，由边缘到主流议题，社会保障制度与社会保障财政体制发展迅速，成为公共政策与公共财政、社会政策与社会公共福利财政、福利服务政策与社会福利财政政策议程优先领域和战略重点，成为中国特色公共财政制度框架建设与构建和谐社会的基础。与此同时，社会保障财政制度建设是一项涉及政治体制、经济发展、社会结构、文化传统等诸多层面的社会系统工程，关系国际与国内、保障基本生活与社会公平政策目标、法律与政策、理论与现实、财政与经济、公共财政、社会公共福利财政与社会福利财政、中央与地方、社会保障制度与社会政策框架、社会保障制度与社会福利制度、社会保障制度框架内部各种基本关系，实质与精髓是国家、市场、第三部门、家庭、个人责任的社会划分和责任承担。更为重要的是，某种意义上说，中国社会保障财政制度建设过程中的若干重大社会基本关系，既可以看作是社会保障财政制度建设过程中面临的基本问题和社会需要结构变迁发展趋势，又可视为社会保障财政制度建设过程中面临的核心理论政策争论议题，社会理解差异显著。

需要强调的是，社会结构差异和社会理解多元化是现代社会开放、民主、多元的具体体现，不足为虑，关键是我们应全面系统、客观理性探讨这些基本关系，构建中国福利化和谐社会。

第一，中国社会保障财政体制与西方国家社会保障财政体制的对比、换算和接轨问题，核心问题是社会保障财政体制的中国特色与国际惯例，涉及国家财政统计等国际比较议题。众所周知，1920 年代末期世界经济危机导致 1930 年美国建立比较完善的社会保障制度框架。1942 年英国贝弗里奇爵士向政府提交题为《社会保险和相关服务》的著名"贝弗里奇报告"，为 1948 年作为世界上首个"英国式福利国家"诞生，描绘社会保障与社会福利制度的蓝图。此后资本主义国家"性质"发生重大转变，福利资本主义与福利国家成为西方国家结构特征。由于计划经济体制和前苏联影响，适合市场经济国家的国民经济核算体系（SNA）与适合计划经济国家的国民经济核算体系（MPS）并存，尤其是中国社会保障制度与社会保障财政体制的发展较晚较慢，中国社会保障制度、社会保障财政体制与西方国家存在较大和多样差异。例如，1997 年国际货币基金组织（IMF）建立"数据公布通用系统"（简称 GDDS）。GDDS 将国民经济活动划为五大经济部门：实际部门、财政部门、金融部门、对外部门和社会人口部门，对每个部门各选定一组能反映其活动实绩和政策，及可帮助理解经济发展和结构变化的最重要的数据类别，并从数据特征、质量、完整度和公开性 4 方面对数据生产、公布制定标准。

不言而喻，中国社会保障制度框架和社会保障财政体制与西方国家存在多样和

巨大的差异，在经济全球化与国际财政政策、金融协调监管问题日益突出国际背景下，中国社会保障财政体制与西方国家社会保障财政体制的国际对比、换算和接轨问题，已成当务之急，刻不容缓。

第二，社会保障制度与社会保障财政体制的价值理念基础、价值目标、政策目标的战略定位是保障基本生活与追求社会公平、社会平等、社会福利、社会和谐政策目标之间的关系。

众所周知，社会保障制度实质与精髓是公民经济收入保障和满足全体公民的基本生活需要，社会控制、社会管理与社会安全是其核心的价值理念基础，价值目标是社会稳定与社会秩序，政策目标的战略定位是保障公民的基本生活，价值目标与政策目标体系层次结构相对较低。与此相反，社会政策框架，尤其是社会福利制度与社会公共福利财政体制的价值理念基础是国家责任、社会福利、社会保护与社会发展，价值目标是社会公平、社会平等与社会发展，政策目标战略定位是满足社会全体成员不断变化的基本需要，谋求发展与社会福利最大化。不言而喻，价值理念、价值目标与政策目标的战略定位至关重要，决定制度结构功能与质量。科学发展观、以人为本、公共财政、民生财政和构建和谐社会呼唤更高的福利财政理念。

第三，中国社会保障财政体制的法律制度框架与社会保障财政的政策模式之间的关系，这是中国社会特有的问题，关键问题是理想模式、法律框架、政策模式与现实状况之间关系，涉及国家立法者、社会决策者、管理者、服务提供者、专家学者和公众社会理解之间关系。目前，中国学者通常是从社会保障税、社会保障预算、社会保障财政转移支付三个方面对我国社会保障财政制度法律框架完善进行研究探讨，忽略法律框架与政策模式之间分离。但是，中国法律框架与社会政策模式研究发现，尤其是在公共财政领域，中国法律与政策、规划与预算、预算与支出、支出与监管、监管与评估、目标与手段间存在严重的分离现象。

1949年尤其是改革开放以来，中国政府初步建立有关公共财政的法律制度框架与政策框架，全国人大先后通过《中华人民共和国中国人民银行法》、《中华人民共和国税收征收管理法》、《中华人民共和国预算法》、《中华人民共和国政府采购法》、《中华人民共和国审计法》等法律，财政法、税收法、支出管理法、转移支付法、财政监督法等诸多财政法律尚未颁布。如何协调财政法律与财政政策、发展规划与政府预算、财政预算与财政支出间关系任重道远。

第四，公共财政制度、社会公共福利财政、社会保障财政与社会福利财政之间的关系，这是中国特色公共财政制度框架建设必须回答的重大现实问题与基础理论政策问题，直接关系中国公共财政制度结构与体系间关系，关系政府社会责任承担与财政支出责任边界划分，关系整个公共财政制度总体框架、组织体系、内部结构、构成要素和各部分之间相互关系，关系社会保障财政在整个国家公共财政制度框架中所处地位、扮演角色、发挥作用和影响。笔者首次将现代财政制度划分为公共财政、社会福利财政、就业援助服务与社会保险财政、社会公共福利财政四大部分，并将四大财政体系之间的相互关系模式与结构层次图示如下（图1）。公共财政主要包括环境保护、国防、外交、立法与司法、公安、科技、政府行政管理、文化体育、公共卫生、市政邮政与交通运输、国有资产管理、市场监管和社会管理等服务领域。

社会福利财政主要是社会救助与福利服务财政，主要服务贫困、弱势劣势群体和有需要之人。就业援助与社会保险财政主要是就业服务和养老、工伤、失业、生育、医疗五大保险服务。社会公共福利财政主要包括社会保险、教育、房屋和医疗卫生财政四部分，是公共财政制度框架建设主体部分与难点，主要表现为社会政策框架与社会服务体系，是典型的准公共产品。

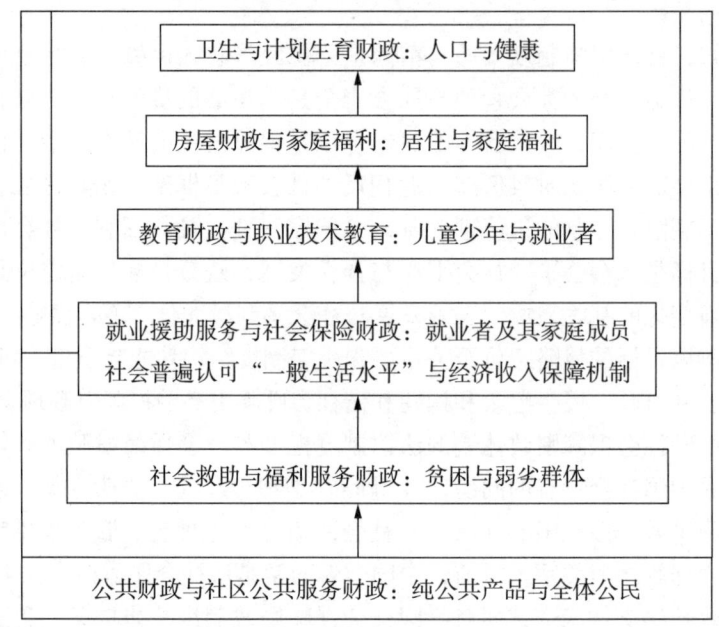

图1 现代财政制度框架的主要构成部分与亚系统之间层次结构关系示意图

第五，社会保障财政制度总体框架、内部结构关系与社会保险、社会救助之间关系议题。这个议题关键是社会保障制度与社会保障财政体制的总体框架、内部关系和整个财政过程。一般来说，西方国家的社会保障制度通常由社会保险、社会救助和遗属津贴三大部分组成。实际上，社会保障制度主要由两大类"性质"截然不同的服务组成，一是社会保险服务体系，主要服务对象是18岁至退休年龄的适龄社会劳动者，二是"社会福利服务"性质社会救助、遗属津贴和各式各样的政府财政津贴补助，主要服务对象是贫困者、弱势群体、劣势群体、重大灾害、事故受害者和所有需要临时性和长期性帮助的人群，对此政府承担全部的责任。世界各国社会保障与社会福利制度发展经验说明，如何妥善处理社会保险与福利性质的救助服务和个人、家庭福利服务的关系至关重要，直接影响整个社会保障制度功能、作用的发挥。1942年英国世界著名的"贝弗里奇报告"题目是《社会保险和相关服务》，这里"相关服务"包括就业服务与培训保险金、全方位的医疗和康复服务、寡妇保险金、监护人保险金、抚养补贴、子女补贴、一次性补助金、住房服务与房租费用等，社会政策与社会福利色彩浓厚。这意味社会保险与社会福利应适当分离，而且将社会保险体系放在社会福利制度框架之中，并作为社会安全体系基础组成部分的时机已经成熟，因社会保险与社会救助服务性质不同。

第六，社会保险基金收入、社会保险基金预算、社会保险基金支出与保值增值、社会保险基金运营与监管、社会保险基金给付结果与影响等环节与整个社会保障财政过程的关系。20世纪最重要的政策理论创新之一是发现"公共政策过程",清晰描绘公共政策过程。参照"公共政策过程"理论,笔者首次全面、系统提出和明确阐述"公共财政过程"理论。实际上,公共财政过程理论是全面系统、科学考查公共财政制度框架与服务体系的独特视角。按照公共财政过程理论与标准,我们可清晰看到中国社会保障财政体制框架尚不系统、完备,例如目前社会保险还是"缴费"性质,尚未发展成为强制性与约束力更高的"社会保险税收",国家层面的社会保险基金预算编制进展缓慢,社会保险基金支出管理与保值增值问题颇多,社会保险基金运营与监管成为薄弱环节,社会保险基金支付结果和正面社会影响比较有限,各种社会保险基金的统筹层次较低,大量社会保险资金沉淀,未发挥应有的社会作用。总体来说,目前作为中国社会保障基金首要环节的社会保障资金筹集阶段,普遍存在社会保险覆盖面小,基金收缴难,社会保险费税务征收效率低下,社会保障财政风险不断加大,社会保障结余资金投资与运营管理低效等五大问题,社会保险基金运营和监管面临严峻考验。

目前,"全国社会保障基金理事会"负责管理运营全国社会保障基金。全国社会保障基金是中央政府集中的社会保障资金,是国家重要的战略储备,主要用于弥补今后人口老龄化高峰时期的社会保障需要。根据2001年12月13日公布的《全国社会保障基金投资管理暂行办法》规定,全国社会保障基金来源主要包括:中央财政预算拨款;国有股减持划入资金;经国务院批准以其他方式筹集的资金;投资收益;股权资产,共计五种社会资金来源渠道。

第七,社会保障制度、社会保障财政与经济发展的关系,社会保障制度是经济体制改革的"配套工程",还是经济发展的"制度前提"?这里的关键问题是如何理性看待社会保障财政体制的功能作用,如何妥善处理经济体制改革与社会保障财政制度建设的关系,如何妥善处理改革、发展、稳定和构建和谐社会四者之间的关系,使社会保障制度发挥应有的作用。长期以来,中国社会对社会保障与社会福利制度功能作用的主流看法始终比较负面、消极,始终强调社会保障制度是经济体制改革的"配套工程",社会保障是项纯粹"花钱"的事业。与此密切相关的是,中国社会保障制度与社会保障财政体制迅猛发展时期是1990年代后期,宏观的背景是大批国有企业职工下岗待业、大批企业离退休人员养老金无法按月足额领取,城市贫困和城市居民基本生活保障问题突出,社会保障作为消极被动救火和应对机制。

简言之,中国社会保障制度与经济发展、社会发展、构建和谐社会的关系模式亟待转变。

第八,最为重要的是,社会保障制度与财政制度的关系问题,这是社会保障财政制度的最基础理论问题,关键是社会保险、社会救助、福利服务和财政补助津贴体系性质间关系,实质与精髓是责任的社会划分,尤其是国家承担社会责任的范围、程度和最佳方式方法问题,直接关系"社会保障财政"议题能否成立,中国特色社会保障财政体制建设等重大政策议题。

中国有关社会保障财政的文献回顾表明,学术界自1980年代晚期开始关注社会保险与财政的关系,1990年代中期形成理论争论的高峰期。1998年"劳动与社会保障部"成立,尤其是"两个确保"、"三条生活保障线"和多种多样社会保障财政政策实践迅猛发展,有关社会保障与财政的关系,由虚拟的"理论议题"转变为"现实可见"的财政制度安排与政策实践,从此以后相关讨论表面上销声匿迹,该议题似乎失去理论研究意义,甚至显得有些多此一举。实际上,中国社会保障制度与财政制度的相互关系问题并未从理论思想上得到彻底的解决,严重影响中国社会保障与财政制度,尤其是社会保障财政制度与公共财政制度的建设质量。总体来说,中国学术理论界和实务界有关社会保障制度与财政体制关系的看法可以组成为清晰的连续谱,一端是坚决反对视角下的"毫无关系论",另一端是互为一体的"主要责任论",位于两个极端中间的是制度工具论、重要组成部分论、区别对待论和基础前提论等多种理论。

第一,从社会保障与财政各自特点,尤其是社会保障制度中社会保险、社会福利和社会救助三大部分,既有共性,又有个性角度看,有人主张"财政应该尽量远离社会保障"。这意味国家财政与社会保障"关系不大"或"毫无关系",反对盲目照搬"国外财政全面、根本地参与社会保障的做法",反映作者对社会保障性质目标、本质属性与功能作用的认识。

与此相似,有学者从社会保障基金缴税式、缴费式筹资方式优缺点比较,尤其是社会保障基金收支形式对财政影响的角度,认为社会保障基金运营与政府财政预算"适当分离",主张"社会保障基金不可纳入财政预算"。例如缴税式筹资特点是财政部门把社会保障基金纳入预算管理,不仅管收,而且管支和结余。其优点是操作简单,追求年度平衡,政府能够集中财力,更好地规划社会保障事业,调整收入分配政策,同时可为发展经济积累资金。其不足之处是社会保障基金与财政其他项目结合,无法划分国家、企业、个人的责任;社会保障基金在不同时期增长速度有高有低,基金收支状况有松有紧,引起财政、不同届政府压力大小不一。社会保障基金,准确地说是社会保险基金独立运行主张色彩浓厚,观点旗帜鲜明。

第二,国家财政与社会保障关系的"密不可分论",或是财政对社会保障体系构建负有"首要责任",说明财政参与是建立完善有效社会保障体系的客观要求。主张国家财政必须充分发挥自身职能作用,全方位参与社会保障制度的建立,并为之提供有力的财政支撑。

因为建立健全社会保障体系既是推进国有企业改革和市场经济发展的重要环节,又是建立市场经济体系、推行现代企业制度、实施产业结构调整、推动国有企业转轨、为各种人才合理流动营造较为宽松环境的重要制度化途径,社会保障制度功能作用的"泛政治化"倾向明显。

与此相关,有学者认为,社会保障既是一个分配问题,也是一项政府行为,单靠市场机制无法完全实现,需要国家财政参与分配和管理。因此,在建立和完善社会保障体系过程中,财政始终具有"重要的地位和作用"。这是一种颇具代表性的观点,反映绝大多数人的认识。

第三,国家财政与社会保障制度关系的实质是财政分配职能与手段方式,社会保障既是"财政制度重要组成部分",又是"财政收入分配的主要表现形式",二者具有"相似或共同职能"。例如有学者认为,从财政基本职能与财政收入分配问题,尤其是财政预算影响论、市场失灵矫正论角度看待财政收入分配职能，社会保障制度集中体现财政的收入分配职能，即财政收入分配职能体现在社会保障制度中，可称之为"财政收入分配的表现形式论"。显而易见，社会保障制度与国家财政的制度性工具、手段与目的、目标的关系模式色彩浓厚。

与此同时，不少人认为"社会保障分配理应属财政分配范畴"，应建立社会保障财政。更有甚者，有学者从多方面论证，社会保障与公共财政之间有着极为密切的关系，社会保障越来越成为公共财政的重要职能之一。首先，社会保障与公共财政的主体都是国家，客体都是国民收入，两者资金的预算性质都具有公共性；其次，社会保障与公共财政目的都是为了促进生产力提高，保证社会经济发展；再次，社会保障与公共财政目标都是为实现社会主义和谐社会。二者具"相似或共同职能"，社会保障是"财政制度重要组成部分"观点鲜明。

第四，是有学者认为，从改善民生为重点的社会建设、财政分权和公共财政体制变革角度看，一是中国社会建设远远滞后于经济建设，二是社会建设中存在教育、医疗卫生与基本住房等（准）公共产品提供不足、社会保障改革滞后以及社会就业压力上升等突出问题。有鉴于此，作者指出合理配置各级政府间的财权和事权是公共财政体制的核心内涵，应建立一个公众参与为基础、绩效预算为手段的公共财政预算体制，改善公共财政支出结构，实质是建立超越社会保障财政的社会公共福利财政制度，我们称之为"社会公共福利财政制度构成论"。社会政策与社会服务、社会建设与社会公共福利、政府责任承担与政府间财政关系色彩浓厚。全民共享的发展型社会福利体系与发展型社会福利体系公共财政支持研究是典型观点。

第五，关于社会保障与国家财政的关系模式，盛行和流行的观点之一是"财政基础论"，即公共财政是建立和完善社会保障制度的重要基础。理由是公共财政的本质决定社会保障存在的客观基础。公共财政是建立在"公共产品"理论和"市场失灵"理论基础之上的，是与市场经济相适应的一种财政模式。众所周知，公共财政是以国家为主体，通过政府的收支活动，集中一部分社会资源，用于履行政府职能和满足社会公共需要的政治经济活动。公共性、非盈利性、调控性、法治性是公共财政的基本特征。社会保障作为一种再分配的关系，具有调节收入分配的重要功能，是解决我国收入分配问题不可或缺的重要制度。

与此相似，有学者对社会保障体系、政府、公共财政支出之理论关系予以探析，认为建立和完善社会保障体系，是国家长治久安、人民生活幸福、经济持续增长的重要基础。政府是社会保障体系理论思想的实践主体，社会保障体系是公共财政支出体系建设的重要内容。

第六，关于财政在社会保险财政中扮演角色与发挥作用问题，还有学者科学与理性地认为，我国社会保障资金筹集由国家、企业和个人三方负担，其中财政起到"最后支持者"的作用。需要说明的是，这里"社会保障资金筹集"，应当改"社会保险基金筹集"更为准确。按照社会保险的性质、目标与本质属性，国家财政"最后支持者"的定位较为准确。

众所周知，社会保险原理是国家、企业、个人责任分担机制，财政主要扮演最后兜底者角色。

第七，主张社会保障制度与财政体制关系是一体的，而且认为"财政主导型"社会保障体系应是中国社会保障制度改革的基本模式。作者从财政制度与社会保障制度的五个方面论述二者的共同关系和财政主导地位。①社会保障活动具有较强财政属性，是国家财政义不容辞的责任；②社会保障是国家财政所固有的功能；③国家财政是发展社会保障事业的财力后盾；④在国家、企业和个人三方当事人中，财政的主导地位是其他各方所无法替代的；⑤发达市场经济国家的社会保障实践中，国家财政大多居于主导地位，社会保障制度所提供的各种保障措施，具有满足社会共同需要的"公共产品"性质，具有一定的财政性特征。

与此同时，还有学者从社会总产品分配和"六项社会扣除"理论，尤其是"用来应付不幸事故、自然灾害等的后备基金或保险基金"，以及"为丧失劳动能力的人等设立的基金"就是社会保障分配的内容的角度来说，论证社会保障与国家财政分配活动密切关系与内在联系。并据此提出在社会保障管理中，财政应扮演"主角"的主张，社会保障成为财政主要职能。

关于政府对社会保障财政责任的承担问题，许多学者认为政府是社会保障制度的"重要责任主体"，国家财政用于社会保障的支出情况直接体现了政府承担的社会保障财政责任。从目前我国国家财政在社会保障方面的支出情况看，我国政府所承担的社会保障财政责任正在逐年增长，社会保险和全国社会保障基金已成为国家财政关注的重点。同时也应该看到，我国政府需要承担的社会保障财政责任还需要进一步强化，今后应将养老保险、医疗保险、最低生活保障制度及全国社会保障基金作为政府财政资金投入的重点，战略重点清晰。

第八，较为独特、客观中立和理性的观点是，应区别对待不同项目社会保障基金的性质目标与财政责任主体，建立"不同性质项目社会保障资金与财政资金的多样化关系模式"。在社会保障体系中，不同社会保障项目的政府责任不尽相同；社会保障制度改革需要公共财政支出体制改革支持。财政资金是社会保障基金重要组成部分，体现政府在社会保障制度中的主体地位；在公共财政体制下，财政性资金应是社会救助资金与社会福利资金的主要来源渠道，而与社会保险资金保持适当的距离。这意味应将社会保障基金分为社会保险与社会救助两类不同性质，财政与社会保险资金保持适当的距离，但是社会救助与社会福利资金的主要来源渠道。还有学者从服务性质、财政责任角度区分社会救助、社会保险和社会福利，主张对社会救助、社会保险和社会福利三类服务区别对待，实施分类管理。社会救助是对生活在最低生活贫困线以下的公民进行救济和援助，以维持他们的最低生活水平。社会福利是政府举办、以低费或免费形式向社会成员提供的福利设施与服务。这两类服务支出性质多是社会成员无力负担或非政府部门服务难以满足需要，无疑应由国家负责。世界各国一般都将这二者纳入财政，从一般性税收收入中开支。与此不同，社会保险主要针对社会劳动者群体，企业、个人和国家共同分担责任，财政扮演最后出场者角色。

第九，还有学者从积极财政政策退出机制，尤其是社会保障基金与财政政策的密切关系，从社会保障基金与资本市场良性互动角度，为实现社会保障基金保值增值功能，主张应进一步加强社会保障基金与资本市场的良性互动，主要关注资本市场与社会保障基金关系。

第十，社会保障与国家财政的"特殊关系论"和"内在关系及双向发展论"是较为含糊的理论，反映人们对社会保障与国家财政关系模式的认识理解尚存模糊不清地方，亟待深化。

由于在计划经济体制下社会保障与财政的特殊关系，至今人们对财政在新的社会保障体制中应发挥怎样职责和作用，认识仍不统一。有学者指出，在市场经济体制下，社会保障与财政并非是谁属于谁的问题，而是有密切联系并相互影响。社会保障与财政分配、社会保障与财政收支、社会保障与财政调控三方面，反映市场经济体制下社会保障与财政的特殊关系。

与此相似，有学者从国家财政与社会保障内在关系和相互影响角度，提出社会保障与国家财政的内在关系和双向发展关系论，指出社会保障既是财政问题，又不完全是财政问题，二者之间有着密切的联系。为科学、准确认识二者的内涵及其相互关系模式提供崭新的思路。

关于社会保险与财政制度内在联系、相互促进、相互作用和相互影响理论的典型案例是，"社会保险关系异地转续办法将改变现有财政体制"。众所周知，长期以来，全国各地盛行"画地为牢"式社保关系在迁移时常受到多方限制，地区人口流动性增大和迁徙生活常态性也给社保关系流转接续提出了崭新课题，特别是2008年全国"两会"期间，珠三角地区农民工退保引起的社保关系转移接续问题再度使这一话题升温，全国各地保险统筹层次不一、行政管理关系错综复杂、地方利益纠葛严重等社保关系的弊端随之浮出水面，亟待改革。

需要强调的是，社会保险制度本来面目与应有功能是促进保护劳动力流动，而非限制约束。这意味现有社会保险与社会保障财政功能作用发生结构性逆转，"功能异化"问题突出。

五、社会保障财政体制结构困境与基本改革思路

1949年尤其是改革开放三十年来，中国社会保障制度框架设计与社会保障财政体制建设初见成效，在深化经济体制改革，改革工资、社会保险与劳动关系，建立市场经济体制，深化国有企业改革，建立全国统一的劳动力市场，改善收入分配状况，保障全民的基本生活，营造安定团结社会环境，改善民生和提高生活质量，构建和谐社会等方面发挥基础作用。

但是，总体来说，目前，中国社会保障制度与社会保障财政体制存在诸多体系性、结构性与制度性问题，结构性滞后、结构性缺陷、结构性矛盾和结构性不适应导致的结构性困境突出。例如以改善民生为重点的社会建设，学有所教、劳有所得、病有所医、老有所养、住有所居的幸福美好生活等社会福祉理念与保障基本生活、最低生活水平社会保障制度之间的差距，科学发展观、统筹城乡发展迫切需要全民性社会福利制度与消极补救社会保障制度间差距，一方面社会保险基金缺口巨大，财政风险激增，另一方面保险基金沉淀结余资金庞大，一方面财政与社保障财政转移支付比重提高，另一方面社保障财政支出地区差异扩大，社会保障制度与社会保障财政促进社会公平的政策目标与现实社会生活收入差距不断扩大，上学难、住房

难、看病难等传统问题突出,公众普遍感觉社会不公平程度逐步扩大的困境,公共财政、社会福利财政、公共预算、民生财政、财政透明度等先进理念与社会保障财政、社会救济财政、社会保障预算、保障最低生活、封闭保守财政等传统理念之间巨大差距等。简言之,中国社会保障制度与社会保障财政体制结构性缺陷集中体现在价值理念、政策目标、制度框架设计、保障范围与优先领域、社会保障基金运营与监管、社会保障财政行政管理、社会保障财政功能定位、政府财政责任承担范围与内容、社会保障财政统计分析等诸多领域。

第一,中国社会保障财政体制现存的首要和最致命问题是价值理念、价值目标的错位。中国市场经济、成本效率与经济学思维盛行,严重匮乏社会政策、社会福利与社会公平理念。例如国人的经济学思维模式根深蒂固,错误和不适当地将社会保障与经济增长的相互关系模式作为研究检验的基本命题,导致社会保障与经济增长关系成为社会保障研究的核心问题。

有学者采用 1978—2006 年数据,通过 Granger 因果检验和协整分析,研究我国财政社保支出与经济增长的动态关系。结果表明两者之间存在"单向的因果关系":经济增长促进财政社保支出增加,财政社保支出却非经济增长原因,财政社会保障支出效果经济化趋势明显。实际上,社会保障财政是社会政策与社会福利制度重要组成部分,它所关联的核心价值目标应该是社会公平、社会平等、社会团结与社会发展,而不是单纯和经济政策取向的经济增长。

第二,中国社会保障制度框架"行政化设计"色彩浓厚,社会保障制度"等同"社会福利制度,两个制度之间结构功能作用角色边界不清,制度化相互重叠与相互冲突现象明显,社会保障制度框架设计与社会保障财政体制改革的总体思路不清,严重影响财政支出效果。1930 年以来,西方国家社会保障制度发生重大变化,经济保障与服务保障功能相辅相成,社会保障制度普遍实现向社会福利制度战略升级,社会保障与社会福利制度适度分离,以社会保障制度为基础社会福利制度框架清晰可见,现行中国社会保障制度框架亟待调整。

以"两个确保"、"三条社会保障线"、多渠道筹集社会保障资金,独立于企业事业单位之外,资金来源多元化、保障制度规范化、管理服务社会化的社会保障制度框架过渡色彩浓厚。不言而喻,社会保障制度框架设计,尤其是社会保障制度与社会福利制度的关系影响深远。

更为重要的是,目前行政化界定,由社会保险、社会救助、社会福利、优抚安置、慈善事业组成的"社会保障制度"严重名不符实,社会保障制度与社会福利制度混合、交织在一起。由不同性质、本质、目标、功能社会服务体系组成的"社会保障制度"已到重组调整的时刻。简言之,社会保障制度框架设计与行政化界定是社会保障财政体制结构性困境的根本原因。

第三,由社会保险、社会救助、社会福利、优抚安置、慈善事业组成的"社会保障制度"定性错误,不同服务体系性质混乱交织在一起,进而导致政策目标与功能作用定位不准,这是现行社会保障财政体制存在的重大结构性问题,严重影响社会保障财政支出效果与影响。

性质是事物的本质特征和根本属性,深刻反映事物的社会目标定位、功能作用与发展规律,性质决定服务目标、服务对象、服务范围、服务内容、服务方式、服务资金来源和功能作用,因此性质决定论应运而生,是我们进行制度框架设计与服务提供的理论基础,地位至关重要。如就业与社会保险服务性质是"社会保障服务",社会救助服务性质是"反贫与福利服务",个人和家庭福利服务性质是"社会福利",优抚安置服务性质是"军人福利与烈军属福利",慈善事业性质是"公益事业与间接的社会利他服务",资金性质和资金的来源渠道截然不同。又如彩票市场性质是什么,彩票市场与公共财政关系是什么,这是公共福利财政制度建设的基础性问题。有学者认为,彩票市场性质是"第二财政",它与"第一财政"存在密切合作,是公益事业资金筹集的主要渠道。并且主张"第一财政"和"第二财政"有机结合起来。

第四,社会保障制度和社会保障财政体制预定的政策目标与现实政策关注点严重脱节,一方面财政社会保障支出对经济增长具有推动作用,但是政府不恰当将其看作是一种消费,财政支出的价值目标与政策目标之间相互脱节。另一方面,人们"不适当"地关注财政投入,尤其是财政社会保障投入与经济增长之间的相互关系,而不是财政支出与社会公平的关系。

社会保障是政府的重要社会职能,随着经济和社会发展,社会保障支出在国民收入和公共财政支出中所占比重越来越大。理论界通常把财政社会保障支出占财政支出比重作为衡量社会保障支出水平的主要指标,因此指标可以反映政府财政职能战略定位与社会公平目标。但是,人们的兴奋点和关注点是财政投入、财政社会保障投入与经济增长之间的关系模式。例如有学者按此思路对地方财政社会保障投入与地方经济增长之间互动关系进行实证研究。实证研究发现,社保投入和非社保投入与经济增长存在着正相关,而且社保投入对经济增长的贡献要大于非社保投入的贡献。财政社会保障支出效果"经济学评价"视角色彩浓厚。

第五,中国社会保障制度尤其是社会保障财政支出状况缺乏应有和清晰明确理论基础,政府间社会保障事权与财权划分存在诸多基础性与结构性问题,社会保障财政呈现纵向失衡与横向无边、民生财政泛化的体制困境,反映政府责任与财政社会保障职责范围不清的状况。

众所周知,中央政府与地方政府财政支出责任划分,是政府职能定位与公共财政制度框架建设的核心议题。公共财政支出是政府职能活动核心内容及政府财政职能有效实现的手段。如何科学合理、有效进行中央与地方政府财政支出划分是完善我国公共财政制度现实选择,范围包括合理界定我国政府职能范围,正确处理中央与地方政府间财政关系,对中央与地方政府财政支出责任作出具体划分。财政社会保障支出是财政支出责任体系重要部分。但是,目前财政现实状况是,财政支出责任和财政社会保障支出责任划分出现严重的"纵向失衡",社会保障财政纵向失衡是指在分税制财政体制下,中央政府和地方政府之间自有财政收入与其承担社会保障支出责任不对称而出现的结构性失衡状态。通常表现为中央政府集中较多的财政收入,但只承担一小部分社会保障支出责任,从而自给有余(盈余),而地方政府承担大部分社会保障支出责任,但只占有少量财政收入,权利、责任、义务之间严重不匹配协调。

与此同时，社会保障财政体制的纵向失衡与横向无边、民生财政泛化的体制困境并存。民生财政是个政治化和通俗性概念，反映政府财政职能定位应当聚焦于解决基本民生问题。

民生财政 2008 年流行的概念，实质是政府职能定位与公共财政制度框架范围内容界定。令人遗憾的是，1998 年中国政府正式提出公共财政制度框架建设议题以来，公共财政制度框架范围多大，内容多少，哪些属于政府的社会责任与财政的职能范围始终未取得社会共识。

实际上，目前中国民生财政概念的内涵外延包括公共财政、社会公共福利财政、劳动与社会保险财政、社会福利财政四大部分，似乎凡属于财政支出的范围都是民生财政制度的范畴，忽略现代财政制度结构体系与政府财政责任体系的内在逻辑关系，匮乏现代财政系统视角。

财政制度范围横向无边、民生财政泛化必然结果是财政支出结构不合理，战略重点不突出。

财政承担责任范围与财政支出责任范围划分实质是责任，尤其是政府责任的社会划分。不言而喻，科学地界定社会保障财政责任是设计社会保障财政制度的理论基础与理论前提。社会保障财政体制中政府责任的合理界定是社会保障制度健康、可持续发展的前提和基础。换言之，明晰政府财政责任是转型时期建立我国新型社会保障与社会保障财政制度的关键。目前，中央与地方政府的责任不明、边界不清已影响社会保障财政的有效运行和制度本身的健全完善。社会保障财政体制的正常运行与可持续发展迫切需要明确界定各参与主体的责任范围，包括中央与地方政府间责任，政府和民间责任，国家、企业与个人之间责任。关于中国转型时期社会保障中政府责任的划分方法，有学者提出采用四分法即分类、分项、分层和分级法确定社会保障中的政府责任，以勾勒转型期社会保障中的政府责任框架。

关于社会保障财政责任体系、责任结构、责任类型的界定，有学者从责任性质、责任主体、责任范畴内容等角度，提出责任界定类型与结构理论，有助于人们全面思考财政责任划分（如表5）。例如从责任性质看，社会保障财政责任界定有帮助责任、有限责任、基础责任、最后责任、转移支出责任和法定责任；从责任内容看，有财源责任和管理责任；从责任配置看，有纵向配置、横向配置责任和财政类型配置责任。财政制度实质与精髓是责任的社会划分。

表5　现代政府财政责任体系与财政责任体系结构划分状况一览表

分析层面	公共财政	社会福利财政	社会保险财政	社会公共福利财政
政策类型	公共政策框架	社会救助政策	就业社会保险政策	社会政策框架
责任性质	人类共同责任	政府社会责任	政府企业个人责任	政府社会公共责任
责任目标	满足共同需要	保障基本生活	维持一般生活水平	提高全社会的福利
责任问题	人类共同问题	贫困维生问题	就业一般生活问题	社会公共福利问题
责任主体	现代国家政府	现代国家政府	现代企业公司为主	现代国家政府为主
责任客体	所有公民	贫困个人与家庭	所有社会劳动者	有资格限制的公民

续表

分析层面	公共财政	社会福利财政	社会保险财政	社会公共福利财政
责任范围	国防外交公安等	社会救助慈善公益	就业与社会保险	教育住房医疗卫生
责任重点	公共服务体系	社会救助服务体系	就业养老医疗保险	教育住房医疗卫生
责任方式	提供公共服务	经济保障与服务	物质与收入保障	提供各种社会服务
责任作用	发展公共服务	缓解与消除贫困	维护正常生活秩序	人的发展生活质量
责任地位	社会生活的基础	社会稳定秩序基础	社会生活经济基础	社会福利服务基础

第六，中国社会保障财政体制纵向失衡与横向无边、民生财政泛化的体制困境，导致社会保障财政支出优先领域与战略重点不清，财政社会保障支出针对性不强，亟待优化财政社会保障支出结构，以解决看病难与住房难等突出问题，改变财政支出效果不显著状况。财政支出结构失衡与战略重点不清问题，分为国家财政支出与财政社会保障支出两个层次。一是在国家财政总体支出结构中，社会保障支出并未成为财政支出的优先与重要领域。二是在财政社会保障支出结构中，社会救济、慈善公益事业和农村并未成为支出结构重点。例如，有学者根据中国财政支出与社会公平灰色关联分析的结果指出，从社会公平角度来看，为体现财政支出价值取向，当前首先是搞好与社会公平关联度最高的住房保障，其次是卫生和教育，最后是社会保障和就业。同时政府财政资金投入应向贫困地区、弱势群体倾斜。这意味目前中国社会保险和就业的财政支出的社会公平效果最差。支出重点影响社会公平。

第七，中国特色社会保障财政体制框架与服务体系尚未定型，社会保障财政收入、预算、支出、监管、审计、评估等所有基本环节均存在结构性缺陷，社会保障财政制度框架与服务体系完善任重道远。目前，中国尚无清晰完整的社会保障财政制度框架，尤其是城市与乡村，东部、中部与西部地区，垄断性行业与普通行业，高收入人群、普通人群与低收入人群之间，社会保障制度与社会福利制度建设刚刚起步，制度建设的全国和基础性问题格外突出。例如改革开放三十年来，中国农村社会保障制度建设仅仅涉及农村社会保障本质、农村土地制度与社会保障、农村社会保障存在问题以及财政介入农村社会保障途径等议题。学术界在构建多层次保障体系、政府应发挥主体责任等方面达成一定共识，农村社会保障筹资模式、农村社会救助、城乡社会保障制度衔接等一系列重大制度建设议题刚刚出现，尚未破题。

我国农村养老保障制度建设面临许多亟待解决制度难题，如国家财政没有承担应承担义务，管理运作缺乏法制保证，政策缺乏持久稳定性，养老保险覆盖面过于狭窄，保障水平很低，养老基金保值增值困难且存在安全隐患，观念上不够重视，社区养老还属少数现象等。

更为重要的是，如果从公共财政过程角度看，中国既严重匮乏社会保障财政过程理念与制度，而且社会保障财政收入、预算、支出、监管、审计、评估等所有政策环节均存在结构性缺陷，如社会保险费改税、编制国家级社会保障预算、贪污挪用社会保险基金等问题久议不决。

第八，社会保障财政与社会保障基金，尤其是社会保险基金筹资渠道、编制基金预算、优化基金支出结构、基金保值增值与基金安全、基金财政监管与审计、基金透明度和信息披露等制度问题颇多,普遍存在结构性与体制性缺陷,严重影响社会保障财政制度建设与效果。

社会保险基金管理制度不健全、不规范、监督不到位、"跑、冒、滴、漏"、挤占挪用普遍。在社会保险基金来源与筹集渠道上,当前我国社会保险资金尚未建立经常性财政投入机制,各级政府间及同级部门间社保财政责任模糊,社会保险统筹层次偏低,费改税刻不容缓。

自 1993 年 11 月,以十四届三中全会决定提出建立社会保障预算为契机,中国社会保障预算研究演进脉络,经历社会保障预算国外借鉴及中国的初步探讨、社会保障预算研究全面展开和公共财政框架下社保预算建构三个阶段,基金预算成为社会保险基金管理薄弱环节。

在基金运营与保值增值领域,社会保险资金存在缺口过大,个人空账规模空前;积累资金收益率低于同期通胀率和空账规模上升速度;社会保险费未形成真正意义的收支两条线管理;社会保障结余资金投资效率低下,沉淀资金数量规模激增。社会保险财政风险不断加大。

在基金财政监督与审计领域,如何把社会保障审计的目标落到实处,贯彻"全面审计,突出重点"的方针,宏观着眼、把握重点,开创中国社会保障审计工作新局面,任重道远。

在社会保险基金透明度和信息披露领域,现阶段社会保障基金信息披露远不能满足公众的信息需求,导致挪用社保基金等违法行为时有发生,损害公众利益,降低政府的公信力。

简言之,中国社会保险基金筹资、预算、支出、运营、监管、审计等领域存在结构性缺陷。

第九,社会保障财政管理尤其是社会保险基金财政监督监管体制与运营治理机制问题,如何建立健全科学、统一、高效、透明、分类管理与战略管理相结合监管体制是发展方向。目前社会保障财政监督监管体制问题体现在国际、国家、政府间财政和保险基金多个领域。

全球化背景下,财政社会保障工作需创新社会保障财政筹资、补贴、社保预算管理机制。国家层面上关键是,明确各级政府社保事权与财政支出责任,建设中国特色社保体系。各级政府和政府部门间纵向和横向社保管理责权利的划分,涉及社保监管所有方面。社会保障基金财政专户监管是重中之重,关键是如何协调财政监督与保值增值关系。从社会保障审计角度看,社保预算既是审计工作目标,也是近、中期聚焦的工作重点。在采用国际货币基金 GFS(2001)财政统计体系,建立政府财政统计核算体系的基础上,社保支出统计应采取按保障项目和资金来源统计相结合方法,避免漏统和重复计算。

六、简要讨论与基本结论

1949 年尤其是改革开放三十年来,中国政府逐步建立独具特色的社会保障制度与社会保障财政体制。社会保障财政议题从无到有,从小到大,由隐蔽性议题变为公共财政议题,由边缘地位变为公共财政制度框架建设议程的核心议题,成为观察中国财政制度结构转型、政府职能与社会管理方式转变、社会保障制度向社会福利制度战略升级，及构建福利化和谐社会的最佳视角，具有特别重要现实意义、理论意义、政策意义、改革实践意义和全球意义。

总体来说，中国社会保障财政体制是经济体制改革，尤其是国有企业改革和城市贫困问题的历史产物，是政府对国营企业下岗失业职工、离退休人员、各式各样贫困群体、弱势群体、劣势群体基本生活提供最低经济保障的制度化回应措施，政治考虑、事后补救、应急救援、单纯经济收入保障、就业为本、最低水平的生活保障成为中国社会保障财政体制的基本特征。由于中国社会结构转型、政治体制改革、经济结构转型、财政体制改革和财政制度结构转型、社会保障制度与社会福利制度，均处于快速发展与全面结构转型变迁过程之中，财政制度与社会保障财政体制尚未最后定型，处于独特的改革、发展、过渡、转型和重构并存的时期，公共财政与社会保障财政制度框架尚不清晰，总体制度框架设计与宏观战略规划至关重要。

社会保障财政核心是经济收入保障和生活来源保障。物质福利与经济保障是公共服务、社会服务、社会保障服务、福利服务的精髓。从这种意义上说，社会保障与社会福利制度的基础是财政制度，各式各样的社会服务只是政府财政责任承担的外在社会表现形式和手段。因此，公共服务、社会服务、社会保障服务与社会福利服务的核心与关键是公共财政、社会公共福利财政、社会保障财政和社会福利财政研究。财政制度反映"最真实"的制度性安排。社会保障财政体制是指政府在社会保障领域中"实际"承担的财政责任体系和制度安排总和。它并非国家政治宣言、政策声明、理想模式和理论探讨，而是财政实践与真实财政支出水平。财政与社会保障财政的实质是责任的社会划分与社会承担，反映国家责任承担范围与能力，反映责任体系变迁的时代特征、基本原则、国家、市场与市民社会的关系，及国家政治体制。社会保障财政是中国特色公共财政与社会公共福利财政制度框架建设重要和基础组成部分。

目前，中国版财政社会保障支出范围主要包括抚恤和社会福利救济、行政事业单位离退休支出、社会保障补助支出三大部分，此外五项社会保险基金和财政补贴收入是最重要部分，说明中国社会保障财政由优抚安置、社会救济、社会福利、社会保险和财政补助五部分组成。中国社会保障财政实践证明，由于制度性质、政策目标、结构功能和地位作用的截然不同，中国社会保障制度"结构分层与优化重组"，尤其是社会救济、优抚安置、社会福利与就业、社会保险体系"性质、目标、功能分离"，五大社会保险体系内部"性质、目标、功能分离"的社会条件已经成熟。例如①对城镇职工养老保险采用部分积累制。②对失业、医疗、工伤保险等采用现收现付制。③对农村养老保险采用完全积累制，实施多层次复式筹资制度，推行工伤、养老、失业、医疗、生育五大保险基金的分类管理。与此同时，按照功能趋同原则，将工伤、养老、医疗、生育保险合并为养老与医疗两大保险，将失业保险合并到社会救助或就业服务之中，以实现社会保险基金性质目标功能优化重组和"制度简化"目的。

因社会保障财政体制性质、目标、体系结构性缺陷，直接影响财政社会保障支出的功能效果。加之，中国社会保障财政与社会福利制度的基本特征是身份等级制度、保障、福利与就业状况密切相关，城乡三元社会福利体制，社会保障财政定位于较低的基本生活保障和收入保障，远离社会福利目标和服务保障功能，社保财政制度功能定位偏离社会安全与福利目标。社会保障作为社会发展的"稳定器"，经济运行的"减震器"和维护社会公平的"调节器"功能作用有限，社保财政支出的积极影响亟待提高，社保财政功能战略升级迫在眉睫。

参考文献

刘继同．东亚社会福利模式研究．若干基本概念界定（内部讨论稿），广州：2010，（1）．

全国人大．中华人民共和国国民经济和社会发展第七个五年计划 1986–1990．北京：人民出版社，1986．

中共中央．中共中央关于建立社会主义市场经济体制若干问题的决定．北京：人民出版社，1993．

中共中央．中共中央关于构建社会主义和谐社会若干重大问题的决定．北京：人民出版社，2006．

王绍光．顺应民心的变化：从财政资金流向看中国政府政策调整．战略与管理，2004，（2）．

陈如龙（主编）．当代中国财政．北京：中国社会科学出版社，1988．

劳动部保险福利司（编）．中国职工保险福利史料．北京：中国食品出版社，1987．

严忠勤（主编）．当代中国的职工工资福利和社会保险．北京：中国社会科学出版社，1987．

何光（主编）．当代中国的劳动力管理．北京：中国社会科学出版社，1990．

谢旭人（主编）．中国财政改革三十年．北京：中国财政经济出版社，2008．

杨宜勇等（主编）．回顾与展望：中国劳动人事社会保障30年．北京：中国劳动社会保障出版社，2008．

胡晓义（主编）．走向和谐：中国社会保障发展60年．北京：中国劳动社会保障出版社，2009．

刘永富（主编）．中国劳动和社会保障年鉴（1999）．北京：中国劳动社会保障出版社，2000．

时正新（主编）．中国社会救助体系研究．北京：中国社会科学出版社，2002．

吴敬琏．社会保障滞后是改革三十年来最大遗憾．中国市场，2008，（7）．

刘继同．中国社会政策框架特征与社会工作发展战略．南开大学学报，2006，（6）．

刘继同．中国特色公共财政制度框架建设与构建福利化和谐社会．学习与实践，2010，（1）．

张馨（主持）．构建公共财政框架问题研究．北京：经济科学出版社，2004．

劳动与社会保障部（编）．就业促进法相关法律法规文件汇编．北京：中国劳动社会保障出版社，2007．

劳动和社会保障部社会保险基金监督司（编）．社会保障基金监管法规文件汇编．

北京：中国劳动社会保障出版社，2002．
藤田晴，刘世杰．福利财政的今后动向．税务与经济，1980，(4)．
郑维祯．财政部召开全国社会保障财务管理工作会议．财务与会计，1995，(2)．
刘志新．全国社会保障财务工作会议在广西召开．财务与会计，1996，(1)．
杨良初．加强社会保障财政管理的近期和远期对策．经济研究参考，1998，(5)．
本刊记者．新时期我国财政社会保障工作的基本思路．中国财政，2004，(2)．
罗冬娥．促进我国社会保障基金可持续发展的财政管理对策研究．湖南社会科学，2006，(6)．
财政部社会保障司．第十四讲卫生事业财务管理．财务与会计，1995，(12)．
本刊通讯员．山东省对各类社会保障资金实行财政一个"漏斗"统一管理．中国财政，1998，(5)．
高强．改革和完善社会保障体系．中国财政，2001，(2)．
林兴禧．建立公共财政下的社会保障基金预算制度．财会研究，2006，(8)．
胡少维．2008：财政政策结构七大特征．当代社科视野，2008，(2)．
王华新．保障民生促进和谐努力推进财政社会保障工作再上新台阶．财政与发展，2008，(4)．
安体富．民生财政：我国财政支出结构调整的历史性转折．地方财政研究，2008，(5)．
贾康，王敏．社会福利筹资与公共财政支持．首都经济贸易大学学报，2009，(1)．
中国发展基金会．构建全民共享的发展型社会福利体系．中国发展出版社，2009．
王潇．全球化对不同类型国家社会保障制度及财政政策的影响．理论界，2009，(8)．
马骁，张文倩．我国财政统计GDDS财政部门的数据特征的协调．统计与决策，2005，(17)．
孙志筠．着力改善民生 积极做好财政社会保障工作——在财政部司处级干部学习贯彻党的十七大精神轮训班上的交流发言．经济研究参考，2008，(1)．
方刚毅．完善我国社会保障财政制度的法律思考．中央财经大学学报，2003，(9)．
马骏，岳经纶．整合政策与预算：我国公共治理面临的一个挑战．中国公共政策评论，2009，(3)．
全国人大预算工委预决算审查室（编）．中国政府预算法律法规文件汇编．北京：中国财政经济出版社，2005．
（英）W．贝弗里奇著，华迎放等译．贝弗里奇报告-社会保险和相关服务．北京：中国劳动社会保障出版社，2004．
（美）戴维．杜鲁门著，陈尧译．政治过程：政治利益与公共舆论．天津：天津人民出版社，2005．
吴军海：我国社会保障资金筹集中存在的问题与对策．莆田学院学报，2006，(1)．
全国社会保障基金理事会网站。WWW.SSF.GOV.CN
财政部，劳动和社会保障部．关于切实做好中央直属企业下岗职工基本生活费发放工作有关问题的通知（财社［2000］87号）．中国劳动，2001，(4)．

杨杰，叶小榕，宋马林．社会保障财政支出与经济增长的关系研究——基于2003—2007年中国省级面板数据的实证分析．中国市场，2009，（3）．

周占文．财政应该尽量远离社会保障．经济师，2000，（2）．

汪泽英．社会保障基金不可纳入财政预算．经济理论与经济管理，2002，（1）．

岳颂．社会保障与国家财政．福建论坛，2001，（10）．

杨爱兵．社会保障发展进程中的财政功能分析．地方财政研究，2005，（4）．

胡佳妮．对财政收入分配职能的理论综述—兼论社会保障制度的完善与其收入再分配职能的实现．财政监督，2009，（3）．

王国星．试论社会保障财政．江西财税与会计，2000，（8）．

蒋筱江．论社会保障与公共财政的关系．中国物价，2008，（4）．

孙琳，潘春阳，王天卓．社会建设、财政分权和公共财政体制变革．学术交流，2009，（7）．

何平，李实，王延中．中国发展型社会福利体系的公共财政支持研究．财政研究，2009，（6）．

鲁昕．公共财政是建立和完善社会保障制度的重要基础．地方财政研究，2006，（11）．

吉淑英，王爱东．社会保障体系、政府、公共财政支出之理论关系探析．山西财政税务专科学校学报，2007，（6）．

班晓娜．我国财政社会保障支出水平存在的问题及其对策研究．鞍山师范学院学报，2005，（3）．

马蔡琛．财政主导型：中国社会保障制度改革的基本模式．山西财政税务专科学校学报，1999，（4）．

包丽萍．社会保障管理财政应当"主角"．辽宁财税，2000，（7）．

陈婷，陈夏婷．析我国政府对社会保障的财政责任．经济体制改革，2007，（6）．

鲁全，赵淑惠．试论财政资金与不同项目社会保障基金的关系．贵州财经学院学报，2004，（6）．

黄云．试论社会保障与财政．学术界，1988，（5）．

唐德祥，郑茜，马金海．转型时期应进一步加强社会保障基金与资本市场的良性互动．经济师，2003，（4）．

林山．市场经济体制下社会保障与财政关系的再认识．财经问题研究，1998，（9）．

李保民，时建龙．论社会保障与国家财政的内在关系和双向发展．福建论坛，1993，（11）．

本刊记者．全国社保异地转续将改变现有财政体制．领导决策参考，2008，（35）．

（英）哈特利·迪安著，岳经纶等译．社会政策学十讲．上海：上海人民出版社，2009．

本刊记者．巩固"两个确保"成果 推进社会保障制度改革——财政部门社会保障改革和管理工作取得新进展．中国财政，2002，（1）．

王增文，邓大松．基金缺口、缴费比率与财政负担能力：基于对社会保障主体的缴费能力研究．中国软科学，2009，（10）．

柯卉兵. 中国社会保障财政支出的地区差异问题分析. 公共管理学报, 2009, (1).
崔大海. 我国财政社会保障支出与经济增长的相关关系研究. 江淮论坛, 2008, (6).
刘继同. 社会福利制度战略升级与构建中国特色福利社会. 东岳论丛, 2009, (1).
本刊记者. 我国社会保障制度框架基本确立. 老年人, 2002, (4).
岳经纶（主编）. 中国的社会保障建设回顾与前瞻. 东方出版中心, 2009.
李树. 彩票市场：第二财政与公益事业资金的筹集. 探索, 2005, (3).
刘畅. 我国财政社会保障支出困境及对策建议. 中央财经大学学报, 2009, (9).
黄嘉欣, 宋良杰, 余楚风. 地方财政社会保障投入与地方经济增长关系研究——对广州市番禺区公共投入的研究. 番禺：番禺职业技术学院学报, 2006, (3).
田志刚, 潘广云. 论中央与地方政府财政支出责任划分. 现代经济探讨, 2007, (7).
柯卉兵. 略论社会保障财政纵向失衡. 中国社会保障, 2008, (10).
高培勇（主编）. 中国财政政策报告 2007/2008：财政与民生. 中国财政经济出版社, 2008.
杨方方. 关于中央政府和地方政府社会保障责任划分的几点看法. 经济体制改革, 2003, (3).
杨方方. 中国转型期社会保障中的政府责任. 中国软科学, 2004, (8).
刘志国, 姜浩. 社会保障财政责任的界定. 北方贸易, 2006, (2).
陈颐. 社会保障建设和财政体制改革. 江海学刊, 2008, (6).
刘晓凤, 赵晓燕. 财政支出与社会公平的灰色关联分析. 西部财会, 2009, (6).
郑功成. 中国社会保障30年. 北京：人民出版社, 2008.
刘岚, 陈功, 宋新明, 郑晓瑛. 农村社会保障研究应关注哪些问题？——我国农村社会保障研究回顾与展望. 农村经济, 2008, (2).
赵慧珠. 中国农村社会养老保障的七大难题. 中共中央党校学报, 2008, (4).
新华社. 温家宝主持召开国务院常务会议. 人民日报, 2009-12-10.
俞彩云. 浅析社会保险基金管理。财会通讯（理财版）, 2008, (3).
许旸. 论开征社会保障税. 法制与社会, 2008, (26).
王敏. 中国社会保障预算研究的演进脉络. 河南财政税务高等专科学校学报, 2007, (2).
徐川, 赵梦迪. 财政视角下的社会保障资金问题与对策. 经济研究导刊, 2009, (7).
刘海宇, 秦萌, 曾黎, 孙宏慧, 逯铭洋, 焦津强, 李伟. 宏观着眼 把握重点 开创社保审计新局面——审计署社会保障审计司五年规划座谈会观点摘要. 中国审计, 2003, (15).
申亮. 社会保障基金透明度研究. 山东社会科学, 2007, (8).
周顺明. 浅论财政社会保障工作面对WTO的挑战与机遇. 湖北社会科学, 2002, (11).
本刊记者. 新时期我国财政社会保障工作的基本思路. 中国财政, 2004, (2).
关喆. 浅析我国政府间社会保障事权财权的划分. 现代经济信息, 2009, (13).
江正银. 建立社会保障基金财政专户的实质是加强财政监督——访财政部社会保障司司长杜俭。中国财政, 1997, (10).

姜洪. 社保审计应聚焦社保预算. 中国审计, 2003, (1).

朱海平. 我国财政统计核算改革的目标模式与推进机制。学术交流, 2008, (10).

陈正光, 贺巧知. 社会保障支出统计存在的问题、原因及途径研究. 江西财经大学学报, 2009, (5).

于安. 完善我国社会保障财政管理的对策. 经济研究参考, 2006, (7).

岳经纶. 社会政策学视野下的中国社会保障制度建设——从社会身份本位到人类需要本位. 公共行政评论, 2008, (4).

财政部社会保障司. "稳定器"、"减震器"、"调节器"——回顾三十年来我国社会保障制度的建设与财政的支持. 预算管理与会计, 2008, (6).

(作者单位：北京大学卫生政策与管理系)

城乡居民就业社会保障公共服务均等化实现途径探析

——以江苏省金坛市为例

杨来胜

金坛是数学泰斗华罗庚的故乡，归属常州市管辖，位于长江三角洲腹地，地处茅山以东，东与常州接壤，西与句容交界，偏离铁路干线。历史上是以农业为主的地区，地方工业仅限于农业生产资料。全市总面积为976.7平方公里，下辖7个镇和1个经济开发区，金城镇（市区为21.72平方公里）居中而立。总人口55.02万人，人口密度563人/km^2。随着金坛加快工业化、城镇化发展进程，劳动力流迁与就业结构起了新的变化。笔者应金坛市政府之邀，就如何提供与之生存与发展需求相适应的就业社会保障，主持了两个专题研究，并参与"十二五发展规划"制定，从中感悟到金坛在转型期以创新就业社会保障促和谐、促发展为县级市开辟了成功的范例，其中许多经验做法具有独到之处，值得全国同类地区比较借鉴。

一、就业社会保障公共服务的基本诉求

城乡劳动力流迁与就业呈现新的态势，给人口、经济社会发展注入了新的生机和活力，也给就业社会保障提出新的诉求：①到2009年底，城镇从业人员已占全市就业人员总数的41.4%，社会保险扩面征缴势在必行。②城市扩容和建设征用大片土地，出现了1.6万名失地农民。需要科学设计既能遏制一部分人的超前消费和不文明消费，又能以土地换保障增强制度供给后劲的补贴办法。③以园区建设推进高效农业的快速发展，仍从事农牧渔业的纯农民生产方式起了很大变化，纯农民与农民工、被征地农民彼此身份的不确定性成为新型农村社会养老保险研究的新题。④由"单位人"转成为"社会人"的规模持续扩大，社区服务应接不暇，化解失业人员再就业的难度增大。⑤劳动力总量性矛盾持续与结构性矛盾并存。普通蓝领供大于求，高级蓝领供小于求。"有岗无人"和"有人无岗"的现象亟待协调。⑥全市人口老龄化指数高达18.6%，现有企业退休人员1.6万人，且以每年不低于10%的速度递增，社会养老保险金开支迅速增长，决定了加快提高养老基金备付能力以抵御社会风险。⑦医保统筹基金支出中患者人均住院费8700多元，比"十五"期末增长了近90%，一些高、新、特的医疗技术和药物在医疗卫生领域广泛使用，产生的医患矛盾、医保矛盾和保患矛盾十分突出，非常需要在供给上重新作出制度安排。⑧以"差额拨款"、"自收自支"单位为对象的机关事业合同制职工养老保险，在职参保与代理人员参保两种缴费一种待遇，退休待遇仅与档案工资挂钩，缴费多少则与享受待遇高低无关有失公平，直接制约在职人员的参保积极性。⑨伴随市场化进

程，劳动力市场风险更大，劳动关系涉及面广，劳动侵权案件连年增长，案情日趋复杂，2009年案件数量是2008年的一倍多，是2007年的三倍多。一些企业不与职工订立劳动合同、拖欠和克扣职工工资、不缴纳社会保险费影响劳动关系和谐。为此，妥善协调、合理解决劳动争议已成为当务之急。

二、就业社会保障公共服务的机制创新

金坛以统筹城乡、全面覆盖、注重公平、增进福利为基点，为城乡居民提供无差别、一视同仁的就业社会保障。

1. 以调整产业结构促使劳动力向第一、二、三产业合理分流

开辟多种经营领域，改变一产人员高度集中的状况，以形成建筑、服装、园艺、护理工、家政服务五个劳务品牌特色促进就业；以下力支撑亿晶光电、艾帛制衣等企业发展、加快推进外向型经济和47个投资超亿元的重点项目扩大就业；以特色主导农业产业转型升级为契机，加快发展高效种植、养殖业稳定就业。有力地促使了劳动力的合理分流，城镇新增就业人员达3.7万人。到2009年底，第一、二、三产业就业比例分别为19%、49%、32%。较"十五"期间第一、二产业平均水平分别降低3.2%、0.9%，第三产业提高了6%。

2. 以"四个强化"加快城镇新增劳动力和农村富余劳动力转移

充分利用勤劳智慧的金坛人民具有智力开发潜力的特点，以着力劳务培训为突破口开辟多元化就业渠道。以技能提升促就业、促转移。

（1）强化劳务特色。坚持政府推进和"市场拉动"相结合，积极打造劳务型企业，逐渐形成建筑、服装、园艺、护理工、家政服务五个劳务品牌特色培训。劳务输出占农村劳动力转移总量的30%以上。常年在外地从事建筑劳务的人员达4万人；家政服务员、养老护理员以及月嫂的培训前景十分看好，其中有60%以上的已经实现就业。该市直溪镇的珠绣培训、尧塘镇的花卉园艺种植养护和毛纺织品打结培训、薛埠镇的茶叶采摘炒制培训、儒林镇的水产养殖培训、金城镇的小手工加工、母婴护理员以及劳动力转移培训、返乡农民工技能培训转移就业已超过28000人，为更多的人更好地生存与发展开辟了广阔的前景。与此同时，加强涉外劳务人员输出前培训、境外劳务协作，建立涉外劳务型企业，常年在阿尔及利亚、日本、韩国等境外务工的为4000人左右，每年劳务创收5000万美元以上。

（2）强化就地转移。通过农产品经纪人推销当地农产品，带动农村劳动力转移就业。尧塘镇2000多名花卉苗木经纪人，每年为当地带来6亿多元的经济收入，形成了"致富一人，带动一片"的良性循环。与此同时，对无技能但有强烈就业愿望的特困家庭成员，政府优先安排他们参加技能培训，并安排河道管理员、乡村保洁员等公益性就业岗位，确保每个特困家庭至少有一人就业。

（3）强化创业培训。坚持以创业促就业，以就业保稳定的发展思路。主要做法是：①发挥硬件与软件相结合的倍增效应。建立创业园区和创业孵化基地20个，各镇（区）建立创业培训岗位责任制，层层抓落实。②完善税费减免政策。对本市户籍的普通高校毕业生、城镇退役士兵、残疾人从事个体经营的（国家限制的行业除外），在规定期限内免交登记类、管理类、证照类和培训类费用。③扩大创业培训

范围。在市场准入、税费减免等方面给予支持。小额担保贷款扶持范围扩大到自主创业持有《创业培训合格证书》的农民。④落实创业专项补贴资金。对通过创业培训（SIYB）实现自主创业、自谋职业，领取营业执照正常经营3个月后，可从政府安排的专项资金中给予2000元的一次性创业补贴。并将创业培训补贴由城镇失业人员延伸到进城创业农民。⑤放宽"四类人员"优惠条件。对困难企业在职职工、返乡的农民工、城镇失业人员和新成长劳动力培训，在取得培训结业证书后，方可申请一次性领取失业救济金或申请小额贷款。⑥开展专业创业培训。为新招大学生村官开办（SIYB）创业培训，已涌现出一批常州、金坛两级创业典型。他们当中有：薛埠镇的肖如汐同志经过SIYB创业培训后，以注册500万元创办了"鑫苑农业发展有限公司"，经营农林种植、果类新品、经济作物、水产养殖和产品销售等，带动当地富余农村劳动力百余人就业；袁辉同志创办"得力保洁服务有限公司"，解决了150多名下岗失业人员的就业；获得常州市创业明星殊荣的沈康，在茅山旅游风景区投入两百多万元创办了"德义山庄"生态园，带动了一大批村民走上绿色饲养和绿色种植致富路。

（4）强化"双零"家庭帮扶。坚持以工代赈是农村社会救济工作的一项理智选择，也是扶贫解困的由被动辅助到主动开发的重要措施。完善"零就业家庭"和"农村零转移家庭"的动态就业援助长效工作机制，帮扶弱势群体就业再就业。从加强政策宣传、制订援助计划、做好基础台帐、强化跟踪服务四方面入手，确保实现"即出即帮、保障全家"的工作目标。全市共有零就业家庭11户20人在当月就得以援助，33户零转移家庭全部实现动态消零。

3. 以管理机制创新推进"制度全覆盖"向"人员全覆盖"转变

注重淡化户籍、职业、身份、行业和险种等界限，扫除一切无形的障碍，制定公共财政支农政策，建立稳定的财政投入增长机制，优化投入结构和统筹使用方向，逐步实现城乡社会保障制度无缝对接。

（1）率先在常州建立覆盖城乡的居民基本养老保险制度。从2008年10月起，将新型农村社会养老保险纳入城乡居民基本养老保险。凡具有本市户籍年满18周岁未满60周岁的城乡居民（全日制学校在校生、已参加其他社会养老保险的人员除外）均可参加。以上年度全省在岗职工平均工资的30%为最低缴费基数，也可选择60%或100%为缴费基数。居民个人缴费比例为缴费基数的8%，财政补贴的比例为最低缴费基数的8%（最低为2%）均计入个人账户。个人账户储存额根据缴费到账时间按"月积数法"，不间断计息，计息利率按城乡居民同期1年期定期存款利率确定。参保人员到达60周岁时累计缴费年限不满15年的人员，可实行"前补后延"的处理办法。前补是指到达60周岁累计缴费年限不满15年的，可由本人申请，经认可后一次性补缴养老保险费，使其补缴年限加实际缴费年限之和满15年，补缴期间享受同等财政补贴。后延是指到达60周岁累计缴费年限不满15年的，经本人申请延期缴费直至缴费年限满15年，延期缴费期间同样享受财政补贴。可与原农村社会养老保险、企业职工养老保险、被征地农民基本生活保障的衔接。这一举措无疑突破了原有的城乡二元身份壁垒，标志着农民养老将在兼顾土地保障的基础上，逐步实现向社会保障转变。

（2）建立与农民工就业与发展需求相适应的社会保障机制。从打破城乡分割和地域分割入手，探索建立城乡一体化劳动力就业市场，取消就业调节金、管理费、行政审批和职业工种限制，实现不讲人员身份、不分户口和不作地域限制的合理引导农民工就业，实施"证卡合一"的就业服务管理。并通过提供就业中介，开展招聘活动，规范用工、工资支付和系列维权行动。将农民工纳入城镇职工社会保险体系，参保农民工有3万多人，约占农民工总量的43%，使之享受城镇居民的同等待遇。市政府还拨出470多万元资金用于义务教育，扩大教学规模和改善办学条件。为全市近1万名随父母进城的农民工子女解决入学教育问题，其中100%的就读公办学校，并为其减免学杂费和取消借读费。2009年全市共为农民工子女等外来流动人员免费接种国家免疫规划疫苗23936人次，其中5种疫苗接种率达98.32%。为已婚育龄农民工妇女提供免费计划生育技术服务，管理服务率达到90%以上，使之真正融入城市生活。

（3）有效化解被征地农民城镇化风险的养老保障新政出台。在金坛每征用一亩地将使0.78个农民失去土地，到2010年底全市失地农民将高达1.6万人，以后将按每年4000人递增。为改变长期以来征地以就业安置为主的格局，消除制度设计碎片化，解决其一次性补偿与长期社保问题。市政府坚持"社会保障费用不落实的不得批准征地"的原则，实施"即征即保、先保后征、到龄即养"，从土地补偿费、人员安置费以及土地收益中安排资金，用于为被征地农民提供社会养老保险。这不仅确保被征地农民"当前生活有着落、长远生计有保障"，还从正面遏制了不文明消费。已达到法定退休年龄的，实行政府保养。符合失业保险和低保条件的，与城镇同类居民一视同仁。与此同时，对全市16周岁以上原农村户籍人口，实行就业、培训、养老、医疗保险等方面的全程动态管理，对历次被征地人员尽可能安置和发放生活补贴，并举办失地农民就业专场招聘会，积极为他们提供就业岗位，市本级被征地农民保障安置的人员就业率达65%。在统筹城乡发展中有效地化解了被征地农民的后顾之忧，提升了党和政府的形象。

4. 以完善和谐劳动关系网络化监管服务切实维护劳动者合法权益

本着为民排忧解难的原则，逐步形成全方位劳动维权公共服务体系：一是在全市构建市、镇（区）、村（社区）三级劳动保障网络化管理体系，配备专职劳动监察员和协理员，在全市7镇1区和15个社区建立劳动保障基层服务平台，开通了就业公共服务信息系统联网，基本做到机构、人员、经费、制度、编制、场所"六到位"。二是以劳动监察与110社会联动搭建便捷举报维权服务平台，设立社会公开投诉举报专用信箱和专线电话；借助电子政务平台、信访热线平台、劳动局网站平台，开通网络投诉举报方式，确保"有警必接、有警必处"和"全天候"的维权服务。三是建立市社保局、经贸委、总工会、企业家协会四方协调劳动关系、定期会面制度。四是多部门联动维护农民工权益。市建筑部门在工地建立农民工工资保障金、劳动计酬手册等制度；市司法部门为农民工快速法律援助绿色通道，免费为困难农民工聘请律师、建立法律援助与"大调解"对接以及跨省协调机制；市妇联在全市设立了"新城里人女性服务站"，积极为外来农民工妇女免费提供维权服务；五是建立健全劳动仲裁机构，实施"阳光仲裁"、"巡回法庭"制度，及时化解劳资矛盾纠纷。

三、就业社会保障公共服务的经验启示

金坛推进就业社会保障制度改革，实质上是以适应城乡居民就业和社会保障需求为主题，科学地回答了为什么发展和为谁发展的问题。

1. 更新理念是制度选择，决定着就业社会保障公共服务主旨

坚持"以人为本"的务实观，将党和政府的关怀和社会的温馨融入目标人群公共服务始终。其基本思路是：一是建立以职业特点分类施保的社会保障体系，实行企业职工养老保险、医疗保险、失业保险、生育保险"四险合一"征缴，覆盖率已由"十五"期末85%提升到2009年的98%以上。加快医疗、工伤、失业和生育保险向非农化职工覆盖的步伐，将农村广大居民、在校学生以及未参加职工医疗保险的城镇居民等人群全部纳入了城乡居民医疗保险范围。二是弥补政府在农村社会养老保障中的责任缺位，建立扶持农业、农村和农民的公共财政框架，扩大了财政的公共性。三是梳理制度分割障碍，建立城乡流转通道，完善"城保"、"地保"和"新农保"、"新农合"运行机制，并入城乡居民社会养老、医疗、失业、生育四项制度，力将农民工、被征地农民、纯农民和社会弱势群体带向一个安全的地带。

2. 扩大范围是民生根本，决定着就业社会保障公共服务投向

金坛城市化率已达46.63%。就业群体中身份与职业分离，权利与义务不统一，严重影响和阻碍着他们的生存与发展。为此，市政府力将最终建立与之相适应的城乡统一而完整的社会保障体系和严谨高效的运作机制作为一个努力的目标，促使农民身份向市民转换后社会保障政策的无缝对接。实践表明，城乡居民的社会保险体系从起步到发展，具有鲜明的苏南特色和创新业绩。它的作用机理在于贴近工业化、城市化和市场化的经济社会背景，紧紧把握统筹城乡发展的主题，将经济增长与国民保障、居民福利增长同步，把行政指令变为系列公共服务，弥补了以往农民身份在社会保险上的缺失，有效地保障了他们权利与义务的统一，从运作机制上适应了市场经济下城乡居民社会保险的内在要求，有利于劳动力合理流动，赢得了城乡广大居民的青睐。

3. 管理改革是事业推进，决定着就业社会保障公共服务成效

紧密结合全市产业特点和劳务品牌特色，不断探索公共服务管理改革和机制创新，最大限度地优化公共产品和公共服务资源配置，其独到之处在于：在就业和社会保障公共服务价值取向上，揭示城乡居民的实际利益、长远发展和维权尊严与现实社会保障制度供给的矛盾，通过精心设定工作目标、制度安排、基金征缴、财政投入和社区服务，让更多的目标人群得实惠，最终起到稳定社会的作用；在就业和社会保障公共服务运作上，承认政府是责任主体，建构职能部门联动，社会广泛参与的工作模式，形成政府、企业与个人三方经济责任分担的新机制；在就业和社会保障制度层面上，不仅将当今工业化、城镇化进程中显现的民生问题通过就业和社会保障公共服务均等化得以妥善解决，而且为今后社会发展中可能遇到的风险和公共问题，如何以强化公共服务来兴利除弊、促进城乡社会和谐发展开辟了成功的范例。它的深入践行让每个公民都能分享经济发展的成果，使之生存与发展更有保障，生活质量也有了较大提高。

4. 坚持创新是永恒主题，决定着就业社会保障公共服务发展

金坛人口自然增长率为 -0.54‰，虽然总人口规模不会持续扩大，但城镇大批新增劳动力和农民非农化成为一种必然趋势。今后的发展思路应该是：1）完善劳动合同管理促进社会公平与保障效率统一。到2015年，各类用人单位签订劳动合同率达到98%以上，集体合同的签订率达到98%，工资集体协商签订率达到85%以上，其中百人以上企业达到90%；全市参保职工突破16万人，城镇职工养老保险覆盖面达96%以上，医疗保险、失业保险覆盖面达99%以上，被征地农民社会保险覆盖率100%，各项社会保险基金收支平衡；企业在职职工工资按年度不低于10%的比例增长；企业退休人员养老金五年增长30%，统一纳入社区管理在95%以上。2）统筹城乡劳动力就业是着力改善就业结构和提高就业质量。"十二五"期间，全市新增城镇就业1.2万人，实现农村劳动力转移2万人，劳务输出人员稳定在4万人左右。每年开展再就业培训2500人，城镇登记失业率控制在5%以内。这就需要强化政府管理职能，大力贯彻实施《就业促进法》，突出困难群体帮扶就业；依托现有劳动就业服务机构，为自主就业和创业愿望人员提供创业培训与小额担保贷款的联动机制；扩大高技能人才培养试点企业数，为高级工、技师培养创建平台；开展创建充分就业村镇活动，将职业介绍信息系统延伸至行政村，形成覆盖城乡就业信息发布机制；加强劳动力市场信息网络建设，为各类用人单位、城乡求职人员提供便捷、高效的就业服务。3）在巩固社会保险扩面征缴成效基础上重点投向备付基金的保值增值。合理划分社会保险基金支付的第一、二、三准备金，按不同比例确定不同的投资方式和期限，有望取得最佳的投资收益。4）坚持农民工纳入居住地社区统一管理，建立居住地实名制度，建立农民工医疗就诊服务登记制度，建立农民工技能培训制度和享受再就业培训补贴制度。5）被征地农民拆迁补偿要着眼长效保障，优化居民养老保险与企业养老、被征地农民基本生活保障制度衔接机制。6）农民也要享受就业援助，在进行登记时准确判定农民是否就业，还是失业，分别各类农民失业情况提供就业援助。

参考文献

金坛市劳动和社会保障事业发展第十二个五年规划.
金坛市劳动和社会保障局.2008年工作总结及2009年工作思路.
金坛市劳动和社会保障局.2009年工作总结及2010年工作思路.
奚文彪.2009年政府工作报告.
——2009年2月10日在金坛市第十五届人民代表大会第二次会议上.
杨来胜.农村社会养老保障苏南模式改革机理分析 [J].人口与经济,2008,(4).
金坛市就业和社会保障事业发展第十二个五年规划.

（作者单位：南京人口管理干部学院）

经济较发达地区城市老人生存状况及居住意愿调查分析
——以江苏省为例

杨 春

一、研究背景

人口老龄化是经济社会发展到一定阶段的必然结果，世界各国或迟或早都将发生。中国是世界上人口总量和老年人口最多的国家，至2009年末，全国60岁及以上和65岁及以上老年人口已达16714万和11309万，老年人口比重分别为12.5%和8.5%。江苏为全国较早进入老龄化的省（市）份之一，2009年末，全省60岁及以上和65岁及以上老年人口已达1259万和874万，老年人口比重分别为17.0%和11.8%。随着时间的推移，老年人口的绝对数还将有较大幅度的增加，据预测，到2050年，全国60岁及以上老年人口将达4亿左右，江苏将达2300万~2800万，届时江苏每3人中将有1名60岁及以上的老年人。随着工业化、城市化和老龄化进程的加快，江苏城市老年人口的比重也在不断上升。1982年和2000年人口普查结果显示，江苏城市与城镇65岁及以上老年人口占老年人口的比重已由1982年的10.8%和4.3%上升至2000年的22.3%和13.6%，农村65岁及以上老年人口比重则由1982年的84.9%下降至2000年的64.1%。1982年至2000年的18年间，江苏城市、城镇老年人口的比重分别上升了11.5个百分点和9.3个百分点，农村老年人口的比重相应下降了20.8个百分点。在不太长的时间内，江苏城市老年人口的比重将超过农村，人口老龄化的重心也将由农村转入城市。江苏人口老龄化程度城乡差异转变的趋势与杜鹏等学者研究的结果一致。加强对城市老人生存状况及居住意愿研究，无疑是积极应对人口老龄化的一个重要方面。

江苏既是人口城市化和老龄化发展比较快的地区，也是经济社会比较发达的省份，2009年尽管受国际金融危机的影响，全省GDP仍较上年增长12.4%，高出全国同期3.7个百分点，按当年汇率，人均GDP已达6500美元。财政收入占全国同期总量的11.7%。在经济社会又好又快发展的同时人民生活水平不断提升。以江苏省为例调查分析城市老年人生存状况及居住意愿具有一定的典型性。

二、资料来源与研究方法

本文数据来源于江苏省人口和计划生育委员会2009年度"江苏城市老人生存状况及居住意愿研究"课题调查。

（一）调查城市的选取

基于对经济社会发展的不平衡和人口老龄化程度的差异及地理位置的综合考量，

在全省 13 个省辖市中，苏南选取南京和苏州两市，苏中选取南通市，苏北选取连云港市作为调查地点。列入调查的四个城市中，南通市系江苏最早进入人口老龄化社会和老年人口比重最高的城市，2008 年该市 60 岁及以上人口比重达 21.50%，较同期全省 16.48% 的水平高出 5.02 个百分点；连云港市为江苏进入人口老龄化社会较晚和老年人口比重较低的城市，60 岁及以上人口比重为 11.9%；南京和苏州介于二者之间，同期老年人口比重分别为 15.62% 和 19.24%。选取的城市对全省有较好的代表性。

（二）调查对象与人数

本课题调查时间为 2009 年 7 月 30 日，调查对象为年龄 60 岁及以上且长期居住在江苏城市的老年居民。年龄、性别、文化、职业等构成力求有较好的代表性。问卷调查 930 人，有效问卷 905 人，有效问卷回收率 97.3%。其中苏南、苏中和苏北分别为 418 人、304 人和 183 人，分别占调查总数的 46.2%、33.6% 和 20.2%，接近于 2000 年三地老年人口占全省老年人的比例。

（三）调查内容

调查研究的内容有四个方面：一是老年人的人口学特征等基本情况；二是城市老人的生存状况，包括物质生活、身体状况、精神文化生活等；三是城市老人的居住意愿，包括生活满意度、居住和迁移意愿、居住环境的选择等；四是老年人心理状态自评，按纽芬兰纪念大学幸福度量表（MUNSH），结合江苏老年人的实际情况，进行了筛选、修改，测量老人的心理状态。

（四）研究方法

本课题采取定量研究与定性研究相结合以定量为主、问卷调查和深入访谈相结合以问卷调查为主的方法。在问卷调查中有意选取老年人中的弱势群体（低保、低收入、离异、丧偶、体弱多病等老人）作为访谈对象。城市社区调查点的选取采取随机抽样的方法确定。问卷调查和个别访谈主要由项目人员进行，余由经过培训的当地调查员协助完成。对通过问卷调查收集到的数据利用 SPSS 软件进行定量分析。访谈对象 30 人，对其收集到的资料进行定性分析。

三、主要调查结果与简析

（一）调查对象的基本情况

调查对象的基本情况见表 1。

表 1　调查对象的基本情况（N = 905）

项目内容	百分比	项目内容	百分比
性别		年龄	
男	48.1	60～69	64.9
女	51.9	70～79	29.9
		80 及以上	5.2
受教育程度		职业	
小学以下	20.3	干部	15.8
小学	21.7	知识分子	12.5
初中	27.0	工人	45.8
高中/中专	20.4	农民	18.3
大专及以上	10.6	其他	7.5

（1）性别结构。男性 435 人，女性 470 人，分别占 48.1% 和 51.9%，性别比为 92.6，与江苏 60 岁及以上老年人口性别比 91.6 接近。

（2）年龄结构。60～69 岁的老人 587 人，70～79 岁的 271 人，80 岁及以上的 47 人（其中百岁及以上的老人 3 人），分别占调查人数的 64.9%、29.9% 和 5.2%。结果显示，本研究所调查的老人涵盖了各年龄段，且以低龄和中龄为主。

（3）受教育程度。小学以下文化程度的占 20.3%，小学文化程度的占 21.7%，初中文化程度的占 27.0%，高中、中专文化程度的占 20.4%，大专及以上文化程度的占 10.6%。结果显示，高中以及上文化程度的占调查对象的近三分之一。

（4）职业分布。干部和知识分子分别占 15.8% 和 12.5%，工人和农民分别占 45.8% 和 18.3%，个体、无业等其他为 7.5%。

（5）婚姻状况。婚姻状况对老人的生活质量和幸福度有着直接影响。本次调查中，丧偶、离婚、再婚老人分别占 18.6%、1.3% 和 3.5%，终身未婚率为 0.2%，有 76.3% 属于已婚原配偶，这说明老人的婚姻观念是比较传统的，婚变率很低，城市老人的丧偶率相对较高，离婚老人和未婚老人非常少。从年龄结构来看，城市老人的婚姻状况与之存在明显的正向相关。也就是说，随着年龄的增加老年丧偶的几率也加大。调查发现：高龄老人中配偶尚在占 44.7%，处于丧偶状态的占 55.3%；中龄老人中 63.8% 的老人是原配偶，31.7% 的老人丧偶；而在低龄老人中 84.6% 的老人属于已婚原配行列，9.6% 的老人丧偶。调查还发现，高龄组中不存在再婚和离异现象，中龄组中再婚和离异现象分别占 3.7% 和 0.7%，低龄组中这两者的比例相对较高，分别为 3.8% 和 1.7%。这一现象体现出，随着社会的开放和各种思潮的涌入，老年人中的一部分人也不再愿意"将就"过日子了，家庭婚姻关系有些微松动。

（6）老年幸福的首选因素。不同老人对于幸福的理解和定义不同，通过对"您认为'老年幸福'的首选因素"的调查，位居首位的是"身体健康"，其后"子女孝顺"，再者是"心情愉快"、"经济宽裕"、"老有所为"，最后是"老有所学"，比例分别为 62.3%、14.7%、9.7%、9.1%、3.0% 和 1.1%。可见"身体是本钱"是大多数老人的心声，健康与否对老年生活有着极为重要的影响。一些老人常年受慢性疾病的困扰，这些疾病不仅仅让老人经济上入不敷出，而且容易使他们产生烦恼、悲观、绝望等心理问题。从数据分析中发现另一个问题，即老人对"有作为"和"学习"的要求的比例较低，这说明江苏城市老人对文化和自我实现的需求有待提高。

（二）城市老人物质生活

（1）经济来源构成及特点。①靠退休工资（社会养老保险）、靠子女供养和靠劳动兼职生活的老人有 71%、14%、7%（见表 2）。八成的老人属于个人自养。男女性老人在收入来源上没有明显差异。②老年人经济来源与年龄密切相关。年轻的老人退休工资、劳动所得、个人储蓄作为生活来源的比例高，子女供养比例低；高龄老人则相反。③有的老人的生活依然十分艰辛。近年江苏人民生活水平有了较大幅度的提高，但有的老人生活改善不大，尤其在苏北和苏中。调查发现，69 岁以下老人、70～79 岁和 80 岁以上老人仍有 8%、5% 和 2% 的人靠劳动养活自己。④月经济收入和退休前工作有关。干部、知识分子退休后经济收入略高；工人次之；农民几乎没有什么收入。

表2 各年龄组老人最主要的生活来源（N=879）

	退休工资或养老保险	子女供养	劳动所得（兼职）	个人积蓄	社会救济或享受低保	其他	合计（人）
69岁以下	416(73%)	63(11%)	47(8%)	28(5%)	10(2%)	7(1%)	571
70-79岁	185(70%)	42(16%)	14(5%)	11(4%)	7(3%)	4(2%)	263
80岁以上	22(49%)	20(44%)	1(2%)	2(4%)	—	—	45
合计	623(71%)	125(14%)	62(7%)	41(5%)	17(2%)	11(1%)	879

如果任其选择三项主要生活来源，则分析表明，老人的经济收入具有多元性，22.1%的老人有两个来源，7%的老人有三个来源，平均1位老人有1.37个收入来源。三个来源综合分析表明，74.2%的老人享有退休工资或养老保险，13.7%的老人通过劳动获得收入，4.2%的老人依靠社会救助生活。此外，24.4%老人从子女中得到经济补充或支持，19.7%的老人年轻时有个人积累作为补充来源。社会保障对老人的覆盖率近80%，具体包括退休金、养老保险、社会救助，还有一些老人通过抚恤金等其他方式获得收入来源等。但也要看到，在目前社会保障制度还不健全的情况下，子女提供经济支持这不稳定的经济来源方式还将长期存在。

（2）经济供养水平。①2009年老人月经济收入（包括离退休金、养老保险、劳动收入及子女提供的现金，不包括实物）均值为1438元。17%的老人收入在500元以下，3000元及以上的不到7%。收入差距明显，低收入和无收入者占很大比例。②苏南老人收入高于苏中、苏北。③卡方检验表明，不同性别老人收入之间存在显著性差异（sig<0.05），男性老人经济收入高于女性。在1500元以下收入的老人中，男性老人比例要低于女性。相反，在3000元及以上的高收入群体中，男性老人比例又明显高出女性（见表3）。④大专及以上文化程度、退休前身份为知识分子和干部的月经济收入明显偏高；而小学以下文化程度、身份为农民的老人经济收入较低（见表4、表5）。⑤16.6%的老人尚担心温饱问题；有近50%的老人的医疗支出处于困难状态。

表3 不同性别老人的月收入水平（%，N=875）

	500元以下	500-999元	1000-1499元	1500-1999元	2000-2999元	3000-4999元	5000元及以上	人数	平均收入（元）
男	17.1	13.3	33.3	14.3	11.4	9.0	1.7	421人	1573
女	16.5	17.6	41.2	9.5	12.1	2.9	0.2	454人	1302

注：$x^2=21.829$ $Sig=0.002$

表 4 不同文化程度老人的月收入水平（%，N=875）

	500元以下	500-999元	1000-1499元	1500-1999元	2000-2999元	3000-4999元	5000元及以上	人数	平均收入（元）
小学以下	46.3	17.5	29.4	2.8	2.3	1.1	0.6	175人	847
小学	21.8	22.3	38.8	10.1	5.9	1.1	—	186人	1097
初中	9.2	19.6	48.3	15.8	5.8	0.8	0.4	237人	1260
高中/中专	3.8	7.6	34.1	16.8	25.4	11.4	—	183人	1882
大专及以上	1.1	4.2	26.3	10.5	28.4	25.4	0.4	94人	2298

注：$x^2 = 98.446$ Sig = 0.00

表 5 不同身份老人的月收入水平（%，N=879）

	500元以下	500-999元	1000-1499元	1500-1999元	2000-2999元	3000-4999元	5000元及以上	人数	平均收入（元）
干部	0.7	8.6	28.8	21.6	20.9	16.5	2.9	139人	2161
知识分子	0.9	1.8	23.6	13.6	40.9	17.3	1.8	110人	2372
工人	4.2	18.9	56.6	13.6	5.5	1.2	—	403人	1287
农民	71.4	17.4	8.7	—	1.2	0.6	0.6	161人	579
其他	24.2	27.3	30.3	4.5	7.6	4.5	1.5	66人	1207

注：$x^2 = 711.808$ Sig = 0.00

（三）城市老人身体状况

（1）健康状况。①34.55%的老人认为自己的健康状况一般；认为自己身体状况不太好的占12.69%；很不好的占1.9%。即城市老年群体中认为自己目前身体"不太好"或"很不好"的比例为1/7。②健康的影响因素。与老人的职业相关。干部、知识分子群体中对健康状况持正面评价的要远高于工人、农民群体；经济因素。经济收入与健康水平呈现正相关关系，即高收入人群的健康比例要高于低收入人群。经济收入的高低其实反映了老人的生活状况、医疗卫生条件等，这些都必然会影响老人的健康；年龄因素。中龄（70~79岁）老人和高龄（80岁及以上）老人中对自己健康状况负面评价的比例要高于低龄（60~69岁）老人（见表6）。随着年龄升高，老人的呼吸、循环、消化、神经等各个系统的功能都在衰退，整体健康状况下降。③老人打电话、购物、买菜烧饭和打扫卫生等四方面相对较弱（见表7），需要帮助。

表6　不同年龄段老人的身体状况（N=905）

	低龄		中龄		高龄	
	人数	百分比	人数	百分比	人数	百分比
非常好	65	11.05	19	7.01	2	4.26
比较好	251	42.69	105	38.75	19	40.43
一般	201	34.18	100	36.90	12	25.53
不太好	60	10.20	43	15.87	12	25.53
很不好	11	1.87	4	1.48	2	4.26

表7　老人日常自理情况（%，N=905）

	吃饭	穿衣	洗澡	上厕所	打电话	购物	买菜烧饭	打扫卫生
自理	98.6	98.2	97.2	97.8	95.4	92	90.3	89.5
半自理	1.1	1.3	2	1.8	2.6	5	5.9	6.5
不能自理	0.3	0.4	0.8	0.4	2	3	3.8	3.5

（2）疾病种类及日常锻炼情况。①平均1位老人患有1.34种疾病。江苏城市老人患病率较高的疾病分别是高血压（45%）、风湿病（15%），其次是糖尿病（14%）和心脏病（14%），冠心病和脑血栓分别为8%和5%。②从性别来看，高血压是城市老人共同的敌人，男性老年群体易患糖尿病，而女性老年群体相对易患风湿病。③平均而言，老人每周锻炼4.8天，每天锻炼1.0小时。

（3）日常照料情况。①老人自己照顾、由配偶照料、由儿女照料分别占61%、27%、10%；社区工作人员照料仅为0.1%（见表8、表9）。②在照料主体中，老人对子女的依赖性低，大部分老人都是自我照料或老伴之间相互照料，社区、政府照料的作用微乎其微。③男性老人中由配偶照料的比例高出女性老人1倍，女性老人自我照料的比例高出男性老人近24个百分点。④随着年龄的增加和身体机能的衰退，老人对子女的依赖是呈上升趋势的。老人由儿女照料的比例在低龄组中为5.3%，中龄组为14.8%，高龄组为32.6%。⑤当"行动不便时"的居住意愿，78%的老人选择居家养老，在社区服务不健全的情况下，承担照料的主要责任将是老人的儿女们。

表8　不同性别老人的照料主体（%）

	自己	配偶	女儿	儿子	社区工作人员	其他人
男	48.8	38.28	3.83	6.22	0.00	2.87
女	72.33	17.43	3.70	5.66	0.22	0.65
Total	61.12	27.37	3.76	5.93	0.11	1.70

注：$x^2 = 62.253$　　sig = 0.000

表9 不同居住方式老人的照料主体（%）

	自己	配偶	女儿	儿子	社区工作人员	其他人
独居	78.0	10.6	4.5	3.0	0.00	3.79
与配偶单独同住	54.42	43.09	0.28	0.83	0.28	1.11
与儿子一家同住	60.4	19.46	4.36	14.77	0.00	1.01
与女儿一家同住	62.07	20.69	14.94	1.15	0.00	1.15
其他	57.14	14.29	0.00	0.00	14.29	14.29
Total	60.72	27.88	3.72	5.87	0.11	1.69

注：$x^2 = 308.561$　　Sig = 0.000

（四）城市老人精神生活

精神慰藉是老人重要的需求之一。老人的心理和精神容易产生一些变化，如孤独、寂寞、忧伤、自卑等等，这些负性情绪或情感如果得不到及时调整和控制，老人生活质量和生命安全就会受到威胁。老人的情感体验和行为分析显示：

（1）85%的老人对目前生活表示满意，7%的老人不满意。在这些"不满意"的老人中，五成的老人希望得到"基本物质生活的满足"，近二成的老人希望精神上得到安慰和鼓励，18%的老人希望有人照料或护理。各地区之间的差别较大。苏北、苏南老人满意度较高，苏中较低。

（2）通过与周围人交谈、聊天可以增强人的感知、记忆和思维能力。17.8%的老人不经常与周围人交流。男性、高龄、有疾病老人不喜欢主动与他人聊天。

（3）许多老人生活范围狭小，与外界缺乏有效的沟通与交流，子女又不能随叫随到，孤独、寂寞是老人最常见的情感体验。调查表明，23.9%的老人常常感觉孤单，性别差异不明显，但年龄差异显著，即随着年龄的增加，老人的寂寞感越发明显。

（4）子女定期不定期回家探望老人及与老人通话是代际情感交流、嘘寒问暖、精神关爱的重要途径与手段。调查显示，855名提供此信息的老人中，子女每天回家探望老人的为28.0%，一周及以内至少探望一次老人的占69.7%，半年及一年的为9.4%，子女回家探望老人的时间间隔及频率与子女跟老人住的距离远近以及是在本市还是在外地工作有很大关系。除回家探望外，通话是子女与老人进行信息和情感交流的另一种常用方式。统计结果显示，子女每天与老人通话的占27.3%，二至三天的为24.7%，一周的为28.2%，一周之内至少与老人通一次话的在80%以上。几个月乃至半年至一年才与老人通一次话的分别为2.2%和2.3%。在通话时间方面，55%在1~5分钟之间，25.6%为6~10分钟，10.7%在11~30分钟间。通话时聊得最多的是老人的身体状况，为66.2%，其他依次是第三代的情况和子女的工作及生活情况，分别为41.2%、26.9%和39.7%。笔者在调查和访谈中发现，电话交流虽然比较方便，但也有其不足，一是有些老人为不让子女操心、烦心，有关身心健康方面的真实情况和心中的苦恼事，并未完全告诉子女；二是由于时间和经济等方面的因素，双方尽可能缩短通话时间，尤其是长途通话时。无疑，要使通话真正成为代际间情感交流、亲情关爱的有效手段与途径，尚有些问题待解决。

表10 子女探望及打电话频率（%）

时间	子女回家探望 N=855	子女与老人通话 N=832
每天	28.0	27.3
二至三天	16.8	24.7
一周	24.9	28.2
半个月	10.0	9.0
一个月	7.0	6.3
几个月	3.9	2.2
半年及一年	9.4	2.3
总计	100.0	100.0

（5）退休后，老人获得了空前多的闲暇时间。城市老人目前的精神文化生活十分单调，公共文化生活参与程度非常低。老人多数时候选择看电视来打发时间，看电视参与比例为88%。读书看报、串门、走亲戚、下棋、打牌也是老人相对较普遍的活动方式，比例分别为38%、32%、24%。外出旅游仅占6%。有2.3%的老人任何活动都不参加，闲暇时只是坐在家中。

（五）城市老人居住方式与居住意愿

（1）居住方式。居住方式是现阶段养老方式选择的反映。调查表明，14.9%（135人）的老人选择了独居，其中60人有配偶，67人丧偶；41.2%的城市老人与配偶居住；33.3%的老人与儿子一家同住；9.9%的老人与女儿一家同住。从年龄结构看，高龄组老人中48.9%与子女同住，29.8%的老人独居，19.2%的老人与配偶同住；中龄组老人首要居住方式是与配偶单独居住（46.5%），其次是与儿女居住（34.3%）、独居（18.5%）；低龄组老人46.7%的老人选择与子女同住的比例，40.4%的老人与配偶单独居住，独居的比例为12.1%。总体而言，城市老人中与子女居住的比例为43.2%，低于独居和与配偶单独居住老人的总体数量（56.1%），可见城市老人的独立性与自我空间的追求越来越高；此外，高龄组老人中独居的比重要明显高于其他两个年龄组的老人，缺乏子女的贴身照料，这对高龄老人的生活是一个明显的挑战。

表11 不同年龄组老人的居住方式（%）

	低龄	中龄	高龄	Total
独居	12.12	18.45	29.79	14.93
与配偶同住	40.44	46.49	19.15	41.15
与儿子一家同住	34.81	29.15	38.30	33.30
与女儿一家同住	11.95	5.17	10.64	9.85
其他	0.68	0.74	2.13	0.77
Total	64.82	29.98	5.20	100.00

（2）居住环境评价。经历过人生的起起落落，多数老人渴望自己能够在一个幽

静的环境中安度晚年。调查显示，59%的老人对居住环境给予肯定（很满意和比较满意），34%的老人表示"一般"，7%的老人对目前的居住环境不满意。统计显示，不同居住时间、不同地区的老人对居住环境的评价在统计上并无显著差异。

（3）社区服务情况。当前家庭照料功能不断弱化，政府积极发展老年群体的社区服务。从目前社区提供的服务来看，"组织社区活动和娱乐活动"、"康复与保健服务"、"家政服务"、"上门看病"需求比重较高，分别为25%、23%、18%和15%，而"精神慰藉"、"日托照料"的比例仅为4%、2%。在"希望增加的服务"一项中，老人首选"精神慰藉"（17%），其次是"组织社区活动和娱乐活动"（17%）。对社区服务的评价中，15%和33%的老人表示很满意和比较满意，42%的老人表示一般，不满意和很不满意的老人分别占8%和2%。

表12 社区服务相关情况

	社区提供的服务		希望社区提供的服务	
	人数	比例（%）	人数	比例（%）
家政服务	125	18.36	168	12.95
上门看病	102	14.98	214	16.50
日托照料	13	1.91	61	4.70
精神慰藉	30	4.41	220	16.96
日常购物	14	2.06	66	5.09
老年饭桌、送饭	3	0.44	49	3.78
	人数	比例（%）	人数	比例（%）
康复与保健	156	22.91	208	16.04
组织社区和娱乐活动	171	25.11	215	16.58
法律维权	21	3.08	64	4.93
其他	46	6.75	32	2.47
Total	681	100.00	1297	100.00

（4）居住和迁移意愿。城市管理者较多考虑的是城市经济效益，未能充分考虑老龄化问题，城市公共设施中无障碍设施缺乏，集贸市场和医院等过于集中，老人生活成本高，不少老人住房位置偏高且无电梯设置，日常生活感到不便。在被调查老年人中，60%的人表示喜欢居住在城市，认为城市设施相对农村较为齐全，尤其是离医院近，看病方便，交通便利；12%的老人愿意居住在城镇；11%的愿意居住在城郊结合部；还有17%的老人选择居住在农村，认为农村空气清新且生活成本低，但同时认为农村基础设施不够完善。居住意愿与性别、年龄、原居住方式和经济收入等密切相关，男性、高龄、农民更愿意居住在农村；女性、低龄、干部更愿意居住在城市。农村和城市各有利弊，城市有便捷的交通、优良的就医环境，但是环境嘈杂；农村空气新鲜、安静，但是交通相对落后，医疗服务水平低。对居住地点的选择是老人综合考虑多种因素的结果，与个人的喜好、适应能力不无相关。

参考文献

杜鹏，王武林. 论人口老龄化程度城乡差异的转变 [J]. 人口研究，2010，(3).
杜闻贞. 中国人口（江苏分册）[M]. 中国财政经济出版社，1987.
马斯洛. 动机与人格 [M]. 许金声等译，北京：中国人民大学出版社，2007.
熊跃根. 需要、互惠和责任分担——中国城市老人照料的政策与实践 [M]. 上海：上海人民出版社. 2008.
田雪原. 中国老年人口 [M]. 北京：社会科学文献出版社. 2007.
傅双喜，张伟新. 老年人心理需求与对策 [M]. 北京：中国文化传媒出版社，2009.
左鹏，高李鹏. 精神慰藉与健康老龄化 [J]. 西北人口，2004，(5).
孙薇薇. 代际支持对城市老年人精神健康的影响 [J]. 中国社会保障，2010，(3).
蒋怀滨，林良章. 老年人主观幸福感的影响因素及其调适的调查研究 [J]. 中国老年学杂志，2008，12月第28卷.
李建新. 老年人口生活质量与社会支持的关系研究 [J]. 人口研究，2007，(3).
姚远. 重视非正式支持，提高老年人生活质量 [J]. 人口与经济，2002，(5).

(作者单位：江苏省人口与发展研究中心)

新型农村合作医疗保险运行效果的
LOGISTIC 模型分析*

姜百臣　马少华　陈　云

一、引　言

　　医疗保障制度是社会保障制度的一个重要组成部分，它保障范围广、运行机制复杂。新型农村合作医疗制度（以下简称"新农合"）作为中国现阶段农村居民的基本医疗保障制度制定于2002年10月，从2003年开始在全国部分县（市、区）开始了新农合的试点工作。至今为止，在中国绝大部分农村地区都初步建立了农村医疗保障体系，满足了农民的基本医疗需求，减轻了农民的医疗负担。但是，也存在农民参保意愿低，参合农民受益有限，报销手续不够便捷等诸多亟待解决的问题。建立和完善与经济发展水平相适应的农村医疗保障制度，不仅是确保农民健康保险的需要，它对于促进我国社会经济的持续、稳定和健康发展也具有十分重要的现实意义。因此，关于新农合制度的运行效果的研究正在引起政府部门和学术界越来越多的关注。

　　从上世纪90年代至今，很多专家、学者都对我国农村医疗保障制度的构建提出了很多有价值的对策和研究，尤其是对于新农合制度更是表现出了极大的热情与关注。概括来说，当前的研究主要集中在以下几个方面：一般社会保障制度的研究；农村医疗保险制度运行模式的研究；完善农村医疗保险制度的对策研究和新型农村医疗保险制度的建立与实施具体细节问题的探讨。这些研究从宏观视角比较深入地分析了我国的社会保障制度、农村医疗保险制度以及新农合制度的构建与实施。此外，还有一些基于微观视角的实地调查和实证分析研究。但是，对农村医疗保险制度的运行效果的实证研究尚不多见。

　　新型农村合作医疗保险制度的运行效果归根到底与农民的认知度、参合意愿度及满意度密切相关，农民是否愿意参保，参合农民是否受益，是否能享受到快捷、方便的医疗服务等等都关系到新农合运行实施的效果。因此，本文试图通过对广东省梅州市农村居民的大量问卷调查和深入访谈，侧重研究新农合的运行效果，为新农合制度的进一步完善和相关的政策提供分析的基础。

二、研究框架与数据

　　Jutting 等（2003）提出了一个非常值得借鉴的研究合作医疗制度的基本分析框

---

　　* 文是作者主持的国家人事部留学人员科技活动择优资助项目"社会保障制度缺失下农户消费信贷决策行为机制的实证研究"和华南农业大学校长基金项目"社会保障制度对农户消费行为的影响机制与对策"的研究成果。

架。在这个分析框架中,农村合作医疗制度主要涉及三方利益主体,一是参加合作医疗组织成员;二是农村合作医疗组织;三是医疗服务机构。由于合作医疗组织具有非盈利性特征,在面对合作医疗存在逆向选择及道德风险问题时,合作医疗组织就需要提高保险费或降低医疗补偿费用,维持资金平衡以保证新型合作医疗的可以持续运行。

本研究采用了这个分析思路,把农民界定为新农合医疗服务的需求方,定点医院和医疗服务机构为提供医疗服务的供给方,政府新农合保险管理部门是新农合补偿付费的第三方,以需求方的认知度、参合意愿度和满意度为研究对象,从农民对新农合评价的视角,设计了调查问卷,试图了解农民对新型农村医疗保险制度的认知和评价。本调查共发放 300 份问卷,收回 223 份,剔除不完整的无效问卷,实际有效问卷总计为 213 份。运用 spss13.0 软件进行数据分析之后,构建 LOGISTIC 模型进行回归估计,从认知度、参合意愿度和满意度三个维度探讨梅州市新农合的运行效果。

三、实证分析

(一)认知度分析

认知度是指农民对新农合的了解程度,包括了解的途径,对报销的起付线和个人缴费金额等信息的了解。

1. 对新农合的了解程度

表1 调查对象对新农合的了解程度的频数分布

了解程度	频数(名)	构成(%)
基本了解	140	65.7
部分了解	70	32.9
完全不了解	3	1.4
合计	213	100.0

调查结果如表1所示,在被调查的213名农民中,有98.6%的调查农民是对新农合都有一定程度的了解,从这里可以看出梅州市对新农合的推广确实做出了较好的努力。但是,其中有32.9%的农民只是部分了解,极少数是完全不了解,说明对新农合保险机构的宣传普及还不够。同时,在调查中发现初中及以下的文化水平的农民占64.3%,这也可能或多或少地影响了农民对新农合医疗保险知识和文件的了解程度。

2. 对新农合的了解途径和了解情况

表2 调查对象对新农合的了解途径的频数分布

了解途径	频数(名)	构成(%)
从宣传资料中	147	69.0
从报纸上	16	7.5
听其他人讲的	34	16.0
从广播电视上	16	7.5
合计	213	100.0

表2显示：受调查访谈农民了解新农合的主要途径是通过宣传资料中得到的，占总数的69%，其次，是听其他人介绍的，而从报纸和广播电视上了解的相对较少。

表3 调查对象对新农合的了解情况

项目	知晓率（%）
个人缴费金额	81.3
报销起付线	59.7

从表3可知，81.3%的农民对个人缴费金额了解，但对报销起付线的知晓率却只有59.7%。这从侧面反映了村干部和新农合保险机构的宣传途径单一，工作不够到位，只是宣传了一些基本层面的信息，对于详细的信息没有进行足够的宣传。要获得好的运行效果，加强宣传力度和细致程度是不容忽视的，通过多途径和全方位的宣传使得农民对新农合的意义和好处有比较深的了解后，才能提高农民的参保积极性，扩大新农合的覆盖面，真正使得农民受益。

（二）参合意愿度分析

在213名被调查的农民中，有94.8%的农民已经参加了新农合，参保率是非常高的。在这些被调查的农民当中，大部分农民的经济水平都是中等及中等偏下，而且有84%的农民是通过自己的储蓄来缴纳的，可见，农民一般都视医保为一种必需品，怀着以防万一的态度。因此，被调查的农民普遍愿意是在2010年继续参保，如表4所示，2010年的参保意愿达到98.1%，相对于参合率有小幅度的增加。据调查访谈得知农民愿意继续参合的原因有以下几点：今年家里收入有所增加；报销比例越来越高；对政府越来越有信心。其中，有相当多的农民是由于报销比例越来越高的原因参加新农合，不愿意参加的农民则主要是因为报销太麻烦，也有个别被调查的农民表示是对政府工作人员不放心。

表4 调查对象参保意愿的频数分布

参保意愿	频数（名）	构成（%）
愿意	209	98.1
不愿意（包括说不清）	4	1.9
合计	213	100.0

在调查访谈时，村干部透露了在开展新农合的过程中确实发生过农民对政府工作人员不信任的现象，这也是开展宣传和推广工作的难处之一。

（三）满意度分析

基于前面的认知度和参合意愿度的分析，下面可以更进一步对满意度进行分析研究。

作为新农合需求方的农民，其满意度直接影响到新农合的有效运行，这与Roger Hallowell提出观点相类似（顾客满意度——顾客忠诚——获利状况）。从农民主观满意度来评价新农合制度，可以更加直观有效地发现新农合存在的问题。为此，本研究构建了有序logistic回归模型。

问卷调查中的数据多是分类变量，模型中的因变量和多个自变量为多分类且有序数据，因此，适合做有序logistic回归模型研究。有序回归模型的优点在于它不仅考虑了结果的多类性，还考虑了结果的有序性。如果简单地将多分类结果合并成两类进行二元 logistic 回归，其合并后往往会造成大量数据的丢失；而多分类 logistic 回归模型则可以比较充分地利用完整的信息，可以提供更加丰富的分析结果。

有序 logistic 回归模型的表达式为如下公式 1：

$$Ln\left(\frac{\pi_{ij}(Y \leq j)}{1 - \pi_{ij}(Y \leq j)}\right) = Ln\left(\frac{\sum_{Y=1}^{j} \pi_{ij}}{\sum_{Y=j+1}^{j} \pi_{ij}}\right) = \partial_j - (\beta_1 X_{i1} + \Lambda + \beta_{ik} X_{ik}), j = 1,2,\Lambda, j-1 \quad (1)$$

在公式中，表示亚群，即自变量向量的行数；表示应变量的分类；表示自变量的个数；为常数项，为回归系数（若，表明随着值的增加，更可能落在有序分类值更大的一端时；时，表明随着值的增加，更可能落在有序分类值更小的一端）；是应变量小于等于的累加概率；为自然对数符号，由此形成的模型为累加 logistic 模型。这种模型也常常被称为比例优势模型。

在因变量的选取上，本文定义的农民对新农合的"满意度"，是指农民真实的参合满意程度，是对新农合可持续发展的客观反映。在自变量的选取上，本文参照大量现有文献的研究成果，结合我们的调查访谈，选取了新农合认知度、新农合个人缴费金额、新农合报销起付线、新农合报销手续、新农合定点医院距离、新农合定点医院条件、新农合定点医院收费和是否报销过的指标为自变量。具体变量定义见表5。

表5 农户对新农合满意度评价的变量定义

变量名称	变量定义
新农合满意度（y）	1＝非常满意；2＝满意；3＝一般；4＝不满意
新农合认知度（x_1）	0＝不了解；1＝了解
新农合个人缴费金额（x_2）	0＝偏高；1＝合理；2＝偏低
新农合报销起付线（x_3）	0＝偏高；1＝合理；2＝偏低
新农合报销手续（x_4）	0＝麻烦；1＝简便
新农合定点医院距离（x_5）	0＝远；1＝适中；2＝近
新农合定点医院条件（x_6）	0＝差；1＝中等；2＝好
新农合定点医院收费（x_7）	0＝高；1＝适中；2＝低
是否报销过（x_8）	0＝没报销过；1＝报销过

考虑到自变量个数较多，先用单因素有序 logistic 回归模型对上述 8 个变量分别进行分析筛选，然后，将有显著性意义的自变量纳入多因素有序 logistic 回归模型中进行回归分析。回归结果如下表6和表7：

表6 农民满意度评价的单因素回归分析结果

变量	回归系数	P 值
新农合认知度（x_1）	−1.721	0.130
新农合个人缴费金额（x_2）	−0.444	0.080
新农合报销起付线（x_3）	0.266	0.354
新农合报销手续（x_4）	−0.644	0.018
新农合定点医院距离（x_5）	−0.082	0.710
新农合定点医院条件（x_6）	−0.592	0.023
新农合定点医院收费（x_7）	−0.223	0.331
是否报销过（x_8）	−0.049	0.885

从表 6 可以看出新农合个人缴费金额（x_2）、新农合报销手续（x_4）和新农合定点医院条件（x_6）通过假设检验值（P 值小于 0.10），并且上述 3 个变量的系数均为负数，符合预期，而其他 5 个变量则没有通过假设检验。

通过单因素分析后，我们将新农合个人缴费金额（x_2）、新农合报销手续（x_4）和新农合定点医院条件（x_6）这 3 个通过显著性检验的变量纳入到多因素有序 logistic 回归模型中进行回归，结果如表 7。

表 7　农民满意度评价的多因素回归分析结果

		回归系数	P 值
常数项	非常满意（y = 1）	-4.475	0.000
	满意（y = 2）	-1.478	0.000
	一般（y = 3）	1.415	0.000
变量	新农合个人缴费金额（x_2）	-0.528	0.040
	新农合报销手续（x_4）	-0.711	0.010
	新农合定点医院条件（x_6）	-0.572	0.015
	Chi-Square	15.278	0.002

根据公式（1）和表 7 的回归分析结果，得到下列回归方程：

$$Logit(y=1) = -4.475 - 0.528x_2 - 0.711x_4 - 0.5772x_6 \qquad (2)$$

$$Logit(y=2) = -1.478 - 0.528x_2 - 0.711x_4 - 0.572x_6 \qquad (3)$$

$$Logit(y=3) = 1.415 - 0.528x_2 - 0.711x_4 - 0.572x_6 \qquad (4)$$

通过有序 logistic 回归分析结果可知，新农合个人缴费金额（x_2）、新农合报销手续（x_4）和新农合定点医院条件（x_6）这三个变量构成了影响农民对新农合满意度的主要变量且具有显著性，但是，他们对提高满意度的贡献并不是特别明显。研究结果与我们在当地了解到的情况是比较吻合的。

新农合认知度（x_1）、新农合报销起付线（x_3）、新农合定点医院距离（x_5）和新农合定点医院收费（x_7）没有通过显著性检验。在调查获得的有效的 213 份问卷中，有 77% 的农民认为定点医院收费高，有 16.9% 认为收费适中，只有 6.1% 认为收费低。农民有小病，他们一般也就在农村诊所、赤脚医生等地方治愈，这是由于这些地方的医药价格比较便宜。一旦出现大病的话，村镇一级的定点医院一般是没办法应付的，只能到县级及以上的定点医院。因此，这可能是造成定点医院距离对农民满意度的影响没有通过显著性检验的原因。新农合报销起付线和定点医院收费一样，似乎在目前看来很难构成解释农民对新农合满意度的显著性因素。在分析调查问卷中我们发现，由于新农合推行时间不是很长，参合农民有报销过的人很少，而少部分人的评价难以体现整体的满意度。由此，可能会影响到是否报销的变量的统计检验。

四、结　论

结合实地调查访谈、理论分析和实证模型研究，本文分别从认知度、参保意愿度和满意度三个维度对梅州市新农合的运行效果进行了研究，结果表明，梅州市在实施新农合上取得了一定成效，参保率较高，但是，仍然存在宣传不到位、医疗卫生的可及性和可得性不理想以及报销制度不完善等主要问题。大部分农民对新农合不是很满意，特别是定点医疗机构的服务和条件不能很好的满足农民的需求，效果还有待于进一步提高。为了进一步提高农民对新农合的满意度，以保持新农合制度的有效运行和可持续发展，我们提出如下几点对策建议：

第一，因地、因时、因人而适度的降低个人缴费金额。新农合个人缴费金额是农民参合时重点考虑和关心的因素之一，它的合理与否直接关系到农民对新农合的满意度，影响到农民的参合意愿。因此，适当降低个人缴费金额，可以提高农民对新农合的满意度。然而，随之而来的是新农合保险金可能因此面临庞大的缺口以及政府会面临巨大的财政压力。因为在目前条件下，政府的财力还远远不足以支撑庞大的农村人口的社会保障需求，所以，大幅度地降低或减免个人缴费金额不是提高农民对新农合满意度的长远之计。但是，在条件允许的情况下，适时、适度地降低或减免个人缴费金额可以起到有效提高农民满意度的效果。

第二，着力简化报销手续。简化报销手续可以避免农民去诉求管理新农合的部门，有利于提高报销的效率。在调查中，也了解到有部分农民因为报销程序比较复杂且报销机构遥远而不愿意参保。所以，要达到新农合运行的良好效果，提高农民的满意度，就应该尽快完善报销制度，提供方便快捷的服务。

第三，改善定点医院条件和服务质量。农村医疗卫生机构是新农合的服务载体，其基础设施条件和服务能力直接影响到农民看病就医的实际需求，是农民对新农合满意度的一个关键测度。通过改善定点医院条件能够比较显著地提高农民对新农合的满意度。对于独立于新农合供需方的定点医院而言，地方政府需要通过引入相关的激励政策，给予定点医院以一定的激励促进其改善医疗条件。另外，农民普遍认为定点医院收费偏高，看病开药不规范，服务质量和水平差。对医院服务质量特别是收费高问题的解决，可以通过成立独立于医院的组织，定期对医生和医院进行检查和监督，对违规的医生和医院进行惩罚，改变长期以来农民"看病难"、"看病贵"的问题。随着这些问题的逐步解决，利民惠民的新农合制度才会取得越来越好的运行效果。

参考文献

沈文虎等. 农村合作医疗管理模式的应用 [J]. 广西预防医学, 1995, (3): 170-172.

张志勇, 刘宁, 夏秀梅. 我国农村医疗保险制度存在的问题与对策 [J]. 国际医药卫生导报, 2000, (10): 60-61.

顾昕, 方黎明. 自愿性与强制性之间——中国农村合作医疗的制度嵌入性与可持续性发展分析 [J]. 社会学研究, 2004, (5): 1-18.

周文魁, 单筱竹. 新型农村合作医疗保险满意度的调查——基于江苏省三地的调查 [J]. 江海纵横, 2009, (4): 43-45.

唐立建, 沈其君, 邹鸣飞等. 农村合作医疗的需求价格弹性分析 [J]. 中国卫生经济, 2007, (4): 53 –55.

Jutting. J, Do Comm. "Unity – Based Health Insurance Schemes Improve Poor Peoples Access to Health Care – Evidence from Rural Senegal" [J]. *World Development*, 2003, (32): 273 –288.

(作者单位: 华南农业大学经济管理学院)

以城市化的角度看北京人口发展

韩 茜

北京市人口总量在不断增长，到2009年已经突破2000万，随之带来了巨大的人口与资源环境的压力，探讨如何引导北京市人口合理化分布已经是重中之重。分析北京市人口地域分布特点是寻找解决该问题的前提，通过人口城市化进程可以进一步把握人口分布和流动的规律，从而寻找到缓解北京市人口压力，促进人口均衡化发展的解决办法，真正实现人口与资源环境的可持续发展。

一、北京市人口地域分布特点

（一）北京市人口密度高，且分布不均匀

北京市常住人口及外来人口总量一直在不断上升，到2009年，北京市常住人口1，755万人，比2008年末增加60万人，外来人口509.2万人，户籍人口1245.8万人，暂住人口874.9万人。与此同时，北京市人口密度也在不断上升，核心功能区的人口密度远远高出平均水平。到2009年，全市常住人口密度1，069人/平方公里（中国省级行政区第4名，次于澳门、香港、上海），其中，首都功能核心区常住人口密度为22，849人/平方公里，城市功能拓展区常住人口密度为6，810人/平方公里（2009年北京统计年鉴）。图1所示北京市2005—2009年常住人口密度图。

"集中指数（C）"是测量特定的分布现象是集中分布在特定地域，还是均等分布的指标。它可以用以下的式子来表示：$C = 0.5 \sum_i |X_i - Y_i|$，这里 X_i 表示分布现象统计量的百分比，Y_i 表示对应部分地域的百分比。C值越小，越接近于0，则分布现象对特定地域的偏向越小，表示均等分布；相反，C值越大，分布现象向特定的部分地域的集中度越大，表示不均等分布。表1是经计算得到的北京市2005－2009年人口集中指数，全国的平均人口集中指数为50.94%，可以看到，北京市的人口集中指数高于全国平均水平，相比较而言，首都功能核心区和城市发展新区的人口分布较为均匀，而城市功能拓展区和生态涵养发展区的人口分布较为不均匀。

表1 北京市2005—2009年集中指数

	2005年	2006年	2007年	2008年	2009年
全市	55.00%	54.86%	55.24%	55.55%	55.73%
首都功能核心区	6.09%	5.91%	5.67%	5.42%	5.29%
城市功能拓展区	21.36%	21.45%	21.64%	21.47%	21.48%
城市发展新区	5.92%	5.84%	5.96%	6.71%	6.91%
生态涵养发展区	21.62%	21.65%	21.98%	21.95%	22.05%

（二）北京市农村户籍人口不断减少，核心区人口以第三产业为主

北京市人口的城乡构造，若从户籍的角度看，城镇人口大幅增加，乡村人口在

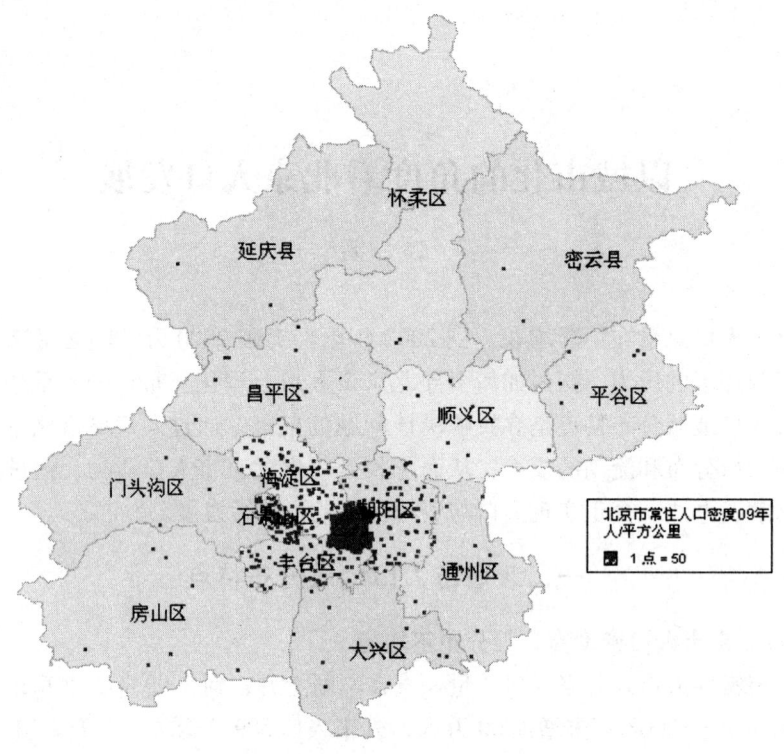

图1 北京市2005—2009年常住人口密度

原有基础上又减少近一半,图2所示是近30年来北京市城镇人口与乡村人口的变化情况。可以看到,北京市农村户籍人口不断减少,根据2008年经济普查数据和人口普查数据计算立地系数(即某个地域特定工业部门的从业者对全工业部门从业者的比例来看这个地域从事工业的特性的指标),显示首都功能核心区的人口主要以从事第三产业为主;城市功能拓展区的人口以从事第三产业为主,第二产业为辅;城市发展新区和生态涵养发展区人口以从事第一、二产业为主。

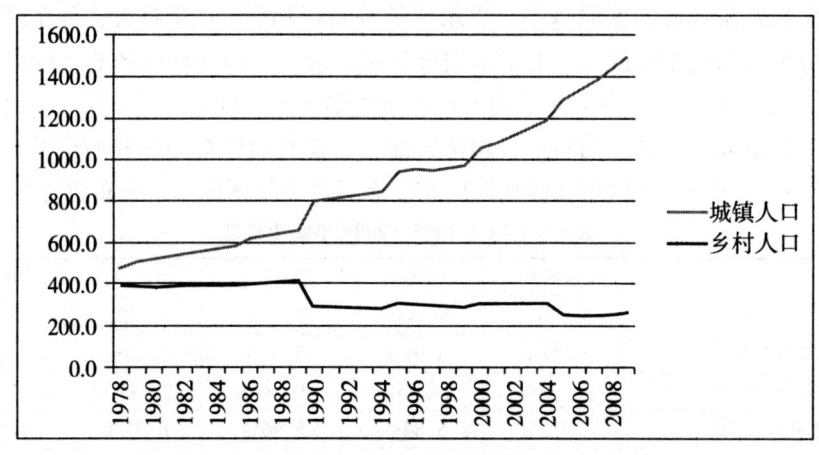

图2 30年来北京市城镇人口与乡村人口变化情况

(三) 北京市人口"居住地"与"工作地"分离现象严重

为了进一步分析北京市就业人口的地域分布特点，运用"昼夜人口比"的指标来衡量人口的"居住地"与"工作地"的分布情况。由于第一产业不是城市的功能，所以把从事第一产业的人口排除在外，这样，一个地区的昼夜人口比可以用下式表示：昼夜人口比＝工作地从事第二、三产业人口/居住地从事第二、三产业人口。

"工作地"的就业人口可以用基本单位普查中的资料，"居住地"的就业人口可以用人口普查中的有关资料。由于数据的限制，在计算夜间人口时，将常住人口按照年龄别比率与就业人口比率的乘积来估算，其结果并不能准确的反应夜间居住地从事第二、三产业人口，但是可以将其特点反映出来，如表2所示。

表2 北京市2008年各区县昼夜人口比的估计

地区		昼夜人口比	
首都功能核心区	东城区	1.47826881	1.155336
	西城区	1.64495573	
	崇文区	0.7246864	
	宣武区	0.77343398	
城市功能拓展区	朝阳区	0.79227697	0.7223
	丰台区	0.68840258	
	石景山区	0.52261135	
	海淀区	0.88590993	
城市发展新区	房山区	0.33693815	0.572725
	通州区	0.44674872	
	顺义区	0.88155118	
	昌平区	0.51209421	
	大兴区	0.68629385	
生态涵养发展区	门头沟区	0.49304847	0.418055
	怀柔区	0.47046772	
	平谷区	0.37974482	
	密云县	0.42139105	
	延庆县	0.32562459	

一般地，一个地区的昼夜人口比大于1，则可以认为该地的土地主要作为"工作地"来使用的，这个地区可称为"功能区"，昼夜人口比的值最大之处，该地就可以认为是城市的中心地。一个地区的昼夜人口比小于1，则可以认为该地的土地主要是作为"居住地"来使用的，这个地区可称为"居住区"。昼夜人口比等于1，则该地可以认为是混合区。首都功能核心区的昼夜比大于1，该地区为"功能区"，并且东城区和西城区的昼夜比比较大，为城市的中心地；城市功能拓展、城市发

展新区、生态涵养发展区均可归为"居住地"。

所以，经分析北京市人口的总量大，而且过于集中在中心城区，分布非常不均衡，并且居住地和工作地的分离情况也会加大城市交通和资源能源的压力，为了更好地促进北京市的协调发展，应当引导人口地域分布均衡化发展。但是人口的分布和发展是遵循一定规律的，下面通过城市化的进程的分析来探索合理引导人口分布的方法。

二、北京市城市化进程的阶段性判断

城市化可以说是当代典型的地域变化现象，城市化指从农村向城市的地域变化，或从农村现象变化到城市现象的变化。城市化度表示在特定地域和特定时点的城市化程度或城市化水平，最常用的度量方法是在特定的地域内城市人口（P_u）占地域总人口（P_t）的比率，即若设城市化度为 U，则它可以表示为：$U = P_u/P_t * 100$。计算北京市 1978—2009 年城市化度如图 3 所示。

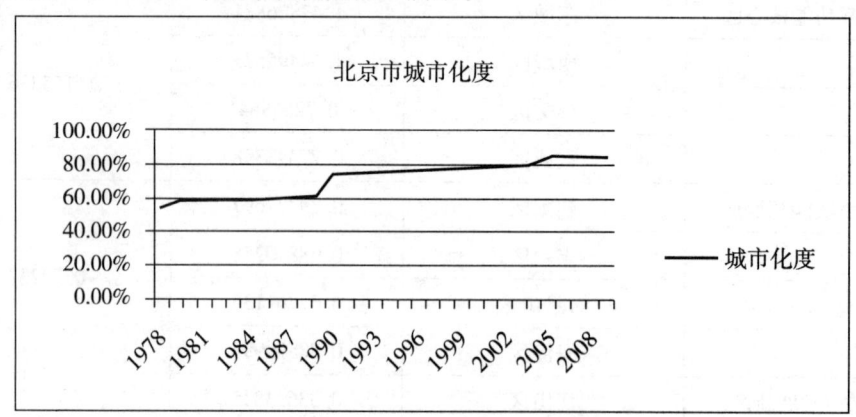

图 3　北京市 1978—2009 年城市化度

通过长期观察同一地域的由城市化度的年度推移就可以把握该地域的城市化进程，可以看到，北京市的城市化度已经非常高，从 1978 年的 55% 上升到 2009 年的 85%，而且 1989—1991 年间城市化度迅速提高，2004—2006 年间也有一个短暂的小幅提高，其他时间市镇人口比率都是在平稳增加的。

城市化是农村人口向城市聚集的过程，但是城市内部人口的动态并不完全变现为集聚过程，在城市化的不同阶段，也会表现出不同的特征。20 世纪 70 年代中期，奥地利学者克拉森（L. H. Klassen）就人口与社会经济活动的分布动态提出了"空间循环假说"，即空间分布遵循四个阶段的循环规律：城市化——郊区化——逆城市化——再城市化。对此，日本学者川岛辰彦提出并发展了用 ROXY 指数来进行定量研究，该指数是基于人口增长率的加权平均值与算数平均值之比，其表达式如下：

$$ROXY = \left(\frac{WAGR_{t,t+1}}{SAGR_{t,t+1}} - 1\right) \times 10^4 = \left\{\frac{\sum (x_i^t r_i^{t,t+1})}{\sum x_i^t} \times \frac{n}{\sum r_i^{t,t+1}} - 1\right\} \times 10^4$$

x_i^t：都市区 i 在 t 年的人口数；

$r_i^{t,t+1}$：都市区 i 在（t, t+1）年间的人口年增长率；

n：都市区数；

$WAGR_{t,t+1}$：n 个都市区在（t, t+1）年间的人口年增长率的加权平均值；

$SARG_{t,t+1}$：n 个都市区在（t, t+1）年间的人口年增长率的算术平均值。

相应于克拉森的四个阶段，川岛辰彦把人口变动分为加速集中、减速集中、加速扩散和减速扩散四种形式，用来研究城市发展的空间分布状态。利用 ROXY 指数分析大都市区域的人口动态和城市化变动的各个阶段如表 3 所示。

表 3 人口动态与城市化阶段

ROXY	动态	ΔROXY	阶段
正	聚集	增值	加速聚集
		不减值	恒定
		减值	减速聚集
零	中和（均匀分布）	增值	开始加速聚集
		不减值	保持中和
		减值	开始加速分散
负	分散	增值	减速分散
		不减值	恒定
		减值	加速分散

运用该指标对北京市内人口动态进行分析，采集 2005—2009 年北京市常住人口数据如下表 4 所示。

表 4 北京市 2005—2009 年常住人口

地区	2005 年常住人口	2006 年常住人口	2007 年常住人口	2008 年常住人口	2009 年常住人口
全市	1538.0	1581.0	1633.0	1695.0	1755.0
首都功能核心区	205.2	206.1	206.9	208.3	211.1
东城区	54.9	55.1	55.2	55.3	56.3
西城区	66.0	66.6	66.5	67.3	68.1
崇文区	31.1	30.1	29.9	29.7	30.2
宣武区	53.2	54.3	55.3	56.0	56.5
城市功能拓展区	748.0	773.6	805.4	835.6	868.9
朝阳区	280.2	291.1	300.1	308.3	317.9
丰台区	156.8	161.6	169.3	175.3	182.3
石景山区	52.4	52.2	54.6	59.0	60.5

续表

地区	2005年常住人口	2006年常住人口	2007年常住人口	2008年常住人口	2009年常住人口
海淀区	258.6	268.7	281.4	293.0	308.2
城市发展新区	411.6	424.7	446.2	470.8	491.7
房山区	87.0	88.6	88.7	90.5	91.2
通州区	86.7	89.5	96.5	103.9	109.3
顺义区	71.1	71.8	73.2	72.5	73.2
昌平区	78.2	82.9	89.6	94.2	102.1
大兴区	88.6	91.9	97.8	109.7	115.9
生态涵养发展区	173.2	176.6	174.5	180.3	183.3
门头沟区	27.7	27.7	27.0	27.5	28.0
怀柔区	32.2	33.0	31.6	35.8	38.0
平谷区	41.4	42.3	42.4	42.6	42.7
密云县	43.9	45.0	44.9	45.7	45.8
延庆县	28.0	28.6	28.6	28.7	28.8

资料来源：《北京统计年鉴2006—2009》。

由于是以北京市内的动态分布为分析对象，因而ROXY指数中的加权平均以各区县中心到北京市中心的距离d为权重，计算方法如下：

其中为i地纬度，为i地经度。经计算可得北京市在2006—2009年间的ROXY指数及其增减变化△ROXY，如表5所示。

表5　北京市2006—2009年间的ROXY指数

时期/年	2006—2007年	2008—2009年
ROXY	−45.20	−4.78
△ROXY		−40.42

表5显示了2006—2009年间北京市人口的变化趋势，ROXY指数均为负值，表示人口呈分散状态，△ROXY也为负值，说明人口呈加速分散状态。按照克拉森对城市化不同阶段的划分，以及川岛辰彦对人口动态形式的描述，即大都市内人口加速分离是郊区化的表现。当然，不能仅以2006—2009年ROXY单一的指标来判断北京市进入郊区化发展，需要进一步分析。

将北京市的18个区县看为离散的区域，通过ROXY指数分别考察2004—2009年5年间各个区域的人口动态过程，以此来看北京市各功能区人口的变化动态变化趋势。计算过程中，以各区县人口数为权重。经计算可得2004—2009年间各区县的ROXY指数及其变化（△ROXY），计算结果如表6所示。

表6 北京市2004—2009年各区县ROXY指数

	ROXY		△ROXY
	2004—2006年	2007—2009年	
首都功能核心区	2.75	0.33	-2.42
东城区	2.56	0.68	-1.88
西城区	6.00	0.53	-5.47
崇文区	-24.00	0.70	24.70
宣武区	8.77	-0.34	-9.11
城市功能拓展区	-5.19	-0.14	5.04
朝阳区	-4.71	0.04	4.75
丰台区	-14.23	-0.86	13.36
石景山区	0.56	-0.94	-1.50
海淀区	-0.42	0.78	1.19
城市发展新区	-2.76	-0.89	1.86
房山区	0.20	0.52	0.32
通州区	-4.86	-4.84	0.02
顺义区	0.48	1.02	0.54
昌平区	3.19	1.73	-1.46
大兴区	-14.21	1.34	15.55
生态涵养发展区	1.78	2.83	1.05
门头沟区	0.00	2.62	2.62
怀柔区	17.54	37.45	19.91
平谷区	-12.63	0.01	12.64
密云县	3.88	0.45	-3.43
延庆县	2.80	0.04	-2.76

从表6可以看到，首都功能核心区的ROXY为正，人口仍呈集聚状态，但是△ROXY为负，说明这种集聚状态已经开始减缓；城市功能拓展区的ROXY为负，说明该功能区人口不再大量的向首都功能核心区集聚；同样，城市发展新区的人口也减缓向外扩散；生态涵养发展区的ROXY指数为正，该功能区的人口向城区集聚，并且其△ROXY为正，说明这种集聚形式仍呈加速状态。根据黄荣清教授研究指出，功能拓展区的人口密度、非农人口等指标显示该区域已经是市区而不是郊区了，所以，以城八区（包括首都功能核心区和城市功能拓展区）为城区，城市发展新区和生态涵养发展区为郊区来看，北京市的城区内还未完全完成城市化进程而进入郊区化，只是显示出人口功能核心区减速集聚，并向城市功能拓展区和城市发展新区扩散的趋势。

城市发展到一定阶段，会出现人口由市中心向外围区扩散的同时，郊区人口向外围区集中，部分郊区地域成为市区的组成部分。其结果，市区地域扩大，这个阶段是城市稳定期或城市的调整期。经过这个阶段，该城市的范围基本形成，其人口变动的特征是人口增长两头（中心区、郊区）低，中间（外围区）高，我国大部分中心城市现在处于这个阶段，这个阶段应该是城市化和郊区化的过渡时期。

三、政策建议

随着《北京市城市总体规划（2004—2020）》的颁布，北京市的城市规划及人口调控政策具有明显的导向性，通过发展卫星城和产业布局调整，以及大力发展轨道交通等方法引导中心城人口合理向外疏散，以缓解中心城由于人口密度过大而引发的一系列问题。因此，数据中也显示出这种调整还是起到一定作用的，并且在多重作用力下，北京市人口有望在未来几年或是几十年中随着城市化的进一步发展，人口也能够趋向外扩散，并且分布更为合理。

然而，城市功能拓展区和城市发展区需要足够的吸引力，才能够促使人口和生产要素向其流动，完成其在城市化进程中的重要任务。这种吸引力主要表现在以下几个方面：

（1）产业结构升级及经济布局的调整。从发达国家城市化发展的经验和教训来看，工业化程度是推进城市化进程重要基础。在工业化中期，工业化率基本上与城市化率是两条平行上升的曲线。发达国家的就业人口在三大产业之间的流动规律是：先通过工业吸收农业人口，人口的集中使城市化率提高；工业的发展和人口的集中为第三产业的发展创造了条件之后，工业和农业劳动力再向第三产业流动。因此，第二、三产业的蓬勃发展对城市化过程中人口的集中和分布有着非常重要的影响，但是，就目前北京市二、三产业的分布情况来看，城市功能拓展区的单位个数仅是首都功能核心区的3.53倍，期末从业人员仅为2.78倍；城市发展新区的单位个数仅是首都功能核心区的1.30倍，期末从业人员仅为1.02倍，而城市功能拓展区的面积是首都功能核心区的35.34倍，城市发展新区的面积是其面积的68.14倍。城市功能拓展区和发展新区还有很大的余地来发展建设第二、三产业，容纳和吸收更多的就业人口。如此悬殊的经济差距是造成人口向市中心涌入的重要原因，如果能够通过产业结构升级和经济布局的向外调整，缩短这种差距，相信是促进人口均衡分布的重要方法和有效手段。

（2）现代化的交通系统。交通系统的发展可以有效地促进人口和生产要素的流动，缩短资源交换的时间，减少地域结构带来的约束。图4所示，是根据北京市1978—2009年铁路、公路、高速公路、公共交通运营线路和轨道交通的长度计算的网络密度。可以看到，从1978年起公路的密度不断提高，2005年有一个大幅的提高，并且公交线路的密度也是在不断加大的，从1995年开始有一个大幅的提高，北京市的公路和公交线路的密度已经很高了，分别达到了1264.7米/平方公里和1127.2米/平方公里。但是相较于长途的网络密度如高速公路、公交轨道（地铁）、铁路等的密度都还非常低，这在很大程度上影响了市中心与其他功能区的联系，影响人口的流动。因此，需要加大力度发展轨道交通，才能够有效的促进人口和生产要素向功能拓展区和发展新区流动。

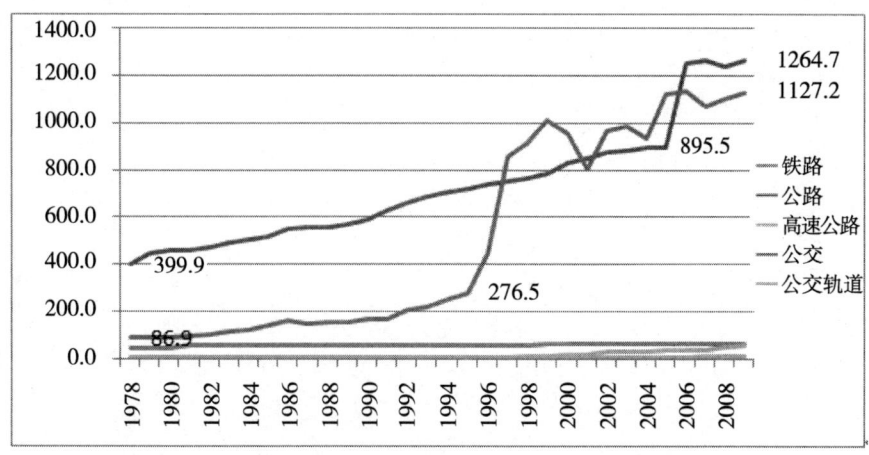

图4 北京市1978—2009年交通系统网络密度

（3）大城市生活成本的提高及居住环境的拥挤恶化。如今，城市环境面临着一系列突出问题：空气污染、土质污染、水体污染、视觉污染、听觉污染；热岛效应加剧、交通堵塞加剧、资源短缺加剧；绿色空间减少、安全空间减少、人的活动空间减少。城市经济发展到一定阶段，这种"拥挤"现象越来越严重，生活成本、生产成本越来越高。这时候企业开始向成本更低的地区进行转移，导致经济开始向其他地区扩散，人们也因不能负担昂贵的生活成本而向周边转移。

（4）北京新城文明的崛起。《北京市城市总体规划（2004—2020）》中将通州、顺义、亦庄、大兴、房山、昌平、怀柔、平谷、密云、延庆和门头沟规划为新城，新城是北京"两轴—两带—多中心"城市空间结构中两个发展带上的重要节点，是承担疏散中心城人口和功能、集聚新的产业，带动区域发展的规模化城市地区。依托现有各城区和重大基础设施，建设成为相对独立、功能完善、环境优美、交通便捷、公共服务设施发达的健康新城。

综上所述，北京市的城市化已经发展到城市化与郊区化的过渡时期，由于发展进程和城市规划等多种原因的作用，人口开始向城市功能拓展区和发展新区扩散，未来一段时间，随着北京市的城市建设，人口也将有望趋向于均衡化发展，缓解由于快速城市化带来的人口膨胀问题。

参考文献

黄荣清. 地域分析方法［M］. 中国人事出版社，2009.

北京统计年鉴（2005—2009）. 中国统计出版社.

刘云中，刘勇. 城市化道路的国际比较及启示. http://www.chinacity.org.cn/csfz/fz-zl/59671.html.

（作者单位：首都经济贸易大学 劳动经济学院 人口与经济研究所）

中国老年残疾人基本状况及社会保障模式选择

张金峰 孙 端

一、中国老年残疾人基本状况

（一）人口规模及其不同特征子群体的异质性

根据2006年第二次全国残疾人抽样调查数据推算，中国60岁及以上的残疾人口为4416万人，占53.24%，65岁及以上的残疾人口为3755万人，占45.26%。与第一次全国残疾人抽样调查相比，60岁及以上的老年残疾人口增加了2365万人，占新增加残疾人的75.5%。另据预测，到2050年，60岁及以上的老年残疾人规模将达到1.03亿人，80岁及以上高龄老年残疾人的规模约为4473万。

分析显示，中国老年残疾人不仅规模庞大，同时更需引起注意的是老年残疾人口不同特征子群体的异质性非常明显。从年龄分布来看，老年残疾人口集中于中、低龄群体，二者之和超过老年残疾人口总量的3/4，但高龄老年残疾人口比重不低且增长速度较快；从性别角度分析，老年女性残疾人口数量及比重明显高于男性（女性占52.71%），老年残疾人口的女性化特征比较突出；从城乡分布来看，老年残疾人口约有70.42%生活在农村，农村老年残疾人是老年残疾群体的主体；从地区分布来看，全国老年残疾人口规模较大的前六位省（区、市）份包括，河南省、山东省、四川省、广东省、江苏省和河北省，共有17个省（区、市）的老年残疾人口占残疾总人口的比例超过50%；从残疾等级构成来看，老年残疾人以中、轻度残疾为主，所占比例分别为30.08%和41.64%；从残疾类别构成来看，老年残疾人群体的残疾类别主要集中在听力残疾、肢体残疾、视力残疾和多重残疾，上述四类残疾人口总和占老年残疾人口的95.42%。

（二）融入社会生活面临的主要困难

老年残疾人由于活动和参与障碍以及收入贫困而难以融入社会生活。一方面由于自身的特殊情况，肢体残疾、智力残疾、精神残疾、多重残疾老年人口存在身体移动障碍；听力残疾、言语残疾、智力残疾、精神残疾与多重残疾老年人口存在理解与交流障碍、与人相处障碍；视力残疾、听力残疾、言语残疾、肢体残疾、智力残疾、精神残疾与多重残疾老年人口存在生活活动障碍、社会参与障碍及生活自理障碍。

另一方面，因为年龄与残疾双重因素影响，老年残疾人大多处于退出劳动力市场的状态，通过自身获得收入的能力很弱。同时，老年残疾人口的收入来源十分有限，主要依靠家庭成员供养。两方面主要因素的共同作用，加剧了老年残疾人口陷入贫困的风险，也造成了收入贫困的事实。依据残疾人抽样调查数据分析，2005年全国有老年残疾人的家庭共 78680 户，其中有 8722 户家庭人均收入在 0—683 元即处于贫困状态，所占比例为 11.09%；还有 5499 户家庭人均收入在 684—994 元，处在绝对贫困边缘，所占比例为 6.99%。老年残疾人维持基本生活的困难程度可见一斑。

综上所述，老年残疾人口规模庞大、不同特征子群体的异质性明显、由于活动和参与障碍以及收入贫困而难以融入社会生活，已然成为弱势群体。中国现阶段正处于快速的社会经济转型时期，非正式社会保障支持逐渐弱化，制度化的社会保障体系尚在逐步探索与健全的过程之中。老年人口残疾化和残疾人口老龄化的现实与趋势，迫切要求中国必须密切关注和加快解决老年残疾人社会保障问题。构建一个怎样的老年残疾人社会保障体系模式才能有助于老年残疾人防范生活风险、提升生活质量、共享经济社会发展成果，成为一个亟需认真思考的重大现实课题。

二、发达国家残疾人社会保障实践的基本经验

发达国家的社会保障体系经过多年的不断完善，已经形成一个覆盖绝大多数甚至全部残疾人口、涵盖各种福利的相对完整的体系，从而比较有效地保障了残疾人群体能在养老、医疗、生活照顾等方面得到很好的扶助。这些残疾人社会保障实践发展的宝贵经验可以为中国社会保障制度建设提供重要的参考依据。

（一）英国残疾人社会保障状况

在英国社会保障体系中，虽然社会保险是其主要组成部分，但为残疾人和疾病患者提供的大量补贴项目构成了社会保障预算的第二大部分，仅次于养老金方面的支出。这些补贴项目涉及残疾人生活的各个方面。除此之外，英国政府还针对残疾人群体提供康复、教育、就业等方面的支持和帮助。

涉及残疾人的财政补贴非常广泛，按照其相关领域可以归纳为九个大类，包括生活津贴、健康和独立生活方面的津贴、特殊群体支持、雇佣与就业方面的帮助、住宅和房屋方面的支持、交通方面的帮助、教育方面的帮助、工伤和职业病和军队津贴、与工作收入相关的津贴等。其中重要的残疾人津贴项目主要涉及残疾生活津贴、残疾看护津贴、连续护理津贴和独立生活津贴。

英国残疾人的医疗康复分为针对身体残疾人和精神残疾人的医疗康复两个部分。在国民健康服务（NHS）体系中，医疗康复大多是免费的，此外根据残疾人的实际情况，一些付费的治疗、服务或项目会降低收费标准。针对生理残疾人的医疗康复主要有两种形式。其一是通过建立康复中心和康复医院集中对残疾人提供良好的医疗康复，即"集中式康复"。其二是"分散式康复"，即现在已成为英国医疗康复发展趋势的社区康复。英国早在 1983 年就针对精神残疾人的治疗康复颁布了精神健康法案。此类残疾人，首先会经过一个精神健康评估，然后按其症状的轻重程度，转到医院的门诊部或短期住院部，中、长期疗养部进行治疗。

（二）美国残疾人社会保障状况

美国的残疾人社会保障制度以社会保险为主、补充保障收入为辅，自成体系。满足相关规定条件的残疾者还可以享受医疗救助、特殊教育及对特殊家庭的临时救助等。但残疾人社会保险和补充收入保障是美国联邦政府两个最大最重要的残疾福

利项目，为由于身心残疾不能工作者提供资金和医疗方面的帮助。

1956 年美国政府正式通过了残疾人社会保险制度，使之成为一项全国性的社会保险项目。目前，它已成为美国最庞大、最显著的收入转移政策之一。要享受残疾保险必须符合三个条件：其一，必须是残疾保险受保人；其二，索赔者必须达到法律确定的伤残等级标准；最后，等候期需满 5 个月。补充收入保障的获得与以往工作的积累无关。该项目的资金来源于联邦政府、州政府和地方政府，而行政管理主要由后两者负责，并由其决定接受援助的资格标准和受益水平。由于该项目的约定条件相对严格，符合领取条件的多数是盲人和残疾人，因此制度运行一直比较稳定。

美国国会 1973 年通过了《残疾人康复法》，强调对重度残疾人进行康复治疗，以联邦康复服务署为法定主管机关，地方政府则设立职业康复机构具体执行。以残疾人为对象的医疗服务一般由普通医院和护理机构提供，或者由保健局提供护理人员，美国的"访问护士制度"是提供残疾人福利的主要支柱。对于精神病患者，美国从隔离保护的政策逐步走向社区护理，由社区卫生中心、州立精神医院、康复中心等机构协作运行。

（三）日本残疾人社会保障状况

通过深刻结合本国固有文化，日本构建了卓有成效的统分模式的残疾人社会保障。这主要包括社会保险、社会福利和社会救济三个部分。具体看来，残疾人养老保险与护理保险制度是比较具有特色的重要福利项目。

日本残疾人养老保险是从属于公共养老保险的非独立制度，可以细分为国民养老保险制度中的残疾人基础养老金和厚生养老保险制度中的残疾人厚生养老金。凡 20 至 60 岁的国民养老保险制度参保人，如果其身患残疾且残疾程度达到一级或二级残障时，有权领取国民养老保险制度中的残疾人基础养老金。初诊日（导致身体残疾的伤病第一次接受医生诊疗的日子）时未满 20 岁的国民，其 20 周岁后基于国民养老保险法可以领取残疾人基础养老金。当残疾者的残疾程度不再符合残障标准时，或其收入达到规定的一定水准以上时，将停止支付基础养老金。残疾人基础养老保险的资金来源主要是养老保险的保费收入和国库负担，其中后者占 60%。民间工薪阶层职工参保的厚生养老保险的参保人，如果其身患残疾且残疾程度达到一至三级残障时，有权领取厚生养老保险制度中的残疾人厚生养老金。其领取条件与残疾人基础养老金的条件相同。初诊日时厚生养老保险参保人拥有领取残疾人厚生养老金的资格。当残疾程度不再符合一级或二级残障标准时，将停止发放厚生养老金。原则上，残疾人厚生养老保险中不存在收入限制。

日本于 1997 年 12 月制定了《护理保险法》，于 2000 年 4 月 1 日付诸实施。护理保险制度是一种新型的老年人社会保障制度，旨在借助全社会的力量来解决老年人的护理问题。依据规定，40 岁以上者将全部加入护理保险，并为自己在今后能够得到公共护理服务而缴纳一定的保险费。当被保险人需要护理服务时，通过申请和认定，将会得到护理保险制度所提供的各种服务。这种护理服务可以是居家服务，也可以是施设服务。护理服务的费用，主要由护理保险支付，个人只承担其中的一部分。

三、中国老年残疾人社会保障的未来发展模式

通过考察发达国家残疾人社会保障的基本状况可以发现，就社会保障提供内容的特征而言，在经济保障方面，福利津贴项目前已受到重视，在此基础上老年残疾人的康复、护理等特殊性服务保障处于相对突出的位置。另外，为促进残疾人融入社会，各国均比较重视残疾人社区服务。从残疾人社会保障满足需求的特征来看，各国社会保障相关制度安排既充分考虑了残疾人与普通大众相同的普遍性需要，更注重于残疾人的特殊需要，体现了以人为本、致力于推动和促进残疾人社会融合的精神与宗旨。以上都为中国老年残疾人社会保障的发展与完善提供了宝贵经验。

中国目前正处于急剧的社会转型进程当中，残疾人群体在社会融合方面，由于自身特征与复杂社会环境的相互作用而面临着比健全人更多的困难和障碍。作为一名普通社会成员，残疾人有着与健全人一样的一切正常需求，要切实保障残疾人的社会融合，就必须确保社会保障首先满足残疾人群体的大众性一般需求。残疾人因其身体特征，又有着区别于大众的特殊性需求，要切实保障残疾人的社会融合，更需要残疾人社会保障满足其特殊需求。因此，针对残疾人群的两种不同层面的需求，旨在促进老年残疾人群社会融合的社会保障模式应是一个"双轨"模式。其中的一轨，是通过残疾人"主流化"途径，把残疾人纳入养老保障、医疗保障、社会救助等一般性社会保障项目中以满足其大众性一般需求，从而确保残疾人能与健全人一样平等地享受公民权赋予的社会保障待遇，消弭福利制度的障碍与排斥，促进社会融合；另一轨，是通过残疾人"增能"途径，为残疾人提供康复服务、辅助器具、生活护理等专项保障以满足其特殊性需求，通过增进残疾人群体的能力、弥补和消减残疾人在融入社会生活方面相对于健全人的弱势，从而促进该群体的社会融合。中国老年残疾人社会保障的构建与未来发展不是通过从无到有的探索来创造一个全新的完全独立的制度系统，而是应在已有社会保障基本框架的基础上进行系统内容的充实与完善，进而突出对老年残疾人基本需求的满足以促进其保障权利的实现。在"双轨"保障模式的宏观构架下，中国老年残疾人社会保障体系的内容应涉及：针对基本生活的经济保障；医疗、康复、生活照料等基本服务保障；无障碍环境和相应的技术支持等环境支持保障。在继续完善现有残疾人社会救助、社会保险、社会福利项目的同时，老年残疾人社会保障体系的内容充实应侧重考虑福利津贴制度的推广、护理保险制度的适时建立以及社区康复的充分发展。

参考文献

第二次全国残疾人抽样调查办公室. 第二次全国残疾人抽样调查主要数据手册[M]. 北京：华夏出版社，2007：16.

丁志宏. 我国老年残疾人口：现状与特征[J]. 人口研究，2008-7，32 (4)：66-72.

张金峰. 中国老年残疾人口异质性分析[J]. 石家庄经济学院学报，2010，(1).

K. Rowlingson and R. Berthoud, "Disability, Benefit and Employment," *DSS Research Re-*

port No. 54 [R] (London: HMSO, 1996), 17.

A. H. 罗伯逊. 美国的社会保障 [M]. 金勇进等译. 北京: 中国人民大学出版社, 1995.

Marvel, H. P. "An Economic Analysis of the Operation of Social security Disability Insurance" [J]. *The Journal of Human Resources*, 1982, (3). 393.

U. S. Social Security Administration. *Social Security Bulletin*, Quarterly and Annual Statistical.

Supplement to the Social Security Bulletin [EB/OL]. 2008 – 03 – 17.

姚建红. 日本康复事业现状、主要特点及对我国康复事业的启迪 [J]. 中国初级卫生保健, 2002 年, 第 4 期: 13 – 14 页.

韩央迪. 制度的实践逻辑. 发达国家残疾人社会保障制度的比较研究及启示 [J]. 中国地质大学学报 (社会科学版), 2008 – 11, (6): 90 – 93.

百濑优. 日本的残疾人养老保险. 现状与课题 [C]. 中国人民大学中国社会保障研究中心, 第五届中日韩社会保障国际论坛论文集, 北京: 2009 – 9: 70 – 75.

(作者单位: 河北工业大学文法学院)

我国人口老龄化的地区差异聚类分析

谭妹琳

一、引 言

维也纳世界老龄问题大会规定：60岁以上的老年人口占总人口的10%以上，或者65岁及以上人口占总人口的7%以上的国家或地区就是"老年型国家或地区"。我国65岁及以上的人口，从1982年的4991万人占总人口的4.9%，到2008年的10956万人占总人口的8.3%，14年间人口数大约增长了1.195%。我国现在已经进入了老龄化的社会进程，随之而来的一系列与老年人口有关的问题也开始出现，表现最直接和最明显的是对社会经济发展的影响。

计划生育的严格执行，形成了一个能促进现代化建设且处于不断完善状态的人口环境。但是，社会经济发展以及对生育控制能力上的差距，导致在全国人口增长率下降的总趋势中，地区间的人口发展受经济、文化等因素的影响存在明显差异，分析这种差异的程度及趋势，对于实现我国的可持续发展、缩小地区间差异，具有深远的意义。

二、我国人口老龄化的特点

人口老龄化是总人口中老年人口比例不断上升的变化过程，是伴随着人口转变而发生的一种人口年龄结构变化的人口现象。造成人口老龄化的直接原因是出生率和死亡率的降低，但是人口老龄化最根本的原因还是经济的发展和社会的进步。为分析我国人口老龄化的特点，选取1995—2008年的人口年龄化数据，得到我国老年人口比重和老年抚养比的趋势图1。

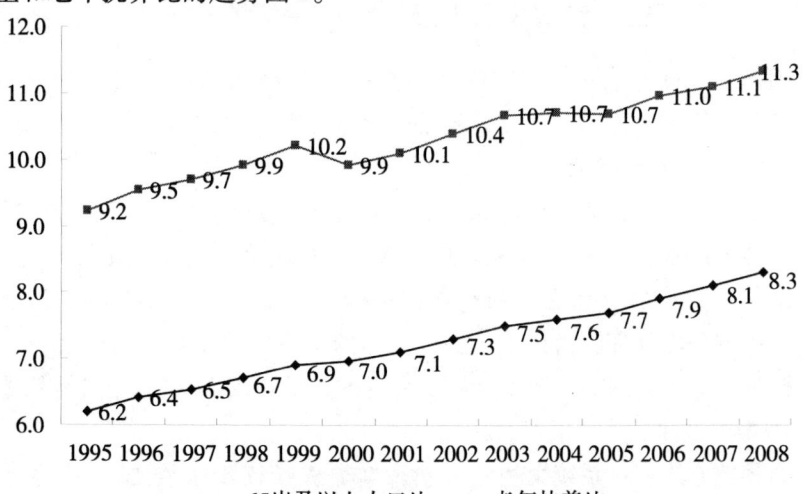

图1 1995—2008年中国老年人口比及老年抚养比

人口年龄共分为三段：0—14岁、15—64岁、65岁及以上，其中65岁及以上又划分为65—69岁、70—79岁、80—89岁和90岁以上四个部分。具体分析我国2008年人口年龄的构成情况，得图2。

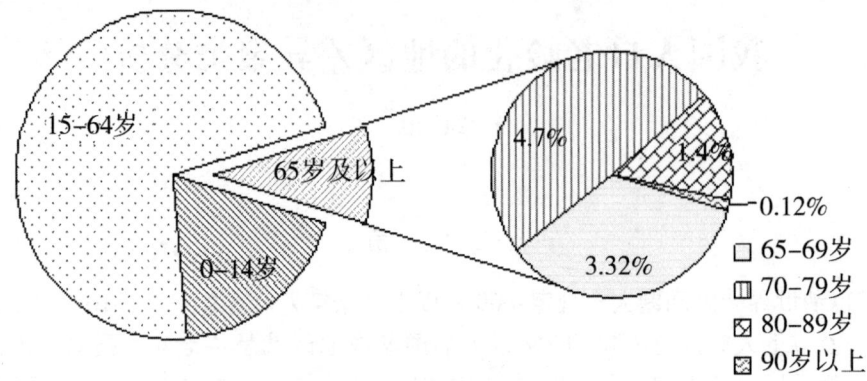

图2　2008年中国人口年龄构成情况

综上所述，我国人口老龄化特点有四点：

（1）老龄人口比重大，人口老龄化速度快。65岁及以上的人口百分比从1995年的6.2%上升到2008年的8.3%，百分比增幅达到了0.3%，主要是由于出生率和死亡率的降低，使得新生人口数比值下降而老龄人口数比值上升。

（2）老年人口抚养比偏大。老年抚养比由1995年的9.2%上升到2008年的11.3%，期间有波动，但总体趋势是上升的，使得劳动力人口负担加重；

（3）老年人口中高龄人口数逐渐增加。在老龄人口中70—79岁人口所占比重最大为4.7%，人口数为55293万人，其次是65—69岁年龄段，百分比为3.32%，80—89岁人口数所占百分比也有所上升，为1.4%，而随着生活条件越来越好90岁以上的人口数也不断增加达到了0.12%。

（4）与发达国家的"先富后老"相比，面临着"未富先老"的问题。我国工业化没有完成、经济发展水平较低，但是已经步入老龄化社会。

三、我国人口老龄化状况的聚类分析

对我国而言，31个省市由于区位、资源条件以及历史基础等方面的原因，经济社会发展进程有快有慢，因此人口老龄化也存在较大差异。

（一）聚类分析基本原理

聚类分析是直接比较样本中各指标（或样本）之间的"性质"，将性质相近的归为一类，性质差别较大的归为不同类。聚类分析依分类对象的不同可分为两类：对观察样本（观测）的Q型聚类和对观察指标（变量）的R型聚类。R型聚类是对观察指标进行分类处理，可用于了解指标间的关系，对指标进行分类；Q型聚类是对观察样本的分类处理。因为本文的研究目的是对全国31个省市进行聚类，所以将使用Q型聚类方法。

常用的聚类方法有：系统聚类法、动态聚类法（逐步聚类法）、有序样本聚类法以及模糊聚类法、图论聚类法等。本文采用系统聚类法。

系统聚类法是将类由多变到少的聚类分析法，由于样本之间和类之间的距离有多种定义，而这些不同距离定义又产生了不同的系统聚类法。有最短距离法、最长距离法、类间平均链锁法、类内平均链锁法、重心法、离差平方和法，此外还有最大似然估计法和 M 相似分析法等。这些方法的主要区别在于类间距离及新类与其他类之间的距离递推公式不同，一旦任意两类间的距离算出后，均按距离最小者合并。

（二）聚类分析结果

本文选取 2008 年全国 31 个省市的老年人口比重、老年抚养系数比以及 GDP 占全国 GDP 比重三个指标，运用 SPSS 软件对各个省市的数据进行聚类分析，得聚类树图 3。

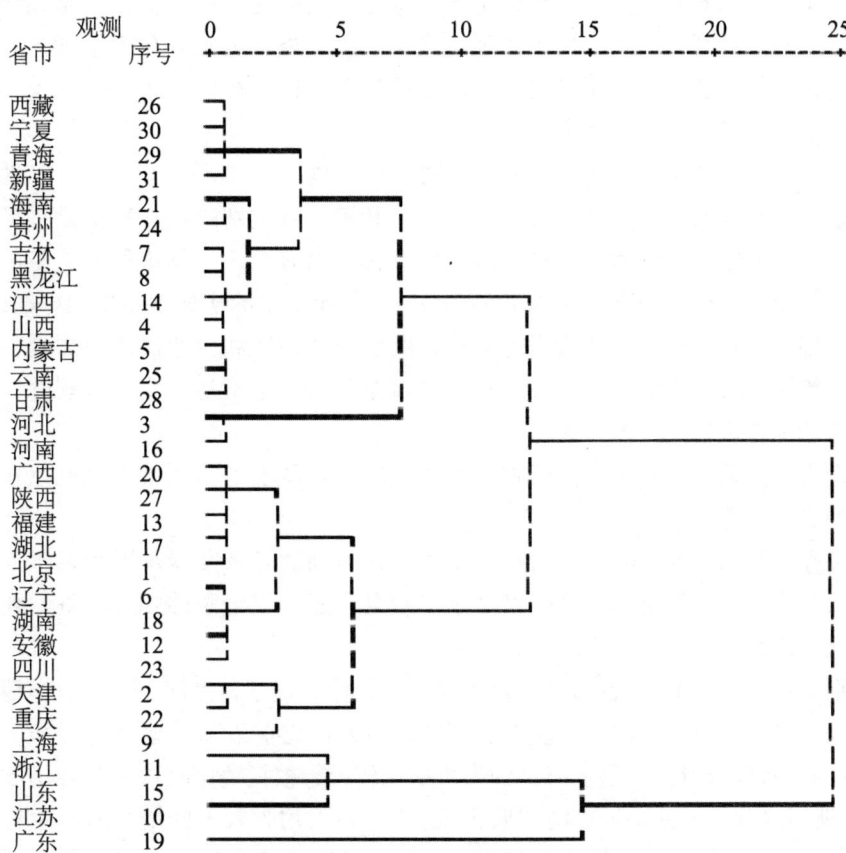

图 3　31 个省市聚类树图

由聚类树图，可将全国 31 个省市分为五类，具体情况如表 1。

表 1　全国 31 个省市聚类结果

类别	省市名称	老年人口平均比重（%）	GDP 平均比重（%）
I	广东	7.56	10.91
II	山西、内蒙古、吉林、黑龙江、江西、海南、贵州、云南、西藏、甘肃、青海、宁夏、新疆	7.92	1.32

续表

类别	省市名称	老年人口平均比重（%）	GDP平均比重（%）
Ⅲ	河北、河南	8.28	5.29
Ⅳ	江苏、浙江、山东	10.71	8.44
Ⅴ	北京、天津、辽宁、上海、安徽、福建、湖北、湖南、广西、重庆、四川、陕西	10.89	3.00

根据聚类结果，将我国31个省市分为五个类别，其特征及成因如下：

类别Ⅰ：广东省模式。该类别的基本特征是，老龄化程度最低，但是经济发展程度最高。自改革开放以来，广东省经济飞速发展，外来务工人员大量涌入，而务工人员都是年轻力壮之人，所以大量劳动力的迁入使得广东省老年人口比重为五个类别中最低，而经济发展水平最高。

类别Ⅱ：共包含了13个省市，分别是山西、内蒙古、吉林、黑龙江、江西、海南、贵州、云南、西藏、甘肃、青海、宁夏、新疆。该类别的基本特征是，老年人口比重是第二低的，经济发展水平是最低的。其原因有二，一是这种模式中的大部分省市经济很不发达，医疗卫生水平都很低下，老年人口的疾病得不到很好的医治，使得死亡率较高；二是这些地区中有不少是西北内陆地区和少数民族聚居地，国家对少数民族不实行计划生育政策，而且经济越是落后，越不易转变生育观念，因此这些省市的生育率较高，老年人口比重较低。

类别Ⅲ：包括了河北、河南两省。该类别经济发展水平和老年人口比重在五个类别中都居于中等水平。

类别Ⅳ：包括江苏、浙江、山东三个省。该类别的经济发展水平和老年人口比重都是第二高的。这三个地区经济发展水平较高，医疗卫生条件相对较好，死亡率大大降低，从而老年人口比重比较高。

类别Ⅴ：包含了12个省市，分别是北京、天津、辽宁、上海、安徽、福建、湖北、湖南、广西、重庆、四川、陕西。其中老年人口比重最高的地区为上海，高达13.0414，有两点原因：一是上海市的出生率比较低，根据美国哈佛大学经济学教授H. 莱宾斯坦（H. Leibenstein）的"收入效应"，当人均收入不断增加时，生育抉择就会倾向于少育；二是，上海市经济发达，医疗卫生水平较高，死亡率低，所以上海老年人口比重全国最高。该类别中的其他地区一部分是人口迁移大省，大量的劳动力涌出外出打工，使得当地的老年人口比重上升，成为五个类别中最高的一类。

为检验以上五类省市的老年人口比重均值是否具有统计意义上的差异性，进行方差分析，结果见表2。

表2 方差分析结果

	平方和	自由度	均方	F统计量	P值
组间	66.17	4	16.54	16.41	.00
组内	26.22	26	1.01		
总体	92.39	30			

组间F统计量是16.41，P值为0，所以拒绝原假设，即可认为五个类别之间是

有显著的地区差异，且这种差异具有统计学意义。

四、结论和建议

（一）结论

通过前面的统计分析结果，不难看出我国人口老龄化的问题较为严重，每个类别老年人口比重都达到了7%以上，而且受各地区经济差异影响，我国31个省市间的人口老龄化存在显著的地区差异。总体上说，地区的经济越发达，人口老龄化问题越严重，经济越不发达，人口老龄化程度相对较低。

（1）经济发达的地区，如上海市，医疗卫生条件好，死亡率低，严格实行计划生育，出生率低，所以老龄化程度就高；

（2）经济较为发达的地区，如广东省，劳动力大量涌入，促进经济发展的同时也使得该地区的老龄化程度降低；

（3）经济不发达的地区，如新疆、甘肃等地，医疗卫生水平低，生活条件差，生育观念落后，使得出生率高死亡率低，所以人口老龄化程度高。

（二）建议

由于我国人口老龄化问题日益严重，目前有不少学者建议提高生育水平以保证较高的出生率，以此来减缓老龄化的进程，但是这一做法带来的后果有可能使人口急剧膨胀，因此不能单纯依靠这一做法。

本文分析得出我国人口老龄化存在显著的地区差异，所以针对地区差异，应尽快建立统一的劳动力市场体系，实现劳动力资源的优化配置。重视劳动力人口年龄结构变化的趋势，为不同年龄层次的人口提供针对性的教育机会，特别是加强对年长劳动力的培训，加快其知识更新，提高就业竞争力。充分开发老年劳动力资源，为老年人口提供公平的就业机会和就业环境。充分研究老年人口市场需求特征，并将老龄产业作为产业结构的一个方向。

参考文献

中国统计年鉴2009.

中国统计年鉴2008.

杨慧. 老龄化地区差异的因果分析. 西北人口，2005－03.

高祖新，尹勤. 聚类分析及其在人口研究中的应用. 南京人口管理干部学院，1999－04.

杜肖俏，王连峰. 中国老龄化状况的聚类分析. 边疆经济与文化. 2006－12.

张本波. 我国人口老龄化的经济社会后果分析及政策选择. 宏观经济研究，2002－03.

张晓青. 新世纪以来中国人口老龄化研究的新动向. 人口与发展，2009－03.

（作者单位：东北财经大学）

当前我国人口老龄化后果分析及对策探讨

谷龙飞

一、引 言

人口老龄化是指老年人口在总人口中的比例不断升高的过程。根据联合国相关规定，如果一个国家或地区60岁以上老年人口达到总人口数的10%或者65岁以上老年人口占人口总数的7%以上，那么这个国家或地区就已经进入人口老龄化社会。根据2005年底全国1%人口抽样调查数据，我国总人口数达到130756万人，其中65岁以上人口达到10055万人，占总人口数的7.7%。从数据可以推断，我国已经真正迈进了老年型国家行列。到2008年底，我国65岁及以上老年人口已经达到10956万人，占总人口的8.3%，人口老龄化程度进一步加剧。预计到2014年我国老年人总数将突破2亿，2026年将超过3亿，2036年将达到4亿人。人口老龄化给我国经济增长和社会发展带来了一系列影响。随着老年人口的不断增加，人口负担系数进一步增大，这加大了劳动力人口的负担；人口老龄化使得用于老年社会保障的费用大幅增加，这给政府带来了沉重的财政负担；伴随人口老龄化出现的劳动力年龄结构的老化，也将给社会经济发展和劳动生产率的提高产生消极影响。由于我国尚处于经济发展转型时期，经济发展水平还相对较低，社会体制还不够完善，尤其是在当前金融危机的影响下，我国经济发展也受到了严重波及，因此，人口老龄化带来的影响在我国当前表现得十分明显。

二、我国人口老龄化的主要特点

我国人口老龄化的特点主要表现在以下四个方面。

（一）老年人口规模大

我国是世界上老年人口最多的国家，2008年60岁以上的老年人口总数已达到15989万人，并一直呈递增趋势。预计到21世纪三四十年代，我国60岁及以上老年人口将占到世界老年人口的1/4左右。

（二）老龄化速度快

我国的老龄化速度是世界上最快的。目前我国60岁及以上老年人口占总人口的12%左右，预计到21世纪中叶这一比例将在25%—30%之间。以65岁以上老年人口由占总人口的7%增加到14%为比较基准，我国大概只需要25年左右，而法国大约要经过115年，瑞典大约要用85年，英国需经过45年左右。

（三）老龄化发展的地区及城乡差异大

由于我国幅员辽阔，地理条件差异很大，各地区社会经济发展水平参差不齐，我国的人口老龄化也呈现出明显的地区差异性及城乡差异性。2000年人口普查资料显示，我国65岁及以上老年人口比例超过7%的14个省市（按比例由高到低依次为上海、浙江、江苏、北京、天津、山东、重庆、辽宁、安徽、四川、河南、湖南、广西、河北）全部位于社会经济相对发达的东部沿海地区和中部地区，而人口老龄化程度最低的西北和西南地区，该比例还不到5%。

随着我国人口城市化速度的加快，农村劳动年龄人口大多向城镇集中，导致农村人口老龄化程度高于城市。2000年，在我国城市、镇、乡村人口中，60岁及以上老年人口比例分别为10.05%、9.02%和10.92%；1990年第四次人口普查时的相应值分别为8.62%、7.20%和8.72%。可见，农村老年人口所占比例最高是近两次人口普查的共同特点。（如图1所示）

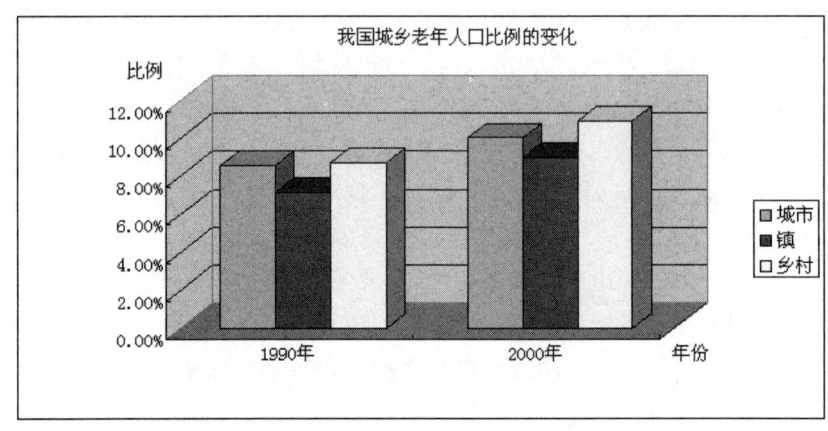

图1　我国城乡老年人口比例的变化

资料来源：《中国1990年人口普查资料》，中国统计出版社，1993年。国务院人口普查办公室、国家统计局人口和社会科技统计司编《中国2000年人口普查资料》，中国统计出版社，2003年。

（四）老龄化超前于社会经济发展

发达国家的人口老龄化是伴随工业化、城市化和现代化的过程发展起来的，它们在进入老年型社会时已经具备了建立和维持老年社会保障和服务体系所需的相当雄厚的经济实力。如日本在20世纪70年代初进入老龄化社会时，其经济发展水平已经达到了发达国家的标准。而我国2000年进入老年型社会时，经济发展水平仅相当于当时发展中国家的较低水平，即使在人口老龄化程度不断加剧的今天，我国仍是处于社会主义初级阶段的发展中国家，尚不完全具备应对相应的经济实力和社会保障能力以应对日益严重的人口老龄化问题。

三、我国人口老龄化对经济社会发展影响的作用机制

人口老龄化是经济社会发展的必然结果，人口作为社会发展的主体和内生力量，其自身结构的变化对经济社会的发展又会产生重大影响。人口老龄化必然带来人口年龄结构的变化，这将在一定的社会、经济和文化背景下引起一系列社会后果，如

将导致年龄结构老化、家庭规模缩小、相应的社会制度的变化等。这些社会后果又通过作用机制变量引发出相关的经济后果，这些变量主要包括就业率、储蓄倾向、需求弹性、现行的人口政策及其他相关政策等。这些不良经济后果的出现（如储蓄投资率的降低、劳动生产率的下降、产业结构的变化、社会负担的加重等）将直接影响到我国所制定的宏观发展目标的实现，如我国当前实行的实现人口、资源、环境协调发展的可持续发展战略及构建社会主义和谐社会的伟大目标。为了控制其影响程度，国家将采取一系列调控手段，如出台相应的宏观政策对人口老龄化进行调控以减少其带来的不良社会后果；通过调节相关的作用机制变量来相应地减少不良经济后果的出现，从而实现相对良性的循环。在整个环节当中涉及一个主要的问题是养老问题，这也是人口老龄化带来的核心问题，它可以看作是社会后果和经济后果的共同产物。随着一系列不良社会后果和经济后果的出现，养老问题必将进一步凸显，从而进一步显现出人口老龄化的消极影响。人口老龄化对我国经济社会发展影响的整个过程可以通过下面的作用机制图（如图2所示）直观地表示出来。

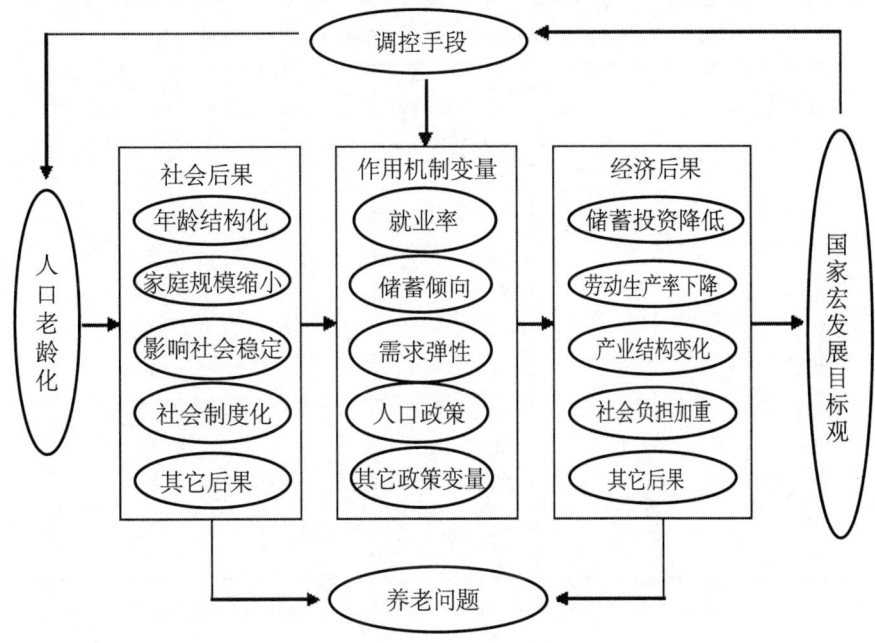

图2 人口老龄化社会、经济后果及其作用机制示意图

四、我国人口老龄化的主要后果分析

人口老龄化是人类社会发展到一定阶段的产物，是经济社会发展和社会进步的标志。人的寿命的延长和低生育率是引起人口老龄化的直接因素。我国已进入老年型社会，并且即将进入人口老龄化迅速发展时期，必须高度重视人口老龄化对我国社会经济和家庭等各个方面的影响。对人口老龄化的不利影响我们可以着重从社会后果和经济后果两方面进行分析。

（一）人口老龄化的主要社会后果

首先，人口老龄化首先会导致人口年龄结构的老化。从1990年到2000年的十年时间里，中国人口生育水平下降到更替水平以下，平均预期寿命增长到71岁，人口年龄结构不断老化，现在正处于继续老化阶段。根据2000年第五次人口普查资料，我国年龄中位数已从1990年的25.26岁上升到2000年的30岁，65岁及以上老年人口比例从5.57%上升到6.96%，0~14岁人口比重从27.69%下降到22.89%（见表1）。人口老龄化也带来了劳动力人口年龄结构的老化。根据第五次人口普查资料，2000年16~24岁组人口比重由1990年的28.18%下降到18.90%；25~39岁组则由1990年的34.49%上升到37.76%。2000年40岁以上劳动年龄人口比重由1990年的37.33%上升到43.34%（见表2），平均年龄由36.8岁上升到38岁。

表1　我国1990年和2000年人口普查时的人口年龄构成

测度指标	1990年	2000年
0—14岁人口比例（%）	27.69	22.89
65岁以上人口比例（%）	5.57	6.96
年龄中位数（岁）	25.26	30.00

资料来源：根据我国1990年第四次人口普查和2000年第五次人口普查资料计算整理所得。

表2　我国1990年和2000年劳动年龄人口年龄结构比较

年龄别	1990年 合计（%）	2000年 合计（%）
16—19	12.38	8.81
20—24	15.80	10.09
25—29	13.10	12.54
30—34	10.54	13.58
35—39	10.85	11.64
40—44	8.00	8.66
45—49	6.17	9.12
50—54	5.73	6.75
55—59	5.24	4.95
60—64	4.27	4.45
65岁及以上	7.92	9.41

资料来源：根据我国1990年第四次人口普查和2000年第五次人口普查资料计算整理所得。

其次，人口老龄化会导致家庭规模的缩小。随着经济社会的发展及快速的人口老龄化，加之计划生育政策的实行，人们的家庭观念意识也在不断的发生变化，家庭结构日渐趋于核心化。1982年平均每个家庭的人口为4.4人，到2000年时已经下降到3.46人。根据2005年1%人口抽样调查数据显示，我国平均每个家庭户人口为3.13人。人口老龄化的持续使得老年人空巢家庭不断增多，根据大中城市的调查显示，老年人空巢家庭的比例已经达到56.1%。由于我国家庭规模处于不断缩小的过程中，传统的家庭养老模式也正受到严峻的挑战，这也令当前养老问题变得尤为突出。

再次，人口老龄化可能对社会稳定产生一定的影响。随着中国社会经济发展水平的稳步提高，社会的稳定对我国来说具有重大的政治意义。但由于我国正处于迅速老龄化阶段，老年人问题已经比较突出，诸如老年人的贫困问题，退休金增长与社会发展同步的问题，老年人生病就医缺乏保障问题，老年人精神生活空虚等。如果这些问题不能及时得到解决，可能导致作为弱势群体的老年人为获得自身的某些利益采取一些消极的做法，抑或是被一些不科学、不健康甚至非法的歪理邪说如法轮功等所迷惑，从而对社会稳定造成重大的威胁。

此外，人口老龄化会导致相应的社会经济制度发生变化。面对数目庞大的老年人口，社会不得不在多方面做出调整以适应人口老龄化发展的需要。据预测，到 2050 年，我国 60 岁以上的老年人将超过 4 亿，65 岁以上的老年人将超过 3 亿，80 岁以上的老年人将接近 1 亿。如此庞大的老年人口将对我国的社会保障体制、医疗保健制度、长期照料机制、社会服务机制等提出更高的要求，国家也必将在这些方面做出重大的规划和调整。

人口老龄化除带来上述社会影响以外，还会带来一些其他的社会后果，如随着人口老龄化的进一步发展，我国的社会组织结构将发生相应变化，以老年人为主的老年性社会组织和为老年人服务的社会组织将不断增加；随着老年人口比例的提高，参与社会生活的青年人口比例不断降低，从而可能导致整个社会发展活力的降低。总而言之，人口老龄化带来的社会后果是多方面的，应引起广泛关注。

（二）人口老龄化的主要经济后果

人口老龄化在带来一系列社会后果的同时，对我国经济发展也带来了诸多不利影响，其经济后果主要有以下四个方面。

首先，人口老龄化导致储蓄和投资水平降低。一般而言，一个社会中老年人口比例的提高是不利于储蓄的。就我国情况而言，人们在年轻时花更多的时间用于获得经济收入，收入高则用于储蓄的份额也就较大。而到年老时，由于生理、体质等自然规律的作用，收入的逐渐减少将导致储蓄率下降。同时，老年人在退出工作后还要动用过去的储蓄以维持自身的生活，人口老龄化程度的加深不利于储蓄率的提高。由于我国老年人的储蓄水平低于全国的平均水平，因此，人口老龄化不但会降低我国总的储蓄水平，而且会抑制储蓄增长率的提高。由于国内储蓄是投资和资本积累的重要资金来源，这种积累基金又是政府投资的源泉，而人口老龄化又导致储蓄水平的降低，故人口老龄化会降低政府投资水平。同时，老年人口的增加会降低个人投资的能力和倾向性，因此，人口老龄化必然会导致社会总投资水平的降低。

其次，人口老龄化会导致劳动生产率下降。从劳动力资源角度看，虽然我国在未来一段时间内不会因人口老龄化而出现劳动力短缺，但人口老龄化会使劳动年龄人口的数量和结构发生重大变化。从劳动适龄人口的内部结构看，正如上文所提到的，人口老龄化将造成劳动力年龄结构老化，表现为劳动力中青年劳动力比例的下降和高年龄劳动力的比例加大。从就业年龄来看，2000 年我国就业人口的年龄中位数已经达到 36.37，比 1990 年提高了 4.59 岁，年均提高 0.46 岁。就业人口年龄提高主要是由于青年就业人口比重的降低和高龄就业人口比重的提高，其主要原因又在于人口老龄化。青年劳动力不足可能会影响劳动力的技术更新，从而影响劳动生产率的提高。

再次，人口老龄化导致消费结构、产业结构的变化。随着老龄化程度的加深和老年人口数量的增加，医疗保健支出将迅猛增长，老年人在精神、文化、心理等非物质方面的消费也将迅速增加。伴随人口老龄化进程中高龄化发展趋势的增强,用于社会服务方面的支出将快速增长。人口老龄化引起老年消费品市场的迅速扩大,这也必然引起产业结构的变化。根据预测,在未来40年左右,我国老年人口数量将在现有基础上净增3亿左右,要生产满足这一巨大规模新增老年人口消费需求的产品,产业结构必然要发生改变。如第二产业中要更多地考虑到老年公寓及住宅小区、老年人特殊消费品的生产;老年需求最多、最迫切的第三产业,要更注重在老年服务业、医疗卫生保健业、老年心理咨询业等方面的发展。

此外,人口老龄化将导致社会负担加重。少儿人口和老年人口通常被看作是被抚养人口,其与劳动年龄人口的比值在一定程度上反映了社会对老年人口和少儿人口的负担情况。随着我国社会经济的快速发展及计划生育政策的继续实行,生育率已经处于较低水平,少儿人口在总人口中所占比例变化不大,基本处于相对稳定的趋势。但随着人口老龄化的不断发展,我国老年人口抚养比将不断升高。我国65岁及以上老年人口抚养比从1982年的7.98%上升到1990年的8.35%,到2000年已经达到10.1%,2005年高达12.71%(见表3)。据估计,在2000—2025年间,中国的60岁及以上老年人口抚养比将会增加一倍,由2000年的15.7%上升到2025年的31.0%。预计到2024年,我国老年抚养比将会超过少儿抚养比,从而成为总抚养比上升的主要原因。这也说明劳动年龄人口的负担重点将由少儿人口转向老年人口,人口老龄化将进一步加重社会负担。

表3 我国近三次人口普查及2005年1%人口抽样调查的人口抚养比 (单位:%)

指标	1982年	1990年	2000年	2005年
总抚养比	62.61	49.83	42.86	40.10
少儿抚养比	54.63	41.48	32.71	27.39
老年抚养比	7.98	8.35	10.15	12.71

资料来源:分别根据1982年、1990年、2000年人口普查数据及2005年1%抽样相关调查数据计算所得。

人口老龄化带来的经济后果也是多方面、多层次的,除上面提到的几个方面外,还有诸如对社会家庭收入再分配的影响等。这些经济后果直接关系到我国整个社会经济的每一步发展,应当得到妥善的处理。

(三)应对人口老龄化问题的对策探讨

人口老龄化是人类社会发展中的必然结果,是无法回避的客观产物。虽然它会带来诸多不良的社会后果及经济后果,但我们在人口老龄化问题面前也并不是无能为力的,我们应正确看待人口老龄化问题,努力探索解决这些问题的途径和方法。通过分析人口老龄化引起的社会后果和经济后果,我们不难看出,人口老龄化带来的挑战是全方位、多方面的,要应对这些挑战,我们所做出的战略选择也应该具有前瞻性和全局性。对此,我们可以着重从以下几个方面着手。

第一,大力发展我国经济,为解决人口老龄化问题提供坚实的经济基础。发展是硬道理,只有经济得到了发展,才能解决社会的各种矛盾。当前我国在经济发展方面既具有客观优势,又面临严峻挑战。客观优势是当前我国劳动年龄人口总量大,在总人口中所占比例高，这能为我国的经济发展提供丰富的劳动力资源。所面对的挑战则是当前世界性金融危机对我国经济发展的影响，导致我国许多企业倒闭，就业压力剧大，缺乏良好的国际经济环境。因此，我国应立足国情，充分利用我国发展经济的有利条件，改革现有的经济政策，保持我国经济健康快速发展，为应对我国日益严重的人口老龄化问题打下坚实的物质基础。

第二，在城乡建立和完善符合我国国情的老年社会保障体系。由于我国城乡社会保障有很大差别，因此，我国要针对城乡实际情况建立和完善相应的老年社会保障体系。在城镇，应建立以基本养老保险、基本医疗保险、商业保险、社会救济和社会福利等为主要内容的比较完善的养老保障体系，要进一步完善城市居民最低生活保障制度，确保符合条件的老年人能享受到最低生活保障待遇。在农村，养老问题一直是一个难题。由于农村老年人口规模较大，家庭养老仍是主要养老方式，而随着大量年轻劳动力外出务工，家庭养老功能不断弱化，因此，在较长时期内，农村应在坚持家庭养老为主的基础上，进一步完善社会救济和对弱势老年群体（如农村"五保户"）的供养机制。还应该积极探索多种形式的补充社会保险和社会养老路子。

第三，对现行的生育政策进行适当调整。我国自70年代以来成功地实行了计划生育政策，人口自然增长率已经下降到10‰以下，总和生育率已经降到更替水平以下。但由于我国人口基数大，每年净增人口绝对量还较多，因此，当前以及今后一个时期控制人口增长仍是我国的重要任务。然而，由于人口老龄化的不断发展使人口结构发生了重大变化，因此，我国在控制人口增长的同时，也应考虑人口老龄化的发展趋势及其对社会造成的压力，要适时适当地调整人口政策，做到因地制宜、分类指导，使我国的人口结构更加合理化。

第四，加强对社区老年服务体系的建设，实现健康老龄化。在人口老龄化、家庭小型化以及高龄化趋势加强的背景下，一方面老年人的生活照料需求在不断增多，另一方面随着家庭照料老年人的资源的减少，家庭养老功能不断弱化，这就需要通过发展社区服务来弥补家庭养老方面的不足。同时，无论在城市还是在农村，老年人对生活照料、健康维护以及精神慰藉方面的需要也越来越迫切，通过建立社区养老服务体系，有利于满足老年人这些方面的需求，从而有助于实现健康的老龄化。对此，政府应整合社区为老年人服务的各种资源，构建政府主导、社会参与的社区服务体系，政府从政策优惠、服务机构设置、人员职业化建设等方面给予必要支持。在硬件建设方面要按当地经济发展水平因地制宜、梯度发展；在软件建设方面要注重完善服务体系，增加老年人服务项目。

第五，抓住当前机遇，大力发展老年产业。随着老年人口规模的不断扩大，不仅要大大增加生产满足其衣、食、住、行方面的产品，促进相关产业的发展，还要发展满足老年人心理、文化、交往等方面需求的相关产业。针对老年人食品消费构成中奶类、蛋类、豆类所占比重较高的特点，应加快这类产业的相应发展；针对老年人生理需求的特点，开发和生产适合老年人需求的服装和高营养、易吸收的食品；兴建适合老年需要的公寓式住宅，特别是医疗、卫生、保健相配套的住宅小区；生产满足老年人日常生活需要的特殊产品（如拐杖、轮椅、老花镜等）和老年体育、文化、娱乐及旅游产品；大力发展老年服务业，包括金融保险业、医疗保健业、老年护理业及心理咨询业等。当前，在国际金融危机给我国经济发展带来影响的同时，中央一系列扩大内需、保持经济平稳较快发展的重大举措和支持老龄事业发展的战略部署也为发展老年产业带来了新机遇，我们应把握好这次机遇，加大对老年产业的发展力度，这样既有利于促进我国经济的发展，又有利于减少人口老龄化对我国社会经济发展的不利影响。

参考文献

国家统计局．中国统计年鉴—2006．北京．中国统计出版社．2006
http：//www.mca.gov.cn/article/zwgk/mzyw/200902
邬沧萍．人口老龄化对社会经济的影响和我们的对策．中国特色社会主义研究．2001．
国务院第五次全国人口普查办公室编．世纪之交的中国人口．北京．中国统计出版社．2006
许红旗．人口老龄化——初探提高老年人的生活质量．中国人口发展的理论与实践——纪念改革开放30周年全国学术研讨会论文集
田雪原，王金营，周广庆著．老龄化—从"人口盈利"到"人口亏损"．北京：中国经济出版社，2006．
张再生．中国人口老龄化的特征及其社会和经济后果．南开学报．2000，（1）．
陆杰华．快速的中国人口老龄化进程：挑战与对策．甘肃社会科学．2007，（6）．

（作者单位：首都经济贸易大学人口与经济研究所）

基于人口老龄化趋势下
国外养老保险制度改革及对我国的启示

邓 波 陈 利

人口老龄化,是指总人口中因年轻人口数量减少、年长人口数量增加而导致的老年人口比例相应增长的动态过程。国际上通常把60岁以上的人口占总人口比例达到10%,或65岁以上人口占总人口的比重达到7%作为国家或地区进入老龄化社会的标准。从1865年法国成为世界第一个老年型国家后,世界各国开始陆续步入老年型社会,中国从2000年开始进入老年型社会后,其发展速度是惊人的,其人口老龄化速度明显快于其他各国。这对我国原有养老保险制度产生一定影响。因此通过研究国外应对人口老龄化趋势下养老保险制度的改革,总结各国的成功经验,这对于我国养老保险体系的完善和发展,必将产生积极的理论和现实意义。

一、国内外人口老龄化的现状

(一)世界人口老龄化的现状

世界人口年龄结构向老龄化趋势发展,发达国家的人口老龄化出现最早,程度最为严重,但其发展过程却是缓慢的。1865年法国65岁及以上人口占总人口的比重超过7%,成为世界上第一个老年型国家,瑞典也于1890年步入老年型社会。一战后,英国、爱尔兰、德国相继成为老年型国家,二战后,美国、比利时、加拿大、意大利、苏联、日本也先后步入老年型社会。

世界人口老龄化进程不一致,发达国家和地区的老龄化程度远高于发展中国家和地区的老龄化程度。据联合国的统计数据显示(见表1),1950年60岁及以上人口占世界人口的比例为8.2%,2000年这一比例上升至10%,预计到2050年进一步上升至21.1%;65岁及以上人口比例由1950年的5.2%上升至2000年的6.9%,并将在2050年达到15.6%。其中欧洲北美洲和大洋洲的人口老龄化程度较其他地区更为严重,欧洲1950年65岁及以上人口比例达8.2%,2000年这一比例上升至14.7%,预计2050年将达到29.2%。大洋洲的情形与欧洲和北美洲类似,这几个地区在1950年已经成为老年型地区,随着时间的推移,这些地区的老龄化程度正在加剧。相比之下,非洲的年龄结构比较年轻,但非洲也将在本世纪中叶成为老年型地区。总体说来,世界各地区都朝着人口老龄化方向发展。

表1 世界各地区人口年龄结构(1950—2050) (单位:%)

地区	1950		2000		2050	
	60岁以上	65岁以上	60岁以上	65岁以上	60岁以上	65岁以上
世界	8.2	5.2	10.0	6.9	21.1	15.6

续表

地区	1950		2000		2050	
	60 岁以上	65 岁以上	60 岁以上	65 岁以上	60 岁以上	65 岁以上
非洲	5.3	3.2	5.1	3.3	10.2	6.9
亚洲	6.8	4.1	8.8	5.9	22.6	16.7
欧洲	12.1	8.2	20.3	14.7	36.6	29.2
拉美	5.9	3.7	8.0	5.4	22.5	16.9
北美	12.4	8.2	16.2	12.3	27.2	21.4
大洋洲	11.2	7.4	13.4	9.9	23.3	18

资料来源：United Nations Population Division. (World Population Ageing 1950—2050). New York：United Nations, 2002

（二）中国人口老龄化的现状

中国作为最大的发展中国家和人口总量最多国家，其人口年龄结构和趋势无疑是值得关注的。2005 年全国 1% 人口抽样调查结果显示，中国人口为 13.06 亿人，约占世界人口的 21%。中国也是世界上老年人口最多的国家，号称世界老年人口大国。1950 年，中国 60 岁及以上老年人口为 4160.7 万人，占世界老年人口总数的 13.4%；1990 年为 9935 万人，占世界老年人口总数的 21%。中国在 2000 年 65 岁及以上老年人口比重达到 7%，进入老龄化社会。中国 65 岁以上人口由 7% 上升到 14% 预计用 26—27 年，相比其他国家，如法国 65 岁以上人口由 7% 上升到 14% 用了 115 年（1865—1980 年），瑞典用了 85 年（1890—1975 年），德国和英国用了 45 年（1930—1975 年），中国老龄化速度要快得多。

表 2　2000 年—2008 年中国老龄人口数量比例表　　（单位：%，万人）

年份	60 岁以上人口数量	60 岁以上人口比例	65 岁以上人口数量	65 岁以上人口比例
2000	13000	10	8837	7
2001	——		9062	7.1
2002	——		9377	7.3
2003	——		9692	7.5
2004	——		9857	7.6
2005	14400	11	10055	7.7
2006	14901	11.3	10419	7.9
2007	15340	11.6	10636	8.1
2008	15989	12	10956	8.3

资料来源：根据 2000 年以来国家国民经济和社会发展统计公报；2007 年中国主要人口数据（国家计生委网站，人口概况，2008 年 6 月 29 日发布）；2005、2006 年全国 1% 人口抽样调查等资料整理。

从表 2 中我们可以看到，从 2000 年我国进入人口老龄化开始到 2008 年，仅仅 8 年时间，60 岁以上人口即从 13000 万增加到 15989 万，8 年间增长了 2989 万人，平均每年增长 373.63 万人；60 岁以上老人占全国总人口的比重从 10% 增加到 12%，8 年间增长了 2 个百分点，平均每年增长 0.25 个百分点；65 岁以上老人从 8837 万人增长到 10956 万人，8 年内增长了 2119 万人，平均每年增长 264.88 万人；65 岁以上老人占全国总人口的比重从 7% 增加到 8.3%，8 年间增长了 1.3 个百分点，平均每年增长 0.16 个百分点。

二、人口老龄化对我国养老保险制度的冲击与挑战

人口老龄化减少了人均 GDP 的数量，也减少了劳动力的供给，人口老龄化的迅速到来已经开始对我国社会经济发展形成巨大压力，并且这种压力将以更快的速度，更大的力量，更宽的范围传递开来。这些因素与老年人口增加相结合，自然影响到一国的养老保险制度。

（一）老年人口抚养比增大

老年人口抚养比或称老年人口抚养系数，或赡养率，是指 65 岁以上人口数量占工作人口（15~64 岁）数量的比重。随着人口老龄化的出现，65 岁以上老人的数量逐渐增加，而出生率的下降导致年轻的工作人口日趋减少，也就是说，工作人口负担的老年人口越来越多。厉以宁等在《中国社会福利模型》一书中指出社会的赡养率与一个国家的经济发展水平有很密切的关系，他们的研究结果表明：1980—2025 年间，中国的老年抚养指数都超出了在同等人均国民生产总值下的老年抚养指数的国际平均水平，意味着中国所要承受的老年抚养指数超出了国际上同等经济发展水平的其他国家，或者说，人口老龄化给中国经济造成的压力高于其他发展中国家。大部分工业化国家早在老年人开始消耗大量国家资源之前就实现了繁荣，而中国在没有实现经济的繁荣之前就面临着严峻的老龄化，即"未富先老"现象比较严重，因此养老对社会提出的压力更大。

（二）养老金支付压力增大

人口老龄化的直接后果就是老年人口总量增加，需要支付养老金的老年人口基数增加。按照有关预测，达到峰值的 2037 年前后，我国 60 岁以上老年人口将在较长时间内维持在 4 亿人左右。董克用、王燕（2000）认为，1997 年以后的养老保险制度以城镇职工为对象，单位和职工缴费总额控制在 28% 以内，如果假设社会平均工资的增长率有下降的趋势，在现行养老保险制度下，养老保险基金从 2025 年开始出现精算赤字，到 2050 年，年度预算赤字将达到 16%，说明在人口老龄化背景下我国现行的养老保险制度缺乏长期偿付能力。为了减轻压力，我们探索建立了"统账结合"的新模式，即以企业缴纳为基础的现收现付制度与个人缴纳为基础的个人账户制并存。但是实行新制度前已经退休的所谓"老人"和已经开始缴纳养老保险尚未退休的所谓"中人"，预先并没有为其提留应计入个人账户的养老金，而基于代际负担的现收现付制也不能再为其支付应得的养老金。这样为了做实"老人"与"中人"的个人账户，就形成了巨额的转制成本，按照较为权威的测算，这个成本高达 3 万亿元人民币左右。如何化解这一成本压力，至今没有达成共识的良策，决策层也没有采取有力措施。

（三）养老金供给相对减少

人口老龄化在增加老年人口数量的同时，也相应减少了劳动人口在人口总量中所占比例。这就意味着更少的劳动人口养活更多的老年人。换句话说，就是能够分

摊到每个老年人身上的养老金相对减少。事实上,我国目前参保人员的负担系数正在逐年提高,从1989年的18.5%提高到1997年的29.2%,2006年为32.8%。大体上是3位在职职工供养一位退休人员,已经到了承担能力的边缘。另外,随着社会经济不断进步,消费和物价水平的提高,养老金支付水平也要相应提升,否则,养老保险的作用就会不断下降甚至不能发挥作用。然而,由于人口老龄化使老年人口总量不断增加,维持原有很低水平的养老金供给尚困难重重,不断提高更是难以想象,养老保险制度承受着双重压力。

(四) 原有的养老保险制度难以为继

人口老龄化导致的老年人口总量增加,一方面直接增加了养老金支付的数额,另一方面又减少了养老金的供给,对原有的养老保险制度构成了双重压力,使其难以为继,由此引发了世界范围内的养老保险体制大变革。从我国建立养老保险制度开始,整个养老保险体制就是适应人口结构较为年轻化的相对稳定状态建立的现收现付制。然而,人口老龄化打破了这种制度均衡,总量相对收缩的下一代人已经不能养活老年人口相对膨胀的上一代人。于是,人们在探索新的制度体系时试图实现两个转变:一是由下一代人养活上一代人变为自己养活自己;二是在国家、雇主和受益者个人三个利益主体之间,养老保险的责任承担由以国家为重心转向以个人为重心。具体的制度设计就是养老保险私有化改革。然而,这一改革至今尚无完全成功的例子。

三、人口老龄化趋势下的国外养老保险制度改革

20世纪70年代末以来,各国纷纷开始对养老保险制度进行调整和改革,以适应人口老龄化给养老体系带来的压力。

养老保险改革的思路有两种:一种是保留原有制度的资金筹集和使用模式,对其进行修补性调整,引入市场化因素,加入个人责任并开始注重制度的效率性,这种改革以美国、瑞典为代表;另一种是对养老保险制度的资金筹集和使用模式进行改革,以完全基金制代替现收现付制,新的养老保险制度实行完全市场化的运作,强调制度的效率性,这种改革以智利为代表。下面我们分别对美国、瑞典和智利养老保险改革进行考察。

(一) 美国养老保险制度及其改革

针对人口老龄化趋势,20世纪80年代以后,美国政府对养老保险制度进行了一系列调整,其特点是保持现收现付制度不变,对其进行局部性的改革,主要是通过削减项目、紧缩规模并更多地引入私人经营的做法来减轻联邦政府的负担。包括提高正式退休年龄到65岁、为养老保险缴费盈余部分建立养老保险基金并进行收益性投资、鼓励补充性企业退休计划和个人储蓄计划的发展等内容。改革措施倾向于维持现收现付制并使其可持续发展。此外,美国还大力发展高新技术,用技术进步弥补人口老龄化所造成的劳动力不足,依靠经济扩张和就业增加来确保养老保险制度的持续。

(二) 瑞典养老保险制度的改革

随着人口老龄化程度的加重,福利费用大幅度上升,瑞典从20世纪80年代开

始反思占社会保障支出巨大份额的老年保障制度,并尝试对国民基本年金进行改革。瑞典的改革表现为支付标准的"微调"和着力于机制的创新。瑞典保留了现收现付制的财务模式,只是将养老金待遇给付模式由待遇确定制转向缴费确定制,开发出名义缴费确定型现收现付制(Nominal Defined Contribution)。这种改革避免了现收现付制转为完全基金制时会发生的一系列难题,同时在养老金的给付方式上使用了缴费与给付一一对应的缴费确定制,因而又解决了激励机制的问题,并且名义回报率是以社会平均工资增长率来确定的,这样的安排使得老年人和年轻人共享经济增长的成果、共同承担其风险。

(三) 智利养老保险制度的改革

智利养老保险改革使养老保险制度由现收现付制转向完全基金制,新制度由私营部门管理为主,具体体现在:新制度是强制性的,以正式雇员身份工作的劳动者必须参加改革后的基金制养老保险,并向其个人退休账户缴纳保险费,费率为工资总额的10%;由私营的养老保险基金管理公司(Pension Fund Administrators)为劳动者建立个人退休账户,并将此账户中积累的资金投资于资本市场;个人可以选择养老保险基金管理公司,还可以把他们的养老保险个人账户在不同的管理公司之间转移;当个人退休时,他可以选择购买年金,也可以根据预先设定的计划提取养老金;缴费者退休时根据个人退休账户积累额决定养老金领取额。

智利养老保险制度改革取得了令人瞩目的成绩,受到了各国的广泛关注。改革不仅彻底改变了现收现付制下的财务危机,还使得公共养老金支出、养老金的债务负担以及工薪税都处于了较低的水平,并对增加国民储蓄、提高劳动力市场的竞争性方面起到了促进作用。但改革的时间并不长,仅仅只有二十余年的时间,改革后的养老保险制度还未进入成熟期,对这一制度的评价为时尚早。

四、国外养老保险制度改革对我国的借鉴与启示

世界各国的养老保险体制正处于改革、转型的探索过程中,并没有一个理想的模式供我们移植。所以可行的选择是汲取各个制度中的合理成分,尽量减少其负面影响,向组合式、多支柱的养老保险模式发展。

(一) 建立多层次的养老保险制度

国外经验表明,养老保险制度越完善、服务越到位,投保者的热情就越高,保险基金也就越充足;反之,投保者越没有热情,保险基金就越不充足,周而复始形成恶性循环。因此,我们应积极扩大养老保险的覆盖面,建立包括基本养老保险、企业补交养老保险和个人储蓄性养老保险等多层次的养老保险体系。

(二) 有选择性的延长法定退休年龄

就人类自身发展规律来看,老年本身就是一个相对可变的概念,因此,随着老年的推迟到来,退休年龄相对推迟,也是可以理解的。试想一个三十多岁才开始逐渐发挥作用的专业人员到六十岁就不能再为社会创造价值,浪费实在太大。但这个问题放在我们国家,情况又有所不同。因为,我国在人口加速老龄化的同时,在相当长的时期内,就业压力巨大。如果单独比较这两个问题,就业压力明显重于人口老龄化带来的养老金支付危机,所以一刀切地统一延长退休年龄也不合适。我们可

以借鉴国外做法，限于一定范围内的专业人员，延长法定退休年龄，至少应当改变目前单纯以生理年龄作为唯一标准的政策。

（三）建立有效的激励约束机制

养老保险的给付条件从总体上讲越来越严密，导向性越来越明显，越来越人性化。给我们的一个重要启示是：各个国家养老保险的支付慢慢形成了一个激励机制，即通过政策引导，如缴税时间越长，领取养老金越多就强于不分缴税时间长短，同一标准领取养老金；以法定退休年龄为基点，延期领取养老金可以有更高的领取比例，反之，提前领取则要相应降低领取比例，既缓解了矛盾，又利于增加养老保险收入，减少支出。

参考文献

联合国人口委员会人口学词典编写委员会. 多种文字人口学词典 [M]. 北京：商务印书馆，1992.

蔡昉，王美艳. 中国城镇劳动参与率的变化及其政策含义. 中国社会科学，2004 (4).

熊必俊. 人口老龄化与可持续发展. 北京：中国大百科全书出版社，2002.

孙祁祥，朱俊生. 人口转变、老龄化及其中国养老保险制度的挑战 [J]. 财贸经济，2008 (4).

郑功成. 社会保障概论. 上海：复旦大学出版社，2005.

李通屏. 人口经济学 [M]. 北京：清华大学出版社，2008.

Feldstein, Martin. "Structural Reform of Social Security". *Journal of Economic Perspectives*, 2005.

Barr, Nicholas, and Peter Diamond. "The Economics of Pensions." *Oxford Review of Economic Policy*, 2006.

Population Division of Department of Economic and Social Affair. *World Population Prospects: The 2004 Revision* [M]. New York: United Nations, 2005.

（作者单位：华东交通大学）

浅析弹性福利制度的实施与员工激励

杨 苗

随着经济的迅猛发展和市场经济中竞争的加剧，人力资源的竞争已成为企业实现战略目标、增强核心竞争力的关键。如何有效地激励员工、吸引人才成为人力资源管理的首要任务，显然这离不开企业的薪酬管理制度。企业福利制度作为薪酬制度的一个重要组成部分，在减少员工不满、吸引优秀人才方面起到了显著的作用。然而，员工内在需求的多层次、多样化特点使统一且单调的传统福利制度很难满足员工个性化的需求，进而削弱福利的激励作用。为规避此类缺点，从20世纪70年代开始，在西方发达国家的一些企业中，开始针对员工不同的需求提供不同的福利内容以改进福利结构。企业实施柔性化的福利制度，采取人性化的措施去关心员工利益，以达到激励效用的最大化。弹性福利制度是柔性化福利制度的重要形式。

一、弹性福利制度在员工激励中的作用

弹性福利制度，是指企业为了激励员工，在既定的福利预算的约束下，根据不同员工的多层次、多样化的需求，设计具有弹性的福利项目以供员工选择，使员工需求得到最大化满足的制度。员工可以根据自己的需求倾向，选择那些能够给自己带来最大效用的福利。这种制度对员工具有激励作用，同时也可以改善企业与员工的关系。对企业而言，有利于雇主管理和控制成本，减少员工的不满，吸引优秀人才。

弹性福利制度在员工激励中的作用见图1。

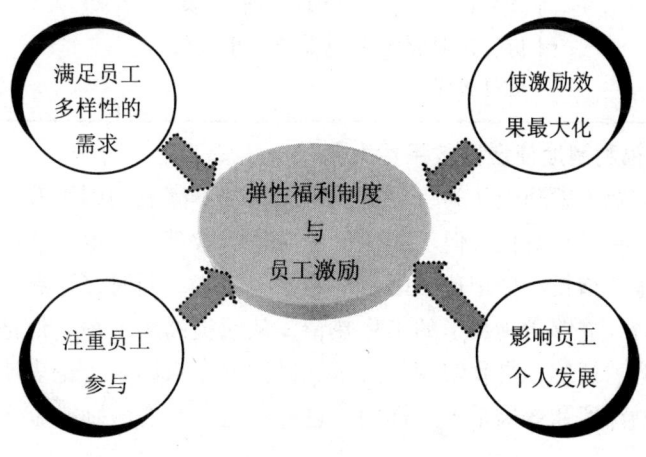

图1 弹性福利制度在员工激励中的作用

(一) 弹性福利制度满足员工多样性的需求

马斯洛需要层次理论认为，人的需要主要分为七个层次：生理需要、安全需要、社交需要、尊重需要、求知需要、求美需要和自我实现需要。人们对需要的追求各有差别，同一需要对不同人的重要性、迫切性不一样。管理者只有根据不同人的不同需要，有针对性地采取不同的管理措施才能取得良好的效果，有效地实现对具有各种层次需求的员工的激励。

对员工而言，由于在年龄、性别、文化、收入以及家庭情况方面的差异，员工对同一福利项目会有不同的看法，其主观"效价"也不一样。弹性福利制度非常强调弹性设计，企业在设计福利项目时会广泛征求员工的意见，按照不同的情况，因人、因时、因地设计弹性福利项目，并允许员工在规定的货币额度内，根据自己的需要和偏好选择福利组合，从而提高了福利资金的使用效率，实现了个人享有的福利价值最大化，因而容易受到员工的欢迎，也有利于企业吸引人才。员工通过这种灵活的弹性福利制度，使自己的需要得到切实的满足，企业也能够使福利的效用达到最大化，给员工带来最大的激励效用。表1列举了弹性福利制度的内容。

表1 弹性福利制度的内容

福利项目	内 容	备 注
核心福利（法定福利）	社会养老保险、社会医疗保险、工伤保险、事业保险、法定保险、病假、事假、特殊假期	所有员工都要享有的基本福利
弹性福利	人寿保险、健康检查、工作餐、带薪培训或教育补助、节假日礼物或优惠实物分配、娱乐或体育活动、职工个人财产保险、带薪假期、职工住房或住房补贴、交通补贴、员工旅游或提供疗养机会、本企业股份股票或股权优先权、企业幼儿园或家庭保姆、家庭特困补助、视力保险、牙科保险、健身房等	福利种类不同、福利层次不同，需要根据企业的支付能力和员工喜好设立

(二) 弹性福利制度使激励效果最大化

赫兹伯格的双因素理论认为，在造成员工非常不满意的因素改善之后，只能消除员工的不满、怠工与对抗，但不能使员工变得非常满意，也不能激发他们工作的积极性，促使生产增长。他把这类因素称为保健因素。同时，当那些使员工感到满意的因素改善时，能够激励员工的工作热情，从而提高生产率。他把这类因素称为激励因素，晋升、褒奖、自我实现等属于激励因素。双因素理论表明，满足各种需要所引起的激励深度和效果是不一样的，且并不是所有的激励措施实施后都能带来满意。

弹性福利作为一种激励因素在员工激励方面起到重要的作用。管理者泛泛地抓一般的激励措施是不够的，而应采取多数员工认为效价最大的激励措施。但是，即使管理者采取某一多数员工认为效价最大的措施来对全体员工进行激励，仍存在少数人的效价无法达到最大，不能达到最好的效果。弹性福利制度在一定程度上弥补了这一缺陷，它使全体员工根据需要选择自己认为效价最大的福利项目，从而达到最佳激励效果。通过研究发现，和普通福利制度下的员工相比，在弹性福利制度下自身需求得到满足的员工工作更加努力且离职率更低。

（三）弹性福利制度注重员工参与

弹性福利制度的特征之一，就是通过加强员工参与，使得弹性福利制度能够真正从员工的需求出发来设计企业需要为员工提供什么样的福利。为此，企业对员工展开调查，收集他们所需要的福利的信息。这样不仅能提高弹性福利制度的针对性，使福利的激励和保障功能得以有效实现，还能通过调查等参与形式提升员工的主人翁意识，提高员工对福利制度的满意度。员工参与还体现在弹性福利制度的具体操作形式中。弹性福利制度给予员工一定的福利额度供其在设置的福利项目中进行选择，这种形式体现了人性化的管理理念，极大程度地提升了员工对企业管理活动的参与感，同时使弹性福利制度可以更有效地开展。此外，在弹性福利制度的实施过程中，企业通过各种途径了解员工对制度的建议，并根据员工反应的实际效果对弹性福利制度进行评估，使制度本身更加完善，同时也强调了员工的参与意识，进一步提升其对工作的满意度和对企业的忠诚度，企业达到员工激励的目的。

（四）弹性福利制度影响员工个人发展

在设计弹性福利制度的福利项目时，企业在员工需求调查结果的基础之上，还会考虑到实现企业自身发展目标所需的内容。例如，针对员工有提高知识、技能的需求，企业设置业务素质、岗位技术、管理技能等方面的培训项目供员工选择。显然，这些福利项目激励员工接受再学习、再教育，有助于提高员工的相关工作技能和能力，影响员工个人发展，增强其在工作中的竞争力。这种具有培训性质的福利项目，不仅可以使企业的福利资金得到更高的收益回报，还能够激发员工的活力和创造力，既起到了福利制度的激励作用，又能够促进员工进步和提高，可谓一箭双雕。

二、目前我国福利制度中存在的问题

目前，我国许多企业的福利方案与实际脱节，不符合企业的发展战略，不仅不能体现企业的文化，还有可能成为企业的一项无明显收益的成本开支，使得人力成本增加，企业失去竞争力。较典型的问题存在于以下几个方面：

（一）企业对福利制度不够重视

企业实施的福利制度中，一般分为两个部分，即强制性福利项目和自愿性福利项目。一般情况下，因强制性福利为法律规定的项目，故企业不得不重视。但是对于自愿性的福利项目，由于它们的收益和回报通常都不是显性的，所以企业常常会因福利成本的攀升而随意削减非法定福利。由于企业对福利制度不够重视，导致其存在明显的随意性。当部分已成为保健因素的福利项目被撤掉之后，员工往往会产生抵触和消极的情绪，影响工作积极性，企业福利管理得不偿失。

（二）福利水平落后于经济发展水平

在体制改革和经济全球化的影响之下，我国的经济得以迅速发展，人们的收入和生活水平得到大幅度的提高，同时，人们在物质以及精神方面的需求也随之提高。与此形成鲜明对比的是相对较低的福利水平，福利水平与经济发展水平脱节。美世2007年中国福利趋势研究显示，在中国，超过三分之一（35%）接受调查的雇主表示，其雇员对当前的福利计划并不满意，认为福利计划缺乏弹性并且和自身需要不相关。企业员工认为企业的福利水平不高，无法满足需求，员工对目前福利的总水平不满。可见，这种福利水平是不适应目前的经济发展水平和速度的，不利于提高员工的积极性，并不能有效地为企业福利管理体系服务。

（三）企业实施的福利制度缺乏弹性

传统的福利制度项目设置单调且统一，大多围绕法定福利项目开展，而忽视了员工更高层次的需求，也很难满足员工的多样化需求。目前我国企业福利制度多为刚性的福利制度，美世2009年全球弹性福利调研结果显示，在美国、加拿大等较早开始采用弹性福利制度的国家，有14%的受访企业给予员工极大地福利选择权，另有28%的受访企业给予员工部分的福利选择权。而在中国，81%的受访企业不提供给员工任何福利选择权。当企业提供的福利项目无法与员工的需求相匹配时，就很难发挥福利的激励作用，只会出现企业花费大笔的福利成本但员工却不买账的情形。这种死板的福利制度不仅浪费了企业资源，甚至还会使员工的不满意感加强。

（四）福利制度没有充分发挥激励作用

根据中国人力资源开发网的调查表明：72.33%的受访者表示金钱性福利更有激励作用；58.74%的受访者认为，机会性福利对其更有激励作用；而法定性福利被认为最不能激励员工的福利，仅有38.11%的受访者觉得它有激励作用。可见，福利的激励效果主要取决于员工个人的特定需要。当所有的员工都享有同等水平的待遇时，不仅很难产生激励效用，反而可能会因为这种表面上的"公平性"影响了员工的工作积极性。

（五）企业实施的福利制度难以与员工达成共识

传统的福利制度往往是被动地设计福利方案，在设计方案前没有完善的成本收益分析，没有进行员工需求调查，实施过程中也缺乏有效地控制和反馈，使得福利制度缺乏合理性。同样，员工也只能被动地接受企业发放的福利项目，不论是否需要或者是否存在更需要的项目，都只能接受，而其中常常包含有并不需要的项目，这样只会造成资源的浪费。在这种情况下，企业希望福利制度向员工传达企业文化、提高员工满意度的意图就很难实现了。一旦福利制度的实施过程中出现失误或不公平现象，会直接影响到员工的态度，产生对企业的不信任。

（六）福利制度缺乏透明性和规范性

由于企业和员工双方都对福利制度没有明确和清晰地认识，所以导致福利制度缺乏透明度。表现为企业被动地设计福利制度，缺乏明确的计划和方法做指导，过强的主观性影响福利制度的透明性。福利制度中的柔性部分，因为无明确的法律规定，使得企业拥有较大的自主权，有时会出现企业一方说了算的局面。另一方面，员工因为对福利关注度不够，并不能详细了解它的运行机制，所以为福利制度的不透明造就了条件。同时，由于双方缺乏沟通，福利制度的实施也缺乏有效地监督和监控，使得福利制度的有效性受到了极大的影响。

三、弹性福利制度实施的必要性分析

传统的福利制度存在的诸多问题和缺陷，影响了福利制度的激励作用，无法达到企业实施福利制度的目的，会对企业和员工双方造成一定的损失。为了弥补这类缺陷，企业的管理者必须准确地认识到福利的重要性，采取灵活柔性的弹性福利制度，设计和研究适合企业实际情况和市场环境的福利制度，以达到激励作用的最大化，吸引和保留优秀人才。

（一）需求理论的要求

依据双因素理论的观点，当保健因素缺失时，往往会导致人的不满意，可当它达到一定标准后，再增加也不会导致满意度的提高。而对于激励因素的变化趋势则恰恰相反，在缺失或处于较低水平时，人们既不存在满意，也不会存在不满意，而当福利达到一定标准后，激励效用就会随福利的增加而增加。然而，传统的福利制度多为缺乏弹性，对全体员工实行统一的福利项目，所以传统的福利项目只能起到保健因素的作用，久而久之会成为企业的一项成本负担，同时无法提高员工的满意度。为改变这一现状，企业就必须改变传统的普惠式的福利制度，转而采取弹性福利制度，使福利项目转变为激励因素，进而促进福利制度和激励效用的良性发展。只有在员工的不同需求得到尽可能地满足时，福利制度的效用才会发挥到最大。

（二）规范化和制度化的要求

企业中任何工作的开展都需要一定的制度来保障，这样才能使其顺利地开展，有效地为企业战略目的服务。传统的福利制度由于缺乏一定的机制保障和规范，没有科学的理论、方法做指导，常常会出现低效率甚至是不公平的现象。为避免这种现象的发生，一方面需要加强企业管理者对福利的认识，明确福利制度的实施目标，使得企业福利制度准确、有效地为企业服务；另一方面应通过提高员工的参与度来提高他们对福利制度的关注，这不仅有助于福利制度的开展，而且还可以有效地监督企业管理者的相关行为，避免一些非正规行为的发生。要达到这样的效果，企业就必须采取弹性福利制度，才能够保证福利制度规范有序地开展。

（三）针对性和灵活性的要求

随着经济的发展和人们生活水平的日益提高，员工的需求也会有所变化，对福利项目的需求有范围扩大和要求提高的趋势。对于员工个性化和多样性的需求，传统的福利制度很难满足和实现，一方面企业不了解员工的需求，无法准确利用福利预算达到预期目的；另一方面员工没有机会参与到福利制度中去，只能被动地接受福利项目。为了解决这一状况，企业必须寻找一种合理有效的机制来开展福利管理，以使企业和员工能够共同参与到福利制度中，使福利的效用达到最大化。这种机制就是弹性福利制度。只有利用弹性福利制度，才可能有针对性地满足员工需求，最大程度地调动员工的积极性，并且使企业对员工的福利激励作用达到最大化。

这样看来，根据员工的需求灵活地建立福利制度，设计使员工有机会在雇主提供的各种类型和等级的福利中进行选择的制度显得尤为有效和必要。通常，弹性福利制度不仅能够弥补传统福利制度的种种缺陷，还能够为企业带来以下效益：满足员工的不同的需求，增加福利对于他们的效用；雇主通过福利开销使资本投入有了更好的利用价值；通过提供给员工们一笔资金而不是承诺一定水平的福利，可以达到控制开销的目的；帮助补充和保持实力，并且在合并中有助于协调条款条件。根据美世 2009 年弹性员工福利调研结果，82%已经实施了弹性福利的受访企业认为弹性福利的实施效果达成了他们预期的目标，员工对弹性福利的反应非常正面。从成本角度而言，42%的受访企业表示他们的福利成本没有增加，30%的受访企业表示他们的福利成本有所下降（其中8%的企业表示福利成本显著降低）。可见，弹性福利制度凭借其优越性和较强的适用性，已成为一种趋势所向，必将被大多数企业所采纳。

四、弹性福利制度的实施

在企业的发展中，弹性福利制度由于其显著的灵活性和针对性，逐渐成为企业激励员工的最有效方式之一。但是，这种制度的灵活性特点并不意味着它可以随意实施，企业管理者只有按照一定的目标、原则、流程去实施弹性福利制度，才能保证其积极作用的充分发挥。

（一）弹性福利制度的实施目标

企业员工福利管理的基本目标有两个，即提升员工福利满意度和控制福利成本。对于提升企业员工的满意度方面，实施弹性福利制度不仅能够考虑到不同员工的不同需求，提高福利制度的灵活性和适应性，还能够通过调查问卷、沟通等形式来强调员工的参与意识，体现人性化的管理理念。此外，在控制成本方面，通过员工自行从福利项目中进行选择，可以避免企业向员工提供不需要的或额外的福利项目，有助于节约福利成本开支。同时，弹性福利制度的实施模式是，员工运用自己手中的一定的福利额度，去"购买"福利项目范围内的同样具有一定额度价值的项目。这种交易行为会在一定程度上促使员工更加注意自己的选择，从而增强了其对福利的感知度和成本意识。

（二）弹性福利制度的实施原则

企业在实施弹性福利制度时，应遵循一定的原则，确保这一制度能够顺利开展，发挥最佳效果。弹性福利制度的实施首先应符合战略导向原则，与企业的总体战略目标相匹配，体现企业发展战略层面的需求。其次，在与同行业或者同类型的企业进行比较时，本企业福利水平必须具有一定的市场竞争性，才能够在获取人才的竞争中取得胜利，从而使整个企业的竞争力得到提高。在设计弹性福利制度时还应考虑到福利项目的激励性和可衡量性，以使得那些绩效水平高、技能水平高的员工，有更大的福利选择权或是选择更高额度的福利项目，并且让员工在横向与纵向比较中，获得更高的满意度。此外，弹性福利制度的实施还符合灵活性和员工参与性。应使制度具有根据公司的经营、财务状况和市场环境的变化而自我调整的能力，使得弹性福利制度具有更强的适应性。

（三）弹性福利制度的实施步骤

弹性福利制度的实施步骤如图 2 所示。

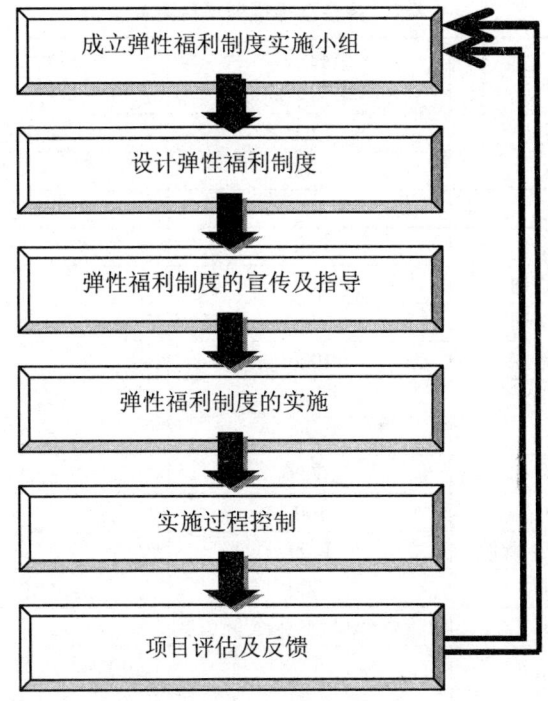

图2 弹性福利的实施步骤

1. 成立弹性福利制度实施小组

确定弹性福利制度实施小组成员及职能,以负责该制度的顺利开展。小组成员应包括企业管理人员、人力资源管理人员、员工代表以及相关工作人员。有时还可以外聘福利管理专家,对于有条件的公司,也可以选择弹性福利管理外包。

2. 设计弹性福利制度(如图3)

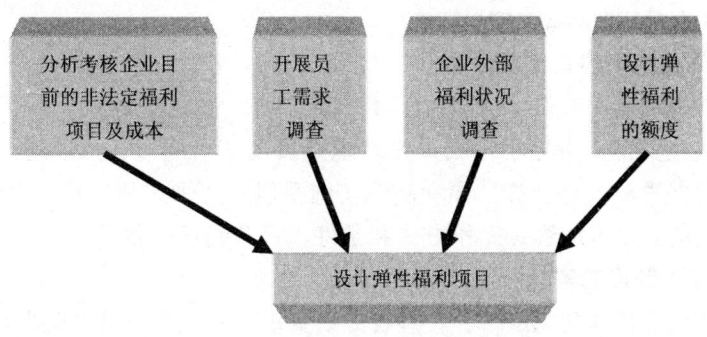

图3 弹性福利的设计步骤

设计弹性福利制度,是弹性福利制度的最为关键和重要的环节。制度设计得是否科学,关系到下一步弹性福利制度实施的有效性。企业应根据自身的实际情况和员工的具体需求,遵循上文中提到的设计原则,设计出合理可行的弹性福利制度。表2列举了一份弹性选择福利项目的清单。

表2 弹性选择福利项目清单

序号	福利项目	福利点数（一年为一周期）	备注
1	工作餐	1200	每月按100元计算
2	住房补贴	2400	每月200元
3	单身宿舍	360	每月30元
4	交通补助	360	每月30元
5	业务素质培训	500	
6	岗位技术培训	600	
7	管理技能培训	1000	
8	海外培训	15000	
9	硕士类	6000	分2年平均支付
10	博士类	10000	分2年平均支付
11	书报费补贴	100	
12	商业性补充养老保险	1000	
13	法定假期	1000	国家规定的法定节假日
14	带薪假期	月工资额/22天×实际天数	
15	健康检查		内容及点数详见届时公布健康检查计划
16	集体旅游		内容及点数详见届时公布的旅游计划
17	托儿津贴	1000	
18	洗理费	300	
19	购房贷款补贴	2000	
20	大病保障险	1000	
21	暖气费	1500	
22	降温费	100	

注：表中福利项目随实际情况随时调整。

3. 弹性福利制度的宣传及指导

核实弹性福利制度的设计，并将具体的设计结果整理成文，以编写详细、准确的弹性福利实施安排，指导小组成员更好地开展工作。同时，可以通过小组会议、邮件或是编制并发放《企业弹性福利制度实施手册》等形式，向员工介绍企业弹性福利制度的目的、基本内容、操作方法和条件，以达到宣传和指导的目的。

4. 弹性福利制度的实施

在正式实施弹性福利制度时，管理者应认真审查并且帮助员工获得相应的福利。弹性福利制度不同于传统的福利制度，它具有较强的灵活性和变化性，所以员工往往会面临大量的福利项目和规则，并且这些项目和条件常常改变，这就需要制度的管理者指导员工合理选择项目并且付费。

5. 实施过程控制

在实施的过程中，管理者应该对所有环节、所有程序、所有人员进行控制，使得弹性福利制度能够顺利的进行，这样不仅控制了成本，还保障了员工福利的实现。这需要管理者和员工的共同努力，每一个环节都不能有闪失。

6. 项目评估及反馈

这是弹性福利制度实施过程中的最后一个步骤，也是很重要的一个环节，它为下一次弹性福利制度的开展提供借鉴意义，也可随实际情况及时修改制度，使得福利能够发挥更大的作用。在每一周期的弹性福利制度实施过程中以及结束时，都要进行员工的福利满意度调查，以便对福利项目进行评估，指导下一周期福利制度设计的修改。

综上所述，由于传统的福利制度存在诸多局限性，而企业又亟待采用一种可以解决现状且能有效激励员工的福利手段，在这种形势下弹性福利制度的出现和普遍运用已成为一种趋势。设计和实施一套科学、合理的弹性福利制度，不仅可以使企业既定的福利成本得到有效使用，同时可以有效激励员工，吸引和保留优秀人才。根据美世《2009 年弹性员工福利调研》结果，5%的中国受访企业已经制定了在未来两年内实施弹性福利的明确计划，29%的企业正在研究实施弹性福利的可行性。我国企业在引入弹性福利制度时，应该充分考虑到企业的实际情况和我国的特殊国情，来进行弹性福利的设计和实施，充分地发挥激励作用，以求更好地为员工和企业服务。

参考文献

庄琦. 如何以弹性福利改进福利结构 [J]. 青年记者, 2009, 3: 19 - 21.
康健. 为弹性福利列菜单 [J]. 人力资源, 2006, 1s: 34 - 35.
文跃然. 薪酬管理原理 [M]. 上海: 复旦大学出版社, 2004. 280 - 285.
罗曼. 浅析弹性福利制度 [J]. 人口与经济, 2010, s1: 130 - 131.
张德. 组织行为学 [M]. 第二版. 北京: 高等教育出版社, 2004. 41 - 43, 200 - 202.
孙蓓华, 沈榆钧. 国企福利改革的弹性福利体系建议 [J]. 上海国资, 2010, 2: 94 - 96.
相正求, 花军刚. 薪酬设计与实施 [M]. 上海: 华南理工大学出版社, 2008. 215 - 216.
庄箐, 张晓. 企业的激励机制和弹性福利 [J]. 企业导报, 2009, 12: 170 - 171.
解进强, 史春祥. 薪酬管理实务 [M]. 北京: 机械工业出版社, 2008. 318 - 319.
尹为洁. 弹性福利计划在企业中的应用 [J]. 科技资讯, 2009, 8: 142.
Soo-Hoon Lee, Anusorn Singhapakdi, Lay-Ling Too. *Advantages of Flexible over Traditional Benefits: A Procedural Justice Explanation* [J]. Applied Research in Quality of Life, 2008, 3 (2): 107 - 125.
彭剑峰. 人力资源管理概论 [M]. 上海: 复旦大学出版社, 2003. 421 - 424.
杨国钦. 企业福利激励机制的探讨 [J]. 中国勘察设计, 2008, 12: 36.
安然. 弹性福利: 激励员工的一把利剑 [J]. 中国新时代, 2008, 10: 98 - 100.
美世. 2009 年总体福利趋势调研（TBTS）: 中国福利趋势研究 [EB/OL]. http://cn.mercer.com/summary.htm?idContent = 1321025/2007 - 11 - 23.

Beth Umland. 美世2009年弹性员工福利调研 [EB/OL]. http://cn.mercer.com/summary.htm?idContent=1366600/2009-12-15.

王丽君. 企业弹性福利的设计 [J]. 企业改革与管理, 2007, 2: 58-59.

颜爱民, 朱红波. 基于消费行为变化的员工福利激励模式研究 [J]. 消费经济, 2006, 22 (2): 74-76, 79.

王永明. 浅谈弹性福利制度的设计与问题 [J]. 煤炭经济研究, 2008, 5: 80-81.

迈克尔·阿姆斯特朗 (Michael Armstrong), 狄娜·斯蒂芬斯 (Tina Stephens) 著, 李剑锋, 孔磊译. *A Handbook of Employee Reward Management and Practice* (员工薪酬管理与实践手册) [M]. 北京: 中国财政经济出版社, 2008. 228-231.

黄攸立, 傅宇, 姚辰松. 浅谈弹性福利计划的发展 [J]. 科技管理研究, 2007, 4: 201-202, 206.

钟丽华. 弹性福利计划在企业薪酬管理中的应用 [J]. 改革与战略, 2008, 24 (3): 31-33, 19.

(作者单位: 北京交通大学经济管理学院)

专题四
就业与劳动力市场

民工荒：是刘易斯拐点还是伊斯特林人口波谷？

翟振武　杨凡

一、"民工荒"与"就业难"

从 2004 年开始，我国东南沿海开始出现"民工荒"现象，大量企业招不到工人，农民工的短缺成为这些地区劳动密集型产业企业的普遍现象。从这之后，"民工荒"现象愈演愈烈，从珠三角、长三角等一些沿海发达地区扩散到我国中部、西部的部分省份，甚至是一些传统的劳务输出大省，如今俨然已经成为一个不分区域的全国性难题。尤其在春节前后，这种"荒情"显得更为明显，每逢节后农民工外出打工时，一些地区甚至会上演输出地截留劳动力，和输入地争抢劳动力的戏码。

与此同时，近些年来我国却出现了看似与"民工荒"现象非常矛盾的大学生"就业难"现象。本世纪初，我国大学生毕业生找工作难的问题开始显现。此后，大学生的就业形势日趋严峻，大量毕业生还未就业就已失业。如今，大学生"就业难"问题已经成为我国社会面临的一个突出问题。据统计，我国大学毕业生初次就业率从本世纪初的 80% 以上逐渐下降到近几年的 70% 左右（李晓颖，2010）。今年初"大学生工资不如农民工"的讨论更是再次把大学生"就业难"问题推到了社会舆论的风口浪尖。

对于这些复杂的经济现象和问题，学者们试图利用"刘易斯拐点"、"人口红利"等各种西方经济学理论进行分析，却引发了激烈的争论，根本无法达成共识。因为这些理论都不能圆满地解释这些现象，清楚地揭示问题的本质，因此也无法在正确判断的基础上形成正确的决策。

二、已有研究对"民工荒"与"就业难"现象的解释

针对"民工荒"现象产生的原因，许多机构和学者都从不同的学科背景出发，从不同的角度做出了解释。有学者认为"民工荒"是人口红利逐渐消失和刘易斯转折点到来的特征性表现之一：人口转变造成劳动年龄人口增长放缓，随着劳动年龄人口相对减少和绝对减少的相继发生，劳动力市场供求关系将发生根本性的改变（蔡昉，2005）；在工业化过程中，随着农村剩余劳动力向非农产业的逐步转移，农村剩余劳动力逐渐减少，最后"进城农民工的数量不足以填补城市劳动力减少产生的缺口"，"民工荒"和农民工工资的上涨就是劳动力市场对此做出的反应（蔡昉，2010，第 9 页）。也有学者对此并不认同，他们认为"民工荒"并不能表示人口红利的削弱和刘易斯拐点的到来（张宗坪，2008；白南生，2009），它所反映的并不是因为劳动力总量的短缺，而是一种包括地区结构、产业结构、技术结构等的结构性短缺

（刘尔铎，2006；钱文荣、谢长青，2009）。关于到底是总量短缺还是结构短缺的争论还在如火如荼地进行之时，更多进一步解释"民工荒"原因的理论大量涌现出来。有的认为"民工荒"其实是一种权利荒，是农民工因应有权益得不到保障而采取的一种"用脚投票"的抗议形式（章群、张微，2004；杨兴乾，2010）；有的认为"民工荒"体现了一种制度性的缺陷，它是由于经济制度、户籍制度、分配制度等一系列正式和非正式制度的不完善所导致的（刘林平、万向东等，2008；叶檀，2010）；还有的认为新生代农民工与传统农民工相比，生活方式和权利诉求发生了变化，与现有的制度不匹配，所以导致了"民工荒"的出现（高帆，2010；张远秀、孔利，2010）。

而对大学生"就业难"原因的分析则主要体现在以下五个方面：一是受到国际经济形势比如金融危机的影响，经济发展对就业拉动作用减弱；二是扩招带来的大学毕业生人数的激增，使就业竞争日趋激烈；三是高等教育的课程设置和培养模式存在一些缺陷，例如课程设置脱离实际、与用人单位需求脱节等；四是大学毕业生自身就业观和技能、技术、素质存在不足；五是用人单位过于强调工作经验，把大量的大学毕业生拒之门外。（李凯灿，2010；王香丽，2010）

以上的这些研究对"民工荒"和"就业难"现象从不同角度进行了全面的分析，有一定的合理性。但是他们忽视了造成"民工荒"和"就业难"现象的一个非常重要的，甚至是决定性的方面，那就是人口剧烈波动的影响。人口波动对经济发展的影响并不只是劳动年龄人口数量和占总人口比重变化那么简单，更为重要的是，人口的剧烈波动造成了劳动年龄人口本身结构的巨大变化。"民工荒"和"就业难"看似是十分矛盾的现象，但是这两者却有着十分密切的关系，它们都是由于我国人口的波动而造成的，是人口发展对经济发展影响的具体体现。

我国独特的人口变动过程与经济发展过程是紧密联系的，两者相互作用，衍生出许多复杂的经济现象和经济问题，"民工荒"现象就是一个典型的例子。对于这些现象和问题，单从经济本身的视角进行解释，往往是隔靴搔痒，不能准确命中要害。如果要对我国目前的"民工荒"和"就业难"等经济现象做出深刻的分析与合理的解释，就应该把人口变量纳入分析的视野。

三、人口波动对就业的影响

在对"民工荒"的原因进行讨论时，大部分研究的焦点都集中在劳动力的总量目前是否充裕，未来规模会发生什么变化等问题上。这种研究的潜在假设是将劳动年龄人口视为无差别的同质体，简单认为企业招不到的民工的原因是因为劳动年龄人口总量的减少。在现实经济发展过程中，这种假设是很难成立的，劳动年龄人口并非铁板一块，不同性别、年龄、教育程度的劳动力年龄人口之间存在着巨大的差别。

那些赞成"结构性短缺"观点的研究虽然注意到了劳动年龄人口的结构问题，但是讨论的大多是经济概念的"结构性短缺"，如地区结构、产业结构、技术结构等等。这些结构的变化确实导致了某些地区、某些产业、某些岗位的劳动力短缺，但这并不是形成今天"民工荒"现象的主要原因。在这些讨论中，人口波动造成的劳动年龄人口本身结构的变化很少被人们所注意。其实，劳动年龄人口本身结构的变化对"民工荒"现象的产生具有更大的影响,而且与经济结构相比,这种变化所带来的影响更为直接、更为根本。

过去的几十年里,我国劳动年龄人口的结构发生了重大的变动。一方面,劳动年龄人口日益老化,高年龄劳动力比重上升,低年龄劳动力比重不断下降;另一方面,新进入劳动年龄的年轻人口数量呈现出持续、迅速萎缩的状况。这些变化是产生我国"民工荒"现象的主要原因。

首先,近些年来我国劳动力人口的总量是逐渐增加的,而且至少未来十几年中劳动力人口总量的供给是稳定和充裕的。目前我国劳动力总量为9.16亿人,在未来的十几年内,这个总量还会缓慢地增加至9.27亿人,到2020年左右劳动力人口总量才开始下降(图1)。但是,由于受到人口波动的巨大影响,在劳动年龄人口总量增加的同时,劳动年龄人口本身的年龄结构却发生了剧烈的变化,劳动力人口老化程度不断增加。

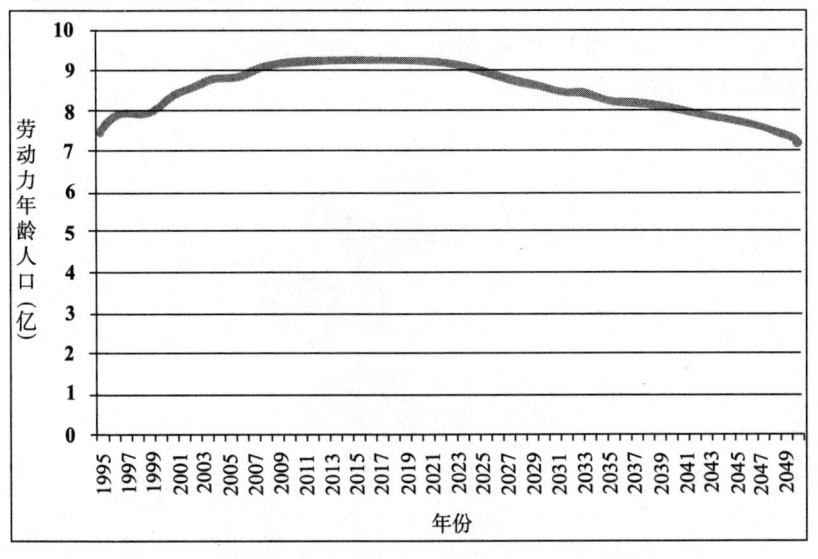

图1　1995~2050年我国劳动年龄人口(15~59岁)总量

数据来源:2010年以前数据来源于历年《中国人口和就业统计年鉴》(《中国人口统计年鉴》),2010年及以后数据根据陈卫《中国未来人口发展趋势:2005~2050年》分年龄人口数据计算。

图2显示的是1954~2009年我国的出生人口。从该图可以看出,这五十多年间我国出生人口数量的波动性很大,高低起伏,形成了三次出生高峰和出生低谷。第一次出生高峰发生在50年代,这个时期出生的人口在1965~1975年期间陆续进入劳动力市场,造成了劳动力数量的巨大膨胀,当年的"上山下乡"、"支边"建设运动正是对劳动力过剩现象的应对。第二个出生高峰发生在1962~1973年期间,这些人在1977~1988年间开始进入劳动力市场,"民工潮"开始出现,为我国的改革开放提供了充裕的劳动力。生育率下降带来的人口红利和劳动年龄人口突然性的大量涌入两种效应互相叠加,为当年经济的起飞提供了巨大的动力。在80年代末第三次出生高峰过后,90年代以来我国出生人数一直处于迅速下降的过程之中,而1990年以后出生的这批人在2005年后以逐年萎缩的规模陆续进入劳动力市场。这种独特的人口波动过程导致了目前我国劳动年龄人口结构的逐渐老化,金字塔顶部人口所占的比重越来越大,底部人口所占比重越来越小(图3)。

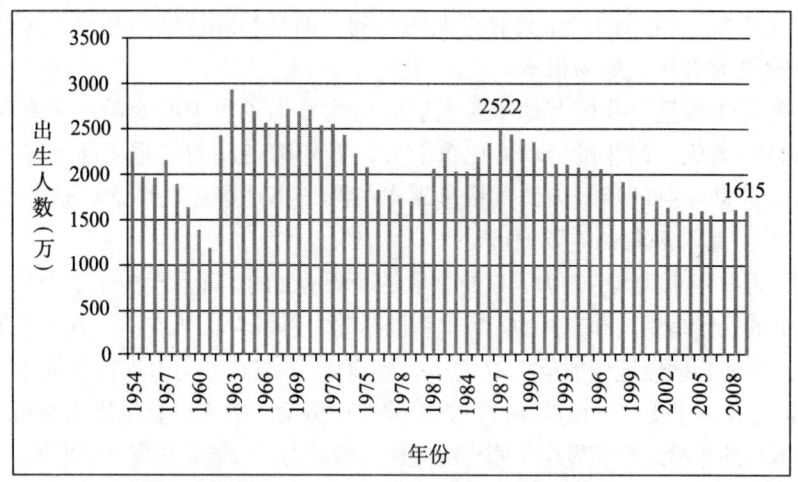

图 2　1954～2009 年我国出生人口数量

数据来源：历年《中国统计年鉴》。

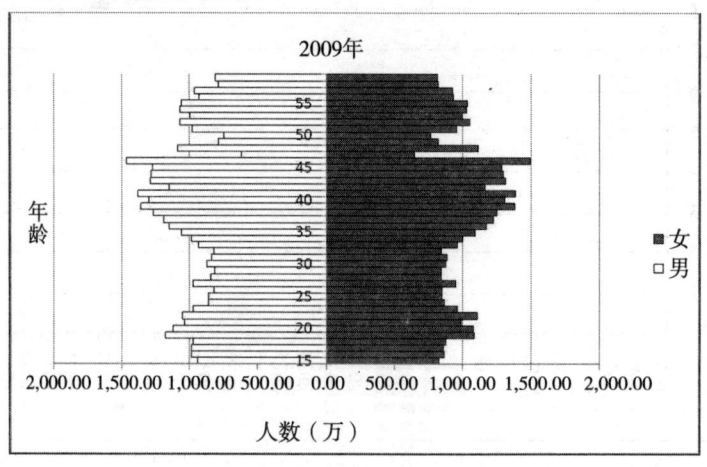

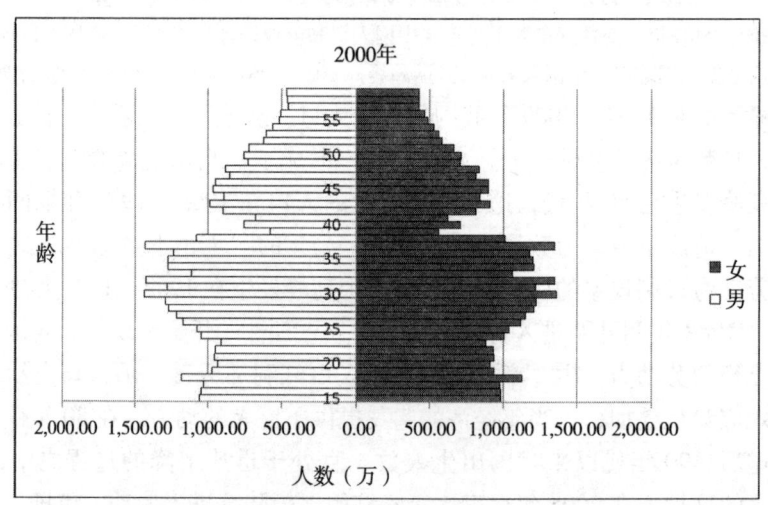

图 3　我国 2000 年和 2009 年劳动年龄人口金字塔

数据来源：根据《2000 年第五次全国人口普查资料》和《中国人口和就业统计年鉴

2010》全国分性别、年龄人口数据绘制。

从2000年到2005年，我国劳动年龄人口（15～59岁）的年龄中位数增长了3.4岁，老化的速度非常快。在未来的20多年里，劳动年龄人口的年龄中位数将继续增加，到2030年将达到超过39岁（图4）。2000年～2009年间，较为年轻的劳动年龄人口（15～29岁）在劳动年龄人口中所占的百分比从38%下降到31%，而较为年老的劳动年龄人口（45～59岁）所占百分比则从24%增加到了32%（图5）。在未来几十年里，劳动年龄人口老化的趋势将进一步延续，年轻劳动年龄人口的比重不断下降，年老劳动年龄人口的比重不断上升（图6）。

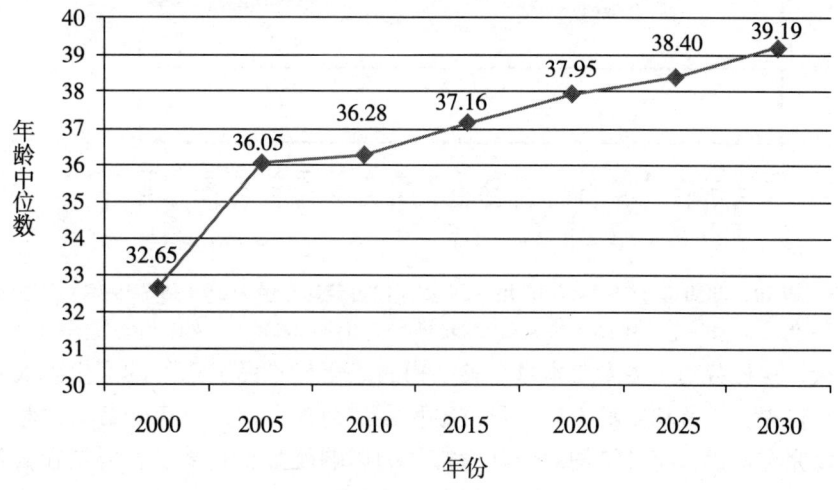

图4　2000～2030年劳动年龄人口（15～59岁）年龄中位数

数据来源：2000年数据根据《2000年全国第五次人口普查资料》数据计算，2005年数据根据《2005年1%全国人口调查资料》数据计算，其余根据陈卫《中国未来人口发展趋势：2005～2050年》中相关数据计算。

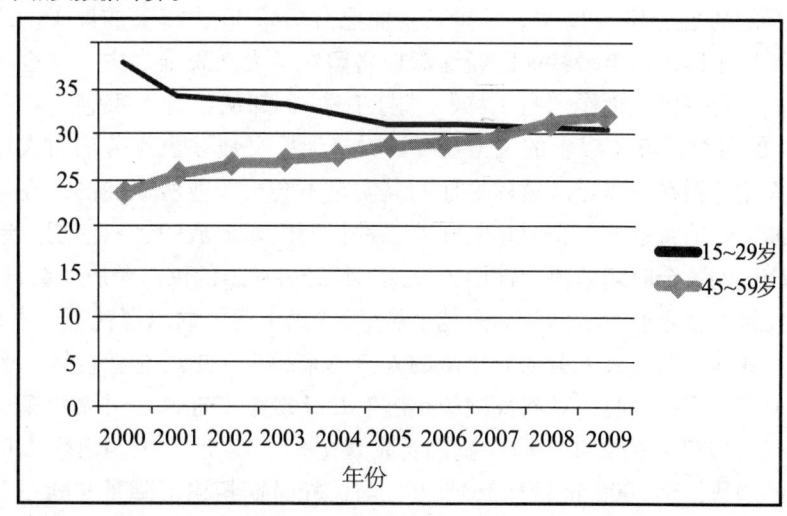

图5　2000～2009年15～29岁和45～59岁人口占劳动年龄人口百分比

数据来源：根据历年《中国人口和就业统计年鉴》（《中国人口统计年鉴》）中分年龄人口数据计算。

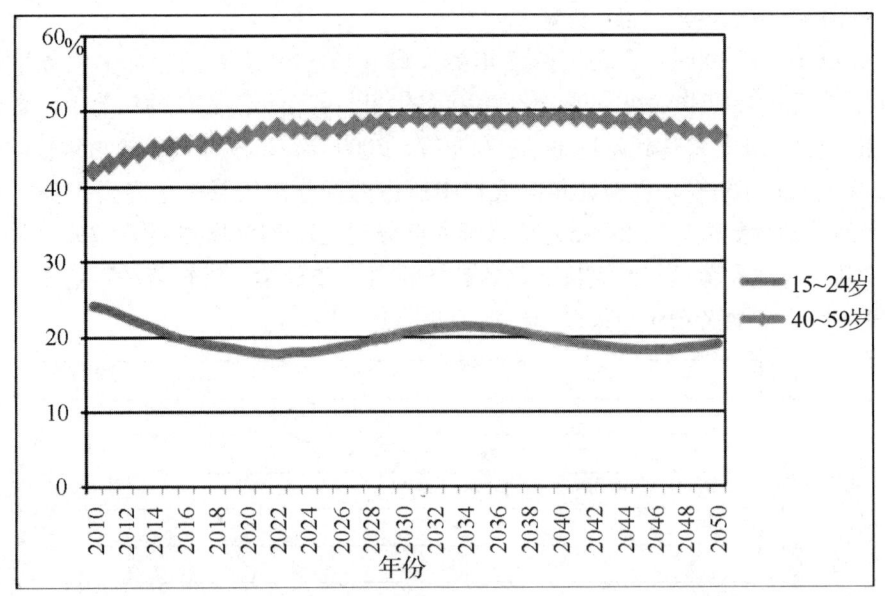

图6　2010~2050年15~24岁和40~59岁人口占劳动年龄人口（15~59岁）百分比
数据来源：根据陈卫《中国未来人口发展趋势：2005~2050年》文中相关数据计算。

那么，这种劳动年龄人口本身年龄结构的老化与"民工荒"的产生到底有什么关系呢？首先，在劳动年龄人口总量供给稳定的前提下，如果年轻劳动力和年老劳动力可以完全替代，年龄结构对劳动力市场的影响就微乎其微了。但是在实际的经济运行过程中，我国年老劳动力对年轻劳动力的替代率非常低。因为我国目前在对劳动力特别是民工的使用过程中，存在一种极为奢侈的"选择性雇佣"现象。企业存在"只利用劳动力劳动生命中最年轻时段，而大量弃用城乡'40、50'年龄段劳动力的用工倾向"（侯东民，2010）。各个企业在招聘时往往把年龄条件限制在25岁以下，有的甚至是18~22岁，很少有企业愿意招聘30岁以上的民工。改革开放几十年来，民工群体的年轻特征已经深深地烙印在了大众思维之中，这也就是为什么平时我们常常将民工称作"打工妹"、"打工仔"，却从没有人叫他们"打工嫂"、"打工哥"的原因。40岁以上的民工在统计时毫无疑义地被当作劳动力人口，但是却很少有人注意到在现实经济过程中他们其实是不会被企业所雇佣的。在年轻劳动力比重不断下降的背景下，企业却固守着一种长期以来形成的、只使用劳动力体力和精力最旺盛的黄金时期的浪费性用人方式，年轻劳动力的供需矛盾才会日益显现。这种矛盾使得符合企业要求的劳动力越来越少，"民工荒"的出现就不足为奇了。

其次，我国每年新进入劳动力年龄的人口越来越少，这对企业传统的劳动力更替方式形成了严重的威胁。观察我国历年出生人口数量（图2），并聚焦第三次出生高峰的波峰（1987年的2522万），我们会发现1987年以后我国的出生人口呈现出逐年下降的趋势，到2009年只有1615万，与波峰时期相比下降了900多万！如果不考虑死亡和国际迁移的影响，出生人口的数量大体上能反映出未来15年后新进入劳动年龄人口的数量。1988年开始的出生人口持续、迅速的减少，意味着2003年起新进入劳动年龄人口持续、迅速的减少。这种新进入劳动年龄人口减少现象发生的时间与"民工荒"现象开始出现的时间是吻合的。1986年~1990年5年间我国共有12161万人出生，而1991~1995年5年间共有10670万人出生，下降了1500万左右，那么大体可以推测出，1991~1995年出生的这批人15年后进入劳动力市场的时候（2006~2010年）与1986年~1990年出生的这批人15年后进入劳动力市场的时候（2001~2005年）相比，下降了1500万人之多。而且，根据现在出生人口的进一步减少的趋势可以大致推测出未来几十年中，我国每年新进入劳动力年龄的人口仍将呈现出一种下降的趋势，并且下降的幅度非常大。

那么，新进入劳动年龄人口的减少与"民工荒"又存在怎样的联系呢？我国大多数的农民工最后是无法真正融入城市中成为城市居民的，所以他们的人生轨迹往往是年轻时流入城市打工，工作几年就回到农村养老。这种流动模式使企业每隔一段时间都需要对雇佣的农民工进行一次"大换血"———一部分年老的劳动力离去，一部分年轻的劳动力补充进来。这种更替模式是单向式的，企业只会用年轻的劳动力来替换年老的劳动力，而不会用更年老的劳动力去填补原有劳动力离去所产生的这些空缺。在每年有大量新进入劳动力的背景下，这种劳动力的更替模式固然能够顺利运作。但是面对新进入劳动年龄人口数量日益减少的状况，这种模式自然就难以为继了。也就是说，劳动力补给环节的链条发生了断裂，所以才会产生"民工荒"问题。

可见，人口波动造成的劳动年龄人口结构变动与"民工荒"现象的出现密切相关：劳动年龄人口中年轻人口比重下降与企业"择青弃老"的用工方式产生严重矛盾，导致年轻劳动力供需失衡；而每年新进入劳动力年龄人口数量的逐渐减少又破坏了企业劳动力更替的补给通道。人口波动造成的劳动年龄人口结构变动能够有效地解释"民工荒"现象产生的原因。

另一个重要方面是，高等教育的初次职业分流作用对"民工荒"和"就业难"并存现象的形成和发展起了"雪上加霜"的作用。接受高等教育与否不仅仅是一种学历的分化，从更为重要的意义上来说，它是劳动力的初次职业分化，因为接受过高等教育的人毕业后绝大多数是从事脑力劳动，不太可能从事体力劳动。所以，即使每年新进入劳动力年龄的人口数量不变，如果接受高等教育的大学生多了，成为农民工的人数自然会减少。近些年来，我国接受高等教育人口的数量和比例都在不断上升，图7和图8分别显示了1995~2009年普通高等教育招生规模和1991~2008年的高等教育毛入学率。从绝对数量上看，短短15年时间，我国普通高等教育的招生规模从1995年的93万增长到了2009年的640万，2009年的招生规模是1995年的6倍多。从比例上看，高等教育的毛入学率从90年代初的5%左右增长到了目前的25%左右，现在的毛入学率水平是90年代初的近5倍。也就是说，90年代初在18~22岁的适龄人口中，只有5%接受了高等教育进入了从事脑力劳动工作的行列，其余95%都从事以体力为主的工作；而现在18~22岁的适龄人口中，25%都将从事脑力劳动工作，从事体力劳动的比例从95%迅速下降到75%。我们来做一个简单、粗略的计算：1982年我国的出生人口一共为2238万，假设这些人全都活能到18岁以上，2000年高等教育招生规模为221万，那么这些人中不接受高等教育、直接进入劳动力市场的人口会达到2000多万；而1991年时我国的出生人口规模大体与1982年水平相当（2258万人），当这批人18岁时，高等教育招生规模扩大到了

640万,那么这批人中不接受高等教育、直接进入劳动力市场的人口也只剩下1600万左右,仅由于教育扩招因素一个年龄组就减少了400万,两年多就会累积减少1000万!这种教育的初次职业分流作用使从事管理、技术岗位的脑力劳动者(大学生)越来越多,从事体力劳动的人数(包括农民工)越来越少,而在一段时间内企业对不同类型人才的需求结构相对是比较稳定的,所以才会出现"民工荒"和大学毕业生"就业难"并存的现象。虽然"大学生工资不如农民工"的这种提法有失偏颇,但在一定程度上也反映出劳动力市场供需失衡的状况,即包括农民工在内的体力劳动者供给不足、大学生供给超过需求。而且,在未来几十年里,每年新进入劳动力年龄的人口数量会进一步下降,而随着我国教育水平的提高,高等教育的招生规模会继续扩大,那么新进入劳动力市场的民工数量将受到进一步的挤压。如果到时我国的产业结构、企业的用工模式还基本维持现状的话,"民工荒"的现象只会越来越严重。

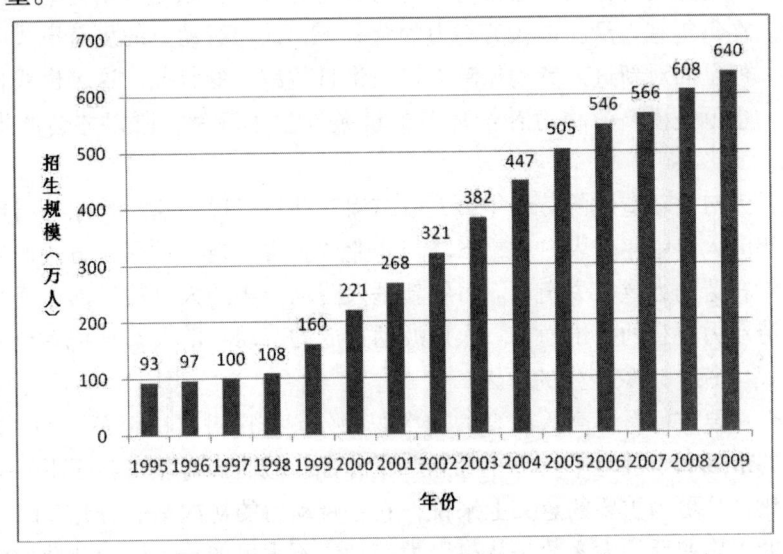

图7 1995～2009年普通高等教育招生规模
数据来源:《中国统计年鉴2010》。

四、民工荒:是刘易斯拐点还是伊斯特林人口长波波谷?

从上面的分析可以得知,"民工荒"的实质是年轻的、从事体力劳动的人口的短缺,而不是40、50人员的短缺,更不是大学生的短缺。"民工荒"的出现主要是由于生育率的持续下降,劳动年龄人口中年轻劳动力数量下降,每年新进入劳动力年龄的人口也逐年减少,而且其中又有很大一部分由于高校扩招接受了高等教育,导致未来的就业取向发生改变而造成的。我国东南沿海的企业大都是属于劳动密集型产业,他们需要的只是年轻的、素质相对较低的体力劳动者,所以它们首当其冲遭受到"民工荒"的袭击。

按照刘易斯的二元经济理论,第一个转折点是在劳动力的供给不再具有无限弹性、而资本主义部门的工资随之开始上升之时;第二个转折点是在资本主义部门与非资本主义部门边际产出相等之时。国内对刘易斯转折点的讨论与刘易斯本人的定义并不一致,目前国内学者讨论的刘易斯转折点很大程度上是刘易斯第一个转折点

（周祝平，2007）。国内学者对此的定义是："一个典型的发展中国家区分为农业经

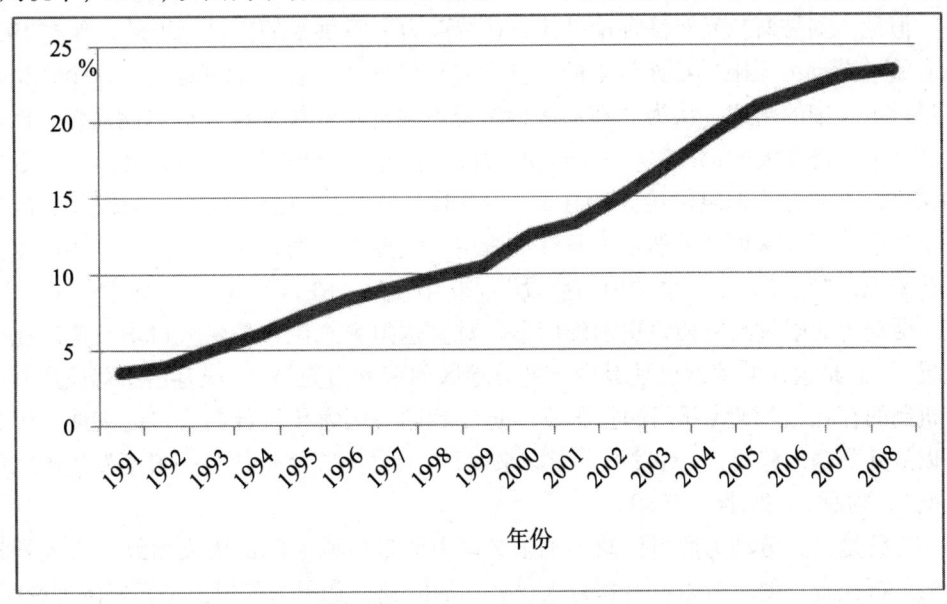

图8 1991～2008年高等教育毛入学率

数据来源：《中国教育统计年鉴2008》。

济部门和现代经济部门，前一部门中存在着相对于资本和土地来说严重过剩的劳动力，因而劳动的边际生产力为零甚至负数。随着现代经济部门的扩大，在工资水平没有实质性增长的情况下，剩余劳动力逐渐转移到新兴部门就业，这形成一个二元经济发展过程。这个过程一直持续到某个时刻，这时劳动力需求的增长超过劳动力供给的增长，继续吸引劳动力转移导致工资水平的提高，迎来刘易斯转折点"（蔡昉，2010）。而且在中国的实际经济发展过程中，它表现为"吸引农村劳动力转移的激励力度等其他因素不变的情况下，进城农民工的数量不足以填补城市劳动力减少产生的缺口……劳动力市场已经在逐步对此做出反应，一方面表现为全国范围不断出现民工荒现象，另一方面表现为农民工工资逐年上涨……这就是刘易斯转折点到来的特征性表现"（蔡昉，2010）。

目前中国民工数量的减少，并不是由于激励力度不足导致农村剩余劳动力滞留在农村，从而向城市转移减少，而是人口波动引起整体年轻劳动力数量减少，而高等教育的分化作用使这些本已日趋减少的年轻劳动力中主要从事体力劳动的农民工进一步减少。也就是说，不仅仅是城市无法吸引农村劳动力，而是农业本身也缺乏劳动力。在这种情况下，一味依靠提高农民工的工资来吸引农村劳动力是收效甚微的，因为农村自身的劳动力也出现了不足，这已是"无米之炊"。所以，"民工荒"问题不是农村劳动力向城市转移减少这种城乡流动的问题，而是人口波动导致目前劳动密集型产业所需年轻劳动力整体规模减少的问题，这是农村、城市共同出现的情况。这已不是"二元经济"模型所能描述和解释的情况了，用"刘易斯拐点"来解释"民工荒"现象是一种误读。

刘易斯的理论描述和解释了二元经济中两部门间从发展不平衡到一体化的过程，这种过程与一些发展中国家的实际发展经验有许多契合之处，所以曾经盛极一时，

被认为是解释第三世界国家发展的"一般"理论（李竞能，2004）。

但是，刘易斯二元经济理论是建立在劳动力无限供给的假设之上的。他在1954发表的《劳动力无限供给条件下的经济发展》一文中，在文章开篇就对这个理论假设进行了详细的阐述，认为"在那些相对资本和自然资源来说人口如此众多，以至于在这种经济较大的部门里，劳动力的边际生产率很小或者等于零，甚至为负数的国家里，劳动力的无限供给是存在的"。当时，他对劳动力无限供给的假设态度还是十分谨慎的，认识到虽然这个假设不适用于世界上一切地区，但是对某些国家的经济来说，"它显然是一个适用的假设"。20多年后，在《再论二元经济》一文中，他对劳动力无限供给的假设更加确信了：对发达国家来说，虽然人口增长速度比较缓慢，"但是这样的速度已使其中大部分地区的劳动力充裕"，况且由于移民这种调节机制的存在，"现代部门的扩张不一定受到同一国家传统部门人口的束缚，因为可以从外部输入移民"；对发展中国家来说，"劳动力充裕恰恰是一般不发达国家的状况"（阿瑟·刘易斯，1989）。

也就是说，劳动力数量波动特别是劳动力数量急剧下降的因素始终未进入刘易斯的分析视野。他之所以没有探讨人口波动的问题，是因为他提出二元经济理论时，西方发达国家的人口转变过程已经完成，人口发展比较稳定，源源不断的移民使这些地区的劳动力供给非常充足；而当时发展中国家正处于人口转变的初期，死亡率虽然已经下降，但生育率转变还没有发生，还基本维持在很高的水平上，人口刚刚进入高速增长的快车道，劳动力的供给非常充裕。况且，由于生育率转变尚未发生，这些国家的出生人口数量也没有发生波动，当然也就无法预见到人口出生波动对十几年后劳动力供求的巨大影响。所以，刘易斯在分析时没有把人口波动纳入他的分析视野是完全可以理解的，这是刘易斯所处的那个时代的局限。事实上，在刘易斯晚年甚至去世以后，发展中国家才先后开始进入生育率转变的时代，生育率波动对劳动力供求的巨大影响才开始逐渐显现出来，而令人遗憾的是，刘易斯留下的宝贵理论财富却一直未在这一方面得以开发、突破和完善。

中国的"民工荒"现象从表面上看是向工业转移的农村剩余劳动力的短缺，类似于刘易斯的二元经济理论所描述的状况。但究其本质是有很大区别的，它不是因为农村劳动力向城市转移的减少不能满足城市经济发展需要，所以不得不提高工资。而是因为中国的出生人口数量经历了大起大落，目前正位于人口变动的波谷，近二十多年来每年的出生人口（也是未来的劳动力人口）都在下降，导致年轻劳动力和新进入劳动市场的人口整体性下降。中国这种劳动力供给剧烈波动的现实与刘易斯的劳动力无限供给的理论假设是完全不相符合的，所以用刘易斯拐点来解释中国目前的"民工荒"问题当然也就是不正确的。

有趣的是，美国也曾出现过人口剧烈波动的情况，即战后的"baby boom"（婴儿潮）和"baby bust"（婴儿荒）现象。美国经济学家伊斯特林根据这种人口波动现象提出了人口长波理论，他认为存在一种人口增长和劳动力增长的长波，与经济增长长波相对应，并对人口波动的一系列经济社会影响进行了研究（彭松建，1987）。特别是在其1978年发表的《1984年会发生什么？最近年龄结构变动的社会经济含义》一文中，他对人口波动引起的人口结构变化的社会经济影响进行了集中的分析。他对比了 1960 年前后美国的经济、社会发展情况，认为由于二战时期出生人数少并且很多年轻人死于战争，所以 1940~1960 年期间劳动力市场中年轻劳动力短缺，而年轻劳动力和年老劳动力之间的替代率很低，于是在这个时期他们的失业率低、工资水平高、离婚率低、自杀率低；相反，由于战后的补偿性生育，1945 年以后一段时期出生人数激增（婴儿潮），1960 年以后当在"婴儿潮"中出生的这批人逐渐进入劳动力市场时，年轻劳动力就比较充裕，竞争变得日益激烈，失业率高、通货膨胀率高，离婚率和自杀率随之升高（Easterlin，1978）。伊斯特林所研究的人口长波的形成机制和我国目前面临的人口波动是不同的：美国人口长波波峰和波谷是由于不同代际间相对经济社会地位变化导致"婴儿潮"、"婴儿荒"交替出现而造成的；而中国的人口波动是由人口转变造成的，先是 50 年代开始死亡率先行下降，然后到 70 年代由于计划生育政策的作用，生育率发生下降和转变。虽然两种长波的形成原因并不完全相同，但人口长波波峰波谷的形式却是一样的，它们造成的社会经济后果也是类似的。所以，伊斯特林的长波理论对我国目前"民工荒"现象的产生有着很强的解释力。他所分析的由于人口波动所造成特定部分劳动力盈缺和就业竞争的变化，正是"民工荒"现象产生的原因。引用伊斯特林的话说："不同代际间的经济命运已经远远超出他们自身所能掌控的范围了，它主要是由整个环境条件所塑成的……它在很大程度上是取决于你来自于哪个出生队列，是婴儿潮，还是婴儿荒"（Easterlin，1978）。同样，中国亿万农民工的就业竞争其实早在他们进入劳动力市场的十几年前已经被决定。他们出生时所处队列规模的大小已经预设了他们未来命运的轨迹，是在"民工潮"中苦苦激烈竞争，还是在"民工荒"中被人高价争抢，已然不是民工或企业个体的力量所能完全左右的了。

五、结论

中国独特的人口变动过程和经济发展过程造成了目前中国一些复杂的经济现象和经济问题的产生，也会对未来的经济发展产生深远的影响。

中国的"民工荒"现象并不能证明中国"刘易斯拐点已经到来"的判断。中国人口波动导致劳动年龄人口结构发生重大变化，进而导致劳动力供求关系发生重大变化才是产生"民工荒"现象的真正原因。劳动年龄人口逐渐老化，高年龄劳动力人口比重上升，新进入劳动年龄的人口逐渐萎缩，受高等教育人口比例上升，从事体力劳动人口减少等现象都不是"刘易斯拐点"所描述的农业人口向工业人口转变减少的表现，而是年轻的体力劳动者整体规模的萎缩，这恰恰是伊斯特林所描述的人口长波波谷所带来的经济影响。

劳动力人口年龄结构的老化、未来新进入劳动力市场的人口逐渐减少和教育水平的逐步提高将是一个长期的趋势，那是否说明中国必然要无奈地接受年轻劳动力短缺的局面呢？其实并非如此。根据 2007 年世界人口数据表的数据显示，2007 年中国劳动力总量为 9.3 亿，这个数字比所有发达国家劳动力数量的总和（7.9 亿）还要多。而当年发达国家的 GDP 总量是中国 GDP 总量的 7 倍多！这说明中国经济发展的瓶颈问题并不是劳动力数量不够（发达国家人口数量少于我国照样能维持比我国更庞大的经济规模),而是中国劳动生产率太低。目前人口结构的变动趋势正预示着我国劳动密集型产业兴旺时代将渐行渐远,人口波动将倒逼中国产业特别是制造业的升级换代。为此,一方面,中国必须尽快走上提高劳动生产率,发展技术密集型产业的道路。这不仅是人口波动导致年轻劳动力规模减小的约束所致,教育扩招带来的年轻劳动力受教育水平的提高也为这种转变提供了有力条件。另一方面,要进一步发展职业教育,加快生产、服务一线急需的技能型人才的培养,特别是现代制造业、现代服务业紧缺的高素质高技能专门人才的培养,将巨大的大学生就业压力转化为适应产业需要的人力资源优势。

参考文献

阿瑟·刘易斯. 劳动力无限供给条件下的经济发展. 二元经济论(中译本),北京经济学院出版社, 1989: 3.

阿瑟·刘易斯. 再论二元经济. 二元经济论,北京经济学院出版社,中译本, 1989: 158 – 160.

白南生. 刘易斯转折点与中国农村剩余劳动力. 人口研究, 2009, (2).

蔡昉. 劳动力短缺:我们是否应该未雨绸缪. 中国人口科学, 2005:(6).

蔡昉. "民工荒"现象:成因及政策涵义分析. 开放导报, 2010:(2).

蔡昉. 人口转变、人口红利与刘易斯转折点,经济研究 2010:(4).

陈卫. 中国未来人口发展趋势:2005~2050 年. 人口研究, 2006:(4).

高帆. "民工荒"与新生代农民工的权利诉求. 学习月刊, 2010:(4).

侯东民. 民工荒并不预示着劳动力短缺. 金融博览, 2010:(4).

刘尔铎. 城市劳动力市场结构性短缺与"民工荒". 人口学刊, 2006:(1).

李竞能. 现代西方人口理论. 复旦大学出版社, 2004: 156.

李凯灿. 高校毕业生就业难的原因与解决对策. 理论探索, 2010:(2).

李晓颖. 大学生就业难问题:国外的研究与经验. 西北人口, 2010:(2).

刘林平,万向东,张永宏. 制度短缺与劳工短缺——"民工荒"问题研究, 2006: (8).

彭松建. 西方人口经济学概论. 北京大学出版社, 1987: 368.

钱文荣,谢长青. 从农民工供求关系看"刘易斯拐点". 人口研究, 2009:(2).

杨兴乾. 民工荒:民工权利之荒. 发展, 2010:(6).

王香丽. 关于高校毕业生就业难问题的新思考. 教育探索, 2010:(6).

叶檀. 民工荒就是制度荒. 南方人物周刊, 2010:(8).

章群,张微. "民工荒"实为"权利荒",四川劳动保障, 2004:(12).

张远秀,孔利. 从新生代农民工的角度看民工荒问题. 知识经济, 2010:(12).

张宗坪. "刘易斯拐点在我国已经出现"证伪——"民工荒"假象分析. 山东经济, 2008:(2).

周祝平. 人口红利、刘易斯转折点与经济增长. 中国图书评论 2007:(9).

Richard A. Easterlin, "Economic-Demographic Interactions and Long Swings in Economic

Growth", *The American Economic Review*, Vol. 56, No. 5, (Dec., 1966), pp. 1063-1104.

Richard A. Easterlin, "What Will 1984 Be Like? Socioeconomic Implications of Resent twists inAge Structure", *Demography*, Vol. 15, No. 4 (Nov., 1978), pp. 397-432

(作者单位：中国人民大学人口与发展研究中心)

外资企业劳动关系协调机制研究*
——以 E 外资公司员工及工会维护劳动权益为例

冯喜良

一、问题提出

在社会主义市场经济条件下，和谐的劳动关系是建立和谐社会的重要基础；劳动关系的和谐要以劳资之间的利益均衡和权利义务的充分实现为前提。在我国社会转型时期，由于新旧体制的交替、相关制度和运营机制的不完善，尤其是在非公企业中，职工劳动权益的维护受到多方面影响。2007 年许晓军对工会干部的抽样调查结果显示，工会干部认为目前企业劳动关系状态非常和谐和比较和谐的占总数的 26.6%，一般的占 40.9%，不太和谐和很不和谐的占 32.6%，认为劳动关系状态"一般"的与持有负向态度的有效百分比为 73.5%。从理论上讲，劳动者和用人单位双方是劳动关系中的平等主体，但在实践中，劳动关系利益协调机制尚不完善，劳动者的权益经常受到损害。要构建和谐的劳动关系，就必须提高职工和工会的维权能力，建立相应的维权机制，平衡劳动关系，从而促进经济与社会的持续稳定发展。

如何提高职工和工会的维权能力、建立有效的维权机制，在组织运行过程中实现和谐劳动关系，是社会关注的重要课题。本文将在对 E 公司职工及工会维权活动进行调查分析的基础上，探讨外资企业职工及工会维权意识、维权方法等方面的变化特征和发展趋势。

二、E 公司员工及工会维权过程及内容

E 公司是一家从事软件开发的外资企业，工会组织健全、活动经费充足、活动内容相对独立，其劳动关系协调状况在外资企业中具有一定的代表性。

该公司成立于 1994 年，现有职工 982 名，北京总部员工 612 名，学历普遍较高，其中大学本科毕业以上学历者占 90% 以上，其产品大部分出口国外，属高新技术产业。由于高层经营者为外籍人员，受国外经营管理模式影响较多，注重提高员工的满意度，薪资水平较高。公司在建立初期，即设立了企业工会，工会主席和工会委员均由企业员工兼任，并由员工自主投票选举产生，在工会对员工的宣传材料中写明了工会委员的产生和工会的主要任务："谁来负责工会的工作呢？我们是严格依照工会法

---

* 本文为北京市教委社科重点课题（批准号：SZ201010038）"北京市企业劳动关系状况测评与劳动冲突预警机制研究"的部分阶段性成果。

的有关规定，进行选举，组成每一届工会委员会的；如果你愿意，也欢迎加入工会委员的行列中，尽心尽力为广大会员服务；工会委员都是非专职的，首先需要保证自己本职工作的完成，然后再业余时间考虑工会的事情，义务服务；但是只要是关系广大会员利益的事情，都会努力的完成做好；现任第四届工会委员会由14人组成"。工会致力于丰富员工的文体生活，劳动关系一直保持相对和谐的状态。

自2009年2月开始，工会在员工的支持下，加强了维权活动，维权意识和维权方式等都发生了很大变化。2009年3月，在进行员工民意调查的基础上，工会总结了以下十七项需要改进和完善的相关问题（参见表1），集中时间和精力与人力资源管理部和事业支援部进行了协调和磋商。问题主要反映在"薪资，工作时间，工作环境，组织的建设运营"等方面。

表1　E公司员工及工会维权的主要内容

问题分类	问题数量	问题内容
薪资	2	①薪资调整：受物价等客观环境的影响，需定期增加薪资； ②修改加班费计算基数：现在基本工资通常在正常工资总额的50%或者以下，按基本工资计算加班费不合理。
工作时间	4	①取消加班时间内的强制休息时间段制度； ②调整上班浮动时间为8点至10点； ③取消非加班日的加班申请制度； ④调整教育部人员上课（培训）时间问题。
工作环境	8	①室内温度高、空气质量差； ②公司驻地大厦物业管理质量不高、停车贵，餐厅质量差； ③搬家问题：大厦硬件有限； ④增加公司班车； ⑤卫生间卫生需要改善； ⑥强化和完善工间眼保健操的实施； ⑦在各楼层增设员工休息区； ⑧增加员工用冰箱和微波炉。
组织的建设运营	3	①建立职工代表大会制度； ②减少中坚人员离职率、提高员工满意度； ③一步明确职能部门的职责。

表2　E公司员工及工会维权的时间经过

时间	事项	关联方	备注
2009-3-17	工会2009年度民意调查结束，收集整理员工意见，反映至人力资源和事业支援部门	人力资源部门 事业支援部门	网络调查
2009-3-18	事业支援部门就相关问题的部分内容给予回复和解决	事业支援部门	
2009-3-18	人力资源部门回复将对相关问题尽量争取在本周内进行协商	人力资源部门	

续表

时间	事项	关联方	备注
2009-3-24	工会就相关问题联络人力资源和事业支援部门，通报工会将定期向全员公布处理结果和解决现状的计划	人力资源部门 事业支援部门	
2009-3-25	事业支援部门就尚未解决问题给予进一步的回复	事业支援部门	
2009-3-25	工会就各个相关部门反馈意见，整理告知全体员工；进一步征求意见	全体员工	
2009-3-28	工会就人力资源部门相关问题，向人力资源部门正是发出协商告知函	人力资源部门 总裁全体员工	
2009-3-28	人力资源部门回复将在下周初对相关问题进行协商	人力资源部门	
2009-4-1	工会就人力资源部门相关问题，和相关部门人员进行第一次会议交流；人力资源部门明确工会要求，并听取工会的补充意见。人力资源部门将和公司管理层反映；讨论决定之后，4月7日工作周初给予正式的回复	人力资源部门 工会委员	
2009-4-7	人力资源部门就相关问题给予答复，但多数问题无明显进展	人力资源部门 工会	
2009-4-10	工会就相关部门答复的满意程度进行员工调查，并将调查结果反馈至相关部门，促进问题的解决。209人有效回答	人力资源部门 事业支援部门	网络调查
2009-5-16	人力资源部门就相关问题给予了正式答复，部分问题正在解决	人力资源部门 工会	

三、E公司员工及工会维权意识的增强

（一）职工维权意识增强

随着市场经济体制的发展和劳动法制环境的不断改善，职工自觉维护劳动权益的意识逐渐增强。在E公司工会进行的员工满意度调查中，多数员工提出"薪资应该与物价上涨等客观社会环境相联动、需定期增加；加班工资的计算基数不合理；上班时间需要根据交通状况和员工的实际需求来调整；建立职工代表大会制度"等，问题焦点直接指向长期以来所形成的薪资制度以及工作时间等由经营管理方单独掌控的现状。

由E公司职工提出的各项问题可以看出，职工的维权意识正在增加。而且由以前对个人的工作条件、工作环境、企业福利等个别权力的要求，逐步向要求定期长工资、参与劳动时间的制定、主张筹建职工代表大会、关注员工离职和经营管理决策等劳动权益的方向发展。

（二）工会代表职工主动维权意识增强

在我国社会转型时期，工会应适应经济关系和劳动关系的巨大变化，加大参与协调劳动关系和社会利益关系的力度，突出维护职能，保护、调动、发挥职工的积极性和创造性，为深化改革、促进发展、维护稳定发挥重要作用。职工群众的利益诉求和兴趣爱好是工会开展各项工作的依据。工会应主动了解职工的实际困难和问题，主动帮助他们反映情况、解决问题、化解矛盾，只有努力保护广大职工在劳动关系中的合法权益，才能树立威信，获得支持，有效地协调劳动关系。

E公司工会组织在向会员介绍工会委员的职责时指出，"工会委员的主要工作分三大方面，即保障会员利益、素质引导教育、组织文娱活动。监督公司行为，关注会员合法权利，必要时对公司提出合理可行的建议，成功做过的有：要求公司提供带薪病假、SARS期间建议公司放假、建议上下午各播放十分钟眼保健操及音乐、协商解决《保密协议》有关争议、改善工作环境等；素质引导教育成功做过的有：提倡节约使用纸张，倡议为抗击SARS进行募捐，纠正公司内不良风气和现象等；定期和不定期组织了许多文娱活动"。长期以来，E公司工会把工作重心放在了组织文娱活动、丰富职工业余生活方面。但从今年3月份开始，工会在进行全体职工满意度调查的基础上，集中提炼总结了十七项问题（参见表1），并多次与管理部门进行交涉、协商，使多数问题得到了圆满解决。由此可以看出，E公司工会的工作重点发生了一定变化，对保障会员利益这一职能的重视程度大大增加。可见，E公司工会代表职工主动维权的意识正在逐步增强。

四、E公司工会维权方式方法的变化

在不断创造和实现企业外部维权的社会环境和营造全社会维权氛围的同时，更应该推进企业内部劳动关系平衡机制的实现。工会应密切关注就业、工资、工时、安全生产、劳动保护、社会保障、职工福利、职业教育和劳动争议处理等职工各种切身利益问题，关心职工疾苦，尽心尽力地为职工说话办事。中华全国总工会在2006年明确提出了中国工会要以职工为本，主动维权、依法维权、科学维权的工作方针。从表3中可以看出，E公司工会的维权方式也在发生以下变化。

（一）科学维权

根据工会维权工作政策性与专业性强等特点，在维权过程中采用科学的态度和科学方法展开工作，是科学维权的核心内容之一。这就要求工会必须妥善处理好各方面的利益关系，不断提高维权工作的质量和水平。

1. 问卷调查——发扬民主、公开透明

工会要充分表达职工群众的意愿要求，就要通过民主的方式集中职工群众的意见。只有通过内部广泛而深入的民主生活，职工群众才能切实感受工会是自己的组织，才能增强工会的吸引力和凝聚力。

此次维权活动中，E公司工会组织实施了两次职工满意度调查。第一次职工满意度调查在2009年3月中旬结束，征集总结了十七条反映多数职工实际需求的劳动问题。第二次是针对相关部门的答复所进行的职工满意度调查，调查结果给相关部门形成较大压力，促进了多数劳动问题的及时解决。

2. 通过"协调"方式有效交涉

E 公司工会在维权过程中，明确现阶段工会的定位和职责，采用以"协调"为主的工作方式，既保护职工的合法权益又不偏袒职工，既与管理部门进行严肃认真的协商和交涉又充分考虑公司的现实情况以及实施的可能性，最大限度的发挥工会的"协调"职能，使交涉、协商更加有效。在对增加工资、取消非加班日加班申请制度等问题的处理上充分说明了这一点。

表 3 就职工的问题工会对职工的说明和对管理部门的协商

职工提出的问题	工会对职工的解释和说明	工会与管理部门的交涉和协商
工资涨幅太低！和物价的上涨严重不相称，和进公司前得到的承诺也严重不符！	①工资部分会向公司反映，并协商争取改善。不过 IT 行业薪资涉及较多的个人隐私，因人而异比较大。就工资水平作整体协商工会还存在困难。只能在现有法律、法规允许的范围内和企业平等协商。就薪资协商问题职代会的民主管理方式更具有法律保证。工会正在考虑和公司协商筹建"职工代表大会制度"。②就公司承诺部分，如果公司没有违反合同规定；或者没有证据表明公司违约，工会无法支持。	①考虑公司的薪资管理制度，各人差异较大，统一调整不便。建议增加公开的福利、津贴部分，满足员工要求，缓解矛盾。②对现有各项津贴、福利的计算方法和基准进行确认，根据客观事实调整。
提出"非加班日"的概念可以，但应是一种提倡，没必要周三加班还得提交申请才能算做加班。我们是跟着项目走，选择加不加班，身不由己	会和公司反映并协商考虑此问题，尽可能考虑国情和企业实际情况，充分尊重员工个人意愿	取消申请制度，不过周三通过广播提醒大家此为非加班日。员工自行离开。好的企业文化比硬性的规定更加容易被人接受，不同的方式取得的效果可能相差很大。前提是充分尊重员工的个人意愿，避免家长式的硬性规定。

3. 充分利用现代化技术和手段进行维权

在此次维权过程中 E 公司工会进行了两次大规模的内部职工问卷调查以及与相关部门的多次往返协商、交涉，这些大部分是通过公司内部的网络来完成的。这种方法既降低了维权成本、提高了沟通效率，又减少了直接谈判时的心理压力，同时也在一定程度上降低了对参与维权的工会委员的个人影响。

（二）依法维权

增强法制意识，运用法律手段，把维权纳入规范化、制度化、法制化的轨道；督促和推动《劳动法》、《工会法》、《劳动合同法》及有关法律法规的落实；引导职工以理性合法的方式和渠道表达利益诉求、依法规范自身行为。这些均是依法维权的核心内容。

从 E 公司工会维权的内容和过程来看，无论是对职工的说明还是对管理部门的协商以及维权的方式和程序等，都是以劳动执法行政部门为后盾，在相关法律、法规的框架下进行的。其维权活动正在向依法维权的目标迈进。

四、结 论

通过对 E 公司职工及工会维权活动的调查分析发现，第一，随着市场经济体制的发展和劳动法制环境的不断改善，职工自觉维护劳动权益的意识逐渐增强。第二，E 公司工会的工作重点发生了一定变化，对保障会员利益这一职能的重视程度大大增加，即工会代表职工主动维权的意识正在逐步增强。第三，工会维权的方式方法正在发生变化，在向主动维权、科学维权、依法维权的目标迈进。另一方面，透过 E 公司的状况，也看到了诸多尚需不断完善的现实问题，如工会组织的自身建设、尚不清晰的职能定位、工作人员的政策和专业水平等都需要进一步研究和发展。同时，论文仅对 E 公司的维权状况进行了调查分析，具有一定的特殊性，需要在今后大量的研究中予以补充。

参考文献

许晓军."中国工会与和谐劳动关系的建构".内部交流论文，2008.

E 公司工会介绍资料.2007.

托马斯·寇肯（Thomas A. Kochan）等著（朱飞、王侃译）.《美国产业关系的转型》，中国劳动社会保障出版社，2008.8.

理查德·海曼（Richard Hyman）著（黑启明译）.《劳资关系：一种马克思主义的分析框架》.中国劳动社会保障出版社，2008.11.

常凯等."中国劳动关系报告——当代中国劳动关系的特点和趋势"，中国劳动社会保障出版社，2009.3.

陈一民等."构建企业和谐劳动关系与建立和谐社会".《理论导刊》，2006：（8）－72.

谭泓等."日本劳资关系调节机制".《山东劳动保障》，2006：（7）：30.

冯喜良."和谐劳动关系与员工工作态度测评".《中国人力资源和社会保障发展研究报告（2008）》，中国劳动社会保障出版社，2008.9.

Carmel Herington, Lester W. Johnson, and Don Scott. "Firm-Employee Relationship Strength—A Conceptual Model". 2007, Australia.

Holger M. Mueller, Thomas Philippon. "Family Firms, Paternalism, and Labor Relations", 2006, USA.

（作者单位：首都经济贸易大学劳动经济学院）

未来20年中国分城乡劳动力资源供给趋势预测

童玉芬 郑冬冬

劳动力资源是经济发展的重要人力基础，也是影响就业的重要方面。劳动力资源总量直接决定了某一时期劳动力实际供给规模的大小，从而通过与劳动力需求的供需对比影响到总的就业形势。因此，对中国劳动力资源，尤其是分城乡的劳动力资源状况在未来一段时间内的动态变化进行多方案的预测，有着十分重大的意义。对于指导国家宏观经济和人口以及就业发展等相关政策，有着很大的参考和咨询价值。

目前学界对中国未来劳动力资源的研究相对较为丰富，主要侧重于全国总的劳动力资源总量和年龄结构变动情况。学者们通过一定的人口预测模型，对未来中国劳动力资源的规模变动进行了估测。大多数认为中国劳动力资源的规模在未来将会从目前的减速增长转为绝对下降，但是关于发生下降的时间却有较大的分歧一些学者认为未来十年内将不可避免的出现负增长，但有学者认为劳动适龄人口在2015年前后转入负增长阶段，还有学者认为在不同生育率的方案下在2020年前后出现劳动适龄人口下降的趋势。甚至还有学者认为中国劳动力适龄人口将在2020年至2030年才出现一个明显的转折，由增加转为减少。但是，对于分城乡的劳动力资源状况却鲜有研究，主要是城乡劳动力人口变动，不仅涉及农村城市人口本身的生育和死亡的变化，还涉及城乡之间人口与劳动力的迁移或流动，而这方面的数据和模型都比较难以获得和把握。另外，对城市化以及城乡人口流动或迁移的定义和口径存在多种理解和处理，也是导致分城乡人口与劳动力规模预测研究较少、较难统一的原因。

本文在前人研究的基础上，采用人口分年龄性别的多要素移算法，建立包括城、乡两个连同子模型的分性别、分年龄人口预测模型，对中国城乡总人口和劳动年龄人口在未来20年的变化进行了多方案的模拟和预测，得到了中国农村和城市在未来20年劳动力资源规模和年龄性别结构的预测结果。

一、预测的基本原理和数据来源

1. 预测的基本原理

分要素预测法的理论基础是人口平衡方程式，即 $P_t = P_0 + (B - D) + (I - E)$。其中 P_t 预测期人口数，P_0 为基期人口数，B 为出生人口数，D 为死亡人口数，I 迁入人口数，E 为迁出人口数。在预测中，出生人数涉及育龄妇女分年龄生育率水平以及生育模式的变化，而死亡率涉及分年龄性别人口的死亡水平和死亡模式变化，城乡之间的净迁移主要由每年的净迁移率（或迁移量）以及迁移的年龄结构模式共同决定。实际计算过程涉及年龄移算，要比上述平衡方程复杂得多。

总的说来，在给出未来总和生育率、预期寿命以及净迁移规模的前提下，通过给定的生育模式、死亡模式和净迁移模式的变化，进而转化成育龄妇女的生育数、分年龄性别的死亡数以及分年龄性别的净迁移量，最后逐年推出各年龄性别的人口数，并从中汇总出不同年龄段的人口数（如老年人口数、劳动适龄人口数等）以及总人口数。

2. 研究所用基础数据主要来源于 2000 年全国第五次人口普查资料，以及 2005 年 1% 人口抽样调查资料*。预测的基年是 2000 年，2005 年数据的采用主要是为了回填 2000 年的漏报数据，以及验证模型估计误差率。

二、预测方案的设立

人口的预测，实际上是在各种方案假设条件下的推算结果。因此各种假设条件至关重要。这些条件主要由生育、死亡和迁移几类参数构成。分别设置如下：

（一）生育参数的设定

总和生育率根据高、中、低三个方案的不同进行设定。低方案的总和生育率假定保持 2000 年水平保持不变，一直持续到 2030 年；中方案是假定总和生育率从当前的 1.6，到 2030 年提升到 1.8，其中农村从 1.8 提高到 2.0，城市从 1.3 提高到 1.5**；高方案假定全国总和生育率到 2030 年能够达到 2.1，其中农村 2.2，城市 1.9***（如表 1 所示）。同时假定生育模式从 2000 年到预测末年不发生变化。

表 1　总和生育率的方案设定

方案		2010	2015	2020	2025	2030
低方案	全国	1.6	1.6	1.6	1.6	1.6
	城市	1.3	1.3	1.3	1.3	1.3
	农村	1.8	1.8	1.8	1.8	1.8
中方案	全国	1.6	1.65	1.7	1.75	1.8
	城市	1.3	1.35	1.4	1.45	1.5
	农村	1.8	1.85	1.9	1.95	2.0
高方案	全国	1.8	1.9	2.0	2.05	2.1
	城市	1.5	1.6	1.8	1.85	1.9
	农村	2.0	2.1	2.1	2.15	2.2

（二）死亡参数设定

死亡参数的设定关键是要得到未来各年龄的死亡率或存活率。一般的做法是假设未来预期寿命的变化，通过一定的变换将预期寿命分解为对应的分年龄死亡率，

---

* 本文利用 2005 年 1% 抽样调查数据通过年龄倒推法对 2000 年的 0 - 9 岁组人口进行了回填漏报，同时总和生育率按照 0 - 9 岁回填的婴儿数进行了调整，限于篇幅，此处从略。

** 随着实行计划生育以来的独生子女（约 1 亿左右）陆续进入婚育期，将在未来一段时间使总和生育率上升 0.1；2001 年 12 月《中华人民共和国人口与计划生育法》颁布后，各省在现行的政策框架下，对本省的《人口与计划生育条例》进行了微调，有放开生育间隔、实行"双独"（夫妇双方均为独生子女的可生育两个孩子）、"单独"（夫妇双方一方为独生子女的可生育两个孩子）等，这都将使总和生育率呈不断上升的趋势。中方案假设在计划生育政策现在的微调条件下，在未来的 20 - 30 年里总和生育率提高 0.2。

*** 高方案假设 2010 年总和生育率现在就达到中方案 1.8 的水平，并逐渐恢复到人口更替水平。

并进入模型中。本文采用罗吉特变换原理*，利用中国 2000 年人口普查和 2005 年 1% 人口抽样调查数据，分别计算两个年份中国分城乡、分性别的生命表，然后通过罗吉特转换找到这两个生命表中个分年龄死亡率之间的线性对应关系，实际上就是找到二者关系中的系数 a 和 b（前者代表死亡水平，后者代表死亡模式），通过观察 2000 至 2005 年之间的系数以及两个系数 a、b 与预期寿命的关系，参照预期寿命的变化规律和设定，给出未来的 a、b 可能值，就可以得到未来若干年分城乡分性别的各年龄死亡人口数的方案假定。

本文假定死亡模式不变，即 b = 1。对死亡水平系数 a 值的确定，本文主要参照联合国平均预期寿命增长模式表的变化趋势来确定。多数学者对预期寿命的研究表明，随着预期寿命的不断升高，预期寿命提高的速度在不断降低，也就是死亡水平的下降在不断减缓，即 a 值不断向 0 接近。结合联合国平均预期寿命增长模式表以及相关学者对预期寿命的估计，在对不同的 a 值进行预期寿命反复推演并对比的情况下，得到未来不同预期寿命相对应的 a 值，作为死亡参数的设定（见表 2）。

表 2　a 值以及预期寿命的设定

分类	性别	值	2005	2010	2015	2020	2025	2030
城镇	男性	a 值	-0.088	-0.048	-0.02	-0.015	-0.01	-0.01
		预期寿命	72.47	73.59	74.05	74.39	74.62	74.85
	女性	a 值	-0.103	-0.06	-0.04	-0.01	-0.001	-0.001
		预期寿命	76.49	77.85	78.73	78.95	78.97	78.99
农村	男性	a 值	-0.093	-0.043	-0.06	-0.03	-0.02	-0.02
		预期寿命	69.04	70.09	71.53	72.23	72.69	73.15
	女性	a 值	-0.184	-0.014	-0.1	-0.08	-0.03	-0.01
		预期寿命	72.43	72.78	75.2	77.04	77.71	77.93

（三）城乡迁移参数的设定

中国城镇人口历年的年增长量中，扣除中国城镇人口的自然增长量，在理论上就应当为城镇净迁移增长量。根据计算，中国自 20 世纪 90 年代以来城镇自然增长人口在城镇年增加人口中的比重大约在 16% 且相对稳定，而 84% 为迁移增长，根据定义，应当为户籍净迁移。该规模近年来每年大约在 1600 万至 1200 万左右，且有减少趋势。据此，我们假设在 2005～2030 年间城乡迁移户籍人口总数分别按高和

＊罗吉特模型假定这任意两个模型之间，经过对数转换后都存在线形关系，并可以通过简单的最小二乘法可以计算出线形关系中的参数。本文采用这样的原理，利用中国 2000 年人口普查和 2005 年 1% 人口抽样调查数据，分别计算中国分城乡、分性别的生命表，通过罗吉特变换找到这两个生命表中个分年龄死亡率之间的现行对应关系，实际上就是找到二者关系中的系数 a 和 b（前者代表死亡水平，后者代表死亡模式），通过观察 2000 年至 2005 年之间的系数以及两个系数 a、b 与预期寿命的关系，参照预期寿命的变化规律和设定，给出未来的 a、b 可能值，就可以得到未来若干年分城乡分性别的各年龄死亡人口数的方案假定。

如果不加说明，本文的预测中，劳动年龄人口均为 15 - 64 岁年龄人口。

我们也同时做了城乡封闭状态下的城乡分年龄性别人口预测，结果与此趋势相反，农村劳动力呈现上升趋势，与实际变化也不符合，可见考虑迁移因素对分城乡的预测是非常重要的。

低两个方案，每年的户籍迁移人口分别为1200万和1000万。关于乡城迁移的年龄结构，采用2000年人口普查的迁移人口年龄结构并假定不变。

（四）出生性别比设定

2000年普查人口的城市出生性别比为115，农村出生性别比为119。同时假定出生性别比会逐渐下降恢复正常达到107。

三、不同预测方案下的分城乡劳动力资源预测结果及分析

劳动力资源从概念上说，是指一个国家或地区人口所拥有的劳动能力的总和。在统计上一般用劳动适龄人口（国际标准为15～64岁）或16岁以上人口总和表示。本研究采用第一中定义。

根据总和生育率和乡城净迁移规模设定进行组合，可以得到各种方案组合下的中国全国、农村和城镇的总人口规模以及劳动年龄人口规模的历年预测值。

（一）全国的总人口及劳动年龄人口规模变化趋势

表3是几种组合方案下的全国人口规模变化趋势。可以看到，就全国来说，无论哪种方案假定，中国总的人口规模在未来20年内（到2030年止）均呈现上升的趋势，到2030年各种方案下的中国总人口规模基本在14.7—15.7亿之间。其中按照前面方案中的高生育水平，全国总人口到2030年将达到15.65亿人左右，比同期低生育水平方案下的人口规模14.73亿人左右高将近1个亿。

同时，比较不同方案发现，未来生育政策的改变对全国总人口规模总趋势没有影响，但是对增长幅度有比较明显的影响。在生育率比较高的方案下，总人口增长的也相对较多。但是乡城人口净迁移对总人口的影响很小，几乎不发生作用，这也符合实际的规律。

表3　不同方案下的全国总人口的规模变化预测　　　　　　（亿人）

生育率水平	净迁移规模	2010	2015	2020	2025	2030
低生育率	高	13.6432	14.1525	14.4622	14.6434	14.7068
	低	13.6432	14.1573	14.4892	14.6799	14.7541
中生育率	高	13.6432	14.1706	14.5210	14.7679	14.9207
	低	13.6432	14.1754	14.5489	14.8052	14.9686
高生育率	高	13.7106	14.3817	14.8811	15.2988	15.6455
	低	13.7106	14.3864	14.9109	15.3325	15.6839

表4是全国劳动年龄人口规模趋势的变动情况。从各方案的比较来看，乡城人口净迁移方案变化对未来全国劳动适龄人口规模的影响很小，这一点与总人口变动趋势类似，但是生育方案的变化对劳动适龄人口的影响也很小，这一点与总人口变化有较大不同。我们看到，各个方案之间的差距非常小。总的来看，未来20年内中国劳动适龄人口总规模在2025年前基本还保持一个上升趋势，在低生育方案和中生育率方案下，中国总的劳动年龄人口规模到2025年出现10亿略多的高峰后开始出现回落，但幅度很小。如果按照高生育方案，则劳动年龄人口将会呈现继续增加态势。

表4 全国劳动年龄人口规模变动趋势　　（亿人）

生育率水平	净迁移规模	2010	2015	2020	2025	2030
低生育率	高	9.8276	9.9701	10.0513	10.0790	9.9773
	低	9.8276	9.9698	10.0505	10.0776	9.9804
中生育率	高	9.8276	9.9701	10.0513	10.0790	9.9953
	低	9.8276	9.9698	10.0505	10.0776	9.9984
高生育率	高	9.8276	9.9701	10.0513	10.1458	10.2048
	低	9.8276	9.9698	10.0505	10.1444	10.2079

（二）中国农村未来20年总人口和劳动适龄人口的变动趋势

与全国总人口变动趋势不同，无论哪种方案，中国农村人口均呈现出显著的下降趋势，而且下降幅度都较大。到2030年，农村劳动适龄人口规模将从目前的7亿，下降到5亿左右，减少2个亿。同时，无论是生育率水平的变动，抑或是乡城净迁移方案的不同，均对农村总人口规模变动趋势有影响。尤其是乡城净迁移规模方案的不同使得农村总人口变化发生的差异更明显（见表5）。

表5 不同方案下中国农村总人口的变化规模预测　　（亿人）

生育率水平	净迁移规模	2010	2015	2020	2025	2030
低生育率	高	7.1395	6.7598	6.2716	5.6630	4.9650
	低	7.2395	6.9784	6.6221	6.1519	5.5952
中生育率	高	7.1395	6.7685	6.2981	5.7121	5.0395
	低	7.2395	6.9874	6.6504	6.2059	5.6792
高生育率	高	7.1395	6.8707	6.4497	5.8985	5.2682
	低	7.2395	7.0921	6.8090	6.4042	5.9253

与农村总人口变动趋势类似，农村劳动年龄人口规模也呈现出明显的下降趋势，但是下降幅度更大，20年内农村劳动力适龄人口将从目前的接近5亿将降到2～3亿（见表6）。从各种方案的对比中看，生育率方案的调整对农村劳动适龄人口的变化没有多大影响，主要原因是生育率的调整对劳动适龄人口的影响有15～20年的滞后效应，即便是进入劳动年龄后，由于调整的劳动力在整个劳动力中的比重较小，因此对劳动适龄人口影响也不会很明显。但是乡城人口净迁移却有较明显的影响。

表6 不同方案下中国农村劳动年龄人口规模变动趋势　　（亿人）

生育率水平	净迁移规模	2010	2015	2020	2025	2030
低生育率	高	4.8724	4.4447	3.9773	3.4753	2.8805
	低	4.9595	4.6201	4.2428	3.8305	3.341
中生育率	高	4.8729	4.4447	3.9773	3.4753	2.8891
	低	4.9595	4.6201	4.2428	3.8305	3.3499
高生育率	高	4.8729	4.4447	3.9773	3.5128	2.9904
	低	4.9595	4.6201	4.2428	3.8679	3.4538

（三）中国城镇总人口与劳动年龄人口的规模趋势变动

城镇总人口以及劳动适龄人口的变化与农村正好相对应。从总人口看，城镇人口规模将呈现继续上升趋势，无论哪种方案组合，城镇总人口都将从目前的6.5亿左右增加到2030年的9至10亿。而劳动年龄人口规模则从当前的接近5亿，增加到2030年的接近7亿。

通过比较不同方案结果发现（见表7），与农村劳动力变化类似，生育方案的调整对城镇劳动适龄人口的规模影响非常微弱（见表8），主要是乡城人口净迁移规模的影响比较显著。

表7 不同方案下中国城镇总人口的变化规模 （亿人）

生育率水平	净迁移规模	2010	2015	2020	2025	2030
低生育率	高	6.5037	7.3927	8.1906	8.9804	9.7418
	低	6.4037	7.1789	7.8671	8.5279	9.1589
中生育率	高	6.5037	7.4021	8.2229	9.0559	9.8813
	低	6.4037	7.1880	7.8985	8.5994	9.2894
高生育率	高	6.5332	7.5110	8.4314	9.4002	10.3772
	低	6.4332	7.2943	8.1020	8.9284	9.7586

表8 城镇劳动年龄人口规模变动趋势 （亿人）

生育率水平	净迁移规模	2010	2015	2020	2025	2030
低生育率	高	4.9546	5.5253	6.0740	6.6036	7.0969
	低	4.8681	5.3498	5.8077	6.2471	6.6394
中生育率	高	4.9546	5.5253	6.0739	6.6036	7.1061
	低	4.8681	5.3498	5.8078	6.2471	6.6484
高生育率	高	4.9546	5.5253	6.0740	6.6330	7.2144
	低	4.8681	5.3498	5.8078	6.2764	6.7541

四、基本结论与政策思考

通过本研究，我们发现：

（1）首先，全国总人口以及劳动适龄人口的变化趋势，与中国城乡人口规模以及劳动年龄人口规模的变化趋势，有很大不同。对中国未来就业形势的分析，尤其是劳动力供给的分析，必须要充分关注城乡的差异和二者的关系。

（2）就总的劳动适龄人口来看，全国目前尚有一定的增长空间，但是增幅在下降，到2025年将出现绝对规模递减。而农村无论总人口还是劳动年龄人口规模，都呈现出持续的下降趋势，而且后者下降幅度要快于前者。20年内农村劳动力适龄人口将从目前的接近5亿将降到2～3亿，减少一半左右。城镇正好相反，未来20年内二者均呈现显著的增加，未来20年将增加2亿左右。

（3）生育政策调整对全国总人口以及城乡总人口均有一定的影响，但是对劳动适龄人口规模变动趋势，无论城乡还是全国影响均不大。说明生育政策是否调整，对未来20年劳动就业形势没有直接的影响。

（4）城乡之间户籍净迁移规模的变化，对全国总人口规模变动结果没有什么影响,但是对于本研究中的农村和城镇总人口以及劳动适龄人口规模影响是非常明显的。因此,在进行城乡人口预测时,必须要考虑城乡之间的迁移,否则将会出现很大偏差。

参考文献

蔡昉. 人口与劳动力蓝皮书(2008)中国人口与劳动问题报

马忠东,吕智浩,叶孔嘉. 劳动参与率与劳动力增长:1982-2050年. 中国人口学刊,2010,(1).

王广州. 人口与劳动力蓝皮书(2006)中国人口与劳动问题报告 No.7——人口转变的社会经济后果,北京:2006-4(95).

王金营.2000年中国第五次人口普查漏报评估及年中人口估计. 人口研究,2003(9).

王金营,蔺丽莉. 中国人口劳动参与率与未来劳动力供给分析. 人口学刊,2006(4).

翟振武. 现代人口分析技术应用. 北京:中国人民大学出版社,1991.

(作者单位:首都经济贸易大学人口经济研究所)

中国未来劳动力供求关系变化趋势及特点分析

王金营　顾　瑶

上世纪 50 年代，刘易斯（William Arthur Lewis）通过论文《劳动力无限条件下的经济增长》和《经济增长理论》一书建立了二元结构经济体系，在劳动力无限供给的古典假设基础上为发展中国家的经济增长提供了新的范式，这一经济理论在中国得到广泛传播和有效应用。改革开放以来，中国特有的制度约束和改革模式下经济呈现出典型的二元结构特征，即"满足农村人口自我消费为主的传统经济部门与以大工业为代表的现代经济部门并存"。伴随改革的深入，传统经济和现代经济两部门间劳动力流动的壁垒逐渐被打破，大量的农村剩余劳动力涌向城市，为加速发展的城市经济提供了丰裕的劳动资源，也形成独特的劳动群体：农民工。这使中国的二元经济结构特征投影在劳动力市场，形成二元的劳动力市场结构。这一结构对我国劳动力市场的运行发展产生了重要的影响。进入 21 世纪，中国劳动力市场受到产业升级、市场需求激增、人口增长模式变动、劳动力流动规模扩大和区域拓展等因素的冲击，供求关系正在发生演变。

一、我国劳动力市场供求关系概况

（一）失业率终结下行趋势，就业压力上升

中国的失业率从 2003 年开始一直保持了不断下降的趋势，城镇登记失业率从 2003 年的 4.3% 降至 2007 年的 4%。2008 年前三季度城镇登记失业率也一直保持在 4% 的水平。但 2008 年下半年开始，中国经济受国际金融危机影响开始放缓，中国部分企业生产经营出现困难，使部分职工失去工作岗位，其中农民工占比较大，主要集中在长三角、珠三角等使用农民工较多的东部沿海地区，导致 2008 年失业率出现温和上涨。根据中国人力资源和社会保障部 2009 年 1 月 20 日公布的数据，2008 年全国城镇登记失业率为 4.2%，比 2007 年末上升 0.2 个百分点。这也是该数字自 2003 年以来首次呈现上升趋势。而实际情况可能比这一数据反映的更严重，因为失业的农民工和未实现就业的大学毕业生还没有统计在内，中国社会科学院于 2008 年 12 月 16 日发布的《社会蓝皮书》中统计的中国城镇调查失业率就已攀升到 9.4%，已经超过了 7% 的国际警戒线，形势不容乐观。

（二）一定时期内劳动力市场供求紧张关系仍会持续

我国的基本国情是人口众多，劳动力资源丰富。上世纪六七十年代的人口生育高峰形成了当前和未来 20 年劳动年龄人口占总人口的比重维持在 65% 以上的较高水平。从"十一五"期间看，城乡新成长劳动力年均达 2000 万人，全国城镇每年新增劳动力 1000 万人，加上需要就业的下岗失业人员和其他人员，每年需要安排就

业的达2400万人。从劳动力的需求看，按照经济增长保持8%至9%的速度，每年可新增800万—900万个就业岗位，加上补充自然减员，可安排就业1200万人左右，年度劳动力供求缺口仍在1200万人左右。在农村，虽然乡镇企业和进城务工转移了约2亿人，由于土地容纳的农业劳动力有限，按1.7亿计算则农村富余劳动力还有1.2亿以上。总体上看，未来相当长的一个时期内，城乡劳动力供大于求的基本态势将长期存在。

（三）劳动力市场供求结构性矛盾突出

失业率上升和劳动力市场供求紧张并存的现象主要源于中国劳动力市场的结构性矛盾。从我国招聘人员文化程度看，除初中及以下文化程度的招聘人数比上季度有所下降外，其他各文化程度的用人需求与去年同期相比均有所增长，其中，本科及以上文化程度的需求人数增长幅度较大；同时，大专、本科、硕士以上各文化程度的求职人员总数也在增长，2008年与2007年同期比较分别增长了6.9%、7.5%和49.3%，但仍无法满足市场对高学历、高技术人才的需求。

从城乡差距来看，农村存在大量富余劳动力，农村人口向城市转移的趋势仍会长时间持续，而经济的发展速度和产业结构的调整限制了城市可能提供的职位，且部分农民工缺乏基本的劳动技能，文化水平低，供需结构严重不匹配。从城镇来看下岗人员就业仍是待解决的关键问题之一，劳动技能欠缺、知识结构落后依然制约着该群体的整体就业。同时，在资源枯竭城市、库区等困难地区，以及一些困难行业、困难企业，则存在着就业岗位减少、失业人员增多的矛盾。

对劳动力年龄和性别的需求与供给也出现差距。企业用人需求中16—34岁年龄组劳动力始终供不应求。据有关调查表明，近六成的岗位要求年龄在18—25岁之间，近三成的岗位要求年龄在26—35岁之间。在性别方面，对女性劳动力的需求一直高于男性。而在外出劳动者中，青年劳动力特别是女性的比重呈下降趋势。

二、"民工荒"现象的出现和蔓延

自2002年始，我国陆续出现了几次较大规模的民工荒，技术工种和熟练工人大量短缺，这一现象引发学术界的思考，一些学者认为我国已经迎来"刘易斯拐点"，一些学者认为提出这一观点为时尚早。

近十年来，我国对外贸易的发展带动了沿海地区的经济增长，加快了当地工业化和城市化的进程，产生对农村剩余劳动力的大量需求。入世后，这一需求又以惊人的速度递增，先后在珠三角和长三角两地区形成了几次"民工荒"，部分行业、部分工种的工资出现明显的上升，"刘易斯拐点"初现端倪。

从2002年下半年开始，我国珠三角地区开始出现"民工荒"，一直延续至今，并且还有进一步发展加重的趋势。起初，是模具工、数控机床车工等较高级技工短缺，后来是2003年的SARS造成家庭保姆和搬运工等较低级工人短缺，2004年中央开始实行对于农村的"两减免、三补贴"（即减免农业税和除烟叶税以外的农业特产税，实行种粮直接补贴、购买农机具补贴和良种补贴）政策，农民务农积极性提高，民工短缺问题逐渐加重。

2005年后，"民工荒"从深圳、东莞等较为发达的"珠三角"地区开始，向闽东南蔓延,再发展到浙东南和整个"长三角"地区,乃至京、津、沪(缺保姆)和湖南、江西等内地省份(企业缺工)。短缺人员主要是普通工中 18—25 岁初中毕业以上、比较熟练、操作能力强的未婚年轻女工。这类人员占全部缺员量的 65% 左右,其余 35% 也主要是青年普通工,集中于制造业中的服装、鞋类、棉毛纺织、玩具、箱包、电子组装、塑料制品等行业。餐饮服务业、家庭服务业、制造业占全部缺员的 80% 左右。据劳动保障部的调查,2006 年春季企业用工需求中,基本得到满足的比重依次为环渤海地区 71%、长江三角洲地区 66%、中西部地区 65%、珠江三角洲地区 55%、闽东南地区 50%。

2007—2008 年,作为"世界工厂",中国的经济受到国际金融危机的冲击,出现下滑趋势。大量企业由于无法获得订单破产倒闭,数以百万计的农民工失去工作。2008 年底,全国农民工就业总数为 2.25 亿人,其中外出农民工 1.4 亿,2009 年春节前,大概有 50% 农民工受金融危机影响返乡,其中 1800 万人需要解决就业问题。春节后,1800 万人中 95% 的农民工回到城市就业,其余 5% 在农村就地就近就业和返乡创业。但是就在我国经济企稳回暖后,长三角、珠三角等沿海经济发达地区却再次出现了企业招收农民工难的问题。在珠三角地区,深圳缺工 12 万,东莞预计缺工 10 万,顺德、南海、中山也出现不同程度的用工缺口;长三角地区形势也较严峻,苏州工业园区 20 多家电子企业需要招工 1.2 万人,缺口多达 1 万人。到 2009 年,浙江省人力资源市场 7 月份供求报告显示,企业需求总人数 60.3 万人,求职总人数 35.4 万人,用工缺口达 25 万人。深圳市 4 月用工缺口 2.3 万人,到 6 月份用工缺口超过 6 万人。而传统的劳务输出大省四川眼下招工也是困难重重,沿海企业开始采取提薪或提高其他方面的待遇的方式增加对农民工的吸引力。

三、我国劳动力市场"刘易斯拐点"的判断

用工需求的增加和农民工雇佣工资的提高预示着我国经济正在面临局部性"刘易斯拐点"的到来,以珠三角、长三角为代表的部分沿海地区已经度过劳动力在相同价格下无限供给的时代,劳动力供给曲线出现向上拐折迹象。但是,这里出现的"刘易斯拐点"又是不完全的,目前它仅能反映个别地区、个别行业劳动供需的变化。由于我国劳动力市场,尤其是农村劳动力市场流动性强,迁移壁垒较低,农民工的跨省迁移受到外界阻力较小,因而局部地区的雇佣工资提高将产生对地区外雇工的吸引,增加本区域劳动供给,劳动工资上涨的趋势可能得到缓解,因而从全国、全行业角度来看,做出"刘易斯拐点"已经到来的结论还需要更多的理论支持。

(一)我国"刘易斯拐点"到来与否的争论

2005 年,中国社会科学院人口与劳动经济研究所所长蔡昉撰文提出我国劳动力短缺问题,通过对我国人口年龄结构的预测推断我国劳动年龄人口的相对数量和绝对数量将相继出现下降,劳动力短缺不可避免。2006 年后,蔡昉又在多个场合发表自己关于刘易斯拐点将在十一五期间到来的论断,并得到一些学者的响应。2006 年 12 月 11 日,国务院发展研究中心副主任李剑阁在《财经》杂志年会上说,"劳动力从总体上的供过于求转为供求平衡,甚至会局部出现供不应求和将来整体上出现供不应求的局面"。王德文认为按照二元经济模型,刘易斯转折点有两个重要标志:

一是农业剩余劳动力数量大幅度下降,二是农业工资大幅度上升。由于测定劳动力剩余难以有共识,因此可以结合工资变化判断近年"民工荒"意味着"劳动力市场正在发生根本性变化",中国已经越过刘易斯第一个拐点。同时,王德文也指出,中国越过刘易斯第一拐点并非意味着中国不存在剩余劳动力。吴要武通过调研数据及我国 2000—2006 年相关数据的整理建模得出结论,我国在 2002—2004 年间便已形成刘易斯拐点,劳动力市场开始感受到劳动者的短缺,并引起工资的快速增长。

其他学者多方面表达了不同的意见,他们认为,尽管我国农业劳动力转移已经取得很大成就,但目前剩余劳动力数量相对依然庞大。钱文荣、谢长青指出,近年出现的"民工荒"有种种结构性原因,白南生认为民工工资上涨不完全是市场原因,周祝平认为由人口转变和经济繁荣所引起的劳动力供求形势变化并不意味着中国经济发展进入了新阶段。学者在谈到刘易斯拐点时认为重要的是第二个拐点,周祝平指出,如果完全按照刘易斯第一个拐点前的特点"边际生产力为零或可忽略",从我国农村粮食产量连年递增的情况也看不出拐点已经到来。同时,王德文和周祝平还表达了"人口红利消失"对今后我国就业形势影响方面的不同看法。

(二)"刘易斯拐点"理论的重新认识

刘易斯拐点的相关理论由诺贝尔经济学奖得主刘易斯在其 1954 年的论文《劳动力无限供给条件下的经济增长》中提出,并由其本人在《无限的劳动力:进一步的说明》和《对无限的劳动力的反思》及《再论二元经济》等论文中做了补充和修正。我国当前出现的对"刘易斯拐点是否已经到来"的争论中,对"刘易斯拐点"的概念、内涵及特征等核心问题仍存在分歧,此处首先对这些问题进行重新界定。

1. 理论假设

刘易斯二元经济模型以劳动力的无限供给为假设条件。"我们必须在开始时先详述劳动力无限供给的假设……在那些相对于资本和自然资源来说人口如此众多,以至于在这种经济的较大的部门里,劳动的边际生产率很小或等于零,甚至为负的国家里,劳动力的无限供给是存在的……我们现在的任务……仅仅是要为那些新古典主义和凯恩斯主义的假设并不适用的国家精心制定一个不同的框架。"刘易斯把我们带入了一个古典主义的世界,他认为如劳动力丰富而资本相对稀缺的发展中国家在经济起步时期,他们的劳动力市场是一个古典市场,劳动力无限供给,对劳动力雇用完全取决于资本扩张的需要。我国长期以来实行的户籍制度形成了城乡二元经济结构。在改革开放初期,城市生产力落后,资本与其他非劳动资源相对稀缺,同时我国又是世界上人口最多的国家,仅农业人口就有 8 亿左右,落后的农村生产下形成大量剩余劳动力,劳动力资源十分充裕,处于"无限供给"状态。

2. 两部门的区分

刘易斯二元经济模型包括资本主义部门(现代部门)和非资本主义部门(传统部门),他提到"我们注意到'资本主义'部门和'维持生计'部门这两个词的用法。资本主义部门是经济中使用再生产性资本,并由于这种使用而向资本家支持报酬的那一部分……维持生计部门不同之处就在于它是这种经济中不使用再生产性资本的那一部分。这个部门的人均产量比资本主义部门低。因为它的产品不是用资本生产出来的。由于可得到的资本更多,就有更多的工人能从维持生计部门被吸收到资本主义部门去，同时他们的人均产量也因从一个部门转向另一部门而增加。"1972年刘易斯对此加以补充，认为"将整个经济分成两个部分。一个是资本主义的，一是非资本主义的。'资本主义的'，按古典学派的观点，可定义为某人雇佣工人，销售产品以获得利润。当家务仆人在一家旅馆工作时，其归属于资本主义部门，在私人家中工作时则不然。为实现我的目的这种划分是至关重要的。"同时，他也认为"由于目的不同，其他作者也会有不同的划分。现时流行的是工业与农业的划分。"因此"刘易斯拐点"所指的"二元经济结构"是从宏观上将发展中国家的经济部门划分为"现代的"与"传统的"两个部门。这种区分是基于生产要素、生产效率和收入分配规则来进行的，而非其产品所指的"工业产品"部门与"农业产品"部门，更不是基于社会管理的"城市"与"农村"。同时，这种区分适用于经济发展的早期阶段，即发展中国家，而不适用于发达国家。"传统部门"以农业部门为代表，部门存在大量的隐性失业和剩余劳动力，劳动的边际生产率非常低甚至为零，其工资水平是维持生存的制度工资；"现代部门"以工业部门为代表，其边际劳动生产率高于传统的农业部门，工业部门不存在失业，而且由于劳动的边际收益率总是小于资本的边际收益率，所以可以在不提高工资成本的条件下通过从农业部门吸收劳动力而得以发展。可以近似认为刘易斯的劳动力无限供给条件下的二元经济模型由以工业为代表的现代部门和以农业为代表的传统部门组成。

3. 无限劳动力的来源

刘易斯认为："古典经济学家把人口的增长放在首位。不过还有其他来源。我们可以将它们排列成：小农业、家庭手工业、临时工、小商业、家庭服务业以及进入劳动力市场的'妻子和女儿们'。"1972年他进一步补充提出"早先的论文清楚地指出。这部门劳动力并非全部来自农业……文章首先提到来自于家庭服务与自我雇佣行业（尤其是手工业与小商业）的劳动力。同时也指出劳动力队伍可以通过增加妇女就业、人口自然增长和移民等而得以扩大。"可以归纳出刘易斯的无限劳动力供给的来源主要有：劳动人口的自然增长量、劳动人口在非资本主义部门的存量（包括：小农业、家庭手工业、临时工、小商业、家庭服务业和妇女扩大就业等等）、劳动人口的机械增长量（指外国移民）。

4. "刘易斯拐点"的实质

其实质在于劳动力供给从长期过剩向劳动力开始变得稀缺，劳工工资从长期不变向普遍上涨的转折点。出现刘易斯拐点具有三个标识性变化：（1）实际工资水平出现普遍持续性上涨。一般而言，"维持生计部门的收入决定资本家部门工资的下限；但是，实际上，工资必须高于这一水平，而且，资本主义部门与维持生存的收入之间的差额通常是30%左右"；（2）人口出生率的下降；（3）劳动力市场一体化，二元经济结构转化为一元，发展中国家朝着工业化和城市化发展。

5. 两个刘易斯拐点

刘易斯拐点有两个，决定性的拐点是第二个。刘易斯1972年在《对无限劳动力的反思》一文中提到"当资本主义部门扩张时，可以设想工资在一段时间里保持不变。这时有两个转折点，第一个转折点在非资本主义部门的增长停止，其平均收入提高了，并使资本主义部门的工资上升时出现。第二个转折点出现于资本主义与非资本主义部门的边际产品相等之时,这样我们便到达了新古典学派的单一经济的状态。第二个转折点与费和拉尼斯所讲的一样,第一个转折点的定义也相同,但推导机制不同。因为他们着眼于第二种形态。在这种形态里,资本主义部门依赖非资本主义部门的农产品。……决定性的转折点并非第一个,而是第二个,因为正是从这里,我们超过边界进入新古典主义体系。"而国内学者可见国内学者与刘易斯谈到的"拐点"并不完全一致,多指资本主义部门吸纳更多劳动力时需支付更高实际工资所表现出的"劳动力在既定工资水平下无限供给"状态的结束,只是刘易斯第一个拐点,而对以"城乡一体化"为特征的第二个拐点认识和分析不足。

(三) 我国刘易斯拐点的理论分析

根据刘易斯的二元经济结构模型,劳动力市场可能出现两个拐点,第一个拐点代表农村剩余劳动力无限供给状态的改变,水平供给曲线将出现向上方的转折,供给不再为完全弹性,意味着在相同的工资水平下雇主无法获得无限的劳动。反言之雇主想得到足够多的劳动力需要以提高实际工资水平为代价,因而判断刘易斯第一拐点出现的标准为剩余劳动力的实际工资水平的提高。第二个拐点代表市场的二元结构被打破,两部间的差异被消除,资本主义与非资本主义部门的边际产品相等,分割的劳动力市场出现融合。第一个拐点总是先于第二个拐点出现。

1. 刘易斯拐点已经到来的判断为时过早

从我国农村剩余劳动力市场的实际情况来看,在近二十年时间里,我国农民工的工资水平未出现实质性的增长,得出"刘易斯拐点已经到来"的结论为时尚早。目前,我国劳动力由农村向城市进行的转移已经经历了三十年的时间。城市化和工业化进程的加快大幅度增加了城市对农村剩余劳动力的需求,我国目前已局部地区出现了"民工荒"现象,但是农民工的实际工资水平却长期处于停滞的状态。据统计(见表1),2003—2006年间农民工工资绝对水平与城镇职工工资的绝对水平的差距,已由2003年的1.5倍,扩大到1.83倍,远远高于正常二元经济中非资本主义经济与资本主义经济部门工资水平的差额。这一现象在局部地区更为严重。从1992—2004年的12年,经济增速最快、用工需求最大的珠江三角洲地区农民工平均月工资只增长了68元,剔除物价因素后,农民工实际工资水平实际呈下降趋势,没有呈现出随经济增长而上升的同步性特征。2006年后我国对外贸易加速发展,提高了外贸企业的经济效益,农民工工资水平出现表面上的增长,农民工月平均工资从2003年的781元增加到2006年的953元,增长了22%,年平均增长率6.93%。但这一方面只是名义工资的增长的速度,考虑到物价上涨的情况,实际工资增长低于该水平;另一方面在分析农民工工资水平变动时,还需要重视劳动价格计价形式问题。我国农民工主要集中于建筑业、轻工产品制造业、服务业等劳动密集型行业,多采用计件工资、提成工资或日工资形式。这意味着多劳即能多得,因而农民工增收的主要方式即为加班加点,国家统计局在2004年调查资料中就曾指出:"不少地方农民工每天工作时间在10个小时左右,每月工作时间在26天以上。"这与多数城镇居民按月计酬或按年计薪是存在很大差别的。而统计部门对农民工工资水平进行计量时采用的是月工资形式。对农民工而言,月工资为一混合变量,其变化受到单位工资(如每件产品工资)与月劳动参与时间两个因素的影响,这样统计数据中月工资的上涨就有可能是一种虚高的现象，是以农民工牺牲闲暇为代价换取的月工资总额的变动，而不是实际的单位工资水平的上升。

表1 农民工工资水平一览表

时间	2003	2004	2005	2006
农民工总数	11380	11823	12578	18000
农民工平均工资（元/年）	7029	7128	7695	8577
城镇职工平均工资（元/月）	1170	1335.3	1533.8	1750.1
农民工平均工资增长率（%）		2.80	6.50	11.50
城镇职工平均工资增长率（%）		14.10	14.90	14.10
农村居民消费价格指数	101.6	104.8	102.2	101.5
GDP总额（亿元）	135822	159878	183867	210871
GDP年增长率（%）	9.50	10.20	10.70	11.40
农民工年总收入占GDP比重（%）	5.89	5.27	5.26	7.32

数据来源：2004—2007《中国人口与劳动问题报告》；2004—2007《中国统计年鉴》数据。

2004年3月1日为保护低收入劳动者——包括农民工的经济权益，劳动和社会保障部制定颁布了《最低工资规定》，但实施结果是农民工的工资基本上接近或略高于最低工资水平，农民工基本没有或较少分享到经济发展成果。我国许多企业，特别是私营企业以略高于最低工资的标准支付农民工工资，有些企业甚至把最低工资作为农民工工资的最高限额。这样既不违法，又节省成本。如2007年，广东东莞外来工平均月工资不到800元，而2007年东莞市最低工资标准是690元/月，2008年是770元/月。2007年初，广东省的农民工平均工资是853元，深圳市和广州市2007年的最低工资标准分别是850元和780元。

农民工长年的低收入水平与其在我国经济快速增长中所做的贡献不相匹配。2004年农民工外出务工年均收入6471元。据此数据计算，2004年全国外出农民工的工资收入为7650.7亿元，占其所创造GDP总数31223.4亿元的24.5%，接近1/4。而发达国家的人均工资成本占人增加值的比重一般在35%—50%。可见，农民工工资收入水平远远低于其对GDP增长的贡献。2004年全国外出农民工的工资收入为7650.7元，仅占全国GDP总量159878.3亿元的4.8%。2004—2007年我国GDP增长率和农民工工资增长率的比较更是充分体现了二者的差距。

从以上分析可以看出，我国农民工的平均工资长期保持在很低的水平上，其增长率远低于经济增长率和城镇居民收入增长率，在剔除价格因素并对实际工资计量方式进行调整后，实际工资水平增长幅度更低，劳动供给的弹性极大，可近似地视为完全弹性，因而仅通过我国局部地区用工紧张等表面现象判断在我国已经形成刘易斯拐点是没有科学依据的。

2. 我国劳动力需求总量的预测

如前所述，刘易斯第一拐点的出现是以实际工资水平的上升为标志的。在完全的市场经济条件下，实际工资水平由市场供求决定，为简化分析，可以通过对我国劳动力市场供求状况的分析判断刘易斯拐点的出现。未来40年内劳动力供给的推断已由前文给出，因而本节主要对劳动力需求的变动趋势进行预测。

目前国内采用较多的预测劳动力市场需求的方法是就业弹性系数法。

就业弹性即经济增长对劳动力就业的弹性。用公式表示为：就业弹性 = 就业人数增长速度/经济增长速度，所以有就业人数增长速度 = 就业弹性×经济增长速度。蔡昉在2004年《"十一五"期间劳动力供求关系及相关政策》一文中运用该方法对我国1990—2003年非农就业的增长情况以及非农GDP的增长情况进行了测算。他采用在中国官方统计体系中公布的第二产业和第三产业的名义GDP总量以及根据可比价格计算的增长率指数，以当年价格的GDP总量为权数，计算出非农GDP的增长率，并得出结论：除了个别年份以外，非农GDP的增长率都在8%以上，"十五"期间的平均值也维持在9.5%左右的水平。1991—2003年，就业弹性的平均值为0.297，标准差为0.134。非农经济增长率分别为8%（低位）、9%（中位）和10%（高位）；非农就业弹性分别为1991—2003年平均水平0.297（高位），以及较平均值低半个标准差的0.23。新增非农GDP所产生的就业需求是这几个值的不同组合。

该方法将经济增长与就业弹性视为简单的定义数量关系，没有考虑经济要素间必然的因果联系，也因此忽略了就业弹性及经济增长本身的动态变化过程，同时视未来经济增长为固定不变，偏离了经济发展的一般规律及我国经济增长的现实，不具有代表意义。为此，本课题引入经济增长方程，通过经济增长与资本积累、劳动投入及技术变动各要素间因果关系计算历史上劳动需求的变动比率，并据此提出经济增长、技术进步的不同方案，以此预测未来20年我国劳动力需求总量。

根据柯布－道格拉斯经济增长模型

$$\ln Y = \ln A + \alpha \ln K + \beta \ln L \quad ①$$

进行简单变形后，可得到

$$y = a + \alpha k + \beta l \quad ②$$

其中 Y、K、L 分别表示产出增长率、资本增长率和劳动增长率，用公式表示为

$$y = \frac{Y_{t+1} - Y_t}{Y_t}, \quad k = \frac{K_{t+1} - K_t}{K_t}, \quad l = \frac{L_{t+1} - L_t}{L_t}$$

α、β 与 C－D 生产函数中的参数相同，仍然代表资本、劳动对产出的贡献率，a 表示广义的技术进步，也即全要素生产率的增长率，反映资本与劳动以外其他因素，如来源包括技术进步、组织创新、专业化和生产创新等对产出的贡献。

根据前文对经济增长模型的计算结果

$$\ln Y = -3.905 + 0.756 \ln K + 0.256 \ln L$$

可知资本弹性系数 $\alpha = 0.756$，劳动弹性系数 $\beta = 0.256$

将 $\alpha\beta$ 值代入模型②，可得

$$y = a + 0.756k + 0.256l \quad ③$$

模型③意味着产出增长率取决于劳动投入增长率和资本增长率及全要素生产率的增长率。历史的产出增长率及劳动增长率可由中国统计年鉴的统计数据给出，资本的增长率可由下式给出

$$k = \frac{K_t - K_{t-1}}{K_{t-1}}$$

$$\therefore K_t = K_{t-1}(1-\delta) + f_t$$

其中 K_t 表示本期资本存量，K_{t-1} 表示上期资本存量，δ 为经济折旧率，f_t 为当期资本形成额。将该式进行简单变形，可得到

$$k = \frac{K_t - K_{t-1}}{K_{t-1}} = \frac{f_t - \delta K_{t-1}}{K_{t-1}} \qquad ④$$

该式表示资本增长率由资本形成额、折旧率及上期资本存量决定。据测算，我国 1978—1990 年平均的经济折旧率为 4.5%，1991—2000 年平均折旧率为 5.5%，2000 年后考虑使用由霍尔和琼斯（Hall and Jones, 1999）研究 127 个国家资本存量时采用的通用折旧率 6%（张军，章元，2003），历史资本形成额可由中国统计年鉴给出，并通过价格平减获得不变价资本形成额。根据以上数据可计算求得我国资本的增长率。

全要素生产率的增长率也是本模型中一个核心变量，是指"生产活动在一定时间内的效率"，是衡量单位总投入的总产量的生产率指标，即总产量与全部要素投入量之比，其增长率也称为全要素生产率（TFP，也称总和要素生产率）增长率，是产出增长率超出要素投入增长率的部分。全要素生产率的增长率常常被视为科技进步的指标，它的来源包括技术进步、组织创新、专业化和生产创新等。全要素增长率可根据 1978—2006 年产出增长率、资本增长率、劳动增长率根据模型③计算得出。通过计算发现，我国的产出增长率常年保持了较高的水平，形成 30 年 GDP 增长超过 5% 的"中国神话"，尤其在 1992 年以后，经济增长保持了连续 5 年超 10% 增长的强劲势头。1998 年至 2002 年受亚洲金融危机影响，经济增长率回落到 10% 以内，徘徊在 7.5% ~ 9.5% 之间，但与其他经历危机的国家相比较，仍然是惊人的成绩。2002 年后，经济调整政策的实施和改革开放的进一步深化取得成效，经济重新恢复到快速增长的轨道上来，并在随后 5 年当中，继续以高增长为经济发展的主要特征。受新一轮全球经济危机的影响，2008 年的经济处于低迷状态，经济增长速度出现大幅回落，收缩到 8.1%，但 2009 年经济得到恢复，顺利完成保八任务。从资本增长率来看，由于我国经济以粗放型为主要增长模式，投资在经济增长中起主导作用，因而资本增长率也保持了常年的快速增长，且其增长与产出表现出高度的一致性，除经济危机期间外，基本保持了加速增长的变动趋势，个别年份出现增长回落的现象。比较矛盾的是，我国的全要素增长率水平一直处于较低状态，个别年份甚至出现全要素增长率负增长的状况。而就最近十年的经济状况来看，全要素增长率出现缓慢、小幅增长的特征，对经济增长的贡献仍不足。这意味着我国经济增长模式还是一种不成熟的模式，主要依赖于资本增长和劳动增加，尤其长年依赖于资本的高速增长。从长期考虑，这一模式需要进行改革与调整，适应我国工业化与现代化的要求，引导我国经济健康持续发展。

表2　1979—2007年中国产出、资本及全要素生产率增长率核算表

时间	全要素增长率	资本增长率	产出增长率	时间	全要素增长率	资本增长率	产出增长率
1979	2.56	5.94	7.6	1994	3.51	12.36	13.1
1980	2.50	5.91	7.8	1995	1.14	12.60	10.9
1981	0.12	5.62	5.2	1996	0.37	12.30	10
1982	4.17	5.31	9.1	1997	0.41	11.33	9.3
1983	5.80	5.89	10.9	1998	-0.94	11.16	7.8
1984	8.75	7.24	15.2	1999	-0.67	10.58	7.6
1985	5.28	9.70	13.5	2000	0.25	10.45	8.4
1986	1.00	9.37	8.8	2001	0.00	10.54	8.3
1987	4.10	8.93	11.6	2002	0.35	11.24	9.1
1988	3.51	9.31	11.3	2003	0.27	12.55	10.0
1989	-2.62	8.27	4.1	2004	0.02	12.99	10.1
1990	-6.15	7.40	3.8	2005	-0.11	13.62	10.4
1991	3.04	7.75	9.2	2006	0.95	13.83	11.6
1992	6.79	9.46	14.2	2007	1.44	13.58	11.9
1993	5.14	11.38	14.2				

根据表2显示的我国1979年以来经济发展的一般规律，可对未来产出、资本增长以及全要素环比增长指数进行假设，虽然这种假设不完全精确，但在经济发展惯性作用下仍可据此大致判断未来劳动需求的可能趋势。由于产出与资本会受到多种因素的影响，且并非一成不变的常数，将会按照一定规律波动，因此这里将针对产出和资本形成指数设计高、低两种不同的增长方案。根据我国提出实现现代化的基本目标，到本世纪中叶，我国经济增长将达到中等发达国家水平。对于中等发达国家水平没有完全确定的衡量指标，国际比较通行的认识是人均国内生产总值达到3000—20000美元即可视为中等发达国家。按照中国2009年的经济发展状况，人均GDP已达到3315美元的人均水平，因而达到这一中等发达国家的较低标准已没有悬念。但是伴随中国的经济增长，其他国家的经济也将不断发展，中等发达国家的判别标准也应有所变化，这里权且以韩国和中国香港为参照国（地区），设定中国未来40年在不同世界经济和本国经济环境下可能的发展轨迹。2008年，根据国际货币基金组织进行的测算，韩国人均GDP达到19504美元，中国香港人均GDP为30755美元。假定韩国和中国香港经济按照平均3%的速度增长，则到2050年其人均GDP水平可分别达到63622美元和100324美元，将这两个国家2050年人均GDP的水平设定为中国达到中等发达国家（地区）经济水平的低方案标准和高方案标准，则中国需要的平均经济增长速度分别为7.2%和8.3%。

随后，可依据公式④计算求得资本在三种方案下的增长率。其中的资本形成额由历史数据中资本形成额在GDP中所占比重的平均值给出。

对于全要素生产率的增长率，国内有众多的学者进行过推算，但是差异很大，这里根据我国1978—2007年经济增长的相关数据利用C-D生产函数对该变量进行了测算，测算结果与实际经济状况比较吻合。从计算结果可看出全要素增长率水平波动较大，且规律性较差，运用时间序列分析和回归分析无法得到良好的拟合结果。

因而在推测全要素增长率时,可按照全要素生产率对经济增长的贡献率,在经济增长率的基础上进行计算。据测算,我国 1978—1995 年全要素生产率贡献率的平均水平为 33.6%（胡鞍钢,郑京海,2004）。与经济增长相对应,假设在未来全要素生产率的贡献也有三种不同的可能,即高贡献率、中贡献率和低贡献率,则可推算出未来全要素生产率（见表3）。

表3 2010—2030 年 GDP 增长率与资本增长率、全要素增长率预测

时间	GDP 增速		资本增速		全要素生产率增长率			
					高 GDP		低 GDP	
	高速	低速	高速	低速	高贡献	低贡献	高贡献	低贡献
2010	9.30	8.40	11.79	11.50	2.36	1.18	1.71	1.15
2011	9.60	8.55	11.49	11.06	2.30	1.15	1.74	1.11
2012	9.90	8.70	11.29	10.72	2.26	1.13	1.77	1.07
2013	10.20	8.85	11.17	10.46	2.23	1.12	1.80	1.05
2014	10.50	9.00	11.11	10.27	2.22	1.11	1.83	1.03
2015	10.80	9.15	11.11	10.12	2.22	1.11	1.86	1.01
2016	11.10	9.30	11.15	10.02	2.23	1.12	1.89	1.00
2017	11.40	9.45	10.88	9.82	2.18	1.09	1.72	0.98
2018	9.40	8.60	10.72	9.66	2.14	1.07	1.75	0.97
2019	9.80	8.75	10.50	9.48	2.10	1.05	1.68	0.95
2020	9.30	8.40	10.37	9.35	2.07	1.04	1.71	0.94
2021	9.60	8.55	10.30	9.26	2.06	1.03	1.74	0.93
2022	9.90	8.70	10.28	9.20	2.06	1.03	1.77	0.92
2023	10.20	8.85	10.32	9.17	2.06	1.03	1.80	0.92
2024	10.50	9.00	10.39	9.17	2.08	1.04	1.83	0.92
2025	10.80	9.15	10.49	9.19	2.10	1.05	1.86	0.92
2026	11.10	9.30	10.63	9.23	2.13	1.06	1.89	0.92
2027	11.40	9.45	10.44	9.14	2.09	1.04	1.72	0.91
2028	9.40	8.60	10.35	9.08	2.07	1.03	1.75	0.91
2029	9.80	8.75	10.19	8.99	2.04	1.02	1.68	0.90
2030	9.30	8.40	10.11	8.93	2.02	1.01	1.71	0.89

在各种经济增长、资本增长和全要素生产率增长方案组合下,可利用下一方程对劳动需求增长比率和劳动需求总量进行估算:

$$\triangle L/L = (\triangle Y/Y - \alpha \triangle K/K - \triangle A/A)/\beta$$

通过计算发现一些方案给出了不合理的估算结果,违背了经济发展的一般规律性,因而对这些方案进行了剔除,选择符合要求和规律性的四个方案,并由此得出了 2010 年至 2030 年可能的劳动需求总量。

由于对未来产出和资本形成额提出了不同的增长方案,因而依方案不同判断劳动力市场需求状况的结果存在较大差异,高产出高 TFP 条件下,资本投入与技术进步为产出的主要贡献者,劳动力投入相对次要,这一生产模式下将促进社会经济的快速发展,衍生出对劳动的一定需求,但随着 TFP 增长率和资本总量的增长劳动幅度将呈现递减趋势并最终开始下降。

在各方案下,劳动力需求将伴随经济波动呈现周期性的波动,但既有可能出现总体递增趋势,也可能出现总体递减的趋势。在高产出的条件下,劳动需求的波动较为平缓,低产出条件下,随着时间推移,劳动需求可能会降低到社会无法承受的低水平,因而在长期发展中,如何调整产出与资本、全要素生产率,能够将劳动需求保持在相对平稳的水平上也将是一个严峻的课题。

3. 市场供求的预测显示,我国即将迎来刘易斯第一拐点

将劳动需求与之前得到的劳动供给的预测结果进行比较,可得出不同增长方案下我国刘易斯拐点的基本判断。根据上一节对劳动力供给的预测数据,未来劳动力资源的规模从 2000 年到 2025 年是持续增长的,到 2025 年达到高峰 10.5318 亿,22 年间劳动力资源净增加 2 亿。其后,逐渐减少,2044 年减少到 7.45 亿,22 年间减少 0.5 亿(见表 4)。

表 4　我国劳动力资源总量及年龄结构预测

年份	65 岁及以上从业人员	15-64 岁人口	全部劳动力资源
2000	2183	86301	88484
2005	2580	93496	96076
2010	2922	98384	101306
2015	3469	100633	104102
2020	4346	100028	104374
2025	5003	100315	105318
2030	5945	98723	104668
2035	7141	95616	102757
2040	7963	92773	100736
2045	8019	90929	98948
2050	8085	88476	96561

将劳动需求与劳动供给的趋势图描绘在同一坐标平面内,可直观地得到劳动力市场的基本状况及劳动供求平衡(刘易斯拐点)出现的位置。通过下方四个图形可以看出,在高经济增长、全要素增长贡献较高的假设条件下,技术对劳动的替代使得对劳动力的需求相对较少,社会将长期处于劳动供给充裕状态,就业压力较大。此时调整劳动力供给结构,提升人力资本水平是解决就业问题的关键。若全要素增长贡献较低,则会产生对劳动力的大量需求,不考虑其他因素变动的条件下劳动需求总量会出现快速增长,在 2014 年出现供求平衡的局面,供不应求的现象得到改变,刘易斯第一拐点随之到来。若假设我国受金融危机的影响,经济增长速度减弱,在全要素增长贡献率较高的条件下,劳动力需求会持续递减,但从经济发展的一般规律来看,低产出伴随高全要素增长率的情况几乎不可能出现,因而可排除这一现象发生的可能。最后,在低产出增长和低要素增长的条件下,对劳动的需求将出现

持续递增,并在 2023 年左右劳动力市场达到供求平衡,刘易斯第一拐点出现。

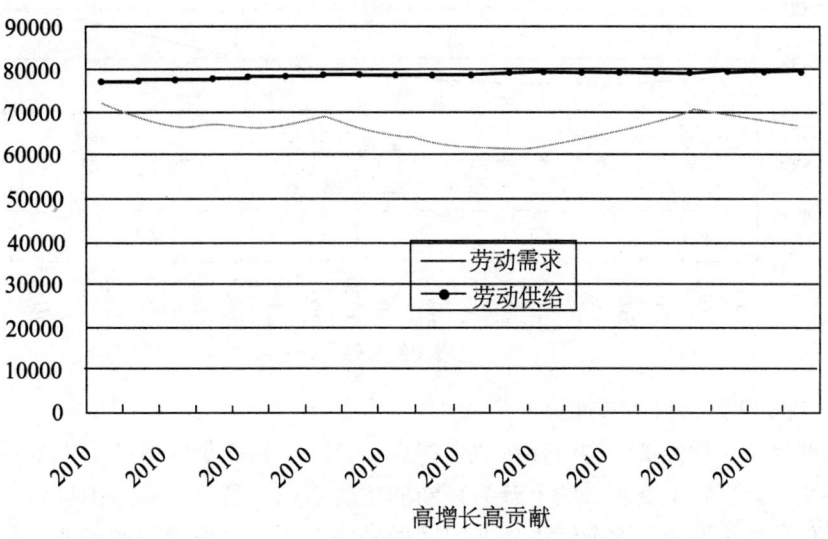

高增长高贡献

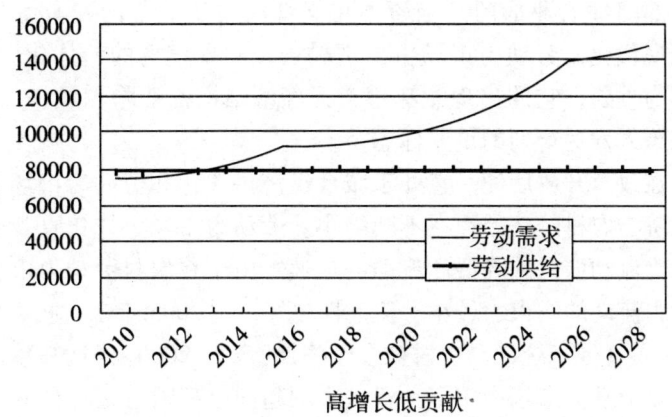

高增长低贡献

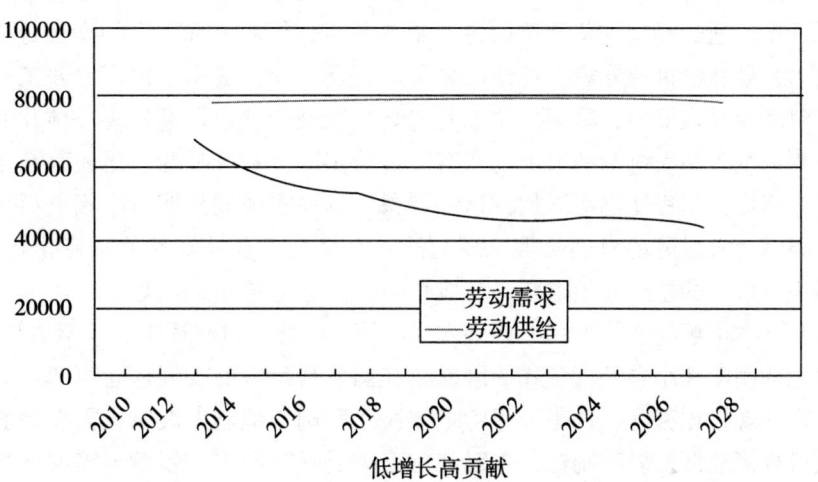

低增长高贡献

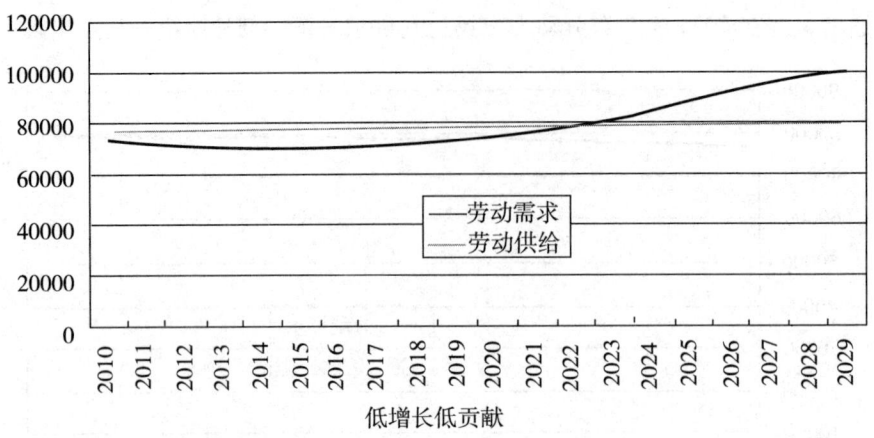

低增长低贡献

4. 刘易斯第二拐点的推测

在刘易斯二元经济模型中存在两个拐点，第一个拐点是以劳动力无限供给的结束为特征，以实际工资水平的上升为判断的主要依据。第一个拐点出现后，城市化和工业化的持续发展将逐渐缩小两部门间的经济差距，出现趋同的特征，并最终促使非资本主义部门（农业部门）与资本主义部门（工业部门）具有相同的边际产出，农业实现现代化，劳动力市场也出现融合，实现市场的一体化。相比较而言，第二个拐点更为重要，它的出现意味着二元经济结构的消除和经济的全面现代化，是发展中国家跨入发达行列的重要标志。

我国经济在改革开放后便一直处于城乡经济一体化和劳动力市场一体化的进程当中，城市经济与农村经济差距在不断缩小。劳动力市场一体化直观表现在两个方面，一是劳动力流动壁垒的降低和流动的加速。由于在农村劳动力市场中户籍等制度因素对劳动力流动的约束力较小，流动性较好，到2005年末，我国异地就业劳动力达到9809万人（国家统计局农村社会经济调查司，2006），这一数字还有不断扩大的趋势；二是劳动力市场中实际工资水平的趋同。都阳与蔡昉在《中国制造业工资的地区趋同性与劳动力市场一体化》一文中对我国制造业区域劳动力市场的融合进行了证明。通过我国改革开放后各省制造业细分行业工资水平的实证分析，该文得到结论：剔除物价差异后，各地区名义工资及实际工资水平偏离单一工资水平的离差随时间变动在缩小，呈现总体下降趋势，区域劳动力市场出现一体化趋势。但对于分割的城市和农村劳动力市场而言，目前实际工资水平的差距还存在不同程度的扩大，市场分割程度仍在增加，这一现象只有在实现刘易斯第一拐点后才能有所改观。届时，农村劳动力供给将出现短缺，农民工工资随供求关系变化将会上涨，城乡间工资水平的差距开始缩减，一体化的进程也会进一步加快。

与劳动力市场的变化不同，我国农村经济现代化的过程还需要经历更长的时间。受农村土地制度和小农经营模式的限制，我国农村经济的发展还相当落后。要提高农业生产的现代化程度，在很大程度上取决于我国土地制度改革，需要摆脱土地分配对农村规模经济发展的制约，这对我国来说是一项庞大、复杂、需要谨慎对待的重大问题，制度的规制要经过反复论证，制度试点、普及、调整工作也需要大量的时间，因而我国农村经济的现代化、城乡经济实现完全无差异的过程将是漫长的。

通过英国、美国、德国、日本四个发达资本主义国家现代化的历程我们可以得到一些借鉴。英国是城市化、工业化最早的国家,其城市化及农村人口向城市的转移起源于早期强制性的圈地运动,而工业化进程始于19世纪初,到20世纪中期其农业产值由32.5%降至5%左右,历经150年左右,而其农业现代化经历了更长的时间。美国的工业化、劳动力城乡一体化和农业的现代化几乎同时完成,与英国类似,也经历了150年左右的时间。德国工业化与现代化起步晚,但发展比较迅速,这主要源于其工业化及第三产业的迅速崛起促进了德国农业的现代化发展,进而加快了其全面现代化的进程。日本是几个国家中最为特殊的一个,其工业化进程在二战后才真正开始。1947年,日本农村就业人口占全国总人口的比重高达54.2%,是典型的农业结构国家。随后,日本在经济复苏过程中实现了惊人的高速增长,农村就业人口比重急剧下降,到上世纪80年代初,这一比重就已低至10%,完成了农村剩余劳动力的转移,实现城市化,这一过程仅用了50年的时间。从这几个发达国家城市化和工业化的过程来看,新兴国家可以节省制度设计、制度试点的时间,减少不成熟制度造成的时间成本,往往能够更加迅速地完成经济结构的转变。

我国是经历计划经济体制后新兴的工业国家,近三十年来经济取得了尤甚于日本经济黄金时期发展的成就,工业、贸易长足发展,农村劳动力大量涌向城市,农业人口大幅度下降,工业化程度已有显著提高。借鉴各国经济现代化的经验,中国能够在与日本相近的时间内完成工业化的进程,但是由于制度与社会环境等因素的影响,农村经济的现代化受到更多体制上的约束,要在短期内完成体制的改革和农业经济市场化很困难,与日本相比较需要更多的时间。因而我国在经历了前三十年的工业化后,还需要至少五十年方能实现农村经济的现代化和劳动力市场的完全融合,这也意味着,在2030—2060年期间,将出现刘易斯第一拐点向第二拐点的转移,中国经济将经历刘易斯拐点的线性区间。

四、刘易斯拐点即将到来对我国劳动力市场和宏观经济的影响

刘易斯拐点的到来将意味着实际工资水平将全面上涨,催生中国经济增长方式转变和产业结构升级。

刘易斯在阐述第一拐点时提到,"如果在不变的实际工资水平上可以得到无限的劳动力,资本家的剩余就一直增加,而且国民收入中每年投资的比率也在提高……当资本积累赶上人口,以至不再有剩余劳动力时,这个过程必然停止……在这种情况下,虽然仍有剩余劳动力,然而实际工资提的这样高,以至于资本家的利润下降到被全部消费掉而没有纯投资的水平"(《劳动力无限供给条件下的经济增长》1954年)。因而实际工资水平的上涨是第一拐点出现的明显特征。我国经济进入刘易斯第一个转折点以后,剩余劳动无限供给的局面将被打破,劳动供给相对短缺,供给曲线出现上扬趋势,劳动工资将出现全面增长,这也是刘易斯拐点出现的一个标志性特征。由于我国二元经济结构和劳动力市场结构的影响,处于优势地位的城镇(非技术)劳动者群体将首先享受这一优惠,其工资水平会随经济增长持续上升。同时,随着农村劳动存量中剩余劳动力的减少,城镇非正规部门的劳动者也会提高工资水平和缩减规模。非正规部门的劳动者向工资更高的正规部门转移。出于理论上的简化,刘易斯在模型中只假定了现代部门和传统部门,但在经验上,他

指出，城镇的那些街头小贩，临时工人等也是构成剩余劳动力的组成部分。这个群体的就业可以被视为"非正规部门"就业，非正规部门是为那些在正规部门门前排队等待的群体提供"过夜帐篷"的地方，也是与农村并列的剩余劳动力"蓄水池"。如果城镇正规部门扩大雇用，非正规部门可以立即为正规部门提供劳动者。当非正规部门扩张赶不上正规部门扩张的速度，非正规部门的劳动者会开始减少。另外，进入转折点后，人口流出地的工资也会上升。在我国，人口流出地主要为中西部农村地区。在劳动人口不断外流过程中，农业生产的边际效率将会提高，有趋同于现代部门经济效率的趋势，收入水平也会随之上涨。整体看来，刘易斯第一拐点到来的初始效应将是形成我国劳动力市场实际工资水平的普遍上扬。

  刘易斯第一拐点到来所形成的工资普遍上涨直接提高了厂商用工成本，资本与技术进步将受到更多重视。利益驱逐下的厂商开始使用资本、技术等要素替代劳动。按照最大化利润原则，加大资本和技术改进的投资力度，调整资本、技术和劳动配置结构，提高资本密集度，社会的资本劳动比将逐步升高。这一过程会持续，直至经济增长不再由资本、劳动总量投入增长产生，转而由技术引起的全要素生产效率的提高促成。可以说，刘易斯拐点的到来一方面结束了剩余劳动在低工资水平下无限供给的优势，结束人口红利，但同时由"看不见的手"指引厂商调整资源配置方式，促进经济增长方式由粗放型向集约型、技术型转变。实际工资水平的普遍上涨还将刺激国内消费，调整内需结构，促进我国经济由出口拉动型转向内需拉动型增长。我国八十年代所提出的"一部分人先富起来"的收入分配机制将有所调整，贫富差距逐步缩小，经济向"共同富裕"的分配模式转变。

  产业结构会在原有基础上继续调整。实际工资水平的普遍上涨将加快农村剩余劳动力向城市的流动，第二产业、第三产业进一步扩张，农业人口及农业经济在国民经济中所占比重持续下降，产业结构优化的步伐将加快。由于我国当前地域经济发展的极度不平衡，使我国东中西部劳动工资也存在较大差异，这种差异不会在短期内消除，因而中西部地区"拐点"出现将滞后于东部地区，低工资水平下的劳动力供给相对充裕。劳动成本存在这样区域差异的条件下，资本会由东部地区向中西部地区流动，一些加工制造业、服务业会有目的的向中西部地区转移。目前我国已经开始出现这样的趋势，这也是珠三角、长三角地区连续出现"民工荒"的原因之一。因此拐点到来引起的产业结构调整不仅体现在三大产业自身调整上，也反映在产业的区域结构的调整上，区域经济梯度转移将成为这一时期的典型特征。

  刘易斯第二拐点的到来后，我国经济的二元结构将被打破，跨入现代化发展进程中。"当资本赶上劳动力供给时，经济进入发展的第二阶段（即第二拐点到来），…在这里，所有生产要素都短缺，这意味着它们的供给是无弹性的，随着积累的进行，工资不再保持不变，技术进步的利益并不总是增加利润，边际利润也并不一定总是增长的。"（《无限的劳动力：进一步的说明》1958年）刘易斯随后在其另一篇论文《对无限劳动力的反思》中进一步明确了"第二拐点"的概念和特征。经历第一个转折点后，以价格指数获得的实际工资 w/p 和技术进步的成果 Q/L 将同时增大，实际工资的另一表现形态——产品工资率 wL/pQ 在这一阶段将保持稳定，但以价格指数获得的实际工资增长速度最终会超过技术进步速度，从而导致资本部门的利润率下降，利润趋于稳定，经济由此进入第二拐点。农业的生产率将趋同于资本主义部门的生产率。由于实际工资在多数二元经济结构中是与生产率相同的，因而在传统农业部门和现代经济部门实际工资水平也将趋于一致，这导致农村和城市收入分配上的差异将缩小，城乡一体化在制度优化的前提下将会到来。

（作者单位：河北大学经济学院）

当前我国第二产业就业态势及其应对策略*

谢茂拾

一、引言

从我国目前经济运行的情况看，国民经济在经历了世界金融危机的严峻考验之后已经重新走上了稳步发展的轨道，作为受金融危机影响最严重的第二产业就业情况也已经呈现出触底反弹走势。但是，从战略上观察，我国经济持续快速健康发展的前景仍然不容乐观，全国性的就业困难仍然十分突出，就业矛盾将始终是影响国民经济发展大局的至关重要的问题之一。特别值得提出的是，近年来已经暴露出来且在世界金融危机影响下充分显现的第二产业就业矛盾并没有引起社会各界的足够重视，学术界也尚未有对我国第二产业就业情况进行系统研究的成果。如果任由第二产业内部存在的诸多重要就业问题在经济的表面复苏中潜伏运行，则势必对整个就业问题的解决和国民经济的长期稳定增长造成巨大障碍。鉴于此，本研究将在充分利用现有统计资料与研究者亲临现场进行实地调查的基础上，对我国当前第二产业就业态势做一个较为客观的实证性评估，并将基于评估分析，尝试探索出一条解决当前第二产业就业巨大挑战的应对之道，以供社会各界特别是相关政府机构参考。

二、当前我国第二产业就业形势的基本估计

2008 年爆发的世界金融危机对我国经济的影响主要集中在对外贸易及其与之紧密相连的第二产业。所以，第二产业就业所受到的影响不但巨大而且深远。从当前形势看，可以作出以下基本估计：

1. 近年来一直处于上升轨道的第二产业就业增长曲线，在金融危机之后从波峰急速回落，目前虽呈现出反弹之势，但是其就业吸纳力已经开始步入一个相对较长的调整期。自 1978 年开始改革开放到 2008 年世界金融危机爆发，我国第二产业就业总量经历了三大波动性增长周期。第一个周期为 1978—1988 年，就业人数净增 5207 万人，总增幅 74.97%，年均增幅 7.5%；第二个周期为 1989—1998 年，就业人数净增 4624 万人，总增幅 38.61%，年均增幅为 4.29%；第三个周期为 1999—2008 年，就业人数净增 4688 万人，总增幅为 28.55%，年均增幅为 3.17%。三大周期运行特点十分明显：一是各周期间的调整期出现变化。第一、二周期之间的调整期仅为 1 年，随即步入了新一轮增长期；第二与第三周期之间的调整期为 5 年，期间的就业人数与调整前相比呈现出绝对下降态势。二是各周期就业增幅呈现大幅递

---

* 基金项目：本文得到江苏省高校人文社科基金重大项目《金融危机对中国就业的影响态势评估及其应用对策研究》（项目号：★09SJB790004）的资助。

减态势，递减总幅度达 46.42%。三是第三周期后半期的就业增长规模出现报复式反弹，新增就业人数连续创出历史新高。纵观三大周期运行轨迹，发现第二产业就业总量的波动性与国际经济运行状况对我国的影响密不可分，三大就业周期的增长顶点 1988 年、1998 年和 2008 年都伴随着国外经济环境的巨大变化。1988 年顶点的形成源于 1989 年国际经济环境的急剧恶化，1998 年和 2008 年则分别源于亚洲金融危机与世界金融危机的爆发。20 世纪 80 年代末的国际经济环境恶化由于我国对外开放度十分有限，使得我国在较短的时间内恢复了经济和就业增长；1997 年亚洲金融危机所导致的国际经济环境恶化则使我们初步尝到了经济开放所必须付出的代价。在这个周期内，我国第二产业就业经过了 5 年才恢复到了调整前的水平，虽然这期间另伴随着国企改革等其他众多影响因素。基于此，我们可以预见，以本次世界金融危机为起点，将使我国第二产业就业步入又一个为期几年的调整期，第二产业 2008 年 21109 万人的就业量将成为近两年的一个相对峰值。以上分析也可以从第二产业就业占整个社会就业比重的波动情况得到印证：1978—2008 年第二产业就业在全社会就业中的占比也经历了 1978—1988 年、1989—1997 年和 1998—2008 年三个周期，三个周期的顶点分别是 1988 年的 22.37%、1997 年的 23.70% 和 2008 年的 27.24%，其中第二周期的顶点仅仅比第二产业就业总量曲线的第二周期的顶点 1998 年提前了 1 年；同样，从 2009 年开始，第二产业就业占比曲线也出现了急速回落。按照经济运行规律，这种回落后的触底反转也会经历一个数年的调整期。综上所述，根据近 30 年来第二产业就业总量波动增长情况与第二产业就业占比曲线轨迹来推估，自 2009 年开始，第二产业就业又将开始一个为期 10 年左右的新型波动增长周期。因此，期望今后几年让第二产业保持前几年那样的旺盛就业吸纳力显然是不现实的。

2. 第二产业内部不同行业之间和所有制之间的就业结构在金融危机之后出现调整，目前各类就业人员增长曲线呈现改变运行通道的迹象。统计数据表明，1990 年以来，第二产业内部各大类就业人员的增减体现出规律性的悖离运行状态，而金融危机发生之后，其各类就业增长人员曲线呈现改变运行通道的迹象。

(1) 第二产业职工就业与非职工就业悖离运行态势出现拐点。第二产业就业人数中，由国有、城镇集体、联营、股份制等企业构成的职工就业人数，与由乡镇企业、私营企业等构成的非职工就业人数之间一直存在着相互悖离的运行轨迹。职工就业人数经历了以下波动周期：1990—1997 年第一个周期一直保持 7200 多万职工的相对稳定状态；1997—2002 年第二个周期职工人数减少了 2735 万人，减少幅度为 37.9%；2002—2008 年第三个周期增加了 860 万职工，增长幅度 19.2%。由于金融危机的影响，2009 年职工人数又重拾跌势，年度减员数达 200 万人。根据趋势判断，从 2009 年开始，职工就业又将进入一个新的微幅波动周期。从 1990—2008 年职工就业曲线观察，其一直处于波动向下的通道之中。与此同时，由乡镇企业、私营企业等构成的第二产业非职工就业曲线却自 1990 年以来一直处于逐渐波动向上的通道之中，其波动周期与职工就业波动周期呈背离性呼应状态：1990—1997 年第一个周期，非职工就业处于稳定上升，7 年间增长 2745 万人；1997—2002 第二个周期，非职工就业依然稳定增长 1968 万人；2002—2008 年第三个周期，非职工就业出现了 3460 万人的增长。

2009年，非职工就业则出现了较大幅度下滑，预示将要出现一个新波动周期。*

职工就业与非职工就业近20年来相互背离波动的情势表明，其运行周期始终与国内外重大事变紧密相关。1990年以来，第二产业竞争领域中的国企逐步退出市场，民营企业逐步充当了社会经济活动的重要角色；同时，随着1997年亚洲金融危机和2001年成功加入世贸这两大外部事变对国有企业改革的加速推动，最终使我国市场经济改革取得了决定性的进展，故表现在第二产业就业上就始终体现出职工就业与非职工就业曲线呈现日益远离状态。2008年金融危机虽然再一次从外部撞击了我国第二产业的就业形势，但是，这次外部因素的影响却使职工就业与非职工就业曲线的离差呈显著缩小的趋势。其原因实际上是体制内企业在危机期间所普遍采取的带有行政色彩的减薪保就业政策所致，而民营企业受到的类似行政约束的强度则要小得多，以致市场性减员不可避免。另外，如果排除职工人数中的外商投资企业就业者而仅涵盖传统的公有制体制内职工，则职工就业曲线将与非职工就业曲线背离幅度更大，因为外商投资企业职工自1993年以来增幅达537%。

（2）作为第二产业主要构成行业——制造业的职工与非职工就业曲线的悖离转折情势，同整个第二产业的职工与非职工就业曲线所体现的悖离转折情势十分相似。1990—2008年制造业职工就业呈现出三大周期：一是1990—1997年的稳定期，职工从5304万人下降到5083万人，下降221万人，降幅4.2%；二是1997—2002年的急剧下降期，减少职工2176万人，降幅达42.8%；三是2002—2008年的微幅增长期，职工增加527万人，增幅仅上一个周期减少人数的24.2%。在金融危机影响之下，2009年制造业职工减少200万人，出现了再次进入新一轮波动周期的迹象（图1）。与此同时，制造业非职工就业在1990—2008年期间也出现了时间大致相同但运行路径相悖的三大周期，从而推动了整个第二产业就业的爆发式增长（图1）。

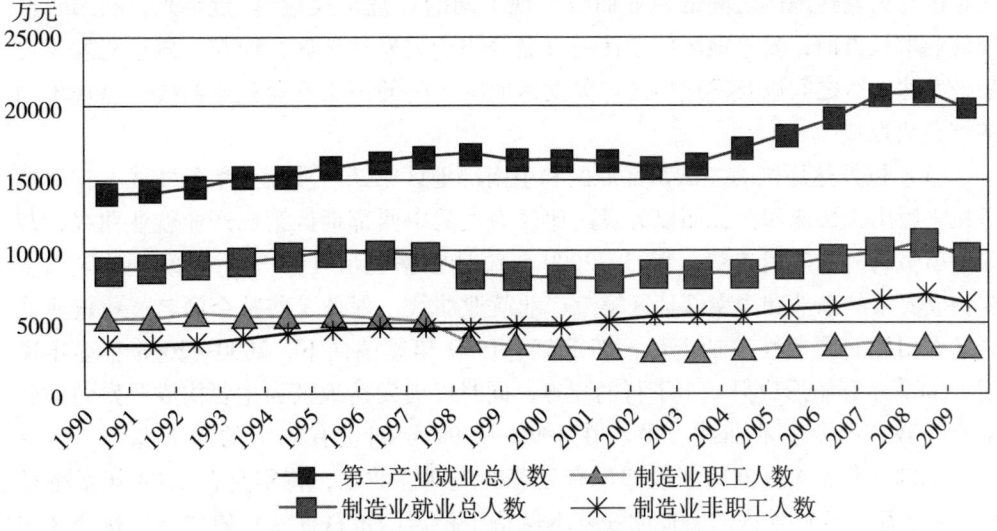

图1 1990—2009年制造业职工与非职工人数结构比较

资料来源：《中国统计年鉴（2009）》，中国统计出版社。2009年为本项目组调查数据。

* 根据国家统计局《中国统计年鉴2009》有关数据汇总；2009年为本项目组调查数据。

这显示，近年来制造业就业的增长同样是以乡镇企业、私营企业等为代表的民营经济充当了主力军，而公有制企业吸纳的职工是不断下降的。不过，从 2009 年的数据观察，金融危机冲击的也主要是民营企业的非职工就业，制造业非职工就业曲线已经出现了波幅较大的向下拐点，而职工就业曲线却相对坚挺。这种情况与以上分析的整个第二产业职工与非职工就业所体现的悖离转折情势十分相似，其原因也一样。

（3）第二产业及其内部各行业职工在不同所有制"公"与"私"企业之间的悖离性就业路径出现了拐点。1985—2009 年第二产业职工就业的所有制构成状况显示，在第二产业中以职工为统计口径的不同所有制企业所承载的就业人数，出现了公与私之间此消彼长的现象：以国有和集体单位组成的公有制单位就业职工分别在 1993 年和 1991 年达到了其增长的顶点，之后便一路下滑，其中，1997—2000 年更是出现双双急剧下降；与此对应，以民营经济和外资企业为代表的其他单位就业职工，自 1985 年以来就一直处于高速增长之中，其中 1992—2008 年的绝大多数年份更是出现了每年 100—400 余万人的绝对数增长。以上这种公单位与私单位职工就业轨迹的悖离状态，使得整个第二产业职工就业曲线呈现出自己独特的波动周期：1985—1993 年的缓慢增长期；1994—2003 年由慢到快的下降期；2004—2008 年的反弹增长期。显然，第二产业职工就业人数的整体下降源于公有单位职工就业的减少。而第二产业职工就业曲线近年来从下降趋势减缓到出现反弹，则是由于私有单位职工就业人数的持续增加所致。从调查数据观察，2009 年之所以再次出现第二产业职工就业曲线的向下调整趋势，也完全是受私有单位职工就业出现大规模下滑的牵引所致。以上第二产业职工整体就业的所有制悖离，也可以从其内部四大行业中职工就业的所有制构成状况得到印证。

3. 第二产业的区域间就业结构在金融危机之后出现调整，发达地区之间以及发达地区与欠发达地区之间的就业曲线呈现不同的"危机反应"。近年来，在第二产业就业增长方面，发达地区的增速一直显著快于欠发达地区，而在金融危机发生之后，发达地区之间以及发达地区与欠发达地区之间的第二产业就业曲线却呈现不同的"危机反应"。

（1）以发达地区为主的东部地区和中南部地区第二产业就业增长曲线，在金融危机之后出现快速回落，而以欠发达地区为主的中西部地区第二产业就业曲线，却显示出坚韧的抗危机走势。1995—2009 年统计数据显示（图 2），以发达地区为主要构成要素的东部和中南部地区第二产业就业曲线，保持了与整个第二产业就业曲线基本相似的周期性波动走势，即 1995—1999 年震荡向下，2000—2008 年逐年递增，2009 年开始形成另一个下行的拐点；同时以欠发达地区为主要构成要素的中西部地区第二产业就业曲线，虽然在 1995—1999 年间也有一定的向下态势，但就 1995—2009 年整个时间阈来说却没有显著的周期性波动，特别是在 2008 年金融危机发生之后，这些地区的就业曲线基本保持了稳定的抗跌韧性，使之与发达地区的就业曲线形成鲜明的对照。根据以上情况可作出基于历史经验的推论：由于金融危机的影响，以发达地区为主的东部和中南部地区的第二产业就业曲线，将在未来的几年内进入一个相对弱势的调整期；而以华北、东北、西北和西南等欠发达地区为主要构成要素的中西部地区第二产业就业曲线，则还会继续以相对强势的姿态保持微幅向上攀升的走势。因为,发达地区将会在今后几年中继续消化金融危机所产生的影响效应,产业升级将不可避免地继续冲击现有第二产业的就业形态,而欠发达地区随着各种经济条件的逐步改善,其承接发达地区第二产业产能转移的期望也会逐渐变成现实。所以,第二产业在欠发达地区的就业扩张应该是一种经济发展过程中必然出现的规律。

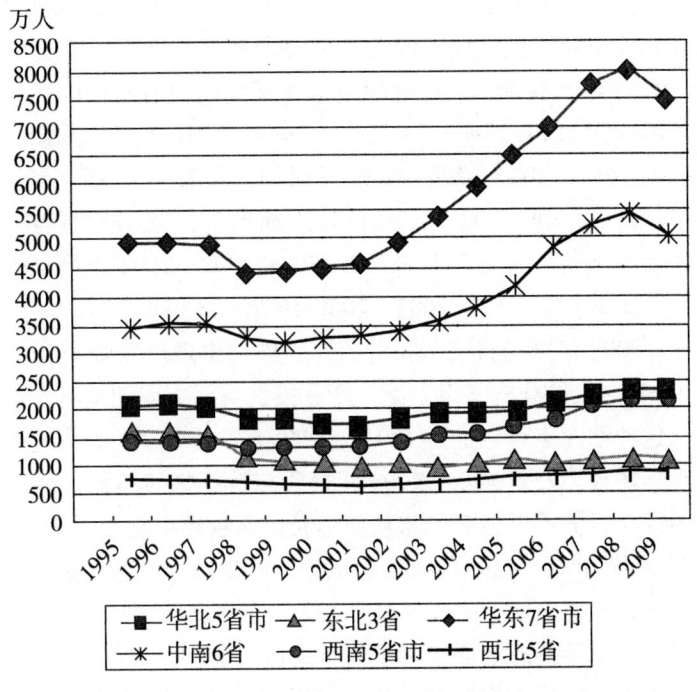

图 2　1995—2008 年各大区第二产业就业情况比较

(2) 以东部长三角区域与南部珠三角区域为代表的两大发达地区第二产业就业曲线之间,在金融危机之后亦显示出迥异的发展情势。据对 2000—2008 年"双三角"地区第二产业就业情况的统计,两地区第二产业就业人数从 2000 年的 2423 万人增加到 2008 年的 4385 万人,其中长三角新增 1105 万人,增幅为 63.8%,珠三角新增 857 万人,增幅为 124%,"双三角"地区由此成为了我国第二产业就业增长最为强劲的区域。从"双三角"地区就业增长的特点看,长三角就业增长曲线一直处于均衡上扬态势,其增长的绝对量亦比珠三角高出 248 万人,但增幅却仅有珠三角的一半;珠三角就业增长曲线呈现波动上扬态势,增长幅度几乎是长三角的一倍。不过,长三角面积要远远大于珠三角,故从就业载荷量上看,珠三角第二产业对于劳动力的吸纳力要远强于长三角。如果将统计数据推进到 2009 年,"双三角"地区第二产业就业曲线便出现了一个奇特的现象*:长三角第二产业就业 2009 年仍达 2833 万人,其就业曲线呈水平延伸状态;珠三角第二产业就业 2009 年却减少了 209 万人,减少幅度达 13.5%,其就业曲线出现急剧下滑。两地区的这种变化实际上反映了各自受到金融危机影响的显著差别,即珠三角第二产业对于国际市场的依赖明

---

* 根据 2000—2008 年双三角地区统计年鉴合计;2009 年数据为本项目组对于双三角地区的调查。

显强于长三角。从本研究的实际抽样调查情况看，珠三角外向型加工制造业受到金融危机影响而收缩和歇业的企业也明显多于长三角，目前，两地区第二产业就业虽已止跌回稳，但其已呈现的迥异情势仍然存在*。

三、当前我国第二产业就业面临的巨大挑战

1. 第二产业投资与就业间近年来存在的弱相关关系，在金融危机之后出现骤然性悖离，凸显依靠投资拉动就业增长的人力资源配置战略在第二产业面临难以逾越的瓶颈。1991—2009 年，我国第二产业投资呈现三大波动周期：1991—1996 年第一周期，年投资增幅区间为 21.23%—39.79%；1997—2001 年第二周期，年投资增幅区间为 0.58%—9.29%；2002—2009 年第三周期，年投资增幅区间为 24.83%—40.70%。与此对应，第二产业就业亦呈现与之相似的三大波动周期：1991—1997 年第一周期，年就业增幅区间为 2.12%—4.25%；1998—2002 年第二周期，年就业增幅区间为 -3.10%—0.40%；2003—2008 年第三周期，年就业增幅区间为 1.88%—7.30%。2009 年则与投资增长的第三个周期出现严重悖离，就业负增长达 -5.68%。运用 SPSS 软件分析，以上第二产业投资与就业周期运行态势之间仅是一种弱相关关系。这种情况也可以通过 1991—2009 年第二产业投资与就业总量增长波动周期的分析得到印证。资料显示，2009 年投资与就业之间的相关性产生了巨大背离，第二产业的巨大投资不但没有带来就业增长，而且还出现了显著负增长。其实，这种悖离现象在 1997 年亚洲金融危机以后的 1998—2002 年也出现过。以两次悖离期的实际情况判断，其促成因素有所不同。1998—2002 年的背离现象除了国际因素之外，国内的国企改革所造成的职工大规模下岗也对这种悖离起到了巨大推动作用，而本次悖离则基本上是国际因素所致。依此可以得出一个经验性推论，即基于投资与就业间弱相关关系的依靠投资来拉动就业增长的人力资源配置战略，已经在第二产业遭遇到了难以逾越的瓶颈。这一论点还可以从 1991—2009 年第二产业每亿元投资与就业人数之间的比较来加以实证。首先，从 1991—2009 年第二产业每亿元投资所含就业总量的变化情况来比较。1991 年每亿元新增投资所含就业量为 55846 人，2008 年则下降为 2750 人，17 年间减少了 20.3 倍，如果按 2009 年的 2057 人计算，18 年间减少了 27.1 倍；而这期间第二产业总就业增长的幅度并不大，18 年间的增长幅度仅为 33%。其次，从 1991—2009 年第二产业每亿元新增投资所含新增就业量的变化情况来比较，投资对于就业的相关性推动作用在 1993 年达到了 1324 人的顶峰，之后便开始大幅减少，到 2008 年，当年新增的每亿元投资所产生的就业人数仅为 62 个，只有 1993 年的 1/21，期间还有 4 年为负数。从数据观察，第二产业就业实际上已经处于高原状态。其原因：一是作为第二产业主要组成部分的制造业需求目前已经处于相对饱和状态，进一步加大的投资实际上主要流向了资本深化行业，其吸纳的新增劳动力十分有限。二是作为第二产业次要组成部分的采矿业、电气水业和建筑业等均属于资本密集型行业，劳动对资本的配置比较低，投资增长并不能

---

* 本项目组对"双三角"300 户外向型加工企业进行了实际抽样调查，发现珠三角因金融危机影响而收缩和歇业的企业比长三角高出 21%。

带动相应的就业增长。三是从经济发展的一般规律来看,在工业化过程中,第二产业发展路径呈抛物线状,即初期呈逐步上升趋势,工业化步入中后期便逐渐接近其发展的顶点,此后便会逐渐回落。从目前我国的实际看,第二产业已处于这样的发展临界点。所以,我们很有必要重新审视依靠投资拉动第二产业就业增长的人力资源配置战略。

2. 第二产业就业在金融危机之后,随着我国货物进出口的大幅下降而急剧减少,目前虽已企稳反弹,但悬于其运行曲线上方的沉重压力,凸显出依靠国际贸易拉动就业增长策略已经在第二产业遇到了严峻的可持续性障碍。进入 1990 年代后,我国就显示出了以国际贸易推动经济增长并以此促进就业的发展策略。1990 年对外贸易总额 1154.4 亿美元,2000 年增加到 4742.9 亿美元,10 年增长了 310.85%,年均增幅高达 31%;同期,作为承担货物进出口主要角色的第二产业净增的就业人数达 2363 万人*,且这一成绩还是第二产业经历了 1990 年代下半期国企职工因改革而退出 4600 万人的情况下取得的,如果考虑这个因素,实际新增就业人数为 6963 万人,新增幅度高达 50.25%。可以推断,这期间是第二产业的非国企特别是从事进出口货物制造企业吸纳了数千万国企下岗职工。2001 年加入世贸组织以来,我国对外贸易出现爆发增长,入世当年进出口贸易为 5096.5 亿美元,到 2008 年便达到了 25616 亿美元,7 年增长了 20519.5 亿美元,增长幅度达 402.7%,年均增幅达 57.52%;与此同时,作为进出口主力军的第二产业就业也从加入世贸次年的 15780 万人增加到 2008 年的 21109 万人,6 年间增长了 5329 万人,增长幅度达 33.77%,年均增幅达 5.63%,创出阶段性就业增长的历史最高纪录。如果考虑当时第二产业 2000 多万国企职工下岗因素,这期间第二产业中由非国企所创造的新增就业将远远大于统计数据。显然,此时的第二产业就业扩张,主要得益于从事贸易进出口的非国企成为了吸纳新增就业的主战场。1990 年以来工业制成品出口与第二产业就业变动情况可以就此作出证实:1990 年工业制成品出口额为 462.05 亿美元,2000 年为 2237.43 亿美元,增长幅度达 384.24%,年均增长 38.42%;加入世贸后,工业制成品出口额从 2001 年的 2397.6 亿美元,增长到 2008 年的 13556.07 亿美元,增长幅度为 465.4%,年均增幅高达 66.49%,而期间的就业也显示出基本相似的增长态势。另外,1990 年以来制造业就业与进出口之间的关联性变动情况也对此给出了佐证:** 第二产业和制造业的就业在金融危机之后的 2009 年均出现了急剧下降,其形成的回落波幅与进出口总额和工业制成品总额的回落波幅基本一致。这进一步说明,第二产业就业与进出口之间实际存在一荣俱荣和一损俱损的相关关系。可以说,这种关系也凸显了这样一个事实:依靠国际贸易拉动就业增长的策略已经在第二产业遇到了严峻的可持续性障碍。目前,货物进出口与第二产业就业虽然均已企稳反弹,但以历史经验推断,这次金融危机所带来的国际贸易和第二产业就业情势的波动将会经历一个相对较长的震荡期,其运行路径将值得进一步观察。

---

* 根据国家统计局网站《第一次全国基本单位普查结果的公报》、《第二次全国基本单位普查结果的公报》(http://www.stats.gov.cn/tjgb/jbdwpcgb/) 和 2000—2009 年《中国统计年鉴》数据计算。

** 根据国家统计局 2000—2009 年《中国统计年鉴》相关数据计算;2009 年为本项目组调查数据。

3. 第二产业产出对劳动要素投入的依赖程度，在金融危机之后进一步下降，凸显我国调整过分倚重经济增长推动就业的发展模式已经十分紧迫。近 30 年来，我国以经济增长拉动劳动力投入增长的就业模式在过去取得了显著成效。但是，其他国家的实践经验和当今的理论研究都已经证明，在一个国家经过一段高速发展之后，经济增长对于就业的拉动会呈现出边际递减趋势，且第二产业尤为凸显。统计分析表明，我国的遭遇比其他国家所经历的情况更为严重。第一，经济产出增长与劳动要素投入增长严重不对称。1978—2009 年第二产业生产总值由 1745.2 亿元增加到 156958 亿元，30 年间共增长了 89.9 倍，而就业人数才从 6945 万人增加到 19909 万人，30 年间仅增长 2.87 倍，其增长幅度仅有产出增长的 3.2%。第二，单位产出中所含劳动要素投入的下降幅度远远超出了正常情况。第二产业每亿元 GDP 容纳的就业从 1978 年的 39795 人下降为 2009 年的 1268 人，下降幅度达到 96.8%。第三，从 1978—2009 年第二产业新增单位产出中所含劳动要素的情况看，GDP 的年度新增量已经与劳动要素投入的新增量失去了相关性。其可以从回归理论模型的拟合分析与检验中得到佐证（表 1）。第四，就业弹性下降过速。通过将 1979—2009 年间第二产业 GDP 增长和就业增长进行分段处理，1979—1989 年、1990—1999 年和 2000—2009 年三个时期的就业弧弹性分别为 0.356、0.221 和 0.150，下降幅度达 57.9%。金融危机之后，以上四种情况更是呈现出一种加速极化的趋势。譬如，2009 年第二产业生产总值在保持 7.37% 增幅的同时，其就业却出现 5.68% 的负增长；在第二产业单位产出中所含劳动要素投入方面，2009 年下降到 1268 人，比 2008 年的 1444 人下降了 176 人，再创历史新低；在第二产业新增单位产出中所含的新增劳动要素方面，2007 年为 770 人，2008 年仅 193 人，2009 年则进入负增长；在第二产业就业弹性方面，由于 2009 年就业增长进入负数区域，生产总值的增长实际上已经对就业增长失去意义。可以说，金融危机作为一个外部事件，客观上使我国近年来推行的过分倚重以经济增长推动就业增长的战略更为显性地暴露出了其严重缺陷，同时也向我们昭示，调整这种多年以来的发展模式已经十分紧迫。

表 1 第二产业新增 GDP 与新增就业间曲线拟合模型汇总和参数估计值

方程	模型汇总					参数估计值				
	R 方	F	df1	df2	Sig.	常数	b1	b2	b3	常数
三次	.249	2.976	3	27	.049	651.091	-.250	3.045E-5	-8.266E-10	651.091

注：自变量为第二产业新增 GDP；因变量为第二产业新增就业人数。

四、进一步改善我国第二产业就业现状的前瞻性应对策略

当前我国第二产业就业已经进入了一个相对的高原状态，如果能及时认清形势并适时采取有效措施，其情势的缓解还是存在较大空间的。具体可采取以下几个方面应对策略：

1. 从调整第二产业投资结构着手，进一步优化第二产业的行业就业结构，大力提升第二产业中新兴行业吸纳人力资源的驱动力，以应对后金融危机时代对于第二产业就业所产生的行业性影响。调整第二产业投资结构，并依此进一步优化其行业

就业结构的着力点，可以放在大力提升第二产业中新兴行业吸纳人力资源的驱动力方面。

（1）大力扩张环保产业投入以推动第二产业中新兴行业的就业增长。环保产业是以环境资源为劳动对象的，致力于环境资源的保护及其环境功能的合理开发和利用，并获取经济效益的产业。国际上对环保产业有广义和狭义之分。广义的环保产业既包括能够在测量、防止、限制及克服环境破坏方面生产与提供有关产品和服务的企业，又包括能够使污染排放和原材料消耗最小量化的清洁生产技术和产品。狭义的环保产业是指在环境污染控制与减排、污染清理以及废弃物处理等方面提供设备和服务的行业，主要是"末端治理"的产品和服务。从环保产业所涉及的范围来看，第二产业无疑是环保产业的构成主体。近年来世界各国都十分重视环保产业发展。譬如，2003年美国环保产业吸收了497万人就业人员，其高出了药品行业10倍、服装行业6倍和化工行业3倍，大约相当于医院就业人数的1/2，是建筑行业就业人数的1/3。2001年日本环保产业市场约为2582亿美元（赵鹏高，2005），按1997年日本通产省产业结构协会提出的《循环型经济构想》，2010年发展循环经济可以使日本新的环境保护产业提供1400万个就业机会。

我国环保产业就业人员1988年仅32.1万人。经过近年来的快速发展，2004年的就业人员达到159.5万人，2006年产值达到4437.9亿元，但在全国总体就业量和国内生产总值的比重仍然很低，仅分别占当年总体就业的0.2%和国内生产总值的2%。大大低于同期发达国家5%—7%的比例水平。我国环保产业的落后状态主要是主观上对于环保产业的重要性认识滞后和客观上对于环保产业投资过少所造成的。譬如，2000年工业污染源末端治理投资仅为234亿元，2008年也才542.6亿元，仅占当年总投资额的0.31%。同时，由于环保投资相对分散，使得真正运用到第二产业中的环保投资比例不到30%。目前，部分发达国家环保投资占投资总额和GDP比例一般在10%和7%以上。* 所以，我国环保产业应具备广阔的发展空间，其容纳就业的潜力也应十分强大。如果我们能够真正落实广义角度的环保产业发展内涵，那么，按照一般发达国家水平，即第二产业环保行业就业人数以现有第二产业总就业人数的5%计算，其新增1000万人是完全可期的。

（2）大力扩张新能源产业投入以推动第二产业中新兴行业的就业增长。新能源一般是指在新技术基础上加以开发利用的可再生性能源和新型能源。金融危机之后，世界各主要国家均把新能源产业的发展提升至前所未有的高度。日本计划到2030年将风力、太阳能、水力、生物质能和地热发电扩展至占日本总用电量的20%；德国计划在2020年前使新兴能源产业超过汽车工业和机械制造业而成为德国的第一大产业，到2050年使可再生能源发电量超过总发电量的50%；英国计划2020年将可再生能源比重提高至15%，为全国提供1/3的电力供应；法国计划到2020年将可再生能源在能源消费总量中的比重提高到23%。可以说，蕴藏着巨大发展潜力的新能源产业将为第二产业领域的就业扩大提供新的成长空间。我国作为世界第一大温室气

---

* 根据2007年《中国统计年鉴》、1998—2006年《中国环境状况公报》和《中国各地区科技情况统计》计算。

体排放国和第二大能源消费国，其对传统能源的巨大消耗量不仅造成了生活环境的严重污染，而且还面临不可再生资源日益枯竭的矛盾。资料显示，2008年我国能源消费中煤炭、石油和天然气三大传统化石能源达91.12%，其中污染环境最严重的煤炭消费量达到创纪录的27.65亿吨，占全部能源消费的68.67%；而在整个能源的消费中，第二产业又占据了73.12%的比重，且以高污染行业为主。这种情况一方面说明我国能源消费面临巨大的挑战，一方面则昭示我国产业结构的调整也存在巨大的机遇。因为新能源产业的发展将会产生新的产业变革，其与之相伴随的则是更多的劳动力实现在新兴能源行业的就业，特别是在新的第二产业中就业。目前，我国新能源产业的开发仍然处于初级阶段。譬如，新型可再生能源发电装机量只有905万 kW，仅占世界的5.4%，地热发电量1亿 kWh，仅占世界的0.16%，生物质发电量64亿 kWh，仅占世界的2.6%。而我国实际蕴藏的新能源资源却具有品种齐全、数量多、资源基础雄厚等特点。譬如，我国陆地每年接受的太阳辐射能相当于24000亿吨标准煤，一年可提供的能量达48亿吨标准煤，是2006年全国能源消费总量24.6亿吨标准煤的两倍；我国风能总储量为32亿 kW，实际可开发为2.53亿 kW，加上近海风力资源，共计可装机容量达10亿 kW。如果我们能及时地抓住这一机遇，大力调整第二产业结构，加快发展第二产业中的新能源产业，第二产业就业将会打破目前已经形成的天花板状态，进入一个新的长波幅增长期。譬如，据测算，1元核电投资可以带动总产出增长3.04元，按照目前国家批复的核电建设进度，2010年核电投资就可拉动整个GDP增长0.3个百分点。如果按2005年第二产业每亿元GDP所承载的2070个就业人员计算，仅核电新能源行业就可以推动相关领域新增就业230万个。以此进行粗略估算，新能源产业所涉及的太阳能、风能、生物质能、地热能、海洋能、氢能、核能、核聚变能等在第二产业内的新增就业至少可达到1500万人以上。

2. 从调整第二产业区域布局着手，进一步优化第二产业区域就业结构，大力提升中西部地区第二产业吸纳人力资源的驱动力，以应对后金融危机时代对于第二产业就业所产生的区域性影响。这次国际金融危机所冲击的对象主要集中于东部和南部发达地区第二产业的生产和就业，而中西部地区由于对国际贸易的依赖度较小和开发程度较低等原因，其生产和就业受到的负面影响也相对较弱。所以，从另一个角度看，这次危机冲击的是我国区域经济布局模式。数据表明，目前我国区域经济布局倚重于东部和东南沿海的情况已经十分严重，京、津、冀、鲁、沪、苏、浙、闽、赣、粤10省市在国土面积上仅占全国的11%，而其第二产业所吸纳的就业却占全国53.04%；其中冀、鲁、苏、浙、粤5省国土面积仅占全国的7.59%，第二产业就业却占全国的42.16%，产业集中的严重程度由此可见一斑。如果任由这种情况发展，东部和东南沿海地区不仅面临第二产业就业量提升的巨大困难，而且还可能使失衡的区域经济状况更为严重，并由此影响整体经济与就业增长的可持续性进程。所以，为了解决第二产业就业的发展空间和全国经济的均衡发展问题，我们有必要从调整第二产业区域布局着手，进一步优化第二产业区域就业结构，大力提升中西部第二产业吸纳人力资源的驱动力，以应对后金融危机时代对于第二产业就业所产生的区域性影响。

第一，以产业的升级换代为契机推动东部和南部沿海地区第二产业向中西部和北部地区的梯度转移，逐步改变中西部和北部地区的产业和就业结构，增强中西部和北部第二产业人力资源载荷力。从世界经济发展的规律看，产业在区域间的运行呈现滚动循环态势，发达地区与次发达地区，以及欠发达地区之间存在不同层次产业的梯度推移现象，这种现象目前在我国已经初露端倪。而金融危机对东部和南部沿海地区经济所产生的冲击效应恰恰为这种梯度推移现象提供了加速器。在宏观层面，中央政府应该抓住这种产业转移的契机，制定相关政策措施，鼓励发达地区在进行已有产业换代升级的过程中，向欠发达地区和不发达地区转移第二产业，以增进中西部和北部地区第二产业就业吸纳力。以目前东部和南部沿海第二产业在整体经济中所占比重衡量，中西部和北部地区第二产业就业在目前水平上再提高30%左右是完全可能的。因为占国土面积27.43%的桂、琼、渝、川、黔、滇、藏7省市区第二产业就业只有2771.5万人，仅占具有国土面积7.59%的冀、鲁、苏、浙、粤5省8379.4万人的33%；占国土面积45.46%的陕、甘、青、宁、新、晋、内蒙古7省第二产业就业只有1452.3万人，仅占冀、鲁、苏、浙、粤5省的17%；与发达5省相比面积略大的皖、豫、湘、鄂4省和辽、吉、黑3省的第二产业就业也只有4004.6万人和1105.4万人，仅分别占以上5省的47%和13%。* 以此计算，产业转移所创造的新增就业岗位将达到3000万个左右。与此同时，东部和南部沿海除了进一步融入世界产业升级换代潮流，以增强自己在第二产业中的实力之外，还可以实现向第二产业相关其他产业的逐步渗透与扩张，从而既保持第二产业的就业优势又能创造更多的其他产业岗位。可以预见，通过第二产业自东向西、由南部沿海向北部纵深的转移，不仅会使我国区域经济的失衡状态得到逐步纠正，而且将使第二产业结构和三次产业间的布局及有机组合更为合理和更具持续发展潜力，并使第二产业就业增长的区域困局得到根本性缓解。

第二，以城市化和农村工业化为动力，在中西部和东北部欠发达和落后地区再造几个类似于珠三角和长三角地区的第二产业区域就业集群，以彻底扭转目前欠发达和落后地区第二产业就业的停滞甚至萎缩局面。近年来，国内外形势发生了巨大变化，我们有必要彻底审视自己特殊情形下所奉行的发展模式，及时调整第二产业的行业结构和区域布局，分别在东北、西北、西南和中部地区建设起类似于珠三角和长三角地区的第二产业区域集群，再造四个珠三角或长三角。这四大产业群一方面可以承接珠三角和长三角地区部分处于生命周期成熟阶段的第二产业，另一方面则可紧跟世界第二产业发展潮流，创造第二产业的新型增长波，形成新的第二产业增长极。如果按照双三角第二产业现有规模的70%估算，未来这四个第二产业增长极即将容纳的新增劳动力可达4000—5500万个。本研究认为，再造四个类三角洲增长极的极点区域，同样要走双三角已经走过的城市化和农村工业化道路。具体在区域上可考虑以下布局：东北"类三角"以沈阳和长春为双核极点，西北"类三角"以西安为单核极点，西南以成都和重庆为双核极点，中部以长株潭和武汉为双核极点。随着四大"类三角"的崛起，我国经济增长方式和就业方式都将发生根本

---

* 根据国家统计局2000—2009年《中国统计年鉴》相关数据计算；2009年为本项目组调查数据。

改变。

3. 从调整国家资源配置政策着手，进一步优化第二产业所有制就业结构，大力提升第二产业中民营企业吸纳人力资源的驱动力，以应对后金融危机时代对于第二产业就业所产生的所有制属性影响。在目前约2亿人的第二产业就业大军中，公有制企业就业职工人数仅有1560万人，约占8%，"非公"企业占据了第二产业就业的绝对优势。金融危机之后，第二产业及其各行业中以"非公"和"非职工"就业构成的民营企业就业曲线均出现了掉头向下的趋势，其表征的意义显然是民营企业所受的危机之痛。所以，从调整国家资源配置政策着手进一步优化第二产业所有制就业结构，大力提升第二产业中民营企业吸纳人力资源的驱动力，并以此应对后金融危机时代对第二产业就业所产生的所有制属性影响，应是目前的一项紧迫任务。

第一，从调整国家金融资源配置政策着手，大力扶持第二产业民营企业特别是中小民营企业，以进一步提升民营企业特别是中小民营企业的就业吸纳力。由于诸多因素约束，我国金融资源的配置权实际掌握在数家国有银行手中。在政策偏好与市场原则的双重作用下，国有银行的金融资源则主要流向了国有和大中型单位，而多样化需求的中小企业民营企业实际上处在金融资源配置的真空地带。近年来，吸纳新增就业占总新增就业人数80%以上的中小民营企业所享受的银行贷款不到贷款总量的15%。第二产业的中小民营企业所得到的金融资源同样具有这种特征。*如果国家能够在金融资源配置政策上向中小民营企业敞开大门，其在第二产业开辟一条就业增长的康庄大道将是完全可期的。实现金融资源配置流向的政策转型，在目前可做几项工作：一是从政策上开放民间经营银行业的大门，允许民间兴办面向中小企业融资的中小银行。二是进一步推进大型国有银行的市场化改革，从制度上逐步割断其与政府间的共生脐带，使其不再享受政府作为最终风险承担者的特权。三是从政策上允许并扶持面向中小企业融资的金融担保租赁公司，以建立起系统的中小企业融资过程中的风险化解机制。

第二，从调整国家权利资源配置政策着手，大力扶持第二产业民营企业特别是中小民营企业，以进一步提升其就业吸纳力。由于多方面原因，我国政府集中的权利过多和国家权利资源配置的不均衡仍是制约目前经济发展和第二产业就业增加的一大顽症。目前最为突出的表现就是垄断行业的强势存在，并借助于金融危机而重启扩张之势。如果任其发展，不但会重蹈计划经济时代国企历史的覆辙，严重挤压民营企业发展的空间，而且还会使几十年改革带来的经济发展机制遭到极大破坏，并最终伤及就业这个根本民生。所以，调整国家权利资源配置政策已是增加第二产业民营企业乃至整个社会就业的当务之急，具体可考虑以下措施：一是逐步减少国家权利资源向垄断和准垄断以及"类"垄断企业配置的流量，将其享受的国家权利资源限制在必要的范围内，以约束其对于民营企业的侵害性，从而为第二产业民营企业增加就业提供一个相对公平的环境。二是逐步推行垄断行业的改革，在条件成熟的情况下逐步实施打破垄断的政策，以收回垄断行业对国家权利资源的独占权，为第二产业民营企业创造一个可以自由进入市场进而增加就业的公平机会。三是逐

---

* 资料来源于本项目组对100家国有银行分支机构和500家企业的抽样调查。

步增加国家权利资源向第二产业民营企业配置的流量，为其增加就业创造一个良好的外部政策环境。具体做法是将国家权利资源通过政策和制度的方式配置到民营企业中去，以从机制上解决民营企业发展和增加就业问题。

第三，从调整国家文化资源配置政策着手，大力扶持第二产业民营企业特别是中小民营企业，以进一步提升民营企业特别是中小民营企业的就业吸纳力。主要是将国家软资源配置给民营企业，以期从人们的思想观念和社会意识形态上创造一个有利于民营企业发展进而增加就业的软环境。完成这项任务的一项必要措施就是要调整国家文化资源配置政策，以营造一个大力扶持民营企业发展，提升民营企业特别是中小民营企业就业吸纳力的社会意识形态氛围。其促进措施：一是在社会舆论上将发展民营企业和增加民营企业就业作为长期国策而非权宜之计，营造一个全社会尊重民营企业及其就业者的强大舆论环境。二是在官方路线方针政策上全面肯定民营企业对国家和人民福祉的巨大作用，并固化成国家战略的一个重要组成部分。三是在意识形态上将国家对于民营经济及其就业者的褒扬全面纳入国家教育体系和法律体系，以一劳永逸地解决其与国有单位及其就业者的平等地位问题。

五、研究结论

本研究实证分析表明，世界金融危机发生之后，我国第二产业就业呈现出以下运行态势：一是近年来一直处于上升通道的第二产业就业增长曲线从波峰急速回落，目前虽然在经历一年左右时间的调整之后呈现出了反弹之势，但是，从长远趋势看，其就业吸纳力步入一个相对较长的调整期亦符合就业曲线运行的一般规律；二是第二产业内部不同行业之间和所有制之间的就业结构运行态势出现了调整，其各类就业人员增长曲线已经呈现出改变既定运行通道的迹象；三是第二产业的区域间就业结构出现了金融危机的反应性调整，即以发达地区为主的东部地区和中南部地区第二产业就业增长曲线出现了快速回落，而以欠发达地区为主的中西部地区第二产业就业曲线却显示出了坚韧性走势，同时，以东部长三角区域与南部珠三角区域为代表的两大发达地区第二产业就业曲线之间亦显示出了迥异的发展情势。

本研究基于实证分析确认：我国第二产业就业之所以呈现出以上所述的运行态势，其表面情况下所反映的实质则是我国过来一直推行的依靠投资、国际贸易和劳动要素投入等拉动就业增长的策略，已在第二产业遇到了巨大障碍，并凸显出了调整过分倚重经济增长推动就业的发展模式已经变得十分紧迫。所以，为了应对当前第二产业就业所面临的严峻挑战，以推动第二产业就业的进一步增长，我国可以尝试采取以下应对策略：一是调整第二产业投资结构，优化第二产业的行业就业结构，以提升第二产业中新兴行业吸纳人力资源的驱动力；二是调整第二产业区域布局，优化第二产业区域就业结构，以提升中西部地区第二产业吸纳人力资源的驱动力；三是调整国家资源配置政策，优化第二产业所有制就业结构，以提升第二产业中民营企业吸纳人力资源的驱动力。

鉴于我国第二产业就业最新发展情况可能存在诸多不确定性，且关于第二产业就业最新进展的统计资料搜集亦会受到时滞性限制等因素的影响，故本研究可能存在对于第二产业就业未来走势判断上的某些偏颇；同时，依循学术研究的开放性思维，本研究在提出解决当前我国第二产业就业问题的应对策略选择上，也可能存在着某些看起来过于大胆的设想。可以说，这两个方面的问题不但是将来需要进一步研究的课题，而且也是需要在未来实践中予以检验与进行权变性改善的地方。另外，本研究在某些政策建议方面所提出的一些超前性设计，其目的也仅仅是对学术界的一种"抛砖引玉"，以期推动更多的人士来关注第二产业的就业问题。

参考文献

Cai. F., and Meiyan. W., 2004, "Irregular Employment and the Growth of the Labor Market: An Explanation of Employment Growth in China's Cities and Towns". *The Chinese Economy.* 37 (2), pp. 16 – 28.

Martine Carr, David Drouot., 2004, "Pace versus Type – the Effect of Economic Growth on Unemployment and Wage Patterns". *Review of Economics Dynamics*, 7, pp. 737 – 757.

国家统计局.《中国统计年鉴》(2000 – 2009 年). 中国统计出版社, 2010.

Hugo Hollanders, Baster Weel., 2002, "Technology, Knowledge Spillovers and Changes in Employment Structure: Evidence from Six OECD Countries". *Labour Economics*, 9, pp. 79 – 99.

刘生龙, 王亚华, 胡鞍钢. 西部大开发成效与中国区域经济收敛 [J]. 经济研究, 2009, (9): 94 – 105.

张车伟. 中国 30 年经济增长与就业：构建灵活安全的劳动力市场 [J]. 中国工业经济, 2009, (1): 18 – 28.

徐嵩龄. 世界环保产业发展透视 [J]. 中国环保产业, 1997, (6): 12 – 15.

赵行姝. 以环境保护创造社会财富——美国发展环保产业的经验 [J]. 中国金融, 2006, (19): 21 – 24.

陆绮雯. 循环经济：世界话题 [N]. 解放日报, 2004 – 8 – 14, 4.

国家统计局. 中国统计年鉴 (2009) [M]. 中国统计出版社, 2010.

晓扬. 新能源产业：经济增长新出路 [J]. 浙江经济, 2009, (10): 20 – 23.

国家统计局. 中国统计年鉴 (2009) [M]. 中国统计出版社, 2010.

闫强等. 我国新能源产业发展战略研究 [J]. 商业时代, 2009, (26): 105 – 107.

李俊峰等. 我国可再生能源技术的现状与发展 [J]. 中国电力, 2006, (9): 25 – 27.

冯飞, 王金照. 新能源产业的发展思路和政策建议 [J]. 发展研究, 2009, (12): 43 – 46.

任赟. 我国环保产业发展研究 [D]. 长春：吉林大学, 2009.

蔡昉. 中国发展的挑战与路径：大国经济的刘易斯转折 [J]. 广东商学院学报, 2010, (1): 4 – 12.

（作者单位：南京审计学院现代管理研究所）

辽宁省城乡人口就业现状与对策*

罗元文　刘振学

一、辽宁省城乡人口就业现状分析

(一) 辽宁省城乡劳动年龄人口现状

2009年末,辽宁省总人口达到4319万人。其中城镇2607万人,乡村1712万人。15—64岁劳动年龄人口3344万人,比2000年增加了230万人,增长了7.37%。劳动年龄人口占总人口的77.43%,城乡就业人员2277.1万人。人口出生率达到6.06‰,自然增长率0.97%(见表1)。

表1　2000—2009年辽宁省城乡劳动年龄人口　　　(单位:万人)

年份	劳动年龄人口	年份	劳动年龄人口
2000	3115	2005	3211
2001	3122	2006	3282
2002	3203	2007	3296
2003	3183	2008	3304
2004	3230	2009	3344

资料来源:《辽宁统计年鉴2009》,中国统计出版社。

(二) 城镇人口就业现状

2009年,辽宁新增实名制就业114.7万人,城镇登记失业率为3.9%,比2008年上升了0.1个百分点。

2009年,全省安置大龄就业困难对象3万人,帮助1720户零就业家庭实现每户至少一人就业,援助困难家庭高校毕业生4236人实现就业,扶持创业带头人12544人,带动就业81768人。城镇登记失业人数降至41.6万人,比2008年有所上升。城镇登记失业人口中女性所占比重近年来略有下降,2008年开始下降至50%以下(见表2)。

表2　辽宁省城镇失业人口状况　　　(单位:万人、%)

年份	城镇登记失业人数	城镇登记失业率	城镇失业人口中女性所占比重
2000	40.8	3.7	52.9
2001	55.5	4.8	52.6
2002	75.5	6.8	51.8
2003	72.0	6.7	63.9

---

* 本文是"辽宁省科技厅课题"项目编号:2009401025部分研究成果。

续表

年份	城镇登记失业人数	城镇登记失业率	城镇失业人口中女性所占比重
2004	68.2	6.3	64.8
2005	60.4	5.7	58.4
2006	53.9	5.1	52.1
2007	44.5	4.4	52.6
2008	39.0	3.8	47.7
2009	41.6	3.9	46.6

资料来源:《辽宁统计年鉴2010》,中国统计出版社。

辽宁省劳动和社会保障厅《辽宁省劳动力市场基本状况调查报告》的调查结果显示,由于劳动力人口在文化程度、工作经验、年龄和性别等方面存在差异,失业时间长短也不尽相同。

按性别看,在接受调查的目标人群中,女性中长期失业人数较男性多,而男性失业人员则大都集中在短期失业,即少于6个月。从年龄上看,18—29岁劳动力人口大都处于短期失业状态(少于3个月),30—39岁劳动力人口中短期失业人员分布较为平均,更倾向于长期性失业;40岁及以上劳动力人口长期失业人数高于其他年龄段劳动力人口。

从文化程度看,高中(中专)及以下劳动力人口倾向于长期性失业,大专及以上劳动力人口长期性失业人数比重大大减少,通常集中在6个月以下。可见,劳动力人口就业状况与劳动者年龄、性别及受教育程度密切相关。随着年龄的增长,劳动力人口就业竞争力减弱,长期失业的可能性增大;此外,受教育程度较高的劳动者可能出于短期失业状态,但长期失业的人数较少(见表3)。

表3　2008年辽宁省城镇劳动力人口失业时间状况　　(单位:人)

名称	合计	不到3个月	3—6个月	6—12个月	12个月以上
一、按性别					
男性	852	344	183	91	234
女性	828	314	178	101	235
二、按年龄					
18-29岁	1171	609	315	142	105
30-39岁	163	26	29	23	85
40-49岁	226	15	13	23	175
50岁及以上	120	8	4	4	104
三、按文化程度					
小学及以下	24	4	2	2	16
初中/技校	260	20	28	24	188
高中/中专	329	112	49	45	123
大专	549	286	112	55	96
本科及以上	518	236	170	66	46

资料来源:《辽宁省劳动力市场基本状况调查报告》,辽宁省劳动和社会保障厅。

(三) 农村人口就业现状

随着城镇化步伐的不断加快，越来越多的农民摆脱了传统的就业模式，非农业就业人员迅速增加，农村劳动力人口分布在城镇各行业中，成为新时期产业工人的重要组成部分。2000—2008 年，辽宁省农村就业人员以每年 10 万人左右的增幅增加近百万人，且仍处于上升趋势。

从农村就业人员的行业看，农村劳动力告别农业生产模式后，大都集中在建筑业、服务业和批发零售业等倾向于体力劳动的行业部门。农林牧渔业、交通运输、仓储、邮电通讯业的就业人口涨幅较为平稳；工业、建筑业及第三产业的就业人口涨幅较大。2008 年，工业农村就业人口比 2000 年增长了 46.4 万人，建筑业农村就业人口增长 35.3 万人，批发零售贸易及餐饮业农村就业人口增长 29 万人。

表 4 辽宁省分行业农村劳动力就业状况　　　　　　　（单位：万人）

年份	合计	农林牧渔	工业	建筑业	交通运输仓储邮电通信业	批发零售贸易业及餐饮业	其他非农行业
2000	966.0	651.2	77.6	56.3	37.5	49.8	93.7
2001	977.5	649.0	77.2	57.9	37.5	50.7	105.3
2002	993.4	659.2	80.5	60.2	38.2	51.5	103.9
2003	1016.3	667.3	85.8	65.7	39.8	55.0	102.7
2004	1083.8	685.8	94.9	71.1	43.2	68.9	119.9
2005	1113.5	686.4	106.1	77.1	44.5	70.0	129.4
2006	1132.9	680.9	112.9	81.9	43.7	71.3	142.2
2007	1153.6	669.1	121.8	89.8	45.9	74.4	152.5
2008	1164.7	662.3	124.0	91.6	47.2	78.8	160.7

资料来源：历年劳动就业监测数据。

二、辽宁省城乡人口就业存在的问题

(一) 劳动力相对过剩，结构性失业问题严重

近年来，辽宁劳动力人口供给略大于需求，但高素质人才短缺，低素质劳动力过剩的特点，不能适应现代社会经济发展的就业要求，即结构性失业严重，且一直未得到解决。

一方面，劳动力供给压力较大。在劳动力供给方面，主要面临城镇新增长劳动力就业、高校毕业生新增劳动力 50 万人，往届未就业大学毕业生 10 万人，复员转业军人 4 万人。根据辽宁省第四次城乡人力资源就业状况入户调查结果，60 万企业离岗失业人员需要就业。农村剩余劳动力 110 万人左右，辽宁虽然启动基础建设项目，但是吸纳农村剩余劳动力就业的数量有限，仍不能满足广大农民工的就业需求。

另一方面，劳动就业需求能力较弱。与劳动力供给压力相比，全省对劳动力的需求和对劳动力的吸纳能力较弱，就业形势严峻。

(二) 劳动力市场不够规范，歧视性就业仍然存在

由于城乡二元经济体制，辽宁户籍制度的改革仍然没有全面推行，城乡劳动力

就业市场上普遍存在身份性就业歧视，农村剩余劳动力到城市就业，在工资水平、社会保障等各方面都与城镇职工有较大差别，导致农村剩余劳动力向城镇转移的过程中存在制度性摩擦，农民工的平等就业权利不能得到有效保障，子女就业及养老、医疗等社会保障问题不能得到有效解决，成为制约劳动力市场发展的瓶颈。此外，在劳动力市场普遍存在着对女性劳动力的就业歧视，如很多企业在招聘信息中明文规定求职者男性，给女性就业造成了人为障碍，导致女性失业率较高，孕期、哺乳期的女性职工缺乏职业安全感。

（三）文化素质低，技术技能单一，加大就业难度

随着经济体制的转轨，现代企业制度的建立，下岗失业人群逐渐增多，成为失业大军的主体。目前失业人员主要是"4050"人员和"三无人员"，普遍年龄偏高，文化素质低，技术技能单一。难以适应经济发展带动下高科技含量产业的就业需求，导致劳动力需求与劳动力供给不相适应和不对称的现象。

（四）高校毕业生求职愿望与就业现实差异较大

2009年辽宁省高校毕业生为22.9万人，2010年为24.5万人，比2009年增加了7%。大量毕业生涌入劳动力市场，而各大企业纷纷减员增效，大大减少了对毕业生的容纳能力。同时，高校毕业生大多倾向于在大都市就业，导致大都市就业岗位拥挤，而小城市及偏远地区的就业岗位相对冷清。造成了劳动力供给与需求不对称的状态。

（五）大龄就业困难群体增加

受金融危机影响，部分企业不景气，对就业人员的质量要求也逐渐提高，而相比之下，大龄就业人员由于整体素质低造成就业稳定性不高。调查结果显示，大龄就业人员的稳定就业率仅在30%左右，由于他们年龄偏大、技能单一、体弱多病，基本上失去了市场竞争就业能力，实现再就业将十分困难。金融危机产生的失业人员中，大龄就业困难人员比重将增加。

（六）大学毕业生就业更加艰难

从大学毕业生人数上看，2010年应届毕业生24.5万人，再加上往届毕业生未就业的，总人数在30万人以上。据调查数据显示，沈阳、大连两市接收的毕业生约占全省总数的2/3，而其他12个市接收人数仅占1/3。辽西北经济不发达地区和广大农村很难对大学毕业生形成有效需求，造成大学生就业的区域范围狭窄。再加上家庭和社会对大学生就业观念的影响，大学毕业生不愿到基层工作，就业期望值过高都将加重其就业的难度。

三、经济社会发展与城乡人口就业的影响分析

（一）经济社会发展水平对城镇人口就业的影响

城镇人口就业情况与该地区的经济社会发展水平有着密切的联系，通常情况下，经济增长平稳迅速，投资增长率较高，经济发展事态良好，社会稳定，则就业环境较好，失业人口相对较少，对该地区人口就业起到促进作用。反之，则会导致就业岗位缩减，失业人员增加，从而阻碍人口就业。

2001—2009年，辽宁省GDP增长率、固定资产投资增长率呈不断上升趋势，其

中，GDP 增长率 2000 年为 8.9% 增长到 2009 年的 13.1%，提高了 4.2 个百分点，固定资产投资增长率由 2000 年的 15.0% 增长到 2009 年的 22.7%，涨幅达 7.7 个百分点。

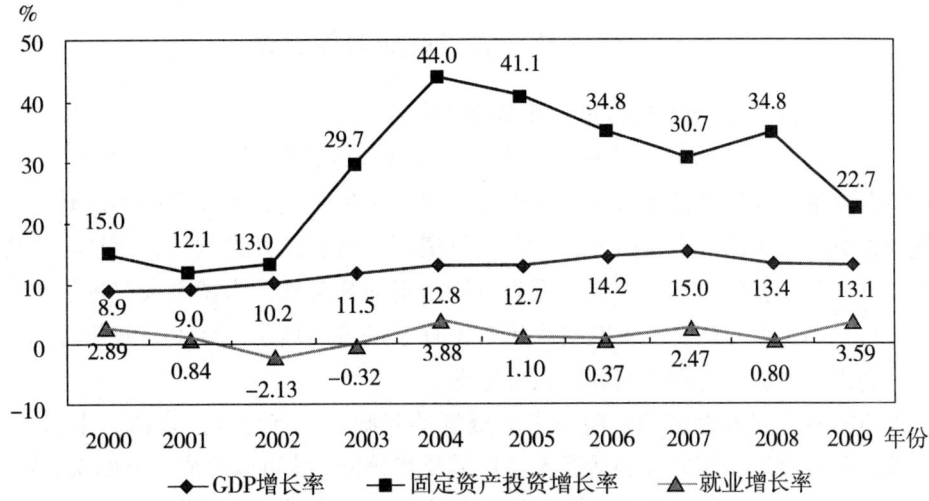

图1　辽宁省历年 GDP、固定资产投资和就业增长率

资料来源：《辽宁省统计年鉴2009》，中国统计出版社。

由图1数据可知，近年辽宁省经济形势较为乐观，为人口就业提供了较好的社会经济环境。就业率与固定资产投资增长率呈同步上升趋势，但受宏观经济状况的影响，就业增长率涨幅较小，波动较大，且出现有负增长的情况。

（二）城乡劳动力就业对劳动力负担的影响

目前，辽宁省农村劳动力人口分为农业劳动人口和非农业劳动人口两类，由于城镇化进程的加快，一部分农民失去土地，到城镇或农村中小企业中就业，仍然拥有土地的农民仍然在家务农，获得农业活动收入，农村单位劳动力负担人数整体上呈下降趋势。

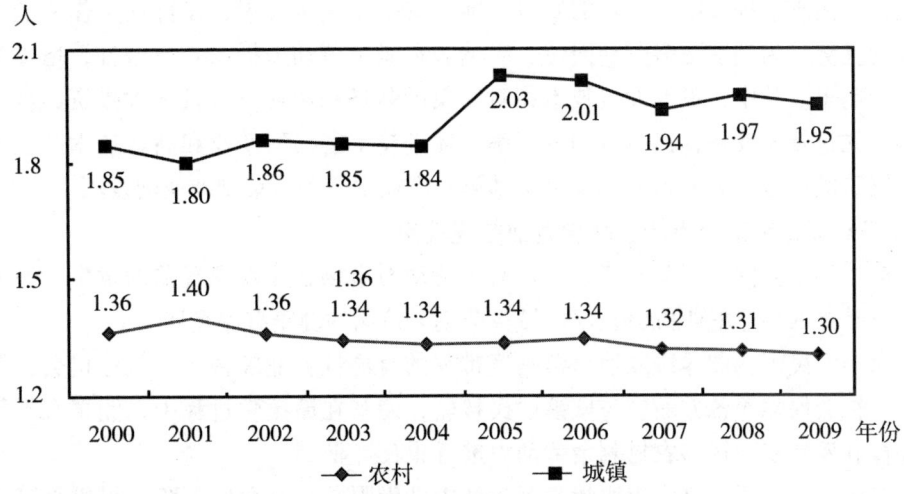

图2　辽宁省历年城乡单位劳动力负担人数

资料来源：《辽宁省统计年鉴2010》，中国统计出版社。

从图 2 可以看出，2000—2009 年，辽宁城乡单位劳动力负担基本平稳态势，没有重大波动，尽管城镇单位劳动力负担人数相对较重，但农村富余劳动力的转移矛盾非常突出。农村单位劳动力负担人数平均比城镇小约 0.4—0.7 人。

四、促进城乡人口就业对策建议

（一）加大人力资源开发力度，积极促进就业

大力发展经济的同时，正确处理人口、就业与经济的关系，使三者相互促进、相互协调发展。加快经济增长方式的转变，尽快实现由粗放型向集约型的转变，提高就业促进因素中的资本贡献率，并对现有资源进行合理开发利用，保证经济建设的需要。此外，要优化投资环境、完善投资市场的规范性，为城乡人口提供更多的就业岗位，通过就业问题的不断解决来带动辽宁经济的增长。在人口政策方面，要大力提高人口质量，合理开发利用人力资源。

人口本身并非人力资源，而是人力资源的基础。只有与自然资源、生态环境、经济发展和社会进步相适应的适度人口规模及其增长，才可以形成丰富的人力资源。辽宁省必须注重人力资源的开发与利用，加大人力资本转化的投资，将人口资源转化为适应社会需要的人力资源，增强人们对就业岗位的适应能力。

（二）加快产业结构调整，提高第三产业对农村剩余劳动力的吸纳能力

积极发展第三产业，以产业结构的变化带动就业结构的转化，增加就业岗位，吸纳更多的劳动力资源，缓解就业压力，以推动经济发展的顺利进行，与经济增长形成良性循环。把发展第三产业作为切入点，通过发展第三产业，增加就业。更多人就业以后，随着收入的增加，需求和消费也会相应增加，从而带动社会总需求增加。人们安居乐业，必然会提高生产的积极性，提高企业的效益和资本边际效率，扩大企业生产规模。此时，又会增加新的工作岗位，形成再次就业，形成良性循环。

发展第三产业的同时，注重第二产业的发展。第二产业的关联带动性很强，可开发市场需求，提高第二产业的质量，能更好推动经济发展，发挥辽宁作为老工业基地的优势，为创造更多劳动岗位、吸纳农村剩余劳动力提供物质条件，增加第三产业的需求。其中，重点发展技术相对密集的装备制造业，对其加大投资力度，引进国外先进技术设备，提高劳动生产率，促进技术密集型产业和高新技术产业的较快发展。既可增加劳动就业，又可带动第三产业中劳动密集型产业的发展。

（三）规范劳动力市场，减少就业歧视现象

应尽快建立健全相关法律法规，避免劳动力市场就业歧视现象的发生，使劳动者享有平等的择业就业机会，促进城乡劳动力市场的健康有序发展。

对于农民工，应尽快取消户籍制度带来的身份性就业歧视，在就业机会、薪资水平、社会保障等各方面应与城镇居民接轨，使其在城镇化过程中，能享有平等的生存权和发展权，转移农村剩余劳动力进行非农就业。

对于女性，用人单位应取消雇佣条件中性别限制，为女性求职者提供平等的就业机会；政府要大力扶持女性就业，特别是高学历女性的就业问题，避免人才资源的损耗和浪费。

（四）提高劳动者文化程度，健全职业技能培训

经济发展由劳动密集型向资本密集型转型的过程中，应重视提高劳动者受教育程度，加强劳动者职业技能培训，促进人口就业。要特别重视农村教育，不仅要建立普惠制的基础教育，同时也有对农村的高等教育进行帮扶，对于农村困难大学生的就业问题给予政策倾斜。

此外，还应建立完善农村职业培训体制，让职业培训进乡、进村，真正走近每个农民身边，由政府资助对青年农民进行职业培训，从而使农村职业教育专业化、规范化、制度化，职业技能培训的全面展开和有效实施对促进农村人口非农就业有着重要意义。

在城市，各类职业院校、职业技能培训机构和用人单位依法开展就业前培训、在职培训、再就业培训和创业培训，鼓励劳动者参加各种形式的培训。对失业人员、进城务工农村劳动者参加职业培训的，加大职业培训补贴。对就业困难人员、进城务工农村劳动者通过初次职业技能鉴定（限国家规定实行就业准入制度的特殊工种），取得职业资格证书的，给予一次性的职业技能鉴定补贴。

（五）扶持中小企业，鼓励农民工创业

政府应加大对于中小企业的扶持力度，特别是对在乡镇一级行政区域的中小企业要大力扶持并在贷款、税收等方面给予优惠政策，争取实现农村剩余劳动力就地就业。同时，支持失业返乡农民工创业：

一是推进返乡农民工创业。鼓励、支持有创业能力、创业愿望、创业条件的农民工，使想创业的有机会，能创业的有舞台。

二是加大扶持力度，优化创业环境。对失业返乡农民工回乡创业，享受免费创业培训、项目开发、开业指导、政策咨询等系列服务，给予相关优惠策；对失业返乡农民工回乡创业，利用闲置土地、闲置厂房和荒山、荒滩等场地进行创业。通过村庄整治等方式盘活集体建设用地存量，将置换出来的集体建设用地优先用于农民工返乡创业。

（六）采取多元化就业形式，积极促进大学生就业

大学生就业已成为社会各界广泛关注的热点问题，采取多元化的就业形式，鼓励大学生就业见习、自主创业、服务基层。高校要对大学生设立有效的就业指导课程，对于有条件的高校来说要建立毕业生实习基地，与当地实习单位联系为大学毕业生提供就业见习机会，提高求职就业技能；鼓励大学毕业生自主创业，要积极为高校毕业生自主创业申请小额贷款提供担保，对微利项目给予贴息，建立风险补偿机制；按照引导鼓励毕业生面向基层就业的相关政策要求，积极吸纳毕业生到农村、街道、社区、中小企业等基层就业。组织动员高校毕业生参加"三支一扶"计划、"辽西北计划"、"一村一名大学生计划"和"辽宁省县以下农村中小学一校一名师范类本科生计划"等专项计划。通过项目引导，鼓励高校毕业生到基层就业。

（七）进一步完善就业援助制度

对就业困难的群体实施就业援助制度。包括提供公益性岗位，增加就业补贴等。特别是加大对零就业家庭的扶持力度，做到"发现一个，帮扶一个，解决一个"将就业援助落到实处，形成就业援助长效机制。

一是充分发挥公益性岗位作用。通过公益性岗位援助等多种途径，对所有就业困难人员实行优先扶持和重点帮助，在公益性岗位上从业的就业困难人员，距法定退休年龄不足5年的，岗位补贴和社会保险补贴期限延长到法定退休年龄。

二是加大对零就业家庭的就业援助。进一步加强对零就业家庭的就业援助。主要是依托街道社区公共就业服务机构，进一步完善零就业家庭申报认定制度，规范审核认定程序，建立专门台账，及时接受零就业家庭的就业援助申请。多渠道开发就业岗位，提供有针对性的职业介绍、职业培训等就业服务和公益性岗位援助，通过多种就业形式，帮扶零就业家庭人员实现就业。对其中符合条件的就业困难人员，及时兑现各项扶持政策。建立动态管理、动态援助的长效工作机制，确保城市有就业需求的家庭至少有一人实现就业。

（八）健全实名制就业和失业登记制度

公共就业服务机构负责为劳动者免费办理实名就业登记和失业登记，并做好登记统计工作。登记失业人员应当积极求职，参加公共就业服务机构安排的就业服务活动，定期向公共就业服务机构报告就业失业状况。在范围内实行统一的就业失业登记证（以下简称登记证），向劳动者免费发放，并注明可享受的相应扶持政策。登记失业人员凭登记证享受公共就业服务和就业扶持政策。

（九）积极构建和谐劳动关系

随着经济体制改革的不断深化，各种社会关系发生了很大变化，劳动关系也更加多元化和复杂化。加强劳动监管，完善劳动争议仲裁制度，更加切实维护好广大劳动者的合法权益，建立和谐的劳动关系是构建和谐辽宁的重要基础，是关系辽宁经济发展和社会稳定的大事，是减缓金融危机对民生领域冲击的重要保障。

一是加快劳动关系协调机制建设。推动各类企业与职工签订劳动合同制度，并严格履行劳动合同。进一步健全集体合同制度，大力开展区域性、行业性集体协商，扩大集体合同覆盖范围。完善劳动关系三方协商机制，继续规范国有企事业单位改革中的劳动关系。

二是进一步完善劳动争议仲裁制度。有条件的县区建立实体性的劳动争议仲裁机构，实现劳动争议仲裁机构实体化，积极推进劳动争议仲裁队伍的专业化、职业化建设。

（十）加强公共就业服务基础设施建设

将公共就业服务机构的基础设施建设，纳入到各级政府基本建设支出计划，逐步提高公共就业服务能力。建成不同层次、规模适度、结构合理、功能完善、运转协调、满足需要的公共就业服务基础设施体系。重点加强乡（镇）、村就业服务机构能力建设，实现村村有固定的公共就业服务场所。

（作者单位：辽宁大学人口研究所）

就业约束效应与中国产业升级战略选择

田洪川 石美遐

一、引 言

近几年来,产业升级的呼声越来越强烈,从国家经济结构调整政策到企业做高劳动力附加值产品策略,都围绕着产业升级的话题开展。但是,对于产业升级与就业之间关系的研究仍旧相对缺乏。尽管如此,仍有部分学者从就业的角度开始了对产业升级的研究,其主要观点可以分为两派,一派认为产业升级与就业之间是对立制约的关系,我国不适宜过早开始产业升级(王泽基,2010),在低水平的供求循环下,产业升级的自动形成是不可能的(熊仁宇,2008);另一派认为产业升级和稳定就业之间是可以共同实现的,兼顾"经济增长"和"充分就业"的途径是提高结构变动的协同性(常丽,2009),化解就业结构性矛盾,从教育、用工、薪酬制度上进行转变,通过产业升级能够解决就业问题(景天魁,2010)。

金融危机后,对于产业升级的要求越来越强烈,我国珠三角等地已经开始了产业升级的规划和准备,在这样的现实情况下,如何看待产业升级和就业的关系,以及选择怎样的路径,既能确保稳定就业,又能顺利推进产业升级,是值得研究的问题。

二、产业升级和产业升级成本

根据发展经济学的观点,产业升级一般蕴含两层涵义:一是根据库兹涅茨的统计分析结果,指的是在发达国家的增长过程中,各个产业部门所表现出的相类似的变动趋势,即第一产业(农业)的份额显著下降,第二产业(工业)的比重显著上升,第三产业(服务业)也略有上升。另一层涵义是指发生在工业部门内部的产业由低级向高级、由低生产率向高劳动生产率、由低附加值向高附加值、由劳动密集型向资本、技术密集型的发展过程。就业对这两个层面的产业升级都有着紧密的联系,产生着宏观和微观两个层面的影响。

产业升级的成本主要有推动成本、沉没成本和社会成本三个方面。推动成本,是指推进产业升级花费的技术研发、资本重置、劳动力引进与培养等成本,这部分成本在产业升级完成后可以作为投资而产生收益,虽然其投入规模较大、表现最为直接,但从结果来看却最有保证,例如国家部署转型性投资都集中在这部分成本中。沉没成本,是指原有产业结构下,无法满足产业升级要求而被淘汰的资本、设备、技术,在产业升级过程中这部分损失无法变成收益,因此这一类成本企业不愿意付出,而政府也趋于回避,成为产业升级最为重要的成本。社会成本,主要指由于产业升级造成的原有劳动者不能适应新技术的要求而出现的劳动力需求下降,或者表现为资本对劳动力的替代,这部分成本在劳动经济学上也被称为"结构性失业"。

产业升级造成的"结构性失业"成本最容易被人们所忽视，但所造成的影响也是最为深远的，转型中的劳动力要么通过进行人力资本的培训再上岗，要么回归农业，引起国家为维持农产品价格不变而支付高额补贴。

通过分析产业升级的三类成本，我们可以发现，推动成本虽然规模最大却可以用未来收益加以解决；而沉没成本限制着产业升级的推进，是目前我国产业升级的最大阻碍，但由于沉没成本所涉及宏观国家政策、微观企业组织的因素较为复杂，本文不深入开展研究；而社会成本是潜在成本，并没有得到广泛的重视，其影响规模和程度较难预测，但却是对产业升级影响最为深远的因素。

三、就业对中国产业升级的约束效应

（一）就业对产业升级的宏观约束效应

从宏观上来看，劳动力的剩余对于第一层次涵义的产业升级起到十分重要的影响。根据"配第—克拉克"定理，经济发展过程中，随着人均收入水平的提高，劳动力首先由第一产业向第二产业转移；当人均收入水平进一步提高时，劳动力便由第二产业向第三产业转移。在劳动力转移的过程中，产业实现了由低级向高级的演进。从2000年至2008年，我国三次产业的就业人数变化如表1所示。

表1 2000—2008年中国GDP与就业人数

年份	GDP（亿元）	就业人数（万人）	第一产业		第二产业		第三产业	
			GDP	就业人数	GDP	就业人数	GDP	就业人数
2000	99215	72085	14945	36043	45556	16219	38714	19823
2001	109655	73025	15781	36513	49512	16284	44362	20228
2002	120333	73740	16537	36870	53897	15780	49899	21090
2003	135823	74432	17382	36546	62436	16077	56005	21809
2004	159878	75200	21413	35269	73904	16920	64561	23011
2005	183217	75825	22420	33970	87365	18084	73433	23771
2006	211924	76400	24040	32561	103162	19225	84721	24614
2007	257306	76990	28627	31444	124799	20629	103880	24917
2008	300670	77480	34000	30654	146183	21109	120487	25717

数据来源：《2009年中国统计年鉴》。

通过表1的数据可以看出，随着GDP的逐年增加，第一产业就业人数呈现下降趋势，第二产业和第三产业呈现增加趋势。这表明，我国产业升级的宏观层面基本符合产业结构演进的一般规律。但是，为了进一步分析剩余劳动力是否得到有效的安置，还需要分析三次产业就业弹性系数的变化。一般而言，就业弹性系数水平主要取决于经济增长与就业增长的动态作用，经济增长带动就业增长的效果越大，就业弹性系数就越高；经济增长带动就业增长的效果越不明显，就业弹性系数就越低。而对于产业升级过程的情况却是，如果第一产业就业弹性系数变高，说明第二、三产业升级造成的结构性失业劳动力大量涌入第一产业，第二、三产业升级并未有效稳定就业，就业对第二、三产业升级的约束效应越大。

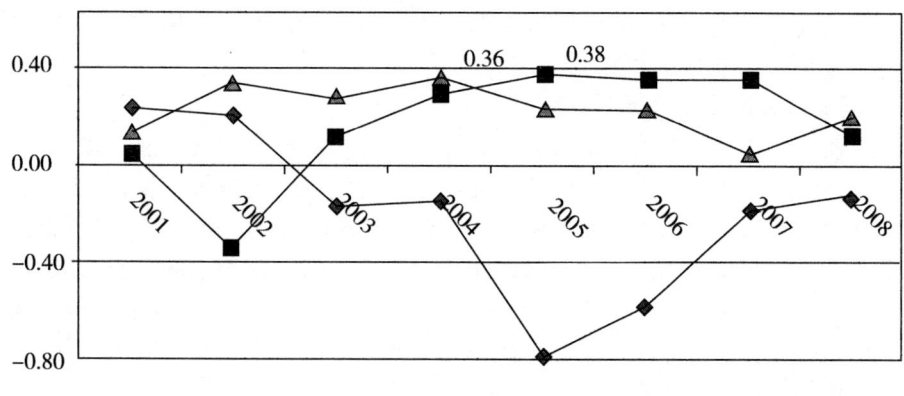

图1　2001—2008年中国三次产业就业弹性系数

数据来源：《2009年中国统计年鉴》计算得。

通过图1可以反映出，第一产业就业弹性系数从2005年开始逐年提高，于此同时第二、三产业从2005年开始逐年降低。这表明，近年来结构性失业的劳动力大量由第二、三产业回流至第一产业，从而使得第一产业的就业弹性逐年升高；第二、三产业升级并未解决稳定就业的问题，从另一个角度说就业约束了第二、三产业的进一步升级。

这一现象说明我国产业结构演进虽然在宏观上符合三次产业演进规律，但已经凸显出就业对于产业升级的约束效应，如果不能在考虑就业的前提下选择产业升级路径，则产业升级的过程将十分困难。

（二）就业对产业升级的微观约束效应

从微观上看，劳动力的剩余对于第二层次涵义的产业升级也起到重要的影响。主要表现为三个方面：

1. 就业压力造成传统产业过度竞争

为了缓解就业压力，政府鼓励企业进入竞争性行业，同时，为了谋求利益，企业往往选择进入壁垒较低的行业，这使得传统竞争性行业（例如纺织、加工制造业），出现过度竞争的局面。一些在技术上有优势的企业由于资本和劳动力支出较大而不具有成本优势；大量低层次的企业虽然在技术上处于劣势，却在成本上由于劳动力价格的低廉而具有优势。在我国目前价格竞争仍居主要地位的市场状态下，那些技术落后的企业可以保留下来，而一部分技术上先进的企业却可能面临困境。这种产业过度进入和低层次竞争加剧的情况对我国产业升级极为不利。

第一，成本竞争的结果使企业产生用低价的不熟练劳动力替代高价的熟练劳动力的倾向，企业更愿意雇用廉价的外来劳动力，并使劳动雇佣合同短期化，形成"流水型"的劳动雇佣机制，不利于劳动力素质的提高，低素质的劳动力为了避免失业，只能将可承受的工资额压到最低。

第二，成本竞争也使企业产生用低质的原材料和生产工艺替代高质的原材料和生产工艺的倾向，不断降低产品的功能和品质。企业争相依靠更大程度的低质低价来扩大市场销售。生产由"精益求精"向粗制滥造转变，而层出不穷的假冒伪劣产品正是其极端的表现。

第三，成本竞争带来的低利润又使企业的研究与开发投入不足，创新能力下降，产业升级的动力与活力不足。这些方面的作用又进一步强化了价格竞争，从而使产业不断进入价格竞争的自我扼杀循环。

2. 就业压力造成技术更新困难

由于使用新技术和先进设备而导致大量劳动力失业成为微观产业升级面临的一个突出矛盾。在现实中，企业和政府官员从社会稳定的特定目标出发，为了回避由于运用高效率技术和生产方式而大量减少劳动力导致的就业矛盾，宁可选择低技术、低水平、劳动密集型生产方式。不仅如此，由于劳动力过剩导致的劳动力廉价和资本缺乏而导致的资本昂贵，对企业而言，选择多用劳动力少用资本是有利可图的。因而，面对过剩劳动力的就业压力，在企业内部会形成技术更新的困难，从而使低层次产业成为一种产业定式。

3. 就业压力造成出口产品低端化

我国 GDP 主要来自于出口和投资，而在出口领域，我国的劳动力过剩所带来的巨大就业压力，决定了劳动密集型产业成为我国在国际贸易中的比较优势。这种比较优势造成的结果就是我国只能以低附加值的产品换取外汇，来购买国外高附加值产品。这意味着我国是以国内高附加值产品的市场换取国外低附加值产品的市场。在这种贸易格局下，我国自身的市场需求对本土高附加值产业成长的拉动效应严重不足，进一步造成资源大量向低附加值产业流入，将使我国产业结构形成一种"低位产业定势"，制约了我国向高技术、高附加值、高盈利率的产业升级。

四、就业约束下的产业升级战略选择

我国要走同时推进产业升级道路，推进经济持续发展，摆脱国际贸易中价值链低端的情况，又要确保就业稳定，妥善解决劳动力剩余问题，这就需要制定就业约束条件下的产业升级战略。实现可持续发展是我国产业结构优化升级的目标；以推进科技进步和创新为目标的科教兴国战略，是产业结构实现跨越式升级的强大动力和人力资本积累提升的关键因素；以促进地区协调发展为宗旨的区域协调发展战略和以促进城乡共同进步为宗旨的城镇化战略，是我国产业升级和就业保障实现协调的保障。

第一，可持续发展战略。可持续发展是以控制人口、节约资源、保护环境为重要条件，其目的是使经济发展同就业增长、资源利用和环境保护相适应，实现资源、环境的承载能力与经济社会发展相协调，从就业、资源、环境、经济、社会相互协调中推动经济建设发展，并在发展的进程中带动就业、资源、环境问题的解决。实施可持续发展，必须严格控制人口数量、减缓剩余劳动力增长，加强劳动者技能培训、提高劳动者素质。

第二，科教兴国战略。科教兴国是指全面落实科学技术是第一生产力的思想，坚持教育为本，把科技和教育摆在经济、社会发展的重要位置，增强国家的科技实力及向现实生产力转化的能力，提高全民族的科学文化素质，把经济建设转移到依靠科技进步和提高劳动者的素质轨道上来，加速实现国家的繁荣昌盛。实施科教兴国战略，必须发挥科技是第一生产力的重要作用，实现技术跨越式发展；提升我国自主创新能力，强化企业技术创新主体的地位，建设企业自主创新的技术支持平台和中介服务机构，优先发展教育事业；深化科技和教育体制改革。努力从体制、机制方面促进科技教育与经济和社会发展的结合。

第三，区域协调发展战略。实施区域协调发展的总体目的是缩小区域劳动者素质差距，拉近地区间劳动力市场水平，以确保特定区域产业升级后结构性失业劳动者能够顺利的实现区域间转移。建立健全区域协调机制，即充分发挥市场机制、合作机制、互助机制和扶持机制，以机制促进区域协调发展。实施区域协调发展战略，要建立有针对性的财政政策和投资政策；完善劳动力市场配套机制，降低劳动力区域流动的障碍；健全社会保障的区域连接制度，保护劳动力合法权益。

第四，城镇化战略。我国的基本国情要求推进城镇化要遵循客观规律，与经济发展水平和市场发育程度相适应，走符合我国国情、大中小城市和小城镇协调发展的多样化城镇化道路，逐步形成合理的城镇体系。实施城镇化战略，要合理规划城镇体系；加强城市规划建设管理，建立健全城镇化发展的体制机制，建立健全与城镇化健康发展相适应的财税、征地、行政管理和公共服务等制度；分类引导人口城镇化，逐步建立城乡统一的失业登记制度，完善结构性失业者的社会保障制度。

五、结束语

我国的产业升级具有十分强烈的就业约束前提，产业结构演进规律和特殊国情要求我国产业升级之路必须要同时考虑到第一产业的剩余劳动力转移就业和第二、三产业升级中的结构性失业劳动者再就业问题。在就业的约束下，我国产业升级战略必须从可持续发展、科教兴国、区域协调发展和城镇化四个方面进行考虑，由四个方面共同构成的就业保障体系将降低就业对于产业升级的约束，为顺利实现产业升级转化提供前提和可能。

参考文献

李悦. 产业经济学. 北京，中国人民大学出版社，1998：159.

喆儒. 产业升级－开放条件下中国的政策选择. 北京，中国经济出版社，2006：1.

熊仁宇. 产业升级的三类成本. 21世纪经济报道，2008，8，27.

陈自芳. 刚性就业效应下的产业升级障碍及对策 [DB/OL]. http://www.cenet.org.cn/，2010-9-10.

常丽. 辽宁产业结构与就业结构协同性实证研究 [J]. 中国科技论坛，2010，(1)：49-55.

李悦. 产业经济学 [M]. 北京：中国人民大学出版社，1998，159.

喆儒. 产业升级－开放条件下中国的政策选择 [M]. 北京：中国经济出版社，2006，1.

姜泽华. 我国产业升级模式变迁效应与前瞻分析 [J]. 理论探讨，2010，(1)：68-69.

王泽基. 中国产业升级为时尚早 [DB/OL]. http://www.ftchinese.com/，2010-6-24.

景天魁. 解决就业问题要靠产业升级 [N]. 科学时报，2010-3-12.

（作者单位：北京交通大学经济管理学院）

劳动经济学发展前沿理论综述

黎 煦

一、引 言

　　博弈论与信息经济学、微观计量经济学和社会学等学科的发展，为劳动经济学的发展提供了良好的理论背景，使其在理论、实证和政策研究方面取得了不少的研究成果。劳动经济学发展的前沿理论包括劳动力市场的分割与歧视、人力资本投资风险理论、工会与罢工理论、就业与失业理论和收入分配理论等方面。本文就这几个主要的理论发展成果做一概述。

二、劳动力市场分割与歧视理论

　　劳动力市场分割理论的源头可以追溯到约翰·穆勒和凯恩斯。他们曾公开反对亚当·斯密关于劳动力市场具有竞争性质的学说，而倾向于具有非竞争性质的其他学派。（大卫·桑普斯福特，1999）。现代劳动力市场分割理论（即 SLM 理论）产生于 20 世纪 60 年代末、70 年代初。他们认为传统的理论无法解释劳动力市场的许多现实（如贫穷、歧视、与人力资本理论相悖的收入分配等），未能注意妨碍工人选择的制度和社会因素，研究的重点应该放在决定劳动力市场职业结构的性质和制度因素的作用。该理论有两个主要特点：①劳动力市场不再被视为一个连续的统一体而被分割为几个不同的市场，各个市场有着不同的特点，有着自己分配劳动和决定工资的特点和方式；②各个劳动力市场之间是相对封闭的，造成这种封闭的原因是集团势力（Power groups）的联合和制度因素的约束。分割理论自产生起就受到主流经济理论的批判，他们认为其理论模式主要是描述性的，而非解释性的，它的目的是对整个劳动力市场进行部门分类而不是对其加以分析，"它对新古典理论的批判能力远远强于理论本身的完整性和逻辑性"（Cain, 1976；Taubman and Watcher, 1986），因此在一段时间里被主流经济学所摒弃。20 世纪 80 年代以来，SLM 理论重新兴起，并得到日益广泛的重视，这表现在它被收进第三版的《新帕尔格雷夫经济学大辞典》，更表现在它得到很多行业的验证。该理论的重兴与现代经济学的发展有密切的联系。包括劳伦斯.萨默斯和索洛在内的许多主流经济学家开始运用新的理论和实证工具对分割的劳动力市场进行研究，并取得了一系列新的进展，这被称为分割理论的"复兴"（Dickens and Lang, 1988）。

　　由于劳动力市场分割的原因十分复杂，分割的形式也多种多样，因此没有一个"统一"的分割理论。但是，如果我们从制度的角度来对劳动力市场分割的原因进行分类，大体上可以把劳动力市场的分割分为制度性分割和市场性分割。早期的分割理论主要集中于制度性分割的研究,认为制度性因素和社会性因素对劳动力市场的运行会产生重要的影响,从而形成市场中的非竞争性群体,并阻止劳动力的自由流动。现代劳动力市场分割理论主要从两个方面发展了早期理论:一是运用新的分析范式和分析工具来研究劳动力市场的制度性分割,把制度分析纳入到一个统一的分析框架中;二是运用新的理论来研究市场因素形成的分割。效率工资模型就是研究劳动市场非制度性分割的一个典型。而现代合约理论和其他模型如内部人——外部人模型等则为劳动市场的制度性分割提供了新的解释。

西方劳动力市场分割理论以成熟的发达国家为研究对象,因此这种分析对于解释发育相对完善的劳动力市场的分割,是有说服力的。但是中国的劳动力市场发育还很不成熟,正处于新旧两种体制转轨的过程中,劳动力市场分割的成因和表现形式非常复杂,不仅存在由于产业结构、技术进步、企业组织形态等带来的市场性分割,更为本质的是一种体制性和制度性分割。而且这种制度性分割和西方国家劳动力市场的制度性分割又有很大的不同,其制度安排是国家在经济发展过程中为实现其特定目标而人为采取的一系列政策。因此,在分析中国劳动力市场分割时必须对分割的制度因素作进一步的分析。

歧视是与分割紧密联系,按照对歧视的根源和作用机制的看法不同,西方劳动力市场歧视理论大体可分成四种:一是歧视的市场竞争理论。主要是在完全竞争均衡框架下解释歧视的现象,假设歧视的根源在于个人偏见。而克鲁格在同样的分析框架下得出不同的结论,认为歧视的根源不仅在于个人偏见,也在于经济利益驱动;二是歧视的垄断模型。认为歧视的根源在于垄断力量;三是统计性歧视理论。认为歧视的原因在于非客观因素,即信息的不完全,这种歧视是歧视者的理性选择;四是前市场歧视理论。由于前市场歧视的存在,可能诱发被歧视对象的规避性人力资本投资,从而对当前市场歧视产生影响。

歧视的经济成本既有个人性也有社会性。歧视的个人成本是那些被歧视的个人或群体因为歧视而受到的损失。歧视的社会成本表现为歧视造成国民经济总产出的减少。虽然对歧视的经济成本的局部和均衡分析还不尽一致,但是所有的歧视经济学理论都做出了这样的预期:歧视的受益群体的收益不能抵补受损群体的损失,社会福利存在净损失。经济社会中的歧视现象长期以来在各国普遍存在,甚至成为经济与社会发展的一个严重障碍,早就引起了国际社会的广泛关注。虽然很多国家都制定了相关的法律和政策,但是这些法律和政策的净效应到底如何,一直以来是歧视经济学争论的对象。争论主要集中在三个问题上:同工同酬问题;可比价值问题;雇用配额问题。西方劳动经济学对歧视问题颇为关注,很多学者对此作了深入的研究,推动了歧视经济学的发展。我国劳动力市场歧视问题的研究尚处在起步阶段,因此,西方劳动力市场歧视理论对理解和解决我国劳动力市场歧视问题具有重要的借鉴意义。

三、人力资本投资风险理论

人力资本理论创立后立即引起社会的广泛关注,随之而来的是学者们对该理论的研究不断深入和完善。20世纪80年代,罗默和卢卡斯将人力资本理论引入经济增长理论，认为知识和人力资本同物质资源一样是生产要素，只有人力资本的不断投入才可以持续提高一国的长期经济增长率。20世纪90年代，经济学界认为人力资本和技术进步是经济增长中的外生变量的观念得到彻底扭转，重视人力资本的新的理论不断涌现，并向更广泛的领域延伸。这些领域包括：收入分配研究、投资收益研究、就业与职业培训研究、人口增长率和生育率变动研究、人口迁移与流动研究等。

人力资本投资风险问题是人力资本投资理论的重要内容。因此，人力资本理论的开创者们在创立人力资本理论时就已经初步探讨了人力资本投资风险问题。他们主要从三个方面对教育人力资本投资风险进行了分析。首先，指出了教育是一项具有风险性的投资；其次，指出了人力资本投资风险的来源；此外，还指出了在风险条件下人力资本投资的收益。

从20世纪70年代中期起，有关学者发表了一系列的关于人力资本投资风险的论文，大大拓展了前人的研究。他们主要研究了人力资本投资风险的起源、风险对人力资本投资的影响和如何化解人力资本投资风险。20世纪90年代以来，西方对人力资本投资风险的研究有了进一步的发展。亚历山大·瑞勒斯（Alexandra Rillaers, 1998）在前人工作（Michel, 1993; dela Croix, 1996）的基础上提出一个交叠世代模型，用以说明不确定性在个人教育投资决策和长期经济增长模式中的作用。在这个模型中，人力资本积累通过一个在物质资本中规模收益不变的技术解释了内生增长。亚历山大·瑞勒斯研究后也发现，不确定性对个人教育努力和经济增长具有消极影响。然而，在一般均衡框架内，亚历山大·瑞勒斯的研究进一步推进了斯诺和瓦闰（1990）的研究，指出一个面对严重不确定性而又无法予以保险的个体会减少其在教育上的投资。肯尼斯·扎德（1997）指出，人力资本投资不像资产组合投资。人力资本投资的风险经常是个性化的，而且人力资本是一种不具有流动性的资产。金融投资与人力资本投资的一个主要区别是：作为对新情况和不断变化的目标的反应，一个人可以改变金融投资，而教育和培训一旦进行则很难改变。戴恩·安德博格、弗瑞锥克·安德森（Dan Anderberg, Fredrik Andersson, 2000）研究了人力资本投资对收入风险的反作用。他们研究证明，教育可以帮助一个人避免低收入或低报酬的工作。西方学者研究人力资本投资风险的总体思路是：以期望效用理论为基础、求人力资本投资主体风险与给定偏好的约束下预期收益最大化。具体来说，在研究方法上首先是建立了局部均衡的分析框架（Levhari 和 Weiss 等，1974），即人力资本投资供求均衡，到20世纪90年代逐渐建立起一般均衡的分析框架（亚历山大·瑞勒斯等，1998）。

西方人力资本投资风险理论经过几十年的发展取得了巨大成就，初步建立了一个理论分析框架。但在肯定人力资本投资风险理论研究已经取得了巨大成就的同时，我们也必须指出，西方人力资本投资风险理论中一个很大的局限是：它是建立在期望效用理论基础之上的，即分析是以个体预期收益最大化为目的，而现实中的个体投资决策考虑的主要不是预期收益的大小而是实际收益与预期收益之间的差距，这就是涉及到行为经济学的理论，但我们在西方现有的人力资本投资风险研究中尚未看到有行为经济学的影子，而且虽然西方在阐述人力资本投资风险的原因时提到了信息不完全，但是分析的还远远不够。此外，与对物质资本投资风险的研究相比，人力资本投资风险的研究仍较薄弱，还缺乏动态分析。

四、就业失业与工作流动理论

在 20 世纪 70 年代之后，在凯恩斯主义和经济自由主义相互争论而又相互吸收、相互融合的过程中，主流经济学的发展呈现出了一种新的趋势，即为传统宏观经济理论构造微观基础，以实现经济学理论上的统一性和完整性。在此过程中，失业理论作为经济学理论的重要组成部分，也得到进一步的发展，其中主要的代表有效率工资理论、隐性契约理论、内部人——外部人理论、失业回滞理论、搜寻理论等。根据这些理论模型，经济生活中的非自愿失业有相当一部分原因在于现实中的市场不完全性、劳动力市场制度缺陷、政府社会政策以及其他不可避免的自然原因。

前面所讨论的主流经济学的失业理论，基本上都是经济学家基于发达国家经济发展环境所提出的关于失业问题的理论见解及政策建议，主流经济学的失业理论在原则上适用于包括发达国家和发展中国家在内的一切市场经济体，但对于发展中国家和一些具有特殊国情的国家（如计划经济体制国家）来说，还具有一些特殊的失业现象，一些经济学家也对此进行了理论分析，其中比较著名的就是隐性失业理论。所谓隐性失业（disguised unemployment），是指就业量超过由边际生产率等于工资率所决定的最佳雇佣（就业）量，造成劳动的边际生产率低于工资率甚至为零、劳动力资源没有得到充分利用的现象。与公开失业相比，隐形失业劳动力虽然处于雇佣或就业状态，但其对产出的贡献很小或没有贡献。刘易斯通过对发展中国家经济发展与二元经济结构转变的分析，提出了二元结构下的隐性失业理论，拉尼斯、费景汉进一步加以发展和完善。二元结构下的隐性失业理论认为，在人口压力较大、技术较为落后的发展中国家传统部门中，存在大量的隐蔽失业劳动力或剩余劳动力（surplus laborers），劳动的边际产出低于其工资或所得收入，甚至为零。

工作流动是就业失业理论的一部分。已有研究表明，工作流动现象在不同的国家和地区之间广泛存在，同时工作创造和工作消亡的速度是相当快的。针对美国经济进行的研究表明，一年里，工作岗位当中就有若干个工作岗位消失，同时产生若干个新的工作岗位等。在这种高频率的工作流动中，很大一部分是工作的额外再配置。从时间维度上看，暂时性行为所占的比例非常大，在季节性的流动中更是这样。同时，生产单位内部的工作流动频率要高于生产单位之间的流动频率，非制造业的工作流动频率要高于制造业。不同产业相比较，私有产业的流动频率往往是最高的。

工作流动是就业失业理论的一部分。劳动经济学里工作流动的内涵包含由于各种原因导致的工作岗位的产生与消失现象。现有的研究已经表明，工作流动现象在不同国家和地区间广泛存在，而且工作创造和工作消亡的速度在加快，理论界出现了一些意在解释说明这些问题的理论模型，其中较具代表性的有：

第一，异质性理论。主要探讨雇员自身特征之外对劳动力流动和工作流动发生影响的微观因素，如雇主特征的异质性、企业的异质性和由行业、国别不同导致的异质性。

第二，劳动力流动与工作流动关系理论。认为工作流动是导致劳动力流动的重要原因,二者间的关系可用下述模型表示"创造——增加、消亡——减少"。就国际市场而言,工作流动主要表现为低技术水准的职业渐渐由发达国家转移到发展中国家,使得发展中国家变成提供"低技术劳动力密集服务"的出口商,而发达国家则专门从事技术密集活动。学者还对工作流动与劳动力流动之间的因果关系进行了实证检验。如根据麦亚(1996)对美国的研究发现,在私有制造业部门,创造——增加比例为52%,消亡——减少比例为23%,由工作配置引起的劳动力流动占全部流动者的35%—40%。考虑到工作流动的溢出效应,实际比例可能会更高。

第三,工作流动与生产率增长的关系。阿洪和豪威特(1997)的模型较具代表性,他们认为,总要素生产率的增长中,很大一部分反映经历了生产率增长的厂家产出份额的扩张,工作再配置就是其中起决定作用的要素之一。

第四,工作流动与经济周期理论。工作流动具有较强的周期性变动特征,它与经济周期的关系是什么,理论界存在分歧,分歧的焦点是工作流动与经济周期之间,更准确地说是配置性冲击与总冲击之间到底谁是因谁是果。所谓配置性冲击,是知识的不同工作场所和不同雇用匹配的盈利状况发生特定变动的冲击。有的学者认为,总量冲击使得工作创造和工作消亡朝着相反的方向变化,而配置性冲击使二者朝着相同方向变动,因此二者使得失业、待业、工作创造与消亡呈现出不同的特征。

五、劳资关系和工会的影响

20世纪80年代,对工会问题的研究和关注又热起来。一方面,理论界重点研究了工会目标的性质,在理论与实证方面取得了一批重要成果;另一方面麦克唐纳和索洛运用帕累托有效性原理重新构建了有效谈判模型。在此基础上,理论界对集体谈判模型进行了更为深入的研究,特别是比较了垄断工会模型,评价了有效谈判模型的理论以及在实证层面上的应用。这一时期对劳动关系的研究可以归纳为比较有代表性的五大学派,按照从政治趋向上的"右翼"保守到"左翼"激进的顺序排列为新保守派、管理主义学派、正统多元论学派、自由改革主义学派、激进学派。这些学派观点的相似之处在于,都承认劳动关系双方之间存在目标和利益的差异。其主要区别则体现在对雇员和管理方之间的目标和利益差异的重要程度认识上。不同学派对这些差异带来的问题提出了不同的解决方案,对双方的力量分布和冲突的作用持不同看法,尤其是对冲突在劳动关系中的重要程度,以及雇员内在力量相对于管理方是否存在明显劣势这两个问题上存在明显分歧,在工会的作用以及当前体系所需的改进等方面各执一词。国外这些劳动关系学派的理论和观点,反映了不同群体和个人对劳动关系的评判,以及根深蒂固的价值观和理念。激进派以建立雇员所有制为目标,其思想理念渊源于马克思的资本主义劳动关系理论,管理主义学派强调劳动关系的和谐与员工的忠诚,这两派的观点都可以追溯到埃米尔·迪尔凯姆的工业主义劳动关系理论。强调产业民主和工人自治的自由改革主义学派的理论观点,可以从马克斯·韦伯的工业资本主义劳动关系理论中找到支持。

从纯理论的角度来说,谈判问题的本质应该是从协议中获得的效益如何在双方之间进行划分,从而使双方的效用至少不低于协商前的水平。解决这一问题经典的模型主要有三个:希克斯模型、纳什隐性策略模型和鲁宾斯坦的"交互报价"模型。这些模型被用来理解谈判过程和预测谈判结果。近年来大量的文献都集中在两方面：其一，对上述模型特别是普宾斯坦模型的实证检验，其中一个重要的发现就是公平因素对于谈判结果有着重要的影响。但上述三个模型的共同缺陷是缺乏冲突，也就是说，无法解释罢工问题。其二，建立解释谈判过程的谈判模型。目前关于集体谈判问题的研究主要集中在以下方面：会员资格对谈判结果的影响，博弈对于谈判过程和结果的影响，以及对不同结构集体谈判的研究。

早期关于罢工的理论主要研究的是罢工频率与经济周期的关系，认为二者之间有较强的正相关关系，到20世纪六七十年代计量经济学模型成为主流，希克斯关于罢工原因的分析在20世纪80年代后才被重视。在希克斯看来，多数罢工都是由于信息不完善和劳资双方的判断失误造成的，信息不对称理论为解释罢工的决定因素提供了一个很好的分析框架，如雷德和纽曼的联合成本最小化模型。在这个模型里，罢工具有信号功能，它强调信息的数量、质量和成本，而且该模型还可以将罢工成本与集体谈判条件下达成协议的成本同时纳入分析框架。劳动经济学家根据这些模型对大量国际范围的经验数据进行了研究分析，从中发现罢工发生的几率与工会密度和工会的认可程度存在正相关关系，劳资关系体系和企业的特点也与罢工发生的概率有关。

六、劳动经济学的最新发展

去年的诺贝尔经济学奖授予了美国经济学家戴蒙德、莫滕森和具有英国和塞浦路斯双重国籍的经济学家皮萨里季斯，获奖的主要原因是这三位经济学家对"存在搜寻摩擦的市场"的分析在劳动经济学领域的奠基性贡献。他们的研究成功地解释了"高失业"和"用工荒"为何总是同时存在，对经济政策如何影响失业率做出了深入的理论分析。一方面这表明劳动经济学在整个经济学科中的地位越来越受到重视；另一方面也表明"搜寻理论"已经成为劳动经济学当中研究的主流。

真实的劳动力市场和传统经济学所认为的观点有很大的不同，可以通过调整价格来改变供求平衡；工作者想找到适合的工作岗位，雇佣者想找到适合自己的员工，这两者之间存在冲突，意味着雇佣者与工作者之间都面临着一定的"搜寻成本"——即使是很小的搜寻成本，也会产生完全不同于古典竞争均衡的结果。这几位获奖经济学家为把搜寻理论更好的应用于劳动力市场分析，他们分别研究了不同市场的属性，提出了以往研究没有涉及的许多新问题，比如，某个人的失业会增加他的搜寻活动，那么其他求职者找到工作就会变得更加困难，而与此同时，招聘公司填补岗位空缺却会更容易。这些外部影响是个人求职者所没有考虑到的。他们进一步提出：一般情况下，一个不受管制的搜寻市场可能并不会带来有效的结果，其资源利用率不是太低就是太高，因为其中的搜寻和匹配过程都与实际成本有关。他们在理论上的主要贡献，就是通过建立一系列复杂的模型，试图解决空岗与失业并存的问题，通过提升搜寻效率，促进就业，其研究成果被称为 DMP 模型。

在经典的市场竞争模型中，不加管制的市场结果是唯一的而且是高效的。但是，在一个存在着搜寻成本的世界中，可能有不同的结果。DMP 模型表明，正因为劳动力市场实际上并不总是有效的，政府必须对劳动力市场进行恰当的干预，政府有责任为人们找到就业机会提供帮助。

该理论对后金融危机时期各国的失业问题有直接的指导意义。美国等许多发达国家的失业率已经远远高于自然失业率水平，如何将失业率降到自然失业率水平是政策的重点。新的理论模型试图能够解决这一问题。他们提出的模型解释了失业和空缺是如何同时形成的。人们可以使用模型分析数据，解释他们认为政府在这一方面应有相关的作为。今天，在劳动力市场上，许多公司存在工作空缺，同时很多失业人员却找不到适合的工作岗位，市场上实际存在着这种"搜寻冲突"，这意味着企业雇佣工人要更加合理，在招聘员工和需要有人工作时，能够提供合理的机制，而政府在提供失业者的福利时，也要提供相应的政策和管理。

该理论对经济转型背景下我国的失业问题治理也有重要的借鉴意义。比如，一方面前几年在我国东南沿海发生了"民工荒"、"技工荒"，另一方面就业压力居高不下，这些事实表明我国存在劳动力就业匹配的重大问题，需要我们深入理解和借鉴该理论的思想，通过劳动力市场机制的创新降低失业，提高职位与就业者的匹配程度。

参考文献

尹旭. 中国转型期收入分配差距研究综述（J）. 财经政法资讯，2010，(1).
许震. 西方人力资本投资风险理论述评（J）. 经济研究导刊，2009，(20).
姚先国，谢嗣胜. 西方劳动力市场歧视理论综述（J）. 中国海洋大学学报（社会科学版），2004，(6).
杜鑫. 失业理论述评（J）. 晋阳学刊，2009，(5).
姚先国，黎煦. 劳动力市场分割：一个文献综述（J）. 渤海大学学报，2005，(1).
李琼. 劳动经济学研究的新进展（J）. 兰州大学学报，2007年(7).
唐镰. 劳动经济学的问题演进（J）. 教学与研究，2004，(11).
张珂，杨伟国. 工作流动：理论综述与评价（J）. 中国人口科学，2003，(3).

（作者单位：首都经济贸易大学劳动经济学院）

我国就业服务问题分析及整合建议*

段兴民 张守刚 杨蕾

一、问题的提出

　　劳动是人们谋生的手段，劳动权是人的最基本权利。劳动者的就业问题与人民生活息息相关，所以，各国政界和学界都十分关注此问题。联合国的《世界人权宣言》和国际劳工组织的《职业介绍设施公约》、《就业服务公约》提出，各国应建立一个公共的、无偿的职业介绍全国体系，这一体系应包括联接各地的职业介绍机构网络。我国《宪法》、《中华人民共和国就业促进法》规定公民有劳动的权利和义务，国家通过各种途径，创造劳动就业条件。县级以上人民政府建立健全公共就业服务体系，设立公共就业服务机构，为劳动者免费服务。国务院及人力资源与社会保障部、教育、民政、财政、工会、妇联等等诸多部门，都对加强就业、再就业问题出台过很多的文件。

　　我国优越社会主义制度，成功的改革开放方针政策，使我国的社会经济稳步快速发展，为我国劳动着创造了很多的就业岗位。然而，由于我国人口数量过大，劳动力在相当长的时期供给过与需求；二元结构的农业劳动力转移数量大速度快；技术进步生产方式的变革，劳动者与生产资料暂时分离；经济体制转型中的劳动力市场发展不成熟；政府职能转变过缓，公共就业服务机构不健全、渠道不畅、服务远未到位，等等，致使劳动者就业十分困难，进城务工或从农业转出的农民就业就倍加艰难，即使是大学毕业的本科、专科学生，要找到合适的满意的工作岗位也很难。一句话，诸多原因使我国的就业问题十分突出。

二、现状调查与基本判断

　　我们对陕西的就业服务现状做了较多的调查，并参阅应用了全国其他学者的研究成果，查阅了相关文献资料，归纳了倾向性问题，分析了主要原因，得出了我们的基本判断。

（一）实地调查

　　我们通过文献收集、访谈、问卷等方式实施调查。调查目的在于探索西安市失业人员利用公共就业服务机构的情况；分不同人群调查对象，深入了解他们对公共就业服务质量的意见和需求；了解陕西省公共就业服务体系的建设情况，存在的问

---

*　本篇内容是对陕西省《新形势下就业服务体系创新研究》报告的内容压缩修改而成的。课题组成员是：段兴民、陈国强、张延成、赵润录、孙晓华、张守刚、封铁英、卫林英、杨蕾、王莉娜、史文君、王刚、董璇、仇敏。研究报告及本篇文章参阅的国内外研究成果，未能列出，在此表示感谢。

题及原因。预调查在 2009 年 12 月进行。调查对象为正在寻找工作的一些城镇失业人员。调查地点是西安市公共就业服务机构和人力资源市场。正式调查时间：2010 年 1 月 10 日—3 月 15 号。调查内容，第一部分是陕西省各级就业服务机构为对象，采用抽样调查的方式，发现目前公共就业服务机构自身存在的问题；第二部分是以失业人员为对象，调查失业者在找寻工作过程中，他们对于公共就业服务机构所提供的服务的意见和建议，真正了解他们的需求。调查问卷共发放 800 份，回收 720 份，有效问卷 646 份，有效回收率为 80.75%。针对就业服务机构的问卷发放 13 份，回收 13 份，回收的问卷全部有效。调研主要走访了西安市就业服务局、碑林区人力资源市场、铜川市就业管理局、渭南市劳动和社会保障局。体调查对象达到 1000 人次。

1. 对现有工作的满意程度

通过表 1，可以看到，调查对象对其工作满意程度呈正态分布，认为一般的占总体比例的 38.6%，剩余调查对象中对其工作满意的比不满意的略高。对选择"一般"、"基本不满意"、"满意"的调查对象进行进一步调查，发现不满意原因主要集中在工资太少、休假太少以及社会保险不全等原因上（见表 1）。

表 1　工作满意度

对现在的工作是否满意 (477)	满意		基本满意		一般		基本不满意		不满意	
	频数	频率	频数	频率	频数	频率	频数	频率	频数	频率
	42	8.8	163	34.2	184	38.6	44	9.2	44	9.2
若不满意原因是	工资太少				358				75.1	
	五险不全				412				86.4	
	休假太少				384				80.5	
	不理想				421				88.3	
	晋升空间少				437				91.6	
	其他				460				96.4	

2. 对公共就业服务机构的了解程度

从图 1 可以看出，调查对象对公共就业服务机构的了解程度很低，只有 1.2% 的调查对象表示对公共就业服务机构完全了解。78.1% 的调查对象对公共就业服务机构了解甚少。约 2/3 的调查对象认为公共就业服务机构包含人才市场，也有半数的人认为招聘会、在线招聘网站、公共职业介绍机构是公共就业服务机构的不同类型（见表 2）。

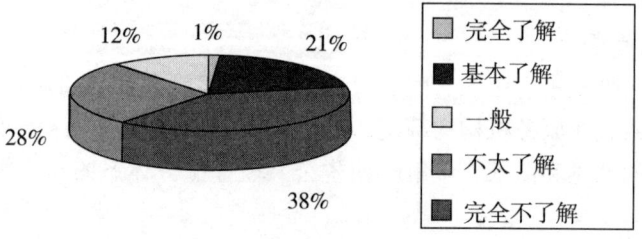

图 1　对机构的了解程度

表2 公共就业服务机构种类

公共就业服务机构种类	频数	频率
人才市场	455	70.4
招聘会	310	48.0
招聘网站	325	50.3
公共机构	303	46.9
中介公司	153	23.7
其他	47	7.3

3. 享受的公共就业服务项目及满意程度

表3显示，大部分调查对象并没有去公共就业服务机构享受服务，占总体的63.8%。在234名接受过服务的调查对象中，享受服务主要分布在职业技能培训、招聘洽谈、职业介绍、职业指导上。

表3 服务享受情况

是否享受	享受项目	频数	频率	总体
否		412	63.8	
是	政策咨询	78	33.3	234
是	职业介绍	106	45.3	
是	职业指导	97	41.5	
是	职业技能培训	65	27.8	
是	职业能力测评	26	11.1	
是	心理咨询	19	8.1	
是	招聘洽谈	54	23.1	
是	跟踪回访	13	5.6	
是	其他	5	2.1	

从调查对象对公共就业服务体系服务内容的满意度调查中可以看到（见表4），调查对象对服务内容总体评价偏向于满意，只有11.7%的人选择了基本不满意和不满意。从各分项目看也类似。其中对公共就业服务体系所提供的信息数量的满意程度较高，而对培训、政策扶持等满意度相对较低。

表4 对服务内容的满意度（绝对数,%）

项目	满意		基本满意		一般		基本不满意		不满意	
信息数量	109	47.2	48	20.8	49	21.2	13	5.6	5	2.2
信息质量	6	2.6	97	42.0	80	34.6	20	8.7	3	1.3
方式途径	32	13.9	73	31.6	87	37.7	14	6.1	14	6.1
服务效果	26	11.3	71	30.7	86	37.2	30	13.0	6	2.6
服务流程	30	13.0	70	30.3	77	33.3	24	10.4	6	2.6
指导效果	20	8.7	69	29.9	82	35.5	25	10.8	9	3.9
培训内容	38	16.5	47	20.3	101	43.7	26	11.3	11	4.8

续表

项目	满意		基本满意		一般		基本不满意		不满意	
期限长短	50	21.6	46	19.9	94	40.7	24	10.4	8	3.4
培训效果	13	5.6	1	0.4	92	39.8	107	46.3	4	1.7
扶持效果	16	6.9	77	33.3	91	39.4	16	6.9	3	1.3
劳务派遣	20	8.7	80	34.6	72	31.2	25	10.8	6	2.6
岗位开发	25	10.8	86	37.2	70	30.3	30	13.0	7	3.0
总体评价	8	3.5	112	48.5	69	29.9	25	10.8	2	0.9

4. 不同身份对公共就业服务机构了解程度分析

从图2可以看出，所有调查对象中，50%的农民工对公共服务就业机构一般了解，完全了解和基本了解只占到8.1%，不太了解和完全不了解共占到41.9%，农民工对公共服务就业机构的了解程度低；42.9%的残疾人选择完全不了解，28.6%选择不太了解，选择完全了解和基本了解的比例是0，表明残疾人对公共服务就业机构的几乎不了解；"4050"人员选择集中在基本了解、一般、不太了解，成正态分布；41.8%的下岗职工选择一般，选择完全了解和基本了解共占16.3%；50.8%的失学青年选择一般；高校毕业生选择最多的是一般，为30%；42.9%的转业军人选择一般。

总之，完全了解和基本了解共占的比例都是最小的，这表明所有身份的人对公共服务就业机构的了解程度都很低；其中残疾人的选择集中在一般了解、不太了解和完全不了解上，完全不了解处于峰值，表明残疾人对公共服务就业机构几乎不了解；而其他身份人员的选择分布都趋于钟形分布，最高点都是一般了解。

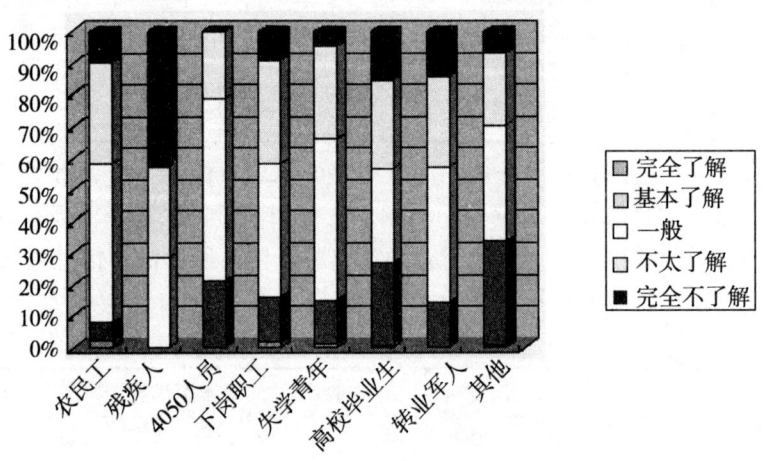

图2 不同身份对公共就业服务机构了解程度

（二）问题归纳

通过调查发现的问题很多，下面我们从三个方面对带有倾向性的问题做了归纳：

第一，求职群体信息不对称，满意度低。如表1～4、图1～2的统计数据所示，求职者对公共就业服务机构的了解程度很低，享受公共就业服务的比率很低，对公共培训、政策扶持、服务机构办公环境等满意度较低，对公共就业服务信息网信任度比较低，对网上服务满意程度较低。从不同群体的对比分析来看，不同身份的失业者，选择就业信息的渠道有显著差异，对公共就业服务机构、服务内容、服务水平满意情况均存在着差异。

第二，公共就业服务，理念滞后，体系管理混乱运行不畅，标准缺失，体制混乱，经费不足，缺乏法律保证。

服务理念滞后。虽然经过市场经济的多年洗礼，但计划经济的惯性冲击依然如故，有些地方还是随意设置和提高审批门槛，限制民办就业服务机构发展，似乎就是在做秩序管理，而不是服务。

服务体系运行不畅。公共服务投入不足，县、乡、村三级公共就业服务在基础建设、覆盖范围、服务内容和服务水平等方面落后，农村富余劳动力转移就业和进城务工，享受公共就业服务明显不足。

服务标准缺失。绝大部分就业公共服务机构还是凭经验办事，有的服务名称、服务流程、服务质量没有明确的标准，有的公共就业服务标准不统一，有的不能为求职者提供切实有效的培训和职业指导，培训和就业脱节，缺乏创新，服务在低水平上简单重复。特别是对城镇劳动力、农村劳动力、新增社会劳动力、残疾人、复退转业军人等不同群体的就业服务政策，缺乏系统地、全面地研究，某些方面出现诸多矛盾，亦有失公平。

管理体制混乱。就业服务组织性质模糊、功能紊乱。据有关资料统计，全国31个省市，设置为就业局的有20个，占总数的65%；设置为厅就业处的有5个，占总数的16%；设置为就业服务管理中心的有5个，占总数的16%。部门之间的职责界定不清，服务重叠，缺乏监督考核，受市场化、商业化影响难以实现公益服务。

第三，用人主体角色缺失。用人单位在招聘时存在就业歧视、招聘信息渠道不公平；盲目提高用人标准，造成人才浪费；急于求成，缺乏人才储备的观念；缺乏和高校的密切联系等。

讨论解决为求职者的就业服务问题时，更多的是关注政府所起的作用，而对用人单位的雇主方，未给予充分的关注。用人单位往往为了追求利润最大化，为了自身经济利益而牺牲员工的部分利益，致使失业人数的增加。如有的学者在对吉林省人力资源市场进行调查后指出，2005年至2006年，吉林市有100家国有企业通过"并、转、掺、破、租、剥"等六种形式改制，有60家企业资产重组，有40家企业破产，至少有上万名职工下岗。政府在促进就业方面应采取更多措施规范雇主行为，采取政策激励、减免税收、承担培训实习义务等，促进雇主方参与解决就业问题。

（三）成因分析

我们在对问题成因进行分析时，认为有政府、组织、个人主客观等方面诸多因素，但主要有下面一些方面。

其一，是政府职能转变不到位。政府职能转变不到位最基本的问题是服务理念问题。政府在向法制政府、责任政府以及服务型政府转变过程中，应该提供哪方面的就业公共服务，没有很明确的说法。

其二，是就业公共服务机构的职能定位不清。由于政府所属服务机构的职能定位不清，很难从政策、资金、人才和硬件设施方面给予足够的支持。直接的结果是，这些机构把绝大部分时间用在获利较大的市场服务的开拓上，公共服务的研究和开发不是很主动。

其三，多头行政，运行碰撞。原来在人力资源管理方面有组织、人事、劳动、主体单位等等，管理就很混乱。随着体制改革的深入，有的把人事与组织部门合并，有的把行政与党务部门合并，后又有人力资源社会保障与人事部门合并……旧体制的惯性冲击，机构不统一，政令不统一……在此混乱的背景下，就业服务还没有完全从多部门管理的体制下调整过来。这就必然使就业服务体系被分割成多个独立的系统，统一的劳动力市场也被分割。作为管理者身份的有：劳动保障部门、组织部门、人事部门、农业部门、残联、妇联等等。部门不同发展目标就不同、规划与运作方式运行渠道肯定不同，相互之间缺乏沟通和协调，甚至就没有沟通协调的必要。这样，就业服务就没有统一的组织，当然就不可能有统一协调的规划，形不成统一协调的劳动力市场，财政就很难给予足够而有效的支持，也就不可能有周到完善的就业服务。

其四，缺乏有效的监督和科学的考核机制。由于以上理念滞后，职能不清，体制混乱，加之我国整体的城乡二元结构的体制障碍等等，没有建立起对相关职能部门的有效监督体系。如公共就业部门应该做什么，有哪些职能、权限、义务，何时收集、公布哪些信息，通过哪些必经程序。特别是对不同求职人群应有哪些必须的服务项目，应有哪些延伸的服务项目；在什么时间范围内，受到哪些部门和人员的哪些指标的评价、考核和监督；应有哪些部门、群体、人员的哪些待遇、奖励和制裁等等。所以，服务无确定项目，考核无具体标准，质量优劣无法评定，就业机构和人员着急、无奈，英雄无用武之地。

（四）基本判断

我国的就业服务体系，在机构设置、人员编制、经费保障、职能定位、目标确立、活动规范、考核评价等等方面，还没有从机构合并、组织撤并变迁的乱态中走出来。一个现代化的、高效的、有机协调的、有序运行的就业服务体系急待建立和完善。

三、构建公共就业服务体系的建议

第一，国务院及相关部门，应尽快制定积极的就业服务指导方针，以保障贷款、技能培训、扶持创业促进就业。立即出台专门具体可操作的文件，制定就业服务工作条例，统一机构，规范职能，提升级别，明确责权，认定编制，保障经费，规范考核。这是最基本的建议，是以下其他建议得以实现的前提。

第二，坚决彻底推倒原有劳动、人事等相关部门的所有就业服务相关的组织，清理整合机构、财产、资源，重新成立就业服务组织机构，并提高等级。设就业服务局（省厅为副厅级，可设若干处：如信息统计发布及援助处，市场、培训、创业指导处，社会调研、监督、考核处等等——以下各级类推）、处（地级市）、科（区县）、所（乡镇）。

同时在省（市）相应成立就业促进会、研究会、联席会（一套人员三块牌子），以及城市下岗职工、进城务工农民、用人单位、猎头公司、人力资源市场、就业服务机构联席会。划拨经费每年进行课题招标，利用民间智库为就业调查研究、反馈民情、提供建议。

第三，强化信息网络建设。安排足够经费，限期建立起电子化的服务系统。把全国纵向的、横向的省市（地）县（区）乡（镇）就业服务机构，企业、事业、行政单位的人力资源管理部门、社会就业服务组织及其他有关部门都联起网来。把就业、失业登记、劳动力资源的管理、劳动力市场求职信息和用工需求信息收集、职业介绍；规范用工行为的招、录用人员的备案管理、职业培训的开展及成果；失业保险金的发放及人员管理、各类促进就业再就业优惠政策的实施成果，以及特定就业困难人员实施就业援助等内容，全部公开透明。既使需要就业的劳动者方便，又使用人单位方便，同时可使政府就业服务机构及时掌握信息，进行正确的宏观决策，特别是有利于劳动者的维权和社会监督。

第四，政府主导，社会合作，就业服务主体的多元化。解放思想，大胆放手，尽快形成多元化、多层次、职能互补的公共就业服务网络体系。服务主体不仅要包括政府公共部门，还包括非盈利性组织和私营部门以及个人或集体组织的社会团体。各主体间职能互补，并引入竞争机制。同时运用多种服务模式的，如特许经营、合同承包、购买服务等提高社会整体的服务效率。政府除努力做好自己的就业服务工作外，对其他就业服务组织主要是指导和监督。

第五，强力推行技能培训、创业扶助、实训基地一体化。人力资源、财政、税务、银行、教育、发改委等相关部门联合出台文件，使高等学校就业实训基地与企业结合，接受学生实训、接受下岗职工培训、接受农民工培训等视为企业的社会义务，同时按一定培训数量和时间减免税收。财政、银行、企业在一定条件下，为创业者提供方便。

第六，对就业服务机构的所有成员，进行一次系统培训，全面考核上岗，考核不合格者，再培训，如还不合格，请其转岗。以后设置指标，每年考核一次，合格者上岗，不合格者亮"黄牌"，再培训，仍不合格，请其转岗。

（作者单位：西安思源学院）

劳动生产率的年龄差异与刘易斯转折点

章 铮

一、问题的提出

除了因美国金融危机的影响，2009年春节前后，中国出现过半年左右农民工失业潮外，2004年以来，中国年年都出现季节性的（农）民工荒。

民工荒并非是指无论给多高的工资都招不到农民工，而是指在现有工作、生活条件和现有工资水平下，农民工出现比较严重的供不应求。因此民工荒出现后，社会各界首先把目光投向工资待遇，指责农民工工资待遇偏低。问题是，至少从20世纪90年代以来，农民工的工资待遇一直维持在现有水平。为什么当年没有民工荒，现在却出现民工荒了呢？

对此，以蔡昉为代表的一部分学者用刘易斯转折点来说明。按照蔡昉的解释，在存在着农业劳动力剩余的大多数发展中国家中，劳动力从无限供给到短缺的转变，就被称为刘易斯转折点（蔡昉，2007）。刘易斯转折点之前，由于农业劳动的边际产量为零，农业劳动力投入的减少不会引起农业产出的下降（蔡昉，2010）。

有些学者不同意蔡昉对刘易斯转折点的解释，他们指出，刘易斯转折点有两个，蔡昉所谈的只是第一个，还有第二个刘易斯转折点，即非资本主义的农业部门与资本主义的非农业部门边际生产力相等时的点（刘伟，2008；赵显洲，2010）。

蔡昉本人也承认存在第二个刘易斯转折点。但他强调的是（第一个）刘易斯转折点到来会引起非农部门实际工资的上涨。因而他仍然将第一个点称为刘易斯转折点（蔡昉，2010）。刘伟也承认，蔡昉等学者研究的就是第一个刘易斯转折点（刘伟，2008）。考虑到中国刘易斯转折点之争的实际，本论文所讨论的刘易斯转折点就是蔡昉所说的点。

按照蔡昉等学者的观点，中国经济面临刘易斯转折点的标志至少有两个：一是劳动力在城乡的普遍短缺，二是农民工的工资上涨从而劳动力成本提高（蔡昉，2007）。蔡昉等学者的依据是近年来农民工实际工资的加速上升。2002—2008年，农民工实际工资增长率分别为2.3%、5.6%、7.6%、8.6%、8.2%、7.2%与19.6%（蔡昉，2010）。供不应求价格才会上升，因而从农民工实际工资的上升，就可以倒推出农民工短缺和中国经济面临刘易斯转折点。

也有一些学者否认中国存在着农民工的普遍短缺。这些学者根据各自的估算，认定中国乡村仍然有数以亿计的剩余劳动力（孙自铎，2008；刘伟，2008；张宗坪，2008；贾先文等，2010；赵显洲，2010）。在他们看来，既然中国乡村有如此多的剩余劳动力，那么近期中国就不会出现农民工的普遍短缺，因而也就谈不上面临刘易斯转折点。

大量乡村剩余劳动力的存在同样困扰着蔡昉。因为他也承认，2004年民工荒出现时，中国乡村尚有1亿以上的剩余劳动力（蔡昉，2007）。在坚持总体上"中国的'刘易斯转折点'已经出现"的同时，蔡昉试图用中国是"大国"，"地区之间因资源禀赋、产业结构从而最终发展水平不同而具有异质性"，来解释为什么中国"一部分地区已经出现劳动力短缺，农民工工资大幅上涨"，"另一部分地区却存在大量剩余劳动力"（蔡昉，2010）。

笔者认为，上述否认中国面临刘易斯转折点的学者的推论过程是有缺陷的。乡村剩余劳动力是乡村富余的劳动力，而农民工是非农产业所需要的劳动力。乡村剩余劳动力可能为非农产业、也可能不为非农产业所需要，因而不能因为乡村有剩余劳动力，就断定不会出现农民工的普遍短缺。笔者还认为，中国绝大多数农民工就业于劳动密集型产业。而在劳动密集型产业中，农民工的劳动生产率与他们年龄有关。如果要说"异质性"，首先应该看到不同年龄农民工在劳动生产率上的差异。

在以下的论述中，第二部分分析劳动生产率的年龄差异对刘易斯转折点的影响，说明乡村存在大量剩余劳动力可以与农民工实际工资的上升并存；第三部分用间接证据证明劳动生产率年龄差异的存在；第四部分说明高劳动生产率的青年农民工已经供不应求；第五部分是结论。

二、劳动生产率的年龄差异与刘易斯转折点

关于农民工劳动生产率的年龄差异，可以简述如下：中国绝大多数农民工就业于劳动密集型行业。劳动密集型行业中绝大多数工作是简单的重复性作业。这些工作没有多少技术，农民工很容易学会。但这些工作对从业者的体力、反应灵敏度或操作精确度有比较高的要求，因而青年农民工从事这些工作时，劳动生产率比较高。非技术农民工进入中年后，体力、反应灵敏度或操作精确度下降，劳动生产率逐年降低。由于这些工作往往按件计酬，劳动生产率的降低就表现为农民工收入随年龄的增大而下降。

笔者以如下方式来分析劳动生产率的年龄差异对刘易斯转折点的影响。

把乡村剩余劳动力分成1、2、3三个年龄组，其中年龄组1最年轻，年龄组3年龄最大。3个年龄组的乡村剩余劳动力数量分别用Q_1、Q_2和Q_3来表示。

假定每个年龄组内的劳动力成为农民工时劳动生产率相同，3个年龄组中，每个乡村劳动力成为农民工时的平均劳动生产率分别用AP_1、AP_2和AP_3来表示。因为农民工的劳动生产率随年龄增大而下降，因而有：$AP_1 > AP_2 > AP_3$。

保留工资（Reservation Wage）是指雇员可以接受的最低工资水平。为了简化，假定保留工资仅包括农民工外出工作时必不可少的生活支出，再假定所有的乡村劳动力成为外出农民工时，所愿意接受的保留工资水平相同。保留工资水平用RW来表示。

城市企业对外出农民工的需求量用Q_D表示，城市企业实行计件工资，计件工资标准（即工资率）用wr来表示。

当$Q_D < Q_1$时，城市企业为了追求经济效率，根据年龄组1中农民工的劳动生产

率来确定计件工资标准，即：$wr_1 = \frac{RW}{AP_1}$。

表面上，此时农民工收入水平低，是因为乡村有大量的剩余劳动力。但具体来看，在 wr_1 标准下收入真正能够达到保留工资 RW，因而能成为外出农民工供给者的，只有属于年龄组 1 的高劳动生产率的 Q_1 数量的乡村剩余劳动力。至于年龄组 2、3 的劳动力，因其劳动生产率分别只有 AP_2 和 AP_3，如果外出，其收入分别为 $wr_1 \times AP_2 = \frac{RW \times AP_2}{AP_1}$ 和 $wr_1 \times AP_3 = \frac{RW \times AP_3}{AP_1}$。由于 $AP_1 > AP_2 > AP_3$，年龄组 2、3 的劳动力外出所得收入低于保留工资水平。因此，尽管年龄组 2、3 的劳动力都是剩余劳动力。但在 wr_1 的记件工资标准下，他们不会进入外地农民工市场。所谓农民工劳动力的无限供给，仅仅与 Q_1 数量的劳动生产率最高的年龄组 1 的农民工有关。

随着生产的发展，外出农民工需求量 Q_D 超过了 Q_1。假如记件工资标准 wr_1 不变，则会出现劳动生产率最高的年龄组 1 农民工供不应求，而属于年龄组 2、3 的乡村剩余劳动力又因为计件工资标准太低、收不抵支，不愿意外出当农民工。于是，在乡村还存在大量剩余劳动力时，城市出现了民工荒。

在这种情况下，城市企业不得不考虑使用年龄组 2 的乡村剩余劳动力。而吸引该年龄组乡村剩余劳动力外出的必要条件，是他们外出后的收入达到保留工资的水平。于是，城市企业被迫将计件工资标准从 wr_1 提高到 $wr_2 = \frac{RW}{AP_2}$，上升幅度为 $\frac{wr_2 - wr_1}{wr_1} = \frac{RW/AP_2 - RW/AP_1}{RW/AP_1} = \frac{AP_1 - AP_2}{AP_2} = \frac{AP_1}{AP_2} \times 100\% - 100\%$。

对不同年龄组的乡村劳动力、农民工来说，计件工资标准从 wr_1 提高到 wr_2 的影响是不同的。对年龄组 1 的青年农民工来说，这意味着他们收入从保留工资水平 RW 提高到 $Wr_2 \times AP_1 = \frac{RW \times AP_1}{AP_2}$；（如前所述，$AP_1 > AP_2$）对年龄组 2 的乡村剩余劳动力来说，这意味着他们外出后的收入达到 RW 水平，因而他们成为新的外出农民工；而对年龄组 3 的乡村剩余劳动力来说，wr_2 的计件工资标准意味着他们外出当农民工的收入为 $wr_2 \times AP_3 = \frac{RW \times AP_3}{AP_2}$，（同样如前所述，$AP_2 > AP_3$）仍然低于 RW，外出仍然得不偿失，因而他们仍然不愿意外出当农民工。

以上分析表明，劳动生产率年龄差异的存在，对刘易斯转折点的特征会产生重大影响。首先，并非要等到所有农业边际生产力为零的乡村劳动力都不存在了，刘易斯转折点才会出现；而是只要上述乡村劳动力中，具有高非农产业劳动生产率的那一部分劳动力不存在了，刘易斯转折点就会出现。其次，刘易斯转折点的出现会带来农民工实际工资的上涨，但它的出现并不意味着乡村不存在剩余劳动力，特别是低非农产业劳动生产率的乡村剩余劳动力。换句话说，刘易斯转折点的出现、农民工实际工资的上升，是可以与乡村剩余劳动力的存在并存的。

三、劳动生产率的年龄差异是否存在

能够证实劳动生产率的年龄差异的资料，主要是以下两类。

第一类，年龄与农民工收入的关系。

直观地看，有许多数据表明，进入中年以后，农民工的收入是随年龄的增大而下降的。这里举两个例子。

表1 东莞普通农民工月收入

性别	年龄	收入样本数	平均月收入
女性	25岁及以下	132	1280.06
	26至35岁	57	1285.26
	36至45岁	23	1168.70
	46岁及以上	3	1050
男性	25岁及以下	88	1430.46
	26至35岁	86	1570.35
	36至45岁	46	1446.96
	46岁及以上	12	1175

表1是2009年7月东莞理工学院社会发展研究院和东莞社科院联合中山大学，对以农民工为主的新莞人进行的问卷调查的部分结果。问卷共发放600份，回收有效问卷586份。这些数据表明，东莞46岁以上男性农民工的平均月收入，要比26—35岁男性农民工低25.2%；46岁以上女性农民工的平均月收入，要比26—35岁女性农民工低18.3%。

另一个例子是何筠等人对培训与农民工收入关系的研究。在研究中，何筠等人定量分析了农民工务工年份与收入之间的关系，发现农民工收入起初随务工年份的增加而上升，但务工10年以上的农民工，其收入反而比务工5—10年的小幅度下降。对于农民工收入随务工年份的增加先上升后下降的现象，何筠等人解释为打工经历带来的收入边际效益递减，"当农民工具有一定的工作经验之后，打工年份的增加对收入增加的效用越来越小"（何筠等，2007）。笔者认为，如果说一定期限内农民工收入随务工年份的增加而上升主要是由工作经验的积累造成的话，那么，此后农民工收入随务工年份的继续增加而下降就应该用劳动生产率的年龄差异来解释。遗憾的是，何筠等人没有就此做进一步的研究。

造成农民工收入的年龄差异的因素并不只是与年龄有关的劳动生产率一项。也有一些学者试图在排除这些因素后，定量分析年龄（在笔者看来，所谓年龄应该是指与年龄有关的劳动生产率）对农民工收入影响的大小。

例如，刘林平等2006年7—8月对珠三角企业农民工进行了问卷调查（问卷发放3100份，回收有效问卷3086份）。根据问卷所做的回归分析表明，在排除了受教育程度的影响，并通过总工龄和本企业工龄排除了工作经验的影响的情况下，刘林平等发现，对农民工的工资，"年龄有显著的负面影响"；但回归时年龄平方项的系数为0，"这意味着农民工年龄对工资的作用不是一条下拱曲线，而是一条斜率为负值的直线"（刘林平等，2007）。从理论上来说，年龄增大导致的非技术农民工体力、反应灵敏度或操作精确度的下降，应该是30—35岁以后的事。造成农民工收入随年龄直线下降是否还有其他原因，有待探讨。

又如，赖涪林课题组 2006 年 5 月、2007 月分别对长三角农民工进行了问卷调查（前一次在长三角 5 个城市问卷发放 2000 余份，回收有效问卷近千份；后一次分析涉及长三角另外 8 个城市，有效问卷 1521 份）。根据调查结果所做的收入与年龄关系散点图表明，农民工"中年前工资水平随年龄增大而增加，在中年后又随年龄增大而减少，收入与年龄相应成倒 V 字型关系"。工资的最高点在 33 岁左右（赖涪林，2009）。

第二类，劳动密集型制造业用工年龄结构的所有制差异。

服装制造业、皮革（含皮鞋）制造业与玩具制造业都属于劳动密集型制造业，（判定这些行业属于劳动密集型行业的论据，见章铮等，2005）也是"国退民进"、外资与民营企业迅猛发展的行业。为什么劳动密集型制造业中外资与民营企业具有竞争优势呢？

表 2 国有与三资企业职工的各类结构（%）

行业		服装制造业		皮革（含皮鞋）制造业		玩具制造业	
企业性质		国有	三资	国有	三资	国有	三资
工程技术人员		3.5	3.5	2.5	2.4	5.5	3.2
年龄	20 及 20 岁以下	8.7	16.9	8.5	24.5	10.5	24.8
	21–35 岁	53.9	66.4	50.9	65.1	50.4	62.5
	36–50 岁	34.4	15.1	37.7	9.3	34.8	11.5
	51 岁以上	3.0	1.6	2.9	1.1	4.3	1.2
教育水平	大专程度及以上	3.0	2.0	2.9	1.7	3.7	2.0
	中专程度	3.8	2.7	3.8	2.4	5.2	2.5
	技工程度	4.3	3.1	2.7	2.8	3.9	3.2
	高中程度	28.1	22.2	28.9	24.0	20.1	20.0
	初中程度	53.5	59.5	54.0	58.9	58.6	58.5
	小学程度及以下	6.6	10.7	7.8	10.2	8.5	13.8

资料来源：《中华人民共和国 1995 年第三次全国工业普查资料汇编：国有·三资·乡镇卷》，中国统计出版社 1997 年版，第 174—177，180—183，432—435，444—447 页。

表 2 所涉及的三个劳动密集型制造业行业中，无论是与研发能力有关的工程技术人员比例、大专及以上中专文化程度职工比例，还是与技术工人培训有关的技工学校中专、高中文化程度职工比例，与国有企业相比，三资企业都不占优势。三资企业的优势突出表现在职工的年轻化上。如表 2 所示，三个劳动密集型行业中 35 岁及以下青年职工在全体职工中的比例，国有企业为 59.4%—62.6%，三资企业为 83.4%—89.6%，三资企业的青年职工比例比国有企业高出 20—30 个百分点。

表 3 若干劳动密集型制造业的中年失业率

行业		服装制造业		皮革（含皮鞋）制造业		玩具制造业	
企业性质		国有	三资	国有	三资	国有	三资
职工年龄结构	35 岁以下	100	100	100	100	100	100
	36 岁以上	59.7	19.9	68.4	11.6	64.2	14.5
36 岁以上职工相差比率		66.7%		83.0%		77.5%	

资料来源：根据表 2 推算。其中，36 岁以上职工相差比率 =（国有企业 36 岁以上职工人数

—"三资"企业 36 岁以上职工人数）/国有企业 36 岁以上职工人数。

为了更好地说明国有企业与三资企业职工年龄结构的差异，表 3 将三个行业中 35 岁及以下职工均设为 100 人，看 36 岁及以上的中年职工相应数量为多少人。表 3 表明，假定两类企业雇佣的 35 岁及以下青年职工数量相同，则与国有企业相比，三资企业 36 岁及以上中年职工的数量少 2/3—5/6。反之，假定两类企业雇佣的 36 岁以上中年职工数量相同，则三资企业所雇佣的青年职工数量相当于国有企业的 3－6 倍。三资企业是以利润最大化为目标的。三资企业雇佣如此高比例的青年工人，合理的推测只能是青年职工的劳动生产率明显高于中年职工。

第三次全国工业普查是 1995 年进行的。当时国有企业还没有对职工大量下岗分流，国有企业职工基本上都是"铁饭碗"和终生就业。这种就业稳定性是国有企业在与用工灵活、可以多用青年工人的外资、民营企业的竞争中处于下风的一个重要原因。为了与外资民营企业竞争，至少是劳动密集型的国有城镇集体企业就不得不牺牲职工的就业稳定性，用高劳动生产率的青年农民工替代低劳动生产率的中年职工。黄亚生认为，20 世纪 90 年代末期国有企业的大规模破产与农民工对城市企业工人（特别是年纪较大、40—60 岁年龄段）的冲击有关系（黄亚生，2010）。笔者认为他的说法是有道理的。

中年职工就业而影响企业效率的事并非仅仅发生于中国的国有城镇集体企业。因总体就业比较充分而不得不使用 40—50 岁工人的美国、法国微波炉生产企业，其单位工时生产效率就大大低于可以大量使用乡村青年农民工的中国微波炉生产企业格兰仕。可见，如果要顾及中年职工的就业，发达国家的私人企业同样会降低效率。

应该说明的是，在分析劳动生产率的年龄差异时，上述资料都属于间接资料。为了更确切地证实劳动生产率年龄差异的存在，最好能有同一工种不同年龄职工单位时间劳动生产率的数据。

四、青年农民工是否供不应求

本论文第二部分从理论上提出，当劳动生产率最高的最年轻年龄组农民工供不应求时，中国就可能面临刘易斯转折点，且会出现农民工实际工资上升与大量劳动生产率较低的乡村剩余劳动力的存在并存的局面。那么，近几年，中国高劳动生产率的青年农民工（即乡村青年劳动力）是否供不应求呢？

2005 年，国务院发展研究中心"推进社会主义新农村建设"课题组对农村劳动力利用状况进行了一次大样本的调查，涉及全国 17 省区 2749 个行政村。调查结果表明："74.3% 的村庄认为本村能够外出打工的青年劳动力都已经出去了，只有 1/4 的村认为本村还有青壮年劳动力可转移"。这里所说的青壮年劳动力，是指年龄在 15—34 岁的劳动力。

接着，课题组分析了 2003 年青年农民工的供求形势，指出"尽管农村青壮年人口数量仍有 2.3 亿人，即使按较高的劳动参与率 70% 来计算，只会有 1.6 亿人成为实际的劳动力。而当年外出进城就业 1.13 亿人，乡镇企业吸纳的农民工 1.36 亿人，两者合计并扣除重复计算部分，约 2.1 亿人。若按青壮年占 70% 计算，则转移就业的青壮年农民就有 1.5 亿人。因此，扣除农村社会事业、农业产业化经营的需要，农村中能够输出的青壮年已基本上输出了"（韩俊等，2007）。换句话说，从 2003 年开始，乡村青年劳动力就接近供求平衡。这与 2004 年以来中国出现全国性民工荒的事实是对得上的。

最近，国务院发展研究中心"经济形势分析"课题组又对 2010 年初全国农民工供求形势进行了分析，结论是，"据估计，当前全部农村劳动力有 4.7 亿人，已转移从事非农产业的有 2.3 亿人，继续从事农业的劳动力存量有 2.4 亿人。在现有农村存量劳动力中，50—64 岁的中老年劳动力有 1.3 亿人，5000 万是承担重要家庭责任的女性，3000 万为难以外出打工的少数民族劳动力以及相当数量的慢性病患者和有劳动能力的残疾人。现行条件下，这部分存量劳动力很难从农业转向非农产业"（国务院发展研究中心"经济形势分析"课题组，2010）。现有农村存量劳动力扣除以上三个分组后所余劳动力数量只有 3000 万。考虑到"50—64 岁的中老年劳动力"、"承担重要家庭责任的女性"、"少数民族劳动力、慢性病患者和有劳动能力的残疾人"这三个分组之间有重复计算，笔者假设现有条件下乡村可以转移到非农产业的劳动力是 3000 万人的两倍，也只有 6000 万人，而且这些劳动力应主要分布在 35—50 岁的年龄段。"经济形势分析"课题组的分析，进一步证实了乡村青年劳动力供不应求。

应该说明的是，一些学者在分析乡村劳动力向非农产业的转移时，往往把乡村剩余劳动力可以 100% 地转移作为隐含前提，从而得出乡村还有大量剩余劳动力、农民工不会短缺的结论。但笔者所看到的数据表明，乡村青年劳动力转移到非农产业的比率最高不超过 80%。例如，2004 年广东乡村劳动力分年龄的非农产业转移率中，转移比例最高的 18—25 岁年龄组是 75.6%，次高的 26—35 岁年龄组是 60.0%（黄丹，2005）。又如，2007 年湖北乡村劳动力分年龄的非农产业转移率中，转移比例最高的 16-20 岁年龄组是 78.11%，次高的 21—25 岁年龄组是 75.14%，再其次的 26—30 岁年龄组是 68.17%。可见，至少在现有城乡二元体制条件下，乡村青年劳动力可以 100% 成为农民工是一个不符合实际的假设。

为什么乡村 20%—30% 青年劳动力无法向非农产业转移呢？笔者认为有以下原因。

第一，如国务院发展研究中心"经济形势分析"课题组所述，相当数量的乡村女性劳动力（包括青年女性劳动力）因"承担重要家庭责任"——如生育、抚养和教育子女、抚养老人等——而无法离开家乡。如果她们的家乡因自然条件或经济落后没有适合的非农产业，她们就只能在家乡务农。正因为如此，进入婚育年龄后，女性农民工的数量和比例都大大下降。以农民工中女性比例较高的广东省为例，2000 年，分年龄组的广东省流动人口性别比（每 100 个女性相应有多少个男性）是：15—19 岁年龄组，50.78%；20—24 岁年龄组，78.87%；25—29 岁年龄组，117.41%；30—34 岁年龄组，141.98%（广东省人口普查办公室，2005）。只要农民工及其家庭成员还没有大规模地成为城市市民，这些乡村女性劳动力就当不了农民工。

第二，同样如国务院发展研究中心"经济形势分析"课题组所述，乡村青年劳动力中存在着"难以外出打工的少数民族劳动力"，（不是绝对不可以，而是有许多特殊的困难）存在着外出时不容易找到合适工作的"慢性病患者和有劳动能力的残疾人"。

第三，乡村劳动力资源中，包括了处于劳动年龄（15岁及以上）、属于乡村户口但仍然在校学习的学生，特别是高中、技校、中专的学生。

第四，位于城郊和沿海（特属于别是珠三角）、拥有较高房租收入，但往往自愿放弃就业的一部分乡村劳动力，也属于乡村劳动力资源。

据北京大学人口所硕士生杜峥鸣在《中国人口与就业年鉴2007》公布的2006年人口数据基础上所做的预测，2009年全国分年龄段乡村劳动力资源数量为：16—20岁，7209万；21—25岁，4794万；26—30岁，4068万；三者合计为16071万。假定在现有条件下，乡村30岁及以下劳动力能够转移到非农产业的比例是80%或75%，则30岁及以下乡村劳动力中能够转移到非农产业的劳动力数量（包括在本乡工作）的，即农民工供给量，2009年分别为12857万和12053万。这一数字低于2009年全国14533万的外出农民工数量，更低于2009年全国22978万的全部农民工数量。

2009年，全国外出农民工中，16—25岁占41.6%，26—30岁占20%（国家统计局农村司，2010）。据此推算，30岁及以下外出农民工数量约为8952万。这意味着30岁及以下的乡村青年劳动力中，还有3905万或3101万就地转向非农产业，成为本地农民工。中国主要使用农民工的企业中，存在着明显的用工年轻化倾向。只有在高劳动生产率的青年农民工供不应求时，企业才会放宽年龄限制，使用年龄相对大、劳动生产率相对低的年龄更大的农民工（参见章铮等，2007）。因此，乡村青年劳动力就地成为农民工，与青年农民工供不应求并不矛盾。

五、结 论

以上分析表明，由于劳动生产率年龄差异的存在，不同年龄的农民工并非是完全同质的劳动力。当高劳动生产率的乡村青年劳动力资源濒临枯竭时，尽管低劳动生产率的乡村中年剩余劳动力存在，中国仍然会面临刘易斯转折点，农民工的实际工资仍然会上升。

在提出刘易斯转折点时，刘易斯并没有把劳动者的年龄问题考虑进去。有些否认中国面临刘易斯转折点的学者因而强调，"仅就年龄结构而言，刘易斯拐点（刘易斯转折点的另外一种译法——笔者注）所指的劳动力过剩或短缺是劳动年龄人口，而不是指40岁或35岁以下劳动年龄人口"（张宗坪，2008）。问题在于，刘易斯等国外学者的分析，是以乡村劳动力及其家庭向城市转移为前提的。在国外学者看来，劳动力从农场向城市的流动是"历史性的流动"，而劳动力从城市往乡村倒流（如1932年美国大萧条时的情况）则是与上述历史性流动明显相反的特例（Todaro，1969）。而中国的刘易斯转折点，则是在农民工青年时进城务工、中年返乡务农、在城乡之间候鸟式流动的条件下出现的，是在城市企业习惯于只利用农民工"黄金年龄段"的条件下发生的。在乡—城转移的背景下，劳动生产率的年龄差异，并不会导致劳动力被迫回乡；而在中国，劳动生产率的年龄差异，正是造成乡村劳动力候鸟式流动的原因。因此，在分析中国的刘易斯转折点时，劳动生产率的年龄差异是一个无法忽略的因素。

参考文献

蔡昉. 破解农村剩余劳动力之谜. 中国人口科学,2007.
蔡昉. 中国人口与劳动问题报告 No.8:刘易斯转折点及其政策挑战. 社会科学文献出版社. 2007.
蔡昉. "刘易斯转折点"近在眼前. 中国社会保障,2007,(5).
蔡昉. 中国发展的挑战与路径:大国经济的刘易斯转折. 广东商学院学报,(1) 2010.
广东省人口普查办公室编. 世纪之将的中国人口(广东卷),中国统计出版社,2005.
国家统计局农村司. 2009年农民工监测调查报告. 国家统计局网站.
国务院发展研究中心"经济形势分析"课题组. 2010年一季度经济形势分析与全年展望. 中国经济时报,2010年04月28日.
何筠,徐冬梅,吴学平,余昕,袁锐. 中部地区农民工培训问题研究. 南昌大学学报(人文社会科学版),2007,(6):65-70.
黄丹. 加快农村劳动力转移是广东农民增收的重要途径,鲜祖德主编:《中国农村劳动力调研报告 2005》,中国统计出版社:2005:219-227.
黄亚生. 中国式城市化能让农民工受益吗?. 南方都市报,2010-02-28.
贾先文,黄正泉,黄蔡芬. 论我国农村剩余劳动力转移的"拐点". 改革与战略,2010,(1):94-96.
赖涪林主编. 长三角农民工的非稳态转移——理论探讨、实证研究与现状调查,上海财经大学出版社,2009.
刘林平,张春泥. 农民工工资:人力资本、社会资本、企业制度还是社会环境?——珠江三角洲农民工工资的决定模型. 社会学研究,2007,(6):114-137.
刘伟. 刘易斯拐点的再认识. 理论月刊,2008,(2):130-133.
孙自铎. 中国进入"刘易斯拐点"了吗?. 经济学家,2008,(1):117-119.
Todaro, M. P. "A Model of Labor Migration and Urban Unemployment in Less Developed Countries", *The American Economic Review*, 1969, Vol. 59 (1), pp. 138-148.
张宗坪. "刘易斯拐点在我国已经出现"证伪——"民工荒"假象分析. 山东经济,2008,(2):61-65.
章铮,李敬. 民工流动与乡村中年失业. 市场与人口分析,2007,(4);1-9,56.
章铮,谭琴. 论劳动密集型企业的就业效应——兼论"民工荒". 中国工业经济,2005,(7):5-11.
赵显洲. 关于"刘易斯转折点"的几个理论问题. 经济学家,2010,(5):75-80.

(作者单位:北京大学光华管理学院)

完善灵活就业人员社保管理问题研究

陈 红

随着经济体制改革和产业结构调整的进一步深入,我国就业模式发生了重大变化,由传统的以单位正规就业为主向灵活多样的非正规就业为主转变,灵活就业群体迅速壮大。而现行的以单位为本的社会保险管理模式已不能适应灵活就业群体分散化、流动性强、收入不稳定且水平低的特点,为了做好灵活就业人员的社保管理工作,进一步完善灵活就业人员的参保办法,提高制度的运行效率,使其更具可操作性,我们以在北京市东城区人才交流服务中心存档的灵活就业人员为对象进行了实地调研,在对灵活就业群体特点、社保需求、参保难点等问题进行深入分析的基础上,提出了完善灵活就业人员社会保险管理办法的对策和建议。

一、北京城镇灵活就业人员的界定

所谓"灵活就业"是指在劳动时间、收入报酬、工作场地、保险福利、劳动关系等一个或者几个方面不同于建立在工业化和现代工厂制度基础上的传统主流就业方式的各种就业形式的总称。即灵活就业具有就业形式多元化;就业变动弹性大;劳动时间、收入报酬、工作场地、保险福利、劳动关系不固定等特征,是一种与我国以往占据主流的单位正规就业相对的新兴就业方式。

北京市将灵活就业人员界定为:具有本市城镇户籍、在法定劳动年龄内从事个体劳动或者自由职业,并在市、区(县)劳动保障部门开办的职业介绍服务中心、人事部门开办的人才交流服务中心和市社会保险经办机构委托的社会保险代理机构以个人名义存档的人员,不包括存档人员中与用人单位建立劳动关系或存在事实劳动关系的人员。从这个界定中可以看出北京地区灵活就业人员大致可以分为两大群体:一是企业下岗、离岗、失业人员,主要受雇于小规模私营企业和个体经户,或从事临时工、季节工等劳务活动,或从事个体经营;二是部分知识阶层和大学毕业生等城市新增经济活动人口,一般具有较高的知识水平或特殊技能,多为自由职业者。

由于灵活就业人员的劳动关系和社会保险关系的非正规性,现行的以单位为本的社会保险管理模式已不能适应灵活就业群体分散化、流动性强、收入不稳定且水平低的特点,灵活就业人员缴费难、负担重、社会保险关系难以建立和接续,导致该群体社会保险覆盖率普遍偏低,广大灵活就业人员很难享受到社会保险改革的成果。因此,改进和完善灵活就业人员社会保险的参保与缴费办法,为他们提供一个真正公平、公正的社会保护网,以解除他们从事灵活就业的后顾之忧,吸引更多的人从事灵活就业,进而促进灵活就业的健康发展和社会的和谐与稳定就显得尤为重要。

二、北京市现行灵活就业人员的社会保险规定

北京市早在1999年就颁布了《北京市个体劳动者、自由职业人员参加社会保险试行办法》，将城镇灵活就业人员纳入了全市社会保险的参保范围。目前，北京市允许灵活就业人员参保、缴纳的社会保险主要有养老保险、医疗保险和失业保险，简称"三险"。

依据2006年12月公布的《北京市基本养老保险规定》（183号令），灵活就业人员的基本养老保险缴费是以本市上一年度职工月平均工资为缴费基数，按20%比例缴纳，其中的8%计入个人账户。对于按上述标准缴纳养老保险费确有困难的人员，经本人书面申请，可选择以本市上一年职工月平均工资的60%、40%或者20%的比例缴纳。按规定缴纳基本养老保险费累计缴费年限满15年的在达到法定退休年龄后方可领取基本养老金。

灵活就业人员的医疗保险缴费，依据的是2008年《北京市灵活就业人员参加职工基本医疗保险办法》（56号文件）的规定，即灵活就业人员以上一年本市职工月平均工资的70%为缴费基数，按7%的比例缴纳基本医疗保险费，其中6.5%纳入基本医疗保险统筹基金，缴费基数的0.5%纳入大额医疗费用互助资金。灵活就业人员不建基本医疗保险个人账户。初次参加基本医疗保险的灵活就业人员，自缴费之月起6个月后发生的门急诊和住院医疗费用按照标准予以支付。若逾期3个月未缴费，间断后再次缴费的，按初次参加基本医疗保险的情况享受待遇。

灵活就业人员的失业保险缴费则依据的是2009年1月北京市劳动和社会保障局下发的通知，要求在劳动保障行政部门设立的职业介绍服务中心、人事部门设立的人才服务中心办理个人委托存档的人员以本市上一年度职工月平均工资60%为缴费基数，按1.2%的费率缴纳。失业人员领取失业保险金的条件和发放标准，如表1所示。

表1 失业保险发放标准

累计缴费时间（年）	失业保险领取时间（月）
1≤T<2	3
2≤T<3	6
3≤T<4	9
4≤T<5	12
T≥5	每满一年增发一个月，最长不得超过24个月

三、灵活就业人员的现状

1. 灵活就业人员的规模逐年增大，且增速加快

根据东城区人才交流服务中心提供的统计数据显示，2007年底在该中心以个人名义存档的灵活就业人员有11860人；2008年底为12130人，较2007年增加了270人，增速为2.3%；2009年底有12798人，较2008年增加了668人，增速为5.51%；截止到2010年6月底，以个人名义存档的灵活就业人员已高达14796人，仅半年间就增加了1998人，增速高达15.61%（参见图1）。灵活就业人员呈现逐年增加、快速增长的态势。

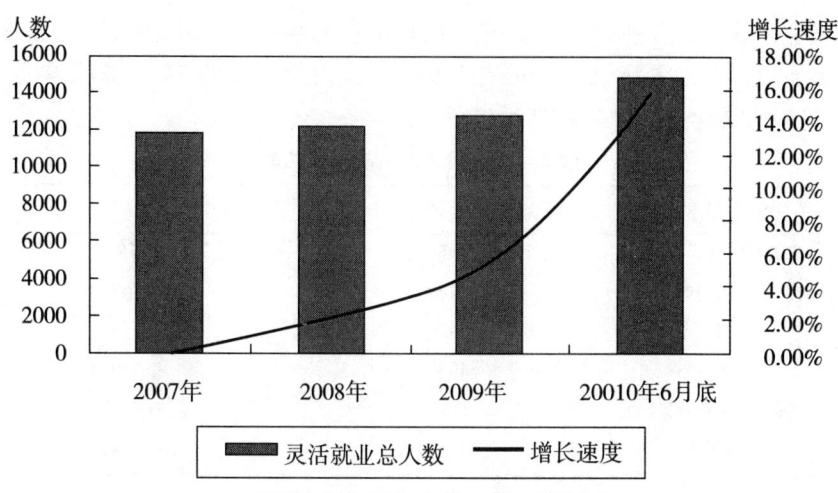

图1 灵活就业人员的规模与变动图

2. 灵活就业人员性别构成差异不大

据统计，截止到 2010 年 6 月底，在东城区人才服务中心存档的 14796 名灵活就业人员的男女性别比例基本保持在 1∶1 的水平（参见表 2），女性所占比重略高于男性，性别构成差异不大。说明尽管灵活就业的工作类型多种多样，工作方式和工作时间灵活多变，但对劳动者的性别没有限制性要求，性别并不是劳动者选择灵活就业这种新兴就业方式的决定性因素；从社会保险角度看，女性灵活就业人员对生育保险的参保需求较高，而目前北京市允许她们参加的社会保险只有"三险"，不包括生育保险。

表 2 灵活就业人员的性别构成

性别	人数	比重（%）
男	7358	49.73
女	7438	50.27
合计	14796	100.00

3. 灵活就业主体呈现年轻化、高素质的特征

从东城区人才交流服务中心提供的灵活就业人员年龄构成资料可以看出，在该中心存档的灵活就业人员呈现年轻化态势，30 岁及以下的人数最多，有 6363 人，占 43%；其次是 31—40 岁的人员，有 4843 人，占 32.7%，二者合计所占比重为 75.73%，就业相对困难的"40、50"人员分别占 18.6% 和 5.66%（参见图 2），说明 40 岁以下劳动者已成为灵活就业的主体，且年轻化特征明显。

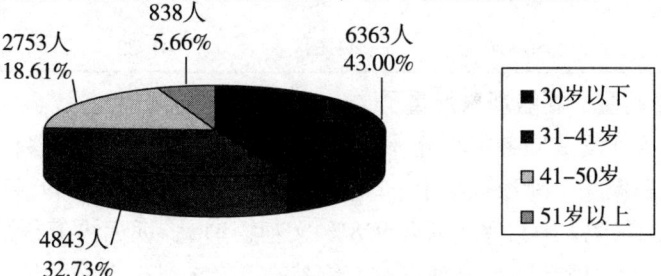

图2 灵活就业人员的年龄构成

从文化构成看，灵活就业人员的文化程度呈"两头小、中间大"的正态分布，其中，大专及以上的灵活就业人员有10971人，占总人数的74.15%（参见表3和图3），呈现出文化素质普遍较高的特征。

表3 灵活就业人员的文化构成

文化程度	人数	比重（%）
初中及以下	1358	9.18
高中（或中专）	2467	16.67
大专	4939	33.38
本科	4939	33.79
硕、博研究生	1033	6.98
合计	14796	100.00

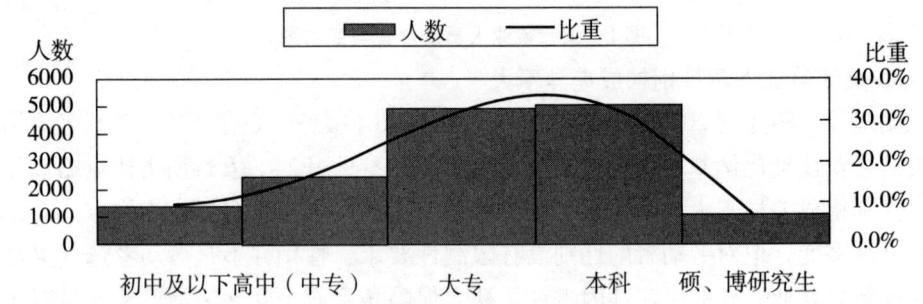

图3 灵活就业人员的文化构成

4. 灵活就业人员参保率呈下降趋势

尽管灵活就业人员呈逐年增加且增速加快态势，但他们的社会保险参保率却呈下降趋势，且降幅显著。据东城区人才交流服务中心统计，2007年底灵活就业人员中有4823人参加了社会保险，参保率为40.67%；到2008年底，参保人数为5096人，参保率为42.01%，无论是参保人数还是参保率都略有增加；但到2009年底，尽管参保人数增加到5277人，但实际参保率却下降到41.23%；到2010年6月底，实有参保人数为5365人，半年间灵活就业人员的参保率下降到36.26%，以5%的降幅快速下降（参见表4和图4）。

表4 灵活就业人员的参保情况

	2007年末	2008年末	2009年末	2010年6月末
灵活就业总人数	11860	12130	12798	14796
参加"三险"人数	4823	5096	5277	5365
参保率（%）	40.67	42.01	41.23	36.26

5. 社保费漏缴、断缴现象严重

据东城区人才交流服务中心统计，近三年来，在该中心存档参保的灵活就业人员的社会保险费漏缴、断缴现象十分严重，漏缴率从2007年的49.47%上升到2009年的54.54%，漏缴人数以平均每年9.8%的速度递增，远远快于参保人数平均每年4.6%的递增速度；断缴率三年来也一直维持在3.2%到3.5%的水平（参见表5）。漏缴、断缴现象已成为灵活就业人员参保率下降的主要原因。

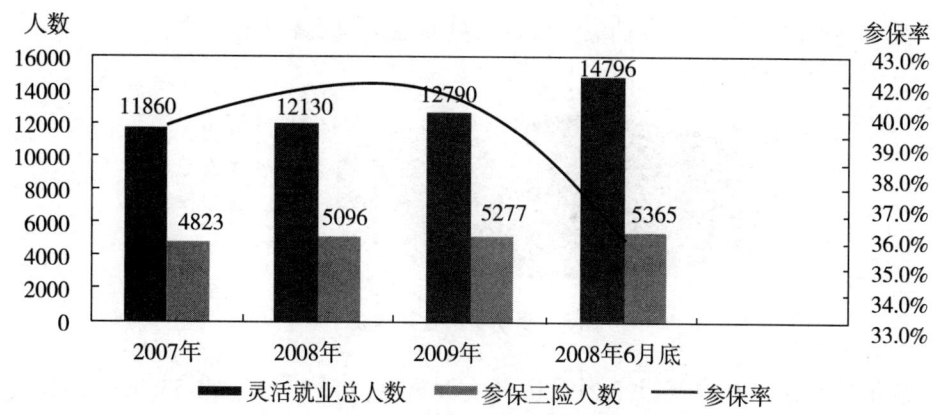

图 4 灵活就业人员的参保情况

表 5 参保灵活就业人员的漏缴、断缴调查

		2007 年	2008 年	2009 年
参保（三险）人数（人）		4823	5096	5277
漏缴	人数（人）	2386	2632	2878
	比重（%）	49.4	51.65	54.54
断缴	人数（人）	156	179	178
	比重（%）	3.23	3.51	3.37
退保	人数（人）	6	7	6
	比重（%）	0.12	0.14	0.11

四、灵活就业人员参保情况调查

伴随社会流动性的增大，人力资源进出机制的完善，灵活就业人员的数量越来越大，与此同时个人缴纳社会保险的比例也在不断增加。而目前关于灵活就业人员缴纳社会保险的相关政策已经不能适应新形势的发展要求，导致灵活就业群体在社会保险缴纳方面存在诸多问题和障碍，引起灵活就业人员的不满。做好灵活就业人员的参保工作，也是构建和谐社会的重要方面。针对灵活就业人员参保率低、断缴、漏缴严重等一系列问题，课题组与东城区人才服务中心合作于 2010 年 7—8 月对辖区内的灵活就业人员进行了社会保险费缴纳情况的调查，旨在通过对灵活就业人员社会保险政策的实施情况及存在问题进行实地调研，在深入了解和分析灵活就业人员的社会保险需求和参保难点的基础上，为政府相关部门进一步提升制度的运行效率，完善经办机构的管理工作提供参考性的意见和建议。

本次调查的调查对象为在东城区人才交流服务中心存档的灵活就业人员，调查样本采用抽样方式随机选出。问卷设计了包括受访者基本情况、参保、缴费、满意度等在内的 16 个问题。一共发放了 150 份问卷，问卷回收率为 100%。其中，有效问卷 147 份，问卷的有效率为 98%。

1. 受访者的基本情况

从性别上看，在 147 名受访者中女性略多于男性，男女性比例分别为 44.9% 和

54.4%（参见图5），这与存档灵活就业人员的性别构成基本相吻合。

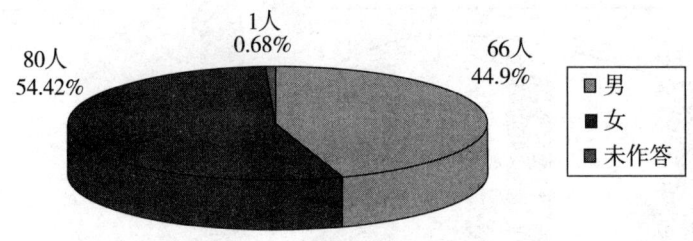

图5 受访者的性别构成

从年龄上看，30岁及以下的受访者人数最多，为78人，占53.06%；其次是31—40岁的有43人，占29.25%，二者之和为总受访者的82.31%（参见图6），说明灵活就业人员普遍年富力强。

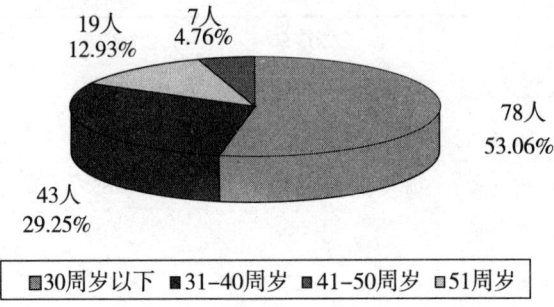

图6 受访者的年龄构成

从文化构成看，受访者的文化程度普遍较高。除一人未作答以外，其余受访者的学历均为高中（含中专）及以上，其中不乏拥有硕士研究生及以上学历的高素质人才，其所占比重为10.2%；拥有大学本科学历的受访者比重为48.3%；拥有大专学历的受访者比重为32.7%，仅有8.2%受访者的学历为高中或中专（参见图7），也就是说，在受访者中大专及以上学历的人员占绝大比重（即为91.2%）。

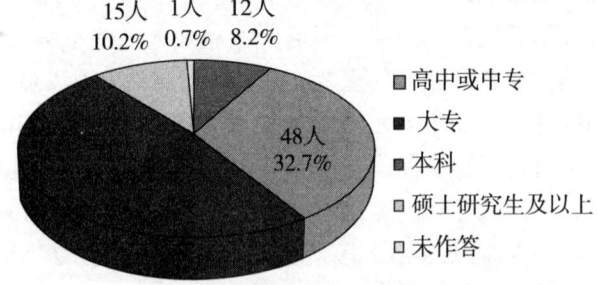

图7 受访者的文化构成

从上述受访者的基本情况可以看出，作为调查样本，他们无论是在性别构成上，还是在年龄和文化构成上，均与在东城区存档的灵活就业群体的构成相吻合，因此，可以说明问卷调查中选取的调查样本具有较好的代表性，所填写的问卷能够如实地反映该群体的现状及对社会保险的认知程度，调查结果真实有效。

2. 受访者就业及收入状况

从受访者当前的就业状态看,大部分灵活就业人员的工作不稳定。43.54%的灵活就业人员没有固定工作;15%的灵活就业人员目前处于失业状态;仅有38.1%的灵活就业人员的工作岗位相对稳定(参见表5和图8)。

表5 受访者的就业状态

当前就业状态	人数	比重(%)
有固定工作	56	38.10
无固定工作	64	43.54
失 业	22	14.97
未作答	5	3.40
合 计	147	100.00

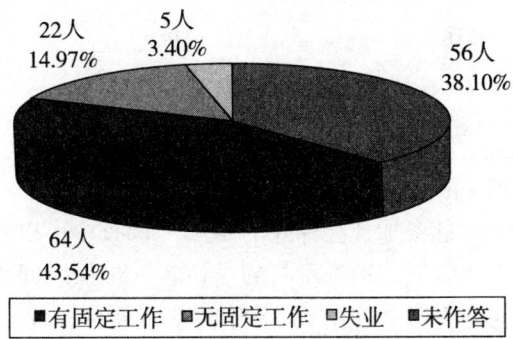

图8 受访者的就业状况

从受访者当前的收入状况看,该群体的总体收入水平相对较低。在147名受访者中,高达58%的灵活就业人员的月收入在2500元以下;15%的灵活就业人员的月收入在2500—3500元之间;仅有不到18%的灵活就业人员的月收入在3500元以上(参见表6)。采用加权算术平均方法计算出的月平均收入为2248元,远远低于2009年度北京市4037元的社会平均工资水平。在调查中我们了解到,即便是月收入达到或超过北京市4037元社平工资水平的也只是极少数人。因此可以说,灵活就业人员的收入水平是相当低的,与他们的年龄、身体状况、文化水平、专业技术素质等是不相匹配的,究其原因主要还是由于他们工作的不稳定造成的。而就业和收入的不稳定又必然会成为因缴纳不起社会保险费而不参保的主要因素。

表6 受访者的收入状况

月收入状况	人数(人)	比重(%)
1500元以下	41	27.89
1500—2500元	44	29.93
2500—3500元	22	14.97
3500元以上	26	17.69
未作答	14	9.52
合 计	147	100.00

3. 受访者社会保险知晓与参保情况

（1）了解社会保险政策途径的调查

从"您了解社会保险政策的途径"调查中得知，有37.41%的受访者是通过电视、报纸、广播等媒体宣传了解社会保险政策的；31.29%的受访者是通过社会保险机构印发的宣传资料获知的；29.93%的受访者是通过亲戚朋友转述获知的；而通过其他渠道获知的占20.41%（参见表7）。从中可以看出，电视、报纸等媒体在灵活就业人员了解社会保险政策上发挥着相当重要的作用，是他们获取相关社保知识和信息的首要来源，而社保机构作为社会保险政策的贯彻执行部门则对社保政策的宣传力度不够，有待进一步提升和加强。

表7　受访者了解社保政策的途径

了解社保政策的途径	人数（人）	比重（%）
电视、报纸、广播等媒体的宣传	55	37.41
亲戚朋友的转述	44	29.93
社保机构的宣传材料	46	31.29
其他渠道了解	30	20.41

（2）参加社会保险的年限调查

从对147名受访者"您参加社会保险的年限"调查中可以看出，占一半以上的受访者的参保时间在5年以下；30%左右的受访者的参保时间为5-15年之间，尚未达到领取养老金待遇至少缴费应达到15年的基本要件；仅有14%左右的受访者的缴费年限超过了15年，但尚未达到缴费年限满25年方能全额领取的必备条件（参见表8）。从调查结果中也可以看出，灵活就业人员普遍参保时间较短，这一方面与他们普遍较为年轻有关，另一方面，也与他们工作及收入不稳定、社保费承担能力差、对社保政策不了解，相关信息不对称、断缴、漏缴等有关。

表8　受访者的参保年限调查

参保年限	人数（人）	比重（%）
5年以下	76	51.70
5-10年	26	17.69
10-15年	18	12.24
15-20年	14	9.52
20年以上	7	4.76
未作答	6	4.08
合　计	147	100.00

4. 受访者社会保险费的承受能力

（1）社会保险费缴纳情况调查

在调查中我们了解到灵活就业人员的社会保险费普遍是由个人承担的。在对"个人缴纳社会保险费的原因"调查中，40%左右的受访者选择的是"无固定单位"，而成为个人缴纳社保费的主要原因；18.4%的受访者是因为"自主创业"；

16.3%的受访者是因为"单位不给缴纳"。此外,还有20.4%的受访者选择的是"其他"原因(参见表9)。调查中发现,这其中不排除有因早前买断工龄与原单位解除劳动关系而自己缴纳社保费的人员。

表9 个人缴纳社保费的原因调查

个人缴纳原因	人数(人)	比重(%)
单位不给缴纳	24	16.33
无固定单位	59	40.14
自主创业	27	18.37
其他	30	20.41
未作答	7	4.76
合计	147	100.00

(2)社保费缴费基数调查

根据2006年底出台、2007年1月1日起施行的《北京市基本养老保险规定》(第183号文件),城镇个体工商户和灵活就业人员以本市上一年度职工月平均工资作为缴费基数,按照20%的比例缴纳基本养老保险费,其中8%计入个人账户。对于按上述标准缴纳基本养老保险费确有困难的人员,经本人书面申请,可选择以本市上一年职工月平均工资的60%、40%或20%作为缴费基数。从调查结果看,有64.63%的受访者选择的是以北京市上一年社平工资的40%作为基本养老保险、失业保险的缴费基数;13.61%的受访者选择的是以社平工资的60%作为缴费基数;仅有8.84%的受访者选择了与城镇职工一样的、以上一年社平工资作为社保费的缴费基数(参见图9)。

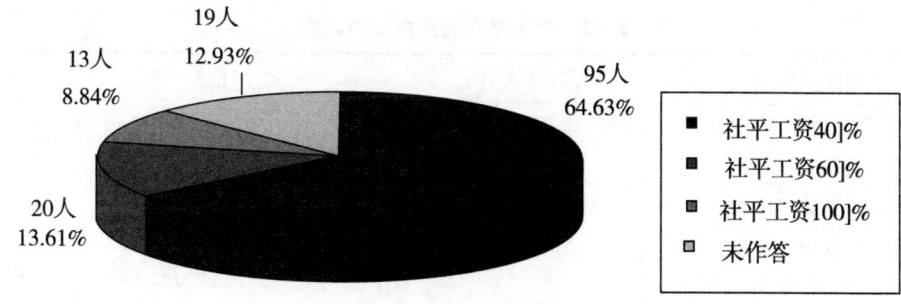

图9 社会保险费缴费基数的比例选择

2009年,北京市公布的个人委托存档的灵活就业人员缴纳各项社会保险缴费工资基数和月缴费金额为:个人委托存档人员基本养老保险、失业保险以本市上一年职工月平均工资为缴费基数的,月缴纳基本养老保险费745.2元、失业保险费44.71元;以本市上一年职工月平均工资的60%作为缴费基数的,月缴纳基本养老保险费447.2元、失业保险费26.83元;以本市上一年职工月平均工资的40%作为缴费基数的,月缴纳基本养老保险费298元、失业保险费17.88元。个人委托存档人员的医疗保险:不享受医疗保险补贴人员的个人月缴费为182.56元,其中基本统筹169.52元、大额互助13.04元;享受医疗保险补贴人员的个人月缴费为26.08

元,其中基本统筹13.04元、大额互助13.04元。

在上述规定基础上,个人存档的灵活就业人员如若分别选择社平工资的40%、60%和100%作为缴费基数的话,则"三险"的月缴费负担分别为498.4元、656.6元和972.5元。采用加权算术平均数方法,对调查中做出缴费基数比例选择的128位受访者的月平均缴费金额进行测算,计算出的"三险"月缴费平均额为571.3元(参见表10),约占月平均收入的1/4以上。因此,目前的社会保险缴费基数对于平均收入在2000元左右的灵活就业群体来说,无疑会给灵活就业人员带来沉重的缴费负担和缴费压力。灵活就业人员个人缴费压力的调查结果也证明了这一点。

表10 受访者月缴费金额

缴费基数	月缴费金额(元)	人数(人)
社平工资的40%	498.4	95
社平工资的60%	656.6	20
社平工资的100%	972.5	13
合 计	571.3	128

(3)个人缴费的负担压力调查

如前所述,在147名受访者中,有高达58%的灵活就业人员的月收入在2500元以下;15%的灵活就业人员的月收入在2500-3500元之间;仅有不到18%的灵活就业人员的月收入在3500元以上。而调查结果表明,有超过78%的受访者"三险"月缴纳额在500-700元之间,尤其是对1500元以下的低收入灵活就业人员来说,社保费几乎占去了他们一半左右的收入。从对147名受访者的缴费压力调查中可以看出,42%的受访者认为个人承担社会保险费的压力过大;40%的受访者认为压力一般;只有16%的受访者认为压力较小或无压力(参见表11)。

表11 个人缴费的负担压力调查

压力感受程度	人数(人)	比重(%)
非常大	32	21.77
较大	29	19.73
一般	59	40.14
较小	13	8.84
无压力	11	7.48
未作答	3	2.04
合计	147	100.00

5. 漏缴、断缴情况的调查

在对147名受访者"您之前的社会保险是否有过'漏缴'或'断缴'情况"的调查中我们发现,有超过一半(53.06%)的受访者(即78人)表示曾经有过漏缴、断缴情况,而且有的受访者甚至不止一次发生漏、断缴情况(参见表12)。这个调查数据与东城区人才交流服务中心提供的数据也相吻合。

表 12　社保费漏缴、断缴情况调查

作答选项	人数	比重（%）
有	78	53.06
无	62	42.18
未作答	7	4.76
合计	147	100.00

在对78名有过漏、断缴经历的灵活就业人员进行漏、断缴原因调查中，49人表示是因为"换单位过程中保险关系中断"；21人表示是因为"无经济来源"；14人表示是因为"对社保政策不了解"；还有9人表示是因为"个人缴费时银行卡余额不足，或银行卡变更等个人原因"导致社会保险费漏缴或断缴（参见表13）。可以说，灵活就业人员工作岗位和收入报酬的不稳定是造成社会保险费漏缴、断缴的主要原因，其次是由于对社保政策的不了解和信息的不对称造成的。

表 13　社保费漏、断缴原因调查（可多选）

社保费漏、断缴原因	人数（人）	比重（%）
无经济来源	21	26.92
换单位过程中保险关系中断	49	62.82
对社保政策不了解	14	17.95
个人原因	9	11.54

6. 政策满意度调查

在"您对目前的社会保险政策及经办工作是否满意"的调查中，只有47.62%的受访者表示"满意"；46.93%的受访者表示"不满意"或"一般"；还有5.44%的受访者未做回答（参见表14和图10）。

表 14　受访者社保政策满意度

政策满意度	人数（人）	比重（%）
满意	70	47.62
一般	54	36.73
不满意	15	10.20
未作答	8	5.44
合计	147	100.00

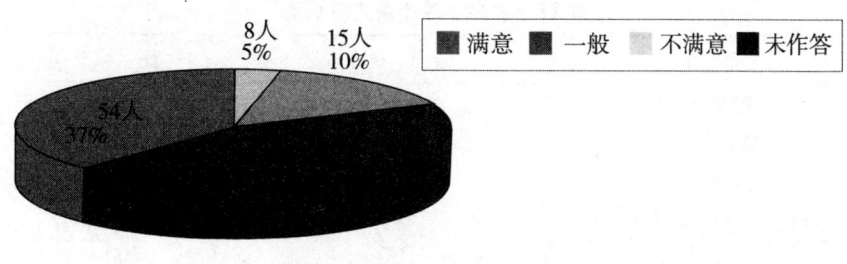

图 10　受访者社保政策满意度

在进一步的调查中，有53人参与了"您不满意原因"的调查，其结果是：有26人（占49.06%）选择了是因为"不能补缴'断缴'、'漏缴'的社保费"，此原因位居不满意原因的首位;其次是有22人(41.51%)认为"个人缴费太高,承受困难";19人(35.85%)认为"社会保险信息查询不透明";11人(20.75%)认为"银行卡余额不足时不能及时告知,导致'漏缴'或'断缴'";此外,还有8人(15.09%)不满意的原因是"社会保险关系不能顺利转移接续"(参见表15)。

表15 受访者对社保政策不满意的原因

不满意的原因	人数(人)	比重(%)
个人缴费太高,承受困难	22	41.51
社保信息查询不透明	19	35.85
社保关系不能顺利转移接续	8	15.09
银行卡余额不足不能及时告知,造成"漏缴"或"断缴"	11	20.75
不能补缴"断缴"、"漏缴"的社保费	26	49.06

如前所述,由于灵活就业人员工作和收入不稳定,他们往往不能保证按时缴纳社会保险费,而目前的社会保险政策又不允许他们补缴社保费,使得灵活就业人员对社保缴费政策产生诸多不满情绪,他们强烈要求政策能够允许他们补缴。从对147名灵活就业人员"补缴社保费意愿"的调查中也可以看出,有68.7%的受访者表示补缴社保费的意愿"非常强烈"或"强烈";只有4.7%的受访者表"无补缴意愿"(参见表16)。

表16 社保费补缴意愿

补缴意愿	人数(人)	比重(%)
非常强烈	56	38.10
强烈	45	30.61
一般	27	18.37
无意愿	7	4.76
未作答	12	8.16
合 计	147	100.00

此外,由于灵活就业人员的工作岗位、工作时间和收入的不稳定,他们更希望能采取灵活多样的缴费方式,以满足他们的参保需求。在"哪种缴费方式您更愿意接受"的调查中,有近一半的受访者认同"按月缴";23.8%的受访者倾向"按年缴";19%的受访者倾向"自由选择缴费时间",只有7.5%的受访者更愿意接受按季度缴(参见表17)。

表17 社会保险缴费方式调查

缴费方式	人数(人)	比重(%)
按月缴	73	49.66
按季度缴	11	7.48
按年缴	35	23.81
自由选择缴费时间	28	19.05
合 计	147	100.00

五、灵活就业人员社保管理中的问题

灵活就业人员属于社会弱势群体,他们没有稳定的收入,游离于体制之外,当年老体衰丧失劳动能力时，将出现难以预料的贫困，成为社会不稳定的因素。为了防止这种状况的出现，北京市政府开辟了灵活就业人员参加社会保险的途径，以保障他们年老后的生活，但从目前的参保情况来看，仍然存在很多问题。

1. 灵活就业人员参保比例低，漏、断缴现象严重

2007－2009 年的三年间，东城区人才服务中心存档的灵活就业人员的参保比例仅仅维持在 40% 左右，且呈下降趋势。2009 年个人委托存档的灵活就业人员的参保率比 2008 年下降了 0.8 个百分点，到 2010 年 6 月末参保率又下降了 5 个百分点，参保率仅为 36.2%。参保率下降的同时，发生漏缴、断缴的人员比重上升。2008 年、2009 年均有超过一半以上的参保人员发生过断缴、漏缴情况，且问题日益严重。究其原因，主要是由于现行社会保险制度是针对有固定用人单位的正规就业设计的，存在缴费"基数高、费率高、待遇高"的特点，而灵活就业人员收入缺乏确定性和稳定性，经济承受能力差，需要低费率、低待遇、操作灵活的参保制度，因此现行制度难以适应灵活就业人员的参保要求。

2. 缴费数与个人经济承受能力脱节

从目前灵活就业人员的工作状态看，绝大多数人的工资水平很低，且工作和收入都存在一定的不确定性，而政府对灵活就业人员参保政策规定的缴费额却设置了比正规就业人员还高的门槛，灵活就业人员必须自己承担全部社保费用。如果按照 2009 年北京市公布的社会平均月工资及其相关规定，灵活就业人员每月需要缴纳的"三险"费用基本在 500－700 元之间。这对于收入较低的灵活就业人员来说，其缴费相当困难甚至根本无力承担。在享受医保待遇方面，灵活就业人员还有 6 个月的等待期，意味着参保的头 6 个月内不能生病，这无疑也抑制了灵活就业人员参加医疗保险的热情。

3. 参保缴费方式缺乏灵活性和自主性

目前，北京市灵活就业人员缴纳社保费的方法仍然是简单地套用正规就业缴纳社会保险费的方法，即按月定额缴纳。但是灵活就业人员的收入时多时少，时有时无，持续地按照固定的时间和比例缴费存在一定困难，其结果就是社保费不能保证按时缴纳，出现断、漏缴情况。而目前政策又规定只能续交，不能补缴，使得灵活就业人员对社保缴费政策产生诸多不满，甚至与灵活就业存档机构直接发生矛盾。

在调查中有 53% 的受访者表示曾经有过漏、断缴情况，更有高达 67% 的受访者有强烈的补缴意愿。以灵活就业人员医疗保险规定为例，如果灵活就业人员逾期 3 个月未缴费，间断后再次缴费的，按初次参保享受待遇，这样就会出现 6 个月的医疗保险报销空白期，而这时发生的医疗费用就不能给予报销，这势必会给灵活就业人员及其家庭带来巨大的经济压力。因此，灵活就业人员强烈要求修改不能补缴社保费的规定。

4. 政策宣传不到位，信息不透明

灵活就业人员对社保政策缺乏深入了解。目前，社保政策的宣传平台过窄，仅靠劳动保障部门难以覆盖全体；且部分新闻媒体对劳动保障政策把握不准确，如在基本养老保险缴费上，片面强调缴费年限满 15 年就可以领取基本养老金，某种程度上误导了灵活就业人员,损害了这部分社会弱势群体的根本利益。此外,灵活就业人员社保信息查询渠道不畅通,社保缴费信息不透明,很多灵活就业人员不了解自己的缴费情况,也是导致保险费漏缴的一个重要原因。

六、完善灵活就业人员社会保险管理的对策

1. 采取灵活化的参保形式

灵活就业人员的自身特点要求社会保险制度的设计既要保持与现行制度的衔接,又要适合灵活就业人员的基本需要,建议采取灵活化的参保形式。首先,缴费基数灵活化。允许灵活就业人员根据自身经济承受能力,在上一年本市职工月平均工资的60%至300%之间设置的多个档次中自愿选择缴费基数,多缴多享受,少缴少享受。其次,缴费方式灵活化。允许灵活就业人员根据自身情况,在缴费周期内自由选择按月、季度或年度缴纳。第三,补缴办法灵活化。允许保费中断后年度内再补缴。养老和医疗采取同步划账,余额不足三个月内可以补扣,以减少因银行卡余额不足而导致的漏缴情况。第四,缴费地点灵活化。灵活就业人员可随时办理社会保险关系转移手续,变更缴费地点,转移前后缴费年限合并计算,以适应灵活就业人员工作地点不固定的特点。

2. 政府提供补贴,降低个人负担比例

目前,由于灵活就业人员的缴费比例相对较高,许多人被排除在社保大门之外,灵活就业人员的参保率仅为40%左右。因此,政府除了提供一个灵活的缴费基数外,还应该提供补贴,以减少个人的负担比例,将更多的灵活就业人员纳入社保范围。同时,适当放宽补贴范围,提高补贴基数,做到覆盖政策有层次。对灵活就业人员当中的低收入者,要划出等级,采取不同的补贴政策。如将收入在上一年本市职工月平均工资40%以下的定为第一等级;收入在上一年本市职工月平均工资40%到50%的定为第二等级;收入在上一年本市职工月平均工资50%到60%的定为第三等级,不同等级实行不同的补贴,以激发灵活就业人员的参保热情,提高参保率。

3. 利用信息技术加快建立社会保险关系信息库

随着灵活就业群体日益增多、工作岗位变换日益频繁,灵活就业人员的社会保险转移接续成为影响这部分人群参保的重要因素。因此,北京市应该逐步建立针对灵活就业人员的社会保险关系信息库,深层次地开发运用银行、邮局的技术优势和网络资源,完善社保信息查询系统,开通网上查询服务,方便灵活就业人员查询个人社保缴费情况,建议在社保查询系统中将输入电脑序号改为身份证后六位数字为密码,并且可以本人修改密码。同时,开通社会保险欠费短信提示服务,一旦出现银行卡内余额不足不能划账时,系统自动以短信形式发出"卡内余额不足,请及时充值"的提示,以减少漏缴情况的出现。

4. 加强基础性工作

首先,大力开展灵活就业人员社会保险政策宣传和知识普及工作,加强社保信息传播,通过各种新闻媒体不断推出社保新闻和节目制品,以引起公众和社会对灵活就业人员社保问题的广泛关注。政府相关部门要在街道、社区开设社保咨询站点,开展咨询服务。还要开辟新的宣传渠道,加强灵活就业人员对社保知识的了解,在

政策上加以引导,将更多的灵活就业人员纳入社保范围,切实保障他们的合法权益,维护社会的安全稳定,推动经济的不断发展。

参考文献

北京市灵活就业人员参加职工基本医疗保险办法(2008).

(作者单位:首都经济贸易大学劳动经济学院)

中国劳动力增长与经济发展

马寿海

马克思主义理论认为，人是生产力中最积极、最活跃的因素。因此，人类在自身繁衍的同时推动着社会经济的发展。在物质生产中，人作为一般意义上的劳动力所发挥的体力和智力的总和，不断创造新的价值。但是，在现代社会由工业化向信息化转变的过程中，通过对人力资源的开发与投资，使其具有较高综合素质的"人力资本"能推动经济更快、更好的运行。因此，在现代经济发展理念中，投资开发的人力资源越丰富，创造社会财富的能力越大。世界银行专家曾对世界192个国家的资本存量作过一项统计分析，提出了"国民财富新标准"，认为目前全世界人力资本、土地资本和货币资本三者的构成比重大约为64：20：16。这既是国民财富的三要素，也是生产的三要素，而其中所占比重最大的是人力资本，也是最大的生产要素。

但是，作为一个国家生产要素构成部分的人力资源是有广泛涵义的，其内涵是现实人力资源，包括在业人口和失业人口，而它的外延则指处于成长发育期不具有劳动能力的人口，是潜在人力资源。我们对现代人力资源的理解应该是指数量和质量的总和。从人口学角度讲，现实人力资源既是经济活动人口，它等于在业人口与失业人口之和。

一、我国劳动力增长趋缓

我国是人口大国，也必然是人力资源大国，这源自于历史生育高峰导致人口迅速增长的后期效应。早在世界人口发展史上，我国就是人口增长最快的国家，有历史学家认为，在北宋后期（大约公元11世纪）我国就已突破一亿人口大关，而每次社会变革和生产力的解放都会带来不同程度的人口增长。

据统计，建国初期我国人口已超过5亿，并进入了第一个人口增长高峰期，在上世纪60年代初出现的三年自然灾害使人口自然增长短暂减少后，随之受错误政策的引导，上世纪60～70年代，我国人口飞速增长，1981年人口总量已突破10亿大关。但是，1978年以后为控制人口过快增长，开始把计划生育确定为基本国策，人口增长速度出现放缓的迹象。在实行计划生育之初的1978年，我国的人口增长率为1.4%，到2007总人口虽然超过13亿，但人口增长率降到0.6%，已低于高收入国家人口增长率0.7%的水平，更明显低于低收入国家2.1%的人口增长率水平。我国已成功遏制住人口过快增长的势头。

1978～2008年这一时期我国人口年均增长率为1.1%，因此，经济活动人口和在业人口规模增幅十分明显（见图1），2008年经济活动人口达到79243万人，与

1978年相比,增长了38561万人;在业人口达到77480万人,与1978年相比,增长了37328万人,30年间两者的年均增长率都达到2.2%,大大高于人口年均增长率水平,其增长速度很快,就业压力很大。但是,当人口增长速度得到有效控制后,不同时期的经济活动人口和在业人口增幅开始下降。1978~1989年经济活动人口和在业人口年均增长率都达到2.9%,为有统计资料显示最高年均增长率;1990~1999年经济活动人口年均增长率降到2.7%,在业人口年均增长率降到2.6%;2000~2008年两者年均增长率进一步降到0.8%和0.9%,事实表明,虽然我国的经济活动人口和在业人口数量不断增加,但年均增长率已开始下降。

根据统计资料显示,我国的在业人口增速已低于某些发达国家(见表1)。2000~2007年我国在业人口增长率为6.8%,虽然高于日本(为负增长)、德国和英国,但低于其他四国(其中法国和意大利在业人口增长率分别达到10.2%和14.3%),这与我国人口增长速度放缓不无关系。2000~2005年日本和德国的人口增长率大约只有0.1%、英国为0.3%,我国为0.7%。而有些发达国家虽然出生率较低,但长期移民较多,对在业人口增长有一定影响。中国则基本上是一个人口封闭型国家,劳动人口增长在很大程度上取决于出生率水平对其影响。

表1 各国在业人口增长状况(国际劳工组织数据库)

国家	在业人口(万人)		增长率	国家	在业人口(万人)		增长率
	2000年	2007年	%		2000年	2007年	%
中国	72085	76990	6.8	法国	2326	2563	10.2
日本	6446	6412	-0.5	意大利	2123	2322	9.4
德国	3660	3816	4.2	美国	13521	14605	8.0
英国	2779	2910	4.7	加拿大	1476	1687	14.3

资料来源:《国际统计年鉴2009》中国统计出版社,2010年。

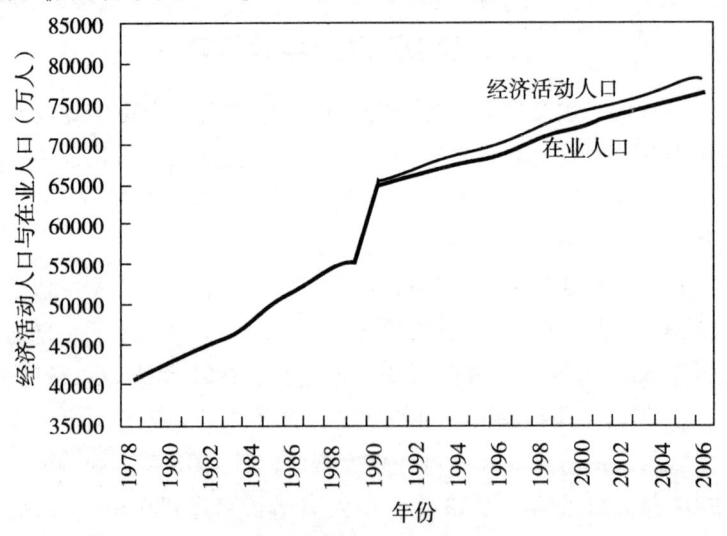

图1 我国经济活动人口与在业人口变化

资料来源:《2007年中国统计年鉴》。

有学者认为,我国大约七八年以后将出现劳动力短缺现象,这种观点值得重视。我国30多年来坚持生育控制政策,使出生率降到较低水平,低年龄人口在减少,全国中小学生数量在下降，潜在劳动力资源减少必将对未来劳动力需求产生不良影响。我国 1964 年第二次人口普查时 14 岁以下人口比重为 40.5%，自此一直在下降；2000 年第五次人口普查时降为 22.9%，根据 2006 年抽样调查调查结果进一步降为 18.5%。一些发达国家长期保持低出生率，劳动力供给不足所产生的不安感，应该引起我国重视，在将要出现这种情况时思考应对之策。我国目前劳动力人口虽然还在增长，但美国智库公司近日发布报告认为，到 2016 年将达到顶峰，这与国内人口专家预测 7、8 年后将陷入劳动力短缺是基本吻合的。尽管局部地区或产业（如农业）会有一定数量的闲散劳动力，但全国性劳动力减少将成为基本事实。

二、我国劳动密集型产业推动经济快速增长的优势将会消失

世界几百年来物质生产发展表明，在农业和工业生产不存在技术差异的情况下，劳动力规模会成为一种竞争力，有可能后来居上，从而改变经济发展竞争中的优劣地位。我国的改革开放加速了产业发展，被冠以"世界工厂"头衔，经济发展活力倍增，国内生产总值（GDP）迅猛增长，现已超过日本（这似乎是一种假象，因为日本有巨大的海外资产，其国民生产总值几乎是世界第一），成为仅排在美国之后世界第二大经济体，最初依靠的重要优势就是丰富的劳动力资源及低廉的劳动力成本，大力发展劳动密集型产业所创造的惊人的经济增长速度。

根据世界银行数据库的资料，我国的人均在业者创造的 GDP 增长指数不仅最高，而且增长速度最快（见表 2）。与一些发达国家相比，2000 年我国人均在业者创造 GDP 增长指数是美国的 2.1 倍，是加拿大和法国的 2.3 倍。到 2006 年我国人均在业者创造 GDP 增长指数与美国相比扩大为 3.6 倍，是法国和意大利的 4.0 倍。因此，我国 GDP 总量迅速增长，并先后超过许多发达国家就不足为奇了。

表 2　各国人均在业者创造 GDP 增长指数（以 1980 = 100）（世界银行数据库资料）

国家	人均在业创造 GDP 增长指数		增长率	国家	人均在业创造 GDP 增长指数		增长率
	2000 年	2006 年	%		2000 年	2006 年	%
中国	322.4	598.7	85.7	意大利	142.8	149.5	4.7
日本	154.4	167.3	8.4	美国	152.9	168.2	10.0
法国	139.1	148.3	6.6	加拿大	138.2	152.3	10.2
英国	155.9	177.6	13.9	澳大利亚	149.9	170.7	13.9

资料来源：同表 1。

从我国在业人口增长与 GDP 增长速度看，1978 年我国开始实行改革开放，在业人口从 1978 年的 40152 万人增长到 2006 年的 76400 万人，平均每年增长 1295 万人，年均增长率为 2.3%；同期人均 GDP 从 381 元增长到 16084 元，年均增长率达到 14.3%，大大高于在业人口的增长速度，表明人作为生产力中最积极、最活跃的因素所发挥出来的创造力是不可估量的。对于两者相关性回归分析，1989 年以前历年在业人口借用了调整后的数字，原因是中国统计年鉴公布的 1989 年与 1990 年就业人口数字跳动很大，从图一可直观其突然上升的幅度，这是统计口径误差较大造成的。从在业人口变化对人均 GDP 增长相关性拟合系数 $R^2 = 0.871$ 看，其相关性较高（见图 2），表明在

业人口作为自变量增长越快,从属变量人均 GDP 增长越快,两者相关性较为明显。特别是 1992 年以后,随着在业人口规模迅速扩大,人均 GDP 增长更快。

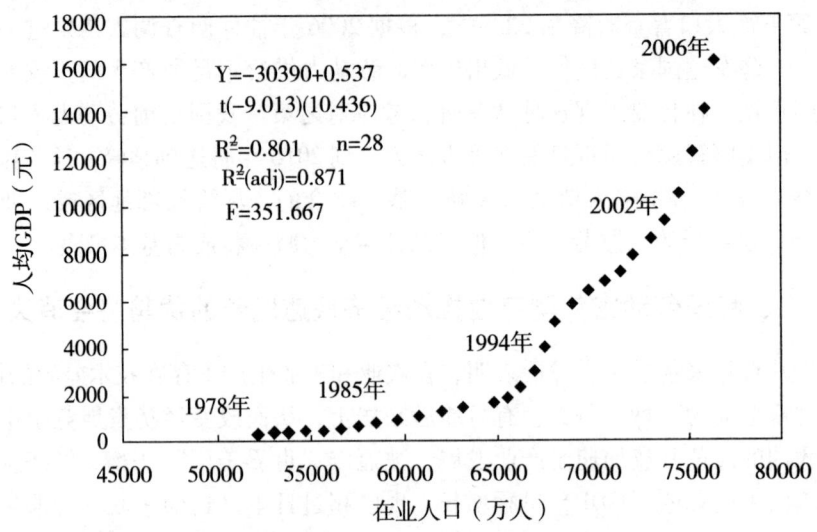

图 2　我国在业人口与人均 GDP 回归性分析

资料来源:《2007 年中国统计年鉴》,《人力资本与经济增长》。

但是,在同一时期、不同地区在业人口数量不同,创造的地区生产总值也是不同的,特别是在工业化推动城市化发展,经济发展重心由农村转移到城市的过程中,城市成为人力、物力和财力最集中的地区,生产能力不断提高,经济规模逐渐扩大。从目前我国城市经济发展横向对比看,不同的在业人口规模对生产总值的影响较大。根据对我国 53 个城市两者相关性回归分析的拟合系数 $R^2 = 0.873$,表明在业人口规模与生产总值也具有较明显的相关性(见图 3),在业人口规模。

越大的城市,生产总值越高。上海和北京以其在业人口最多、创造的生产总值最大处于最高位,拉开了与其他城市的差距;深圳、广州处于中间位置;其他水平相近的城市则处于较低位置。图中除了标明的城市外,像石家庄、太原、呼和浩特、包头、徐州、常州、扬州、南通、宁波、温州、芜湖、福州、南昌、昆明等中小城市在业人口都未超过百万,其生产总值也相应较低,但更加依靠劳动密集型提高产值。说明在我国目前生产力水平条件下,城市在业人口规模对经济增长的影响具有相关性。

我国的在业人口规模大大超过发达国家,推动国内生产总值增长速度也快于发达国家,主要依靠的是劳动密集型产业,但是,这种优势将会消失。首先,随着生育水平持续较低,人口增长放慢,劳动人口开始减少,劳动年龄人口出现老化,劳动力成本将会上升,我国廉价劳动力的竞争优势会逐渐丧失,劳动密集型产业必然向生产低成本的东南亚国家转移。例如,越南基础设施正在逐渐完善,而劳动力年轻,外企工人最低工资标准每月仅为 52.5 美元,而柬埔寨成衣工人的月平均收入也仅为 50 美元,比我国沿海地区工人工资标准低很多。

其次,我国虽然经过 30 年的快速发展,工业基础较好、部门种类齐全,但仍以低端产业为主,长此发展下去是没有出路的,在面临劳动力将要减少的情况下,必须加快向科技密集型产业转型,追赶发达国家高科技产业发展的步伐。我国目前只在科技含量较低的纺织业、服装业、家用电器等制造业领域"享有世界领先地位",而这些都是以劳

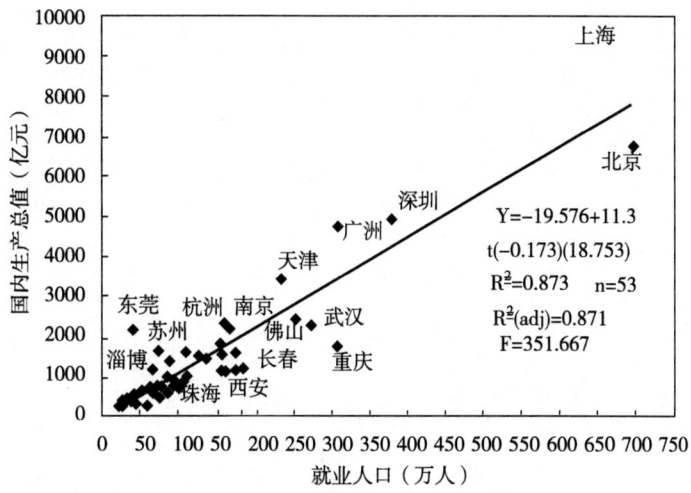

图3 我国城市在业人口与GDP回归分析

资料来源:《中国城市竞争力报告 No.5 品牌:城市最美的风景》。

动密集型为特点的产业,生产一亿件服装才相当于一架波音飞机的价值,而发达国家以科技密集型产业为竞争力。例如,美国在飞机制造、特种工业机械材料、医疗设备、信息产业,以及影视制作等媒体相关产业占有世界更大份额。日本是亚洲唯一发达国家,战后以工业化和发展高科技产业走强国之路。日本制造业首先以电视、电冰箱、数码产品等家用电器在世界取得竞争优势。日本经济学家认为,大约每十年日本会发生一次具有代表性产业转型。上世纪60年代的代表性产业是纺织业、70年代是钢铁业、80年代是家电业、90年代是汽车制造业,进入21世纪日本制造业已实现新一轮转型,现在他们更关注医药、电力、混合动力汽车,以及航空航天等产业领域的发展。日本大多数企业总能在新产业出现之时,不分先后进入新的产业领域,引领产业发展潮流。

目前我国的劳动人口的素质不高,科学技术转化为现实生产力的能力还很低,也限制了经济以更快速度增长。说到底,劳动密集型是根据我国现阶段国情采取的一种过渡性生产方式,我们应该面对我国劳动人口将会减少的趋势,在加快由劳动密集型向科技密集型产业转变的过程中,提高劳动者的文化素质,加快人才力量建设,把人力资源大国变成人力资源强国,以弥补将会出现的劳动人口减少对经济发展的不利影响,并把技术密集型产业作为经济增长动力,才能追赶甚至引领世界产业发展潮流。

参考文献

谭永生. 人力资本与经济增长——基于中国数据的实证研究. 中国财政经济出版社,2007年.

倪鹏飞主编. 侯庆虎、赵惠云等副主编. 中国城市竞争力报告 No.5 品牌:城市最美的风景. 社会科学文献出版社,2007年.

United Nations Population Division Department of Economic and Social Affairs. *World Population*, 2002.

(作者单位:首都经济贸易大学人口经济研究所)

2009年中国劳动力和就业问题研究综述

郭 琳 车士义

伴随着2008年国际金融危机风暴的继续肆虐，我国跨入2009年的门槛，2009年是我国社会经济形势最为复杂的一年，既面临着加快经济复苏步伐、提振市场信心的严峻形势，也面临着更加敏感的社会矛盾多发期。在严峻的经济形势下，劳动力就业形势也纷繁复杂：年初大量农民工还滞留在家，年末东南沿海却已经重现"民工荒"、人口红利和劳动力供给的争议再起；本年大学应届毕业生就业率不足70%，"蜗居"成为新的城市生活方式；而各阶层人力资本、工资和收入差异更加凸显。因此，以上问题都成为我国人口学界2009年关注的热点。

一、劳动力供给和人口红利之争

尽管国际金融危机使得我国大学生和农民工群体的就业压力空前，但是这毕竟是特殊时期，劳动力供给增长速度减缓的长期趋势并未改变，因此随着2009年下半年经济形势好转，民工荒现象再次出现，学术界关于劳动力供给是否短缺，人口红利是否即将消失的问题争议又起。

有人认为中国尚没有步入劳动力短缺时代，在今后20年左右的时间内仍然拥有充足的劳动供给，但是中国目前表现出的劳动力短缺等问题是由劳动力市场结构性矛盾突出，劳动力市场保护不平等，以及劳动力市场分割等造成的（张车伟，2009）。类似的观点认为，人口红利的充分兑现以劳动力的充分就业为前提，由于中国出口导向型劳动密集型制造业得到了充分发展，因此人口红利基本得到了较好的利用，我国已经做好了充分准备应对未来的劳动力问题。当前面临的只是正常的"人口扰动"而非将阻碍经济增长的"人口陷阱"（李昕、徐滇庆，2009）。

但是也有人认为人口红利逐渐式微，即将面临"人口负债"，因此需要通过教育深化提高劳动生产率，保持和延伸中国产业的竞争优势，通过养老保障制度安排创造新的储蓄源泉，以及通过劳动力市场制度安排，扩大人口老龄化时期的劳动力资源和人力资本存量（蔡昉，2009）。

对于人口红利的概念的争论仍在继续，有人认为"人口红利"概念存在四大可能混淆的误区：即把人口机会窗口等同于人口红利、把理论抚养比等同于实际抚养比、把经济增长等同于人口红利、把人口机会窗口关闭等同于劳动力短缺等四大误区（刘元春、孙立，2009）。类似的观点认为人口红利与经济增长之间没有必然联系，二者之间的转化是有条件的。如果丰富的劳动力资源未能得到充分利用，其对社会财富的积累效益会产生负效应，加大经济坠入人口增长过多导致的经济增长滞缓的"人口陷阱"的风险（李昕、徐滇庆，2009）。

需要特别指出的是，无论支持还是反对劳动力短缺，不同的观点都承认劳动力供给增量正在逐渐减少，需要从增加劳动力数量转移到提升现有劳动力素质和人力资本、提高现有劳动力资源配置效率上来，因此都建议建立统一和充分竞争的劳动力市场、实现剩余劳动力的充分就业，通过教育提升劳动力的人力资本水平。

根据内生化的人口增长模型纳入，说明必需品和非必需品生产部门的相对技术进步决定了其相对价格变化，而相对价格变化又决定了生育子女的多少，因此间接决定了一国未来的人口增长率和劳动力规模。因此必需品的相对价格下降，将导致多生孩子，而相对价格上升则会降低生育率，联系到我国的实际情况，该模型较好地说明我国近来劳动力供给逐步减缓的深层经济原因（徐朝阳、林毅夫，2009）。

我国的人口转变将带来国民经济中总消费的转变。伴随人口老龄化的进程，总家庭消费的增长率出现趋向平缓的迹象，人口年龄结构对拉动家庭消费存在重要的影响作用（李春琦、张杰平，2009）。因此，要扩大内需，增强自身提高收入的能力，提高人口素质是根本保障和持续动力（于学军，2009）。

我国的人口转变尤其是老龄化对城乡居民的储蓄可能还有显著的负影响，这对于老龄化日益严峻的中国意味着将面临人口转变带来的额外的资本供给压力（刘士杰、张士斌，2009）。但是相反的观点认为少儿抚养负担的下降是促使居民储蓄率上升的重要原因之一，而老年抚养负担对储蓄率的影响并不显著。总抚养负担减轻带来的储蓄率提高主要是由于快速下降的少儿抚养负担导致（钟水映、李魁，2009）。

二、就业问题

就业是最大的民生，中国目前正处于快速转型期，由于人口基数庞大，因此整体就业形势十分严峻，影响就业的问题也很繁杂：阻碍劳动力流动的制度障碍、覆盖城镇全体弱势群体的失业保险和最低生活保障制度建设、劳动力歧视和工资差异、最低工资法合理性等等。但是最引起人口学界关注的问题仍是由于国际金融危机影响导致的大学生就业问题和农民工就业问题。

（一）大学生就业形势空前严峻

虽然我国大学大规模扩招极大地提升了年龄劳动力的人力资本水平，但是自2002年以来，大学生就业难的问题就开始显现并逐年加重。随着2008年国际金融危机对全球经济影响的加深，我国经济增长开始放慢，就业岗位需求相对减少。与此同时，高校毕业生却越来越多，2009年达到610万的历史新高（梁冬梅，2009）。我国大学生就业难问题空前严峻。

2009年特别突出的大学生就业难问题有以下原因：一是国际金融危机导致的全行业经济不景气，进而引发就业机会减少。二是不同行业间吸纳大学毕业生能力不一致，导致知识密集型劳动力资源配置效率低下的问题。由于中国产业产出效率不均衡导致大学生就业结构分布的不平衡，技术从业人员在第三产业事业型组织中比重过高，正是其他产业产出效率不高导致的结果，这是大学生就业难的结构性原因（李彬，2009）。三是大学教育改革滞后、缺乏创新导致大学生就业和创业能力差，这是造成大学生就业难的关键原因（张车伟，2009）。

解决大学生就业难问题有以下一些要点：

第一，关键是提升国家创新能力，增强经济内生增长能力。这就要求必须改革高等教育培养模式，把培育大学生的创新精神和创新能力作为突破点，增强其就业能力和创业能力（张车伟，2009）。就业能力是促进毕业生就业的决定性因素。与专业相关的实习经历不仅能够提升就业能力，更重要的是，对毕业生就业也有独立的促进作用（卿石松、曾湘泉，2009）。因此，要采取措施为大学毕业生多提供与专业相关的实习和兼职工作经历。

第二，建立更为公平的大学生就业机制，促进大学生的就业起点公平。虽然人力资本对于大学生找到工作已经有决定性影响，但是社会资本却是决定大学生能否找到"好工作"的关键（谢勇、赵亚普，2009）。因此建立更为公平的市场机制是重要的解决办法。

第三，着力消除就业中的性别歧视，特别注意解决女大学生就业问题。毕业生的失业持续时间存在显著的性别差异，女大学生要经历较长的失业持续时间才能够脱离失业。其原因在于，一是其个人人力资本因素和个人特征对尽快脱离失业没有显著正影响，二是存在严重的劳动力市场性别歧视（胡永远、余素梅，2009）。因此要着力提升女大学生的就业能力，并且国家对女大学生就业单位采取切实优惠。

第四，鼓励大学毕业生到基层和中小型城市服务，加强更加明确的激励手段（张车伟）。中央有关部门应加大优惠政策继续大力实施"大学生志愿服务西部计划"、"三支一扶"计划和"农村教师特岗计划"，各地也因地制宜积极扩大项目数量和规模（梁冬梅，2009）。

第五，创业也是缓解大学生就业难的重要途径之一。资料显示，大学生创业占毕业生人口总数的比例不足1%，远低于发达国家的20%以上的水平（梁冬梅，2009）。由于能否拥有自我实现、追求财富、社会支持、家庭影响等正向的创业动机对于大学生是否创业具有十分显著的影响，因此高校应树立成功创业的典范并设立专项资金资助。政府则应为大学生创业设立积极的优惠政策和良好的创业环境（高日光、孙健敏、周备，2009）。

（二）农民工就业受金融危机冲击严重

由于国际金融危机对我国的影响主要体现在面向出口的沿海劳动密集型制造业，而这些企业的主要劳动力是农民工，因此，全球金融危机对我国就业的影响主要体现为对农民工就业的冲击（张车伟，2009），据农业部调查，因失去工作提前返乡农民工2000余万，占1.3亿的15.3%（蔡昉，2009）。失业仅是农民工就业问题的一个极端形式，农民工就业问题还有工资过低、就业行业偏低、环境恶劣、无基本保险等多方面。

农民工失业和收入过低的原因主要有以下几个方面：一是城乡歧视和区域歧视是农民工就业与收入过低的首要原因（原新、韩靓，2009）。二是户口是限制农村劳动者进入主要劳动力市场的重要因素之一；拥有城镇户口的劳动者不仅几乎垄断了主要劳动力市场上的就业，而且在次要劳动力市场中也处于有利地位（黄乾，2009）。三是人力资本、社会资本禀赋差异也是影响其工资差距的重要因素（陈浩、杨晓军，2009）。四是就业稳定性已经成为影响农民工工资收入的一个重要因素。稳定就业农民工的工资收入明显高于非稳定就业农民工，并且非稳定就业农民工的收入差距大于稳定就业农民工（黄乾，2009）。

因此，针对以上原因，解决农民工就业问题的主要措施包括以下几个方面：

第一，地方政府应该对外来市民采取更为宽松的政策，改善歧视和户籍问题对他们的限制，使他们在购房、参保方面与本地市民享有同等待遇（原新、韩靓，2009）。

第二，构建以农民工、用人单位和政府部门为主体，培训机构、培训市场和就业市场相协调的就业促进型培训模式。利用这一模式，提高农民工综合素质（陈浩、杨晓军，2009）。

第三，加大对农村基础教育投资力度，扩大农民工技能培训覆盖面，提高培训质量，为农民工子女在城市入学提供便利条件，以逐步缩小农民工群体与城市居民的人力资本禀赋差异（陈浩、杨晓军，2009）。

第四，通过加强农民工的教育和培训投资，以及消除劳动力市场分割和制度壁垒，以有效增加农民工的就业稳定，并提升农民工的收入水平（黄乾，2009）。

当然在这个过程中还需要注意避免急于求成。最低工资法对农民工的利弊至今仍存在争论，而农民工和用人单位签订劳动合同可能会导致非正规劳动力市场过于死板，由此对农民工不利，因此要通过促进可持续的经济增长来促进农民工进入正规就业，而非通过强制签合同（吴要武，2009）。

（三）更需采取有利于就业的经济政策

不可避免，国际金融危机对我国2009年的就业形势造成了巨大的负面影响，未来几年这种影响仍然会有所延续。但是换一种眼光看，危机往往意味着"危险过后就是机遇"，金融危机时期通常是人力资本积累的最佳时机（蔡昉、王美艳，2009）。因为在金融危机时，一国摆脱危机的能力与其产业竞争力密切相关，而对劳动力增加教育和培训，一可以提升其人力资本，二可以提高劳动生产率和整个产业竞争力（蔡昉、王美艳，2009）。另外还可以通过增加政策优惠、优化创业环境等实施以创业带动就业的战略（吴江，2009）。

我国劳动力的失业的反面即意味着政府和企业无法创造足够的就业机会，但是研究发现我国政府和企业已经做好了未来的应对，提高劳动力市场一体化和强有力的社会保险制度建设则相对缺乏很多（朴之水等，2009）。当前的结构性矛盾突出、就业非正规化严重等问题，也在客观上要求我国尽快建立灵活安全的劳动力市场（张车伟，2009）。

三、收入分配和工资差异

如前所述，由于尚未形成城乡统一的劳动力市场，正规和非正规市场之间的制度障碍造成不同行业、不同职业和不同地区劳动力巨大的工资差异。而收入分配也十分不均，因此政府工作报告中特别强调要调整居民收入分配。学者们2009年的关注重点主要集中在：城乡居民收入差距，劳动力市场上的职业分割、城乡分割、工资差异、教育收益率差异，农民工流动与收入等。

改革开放以来我国的城乡二元经济结构非但没有缩小，还有拉大的趋势。农村居民的平均收入水平远远低于城镇。原因在于改革开放后，市场对资源配置基础性作用越来越显著，生产要素为追求高的边际报酬，导致资本和劳动力由农村向城市单向流动的趋势日益严重，而优先发展重工业和城市倾向的政策因素推动和加固了城乡居民的收入差距（肖卫、朱有志、肖琳子，2009）。另外在城镇劳动力市场上，排除个人特征差异及行业间差异，仍然存在由于户籍差异导致的收入差距（金成武，2009）。

因此，要缩小城乡收入差距以及城镇中农民工与城镇居民的收入差距，统筹城乡发展，就需要实现城乡基础设施、公共服务、义务教育和社会保障一体化、均等化；尽可能保证农村外出务工人口的各种权益（金成武，2009），使广大农民平等参与现代化进程、共享改革发展成果（肖卫、朱有志、肖琳子，2009）。包括进出口贸易和外商直接投资在内的对外开放对城镇和农村居民收入都具有拉动作用，对城乡居民收入差距也具有弥合效应，因此要继续加大对外开放政策力度，缩小城乡收入差距。

城镇劳动力市场不仅存在城乡分割，还存在地域分割（姚先国、瞿晶、钱雪亚，2009），以及显著的性别分割，运用Oaxaca分解方法对我国2004年发现我国城镇劳动力市场上的性别工资差异的分解结果发现，无法解释的差异占到总差异的85%，二者其中性别歧视占到很大的分量（田艳芳、李熙、彭璧玉，2009）。运用分位数回归对东北地区劳动力市场的分析发现，工资收入越高，性别工资差异相对越小，但是歧视却越普遍（张世伟、郭凤鸣，2009）。

为缩小城乡收入差距和城市劳动力市场的城乡、区域、行业和性别歧视，政府需要加快中国劳动力市场的一体化进程，设计和实施公平的工资制度以逐渐消除针对女性的工资歧视，如对相同的生产率特征要支付同等报酬，做到同工同酬等（田艳芳、李熙、彭璧玉，2009）。还需要大力发展职业技术教育，加强对劳动力技能培训的指导，利用多种手段鼓励企业进行技能培训（姚先国、瞿晶、钱雪亚，2009）。

四、人力资本问题

人力资本提升对一个国家和地区的经济增长具有显著的促进作用（阎志强、钟英莲，2009）。我国存在丰富的劳动力资源，但是由于劳动力平均受教育年限仍然偏低，因此仍然面临由人口大国向人力资源强国转变的艰巨任务。通过提升居民的受教育水平、健康素质、职业技能等能够增加劳动力的人力资本，从而最大程度把握现有的"人口机会窗口"。

我国经济在2009年下半年的全面复苏导致东南沿海出现民工荒尤其是技工荒，而研究发现人力资本对进城农民工的职业选择有显著的影响，人力资本水平越高，进城农民工越有可能获得高层级的职业，能够缓解经济中出现的技工荒问题（高文书，2009）。因此，加强进城农民工的教育、培训等人力资本投资，对提升进城农民工职业层级、加快与产业结构转型升级相适应的劳动力素质提升具有迫切重要的意义。

另外,以我国中小型民营企业为代表的过分流动的劳动力市场不利于企业增加对员工的培训和技能投资,因此不利于职工提升人力资本,而以日本企业为代表的内部化劳动力市场则有利于企业和职工的信息对称,从而增加人力资本投资,因此需要尊重劳动力技能形成的规律,通过立法等在一定程度上降低劳动力的流动性,鼓励企业进行人力资本投资,在生产实践中培养企业所需的人才(王彦军,2009)。

健康人力资本投资,具有显著的正外部性。充足的健康投资,可以显著提高人口的健康水平,节省医疗保险费用,减轻社会经济发展的负担,并提高劳动生产率水平。促进健康投资,尤其是对妇幼保健和青少年健康的投资,已成为中国的主要政策选择(高文书,2009)。

五、简要评述

2009年人口学界对于国际金融危机下我国劳动力供给和就业的相关问题给予了强烈的关注,这充分凸显了我国学者对现实的关注和经世济民的入世精神。对于人口红利的争议反映出学者之间"和而不同"的良好学术探讨风格,对于大学生和农民工等弱势群体的关注及相关对策建议有较好的启发性。美中不足的是学界整体对基础理论的研究不足,对于争议性问题缺乏一致的逻辑基础和统一的研究方法。

参考文献

梁冬梅. 高校大学生就业的现状及对策. 人口学刊, 2009, (6).

李彬. 中国产业结构转换与大学生就业关联性研究. 中国人口科学, 2009, (2).

张车伟. 解决大学生就业难需建立长效机制. 中国经贸导刊, 2009, (5).

卿石松, 曾湘泉. 就业能力、实习经历与高校毕业生就业——基于山东省2007届高校毕业生的实证检验. 中国人口科学, 2009, (6).

胡永远, 余素梅. 大学毕业生失业持续时间的性别差异分析. 人口与经济, 2009, (4).

高日光, 孙健敏, 周备. 中国大学生创业动机的模型建构与测量研究. 中国人口科学, 2009, (1).

原新, 韩靓. 多重分割视角下外来人口就业与收入歧视分析. 人口研究, 2009, (1).

吴要武. 非正规就业者的未来. 经济研究, 2009, (7).

黄乾. 城市农民工的就业稳定性及其工资效应. 人口研究, 2009, (3).

乔明睿, 钱雪亚, 姚先国. 劳动力市场分割、户口与城乡就业差异. 中国人口科学, 2009, (1).

朴之水. 蔡昉. 都阳. 中国能够应对就业挑战吗?金融研究. 2009, (08).

张车伟. 中国30年经济增长与就业: 构建灵活安全的劳动力市场. 中国工业经济, 2009, (1).

刘元春, 孙立. "人口红利说": 四大误区. 人口研究, 2009, (1).

蔡昉. 未来的人口红利——中国经济增长源泉的开拓. 中国人口科学, 2009, (1).

徐朝阳, 林毅夫. 技术进步、内生人口增长与产业结构转型. 中国人口科学, 2009,

(1).

于学军. 人口变动、扩大内需与经济增长. 人口研究, 2009, (5).

李春琦, 张杰平. 中国人口结构变动对农村居民消费的影响研究. 中国人口科学, 2009, (4).

刘士杰, 张士斌. 收入、人口年龄结构和中国城乡居民储蓄. 人口与经济, 2009, (5).

钟水映, 李魁. 劳动力抚养负担对居民储蓄率的影响研究. 中国人口科学, 2009, (1).

李昕, 徐滇庆. "人口陷阱"与经济发展——基于人口变化趋势的国际比较. 中国人口科学, 2009, (6).

刘士杰, 张士斌. 收入、人口年龄结构和中国城乡居民储蓄. 人口与经济, 2009, (5)

肖卫, 朱有志, 肖琳子. 二元经济结构、劳动力报酬差异与城乡统筹发展——基于中国 1978~2007 年的实证分析. 中国人口科学, 2009, (4).

金成武. 城镇劳动力市场上不同户籍就业人口的收入差异. 中国人口科学, 2009, (4).

姚先国, 瞿晶, 钱雪亚. 劳动力市场的职业隔离——基于浙江省的分析. 人口与经济, 2009, (1).

田艳芳, 李熙, 彭璧玉. 中国城镇劳动力市场性别工资差异研究. 南方人口, 2009, (1).

张世伟, 郭凤鸣. 分位数上的性别工资歧视——基于东北城市劳动力市场的经验研究. 中国人口科学, 2009, (6).

阎志强, 钟英莲. 劳动力素质对广东经济增长的影响. 南方人口, 2009, (4).

高文书. 人力资本与进城农民工职业选择的实证研究. 人口与发展, 2009, (3).

高文书. 健康人力资本投资、身高与工资报酬——对 12 城市住户调查数据的实证研究. 中国人口科学, 2009, (3).

王彦军. 中国劳动力市场发展对人力资本投资的影响分析. 人口学刊, 2009, (3).

张维庆. 关于建设生态文明的思考. 人口研究, 2009, (5).

吴文恒, 牛叔文. 人口数量与消费水平对资源环境的影响研究. 中国人口科学, 2009, (2).

夏泽义, 张炜. 中国能源消费与人口、经济增长关系的实证研究. 人口与经济, 2009, (5).

童玉芬. 中国西北地区人口承载力及承载压力分析. 人口与经济, 2009, (6).

陈强强, 孙小花, 王生林, 杨双喜. 基于 STIRPAT 模型分析社会经济因素对甘肃省环境压力的影响. 西北人口, 2009, (6).

阿布力孜·苏甫, 王小飞. 开发式生态移民的效益分析——以哈密市为例. 西北人口, 2009, (5).

王世金, 何元庆, 白永平. 资源型城市转型期人口发展问题研究——以甘肃省嘉峪关市为例. 人口与发展, 2009, (1).

张平,祁永安.经济增长与西部少数民族贫困——基于甘肃省的实证研究.人口与经济,2009,(4).

王振军,牛叔文,陈辉,张付刚,张馨.基于食品消费的农村贫困线测定分析——以甘肃省为例.人口与经济,2009,(1).

李实,杨穗.中国城市低保政策对收入分配和贫困的影响作用.中国人口科学,2009,(5).

陈云凡.中国未成年人贫困影响因素分析.中国人口科学,2009,(4).

刘家强,王春蕊.NGO小额信贷对农村计生贫困家庭经济救助效果的实证研究.人口研究,2009,(4).

(作者单位:中国人民大学人口与发展研究中心)

从人力与社会资本的作用机制看农民工小规模创业的倾向与动因

任 锋

一、研究问题

对于农民工的创业问题，政府与学界在政策实践与研究方面已经付诸很多努力。一方面农村地方政府通过创立创业园区，通过吸引农民工返乡创办生产制造型企业。另一方面提供贷款、简化手续、减免税费、技能培训和创业培训等等一系列措施扶助失业返乡农民工通过自我雇佣或家庭经营等小规模创业自主就业。前一种操作符合少数精英的发展意愿，并且与目前沿海地区劳动密集型企业内迁的趋势是对接的，对于带动农村经济发展与就业的作用显而易见。而后一种措施尽管对于普通农民工更具有普遍意义，但是其作用效果由于对农民工创业行为的性质没有进行充分的理论探所以还难以估量。

人力与社会资本是影响就业选择（创业还是受雇）最重要的两种生计资本。已有关于农民工创业影响因素的研究发现了一些人力与社会资本指标与创业可能性之间的关系，但还没有达到作用模式，也就是作用机制层次的研究。而国外自雇创业的研究表明，人力和社会资本与创业之间存在两种相互冲突作用机制：既可以发挥发展创业能力的作用以促进创业概率，也可以发挥拓展受雇就业渠道的作用以降低创业概率。具体的作用方式取决于既定社会经济环境下个体的创业倾向，即就业选择的目标是受雇优先还是创业优先。进一步地，既然人力与社会资本和创业之间的作用机制存在两种可能，那么在这两种动因的约束下，人力与社会资本对创业行为发生的具体作用如何？

对人力与社会资本对创业的作用机制进行研究的实际意义在于，已有的政策实践与研究的基本假定是：失业是激发农民工创业意愿的原因，农民失业后会把自雇创业作为必要的再就业选择。没有考虑农民工创业动因的其他可能。明显的事实是，农民工获得人力和社会资本后不一定要创业，也可以追求更好的受雇机会。其次，一些政策研究针对促进农民工自雇创业设计了诸如职业技能培训等措施。但这些促进创业措施的提出首先没有考虑社会资本的作用，而且对人力资本的不同维度在不同创业动因下的具体作用方式没有进行理论探讨。

针对农民工创业在经济发展和就业中的重要作用和已有理论与政策实践中的需求，本文通过对人力与社会资本的作用模式的探讨着重回答：①在目前的社会经济环境下，农民工获得人力和社会资本后更倾向于受雇就业还是创业？②在工作机会和创业能力两种不同的调节机制约束下，人力与社会资本的具体作用如何？

二、文献综述

(一) 农民工创业意愿的社会经济环境

社会经济环境对农民工创业意愿同时具有两方面的影响。中国的农民工来所处的社会经济环境对农民工创业意愿同时具有促进和抑制作用。所以受雇和自雇，哪一个是农民工的就业首选还不一定。

促进农民工创业意愿的环境因素主要来自：①在目前的劳动力市场上，农民工从事的工作劳动时间长、强度大，是很多农民工所不愿意承受的，所以寻求轻松地工作环境是重要的自雇创业动因（万向东，2008）。②并且，农民工的社会流动机会依然有限，而通过创业成为雇主是为数不多的选择。③近年来的研究也发现，在非正规部门的自雇就业的就业效果要好于受雇，甚至高于一般正规部门的行政管理岗位（王美艳，2005），所以追求经济收益也有可能成为促使农民工自雇创业的动因。

而抑制农民工创业意愿的环境因素则表现为：①农民工的城乡往返对失业的缓冲作用，已经劳动力市场上针对农民工的工资歧视现象的减弱。城乡往返是农民工化解失业风险的重要基础。与国际移民相比，城乡往返是农民工就业与城市化过程中的显著特征（白南生，何宇鹏，2003）。在城市中无法获得满意工作机会的农民工会返回农村等候，通过社会网络的调节寻找机会再次就业。这种方式既避免了找工作的成本，同时也会化解一部分创业意愿。②劳动力市场环境在城市的劳动力市场上，与市民相比，存在同工不同酬的工资歧视现象近年来有研究表明，针对农民工的工资歧视在逐渐降低所导致受雇就业的效果的改善（Meng 等，2001；王美艳，2005；李培林和李炜，2007）。这些因素则会抑制农民工创业的意愿。

(二) 农民工的人力与社会资本

教育、工作经历、技能培训是农民工人力资本的主要指标。农民工流动前在农村完成的基础教育和流动后在城市的工作经验以及参加过的由企业或者政府组织的职业技能培训，都对就业的选择与效果有影响（王美艳，2005；罗凯，2007）。

社会资本则为通过社会网络可调动的资源。Putnam（2000）定义了"内聚性"和"桥梁性"两种社会资本特征：聚型社会资本（bonding social capital）产生于同质的群体（strong ties）之中，具有情感联系；桥梁型社会资本（bridging social capital）产生于异质的群体之中，能开辟信息资源。社会关系从内群体向外群体的延伸过程同时伴随着亲密与信任的下降和资源异质性的提升。桥梁性特征随着个体与社会关系人的同质性越强而升高，内聚性特征则降低。在自雇和受雇过程中，社会资本的这两种特征发挥着不同的作用。受雇就业依靠桥梁性社会资本的信息资源（Granno - veter，1973；林南，2005），而自雇就业则依赖社会资本内聚性的信任与资源配置功能（Portes 和 Sensenbrenner，1993；Sanders 和 Nee，1996）。

农民工的社会关系从乡土社会中的亲戚、老乡到城市中再构建的其他农民工和市民，关系亲密程度下降，群体的异质性程度逐渐升高（周晓虹，1998；李汉林，2003）。同时，农民工在使用社会资本是依照关系由亲到疏的顺序，只有亲密关系无法满足在城市的生存需求时在产生调用次级关系的动力（曹子玮，2003）。所以，可依据其社会网络所包含的关系与其本人的亲疏程度对农民工社会资本的内聚性和桥梁性特征的测量。只包含亲属等强关系的网络内聚性特征最明显，反之只包含市民关系的网络桥梁性特征最强。

（三）人力与社会资本与创业

在受雇就业中，社会资本的桥梁性可以带来更多的就业信息；而在自雇就业中，社会资本的内聚性。关于这一点，已经在有关研究中得到证实。而社会网络的弱关系比例越高则受雇工资越高（赵延东，王奋宇，2002；李树茁等，2007）。已有学者已经分别探讨了，教育程度、城市工作经历和技能培训等人力资本因素与农民工"自我雇佣"或者"创业"之间的关系（王美艳，2005；罗凯，2007），以及社会网络强度与创业意愿的关系（李汉林，2003）。但这些零散的研究还没有形成人力与社会资本对创业的作用模式方面的结论。

三、研究框架

（一）人力与社会资本对创业行为的作用机制

从已有创业理论研究中可以提炼出基于受雇工作机会和给予创业能力的两种作用机制：

在工作机会视角下，无法获得满意的受薪工作机会是进入自雇创业的动力（Block and Sandner，2006）。不稳定的工作状态，如失业或频繁更换工作会导致创业的可能增大（Evans and Leighton，1989；Blanchflower and Oswald，1990）。因而，人力资本越高就业机会也就越广阔，而社会资本的桥梁性特征也可以通过扩大就业信息渠道影响创业的概率。

创业理论（entrepreneurship theory）认为经营能力（managerial ability）是企业经营绩效的决定因素，就业选择取决于创业者的经营能力。所以具有更多经营能力的人成为企业家，反之则成为受薪者（Lucas，1978；Jovanovic，1982；Bates，1990）。在这种视角下，人力资本不是增加就业机会的砝码，而是提供了能力让个体运营自己的企业。而社会资本的作用方式则是内聚性为创业所提供的可信任的廉价劳动力和在群体内部统一配置的资源。

这两种理论假说在2001年全球创业监测（Global Entrepreneurship Monitor）中被定义为必要性创业（necessity entrepreneurship）和机会性创业（opportunity entrepreneurship）两种创业动因（如，Reynolds et al. 2002；Sternberg et al. 2006）。机会型创业是指个体为改善生活质量或探索创新性经营机会而创业，属于自愿积极地寻求机会创业；而必要性创业则是指个体在劳动力市场上无法获得满意的受薪工作情况下，不情愿地退而求其次地妥协（Block and Sandner，2007）

（二）人力与社会资本作用机制与创业意愿的关系

个体所具有的人力与社会资本是其就业选择的决定因素。但在不同的就业意愿下，人力与社会资本对就业选择的作用方向是不一致的。通过所具有的人力与社会资本去获得更好的受雇机会和创业能力经营自己的企业是两种完全不同的作用过程，对创业行为具有相反的影响。个体所获得的人力资本既有可能提高受雇就业机会也有可能提高经营能力（舒尔茨，1975；1980；1989）。对于倾向受雇就业的农民工，获得人力资本后会去寻求效果更好的受雇机会。而对于倾向自雇创业的农民工则会使用获得的人力资本去运营自己的企业。而社会资本的桥梁性则有利于提供受雇就业信息，内聚性则既可以为自雇创业提供廉价的可以信任的劳动力也可以在群体内统一配置资源促进创业（Portes 和，1993；Sanders 和 Nee，1996）。农民工拥有的社会资本的内聚性特征有利于促进农民工的自雇创业，而桥梁性特征则有利于获得更多的就业信息。

农民工的创业意愿可以从人力与社会资本的作用方向反映出来。因而，对于农民工的创业意愿考察可以从人力与社会资本对创业行为的作用方向切入。我们根据两种可能的创业意愿提出假设如下：①如果农民工将自雇作为就业首选，那么人力资本越高创业概率越高。②如果农民工将受雇作为就业首选，那么人力资本越高创业概率越低。并且，在考察人力资本的作用是同时需要控制社会资本的作用。社会资本的内聚性（桥梁性）特征越强创业概率越高（低）。

（三）失业压力与创业能力的调节作用

既然人力与社会资本的作用机制不同，那么在高失业压力或获得经营能力条件下，农民工人力资本的具体作用有何差异？在检验上可以转化为，失业压力与经营能力对人力及社会资本与创业行为作用关系的调节作用。

失业压力可以通过换工作频率进行测量。而国外研究表明，经营能力培训来自于在与市场或管理相关岗位上的工作经历（Evans，1989）。所以是否具有经营能力可以通过农民工在流动前是否有过与经营相关的工作经历进行测量。

通过对失业压力和经营能力两种可能的创业行为刺激因素的调节作用（放大或缩小人力与社会资本因素对创业行为概率）的考察可以深入了解人力与社会资本在农民工受到就业环境刺激和个人发展过程中作用的差异。

四、数据与方法

（一）数据来源

本研究数据来自西安交通大学人口与发展研究所进行的《金融危机对农村流动人口家庭生计冲击调查》。由于本研究需要同时包含受雇和自雇农民工两类样本，而自雇就业农民工的流动性又很大，如果在城市中进行调查则很难捕捉到自雇就业农民工的信息。所以我们在 2009 年 8 月～9 月暑假期间由 50 名农村籍本科生担任访问员，把问卷带回家乡对各自所在行政村中的进城务工人员进行访问。

调查选择 18 周岁以上有过离开本县范围以外务工或经商经历达半年以上或正在外出务工临时返乡的农村户籍人口为对象。本研究对"创业"的定义特指个体拥有小型或微型企业的所有权（包括雇佣员工、家庭经营和自我雇佣）或者就业或者本人为不计报酬的家庭劳动力，但是不包括从事农业生产的个体劳动者。在调查时点之前一直从事自雇经营或者中途由受雇转为自雇经营都被认为是采用创业方式就业。在操作化中该变量为二分类变量，

在问卷调查中，要求被访者提供了个人基本状况及 2008 年 1 月至 12 月之间的工作状况。最终样本覆盖全国 24 个省市，样本中东中西部比例分别达到了 13.8%、23.5% 和 63.1%。被访农民工返乡的原因按比例依次为家庭原因临时返乡、失业或

对城市工作不满意返乡调整和自愿退出城市劳动力市场等等多种类型。发出问卷600份，收回470份，回收率78.3%。经过数据清洗后最终纳入本文研究的样本437份。样本基本情况见表2。

表1 样本基本情况（%）

	百分比		百分比
性别		婚姻	
男	73.2	未婚	32.8
女	26.8	初婚	62.1
年龄		离婚	2.1
24岁以下	30.6	再婚	2.1
25－34	30.6	丧偶	0.9
35岁以上	38.7	政治面貌	
教育		中共党员	5.5
小学及以下	19.6	团员	20.0
初中	51.9	群众	74.4
高中、中专或技校	23.4	民主党派	0.0
大专及以上	5.1		
样本数		406	

（二）研究方法

根据本研究的两个研究问题，首先拟通过回归分析获得人力与社会资本的各个指标对就业选择的作用方向，然后对两种资本对创业的作用模式进行辨别，这样也就得出了农民工的创业意愿符合"必要型"和"机会型"两种创业动因假设的哪一种；对于"失业压力"与"创业能力"的调节作用，由于调节变量为分类变量，而自变量为连续变量，所以，对因变量进行分类回归。通过对回归系数的变化进行比较来辨别调节作用（温忠麟，侯杰泰，张雷，2005）。由于因变量为二分类变量，本文采用二元Logistic回归对人力资本和社会资本在农民工自雇就业中的作用进行检验。所有结果是通过SPSS18.0软件计算得出。

（三）变量设计与描述统计

由于群体特征和国家的差别，农民工的人力资本和社会资本内涵与国际移民会有所不同，具体的变量定义与测量见表3。

表3 变量描述统计

变量定义	变量分布	
分类变量	1	0
自雇创业=1，其他=0	17.2	82.8
专职或兼职经营=1，其他=0	10.7	89.3
非农就业=1，其他=0	21.0	79.0

续表

变量定义		变量分布	
学生＝1，其他＝0	33.5	65.5	
农业＝1，其他＝0	34.8	65.2	
流动后参加过培训＝1，无＝0	71.1	28.9	
家人＝1，其他＝0	18.4	81.6	
老乡＝1，其他＝0	28.2	71.8	
农民工和市民＝1，其他＝0	53.4	46.6	
已婚＝1，未婚＝0	63.0	37.0	
连续变量	平均值	标准差	
受教育年限（年）	9.34	2.625	
城市滞留时间（年）	9.60	7.99	
工作转换频率（次/年）	0.46	1.551	
样本数	437		

五、分析结果

数据分析结果如表4所示：模型1是针对样本总体的创业意愿的回归分析结果；模型2与模型3是换工作频率对人力与社会资本作用的调节效应分析结果；模型4与模型5是经营经验对人力与社会资本作用的调节效应分析结果。

表4 农民工自雇就业影响因素的二元 Logistic 回归结果

	模型1	模型2	模型3	模型4	模型5
	总体	换工作频率低	换工作频率高	有经营经验	无经营经验
受教育年限	2.057*	21.147	1.780+	2.193	2.325+
教育年限平方	-0.100*	-1.008	-0.087+	-0.120	-0.111+
城市滞留年限 ln	0.609*	0.545	0.760*	-0.043	0.865*
流动后培训	-0.668	-1.177	-0.460	-0.775	-0.440
社会资本桥梁性	-0.550*	0.059	-0.727**	-0.502	-0.484+
Constant	-12.642**	-111.895	-11.367*	-9.507	-15.293*
R2	0.130	0.140	0.144	0.175	0.132
样本数	448	133	315	52	396

（一）农民工创业意愿

从模型1中农民工的人力资本对创业的作用方向来看，农民工的受教育程度与创业选择之间呈显著的先升后降的二次关系，即在达到一定受教育程度之前，教育程度越高创业概率越高，而后开始下降。这意味着具有一定教育程度的农民工倾向于自雇创业，但其中的高教育群体并不倾向于小规模创业。在城市中的工作年限与创业行为之间呈显著的对数关系，城市工作年限越长创业可能越大。而流动后的技能培训对创业概率有抑制作用，但并不显著。社会资本的桥梁性特征越强，创业的概率越低，反之内聚性特征越强创业概率越高。

所以，一般而言，农民工获得人力资本以后会更倾向于自雇创业，而拥有内聚性社会资本也是农民工创业的有利条件。人力与社会资本对农民工就业选择的作用机制更可能是帮助农民工积累创业相关的能力与资源而不是获得更多的受雇就业机会。在农民工就业选择的背后，自雇创业是比受雇就业更优先的选择。

（二）失业对人力与社会资本作用的调节

在模型 2 中，对与换工作频率低的群体，也就是没有失业压力的群体，人力与社会资本的任何方面都不具有显著促进创业可能的作用。而对于失业压力高的群体（见模型 3），除技能培训以外，都有显著的作用。比较模型 2 与模型 3 中分别对"换工作频率高"与"换工作频率低"的样本进行的回归分析结果发现，与低换工作频率群体相比，教育对高换工作频率群体的就业选择作用的系数明显变小；社会资本的内聚性（桥梁性）特征作用方向相反，并且非常显著。说明"换工作频率"对这两个变量与"就业选择"之间关系的调节作用显著。在强大的就业压力下，创业群体的教育程度降低，内聚性社会资本作用则显著增强。

（三）经营经验的调节

在模型 4 中对流动前有过经营相关工作经历的农民工群体的回归分析结果显示，人力与社会资本的任何方面都不具有显著促进创业可能的作用。而模型 5 中对流动前没有经营经验的群体的回归分析结果显示，除技能培训以外，每个变量都具有显著作用。比较模型 4 与模型 5 中流动前有经营经验和无经营经验的两个群体的回归系数，人力与社会资本变量对于有经营经验的群体没有显著的促进创业概率；而对于无经营经验的群体，城市滞留时间的系数符号发生了由负到正的变化，并且数值变大，显著性增强。

失业和能力对人力与社会资本作用的调节作用显著，只是调节方式不同。

六、总结与讨论

本文针对鼓励农民工创业的政策研究与实践中缺乏理论根据的问题，基于人力与社会资本对创业的作用模式，着重探讨了农民工创业决策的意愿和不同创业动因下人力与社会资本具体的作用形式两个基本问题。通过对实地调查数据的分析发现：

（1）对于农民工整体而言，工作机会和经营能力两种人力与社会资本的作用机制对中国农民工的创业行为都有一定的解释力。相比之下，中国农民工的创业动机更符合机会型创业动机假设。因为在控制社会资本的条件下，获得更多城市工作经验的农民工显著地更倾向于创业而不是继续受雇，职业技能培训所带来的受雇机会的增加并不能显著的降低农民工的创业可能。

（2）通过对失业压力的调节作用的考察发现，教育程度较高、社会资本内聚性特征较强的农民工群体才会在较高失业压力下催生创业行为。因为较低的工作稳定性对教育程度的作用具有显著的负向调节作用，而对社会资本内聚性的作用具有显著的正向调节作用。

（3）通过对经营能力的调节作用的考察发现城市中的工作经验是积累创业能力

的过程。因为无经营能力会显著的放大在城市的工作经验对创业概率的作用。

与以往研究相比，本研究对人力与社会资本对创业的作用进行了全面的考察。明确了中国农民工进行小规模创业的动机更可能是由于在城市中的工作经验促使的，而不是失业压力决定的。尤其是对于教育程度低的农民工，失业压力更不太可能激发起创业意愿。而且，除了人力资本以外，农民工社会资本的内聚性特征也是农民工创业不容忽视决定因素。

基于本研究的结论，反思已有的政策研究与实践成果，我们认为在鼓励农民工创业过程中首先应该认识到，在目前既定的社会经济环境下，辅助农民工创业意义重大。尽管就业市场歧视和基于身份的工资差别在缩小，但是强烈的城市化和社会流动意愿使得农民工依然把创业作为主要途径。但不能过分期望鼓励创业成为解决低人力资本的失业农民工的就业途径，一方面教育程度低创业能力差，另一方面内聚性社会资本取决于先赋性社会关系，不是人人可得；在操作层面，职业技能培训的作用不是促进创业可能，而是帮助拓宽受雇就业渠道；而经营能力的获得依赖在城市中的工作与生活经历，无法通过返乡就业获得。

总之，鼓励农民工创业应该着眼于鼓励创业本身所具有的经济功能，不应局限于失业返乡农民工的范围，还应考虑到辅助已经进行创业的农民工群体将其经营规模化正规化。在金融危机的影响逐渐消除以后还应继续发展完善，才能最终起到促进经济发展和拓展就业的作用。

参考文献

万向东. 农民工计入非正式就业的条件与效果. 管理世界, 2008, (1).

王美艳. 城市劳动力市场上的就业机会与工资差异——外来劳动力就业与报酬研究. 中国社会科学, 2005, (5): 36 – 46.

白南生, 何宇鹏, 2003.

李培林, 李炜. 农民工在中国转型中的经济地位和社会态度. 社会学研究, 2007, (3): 1 – 17.

罗凯, 2007.

李汉林. 关系强度与虚拟社区. 李培林主编. 农民工. 社会科学文献出版社.

周晓虹, 1998.

曹子玮, 2003. 农民工的再建构社会网与网内资源流向. 社会学研究, 第 3 期.

赵延东, 王奋宇. 城乡流动人口的经济地位获得及决定因素. 中国人口科学, 2002, (6).

李树茁, 杨绪松, 任义科, 等. 农民工的社会网络与职业阶层和收入：来自深圳调查的发现. 当代经济科学, (1).

Meng, Xin and Junsen Zhang, "The Two-Tier Labor Market in Urban China: Occupational Segregation and Wage Differentials between Urban Residents and Rural Migrants in Shanghai." *Journal of Comparative Economics*, 29 (2001): pp. 485 – 504.

Putnam, R. D., 2000, *Bowling Alone: The collapse and Revival of American Communi-*

ty. New York: Simon & Schuster.

Lin N. 1990, "Social Resources and Social Mobility: A Structural Theory of status Attainment", *Social Mobility and Social Structure*, edited by R. L. Breiger, New York: Cambridge University Press, pp. 247 – 271.

Portes, Alejandro and Julia Sensenbrenner. 1993. "Embeddedness and Immigration: Notes on the Social Determinants of Economic Action". *American Journal of Sociology*, 98.

Granovetter, M. (1973). "The Strength of Weak Ties". *American Journal of Sociology*, 78.

Sanders, J. M., & Nee, V., 1996, "Immigrant Self-employment: The Family as Social Capital and the Value of Human Capital", *American Sociological Review*, 61.

Block, Joern and Sandner, Philipp, *The Effect of Motivation on Self – employment Duration Germany: Necessity versus Opportunity Entreprenurs*, MPRA Paper No. 215 Posted 07. November 2007.

Blanchflower and Oswald, 1990.

Jovanovic, B. (1982) "Selection and the Evolution of Industry". *Econometrica*, 50.

Reynolds et al. 2002.

Sternberg et al. 2006.

Lucas, R. E. Jr. (1978) "On the Size Distribution of Business Firms". *Bell Journal of Economics*, 9.

Bates, T. (1990) "Entrepreneur Human Capital Inputs and Small Business Longevity". *The Review of Economics and Statistics*, 72: 551 – 559.

Evans, D. S. and Leighton, L. S. (1989) "Some Empirical Aspects of Entrepreneurship". *American Economic Review*, 79: 519 – 535.

Evans, M. D. R. 1989. "Immigrant Entrepreneur-ship: Effects of Ethnic Market Size and Iso-lated Labor Pool." *American Sociological Re-view*, 54: 950 – 62.

Blanchflower, D. G. and Oswald, A. (1990) *What Makes A Young Entrepreneur? Centre for Labour Economics*, London School of Economics, Discussion Paper, No. 373.

Reynolds, P. D., Camp, S. M., Bygrave, W. D., Autio, E. and M. Hay, *2002 Global Entrepreneurship Monitor*. 2001 Executive Report, Babson College, London Business School.

（作者单位：西安交通大学）

劳动力市场分割与保留工资决定

田永坡

保留工资（Reservation Wages）是工作搜寻理论讨论的一个关键问题，它是指求职者在就业时所能接受的最低工资，如果劳动力需求方提供的工资低于该工资，则求职者不会选择就业。国外学者对保留工资的决定因素进行了大量研究，这些研究通常以调查数据为基础，使用微观计量方法来展开，主要内容包括两个方面：第一，保留工资的动态变化及其影响因素；第二，保留工资水平的决定因素。从国外的研究结果看，保留工资与失业保险金水平、求职者的受教育程度、性别、年龄、种族、婚姻状况、工作达到率等密切相关。一般来说，保留工资随着失业补偿金和工作到达率的提高而增加。埃斯瓦尔·普拉萨德（Eswar Prasad）的研究表明，宏观经济环境也是影响保留工资的重要因素，他发现个人的保留工资与全国的失业率正相关，与地区失业率呈负相关。国内为数不多的研究显示，保留工资主要受失业保险金和退休金（内退费）、社会关系网络、失业者的性别、年龄、家庭状况、失业前所在单位的性质、行业等因素的影响。

上述研究对我们深入理解保留工资的设定、工作搜寻决策和相关劳动力市场政策的制定具有较大的参考意义。但是，这些研究对影响保留工资水平的劳动力市场环境关注不够。实际上，当求职者面临的市场环境不同时，其保留工资是会有差异的。在充分竞争、统一的劳动力市场上，约束求职者保留工资水平的主要是人力资本水平、市场平均工资等因素；而在分割的劳动力市场中，情况则要复杂得多，除了考虑自身条件外，求职者保留工资的设定还要受到市场准入门槛、劳动力流动制度、不同劳动力市场的收益差距等因素的影响。

对于正在转型的中国来说，分割是劳动力市场的一个典型特征。因此，考察求职者保留工资的决策行为，劳动力市场分割是不可绕开的关键因素之一。劳动力市场分割的表现有多种，就中国的现状来说，城乡分割算是最为典型的一种，这种分割对我国的城乡就业差异、劳动力流动和收入差距等产生了重要影响。造成城乡分割的因素众多，其中又以城乡分治的户籍制度为主。这种制度的存在，使得中国的劳动力市场形成了以户籍为划分标准的两个市场，表现在城镇劳动力市场上就是，具有城市户口劳动力所能进入的劳动力市场通常工资水平较高，工作稳定，我们可以称之为主要劳动力市场；而涌入城市的农村劳动力所能进入的劳动力市场，则工资水平较低，工作环境较差，这类市场可以称为次要劳动力市场。中国城镇市场上的这种户籍分割对劳动者来说是充分知晓的，从理性决策的角度考虑，具有农村户口的劳动力在决定的自己的保留工资时，会以农民工形成的次要市场工资水平为参考。另外，城市劳动力在就业时没有户口限制，因此他可以在整个城市劳动力市上进行工作搜寻,当存在工资差异时,他会以较高的工资水平为参考设定保留工资。由此我们可以推测,在城乡劳动力的两种保留工资决定策略下,城镇劳动力的保留工资会高于农村户口,这是本文要验证和讨论的关键问题。

本研究将使用北京市的抽样调查数据,分析劳动力市场分割与求职者保留工资的关系,考察劳动力市场分割是否对保留工资具有统计意义上的显著影响,如果有,其影响程度如何。这一工作的意义不仅仅在于回答劳动力市场分割与保留工资的关系如何,而且,由于保留工资还会对就业结果、工资水平产生影响,因此,本研究还将为劳动力市场分割对城乡劳动力失业率的差异和收入差距提供新的理论解释。

一、模型设定、数据选择和变量描述

(一) 求职者个人特征和保留工资的统计分析

1. 求职者的户籍和就业状态

从求职者的户籍构成看,本地城镇和本地农村户口的求职者是北京市劳动力市场的主要构成人员,二者占到所有求职者的76.01%。在本数据库中,还对本地城镇户口求职者登记求职时的就业状态进行了统计,按照所提供的选项,这里将其分为失业人员、在职人员以及退休和在学人员三类。在本地城镇的求职人员中,以失业人员为主,他们占到了本地城镇户口求职者的94.21%。

表1　全体求职者的户籍构成情况

户籍类别	人数	比例
本地城镇	8715	55.2%
外埠城镇	1344	8.51%
本地农村	3287	20.82%
外埠农村	2442	15.47%
总计	15788	100%

资料来源:根据"2007北京职业介绍抽样数据"计算。

表2　本地城镇户口求职者的身份构成

人员类别	人数	比例
失业人员	8210	94.21%
在职人员	348	3.99%
退休和在学人员	157	1.80%
总计	8715	100%

资料来源:根据"2007北京职业介绍抽样数据"计算。

2. 求职者的人力资本特征

从全部样本看,各级受教育水平的求职者呈现金字塔的分布形状,随着受教育水平的提高,人员比例逐步降低。初中及以下所占比例最高,其次为高中,二者所占比例达到了60.05%。技能水平的结构也类似于金字塔的形状,没有职称的求职者占到了整体样本的60.13%。这说明,在样本人群中,以人力资本水平较低的求职者为主。

表 3 全体求职者的人力资本特征

人力资本	项 目	人 数	比 例
受教育水平	大学	2570	16.28%
	中专和职高	3738	23.68%
	高中	4520	28.63%
	初中及以下	4960	31.42%
技能水平	中高级职称	53	0.72%
	初级职称	2888	39.15%
	没有职称	4435	60.13%

资料来源：根据"2007 北京职业介绍抽样数据"计算。

从分户籍求职者的结构看，本地城镇户口求职者的受教育水平呈现橄榄形的分布，高中水平的比例最高，其次为中专和职高，大学和初中及以下两个层次的比例最低。在外埠城镇户口的求职者中，高中水平的比例最高，其次为初中及以下，最后是大学、中专和职高两个层次，这与本地城镇不同。本地农村户口中各级受教育水平的构成为：初中及以下水平的比例最高，其次为中专和职高，高中紧随其后，比例最低的是大学。外埠农村户口中各级受教育水平的构成为：初中及以下水平的比例最高，其次为高中，最后是中专和职高、大学两个层次。在本地城镇户口、外埠城镇户口和外埠农村三类人口中，求职者的技能水平以没有职称为主，而本地农村则以初级职称为主，这可能与北京市近年来对农村劳动力的培训投入有关。

表 4 不同户籍求职者的人力资本特征

人力资本	本地城镇		外埠城镇		本地农村		外埠农村	
	人数	比例	人数	比例	人数	比例	人数	比例
大学	1939	22.25%	332	24.70%	140	4.26%	159	6.51%
中专和职高	2361	27.09%	246	18.30%	802	24.40%	329	13.47%
高中	2574	29.54%	398	29.61%	801	24.37%	747	30.59%
初中及以下	1841	21.12%	368	27.38%	1544	46.97%	1207	49.43%
中高级职称	42	1.06%	7	0.91%	4	0.24%	0	0.00%
初级职称	1346	34.07%	172	22.45%	1031	61.33%	339	34.66%
没有职称	2563	64.87%	587	76.63%	646	38.43%	639	65.34%

资料来源：根据"2007 北京职业介绍抽样数据"计算。

（二）模型设定和数据选择

本文使用的模型为半对数线性回归方程，这也是保留工资研究中最为常用的一个模型，其具体形式如下：

$$\ln resercation = \beta_0 + \beta_1 x_1 + \beta_2 x_2 + \cdots + \beta_k x_k + \varepsilon \tag{1}$$

其中，左边是保留工资的对数，$x_1, x_2, \cdots, x_k$ 为影响求职者保留工资的一系列因素，包括性别、年龄、受教育水平、户口所属地等；β_0 为常数项，$\beta_1, \beta_2, \cdots, \beta_k$ 是需要进行估计的系数。

本研究使用的数据来自北京市劳动和社会保障局 2007 年的职业介绍数据库，这里简称为"2007北京职业介绍抽样数据"。数据的选取原则为：在全市所有职业介绍所登记求职人员中，按照随机抽样的原则抽取20000个样本。该数据库包括了求职者的个人特征和求职要求，比如保留工资、年龄、性别、受教育程度、是否"4050"人员、登记时的就业状态、是否持再就业优惠证、求职工种、期望最低月薪和最高月薪等，这为本文提供了丰富的数据支持。

回归方程中的因变量是保留工资的对数，为了剔除奇异值，这里进行了如下处理：保留工资最小值不低于北京市2007年的最低工资标准，需要说明的是，在2007年6月28日，北京市劳动和社会保障局和北京市人事局对最低工资标准进行了调整，规定自2007年7月1日起，最低工资标准由每小时不低于3.82元、每月不低于640元，提高到每小时不低于4.36元、每月不低于730元，而在2006年到2007年该日期之前，此标准为每小时不低于3.82元、每月不低于640元，因此，对保留工资底线的设置为，在2007年7月1日前登记求职者的劳动力，保留工资的底线为640元，低于640的样本剔除，在2007年7月1日后登记求职者的劳动力，保留工资的底线为730元，低于730元的样本剔除。保留工资最大值的确定方法是，根据北京市统计局和国家统计局北京调查总队发布的《北京市2007年国民经济和社会发展统计公报》，把当年北京市人均可支配收入中20%高收入户的月平均收入3388元作为最高标准，高于此值的从样本中删除，最终保留15788个样本。

在解释变量中，户籍是本研究的关键变量。样本中的户口共包括本市城镇、本地农村、外埠城镇和外埠农村四类。本文对该变量采取了虚拟变量的处理方式：把本地农村和外埠农村合并为农村户口并设为参照组，把本地城镇和外埠城镇合并为城镇户口。除了户籍这一变量外，求职者的性别、年龄、受教育程度、技能水平、身体健康程度作为控制变量进入保留工资方程，在已有的研究中，这些变量通常都会影响保留工资水平。

表5给出了回归方程中各变量的定义和描述性统计分析。

表5 相关变量的描述性统计

变量	定义	平均值	标准差	最小值	最大值	样本数
被解释变量						
保留工资对数	求职者就业时所期望的最低月薪（元）	6.94	0.29	6.46	8.01	15788
解释变量						
性别	男性为1，否则为0	0.59	0.49	0	1	15788
年龄	求职者当年的实际年龄	31.58	10.28	16	63	15788
年龄平方	年龄的平方项	1103.12	719.73	256	3969	15788
受教育程度						
大学	若为大学，则为1，否则为0	0.16	0.37	0	1	15788

续表

变量	定义	平均值	标准差	最小值	最大值	样本数
中专和职高	若为中专和职高,为1,否则为0	0.24	0.43	0	1	15788
高中	若为高中,则为为1,否则为0	0.29	0.45	0	1	15788
求职者职称水平						
中高级职称	若为中高级职称,则为1,否则为0	0.00	0.06	0	1	15788
初级职称	若为初级职称,则为1,否则为0	0.18	0.39	0	1	15788
求职者的健康状况						
健康或良好	若求职者健康或良好,则为1,否则为0	0.98	0.13	0	1	15788
一般或较弱	若求职者健康状况为一般或较弱,则为为1,否则为0	0.01	0.12	0	1	15788
求职者户籍						
城镇户口	若为城镇户口,则为1,否则为0	0.64	0.48	0	1	15788

资料来源:根据"2007北京职业介绍抽样数据"计算。

二、劳动力市场分割与保留工资决定的实证结果分析

借助保留工资决定方程和北京市2007年的职业调查数据,本文对保留工资的决定因素进行了实证分析,从回归结果看,可以发现以下几点(见表6)。

1. 户籍制度是影响保留工资的重要因素。这是本文所要验证的关键问题,从回归结果看,与参照组农村户口劳动力相比,城镇户口劳动力的保留工资高出3.06%,与前面提出的假设一致,即城乡劳动力市场分割会对劳动力的保留工资产生影响,户籍所带来的求职优势会抬高城市劳动力的保留工资。张建武和崔惠斌对大学毕业生保留工资决定因素的研究也发现,农村户籍毕业生的保留工资比城镇户籍毕业生低20%。

2. 性别、年龄等个人特征也会影响求职者的保留工资。与女性相比,男性的保留工资高出11.22%,这说明,男性在劳动力市场上具有一定的竞争优势,造成这种局面的原因可能来自于劳动力市场的性别歧视。年龄对保留工资求职的影响是非线性的,随着年龄的增加,保留工资首先提高,达到一定程度后开始下降。从估计结果看,开始下降的年龄为36.1岁,这种规律与年龄对收入的影响类似。

3. 教育、技能水平等人力资本对保留工资具有重要影响。从受教育水平看，与初中及以下相比，高中分别高出 6.09%，中专和职高高出 8.94%，大学高出 26.51%。就不同技能水平的求职者来看，与没有职称相比，初级职称高出 4.77%，中高级职称高出 20.23%。这与人力资本理论的相关论断一致。按照人力资本理论，劳动者进行人力资本投资是为了获得较高的回报，因此，在求职的过程中，人力资本水平越高，其保留工资就越高。求职者技能水平越高，失业者的保留工资也越高，高技能者比无职称者的保留工资高出约 28%。

4. 健康水平也是影响保留工资的一个因素。在三个回归方程中，与参照组"身体有病或者残疾"相比，健康状况为"一般或较弱"的高出 19.41%，健康状况为"健康或良好"的高出 20.15%。在人力资本理论框架下，健康通常也被视为一种人力资本，劳动者的身体越健康，其在劳动力市场上的竞争力就越强，从而其保留工资就越高。

表1 保留工资方程回归结果：全体样本

变量名称	系数
城镇户口	0.0306***
	(0.0045)
性别	0.1122***
	(0.0042)
年龄	0.0360***
	(0.0015)
年龄平方	-0.0005***
	(0.0000)
大学	0.2651***
	(0.0078)
中专和职高	0.0894***
	(0.0062)
高中	0.0609***
	(0.0052)
中高级职称	0.2023**
	(0.0448)
初级职称	0.0477***
	(0.0057)
健康或良好	0.2015***
	(0.0315)
一般或较弱	0.1941***
	(0.0368)
Obs	15788
Adj R-squared	0.1728
F	290.35

注：***表示在1%的水平上显著，**表示在5%的水平上显著，*表示在10%的水平上显著。表中系数下面的括号里面是稳健的标准误，因变量为保留工资的对数。

在本研究的样本构成中，求职者的户籍状况包括本市城镇、本地农村、外埠城镇和外埠农村四类。那么，在北京市本地的城乡户口之间，求职者的保留工资是否存在显著差异？同理，在外地求职者样本中，城乡户口是否也是影响求职者保留工资的一个因素呢。为此，本文分别对这两个群体进行了回归分析，回归方程依然为公式（1），计量结果见表7。

从对本地样本的回归结果看，户籍依然是影响保留工资的一个显著因素。与北京市农村户口的求职者相比，北京城镇户口求职者的保留工资高出5.95%。在个体特征和人力资本水平方面，其回归结果与全体样本相似，这里不再赘述。外地求职者样本的回归结果显示，城镇户籍求职者的保留工资比农村户籍求职者的保留工资高出4.02%。对比北京市和外地两个样本回归结果的户籍系数看，北京市户籍制度的影响要大于外地户口的样本。这也从另外一个侧面说明，户籍制度对保留工资的影响，不仅体现在城乡户籍差异上面，而且，在北京这样实施比较严格的户籍管理的大城市，外地城镇户口（与外地农村户口相比）的优势也受到了削弱。

表2 保留工资方程回归结果：分本地和外地户口的样本

解释变量	本地户口样本的回归结果	外地户口样本的回归结果
城镇户口	0.0595***	0.0402***
	(0.0052)	(0.0097)
性别	0.1012***	0.1197***
	(0.0048)	(0.0087)
年龄	0.0357***	0.0367***
	(0.0017)	(0.0031)
年龄平方	-0.0005***	-0.0005***
	(0.0000)	(0.0000)
大学	0.2627***	0.2794***
	(0.0090)	(0.0159)
中专和职高	0.0945***	0.1191***
	(0.0072)	(0.0130)
高中	0.0546***	0.0779***
	(0.0059)	(0.0101)
中高级职称	0.2037***	0.1994**
	(0.0496)	(0.0915)
初级职称	0.0603***	0.0533***
	(0.0062)	(0.0141)
健康或良好	0.1819***	0.3018***
	(0.0325)	(0.0112)
一般或较弱	0.1776***	0.3331***
	(0.0377)	(0.0832)
Obs	12002	3786
Adj R-squared	0.1825	0.1800
F	237.71	

注：***表示在1%的水平上显著，**表示在5%的水平上显著，*表示在10%的水平上显著。表中系数下面的括号里面是稳健的标准误，因变量为保留工资的对数。

三、结论及政策含义

从本文的研究结果看，户籍制度的确是影响求职者保留工资的一个重要因素。不同样本回归的结果都表明，城镇户口求职者的保留工资高于农村户口的保留工资。这从一定程度上反映了城市劳动力市场的一种新分割。从目前城市劳动力市场供给结构看，除了城市户口的劳动力外，还有大量的农村流动人口。按道理讲，只要劳动力具备工作要求的素质，其所主张的工作回报就应该相同。但在现实中，由于户籍的不同，城乡劳动力在就业选择和工资收入方面存在较大差异。不同户籍制度劳动力的保留工资差异说明，在城市劳动力市场上，存在一种以户籍制度为标准的分割，在农村户籍劳动力构成的次要劳动力市场上，相同人力资本水平和个人特征的劳动力，其工资期望要低于那些处于城市户籍劳动力构成的主要劳动力市场上的工资期望。原来以户籍制度为标志的城乡劳动力市场地域分割已经演化成为城市劳动力市场以户籍制度划分一种新分割，中国的劳动力市场又增添了一重分割。户籍制度阻碍了农村劳动力作为市民享受同等就业和社会保障的权利，延缓了农村劳动力市民化这一进程。

众所周知，保留工资是劳动力工作搜寻行为中的一个关键因素，其水平的高低会对劳动力搜寻时间的长短和就业结果产生直接影响，因此，劳动力市场分割与保留工资的这种关系为我们理解以下两个问题提供了新的视角和思路。第一，城乡劳动力失业率的差异。在城市劳动力市场上，劳动力的户籍不同，其失业率也不相同。王德文、吴要武和蔡昉使用第五次人口普查的数据估算发现，城市劳动力的失业率高达9.1%，远高于农村迁移者3.6%的失业率。这种现象可以从本文的结论中给予说明。按照工作搜寻理论的预期，求职者的保留工资越高，找到满意工作所花费的时间越长，与保留工资较低者相比，在同一个时间跨度内，保留工资较高者的就业概率就比较低。本文的计算结果表明，城市劳动力的保留工资高于农村劳动力的保留工资，按照上述逻辑不难得出：城市劳动者的失业率高于农村迁移者的失业率。第二，城乡收入差距。众所周知，改革开放以来，中国城乡收入之比尽管在不同年份有所不同，但总体一直存在较大差异，根据历年《中国统计年鉴》提供的数据可以计算出，1978、1990、2000，城镇人均居民可支配收入和农村人均纯收入之比分别为2.55:1、2.20:1、2.78:1，而到了2009年，这一比例则扩大到3.31:1。造成这种收入差距的原因是多种的，这些原因产生的影响最终会体现在城乡劳动力的收入水平上。在工资决定机制市场化程度日益提高的情况下，影响劳动者工资水平的因素最终会通过求职者的保留工资和劳动力需求方工资出价两个途径来发挥作用。不谈劳动力需求方，这里只看供给方的期望工资。根据本文的研究结果，城镇求职者的保留工资高于农村求职者的保留工资。也就是说，城乡收入差异在一定程度上由供给方保留工资差异引起的。在外出务工收入日益成为农村收入一个重要组成部分的情况下，上述结论为我们理解城乡收入的成因以及城乡劳动力市场分割影响城乡收入差异的途径提供新的解释。

此外，本文关于性别与保留工资关系的估算结果也为就业的性别歧视提供新的支持。性别歧视是劳动经济学中的一个经典命题，国内学者从职业隔离、市场化等方面分析了中国劳动力市场上的性别歧视现象，与这些研究不同的是，本文可以从保留工资的角度对男女间的就业差异做出新的解释。从本文和相关研究的估算结果看，女性的保留工资低于男性，按照工作搜寻理论的预测，在就业环境相同的情况下，她们应该比男性更容易找到工作。但在我国劳动力市场的现实中，女性的就业难度却远大于男性，女性就业过程中遭遇的歧视现象频频出现。这说明，女性就业的确存在一定程度的性别歧视，即便其工资要求较低，也会由于社会观念、生理特征、雇主偏好等受到就业歧视。

本文的政策含义主要有两点：一是加快户籍制度改革，消除户籍制度对劳动力市场健康发展带来的负面影响。要淡化户口对劳动力市场供需双方自主选择权的约束，逐步实现不同户籍身份的统一化，减少劳动者因户口不同而在就业和社会福利上产生的差异，为劳动力创造公平、体面的就业环境，修正户籍制度对劳动力收入预期和搜寻行为的负面影响。二是通过相关法规建设和制度改革，减轻劳动力市场上的性别歧视。要通过劳动立法等手段，进一步提高男女在就业机会和就业过程方面的公平性，加强劳动法规的执法力度，切实维护女性的就业权利；通过补贴等手段，减少企业因女性员工生育而带来的损失，消除企业在雇佣女性方面的经济顾虑。

参考文献

Eswar Prasad（2001），"The Dynamics of Reservation Wages: Preliminary Evidence from the GSOEP"，*Quarterly Journal of Economic Research*，70（1）：44 – 50.

赵延东. 求职者的社会网络与就业保留工资——以下岗职工再就业过程为例［J］. 社会学研究，2003，(4)：51 – 59.

董志强，蒲勇健. 失业劳动力保留工资影响因素的实证研究［J］. 中国软科学，2005，(1)：59 – 63.

宋丰景. 保守工资假说——关于我国城市失业问题的一种解释［M］. 北京：中国劳动社会保障出版社，2007.

张建武，崔惠斌. 大学生就业保留工资影响因素的实证分析［J］. 中国人口科学，2007，(5)：68 – 74.

蔡昉，都阳，王美艳. 户籍制度与劳动力市场保护［J］. 经济研究，2001，(4).

赖德胜，等. 对中国"知识失业"成因的一个解释［J］. 经济研究，2005，(11).

陈钊，陆铭，佐藤宏. 谁进入了高行业——关系、户籍与生产率的作用［J］. 经济研究，2009，(10)：121 – 132.

王德文，吴要武，蔡昉. 迁移、失业与城市劳动力市场分割——为什么农村迁移者的失业率很低？［J］. 世界经济文汇，2004，(1)：37 – 52.

王美艳. 中国城市劳动力市场上的性别工资差异［J］. 经济研究，2005，(12).

李实，马欣欣. 中国城镇职工的性别工资差异与职业分割的经验分析［J］. 中国人口科学，2006，(5)：2 – 13.

（作者单位：中国人事科学研究院人力资源市场研究室）

大学毕业生与农民工工资趋同的经济学分析

吴克明

近几年来，我国出现了一种令人困惑的现象，一方面，大学毕业生就业问题日益严峻，工资逐年下降，甚至出现了大学毕业生"零工资"就业的现象。另一方面，社会对农民工的需求旺盛，"民工荒"在全国各地蔓延，农民工工资不断增加，呈现出与大学毕业生工资趋同的趋势，甚至在一些特殊工种上农民工的工资超过了大学毕业生。例如，《2009 年人口与劳动绿皮书》显示，21 岁和 22 岁的大学毕业生与同龄的青年农民工的工资进行对比，发现都是"千元档"，青年农民工的平均工资水平甚至略高于大学毕业生。可见，大学毕业生工资竟然下降到与高中学历以下的农民工相同，已经成为不争的事实，这一现象被学界概括为"工资趋同"现象。这一现象开始引起社会的广泛关注，相关消息广泛见诸于新闻媒体，或许是因为工资趋同是近几年才出现的新现象，所以已有研究并不多见，并且已有研究主要基于劳动力供求理论的视角，往往只注重了大学生供给或农民工需求，而忽视了将大学生需求和供给、农民工需求与供给结合起来分析，导致分析不够全面。由于决定工资的因素除了劳动力供求之外，还有个体的人力资本因素，所以仅从劳动力供求的角度还不能完全解释工资趋同现象。为了更深入探究工资趋同现象的原因，本文拟从经济学的劳动力供求理论和人力资本理论的角度进行分析，并对"工资趋同是否意味着大学教育投资不理性"做出回答，为个人的大学教育投资决策提供指导。

一、大学毕业生与农民工工资趋同：劳动力供求的视角

在市场经济条件下，工资作为劳动力价格，是劳动力供求状况的反映，劳动力供求状况是决定工资水平的主要因素，换言之，劳动力供求的变化必然引起工资发生改变。具体而言，当劳动力需求基本不变的情况下，劳动力供给的增加将降低工资水平。而当劳动力供给基本不变的情况下，劳动力需求的增加将提升工资水平。大学毕业生工资的下降和农民工工资的上升正是这一规律的体现。

从劳动力供给的角度看，一方面，大学毕业生自高校扩招以来，供给大幅度增加。1999 年起，我国高校开始连续多年的大幅度扩招，普通高校的招生数从 1998 年的 108 万增加到 2009 年的 629 万，增加 6 倍。扩招的结果是大学毕业生人数急剧增加，从 2001 年的 104 万增加到 2009 年的 610 万，增加 6 倍（见表1），基本上保持年均 15% 的增幅。另一方面，农民工数量经历 1991～2000 年间的大规模增长以后，进入 21 世纪后尽管稳步增加，但波动较小，总量基本保持稳定。数据显示，2000 年，我国农民工为 2.13 亿，2007 年为 2.46 亿，年均增幅为 2.5%～5% 之间，

甚至有的年份出现负增长（见表2）。可见，大学毕业生的供给增长幅度远远高于农民工。

表1 我国高校历年招生人数和毕业人数　　　　　　　　（单位：万）

	1997	1998	1999	2000	2001	2002	2003	2004	2005	2006	2007	2008	2009
招生数	100	108	160	180	260	320	382	420	504	530	567	599	629
增幅	——	8%	48%	12%	44%	23%	19%	9.9%	20%	5.1%	6.9%	5.6%	5%
毕业数	82.9	83	84.8	95	104	145	212	280	338	413	495	559	610
增幅	——	1.2%	2.1%	12%	9.5%	39%	46%	32%	21%	22%	20%	13%	9.1%

数据来源：历年中国统计年鉴及教育统计公报。

表2 我国历年农民工人数　　　　　　　　（单位：万）

	1997	1998	1999	2000	2001	2002	2003	2004	2005	2006	2007
人数	19500	20500	20800	21300	19600	20500	21500	22000	23000	24000	24600
增幅	——	5.1%	1.4%	2.4%	-8.0%	4.6%	4.9%	2.3%	4.5%	4.3%	2.5%

数据来源：杨聪敏、杨黎源．当代中国农民工流动规模考察［EB/OL］．http：//www.sociology.cass.net.cn/shxw/zxwz/P020091123314338285891.pdf。

从劳动力需求的角度看，近10年来，我国经济总体上保持着快速发展，根据奥肯定理，经济发展越快，创造的就业岗位就越多，所以理论上我国每年会产生大量的就业岗位。但是现实中，我国出现了较高速度的经济增长与较缓慢的就业增长的矛盾。换言之，我国经济高速增长并没有创造大量的就业机会。尤其是增加的就业机会主要分布在生产性领域和部门，企业用工需求的对象主要是低技能普通廉价劳动力，而对知识性人才的需求却相对有限。换言之，我国经济发展对大学毕业生的需求不足，而对农民工的需求旺盛。原因至少有以下三方面：

第一，在产业结构方面，我国产业层次偏低。目前，第三产业增加值占国民生产总值的比重，世界平均水平是50%左右，发达国家是60~70%，发展中国家平均水平在40%以上，我国是第三产业比重过低的为数不多的国家之一。例如，2007年，我国第一、第二、第三产业占GDP的比重分别为11.26%、48.64%、40.10%；2008年，比重分别为11.31%、48.62%、40.07%。可见，在三大产业中，我国第一、第二产业所占比重偏高，第三产业比重相对偏低，产业结构基本还是以劳动密集型、低加工、低附加值的传统轻型制造业为主，大量企业还处于产业链最低端——加工制造环节上。并且，中国的产业发展没有形成从设计到生产到销售到物流再到售后服务的产业链条，或者这些环节是分割的。生产以前的环节大多数都集中在外来投资者的手中，而生产以前的环节发展是大学生发挥专业技能的用武之地，这样就不利于大学生就业。而生产成为中国产业的主要环节，主要需要一般性技能工人，这样的工人一般不需要有很高的学历，可以通过长时间的工作获得熟练技能。

第二，我国当前的贸易结构有利于大量需求低技能劳动者。中国经济发展处于由劳动密集型经济向资本技术密集型经济的过渡阶段。从产业间贸易来看，中国已经实现了以劳动密集型商品出口为主向以资本技术密集型商品出口为主的转变；但从产业内贸易来看，中国出口商品中高品质商品所占比重偏低。特别是从产品内贸易来看，尽管出口商品总额中高新技术产品所占比重在迅速增长，但大多只是专业化于其中的劳动密集型加工环节，高新技术产品在工业制成品中所占比重明显偏低，高科技含量、高附加值商品还远未成为贸易的主导产品。当前，对外贸易主要集中在纺织，电子，机械制造业，这些出口的产品基本上都是粗放型产品。这些产业仅需要具有普通工作技能的劳动者，农民工足以满足其需要。

第三，城镇化和建筑行业的迅速发展有利于增加农民工需求。近十几年来，我国城镇化加快发展，中国人口城镇化率从1996的30.5%提高到2008年的45.7%，提高了15.2个百分点，年均提高1.27个百分点。城镇化带来了大规模基础设施和城镇住宅的投资需求，直接促使建筑行业日益壮大。中国是目前世界上建筑市场最大的国家，全球几乎一半的建筑在中国建设，而且这个规模还将增长，世界有一半工地在中国。建筑业是我国经济发展重要支柱产业之一，建筑业的快速发展，加大了对民工需求增加。1983~2005年，从总量上看，农民工在建筑业就业的数量由1983年的482.5万人上升到2005年的3653.2万人，23年间增长了大约7倍多。2006年全国每户农户中有0.14人从事建筑业，分地区看，东部是0.11人，中部是0.18人，西部是0.16人，东北是0.08人。从以上的数字中可以看到，建筑业的发展对农民工数量的需求巨大。尤其是经济危机后我国积极投入资金，大力发展基础设施建设，使本就发展的如火如荼的建筑业更加呈现勃勃生机，进一步增加了对建筑工人与相关的技术服务人员的大量需求。

总之，从劳动力供求的角度看，大学毕业生供给大幅度增长，远远大于需求增长速度，大学毕业生相对过剩。与此相反，农民工的需求增长迅速，远远大于供给增长，出现"民工荒"，在劳动力供求机制的作用下，必将导致大学毕业生工资下降（从W_0下降到W_1），而农民工工资上升（从W_0上升到W_1）（见图1、图2），进而缩小了大学毕业生与农民工工资差距，促使二者工资趋同。

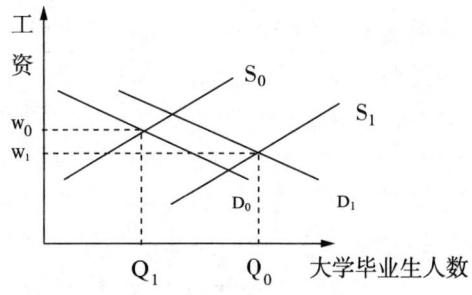

图1　大学毕业生供求与工资

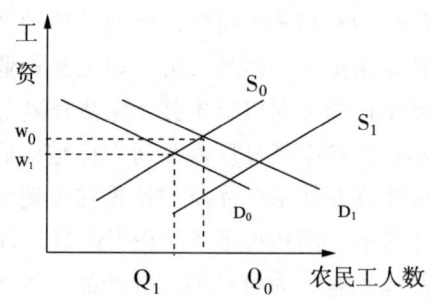

图 2 农民工供求与工资

二、大学毕业生与农民工工资趋同：人力资本的视角

人力资本理论认为，人力资本是影响工资的重要因素，其作用机制在于人力资本能够增强劳动者的生产能力，提高劳动者的劳动生产率，由于劳动生产率越高，就意味着劳动者的劳动贡献更大，因此，工资更高。显然，这一作用机制发生在就业以后的环节，事实上，人力资本对工资的影响还发生在就业之前即择业环节。在市场经济条件下，劳动者自由流动，自由的选择职业，作为理性人，每一个劳动者都期望选择工作环境好、社会地位高、工资收入高的工作单位，但这种令人羡慕的工作单位往往有限，因此，不可能每一个求职者都能如愿以偿。于是，众多求职者之间必将为获得高工资的工作单位而竞争。从雇主的角度看，雇主为了实现利益最大化，更愿意选择人力资本水平高的求职者。这样，只有那些人力资本水平高的求职者才能获得高工资的工作单位，人力资本水平低的就只好从事工资低的工作。这样就产生了不同人力资本水平的劳动者之间的工资差别现象，事实上，这种由于劳动者人力资本差异产生的工资差别称为竞争性工资差别或技能性工资差别。总之，无论从就业之前的择业环节还是就业之后的工作环节来看，劳动者的人力资本水平对其工资高低具有重要影响，在其他条件相同的情况下，劳动者的人力资本与工资成正相关。我国学者岳昌君通过实证研究发现，学历层次高、学校声望好以及毕业生学识的深度（成绩优秀、有大学英语四六级证书以及做过学生干部）等反映大学毕业生良好教育状况的因素有助于大学毕业生在求职竞争中排在求职者队伍的前面，进而有助于提高工资。这说明了人力资本水平是影响其工资水平的重要因素之一。

那么，人力资本是如何形成的呢？换言之，人力资本的形成途径有哪些呢？人力资本理论认为，人力资本的形成主要有四种方式：教育和培训（包括正规学校教育和在职培训）、卫生保健、劳动力流动（包括国内流动和国际间的迁移）以及工作经验的积累。其中，教育与培训是提升人力资本的最重要和有效的形式，对此人们不难理解，而容易被人们忽视的是，工作经验的积累同样是人力资本形成的重要途径，对此，阿罗提出的"干中学"（learning by doing）概念中，肯定了技术具有外部性，即知识的溢出效应，认为"干中学"会引起人力资本水平的相应提高。此外，人力资本理论的奠基者之一明瑟也很注重工作经验对人力资本形成的作用，并且在广泛应用的明瑟教育收益率计量模型中有充分的体现，在该计量模型中，工龄和教育共同作为衡量劳动者人力资本水平的变量。

从人力资本的角度来看，大学毕业生和农民工工资趋同的原因在于二者的人力资本水平趋同,换言之,二者的人力资本差距缩小。

第一,从大学毕业生的角度来看,大学毕业生的人力资本主要取决于高等教育质量和高校生源素质,而高校扩招以来,不仅高等教育质量明显下降,高校生源素质也下降,导致大学毕业生的人力资本水平降低。

一方面,扩招导致高校师资力量不足。众所周知,高校师资力量是影响教育质量的最重要的因素,"百年大计,教育为本,教育大计,教师为本。"师资数量和水平是影响教育质量的关键。扩招以来,随着高校在校生急剧膨胀,而专任教师增长相对缓慢,导致生师比迅速增加。1998年高校在校生为340万,专任教师为40.7万,生师比为7.83,2003年在校生为1108.6万,专任教师为72.5万,生师比增加到15.29,自此一直保持在16.15左右,可见,扩招以后,生师比迅速提高,仅五年时间就翻了一番(见表3)。据专家论证和国外一些高校的实际情况,高校生师比一般不应当超过13:1,否则会增加教师负担,影响教育质量和教师创新精神的培养。此外,为了适应高校扩招的需要,这几年我国高校教师大多直接来自应届毕业的博士或硕士毕业生,缺乏教学经验,教学方法和教学内容都无法满足人才培养的目标要求。所以,生师比的大幅度增加,表明师资力量明显减弱,致使教师工作量过大,教学负担过重,从而影响教学效果和人才培养的质量。总之,师资不足,必然导致教学质量的下降,进一步导致了大学毕业生人力资本水平下降。

表3 我国历年高校生师比

年份	在校生数(万)	专任教师数(万)	生师比
1997	317.4	40.5	7.83
1998	340.9	40.7	8.37
1999	413.4	42.6	9.70
2000	556.09	46.28	12.01
2001	719.07	53.19	13.51
2002	903.36	61.84	14.60
2003	1108.6	72.5	15.29
2004	1333.5	85.8	15.54
2005	1561.77	96.58	16.17
2006	1738.8	107.6	16.15
2007	1884.89	116.83	16.13

数据来源:中国统计年鉴2008。

另一方面,扩招也导致高校生源质量明显下降。扩招后,我国高等教育迅速从精英教育阶段进入大众化阶段的过程。扩招意味着高考录取分数将降低,使许多低分的考生进入大学。尽管对于全国少数知名学校而言,不会降低录取分数,其生源质量变化不大,但对于大多数普通高等院校而言,降分意味着招收的学生良莠不齐,平均生源素质将下降。据有关调查,有一半以上(57%)的教师认为扩招后生源质量有所下降,有的教师认为生源质量明显下降。从扩招前后的高中生升学率来看,高中生升学率从1998年的43.1%到1999年的60.7%,上升了17.6个百分点,2000年以后至今升学率一直保持在70%以上(见表4),高中生升学率的大幅度上升,意味着大学生源质量必然下降,这也是大学毕业生人力资本水平下降的重要原因。

表4 历年高中生升学率 (%)

人数（万）	1997	1998	1999	2000	2001	2002	2003	2004	2005	2006	2007
高中生毕业数	222	252	263	302	340	384	458	547	662	727	788
高校招生数	100	108	160	221	269	321	382	447	504	546	565
升学率（%）	45.1	43.1	60.7	73.2	78.8	83.5	83.4	82.5	76.3	75.1	71.8

数据来源：中国统计年鉴2008。

第二，从农民工的角度看，尽管农民工的受教育水平低于大学毕业生，从这一点看，其人力资本水平低于后者，但农民工也具有相对的人力资本优势，有利于缩小二者人力资本水平差距。

一方面，农民工的工作经验比大学毕业生丰富，可以弥补农民工人力资本水平的不足，缩小与大学毕业生人力资本水平的差距。前面已经提到，工作经验是人力资本形成的重要途径之一，并且，有学者论证指出，工作经验和教育在人力资本形成方面，二者既有互补性，也有替代性。因为教育和经验在提升人力资本的路径、范围上具有相同点，更有不同之处。尽管两者都能通过提高劳动者的职业知识、技能和观念方法来提高人力资本存量，但是方式各有不同。教育主要是以理论的形式将过往的历史经验和知识传授给学生；而经验则侧重于从实践中学到与职业紧密相关的知识、技能、观念和方法。在职业所需要的基本知识、技能、竞争意识、职业道德等职业性人力资本方面，二者具有替代性。在其他方面，二者具有互补性，或者说二者各有优势。由于人力资本的资本性只有在实际生产中才能得到体现，经验有着教育不可替代的独特作用。与几乎没有什么工作经验的大学毕业生相比，即使是同龄的农民工也已经有了三到四年的工作经验，所以尽管农民工受教育水平低于大学毕业生，但已经具有有更多的实践经验。"干中学"是农民工主要的学习方式，农民工就是在工作中不断的学习，逐步的积累经验，从而达到技术上的成熟，提高了人力资本含量。特别是作为技术工人，农民工比大学毕业生占有更大的优势。此外，许多农民工在工作之前或工作之后，往往接受过岗前培训或在职培训，这也是农民工人力资本积累方面的一个优势。而大学毕业生由于尚未就业，在工作经验方面具有客观上的不足。因此，农民工在工作经验上的优势弥补了教育水平的不足，有利于缩小与大学毕业生人力资本的差距。

另一方面，农民工的劳动力流动有助于提高人力资本水平。对于长期处于封闭状况下的农村劳动力来说，外出流动过程中的"干中学"对人力资本的影响是不可估量的，不仅因为流入城市后，增加了流动者发挥人力资本潜在优势的机会，而且从农村流动到城市非农就业工龄的增加本身也形成了对人力资本的投资。我国学者张永丽，刘富强利用在西部地区八个样本村调查所获得的资料，对比分析了农村外出打工者外出前后自身变化，说明了外出打工对务工人员自身人力资本存量的影响。在调查样本中，40%的务工人员外出务工遵循的是"零工—小工—大工（技工）"这样"边干边学"的路线。调查还发现，外出者的务工时间与其技能水平成正比。在调查者中，22.5%的外出者明确表示在外出打工过程中"学到了新技术"，但从外出者务工经历来看，大多数有外出经历的劳动者都实现了"零工——小工——大工（技工）"的转变。这表明，农民工的劳动力流动也是提升其人力资本水平的一个有效途径，进一步缩小了与大学毕业生人力资本差距。

总之，从人力资本的角度来看，一方面大学毕业生的人力资本水平下降，另一方面农民工具有大学毕业生所没有的人力资本优势，意味着二者的人力资本差距缩小或趋同，这也是大学毕业生和农民工工资趋同的另一个重要原因。

三、对大学毕业生与农民工工资趋同的评价

大学毕业生和农民工工资趋同反映了大学毕业生工资下降这一事实，并且具有一定的必然性，但我们不能因此而断定个人接受大学教育就是非理性的，更不能因此而断定接受大学教育反而不如不接受大学教育。因为衡量接受大学教育的收益需进一步考虑以下几方面。

第一，大学毕业生与农民工工资趋同往往最能反映的是大学毕业生的起薪降低，但这不能反映大学毕业生未来的的工资变化。因为工资趋同一个原因是大学毕业生的工作经验不足，这意味着随着大学毕业生工作年限的延长和工作经验的积累，大学毕业生的人力资本将会明显提高，从而工资将明显上升，尤其是其工资增长速度会比未受过高等教育者快。换言之，大学教育投资的长期收益将会显著提高。许多工龄~收入曲线都表明，受教育程度越高，长期收入就越高。事实上，许多大学毕业生的工资在第二年以后就会明显增加，所以大学毕业生短期工资的下降不代表长期工资下降，也不代表大学教育收益率降低。

第二，大学毕业生从事的职业与农民工有明显的差别，其工作环境、劳动强度和工作时间等也有明显差异。许多调查表明，农民工从事的行业部门比较广泛，但主要集中于制造业、建筑业和服务业，从事的职业主要是各类服务员、生产工人、技术工人、建筑工人、专业技术人员。总体上，农民工从事的主要是高强度的体力劳动，工作环境和劳动条件大多相当艰苦，很多工种岗位具有劳动强度大、危险性高的特点，而且农民工的工作时间过长，超时加班工作严重损害了农民工的身心健康。调查显示，农民工的劳动时间，每周平均6.5天，每天平均10.0小时，大大高于城镇职工的平均劳动时间。在这种情况下，超时加班就成为农民工工作的常态。另据国家统计局的调查，在城里务工经商的农民工平均每周工作6.29天，平均每天工作8.93小时。从每天工作时间看，平均每天工作时间不足8小时的占6.85%，每天正常工作8小时的占53.26%。每天工作9~10小时的占26.28%，每天工作11~12小时的占10.70%。有2.91%的农民工平均每天工作时间在12小时以上。从每周工作时间上看，46.00%的农民工每周工作7天，36.71%的农民工每周工作时间为6天，15.58%的农民工每周工作时间为5天，只有0.81%的农民工每周工作时间在4天以下。而大学毕业生的职业以专业技术工作为主，有调查表明，大学毕业生从事的职业中，各类专业技术工作（如工程师、会计师、教师、医生、律师等）占34.3%；其次是各类技术辅助工作（如技术员、护士、秘书、出纳等）占20.8%；各类行政管理工作（包括党政机关、事业单位、群众团体行政管理工作）占17.7%；各类企业管理工作（如经理、部门经理等）占8.6%；各类服务工作（如保安、餐饮服务、销售服务、市场营销等）占11.4%；各类一线工业和农业生产工

作的分别占 5.0% 和 0.1%；其他占 1.9%。可见，大学毕业生从事的职业大多属于所谓的"白领"，而农民工的职业属于所谓的"蓝领"，农民工的劳动强度更大，劳动时间更长，工作环境更恶劣。某种意义上，农民工工资的提高是一种对其不利的工作环境和过长的工作时间的一种补偿，属于一种补偿性工资。换个角度来看，这意味着大学毕业生的工作避免了这样的"不利因素"，其实也是一种大学毕业生的一种隐性收益。

第三，大学毕业生职业发展前景明显优于农民工。根据劳动力市场分割理论，劳动力市场分为主要劳动力市场和次要劳动力市场。主要劳动力市场提供的是大公司、大企业、大机构的工作岗位；就业稳定、职业有保障、工资高、工作条件好、享有平等的权利和晋升机会。一般来说，能进入这个市场的求职者往往受过高等教育。次要劳动力市场上提供的是小公司、小企业、小机构的工作岗位；工作不稳定、流动性大、工资低、工作环境差、规章制度严厉、晋升机会少。一般来说，难以进入主要劳动力市场的求职者往往只有进入次要劳动力市场，例如教育水平低的求职者。主要劳动力市场的求职者一般不愿光顾次要劳动力市场，而次要劳动力市场的求职者很难进入主要劳动力市场。在我国，次要劳动力市场广泛存在于农村，并且在城市的传统部门和正式部门中迅速发展，由此看来，职业声望高，且好的职业发展通常存在于主要劳动力市场。在劳动力市场存在分割的条件下，主要劳动力市场和次要劳动力市场本身的特征就决定了，农民工既不能通过正规就业渠道在主要劳动力市场就业，也不能流动到主要劳动力市场就业，农民工主要是通过非正规就业渠道就业于非正规部门。现实中他们多从事的是体力工作，缺乏工作的稳定性，不享有或享有很少的社会保障和福利。而且因他们多从事的是简单的生产或服务工作，很容易被替代，更是谈不上什么职业发展。相反，大学生具有进入主要劳动力市场就业的教育水平这个条件，也许毕业之时，暂时没有进入主要劳动力市场，但是他们潜在的综合素质使得他们以后仍然有机会进入主要劳动力市场，获得良好的职业发展环境，并有机会在今后的职业发展中获得更高的社会地位。这一点是绝大多数农民工难以实现的。

第四，接受大学教育不仅是一种投资行为，也具有消费的性质，换言之，接受大学教育不仅增加个人收入、获得经济上的收益，也能丰富个人精神生活，提高生活质量，获得消费性收益。教育的消费性收益是指在人的一生中由教育所带来的非货币回报，包括受教育期间的即期收益和完成教育之后的延期收益。大学生活期间的学习能够满足大学生了解自身、了解自然和社会的求知欲望，大学生可以参加各种各样的娱乐活动和体育活动，提高个人的文化修养和文化欣赏能力等；大学毕业后，大学毕业生通过接受大学教育优化消费观念，增强理性消费，提高消费技能，丰富消费方式，能够从阅读、艺术欣赏、思考等活动中获得更大的精神享受。并且，受过高教育水平的人会搜集和学习健康方面的知识和信息，更加注意营养，能够自觉的减少不健康行为和增加有利于健康的行为，从而提高了健康水平。以上消费性收益尽管不能以货币来衡量，但是同样能增加个人的效用，增强人生幸福感，而且这些收益伴随人的一生，价值之大，难以估量。所以，如果考虑到教育的消费性收益，那么大学教育投资收益将明显增加。

总之，大学毕业生与农民工工资趋同实际上是一种短期收益的比较，不能因此断定大学教育投资的长期收益低下，人们不应因此而放弃接受大学教育。

四、结论及对策

从经济学的劳动力供求理论、人力资本理论来看，大学毕业生与农民工工资趋同现象的原因主要有两个方面，一是大学毕业生供给增长大于需求，而农民工需求增长大于供给，二是大学毕业生与农民工的人力资本水平的差距缩小。工资趋同现象并不意味着个人投资大学教育的非理性，因为大学毕业生的长期收入将显著增长，能够获得更好的职业发展和更多的非经济收益，个人不应因工资趋同现象而放弃接受大学教育。

工资趋同现象并不表明农民工工资偏高，而是大学毕业生工资降低的事实，并且这一事实将产生不良的社会影响，引起"读书无用论"，导致社会低收入家庭放弃大学教育投资，进而导致社会不平等在代际之间延续。因此，政府、高校和学生应该采取措施，以提高大学毕业生工资。政府应促进经济快速稳定增长，转变经济结构，大力发展第三产业，同时保持高等教育规模适度增加，减缓高校扩招速度，以增加社会对大学毕业生的需求，同时使大学毕业生供给适度增长，实现大学毕业生供求均衡；高校应以提高教育质量为主，增加专职教师数量，增加师生比，同时坚持教学改革，以提高学生能力为本位；大学生自身也应自觉勤奋学习，在专业学习过程中，要善于强化相关能力的锻炼，努力增强专业能力，同时培养和提升自身的语言运用和表达能力等基础能力；同时积极参与学校社团活动与社会实践活动，形成并强化自己的工作、人际交往、团队合作等方面的能力，以努力提高人力资本水平。

（作者单位：华中师范大学管理学院）

失地农民人力资本与就业关系的研究
——以北京地区为例

王轶 谢辉

一、引言

中国作为发展中国家，具有典型的二元经济特征，加快城市化进程，使农民通过城镇化转移并最终实现市民化是解决三农问题、促进经济快速增长的最有效途径。伴随城市化进程的加快，"无地、无业、无保障"的失地农民越来越多，他们的就业难问题日益突出，已经引起社会各界的广泛重视。

我国第五次全国人口普查数据显示，1990年到2000年，我国城市化率提高了9.86个百分点，农村失地人口约4300万，一般每征用1.4亩地，就伴随着1个农民失业。2005年统计年鉴数据显示，全国的耕地面积为18.31亿亩，比2004年减少1002.4万亩，净减542.4万亩，仅2005年就产生了387万失地农民。城市化进程与失地农民数量密切相关，而大城市的城市化速度又名列全国各城市之首，像北京这样的特大城市更是如此。通过分析历史统计资料发现，1949~1960年是北京城镇人口快速增长期，1949年北京城镇人口只有178万，到1960年人口增至460.3万，城市化率*由42.5%提高到62.2%，年均增长率达到9.0%。1961~1977年是北京城镇人口波动增长期，由于六七十年代政治因素的影响，经济发展不稳定，人口频繁流动，使得城镇人口增长极不稳定，其年均增长率只有0.4%，城市化率降到54.0%。随着政治环境逐渐好转，以经济发展为中心，以实现四个现代化为主旋律的城市化进程明显加快。1978~2005年北京的城镇人口由479万迅速增长到1538万，年均增长23.8万人，尤其是1995年以后，城镇人口增长更为迅猛。根据北京市1996年至2007年统计年鉴显示，在这12年间，北京城市化率提高了18.6个百分点，耕地面积减少了167.6万亩，城市化年均递增1.55个百分点，耕地面积年均递减13.97万亩。根据2007年底北京地区耕地面积减少的数量进行推算，北京市当年完全或半失地人数累计达119.71万人左右。这一庞大群体失去了赖以生存的土地，他们的就业问题不仅关系着他们个人的生存与发展，更关系着社会的和谐与稳定。因此，本文试图从失地农民人力资本研究的视角，通过比较失地农民与城市居民和郊区农民人力资源之间状况，分析三者之间人力资本与就业的差异，并以此分析失地农民就业的深层次问题。

二、文献综述与实证假设

根据人力资本学派的理论，劳动供给、工资和收入由人力资本决定。人力资本

---

* 城市化率为城镇人口占总人口的比例，其水平反映了城市化发展的程度。

学派的主要代表 Becker（1965）和 Schultz 都认为，人力资本包括教育、健康、迁徙和在职培训。在失地农民人力资本与就业之间的关系研究方面，国内外存在显著差异，主要体现在两个方面：一是"失地农民"内涵方面*，二是"失地农民人力资本与安置方式"方面。正是由于存在明显的差异，才导致相关国外研究文献聚焦失地农民就业安置的研究成果相对较少。在西方发达国家，如美国在工业化的同时实现了农业现代化。农业为工业发展解决粮食、提供原料和广大的国内市场，使农村富余劳动力转移得以畅通无阻。由于农业的迅速发展，美国的农业劳动力在工业化后期大量转向城镇非农产业。这种转移是以农业劳动生产率迅速提高为前提的。这表明，在美国农村劳动力迅速转移的进程中，农业不但未衰落下去，而是继续飞速发展。美国地多人少，在工业化初期并未集聚大量农村富余劳动力，相反，城镇化和工业化却面临劳动力不足的问题（福克纳，1964）。韩国的城市化与工业化结伴而生，在过去的40余年中，韩国经历了大规模的城市扩张和快速的人口城市化。1960年只有36%的人口居住在城市，1970年增加到50%，2000年城市人口更高达89%（李志芬，2007）。日本政府在失地农民就业过程中发挥了重要作用。在20世纪60年代，日本政府重点扶持规模较大的自立经营农户，鼓励小农户脱离农业，转向非农产业。1971年，日本通过了一项法案，要求在政府指导下，促进工业和农业、城市和农村协调发展，并制定了一项国家和地区相结合的指导性的发展计划，规定从1971～1975年，在城市郊区建立销售总额为90000亿日元的各类工业区，吸纳100万人就业，其中，60%来自农村。到1975年8月，全国有813个城镇实施了这项计划，已建成机电、金属加工、运输机械等各类工厂686家，吸纳了大批劳动力，其中，半数左右是失地农民。

在理论研究方面，Blinder（1976）和 Lepak（2002）规范性地分析了人力资本对家庭内部分工、劳动与就业的影响。Brauw、Huang & Rozelle（2002）利用我国河北、辽宁、山西、浙江、湖北、四川六省的60个村庄的农户抽样调查数据进行了实证分析，研究发现教育、培训、经验等人力资本因素是影响农村劳动力非农就业的关键，农村劳动力每增加一年受教育水平，其迁移的可能性将增加16%。Zhang、Huang & Rozelle（2002）的研究发现，受教育水平越高，从事非农就业的机会越大，更容易在失业的时候找到高薪的工作。英国牛津大学 JohnKnight 和诺丁汉大学宋丽娜（张照新，宋洪远，2002）强调了务工者在进入非农产业就业时受到的种种限制，如不充分的信息、风险和交易成本以及需求方面的约束对农村劳动力外出决策的影响。Scott et a.l（1977）运用 Probit 模型的分析结果表明，健康在农民从事非农中具有显著的影响。当然，也有一些外国学者认为，教育对农民从事非农就业的影

---

* 从国内专家学者对失地农民的研究来看，失地农民主要是从字面上理解为，征占农用地过程中农民处于被动地位的被动失地农民。但城乡建设征收农地过程中，存在农村集体主动将农地作为资产参与到工业化、城市化建设中，导致农民失去土地使用权。因此本文的失地农民范围不仅包括一般都认同的被动失地农民，而且包括主动失地农民。西方发达国家的土地归属有三个类型：一阶级结构（各个经营土地的农民同时又是他们所经营土地的所有者）、二阶级结构（地主拥有土地，无地农民租赁耕种）和三阶级结构（农业资本家从拥有土地的地主手中租得土地，然后用自己的资本雇佣农民来耕种）。国外的学者们都是基于土地产权归个人所有，农民失地是根据自己的意愿。而我国的土地归集体所有，农民经营，是一种非典型的二阶级结构，所以中外关于失地农民的内涵存在明显差异。

响微乎其微。如 Fleisher & Liu（1992）、Feder & Lau（1991）、Yang（1994）和 Zhao（1995）的研究结果表明，受教育程度对增加在农村地区就业的作用微乎其微，这包括农业就业和农村的非农就业。还有一些学者认为，在农民从事非农就业中，专门性人力资本比一般性人力资本者更难在新兴的劳动力市场上寻找到就业的机会。如 Yakubovich & Kozina（2001）曾将人力资本划分为"一般人力资本"（如正规教育等）和"专门性人力资本"（如专业技能等），并对俄罗斯的社会转型过程中这两类人力资本对农民从事非农就业所起作用进行了经验考察，结果发现那些拥有专门性人力资本的个人较之具有一般性人力资本者更难以在新兴的劳动力市场上寻找到就业的机会。

国内学者对失地农民农民就业问题的研究相对较晚，主要在2000年左右，关于失地农民就业问题的研究主要以实证为主。原秀平（2004）认为农民的劳动素质和技能问题，一直是困扰失地农民就业的瓶颈。胡伟（王晓敏、郑彩云，2009）认为，促进失地农民再就业，建议对广州失地农民技能培训机制进行创新，提倡政府主导，建立长效培训机制；以实现就业为目标，做好培训课程的开发与设置；提高失地农民的人力资本与社会资本，实现信息的多元化之路。王绘建（2006）认为农民长期不能享受"国民待遇，也是阻碍他们就业的一个重要原因。王俊（2006）的研究发现，失地农民就业难很大一部分原因是不能改变就业观念，自认为有当地人的优越感，想工作轻松，又要工资高，还要上班时间短。部分失地农民依赖征地款，坐吃山空思想严重。杨雪（2006）认为，目前城乡二元结构突出，劳动力市场不统一阻碍了失地农民的就业。陈映芳（2003）对上海市失地农民开展了社会调查，认真走访了300多户人家，它从征地过程的操作，征地劳动力的就业空间、征地农民的应对行动、家庭形态的变化、村落共同体的变化、身份转变的情况、生存权保障等等不同的视角，分析征地农民的因征地而发生的变化。她认为户籍制度不是阻碍农民社会流动的主要障碍，在制度性限制被取消后，个人自身条件和社会资源、文化因素以及现实的就业空间等等，都可能构成他们实现职业流动的障碍。她综合运用了社会资本、社会分层和社会流动等方面的社会学理论分析了上海市郊农民的就业和失业状况。从她的研究中也能窥见市郊农民的共同特点，如劳动技能不高，吃苦耐劳意愿较差，就业期望较高。张时飞（2004）年对北京朝阳区的来广营乡和丰台区的卢沟桥乡失地农民的就业状况开展了调查，调查结果发现，随着城市化进程加快，北京郊区的土地急速的被划入城区，归集体支配的土地所剩无几，当地的许多农民也因为无地可种、无工可做，处于失业状态。张思军（2006）认为解决失地农民就业问题应从制度层面入手，包括改革现行的户籍制度，完善征地制度和建立统一的社会保障制度。章剑谷，王新宝（2006）认为城市化的一个重要标志是农民市民化，实现失地农民身份的变化，不仅是户口的"农转非"，其关键的是就业以及其他方面也要一视同仁，要扩大失地农民的就业渠道，解决失地农民的就业问题，并且顺利推进城市化，必须建立城乡一体化的劳动力就业机制。周林树（2008）在总结前人研究的基础上，提出发展经济，为失地农民创造就业空间，建立和完善就业服务体系，建立失地农民社会保障机制等。

总体而言，除了个别外国学者认为教育对农民从事非农就业的影响并不显著以外,大多数学者们都认为失地农民的受教育程度、培训、经历和健康对其非农就业影响有着明显影响,即人力资本积累越多,失地农民就业机会也越多,更容易找到工作。在研究方法上,纵观国内外研究,学者们分别从社会学、经济学、人口学、地理学等多角度分析城市化进程中失地农民的就业问题,特别是国外发达国家在解决失地农民的就业问题上列举的一系列成功做法,这些思想、理论基础、研究方法、解决办法为追随者的研究奠定了坚实的基础,为政策制定者提供了重要的参考。

通过上述文献梳理可看出,国内的农民非农就业和失地农民就业之间存在共性和差异,农民非农就业是一种主动型就业,而失地农民是一种被动型就业,不考虑失地农民年龄、性别、受教育程度、健康状况、技能和培训情况等因素,在就业年龄段都需要二次就业。特别是在目前就业市场竞争异常激烈的情况下,像北京这样特大城市失地农民的就业状况如何?他们的人力资本状况与就业之间有存怎样的关系?北京地区失地农民与城市居民和郊区农民三者之间在人力资本与就业的关系上是否存在差异?北京地区失地农民人力资本与就业单位性质和就业岗位之间存在什么逻辑关系?上述问题正是本文关注的焦点。

本文提出的理论假设如下。

假设1:失地农民受教育程度对其就业机会和就业单位性质没有明显影响,对其就业岗位有影响。

假设2:接受过职业培训的失地农民,可以获得更多的就业机会,并且与其就业单位性质和就业岗位都有着明显影响。

假设3:失地农民的工作年限越长,就业机会越多,但对其就业单位性质和就业岗位没有明显影响。

假设4:失地农民的健康状况越好,越容易获得就业机会,更有可能在稳定的企业(国有企业)就业,但失地农民的身体健康状况对其就业岗位没有明显影响。

文章如下内容依次是:第三部分是变量与数据;第四部分是运用调查数据对北京地区失地农民的人力资本与就业之间的关系进行实证分析;第五部分是结论与政策启示。

三、数据、变量与理论假设

(一) 数据来源

本文使用的数据:国家社科基金重大项目"实施扩大就业的发展战略研究"课题组于2008年12月份对北京地区失地农民、城市居民和郊区农民进行了问卷调查数据。本次调查共计下发问卷2920份,有效问卷2611份,占问卷总数的89.42%。在有效问卷中,失地农民367份,占有效问卷的14.06%,郊区农民问卷640份,占有效问卷的24.51%,城市居民问卷1604份,占有效问卷的61.43%。调查区域主要集中在房山、丰台、通州、顺义、大兴、昌平等城乡结合区域(见表1),调查形式分两种,一种是由课题组核心成员直接到失地农民所在区域入户走访调查,有效失地农民问卷58份;另一种形式是借助北京三所市属高校(一所普通高校、一所独立学院和一所高职学院)的在校大学生,安排专职调查员,采用随机调查的形式,对调查区域内在校学生家长进行调查。如果确认学生家长是失地农民,然后对该区域其他失地农民进行连续调查。* 调查对象只限于北京居民，所有调查对象都要求填写联系方式，以便核实数据准确性。

表1 调查样本区域分布统计

区域分布	失地农民样本		郊区农民样本		城市居民样本		调查总样本	
	人数（个）	百分比	人数（个）	百分比	人数（个）	百分比	人数（个）	百分比
昌平区	25	6.81%	61	9.53%	111	6.92%	197	7.55%
朝阳区	17	4.63%	15	2.34%	129	8.04%	161	6.17%
崇文区	3	0.82%	1	0.16%	22	1.37%	26	1.00%
大兴区	47	12.81%	108	16.88%	108	6.73%	263	10.07%
东城区	0	0.00%	0	0.00%	13	0.81%	13	0.50%
房山区	107	29.16%	97	15.16%	156	9.73%	360	13.79%
丰台区	51	13.90%	29	4.53%	442	27.56%	522	19.99%
海淀区	13	3.54%	6	0.94%	114	7.11%	133	5.09%
怀柔区	1	0.27%	0	0.00%	4	0.25%	5	0.19%
门头沟区	8	2.18%	16	2.50%	57	3.55%	81	3.10%
石景山区	10	2.72%	1	0.16%	176	10.97%	187	7.16%
顺义区	37	10.08%	168	26.25%	107	6.67%	312	11.95%
通州区	43	11.72%	131	20.47%	103	6.42%	277	10.61%
西城区	0	0.00%	1	0.16%	13	0.81%	14	0.54%
宣武区	2	0.54%	0	0.00%	32	2.00%	34	1.30%
延庆县	1	0.27%	1	0.16%	0	0.00%	2	0.08%
平谷区	0	0.00%	1	0.16%	1	0.06%	2	0.08%
密云县	0	0.00%	1	0.16%	1	0.06%	2	0.08%
未填写	2	0.54%	3	0.47%	15	0.94%	20	0.77%
总数	367	100.00%	640	100.00%	1604	100.00%	2611	100.00%

（二）变量的描述性统计

表2～4给出了本文研究样本的描述性统计结果。

从北京地区调查总样本来看，失地农民、郊区农民和城市居民样本的就业率分别为63.82%、58.98%和85.99%。北京地区失地农民的就业率与郊区农民相当，与城市居民的就业率有较大差距（22.17%）。

从失地农民就业单位性质来看，失地农民样本在乡镇企业、私营企业和三资企业和国有企业就业的比例分别为15.91%、55.30%和28.79%，说明失地农民主要

---

* 问卷中以有无失地为标准，把样本分为失地农民和非失地居民，然后，按失地农民所在区域把失地农民分为郊区失地农民和中心城区失地农民；将非失地居民按户籍分为郊区农民和城市居民，这样分类主要是便于统计分析。课题组对这两种形式的调查数据进行比较，发现两者不显著性差异，可以混合使用。

在私营企业就业。

从失地农民就业岗位来看了，失地农民样本担任管理干部和技术人员、普通工作人员和创业者/临时工的比例分别为25.76%、43.94%和30.30%，说明失地农民主要是普通工作人员和个体创业者。

从样本受教育程度来看，北京地区失地农民样本初中及以下学历、高中/中专和大专及以上学历所占的比例分别为46.73%、38.19%和15.08%，郊区农民三者的比例分别为49.61%、41.8%和8.59%，城市居民三者的比例分别为11.28%、42.26%和46.47%。通过比较发现，北京地区失地农民的整体受教育略高于郊区农民，与城市居民的受教育水平存在明显差距。失地农民受高等教育的比例比城市居民低31.39个百分点。

从调查样本的身体素质来看，失地农民样本身体健康、身体一般和身体不健康的比例分别为：69.35%、25.63%和5.03%，郊区农民样本三者的比例分别为66.02%、24.61%和9.38%，城市居民样本三者的比例分别为75.87%、20.02%和4.11%。统计数据说明，北京地区调查样本的身体健康或一般的比例都在90%以上，北京地区城市居民身体健康的比例略高于失地农民和郊区农民。

从调查样本的职业培训情况来看，北京地区失地农民、郊区农民和城市居民样本参与职业培训的比例分别为39.2%、39.06%和50.47%。通过三者的比较发现，失地农民接受职业培训的比例最低，城市居民最高，城市居民接受职业培训的比例比失地农民高出11.27个百分点。

从样本工作年限来看，北京地区失地农民样本的平均工作年限为19.59年，郊区农民样本为23.99年，城市居民样本为18.40年。

在控制变量方面，北京地区男性失地农民、郊区农民和城市居民样本分别为83.42%、81.64%和74.29%，调查样本中男性的比例多于女性，这也是本次调查的目的所在。* 调查样本中，失地农民已婚的比例为96.48%，郊区农民和城市居民样本已婚的比例都在90%以上，三类居民已婚的比例无明显差异。关于调查样本的户籍方面**，失地农民农村户口、小城镇户口和城市户口的比例分别为61.31%、7.04%和31.66%，失地农民选择农村户口的比例明显高于小城镇户口和城市户口，郊区农民全部是农村户口，城市居民小城镇户口和城市户口的比例分别为8.22%和91.78%。在政治面貌方面，北京地区失地农民、郊区农民和城市居民是党员的比例分别为13.64%、9.8%和38.4%，说明城市居民是党员的比例明显高于失地农民和郊区农民。

另外，失地农民样本的年龄一般在45岁左右，家庭劳动力平均为2.75个，家庭人口平均为3.59人，通过社会关系获得就业的比例为67.42%。

---

* 失地农民家庭中，男性失地农民仍然是家庭收入的主要支柱，所以男性失地农民的就业状况能够反映失地农民就业的整体情况。

** 按照户籍的一般分类方法（农业户口和非农业户口）对失地农民进行调查发现，北京地区失地农民的户籍实际上存在三种类型：一类是农业户口，享受农村医疗和养老保险待遇；二类是小城镇户口，既不享受城市居民的医疗和养老保险待遇，也不享受农村医疗和养老保险待遇，而是介于城市居民和农村居民之间的一种过渡形式的户籍待遇制度；三类是城市户口，享受北京中心八大城区（即崇文区、西城区、东城区、宣武区、朝阳区、丰台区、石景山区和海淀区）的养老和医疗保险待遇。本文按照实际调查情况，为便于统计分析，人为将户籍分为农业户口、小城镇户口和城市户口三种类型。

表2 失地农民人力资本状况与就业的具体变量说明及样本分布

变量	定义	编码	样本数	百分比	均值	标准差
一、就业变量						
是否就业	未就业	0	72	36.18		
	已就业	1	127	63.82		
就业单位性质	乡镇企业	1	21	15.91		
	私营企业和三资企业	2	73	55.30		
	国有企业	3	38	28.79		
现在的职务	管理干部和技术人员	1	34	25.76		
	普通工作人员	2	58	43.94		
	创业者和临时工	3	40	30.30		
二、人力资本变量						
受教育程度	初中及以下	1	93	46.73		
	高中/中专	2	76	38.19		
	大专及以上	3	30	15.08		
身体健康状况	健康	1	138	69.35		
	一般	2	51	25.63		
	不健康	3	10	5.03		
参加职业培训	是	1	78	39.2		
	否	2	121	60.8		
工作年限			199		19.59296	8.584114
三、控制变量						
性别	男	0	166	83.42		
	女	1	33	16.58		
婚姻状况	未婚	0	7	3.52		
	已婚	1	192	96.48		
户籍	农业户口	1	122	61.31		
	小城镇户口	2	14	7.04		
	城市户口	3	63	31.66		
政治面貌	党员	1	27	13.64		
	非党员	2	171	86.36		
年龄			132		45.08333	3.392947
家庭劳动力数量					2.75	.885636
家庭人口数量			132		3.590909	.8906173
求职途径	社会关系求职	1	89	67.42		
	通过能力求职	2	43	32.58		

说明：变量统计中，失地农民和郊区农民务农不能算作非农就业，所以本文将"务农"计入"未就业"。如果将郊区农民务农作为已就业，郊区农民就业机会将无法研究。

表3 郊区农民人力资本状况与就业的具体变量说明及样本分布

变量	定义	编码	样本数	百分比	均值	标准差
一、就业变量						
是否就业	未就业	0	105	41.02		
	已就业	1	151	58.98		
二、人力资本变量						
受教育程度	初中及以下	1	127	49.61		
	高中/中专	2	107	41.8		
	大专及以上	3	22	8.59		
身体健康状况	健康	1	169	66.02		
	一般	2	63	24.61		
	不健康	3	24	9.38		
参加职业培训	是	1	100	39.06		
	否	2	156	60.94		
工作年限			949		23.98841	6.480323
三、控制变量						
性别	男	0	209	81.64		
	女	1	47	18.36		
家庭住址	中心城区	0	137	68.84		
	郊区	1	62	31.16		
婚姻状况	未婚	0	10	3.91		
	已婚	1	246	96.09		
户籍	农业户口	1	256	100.00		
	小城镇户口	2	0	0.00		
	城市户口	3	0	0.00		
政治面貌	党员	1	25	9.8		
	非党员	2	230	90.2		

表4 城市居民人力资本状况与就业的具体变量说明及样本分布

变量	定义	编码	样本数	百分比	均值	标准差
一、就业变量						
是否就业	未就业	0	133	14.01		
	已就业	1	816	85.99		
二、人力资本变量						
受教育程度	初中及以下	1	107	11.28		
	高中/中专	2	401	42.26		
	大专及以上	3	441	46.47		

续表

变量	定义	编码	样本数	百分比	均值	标准差
身体健康状况	健康	1	720	75.87		
	一般	2	190	20.02		
	不健康	3	39	4.11		
参加职业培训	是	1	479	50.47		
	否	2	470	49.53		
工作年限			256		18.40234	8.583056
三、控制变量						
性别	男	0	705	74.29		
	女	1	244	25.71		
家庭住址	中心城区	0	137	68.84		
	郊区	1	62	31.16		
婚姻状况	未婚	0	60	6.32		
	已婚	1	889	93.68		
户籍	农业户口	1	0	0.00		
	小城镇户口	2	78	8.22		
	城市户口	3	871	91.78		
政治面貌	党员	1	364	38.4		
	非党员	2	584	61.6		

四、实证分析

(一) 失地农民人力资本与就业机会之间关系分析

北京地区失地农民人力资本与就业机会之间关系的分析包括两个方面的内容，一是北京地区失地农民人力资本与就业机会的分析；二是比较北京地区失地农民与郊区农民、城市居民在人力资本与就业机会上的差异。

本文选用 logistic 回归模型进行估计。模型的具体形式及相关的估计变量如下：

$$\log \frac{p(y=work1=i)}{P(y=work1=j)} = \beta_1 edub + \beta_2 exper + \beta_3 train + \beta_4 health + \beta_5 sexual + \beta_6 marriage + \beta_7 register + \beta_8 political1b \quad (1)$$

表5 模型变量说明

Work	就业机会	education	受教育程度	health	健康状况
experience	工作经验年限	train	职业培训	marriage	婚姻状况
sexual	性别	political	政治面貌	register	户籍

我们分别对失地农民、郊区农民和城市居民人力资本与就业之间的关系做 Logistic 回归分析，使用 stata 软件，模型中的基准类别参见表2~4。具体估计结果分别如下：

表6 失地农民、郊区农民和城市居民的模型回归估计结果

	失地农民		郊区农民		城市居民	
	dy/dx	P>z	dy/dx	P>z	dy/dx	P>z
高中/中专文化程度	0.0431652	0.574	0.06828	0.037	-0.001908	0.943
大专以上文化程度	0.1658677	0.13	0.12311	0.865	0.0965575	0.002
工作经验	0.0128311	0.003	0.00401	0.000	0.0014716	0.289
未参加职业培训	-0.1265326	0.08	0.06785	0.016	-0.081699	0.000
健康状况一般	-0.1824602	0.051	0.07991	0.023	-0.077816	0.008
健康状况良好	-0.1896542	0.298	0.1198	0.266	-0.279043	0.001
性别（女）	-0.0247181	0.819	0.09021	0.128	-0.059887	0.017
已婚	0.0926628	0.67	0.16021	0.682	0.0187601	0.657
小城镇户口	0.1878917	0.054				
城市户口	0.1413691	0.094			-0.012241	0.677
非党员	-0.1142873	0.279	0.11291	0.208	-0.048929	0.030

说明：回归模型中，郊区农民的户籍变量为空，原因是郊区农民全部是农村户口，所以不能进行回归，故表中相应的部分为"空"。城市居民中，没有农村户口城市居民，所以基准参照是"小城镇户口城市居民"。

从表6的结果可见，北京地区失地农民受教育程度与其就业机会之间的关系正相关，不过结果并不显著。这说明失地农民在求职过程中，受教育程度没有发挥作用，这个结果与Fleisher & Liu（1992）、Feder & Lau（1991）、Yang（1994）和Zhao（1995）的研究结果一致，同时回归结果也验证了本文的理论假设1（失地农民受教育程度与就业机会之间没有明显的关系）。追溯描述性统计也发现，在已就业的失地农民中，65.32%的通过社会关系获得工作，5.65%的通过人才市场获得工作，29.03%的通过自己能力获得工作。可以看出失地农民主要是通过社会关系解决自身的就业问题，所以导致失地农民的教育程度就业之间的关系不显著。但郊区中等文化程度的农民与初中及以下文化程度的农民相比，在5%的水平上极为显著。受过高等教育的城市居民，其就业机会在5%的水平上显著正相关。

失地农民工作经验年限与就业机会在5%的水平上显著正相关。说明失地农民工作经历的年限越长，越易找到工作（验证了本文的假设3）。从描述性统计来看，失业失地农民的平均工作经历年限为15.62年，已就业失地农民的工作经历年限为18.83年。回归结果验证了本文的理论假设2（失地农民工作经历年限越长，就业机会越多）。郊区农民的工作年限与就业机会之间的关系在5%的水平上显著正相关，城市居民工作年限的长短与就业机会之间的关系不显著。城市居民工作经历年限与就业机会之间的相关分析也验证了这一点，他们之间的相关系数为0.074。这一点与前人的研究结果有所不同。

失地农民的职业培训与就业机会在5%的水平上显著正相关。说明接受过职业培训的失地农民可获得更多的就业机会。城市居民的回归结果与失地农民一样，存

在显著的正相关关系，回归结果验证了本文提出的假设（接受过职业培训的失地农民，可以获得更多的就业机会），然而郊区农民的职业培训情况与就业机会在5%的水平上显著负相关，说明没有接受职业培训的农民自身有很强的能力，不要培训即可就业，反而是能力比较差的郊区农民才需要培训，所以存在职业培训与就业机会倒挂的现象。

失地农民身体健康状况与就业机会在10%的水平上显著正相关，样本的描述性统计也验证了这个结论，在身体健康的失地农民中，68.84%的已就业；在身体健康状况一般的失地农民中，54.90%的已就业；在身体不健康的失地农民中，40.00%的未就业。通过对失地农民身体健康状况与就业之间关系的回归分析和描述性统计，都验证了本文假设4的成立（失地农民的健康状况越好，越容易获得就业机会）。另外，城市居民的身体健康状况在5%的水平上与就业机会显著正相关，而郊区农民的身体健康状况与就业机会之间存在负相关关系，特别是身体状况一般的郊区农民，其就业机会明显大于身体健康的郊区农民，并且这种关系在5%的水平上显著，这一结论与以往的研究结果有所不同，原因可能在于郊区农民就业所在的建筑、运输和服务等行业对人体健康状况要求不高有关。

在控制变量的比较上，在其他条件不变的情况下，失地农民的性别、婚姻状况、政治面貌与就业机会之间的关系不显著，失地农民的户籍在10%的水平上与其就业机会之间的关系显著，回归结果说明，小城镇户口和城市户口失地农民的就业机会明显高于农村户口失地农民。郊区农民的控制变量与就业机会之间的关系都不显著，城市居民的性别和政治面貌变量在5%的水平上与就业机会显著相关，即女性城市居民的就业机会明显低于男性，非党员城市居民的就业机会显著低于党员。

（二）失地农民人力资本与就业单位性质之间的实证分析

在分析失地农民人力资本与失地农民的就业单位性质时，作者采用多元逻辑斯特（Multinomial Logistic Regression）回归模型，来估计人力资本变量及性别、家庭劳动力、婚姻状况等变量对失地农民就业单位选择的影响。

将失地农民的就业单位分成乡镇企业/集体企业、个体企业/私营企业和国有企业三类，并按模型要求进行赋值，赋值结果如下：乡镇企业/集体企业 = 1，个体企业/私营企业 = 2，国有企业 = 3。

依据模型要求，结合研究问题，建立失地农民就业行业选择模型如下：

$$ln\left[\frac{P(i)}{P(j)}\right] = \beta_{i0} + \beta_{i1edub} + \beta_{i2exper} + \beta_{i3train} + \beta_{i4health} + \beta_{i5sexual} + \beta_{i6register} + \beta_{i7lab} + \beta_{i8age} +$$
$$\beta_{i9Population} + \beta_{i10marriagel} + \beta_{i11wayb} + \mu_i \quad i = 1, 2, \ j = 3 \quad (2)$$

其中，"charact"代表就业单位性质，"lab"代表家庭劳动力的数量，"population"代表家庭人口，"wayb"代表求职途径（其中，wayb = 1表示通过社会关系求职，wayb = 2表示通过自身能力求职），"register"代表户籍，其他变量的定义参考表3-29～30。模型中，除连续变量以外，其他变量全部采用虚拟变量。

该模型假设一个选择对另一个选择的机会比对数是其它特征变量的线性函数，这些机会比只在下面的系数限制下依赖其它两个方程的机会比，即各概率的和必须是1。因为最后一个类别（第j类）被作为参考类，所以只需估计j-1个方程。多项 Logistic 回归实际上是二元 Logistic 回归的扩展，在结果的解释上同二元 Logistic 回归几乎完全一样。根据所建模型中的系数可估计出失地农民就业行业的影响因素。

利用 stata 分析软件将不同影响因素对失地农民就业行业选择的影响进行估计，使用数据的具体构成描述见表 2，估计结果如下：

表 7　失地农民样本人力资本与就业单位性质的模型回归估计结果

	个体/私营企业		国有企业	
	dy/dx	P > z	dy/dx	P > z
高中/中专文化程度	0.0110982	0.922	0.0223595	0.828
大专以上文化程度	-0.2869285	0.159	0.3121467	0.110
工作经验	0.0056193	0.408	-0.0055914	0.359
未参加职业培训	0.1975116	0.069	-0.1474274	0.145
健康状况一般	-0.2372549	0.101	0.2461391	0.079
健康状况较差	-0.236226	0.452	0.0718073	0.791
性别（女）	-0.3482707	0.046	0.3691196	0.037
小城镇户口	0.1622208	0.174	-0.1917469	0.008
城市户口	-0.2301168	0.119	0.2745762	0.045
家庭劳动力数量	-0.0161074	0.789	0.0045011	0.934
年龄	0.0088193	0.603	-0.0098822	0.504
家庭人口数量	-0.0056808	0.923	0.0070001	0.894
已婚	-0.2782812	0.023	0.1104893	0.336
通过自己能力在劳动力市场上获得就业岗位	0.4733175	0.000	-0.3708157	0.000

说明：失地农民样本人力资本状况与就业单位性质之间关系模型的基准类是失地农民在"乡镇企业/集体企业就业"。

人力资本解释变量的回归结果：失地农民受教育程度、工作经历与健康状况与其在个体企业/私营企业就业之间的关系不显著，不过通过回归结果来看，与初中及以下文化程度的失地农民相比，中专文化程度失地农民更愿意在个体/私营企业和国有企业就业，大专以上文化程度失地农民不愿意选择在个体/私营企业就业，更愿意在国有企业就业。描述性统计也显示，小学文化程度、中专文化程度和大专及以上文化程度失地农民在个体/私营企业就业的比例分别是 57.14%、64.15% 和 30.43%，在国有企业就业的比例分别是 19.64%、24.53% 和 60.87%，在乡镇企业就业的比例分别是 23.21%、11.32% 和 8.70%。经比较发现，小学文化程度失地农民主要在个体/私营企业就业和乡镇企业就业，中专文化程度的失地农民主要在个体/私营和国有企业就业，大专及以上文化程度的失地农民主要在国有企业和个体/私营企业就业，描述性统计支持了回归结果。与失地农民在乡镇企业就业相比，失地农民工作经验越长，他们更有可能在个体/私营企业就业，在国有企业就业的可能性越小。这可能与失地农民的工作经历有关，失地农民失地以前，主要是务农，务农的经历导致他们习惯了自由、松散的工作方式，所以他们更愿意选择在个体/私营企业就业和乡镇企业就业。未参加职业培训的比参加过职业培训的失地农民更有可能在个体/私营企业就业，并且这种关系在10%的水平上较为显著，反而未参加职业培训的失地农民在国有就业的概率相对较小。描述性结果也显示，未参加职业培训的失地农民在乡镇企业、个体/私营企业和国有企业就业的比例分别为13.75%、62.50%和23.75%。为参加职业培训的失地农民主要在个体/私营企业就业。身体健康状况一般与身体健康的失地农民相比，更愿意在国有企业就业，并且这种关系在10%的水平上较为显著，身体健康状况一般的失地农民不愿意在个体/私营企业就业。描述性统计也证实了回归结果，身体健康的失地农民在乡镇/集体企业、个体/私营企业和国有企业就业的比例分别为15.31%、60.20%和24.49%，身体健康状况一般的失地农民在上述企业的比例分别为13.79%、41.38%和44.83%，身体健康状况较差的失地农民在上述企业的比例分别为40.00%、40.00%和20.00%。说明，身体健康的失地农民主要在个体企业就业，身体健康状况一般的失地农民主要在国有企业就业，身体健康状况较差的失地农民主要在乡镇/集体企业和个体/私营企业就业。通过失地农民人力资本与其就业单位之间的逻辑关系分析，可以证实本文提出的假设。

其他控制变量的回归结果：失地农民性别与其就业单位性质之间的关系在5%的水平上关系显著，说明女性失地农民更愿意在国有企业就业，不愿意在个体/私营企业就业。比农村户口失地农民相比，小城镇户口失地农民更愿意在个体/私营企业就业，不愿意在国有企业就业，城市户口失地农民更愿意在国有企业就业，不愿意在个体/私营企业就业，失地农民户籍与国有企业之间的关系在5%的水平上极为显著。失地农民家庭劳动力数量、年龄和家庭人口多少与其就业单位性质之间的关系并不显著。已婚失地农民比未婚失地农民更不愿意在个体/私营企业就业，并且这种关系在5%的水平上极为显著，婚姻状况与国有企业就业之间有正相关关系，即与乡镇企业就业相比，女性失地农民更愿意在国有企业就业，不过这种关系并不显著。与通过社会关系求职的失地农民相比，通过自己能力在劳动力市场上获得就业的失地农民更有可能在个体/私营企业就业，在国有企业就业的机会相对较少，并且这种关系在1%的水平上极为显著。通过社会关系求职的失地农民在乡镇/集体企业、个体/私营企业和国有企业就业的比例分别为21.35%、39.33%和39.33%，通过自己能力在劳动力市场上求职在上述三类企业就业的比例分别为4.65%、88.37%和6.98%。说明，通过社会关系求职的失地农民主要在个体/私营企业和国有企业就业，但是88.37%的失地农民通过自己能力在劳动力市场上求职，只能进入个体/私营企业就业。描述性统计证实了回归结果。

（三）失地农民人力资本与就业岗位之间的实证分析

遵循模型（2）的思路和方法，利用stata的Multinomial Logistic Regression估计模型，将不同影响因素对失地农民就业岗位选择的影响进行估计，回归模型中，因变量是失地农民担任的就业岗位。为了保证回归结果的稳定性和可靠性，我们将问卷中企事业单位管理人员和专业技术人员整合，将失地农民自我创业和做临时工等自谋职业整合，关于失地农民就业岗位的赋值情况如下：企业管理人员和技术人员

=1，普通工作人员=2，创业者和临时工等职务=3。模型使用数据的具体构成描述见表2，估计结果如下：

表8 失地农民样本人力资本与就业职位的模型回归估计结果

	企业管理人员和技术人员		自我创业和临时工	
	dy/dx	P>z	dy/dx	P>z
高中/中专文化程度	.108796	0.335	-.1329595	0.180
大专以上文化程度	.6139245	0.000	-.1657711	0.155
工作经验	-.0001119	0.987	-.0050296	0.424
未参加职业培训	-.1157837	0.257	.1851901	0.043
健康状况一般	-.0313737	0.789	.1804222	0.197
健康状况较差	.2417765	0.458	-.064439	0.798
性别（女）	-.1075537	0.337	-.2214728	0.022
小城镇户口	.3139693	0.110	-.19706	0.064
城市户口	.0512135	0.683	-.1224459	0.304
年龄	-.0018908	0.910	.0175904	0.266
家庭劳动力数量	-.0474742	0.439	-.0578739	0.300
家庭人口数量	-.0069034	0.903	.0972145	0.080
已婚	.2145292	0.022	.1250215	0.557
通过自己能力在劳动力市场上获得就业岗位	.1878243	0.082	.3498388	0.001

说明：失地农民样本人力资本状况与就业职位之间关系模型的基准类是失地农民担任"普通技术人员"。

1. 失地农民人力资本与其担任企业管理人员和技术人员之间的关系分析

人力资本解释变量的回归结果：失地农民受教育程度与担任企业管理岗位之间是正相关的，学历越高，担任企业管理人员和技术人员的可能性越大。高中或中专文化程度的失地农民比初中及以下文化程度失地农民更有可能担任企业管理干部和技术人员，不过这种关系并不显著。大专及以上文化程度的失地农民比初中及以下文化程度失地农民更有可能就业担任企业管理干部和技术人员，并且这种关系在1%水平上极为显著。这说明失地农民受教育程度越高，综合管理能力越强或专业技术能力越强，担任企业管理者和技术人员的可能性越大，大专及以上学历失地农民担任企业管理者和技术人员的发生比比初中及以下学历失地农民高出61.39个百分点。同时也验证了我们的理论假设，失地农民受教育越多，越有可能担任管理人员的假定。失地农民工作经验的年限越长，担任企业管理干部和技术人员的可能性越小，这种情况可能与失地农民工作经验与务农经历有关，务农时间越长，越不利做企业管理干部，不过失地农民工作经历年限与担任企业管理干部岗位之间的关系并不显著。在其他条件都相同的条件下，接受过职业培训的失地农民，担任企业管理干部和技术人员的机会越多，不过失地农民职业培训与担任企事业单位管理干部和技术人员之间的关系不显著，虽然回归结果并不显著，但是回归结果的结论与我们的理论假设相一致，即接受过职业培训的失地农民比没有接受过职业培训的失地农民更有可能担任企业管理干部和专业技术人员。与身体健康的失地农民相比，身体不健康的失地农民更有可能担任企业管理人员和技术人员，不愿意选择担任自我创业和临时工，身体健康状况一般的失地农民更有可能选择担任自我创业和临时工，担任企业管理人员和技术人员的机会相对较少，不过失地农民的身体健康状况与企业管理岗位和技术人员岗位之间关系不显著。通过失地农民人力资本与其担任的就业岗位之间的逻辑关系分析，可以证实本文提出的假设。

其他控制变量的回归结果：失地农民的性别、户籍、年龄、家庭劳动力和家庭人口多少与担任企业管理干部和技术人员岗位之间的关系并不显著。已婚失地农民比未婚失地农民更有可能担任企事业单位管理干部和技术人员，并且这种关系在5%的水平上显著。具体说来，已婚失地农民担任上述职位的发生比高出未婚失地农民21.45个百分点。失地农民的求职途径与担任企事业管理干部和技术人员之间的关系在5%的水平上较为显著。具体说来，失地农民通过自己能力求职比通过社会关系找到工作的更有可能担任企事业单位管理干部和技术人员，失地农民通过自己能力担任企事业单位领导干部和技术人员的发生比高出通过社会关系获得相应职位的18.78个百分点，这也说明，通过自己能力获得企事业单位领导干部和技术人员岗位的失地农民，其自身的综合能力总体上高于通过社会关系获得相应工作岗位的失地农民。

2. 失地农民人力资本与其担任自我创业和临时工之间的关系分析

人力资本解释变量的回归结果：失地农民受教育程度对自我创业和做临时工的影响是多元的，即失地农民受教育年限越长，越不愿意自我创业和做临时工，不过失地农民受教育程度与自我创业和做临时工之间的关系并不显著。失地农民工作经验的年限越长，自主创业和做临时工的发生比越小，不过失地农民工作经历年限与自我创业和做临时工之间的关系并不显著。没有受过职业培训的失地农民比接受过职业培训的失地农民更愿意选择自主创业和做临时工职务，而且这种关系在5%的水平上显著，$p = 0.043$（<0.05），回归系数是0.1851901。这说明没有参加过职业培训的失地农民选择自主创业和做临时工的发生比高出参加过职业培训失地农民的18.52个百分点。从描述性统计来看，选择自主创业和做临时工的失地农民，接受过职业培训的比例分别为20.83%和27.78%，说明在自主创业和做临时工的失地农民中，绝大部分没有接受过职业培训。回归样本的描述性统计也验证了回归模型的结果，没有接受过职业培训的失地农民比接受过职业培训的失地农民更愿意选择自主创业和做临时工职业。失地农民身体健康状况与自我创业和做临时工职业之间的关系不显著，这种结果可能与本次调查样本的年龄和身体健康状况有关。回归模型样本的平均年龄为45.08岁，97%的调查对象选择身体健康，不过目前我国失地农民的就业问题主要集中在这个年龄段，该年龄段的失地农民身体健康也是合情合理的。

其他控制变量的回归结果：失地农民的求职途径与自我创业和做临时工之间的关系在1%的水平上极为显著。具体说来，通过自己能力获得就业岗位的失地农民选择自我创业和做临时工的发生比高出通过社会关系获得相应职位的失地农民34.98个百分点。失地农民的性别与自我创业和做临时工之间的关系在5%的水平上极为显著，男性失地农民选择自我创业和做临时工的发生比高出女性失地农民22.15个百分点，说明男性失地农民比女性失地农民更偏向于自谋职业。与农业户口失地农民相比，小城镇户口和城市户口失地农民更不愿意选择自我创业和做临时工职业，并且小城镇户口与自我创业和做临时工职业的关系在5%的水平上较为显著，城市户口与自我创业和做临时工职业的关系并不显著。失地农民家庭人口的数量越多，越有可能选择自我创业和做临时工职业，并且失地农民家庭人口的数量与自我创业和做临时工职业之间的关系在5%的水平上较为显著。失地农民的年龄、婚姻状况和劳动力的数量与自主创业和做临时工职业之间的关系不显著，这说明在其他条件不变的情况下，上述失地农民年龄、婚姻状况和劳动力的数量对失地农民自谋职业的影响不大。

五、结论与政策启示

在目前经济转轨的背景下，我国人口城市化得到了较快的发展，特别是大型城市，例如上海和北京，但是伴随城市化的失地农民队伍也在不断壮大，这只队伍的就业问题直接影响着我国城市化的成败，直接影响着社会的和谐和稳定。正是因为如此，各级政府都在积极研究和解决失地农民的就业问题，以期达到失地农民就业率与工业城市化率和人口城市化率齐头并进，实现共赢。

本文论述了如下问题：北京地区失地农民的人力资本状况如何，失地农民人力资本与就业机会之间存在怎么的逻辑关系，失地农民与郊区农民和城市居民在人力资本与就业关系上存在那些差异，这些差异对失地农民就业产生何种影响。失地农民人力资本与其就业单位性质和就业岗位之间存在怎样的关系。本文以国家社科基金重大项目"实施扩大就业的发展战略研究"课题组于2008年12月份对北京地区失地农民、城市居民和郊区农民进行问卷调查的数据为样本，对上述问题进行了合理的论证和实证检验。

本文研究结论如下：

（1）失地农民的受教育程度与其就业机会之间没有明显的联系，工作经历年限、健康状况和职业培训与就业机会之间存在显著的正相关关系。描述性统计发现，失地农民主要还是通过社会关系求职，通过劳动力市场获得工作的机会较少，户籍制度严重制约失地农民就业，而郊区农民和城市居民的受教育程度与其就业机会正相关，说明郊区农民和城市居民受教育年限越多，就业的机会越多。

（2）失地农民受教育程度、工作经历与健康状况与其在个体企业/私营企业就业之间的关系不显著，未参加职业培训的比参加过职业培训的失地农民更有可能在个体/私营企业就业，并且这种关系在10%的水平上较为显著，反而未参加职业培训的失地农民在国有就业的概率相对较小，与身体健康的失地农民相比，身体健康状况一般的失地农民更愿意在国有企业就业，并且这种关系在10%的水平上较为显著，身体健康状况一般的失地农民不愿意在个体/私营企业就业。

（3）失地农民的受教育程度与其就业职务之间的关系显著。失地农民受教育年限越长，担任企业管理干部和专业技术岗位的可能性越大。大专及以上文化程度的失地农民比初中及以下文化程度的失地农民更有可能就业担任企业管理干部和专业技术人员，并且这种关系在1%的水平上极为显著。通过自己能力求职的失地农民比通过社会关系求职的失地农民更有可能担任企业管理干部和专业技术人员，且这种关系在5%的水平上较为显著。

尽管有不少学者展开过农民人力资本状况对非农就业影响的实证研究，但文献大多数只集中于某个方面进行研究或者是政策方面的研究，如农民人力资本对其非农就业影响的研究等，但失地农民就业与农民非农就业之间还存在一定的差异，特别是特大型城市城市化进程中，把失地农民、郊区农民和城市居民三者纳入一个整体，并对失地农民就业单位性质和就业岗位进行深入研究，然后分析失地农民就业问题的文献相对较少。本文从前人研究成果入手，通过一手的调查数据，通过比较分析的视角，详细分析失地农民人力资本与就业之间的关系，为进一步更好地解决我国失地农民的就业难问题提供一个合理的视角。但同时，由于调查数据的有限性和分析能力的局限性，也会影响研究结论的全面性。

本文的研究结果表明，与北京郊区农民和城市居民相比，失地农民人力资本的关键要素"受教育程度"对就业机会、就业单位性质没有产生明显影响，失地农民主要通过社会资本解决自身的就业问题，工作经历、工作培训和身体健康状况虽然对失地农民就业产生一定的影响，但是总体影响并不十分显著，然而，失地农民的户籍对失地农民就业机会产生了的严重影响。上述分析说明，北京地区失地农民再就业市场的运行机制尚未形成，城乡分割的劳动力市场依然存在，城乡统一的劳动力市场有待完善，失地农民受教育程度有待进一步提高，失地农民职业培训制度还不够完善，失地农民社会保障体系还不健全，上述因素才是制约失地农民就业的主要障碍，这些因素才是导致失地农民人力资本失灵的主要原因。

参考文献

Anderson&Leiserson (1980), "Rural nonfarm employment in developing Countries", *Economic Development and Cultural Change*, Vol. 28.

Baldwin&Johnson (1994), "Labor Market Discrimination against Men with Disabilities", *Journal of Human Resources*, Vol. 29.

Bartel&Taubman (1979), "Health and Labor Market Success: The Role of Various Diseases", *Review of Economics and Satistics*, Vol. 61.

Blinder&Weiss (1976), "Human Capital and Labor Supply: A Synthesis", *Journal of Political Economy*, Vol. 84.

"Economy—Survey evidence from 1989 and 1992." *China Economic Review*, Vol. 10.

Heckman (1974), "Shadow Prices, Market Wages, and Labor Supply", *Econometrica*, Vol. 42.

Lepak&Snell (2002), "Examining the Human Resource Architecture: The Relationships Among Human Capital, Employment, and Human Resource Configurations", *Journal *of Management*, Vol. 28.

Rozelle (1995), "Stagnation without Equity: 'Changing Patterns of Income and Inequiety in China's Post-Reform rural Economy'", *The China Journal*, Vol. 35.

Yang (1997), "Education and Off-farm Work", *Economic Development and Cultural Change*, Vol. 45.

Zhang, Huang&Rozelle (2002), "Employment, Emerging Labor Markets, and the Role of education in Rural China", *China Economic Review*, Vol. 13.

Zhao (1999), "Labor Migration and Earnings Differences: The Case of Rural China", *Economic Development and Cultural Change*, Vol. 47.

蔡昉. 中国人口与劳动问题报告 (NO.5) [M]. 北京: 社会科学文献出版社, 2004.

赖德胜, 猛大虎. 专用性人力资本、劳动力转移与区域经济发展 [J]. 中国人口科学, 2006, (1).

李宝元. 人力资本与经济发展 [M]. 北京: 北京师范大学出版社, 2000.

李建民. 人力资本通论 [M]. 上海: 上海三联出版社, 1999.

李建民. 中国劳动力市场分隔及其对劳动力供求的 [J]. 中国人口科学, 2002, (2).

李强. 中国大陆城市农民工的职业流动 [J]. 社会学研究, 1999, (3).

林毅夫. 扩大非农就业是增加农民收入根本出路. http://finance.people.com.cn.

刘建进. 1997—1998 年中国农村劳动力就业及流动状况 [M]. 中国农村发展研究报告. 北京: 社会科学文献出版社, 2001.

刘军、陈兰. 当前农民工流动就业数量、结构与特点. 中国劳动保障报, 2005-08-06.

农业部农村经济研究中心课题组. 农村劳动力外出就业对农民、农业及输出地的影响和对策 [J], 中国软科学, 1996, (12).

史清华, 卓建伟, 郑龙真. 农民外出就业及遭遇的实证研究 [J]. 中国农村经济, 2004, (10).

王美艳. 劳动力迁移对中国农村经济影响的研究综述 [J]. 中国农村观察, 2006, (3).

谢正勤, 钟甫宁. 农村劳动力的流动性与人力资本的关系研究——基于江苏省农户调查数据的实证分析 [J]. 农业经济问题, 2006, (8).

熊思远. 云南农村劳动力的流动与人力资本问题研究 [J]. 经济问题探索, 2001, (12).

严善平. 市场经济体制下农户的收入决定与就业选择 [J]. 管理世界, 2005, (1).

张晓辉, 武志刚, 陈良彪. 跨区域流动的农村劳动力的年龄差异 [J]. 中国人口科学, 1997, (1).

赵延东, 王奋宇. 城乡流动人口的经济地位获得及决定因素 [J]. 中国人口科学, 2002, (4).

赵耀辉. 中国农村劳动力流动及教育在其中的作用——以四川省为基础的研究 [J]. 经济研究, 1997, (2).

周其仁. 市场中的企业: 人力资本与非人力资本的特别和约 [J]. 经济研究, 1996, (6).

陈欣欣, 黄祖辉. 经济发达地区就地转移劳动力向城市迁移的影响因素分析——基于浙江省农户意愿的调查分析 [J]. 中国农村经济, 2003, (5).

陈宗胜, 周云波, 任国强. 影响农村三种非农就业途径的主要因素研究——对天津市农村社会的实证分析 [J]. 财经研究, 2006, (5).

樊明. 健康经济学——健康对劳动力市场表现的影响 [M]. 北京: 社会科学文献出版社, 2002.

何国俊, 徐冲, 祝成才. 人力资本、社会资本与农村迁移劳动力的工资决定 [J]. 农业技术经济, 2008.1.

王轶, 宗晓华. 城市化进程中失地农民就业评价体系研究. 人口与经济, 2009.2.

(作者单位: 北京工商大学科技处)

对我国现阶段就业形势的认识问题

张丽宾

准确分析预测就业发展变化的趋势、合理确立就业工作目标、制订行之有效的就业促进政策措施,基本前提是要有分析认识就业问题的科学方法论。一段时间以来,学术界运用"人口红利"理论和"刘易斯拐点"理论进行学术探讨,其观点被社会大众通俗地用来解释我国当前就业现象和未来就业趋势,导致产生了一些似是而非的观点,影响了我们对现阶段就业形势的准确判断和把握。需要对理论本身的适用性、以及基于上述理论的就业观点进行探究、澄清。

一、"人口红利"问题

(一)"人口红利"是影响经济超常增长的一个因素

"人口红利"是一种人口经济学理论,即分析人口结构因素对经济增长的影响。"人口红利"通过供求两个方面促进经济增长,一是为经济增长提供比非人口红利期更丰富的劳动力要素供给,二是通过数量相对更丰富的劳动人口对储蓄和投资的影响,即高储蓄和高投资来扩大需求,实现高增长。在没有"人口红利"的情况下,各国经济都有一个稳态的增长,包括低收入国家处于"贫困陷阱"中的极为低下的稳态增长,以及高收入国家处于技术创新前沿上的低稳态增长水平。也就是说,"人口红利"只是影响经济超常增长的因素。没有人口红利,经济依然会保持常规的稳定增长。

影响经济增长的因素众多。在1997年"人口红利"理论被首次提出之前,大量的经济增长理论对决定经济稳态增长的因素进行过研究。20世纪50年代至70年代,着重于经济稳定增长的物质条件的分析,强调土地、实际劳动量、资本对经济增长的决定性作用;之后,人力资本理论提出,人力资本是经济增长的重要来源,包括提高劳动者素质、劳动力流动等;而新制度经济学则认为,一个提供适当个人刺激的有效的产权制度,是促进经济增长的决定性因素,资本积累、技术进步、人力资本提高等,都是经济增长的体现,而不是经济增长的原因。总之,制度、自然资源和人力资源是决定经济增长的最终要素。在人力资源中,人口总量、结构和素质是决定经济稳态增长的因素,人口红利是人力资源各要素中影响经济超常增长的因素。而决定经济稳态增长的常规因素更值得关注。

(二)"人口红利"既不是经济超常增长的必要条件,也不是充分条件

从各经济体的发展历程看,没有人口红利,也可以实现经济的超常增长。20世纪80年代前的韩国和新加坡、70年代前的香港,以及马来西亚的人口抚养都比较高,但其经济增长率都很高。

另一方面，有"人口红利"也不一定能实现经济超常增长。新中国建立后，我国人口迅速增长，有巨大的人口红利。但是，直到改革开放前，我国经济增长率都不高。新中国建立初期，由于工业化程度极低，人口因素不但不是经济增长的有利因素，反而是经济增长的负担。之后，由于采取了赶超战略和公有制，制约了人口要素作用的发挥。直到改革开放后，人的要素得到解放，实行了自下而上的市场化改革，人口红利才真正成为经济超常增长的有力因素。因此，使"人口红利"要素得到利用也是有条件的：首先，经济需要发展到一定阶段，对"人口红利"这一要素有需求；第二，实施了能够充分发挥"人口红利"要素作用的经济增长模式。"人口红利"更像一个机会，只有抓住这一机会并加以很好利用才能使"机会"转变为"红利"。

（三）"人口红利"是我国三十多年经济高增长的重要因素

20世纪60年代以来，我国老年抚养比一直在下降，这说明劳动年龄人口更多，劳动力供给充足，同时人口负担率轻，可以保持高储蓄率，固定资产形成额与GDP的比值很高，这是我国获得人口红利的依据。根据有关研究，1982年至2000年中国总抚养比下降了20.1%，带来经济增长速度2.3%，同期的人均GDP增长速度在8.6%左右，相当于人口转变对人均GDP增长贡献在26.8%，即1/4强。

同期的另一项研究表明，1978年至1998年期间，中国实现的年均9.5%的国内生产总值增长率中，物质资本增长的贡献份额为28%，劳动力数量增长的贡献份额为24%，人力资本因素的贡献份额为24%，劳动力部门转移，即劳动力从生产率低的部门（农业）向生产率高的部门（非农产业）流动过程对增长的贡献率为21%，余下的未解释部分，可以看作是其他体制改进因素对经济增长的贡献为3%。世界银行的一项类似研究表明，物质资本对改革期间经济增长的贡献率为37%，劳动力数量的贡献份额为17%，劳动力转移贡献了16%，而一个较大的未解释部分为30%。抛开人口红利对经济增长约25%的贡献率，有75%的经济增长是由于正常的物质资本增长、劳动力数量增长、人力资本增长、劳动力流动和制度创新因素。这一方面说明，20世纪70年代末以来中国通过改革开放达到的高速增长成就，的确得到了有利的人口结构的保障，同时也说明，其它常规的经济增长因素仍然是经济增长的核心要素。

（四）我国的"人口红利"即将结束，但经济依然会保持长期快速增长。

根据有关测算，我国15岁至60岁年龄段人口数量到2011年停止增长，15岁至64岁劳动年龄人口数量约到2014年达到峰值9.97亿，之后，劳动年龄人口绝对数量将不再增长，2022年以后则大幅度减少。按照"人口红利"理论，我国的"人口红利"即将结束。

但是，基于以下几点理由，我国的高速经济增长还将持续很长时间。首先，虽然我国依靠人口红利等要素保持了30多年的高速增长优势，但是，总体上劳动力资源并没有得到充分利用，还有大量富余劳动力资源可以开发。第二，还可以开发二次人口红利促进经济增长。劳动年龄人口增长停止或者说老龄人口比例增加后，由于健康寿命延长，在合适的教育制度、劳动力市场制度和养老保险制度情况下，老年人口仍然能够为经济增长提供额外的劳动力供给，仍然能有助于储蓄率提高，进而获得与第一次人口红利同等意义的第二次人口红利,而不会形成"人口负债",来支撑经济的高速发展。第三,我国地区差异巨大,以外向型出口产业为主的沿海经济发达地区,其收入水平是以农业经济为主的大量中西部省份的几倍甚至十几倍。地区间因资源禀赋、要素相对稀缺程度不同,从而相对价格、产业模式以及发展水平等方面存在巨大差异,使得未来国内的发展空间巨大。最后,我国目前的人均GDP仅3000多美元,仅相当于发达国家的1/10。我们与发达国家在技术、资金、制度、管理等各方面还存在巨大差距。上述种种差距提供了我们未来发展的空间和可能。只有通过20年至30年的高速增长,逐步缩小差距,才能最终实现现代化。在此之前,我们有无限的发展潜力。在可能的发展空间内,能实现多大程度的发展,决定于我们能够在多大程度上有效利用生产要素,也就是决定于我们选择什么样的发展模式。

综上所述,"人口红利"既不是经济发展的必要条件,也不是经济发展的充分条件。在我国讨论人口红利问题,其正向意义仅仅在于,强调要重视人口结构转变对经济增长的影响,要充分利用好这一有利条件。

二、劳动力短缺问题

(一) 劳动力短缺的含义

总体上的劳动力短缺的含义是,劳动力的总量供给能力持续地、稳定地低于经济发展对劳动力的需求。一个处于劳动力短缺状态的经济体一般有以下特征:一是受人口增长模式转变规律决定,进入人口稳定负增长阶段;二是经济也进入了依靠要素质量提高和不断创新的内涵式发展的发达阶段,维持经济的可持续发展,需要不断地找到人口要素之外的新动力。因此,不可能在经济还没有得到充分发展的阶段就出现劳动力短缺。

在经济起飞的发展阶段,由于经济发展的不平衡性、以及劳动力市场的摩擦性等原因,局部的、阶段性的、结构性的劳动力供求失衡经常会出现,但并不是真正意义上的劳动力短缺。在人口仍然保持增长的情况下,即使劳动年龄人口比重不再增加、劳动年龄人口总量开始减少,人口要素依然是经济增长的动力。因为,从劳动年龄人口开始负增长到总人口开始负增长,还有一个时间段。在这段时间里,劳动力资源还有很大的开发利用空间,包括开发老年人力资源、提高劳动力参与率、提高劳动力资源素质等。此外,劳动力供求失衡中,还有大量劳动力没有得到充分利用,有待开发利用。

(二) 我国人口红利结束并不等于进入劳动力短缺时代

从上述分析看,虽然我国的"人口红利"期即将结束,但是,根据国家人口计划生育委员会的预测,我国人口总量在2033年前后才到达最高点,为15亿,随后绝对减少。因此,从人口总量看,我国至少还有20年的时间才会面临进入劳动力短缺时代。

届时,我国是否会面临劳动力短缺,还要看经济发展对劳动力的需求情况。按照全面建设小康社会的奋斗目标,2020年国内生产总值将比2000年翻两番,达到396858.4亿元,为此,年均经济增长速度要达到7%。但事实上,前9年的年均增速已达到10%。照此速度，2011年就能实现翻两番的目标。2020年时，GDP将达到849552.7万亿，翻三番还多。2000年至2009年GDP增长率平均为14%。2000年单位就业人数创造的GDP为13764元。如果2010年至2020年的劳动生产率增长率保持在14%，则2020年GDP翻三番时的就业人数仅为4.68亿，将占当年劳动年龄人口的51%，就业人数比2000年减少35%，年均减少1.8%，年均减少1266万。如果这期间劳动生产率有更快提高、经济增速放缓或有波动，实际的就业减少的速度还会更快，就业减量也会更大。

我们再看当期的劳动力供给，根据预测，2020年的劳动年龄人口为9.23亿，按60%的劳动力参与率估算，经济活动人口为5.53亿。如果有4.68亿人就业，还有8500万失业人员；按60%的劳动力参与率，劳动年龄人口中还有3.7亿处于非经济活动状态。

从劳动力资源（16岁以上的人口数）的情况看，根据有关预测，2030年以前，我国的人力资源总量将持续增加，2020年达到11.4亿。由于人口寿命延长，60岁及以上老年劳动力人口也是有待开发的宝贵人力资源。根据历次全国人口普查数据，65岁及以上人口在总人口中所占的比例，1953年为4.4%，1964年为3.6%，1982年为4.9%，1990年为5.6%，2000年上升到7.0%（国务院人口普查办公室、国家统计局人口和社会科技统计司，2001），到2017年将超过10%。到2020年，65岁及以上老年人口总量将超过1.4亿，即使按照10%的劳动参与率，也将有1400万的老年劳动力供给。特别是由于我国人口结构的急剧变化，老年抚养比在2017年将超过14%，并在其后不断提高，可以预期将有越来越多的老年劳动力加入到就业大军中。有项调查，目前已有1/3的60岁以上老人没有离开劳动力市场。

假定城镇化以每年一个百分点的速度增加，要达到70%的城镇化率中国似乎还需要近30年的时间。而按照1%的城镇化速度计算，2006年至2016年城镇每年会新增15岁至64岁劳动年龄人口1500万左右，从数量上来看，在今后20年左右时间内，没有必要担心中国的劳动力供给问题。

综上所述，劳动力短缺不但取决于劳动力供给，即人口增长，同时取决于劳动力需求，即经济发展。"人口红利"结束，既不意味着劳动力供给停止增加，也不意味着经济已经发展到高级阶段。因此，"人口红利"结束并不意味着进入劳动力短缺时代。上述分析也表明，无论从供求哪个方面看，劳动年龄人口达到峰值都不意味着我们进入劳动力短缺时代，或从无限供给转向有限剩余。我们离劳动力短缺时代还比较遥远。

而"人口红利"只是一种经济增长理论，不是劳动力供求理论。用人口红利来解释劳动力供求情况，会产生很多问题。

三、"招工难"：劳动力市场结构问题

（一）劳动力市场结构及劳动力市场的"松"与"紧"

劳动力市场结构分析理论认为，按照工人的技术水平和技术工种的不同，劳动力市场可以细分为各类局部市场。各局部市场劳动力的供求不具有替代性，从而导致失业与职位空缺并存。根据劳动生产率增长状况，劳动力市场中的部门可分为扩

张部门和停滞衰退部门，劳动生产率增长较快的行业和增长较慢、停滞或下降的行业。扩张性行业的劳动力市场，因经济状况较好，或劳动生产率增长较快而提高工资率，使停滞衰退行业的工资率也相应提高，最终使整个社会的货币工资率的增长大于劳动生产率的增长，这会导致失业的增加。因此，局部市场劳动力过剩或劳动力短缺是劳动力市场的常态。

当劳动力供大于求时，劳动力市场处于"松"的状态；当劳动力供小于求时，劳动力市场处于"紧"的状态；当劳动力供求均衡时，劳动力市场处于"出清"状态。劳动力市场上的工资差别、歧视及有关劳动力流动性的信息是很不完全的，这会导致劳动就业非均衡。局部劳动力市场就在"松"、"紧"的变动过程中趋向于"出清"。

（二）"招工难"是局部劳动力市场问题

从全国情况看，每年城镇新增劳动力供给大致稳定在2200至2400万人，每年新增就业岗位大致稳定在900万上下，城镇登记失业率都在4%以上，总体劳动力市场是"松"的。从地区劳动力市场情况看，除北京市和广东省外，其他29个省市区的城镇登记失业率都在3%以上。可以说，总体上我国劳动力市场是供大于求的状态，如果有"招工难"的问题，也只是局部的问题。

2009年春节后的"招工难"具有明显的地区、行业和岗位特点。有10%的企业有较大的用工缺口，主要集中在制衣、制鞋、玩具、电子、家具等劳动密集型制造业，以一线生产设备操作工种居多。这些行业和工种要么工资水平低，要么劳动强度大或劳动条件差。就全国而言，缺工主要集中在制造业、居民生活和商业服务业、建筑业的一些中小企业的技术工种和熟练工种。10%的企业招不到人，而90%的企业不招人，很难说劳动力市场趋紧。

此次缺工实际上是低端劳动力市场受到挤压的体现。低端劳动力市场的用工主体是制造业、居民生活和商业服务业、建筑业中的中小企业，以及一些大企业，包括贴牌企业，劳动力供给主体是新生代农民工。这些用工单位的工作岗位大多具有工资低、保障差、工作累、危险大的特点，平均每天工作10个小时，每周工作6天，季节性用工比较多，就业极不稳定，相对于本行业的大企业以及其它行业劳动力市场而言，属于劣质劳动力市场。其它行业和部门因劳动生产率增长较快而提高工资、进而拉动整个社会的货币工资增长，对这些用人单位形成挤压。这些企业大多利润空间小，实际上挣的多是劳务加工费，由于没有能力相应提高工资、改善职工福利待遇，这些单位面临被淘汰，"招工难"只是这些单位面临的诸多困境之一。"招工难"并不是招不到人，而是留不住人。广东一些企业每月的员工流失率都在6%，流失率高导致企业在用工市场上持续招工、却又陷入持续缺工的恶性循环。

此次缺工也是区域劳动力市场均衡发展挤压低端劳动力市场的体现。长三角及早宣布提高最低工资标准，使得工资水平比珠三角平均高200元以上，吸引了大量珠三角的民工前往。中西部劳务输出省份经济发展加快，工资水平提高，使农民工就近就业增多。这些后发地区生活成本相对较低，这样即使工资不是很高，也对劳动者有吸引力。总之，区域劳动力市场的均衡发展，也加重了局部地区的"招工难"。

此次缺工还有其它方面的原因。一是劳动力供求高峰期时间错位，企业开工提前而员工返岗延后，使企业招工困难凸显；二是劳动力供求时滞，经济走出全球金融危机阴影导致需求反弹，带动就业需求反弹，但没有做好相应的劳动力供给的准备，补员和新增需求等多重因素相互叠加，使企业招工困难凸显。

（三）我国"招工难"与"就业难"并存

1. 农民工劳动力市场"招工难"和"就业难"并存

由于新生代农民工比老一代农民工思维活跃、知识面广、进取心强、职业期望值高，在公民权利、就业选择、工资待遇、生活方式、社会保障上与城里人享有同等待遇方面有更强烈的要求。因此，大多数新生代农民工不愿从事老一代农民工从事的简单、机械、重复性的体力劳动，不愿从事苦、脏、累、险等普通工作，导致一些企业招不到人。同时，由于新生代农民工经历的困难较少，基本缺乏应对困难的吃苦耐劳的精神，对可能遇到的困难和挑战准备不足，一旦工作不如意，就频繁跳槽，导致一些企业招到人、却留不住人，陷入频繁缺工状态。另一方面，劳动者自身的素质和技能水平不足，难以适应用工条件较好企业的要求，导致一部分劳动力处于择业状态，无法形成有效供给。在一些地方存在"招工难"的同时，还有很多地方劳动力转移不出去，劳务输出的压力大。总之，就农民工劳动力市场而言，"招工难"和"就业难"并存。

2. 不同劳动力市场"招工难"和"就业难"并存

除了每年春节后农民工劳动力市场的缺工外，我国技能人才长期处于供不应求的状态。这主要是由于经济长期持续高速增长，产业不断升级，对技能人才的需求不断高涨。另一方面，由于在传统社会观念中技能人才的职业声望不高、教育培训能力弱等原因，使技能人才的供给无法满足经济发展的需求。技能人才总量不足、结构不合理的问题，在我国会长期存在。

上述现象存在的同时，每年夏季都有过百万的大学毕业生难以实现就业；每年更有700多万未能接受高等教育的初高中学历的青年找不到工作；还有大量的在体制转轨中转变身份的劳动力求职无门。这些都是劳动力供求的结构性矛盾，包括劳动力供求的地区结构问题、素质结构问题等，还有劳动力供求信息不对称的问题。但是，我们不能因为局部劳动力市场的"招工难"或"就业难"，就认为总体上劳动力短缺或劳动力过剩。在关注"招工难"的同时，我们不能忽略更广泛的"就业难"问题。

（四）"招工难"并不表明我国进入劳动力短缺时代

"招工难"是市场配置人力资源的正常反应，所带来的是一系列积极变化，正是劳动者强烈要求、政府多年期盼、于企业发展转型有利的结果。

然而，经济增长是技术进步、就业规模扩大的过程，经济增长的特征是产业结构的调整和转移，表现为物质生产部门越来越多地依靠技术和资本，以及较少的劳动力，而服务部门则使用越来越多的人力资本。这一过程中，传统部门就业减少，而新兴部门就业增加；第一产业将释放大量的劳动力，逐步向第二、第三产业转移。但迄今为止，我国物质生产部门的技术水平还很落后，总体上还使用了太多的劳动力。行业内部不同企业之间劳动力供求状况的差异没有影响到行业整体的供求状况，行业之间劳动力供求状况的差异没有影响到部门整体的供求状况，制造业总体劳动力供大于求的局面尚未改变；服务部门的比重还比较低，还未形成密集使用人力资源的局面。

总之，我国产业结构尚未现代化，并且就业结构还存在较大偏差，还未出现劳动力短缺的经济发展特征。从可观察的经济发展规律和现象看，劳动力短缺时代特征在我国的出现尚需时日，不应因部分企业的"招工难"而误判整体就业形势。

四、"刘易斯转折点"问题

（一）"刘易斯转折点"的含义

"刘易斯转折点"是对发展经济学家威廉·阿瑟·刘易斯提出的二元经济发展三个阶段的标志性节点的俗称。刘易斯提出二元经济假说，即传统（农业）部门和现代（工业）部门。在第一阶段，农业中有大量过剩劳动力，工业部门吸收过剩劳动力；第二阶段，农产品逐步出现短缺，工业贸易条件恶化，转移工人工资开始上升，工业吸收过剩劳动力的进程减慢；第三阶段，工业在继续吸收农业剩余劳动力的同时，农业中的劳动生产率在提高，农业的剩余可以满足工业部门的需要，而且农业中的商品化过程也在加快。等到农业剩余劳动力吸收完毕，二元经济不再存在。

从二元经济到一元经济要经历两个转折点。工业部门规模不断扩大，在实际工资不变的情况下将农村剩余劳动力全部吸收完，继续吸收劳动力转移导致工资水平提高，由此产生了经济学上的第一个"刘易斯转折点"。此后，农业劳动的边际生产力不断提高，直至与现代经济部门的劳动边际生产力相等，不存在实质性的城乡收入差距，二元经济结构消失，长期发展的任务结束，第二个"刘易斯转折点"到来。俗称的"刘易斯转折点"，就是指第三阶段农业剩余劳动力吸收完毕、二元经济不再存在的那一点。

（二）从工资水平变化看"刘易斯转折点"是否到来

目前，关于"刘易斯转折点"到来的主要论据是农民工工资水平的变化。一种分析认为，2002年，农民工工资增长率为2到3个百分点，2003年该增长率变为5到6个百分点。在此之前，农民工工资几乎没有增长。从实际工资增长率来看，2004年到2007年期间一直保持在7%以上，在金融危机的情况下，2008年实际增长率达到19.6%，2009年农民工工资增长率也达到两位数。

但是，我们同时看到，农民工工资增长幅度小于职工平均工资增长幅度。就全国而言，从1995年到2008年，农民工工资年均增幅为13.59%，职工平均工资年均增幅为13.71%，前者比后者少0.12个百分点。而在上海、北京、天津等经济较为发达的地区，当地农民工从当地所获得的工资年均增长则较大幅度地低于当地非农职工工资年均增长，上海低6.2%，北京低5.29%，天津低4.09%。在青海、甘肃、海南等经济欠发达地区，当地农民外出到经济相对发达地区打工，获得了相对于在当地工作的职工高的工资增长，这些省市农民工的工资平均增幅高于当地非农职工工资年均增幅，青海高5.7%，甘肃高6.86%，海南高11.77%。说明农民工工资增长更多地是与社平工资同步增长，而不是单独的特殊增长。

第二，从农民工工资水平看，现实中用人单位将最低工资标准视为向农民工支付工资的标准，1995年至2008年的最低工资趋势线与农民工工资趋势线高度吻合。2004年以前，最低工资标准调整放缓，调整幅度缩小，农民工工资增幅就缩小；2004年以后，最低工资标准调整频率加快，调整幅度加大，农民工工资增幅也加大。然而，最低工资远远低于职工社平工资，以山东省为例，2009年城镇在岗职工平均工资29678元，月均2473元，而调整后的最低工资标准最高为760元，为社平工资的30%。这也说明农民工的工资远远低于城镇职工平均工资。农民工工资增长只是对过去过低工资的一种补偿，与付出的劳动和外出的生活成本相比明显偏低。

第三，比较农民工工资和农村居民家庭人均经营性收入，就全国而言，1995年到2002年期间，农民工工资年均增幅为13.16%，而同期农村居民家庭人均经营性收入年均增幅则为4.05%，二者差距为9.11个百分点。到了2002年到2008年间，农民工工资年均增幅为14.10%，而同期农村居民家庭人均经营性收入年均增幅则为8.58%，二者差距缩小为5.52个百分点。有些省市的情况更为突出，尤其是一些农民工输出较多的省市。以江西为例，1995年到2002年期间，农民工工资年均增幅为16.43%，而同期农村居民家庭人均经营性收入年均增幅则为1.65%，二者相差近10倍。到了2002年到2008年间，农民工工资年均增幅为12.12%，而同期农村居民家庭人均经营性收入年均增幅则为11.86%，二者几乎没有差别。总之，农民工外出打工所获得的工资增长越来越低于在本地农村从事经营性农业活动所获得的收入增长。

上述工资变动情况的分析表明，我国并没有明显表现出与刘易斯二元经济发展的三个阶段相吻合的发展阶段特征。农民工工资并没有出现相对城镇非农职工的快速上升，而是工资水平普遍上涨；由于地区差距大，城乡收入差距巨大，农村仍然有大量剩余劳动力受到牵引而外移。很难以此判断刘易斯拐点已经到来。另一方面，与农业生产相比，农民工工资也没有出现快速上升的情况，有些地方差距还在缩小，似乎呈现出第三阶段的发展特征。我国的工业化路径可能与刘易斯二元经济发展理论不完全一致，由于政府主导的城乡统筹发展战略，工业化不断带动农村发展，当一波农业剩余劳动力支撑了快速工业化后，工业带动农业发展，缩小城乡收入差距；促使工业进一步发展，提高工资水平，又一次吸收农业劳动力。工业发展又进一步促进农业发展。也就是说，农业劳动力的转移是通过分拨递进的几轮工业化实现的，而不是一次完成转移的。因此，刘易斯理论可能不太适合用来解释中国的经济发展。

（三）农业剩余劳动力还需要转移多少年

联合国粮农组织估计，发达国家只有6%的劳动力从事农业生产。按照这一比重，2020年当劳动年龄人口达到9.23亿、就业人口达到7.96亿时，中国只需要不足5000万劳动力务农；如果按照10%的劳动力从事农业生产，则需要8000至9000万劳动力务农。按照平均每年农村到城市的净迁移人口1000万人，其中16岁及以上人口占全部转移人口的87%估算，从2008年到2020年，城镇将新增劳动力资源1.1亿人，假设这部分人全部参与劳动力市场活动，届时，城镇就业人数将达到4亿，将占到全部就业的50%。

2008年末，农村就业人数为47270万人，第一产业就业人员30654万人。如果到2020年实现1亿劳动力从事农业生产，从2008年起，就需要向非农产业转移

2.07亿劳动力,大约每年转移2000万人;如果到2020年实现城镇就业占50%,从2008年起,就需要向城镇转移约8000万劳动力。按照每年向非农产业转移1000万人、每年向城镇转移400万人估算,需要20年时间。总之,我国农业剩余劳动力转移完还需要20年的时间。

(四)农业剩余劳动力转移的结构问题

农业剩余劳动力的转移结构随着经济发展而变动。一是地区之间的梯度发展使劳动力的地区转移结构相应转变。我国东部转型、中部崛起、西部大开发和振兴东北老工业基地等区域发展战略的制订和实施,使得内陆地区经济增长加快,吸引了一部分农村劳动力向内陆地区转移,而东部地区经济转型所需的技术工人供给不足。

二是随着劳动力的不断转移,转移劳动力的结构会发生变化。经济发展初期阶段,都是年轻力壮的劳动力率先实现转移。用人单位先是不断使用18岁至25岁的劳动力,其中一部分人成长起来继续留在产业大军中,而很多人则在青春期过后被淘汰回家乡。农村劳动力就这样不断为城市发展注入新鲜血液。随着人口结构的变化,年轻劳动力供给会逐步减少,用人单位会更加注重转移劳动力的素质,对转移劳动力的年龄要求也会逐步放宽。

三是劳动力的转移深度会加大。转移初期,只有一些有转移传统的地区的劳动力向外转移,而很多地方的劳动力转移无门或不愿转移。随着经济的发展、产业向偏远落后地区的梯度转移,农业劳动力的转移深度会不断加大,以前一些沉寂地区的富余劳动力也会逐步得到开发利用。

此外,由于地域文化差异、政策导向等方面的原因,劳动力的双向流动还会长期存在。如由于难于融入新的城市,三峡百万农民大转移开始回流。由于土地制度50年不变,一些进城劳动力难以融入城市,长期处于跨城乡、跨地区的候鸟型、双向流动。

由于市场机制的盲目性、体制性的障碍等因素,农业剩余劳动力的转移有一些不顺畅是很正常的。局部的、阶段性的供求结构失衡不会影响劳动力转移的整体进程。

(五)二元经济依然长期存在

从宏观数据看,我国二元经济仍然存在,并将持续较长时期。首先,目前我国城镇化水平还不高,2008年为45.68%,还有一多半人口生活在缺乏现代工业文明、生产力低的农村,与城镇人口的生活差距巨大。虽然城镇化在不断加速,1978年至1990年平均城镇化速度为0.71%,1990年至2000年为0.98%,2000年至2008年为1.18%,但还远没有实现城乡一体化和经济一元化。

其次,改革开放以来,中国农业部门和非农业部门的劳动生产率差异虽然有所缩小,但差距依然巨大。1978年,一个非农业部门的劳动力所创造的增加值相当于6.1个农业劳动力,2008年这一数字变为5.13。两部门劳动力生产率有所缩小的主要原因,是农业剩余劳动力转移到非农产业,导致农业劳动生产率大幅提高。1978年至2008年农业劳动生产率年平均增长速度达到12.11%,非农业部门的劳动生产率年平均增长速度为11.42%。按照此速度,农业劳动生产率要达到非农业部门劳动生产率的水平,还需要265年。这意味着劳动力从农业部门向非农业部门转移还将继续 265 年。

再次,比较城乡居民的收入差距及其变动。改革开放以来,农村劳动力向城镇转移并没有带来城乡居民收入差距的缩小,二者的差距反而呈现出加大趋势。1978 年,城镇居民可支配收入是农村居民纯收入的 2.57 倍,2008 年增加到 3.32 倍,城乡居民收入差距扩大了 29%。城乡收入差距扩大意味着,导致农村劳动力向城镇转移的动力与过去相比不仅存在,而且动力进一步加大,农村劳动力没有理由停止向城镇转移的步伐。

因此,无论从劳动生产率、居民收入情况还有城镇化水平看,在未来的 20 年中,我国仍将处于二元经济的发展阶段。

(六) 结论

在目前劳动力市场变化,出现"民工荒"等问题的背景下,提出对"刘易斯转折点"的讨论,具有一定的现实意义和积极作用,同时也产生一些负面影响。需要辩证地看待这一问题。关注这一问题的积极意义在于:第一,可以提示我们注意,我国劳动力市场已发展到一定阶段,有助于我们预见以农民工为代表的普通劳动者的工资、非熟练劳动者的工资、不受制度保护的劳动者的工资,是要上涨的,这是一种必然性趋势。第二,预见劳资关系发生变化,工资和劳动条件更多地需要依靠劳动力市场制度来维护,如工会、政府的立法执法,及集体谈判制度等。第三,加快经济发展方式转变。

第二,在运用该理论分析中国问题时,需要格外注意。刘易斯二元经济理论实际上是一种发展经济学理论,它描述了发展中国家经济发展的三个阶段的特征,劳动力要素的变动只是其中的特征之一,此外还有要素生产力、工资变动等特征。在依此理论判断我国发展阶段时,需要更充分、全面、深入、细致的指标分析,而目前我国的统计指标体系并不能提供支撑。如果简单地从劳动力市场的一些简单指标和现象分析,得出的结论很可能不正确。

第三,"二元经济"发展理论实际上是关于农业劳动力产业转移的理论,是关于就业部门结构变动的理论,不涉及劳动力供给总量与经济增长的关系问题。因而并不适合用来分析劳动力总量短缺问题。

第四,应全面运用这一理论来解释我国的就业现象,而不能片面应用。该理论在强调经济发展阶段劳动力要素变动特征的同时,强调工业和农业两个部门的平衡发展观点。没有农业的现代化就没有最终的经济发展。经济的现代化过程是工业带动农业发展、最终实现工业和农业平衡发展的过程。农业的发展是农业技术现代化的过程。在整个经济发展过程中,由于劳动生产率的趋同,农业部门就业人数大量减少,工业部门不断扩张,最终使经济规模扩张,直到劳动力等各种生产要素得到充分利用。经济发展到这一阶段,实现了经济一元化和城乡一体化,农业中不再有剩余劳动力,就是所谓的刘易斯拐点。现有分析忽视了农业部门的现代化,即忽视农业部门劳动生产率提高还会释放出新的富余劳动力,并且把农业劳动力的非农化等同于农业劳动力向城镇转移,认为农村不再有劳动力向城市转移,就是刘易斯拐点到了。这些分析都是不全面的。

第五,现有的分析,特别是提出所谓的"刘易斯转折点"、"库兹涅兹转折点"

和"商业化点",一方面与二元经济发展的三个阶段相混淆,另一方面将问题复杂化。及时跟踪经济社会发展变化情况,依据经济发展阶段理论分析问题是有意义的,但是,更要有全局观念,不能因阶段性的局部观察否定发展的大趋势。

五、转变经济发展方式:劳动力成本优势问题

改革开放以来,我国经济的持续快速增长得益于农村劳动力转移提供的低劳动成本优势。2003 年前,农村年轻外出务工人员只能拿到和改革开放初期父辈们一样多的工资,月工资长期维持在 600 元左右。2005 年后,这种情况发生了显著变化,农村外出务工人员月平均工资超过 1000 元,工资在 2 年左右时间内增长超过 60%。此次金融危机后,农民工工资水平普遍比去年同期提高了 10% 至 20%。很多人因此惊呼,中国劳动力成本优势正在丧失,经济增长竞争能力开始下降,因此要转变经济发展方式。真的如此吗?

(一)我国是否还具有劳动力资源优势

从数量看,如上述分析,我国在未来 20 年内还将处于二元经济的不发达阶段,农业剩余劳动力还需要转移 20 年,劳动力资源仍然是我国经济发展的重要关键要素。我国未来经济发展仍然有劳动力资源数量巨大的优势。同时,劳动力供求特点将发生一些变化。劳动力年龄结构逐步老化,劳动力需求的地区结构发生变化,东部地区对劳动者素质的要求越来越高,中西部地区对劳动力的需求数量会越来越大。

从总的劳动力成本看,虽然名义工资上升,但是,由于劳动生产率增长高于名义工资增长,真正意义上的劳动力成本并没有上升。从国内纵向比较看,改革开放以来,中国劳动生产率一直呈快速增长趋势,其中工业部门劳动生产率增长更加迅速。以全部国有及规模以上非国有企业为例,1998 年至 2006 年劳动生产率年均增长 16.27%,同期,全国工业企业职工工资年平均增长 12.85%,劳动生产率高于工资增长率 4 个百分点。因此,当前工资增长不仅没有带来真实劳动力成本的上升,而且还导致成本的下降和经济竞争力的增强。从国际比较看,1991 年中国制造业工人的工资相当于美国同行的 1.7%,这一数字到 2000 年增加到 3.7%,10 年间中国制造业工人的工资上升了 2 倍。从劳动生产效率来看,1991 年中国制造业工人的效率仅相当于美国同行的 1/40,而 2000 年这一数字变为只有 1/10,10 年间中国工人的效率增加了 4 倍。相对于成本增加来说,中国工人的劳动生产效率增加速度似乎更快,这意味着中国工人的竞争优势是增加而不是减小了。

在总体的劳动力真实成本没有上升的同时,国内地区间的名义工资在发生变化。相对于中西部内陆地区,东部沿海地区的名义工资上涨越来越快,未来低成本的劳动力资源优势主要在中西部经济欠发达地区。

(二)转变经济发展方式并不是不发展劳动密集型产业

在历经 30 年持续高速增长的经济起飞阶段后,要实现从中低收入向高收入阶段的成功跨越,必须进行发展模式创新,冲破由发达国家控制技术和出口资本赚取高额利润和超前消费、发展中国家利用自身廉价土地、资源、劳动力和环境为代价进行生产和节制消费的分工格局,由外需拉动向内生发展模式转变;由高投资模式以及高投入、高消耗、高排放、低成本扩张的增长模式,向由科技引领、创新驱动的

轨道转变；由依靠低成本生产要素数量投入的粗放型经济增长方式向依靠高素质生产要素投入的集约型经济增长方式转变；把社会建设的方向转换到完善公共服务、保障社会公平的轨道。也就是说，转变经济发展方式是从全局考虑，而不是因为劳动力短缺、劳动力成本提高。在我国目前阶段，不能由于认为劳动力短缺来主张退出劳动密集型产业。

基于庞大的劳动力基数，以及农村巨大的劳动力供给，在今后20年中，劳动密集型产业仍然是我国具有比较优势的产业。随着工业化的发展，劳动力生产率不断提高，我国经济发展方式正在缓慢的梯度转型过程中。东部沿海地区一些主要依靠增加劳动投入来获取利润的企业、行业正面临产业转型升级转型问题，将向中西部地区进行产业梯度转移。未来劳动密集型产业在中西部地区还将大力发展20年。

劳动密集型产业并不是低成本、小规模企业的代名词，劳动密集型也要实现高素质和体面的劳动。东部地区一些劳动密集型企业退出市场，不一定是由于劳动力数量不足，而有可能是劳动力素质低。在我国目前阶段，不能由于一些劳动密集型企业退出就认为是劳动力短缺。我国不是没有劳动力，而是高素质的劳动力缺乏。因此，未来更主要的是要提高劳动密集型从业人员的素质，延长我国的劳动力资源优势，提高劳动生产率。

（三）促进人力资源开发是转变经济发展方式的第一要务

人是生产力中最活跃的要素。技术研发、制度创新、劳动投入都要依靠人力。开发人力资源，首先要加强职业培训和教育。关键是提高职业培训的质量和效果。要大幅度增加企业在岗培训补贴规模，实行普惠制补贴；鼓励企业与院校联合培训年轻劳动力；将一批普通高校转型为高职院校，加大力度发展职业技术教育；实施中等职业教育全免费，将农村"两后生"全部纳入职业教育培训。

开发人力资源还要提高就业质量。制定政策鼓励企业与员工签订相对长期的劳动合同，改善员工生产生活条件，实行人性化管理，以完善用工制度留人；提高劳动报酬水平，加快完善社会保障制度，通过提高待遇留人；加快转移劳动力融入城镇，改善住房、子女教育等基本民生，通过"生活好"留人。

开发人力资源还有提供好就业服务。想方设法促进劳动力流动。政府应该鼓励和促进劳动力市场的自由进出，保护劳动力市场的竞争。同时还可以提供技术培训、就业训练、职业介绍以及提供迁移帮助等。

（四）转变经济发展方式要统筹处理好产业发展和城乡发展的关系

转变经济发展方式，要加速二元经济向一元经济的转型。首先要解决城乡经济发展失衡的问题。应加速农村经济发展，通过发展农村的工业来充分利用农村的资源和提高农民收入水平，减少城市的向心力。适当抑制城市生活设施的投资，为工业的分散提供有利条件，增加农业地区的建设投资，保证国内各地区间的经济发展平衡，这是解决发展中国家就业问题的最根本的出路。

转变经济发展方式还要协调处理好产业结构调整及各个部门之间的比例关系。发展中国家就业的增加可能主要在建筑业和服务业方面，如果制造业的产量没有适当增长，建筑业和服务业就不能发展，就业人数实际上也难以增加。仅仅发展制造业不可能解决发展中国家农村中的过剩劳动力就业问题。

六、结束语

无论在何种经济体制下,就业都是经济发展中永恒的主题。当前及今后20年左右的时间内,劳动力供大于求依然是我国经济发展和就业问题的基本矛盾,中国劳动力资源绝对数量庞大,15岁至64岁劳动年龄人口在2014年达到最高峰时的总量高达9.97亿,这是任何国家都无法比拟的。创造8亿岗位,对世界上任何一个国家来说,都是难以想象的巨大工程。同时,就业的结构性矛盾及就业质量问题更加突出,并日益加重,与就业的总量矛盾一起,逐步形成我国就业的三大主要困难。坚持"以人为本"、破除体制和制度障碍、加强劳动者权益保障是破解我国就业矛盾、促进经济发展的根本出路。

(作者单位:人力资源和社会保障部劳动科学研究所)

残疾人就业服务体系的构建：从分割到融合

廖 娟　赖德胜

一、引　言

根据联合国的数据统计，世界上任何时候都存在大约10%左右的残疾人口（Mont，2004）。然而，这个数值可能还低估了残疾对整个社会的影响。因为如果残疾人没有完全融入社会经济生活，那么他们就会把这个额外的成本转嫁给他们的家庭。比如残疾人需要亲人更多的照顾，因而会挤占其家人在其它生产活动上所花费的时间，降低劳动生产产出。乌干达的一项研究表明，有残疾人的家庭不仅可能更贫穷，而且这些家庭的孩子就学比率也较低（Hoogeveen，2004）。此外，即使没有残疾的人也可能存在致残的风险，有研究表明我国残疾人致残因素是以后天获得性残疾为主，非传染病致残占了很大比重（崔斌，陈功，郑晓瑛，2009）。因此，将残疾人、家庭和残疾人政策整合起来考虑对社会的每一个人来说都有好处。但政策制定者在制定残疾人政策时往往会将残疾人这个群体同其他社会群体分开来看，就残疾人而论残疾人，因而制定出的政策可能会体现出一种分割的思想，这不利于残疾人完全融入整个社会。

一般而言，残疾人政策有两个主要目标，一是收入保障，另一个是尽可能地让残疾人融入到社会中去。只要整个社会具备了一定的经济基础，那么实现收入保障的目标就较为容易，比如可以直接给予残疾人现金和实物。食物充足、住房和卫生保健等这些物质基础可以确保残疾人过上像样的生活，把他们从贫困和忧虑中解放出来。这一目标的实现有赖于建立和完善残疾人的社会保障体系。而完全融入社会，允许残疾人最大限度地参与到社会、经济生活中去，则是比实现收入保障更高一级的目标。如果能够消除那些阻止残疾人参与劳动力市场的障碍，不仅能提高残疾人的生活质量，而且从总体来看还可以提高整个社会的生产能力、降低失业率、减少残疾人对政府转移支付的依赖。这一目标的实现需要政府构建一个合理的残疾人就业服务体系。上述两个目标有时是相互矛盾的，因为以残疾人完全参与社会生活为目的的政策通常会降低社会安全网的保护程度，对残疾人而言会有更多的风险。另一方面，保障收入的政策又可能会成为残疾人参与劳动力市场的阻碍。因此，政策制定者所面临的挑战是，既能确保残疾人过上像样的生活，同时还要提供支持和激励来促进残疾人实现充分就业。

目前大多数OECD国家对残疾人政策的关注点已经从收入保障转移到经济生活的融合上来了。在我国，要加快这种转变，还必须加深对残疾本质的认识。残疾，不仅仅是一种医学意义上客观存在的状况，在某种程度上而言它是残缺的身体、社会与政策环境之间相互作用的结果。如果一个社会的氛围和文化能够容纳不同类型残疾人的特殊需要的话，那么残疾对个人和社会所造成的影响将被较大程度地限制，从而使社会更加和谐。为此，需要营造这种氛围和文化，而通过残疾人实现就业达到融入社会经济生活则是一条合适的途径。因此构建一个完整而合理的就业服务体系是政府相关部门需要完成的重要工作，而就业政策又是其中最重要的一环。

二、国际上促进残疾人就业的政策工具

发达国家的残疾人就业政策主要集中在收入支持、就业计划和康复计划三个方面（廖娟，2008）。对于大多数国家而言，政府促进残疾人就业的做法大致可分为以下三种：法规管制型政策、平衡型政策和替代型政策。

法规管制型政策是对雇主指定某种法律上的义务来直接影响他们的行为。其目标是通过要求雇主雇用残疾人从而影响劳动力市场的需求方。按比例就业是一种典型的法规管制型政策，如果企业不按照某种比例雇用残疾人，就会被要求交罚款。另外一种法规管制型政策是反歧视法，通过一些法律、法规的实施来促进残疾人就业是世界上很多国家的做法。加拿大和美国的反歧视法规定，如果劳动者是因残疾而影响其雇用、解雇，或者雇主拒绝为残疾人提供工作的配套设施，残疾人可以向法庭提起控诉。

平衡型政策是专为劳动力市场的残疾人增加竞争力而设计的。这种政策假定残疾人进入劳动力市场时是缺乏生产力的，因而他们需要更多的培训和工作启动成本。平衡型政策的措施包括工资补贴、职业康复、完善工作场所配套设施的基金和支持性就业（如增加工作教练）等。由此可见，这种政策使劳动力的需求方（雇主）减少了雇用残疾人的额外成本，同时在供给方面又增加了残疾人的生产力，因而可以视作一种促进劳动力需求平衡的政策。

与法规管制和平衡型政策不同的是，替代型政策暗含残疾人不能完全参与开放劳动力市场的假定，或者认为这至少是残疾人就业困难的一个重要方面。替代，指的是庇护性就业或是安排残疾人在公共或私人部门的特殊岗位就业。

如果实行的是单独以法规管制为基础的政策，那就意味着政策制定者认为残疾人有权利去开放的劳动力市场就业，他们与非残疾人之间的劳动生产率差距不大，他们参与劳动力市场的成本小，容易被私人部门吸纳。我们也可以称这种政策为政府主导型的政策，因为不管是制定法律、法规，要求用人单位按比例雇用残疾人，都带有强制性质，由政府参与管理。如果残疾人和非残疾人之间的生产率差距较大的话，平衡型政策就足以保证将雇主负担的由这种差距所产生的额外成本通过政府财政补贴的方式转移到全体公民身上，从而增加雇主雇佣残疾人的积极性。这种政策通过市场调节的方式来促进残疾人就业，政策制定者希望通过市场机制发生作用。如果残疾人和非残疾人二者之间的生产率差距过大，以至于政策制定者认为对开放的劳动力市场提供替代会使残疾人就业更经济有效时，替代型政策就成为一种很好的选择。它的主要形式是通过政府购买的方式实现残疾人的就业，如开发和购买公益性岗位，安排残疾人到特殊岗位就业等。

对替代型政策有一些反对的声音。反对者认为这种政策对残疾人而言是一种分

割,且认为这种分割会降低残疾人的社会地位。他们还认为,如果不能进入开放的劳动力市场,就会阻碍完全融入经济生活所必需的社会和工作技能的发展。将残疾人与非残疾人分割的这些政策,比如庇护性就业,可能会阻碍非残疾人了解残疾人的才能和困扰,加深对残疾人的误解,不利于残疾人身心的健康发展。

除了以上这些政策工具之外,也可以采用直接的现金或实物补偿,以及支付保险费等措施。但这些现金福利计划在提高残疾人生活水平的同时可能会对残疾人就业造成负面激励。大量研究也证明了伤残补助的水平、申请这种补助的人数与残疾人劳动参与率的下降之间存在着反向关系。

虽然各个国家对促进残疾人就业采用了不同的政策和途径,但目前大多数 OECD 国家已经从补偿性政策转到了融合政策。这体现了发达国家已经能够更加全面地看待残疾人就业问题。

三、我国现行的残疾人就业政策及其问题

在法律法规政策方面,我国先后制定了《中华人民共和国残疾人保障法》、《残疾人就业条例》和《残疾人就业保障金管理暂行规定》,各省也相继制订了"实施办法",这些法律法规的实施为促进残疾人就业起到了非常重要的作用(赖德胜、赵筱媛等,2008)。从计划经济到市场经济,我国的经济体制开始发生转变,残疾人就业政策也随之发生了一些变化。在计划经济时期,集中就业是我国政府安排残疾人就业的主要途径。安排残疾人在福利企业集中就业,是解决残疾人就业问题的主要形式。这实际上是一种庇护性的就业模式,属于替代型就业政策,这种政策会使残疾人与非残疾人之间产生隔离,不利于残疾人完全融入社会经济生活。分散按比例就业是联合国组织倡导、有关国际公约规定和国际社会普遍采取的残疾人就业原则。从上世纪 90 年代开始,在国家法律和优惠政策扶持下,我国也实行了按比例就业的政策,残疾人劳动就业贯彻集中与分散相结合的方针,以多渠道、多种形式迅速发展起来,残疾人就业工作进入了一个全新时期。我国按比例就业的法规在政策执行的具体过程中,残疾人就业服务机构和基层残联通过对辖区内残疾人和社会单位进行调查、登记,获得有劳动能力残疾人与用人单位岗位情况信息,然后向用人单位推荐合适的残疾人,安排双方面议,签订劳动合同。在此过程中,残疾人和用人单位都有选择的自主权。按比例就业也是一种法规管制型政策,它将残疾人分散地安排到各种企业和单位中,在一定程度上促进了残疾人融入社会经济生活。这表明,我国的残疾人就业政策实际上正在从分割逐步走向融合。

2008 年 3 月 28 日,中共中央、国务院《关于促进残疾人事业发展的意见》中指出:"依法推进按比例安排残疾人就业,鼓励和扶持兴办福利企业、盲人按摩机构、工(农)疗机构、辅助性工场等残疾人集中就业单位,积极扶持残疾人自主择业、自主创业。多形式开发适合残疾人就业的公益性岗位。党政机关、事业单位及国有企业要带头安置残疾人。完善资金扶持、税费减免、贷款贴息、社会保险补贴、岗位补贴、专产专营等残疾人就业保护政策措施。"由此可以看出,政府倡导的残疾人就业政策仍然是以按比例就业为主,其它政策为辅的方针。但其中也突出了鼓励兴办福利企业、辅助性工场等集中就业模式,以及鼓励政府机关通过购买公益性

岗位等方式促进残疾人就业。这些政策的出发点都是以促进残疾人就业为目标的，但根据上一节的分析知道，这样的政策可能会将残疾人同整个社会分割开来，达不到促进残疾人完全融入社会经济生活的目的。

通过上述分析知道，不管是按比例就业、集中就业，还是政府提供就业岗位，都是通过影响劳动力市场的需求方来得以实现的。可以发现，我国目前所实施的残疾人就业政策中，同时从供给和需求两个方面来促进残疾人就业的政策，即平衡型政策却较少。单方面的影响劳动力的需求方并不足以保证雇用双方都能满意，比如雇主因为是被法律法规强制而雇用残疾人，因而不会改变残疾人生产率低的看法，残疾人也可能因为自己的劳动能力未能得到提高而对目前的雇用并不满意。平衡型政策的目标除了要减少雇主雇用残疾人的成本之外，还要提高残疾人的就业能力，从而达到需求与供给的均衡。其形式主要包括，对用人单位进行工资补贴，提供完善残疾人工作场所配套设施的基金，提供职业康复训练，实行支持性就业，如安排个性化的就业辅导等。但从目前来看，我国的残疾人就业政策在这些方面还较为薄弱。

四、对构建残疾人就业服务体系的思考

促进残疾人就业并不是我们政策的终极目标，政策的深层次目标应该是使残疾人能够完全融入社会经济生活，从而减少残疾对整个社会的影响。从上述分析中可知，促进残疾人就业融合的政策目标应该是，在提供一个可接受的合理的生活标准的基础上，鼓励残疾人积极参与劳动力市场。为保证此目标的实现，我们需要建立一个完善的残疾人就业服务体系。既然让残疾人积极就业是为了促进融合，那么构建促进残疾人就业的服务体系就应该从整体着眼，而不应只从局部考虑。这就要求政策制定者有一种融合的观念，而非分割的思想；同时，也不能将残疾人看成一个孤立的群体，而应当将其与家庭、社会联系起来看待。而在政策制定时，也应当秉承全局的思想，不能只关注就业政策，而忽视它与其它政策的关联。这样，在促进残疾人就业的同时才可以使他们完全融入社会经济生活。因此，构建残疾人就业服务体系需从以下两方面来考虑。

第一，从提高残疾人的就业能力方面建设就业服务体系，重点加强平衡型政策的实施，如职业康复和培训、支持性就业等。大多数残疾人由于自己身体条件限制，总体文化程度偏低，且缺乏一技之长，难以就业（赖德胜，廖娟，刘伟，2008）。据了解，目前有许多残疾人之所以得不到就业，最主要的原因还是缺乏劳动技能。因此，在普及残疾人义务教育的同时，要加强残疾人职业教育和培训，技能是就业之本。

加强残疾人的职业康复和培训工作。职业康复和培训作为一种平衡型政策，对劳动力市场的供给方产生作用，它能最大限度地提高残疾人的生产率。根据国际劳工组织对职业康复的定义："康复是一个持续的、协调的过程，包括提供职业服务。如：职业指导、职业训练、展能就业（selective placement），使残疾人能够获得并保持适合自己的职业"。由此可见，该过程包含很多方面，如评估工作能力和资质、职业咨询、短期和长期培训、工作安排服务、职业生涯规划咨询等。此项政策致

力于提高残疾人的能力以增加他们在开放的劳动力市场中的就业机会。但到目前为止，我国对残疾人的职业康复和培训工作相对来说还较为薄弱，缺乏专业的职业指导、职业训练等。因此，相关部门应加强对此项工作的开展，以从根本上提高残疾人的生产率，从而使他们能够顺利地在开放的劳动力市场就业，达到融入社会的目的。

发达国家的支持性就业政策是用来帮助残疾人更好地融入工作场所和环境的。它由一系列不断发展的支持性服务构成，这些服务使残疾人在完成自己的工作任务的同时，还能在工作中得到更好的锻炼。工作教练（Job coach）是支持性就业计划的典型代表，他为残疾人提供个性化的服务，使残疾人能够以一个适合自身条件的步调来学习。在未来发展过程中，如果条件允许，我国也可以像发达国家一样，为残疾人提供个别或分组的工作教练。工作教练对完善残疾人就业服务有很大帮助，因为他们不仅能为残疾人提供现场培训，而且还可以及时发现残疾人对工作环境方面的需求，并将这种需求告知雇主促进其改善残疾人的工作环境。这种政策的实施既能提升残疾人的就业能力，同时还能为非残疾人创造出了就业岗位（工作教练这一职业）。此外，支持性就业服务内容还包括交通服务、辅助工具、特殊的工作培训等，所有的这些服务都是为了提高残疾人的生产力而设计的。既然雇主关心的是残疾人和非残疾人之间生产力的差距，那么为了抵销这个差距，政府还可以提供给雇主工资补贴、税收减免等一些财政激励，促进其雇用残疾人。

第二，采用法规管制型政策、平衡型政策和替代型政策的合理组合，并结合残疾人的社会保障制定合理的政策实施标准，保持残疾人的就业动力。一个完整、合理的残疾人就业服务体系，应该是上述几种类型政策的组合，只有将这些政策组合进行合理实施，才可能保证让社会接受残疾人、让残疾人融入社会。在现阶段，我国残疾人的基本生活条件还没有完全得到保障，因此建立覆盖全体残疾人基本的社会保障是我们要完成的主要任务。但在制度设计之时，政策制定者除了要关注残疾人现阶段的状况外，还应从长远来考虑制定一个合适的标准，既可以保障残疾人基本的生活，同时这种保障又不能降低他们的就业积极性。当然，在制定这个标准之前，还应区分重度残疾和一般残疾。对重度残疾人而言，他们已经丧失了大部分的劳动能力，最好采用托养服务的政策。对一般残疾人而言，他们有一定的劳动能力，能进入劳动力市场工作。因此，对他们的保障标准不宜过高，过高了他们不愿意进入或回到劳动力市场工作；也不宜过低，太低了不能保障基本的生活。如何选择一个适合的保障标准，是政策制定者关注的重点问题，也是能否完成政策融合目标的关键。

法规型政策是基础，平衡型政策是重点，替代型政策是补充，残疾人社会保障是关键，只有找到这些政策的有效组合，将就业服务体系与社会保障服务体系有机结合在一起，才可能建设一个从全局出发的、比较完善的、合理的残疾人服务体系，从而促进残疾人融入社会经济生活，建立一个残疾人和非残疾人完全融合的和谐社会。

参考文献

Daniel Mont. *Disability Employment Policy*, Discussion Paper No. 0413, the World Bank, 2004.

Hoogeveen, J. *Measuring Welfare for Small Vulnerable Groups Poverty and Disability in Uganda*, Working Paper No. 0419, the World Bank, 2004.

崔斌, 陈功, 郑晓瑛. 中国残疾人口致残原因分析 [J]. 人口与发展, 2009, (5).

廖娟. 残疾人就业政策：国际经验及对我国的启示 [J]. 人口与经济, 2008, (6).

赖德胜, 赵筱媛. 中国残疾人就业与教育现状及发展研究 [M]. 华夏出版社, 2008.

赖德胜, 廖娟, 刘伟. 我国残疾人就业及其影响因素分析 [J]. 中国人民大学学报, 2008, (1).

（作者单位：北京大学教育经济研究所）

基于搜寻模型对大学生就业难问题的一种解释

刘安禹　白雪梅

一、引　言

受全球经济危机影响，本已严峻的我国大学生就业形势更是雪上加霜。虽然大学生不再是昔日的天之骄子，但作为人力资本存量最高的群体，大学生就业率过低不仅影响地区经济的持续快速发展，而且还会引起收入分配不公平和"读书无用论"等一系列严重的社会问题。因此，在就业环境日益严峻的今天，系统分析影响大学生就业难的原因，解决大学生的就业难题便显得尤为重要。

寻找大学生就业难的原因通常从劳动力的供给、需求和供求不匹配三个角度入手。在现有文献中，从需求和供求不匹配这两个角度入手的文献往往停留在经验研究或理论探讨阶段，如岳昌军（2004）和谢作诗、杨克瑞（2007）等。而从供给角度的研究则更加系统和完善，学者们使用劳动经济学中的市场分割理论，认为大学生就业难是经济转型期间劳动力市场分割这一制度背景下，企业与大学生相互搜寻的结果，是一种摩擦性失业（赖德胜，2001）。赖德胜、田永坡（2005）利用搜寻理论（Search Theory）构建的实证模型印证了市场分割程度越高，大学生就业率越低这一结论。郭丛斌（2004）也从经验研究的角度表明，中国存在着以高学历、高收入为特征的一级就业市场和以低学历、低收入为特征的二级就业市场。因此，1999年高校扩招后，一部分原本可以在二级市场直接就业的适龄青年得以升入大学，从而进入一级就业市场。虽然高校扩招并未改变待就业人口的总量，却改变了一级就业市场和二级就业市场之间的比例。所以，从供给角度分析的学者认为高校扩招在缓解二级就业市场压力的同时，也增加了一级就业市场劳动力的供给，高等教育招生规模不断扩大是导致大学生就业难的原因。但已有的研究只是从理论上论证了高等教育规模扩大会增加大学生就业的难度，并没有被中国的经验数据所验证。文东茅（2005）利用1998年和2003年的调查数据发现，高校扩招对大学生就业的影响主要体现在大学生相对工资的下降，其次才是就业率的变化。

那么，我国大学生就业难问题是什么原因所致？是属于摩擦性失业还是结构性失业？针对这些问题，本文在劳动力市场分割的条件下，利用搜寻模型推导高等教育招生规模与大学生就业率间的变化关系，并用实际数据加以验证。论文的以下结构安排是：第二部分推导大学生保留工资内生化的搜寻模型，第三部分以中国的实际数据来检验大学生就业难问题产生的真正原因，第四部分是本文的结论和政策建议。

二、保留工资内生的工作搜寻模型

搜寻理论（Search Theory）最早由 Stigler（1961）提出，McCall（1970）对 Stigler（1961）的模型进行动态扩展，建立了序贯搜索模型（the Sequential Search Model），该模型认为若企业提供的工资低于行为人内心的保留工资，行为人会继续寻找工作，直到找到符合自身要求的工作为止。可见，保留工资成为了决定搜寻行为是否停止的关键变量，所以只有将它内生化，才能找到影响就业的根本原因。而保留工资又受到搜寻成本、失业救济金、未来找到工作的概率等因素影响，因此 Albert & Axell（1984）以 McCall（1970）为基础，在一般均衡的框架内，用内生化的保留工资模型来分析失业救济金的增加对失业率和福利水平的影响。与此相仿的是，在影响大学生保留工资的各个因素中，除求学的机会成本外，其余因素都与其他失业者相同。所以，本文采用 Albert & Axell（1984）的建模思想，以内生化大学生保留工资的模型为桥梁，在局部均衡下寻找高等教育招生规模变动对大学生就业的影响。

（一）模型的假设

设劳动力市场存在以学历和工资为特征的市场分割，且经济体中存在两种异质行为人：第一种行为人高中毕业后参加高考，每次考中的概率为 α，大学毕业后以 γ 的概率在一级就业市场获得工资为 w_h 的工作；第二种行为人高中就读于职业技术学校，在二级就业市场就业，保留工资为 w_l。虽然初中及以下学历直接就业的人数在中国适龄人口中占很大比重，但由于市场分割的存在，导致他们的就业人数并不影响一级或二级就业市场的工资水平，所以对初中及以下学历的就业者不予考虑。本文在离散时间下假设行为人不会死亡和中途离职，即毕业生若找到高于保留工资的工作便不再更换工作，同时为了技术上便于处理，认为行为人不会死亡，各参数也不随时间发生变化。

在局部均衡下，模型中不涉及厂商行为，若大学生一生的效用水平高于职业技术学校的毕业生，在理性人假设下，行为人都会选择接受高等教育后再就业，从而导致一级市场劳动力供给增加，工资水平下降，大学生所获得的效用下降，直至两种行为人的效用完全相等。所以模型闭合条件是两种行为人一生的总效用相等，即 $U_1 = U_2$。

（二）模型设置

假设每种行为人在各期的效用函数为线性函数

$$U_{it} = \begin{cases} b, & \text{无工作时的收入} \\ w_i \ (i=l,\ h), & \text{工作时的收入} \end{cases} \quad (t = 1, 2, \cdots \infty)$$

其中 b 是行为人无工作时的收入，包括上学时的生活费和失业时来自政府或家庭的补贴。

则两种行为人一生的总效用分别为（具体计算过程见附录）

$$U_1 = \frac{1}{1-(1-\alpha)\beta}\left\{\frac{b(1-a)}{a} + a\left[4b + \frac{1}{1-(1-\gamma)\beta}\left(\frac{b(1-\gamma)}{\gamma} + \frac{\gamma w_k}{1-\beta}\right)\right]\right\} \quad (1)$$

$$U_2 = \frac{w_l}{1-\beta} \quad (2)$$

令 $U_1 = U_2$，整理可得内生化了的大学生保留工资

$$w_h = \frac{(1-b+ab)(1-b+gb)}{ag}w_l - \frac{(1-b+gb)(1-a+4a^2)(1-b)}{a^2 g}b$$

$$-\frac{(1-g)(1-b)}{g^2}b \qquad (3)$$

根据式（3）可推导大学生就业率与高考录取率的关系。

为了判断高考录取率 α 和就业率 γ 间的变动关系，对式（3）求 α 和 γ 的偏导数，得

$$\frac{\partial w_h}{\partial \alpha} = \frac{(1-\beta+\gamma\beta)(1-\beta)}{\alpha^2 \gamma}\left[\left(\frac{2}{\alpha}-1\right)b - w_1\right], \qquad (4)$$

$$\frac{\partial w_h}{\partial \gamma} = \frac{1-\beta}{\alpha r^2}\left[-(1-\beta+\alpha\beta)w_l + \left(4\alpha-1+\frac{1}{\alpha}\right)(1-\beta)b + a\left(\frac{2}{\gamma}-1\right)b\right]. \qquad (5)$$

用式（4）除以式（5）得

$$\frac{\partial r}{\partial a} = \frac{\alpha}{\gamma(1-\beta+\beta r)}\left(c_1 + \frac{c_2}{\gamma}\right) \qquad (6)$$

其中 $c_1 = \dfrac{(3b-4\beta b - w_1\beta)\alpha^2 - (1-\beta)(w_1+b)\alpha + (1-\beta)b}{2b-(b+w_1)a}$，$c_2 = \dfrac{2\alpha^2 b}{2b-(b+w_1)\alpha}$。

式（6）是一个关于 α 和 γ 的微分方程，反映高考录取率变化对大学生就业率关于录取率一阶导数的影响。虽然无法求出就业率 γ 与高考录取率 α 间的显性函数表达，但可以通过数值模拟的方法考察 α 与 γ 关于 α 一阶导数间的关系，进而判断高考录取率对就业率的影响。

三、大学生就业难问题产生的原因

（一）高等教育规模扩大对大学生就业的影响

为了研究全国大学生就业率与高等教育规模间的关系，需要判断式（6）的符号。截至 2008 年，我国高考报名人数逐年增加，所以随着高考录取率的提高，高等教育规模将不断扩大，因此，可以用 α 来表示高等教育规模。若式（6）的符号为正，则表明大学生就业率对高考录取率的一阶导数大于零，表示高等教育规模越大，大学生的就业率也应越高；反之，则表示高等教育规模不断增加导致了大学生就业率的下降。根据《2009 年大学生就业报告》（以下简称蓝皮书），2008 年全国高中学历的劳动者工作半年后的月平均工资为 1647 元，而根据各省公布的最低保障工资标准＊，全国的平均月最低保障工资为 690 元。所以若令式（6）中的 $w_l = 1647$，$b = 690$，$\beta = 0.98$，那么 γ 关于 α 的一阶导数与 α 的变化关系见图 1。

图 1 表明，从全国整体来看，无论高考录取率怎样变化，就业率对高考录取率的一阶导数皆小于零，高等教育招生规模越大，大学生就业率越低，大学生在劳动力市场的供给量已大于社会的需求量。高等教育招生规模过大至少有两个原因：一是由于各行业对大学生的需求要通过毕业生的就业分布情况反馈到各高校，再经过逐级上报到达高等教育招生计划的制定部门，政府主管部门所获得的信息相对滞后；二是政府为了弥补教育经费投入不足，本身也有使高等教育规模不断扩大的内在动力。按照人力资源与社会

＊ 因数据缺失，无法获得湖南、云南、贵州和西藏的最低保障工资标准。

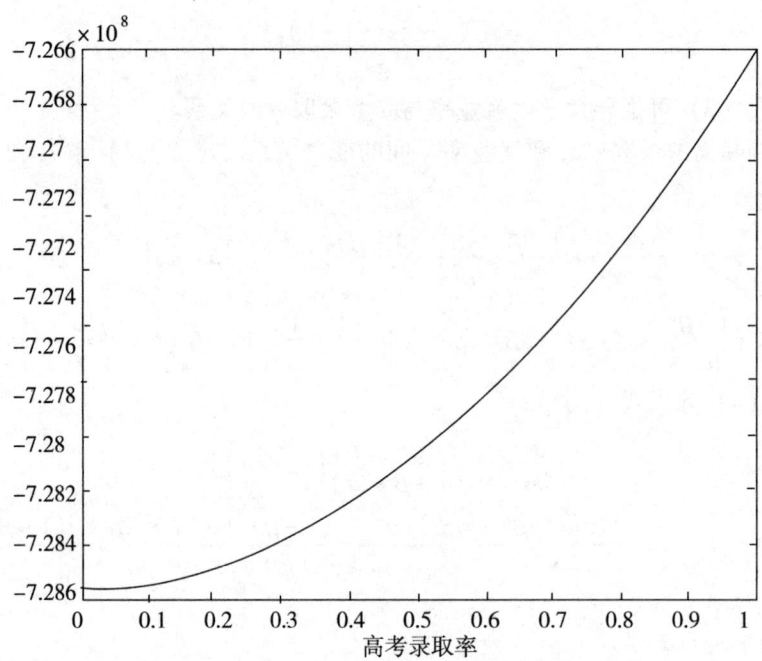

图 1 全国高考录取率与就业率对高考录取率导数间变化关系

保障部对城市劳动力供求的监测结果，2007 年全国大学生的供需比为 1.24，即使不考虑市场中的摩擦因素，也会有 1.24 个大学生去竞争 1 个工作岗位。而 2008 年大学毕业生为 511 万，较 2007 年增加了 70 万，大学生就业的难度也必然有所增加。

无论是模型的模拟结果还是人保部的监测数字都表明，从全国总体来看，大学毕业生总量已超过了社会的需求量。由于市场分割现象的存在，大学生不会选择到二级市场就业，所以在一级市场内，大学毕业生失业是一种绝对失业。而高等教育规模不断扩大则是大学生就业难问题产生的主要原因。

（二）区域及行业间毕业生供需水平对大学生就业的影响

以上分析虽然假设劳动力市场被分割为一级市场和二级市场，但各个子市场中是无摩擦的，劳动力可以自由流动。也就是说大学生在一级市场寻找工作时，各地区或行业所提供的就业机会是无差异的。然而，事实上各地区和各行业所提供的就业机会无论在数量上还是薪资待遇上都有很大差异，大学生在择业时也自然会选择就业机会多的地区和薪资待遇好的行业。因此，除了高等教育规模扩大外，区域和行业间大学毕业生的供需不平衡也是造成大学生就业难的原因之一。

1. 区域间毕业生供需水平对大学生就业的影响

为了印证大学生就业难是否由区域间大学毕业生的供需不平衡所导致，本文按照蓝皮书的分组办法，将全国 31 个行政区（港澳台除外）分为四个经济区域*，各

---

* 四个经济区域具体的划分结果为：东部及沿海发达地区包括北京、广东、江苏、山东、上海、天津和福建；东部及沿海中等发达地区包括辽宁、吉林、黑龙江和海南；中西部中等发达地区包括重庆、安徽、广西、河北、河南、湖北、湖南、江西、内蒙古、陕西、山西、四川和云南；中西部不发达地区包括甘肃、贵州、宁夏、青海、西藏和新疆。

区域高中学历劳动力就业半年后的工资和社会最低保障工资为

表1 四大区域高中学历劳动力工资与社会最低保障工资赋值表

	东部及沿海发达地区	东部及沿海中等发达地区	中西部中等发达地区	中西部不发达地区
高中学历劳动力工资（元）	1672	1612	1636	1642
社会最低保障工资（元）	830	650	640	610

将表1的数据代入到式（6），可以得到四大区域高考录取率与就业率对高考录取率一阶导数的关系图为

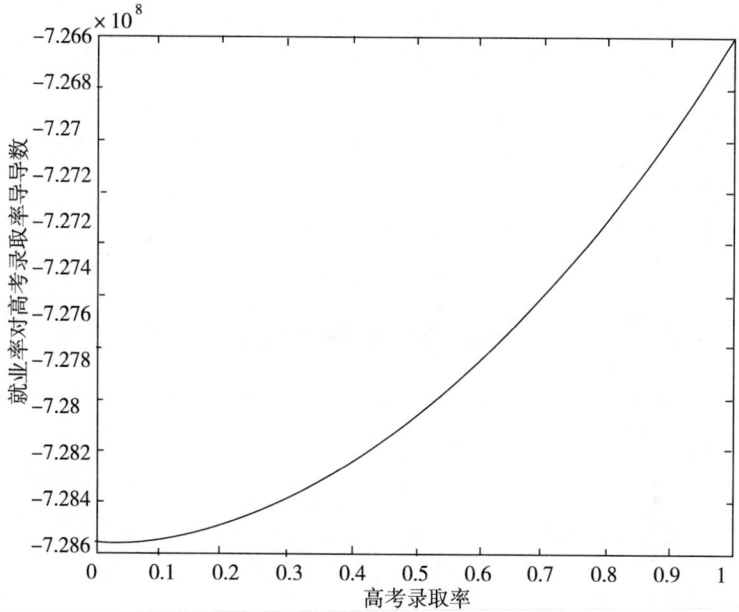

图2 东部及沿海发达地区

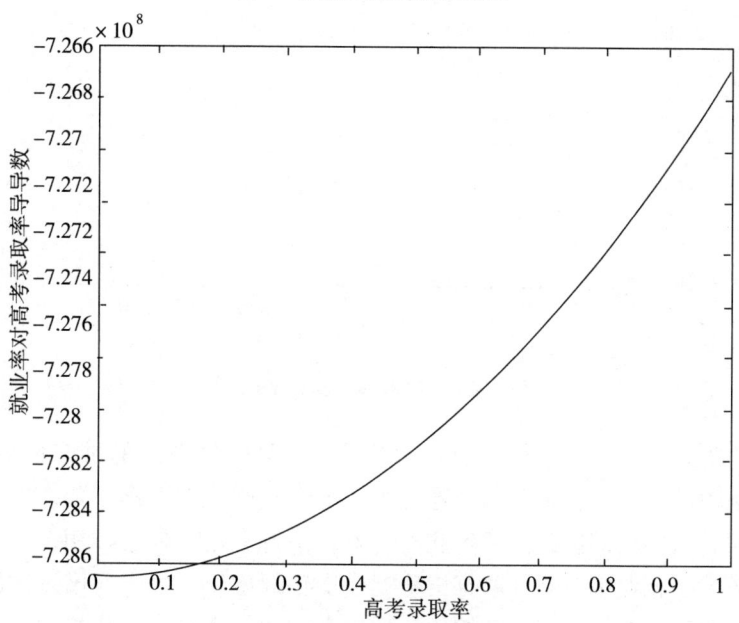

图3 东部及沿海中等发达地区

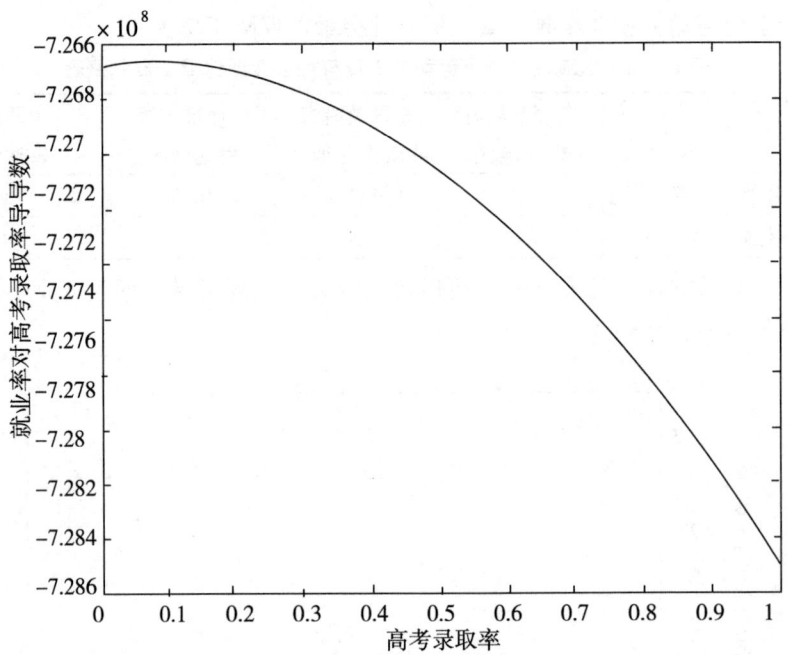

图 4　中西部中等发达地区

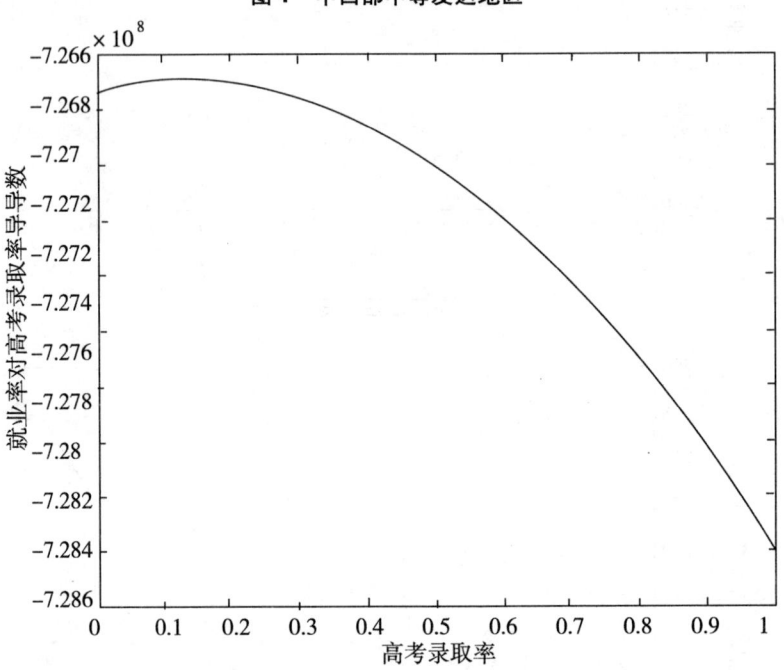

图 5　中西部不发达地区

从图中可以看出，大学生就业难问题是由区域间毕业生的供需不平衡引起的。随着招生规模的扩大，在东部两个地区中，大学生就业率逐渐下降，大学生存在供大于求现象；而中西部地区的招生规模对就业率皆有正向促进作用，且中西部不发达地区的大学生就业率对高等教育招生规模变化最敏感。由于我国现阶段社会保险还不能全国统筹，户籍制度比较僵化，如果大学生二次择业，往往会出现社会保险无法迁移和在新就业地区落户困难的问题,从而增加了大学生的二次择业成本。当二次择业成本较高时,一旦在某地就业很有可能一辈子扎根在此,所以大学毕业生便会更审慎地考虑初次就业机会。虽然东部及沿海地区的就业压力很大,但为了获得更多的发展机会、较好的生活质量和社会保障,大学毕业生在初次就业时还是更倾向于选择在经济发展程度较高的东部沿海地区。按照蓝皮书公布的数字,2008届毕业生中,有65%选择在东部及沿海发达地区工作,仅有4%选择在中西部不发达地区就业。正因为如此,才导致东部及沿海地区大学生数量供大于求;而中西部地区的人才缺口较大,使得该地区大学生就业率对高考录取率变化最敏感。当65%的大学生就业压力倍增时,大学生就业难的问题也就产生了。所以,区域间毕业生供需不平衡是大学生就业难的原因之一。

2. 行业间毕业生供需水平对大学生就业的影响

按照蓝皮书的分类方法,本文将国家统计局行业分类规定的19个行业综合成等15个大类来考察行业间毕业生供需水平对大学生就业的影响,其中高中学历劳动者工资来自蓝皮书,最低社会保障工资取全国平均值690元,大学生就业率对高考录取率导数的符号见表2。

表2 各行业就业率与高考录取率关系

行业	大学毕业生工资(元)	就业率与高考录取率导数符号
采矿业	2563	+
电信及电子信息服务业	2401	+
电力、燃气及公共环卫服务业	2334	+
金融、保险、房地产业	2498	+
建筑业	2228	+
制造业	2057	+
公共行政群众团体	2020	+
文化体育教育和娱乐业	1968	+
旅游旅馆餐饮和票务业	1862	+
医疗、维修及个人服务业	1825	+
批发业	2104	+
交通、物流、仓储和邮政服务业	2313	−
商务服务(咨询、法律等)	2225	−
零售业	1985	−
农业(含林业和渔业)	1862	−

数据来源:《2009年中国大学生就业报告》,见http://www.mycos.com.cn/report/select.action?sn=10165。

从表2中可以看出,除交通物流业、商务服务业、零售业和农业外,无论是收入最高的采矿业,还是收入最低的医疗、维修及个人服务业,其就业率与高考录取率导数的符号皆为正,也就是说高等教育招生规模越大,这些行业中大学生的就业率就越高，大学生处于供不应求的状态。商务服务业中的咨询和法律等行业由于较高的收入和社会地位，备受大学毕业生的青睐；交通物流业收入较高、零售业进入门槛较低等优势也对大学生有较大吸引力。因为社会最低保障工资所涉及的对象仅包括城市居民，所以表2中农业就业率与高考录取率导数的符号为负反映的是城市中从事农业工作的大学生供大于求。由于城市对从事农业工作的大学生的需求毕竟有限，因此这一结论有其合理性。总之，以上4个行业中大学生供大于求导致高等教育规模越大，4个行业中大学生的求职便越困难，就业率也就越低。这说明我国的劳动力市场在行业间也存在供需不平衡现象，大学毕业生在一部分行业供大于求，一职难求，而在另一部分行业中却供不应求，大学生就业难在部分行业间表现为摩擦性失业。当大学生供给总量过剩、区域间大学生供需不平衡已经存在时，这种行业间的不平衡无疑将使大学生就业难问题雪上加霜。

四、结论和政策建议

本文运用保留工资内生化的工作搜寻模型推导出大学生初次就业率关于高考录取率的微分方程，根据《2009年大学生就业报告》公布的高中学历就业者工资及各省的最低保障工资数据模拟大学生就业率对高考录取率的变化率与高考录取率间的变化关系，进而判断引起大学生就业难问题的原因，结论为：

由于存在市场分割现象，大学生失业问题在一级就业市场中表现为绝对失业，又在不同区域和不同行业之间存在着摩擦性失业，使得大学生就业难这一问题更加严峻。从整体上看，我国大学生已处于供大于求的局面，高等教育规模扩大是大学生就业难的主要原因，区域间大学生的供需不平衡是他们就业难的另一个原因，而个别行业中大学生供大于求的现象则加剧了毕业生就业的难度。

根据以上实证结论，针对我国大学毕业生在部分地区和行业供大于求的现状，为了有效解决大学生就业难的问题，可采取的政策措施有以下三点：

第一，逐步放开对招生计划的统一管理，使各高校能够根据就业市场的需求信息反馈，及时调整专业设置和招生规模，使高等院校的招生规模在数量上和专业设置上都能与劳动力市场的需求相匹配，从而在源头上解决大学生就业难的问题。

第二，加快户籍制度改革和社会保险全国统筹的步伐，使得大学毕业生不仅能够自由选择和更换工作地点，还能够享受同等的社会保障和发展机会。考虑到中西部的就业压力比较小，一定会有更多的毕业生在择业时肯于和乐于到中西部地区工作。这样既能缩小区域间经济发展的差距，又能使大学生自身价值得以体现，实现社会与个人发展的双赢，有效地缓解大学生就业难的问题。

第三，政府应加强劳动力市场的制度性建设，打破各行业的进入门槛，使大学生在公平的就业环境中能够在各行业间自由流动。同时，引导大学毕业生转变择业观念，踏实地从基层工作做起。当然，如果要让大学生踏实地在基层工作，则必须以可自由流动的劳动力市场作为保障，让大学生今后的事业有进一步的上升空间。所以，加强劳动力市场制度性建设，鼓励大学生到基层工作，二者相辅相成，不可偏废。

参考文献

2009 年中国大学生就业报告. http://www.mycos.com.cn.
McCall J. J. Economics of Information and Job Search [J]. *The Quarterly Journal of Economics*, 1970 (1): 113-126.
Albrecht James W., Bo Axell. An Equilibrium Model of Search Unemployment [J]. *Journal of Political Economy*, 1984 (5): 824-840.
Rogerson Richard, Robert Shimer, Randall Wright. Search-Theoretic Models of the Labor Market: A Survey [J]. *Journal of Economic Literature*, 2005 (12): 959-988.
赖德胜. 劳动力市场分割与大学毕业生失业 [J]. 北京师范大学学报, 2001 (4): 69-76.
赖德胜, 田永坡. 对中国"知识失业"的一个解释 [J]. 经济研究, 2005 (11): 111-119.
郭丛斌. 二元劳动力市场分割理论在中国的验证 [J]. 清华大学教育研究, 2004 (4): 43-49.
丁小浩, 陈良焜. 高等教育扩大招生对经济增长和增加就业的影响分析 [J]. 教育发展研究, 2000 (2): 9-14.
文东茅. 我国高校扩招对毕业生就业影响的实证分析 [J]. 高等教育研究, 2005 (4): 25-30.
岳昌君. 大学生就业选择的行业因素分析 [J]. 北京大学教育评论, 2004 (3): 74-79.
谢作诗, 杨克瑞. 大学生就业难问题探析 [J]. 教育研究, 2007 (4): 45-48.
麦可思人力资源信息管理咨询公司. 2009 年中国大学生就业报告 [N]. 社会科学文献出版社, 2009.

(作者单位: 东北财经大学统计学院)

附 录

本部分将详细阐述正文第二部分两种行为人一生总效用的计算过程,设每种行为人在各期的效用函数为线性函数

$$U_{it} = \begin{cases} b_s & \text{无工作时的收入} \\ w_i, (i = l, h), & \text{工作时的收入} \end{cases} \quad (t = 1, 2, \cdots \infty)$$

其中 b 是行为人无工作时的收入,包括上学时的生活费和失业时来自政府或家庭的补贴。

令 $\tilde{U} = 4b + U_w$ 表示第 1 种行为人上大学以后一生的总效用,其中 U_w 是以上大学第 1 年为基期,工作以后总效用的贴现值,贴现率为 β;$4b$ 为上大学期间获得的效用,为简便起见,不考虑时间价值的影响。那么第 1 种行为人在第 n 年考上大学后一生的总效用为

第 1 年 $\alpha \tilde{U}$
第 2 年 $(1-\alpha)(b + \beta \alpha \tilde{U})$
第 3 年 $(1-\alpha)^2 (b + \beta b + \beta^2 \alpha \tilde{U})$

……

第 n 年　$(1-\alpha)^{n-1}(b+\beta b+\beta^2 b+\cdots+\beta^{n-2}b+\beta^{n-1}\alpha\tilde{U})$

将各种情况相加,得第 1 种行为人上大学后一生的期望总效用为

$$U_1=\frac{1}{1-(1-\alpha)\beta}\left[\frac{b(1-a)}{a}+\alpha\tilde{U}\right]$$

$$=\frac{1}{1-(1-\alpha)\beta}\left[\frac{b(1-\alpha)}{\alpha}+\alpha(4b+U_w)\right]$$

第 1 种行为人在大学毕业后以 γ 的概率找到工资不低于保留工资的工作,而按照搜寻理论,若工资低于保留工资,行为人会继续寻找工作,直到找到符合自身要求的工作。所以,第 1 种行为人在第 n 年找到工作后所获得的总效用 U_w 为

第 1 年　$\dfrac{\gamma w_h}{1-\beta}$

第 2 年　$(1-\gamma)(b+\beta\dfrac{\gamma w_h}{1-\beta})$

第 3 年　$(1-\gamma)^2(b+\beta b+\beta^2\dfrac{\gamma w_h}{1-\beta})$

第 n 年　$(1-\gamma)^{n-1}(b+\beta b+\beta^2 b+\cdots+\beta^{n-2}b+\beta^{n-1}\dfrac{\gamma w_h}{1-\beta})$

将各种情况相加,可得第 1 种行为人工作后的期望总效用为

$$U_w=\frac{1}{1-(1-\gamma)\beta}\left[\frac{b(1-\gamma)}{\gamma}+\frac{\gamma w_h}{1-\beta}\right]$$

那么,以读大学的第 1 年为基期,第 1 种行为人从读大学开始一生的期望总效用为

$$U_1=\frac{1}{1-(1-\alpha)\beta}\left\{\frac{b(1-\alpha)}{\alpha}+\alpha\left[4b+\frac{1}{1-(1-\gamma)\beta}\left(\frac{b(1-\gamma)}{\gamma}+\frac{\gamma w_h}{1-\beta}\right)\right]\right\} \quad (A.1)$$

(A.1) 式及为正文中的式 (1)。

由于我国职业技术学校在近 4 年中就业率一直在 95% 以上,因此可以认为第 2 种行为人毕业后以 100% 的概率找到工作,即

$$U_2=\frac{w_1}{1-\beta} \quad (A.2)$$

(A.2) 式即为正文中的式 (2)。

我国过度劳动评定体系的构建与应用

——基于北京地区劳动者的实证研究

王 丹

近年来，人们对"过劳死"现象的关注带动了过度劳动领域的研究，这种应社会需要而生的、自下而上的研究历程带给过度劳动研究许多先天优势。然而，我国学界有关这一问题的研究尚属起步阶段，对于过度劳动的概念界定，以及如何评定劳动者过度劳动的程度和状态等基本问题，至今仍是过度劳动问题研究的空白点和薄弱点。

一、基于过度劳动内涵的研究思路

通过梳理研究文献发现，我国学者鲜少明确界定"过度劳动"这一概念。就研究发展史而言，过度劳动研究始于"过劳"研究。当今学术界对"过劳"一词通常有两个层面的释义：一是"过度疲劳"（overfatigue），指超负荷工作招致的过度劳累，表明的是身体疲劳的程度；第二层意思是"过度劳动"（overwork），表明的是一种劳动状态或行为，是引发"过度疲劳"的重要原因。

孙波（2002）、罗财喜（2005）等学者认为，关于"过劳"的定义早在19世纪70年代就已产生，将其描述为一种由于情感上的要求长期得不到满足而导致的包括身体、心理、感情等方面都处于耗竭状态的内在情感体验，纯属精神病学的范畴。也有学者将视角转向了因"过度劳动"而导致的劳动者肌体、精神上的"过度疲劳"，如薄萌（2008）认为过劳是"由于工作时间过长、劳动强度加重、心理压力过大导致精疲力竭的亚健康状态。"经济学者王艾青（2006）则从劳动时间和劳动强度的视角将其界定为"人力资源在较长时期的过度使用"。可见，在我国，"过度劳动"的内涵是颇具多样化，甚至在一定程度上表现为概念界定的混乱。

本文认为"过度劳动"是劳动者在其职业生涯当中，在较长时期内已经感知肌体或精神的疲劳，且这种长期疲劳已经影响劳动者的身体健康或工作生活质量，但出于各种因素的驱动而仍然提供超时、超强度劳动的行为状态。这一内涵基于以下三个构成要件界定而成。

（一）时间性

"较长时期内"，一般为一年。这一方面是为了屏蔽短期、临时或阶段性的工作量突然增加给劳动者肌体和精神带来的急性疲劳；另一方面，持续期间低于一年的超时、超强度劳动对劳动者肌体和精神造成的疲劳反应不明显。

（二）后果性

影响过度劳动的评判重要标准是其劳动状态是否对身体健康造成不利影响。如果人体长期处于一种超负荷运转的过度劳动状态,很可能成为危害人体健康、降低工作效率、引发直接或间接的经济损失等的重要因素之一。

另外,本内涵充分考虑劳动者个体的差异性和主观感受,特别强调"劳动者已经感知疲劳"。贺太纲、刘建平(1996)指出,人体的疲劳只能间接地测定,而主观疲劳感觉是最根本的,任何测定的数据只有符合人的感觉,才能有效准确地判定人的疲劳程度。换言之,不同劳动者对疲劳的耐受阈值不同,因而同样超时间、超强度的劳动在不同劳动者中所产生的疲劳反应及其后果可能不尽相同。

(三)时间—强度性

劳动时间是劳动的外延量,是衡量劳动消耗量的最直观指标;劳动强度是劳动的内涵量,指的是劳动的繁重和紧张程度,表现为劳动者在单位时间内消耗的劳动量。超长的劳动时间和超高的劳动强度是过度劳动状态的重要表现,也是直接造成劳动者疲劳积蓄度加剧的重要原因。因此,以这两方面来考量劳动者的过度劳动状态极为必要。长期处于劳动时间过长或劳动强度过大的工作状态,或者两种情况同时存在,都被视为是评定劳动者处于过度劳动状态的重要依据。

基于上述内涵及其构成要件,过度劳动的评定体系至少应包含两大维度,即劳动者的疲劳状态和工作状态;而疲劳状态的表现和测量划分为躯体症状、精神症状和神经感觉症状等三个方面,工作状态的评定划分为劳动时间、劳动强度两大方面。

二、过度劳动评定体系的制定依据

(一)疲劳的评定原理与指标

薛晓琳(2006)经过理论论证提出"适合中国国情的疲劳自测量表",主要从疲劳的表现及程度、疲劳的特征等两大方面形成了 21 个指标,经三次实证检验,该量表也具有较为理想的信度和效度。鉴于此,本文重点参考薛晓琳(2006)对疲劳表现及程度等测评指标的研究成果。

(二)"过劳死"的病理征兆

20 世纪 70、80 年代是日本经济迅速繁荣的重要时期,当时日本每年都有 1 万多人因劳累过度而猝死,被称为"过劳死"。早在上世纪 90 年代,日本过劳死预防协会便发布了"过劳死"的十大信号,亦有日本学者列举出 27 项"过劳"症状和因素。

过度劳动是引发劳动者"过劳死"的最重要原因。因此,在评定过度劳动的程度时,劳动者过度疲劳的表征和症状越接近"过劳死"的病理征兆,就说明过度劳动对劳动者健康造成的影响越大,则可以认为其过度劳动的程度越深。

(三)工作状况的评定

过度劳动的最直观表现就是劳动时间长、工作负荷大,而这也是从工作状况上衡量过度劳动程度的两个主要思考角度,可以从以下四个指标出发:

(1)工作时间。工作时间是指劳动者为履行工作义务而从事工作或者生产的时间。一般可以认为,在同样的劳动强度下,工作时间越长,过度劳动的程度越高。短期超时工作并不会对身体产生明显不利的影响,通过必要的调节能够使急性疲劳得以恢复;而较长时期的超时、超强度工作则容易使人体产生不易消除的积蓄性或慢性疲劳。所以，本文将劳动者最近一年内的周平均工作小时数和周加班时长作为衡量过度劳动状态的指标。

（2）工作时间规律程度。英国萨里大学的研究人员发现，经常倒班会影响人体免疫系统，造成人体抵抗力下降；比起正常时间上班的员工，这部分人患心脏病、糖尿病或睡眠紊乱的几率更高。美国国家职业安全与健康协会的一项研究显示，对倒班工作的人来说，胃肠疾病是其抱怨最多的健康问题之一；进行傍晚倒班工作（从下午2：30到晚上11：00）的人更易出现胃肠疾病，其被诊断患有诸如胃溃疡、结肠炎或结肠息肉这样胃肠疾病的可能性是一般人的3倍以上。丹麦科研人员进行的一项研究则显示，与男性相比，倒班工作对女性健康的损害更大，更容易引起包括乳腺癌等妇科疾病。可见，与"朝九晚五"的标准工时制度相比，倒班工作制以及其他无规则工时等工作方式会影响人们身心健康状况。因此，在一定时期内的工作时间规律性应成为衡量劳动者工作状态的重要参考依据。本文将深夜（22时至翌日5时）是否仍然持续工作作为评定工作时间规律性的一项指标。

（3）工作负荷量。工作负荷量是指劳动者在进行劳动时所负担的工作量。通常，研究者们用某些生理指标来衡量劳动负荷量的大小，如测量劳动者在完成某项工作前后的脉搏、血压、氧消耗量等变量来加以比较，再据以判定劳动负荷量是否适当。一般说来，测定体力劳动的负荷量比测定脑力劳动的负荷量更容易进行，也就是说，脑力劳动的负荷量仍然存在难以准确衡量的问题。依据工效学的理论，本文将劳动者出差的频率、对工作所带来的精神压力和身体压力的自我感知状况等作为衡量其工作强度的指标。

（4）上下班交通时间。将上下班交通时间算作劳动时间具有一定的合理性。对于北京、上海等大都市，不断扩张中的城市边界和惯常的交通拥堵使得上下班交通时间亦成为影响上班族疲劳的一个不容忽视的因素。为了工作8小时，而在上班路途中辗转奔波2~3个小时，如此长的准备劳动准备时间，势必影响劳动者的疲劳程度；下班后，再经历2~3个小时的奔波才能回到家里，安顿晚餐，也会影响劳动者的体力恢复。

（四）日本对劳动者疲劳积蓄度测量的研究

由日本厚生劳动省发布的疲劳程度自我监测量表——《劳动者的疲劳蓄积度自己诊断调查表》是一种简便易行的自测表，在日本企业中应用广泛。本文主要借鉴日本对疲劳积蓄度的研究成果和自测量表的以下两个方面：

（1）量表的结构。该量表分为疲劳的自觉症状和工作状况测定两大部分，这与本文所提出的评定过度劳动的两大维度不谋而合。

（2）量表的评定标准。劳动者总可以在其提供的"工作负担分数表"中找到自己对应的疲劳积蓄度程度。这种评定等级的标准，是目前国内疲劳、过度疲劳、亚健康、慢性疲劳综合症等针对过度疲劳测评中所欠缺的，在过度劳动的研究中更是空白。

三、过度劳动评定体系的构建

如前所述，疲劳的衡量指标、"过劳死"的病理征兆和工作状态的评定内容，为本文的过度劳动评定体系提供了具体的衡量指标之"内容内核",而日本的疲劳积蓄度自测量表则提供了结构框架和等级评定依据。因此,在过度劳动评定体系的具体构建过程中,本文着重在日本疲劳积蓄度自测量表的构架基础上,根据疲劳的评定原理与内容,利用学界对疲劳表现及程度、特征的衡量指标的成熟研究成果,并结合"过劳死"的病理征兆完善疲劳自觉状况的评定指标;撤换那些语焉不详、容易引起理解歧义的部分指标,如"休息的时间或设施"等;尽可能量化问卷中各指标的评价标准;考察一年内劳动者的疲劳症状和工作状况,屏蔽短期、临时或阶段性的工作量突然增加给劳动者肌体和精神带来的冲击性疲劳,并考虑到疲劳的积蓄需要一定的时间和过程才会被劳动者感知进而产生一系列负面影响。

最终的过度劳动评定量表包括两部分:第一部分(Q1~Q13)调查知识工作者对疲劳的主观感受,即疲劳的自觉症状(见表1);第二部分(Q14~Q20)调查知识工作者对工作状况的感受(见表2、表3)。

表1 过度劳动状况评定量表(1)

第一部分:疲劳的自觉状况

指导语:请根据最近一年内您的身体状况,做出单项选择。

序号	题目	从未如此	很少如此	有时如此	经常如此	一直如此
Q1	急躁、烦躁或悲观、忧郁等负面情绪,不能控制自己的情绪	0	1	2	3	4
Q2	考虑问题时,思路不清晰	0	1	2	3	4
Q3	对事情放心不下,事事操心	0	1	2	3	4
Q4	记忆力减退,开始忘记熟人名字	0	1	2	3	4
Q5	不能集中注意力,厌于思考问题	0	1	2	3	4
Q6	头脑反应迟钝,做事容易出差错	0	1	2	3	4
Q7	工作时有很强的睡意袭来	0	1	2	3	4
Q8	对事不积极,没有干劲	0	1	2	3	4
Q9	头疼、胸闷、耳鸣、目眩、心悸,医学检查无异常	0	1	2	3	4
Q10	全身倦懒,总想躺下休息	0	1	2	3	4
Q11	睡眠质量不高(失眠、多梦,睡觉醒来不解乏等)	0	1	2	3	4
Q12	运动让我感到出奇的累,且24小时后不能缓解此状况	0	1	2	3	4
Q13	和以前相比,容易疲劳,患病次数增多	0	1	2	3	4

表2 过度劳动状况自我诊断量表（2）

第二部分：工作状况

指导语：请根据最近一年内您的工作状况，做出单项选择。

序号	题目	0分	1分	3分
Q14	平均每周加班（包括非工作时间参加的、单位所安排的培训或会议）	10小时以下	11~20小时	21小时以上
Q15	突发性的工作或加班，占用您每周总劳动时间的	15%以下	15%~40%	40%以上
Q16	公务出差的频率和时间	几乎不出差	不频繁出差，或每次出差不超过5天	频繁出差，或每次出差超过5天
Q17	深夜（22时至翌日5时）仍然工作的情况	从未如此	有时如此	经常如此
Q18	此工作带来的精神压力	小	大	非常大
Q19	此工作带来的身体负担	小	大	非常大

表3 过度劳动状况自我诊断量表（3）

序号	题目	0分	1分	2分	3分	4分
Q20	您每天用于上下班的交通时间总共为	30分钟以内	30~60分钟	60~90分钟	90~120分钟	120分钟以上

参考日本的疲劳积蓄度自测量表的评分标准，经过系列对应转换，本量表第一部分评分标准为"0~8分为Ⅰ级，9~20分为Ⅱ级，21~27分为Ⅲ级，28分以上为Ⅳ级"；第二部分的评分标准为"0分为A级，1~4分为B级，5~9分为C级，10分以上为D级"。最终的过度劳动程度比照表4得出。一般认为，过度劳动程度的点数在2~7分有疲劳蓄积可能性，有必要对目前的工作状况进行改善。可以将处于0~1分状态视为"绿灯安全区"，2~3分视为"黄灯警告区"，4~5分视为"红灯危险区"，6~7分视为"深红灯高危区"。

表4 过度劳动程度分数表

		工作状况			
		A	B	C	D
自觉症状	Ⅰ	0	0	2	4
	Ⅱ	0	1	3	5
	Ⅲ	0	2	4	6
	Ⅳ	1	3	5	7

四、在北京地区劳动者中的实际应用

2009年10月~11月，笔者采用邮寄、电子邮件、面对面发放等方式向北京地区企事业单位的劳动者发放问卷1000份，调研样本涵盖科研、律师、会计/审计、HR、医师等11个职业类别。共收回问卷850份，其中，有效问卷825份，有效率为82.5%。

（一）信度和效度检验

信度检验。经检验，本过度劳动评定量表的 Cronbach α 系数为 0.8379。根据 Numnally（1975）、Ehurehill 和 Peter（1984）所建议的信度标准，若 Cronbach α 大于 0.8，则认为调查问卷有较高的内在一致性；若在 0.7 - 0.8 之间，认为是可以接受的信度值；若低于 0.6，则应重新修订量表。本过度劳动评定量表各因子内部具有较高的一致性，问卷的可靠性及其稳定程度都很高。

效度检验。本评定量表经 KMO 和 Bartlett's Test 检验，KMO 系数为 0.819。一般来说，若 KMO 大于 0.5，则表明问卷具有较高的结构效度；反之，则说明结构效度较低。本量表各指标对过度劳动程度的测量效果较为理想。

（二）过度劳动总体状况的分析结果

此次调研对象中，处于"绿灯安全区"（0~1分）的占27.27%，"黄灯预警区"（2~3分）的占33.58%，"红灯危险区"（4~5分）的占27.64%，深红灯高位区（6~7分）的占11.52%（如图2所示）。一般认为，有疲劳蓄积可能性，有必要对目前的工作状况进行改善的（即过度劳动程度的点数在2~7分的）占72.73%。统计分析表明，除性别、户口等两个人口统计学变量外，职业类别、平均月收入、单位性质、年龄、职位层级、婚姻状况等变量，均与劳动者过度劳动状况之间存在显著性差异（$F>4$，$sig<0.05$）。

选取上述总体分析中，具有显著性的人口统计学变量，分别进行这三个过度劳动程度上的横纵向比较，所得结果如图2~5所示。

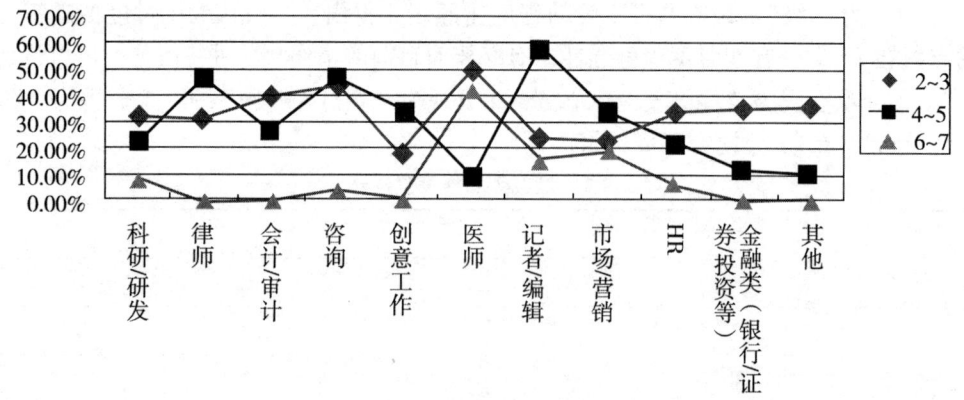

图2　不同职业劳动者过度劳动状况深入分析图

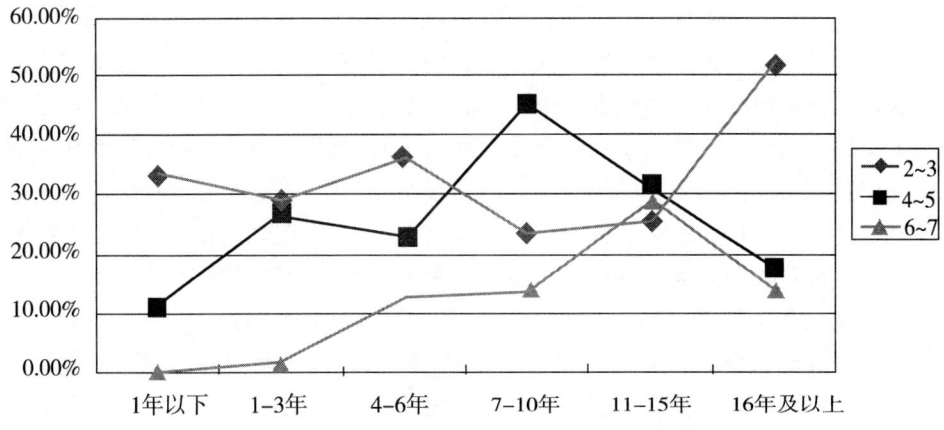

图3 不同工龄劳动者过度劳动状况深入分析图

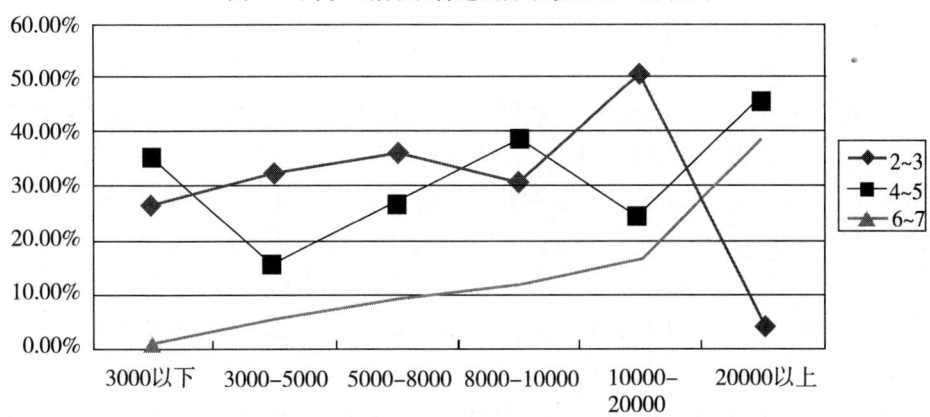

图4 不同收入劳动者过度劳动状况深入分析图

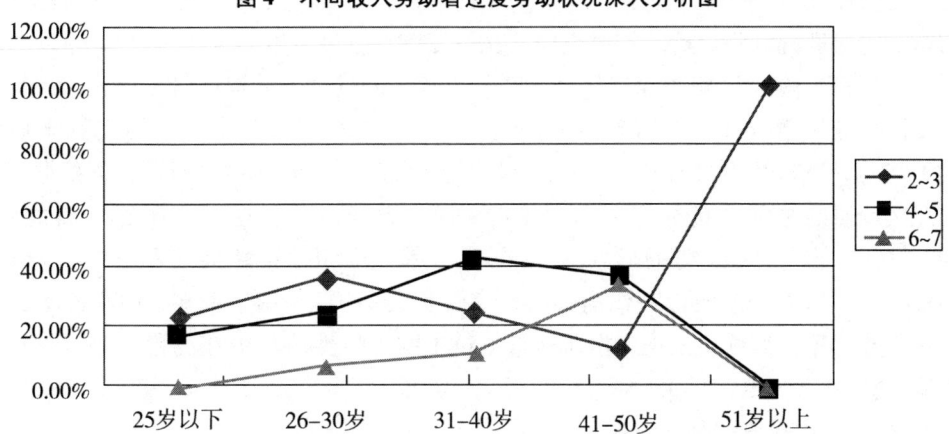

图5 不同年龄知识工作者过度劳动状况深入分析图

综合以上分析结果，可以得出以下主要结论：

（1）从事咨询、记者/编辑、市场/营销等职业劳动者的过度劳动程度较高，医师的过度劳动程度最高。

（2）工龄为1~3年或4~6年的劳动者在不同的过度劳动程度上呈递减趋势，且随着工龄的增长过度劳动程度非常高的人群所占比例增加。工龄为7~10年或11~15年的员工以处于"红灯危险区"的劳动者为主。近六成工龄为16年及以上的劳动者处于"黄灯预警区",过度劳动的程度明显弱于其他工龄段的劳动者。

(3) 月收入为 8000~10000 的人群中,处于"红灯危险区"的人群所占比例最高,这些人群正值壮年,面临着工作、生活、家庭的多重压力,促使他们努力工作,导致工作负担过重,过度劳动状况严重。月收入为 10000~20000 的劳动者在生活有保障且相对富裕的情况下,更注重工作与生活的平衡。月收入为 20000 以上的劳动者,有 84.41%处于过度劳动的"红灯危险区"和"深红灯高危区",疲劳状况严重。可见,月收入与过度劳动程度之间呈现两头高中间低的"倒 U 形"关系。

(4) 青壮年劳动者(31~50 岁)大部分处于"红灯危险区",其中,41~50 岁劳动者的过度劳动程度高于 31~40 岁的。年龄在 51 岁以上的劳动者过度劳动程度相对其他年龄段来说较低,他们不以工作为重心,而是家庭儿女,以及本人身体的调养为主。

(四) 疲劳自觉症状的分析结果

根据调研结果,选取有过度劳动程度高(表 4 中得分为 4~5 分)和非常高(表 4 中得分为 6~7 分)的被调查者问卷共 323 份,按照那些在评定疲劳自觉状况(Q1~Q13)中,选择"经常如此"或"一直如此"选项的人数,将选项结果进行降序排列。结果显示,在被调研者的疲劳自觉症状中,排名前三位的是:"和以前相比,容易疲劳,患病次数增多"(40.25%)、"睡眠质量不高(失梦、多梦、睡觉醒来不解乏等)"(39.32%)、"全身倦懒,总想躺下休息"(30.34%)。说明过度劳动程度分数在 4 分及以上的员工身体状况很差,易疲劳,睡眠质量不高,患病多是其共同特征。

之后,在这排名前三项的指标中选择"经常如此"和"一直如此",且过度劳动程度高和非常高(4~7 分)的样本(共 118 个)筛选出来,将过度劳动程度与其基本情况进行对应分析。结果表明,在过度劳动程度分数达到 4~7 分、过度劳动位于"红灯危险区"和"深红灯高危区"等较高的过度劳动程度时,绝大部分员工为女性员工(96.6%),年龄相对集中在 41~50 岁(54.2%),学历以硕士居多(40.7%),其次为本科(32.2%),职业以医师最多(40.7%)。通过数据挖掘,参与此次调研的医师,其过度劳动程度都在 6~7 分,完全处于"深红灯高危区"(40.7%),其过度劳动的状况非常严重;其次为市场/营销(23.7%)和 HR(18.6%),其职位层级以高级居多(64.4%),并且月平均工资在 20000 以上的员工疲劳感严重,而这些工作负担非常重的员工的单位性质集中在民营(40.7%)和事业/政府机关(40.7%)。

(五) 工作状况的分析结果

针对工作状况部分(Q14~Q20)的调研结果,分析如下:

(1) 工作时间方面,平均每周加班 10 小时以下的人数占有 64%,突发性工作或加班 15%以下的人数占有 66%,说明大部分员工的工作时间比较正常。平均每周加班在 11-20 小时和 21 小时以上的分别占有 29%和 7%,突发性工作或加班在 15%-40%和 40%以上的分别占 29%和 5%。

(2) 工作规律性方面,深夜仍有工作情况的共占 70%,其中"经常如此"占 10%,"有时如此"占 60%,说明大部分被调查者的工作缺乏一定的规律性。

(3) 工作强度方面,几乎不出差的人数占50%,不频繁出差占33%,频繁出差占17%,即至少出差一次的人群占50%。调研对象中,认为工作所带来的精神压力大的人数占49%,非常大的占15%,总占比64%;反应工作所带来的身体负担大的人数占46%,非常大的占16%,总占比为62%。

(4) 上下班交通时间方面,在60分钟以内的占46.5%,其中30分钟以内的占11.5%;超过一半的员工上下班的交通时间在1小时以上,其中60~90分钟占24.4%,90~120分钟占15.3%,120分钟以上占13.8%。

五、研究的评价与展望

实证研究的结果表明,本研究构建的过度劳动评定量表具有良好的可靠性及稳定程度,可以较为系统而全面地测定劳动者的过度劳动状态。由于在评定指标选取和设定的过程中,本研究适当增加了对知识工作者精神、心理疲劳的测定,使此评定体系在知识工作者占主体的知识经济时代具有更广泛的适用性。此评定表简便易行,有助于企事业单位和劳动者及时判定过度劳动的程度,以便对过度劳动可能引发的后果予以必要的干预和处理。

但如前文所述,过度劳动程度测定的难点不仅在于需要结合生理学、心理学、医学、工效学等建立相应的测评指标,更在于如何建立一个可量化、分等级的评分标准体系。作为弥补此过度劳动研究的薄弱点,今后可以多学科联合起来,开展中国人体质特征的过度劳动评定体系研究,并通过大规模实证,不断修正,最终建立中国的过度劳动等级评定常模,并用于指导实践。

参考文献

孙波. 给予生命最大关注——关于"过劳死"的法律思考 [N]. 法制日报,2002-6-30.

罗财喜. 论知识分子过劳死的法律性质及劳动法的完善 [J]. 经济人学报. 2005, (1).

薄萌. 透析"过劳"的背后 [J]. 科学教育家. 2008, (6).

王艾青. 过度劳动及其就业挤出效应分析 [J]. 华东理工大学学报: 社会科学版. 2006, (4): 38-42.

贺太纲,刘建平. 精神疲劳及其测定 [J]. 生物医学工程学杂志,1996,13,(3): 367-273.

季红光,王海明,陈尧忠,张麟,潘祥福. 一种疲劳自评问卷的信度和效度初探 [J]. 海军医学杂志,1999,9,(20).

Joseph E, Schwartz, Lina Jandorf, et al. "The Measurement of Fatigue.: A New Instrument". Journal of Psychosomatic Research. 1993: 37.

MIC Sharpe, LCArchard, JE Banatvala. "A Report - chronic Fatigue Syndrome Guidelines for Research". *Journal of Royal Society of Mediline*, 1992: 84.

黄河,耿东,丑纪岳. 疲劳蓄积度自测与过劳预防. 中国人力资源开发. 2009,

(8).

季红光,王海明,陈尧忠,张麟,潘祥福.一种疲劳自评问卷的信度和效度初探[J].海军医学杂志,1999,9,(20).

薛晓琳."疲劳"症状的规范化研究[D].博士论文,2006,(5).

杨学涵.管理工效学[M].沈阳:东北工学院出版社.

(作者单位:国家电网能源研究院企业战略与管理咨询研究所)

经济低碳化背景下的就业促进研究

谭永生

我国正处于工业化和城市化加速发展的阶段，能源消费和温室气体排放增长速度较快，作为全球碳排放量最大的国家之一，正面临着越来越大的减排压力。就业是民生之本，也是安国之策和谐之源，作为宏观调控的主要目标，扩大就业一直是政府最为关心并重点解决的经济社会问题。在经济低碳化背景下，如何促进就业需要认真考虑。

一、经济低碳化对就业的影响效应

经济低碳化既有导致部分行业萎缩就业减少的负效应，又有催生新行业带来就业增加的正效应。经济低碳化对就业影响的负效应主要体现在部分行业受能源效率改善和落后产能调整的影响会减少就业；对就业影响的正效应主要体现在对产业链的横向和纵向拉长，适应市场新需求新兴产业会产生，而新兴产业的兴起不仅会提高就业数量，更会提升就业质量。当然，在不同时期、不同发展阶段两种效应对就业的影响程度是不同的，最终影响取决于这种两种效应的对比。

二、经济低碳化对我国三次产业就业影响的定量分析

在我国目前的发展阶段下，经济低碳化只能是实施相对低碳化的经济，也就是说一方面要全力提高能源利用效率，实施节能减排；另一方面要通过对以森林为主体的生态保护和建设，发挥森林生态系统固碳的特殊作用，来抵消温室气体的排放。

（一）第一产业低碳化对就业的影响

从第一产业看，随着我国城镇化进程和产业结构升级的不断加速，农村剩余劳动力转移就业不可逆转，第一产业吸纳就业的总量仍会逐年下降，农业排斥劳动力的趋势在中长期不会改变。但经济低碳化背景下，由于碳汇的作用，通过大力开展植树造林，积极发展生态旅游业等林副产业可以带来一部分新增就业岗位。根据《林业发展"十一五"和中长期规划》，可推算出每年新增造林面积，再根据造林经验数据，可测算出中长期我国造林可以带来的新增就业岗位。

（二）第二产业低碳化对就业的影响

第二产业是主要的能源消耗和排放部门，随着国家产业调整政策的深化，实施节能减排目标主要体现在两方面：一是通过技术进步降低单位能耗水平；二是关停并转淘汰落后产能降低总排放。经济低碳化对第二产业就业的影响也就体现在上述两方面作用带来的就业岗位缩减。根据历史数据建立回归方程可以得出第二产业的就业能源消耗弹性系数，由预测的中长期能源消耗变动情况可以测算出低碳发展对第二产业就业的影响。从第二产业内部结构看，资本密集程度相对较高的工业吸纳

就业肯定是会逐年减少；而劳动密集程度相对较高的建筑业就业份额则会由于城镇化的加速推进呈现出稳定增加的趋势。但从整个第二产业来看中长期内由于经济低碳化的影响其吸纳就业是负增长的。

（三）第三产业低碳化对就业的影响

经济低碳化对第三产业就业的影响主要体现在技术进步上。通过对历史数据建立回归方程可以得出第三产业就业增长与其能源强度降速之间的弹性系数，以此可以测算出低碳发展对第三产业就业的影响。从第三产业内部看，对劳动力需求拉动能力最强的是批发零售贸易住宿餐饮业以及其他社会服务业等传统行业，这些行业的技术含量相对较低，属典型的低碳化劳动密集型产业，具有较高的就业吸纳能力，是经济低碳化创造就业机会的主要行业。

表1　2010~2020年经济低碳化对我国三次产业就业的影响（以2000年价格计算）

产业	时期	2010	2011	2015	2016	2020
第一产业	森林覆盖率（%）	20.96	21.26	22.46	22.71	23.71
	新增造林面积（万公顷）	288.15	288.15	288.15	240.13	240.13
	新增就业岗位（万个）	298	298	298	249	249
第二产业	单位能耗（万吨标准煤）	1.146	1.118	1.003	0.974	0.859
	增加值（亿元）	123568	134689	189733	203644	273032
	减少就业岗位（万个）	301	301	301	301	301
第三产业	单位能耗（万吨标准煤）	0.782	0.767	0.707	0.697	0.657
	增加值（亿元）	103990	114735	167826	183364	270158
	增加就业岗位（万个）	138	138	138	92	92
净增就业岗位（万个）		135	135	135	40	40

从整个三次产业来看，"十二五"时期经济低碳化可以每年带来新增就业岗位135万个，"十三五"时期可以每年带来新增就业岗位40万个。当然，上述测算也是粗略的，由于无法计量经济低碳化催生的新兴行业带来的就业增加，进而也就低估了经济低碳化对就业的增量效应，但通过上述分析至少可以表明，从整体上看，中长期经济低碳化对我国就业的影响是正向和积极的。

（四）低碳经济促进就业的国际比较

伴随着向高能效、低排放的低碳经济转型，西方发达国家纷纷推出绿色投资计划，推动低碳经济发展并促进就业。

表 2　低碳经济促进就业的国际比较

国家	投资及就业目标
欧盟	预计到 2020 年，欧盟可再生能源行业相关领域就业人数将达到 280 万，抵消传统能源行业的就业萎缩，净增加的就业岗位将达到 10 万到 40 万个。
德国	到 2020 年由于发展低碳经济而产生的就业机会有 200 多万个。仅新能源企业每年创造的就业岗位超过 25 万个。
英国	计划到 2020 年使低碳经济为英国带来超过 120 万个绿色工作岗位。
美国	未来 10 年投资 1500 亿美元发展太阳能、风能和生物能源等，创造 500 万个新能源、节能和清洁生产就业岗位。
日本	扩大绿色经济市场，将创造 100 万个新岗位，对环境友好型企业实行零利率的贷款政策。
韩国	将在今后 4 年内对国内一系列生态友好型项目投入 380 亿美元，由此产生 96 万个新就业机会。
印度	未来 30 年投资 160 亿美元的应对气候变化的全国行动，带动农村 300 万人就业。
全球气候网络	2020 年前英国、美国、印度、德国、巴西、尼日利亚、澳大利亚、南非和中国这 9 个国家新增的低碳工作岗位可达 1950 万个。
全球风能协会	到 2020 年，预计风电能为全球带来 200 万个就业岗位。

资料来源：根据中国低碳网相关信息整理。

三、对策建议

发展低碳经济是应对全球气候变化的必然战略选择，我们要树立低碳经济的发展理念，加快实现战略部署，在政策上予以支持和保障，实现向低碳发展和低碳就业的转型。

（一）制定经济低碳化发展战略，统筹考虑扩大就业

1. 在发展和低碳中找到最佳的结合点

发展低碳经济必须结合我国国情，分步实施，有序推进，重点在低碳目的在发展，要"低碳"和"发展"两不误，要通过改善经济发展方式和消费方式来减少能源需求和排放，而不是以降低生活质量和经济增长为代价实现低碳目的。要把握好发展过程中的"度"，不脱离国情在经济活动中逐步推进去碳化的过程，在保证经济继续平稳快速增长和避免大量结构性失业的前提下，走"中碳经济"再到"低碳经济"的发展战略。短期内做好节能减排，尽可能减少碳排放；中期力争实现保持温室气体排放的增长速度小于经济增长速度；长期则是在保持经济增长的同时实现绝对排放量的减少。

2. 实施积极的低碳发展就业促进政策

政府在制定和实施低碳经济发展的产业政策、公共投资规划和大中型投资项目

时，应把创造就业岗位和扩大就业机会作为重要内容统筹考虑，选择最具创造就业潜力的低碳经济发展、结构调整与投资战略。在选择低碳技术发展路径时，应适应和符合我国现实国情的要素禀赋结构，兼顾劳动密集型、资本密集型及技术密集型产业的发展。在财政税收方面，应实施必要的引导资金、财政补贴、转移支付和税收优惠等政策对低碳发展予以支持，并逐步将鼓励低碳发展纳入政府公共预算支持范围，建立起稳定的资金支持渠道，以调动地方政府、企业发展低碳经济的积极性，从而推动低碳经济的发展并带动就业的扩大。

（二）在结构调整中要兼顾和侧重并举，努力扩大就业容量

1. 产业结构调整要有所兼顾协同发展，避免大规模的结构性失业

从国际经验看，产业结构调整对发展低碳经济意义重大。同等规模或总量的经济，处于同样的技术水平，如果产业结构不同则碳排放相去甚远，因此，低碳发展必须调整产业结构。但产业结构是与一定的经济社会发展阶段相适应的，调整产业结构会受到诸多因素的制约。目前，工业作为我国国民经济的支柱行业，担负着为经济社会发展提供物质基础的任务，调整结构绝不意味着要过分抑制其发展。此外，低碳行业与高碳行业的划分也是相对的，低碳部门离不开某些高碳行业的发展，向低碳转型也要考虑产业的协同发展。我国发展低碳经济应该将着力点放在产业经济的低碳化上，要通过高碳产业的低碳化来实现低碳发展，不仅要包含新兴产业的培育和发展，也包含对传统产业的改造和提升，以达到产业协同发展，避免和减缓部分行业的大规模结构性失业。

2. 产业结构调整要有所侧重，注重发展劳动密集型服务业

为顺利实现向低碳经济转型，也要加快产业结构调整步伐。与能源、资本相对密集的第二产业相比，劳动密集型的第一产业和第三产业总体上表现为低碳排放、高附加值的特点。针对农业人口多、资源匮乏的基本国情，要积极发展第一产业和第三产业，不但可以吸纳更多的城乡就业人口，增加收入和刺激消费，优化产业结构推动经济增长，而且还可以减少单位产出的碳排放水平，从而实现就业扩大和低碳化发展的双重目标。对于第一产业，要注重发展林业及农副产业，要大力植树造林重视培育林地，发展碳汇林业、生态林业、花卉种植和旅游林业等产业促进就业的增长。对于第三产业，一方面要大力发展就业容量较大，与经济发展及居民生活密切相关的仓储、商贸餐饮、教育、医疗卫生、社区服务、家政服务等劳动密集型行业；另一方面也要注重发展与发达国家差距较大的可再生能源及智能建筑等科技研发、金融创新、信息咨询、生态旅游、环保管理等新兴第三产业，使第三产业的内部结构也逐步得到优化升级并带动就业。

3. 区域结构上，加快产业转移培育就业增长点

对已完成城市化和工业化进程的东部发达地区，要加速其产业结构升级，大力发展第三产业培育新的经济增长点，带动经济与就业向低碳发展和低碳就业转型。中西部欠发达地区，要研究建立"排放权账户"为其留出发展的空间，同时加大对中西部地区产业转移政策的扶持力度及其产业承接能力建设，完善中西部地区矿资源开发的资源补偿机制，加大国家对中西部基础设施建设的投资力度，鼓励劳动密集型、物流成本低、产品时效性弱的产业向这些地区转移，培育中西部就业增长点，

努力创造就业岗位，千方百计扩大就业总量。

(三) 创新激励机制，培育新兴行业带动绿色就业

1. 鼓励技术创新，扶持呵护创新行业及其产品

发展低碳经济，促进就业的突破口在于技术创新。我国经济由"高碳"向"低碳"转变的最大制约是整体科技水平落后，技术研发能力有限。能否利用后发优势在工业化进程中实现低碳经济发展，很大程度上取决于我国的自主创新能力及技术的国际引进、消化与二次创新能力。为此，政府要大力支持低碳技术创新，加大对节能减排和新能源技术领域科技创新的支持，瞄准低碳经济领域的相关技术，加强科技储备，并对创新行业及其产品实施呵护政策扶持其加速产业化。如积极推动低碳认证制度的制定和实施，建立健全低碳标志标准，向企业宣传低碳标志的意义，鼓励企业进行认证。实施促进低碳技术创新的采购政策，扶持和促进新技术、新产品的发展等。

2. 创新低碳发展模式，带动绿色就业

世界上很多国家已经看到了绿色产业蕴藏的巨大就业潜力，纷纷采取措施创新低碳发展模式，开发绿色项目，刺激绿色消费，带动绿色就业。有研究表明，向清洁和高效的城市公共交通转型，具有明显的就业放大效应，每创造一个直接的工作岗位，其就业的乘数效应为 2.5~4.1。我们应该借鉴国际经验创新低碳发展模式，开展推广低碳社区、低碳园区、低碳建筑、低碳城市建设等低碳发展模式，不仅可以起到扩大内需，优化产业结构，推动经济增长，而且还可以节能减排，从而促进就业和低碳发展双重目标的实现。

参考文献

冯之浚，牛文元. 低碳经济与科学发展 1. 中国软科学，2009，(8).

魏澄荣. 试析循环经济对就业增长的促进作用. 福建论坛·人文社会科学版，2005，(12).

李启平. 经济低碳化对我国就业的影响及政策因应. 改革，2010，(1).

潘家华等. 低碳发展对中国就业影响的初步研究. 应对气候变化报告 (2009)——通向哥本哈根. 社会科学文献出版社，2009.

庄贵阳. 中国发展低碳经济的困难与障碍分析. 江西社会科学，2009，(7).

韩智勇等. 中国能源强度与经济结构变化特征研究. 数理统计与管理，2004，(1)

（作者单位：国家发改委社会发展研究所）

北京"蚁族"收入状况及教育因素影响作用分析

秦婷婷

一、引 言

"蚁族"一词来自于课题组《潜在危机：中国"高校毕业生低收入聚居群体"与社会稳定问题研究》（项目号：09CSH022）），指的是大学毕业生低收入聚居群体。"蚁族"包括"大学毕业生"、"低收入"、"聚居"三个要点，但是凭借经验人们知道，在现实生活这三个范畴是不重叠的。本文中则笼统地将暂时租住于城乡结合部或城中村内的外来年轻人都看成是蚁族。

本文采取定性为主、定量为辅的研究方法。定性资料来源于笔者于2010年5月至8月在北京市唐家岭地区为期三个月的田野调查，主要访谈和参与观察了13个蚁族个案，与他们进行了深入的双向沟通交流，并且笔者在结束田野调查之后仍然与他们当中大多数人保持着定时联系。定量材料则来自于廉思博士领导的"蚁族调研小组"2010年的部分数据，笔者曾于2010年3月至8月参与其中，着手进行问卷分析并撰写工作与收入部分的调研报告，用于支持本文分析的数据仅为其中的一部分。

有如下理由可以支持"定性为主、定量为辅"的材料处理方法。其一，笔者仅使用其中的部分数据，因而对其分析仅止于样本，不能推论到总体。其二，虽然数据名为关于"蚁族"的调查报告，但是并非所有的受访者都认为自己属于蚁族。问卷中有一题为"你是否认为自己是蚁族"，其中回答"曾经是"的占12.2%（29），"现在是"的占66.0%（157），"不是的"占20.6%（49），另有3个个案在此题上为缺失值。可见，问卷中仅有六成多的人认为自己是蚁族，问卷材料不能准确推论蚁族的状况。其三，田野调查不仅能对单个个案从居住、生活、工作、心态、家庭背景等方面深入地了解，研究者还能不时进行"主位"、"客位"的互换，不仅能从受访者那里获取材料，还能将自己的研究想法与他们进行沟通和验证。从单个个案的角度，田野调查能够获得更加详实、细致、全面的材料，且能较为方便地进行动态跟踪。其四，定性与定量相结合可以互相取长补短。定量数据必须经过定性材料以及研究者的判断和阐释才能从数据转换出实际意义，而定性材料辅以一定的定量支撑才能从广度上由个案研究朝外衍生。

本文正文主要包括两部分内容。第一部分为蚁族收入的基本状况，以及根据定量材料得到的收入回归曲线，主要用来识别影响收入水平的要素。第二部分结合定性定量材料识别出教育水平对于收入的重要影响作用，并主要根据定性材料具体分析教育水平如何影响收入。主体部分之后是简要的小结。

二、收入回归方程

对数据中的"月收入"进行回归分析,根据对数据的初步分析和田野经验,初步筛选出如下的自变量,其中定序数据和定类数据皆进行虚拟编码,具体参照组的选择见脚注。采取逐步删除不显著变量、对于不显著的虚拟变量进行合并或重新编码(根据 t-test 结果确定分类)等方法进行回归。最后得出的回归分析结果如表2。

因变量:月收入

自变量:定量数据:毕业时间(年)、跳槽次数(次)、年龄(岁)

定序数据:教育、家庭年收入

定类数据:性别(男或女)、是否蚁族(是或者否)、户口性质

表1 模型汇总

模型	R	R方	调整R方	标准 估计的误差
1	.659ª	.435	.421	1610.062

a. 预测变量:(常量),DSex2,换工作次数,De3,De1,毕业时间

表2 系数a

模型	非标准化系数		标准系数	t	Sig.
	B	标准 误差	试用版		
(常量)	2336.209	237.229		9.848	.000
换工作次数	-209.770	88.788	-.135	-2.363	.019
毕业时间	637.465	75.124	.483	8.486	.000
De1(教育水平本科以下)	-1032.480	246.662	-.229	-4.186	.000
De3(教育水平本科以上)	2988.499	458.050	.352	6.524	.000
DSex2(女)	-645.479	252.178	-.139	-2.560	.011

a. 因变量:月收入

可见:(1)自我报告是否是"蚁族"对于收入回归不显著,说明受访者对自己身份的主观判断并不影响客观的收入水平。

(2)户口性质回归不显著,在最终模型中剔除,说明户口属于本地户口、外地城镇户口、外地农村户口并不影响受访者的收入水平。

(3)教育的影响因素较为复杂,t-test 显示,教育水平为专升本和成人/民办高等教育与国民教育系列本科对收入水平没有明显差异。因而将"变量"教育分三类赋值:1为本科以下,2为本科(包括专升本、成人/民办高等教育、国民教育系列本科),3为研究生及以上,并在虚拟编码中将2设为参照组。3)性别对于收入回归有显著的差异。虚拟变量将性别为男设为参照组。4)模型的总体解释能力调整后的R平方=42.1%,模型中保留的各变量显著性水平都≤.05,说明模型能够较好地拟合。

得到的整体回归方程(1)可以表示为:

月收入 = 2336.209 − 209.770 * 换工作次数 + 637.465 * 毕业时间 − 1032.480 * 本科以下

　　(.000)　　　(.019)　　　　　　(.000)　　　　　　　(.000)

+ 2988.499 * 研究生及以上 − 645.479 * 女 ………………… 回归方程（1）

　(.000)　　　　　　　　　(.011)

由回归方程可知，就现有的数据来看（不能推论到总体），受访者每跳槽一次预期均月收入将减少 − 209.770 元，毕业时间每增加 1 年则预期均月收入提高 637.465 元，本科以下教育水平的受访者月均收入比本科少 1032.480 元，而研究生及以上水平的受访者月均收入比本科多 2988.499 元，女性受访者月均收入比男性少 645.479 元。

三、教育水平对收入的影响

1. 并非学历越高越有利于收入提高

虽然以上回归方程表明，"本科以下较本科受访者的月均收入近 1000 元，研究生及以上较本科受访者的月均收入约高 3000 元"，但受访者中获得研究生学历的仅占 7%。对于读书读到什么水平，受访者采取较为客观实际的态度，会根据自身能力、读书兴趣、专业、家庭供养水平等等各方面来综合考虑是否追求更高的学历。

一位受访者这样说"当时为什么没有考研究生？比如一个公司，它能出 4000 元雇一个员工，对一个研究生来说他可能觉得少，但招到一个本科生不成问题。研究生处于一个比较尴尬的、高不成低不就的位置。高的话呢，你比不过博士生吧？给你跟本科生一样的待遇你就不乐意了。而且我们做技术的，不需要太高的学历，有基本的认识，本科学的连工作的基础都算不上，都是在工作当中慢慢积累经验和教训。（个案 10：小田，本科，中关村 IT 人员，月薪约 2500 元）"这是个人根据经验对工作岗位需要什么样的人进行判断而做出的选择。根据回归方程，月收入不仅仅受教育水平的影响，还与工作经验有莫大的联系，毕业年限的正效应和跳槽次数的负效应综合反映了在某一类型工作岗位上经验积累的作用。

研究生教育的时间占据了个人有可能进行工作经验积累的时间，这是一种对于时间成本的判断。以获得研究生学历平均比获得本科学历多 3 年受教育时间来估计，根据方程，3 年工作经验对于月收入的贡献大约为 637.465 × 3 = 1912.4 元。这样就比研究生教育对于月收入的 3000 元贡献，在实际上的差距缩小了很多。另外，虽然同是研究生学历，但是显然不同学校和专业也对毕业生的市场价格有较大影响。是否能够获得研究生教育资格也是一道门槛，个案 6 和 7（皆为上地 IT 人员，毕业 2 年）都曾在工作一年多左右时间萌生过考研的念头，也确实一边工作一边复习考试过，但并没有达成这一愿望。

如果仅仅根据问卷调查的数据或者回归方程，人们很可能夸大研究生学历比对本科生学历对于月收入的影响作用。而根据田野资料等进一步细致分析之后，可以认为，个人应该根据自身能力、学校、专业、市场形势等综合判断是否读研，不能盲目迷信研究生学历，因而并非学历越高收入越高。

2. 是否具有本科学历意味着对于"脑体分工"具有不同的偏向

是否具有本科教育水平意味着是否具备一定的专业技能。而在实际的访谈之中,我们发现是否具备专业技能影响了受访者对于"脑体分工"的偏向。个案4(男,25岁,高中毕业)摆地摊之前从事建筑方面的工作,给门窗包裹铝合金,这是个需要"爬到很高的地方"的工作。他满有兴致地告诉我他是如何地不怕高,"我站过最高的地方是三十层,就在边沿大约一块空心砖的距离那儿走来走去,连安全带也没有,那时候根本一点儿也不怕。平时一般也是三层楼高,六层楼高之类的。"有一次他爸爸看见他在高楼上做这个工作,就跟他说不要再做下去了,于是他就换了别的工作。个案13(男,24岁,本科毕业)"我是学电子的,这个专业找工作还是比较容易的。来北京第一份工作就是先凑合,感觉自己像打杂的,公司小,什么活都要我们这些新来的人干,你比如这个架设线路,让我们自己爬到电线杆子上修线路,爬那么高,感觉就像,像工人一样,这样的工作没法干下去。我就辞掉了。也不是说工人的活不好,我读的大学也不太差嘛,做这份工作我感觉挺不合适的。"

两位受访者对于工作中需要的"爬高"具有完全相反的态度!一位是带着夸耀的语气来谈论,展现自己先天优势的身体素质,从中体现自己的男性气质和自豪感。而另一位却认为需要爬高的工作是工人的活,没有专业技术的含量,对于他的才能是浪费。一位津津乐道于爬高的危险,而且是刻意强调"连安全带也没有",从中体现了男性的勇敢。而另一位却将工作中的危险视为工作低等的表现,将这类工作当成了"打杂",希望自己的工作彻底摆脱掉这些特征。

笔者曾经问过一位受访者(个案10,男,25岁,本科毕业,中关村IT),"有些人会说IT就是技术民工,你觉得呢?"他停顿了一下很认真、很肯定地说:"做IT行业的,没有任何一个人是民工!就是那些做销售的,他们也都很有能力!……"他说,"物质上不缺乏,做IT的物质上都没有问题。"这些话语令人印象非常地深刻。首先,虽然很多IT人员谈到工作的劳累、加班、内容重复缺乏创新时候常常自嘲为"技术民工",但是他们仍然不忘记在这种自嘲上加入"技术"两个字。其次,虽然笔者拐弯抹角地打听到他的工资应该在2000~2500之间(符合回归曲线中大学毕业第一年男生的工资水平),但他明确地说"物质上不缺乏",因而将自己与符号化的"民工"区别,以此来建立自我的身份认同。个案10是通过"能力"和"物质不缺乏"这两个方面来将自己归入脑力劳动的一方,运用能力和技术代表着他的骄傲。

可见,本科学历水平以下的人偏向于找到体力成分多的工作,而往往他们能从中找出值得骄傲的要素来(比如"爬高"),本科及以上学历水平的人往往更愿意找到偏脑力、技术的工作,并将其视为有能力的体现,从中得到身份认同和满足感。

3. 是否具有本科学历影响工作的积累性,也即工资的上升幅度

所谓工作的积累性,文中是指随着工作年限的增长,工作者在工作中逐渐积累起有关领域的工作经验、处世能力、人脉、自我认知能力等一系列对于获取更高收入有利的资源。工作的积累性越强,工资上升幅度越可能大;工作积累性越弱,工作上升幅度越可能小。

个案1是个21岁的女孩,2008年6月份高中毕业后来到北京,现在北京上地一

家私企担任文员。在北京一年半共换了三四份工作，对于现在的工作她比较满意。我问她目前是否打算跳槽的时候，她就接着讲起了以往的工作："跳槽的事，我想隔两年以后吧。换这个工作怎么说呢，以前有份工作是在超市，超市工作不稳定，而且那里也实在没有什么空间，我觉得我在那里是浪费！我几天的时间就把工作都熟悉了，然后一两个月的时间我就能把东西卖得很好，那我就每天这样子了，没有太大的发展空间，学不到太多的东西。……还有就是说，我换了一个工作，在我哥的公司帮忙，帮忙就是做文员，大概半年左右时间。第三个工作呢就是在平安里面做（笔者注：平安为一家保险公司，她的工作为卖保险），我考虑到自己的能力，然后……只有你出了成绩，签了至少一张单，他才会给你底薪的。"在短短一年时间内（访谈为2009年5月份）个案1从事过四份工作，超市收银员、在亲戚的公司帮忙、卖保险以及在私企做文员，这些工作具有共同特点则是，入门浅，上手快，不需要很多专业知识，因而在专业范围内的积累就浅。

个案4是男生，25岁，高中毕业，访谈之时他在一家私人培训机构当传单派发员，每天的工作任务便是守在唐家岭等地的车站附近发传单、找人要联系方式，这些工作很快就能做完，然后大部分时间就在车站附件的旧报亭里聊天。他以前的工作包括：建筑工（给门窗包铝合金）、摆地摊、卖烧烤、给一家健身房发传单等等，这些工作也并非连在一起，工作之间常常有许多赋闲的日子。他是一位工作特别卖力、不怕苦不怕累的男生，他说，"压力蛮大的，就是想着要挣钱。"他说，"女友他爸爸对我们的要求不高，只要一年下来两个人能攒两万块钱就够了。"他说，"（卖烧烤）一天一个人没有的时候也都挺过来了，一天要站很长时间，晚上十点多收摊子，关键是不挣钱，有时候还不保本。"在笔者的田野调查期间，他突然有一天说"感觉很没意思"，原来直接的起因就是，老板对他们说上个月的工资要拖一个星期或者半个月才能给。他做这份工作已经两个月了，每月拿1200元，每天两元水费、三元路费。他之所以"感觉没意思"，不就是因为等不得么？等不得老板拖工资，甚至等不得老板说的那一个星期或半个月，因为等不得他才把工作换来换去，连他的朋友都会对他前天摆地摊后天卖烧烤大吃一惊，因为等不得他卖烧烤等不得顾客认可他的手艺而匆忙收摊，因为等不得他大概这份工作也要不久之后辞职而另寻他处。工作换来换去，每一份工作都做不长，工作与工作之间没太多共通性，几乎每一份工作都是从头开始，因而在毕业了七年之后，他仍然处于"等不得"的状态！

而对于具有本科学历及以上的人来说，相比于本科学历以下的人，他们的工作较具有积累性。可能的原因在于，经过本科教育之后他们当中大部分人拥有自己的专业学识，即拥有一技之长。其一，他们在找工作和换工作中，可以较为紧密地围绕着专业来进行，发挥自己的所长，从而也在自己所长的范围内不断积累。其二，对于一份专业技能来说，相对于建筑工、超市收银员等工作来说，工作技能本身更为复杂，更需要较长时间的经验积累，因而给人提供的空间也更为广阔。另外，在田野调查中我们可以发现，拥有本科及以上学历的人更倾向于找兼职，他们中有许多人不让自己闲下来，有空闲的时候就找兼职。个案11（男，本科毕业，25岁，上地IT）是一家网络公司的在线管理员，平常工作比较闲，他说自己（访谈之前一段时间）最多的时候一共有三个兼职，经常晚上忙到半夜一、两点，不过回报也很丰厚，兼职赚的钱比专职工作还多。个案 8（男，本科毕业，25 岁，销售人员）在专职工作之外加入了"安利"销售人员大军，租房的一角堆满了自己购买的安利产品，他会在周末以及一些工作日的晚上心潮澎湃地参加安利的销售培训课，在车站以及朋友聚会的场所推销产品。安利在他心中是一份兼职。可见，对于具有本科学历的人来说，他们有较高的时间利用率，在工作之外常常寻找兼职。虽然拥有本科学历的人，其工资初始水平较低，甚至低于有好几年工作经验、仅具有高中学历的人，但是他们的工作积累性更高，经过几年工作经验的积累，更容易获取高工资。

四、小　结

本文采用田野调查和定量研究相结合的方法，研究"蚁族"的收入状况及其影响因素。结论限于样本的收入回归曲线表明：毕业时间每增加一年月收入约提高 500 元，本科以下较本科受访者的月均收入近 1000 元，研究生及以上较本科受访者的月均收入约高 3000 元，女性月收入约较男性低 500 元。结合定量材料对教育水平进行深入剖析发现，是否具有研究生学历虽能够显著影响预期收入，但受访者会根据自身能力、兴趣、工作的性质等理性地选择是否获取研究生学历。不同的教育水平中，对收入影响具有决定性作用的在于是否具有本科教育水平，不论其属于国民教育系列本科还是成人/民办高等教育本科抑或专升本。具有本科学科以下学历的受访者更倾向于从事体力劳动并从中找到满足感，工作的积累性较低，而具有本科及以上学历的受访者更倾向于从事非体力和技术含量高的劳动，且工作的积累性较高，收入水平随工作年限增长的幅度较大。

参考文献

廉思. 蚁族：大学毕业生聚居村实录［M］. 广西：广西师范大学出版社，2009.
张羽. 80 后"北漂"的生存状态研究［J］. 中国青年政治学院，2008 级硕士论文.
陈冬雪. 漂泊与适应：北京市年轻白领"北漂"研究［J］. 北京大学，2004 级硕士论文.

（作者单位：北京大学社会学系）

中小型非公有制企业对大学毕业生就业吸引力分析[*]

李春玲　卢思峰

一、引　言

　　欧美等发达国家的学者自 20 世纪 70 年代开始，对高校毕业生到中小型企业就业这一课题进行研究，到目前已积累了相当数量的研究文献。首先，这些研究都指出在全球竞争日益加剧的环境下，高校毕业生到中小型企业就业无论对促进中小企业发展还是促进就业都是极为重要的，各国政府也非常重视高校毕业生到中小型企业就业问题。其次，这些研究主要运用定量分析方法对调查数据进行统计处理，从高校毕业生的技能与中小企业的需要、中小企业配置高校毕业生就业的意愿、高校教学观念和内容以及大学生就业意愿和行为等方面，对这一课题进行了研究。Holden（2002）着重分析了英国中小企业对大学毕业生配置状况；Moy（2002）比较了大学毕业生在中小企业和跨国公司的就业态度；Martin（2005）通过分析中小企业和市场营销专业大学毕业生样本数据，发现英国中小企业对大学生技能的需求与大学生所学的技能不匹配，其原因是大学课程讲授的是世界大公司的经营经验，大学生们对中小企业不了解；Jones（2007）认为在澳大利亚如果不开发以学生为中心的学习环境，大多数大学生将会缺乏中小型企业所需的技能，因此高校应帮助高校毕业生拓展通用性技能。此外，McLarty（1997，2000），Westhead（1998，2001，2005）等学者都进行了富有价值的研究。

　　虽然相对于国外的研究，目前我国学者对这一课题的专题性研究极少，但是自 2000 年起，基于经济学、社会学、心理学等学科理论从其他多种视角，对高校毕业生就业问题已做了大量的研究。截至 2009 年 10 月，以"大学生就业"和"高校毕业生就业"为题名在中国知网检索的学术文章分别为 5893 篇、1771 篇，其中属于国家级和省部级基金支持的研究成果分别为 90 多篇、30 多篇。在这些已有的研究中，有不少取得了有价值、突破性的成果。而同期，以"大学生就业"、"高校毕业生就业"、并列"民营企业"、"中小企业"、"非公有制企业"为题名在中国知网检索的学术文章只有十多篇，并且没有研究获得国家或省部级基金支持。其中属于学术研究范畴的文章只有两篇，李志（2007）通过统计数据分析了大学生中小企业就业心理特点，研究表明经济收入、能力发挥、未来发展是影响大学生中小企业就业选择的三大因素，大学生把中小企业就业看作现实性选择，职业态度呈现出谋求"企业内发展"和"离职发展"两大主要类型。牛长松（2007）介绍了英国安置大

---

　　[*] 本文受教育部高校学生司"关于拓宽高校毕业生到中小企业和非公有制企业就业渠道的研究"项目（2009 - 12 - 04）资助，本文为该项目研究成果之一。

学生到中小企业实习的壳牌技术创业项目,并指出了其借鉴意义。其他文章则是短论性的、缺乏数据支持,只是分析了我国大学生到中小企业就业在制度上、观念上等方面的障碍,并提出了相应的解决措施。此外,尽管在已有的有关大学生就业研究中,有些文献也涉猎了"高校毕业生到中小型企业就业"这一问题,但是不得不承认,我国学者对这一课题的研究还是很不够的。

实际上,中小型非公有制企业是国民经济中最活跃的力量,为社会提供了大量的就业机会,因此到中小企业就业应成为大学毕业生就业的重要渠道之一。但是,目前中小企业就业吸引力不足是阻碍大学生到中小企业就业的重要原因之一,本文通过对调查数据的探索性因子分析,发现中小非公企业对大学生就业吸引力影响因素,进而提出促进大学生到中小型企业就业的对策建议。

二、数据来源和研究方法

(一) 数据来源

本次问卷调查于 2010 年 1~3 月由北京工商大学组织实施,采用现场发放和邮寄问卷两种形式,在全国 25 个省、自治区和直辖市、57 个城市进行调研,共发放问卷 485 份,收回问卷 371 份,收回率为 76.5%。问卷由企业总经理或人力资源经理填写,其中有效问卷 333 份,回收问卷有效率为 89.6%。

本次调查的中小型非公有制企业是指既没有国有资本,也没有境外资本的独立经营的经济单位,但在市场上不具有支配地位,实际上就是纯内资的民营中小型企业。根据我国《中小企业标准暂行规定》(2003 年)对中小型企业进行选样,以下为调查样本企业的基本情况:1. 地区分布:东部地区所占比例为 64.5%,中部和西部分别为 16.8% 和 18.6%;2. 行业分布:主要以制造业为主,所占比例为 43.8%,其次是批发和零售业,所占比例为 10.3%,其他行业分布所占比例虽然不到 10%;3. 企业规模分布:以小型企业为主,所占比例为 86.1%,中型企业所占比例较低,为 13.9%。其中相当部分的小型企业的经营良好,年销售额能够达到中型企业的要求,由于受制于《中小企业标准暂行规定》判断标准的限制,只能为归为小型企业。4. 企业运营年限分布:主要分布在 1~5 年、6~10 年和 11~20 年三个区间,且在三个区间分布比较均衡,20 年以上和不到 1 年的企业所占比例较低,这符合我国当前中小型非公企业的运营年限现状和研究要求,样本的代表性好。5. 企业性质分布:样本企业主要以有限责任公司为主,所占比例为 62%,其次为股份有限公司和个人独资企业,二者所占比例均为 15.9%,合伙企业所占比例最低,仅为 6.2%。6. 企业总经理学历分布:主要以本科学历为主,所占比例为 44.2%,其次是硕士及以上学历,所占比例为 22.1%,大专学历位于第三位,为 20.2%,高中/中专以下学历所占比重最低,仅为 13.4%。总体而言,样本的代表性较好。

(二) 研究方法

(1) 文献法。通过查阅并借鉴国内外已有研究成果,编制本次调查问卷。问卷包括三方面的内容:第一,所调查中小型企业的基本情况、企业对大学毕业生的需求状况以及企业对政府政策的看法;第二,以大型国有单位和外资企业为参照,评估中小型企业对大学毕业生就业的吸引力;第三,中小型企业对大学生员工满意度的评价。本文所使用的调查数据主要来自问卷的第二部分,即"中小型非公有制企业较大型国有单位和外资企业对大学生就业吸引力的自我评价量表"。

(2)统计分析方法。本研究运用Spss17.0统计软件,进行探索性因子分析,发现我国中小型非公企业对大学毕业生就业吸引力的影响因素。

三、因子分析

本次调查问卷"企业对大学毕业生的需求状况"的数据表明,近几年来中小企业对大学毕业生的需求量不断增加,按最保守估计每年中小企业雇用应届毕业生的人数大约占全部毕业生的至少一半*,但事实上当前大学毕业生就业形势严峻是一个不争的事实。这一现象说明当前大学毕业生到中小非公企业就业存在一定的障碍,虽然中小企业认为造成这种障碍的第一原因是大学生就业观念,但是企业也不得不承认企业对大学毕业生的吸引力不足也是其关键因素。以下利用"中小型非公有制企业较大型国有单位和外资企业对大学生就业吸引力的自我评价量表"数据,对中小企业对大学毕业生就业吸引力影响因素进行探索性因子分析。

(一)对大学毕业生就业吸引力自我评价的描述性统计分析

表1显示,相对于大型国有单位和外资企业,中小型非公有制企业在对大学生的吸引力所列的19个评价项目中,有10个评价项目得分在2.13~2.83,说明与大型国有单位和外资企业相比,在这10个项目上,中小型非公有制企业对大学生的吸引力较弱,这10个项目按分值由低到高依次为:解决户口、档案管理便利、专业技术评定、在大学生心中的地位、社会保险转接便利、社会地位、员工福利水平、工作稳定性和保障性、劳动合同规范、培训学习机会;9个项目得分在3.01~3.64,说明与大型国有单位和外资企业相比,在这9个项目上,中小型非公有制企业对大学生的吸引力基本相等,这9个项目按分值由低到高依次为:工资水平、办公条件、公司管理制度、工作压力、职业发展、人际关系、综合素质提升、学习积累创业经验、发挥个人所长;总体来看,中小型非公有制企业认为,其对大学生就业吸引力逊于大型国有单位和外资企业。

表1 中小型非公有制企业较大型国有单位和外资企业对大学生就业吸引力的自我评价

	项目	大大强于	比较强于	基本相等	比较弱于	大大弱于	合计	得分均值
1	工资水平	5.9%	24.5%	41.0%	21.4%	7.1%	100%	3.01
2	员工福利水平	3.7%	16.1%	36.5%	28.2%	15.5%	100%	2.64
3	培训学习机会	6.5%	22.7%	34.5%	24.8%	11.5%	100%	2.88
4	职业发展	13.9%	32.0%	31.3%	16.8%	6.0%	100%	3.31
5	发挥个人所长	21.2%	39.3%	25.5%	10.0%	4.0%	100%	3.64

---

* 截至2006年年底,经工商部门注册的中小企业数量460多万户。一般而言,中小型企业中非公企业所占比例为80%,由此计算所得全国中小型非公企业约为368万家。根据本次调查数据估算,每年我国中小型非公有制企业录用大学毕业生为5~10人,其中20.9%企业愿意雇用无工作经验的应届毕业生,理论上推算全国中小型非公一年可以吸纳358~716万应届生,460×80%×20%×5=358万人,460×80%×20%×10=716万人。

续表

项目	大大强于	比较强于	基本相等	比较弱于	大大弱于	合计	得分均值
6 工作稳定性和保障性	4.0%	13.1%	41.7%	31.8%	9.3%	100%	2.71
7 工作压力	10.4%	34.9%	31.4%	19.2%	4.1%	100%	3.28
8 公司管理制度	7.6%	23.0%	47.6%	18.9%	2.8%	100%	3.14
9 人际关系	11.1%	32.5%	40.4%	12.7%	3.2%	100%	3.36
10 社会地位	2.2%	14.1%	38.7%	33.5%	11.5%	100%	2.62
11 办公条件	5.6%	22.9%	44.2%	21.0%	6.3%	100%	3.01
12 学习积累创业经验	17.4%	45.7%	22.7%	11.4%	2.8%	100%	3.63
13 综合素质提升	16.9%	39.8%	28.0%	10.8%	4.5%	100%	3.54
14 解决户口	2.2%	6.1%	24.9%	35.8%	31.0%	100%	2.13
15 档案管理便利	2.9%	7.7%	36.4%	30.0%	23.0%	100%	2.37
16 社会保险转接便利	3.2%	10.2%	44.8%	27.6%	14.3%	100%	2.60
17 专业技术评定便利	2.9%	9.6%	36.9%	31.4%	19.2%	100%	2.46
18 劳动合同规范	4.8%	8.0%	59.9%	20.1%	7.3%	100%	2.83
19 在大学生心中的地位	3.4%	11.1%	29.9%	40.6%	15.0%	100%	2.47

注：评价表采用 Likert 五点量表测量，大大强于得 5 分，较强于得 4 分，二者基本相等得 3 分，较弱于得 2 分，大大弱于得 1 分。

（二）因子分析结果

运用探索性因子分析，来考察表 1 所列 19 个评价项目对中小型非公有制企业对大学生吸引力的影响，从中提炼出中小型非公有制企业对大学生吸引力的影响因素。

首先，通过球形检验判断是否适合进行因子分析。如表 2 所示，KMO 值为 0.902，Bartlett 球形检验值为 2593.160（自由度为 171），且差异及其显著，说明非常适合做因素分析。

表 2 KMO 与 Bartlett's 检验

Kaiser-Meyer-Olkin 取样适当性度量		0.902
Bartlett 球形检验	近似卡方分布	2593.160
	自由度	171
	显著性	0.000

其次，运用主成分法抽取共同因子，结合最大变异法进行正交旋转处理以获得因子包含层面题项。从表 3 中可看出，每个项目的共同度都比较高，初始特征值中大于 1 者共有 3 个，3 个共同因子的累积解释变异量达到了 63.455%，因子分析效

果很好。我们可将中小型企业对于大学生就业的吸引力分为三个因子：第一个因子包含 14、15、16、17、18 这 5 个题项，第二个因子包含 1、2、3、10 这 4 个题项，第三个因子包含 4、5、9、12、13 这 5 个题项。由于 6、7、8、11、19 此五项不仅具有多重负荷，且负荷值比较接近，因而将此五项删除。由此，得出中小型非公有制企业对大学生就业吸引力影响因素的三个层面：第一为政府政策因素，包括档案管理便利、社会保险转接便利、专业技术评定、解决户口、劳动合同规范，贡献率为 42.9%，第二为工资福利因素，包括工资水平、员工福利水平、培训学习机会、社会地位*，贡献率为 12.8%，第三因素为个人发展因素，包括发挥个人所长、职业发展、综合素质提升、学习积累创业经验、人际关系，贡献率为 7.6%，说明政府政策因素对中小型非公有制对大学生就业的吸引力影响相对最大，企业的工资福利因素居于第二，而企业所提供的个人发展因素影响最小。

表3 中小型非公有制企业吸引大学生就业的因子负荷表

项目	因子负荷			共同度
	因子1	因子2	因子3	
15 档案管理便利	0.862	0.100	0.077	0.758
16 社会保险转接便利	0.809	0.124	0.253	0.735
17 专业技术评定便利	0.811	0.131	0.143	0.694
14 解决户口	0.799	0.228	−0.013	0.691
18 劳动合同规范	0.630	0.344	0.248	0.577
19 在大学生心中的地位	0.509	0.522	0.064	0.536
6 工作的稳定性和保障性	0.488	0.578	0.068	0.577
2 员工福利水平	0.203	0.832	0.155	0.758
1 工资水平	0.008	0.790	0.298	0.714
3 培训学习机会	0.260	0.653	0.318	0.595
10 社会地位	0.450	0.644	0.191	0.654
8 公司管理制度	0.094	0.507	0.421	0.555
11 办公条件	0.448	0.505	0.312	0.664
12 学习积累创业经验	0.086	0.148	0.804	0.676
5 发挥个人所长	0.138	0.183	0.825	0.732
13 综合素质提升	0.120	0.202	0.818	0.724
4 职业发展	0.153	0.486	0.687	0.731
9 人际关系	0.301	0.068	0.598	0.453
7 工作压力	−0.024	0.248	0.413	0.232
特征值	8.162	2.442	1.453	总贡献率
贡献率（%）	42.956	12.852	7.647	63.455

（三）信度分析

量表1（删除6、7、8、11、19 五项）的 Cronbach's α 系数见表4。总量表的 Cronbach's α 系数为 0.923，超过了 0.7 这一最低可接受水平，分量表（层面）的 Cronbach's Alpha 系数均大于 0.8，超过了 0.6 这一最低可接受水平，且分项对总项

---

* 通常，员工福利包括企业所提供的培训学习机会和社会地位。

的相关系数都大于 0.4 这一最低可接受水平,删除任何题项后的 α 系数也无显著提高。因而,量表 1 的内部一致性较高,信度较好,所以对问卷的统计分析结果是可靠和可信的。

表 4　中小型非公有制企业对大学生就业吸引力自我评价表的信度分析

指标	分项对总项的相关关系	删除该题项后的 α 系数	Cronbach's α
量表总信度	——	——	0.923
政府政策因素层面	——	——	0.874
14 解决户口	0.682	0.852	
15 档案管理便利	0.747	0.835	
16 社会保险转接便利	0.769	0.830	——
17 专业技术评定便利	0.726	0.841	
18 劳动合同规范	0.586	0.872	
工资福利因素层面	——	——	0.836
1 工资水平	0.666	0.796	
2 员工福利水平	0.724	0.778	
3 培训学习机会	0.667	0.796	——
10 社会地位	0.640	0.803	
个人发展方面	——	——	0.838
4 职业发展	0.638	0.807	
5 发挥个人所长	0.725	0.781	
9 人际关系	0.443	0.854	——
12 学习积累创业经验	0.701	0.789	
13 综合素质提升	0.707	0.787	

四、研究结论和对策建议

(一) 研究结论

1. 与大型国有单位和外资企业相比,中小型非公有制企业在所列举的 19 个评价项目中,在解决户口、档案管理便利、专业技术评定、在大学生心中的地位、社会保险转接便利、社会地位、员工福利水平、工作稳定性和保障性、劳动合同规范和培训学习机会 10 个项目上对大学生的吸引力较弱;在工资水平、办公条件、公司管理制度、工作压力、职业发展、人际关系、综合素质提升、学习积累创业经验和发挥个人所长 9 个项目上,中小型非公企业对大学生就业吸引力,与大型国有单位和外资企业基本相等;总体来看,中小型非公企业认为,其对大学生就业吸引力逊于大型国有单位和外资企业。

2. 在中小型非公有制企业对大学生就业吸引力影响因素的三个层面中,政府政策因素对大学生就业的吸引力影响相对最大,企业的工资福利因素居于第二,而企业所提供的个人发展因素影响最小。

（二）对策建议

根据以上研究结论，从政府、企业两个方面，提出促进大学毕业生到中小型非公有制企业就业的对策建议。

1. 在政府方面，应采取如下措施

第一，政府应改善中小型非公有制企业经营环境，减免相关税收，为企业提供良好的外部环境，以促进企业发展，提升企业的实力，增强企业在劳动力市场的竞争力，这是政府促进大学毕业生到中小型非公有制企业就业的根本。

第二，政府有关部门应在档案管理便利、社会保险转接便利、专业技术评定、解决户口、劳动合同规范方面给予中小企业更多的指导和帮助，并且加快户籍制度、社会保障制度改革，尽快完善劳动力市场建设，从而使中小企业在政府政策因素上能与大型国有单位和外资企业的就业吸引力持平，这是提升中小型非公有制企业对大学生就业吸引力必要条件。

2. 在中小企业方面，应采取如下措施

第一，切实改善企业经营管理，采用现代股份制企业治理结构，练好内功，努力做大做强企业，这是中小企业增强对大学生就业吸引力的关键。

第二，中小企业应尽可能提高大学生员工的工资福利水平，为大学生个人事业发展创造良好氛围，从而吸引更多的大学生到中小型非公有制企业就业，建立中小企业对大学生就业吸引力的良性循环。

参考文献

Holden, R. and Jameson, S., "Employing graduates in SMEs: Towards A Research Agenda" [J]. *Journal of Small Business & Enterprise Development*, 2002, 9 (3): 271 – 84.

Moy, Jane W., Lee, Sze M., "The Career Choice of Business Graduates: SMEs or MNCs?" (2002 – 06)/[2009 – 11 – 01]. www.emeraldinsight.com/1362 – 0436.htm.

Martin, Peter., Chapman, David., "An Exploration of Factors that Contribute to the Reluctance of SME Owner – Managers to Employ First Destination Marketing Graduates" [EB/OL]. Research paper. (2005 – 12)/[2009 – 11 – 01]. www.emeraldinsight.com/0263 – 4503.htm.

Jones, Colin., "Creating the Reasonable Adventurer: The Co – evolution of Student and Learning Environment" [J]. *Journal of Small Business and Enterprise Development*, 2007, 14(2):228 – 240.

McLarty, R. W., "The Employment of Graduates in Small and Medium – sized Businesses: A.

"British survey" [J]. *International Journal of Management*, 2000, 17(4):485 – 93.

Westhead, P., Matlay, H., "Graduate Employment in SMEs: Alongitudinal Perspective" [J]. *Journal of Small Business and Enterprise Development*, 2005, 12 (3): 353 – 365.

Westhead, P. , "The Shell Technology Enterprise Programme: Benefits Reported by Students and Host Employers" [J]. *Journal of Small Business & Enterprise Development*, 1998, 5 (1).

Westhead, P. , Storey, D. J, Martin, F. , "Outcomes Reported by Students Who Participated in the 1994 Shell Technology Enterprise Programme" [J] . *Entrepreneurship and Regional Development*, 2001, (13): 163 – 185.

Weathead, P. , Storey, D. J. , "Assessing the Contribution of the Shell Technology Enterprise Programme (STEP) to SMEs in the UK" [J]. *Journal of Applied Management Studies*, 1998, 7 (4): 239 – 266.

李志,宋赟,李丹. 大学生中小企业就业心理特点的实证研究 [J]. 青年研究, 2007, (02).

牛长松. 英国安置大学生中小企业实习的壳牌技术创业项目述评 [J]. 高等工程教育研究, 2007, (06).

(作者单位:北京工商大学商学院人力资源管理系)

再论北京市流动人口留京意愿的影响因素
——基于2006年北京市1‰流动人口调查的数据

胡丽莹

一、引 言

20世纪80年代，我国快速进入工业化、城镇化的阶段，出现大规模的人口流动现象。北京作为首都，成为全国人口的三大聚集区之一。最新的北京市1‰人口抽样调查资料显示，2005年底，北京市流动人口总量达到357.3万人，比2000年增加101.2万人，平均每年增加20.2万人，年均增长6.9%（北京市统计局，2006）。随着流动人口不断涌入北京，对他们的管理和引导成为北京市关注的焦点。由于我国特有的城乡二元结构的格局并没有改变，流动人口虽然流入城市却并没有成为真正的城市市民。此外，随着经济周期和政策周期的变化，农村劳动力转移就业过程表现出流出与回流的双重形态，"城市就业、回乡定居"成为农村劳动力转移就业的重要特征。但根据2006年1‰流动人口调查的数据显示：被访的4078名流动人口中有25.4%打算长期留下来，有54.6%看情况，有12.6%没想过。到底是什么因素促使一些流动人口打算长期定居北京？又是什么因素导致一些流动人口没有这种意愿或是意愿不坚定呢？关于北京市流动人口留京意愿影响因素分析具有一定的现实意义。无论是从北京市提高流动人口的管理与服务水平的人文关怀角度出发，还是从北京城市人口总量控制出发都十分必要，还可以为北京制订各项政策提供一定的依据。

二、相关文献和理论回顾

关于流动人口或农民工的留城意愿或城市定居意愿的影响因素方面的研究，已经引起了一些学者们的关注，而且也得出一些大致相似的结论。总结已有的文献，关于流动人口或农民工的留城意愿的影响因素可分为两大类。一类是宏观层面的因素，如以户籍制度为核心的城乡二元经济结构，但是得出的结论是即使没有户籍制度这一障碍，流动人口中的大部分也还没有把在流入地定居作为其最终目标，他们的居留意愿与其在流入地的生存能力和家庭策略、市场需求波动和企业用工策略等一系列非户籍因素有着密切的关系（朱宇，2004）。也有学者得出相反的结论：从宏观角度而言以户籍制度为核心的城乡二元社会结构是农民工难以从社会、文化、心理上融入城市社会的深层次原因，而其直接影响在阻碍农民工留城定居选择方面也是巨大的（林家琦，2007）。

很显然另一类就是微观层面的因素，主要包括以下几个方面：一是经济收益因素。托达罗（Todaro）的城市预期收入差理论用城乡之间经济利益的比较解释了发展中国家的城乡迁移现象，该理论认为由于在城市中工作的收入远远高于在农村干农活，因此必然导致大量的农村劳动力向城市转移。二是理性选择。理性选择理论驳斥了韦伯对传统农民行动非理性的结论，从对进城成本和收益的计算中，认为农民的选择是经过理性权衡后做出的。三是个人条件因素包括人力资本因素。按照李（Everett S. Lee）和T·W·舒尔茨的"人口迁移成本与预期收益"理论，迁移者并非是原住地人口的一个随机样本，而是其中有选择性的一部分人，受到性别、年龄、教育程度和职业等因素的影响，来进行的关于个人特征和家庭特征方面的考察。最后是社会心理。从农民工自身对于进入城市生活所面临的具体情况进行判断，从一个人对城市生活的认同感、适应性以及在城市中所拥有的社会支持网等因素考察（熊波、石人炳，2007）。迁移网络理论认为迁移者基于地缘关系、亲属关系、友情关系建立起来的一系列特殊联系可以作为一种社会资本帮助迁移者降低迁移成本，增加迁移收益和减少迁移风险，从而增加迁移的可能性（林家琦，2007）。

在微观层次的定居发生机制中，关于个人条件因素方面，研究得出的基本结论是：较高的年龄、较低的文化程度、较短的进城时间、较低的收入、较低地位的职业及工种的流动农民，容易产生返回家乡意愿和行动（白南生、何宇鹏，2002；李强，2004；和丕禅、郭金丰，2004；吴兴陆，2005等）。

总结前人的研究和理论，本文将从个人和家庭因素、住房状况和北京生活适应状况方面来探讨北京市流动人口的留京意愿。主要一个原因是2006年1‰流动人口调查的数据显示：收入、生活稳定和住房是流动人口今后留京或离京的三个最重要的决定性因素，如下图所示：

表1 对被访者今后去留起决定性作用的因素中收入、住房、生活稳定的比重

什么因素对您今后的去留起决定性作用？（按重要性列出前三项）	第一项（只列出比重最大和第二的选项）	第二项（只列出比重最大和第二的选项）	第三项（只列出比重最大的选项）
收入	58.2%（2373）	—	—
住房	—	19.9%（810）	—
生活稳定	13.0%（530）	18.3%（746）	11.1%（453）
总样本量	4078		

数据来源：2006年1‰流动人口调查的数据。

而收入作为个人因素的一个重要方面，其他个人特征也会影响到收入，因此用个人因素来考察对留京意愿的影响更有综合意义。由于生活稳定包括稳定的职业生活、家庭生活和社会生活，涵盖面较广，包括上述的几个因素，因此，本文用北京生活适应状况来考察对留京意愿的影响，比如在生活工作上来往密切的人的居住情况、业余闲暇活动等，属于社会生活方面。另外一个原因是从流动人口自身认为的因素去探讨，得出的结论可能更能解释这其中对留京意愿的作用机制。

三、概念界定、分析框架和假设

(一) 概念界定

本文所指的北京流动人口是指在京居住一个月以上、无北京市户籍的人员（翟振武、段成荣、毕秋灵，2007）。

留京意愿是已在北京就业、生活的北京市流动人口今后打算留在北京的意愿。根据2006年1‰流动人口调查问卷中106题"您今后是否打算留在北京？"的回答来分为三类。如果打算长期在北京留下来，则有留京意愿；如果没想过或是一些原因要回去或是一些原因去其他城市，则视为无留京意愿。另外也有一些流动人口对今后返乡或者留居北京没有形成明确决定，如看情况或跟着孩子走，这些都为留京意愿不明确。

北京生活适应状况是指流动人口对北京生活的认同性和归属性，主要从生活方式、生活习惯和社会交往三方面来考察，前两者用业余闲暇活动来考察，后者用在工作生活上密切交往的人的居住情况来衡量。另外，北京生活适应状况也受在京时间的影响。

(二) 分析框架及研究假设

根据相关文献和理论回顾，基于笔者在文中的概念界定，得出本文的分析框架，如图1显示：

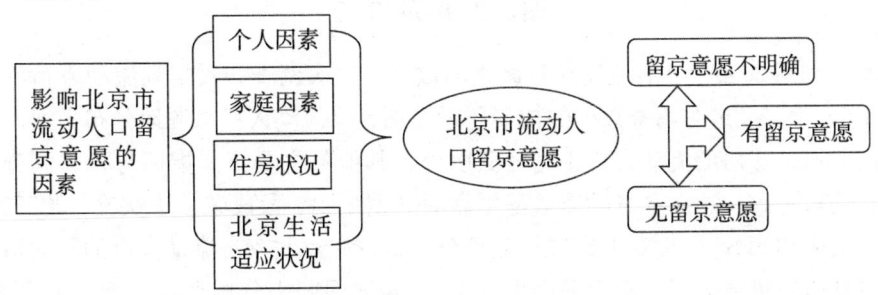

图1 影响北京市流动人口留京意愿的图表

结合已有的研究和理论以及本文的分析框架，本文得出以下研究假设：

(1) 个人因素。由于收入的高低与个人的受教育程度和职业身份相关。本人假设个人资本越高则留京意愿越强，则得出：

H1——收入越高的北京市流动人口越有留京意愿。

H2——受教育程度越高的北京市流动人口越有留京意愿，相反，低教育程度的北京市流动人口越容易没有留京意愿或是留京意愿不明确。

H3——北京市流动人口的职业身份越好的越有留京意愿。

(2) 家庭因素。迁移新经济学认为家庭是迁移的基本决策单位，家庭在迁移决策中的重要作用也可能同样存在于定居意愿选择中（陈文哲，2008）。这也就是说，不同留京意愿除了是流动人口个人理性选择的结果，也是和家庭成员共同选择的结果。因此将家庭因素考虑在内是非常必要的。一般来说，未婚的单身流动人口更容易有留城意愿，他们更能接受新的观念和思想，更倾向于在城内成家立业。而对已婚的流动人口来说，配偶和子女在身边的更倾向于留城，他们不必往返于流入地和原籍地取得一段时间的沟通、交流和生活。总结得出假设如下：

　　H4——未婚的北京市流动人口更有留京意愿。

　　H5——有 15 岁以上直系亲属一起居住的北京市流动人口更有留京意愿。

（3）住房状况。在北京，房价对流动人口来说是个天数，它对他们的留京意愿有什么样的影响呢？到底有多大的影响？一般来说，在城里有自己的房子的流动人口更有可能定居于城市。而没有房子的流动人口则更容易回去，因为在原籍地他们至少有自己的房子。因此，得出假设如下：

　　H6——在北京市拥有自己的房子的流动人口更有留京意愿。

　　H7——住房可使用面积越大越有留京意愿。

（4）北京生活适应状况。对一个城市的生活适应如何，会影响流动人口的留城意愿。如何无法适应城市的生活，则会选择回乡或是去其他城市。当然这个适应是一个过程，需要一定的时间。因此，假设如下：

　　H8——来京时间越长的北京市流动人口越有留京意愿。

　　H9——在工作和生活上来往密切的人，且居住较近的北京市流动人口越有留京意愿。

　　H10——业余生活更贴近城市化生活的北京市流动人口越有留京意愿。

四、数据及方法

本文利用 2006 年 1‰ 流动人口调查的数据，这次调查共收集到流动人口的调查问卷 4078 份。经过对调查数据的初步质量评估，除流动人口来源地分布中河南省比例偏高、居住楼房的流动人口比例偏低以外，其他各主要特征指标与相关调查数据比较，均较一致。这次调查的质量是可靠的（翟振武、段成荣、毕秋灵，2007）。

本文采用 SPSS 软件对数据进行处理分析，首先对北京市流动人口的不同留京意愿和特征进行描述分析，然后采用多分类 Logistic 回归来分析个人因素、家庭因素、住房状况和北京生活适应性对北京市流动人口的留京意愿的影响。因变量是留京意愿，分为三类：有留京意愿、留京意愿不明确和无留京意愿，其中以留京意愿不明确为参照类。自变量有个人因素，包括年龄（经过平方处理）、性别、职业身份、受教育程度、收入（取自然对数）和来源地；家庭因素，包括婚姻状况和有无 15 岁以上直系亲属一起居住；住房状况，包括住房性质和房屋可使用面积；北京生活适应性，包括来京时间、工作来往密切的人的居住情况和业余闲暇时间的活动。其中自变量中的分类变量都各自设了虚拟变量，且自变量将一个一个纳入到模型中去分析。

五、结果和分析

（一）样本特征的描述性分析

在回答的 4077（一个缺失）流动人口中，无意愿留京的占 19.5%，留京意愿不明确的占 55.2%，有留京意愿的占 25.4%，男性占 61.4%，女性占 38.6%，受教育程度主要是初中，占 49.7%，主要的就业身份是雇员，占 56.6%，绝大多数都是租房,占 81.3%。一部分流动人口在京时间超过 10 年,甚至 15 年,可见他们今后很有可能长期定居北京。来自河北、河南、山东和黑龙江的流动人口占一半,为 50.2%。在北京,半层以上流动人口的业余闲暇活动为看电视,在工作生活上来往最密切的人有 33.7% 是和他们居住在同一个居/村委会,其次是居住分散哪儿都有,为 22.3%,可知一些流动人口的人际关系网还是比较广的。

(二) 回归分析结果

通过四个自变量逐步纳入模型,分别就个人、家庭,住房和北京生活适应状况对北京市流动人口留京意愿的作用进行分析。Logistic 回归模型的结果如表 2 和表 3 所示。

表 2　北京市流动人口留京意愿的 Logistic 回归结果

	发生比率 Exp (B)			
	模型 1		模型 2	
	有留京意愿	无留京意愿	有留京意愿	无留京意愿
个人因素				
年龄的平方	1.000	1.000	1.000	1.000
男性(女性为参照)	1.038	1.356**	1.079	1.312**
收入的自然对数	1.130**	1.027	1.123*	1.027
职业身份(雇员为参照)				
雇主	1.429*	0.827	1.313	0.872
自营劳动者	1.138	0.675***	1.043	0.716**
家庭帮工	1.351	0.337	1.189	0.367
教育(小学及以下为参照)				
初中	0.950	0.550***	0.945	0.551***
高中和中专	1.211	0.491***	1.220	0.491***
大专及以上	2.673***	0.599*	2.687***	0.605*
来源地(其他地方为参照)				
河北、河南、山东和黑龙江	1.409***	0.899	1.425***	0.894
家庭因素				
婚姻状况(未婚为参照)				
在婚			0.872	1.121
离婚、丧偶或同居			1.402	0.492
有 15 岁以上直系亲属一起居住			1.451***	0.783*
常数项(sig.)	0.000	0.043	0.000	0.063
Nagelkerke R2	0.053		0.064	
模型卡方	184.322***		220.950***	

注:样本量 =4077,参照组为留京意愿不明确;*P<0.05;**P<0.01;***P<0.001。
数据来源:2006 年 1‰流动人口调查。

通过表1的模型1可以看出，性别对于北京市流动人口无留京意愿的作用显著，男性比女性更无留京意愿。可能的原因有：一是男性的流动性比女性要大，他们更容易到其他城市谋求新的发展；二是在北京买房结婚比较困难，尤其现在多数人的结婚条件是要有车有房，男性在北京的压力较大。从收入上来看，收入越高，更多的流动人口有留京意愿而不是留京意愿不明确。这与推拉迁移理论相符，且证明了假设1（H1）。从职业身份来看，与雇员相比，身份为雇主的北京市流动人口更有留京意愿，而身份为自营劳动者的留京意愿越不明确。在北京自营劳动者中，小型个体经商者居多，比如买菜买水果之类的，身份较低，大部分只是为了打工赚钱，生意好可能就留在北京一直干下去，生意不好则返乡。因此，他们的留京意愿不明确。这也证明假设3（H3）。从教育程度来看，教育程度越高的北京市流动人口越有留京意愿，这与假设2（H2）相符。从来源地来看，相对于其他地区来说，来自河南、河北、山东和黑龙江到北京的流动人口越有留京意愿。一个原因是来自河南、黑龙江人比较多，他们很容易形成同质性较强的群体。迁移网络理论认为迁移者基于地缘关系、亲属关系、友情关系建立起来的一系列特殊联系可以作为一种社会资本帮助迁移者降低迁移成本，增加迁移收益和减少迁移风险，从而增加迁移的可能性。而山东和河北除了人多的优势外，还有一个重要因素就是离北京较近。迁移理论也认为距离是影响迁移的一个重要因素。

从模型2可以看出，在控制北京市流动人口的个人因素之后，婚姻状态对留京意愿没有显著影响。然而，有15岁以上直系亲属居住一起的人更有留京意愿，不管已婚或未婚。这个可能是因为已婚的可以与配偶或者孩子一起流动，未婚的可以和父母一起流动，这个也可以用来解释婚姻状况并没有显著作用的一个原因。因此，可以证明假设5（H5），未能证明假设4（H4）。

表3 北京市流动人口留京意愿的 Logistic 回归结果（续）

	发生比率 Exp（B）			
	模型3		模型4	
	有留京意愿	无留京意愿	有留京意愿	无留京意愿
个人因素				
年龄的平方	1.000	1.000	1.000	1.000
男性（女性为参照）	1.122	1.277**	1.050	1.237*
收入的自然对数	1.092	1.049	1.080	1.054
职业身份（雇员为参照）				
雇主	1.272	0.959	1.239	0.964
自营劳动者	1.030	0.784*	0.982	0.764*
家庭帮工	0.892	0.284	0.833	0.256
教育（小学及以下为参照）				
初中	0.951	0.558***	0.941	0.566***
高中和中专	1.213	0.521***	1.222	0.523***

续表

	发生比率 Exp（B）			
	模型 3		模型 4	
	有留京意愿	无留京意愿	有留京意愿	无留京意愿
大专及以上	2.325***	0.691	2.192***	0.640*
来源地（其他地方为参照）				
河北、河南、山东和黑龙江	1.415***	0.896	1.390***	0.896
家庭因素				
婚姻状况（未婚为参照）				
在婚	0.843	1.104	0.753*	1.123
离婚、丧偶或同居	1.378	0.510	1.355	0.501
有15岁以上直系亲属一起居住	1.452**	0.860	1.397**	0.879
住房状况				
住房性质（租用为参照）				
自购或自建	7.234***	1.246	6.202***	1.214
借住或雇主家	2.533**	2.407**	2.531**	2.531**
单位提供	0.863	1.379*	0.923	1.330*
住房可使用面积	1.005*	0.996	1.005*	0.996
北京生活适应状况				
来京时间（月）			1.005***	1.000
生活工作来往最紧密的人的居住情况（没来往密切的人为参照）				
在同一个居/村委会居住			0.846	0.919
不在同一个居/村委会，但在同一个街道			0.588*	0.715
不在同一个街道，但在同一个区			0.916	0.697
不在同一个区			1.029	0.868
居住分散，哪儿都有			0.836	0.830
业余闲暇活动（看电视为参照）				
没有业余时间			1.328*	1.457**
找熟人、打牌或逛街			0.904	1.116
上网			1.380	1.802**
其他			1.322*	1.473**
常熟项	0.000	0.015	0.000	0.012
Nagelkerke R2	0.083		0.106	
模型卡方	289.360***		374.715***	

注：样本量=4077，参照组为留京意愿不明确；*P<0.05；**P<0.01；***P<0.001。

数据来源：2006年1‰流动人口调查。

模型3中，在控制个人和家庭因素后，住房状况对留京意愿的影响。从住房性质来看，相对于租用的北京市流动人口来说，有自购或自建房的北京市流动人口更有留京意愿，而借住或住雇主家的北京市流动人口要么有留京意愿要么无留京意愿，留京意愿不明确的较少，单位提供住房的北京市流动人口更无留京意愿。住房可使用面积越大，也可以使北京市流动人口有意愿留京。这两个结果与假设6（H6）和假设7（H7）相符。这是很好理解的。在原籍地，一般的流动人口家里都有自建房，住着不拥挤。而在北京，租房很贵，买房就更不用说。他们在考虑经济因素的条件下自然选择房型小的房子住，却可能带来不舒适的生活。

通过控制以上3个模型中的因素得到模型4。从中可以得出，在控制上述变量的条件下，来京时间越长的越有留京意愿，因为时间是一个人适应一个地方生活的必要因素。从业余闲暇活动来看，与闲暇时间看电视的北京市流动人口相比，没有业余时间和干其他的北京市流动人口留京意愿明确，要么有要么没有，但无留京意愿相对多些。一般来说，没有业余时间的流动人口一般是从事比较辛苦的工作，他们可能都是为了打工赚钱来北京，等赚够钱就回家，或是一辈子干下去。所以，他们会倾向于有明确的有或没有留京意愿。找熟人、打牌或逛街的闲暇活动没有显著作用。上网比看电视的流动人口更无留京意愿。在工作和生活上亲密来往的人的居住情况对有无留京意愿没有显著性，可能是数据处理上还有不足之处。因此，从该模型中只能证明假设8（H8），而不能完全证明假设9（H9）和假设10（H10）。

六、结论与讨论

在个人因素中，受教育程度对北京市的流动人口的留京意愿的影响最为明显。随着教育程度的提高，越有留京意愿。来源地也是一个重要的影响因素。一般，来自河北、河南、山东和黑龙江的北京市流动人口更有留京意愿。在掌握这些人群的特点后，除方便管理之外，在给他们提供具体的服务上也能做到一定的针对性。

在家庭因素中，有15岁以上直系亲属一起居住的北京市流动人口更有留京意愿。可见，流动的家庭化现象更有利于流动人口在流入地长期生活下去。流动人口选择在流入地定居所考虑的经济基础更多地是家庭的而不是个人的，这符合迁移新经济学理论将家庭作为迁移决策单位的假设。因此迁移新经济学理论在研究流动人口暂住行为、定居意愿以及流动人口在流迁过程中的分化机制时都可能起到重要的作用。政府部门也需关注流动家庭化现象，解决其中可能出现的问题。

住房状况确实给北京市流动人口的留京意愿产生了影响。一般来说，有自购或自建房的北京市流动人口更有留京意愿，他们至少有一个在北京的真正落脚点。可使用的住房面积也产生一定影响。因此，给一些住房状况较差的流动人口提供必要的帮助，也需要引起政府部门的关注。

北京生活适应状况中，在京时间有显著的影响，来京时间越长就越有留京意愿。如何安置长期留京的流动人口，合理安排流动人口的分布也是非常重要的。

总之，本文基于2006年1‰流动人口调查的数据，从个人因素、家庭因素、住房状况和北京生活适应状况来对北京市流动人口的留京意愿的影响因素做了分析，了解不同因素对留京意愿产生的不同作用的前提下，可以大致了解不同留京意愿的北京市流动人口的特征。这在如何推动一部分有意愿留京流动人口融入北京的同时，为大部分仍保持双向流动或将返乡的北京市流动人口提供特殊的公共服务，都具有一定的参考意义。对于不同特征的流动人口，应该提供更加具体且有针对性的帮助性措施，也能促进流动人口更好的管理与服务。当然，本文并没有针对这个北京市流动人口的留京意愿进行单独的深入调查，因此没有更全面的信息来反映出其中的作用机制。希望在深入调查的基础之上，能够进一步地分析。

参考文献

白南生、何宇鹏. 回乡，还是外出？——安徽四川二省农村外出劳动力回流研究 [J]. 社会学研究，2002，(1).

蔡玲、徐楚桥. 农民工留城意愿影响因素分析——基于武汉市的实证调查 [J]. 中国农业大学学报（社会科学版），2009-03，26 (1).

陈文哲、朱宇. 流动人口定居意愿的动态变化和内部差异——基于福建省4城市的调查 [J]. 南方人口，2008，23 (2).

高贯中. 影响农民工迁居城市意愿的综合因素分析——以天津地区为例 [J]. 理论与现代化，2008，(6).

和丕禅，郭金丰. 制定约束下的农民工移民倾向探析 [J]. 中国农村经济，2004，(10).

黄乾. 农民工定居城市意愿的影响因素——基于五城市调查的实证分析 [J]. 山西财经大学学报，2008-04，30 (4).

李强. 农民工与社会分层 [M]. 社会科学文献出版社，2004：63-68.

谭克俭. 农民工城市定居影响因素研究 [J]. 中共山西省委党校学报，2007-04，30 (2).

王毅杰. 流动农民留城定居意愿影响因素分析 [J]. 江苏社会科学，2005，(5).

韦小丽，朱宇. 流动人口居留意愿与就业特征 [J]. 南京人口管理干部学院学报，2008-04，24 (2).

吴兴陆. 农民工定居性迁移决策的影响因素实证研究 [J]. 人口与经济，2005，(1).

吴磊，朱冠楠. 农民工定居决策的影响因素分析——以南京市为例 [J]. 华南农业大学学报（社会科学版），2008，7 (1).

熊波，石人炳. 农民工定居城市意愿影响因素———基于武汉市的实证分析 [J]. 南方人口，2007，(2)：52-57.

朱宇. 户籍制度改革与流动人口在流入地的居留意愿及其制约机制 [J]. 南方人口，2004，(3).

翟振武，段成荣，毕秋灵. 北京市流动人口的最新状况与分析 [J]. 人口研究，2007-03，31 (2).

（作者单位：北京益普索市场研究有限公司）

网络时代残疾人就业新路径探索

——残疾人网上开店分析

梁土坤　尚　珂

2006年第二次全国残疾人抽样调查数据显示，我国残疾人口为8296万，占全国总人口的6.34%，涉及7050万个残疾人家庭和3亿多残疾人亲属，可见残疾人问题已经是一个无法回避的社会问题。就业是民生之本，是残疾人改善生活状况、融入社会、成为"社会人"和实现人生价值的主要途径。残疾人能够公平地参与社会生活，是一个社会文明与进步程度的重要标志。解决残疾人就业问题是建设社会主义和谐社会和实现经济社会可持续发展的必然要求。经过长期的努力，我国在促进残疾人就业方面已经取得了显著的成就，但是，在现实中，残疾人就业依然困难重重，在网络时代拓展残疾人就业的新路径迫在眉睫。

一、我国网络创业的发展和对就业的吸纳

《中国互联网络发展状况统计报告》（2011年1月）显示，2010年，我国网民规模继续稳步增长，网民总数达到4.57亿，互联网普及率攀升至34.3%，较2009年底提高5.4个百分点。全年新增网民7330万，年增幅19.1%。截至2010年底，我国网民规模已占全球网民总数的23.2%，亚洲网民总数的55.4%。同时，截至2010年12月，网络购物用户规模达到1.61亿，比2010年6月增加了1900万，半年增长了13.38%，2010年用户年增长48.6%；使用率提升至35.1%，上浮了7个百分点。网络购物用户规模较快增长，显示出我国电子商务市场强劲的发展势头。

根据最新发布的淘宝网就业数据显示，截至2010年4月30日，淘宝网创造了106万直接且充分就业机会，也就是说有106万人通过在淘宝网开店实现了就业。而在2008年年底，淘宝网创造了直接且充分就业机会为57万个。据全球咨询机构IDC测算，每一人在淘宝开店实现就业，就将带动2.85个相关产业的就业机会。也就是说，截至2010年4月30日，淘宝网为产业链创造了302.1万个就业岗位。仅仅16个月的时间，淘宝网就新增了49万直接且充分就业机会。以2009年1月份为基期，到2010年4月份淘宝就业数据增长了204%。根据人力资源和社会保障部公布的数据显示，2010年1季度，全国城镇新增就业289万人。根据数据显示，2010年一季度淘宝网创造的直接且充分就业机会为7万个，间接就业岗位为19.95万个。也就是说，淘宝网在2010年1季度所新增的直接和间接就业岗位占到全国城镇新增就业岗位的9.32%。数据显示，以淘宝为生的店主中，按照收入水平分布，以1000~2000元/月为主。其中，39.3%的人月收入在1000~2000元之间，22.0%的人月收入在2000~3000元之间，而5000元以上的只有7.4%。由此可见，目前淘宝上创

业主要解决的是基本就业，而不是高收入群体就业。可见，我国网络创业具有光明的发展前景。这无疑也为残疾人就业提供了新的可选路径。

日益普及的互联网，从长远来说，对于残疾人就业就有着深远的意义。从技术层面看，互联网使得任何人，其中也包括残疾人，可以借助相同的技术手段，以相同的方式获取信息和享用服务。互联网是平等的，这为信息资源的充分共享提供了必要的前提，而信息共享又为人们包括残疾人平等参与社会活动，实行就业提供了良好的技术保障，残疾人主要会上网，使用电脑，接打电话就完全可以在网络时代实现就业。可以说互联网必将成为残疾人就业最好的无障碍平台之一。

二、网店对促进残疾人就业的优势分析

网店，顾名思义就是网上开的店铺，是现代电子商务的一种形式，是一种能够让人们通过网络进行实际购买，并通过各种支付手段完成交易全过程的网站。个人制作电子商务网站，要求较高的计算机和网络技术，且前期投入巨大。目前，网店大多数都是使用淘宝、易趣、有啊、拍拍、购铺商城等第三方平台所开设。网店由于其独特的优点，越来越受到创业者的青睐，同时，对于促进残疾人就业也具有得天独厚的优势。

（一）网上开店准入条件比较低，有利于残疾人进入

首先，网店所需投入成本比较低，有利于并不富裕的残疾人进入。网上经营与传统经营模式相比，其最大的优势是节约了租用店面的成本。只需拥有电脑和网络就可以网上开店。除了电脑用电和网络费用，几乎不需要其他的开店成本。而且大多数的创业者可以在接到订单后再进货，没有存货压力，避免了由于商品滞销而导致货物积压的情况。可见，网店将投资者的投资成本降到了最低。

其次，在现行体制下，开设网店不需要到政府部门办理任何注册登记手续，只要在相关网站完成简单的注册步骤即可，也不需要高深的计算机技术。一般而言，有一定文化水平的下肢残疾人、听力残疾人、低视力残疾人等经过简单的计算机技能培训，都能熟练开设网店。比如在淘宝网（www.taobao.com）开店，只需完成注册帐户、支付宝实名认证、发布10件以上的商品、申请开店等几个简单的步骤就可以了，简单快捷。

（二）通过网络交流而非面对面沟通的方式有利于残疾人就业

网店，是通过网络与客户进行交流和交易的电子商务方式，这种非面对面的沟通和交易方式彻底忽略了身体特征上的差异，克服了社会偏见和社会歧视的影响，从根本上消除了残疾人与健全人工作绩效的差别，有利于残疾人通过自己的能力获得收入，解决其生活基本问题，有助于残疾人树立对工作和生活的信心，保持健康的心态，消除其自卑心理，为残疾人真正融入社会创造了良好的条件。

（三）网店自由的工作时间和工作方式符合残疾人就业的职业意愿

一般而言，实体店面成本压力大，必须每天按时营业，周末为经营的黄金时间，也不例外，甚至经营时间更长。而网店则不同，由于投资比较少，也不需要到指定的地方工作，避免了出行的不便，只要家中配备了电脑和网络，可以在任何时间进行网店经营，经营时间上自由度比较大。这更加有利于有身体缺陷的残疾人根据自

身特点安排经营时间，有助于残疾人工作和生活时间的平衡。经营时间自由的网店符合残疾人的职业意愿。

（四）网上开店能拓展残疾人就业技能，规划职业发展通道

在学习网上开店的过程中，残疾人对计算机和电子商务相关知识有了一定的了解，这扩展了他们的就业技能，为他们充分利用网络这个无障碍平台打下了良好的基础。同时，在利用网络的过程中，残疾人群体可以通过阅读新闻等很容易地了解外面的世界和发展情况，掌握经济和行业的发展趋势，获得相关的残疾人政策信息和各种就业消息，这有利于开阔他们的视野，有利于提高他们的文化知识水平，有利于他们正确地认识自我和挖掘自身的潜能，也有利于拓展他们的就业渠道，为以后谋求更加稳定和层次更高的职业奠定了基础。

三、我国促进残疾人网上开店的对策建议

从实践来看，目前网上开店的主体还是以大学生等具有较高文化程度的健全人为主，据一项来自 eBay 易趣网的统计显示，在该网站的上万个店铺中，在校大学生开的店铺占到 40%；残疾人由于自身知识能力的限制，加上有关部门的宣传、帮助力度不够等原因，目前在网上开店的还不多。要充分发挥网店等网络就业形式吸纳残疾人就业的巨大潜力，还必须着力解决以下几个方面的问题。

（一）加强职业培训，提高残疾人运用网络的能力

第二次全国残疾人抽样调查数据显示，全国残疾人口中，具有大学程度（指大专及以上）的残疾人为 94 万，占残疾人口的 1.13%；高中程度（含中专）的残疾人为 406 万，初中程度的残疾人为 1248 万，小学程度的残疾人为 2642 万（以上各种受教育程度的人包括各类学校的毕业生、弃业生和在校生）；15 岁及以上残疾人文盲人口为 3591 万人，文盲率为 43.29%。可见，残疾人由于自身的缺陷以及社会特殊教育不足等原因，受教育水平低，具备一定计算机技术水平的残疾人还不多。各级残疾人工作部门和残联，要及时加强与学校、科研机构的联系，开设专门针对残疾人的计算机和网络技术教学课程，帮助他们掌握软件设计、建立网站、开设网上商店等多种新技能，提高残疾人运用网络的能力；也可以开设一些经济类和网络营销等相关的课程，帮助残疾人了解经济形势和行业发展趋势、把握市场动态、捕捉可能的商机，培养残疾人网络销售能力，为网上开店储备必要的理论知识和相关技术。

（二）加大政策扶持，构建残疾人网络创业支持体系

首先，残疾人自主创业过程中常常面临资金不足的困扰，虽然，网上开店投资小，但是，依然需要一定的资金投入，所以，必须拓宽残疾人网络创业的融资渠道，加强财政支持和贷款支持，以促进残疾人网络创业。劳动部门或者残联可以考虑设立专门的"残疾人网络创业支持基金"，为残疾人提供一定的资金支持和贷款担保。

其次，残疾人在网店运营的过程中，由于自身条件限制和出行不便等原因，面临着如何获得高质量且价格低廉的货源等问题，这直接关系着网店能否有效经营。残疾人相关工作部门和地方各级残联可以协调社区居民委员会，建立社区残疾人协

会,可以在提取少量盈利额的情况下,为残疾人网络创业提供实质性的支持,帮助残疾人寻找物美价廉的货源,联系厂家,包装货物,邮递货物等,使社区真正成为残疾人网络创业的强大支持体系。

(三)转变就业观念,积极鼓励残疾人网络创业

就业观念的转变,主要包括残疾人和社会两个方面。残疾人作为特殊的弱势群体,应该树立网上开店也是就业的理念,积极学习网络创业的技能。社会对网络创业的承认,主要是指政府各项政策对网络创业的认可和扶持。

据杭州网报道,目前杭州市政府颁布了《关于网上创业就业认定和扶持有关问题的通知》,针对网上创业就业出台了相关的认定和扶持政策。该通知指出:"凡城镇登记失业人员、高校毕业生和农村转移劳动力在网上交易平台通过实名注册认证从事电子商务(网店)经营的,符合下列两个条件之一:1、卖家信用积分累计达到1000分以上,好评率(好评数与交易数的百分比)在98%以上;2、经营三个月以上且月收入超过杭州市区最低月工资标准的。可以自愿提出申请网上创业就业的认定。经认定的网店店家将可以参照有雇工的个体工商户形式办理就业登记手续;参照城镇个体劳动者参加基本养老、医疗保险两项或其中一项。还可以申请入驻位于望江西苑的杭州市C2C创业园,入驻网店将可享受配套齐全、服务便捷、收费低廉的创业服务。"杭州首开先河,出台了对网络创业的认定和扶持,其他地区也可以考虑出台相关政策,以促进网络创业的发展,同时,也可以考虑增加一些对残疾人网络创业的特别扶持政策,以促进残疾人网络创业。

(四)健全网络安全环境,保障残疾人网络创业成果

据《中国互联网络发展状况统计报告》(2010年7月)显示,2010年上半年,有59.2%的网民在使用互联网过程中遇到过病毒或木马攻击,遇到该类不安全事件的网民规模达到2.5亿人;有30.9%的网民账号或密码被盗过,网络安全的问题仍然制约着中国网民深层次的网络应用发展。同时,调查发现,89.2%的电子商务网站访问者担心访问假冒网站;而他们如果无法获得该网站进一步的确认信息,86.9%的人会选择退出交易。可见,互联网向商务交易型应用的发展,急需建立更加可信、可靠的网络环境,这也是保障网络创业者特别是残疾人群体创业者的劳动成果的必要条件。

参考文献

第二次全国残疾人抽样调查办公室. 第二次全国残疾人抽样调查主要数据手册[M], 华夏出版社, 2007年7月.

中国互联网络信息中心(CNNIC). 中国互联网络发展状况统计报告[OL], 2011年1月.

淘宝网就业指数:创造106万就业岗位[OL], 2010 - 05 - 17. http://news.ccw.com.cn/internet/htm2010/20100517_ 862422.shtml.

赖德胜等. 中国残疾人就业与教育现状及发展研究[M]. 华夏出版社, 2008年6月.

杭州网. 全国第一批有社会保障的网店主将在杭州出现［OL］, 2010-05-25.

中国互联网络信息中心（CNNIC）. 中国互联网络发展状况统计报告［OL］,（2010年7月）.

徐芳，张文亦. 生产性服务业的发展与残疾人就业促进［J］教学与研究, 2008,（3）.

全国第一批有社会保障的网店主将在杭州出现［OL］. 杭州网, 2010-05-25.

（作者单位：北京物资学院）

中国高校辅导员激励机制探究

杨　曦

随着中国高等教育的改革与发展，特别是高校扩招以来，高等教育实现了从精英化教育向大众化教育的转变，高校思想政治教育工作的环境、对象、方式等方面都发生了重大的变革。大学生一直是思维最为活跃、思想最为解放的群体，加之阅历较浅，受传统思维范式的影响较小，也正值人生观、价值观定型的"凝固期"，如今各种思想文化的交错碰撞，很容易造成大学生理想信念、价值观念和行为方式的错位和迷失。如何在新的形势下，引导其向正确的方向发展，已经成为当今中国高等教育面临的重要课题。

从解放初期开始，中国高校逐渐建立起了一支专门从事大学生思想政治教育工作的队伍，政治辅导员成为这支队伍的重要组成部分。2006年9月1日施行的《普通高等学校辅导员队伍建设规定》指出"高校辅导员是高等学校教师队伍和管理队伍的重要组成部分，具有教师和干部的双重身份。高校辅导员是开展大学生思想政治教育的骨干力量，是高校学生日常思想政治教育和管理工作的组织者、实施者和指导者。高校辅导员应当努力成为大学生的人生导师和健康成长的知心朋友。"由此可见，在新的时代背景下，中国政府对高校辅导员的角色定位和职责要求已经日益明确，辅导员的管理、育人、服务功能也越来越受到重视。但是，在新形势下，辅导员的队伍建设还存在着一些问题，辅导员工作积极性的缺乏和辅导员岗位留不住人成为现实问题。笔者走访了北京、天津、福建、陕西四地的高校，发放并收回辅导员调查问卷239份，学生调查问卷512份用做论证。同时通过与高校专职辅导员、人事处、学生处的领导和工作人员及学生进行访谈，最终发现：造成以上现象的重要原因就是辅导员激励机制有效性的缺乏。因此，探究中国高校的辅导员激励机制构建和完善问题具有十分重要的现实意义。

一、中国高校辅导员的职业定位存在的问题分析

（一）对辅导员的宏观职业定位不够清晰

历年来国家出台的一系列关于辅导员的文件都有对辅导员的职业定位的阐述，比如"高等学校教师队伍和管理队伍的重要组成部分"、"具有教师和干部的双重身份"、"大学生的人生导师和健康成长的知心朋友"等。目前，中国高校辅导员普遍的工作职责和内容是：学生事务服务和咨询、学校安排的活动的组织。在宏观层面，由于"德育工作"、"健康成长的指导者"这样的词汇的含义相对比较笼统，对它们的理解很容易不够深刻和透彻，在工作中也就很难贯彻，这在一定程度上导致了有关方面大力提倡"重视辅导员、提升辅导员的社会地位"，但是在实际中辅导员地

位却没有多大的改善。另一方面,对于辅导员职业定位的认识,更多的是对政府相关文件的解读,而很少分析辅导员的实际的职业定位是什么。对辅导员职业定位的不清晰,造成辅导员工作内容"低技术含量化",导致在很多人眼里辅导员就等同于"保姆"、"救火队员",最终导致了社会对辅导员职业的认可度较低,使辅导员对职业的价值作出消极的判断,职业认同感差,归属感缺乏,职业本身的激励作用非常有限。

(二) 学校对辅导员职业定位的认识上存在偏差

目前,有观点认为教学和科研是学校的主要任务,而大学生思想政治教育工作处于附属地位,这造成了辅导员的地位在目前不可能与任课老师相等同。这势必会造成学校轻视思想政治教育对学生成长、成才的作用,而没有用战略的眼光来看待辅导员工作的重要意义,对辅导员队伍建设的人力、物力、财力等投入相对不足。

同时,一些学校并没有按国家的要求,把加强和改进大学生思想政治教育作为一项紧迫的战略任务来抓,而仅仅是保证安全稳定这一最低的工作要求和标准,这直接影响到辅导员在高校中作用的发挥、地位与待遇的提升、职称的晋级。辅导员在工作中只要稍微有一点点差错就会受到来自负面的指责,这很容易让辅导员产生"不求有功,但求无过"等思想,以致主动性、创造性的缺失,造成辅导员队伍职业归属感不强、人员流失现象严重。

(三) 辅导员对自身的角色定位与宏观角色定位间存在偏差

目前,有不少辅导员有类似这样的感受:"琐碎的事务性工作往往使我们没有时间和精力让自己的工作提高一个层次。"中国高校运行的体制以及高校人力资源管理技术使用程度低等因素共同决定了辅导员工作职责的"低技术含量"化。了解辅导员对自身的角色认知对于定位辅导员职业有着重要的意义。以此为目的,笔者在问卷调查中设计了相关问题。

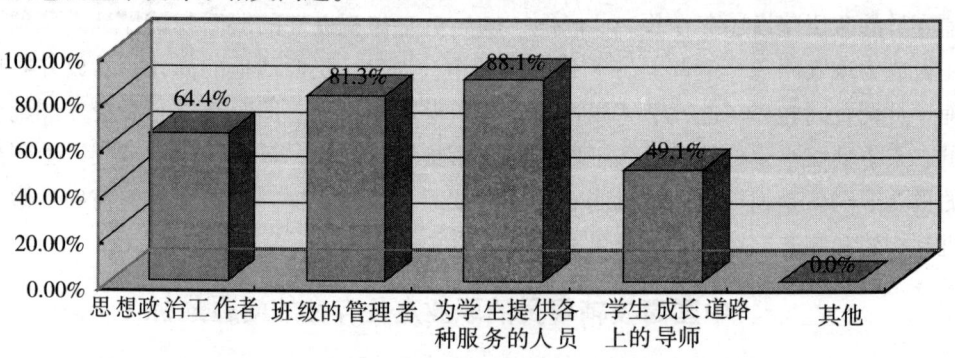

图1 辅导员对自身角色定位的看法

图1反映了辅导员对于自身角色定位的看法,按照官方的对于辅导员的角色定位的说法,辅导员是高校教师队伍的重要的组成部分,是大学生健康成长的"指导者和引路人",辅导员的职业定位应该更偏重于思想方面的引导。但是,在辅导员对自身角色定位的看法方面,选择"班级管理者"和"为学生提供各种服务的人员"的辅导员的比例明显高于选择"思想政治工作者"和"学生成长道路上的导师"。

在中国高校，班级是学生组织的基本单元，作为班级的管理者，关于学生的任何事务性工作就很自然的落到了分团委书记、专职辅导员、班主任这些基层学生工作者的头上，再加上这些岗位之间的责任没有被明确的界定和划分，使得辅导员经常感到手忙脚乱、没有头绪。在访谈中，大部分辅导员都反映从没看到过关于辅导员的岗位说明书。此外，与西方的个人主义文化传统不同，中国强调个人服从集体，为了达到整个集体的整齐划一，必要时应不惜牺牲个人正当利益，因此缺乏个性色彩。这在对辅导员的组织管理表现的非常明显，强调辅导员个人服从组织安排，凡是上级下达给辅导员的任务，辅导员都必须自觉承担并按时完成。

（四）辅导员的工作对象对辅导员的重要性评价不高

在进行调研的时候，笔者从学生角度设计了对辅导员的角色认知、存在必要性、相对重要性等题目并加以分析。对于问题"您认为高校辅导员有存在的必要吗？"，调查结果如下：

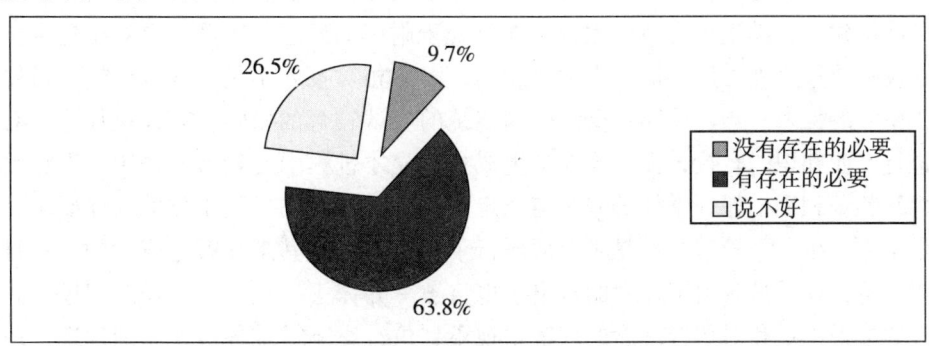

图2　学生对辅导员存在必要性的看法

此外，对于"您认为辅导员和任课教师在学校的教育环节中哪个更重要？"的问题，调查结果如下图：

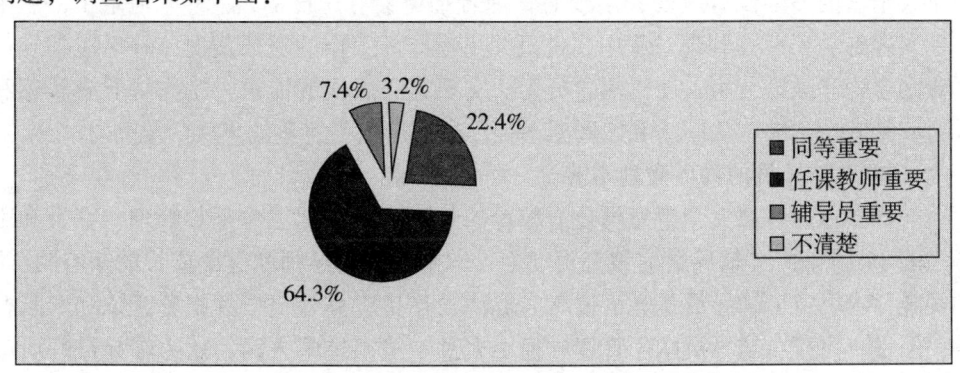

图3　学生对辅导员的相对重要性的看法

从调查统计分析可以看出，目前中国高校学生对他们的辅导员的重要性、发挥的作用的程度评价很低。在中国，大学教师是社会最受尊敬的职业之一，提起大学教师来人们就往往会肃然起敬，但是谈起高校辅导员，很多学生则不以为然，认为那是一种临时性的或兼职性的工作，辅导员尚未成为学生普遍认可的职业。

造成这一情况的原因在于：辅导员的实际履职过程中所起到的作用并没有达到

学生内心的需求和愿望。辅导员的实际工作内容与学生的需求存在偏差。在笔者的访谈中，学生刘某表示："我认为辅导员目前作用发挥的很不够，辅导员应该能够引导学生思考，树立正确的人生观、价值观，而不能只是通知通告那些简单的规章制度，组织等。"这种心理期望和现实的差距也就导致了矛盾的产生。对于学生们究竟希望辅导员给予自己哪些方面的指导和帮助，通过访谈，本人了解到，被调查对象更多的希望辅导员们能够在就业方面、心理咨询方面等提供一些指导。同学刘某表示："现在就业形势很严峻，我们非常需要就业方面的指导和求职技能方面的训练，但是辅导员在这方面所做的事情太少了。"

二、高校辅导员激励管理的现状分析

（一）对辅导员激励工作重视不够

在高校的实际工作中，在学校各项工作中处在核心位置的是教学、科研和专业教师队伍建设，学生思想政治教育工作仅处于附属的地位。因此，在对于辅导员队伍建设的政策重视力度不够，人力、物力、财力相对投入不足，没有给辅导员发展提供坚实的保障。与此同时，受到中国传统的应试教育的影响，高校更加注重对学生进行专业知识的教授，而轻视在学生成长、成才过程中起到重要作用的思想政治教育环节。相反，保证学校的安全与稳定成为了学校对辅导员工作的大体要求，只要学生不出事，不管辅导员是否全面履行了岗位职责，其工作就是成功的。一旦学生出了事，辅导员其他工作做的再出色也将被一并抹去。正由于学校对辅导员队伍建设的重视不足和对德育理念的理解重视不到位，影响了辅导员作用的发挥、地位的提升和待遇的改善。除此之外，中国事业单位长期以来普遍采用"科层管理"模式，高校也遵循和强调这种自上而下的管理模式，工作的开展须严格按照规章办事，管理者严重缺乏激励意识。同时，伴随着近年来就业形势的严峻，就业市场上毕业生供大于求的形势没有改变，学校的管理者难免会有这样的观念："他走了，想来干的人有的是！"。在管理过程中，也只关注辅导员工作的完成情况，缺乏对辅导员的激励意识和激励行为，使得辅导员无法实现更高层次的需求，工作缺乏成就感和动力，创造性不够，认同感和归属感不强，进而造成了严重的人员的流失。

（二）对辅导员的物质激励不够

辅导员作为开展大学生思想政治教育的骨干力量，其工作是集管理、育人和服务功能于一体的，"辅导员应该努力成为大学生的人生导师和健康成长的知心朋友"的客观要求决定了辅导员是觉悟较高的群体，并且应具备很强的服务意识和奉献精神。但是，高校在辅导员队伍管理过程中太过于强调这些方面，认为辅导员理所应当具备这些高尚的品格和素质，片面的强调了精神激励而忽视了物质激励，把辅导员的人性假设定为"道德人"而非"经济人"和"自我实现人"，这种假设显然是不正确的，因为辅导员是有权利和有理由追求个人利益和实现自我价值的。此外，近年来随着高校毕业生数量的大幅提高，辅导员职业"入口"的标准明显提高，也就是辅导员队伍逐渐向更高学历层次发展，与此相适应的是高收入的预期，辅导员的收入在高校中又属于偏低的，他们同专业教师的收入差距也是客观存在的，这种差距造成了辅导员对工作的积极性打了折扣，辅导员对自身的福利待遇满意度偏低。

（三）对辅导员发展性激励不够

发展性激励是要把辅导员个人的发展同学校的发展目标结合起来，不仅是强调通过对辅导员的激励实现学校的目标，也强调在这一过程中能充分挖掘辅导员潜能，促进辅导员自身的发展。但是，目前很多高校在辅导员队伍管理中，在对辅导员的使用、考核、培养、职业生涯管理方面都明显对发展性激励设计不够。

在对辅导员的使用方面，目前高校普遍不对辅导员的专业背景做要求，笔者通过调查问卷了解辅导员的专业背景情况，结果，在被调查的 239 位辅导员当中，专业背景为"思想政治"的占 11.9%、"教育类"占 13.6%、"心理学"占 5.1%，也就是说，具备与辅导员工作密切相关的专业背景的被调查辅导员仅占全部辅导员的近 30%，而近 70% 的辅导员都选择了"其他专业"，这实际上使得大量的辅导员放弃了自己的专业，造成辅导员专业知识和专业技能的逐渐退化，不利于辅导员充分发掘自身的潜能和人力资本的可持续性发展。与此同时，一些高校表现出传统的"用人工作"的观念，对辅导员队伍使用多、培养少、要求多、关心少。学校在对辅导员队伍管理中，只是强调辅导员工作要保障校园的安全与稳定，辅导员在工作中以服从上级安排为主，很少有自由发挥的余地，不会主动地、富有创造性地开展工作，造成了积极性的缺乏。

在辅导员考核评价方面，许多高校对辅导员的考评都是终结性的评价，重视对辅导员学年度工作结果的考核，而忽视了对工作中的行为指标的设计。而评价往往只是局限于笼统地对辅导员工作结果作优秀、合格、不合格的评价，不能及时反馈辅导员工作中的成功经验与不足，不利于辅导员及时改进工作。

在辅导员培养方面，许多高校不对辅导员的培训需求进行调查研究，不对培训形式和内容精心设计，满足不了辅导员不断实现自身成长和发展的愿望。

在辅导员生涯发展管理方面，上级和相关部门对于辅导员职业生涯设计和管理同辅导员的期望也存在较大的偏差。对于问卷问题"您选择辅导员职位的首要原因是：A 热爱学生工作 B 缓冲就业压力 C 社会对辅导员工作尊敬程度高 D 辅导员职位的门槛低"，结果如图 4：

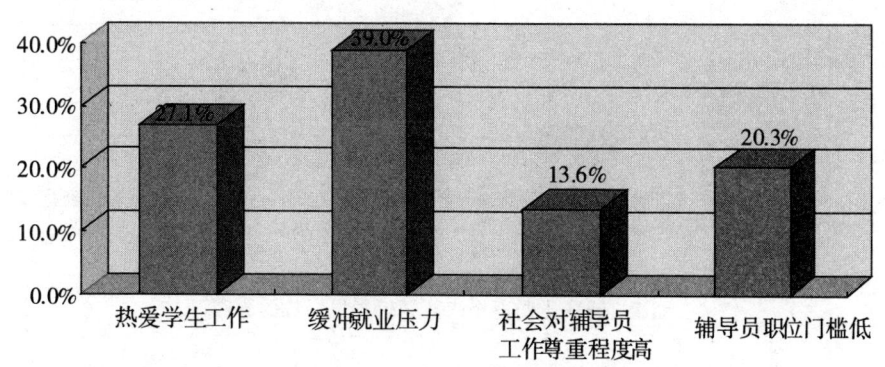

图 4 辅导员选择此职业的原因

可以看出，相当多的辅导员，并不是出于对学生工作的热爱，而是迫于严峻的就业形势而选择辅导员职业，并试图以此为跳板，将来再做职业选择。怀有这种想法的辅导员必然会出现思想不稳定，信念不坚定的倾向，很难会把全部热情和精力投入到这份事业中去。同时，在已经进入辅导员队伍的一些辅导员中，当发现自己转岗距离晋升遥遥无期，转岗为专业教师又困难重重的时候，理解辅导员工作的价值也出现了偏差，难以在工作中找到成就感和动力。工作中时常有挫折感，对前途感到迷茫，以至工作态度消极，敷衍了事，情绪低落等，最终造成人员流失等问题。

（四）对辅导员激励的制度建设不够

规范化的制度是一切管理活动的根本，有关辅导员队伍管理的制度应包含很多方面，也应有明确的文件进行规范和界定，但是在很多高校实际操作中，对辅导员的考核、培养、晋升等方面缺乏制度建设，随意性很强，科学性不够。在绩效考核方面，对辅导员工作的评价没有一套制度性的标准，也就形成不了科学的评价结果，取而代之的是领导的个人意见和偏好。领导的这种偏好难免带有浓重的个人感情因素，所以，能使工作得到肯定的途径是要让工作符合领导的喜好，或是辅导员自身同领导建立良好的关系，这很容易在辅导员队伍中形成一种不良的风气，使得辅导员把领导摆在比制度更重要的位置上，不利于辅导员把工作做得更富科学性、合理性。同时，领导的个人偏好往往使得对辅导员的评价缺乏公平性，很容易挫伤辅导员的工作积极性，也不利于保持和谐的工作氛围。在培养方面，很多学校并没有把辅导员队伍的培养作为一项基础工作来抓，没有建立起辅导员系统的培训制度，保证不了辅导员培养工作持续有效的开展。辅导员队伍的知识结构和工作方法仍滞后于新形势的需要，辅导员培训的实效性不高。在辅导员晋升上，"双线晋升"也仅仅是做口头文章而已，从实践上看辅导员晋升处于边缘化状态，两头发展，两头受堵。学校行政岗位数量毕竟有限，只能解决部分辅导员的转岗问题，而辅导员向专业教师转岗的路径也并不通畅。在调查问卷中，辅导员对"假如将来您要离开辅导员岗位，最主要的因素会是什么？"的回答时，有45.8%的辅导员选择了"辅导员职位本身发展空间狭窄"，具体见图5：

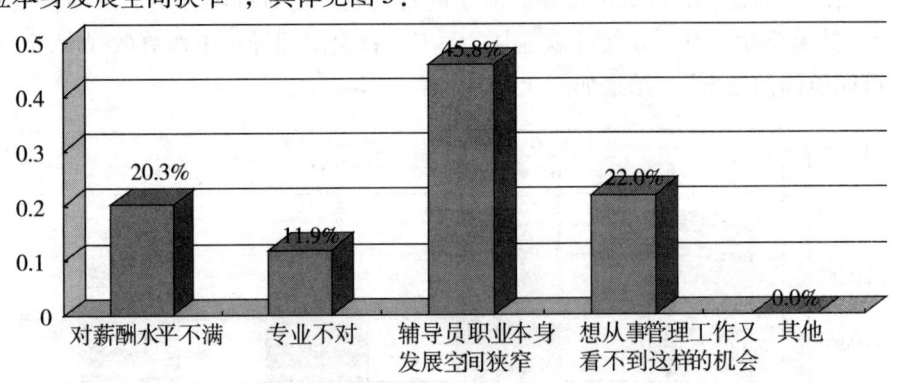

图5 辅导员调查未来离开辅导员岗位的原因

目前各高校辅导员绝大部分都只是硕士学历，因此兼带专业课受到很大限制，辅导员通常因为教学工作量不够而不能按时评职称。重形式轻实效的激励方式必然导致这些激励手段的激励作用不能有效发挥出来。

三、建立多层次的辅导员激励机制的政策建议

（一）国家宏观政策激励

从中国辅导员制度创立到现在的几十年的发展历程可以看出，国家政策体现的是政府和社会对辅导员工作的认识程度和重视程度，这会直接影响到辅导员的职业声誉以及个人的职业认同感，也与辅导员的切身利益密切相关。对此，建立严格的监督机制，保障政策的执行和落实是政府工作的重点所在。具体来讲，政府要重点做好以下几个方面的工作：

（1）在辅导员待遇方面，各级政府应对辅导员队伍建设有固定的经费支持，加大经费投入，切实提高辅导员整体的福利待遇水平。

（2）在绩效考评方面，各级政府应该建立起一套符合本地区实际情况的规范化的高校辅导员绩效考核指标体系。

（3）在培训方面，各级政府应整合各方面资源，建立起本地区高校辅导员培训机构，负责研究培训内容和形式并具体开展培训活动，使辅导员培训的专业化水平得到提升，针对性得到加强。

（4）在辅导员职业发展方面，政府应加强同本地区教育工委与组织部、人力资源和社会保障部门等部门和社会团体的联系，为辅导员的职业发展提供更广阔的空间。

（二）学校的辅导员激励机制

学校要根据时代的发展的要求，针对辅导员队伍建设的主要矛盾和突出问题，建立一套能有效解决当前存在的突出问题。

1. 完善组织管理机制，明确辅导员工作职责

辅导员队伍工作范围模糊、工作重心偏离，是辅导员队伍建设存在的大问题，对此，我们可在以下两方面进行制度完善。

首先，明确辅导员工作职责。在新形势下，大学生思想政治教育事业对辅导员工作提出了新的要求。对此，应该通过科学的方法制定了相应的辅导员职位说明书，经过梳理，笔者认为现代角色定位下的高校辅导员的工作职责应包含一下几个方面：

（1）德育工作：学生思想道德的培养。

（2）生活问题辅导员：对学生的人际关系方面问题进行辅导。

（3）心理辅导：把握学生群体的心理状况，对大学生普遍存在的阶段性心理问题进行引导；对特别的个案及时掌握情况并报心理咨询机构进行干预指导。

（4）就业辅导：培养大学生的职业规划意识，帮助他们明确自己的职业兴趣，对其进行就业政策的指导。

其次，明确辅导员组织管理体制。中国目前的高校辅导员组织管理体制造成辅导员不只服从一个上级部门，从而工作职责扩大，任务繁重，精力不够。另一方面，在对辅导员的培训、晋升等方面的管理上很难核定其工作状况并进行评价。笔者认为应该进一步明确学校学生工作部对辅导员队伍进行统一管理，学院学生工作主管副书记对辅导员进行直接领导。在这样的管理体制下，辅导员份内的工作将进一步明确，对于其他部门的额外性工作，辅导员可以在保质保量完成好本职工作的基础

上配合其他部门开展，从而减轻了心里负担，提升了工作效率。

2. 调整辅导员招聘条件，探索辅导员专业分工

源于中国对高校思想政治工作的高度重视，大多数高校更加注重辅导员的政治素质，高校辅导员招聘大都将"政治面貌为党员或预备党员"作为一项基本的招聘条件。与此同时，目前中国高校对辅导员招聘时对专业背景不做要求，辅导员专业背景与辅导员职业的宏观定位关联不大的问题比较严重，这不仅使辅导员的工作效果大打折扣，这种辅导员被迫放弃专业背景的现实也非常不利于辅导员充分发掘自身的潜能和人力资本的可持续性发展，不符合对辅导员进行有效激励的原则。对此，笔者认为应该在以下两个方面加以规范。

首先，强化专业背景要求。中国高校辅导员招聘的政治性，使得"党员"是应聘辅导员的必要前提。这使得一些管理学、心理学、教育学等相关专业"非党员"应聘者难以涉足。这样以来，把一批实际上拥有丰富理论知识和实践经验的专业人才排斥在了辅导员队伍之外。同时，那些非专业的"党员"应聘成功者，却由于教育学、心理学、管理学等专业知识的匮乏，不能很好地运用专业技能引导学生。所以，高校在招聘辅导员时应该弱化政治性，而在专业背景上进行限制，尽量避免辅导员的专业五花八门的情况发生。

其次，重视专业分工。中国高校辅导员工作专业化程度较高，职责较为宽泛。所以在强化专业背景要求的同时，中国高校还应该在专业分工上有所探索。在这一点上，可以借鉴西方国家的经验。"在美国，高校辅导员基于学校和学生生活的需要而产生，包括'文体活动、志愿活动、招生、学术指导、就业指导、奖贷金发放、心理咨询、医疗服务等等'与之相对应，辅导员包括心理辅导员、职业辅导员、学习辅导员、生活辅导员、住宿辅导员等，他们各负其责，相互协调，为促进学生综合发展而分工合作。"

3. 完善辅导员考评机制，调动辅导员工作积极性

建立科学的考评机制是对高校辅导员队伍进行激励的重要手段。对此，应着重注意以下几方面内容：

首先，确定考核指标内容。辅导员考核指标内容的确定应该以官方文件精神及高校育人目标为导向，在对辅导员工作进行科学分析的基础之上进行。本文根据中国多所高校的实践经验，确定了辅导员考核指标分为"素质能力"和"工作绩效"两个一级指标，"素质能力"指辅导员在工作中表现的实际能力水平和素质高低。"工作绩效"指辅导员的工作完成效果和成绩。在此基础上，将"素质能力"细分为"德、能"，将"工作绩效"细分为"勤、绩"共四个二级指标，具体考核内容为："德"考核辅导员政治思想品德和职业道德的情况；"能"考核管理能力的运用、业务技术水平的发挥以及知识更新情况和业务技能的提高情况；"勤"考核辅导员的日常工作中的出勤情况和工作任务完成情况；"廉"考核辅导员在工作过程中的履行职责情况、完成工作任务情况，数量、质量、效益、成果的水平等情况。

其次，定性与定量结合。辅导员绩效考核是对辅导员工作完成数量和完成质量的综合考察和评价过程，应遵循定性考核和定量考核相结合的原则。辅导员的定量考核，是根据辅导员的考核指标内容，将所有可以量化的指标都进行量化考核，将辅导员下宿舍、进课堂、参加学生活动、与学生进行谈话等情况都制定成考核指标；将辅导员个人发表的学术论文和研究课题纳入加分系统；将学生违纪情况纳入扣分系统化。使之用具体数值说话，确保考核的公平性。与此同时，对于那些无法量化的指标，如辅导员的组织能力、领导才能、逻辑思维水平、奉献精神等，用相应的优劣等级来表示。并且，在表示时应对各项指标进行具体的明确表述。总体来说，对辅导员"德"、"能"的考核，应采用定性考核为主；对辅导员"勤"、"绩"的考核，则以定量考核为主。

最后，注重考核结果的反馈。要注意将考核的结果及时告知辅导员，让他们了解自己的优势和不足，帮助他们发扬或改进。与此同时，要把考核结果作为辅导员薪酬核算、奖惩、培训、晋升的重要依据，使得绩效考评真正发挥激励和督促的作用。另外，考核结果的反馈过程也是上下级沟通的好机会，上级可以借此对辅导员的工作提出意见和建议，辅导员也可以向上级反映自己的困难和想法，这也是保证和谐的工作氛围的重要基础。

4. 改善辅导员薪酬体系，提升辅导员薪酬满意度

薪酬以及与其相关的收入分配问题，是人们最为关心的问题之一。辅导员的薪酬不仅是学校为获得劳务所支付给辅导员的成本，更是调动辅导员工积极性、主动性，提高其满意度的"强心剂"，是学校吸引和留住人才的重要力量。对于辅导员的薪酬制度，笔者认为应该在以下两方面进行尝试。

首先，提高辅导员薪酬水平。高校应给予辅导员相对较高的薪酬待遇，使高校辅导员的待遇随着经济的增长而提升。在这一点上，近几年来一些中国地方的高校采取的改革措施值得中国推广。比如，上海大学2005年出台了"五级聘任"的制度，确立辅导员的"高职地位"和"优薪待遇"。上大首创的聘任制将辅导员定为五级，其中的三、四、五级分别相当于副教授、教授和博导，所享受的薪酬待遇也与后者持平。

其次，优化辅导员薪酬结构。结合辅导员工作的特点，借鉴一些高校的辅导员薪酬结构设计，目的在于使辅导员的薪酬与其付出的劳动相匹配。辅导员的薪酬结构可分成基本薪酬、平衡性薪酬和发展性薪酬三部分。基本薪酬是根据高校辅导员工作的复杂程度、责任大小、劳动强度，结合其工龄、学历、资历等因素，按照辅导员完成的劳动定额、工作时间及劳动消耗而计付的劳动报酬。在辅导员薪酬体系中，基本薪酬应占较大比例。同时，应该采取平衡性薪酬来发挥作用，这部分薪酬应该依据辅导员工作的阶段考核来决定是否发放和按什么标准发放，辅导员只有考核合格，才可以获得这部分相应的薪酬。此外，当辅导员的工作年限和业绩达到一定指标后，学校通过发展性薪酬，帮助他们获得进一步学习和进修的机会，如深造、交流学习等。同时也应该给辅导员提供争取和申请相关的科研项目和经费的机会。

5. 完善辅导员培养机制，营造学习激励性组织氛围

营造学习激励型组织氛围是辅导员发展的重要平台。为此，为辅导员提供一定量的培训既是学校发展的需要，也是实现辅导员个人发展的需要。

首先，建立多层次的辅导员培训机制。面对激烈变动的环境，辅导员需要具备较为全面的知识和能力才能应对，故需要系统设计辅导员的培训体系。具体措施是：第一，日常培训和专题培训相结合。日常培训便于系统化，专题培训则可以根据不同时间段的需要进行安排，对日常培训起到辅助作用。第二，工作理念培训和实操培训相结合。工作理念的培训能拓展辅导员视野，实操操作则有助于提高辅导员在日常工作中应对各种事务性工作的能力,两者结合有利于辅导员工作更趋完善与理性。第三,全员培训与骨干培训相结合。辅导员之间的个性、能力参差不齐,全员培训无法完全达到预期效果,骨干培训可以让优秀辅导员起到以强带弱的作用,从而达到共同提高的目的。

其次,丰富培训的形式与内容。辅导员工作职责的多样化,使得辅导员具有多重身份。他们是开展大学生思想政治教育的骨干"教师";是与学生日常学习、生活联系最为密切的"朋友",是负责学生日常事务管理的"服务者",也是为学生提供学习、心理、就业等方面的"咨询师"。因此,辅导员工作对辅导员个人的综合素质能力要求非常高。作为一名合格的辅导员,不仅要有扎实的理论功底和较高的政策水平,良好的组织、协调能力,还要具有心理学、教育管理学等专业知识。所以,在培训中,应该包含对辅导员政治理论培训、业务知识培训和基本能力培训。此外,在培训方式上,应该朝着自主参与型方向发展,让作为学习主体的辅导员自觉参与到整个培训过程中,充分发挥辅导员自我教育的作用,提高培训的实效。自主参与型的培训方式可以表现为多重形式,如理论研讨、经验交流、案例分析等。

最后,建立辅导员培训奖励制度。要在政府和学校拨付的用于辅导员队伍建设的专项基金中拨出一部分,作为对优秀辅导员进行培训奖励的经费。由于辅导员的发展需求各不相同,对辅导员的培训奖励也要根据辅导员个人职业规划来进行。与此同时,要把辅导员培训学习情况同辅导员考核、评优、晋升等结合起来,从客观上督促其主动参加培训,真正发挥培训的激励作用。

6. 完善辅导员发展机制,拓宽辅导员职业发展空间

完善辅导员发展机制是消除辅导员后顾之忧的根本,是吸引和留住人才的重要保障,因此是辅导员队伍激励的重要内容。通过完善发展机制,为辅导员队伍自我实现创造良好环境和条件,可以激发他们的事业心、使命感和奉献精神,增强辅导员的职业认同感和归属感。

首先,保证辅导员职业发展出口畅通。要根据辅导员的工作绩效、个人情况和发展愿意,严格按照相关的规章制度,做好辅导员的转岗分流工作。在实际操作中,针对辅导员不管朝哪个方向发展都不是很顺畅的情况,政府和学校应该提供相关具体措施和操作办法来保障辅导员队伍的出口畅通,让辅导员切实从"双重身份"管理和"双线晋升"的政策中得到实惠。对于政策水平高,管理能力强的辅导员,学校需严格根据其绩效考核的情况,推荐其向学校党务、行政管理队伍,或者积极向省市直机关有关部门推荐;对于专业功底深厚、学术造诣较高的辅导员,可以将其补充到教师队伍中,从事教学、科研工作。

其次,搞好辅导员生涯发展规划。辅导员职业规划应该结合各辅导员的专业背景和个人发展意愿和工作情况,为每一位辅导员量身设定职业发展目标和实现途径,引导他们将个人前途与学校德育目标结合起来。同时,应加强同辅导员的沟通,了解他们在个人发展过程中的困境,帮助他们提出改进的措施。

四、结　语

中国高校辅导员是开展大学生思想政治教育的骨干力量,在大学生成长、成才的过程中起着至关重要的作用。对辅导员队伍的激励管理是加强辅导员队伍建设的核心问题,它直接关系到辅导员的工作动机和态度,从而影响着对学生进行思想政治教育的效果。本文针对目前高校辅导员激励管理中的一些问题,建立起了一定的高校辅导员激励模式,提出一些辅导员激励措施的改进。使辅导员在工作中不断地充实、完善自我、实现自身价值的同时,更好的完成高校的育人目标。

参考文献

中美两国高校辅导员招聘条件比较. 张燕军, 南通大学学报(教育科学版), 2007, (3).

林泰, 彭庆红. 清华大学政治辅导员制度的特色及其发展. 清华大学学报(哲学社会科学版). 2003, 06.

张富勇. 试析高校政治辅导员的地位和作用. 河南教育学院学报(哲学社会科学版). 1994, 03.

张立兴. 高校辅导员制度的沿革进程考察. 思想理论教育导刊. 2009, 04.

王道阳. 我国高校政治辅导员制度的历史演变. 思想教育研究. 2007, 05.

何东昌. 全国重点高等学校暂行工作条例(试行草案). 中华人民共和国重要教育文献应届生求职 http://www.yingjiesheng.com/job-000-501-835.html.

教育部. 普通高等学校辅导员队伍建设规定(中华人民共和国教育部令第2号). 2006-08-30.

袁伟菊. 高校专职辅导员与兼职班主任队伍建设探析. 怀化学院学报. 2006, 10.

高校辅导员职业化还得再闯几道关. 中国教育报. 2006-12-20.

中共中央16号文件. 关于进一步加强和改进大学生思想政治教育的意见. 2004.

梁金霞, 徐丽丽. 完善制度 健全机制 推动辅导员队伍健康发展——全国103所高校辅导员队伍建设状况调研报告. 国家行政学院学报. 2006, 06.

林泰, 彭庆红. 清华大学政治辅导员制度的特色及其发展. 清华大学学报(哲学社会科学版). 2003, 06.

张富勇. 试析高校政治辅导员的地位和作用. 河南教育学院学报(哲学社会科学版). 1994, 03.

张立兴. 高校辅导员制度的沿革进程考察. 思想理论教育导刊. 2009, 04.

王道阳. 我国高校政治辅导员制度的历史演变. 思想教育研究. 2007, 05.

何东昌. 全国重点高等学校暂行工作条例(试行草案). 中华人民共和国重要教育文献应届生求职 http://www.yingjiesheng.com/job-000-501-835.html.

教育部. 普通高等学校辅导员队伍建设规定(中华人民共和国教育部令第2号). 2006-08-30.

袁伟菊. 高校专职辅导员与兼职班主任队伍建设探析. 怀化学院学报. 2006, 10.

高校辅导员职业化还得再闯几道关. 中国教育报. 2006-12-20.

中共中央16号文件 关于进一步加强和改进大学生思想政治教育的意见. 2004.

(作者单位:首都经济贸易大学)

非正规就业及其女性化的成因分析

袁 霓

非正规就业一直是近年来国际范围内关注的话题，有资料显示，在发展中国家中，有半数以上的非农劳动者从事非正规就业；在拉丁美洲和亚洲，分别有51%和71%的劳动者从事非正规就业（Chen，2008）。2002年中国城镇非正规就业的人数在1.07亿~1.24亿人之间，大约占城镇劳动者的43%~50%（吴要武，蔡昉，2006）。即使在发达国家，劳动统计学家也开始使用非正规就业的概念。在经济最为发达的美国，各种非正规形式的灵活就业约占就业总量的30%，日本的非全日制灵活就业形式也占所有就业的25%（何平，华迎放等，2008），因此非正规就业被称为吸纳就业的"海绵"。

对非正规就业的研究逐步扩充到全球化、新自由主义、边境贸易、城乡迁移等领域，而所有这些问题都离不开性别视角的研究。虽然现在女性劳动力市场参与率比历史上任何时候都要高，但由于劳动力市场上存在着性别隔离，女性更多的集中在低质量的、非正规的就业。在许多国家，女性从事非正规就业的比例比男性高。例如，在拉丁美洲，男性从事非正规就业的比例为48%，而女性这一比例为58%。在亚洲，73%的女性劳动者从事非正规就业，70%的男性劳动者从事正规就业（Chen，2008）。在中国，尚无有关非正规就业的分性别的精确统计数字，谭琳与李军峰（2003）根据第二次中国妇女社会地位调查数据发现，进入中国非正规就业市场的劳动力中，女性占52.58%，男性占47.42%，女性比例略高于男性，虽然差异并不十分显著。在非正规就业中，也存在着劳动分工的性别差异，非正规就业金字塔的上层以男性群体为主，而女性聚集的职业或职位常常是那些技术要求低、收入较低或没有收入、劳动时间长、内容琐碎的工作，如非农自我雇佣工人、家政服务人员等。

女性参与非正规就业，促进了女性就业的增长，有助于女性通过市场化的劳动收入脱离贫困，保障其在经济上的独立。然而，由于非正规就业中的性别工资差异比正规就业中的性别工资差异要大，非正规就业女性相对于非正规就业男性更有可能陷入贫困。另外，与正规就业者相比，非正规就业者不仅在经济收入方面处于不利地位，而且通常缺乏劳动稳定性和社会保护，没有必要的社会福利和医疗保障。因此女性更多的集中在非正规就业，不仅会成为女性自我发展的制约性约束，也意味着女性在劳动力市场中的边缘化，从而降低女性非正规就业者向上流动的可能性。由此非正规就业不仅仅是一种劳动力现象，还与妇女问题、贫困问题、公共福利等密切相关。

虽然人们观察到非正规就业中的性别隔离及非正规就业女性化的趋势，然而为什么非正规就业会存在并得到大力发展，为什么女性更有可能成为非正规就业者，本文将对这些问题加以讨论和研究。

一、非正规就业产生的理论分析

自从上个世纪70年代国际劳工组织正式提出非正规部门称谓后,关于非正规就业的讨论一直在进行。对非正规部门成因的探讨主要有以下几种思想学派(chen, 2008):

二元论学派(the dualist school):由国际劳工组织于20世纪70年代提出。该理论认为,非正规部门从事边缘性生产活动,它为贫困人口提供收入,在危险的时期形成一张保护网,这与正规部门是截然不同的(ILO,1972;Hart,1973;Sethuraman,1976;Tokman,1978)。二元论学派认为,经济的缓慢增长或人口增长的相对过快导致社会不能够提供足够的就业岗位来吸收剩余劳动力,这是非正规经济活动持续性的主要原因。

结构性学派(the structuralist school):由卡罗琳·莫斯特(Caroline Moster)和亚历山大·颇特(Alexandro Portes)以及其他学者在20世纪70年代后期和80年代初提出。该理论把非正规经济部门(微型企业)看作附属于资本主义大企业的次生经济单元,认为它能够实现较低的投入、具有较低的劳动力成本,从而提高了大型资本主义企业的竞争力。结构性学派与二元论学派的区别在于把这两种不同的生产方式不仅看作是共生的,而且相互依赖,不可分离(Moster,1978;Castells and Portes,1989)。该学派认为是资本主义制度发展的天性而不是经济增长缓慢是非正规生产关系产生和持续的原因。

法规主义学派(the legalist school):由赫尔南多·德·索托(de Soto,1989)于20世纪80~90年代提出。该理论认为非正规部门由那些"有勇气"的微型企业家组成,他们选择非正规活动是为了避免进行正规登记的成本、时间和精力。根据赫尔南多·德·索托等人的理论,只要政府的程序很麻烦并且具有高成本,微型企业家就会继续选择从事非正规生产。根据这种观点,过多的政府规章制度会遏制私人企业的发展。

有些新自由主义经济学家进一步提出,非正规企业家不仅故意避开规章制度和税收,在某些情况下还会从事非法的生产和服务,甚至采用犯罪的运作方式,来规避税收、商业规章、电费、租金和其他正规活动的成本(Maloney,2004)。因此,有些学者把非正规经济称之为地下经济或黑色经济,并指出非正规经济的增长会减少政府财政收入,削弱政府提供社会服务的能力。

自愿主义学派(th voluntarist school):该理论强调个人的理性选择,认为非正规部门企业家通过计算在正规部门或非正规部门的相对成本和收益后选择从事正规或非正规活动,这些人的福利因从事非正规活动而提高。但是人们也意识到在经济危机或经济下滑时非正规就业会增加,这表明许多人可能被迫从事非正规就业。同时由于制度和政策的原因,许多非正规就业者被排除在政府规章制度和保护之外。另有一些学者指出非正规就业关系通常反映出雇主的一种选择或偏好,而不是雇员的。

二、非正规就业持续发展的现实原因

非正规就业持续发展的现实原因很复杂,对大多数国家和地区而言,非正规就业持续发展的原因归结起来主要是经济增长、经济结构调整、经济的全球化及劳动力市场弹性化。

（1）经济增长缓慢。一些国家的经济长期处于零增长或低增长，另一些国家采取资本密集型产业，造成"失业性增长"。在正规部门不创造或很少创造新工作岗位的情况下，许多沮丧的求职者只能进入非正规就业领域。另一种情形是高科技的增长创造更多高技术的工作而不是技术水平低下的制造业工作，这样那些低技能的求职者只好从事非正规就业。

（2）经济转轨与经济结构调整。已有数据显示，在经济转轨和金融危机期间，非正规经济更易得到扩张。在经济转轨期间，大量国有企业倒闭，企业大量裁员，很多人在别无选择的情形下进入非正规就业领域。例如，中国国有企业改革过程中释放出大批下岗人员，城市中的失业问题日益突出，而非正规就业的兴起在一定程度上缓解了这一问题，使企业改革得以比较顺利进行，对社会稳定起到了积极作用。"九五"期间（1995~1999年），中国从业人员新增1921万人，增长了10.1%，同期，非正规部门从业人员新增1422万人，占从业人员增长总量的74.0%。而与此同时，正规部门职工总数下降了3135万人（胡鞍钢，杨韵新，2001）。

（3）经济全球化。我们正处在一个全球化的时代，2007年全球贸易占到了世界GDP的60%（ILO and WTO，2009）。全球贸易与投资需要集中资本，特别对大公司而言，需要资本能够快速方便的在国家与地区之间流动，而劳动力，特别是低技能的劳动力是很难流动的。为提高全球竞争力，越来越多的投资者移向低劳动成本国家或转向非正规雇佣。为了降低劳动力成本，提高产品竞争力，许多国家政府也放松了对劳动力的控制，扩大劳动力市场的灵活性，赋予雇主在雇佣、解雇和工资等方面更大的权利，使得非正规就业者在发达国家和发展中国家都在迅速增加。1998年到2003年期间，欧盟全日制工作岗位减少了12.5万个，而非全日制岗位增加了250万个。2004年前的近十年来，90%非洲新增加的就业岗位都属于非正规部门（ILO，2005）。在中国，每年新增就业的60%是社区就业，而社区就业主要是各种非正规就业（胡鞍钢，杨韵新，2001）。

经济全球化促进了发展中国家非正规经济的发展，而非正规经济的发展也减少了发展中国家分享经济全球化的益处。有资料显示，非正规经济会降低一个国家出口的多样性。非正规经济每提升10个百分点，出口的多样性就会降低10%（ILO and WTO，2009）。经济全球化不仅使许多国家的非正规就业人员迅速增加，也可能由于广泛采用最新科技成果、推进生产自动化，在一定范围内造成了大量工人失去工作岗位，结构性失业更加严重，其结果是一些企业将正式员工转为没有最低工资保障、社会保障或福利的计件工人或临时工。

（4）劳动力市场弹性化。随着经济发展中日益增加的灵活性和市场竞争的日益加剧，企业往往需要更加灵活的就业安排，诸如分包、临时就业等。此外许多国家发生了从制造业为主向服务业为主的产业重心移动，而服务业的市场需求更具多样性和不确定性，使得劳动力的需求变得日益弹性化，即大量采用非正规雇佣或弹性用工，以此取代雇佣大量固定工的传统作业方式，从而产生大批新的灵活就业劳工群体。

三、女性与非正规就业

女性通常比男性更易从事非正规就业，非正规就业的女性化在发展中国家至发达国家都是不争的事实。与男性相比，女性从事的非正规就业更多的集中在收入低，工作不稳定的职业和行业。

（一）非正规就业对女性福利的影响。非正规就业对女性福利的影响较为复杂。一方面，非正规就业对女性的福利具有积极的影响。非正规就业促进了女性就业的增长，并使得一些女性能够兼顾社会劳动与家庭责任。非正规就业因其对从业人员的性别、年龄、文化、技能、体力的要求不高，其准入门槛相对较低，为劳动力市场上处于弱势地位的女性提供了较多的就业机会。女性可以通过自己劳动得到收入脱离贫困，取得一定程度上的经济独立。另一方面，非正规就业对女性职业发展和福利具有负面影响。首先，女性在非正规就业中处于边缘化地位。在失业率上升，迫使许多沮丧的男性求职者进入非正规就业时，女性往往被推入到非正规就业的最底层。特别是在那些推行高科技发展的国家，需要更多高技术的工作，而男性通常具有更多机会获得，女性只能进入非正规经济的较低层次工作。其次，由于非正规就业者平均收入低于正规就业者的平均收入，并且非正规就业者中的性别收入差距要大于正规就业者中的性别收入差距，因此非正规就业的发展可能会导致男女两性之间收入差距的进一步扩大，从而强化了女性在劳动力市场的从属地位。最后，非正规就业女性的社会福利与医疗、社会保障不足，更容易陷入贫困的风险。事实上，非正规就业者的社会与保护一直是非正规就业研究中的重要问题。非正规就业者不仅面临工作与收入的不稳定性，更面临职业安全和健康风险，而从事非正规就业的女性则是更脆弱、更缺乏保护的人群。

（二）女性劳动非正规化的原因。

1. 从需求角度分析。

第一，相比较男性，女性在正规就业中更容易受到排斥，因此女性更难于进入正规就业却更容易被排挤出正规就业。例如，在经济危机后，相比较于男性，女性更难回到以前的就业状态。1995年墨西哥的经济危机中，大量女性在各行各业被辞退，危机过后，她们只能从事非正规就业。在纺织与成衣企业工作的女性中，52%的女性工作于低于5人的工厂中，而男性则接管了以前由女性从事的那些正规就业。在经济转轨时期，女性就业也比男性受到更为普遍的影响和冲击。以中国数据为例，根据1993年中国全国总工会对7省进行的社会调查报告，发现女工占失业工人总数的60%（孟宪范，1995），并且女性下岗以后再就业比男性更加困难。董晓媛等（Dong et al.，2006）发现从2002至2003年期间，女性的失业率从9.0%上升至12.7%，而男性从7.6%上升至8.2%。据中国国家统计局2003年12月对中国45个城市所做的一项有关城市失业家庭的调查，可以看到在最近三年有过失业经历的女性比例比男性比例高17个百分点，平均失业时间女性比男性长2个月，女性再就业概率仅仅相当于男性的62%（Du and Dong，2009）。女性失业率上升的一个直接后果就是对劳动力市场上的弱势群体排斥效应增强。特别是在正规经济部门不能提供充足的就业岗位时，这种社会排斥更为明显。由于这种排斥的存在，女性一旦下岗失业很难重返正规部门，可选择的通常只有"向下行"，进入低一层的非正规劳动力市场。由此许多女性在没有丧失劳动能力的情况下，一部分人过早的离开了劳动力市场，另一部分人被迫从事非正规就业。2002年中国城镇居民生活调查和农村进入城市的暂住户生活调查显示，拥有本地城市户籍的人口中，从事非正规就业比例最高的三个年龄组为36~40岁、40~45岁、46~50岁，正好与城镇下岗再就业人员的年龄特征相吻合（任远，彭希哲，2006）。宋月萍和董晓媛（Song and Dong, 2009）的研究发现，在上个世纪九十年代末中国国有企业劳动整合之后，女性比男性更可能遭遇向下的职业流动，从事低收入，低技能要求的工作。

第二，经济结构调整与经济全球化的影响。女性在经济结构调整过程中，有向第三产业聚集的趋势。根据中国妇联1990年和2000年的中国妇女地位调查结果，10年中女性在第三产业的比重增加了7.1个百分点，2000年将近1/3的城镇女性劳动者聚集到第三产业，比男性高9个百分点。女性在第三产业多聚集于零售、餐饮、社会服务等传统的服务部门，在信息技术、金融保险、科技咨询等新兴服务业则所占比例很少，而传统服务业的市场需求更具有多样性和不确定性，多采用非正规就业。在经济全球化的过程中，在发展中国家，特别是在东南亚和东亚及南美国家，许多就业岗位是由以出口导向为主的企业创造的。数据显示，1995年上述地区大约创造了2700万个就业岗位，而其中70%~80%的就业岗位针对女性，主要集中于成衣、玩具和电器小产品类（Carr and Chen, 2004）。为了降低劳动成本，企业通常以非正规形式雇佣工人，或者把部分生产程序外包到家庭生产。因此经济全球化的影响，发展中国家出口导向型企业的兴起，推动了女性劳动非正规化。

第三，企业在雇用上的性别偏好。国家对劳动力市场的性别歧视缺乏有效的监督和制约机制，用人单位往往不愿聘用女性，人为地提高条件，设置障碍。性别歧视增加了妇女就业的阻力。根据2000年中国六个城市劳动力市场调查数据，不同所有制单位对性别存在不同的雇佣倾向：国有单位男性劳动力的比例偏高，职工男女性别比为1.2，非国有制单位女性劳动力比例高于男性，男女性别比为0.75（金一虹，2006）。采用正规雇用的国有单位更倾向于雇佣男性劳动力，而在非国有单位，其中相当一部分是采用非正规雇用的个体私人经济组织，女性劳动力比较集中。但女性在劳动力市场中的这种限制在多大程度上是雇主的歧视还是女性的自我选择，都有待于进一步研究。

2. 从供给角度分析。

第一，传统家庭分工决定的劳动力供给特殊性影响女性从事正规就业。由于传统的"男主外、女主内"家庭分工，女性通常在家庭生活、子女和老人照料等方面承担较多的责任和时间投入，由此女性的社会网络与男性相比处于劣势，这对他们参与劳动力市场存在一定的约束，在就业市场上比男性的竞争力低，从而不易进入正规就业，使得女性只能从事非正规就业。

第二，女性的教育程度比男性低。通常认为，教育程度越低，从事非正规就业的比例会越大，根据拉丁美洲的资料显示，具有高学历（研究生以上）或高技能的劳动者从事非正规就业的可能性低而且工作稳定，而低学历、低技能的劳动者从事非正规就业的比例明显增加。由于生产技术的进步，导致对高技能工人的需求不断增加和对低技能工人需求的不断减少，而女性由于教育水平偏低，很多女性只能从事低技能的工作，这使得她们在劳动力市场上处于不利地位。此外部分女性缺乏积极进取精神，主体意识和权利意识淡薄，不善于为自己争职业向上流动的机会和应有的待遇和权利，也是女性就业非正规化的部分原因。

第三，部分从业人员对非正规就业有一定需求。非正规就业的增长反映了劳动力市场的弹性化，非正规就业与女性的家庭角色冲突小一些。例如，由于非正规就业可以视为协调工作和家庭责任的方式之一，荷兰妇女中非全日制从业人员中有70%~80%的女性自愿选择了非正规就业（时美遐，2007）。但与欧美国家比较，发展中国家，如中国，因个人或家庭原因自愿选择非正规就业的比例还较低。

参考文献

何平，华迎放等．非正规就业群体社会保障问题研究．北京：中国劳动社会保障出版社，2008．

胡鞍钢，杨韵新．就业模式转变从正规化到非正规化——我国城镇非正规就业状况分析．管理世界，2001（2）：69-78．

金一虹．女性非正规就业：现状与对策．河海大学学报（哲学社会科学版），2006（3）：6-10．

任远，彭希哲．2006中国非正规就业发展报告：劳动力市场的再观察．重庆：重庆出版社，2007．

石美遐．非正规就业劳动关系研究－从国际视野探讨中国模式和政策选择．北京：中国劳动社会保障出版社，2007．

谭琳，李军峰．我国非正规就业的性别特征分析．人口经济，2003（5）：11-18．

吴要武，蔡昉．中国城镇非正规就业：规模与特征．中国劳动经济学，2006（4）．

Chen, Martha. "Informality and Social Protection: Theories and Realities". *IDS Bulletin*, 2008, Vol. 39 (2): 18-27.

Grace O. Lee and Malcolm Warner. eds. *Unemployment in China: Economy, Human Resources and Labour Markets*, pp. 87-109, London and New York: Routledge, 2006.

Du, Yang, Cai, Fang, Wang, Meiyan. *Marketization and/or Informalization: New Trends of China's Employment in Transition*. Paper prepared for the WB Labor Markets Development Program, 2006.

Fenglian Du, Xiao-yuan Dong. Why do Women have Longer Durations of Unemployment than Men in Postrestructuring urban China? *Cambridge Journal of Economics*, 2009, 33:233-252.

ILO and WTO. *Globalization and Informal Jobs in Developing Countries*. A joint study of the International Labour Office and the Secretariat of the World Trade Organization, 2009.

Song, Yueping and Xiao-Yuan Dong. Unpublished manuscript, 2009.

（作者单位：首都经济贸易大学劳动经济学院）

专题五
人力资源开发

我国小企业劳动关系问题研究*

苏海南　胡宗万

迄今为止，对于小企业及其劳动关系情况，由于各种各样的原因，研究得仍不够深入细致，特别是对其不同于大中型企业劳动关系的特殊性把握不足。本报告拟分析我国小企业劳动关系存在的问题及其原因，并在研究小企业劳动关系特殊性的基础上，提出相应的思路及具体对策建议。

一、小企业劳动关系现状概述

我国小企业具有数量大、分布广、生命周期较短、平均产出不高，但对经济社会综合贡献较大等特点。我国小型企业从业人员两亿左右，占全国全部用人单位从业人员总数的64%，已成为我国劳动关系的重要组成部分。

当前，我国小企业劳动关系处于初级发展变动阶段。小企业主要采用短期劳动合同或口头合同等形式确定劳动关系双方权利和义务；市场化用工在小企业表现较为充分，季节工、短期工、非全日制工等用工形式在小企业较为普遍；劳动关系双方表现出明显的维护各自利益倾向，劳动关系双方整体上处于相互碰撞磨合过程之中。近年来，特别是《劳动合同法》颁布实施以来，小企业劳动关系规范化程度逐渐提高，职工维权意识日益增强，我国小企业劳动关系开始逐步走上市场化、规范化、法律化的发展轨道。整体上看，目前我国小企业劳动关系基本稳定。

二、小企业劳动关系存在问题及其原因分析

（一）存在问题

相比较大中型企业而言，小企业劳动关系问题在以下八个方面表现得更加突出：

1. 劳动关系变动性大

主要表现为小企业劳动关系持续时间更短，职工流动性很大。在很多小企业，相当部分职工是"流水式"职工。我们调研的湖北省鄂州市778连锁酒店，每个月的职工流动率即达到40%左右；问卷调查数据显示，在小企业工作两年及以上的职工仅占职工总数的55%左右。

2. 用工形式和劳动关系更为复杂

主要表现为小企业用工形式和就业人员来源更为多样。小企业用工形式既包括全日制职工，也包括季节工、小时工等，就业人员还包括相当一部分实习学生、学徒、下岗再就业人员、退休返聘人员等。总体来看，既有属于劳动法、劳动合同法

---

* 本文是人力资源和社会保障部部级课题《我国小企业劳动关系问题研究》主报告的压缩稿。该课题由人力资源和社会保障部劳动工资研究所承担，苏海南为课题组长。

规范的劳动关系，也有其他雇佣关系，一旦发生劳动纠纷，处理起来难度更大。

3. 劳动关系建立普遍不规范

主要表现为小企业劳动合同签订率仍不高，体现出较为明显的分层化特征和行业特征。调研中普遍反映，相当一部分小企业只与少数管理技术人员签订劳动合同，建筑等部分行业，农民工等人群因各种原因劳动合同签订率仍然较低。同时，劳动合同、集体合同内容不规范，履行较差。

4. 劳动报酬水平明显偏低

主要表现为小企业职工工资收入相比大中型企业职工工资普遍偏低，增速不快，缺少正常增长机制。以多数都是小企业的私营企业为例，2009年全国城镇私营单位从业人员平均工资为18199元，只相当于全国城镇在岗职工平均工资的55.6%；2009年，城镇在岗职工平均工资相比2008年增长了12%，私营单位就业人员仅增长6.6%。就调研访谈来看，相当一部分小企业职工工资收入的固定部分均在当地最低工资标准附近徘徊。同时，小企业职工工资缺少正常增长机制，职工纷纷辞职时，小企业主才被动增加工资。

5. 工作和休息时间不明确且执行比较随意

主要表现为小企业工作时间灵活，按照现有法律法规标准来看，职工超时劳动司空见惯。相当一部分小企业职工每月仅休息四天或两天，已成为行业惯例。一些小作坊式服务型企业经营方式灵活，其职工的工作时间和休息时间界限比较模糊，甚至24小时处于"待命"状态。

6. 劳动条件和劳动保护普遍较差

主要表现为小企业职工所处的安全生产和生活环境总体较差。如一些小企业工厂、仓库、宿舍三处合一，在同一楼内，职工们长年在有毒、有害和极不安全的环境下劳动和生活。同时，劳动保护特别是女职工特殊保护规定落实差。相当一部分小企业没有为女职工缴纳生育保险，小企业女职工因孕期、产期、哺乳期被解除合同也较为常见，"要工作还是要孩子"成为一些小企业女职工不得不面对的两难选择。

7. 社会保障不健全问题突出

主要表现为小企业社会保险覆盖面较小，针对不同人群和险种，区别对待。我们调研的湖南省汨罗市，除工伤保险外，90%以上小企业未参加养老、医疗、失业保险，这一数据在全国小企业中具有一定的代表性。调研中了解到，即使在缴纳社会保险的小型企业，也只是为其核心管理和技术人员等缴纳社会保险；另一方面，针对不同的社会保险项目，小企业首先缴纳政府监督检查力度较大、企业费用较低的社会保险项目，如工伤保险等。

8. 劳动关系的冲突更为直接

主要表现为小企业劳动关系双方的"老板"和"打工者"意识更为强烈，发生矛盾缺少缓冲。小企业相比大中型企业来说，普通职工与资方之间缺少各级管理机构和工会等组织的缓冲，小企业职工归属感不强，没有传统"单位人"意识的作用，小企业职工与经营者之间的冲突表现得更为直接。

（二）原因分析

从直接原因来看，主要有以下四个方面：

一是小企业劳动关系双方主体都不够成熟，依照法律确定权利义务的意识均较为欠缺。劳动关系双方主体基本素质的欠缺，是引发小企业劳动关系诸多问题的主观原因和思想认识根源。

二是小企业的劳动管理制度特别是劳动关系双方沟通协调制度很不健全。许多小企业实行人治，经常由经营者直接指挥管理职工。同时，如果劳动关系双方出现矛盾，一般采取一事一议、一人一议方式处理，没有相应规则和程序规范。以上这种状况，成为引发小企业劳动关系诸多问题的管理制度根源。

三是小企业劳动关系双方的组织建设很不完善，影响了劳动关系的协调。一方面，小企业大多没有建立工会组织；另一方面，小企业主参加各地工商联和企业家联合会的也很少。小企业劳动关系双方组织建设的这种状况，成为小企业缺乏平等集体协商机制的组织根源。

四是政府协调小企业劳动关系的工作力度不够。从主观上看，在目前的财税体制和政绩考核引导下，某些地方政府忽视甚至牺牲小企业职工的基本权益。此外，一些地方的劳动保障部门对小企业不够熟悉或忽视，也影响了对小企业劳动关系的协调。从客观上看，劳动保障工作队伍仍显薄弱，主要表现在"两网化"基础工作平台和劳动保障监察机构设置、人员编制等相对于小企业数量多、分布广、劳动者权益受损情况较多、监管不易这一状况而言明显薄弱。

从间接原因来看，主要受小企业经济效益较差和劳动者供过于求两方面的影响和制约，这是小企业劳动关系存在上述问题的深层次原因。一是小企业生产力水平低，经营环境差、生产经营的不确定性大，使保障劳动者合法权益、协调劳动关系的经济基础薄弱，从根本上制约了小企业劳动关系的和谐稳定。据统计，以人均利润水平看，大型企业人均利润为5.3万元左右，中型企业为4.1万元左右，纳入统计范围的规模以上小型企业仅为3.1万元左右，如全面计算未纳入统计范围的小企业，则人均利润水平更低，与大中型企业差别较大。同时，小企业社会负担较重。上述状况是引发小企业劳动者权益水平低等诸多问题的经济根源。二是小企业所处的人力资源市场供求关系极不利于劳动者，低端劳动力供过于求，资强劳弱，也从根本上制约着小企业劳动关系的和谐稳定。

三、协调小企业劳动关系的基本思路

（一）小企业劳动关系的共性与特殊性分析

小企业劳动关系与大中型企业劳动关系既有共性的一面，又有其特殊性的一面。从共性看，不论大中小型企业，其劳动关系都涉及到主体、客体内容、形式及其协调的途径、手段、程序、方法等。从特殊性看，小企业劳动关系是不够标准或非标准的劳动关系，小企业明显不同于大中型企业的生产力、生产关系基础，决定了其劳动关系必然具有不同于大中型企业的如下特点：

一是劳动关系主体构成及其相互关系相对特殊。小企业的所有者和管理者一般都是合一的，且经营管理者的文化程度、个人素质、经营管理水平相对较低；小企业职工的素质相对于大中型企业职工来说也普遍偏低，同时，小企业职工自治组织愿望和能力较弱，工会等组织形式欠缺，因而使得小企业劳动关系主体间地位相比大中型企业而言具有特殊性。

二是劳动关系客体内容的规范程度和权益保障水平相对特殊。一方面，受小企业生产经营的不稳定性、变动性和人员流动性等因素的制约，其劳动合同的签订、变更、解除和终止，工作时间及工作班次的安排，工作环境和条件等，相比大中型企业的方式和程序等不规范。另一方面，受小企业生产力水平低、经营利润低、经济实力弱等因素的限制，其劳动者工资报酬水平的提高、社会保险缴费额度的增加、休息休假的安排、劳动保护条件的改善等权益保障水平，也不如大中型企业职工的权益保障水平。

三是劳动关系的维持和心理认可程度相对特殊。小企业劳动关系具有更加明显的动态化、短期化特征。与此同时，小企业管理者"老板"意识更强，认为小企业职工就是为其"打工"，对于劳动关系相关内容的决定更为直接；小企业劳动者的归属感不强，对劳动关系规范化的期望值也普遍低于大中型企业的职工。

（二）基本思路

协调我国小企业劳动关系的基本思路是：从我国经济社会结构的大背景实际出发，以维护小企业劳动者合法权益和促进小企业健康发展为目的，牢牢把握协调小企业劳动关系的重要性和特殊性这两个特征，针对影响小企业劳动关系和谐稳定的相关因素，构建分层次、有弹性、求平衡、稳过渡，切合实际的小企业劳动关系协调机制，维护广大劳动者合法权益，促进小企业健康可持续发展，形成劳动关系双方互利双赢格局。其中，"分层次"是指区别大中型企业，对小企业实行有针对性的劳动标准和综合扶持政策；"有弹性"是指小企业劳动关系协调政策要能够符合小企业弹性用工、弹性工时和生产经营不确定性较大等特征，采取协商一致等弹性手段；"求平衡"是指要平衡劳动关系双方权益，在维护劳动者权益和保障小企业可持续发展之间把握平衡点，以利于促进小企业劳动关系双方的互利双赢；"稳过渡"是指努力使小企业不够标准或非标准的劳动关系逐步过渡为标准的劳动关系，在经济发展和社会进步的基础上，逐步使小企业劳动权益保障水平向更高标准靠拢，以确保小企业劳动者实现体面劳动，与其他劳动者共享经济发展和社会进步成果。

四、具体对策建议

依据上述基本思路，针对小企业劳动关系存在问题，提出以下八个方面的具体对策建议：

（一）引导小企业建立健全切实可行的劳动管理制度和劳动关系协调制度

一是加大宣传工作力度，提升小企业劳动关系双方依法规范权利义务的意识。根据小企业特点进行有针对性的解释，大力宣传劳动法律法规确定的劳动关系双方的基本权利和义务。

二是探索对小企业经营管理人员和职工开展劳动管理等免费培训。建议国家拨付适量资金，支持各级人力资源社会保障、企业组织、工会等部门，对小企业经营管理人员和职工开展人力资源管理方面有针对性的免费培训，提升其制订相关管理制度的能力。

三是以公共产品的形式提供适用于小企业特点的劳动管理制度样本。由人力资源社会保障部门牵头，在小企业较为集中的有关行业，编制适用于小企业的劳动合同样本，包括小企业劳动关系管理办法、薪酬管理办法、工时休假办法、绩效考核管理办法等内部规章制度样本，以公共产品的形式提供给小企业，引导小企业加强内部劳动管理等制度建设，逐步走上制度化、规范化、法制化轨道。

（二）为小企业协调劳动关系提供更具针对性的政策和标准依据

一方面，研究小企业如何适用劳动法律法规和政策有关条款问题。比如小企业缴纳社会保险费，建议采取与大中型企业费率一致，由政府补贴部分社保缴费的方式，扶持小企业依法缴纳社保费，既保障好小企业劳动者权益，又让小企业能够承受。

另一方面，要进一步细化有关劳动法律法规、政策及标准，提升其操作性。一是针对小企业人员流动性大、文化程度不高等特点，继续贯彻人社部人社厅函【2009】80号"关于推荐使用简易劳动合同文本的通知"，引导劳资双方使用并依法签订简易劳动合同，提高劳动合同签订率。二是各地可结合实际细化有关法律法规，增强其具体操作性，改变目前由于有的规定可行性差、执行者少的"法不责众"的状况。

（三）以劳动报酬权益为核心，促进劳动密集型小企业普通职工工资正常增长

一是合理安排最低工资标准的调整幅度，建立最低工资标准评估制度，逐步提高最低工资标准。安排最低工资标准提高幅度适当高于当地社会平均工资增长幅度，明确要求企业不得把最低工资标准作为执行标准，以发挥最低工资标准作为"提低"重要抓手的作用。同时，建立最低工资标准国家层面的评估制度，促进最低工资标准的科学性和可行性。

二是探索小企业税费减免与普通职工工资增长的联动机制。探索如何将对小企业的税费减免真正转化为小企业普通职工的工资增长。

三是通过社保补贴，减轻小企业及职工的负担，促进将小企业职工纳入社保制度，间接增加职工收入。目前，五项保险费用合计占职工个人工资收入的40%左右，对小企业和小企业职工来说负担较重。建议国家对困难小企业社保缴费给予补贴，以此促进小企业参保覆盖面的扩大，同时间接增加职工的收入。

（四）搭建用工信息平台，"柔性"引导小企业和职工重视自身信用

针对小企业用工流动性大，许多小型企业用工不规范，部分小企业职工滥用辞职权，双方法规意识较为淡薄的问题，建议借鉴国家金融信息征信系统的有益经验，尝试建立全国性的用工信息征信查询系统，实现终生可记录、终生可查询，较为"柔性"地引导小企业和职工重视自身用工和从业信用，为协调小企业劳动关系提供有关信息依据。

（五）加强小企业劳动关系双方组织建设，培育集体协商主体

一方面，建议尝试采取政府购买公益岗位作为区域性、行业性小企业工会专职工作人员职业化的途径，同时在规模以上小企业建立工会，帮助小企业培育劳方集体协商主体。

另一方面，要加强企业组织建设，各级工商联和企业联合会要积极吸纳和引导小企业主加入企业组织，加强有关信息沟通，为开展行业性、区域性集体协商提供资方组织保证。

（六）将协调小企业劳动关系工作摆上更加重要的位置，加大对小企业劳动保障监察执法和劳动争议法律援助工作力度

首先，要将协调小企业劳动关系工作摆上更加重要的位置。人力资源社会保障、工会等部门要将更多精力、更多人员投入到小企业劳动关系协调工作之中去，逐步摸清小企业劳动关系的运行规则，判断发展趋势，探索建立健全适应小企业特点的劳动关系协调机制。

其次，进一步加大对小企业的劳动保障监察执法力度。由于小企业点多面广，较为分散，不能仅仅按照大中型企业就业人员相同比例配置劳动保障监察执法人员，要按照公共服务均等化的要求，在小企业更为集中的基层要大力充实人员队伍。要有针对性地开展小企业劳动关系的监察执法工作，重点关注工资支付、合同签订等方面情况，切实纠正拖欠、克扣工资，不签合同等问题。要畅通小企业职工举报投诉渠道，加大力度及时处理涉及小企业职工权益的举报投诉。

再次，进一步加大对小企业劳动者劳动争议的法律援助力度，进一步简化程序和手续，切实维护其合法权益。

（七）统筹研究解决小企业劳动关系问题与农民工、特别是新生代农民工问题

解决小企业劳动关系问题应与解决新生代农民工问题和逐步改变人力资源市场供求格局统筹考虑。一方面，要统筹兼顾解决好小企业劳动关系问题与新生代农民工问题。当前，新生代农民工已经成为小企业劳动者的主要组成部分，他们要"生存"更要"生活"，要"钱途"更要"前途"，要"暂住"更要"常住"。为此，不仅要着力解决小企业劳动者工资收入低等重大问题，还要着眼于满足新生代农民工多方面物质文化的需要，提高其综合待遇水平。同时，要努力保证其享受均等化的公共服务。另一方面，要大力加强小企业劳动者的全方位培训，提升其职业技能水平和个人素质，逐步改变低端人力资源市场供过于求的状况，为扭转资强劳弱格局创造条件，从根本上促进小企业劳动关系的协调平衡与和谐稳定。

（八）通过综合扶持、产业转型等措施，促进小企业健康发展

促进小企业健康发展，是协调其劳动关系的经济基础，是治本措施。鉴于小企业生产力水平低、经营环境差等状况的改变涉及诸多方面，因此，需要采取综合扶持政策。除了上述税费减免和增加社保补贴等政策外，在财政支出和金融政策等方面要加大对其转型升级的支持力度。

为保证综合扶持政策奏效，建议缩小小企业的范围或细划小企业类别，以便于更有针对性地实施政策扶持。

（作者单位：人力资源和社会保障部劳动工资研究所）

论科技创新人才培养与发展策略

李中斌　徐东芳

21世纪是科技创新的世纪。随着时代的变迁，人类社会的科技创新热潮不断加强，经济结构不断调整。发源于上个世纪中叶的新科技革命及其带来的科学技术的重大发现、发明和广泛应用，推动世界范围内生产力、生产方式、生活方式和经济社会发展观发生了前所未有的深刻变革，也引起全球生产要素流动和产业转移加快，经济格局、利益格局和安全格局发生了前所未有的重大变化。全球化进程的不断加快，知识、科技、产业创新的加速发展，科技创新人才的培养越来越成为最重要的战略，各国各地区的综合实力的竞争越来越集中表现为科技创新人才的竞争。

人力资源是所有资源中最重要、最具活力的资源。纵观世界各国（尤其是美国、日本等发达国家）的发展历程，无论是在工业经济时代，还是在已初见端倪的知识经济时代，经济建设和社会发展的状况均取决于对科学技术的掌握及运用程度，而科学技术的发展和运用，归根结底取决于富有创新能力的科技人才。因此，科技创新人才的培养和发展，是决定我国经济建设和社会发展成效的关键。

一、科技创新人才研究概况

（一）国外科技创新人才研究概况

创新人才培养在国外备受关注和重视，对创新人才培养的研究已有近百年的历史。最早可追溯到1916年美国唯心主义哲学家、教育学家杜威首先提出的培养创造性人才的学说。其后近一百年间，美国的专家学者不断在培养与开发创新人才上作出了很多贡献。1920年，教育学家特尔曼教授证实了创造力的开发相对独立地存在于教育的全过程。1926年，巴甫洛夫从生理发展上阐述了创造力的可培养性。被人们誉为"创造工程之父"的亚历斯·奥斯本早在20世纪40年代初就比较系统地阐述了人的创造力开发的有关理论，并发明了世界上第一种创造技法——智力激励法。1950年，美国心理学家吉尔福特有效地将创造力纳入智力领域，首先制定了创造力测量表，托兰斯提出了创造力的特征与表现创造力测试的方法，20世纪50年代后期美国开始形成一批有成就的科研集体，到20世纪60年代则建立起一些专门的研究结构。20世纪80年代后，北美、西欧、日本及东欧一些国家，都发展起具有本国特色的创造学研究体系，他们的理论为发现为培养创造人才起到了向导作用，德国心理学家韦特默专门对创造思维进行了研究，莱尔施则从性格学角度对创造想象进行了阐述。

创新人才的培养，在前苏联、英国、加拿大等也取得了积极成果。前苏联将开发民众创造力载入苏联宪法，建立了全国性和地方性的发明家组织，培养人们的创新思维和创新技法，造就了大批创新人才。1962年，英国召开了设计方法讨论会，以后每隔二到四年召开一次类似会议，研讨创新设计的理论和方法，并发表了大量专著与论文。此外，加拿大、德国、法国、印度等70多个国家和地区都有许多研究创新人才培养的专家和学者，为创新人才的培养做出了积极的理论和实践贡献。

就目前来说，科技创新人力资源的开发模式在国外是多样的。比如，美国把引进国外优秀人才智力放在突出位置；日本加强产学联合攻关、研究开发的创新能力；德国发展多元科技风险投资机制；印度实行来去自由的留学政策等。

（二）国内科技创新人才研究概况

20世纪80年代，我国出现了许多进行创新理论研究的学术团体和研究组织，如发明协会、创造学会、创造工程学会、创造发明协会等。1998年6月，中国政府和中国科技界构建和启动了包括知识创新、技术创新和教育振兴的国家创新体系。2003年10月在北京市举行的高等教育国际论坛上，很多专家学者提出了全面关注人才培养创新的观点。

目前，对科技创新人才环境建设研究比较系统和全面的是首都经济贸易大学的一些专家学者，他们组织了国内一批专家学家，组成"北京市科技创新人才环境研究"课题组，对北京市科技创新人才环境建设进行了深入的实证研究。文魁、吴冬梅的《科技创新人才环境研究报告》和边文霞的《科技创新人才环境实证研究》两篇文章在对北京市高科技企事业员工进行问卷调查的基础上，通过运用多种统计方法，利用SPSS软件，分析人才对北京市宏观与微观科技创新人才环境各因素的满意度与需求度，并通过对有显著性差异的项目做差异性分析，指出科技创新人才环境应完善之处。而课题组成员宋克勤在《国外科技创新人才环境月开究》一文中为分析了美国、英国、日本、韩国和新加波在科技创新人才环境建设方面的重要措施，总结了国外在科技创新人才环境建设方面的一般特征。还有其他一些专家学者也对科技创新人才环境建设进行了研究。这些专家学者从不同的角度对科技创新人才和宏观环境建设的某一方面进行了深入研究，并且提出了相应的改善科技创新人才环境的意见建议。汤明奎等也对科技创新人才的企业环境建设进行研究，以企业为出发点，对企业所营造的微观环境进行深入的分析，并提出壮大企业科技创新人才的有效措施。国内如上海、深圳等地都在积极地进行科技创新人才资源开发，也积累了许多的经验。

（三）评价与总结

国外对创造性人才的研究不仅通过深入研究形成了各种科技创新人力资源理论，还编制了大量测量工具，为研究的客观化、可操作性及可验证性提供了有力手段。而我国专家学者对有关科技创新人才开发和培养的措施研究，更多的是停留在宏观层面和个别领域（诸如：农业和高校）。主要有两个方向——宏观环境和微观环境，集中在国家层面和省级行政区域层面，对行业层面的研究主要集中在农业领域，对个体组织层面的研究则主要集中在高校。另外，我国的创新人才研究还只是停留在理论研究，真正有理论依据的定性研究和规范的实证研究为数甚少。

二、科技创新人才的界定

科技创新人才是我国特有的名词，国际通用的概念是科技创新人力资源。科技创新人力资源，在理论上指实际从事或有潜力从事系统性科学和技术知识的生产、促进、传播和应用活动的创造性人力资源。

在我国，目前我国研究者对科技创新人才定义的理解大同小异。其中对科技创新人才定义研究比较全面和深入的是刘敏、张伟，他们在《科技创新人才概念及统计对象界定研究——以甘肃为例》中从狭义和广义两个角度对科技创新人才进行界定。狭义科技创新人才指直接参与、从事科技创新活动及为科技创新活动服务的所有人员。广义科技创新人才指科技人力资源，包括现在和潜在从事科技活动的人员。科技创新人才是一种广义的、抽象的、与时俱进的，是随人们对品德、知识、才能理解的变化而变化的动态概念。科技创新人才是创新人才与科学技术的有机结合。从普遍意义上来讲，科技创新人才是指具有专门的知识、技能和素质，从事科学技术工作，具有较高的创造力，对科学技术进步和人类进步作出较大贡献的人。科技创新人才包含了文化知识或职业技能两方面的资格条件。

科技创新人才是知识型人才，其具备的个体特征为：

（1）具有相应的专业特长和较高的个人素质。

（2）具有较强的个性与独特的价值观。

（3）具有创造性。创造性是科技创新人才最本质的特征之一，是有别于其他人的首要条件。

（4）具备团队合作精神。随着知识的高速增长和新技术革命的出现，从科技研发到成果转换再到产品输出的转换周期越来越短，个人很难单独完成科学研究和产品开发，而是需要一个群体协同攻关，需要各类人才的精诚合作。

三、科技创新人才培养与发展的现状与问题

根据 2010 年 9 月国务院发表的《中国的人力资源状况》白皮书，可以了解：我国的人才资源开发取得了积极进展。经过多年努力，人才资源总量不断增加，人才素质明显提高，人才结构进一步优化，人才使用效能逐渐提高。截至 2008 年底，全国人才资源总量达到 1.14 亿人。为适应建设创新型国家的需要，中国政府设立"863 计划"、"973 计划"、国家科技支撑计划、自然科学基金等国家科技计划（基金），建设国家工程研究中心和国家工程实验室，实施"百千万人才工程"、"长江学者奖励计划"等重大人才项目，不断增加科技投入，实施专业技术人才知识更新工程，培养造就了一支具有较大规模和较高水平的科技人才队伍，引进了一批海外高层次人才。2008 年，全国研究与发展（R&D）折合全时人员达 196.54 万人年，其中科学家和工程师 159.34 万人年，分别是 1991 年的 2.9 倍和 3.4 倍；全国设立博士后科研流动站 2146 个、博士后科研工作站 1642 个，博士后研究人员达 7 万多人。

由于是一个新兴的研究领域，目前国内对科技创新人才的研究尚处于刚刚起步的阶段，缺乏成熟的理论和研究方法，研究成果也尚处于积累阶段，因此不可避免的存在一些问题。

（一）理论与实践的研究层面

从理论与实践的研究层面来看，主要表现在：

1. 研究层面的局限性

不论是对于环境的研究，还是对科技创新人才开发和培养对策的研究，国内专家学者对科技创新人才环境建设的研究主要集中在宏观层面，而关于微观层面的研究比较缺乏。分别从国家、省级行政区域、城市、行业和个体组织五个层面展开的，基本局限在以较高级别的行政区域的层面进行研究。大部分文献一般仅仅停留在从政府层面上进行对策研究，对企事业单位如何开发和培养科技创新人才的研究，现有的文献基本上是浅尝辄止，或者一般性的泛泛评论。

2. 科技创新人才成果整体数量大于质量

据国际有关公司的研究数据显示，我国科研人员的国际论文质量水平不高，科技人员总体的科研质量与世界水平存在明显差距。从发明专利看，与我国国际科技论文的高产出相比，我国国际专利产出形势相当不容乐观，我国产业技术的国际竞争力在世界上处于严重弱势。同时，应用型及产业化人才明显少于学术型人才。另外，即便是在现有的国内高层次人才资源中，能够把握世界科学前沿、作出重大科技创新成果的尖子人才也很匮乏。

（二）国家和企业的层面

从国家和企业的层面来看，主要表现在：

1. 科技创新人才规模相对较小

相对于我国人力资源绝对总量而言，我国科技创新人才的相对数量还明显不足，然而我国经济社会已经进入快速发展的轨道，科技是第一生产力，需要迅速发展壮大科技队伍。

2. 高层次的科技创新人才缺乏

从总体上讲，我国人才队伍的结构存在"五多五少"问题：一是一般性人才多，高层次人才少；二是继承型人才多，创新型人才少；三是传统学科与专业人才多，新型学科与产业人才少；四是学术型人才多，应用型及产业化人才少；五是单一领域行业学科人才多，跨领域跨行业、跨学科的复合型人才少。

3. 中国企业人才产业研发力量仍然十分薄弱

科技创新的主体应在企业，人才开发的主体也应在企业。但长期以来，我国的科技创新人才大量集中在科研院校和事业单位，远离市场。据统计，我国企业研发人才队伍还处于发展的初级阶段，企业研发人员中的高层次研发人才严重匮乏，而且流失严重。我国企业特别是高技术产业在研发能力方面的弱势十分明显。

4. 科技创新人才流失严重，高层次人才引进困难

我国近年来出现了大面积的科技创新型人才的流失。人才的大量外流，不仅浪费了我国投入的巨额教育培训经费，而且掌握关键技术的人才一旦流失到国外，将会对我国的科技产业甚至国家安全构成严重威胁。另外，由于多方面的因素，我国在引进海外尖子人才方面尚存在困难。我国未来科技创新人才引进工作面临如何破解尖子科技创新人才引进的难题。

总之，我国创新型科技人才的培养存在的这些问题需要从多角度、多路径来解决，应该构建多元化的创新型科技人才培养路径。

四、科技创新人才培养与发展的对策

综合国外科技创新人才环境建设的研究，结合我国具体国情和各省市在科技创新人才培养的经验，对于我国加强科技创新人才培养的有效对策，可以得到以下几点启示：

（一）对理论研究的有关建议

国内专家学者应该注重在具体领域（行业和个体组织）和城市的科技创新人才研究，这样研究出来的成果更加贴近实际，更具有实用性，从而更有效地推进我国科技创新人才的开发和培养。注重对科技创新人才微观环境建设的研究。在环境建设时，应该更多从科技创新人才的个体出发，真正发挥每一个科技创新人才的价值。

（二）对政府有关部门的政策建议

1. 创造有利的政策法律环境

国家对依靠科技创新和科技人才强国充分认识和高度重视，并制定科技发展和科技人才培养的长远计划。大力推进科技创新人才管理体制机制创新，充分发挥政府的主导作用，充分发挥市场在科技资源配置中的基础性作用，建立健全科技创新人才培养、使用、评价、分配、流动等方面的体制机制。政府应当加大对科技创新公共基础设施和对科技创新人才队伍建设的投入力度。确立以市场需求为出发点的产、学、研密切合作的研发体制，并对研发项目给予资金和税收优惠等方面的支持。

2. 培养和吸引高层次的科技创新人才

强化教育培训，建立高层次科技创新人才资源开发机制。加大高层次科技创新人才的培养力度。鼓励企事业单位与高等院校、科研院所联合开展多种形式的科技创新人才培训。与国内外著名企业、科研机构、高等院校共建研发机构和重点实验室。

打造科技创新人才引进的绿色通道，积极引进我国发展急需的各类高层次科技创新人才。建立灵活的人才和智力引进机制，强化人才、智力引进的政策措施。加大政府在人力、智力引进中的宏观调控力度，适应国内和国际人才引进和智力引进的需要，建立统一的引才、引智机构，加强力量、明确目标、统一规划、协调运作，提高引进效率，分别制定切实可行的引进国内和国际人才资源的政策，形成人才和智力引进的活力。

3. 完善科技成果评估和科技人力资源激励机制科技成果

转化与奖励科技人力资源相结合的激励机制，不仅要对有科技成果的科技人力资源给予资金或荣誉奖励，还要对科技成果产业化后给经济发展带来的贡献给予原创者奖励等，以鼓励科技人力资源更积极地投入科技创新活动并创造更多的科技产出。

（三）对企业的有关建议

1. 完善科技创新人才评价和使用机制

建立由品德、业绩、知识、能力等要素构成的科技创新人才评价体系，在科技创新人才职称评聘、成果评奖、业绩考核方面，以创新能力和工作业绩作为主要衡量标准。做到客观、公正，注重结果而不唯结果，将结果与过程相结合，充分尊重研究人员劳动,允许失败。为员工提供基于工作表现和个人能力发展的薪酬体系。绩效评估在强调对员工业绩的测量、评价和指导的同时,更应注重员工的技能、知识发展。薪酬制度应鼓励员工增加工作灵活性,愿意承担本岗位工作以外的其他任务,鼓励员工跨越岗位界限、团队界限、部门界限进行广泛参与和广泛合作,以激发员工的创造性。

2. 加强和完善科技创新激励机制

激励作为企业人力资源开发与管理工作的重要组成部分,它的顺利进行离不开公司人力资源管理系统框架的建立以及机制的完善。要建立健全鼓励科技创新人才创新的分配制度和激励机制,坚持向关键岗位和优秀科技创新人才倾斜的政策。实行技术要素、管理要素参与收益分配等多种分配方式,允许科技创新人才以科技成果作价入股或投资,允许科技创新人才以智力支出作为技术开发费投入。

3. 加强员工培训

培训是人才开发的主要方法之一。在科技创新型人力资源的开发实践中,企业应把员工看作资产,为员工提供广泛的在职培训,可以充分利用国家职业教育、高等教育和各种社会技术交流、专家论坛等形式来开展员工培训工作,既可以让员工参加培训课程,也可以是在工作岗位上的辅导和训练;既要注重培训的内容,又要注重培训的层次,注重员工知识和技能水平的提高,鼓励和支持员工的创新活动。

4. 职业生涯发展计划

在一定的企业发展战略和人力资源规划的支持下,结合科技创新人才自身的职业性向,帮助科技创新人才实施勾画职业生涯发展计划,给他们在企业内更多的职业发展空间,并相应地制定和实施个性化培训方案。

5. 创造宽松的工作环境

为科技创新人才创造宽松的工作环境。例如,对科技创新工作可以采取弹性工作时间制,创造自由的办公环境等。

6. 构建学习型组织

学习型组织是指促进持续学习、适应和变革能力的提高的组织。一个组织只有通过不断学习,拓展与外界信息交流的深度和广度,才能实现科技创新。企业应建立学习型组织,在学习型组织中,人们能够充分发挥生命的潜能,创造出超乎寻常的成果,从而由真正的学习体悟出工作的意义,追求心灵的成长与自我实现。

参考文献

王彦梅. 贵州省科技创新人才培养对策研究 [J],2007,(2).

范兰德,舒克友. 国内外科技创新人力资源开发模式及启示 [J]. 广州市经济管理干部学院学报,2001,(4).

刘敏,张伟. 科技创新人才概念及统计对象界定研究——以甘肃为例 [J]. 西北人口,2010,(1).

刘志宏. 科技创新人才多元化培养路径的战略研究 [J]. 电子科技大学学报(社科版),2008,(6).

文魁,吴冬梅. 北京市科技创新人才环境:实证分析与政策建议 [J]. 北京市经济管理干部学院学报, 2008, (03).

乐山市科技顾问团发展战略组. 加强乐山科技创新人才队伍建设研究 [J]. 决策咨询通讯, 2008, (1).

庞秀平, 及耀斌. 河北省科技创新人力资源开发对策 [J]. 中国科技论坛, 2003, (03).

武汉市人事局课题组. 武汉科技创新人力资源开发战略与对策 [J]. 武汉经济, 2002, (2).

盛培秀. 科技创新型人力资源开发之对策分析 [D]. 中国烟草学会2006年学术年会论文集, 2007.

(作者单位：华侨大学工商管理学院)

社会养老保险制度的人力资源开发效应分析

王兴化　王　晶

我国养老保险实行部分积累制的主要目的是减少将来养老保险支付危机，促进资本市场的发展。我国城镇职工基本养老保险，实行社会统筹与个人账户相结合转型为部分积累制，形成了基础养老保险加个人账户养老保险的混合模式。2008年末，参加城镇基本养老保险人数达到2.19亿人（何平，2009）。由于新时期人力资本在提高经济创新能力中的作用越来越被人们所关注，养老保险制度与人力资本形成的关系问题就成为研究经济增长问题的核心问题，尤其是刚刚经历了萧条以后的经济增长。在现代经济中，人力资本投资成为摆脱经济低迷并迎来新一轮经济高潮的重要途径，但养老保险制度与人力资源开发（Human Resource Development，以下简称HRD）的关系一直未受关注。本文将在这一问题上进行探讨。

一、人力资本投资与养老保险制度的紧密关系

与物质资本投资不同的是，人力资本投资能够从供给和需求两个方面同时对经济摆脱萧条期发挥积极的刺激作用。一方面，人力资本投资是高端产业形成和发展的必要条件，也是已有产业提高技术创新和管理创新能力的必要条件。只有通过大规模的人力资本投资，才能在经济低迷中胜出。另一方面，员工知识和技能水平的提高，能够提高他们在企业内部和外部劳动力市场中的谈判能力，会通过市场机制的作用自动提高劳动的报酬。其结果是劳动收入提高，消费支出能力提高。相比较而言，物质资本的投资虽然也能逐步提高劳动者的职业素质，但远没那么直接，人力资本的市场谈判能力和报酬远远赶不上物质资本，消费需求长期受限。因此，设计一套有利于培育人力资本自动形成机制的养老保险制度是提高经济长久创新能力的关键。

本文将从一个全新的视角研究养老保险与人力资本投资的关系问题，即养老保险与HRD的关系。HRD通常指结束学校教育走上工作岗位之后主要为提高工作技能而进行的培训活动，重点问题之一就是培训费用的支付问题。HRD投资的主体有员工个人、企业、政府及工会等组织。在我国现阶段，由于区域性或行业性培训基金等尚未建立，各种形式的培训机制尚未形成，培训的出资者主要是企业和个人。在已有的对人力资本与养老保险的研究中（Becker，1962；Boom，2005），家庭的人力资本投资主要运用代际交叠模型分析不同的养老保险制度对代际转移及父母对人力资本投资的影响，其中父母对子女的人力资本投资主要指学校教育的投资。本文对人力资本投资的研究则主要集中在员工对自身HRD所支付的费用。

事实上，在当代中国特殊的经济、教育、人口、文化环境等综合因素的共同作用下，父母对子女的教育投资是缺少弹性的，尤其是与养老保险制度之间的关系较为薄弱。父母很难因为不同的养老保险制度而选择不同的子女教育投资方式，或者

说父母不会因为养老问题而减少对子女的教育投资。Ljungqvist（1995）的研究表明，在没有为人力资本投资进行保险的市场中，发达国家人力资本投资的风险较小，而发展中国家的风险较大。主要原因是发达国家较小的工资差距使得教育投资回报的不确定预期降低。发达国家接受高等教育的人口比例较高，人力资本投资回报的差距较小，对教育投资的预期收益较小。职业间较小的工资差距，能够通过选择另外一种收入较高的其他职业的途径来确保不出现不良的教育后果。相反，在不发达国家，由于工资差距较大，对人力资本投资或教育投资有较高的预期收益。例如，对于没能拿到法学毕业证的毕业生来说，在发达国家与在发展中国家的情况就完全不同。在发达国家，这些肄业生会离开具体的法律工作领域，找到与具体法律事务不相干的行政工作，收入也不低。而在发展中国家，由于从事法律工作的收入比其他行政工作的收入要高出许多，也由于人才缺乏等原因，肄业生多数还继续从事法律工作。上述研究还认为发展中国家受教育者可选择的具有同等收入水平的职业机会较少，人力资本投资的风险和不确定性较大。较高的收入差距及教育投资有较高的预期收益能够为当代中国特定时期父母无条件选择高教育投资提供恰当的解释，同时也能够解释父母倾向于选择承担风险和不确定性来为子女的教育进行高额投资的原因。

相对比而言，员工对自身 HRD 所支付的费用与养老保险制度之间的关系则较为紧密，无论该员工是否正在养育子女。HRD 的支出是一种与养老保险关系最为紧密的人力资本投资形式。如果企业能够为员工支付培训费用，员工接受培训的倾向较高。在员工自己支付培训费用，或者员工离职倾向较高及离职后补偿的培训费用较高时，员工将会考虑预期可增加的收入及在现行的养老保险制度下的未来养老保险收益问题。

二、现收现付与基金制对人力资源开发投资的不同效应

对社会保障问题的研究已经开始重视不同养老保险体制对人力资本投资的不同效应，并据此进一步研究养老保险制度与经济发展的相互关系。总体而言，已有的研究基本认为（Abel，2001），基金制不利于人力资本投资的增加，而现收现付制则有利于人力资本投资的增加。

从基金制来看，基金制是一种强制性储蓄，不仅能够挤出消费，而企业能够挤出个人和家庭的人力资本投资。基金制既不利于父母对子女的人力资本投资，也不利于父母对自身的人力资本投资。基金制实质上是一种无干预的状态，养老金数量取决于个人年轻时在个人账户积累的资金量，与个人的人力资本投资没有太大的关系，个人难以获得人力资本积累所产生的全部收益，这一点与自由经济的状态极为类似。这一特点使得父母对自身的人力资本投资动力较小，这意味着员工个人在 HRD 方面的投资动力较小。同样，父母也不可能为了提高下一代人力资本水平而增加人力资本的投资，包括费用和时间等，因此个人为提高知识和工作技能而投入的费用和时间常常少于最优配置的数量。个人对于培训与开发的积极性不高，会直接影响企业的积极性，企业在培训与开发方面的投资也难以达到最优水平。

从现收现付制来看，现收现付能够较容易地通过收入再分配来实现最优的经济增长路径。Aaron 和萨缪尔森都证明，现收现付制仍然能够在代际之间实现帕累托

有效配置，并认为如果私人养老金基金的积累过度，则可以导入一个现收现付的计划来达到黄金律（Golden rule）的增长（奥格萨，2001）。另外，研究表明，现收现付既有利于父母对自身的人力资本投资，也有利于对子女的人力资本投资，这里只分析前者。具体的解释是，个人所获得的养老金数量与他本人的工作年限和工资收入有关，而工资收入又通常是与教育程度正相关的，这相当于将养老金数量直接与年轻时积累的人力资本挂钩，使得延长学习时间及提高对人力资本的投资能够在年老时获得更多养老金。有的研究还认为，现收现付能够矫正人力资本积累的外部性问题，使人力资本积累达到最优水平。现收现付制度能够在代际之间产生人力资本积累的正向溢出效应。能够通过对自身的人力资本投资而自动提高下一代人的知识、技能水平，鼓励父母为了提高下一代的生产能力而积累更多的自身人力资本。因此，现收现付制度能够激励个人对自身的人力资本投资。

另外，从代际之间人力资本的转移情况看，现收现付能通过对年轻人强制征收养老保险或社会保障税并转移给当期的老年期个体，这也是对老年个体在年轻时对自身 HRD 投资的另一种形式的回报。现收现付的养老保险制度有利于促使人力资本积累达到最优水平。当人力资本积累存在外部性时，该制度成为政府矫正市场失灵的政策手段，有助于使人力资本人投资达到最优水平（Kemnitz 和 Wigger, 2000），因为每一代人的人力资本积累总是以上一代人力资本水平为基础。上一代人的人力资本水平高，会通过各种无形的方式传递给下一代，这种传递通常是无需耗费成本的，是一种隐形的传播。如果每个人都增加学习时间，不仅可以提高其自身的人力资本存量，还可以自动提高下一代人的人力资本水平。因此，年老者在当年工作期间所进行的更高的 HRD 投资将带来更高的回报，这种更高的回报是来自于下一代的人力资本增加而带来的整个社会生产水平的提高。从家庭内部人力资本的转移来看，这种隐形的、自动的转移效应更为明显，父母对自身的人力资本投资能够自动地提高子女的人力资本水平。所以，从理论上看，现收现付养老保险制度具有刺激个人HRD 投资的功能。

三、激励人力资源开发投资的养老保险制度

较低的人力资本投资的一个重要原因是个人将要进行人力资本投资时，对自己先天性才能的估计存在严重的不确定性（Schultz, 1961）。但这通常是指个人处在即将从事的专业和职业尚未确定时期，对自身特长的估计不准，无法准确判断应该向哪一方面的知识和技能进行投资。而 HRD 投资则是在个人的职业基本固定，在职期间对未来工作所需的知识和技能的投资，未来的工作基本是确定的或者说是可预期的。因此，投资是一种目标确定型的人力资本投资，个人投资的不确定性和风险较小。因此，企业和个人最关心的是养老金投资的回报率问题，如果养老保险制度的设计能够在投资与养老金回报之间建立强相关关系，则该制度就具备了激励 HRD 投资的功能。

人力资源开发投资主要包括费用和时间的投入，如果是企业支持的培训项目，时间投入较好协调，关键的问题是费用由谁来出。当前我国在员工的培训与开发方面，由政府和工会出资的项目还较少，区域性的人力资源开发体系还未形成。住房和城乡建设部、人力资源和社会保障部于 2009 年颁布的"关于做好建筑业农民工技

能培训示范工程工作的通知"（以下简称"示范工程"），就是一套在政府主导下的从区域层面和产业层面尝试雇员培训的机制，出资者主要是政府、工会等组织的介入较少，这与中国工会组织的职能尚未完全转型有关。我国工会的职能还不完善，未能控制培训资源。美国有一个政府、工会、企业三方出钱建立的培训基金，实现对劳动者的培训。三方都要在区域层面进行培训，这是区域性问题，而不是单个企业的问题，要不然每个企业都会认为在为别人培养员工。工会和企业管理层共同支配基金，监督培训的效果（寇肯，2008）。但类似的区域性培训基金在中国还未建立，在企业、个人、工会和政府等主要的人力资本投资主体中，雇员培训与开发的费用主要由企业和雇员承担。

贝克尔认为，如果市场是完全竞争的，那么追求利润最大化的企业是不会为其员工的一般性人力资本（general human capital）进行投资的。由于雇员有流向其他企业的可能性，企业为此要承担不能获得投资收益的风险（Becker，1962）。也就是说，企业更倾向于为雇员的与本企业有关的特定技能的培训进行投资，一般性的技能主要依靠后几个投资主体来完成。企业只提供与企业有关的特定技能（firm - specific skills）的培训，而一般性的技能培训只能从政府创办的职业学校（government - sponsored vocational）获得（Lindner，1998）。过去几年，美国的工作培训政策的发展传递了这样一种理念：个人应该为技能的提高（以及职业生涯开发）负责。包括雇员、工会、雇主及政府等各市场主体都应该对雇员的人力资本投资负责，尤其是企业，要为劳动力的人力资本进行充足的投资（Bills，2007）。

然而，与贝克尔的结论不同的是，另外一些研究表明（Sevilir，2009），企业确实为员工在一般性人力资本上进行了投资，并且承担了大部分的培训费用，企业的确为员工的一般性技能培训进行了投资。主要原因有：一方面，在不完全的劳动力市场中，信息不对称和搜寻成本使得雇员经过培训并提高了一般性知识和技能之后，仍然难以离职或找到更好的工作，因此，企业就有可能为雇员的一般性人力资本进行投资。另一方面，一般性人力资本投资与企业特定的或具体的人力资本（firm specific human capital）投资是相互关联的，投资于一般性人力资本能够使企业获得更大的创新产出和利润。虽然投资于一般性人力资本提高了雇员到企业外部寻找机会的动机，但这对企业特定创新的概率有积极作用。这就是企业冒着日益严重的雇员流失的风险投资于一般性人力资本的原因。

养老保险制度如果具有减小收入分配差距的功能，同时也就具备了激励 HRD 投资的功能。也就是说，如果一项养老保险制度的设计有利于小小收入分配差距，就能够自动刺激个人对培训与开发方面的投入。研究表明，越是不平等的机会，就越容易造成人力资本投资总水平的降低，人力资本投资的个人就越少，人力资本分配就越发不平等，工资收入的不平等性就越明显（Mejía & St-Pierre，2008）。从社会福利的观点看，对培训的激励仍然不充分。如果我们能够自由地进入熟练劳动力市场并且从未消耗任何培训资源，熟练工人的失业将使低效率问题愈加严重。如果不阻碍工人们能够支付一般性技能的培训，完全的培训市场得以建立，就能够获得高水平的培训（Boom，2005）。总体而言，在转型经济中，人力资本的边际收益在迅速提高（Orazem，1997）。在以制造业为基础的产业结构中，大批产业工人成为人力资源开发的主要对象，这些普通雇员的平均收入仍然处于较低水平。但实证研究表明，与富人相比，穷人能够将蛋糕做得更大。资源从富人向穷人的转移或流动有利于经济发展，这种再分配的实质是资源流向了回报更高的投资中去。具有较低的人力资本的相对较穷的人的人力资本积累的边际收益更高，资源在从富人向穷人的再分配中存在较大的空间（Zeira，1993）。如果养老金积累率的设计能够具备再分配和缩小贫富差距的功能，就能够有效地刺激中低收入群体的人力资本投资。

从企业看，如果企业养老金缴费率过高，会直接抑制企业在劳动成本上的支出，工资和福利增长速度慢，企业对员工培训与开发的投资也难以提高。另外，企业负担过重会阻碍企业招聘高水平的员工，企业创新困难。由于企业参保率不高和转制成本没有落实等原因，按现行标准执行，社会养老保险的收入不能满足其支出的需要。许多地区不得不提高参保企业的缴费率，致使国有企业的缴费率居高不下。目前，我国企业的平均缴费率为23%，高于世界平均水平1.3个百分点，高于国际警戒线三个百分点（黄劲松，2008）。降低企业平均缴费率是企业减负的重要途径，其他方面税负的配套消减也是提高人力资本投资水平的必要途径。

四、结语：弹性积累率与人力资源开发投资的自动形成机制

我国养老金的基本制度安排是统帐结合模式，但养老保险模式是现收现付型还是混合型模式目前还存在许多争议，不过从目前养老保险资金账户运行的实际情况来看，现阶段中国仍然处于现收现付的养老保险模式中（廖楚晖等，2009）。统帐结合模式设计的基本目的是解决未来老龄社会的养老金支付危机。以上分析表明，现收现付制比基金制更具有激励人力资源开发投资的功能。如果未来能够将账户做实，即部分积累制开始正式运作，那么，积累率就是一个关键性的指标了。设计一个有利于人力资本自动形成的积累率，成为部分积累的养老保险制度的核心问题。为此，弹性积累率是一个值得考虑的选择。总体原则是：对不同收入群体设计不同的养老金积累率，以利于缩小收入差距，激励普通员工对人力资源开发的投资，提高雇员的知识和技能水平；通过设计可调节的缴费率标准，在经济不景气时降低积累率，在繁荣时提高积累率，平衡消费需求，使社会保障体系对经济平稳发展的贡献最大；有效降低企业的养老金缴费率，激励企业提高对雇员培训与开发的投资。对不同行业运用不同的缴费标准，对重点扶持的朝阳产业和弱势产业实行相对较低的缴费标准，有利于降低企业负担，并能够有效地提高企业对员工人力资源开发的投资。

参考文献

布兰查德（Blanchard, O. J），费希尔（Fischer, S.）.宏观经济学：高级教程[M].北京：经济科学出版社，1998.
何平.中国社会保障60年.中国劳动保障[J].2009，(10)：21-22.
黄劲松.中国养老金制度存在的缺陷及政策建议.中国发展观察[J]，2008，(2)：52-54.
廖楚晖.养老保险与人力资本投资的研究新进展.经济学家[J]，2009，(3)：33-37.

彼得·奥格萨，约瑟夫·斯蒂格利茨.关于社会保障制度的十大谬论.载于王梦奎主编《中国社会保障体制改革》[M].北京：中国发展出版社，2001：151–170.

托马斯·寇肯等.美国产业关系的转型[M].北京：中国劳动社会保障出版社，2008：188.

王梦奎.中国社会保障体制改革[M].北京：中国发展出版社，2001.

王小鲁，樊纲.中国经济增长的可持续性——跨世纪的回顾与展望[M].北京：经济科学出版社，2000：4–5.

（作者单位：天津财经大学经济学院）

我国人力资源科技张力的思考

鹿 立

一、引 言

人力资源强国的一个重要的要素禀赋，在于具有"弹力"较强的人力资源科技张力结构。张力一词，英文 tension，原是物理学上的一个术语，这一术语后来被许多领域移植用来说明各自领域内存在的相似的现象。此处将"张力"一词用于人才资源科技层面结构的状态，意指在人力资源内部结构中具有的科技扩展的能力。研究人力资源科技张力问题，对从根本上解决科技创新能力问题，意义重大。

取近年国内各省区人力资源相关数据进行截面分析，亦可发现现实中的人力资源科技张力现象。

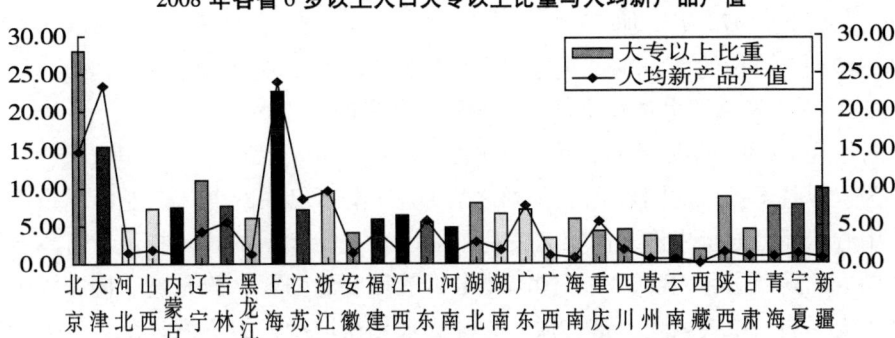

图 1　2008 年我国各省区科技张力与人力资源层级水平图示

资料来源：根据国家统计局编：《中国统计年鉴 2009》整理。

图 1 表明，以各省人均新产品产值作为科技张力的一个主要表征指标，以各省 6 岁以上人口中大专以上人口比重作为人力资源层级水平的一个主要表征指标，二者走势显现出了令人深思的现象。a) 总体而言，科技张力曲线与人力资源层级水平图形有明显的不一致现象。诸多省区科技张力水平大大低于人力资源层级水平，如北京、辽宁、湖北、陕西、新疆等。b) 只有较少省市科技张力水平高于人力资源层级水平，如上海、天津、广东、江苏、重庆等。c) 大多数省区科技张力水平低于其人力资源水平，表明目前我国科技张力水平，仅只相对自身人力资源水平而言，也十分弱势。

高度关注科技张力问题并将之与人力资源层级水平关联进行深度思考，会发现现阶段我国人力资源发展中以及教育领域存在的许多问题，譬如为什么会出现科技张力水平大大低于人力资源水平的现象？不考虑与科技张力关联，一味主张发展与科技张力水平无关或相关度较低的教育，对国家的科技水平提升及科技强国究竟有多大意义？

二、人力资源科技张力的主要表现

研究表明，在科学技术发展的每个阶段，实际都与人力资源的科技张力有直接关系。不仅是先进技术的发明、创新需要较强的人力资源的科技张力，在更多的情况下，即先进技术的吸收、推广应用、市场导入以及技术扩散各个阶段，更需要强大的人力资源科技张力做支撑。

（一）人力资源张力结构中技术引进的张力表现

以东亚地区韩国、中国台湾、马来西亚、菲律宾为例。韩国在20世纪80年代进入经济起飞阶段，其中与其强大的人力资源科技张力和技术引进张力有直接关系。近年东亚崛起的许多国家和地区，正是源于大规模的技术引进以及相应的人力资源科技张力的提高。1980－1993年，韩国累计引进先进技术7258件，年均558件。这些引进的先进技术主要分布在机械（占引进总数的40%）、电机（26%）、化学（15%）、纺织（5%）、金属（4%）等行业。

技术引进推动了韩国的人力资源水平提升，25岁以上劳动人口中高等教育毕生达到19%（1995年），比1975年的7%增加1.7倍；中等教育者比重达到54%（1990年），比1975年增加70%；同期百万人口拥有科技人员达到1645人/百万，达到德国同一指标的57.8%，英国同一指标的72.2%，为中国的3.5倍。

（二）人力资源张力结构中技术扩散的张力表现

日本在20世纪中叶曾被认为是世界技术引进大国，但至20世纪末叶，日本已发展为世界技术扩散大国（虽居美国之后）。日本不仅在欧美和东亚等国设立许多研发中心，而且向世界许多国家尤其是东亚国家进行大量的技术扩散。日本等许多发达国家的发展历程表明，一个国家技术扩散程度的强弱，既是这个国家人力资源科技张力强弱的重要表现，这一强大的科技张力在推动人力资源强国建设的同时推动国家的腾飞。

1. 在海外设立的研发中心。据日本进出口银行《海外投资研究所报》1990年的统计，日本MNC在"四小"、东盟设立的R&D中心数分别为30个和19个，在美国和欧盟的相应数字分别为129个和75个。日本在欧美设立R&D中心的主要目的是为了追踪世界最新技术，而在东亚地区所设立的R&D中心，则更多地是进行技术扩散。

2. 在世界各国和地区的技术扩散。仍以日本为例。从1985年开始，截至1994年末，日本对外技术扩散额累计高达30028.75亿日元，其中对东亚地区的技术扩散占到39.7%。1994年日本制造业对世界的技术扩散额为4525.85亿日元，相当于1985年的2.2倍；其中对东亚地区的技术扩散额为1956.35亿日元，占世界的43.23%，相当于1985年初期的2.58倍。

近些年许多国家包括中国，对在他国的技术扩散日益重视，其中不仅是国际贸易市场的占领和分割，人力资源和科技市场的占领也是十分重要的方面。

（三）人力资源张力结构中科技创新的张力表现

仍以日本为例。20世纪下半叶随着技术扩散及其人力资源的发展，日本的科技创新能力也有飞速提高。20 世纪末到 21 世纪初，日本产出的专利成果及相关科技成果（科技论文等）数量是非常惊人的。

据世界银行几个不同时期的报告，在 20 世纪末和 21 世纪初，日本产出的专利成果数量在世界均排第一位。1996 年，日本产出的专利成果数量为 40.13 万件，高于德国（15.51 万件）、英国（12.94 万件），也高于美国（22.34 万件）。2004 年，日本专利成果数据世界首位的地位仍未改变，同期日本为 42.31 万件，美国为 35.69 万件，德国为 5.92 万件，澳大利亚为 3.02 万件，英国为 2.99 万件，韩国为 14.01 万件。这表明，在较长一段时期，日本产出的专利成果数量一直呈持续增长态势，而其他一些发达国家如德国、英国，则未能保持持续增长态势。这一状况，与日本人力资源科技张力较强有非常密切的关系。

三、我国人力资源科技张力的差距与追赶时间

（一）我国人力资源科技张力的差距

如前所述，人力资源科技张力主要通过一个国家或地区科学家工程师数量、研发人员队伍以及科技产出（专利成果、论文发表）、技术扩散等表征指标予以标志。

1. 研发人员数量的差距。按世界银行的统计指标口径，2000—2004 年间，我国每百万人中从事研究与开发的研究人员为 708 人/百万人，日本为 5287 人/百万人，美国为 4605 人/百万人，德国为 3261 人/百万人，韩国为 3187 人/百万人，新加坡为 4999 人/百万人。这一指标，中国只相当日本的 13.4%，美国的 15.4%，德国的 21.7%，韩国的 22.2%，新加坡的 14.2%。

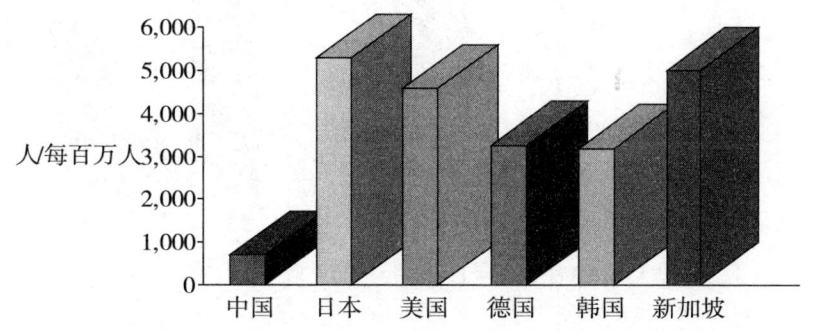

图 2　2000 - 2004 年中国 R&D 人员与部分国家比较

资料来源：世界银行：《2007 年世界发展指标》，中国财政经济出版社，2008：308 - 309。

2. 科学家工程师数量的差距。据国家科技部中国主要科技指标数据库提供的数据，2007 年中国每万劳动力中 R&D 科学家和工程师为 18.48 人年，同期美国为 94 人年/每万劳动力，日本为 107 人年/每万劳力，加拿大为 77 人年/每万劳动，韩国为 92 人/每万劳力，德国为 68 人年/每万劳力。这一指标，中国只相当 17.3%，美国的 19.7%，德国的 27.2%，韩国的 20.1%，加拿大的 24.0%。

3. 科技产出的差距。科技产出的表征指标，通常用专利成果数量和论文发表数量予以表示，因为这两个指标比较容易获取和量化。实际上，作为最能标志科技产出最终效益的，应该是技术扩散带来的实际经济效益，但技术扩散涉及许多中间变量，一是比较繁多，二是变量间交互作用也很复杂，很难有一个简便易行的表征指

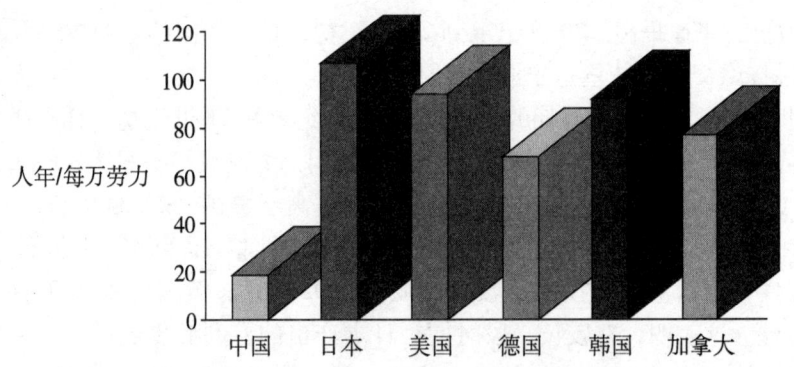

图3　2007年我国每万名劳动力中科学家和工程师与部分国家比较

标，因此本文在分析专利和论文方面的产出情况后，力图在技术扩散方面寻找出中国与发达国家和一些发展中国家的差距。

（1）专利成果及显示的创新能力的差距。据世界银行《2007年世界发展指标》提供的数据，2004年我国"归档的专利申请"数量，按百万人口统计为100件/每百万人，同期日本为3310件/每万人口，美国为1204件/百万人口，德国为718件/百万人口，韩国为2901件/百万人口，新加坡为1997件/百万人口。这一指标，中国只相当日本的3.0%，英国的20.1%。近些年尽管我国专利总量在世界已排名居前几位，但按人口平均，与发达国家及与韩国、新加坡等国家相比，差距仍然十分悬殊。

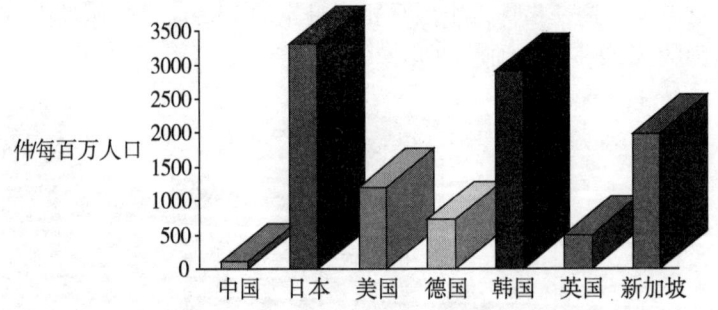

图4　2004年中国每百万人口专利申请与部分国家比较

资料来源：世界银行：《2007年世界发展指标》，中国财政经济出版社，2008：308-309。

（2）科技论文发表及显示的科研能力的差距。世界银行《2007年世界发展指标》曾就世界各国科技论文2003年发表情况进行统计。其指标含义是指在物理、生物、化学、数学、临床医学、生物医学研究、工程和制造工艺以及地球和空间科学等领域发表在科技刊物上的论文。科技刊物的选取标准是根据科学论文索引（SCI）和社会科学论文索引（SSCI）。

世界银行给出的2003年世界各国"科技论文发表的数据"表明，按每百万人口计算，中国与美国、日本、韩国等国家差距也十分悬殊，中国为22篇/百万人口，日本为470篇/百万人口，美国为713篇/百万人口，德国为537篇/百万人口，韩国为285篇/百万人口，英国为802篇/百万人口，新加坡为726篇/百万人口。这一指标，中国只相当于日本的4.8%，美国的3.1%，德国的4.2%，韩国的7.9%，英国的2.8%，新加坡3.1%。

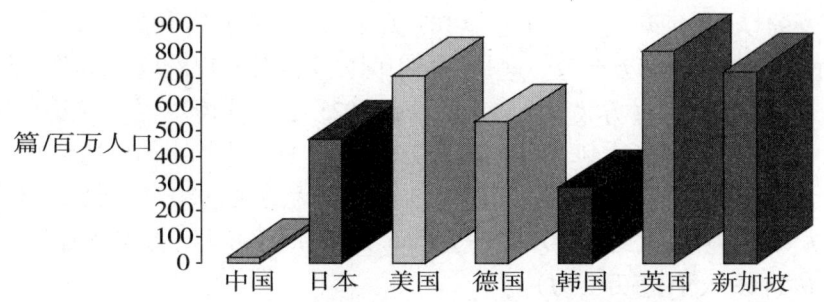

图5　2003年我国每百万人口发表论文与部分国家比较

资料来源：世界银行：《2007年世界发展指标》，中国财政经济出版社，2008：308－309。

据国家科技部的报告，近几年我国科技论文总量发表情况有了较长足发展，2007年，SCI收录中国内地论文8.91万篇，比2006年增加了25.2%，占世界份额的7.0%；按论文总量排序，我国居世界第5位（前4位国家依次为美国、英国、德国、日本）。但按论文质量或篇均被引用次数而言，我国篇均被引用次数各学科论文均低于世界平均水平，反映了我国各个学科都存在SCI论文整体质量不高和学科科研水平不均衡问题。有资料显示，我国各学科论文篇均被引用次数与世界平均水平差距最大的前3位学科依次是"分子生物学与遗传学"、"免疫学"、和"生物学与生物化学"，差距较小的前3位学科依次是"数学"、"工程技术"和"社会科学"。

③高技术出口及显示的技术扩散能力．世界银行《2007年世界发展指标》报告亦对世界各国2005年高技术出口情况进行分析。其"高技术出口"指标含义是指研究与开发力度大的产品，例如航空航天产品、计算机、药品、科学仪器以及电子设备等。按每万人口计算，2005年我国高技术出口额为164万美元/万人，日本为960万美元/万人，美国为786万美元/万人，德国为1667万美元/万人，韩国为1729万美元/万人，英国为1376万美元/万人，新加坡为24437万美元/万人。这一指标，中国只相当日本的171%，美国的20.9%，德国的9.9%，韩国的9.5%，英国的11.9%，新加坡的0.7%。我国高技术出口额的差距从一个侧面显示出我国技术扩散能力和科技张力的差距。

（二）我国人力资源科技张力提升的追赶时间表

1. R&D人员发展水平的追赶时间表

2007年我国每万劳力中R&D人员为22.07人年/每万劳力，同期日本为141人年/每万劳动力，德国为119人年/每万劳力，英国为109人年/每万劳力，韩国为111人年/每万劳力。中国要达到日本现阶段水平，大概需要15~18年左右的时间（按方案1R&D人员年增9.45%速度计算，大约在2028年达到142人年/每万劳力；按方案2R&D人员年增12.0%速度计算，大约在2024年达到145人年/每万劳力）。中国要达到韩国等国家现阶段的水平，大概需要10~15年的时间（按方案1计算，大约在2025年达到1087人年/每万劳力，按方案2计算，大约在2021年达到104人年/每万劳力）。

2. 科学家和工程师发展水平追赶时间表

如前所述，2007年我国每万劳力中R&D科学家和工程师为18.48年人年，同期美国为94人年/每万劳力,日本为107人年/每万劳力,韩国为92人年/每万劳力,德国为68人年/每万劳力。这一指标中国要达到日本现阶段的水平,大概需要13~15年左右的时间(方案1计算,大约在2025年达到109人年/每万劳力,方案2计算,大约在2023年达到106人年/每万劳力)。这一指标中国要达到德国现阶段水平,大约需要10年左右的时间(方案1计算,大约在2020年达到66人年/每万劳力,方案2计算,大约在2019年达到66人年/每万劳力,方案2计算,大约在2019年达到68人年/每万劳力)。

3. 专利成果发展水平的追赶时间表

据国家科技部统计数据,2007年我国发明专利授权量,按百万人口计算,为51件/百万人口,同期美国为521件/百万人口,德国为216件/百万人口,日本为1291件/百万人口,韩国为2553件/百万人口。这一指标,中国要达到现阶段日本的水平,大概需要10年左右的时间,大约在2020年;要达到韩国现阶段水平,大概需要13年左右的时间,大约在2023年,要达到美国现阶段的水平,大概需要6~7年时间,大约在2017年;要达到德国现阶段水平,大概需要4-5年左右时间,大约在2012~2013年。

4. 人才队伍配置结构调整的追赶时间

人力资源科技张力与人才队伍配置结构有十分密切的关系。2005年1%人口抽样调查数据表明,我国现阶段不仅人力资源中大专以上人才比重较低,而且在这数量不多的人才队伍中,其人才的行业配置也不够合理,约1/5的大专以上人才聚集党政机关,另有1/5以上的大专以上人才聚集在教育部门,真正效力于高新技术产业致力于科技创新的人才较少。与日本同期相比,人才行业配置的差异便十分显著地显现出来。例如,大专以上人才中我国有19.75%的人在党政机关(统计口径为"公共管理和社会组织"),日本专业技术人员中在"未分类公务"部门工作的比重仅有1.6%。同期,日本在信息通讯业的专业技术人员比重达9.63%,我国同类行业大专以上人员比重仅为2.68%。另外,从专业技术人员的配置亦可观察到日本现阶段产业结构已经完成一、二产业为主转向第三产业为主的产业结构调整。如农林渔业专业技术人员比重仅为0.06%,制造、建筑、矿业比重合计为11.65%,而第三产业以"民生"为主的服务业如医疗保健福利业、未分类服务业,专业技术人员比重已分别高达34.21%和15.14%,这两项相加基本约占50%。

我国大专以上人才行业配置显现出的特点是,既不注重第一产业,其人才配置比重仅为2.00%,也不注重第二产业(虽然制造业比重为12.55%,但相对于党政机关和教育部门,比重偏低)。第三产业中真正有关民生的行业人才配置比重也偏低,如"卫生社会保障和社会福利业"、"居民服务和其他服务业"、"住宿和餐饮业",其人才配置比重分别为6.99%、0.95%和1.17%,三项合计不足10%。而较高比重的大专以上人才都聚集到党政机关和教育部门(二项合计占41.63%),表明现阶段我国人才资源配置仍未从传统的模式中转变出来,仍然受制于"劳心者治人,劳力者治于人"的传统模式。

人力资源科技张力与人力资源行业配置结构亦有十分密切的关系。人力资源较大比重聚集在农业的科技张力肯定低于较大比重聚集在二、三产业的科技张力。日本的发展路径表明,日本在 20 世纪下半叶迅速崛起,与人力资源行业配置结构发生较大变化亦有十分密切关系。有资料表明,日本在 20 世纪中期(1955 年)第一产业劳动力比重也较高,为 41.1%,其后经过近 30 年的发展,在 1980 年后才降至 10% 左右,其第二产业劳动力比重在近半个多世纪中曾经历上升期(由 1955 年的 23.4% 升至 1980 年的 35.1%)和下降期(由 1980 年的 35.1% 降至 2003 年的 29.0%)的发展轨迹;第三产业劳动力比重则是从 1955 年的 35.5% 呈直线升至 2003 年的 66.3%。

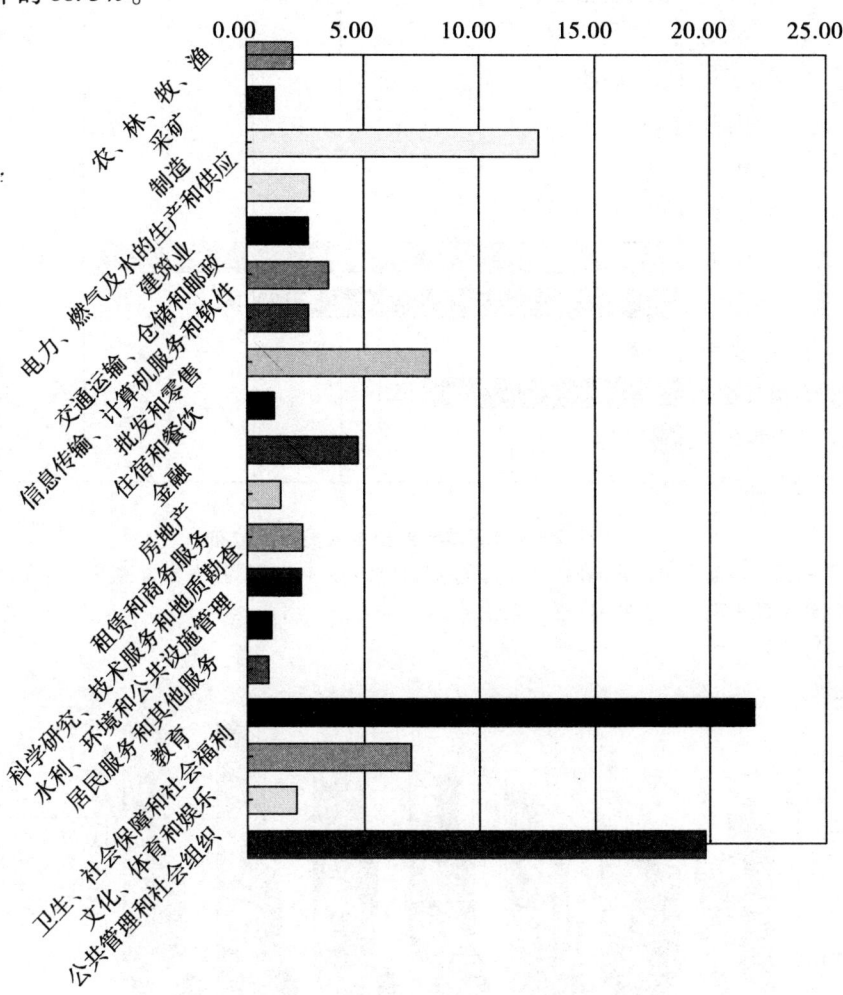

图 6　2005 年我国大专及以上从业人员行业分布

资料来源:2005 年 1% 人口抽样调查资料整理。

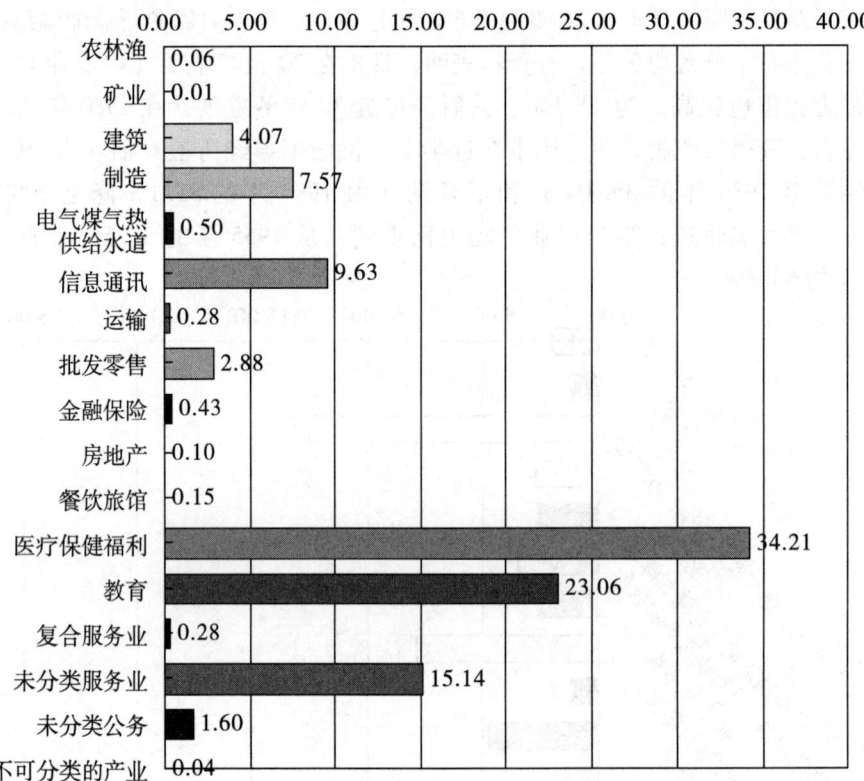

图 7　2005 年日本专业技术人员行业分布

资料来源：根据中国科协调研宣传部和发展研究中心《中国科技人力资源发展研究报告》整理，中国科学技术出版社，2008：234－235。

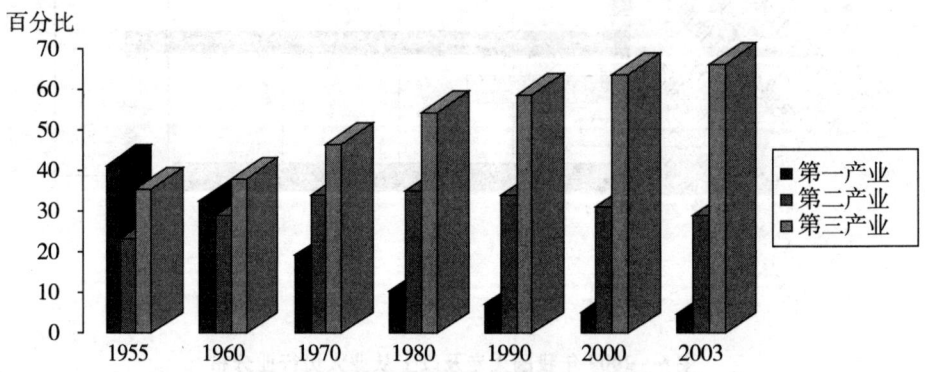

图 8　1995－2003 年日本劳动力产业分布

资料来源：根据丁敏著：《日本产业结构研究》，世界知识出版社，2006：18、31 整理。

我国第一产业劳动力比重 60% 降至 40%，大约用了 20 年左右时间（从 1990 年的 60% 左右降至 2007 年的 40% 左右），平均每 10 年下降 10 个百分点，与日本 20 世纪 50 年代至 80 年代发展相似；第三产业劳动力比重从不足 20% 上升至 30% 以上，大约用了 20 年左右时间（从 1990 年至 2007 年），由此可以估算，我国人力资源行业配置状况要达到日本现阶段水平，大约尚需要 30 年左右的时间。

参考文献

李平著. 技术扩散理论及实证研究. 山西经济出版社, 1999: 193, 201.
世界银行. 迈进21世纪——1999/2000年世界发展报告. 中国财政经济出版社, 2000: 262-263.
世界银行. 2007年世界发展指标. 中国财政经济出版社, 2008.
科技部发展计划司. 科技统计报告（总第457期、2009年12月9日）. 科技部网站.
中国科协调研宣传部和发展研究中心. 中国科技人力资源发展研究报告. 中国科学技术出版社, 2008: 234-235.
丁敏著. 日本产业结构研究. 世界知识出版社, 2006.
中国科协调研宣传部和发展研究中心中国科技人力资源发展研究报告. 中国科学技术出版社, 2008.
田雪原, 等. 21世纪中国人口发展战略研究. 社会科学文献出版社, 2007.

（作者单位：山东社会科学院人口所）

发展中大国人力资本综合优势与经济增长[*]
——基于异质性与适应性视角的研究

刘智勇

一、引 言

关于人力资本与经济增长关系的已有研究表明：一国或地区的人力资本存量越高，其对经济增长的贡献就越大；人力资本的教育程度或技术素养越高，对技术进步和经济增长的促进作用就越显著。那么，一国或地区较低水平的人力资本是否也有可能促进其经济较快地增长呢？研究这一问题对一些发展中大国（如中国、印度等）的经济发展具有尤为重要的现实意义。因为虽然人力资本已成为这些国家经济持续快速增长的重要决定因素，但与发达国家或地区相比，他们的人力资本无论在量上还是在质上均明显处于劣势，而且受财政紧约束所制，这一状况在短期内将难以改变。因此，需要回答的问题是：为了缓解发展中大国人力资本短缺状况，应如何有效发挥现有人力资本对经济增长的促进作用？对上述问题的回答有赖于突破传统的"发展中国家人力资本劣势论"的禁锢，从新的视角对发展中大国人力资本与经济增长的关系进行研究。

从已有研究来看，虽然人力资本对经济增长的促进作用在理论上得到一致认同（舒尔茨，1961；贝克尔，1964；Arrow，1962；Nelson and Phelps，1966；Romer，1990；Lucas，1988），但是实证研究结论并不与之完全一致（Pritchett，2001；Bils and Klenow，2000）。这促使经济学家开始关注人力资本的异质性问题研究，即探讨不同类型、特性人力资本与技术进步或经济增长的关系（Lucas，1988；Barro and Lee，1994；Vandenbussche et al.，2006；丁栋虹、刘志彪，1999；李忠明，1999；王金营，2001；陈秀山、张若，2006；彭国华，2007）。其基本结论是：人力资本具有明显的异质性特征；教育程度或技术素养越高的人力资本对经济增长或技术进步的促进作用越明显。然而，已有研究一方面侧重于从单一角度如不同教育层次、能力差异等研究异质性人力资本对经济增长的影响，因而难以全面阐述人力资本的作用[**]；另一方面少有研究尤其是实证研究立足于发展中大国的现实特点——地区多

---

[*] ［基金项目］中国博士后科学基金特别资助项目"大国综合优势的形成机理及框架分析"（批准号200801057）；教育部人文社会科学研究青年基金项目"人力资本、要素边际生产率与地区差异：基于全要素生产率视角的研究"（批准号09YJC790082）；国家社科基金资助项目"要素禀赋、技术能力与后发技术赶超"（批准号09CJL032）。

[**] 事实上，人力资本异质性特征的影响因素包括数量和质量等方面，因而有必要将它们加以全面考虑，使之构成异质性人力资本系统，只有这样才能全面有效地反映人力资本对经济增长的作用。

元化、经济多元化、技术多元化，同时从异质性人力资本对多元化的物质资本投资、产业结构、技术水平的适应性*，即它们之间的匹配程度视角，来揭示人力资本对经济增长的重要作用。有鉴于此，本文旨在将人力资本视为同时包含数量与质量等因素的系统，从人力资本的异质性及其对多元化的产业结构、物质资本投资与技术水平的适应性视角，运用系统论和物理学中的耦合理论，探究发展中大国人力资本的综合优势及其作用机理，并据此分析发展中大国人力资本对经济增长的重要作用，提出适合发展中国家现实国情的提升人力资本投资的政策建议。

二、发展中大国人力资本综合优势：分析框架与作用机理

（一）基于系统论与耦合理论的分析框架

发展中大国的"大国"特征与"转型"特征决定了它们具有一种融发展中国家优势和发达国家优势于一体的综合优势——大国综合优势，地区多元化、经济多元化、技术多元化是其突出的现实特点（欧阳峣，2006）。这决定了作为经济增长重要推动因素的物质资本投资、技术水平、产业结构在发展中大国具有更为明显的多元化特征**，正是这种多元化特征决定了它们的作用的发挥均要求异质性人力资本与之适应。而发展中大国人力资本确实具有非常明显的异质性特征，表现为一些地区具有较为丰富的高新技术人才，另一些地区则拥有充裕的具备实际操作技能的一般型人才。由此可见，发展中大国的经济是一个包含更具多元化特征的物质资本投资、技术水平、产业结构，以及人力资本的复杂系统。其增长有赖于人力资本与产业结构、技术水平、物质资本投资各子系统的协同作用，而物理学中的"耦合"可以用来刻画这种协同作用。

耦合是指两个或两个以上的系统或运动方式之间通过各种相互作用而彼此影响以至协同的现象，是在各子系统之间的良性互动下，相互依赖、相互协调、相互促进的动态关联关系。系统由无序走向有序机理的关键在于系统内部序参量之间的协同作用，它左右着系统相变的特征与规律，耦合度正是对这种协同作用的度量（吴玉鸣、张燕，2008）。正是鉴于包含数量与质量等因素的人力资本系统与产业结构、技术水平、物质资本投资各系统之间的相互依赖、相互协调、相互促进的动态关系对经济增长具有重要影响，本文运用耦合理论来刻画人力资本系统与产业结构、技术水平、物质资本投资各系统之间的影响程度，并据此揭示发展中大国人力资本综合优势及其作用机理***。这一分析框架表明，人力资本系统与产业结构、技术水平、物质资本投资各系统之间的动态耦合关系实质上是这些系统之间、系统内各要素之间交互胁迫、交互依存关系的客观表征。如果与产业结构、技术水平、物质资

---

* 林毅夫、李永生（2003）关于高物质资本水平国家的企业，必须雇佣具有高人力资本的人才的论述；邹微、代谦（2003）关于技术引进与人力资本的匹配问题；郭继强（2005）关于人力资本投资结构与产业结构的匹配问题的研究，都隐含了异质性人力资本对物质资本投资、技术水平、产业结构的适应性的重要性。

** 发展中大国物质资本投资、技术水平、产业结构的多元化特征不仅表现为它们类型的多样，更表现为它们在地区之间的巨大差异。

*** 耦合虽然是物理学概念，但目前已被广泛用于社会科学领域的研究。例如，刘耀彬等（2005）利用耦合度模型揭示了中国区域城市化与生态环境的协调发展关系；毕其格等（2007）运用耦合度模型研究了内蒙古人口结构与区域经济耦合的主要因素及耦合关系。

本投资各子系统通过各种相互作用而彼此影响以致协同，即耦合作用较强，那么即使是较低水平的人力资本也有可能促进经济较快增长。

（二）发展中大国人力资本综合优势的涵义

采用基于系统论与耦合理论的分析框架，并充分考虑发展中大国总体人力资本水平低，短缺现象较为严重的客观事实，本文将发展中大国人力资本综合优势界定为：发展中大国在人力资本水平远低于发达国家的现实条件下，因其异质性人力资本与多元化的物质资本投资、产业结构、技术水平之间具有较强的耦合作用即适应性而形成的一种比较优势。这种综合优势可以用耦合度来度量，耦合度越高，表明异质性人力资本与多元化的物质资本投资、产业结构、技术水平之间的匹配程度越高，综合优势愈明显，人力资本对经济增长的促进作用愈强。*

（三）发展中大国人力资本综合优势的作用机理

对发展中国家而言，虽然物质资本积累是经济增长的主要驱动因素，但技术进步的作用正日益增强，产业结构优化升级的作用也非常突出。而人力资本对三者作用的发挥具有至关重要的影响。** 发展中大国面对总体人力资本水平低，短缺现象较为严重的客观事实，遵循比较优势，通过增强人力资本与物质资本投资、技术水平、产业结构的匹配效率，来充分发挥现有人力资本对经济增长的促进作用是一个理性的选择。据此，发展中大国人力资本综合优势促进经济增长的机理可用图1表示。

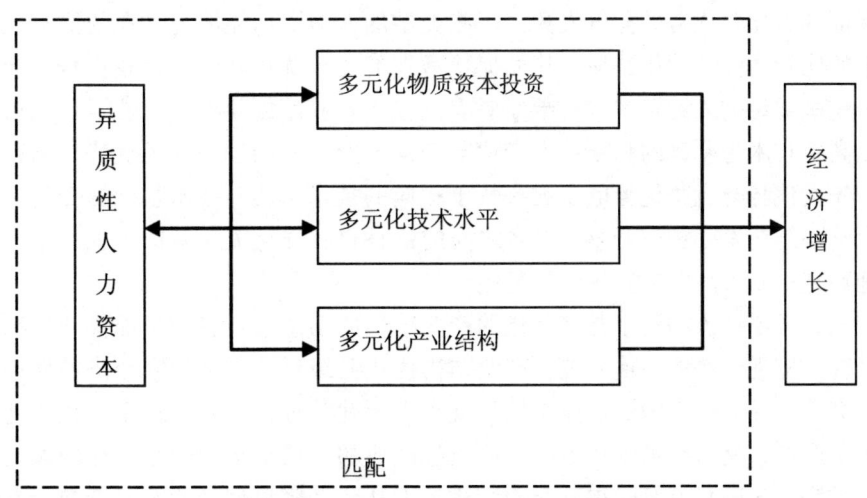

图1　发展中大国人力资本综合优势的作用机理

根据图1，可将发展中大国人力资本综合优势促进经济增长的机理阐述如下：

---

* 值得指出的是，本文提出发展中大国人力资本综合优势内涵的目的在于刻画发展中大国较低水平的人力资本对经济增长的促进作用，这并不否认发达国家或地区的人力资本优势。相比于发展中国家，发达国家或地区的人力资本在量和质等方面本身就具有明显的优势。

** 林毅夫、李永军（2003）指出，只有物质资本的投入，而没有人力资本的相应提高与其配合，新投资的机器设备也将无法发挥其最大的生产力。邹薇、代谦（2003）基于标准的内生增长模型，分析了人力资本水平对增强一国技术模仿和吸收能力的重要作用。代谦、别朝霞（2006）利用动态比较优势模型的研究表明，人力资本水平的提高是发展中国家实现产业机构升级的关键。

其一，异质性人力资本与多元化的物质资本投资的动态耦合能极大地提高物质资本投资的使用效率，从而推动经济的快速发展。物质资本的作用与人力资本的作用存在互补性，虽然物质资本积累是发展中国家经济增长的主要驱动力，但单方面提高物质资本投资，而没有相应的人力资本与之匹配，物质资本的作用将难以充分发挥。发展中大国物质资本投资类型多样（如中国包括国有投资、集体投资、私人投资、外商直接投资等），且地区间的差异较大。外商直接投资要求较高水平的人力资本与之匹配，而一些中小企业投资则只需要较低水平的人力资本与之适应。异质性人力资本与多元化的物质资本投资的匹配一方面使现有物质资本发挥出最大的生产力，另一方面会促进物质资本的进一步积累，而物质资本的进一步积累要求有更高水平的人力资本与之匹配，这种动态调整成为经济快速增长的重要推动力。

其二，异质性人力资本与多元化的技术水平的动态耦合有利于发展中大国在利用今天所拥有的后发优势的同时，培育竞争优势，从而使发展中大国实现跨越式的发展。发展中大国既存在适应性技术，又有高新技术，既进行技术创新，又引进和模仿发达国家的先进技术，与此技术基础相对应的则是主要以适应性技术为基础的比较优势产业或潜在的比较优势产业，以及主要以高新技术为支撑的竞争优势产业。发展中大国异质性人力资本与多元化技术水平的匹配，使各类技术的创新、吸收和利用得以有效进行，从而推动以相应技术为基础的产业的较快发展。具体来说，发展中大国一些类型的人力资本能和现有的以适应性技术为主的比较优势产业相匹配，从而保证现有比较优势的充分发挥；一些类型的人力资本能够与潜在的要求较高技术水平的比较优势产业相适应，从而促使潜在的比较优势转化为比较优势。与此同时，另一些类型的人力资本（主要是具有高技术素养的创新型人力资本）则可有效匹配以高新技术为基础的高新技术产业与新兴产业，从而创造先发优势，培育竞争优势。先发优势与竞争优势的发展有赖于相应的技术基础，技术基础的变化又会刺激人力资本结构发生相应调整，二者之间的这种自我强化关系有助于发展中大国通过实施跨越式发展战略来实现经济赶超。

其三，异质性人力资本与多元化的产业结构的动态耦合有利于加快产业结构的优化升级，实现经济的快速发展。产业结构优化升级对发展中国家经济的促进作用也非常突出。发展中大国的产业结构呈现出多元化特征，既有劳动密集型产业、资本密集型产业，又有技术密集型产业，而且产业的发展水平和分布存在较大的地区差异。发展中大国只有及时提升产业结构，即从劳动密集型产业及时转向资本、技术密集型产业，从原来的劳动力成本优势低廉后发优势和技术模仿后发优势转向依靠人力资本投资和技术创新后发优势，才能有效避免"比较利益陷阱"，保证经济的持续快速增长。而异质性人力资本与多元化的产业结构的耦合就为产业结构的优化升级提供了有力的支撑。具体而言，凭借其较高的经济发展水平和相对丰富的物质资本，发达地区将以发展处于新技术前沿的资本密集型产业和高新技术产业为重点来带动其产业结构的优化升级，而将劳动密集型产业等逐步向欠发达地区转移。发达地区相对丰富的高新技术人才成为其高新技术产业发展的重要驱动力，欠发达地区相对充裕的一般型人才则为其承接发达地区的产业转移奠定了坚实的基础。由于有相应类型的人力资本与之有效匹配乃至主动引导，发展中大国的产业结构得以较快地调整与升级。而产业结构优化反过来能够增强人力资本投资的激励,因此二者之间的良性互动有助于实现经济的较快增长。

上述分析表明,异质性人力资本与多元化的物质资本投资、技术水平、产业结构之间存在相互影响、相互促进的动态耦合关系,这种动态耦合关系使人力资本结构调整与物质资本积累、技术水平提高、产业结构优化之间能够自我强化,从而推动经济持续快速增长。

三、实证检验

根据发展中大国人力资本综合优势的涵义及其作用机理,我们提出如下基本假说:发展中大国的异质性人力资本与多元化的产业结构、物质资本投资、技术水平之间具有较高的耦合度即匹配程度,正是这种有效匹配使较低水平的人力资本有力地促进了经济增长。下面我们将对这一假说进行实证检验。

(一) 耦合度模型构建

基于本文的分析框架,考虑到异质性人力资本与产业结构、物质资本投资、技术水平系统的复杂性与关联性,我们将运用耦合度模型(刘思峰等,2004;刘耀彬等,2005;毕其格等,2007)求解出人力资本与产业结构系统、人力资本与物质资本投资系统、人力资本与技术水平系统的耦合度,以此来刻画它们之间耦合的协调程度,分析人力资本对经济增长的作用。基本步骤如下:

1. 分析系统指标体系的构建

本文的分析系统包括"人力资本——产业结构"系统、"人力资本——物质资本投资"系统、"人力资本——技术水平"系统,据此,我们将相关分析序列及其指标体系确定为:

(1) 人力资本序列组 (X_i)

本文的实证研究旨在检验异质性人力资本对产业结构、物质资本投资及技术水平的匹配程度,因此我们将人力资本序列组的指标体系设定为:小学文化程度人口 (X_1)、初中文化程度人口 (X_2)、高中文化程度人口 (X_3)、中专文化程度人口 (X_4)、大学专科文化程度人口 (X_5)、大学本科文化程度人口 (X_6)、研究生文化程度人口 (X_7)*、小学生均教育经费 (X_8)、初中生均教育经费 (X_9)、高中生均教育经费 (X_{10})、高校生均教育经费 (X_{11})、小学生师比 (X_{12})、普通中学生师比 (X_{13})、中等专业学校生师比 (X_{14})、高等学校生师比 (X_{15})**。

(2) 产业结构序列组 (Y_i)

根据《中国统计年鉴》中国内生产总值的构成数据,我们把产业结构序列组的指标体系确定为:第一产业 (Y_1)、工业 (Y_2)、建筑业 (Y_3)、农林牧渔服务业 (Y_4)、地质勘查业和水利管理业 (Y_5)、交通运输仓储及邮电通讯业 (Y_6)、批发零售贸易及餐饮业 (Y_7)、金融与保险业 (Y_8)、房地产业 (Y_9)、社会服务业 (Y_{10})、

---

* 不同教育类型人力资本对经济增长(叶茂林等,2003)或技术进步(Vandenbussche et al.,2006;彭国华,2007)的作用不同。

** "人力资本之父"舒尔茨指出,人力资本包括"量"和"质"两个方面,他更为强调后者。而生均教育经费和生师比可视为人力资本(教育)质量的替代指标(Barro and Lee,1996)。

卫生体育和社会福利业（Y_{11}）、教育文化艺术及广播电影电视业（Y_{12}）、科学研究和综合技术服务事业（Y_{13}）、国家机关和政党机关及社会团体（Y_{14}）、其他行业（Y_{15}）*。

（3）物资资本投资序列组（Z_i）

我们构建物质资本投资序列组时采用按经济类型分的固定资本投资指标：国有经济（Z_1）、集体经济（Z_2）、个体经济（Z_3）、联营经济（Z_4）、股份制经济（Z_5）、外商投资经济（Z_6）、港澳台投资经济（Z_7）、其他经济（Z_8）**。

（4）技术水平序列组（P_i）

测度技术进步的指标包括：国内的技术发明专利数量、进口的技术设备的数量、FDI 的数量，由于进口的技术设备的数据难以获取，因此我们设定的技术水平序列组只包括以下指标：发明专利批准量（P_1）、实用新型专利批准量（P_2）、外观设计专利批准量（P_3）、FDI（P_4）***。

2. 对相关数据进行无量纲化处理

鉴于指标的原始数据的量纲不同，我们沿袭刘耀彬等（2005）、毕其格等（2007）的做法，采用极差标准化的方法对各分析序列组的指标数据进行无量纲化处理：

$$Z_{ij} = (X_{ij} - \min_i X_{ij}) / (\max_i X_{ij} - \min_i X_{ij}) \tag{1}$$

这里，X_{ij} 是相关分析序列组的指标原始值。

（3）求灰色关联系数

$$\zeta_{ij}(t) = \frac{\min_i \min_j |Z_i^X(t) - Z_j^Y(t)| + \rho \max_i \max_j |Z_i^X - Z_j^Y|}{|Z_i^X - Z_j^Y| + \rho \max_i \max_j |Z_i^X - Z_j^Y|} \tag{2}$$

其中 $Z_i^X(t)$、$Z_j^Y(t)$ 分别为分析序列组的相关指标的标准化值，ρ 是分辨系数，一般取值 0.5，$\zeta_{ij}(t)$ 为 t 时刻的关联系数。

（4）求关联度和耦合度

将关联系数按样本数求平均值可得到一个关联度矩阵 γ，它反映了被分析系统内部对象之间耦合作用的错综关系。关联度的计算公式为：

$$\gamma_{ij} = \frac{1}{n} \sum_{j=1}^{n} \zeta_{ij}(t)(n = 1,2,\cdots) \tag{3}$$

（3）式中 n 是样本数，即为本文所选人力资本（或产业结构、物质资本投资、技术水平）指标数。通过比较关联度 γ_{ij} 的大小，可以分析系统各指标之间关系的密切程度。当 $0 < \gamma_{ij} \leq 0.35$ 时为低关联度，两系统指标间耦合作用弱；当 $0.35 < \gamma_{ij} \leq 0.65$ 时为中等关联度，两系统指标间耦合作用中等；当 $0.65 < \gamma_{ij} \leq 0.85$ 时为较高

---

* 张平（2007）利用各产业产值或比重对产业结构进行了测度。

** 林双林（2006）的研究表明，不同经济类型投资对经济增长的影响不同。

*** FDI 捕捉来自国外的技术转移，专利数据反映国内研发活动引起的技术进步，而且不同专利类型的技术水平存在差异（冼国明、严兵，2005）。

关联度，两系统指标间耦合作用较强；如果 $0.85 < \gamma_{ij} \leq 1$，则两系统指标的相对变化几乎一致，它们间的耦合作用也就极强。

在关联度矩阵基础上按行或列求 γ_{ij} 的平均值，可以得到一个分析序列组中某一指标与另一分析序列组的平均关联度：

$$D_i = \frac{1}{l}\sum_{j=1}^{l}\gamma_{ij} \qquad (i=1, 2, \cdots, m; j=1, 2, \cdots, l) \qquad (4)$$

$$D_j = \frac{1}{m}\sum_{i=1}^{m}\gamma_{ij} \qquad (i=1, 2, \cdots, m; j=1, 2, \cdots, l) \qquad (5)$$

上述平均关联度可用来判断系统互相影响的最主要因素。此外为了从整体上分析系统耦合的协调程度，我们利用下式求解出分析系统的耦合度：

$$C(t) = \frac{1}{m \times l}\sum_{i=1}^{m}\sum_{j=1}^{l}\zeta_{ij}(t) \qquad (6)$$

该式中，$C(t)$ 是耦合度，m、l 分别是相关分析序列组的指标数，

（二）样本选取与数据来源

本文仅选取2000年中国31个省（区）市作为分析样本，原因在于：（1）人力资本子系统包含的较为准确的各种教育程度人口数可以从第三次（1982年）、第四次（1990年）、第五次（2000年）人口普查数据获得，但只有第五次人口普查将教育程度细分为小学、初中、高中、中专、大学专科、大学本科、研究生七类；（2）即使将教育程度分为小学、初中、高中（含中专）、大学专科及以上（含大学本科、研究生）四类，从而使前述三次人口普查各种教育程度人口数统计口径趋于一致，但产业结构和物质资本投资等指标在各年的统计口径也不一致。构建分析系统指标体系所需的相关数据来源于《中国统计年鉴》（2001年）、《中国人口统计年鉴》（2001年）、《中国教育经费统计年鉴》（2001年）。

（三）结果分析

利用前述耦合度模型，我们首先以全国为样本，实证检验了"人力资本——产业结构"系统、"人力资本——物质资本投资"系统、"人力资本——技术进步"系统的耦合程度（检验结果分别列于表1、表2、表3），以探讨人力资本与产业结构、物质资本投资、技术水平之间相互依赖、相互协调、相互促进的动态关联关系，并据此分析人力资本对经济增长的重要作用。

1. 人力资本——产业结构系统的耦合关系

从表1可以看出，人力资本与产业结构的总耦合关联度为0.6737，表明它们之间的交互耦合作用较强，即异质性人力资本与多元化的产业结构具有较高的匹配程度。具体来看，人力资本的各项指标与产业结构的平均关联度都在0.57以上，表明它们对产业结构具有重要影响。其中，与产业结构关联度最大的前5项指标依次为研究生文化程度人口（0.7482）、高中生均教育经费（0.7262）、大学本科文化程度人口（0.7154）、小学生均教育经费（0.7093）、初中生均教育经费（0.6977），表明这些因素是影响产业结构的主要因素；人力资本的数量指标（各种文化程度人口数）和质量指标（生均教育经费、生师比）与产业结构的平均关联度分别高达0.6839和0.6648，表明它们均是影响人力资本作用发挥的重要方面，因此在研究人

力资本的作用时，应同时考虑其数量与质量两个方面*。从人力资本的数量指标看，研究生、大学本科文化程度人口与产业结构的关联度属于较高水平，大学专科文化程度人力资本与产业结构的关联度（0.6351）也处于中等水平；其他文化程度人口与产业结构的耦合作用也较强（小学、初中、高中、中专文化程度人口与产业结构的平均关联度依次为 0.6811、0.6941、0.6571、0.6562）。正是这种高文化程度人口和低文化程度人口均与产业结构具有较高关联度的格局，使我国高文化程度人口较少，低文化程度人口过多的人力资本状况亦能较好地匹配产业结构**。从人力资本的质量指标看，小学、初中、高中生均教育经费与产业结构的平均关联度既高于其它质量指标，也分别高于小学、初中、高中文化程度人口与产业结构的平均关联度，反映出提高小学、初中、高中教育投入的相对重要性***。需要指出的是，产业结构各指标与人力资本的平均关联度均在 0.64 以上，表明产业结构对人力资本投资也具有不容忽视的影响和作用****。

2. 人力资本——物质资本投资系统的耦合关系

表 2 显示，人力资本与物质资本投资的总耦合度为 0.6771，说明人力资本与物质资本投资之间存在较强的交互耦合作用，即二者具有较高的匹配程度。研究生文化程度人口对物质资本投资的作用最为明显（关联度达 0.7719），小学生均教育经费、初中生均教育经费、高中生均教育经费、高校生均教育经费对物质资本投资也具有重要影响，它们与物质资本投资的平均关联度都在 0.7 以上。人力资本的数量与质量对物质资本投资的使用效率亦非常重要（数量和质量指标与物质资本投资的平均关联度依次为 0.6843、0.6709）。由人力资本的数量指标与物质资本投资的平均关联度可知，高文化程度人口和低文化程度人口与物质资本投资均具有较强的耦合作用，这也能有效保证我国高文化程度人口较少，低文化程度人口过多的人力资本状况对多元化的物质资本投资的适应性。

---

* 它们与物质资本投资、技术水平的较高关联度同样表明了这一点。事实上，人力资本的质量越高，其资源配置能力、技术吸收能力等愈强，作用也就越显著。

** 2000 年小学、初中文化程度人口的比重分别高达 38.18%、36.52%，而高中、中专、大学专科、大学本科、研究生文化程度人口的比重分别只有 8.56%、3.39%、2.51%、1.22%、0.08%。

*** 小学、初中、高中生均教育经费与物质资本投资、技术水平的平均关联度也证实了这一点。

**** 物质资本投资、技术水平各指标与人力资本的较高关联度同样表明它们对人力资本具有重要影响。

表 1 人力资本——产业结构系统的耦合度与关联度

指标	x1	x2	x3	x4	x5	x6	x7	x8	x9	x10	x11	x12	x13	x14	x15	平均值
y1	0.6657	0.6699	0.6290	0.6702	0.6973	0.7746	0.6792	0.6763	0.6529	0.6708	0.7030	0.7118	0.6510	0.6874	0.5831	0.6748
y2	0.6850	0.6906	0.6590	0.5911	0.6056	0.7661	0.7550	0.7082	0.6792	0.7216	0.7207	0.6372	0.6554	0.6248	0.6156	0.6743
y3	0.6901	0.7074	0.6747	0.6994	0.6680	0.7889	0.6744	0.6709	0.6463	0.6854	0.7149	0.6700	0.6815	0.6679	0.6108	0.6834
y4	0.6788	0.7237	0.6783	0.6485	0.6630	0.7352	0.8477	0.7795	0.7487	0.7875	0.7817	0.6059	0.6483	0.6393	0.5117	0.6985
y5	0.6958	0.6475	0.6399	0.6628	0.6792	0.7569	0.7279	0.7224	0.6978	0.7747	0.0183	0.6917	0.7034	0.6235	0.6294	0.6448
y6	0.7051	0.6821	0.6504	0.6464	0.5969	0.7289	0.7740	0.7021	0.6942	0.7209	0.7629	0.6730	0.6631	0.6137	0.5550	0.6779
y7	0.6675	0.7097	0.7067	0.6711	0.6492	0.7690	0.7226	0.6923	0.6502	0.6827	0.6953	0.6331	0.6099	0.6527	0.6031	0.6743
y8	0.6853	0.6819	0.6372	0.6334	0.6095	0.6178	0.7852	0.7128	0.7154	0.7791	0.7097	0.6596	0.6233	0.5479	0.5227	0.6614
y9	0.6641	0.6684	0.6266	0.6148	0.6025	0.6839	0.8439	0.7349	0.7459	0.7526	0.7592	0.6303	0.6228	0.5656	0.5302	0.6697
y10	0.6567	0.6964	0.6791	0.6770	0.6536	0.6444	0.7960	0.7274	0.7015	0.7697	0.7426	0.6457	0.6216	0.5980	0.5567	0.6778
y11	0.6613	0.6688	0.5873	0.6902	0.5932	0.7620	0.6921	0.6907	0.6571	0.6645	0.6438	0.6462	0.6104	0.6866	0.6262	0.6587
y12	0.7171	0.7434	0.7015	0.7210	0.6493	0.6616	0.6666	0.6789	0.6768	0.6677	0.6689	0.6350	0.6231	0.7452	0.6206	0.6785
y13	0.6533	0.6617	0.6287	0.6348	0.6037	0.6138	0.7413	0.6849	0.7606	0.7981	0.6744	0.5999	0.5975	0.6389	0.5260	0.6545
y14	0.7094	0.7666	0.7191	0.6513	0.6404	0.7751	0.6956	0.6689	0.6745	0.6755	0.6751	0.6625	0.7110	0.6792	0.6050	0.6873
y15	0.6808	0.6941	0.6397	0.6311	0.6144	0.6527	0.8221	0.7898	0.7645	0.7429	0.9831	0.6213	0.6102	0.5902	0.5147	0.6901
平均值	0.6811	0.6941	0.6571	0.6562	0.6351	0.7154	0.7482	0.7093	0.6977	0.7262	0.6836	0.6482	0.6422	0.6374	0.5740	
				0.6839						0.6648						
							人力资本—产业结构的耦合度:0.6737									

表 2　人力资本——物质资本投资系统的耦合度与关联度

指标	x1	x2	x3	x4	x5	x6	x7	x8	x9	x10	x11	x12	x13	x14	x15	平均值
z1	0.7079	0.7276	0.7044	0.6748	0.6418	0.7377	0.6548	0.6637	0.6482	0.6700	0.6348	0.6340	0.6628	0.6699	0.6249	0.6705
z2	0.6243	0.6757	0.6257	0.5812	0.5996	0.6842	0.8320	0.7406	0.7347	0.7447	0.7250	0.6189	0.6280	0.6105	0.5659	0.6661
z3	0.7186	0.7302	0.7061	0.7194	0.7008	0.7806	0.7005	0.6621	0.6740	0.7113	0.7090	0.6861	0.6417	0.6729	0.5828	0.6931
z4	0.6975	0.7103	0.6797	0.6522	0.6519	0.6890	0.8221	0.7159	0.7443	0.7360	0.7469	0.6360	0.6410	0.6582	0.5574	0.6892
z5	0.6262	0.6831	0.6815	0.6218	0.6656	0.6441	0.7764	0.7653	0.7437	0.7700	0.7240	0.6127	0.6307	0.6447	0.5737	0.6776
z6	0.6412	0.6596	0.6406	0.6166	0.6135	0.6236	0.8023	0.7767	0.7615	0.7737	0.7030	0.6804	0.5905	0.5743	0.5382	0.6664
z7	0.6454	0.6676	0.6373	0.6544	0.6186	0.5893	0.8044	0.8005	0.7734	0.7276	0.6486	0.6663	0.5844	0.5641	0.5100	0.6595
z8	0.6781	0.6987	0.7176	0.7037	0.6746	0.7232	0.7829	0.7376	0.7500	0.7464	0.7552	0.6193	0.6012	0.6604	0.5743	0.6949
平均值	0.6674	0.6941	0.6741	0.6530	0.6458	0.6840	0.7719	0.7328	0.7287	0.7350	0.7058	0.6442	0.6225	0.6319	0.5659	
				0.6843						0.6709						
								人力资本——物质资本投资的耦合度:0.6771								

表3 人力资本——技术水平系统的耦合度与关联度

指标	x1	x2	x3	x4	x5	x6	x7	x8	x9	x10	x11	x12	x13	x14	x15	平均值
p1	0.6561	0.6802	0.6648	0.6477	0.6075	0.6068	0.7499	0.7836	0.7867	0.4950	0.6828	0.6112	0.6665	0.6641	0.5882	0.6594
p2	0.6473	0.6970	0.6569	0.6341	0.6424	0.6201	0.7548	0.7298	0.7130	0.7318	0.6949	0.6229	0.6412	0.7156	0.5786	0.6720
p3	0.6254	0.6810	0.6447	0.6221	0.6039	0.6233	0.8227	0.8291	0.8025	0.7520	0.7113	0.6561	0.6266	0.6302	0.5209	0.6768
p4	0.6463	0.6756	0.6575	0.6262	0.6092	0.6201	0.8239	0.7718	0.7796	0.7429	0.6862	0.6240	0.6343	0.6164	0.5340	0.6699
平均值	0.6438	0.6835	0.6560	0.6325	0.6157	0.6176	0.7878	0.7786	0.7705	0.6804	0.6938	0.6285	0.6421	0.6566	0.5554	
	0.6624						0.6757									

人力资本—技术水平的耦合度:0.6995

3. 人力资本——技术水平系统的耦合关系

由表 3 可知，人力资本与技术进步的总耦合度为 0.6695，显示出二者之间较高的匹配程度。研究生文化程度人口与技术水平的平均关联度最高，达 0.7878，表明它对技术水平的影响最大，平均关联度在 0.7 以上的其他人力资本指标还包括小学生均教育经费（0.7786）、初中生均教育经费（0.7705）。人力资本的数量和质量指标与技术水平的平均关联度分别达 0.6624、0.6757，表明人力资本的数量和质量对技术水平的提高具有重要作用。从人力资本的数量指标和技术水平的关系分析，低文化程度人口（初中、高中文化程度人口）与技术水平间同样存在较强的关联性，因此，我国高文化程度人口较少，低文化程度人口过多的人力资本状况也能较好地匹配多元化的技术水平。

接下来，我们分别以东中西三大地区为样本，对人力资本与产业结构、物质资本投资、技术发展水平之间的耦合关系作了进一步的实证研究，结果见表 4。

表 4 三大地区人力资本与产业结构、物质资本投资、技术水平的耦合度与关联度

		产业结构			物质资本投资			技术水平		
		东部	中部	西部	东部	中部	西部	东部	中部	西部
人力资本	数量指标	0.6536	0.6613	0.6973	0.6581	0.6534	0.6839	0.6626	0.6472	0.6607
	质量指标	0.6501	0.6614	0.6704	0.6456	0.6530	0.6653	0.6519	0.6517	0.6524
	耦合度	0.6517	0.6614	0.6829	0.6514	0.6532	0.6639	0.6569	0.6496	0.6563

注：东部地区包括北京、天津、河北、上海、江苏、浙江、福建、山东、广东、海南、辽宁；中部地区包括山西、黑龙江、吉林、安徽、江西、河南、湖北、湖南；西部地区包括内蒙古、广西、四川、重庆、贵州、云南、西藏、陕西、甘肃、青海、宁夏、新疆。

从表 4 可知，各地区人力资本的数量指标与产业结构、物质资本投资和技术水平均具有较高的关联度，表明各种文化程度人口对它们有着重要的作用。人力资本的质量指标与产业结构、物质资本投资和技术水平的平均关联度也较强，同样显示人力资本质量的重要性。整体上，各地区人力资本与产业结构、物质资本投资和技术水平的耦合度都在 0.6 以上，这进一步证实了它们相互之间较强的交互耦合作用，即较高的匹配程度。

总之，对全国和分地区的实证研究均表明，异质性人力资本与多元化的产业结构、物质资本投资以及技术水平之间具有较强的动态耦合关系。正是这种动态耦合关系使发展中大国的人力资本具有一种综合优势，该综合优势使发展中大国较低水平的人力资本亦能极大地促进经济增长。

四、研究结论与政策建议

本文立足于发展中大国的现实特点——地区多元化、经济多元化、技术多元化，尝试从人力资本的异质性及其对多元化的产业结构、物质资本投资、技术发展水平的适应性视角，对"虽然发展中大国人力资本水平低，但它仍可能促进经济较快地增长"这一理论假说进行了研究。理论分析表明，由于人力资本能较好地匹配多样化的产业结构、物质资本投资、技术水平，发展中大国较低水平的人力资本仍能极大地促进经济增长。本文的实证研究支持了这一理论假说，基本结论是：人力资本的数量与质量对产业结构、物质资本投资、技术水平，进而对经济增长均具有重要

影响，因此在分析人力资本的作用时，有必要将其视为包含数量与质量等因素的系统；研究生文化程度人口与产业结构、物质资本投资、技术水平的关联度最高；相对于小学、初中、高中文化程度人口数量指标及其它质量指标，小学、初中、高中教育投入对产业结构、物质资本投资、技术水平的影响更大；高文化程度人口以及低文化程度人口与产业结构、物质资本投资、技术水平间均存在较高的关联度，因此我国高文化程度人口较少，低文化程度人口过多的人力资本状况仍能较好地匹配多元化的产业结构、物质资本投资与技术水平，表现为异质性人力资本与产业结构、物质资本投资、技术水平间的较高的耦合度和较强的动态耦合关系。而正是这些系统间较强的交互耦合作用，使发展中大国较低的人力资本水平促进了经济的持续快速增长。

基于本文的实证结论，我们认为发展中国家应该更为注重增强其人力资本对多元化的产业结构、物质资本投资与技术水平的耦合程度，以"扬长避短"，充分发挥现有人力资本的作用，推动经济持续快速协调发展，具体而言：

（1）发展中国家在加大人力资本投资的过程中，应侧重于提升高素质人力资本比重，加大初等、中等教育投入，这是增强人力资本与产业结构、物质资本投资、技术水平之间耦合程度的重要途径。我们的研究显示，研究生文化程度人口和小学、初中、高中生均教育经费与产业结构、物质资本投资、技术水平的平均关联度更高，因此提升高素质人力资本如研究生文化程度人口比重，加大初等、中等教育投入既能提升人力资本的总体水平，又有助于增强人力资本与产业结构、物质资本投资、技术水平之间耦合程度。

（2）发展中国家应切实提高人力资本的配置效率，这是提高人力资本与产业结构、物质资本投资、技术水平之间耦合程度的根本途径。发展中国家各类型人力资本只有在"合理配置"的条件下，才能实现与多元化产业结构、物质资本投资、技术水平之间较高程度的耦合。为此，政府应积极培育区域性、开放性人力资本市场，通过户籍制度改革，打破人才的"部门所有制"等措施引导人力资本的合理流动，实现"人尽其材"。

本文的研究尚有不足之处，例如受数据可获得性制约，没能实证分析综合优势的动态变化；缺乏与其他发达国家的比较研究，从而限制了研究结论的说服力等等，但这些不足正是下一步我们要做的工作。

参考文献

Arrow, K. J. "The Economic Implication of Learning by Doing" [J]. *Review of Economic Studies*, 1962, 29 (3).

Barro, R. J., Lee, J. W. "International Measures of Schooling Years and Schooling Quality" [J]. *American Economic Review*, 1996, 86 (2).

Bils, M., Klenow, P. "Does Schooling Cause Growth" [J]. *American Economic Review*, 2000, 90 (5).

Lucas, Robert E. "On the Mechanics of Economic Development" [J]. *Journal of Monetary Economics*, 1988, 22 (1).

Nelson, Richard R., Phelps, Edmund S., "Investment in Humans, Technological Diffusion, and Economic Growth" [J]. *American Economic Review*, 1966, 56 (2).

Pritchett, L. "Where Has All the Education Gone?" [J]. *World Bank Economic Review*, 2001, 15 (3).

Romer Paul M. "Endogenous Technological Change" [J]. *Journal of Political Economy*, 1990, 98 (5).

Vandenbussche, J., Agion, P., Meghir, C. Growth, "Distance to Frontier and Composition of Human Capital" [J]. *Journal of Economic Growth*, 2006, 11 (2).

巴罗, 萨拉伊马丁. 经济增长 [M]. 北京: 中国社会科学出版社, 1995.

贝克尔. 西方教育经济学流派 [M]. 北京: 北京师范大学出版社, 1990.

毕其格, 宝音, 李百岁. 内蒙古人口结构与区域经济耦合的关联分析 [J]. 地理研究, 2007, (5).

陈秀山, 张若. 异质型人力资本在区域经济差距中的贡献研究 [J]. 经济学动态, 2006, (3).

丁栋虹, 刘志彪. 从人力资本到异质型人力资本 [J]. 生产力研究, 1999, (3).

郭继强. 人力资本投资的结构分析 [J]. 经济学季刊, 2005, (3).

李忠明. 人力资本——一个理论框架及其对中国一些问题的解释 [M]. 北京: 经济科学出版社, 1999.

林双林. 民营企业投资与中国经济增长. 沙安文, 沈春丽, 邹恒甫主编. 中国地区差异的经济分析 [M]. 北京: 人民出版社, 2006.

林毅夫, 李永军. 比较优势、竞争优势与发展中国家的经济发展 [J]. 管理世界, 2003, (7).

刘思峰, 党耀国, 方志耕. 灰色系统理论及其应用 [M]. 北京: 科学出版社, 2004.

刘耀彬, 李仁东, 宋学锋. 中国区域城市化与生态环境耦合的关联分析 [J]. 地理学报, 2006, (2).

欧阳峣. 基于"大国综合优势"的中国对外直接投资战略 [J]. 财贸经济, 2006, (5).

彭国华. 我国全要素生产率与人力资本构成 [J]. 中国工业经济, 2007, (2).

舒尔茨. 论人力资本投资 [M]. 北京: 北京经济学院出版社, 1990.

王金营. 人力资本与经济增长理论与实证 [M]. 北京: 中国财政出版社, 2001.

吴玉鸣, 张燕. 中国区域经济增长与环境的耦合协调发展研究 [J]. 资源科学, 2008, (1).

冼国明, 严兵. FDI对中国创新能力的溢出效应 [J]. 世界经济, 2005, (10).

叶茂林, 郑晓齐, 王斌. 教育对经济增长贡献的计量分析 [J]. 数量经济技术经济研究, 2003, (1).

张平. 论中国三大区域产业结构的差异 [J]. 经济评论, 2007, (5).

邹薇, 代谦. 技术模仿、人力资本积累与经济赶超 [J]. 中国社会科学, 2003, (5).

(作者单位: 中央财经大学中国人力资本与劳动经济研究中心)

英国市场经济早期工人人力资本"公地悲剧"的产权经济学分析

于桂兰　秦晓利

引　言

　　雇主个体资本的理性选择是追求利润最大化，政府作为国家整体资本的代表，其理性选择是国家整体利益的最大化。自亚当·斯密以来，许多经济学家把人的知识、技能和健康等视为人力资本。国家整体人力资本是国家整体资本的重要组成部分。工人的知识、技能和健康等也是工人的人力资本，而整体工人的人力资本是国家总体人力资本的重要组成部分。如果整体工人的人力资本受到侵蚀，会造成国家整体人力资本发展的不平衡，进而影响整个社会经济的平衡发展。在市场化过程中，如何防范和治理雇主追求个体资本利润最大化引起的整体工人人力资本"公地悲剧"问题，需要引起政府高度重视。在英国市场经济早期，由于劳动关系的严重失衡，发生了大量的工人人力资本"公地悲剧"现象。本文试图站在整个社会的角度，应用人力资本理论和新制度经济学理论，考察英国早期工人人力资本"公地悲剧"产生的深层原因及其工会对这种悲剧的治理机制。

一、英国早期的工人人力资本"公地悲剧"

　　"公地悲剧"理论是由英国哈丁（Garrett Hardin）教授于1968年在《公地悲剧》（"The tragedy of the commons"）中提出的。其内容为：一片对所有牧民都开放的公共草场，在公地内在逻辑的作用下，最终会导致"悲剧"的产生。其悲剧性在于：每个理性牧民在自身利益最大化的驱动下，不断地在公共草场上增加放牧单位，每增加一个放牧单位，牧民个人就会获得由此带来的所有收益，但同时，无限制地增加放牧单位对公共草场的破坏引起了外部负效应。然而，由于公地的性质，每个放牧人增加放牧的成本要由所有的牧民共同承担，如果公地是国家的，这部分成本则由政府或整个社会支付。因此，所有的理性牧民都有过渡放牧倾向，于是在公共草场的舞台上，便不断地上演着草场荒漠化的"公地悲剧"。

　　工人人力资本"公地悲剧"是指从整个社会角度看，在完全竞争的劳动力市场上，分散的没有谈判能力的工人，相当于一种"劳动力公地"：每一个雇主从个体理性角度，都希望获得高质量的劳动力，但同时又都希望支付尽可能低的劳动力成本和劳动条件改善成本。而雇主每一种绝对和相对降低劳动力成本和劳动条件改善成本的方法和结果，不仅降低了工人的经济生活质量，摧残了工人的健康，而且造成了工人及其后代的人力资本投资不足。这既是对个体工人权利的侵害，也是对整体工人人力资本的侵蚀，造成整体工人的人力资本"公地悲剧"，同时也会造成整体工人人力资本积累不足，国家各类别和层次的人力资本发展不平衡，进而影响整个社会经济的平衡发展。

英国早期市场经济制度在效率不断提高的同时，不和谐的劳资关系对工人的人力资本造成了极大的伤害。马克思在《资本论》中详细地揭示了因为资本家使用最简陋的生产设备、缩小生产场所的室内劳动空间、提高劳动强度和延长劳动时间等导致的英国工人健康状况恶化，并分析了由于工资低廉，导致计时工资和计件工资都可能成为延长工人劳动时间的手段，而劳动时间的延长在损害工人健康的同时，也挤占了工人学习知识和提高技能的时间，相当于减少了工人在人力资本积累方面的时间投资。《英国泰晤士报》1861年11月5日评论说："尽管居民健康是国民资本的一个重要组成部分，但恐怕必须承认，资本家根本不想保持和珍惜这个财富"。科斯也曾经指出："只关心自己收入最大化的生产者并不顾及社会成本，而且只会从事一种活动，即所利用的各种要素的生产价值大于他们的私人成本"（科斯，1988）。

二、英国工人人力资本"公地悲剧"原因的产权经济学解释

（一）雇佣契约是人力资本产权交易契约

产权的分割与交易可以提高资产的使用效率。"商品的多样性和人们行为的复杂性使所有权格局变得很复杂。商品的一些属性归某人所有，其使用效率可能会提高；但这并不能保证，当该商品的另外一些属性也归其所有时，其使用效率必然也很高。因此，把同一商品的所有权分解开，归不同人所有，可能效率会更高"（Barzel，1989）。"如果商品的初始所有者只转让商品的一部分属性而保留其余部分，那么来自交换的净收益常常会增加。采取这种形式的交换导致同一个商品的产权被分割：两个或两个以上的个人拥有同一商品的不同属性"。"所以一项资产的所有权往往被分割给若干技能各异的个人。这样，不同主体可以分享同一财产的不同属性的权利。通过一系列契约组成的企业各种产权主体之间的关系，实质上是把自己财产的一部分属性彼此转让给对方，从而联结在一起，形成利益共同体。

工人与雇主之间的产权分割与交易，同样可以提高资产的使用效率。从工人角度看，工人在保留人力资本所有权、处置权和收益权的前提下，在一段时间内把人力资本使用权转让给雇主，通过与雇主的产权交易，获得产权收益，如工资、奖金和福利等；从雇主角度看，为了提高资本的使用效率，雇主在生产过程中，把生产资料的实际使用权交给了工人，自己保留了所有权、处置权和收益权，如，获得利润的权利。

工人与雇主"合作性的生产过程，高度依赖于私有产权各组成部分的分割与专业化"。"企业常常被作为一个产出形成的'黑箱'来对待，它是各个合作性所有者的资源通过契约所形成的相关的集合。它提高生产率的一个独特的来源是它的'团队'生产率。

可见，雇佣契约的实质是人力资本的产权分割与交易契约。通过产权分割与交易，可以提高工人人力资本和雇主物质资本的使用效率，增加双方的收益。

（二）初始契约中的人力资本产权界定是不完全的

新古典经济学建立在零交易费用这一假定基础上。在零交易费用这样一个理想世界里，决策者只要有信息需求，就能够不花费用而获取任何信息。他们具有完美的预见力，因而，能够签订完全的契约——这些契约能够在毫不出错的情况下，被监管和执行。这样的劳动契约执行起来很容易，不会发生抵制，没有静坐示威，也不会发生罢工，更没有必要利用政府力量或者其他形式的社会压力来解决劳动关系问题。科斯在1937年的《企业的性质》一文中，把交易成本不为零作为研究前提，认为交易成本是由于交易而发生的摩擦性成本，主要包括收集交易信息、谈判签约、执行契约以及监督契约的执行所耗用的时间、精力和费用。交易成本包括客观性和主观性交易成本。客观性交易成本，不以人的意志为转移，与技术因素有关。先进的技术可以减少这类交易成本，但不能消除；主观性交易成本是因道德风险和机会主义行为而产生的成本。

在交易费用不为零的前提下，人们在产权界定时就必须考虑成本，因此，任何权利的界定都是相对的。

客观性交易成本使产权不可能完全界定。"在相当长的历史阶段中，人们的度量技术不能满足人们的需要，即不能以相当低的、人们可以接受的成本去度量人们需要度量的对象，从而人们之间的利益界线是不清楚的。度量技术的有限性和每个（物质）商品或每笔交易具有不同属性的权利，进一步提高了产权界定的成本。"对于既定（物质）商品的不同属性的权利，或者对于一笔交易的不同属性的权利，其水平随商品不同而各异。要测量这些水平的成本极大，因此不能全面或完全精确。面对变化多端的情况，获得全面信息的困难有多大，界定产权的困难就有多大，并不全是等同地（对不同权利属性）加以明确界定的。因此，对于任何资产，每一种这样的成本都会上升，并且当完全保护和完全转让产权的成本达到非常高的程度时，这些权利界定就是不完全的，因为人们将发觉，得到"他们"资产的全部潜力是不值得的。

主观性交易成本同样使产权界定不可能完全。威廉姆森（1985）将交易成本分为事前成本和事后成本。事前成本是指与订立一项契约有关的行为和工作的成本，事后成本则是指那些相继发生的管理、沟通、监督和执行契约承诺的任务的成本。巴泽尔（1989）把交易成本定义为与转让、获取和保护产权有关的成本。无论按哪种分类标准看，都存在因道德风险和机会主义行为而产生的交易成本。由于界定产权的主观交易成本存在，而权利界定又受个人最优化的影响，所以，完全界定产权的成本更是非常高昂的。

所以，权利的界定都是相对。"人们可以界定产权，可以按照最有利的原则决定把产权界定到什么程度。在此意义上，产权总能得到最好的界定。然而，由于商品属性很复杂，测定每种属性都要付出成本，彻底界定产权的代价过于高昂，因此，产权从来不可能得到充分的界定"。

在工人与雇主的劳动契约中，交易成本即有技术因素引起的，也有雇员和雇主的主观因素引起的。

由于工人和雇主双方都面临着不确定性、有限理性、信息不对称和机会主义倾向问题，工人权利在初始劳动契约中的界定，只能是不完全的。其权利进一步界定，只能在初始契约签订后，由双方在合作博弈过程中继续进行。菲利普·纳尔逊（1970年）提出的"体验品"概念，可以为工人权利在初始界定后，为什么还要针对情况的变化继续界定权利提供了形象的说明。他认为，有些物品和服务的质量，很容易靠购买前的"查验"来评估，如商店里挂在架子上的服装和柜台上的水果，购买者不用耗费过多信息成本就能找到他所需质量的商品。这种商品可以称为"查验品（search goods）"。但在许多场合，物品和服务的质量只能靠使用和消费他们的体验来确认，这种物品和服务，可以称为"体验品（experience goods）"。当产品或服务质量变化时，"体验品"的购买者不仅要在购买之前花费很高的信息成本企图测度其质量，而且为了防止这种产品或服务质量在体验过程中被降低，购买者还要采取许多监督、管理和保障的措施。这种体验品的例子有轿车、包费旅游（tourist packages）、心脏手术、美容美发等。

与此相比照，工人人力资本产权的实现，就类似于"体验品"。工人权利的初始界定是由一定环境下的法律法规和劳动契约完成的。这些权利的界定不仅不完全，而且其真正实现还依赖于雇主在工人进入企业后是否真正遵守了法律法规，认真履行了劳动契约。马克思描述的下列现象是经常发生的："离开这个简单流通领域或商品交换领域……就会看到，我们的剧中人的面貌已经起了某些变化。原来的货币所有者成了资本家，昂首前行；劳动力所有者成了工人，尾随其后。一个笑容满面，雄心勃勃；一个战战兢兢，畏缩不前，像在市场上出卖了自己的皮一样，只有一个前途——让人家来鞣"。也就是说，从工人离开表面平等的劳动力市场并签署了雇佣契约的那一刻开始，无论是已经界定的权利还是没有界定的权利，究竟能不能实现，都充满着不确定性。

因此，雇主和工人之间的关系是通过雇佣契约连结在一起的，这种交换关系是市场经济条件下劳资关系存在的基础。但由于雇用契约对权利界定的不完全和契约执行过程的不确定性，也使工人权利能否实现以及实现的程度如何，充满了不确定性，这是劳资矛盾和纠纷的客观原因。而大部分劳资矛盾和纠纷，是由雇主侵犯了工人权利而引起的。

（三）不完全界定部分的人力资本产权处于公共领域

根据巴泽尔的产权理论，不完全界定的部分权利，将处于"公共领域"（public domain）。"巴泽尔（1989）特别强调，从法律上界定一项资产的所有权比事实上界定它，花费的资源通常要小。由于在事实上界定产权非常不容易，所以，即使在法律上把全部资源都清楚地界定为私人所有，在实际的经济生活里总还存在一个'公共领域'，即那些名义上属于个人的私人资产，由于私人产权的实际执行成本过高而无法保持其权利的排他性"（汪丁丁，1997）。而事实上，任何权利对权利人来说，他实际享有的权利才是真正的权利。法律上和名义上的权利，只是行使事实权利的基础，与事实上的权利并不相等。

产权理论认为，产权的分割能够提高资产的使用效率，但产权不同属性的所有者们行使产权的对象却是不可分的。产权的对象不完全分离使得产权的一些属性成为公共财产，进入"公共领域"。巴泽尔认为，"除非产权得到完全界定——在交易成本为正的情况下，这是永远做不到的——部分有价值的产权将总是处于公共领域中"。当一个商品不能拆成几半时，对同一个商品行使产权的人们就很容易相互"揩油"，争夺那些没有适当规定予以保护的、价值未定的属性。巴泽尔曾举过一个电冰箱保修服务中的"公共领域"的例子。他说，家用电冰箱的生产厂家和用户之间的"保修服务"属性，就是一个处于"公共领域"的产权属性。生产厂家在冰箱价格中已经包含了"保修服务"费用，如果生产厂家在用户的冰箱处于保修期内出现问题时，拒绝保修或提供低质量的维修服务，实质上就是揩了消费者的"油"，攫取了处于厂家和消费者之间的"公共财产"。

巴泽尔关于"卖樱桃"的例子，很精彩地说明了因资产的某些属性被置于公共领域而被攫取的情况。"在樱桃交换的时候，很明显会出现信息问题。为了决定商店的樱桃是否值得购买和为了决定购买哪一种樱桃，买主必须花费资源（挑选时花费的时间和精力）。允许顾客挑选樱桃的商店主人，在顾客决定是否购买之前，很难阻止他们吃樱桃，也很难阻止他们不小心捏摸樱桃。确实，挑选过程本身允许过度挑选形式的财富攫取。这时樱桃的某些属性被置于'公共领域'。高信息成本成为交易成本：如果樱桃的所有者和购买者是同一个人，这些成本就不会发生。"

在工人与雇主的初始契约中，人力资本产权不可能得到完全界定，使工人的部分权利处于工人与雇主之间的"公共领域"（public domain）。这是引起的人力资本"公地悲剧"的主要原因。企业是一个人力资本与物质资本的特别合约。雇主和工人之间彼此通过转让各自的部分产权给对方而联结在一起。但是两种不同的产权是有差异的，物质资本产权类似于我们前面分析的"查验品"，界定的清晰程度比较高，而人力资本产权类似于"体验品"，界定的清晰程度比较低。没有界定清楚的那部分人力资本产权，就被留在了"公共领域"，常常引起"公共财产"问题，这为诱发雇主的机会主义行为创造了条件。

（四）产权交易中的"强权界定产权"规则

由于任何权利界定都会留下"公共领域"，那些遗留在公共领域内的资源，如果仍然有经济价值，就会引起所谓"租金攫取"（rent-capturing）行为（Barzel, 1989）。参与契约的各个行为主体，由于各自有不同的追租成本（例如，地理上的优势，技术上的优势，心理上的约束等），对同一个"公共领域"里的资源有不同的评价。那些对租金的评价超过其追租成本的行为主体，将会付出努力去追租（汪丁丁, 1995）。

Rajan & Zingales曾经讨论过组织中的一些人，是通过获得权力而占有更多的组织产出盈余的。一个人获得对组织盈余的权力的主要途径有三种：第一种来自于个人是一个多么强硬的谈判者。例如当一个谈判者愿意且能够实施疯狂的威胁时，这个耐心的谈判者能得到更多……第二种来自于如何制定交易规则，先动者具有优势，最后做出获得或放弃的报价的人也具有优势……第三种是任何个人能够从其带给生产过程的资源中获得权力（因为他能够威胁撤出资源）。因此，权力是指一个人对有用资源的控制，控制了有用资源，也就可以影响交易过程和结果。

可见，权利的某些属性处于"公共领域"本身是中性的，在非合作型组织中，可以被多个契约主体利用来实施机会主义行为，通过掠夺别的契约主体而扩大自己的收益；而在合作型组织中，则可以增加灵活性，节约交易成本，提高效率，增加共同收益。日本企业基于工人知识和技能专用性的内部合作模式，虽然隐性契约大量存在，很多权利因没有明确规定而处于工人和雇主之间的"公共领域"，但日本企业的效率和效益以及工人的权利，也得到了相当程度的保障。这里的关键问题是，各方是否平等并建立起合作博弈机制。企业是一个契约当事人之间依据自身所拥有的资源展开谈判的机制，拥有复杂的契约网络。无论是通过显性契约还是隐性契约，只要各方谈判力接近，强权存在的机会就会减少，任何一方利益被掠夺的可能性就会降低；如果各方谈判力悬殊，拥有较大谈判力的一方就可能获得单方控制权，形成"命令—服从式"关系模式，强权者就能控制产权交易的过程和结果，就可能对弱势一方的利益，构成威胁或进行直接掠夺。

产权理论学者曾用"强权界定产权"概念来解释权利不对称对产权契约的影响。Umbeck（1986）在分析 1848 年加利福尼亚淘金热中的产权形成和分配时指出，关于矿区土地排他性权利制度的建立，依靠的是潜在武力。如果忽略其他社会习俗的影响，并假设个人对双方的淘金生产能力和武力都有充分的信息，那么，用于驱逐他人的潜在武力决定了各种形式的分配："契约签订的基础是每一方都至少得到了他如果使用武力所可能得到的财富的数量"。

"强权界定产权"理论暗示，即使在一个契约平等的分析框架下，仍然可以分析交易各方的不平等事实。这意味着，契约要求的平等，仅仅是法律规定的身份平等和机会均等，而不是实力和结果的平等。按照这种思路，契约过程可以表述为：实力不平等的人进行平等交易，产生了不平等的后果。

（五）人力资本产权交易中的雇主强权地位

工人与雇主的人力资本产权交易是以雇佣关系形式表现出来的。西蒙指出：雇佣关系的本质是在两个具有独立的行为主体的人之间，通过支付工资这样一个经济行为，而成立的权力使用与权力服从关系，以及科层决策人与服从于决策人之间的关系（Simon, H. A., 1957）。

在科斯看来，雇主——工人的关系就是前者长期购买后者的劳务，这种长期契约因为节省了每一次短期契约的费用并回避了风险，因而代替了短期契约，以企业的形式存在。"在很难缔结契约和试图描述当事人同意做什么和不同意做什么的情况下，就需要制订冗长的和极其复杂的文件，长期契约就有可能被采用"。这种长期契约一旦确定，"具体细节"则留待某个企业家来支配，于是权威就产生了。关于权威性，科斯（1960）在《社会成本问题》中讲得更清楚，"在企业内部，各种相互协作的生产要素间的讨价还价被取消了，行政指令代替了市场交易。那时，毋需通过生产要素所有者之间的讨价还价，就可以对生产进行重新安排"。

可见，在雇佣关系中，工人的自由意志要受上级指示的限制，工人权利的实现受到科层权力的制约。雇主及其代理人在权力体系中处于上层，拥有最高和最后的决策和指挥权力。"强权界定产权"规则在企业中也是适用的。

强权者更容易攫取到处于"公共领域"的财富。在雇佣关系中，显然雇主处于强权地位。在人力资本产权交易过程中，就工人与雇主所占有的资源对比，进而形成的权力和力量差异而言，雇主拥有强制性的和无条件的权威。在马克思看来，资本家借助国家机器剥夺农民和手工业者的财产,使无产者的数量急剧增加,从而形成庞大的产业后备军。这些无产者没有生产资料,只能靠出卖自身的劳动力为生。结果,单个企业的雇佣关系形成了宏观上的阶级关系,一头是占有大量生产资料和生活资料的少数资本家,另一头是一无所有的无产者。这种宏观上不平等的阶级结构,必然反映到微观上来,表现为企业中雇主和工人的不平等关系。而且资本家阶级还能够凭借政治上的权力来保障雇主的权力有效实施。可见,阶级结构的存在,资本家与政治权力的结合,是雇主强权存在的制度根源。雇主的强权地位决定,工人与雇主在劳动力市场平等交易背后,隐含着实质上不平等,这是工人权利遭受侵犯的政治根源。

工人与雇主在劳动力市场上表面的平等,是以事实上的不平等为前提的。对每一个具体工人来说,雇主提供的交换条件都是既定的,是由处于经济关系中心地位的雇主决定的。面对分散的工人,雇主的谈判力居于强势地位;在制定劳动报酬、劳动时间、劳动强度、劳动环境与条件等规则方面,雇主具有先动者优势;在资本短缺和劳动力过剩的资本主义工业化早期,雇主从生产过程中撤出资本的威胁显然比工人撤出劳动力的威胁更具有惩罚作用。所以雇主在事实上拥有单方控制权。而"权力能影响这些谈判的结果"。通常,工人为了获得就业,只能默然接受雇主的条件。

(六)雇主对"公共领域"的人力资本产权的攫取

在供大于求的劳动力市场上,工人处于别无选择的权势关系中。就像马克思说的,尽管表面上劳动力市场赋予雇主和工人平等交换的权力,但工人的一无所有使得他根本没有机会做进一步的选择。"劳动能力不卖出去,对工人就毫无用处,不仅如此,工人就会感到一种残酷的自然必然性:他的劳动能力的生产曾需要一定量的生存资料,它的再生产又不断地需要一定量的生存资料。于是,他就和西斯蒙第一样地发现,'劳动能力……不卖出去,就等于零'"。如果工人在面对不确定性方面与雇主是平等的,但雇主凭借其强权背景仍能控制工人的行动,迫使工人不得不接受雇主的各种苛刻条件,按雇主意志工作。

可见,即使雇主和工人在劳动力市场上和法律上是平等的,仍难免出现"强权界定产权"的现象,因为只要双方签订的契约赋予了各自不对称的权利,拥有权利优势的一方就可以采取措施扩展自身的利益,这种权利自我循环累积的现象在企业权利体系中是常见的。其结果就是,虽然雇主和工人各自的某些权利都留在了"公共领域",但工人人力资本权利受到侵害的程度,远远大于雇主资本权利所受侵害的程度。

所以,只要契约是不完全界定的,只要存在权利的"公共领域",签订契约本身并不能保证它符合正义并产生公正的结果。在契约框架中,既有平等的一面,也有不平等的一面。"当双方都能欺诈时,明文契约的限制往往针对弱小的、基础薄弱的一方"(克莱因,1994)。

我们可以这样认为,工人与雇主之间产权交易契约不完全留下的"公共领域",为工人人力资本"公地悲剧"的产生提供了可能,而雇主与工人人力资本产权交易中存在的"强权界定产权"规则,使雇主侵占公共领域的工人权利成为可能,并使工人人力资本"公地悲剧"由可能变成了现实。

三、工会是治理人力资本"公地悲剧"的有效制度之一

被置于"公共领域"的人力资本产权的某些属性,仅仅依靠市场机制本身,是不能有效防范其被侵害的。"公地悲剧"意味着资源的滥用和浪费。对置于"公共领域"的财产或某一属性的过度攫取,必然会影响其他财产和财产其他属性权利的行使。

当公共属性足够大,资源滥用和浪费的损失难以容忍时,人们会有积极性采取措施,要么加强监督,要么进行谈判,达成新的契约,重新界定具有公共属性的产权,以约束攫取公共价值者的机会主义行为,提高资源的总体利用效率。"当资产具有许多有用属性并且为了实现这些属性的最高价值把这些属性分属给了许多不同个人的时候,限制每一个所有者的权利,往往是防止个人侵吞'公共领域'的有效安排"(汪丁丁,1997)。

至于怎样限制强权者对"公共领域"财产的掠夺行为,巴泽尔认为,"一般来说,法律权利会增强经济权利,但是,对于后者的存在来说,前者既非必要条件,也非充分条件。人们对资产的权利(包括他们自己的和他人的)不是永久不变的,它们是自己直接努力加以保护、他人企图夺取和政府予以保护程度的函数"。"产权不是绝对的,而是能够通过个人的行动改变的"。

"资本是根本不关心工人的健康和寿命的,除非社会迫使它去关心"。因此,要防治人力资本产权初始界定不完全引起的"公共领域"问题,避免雇主以其强权地位掠夺处于公共领域的工人权利而引起的人力资本"公地悲剧",必须进行有效的制度安排。除了加强政府监管等措施外,工会也是一项有效的制度。

工会可以在劳动契约的产权初始界定后,利用集体的力量,提高工人的谈判能力,不仅保障契约中已经界定的工人权利得到实现,而且还可以动态地界定初始契约中没有做出规定,但随着情况变化而出现的需要及时进行界定的工人权利,并使工人的这些权利得到实现。

工会通过工人权利被侵犯的防范机制和惩罚机制,可以减少或避免工人的人力资本"公地悲剧"的发生。通过集体发言权、集体谈判和集体行动等机制,工会可以在一定程度上改善工人的经济状况,缩短工作时间、改善劳动条件等,达到劳资双方合作共赢,使双方成为长期合作的"好邻居"的目的(玛格丽特·列维,2003)。同时,当雇主或管理层发生对工人的严重侵权行为,而行使协商和谈判等发言权仍不能有效解决问题时,工会可以对雇主和管理层实施惩罚,即举行"罢工"。因为"一个马歇尔或一个国王不是问题的答案。真正需要的是能把冒犯者要受到惩罚的信念灌输给冒犯者的制度安排"(Grief,1997,1998)。

工会的防范和惩罚机制,因实施对象、范围和具体目的的不同,而在不同层面上运行。工会对雇主运行的是"集体发言权机制"和"人力资本供应调控机制";对会员运行的是"公共物品直接供应和间接增加机制"以及"社会资本调节机制";对政府和社会,则是在前两者基础上,通过参与和影响政府的政策和立法,争取社会广泛支持等,获得有利的外部环境。

通俗地理解，工会保护和实现工人人力资本产权的具体机制是：对会员是"利益吸引"和"成本付出"的激励与约束机制，其直接目的是保证工人集体行动的一致性；对雇主是"先谈判""后罢工"，通过参与工作场所治理（workplace governance）和公司治理（corporate governance），达到改善工人的经济条件和工作环境的目的；对政府和社会，则通过说服和游说，达到争取外部有利的法律、政策和社会环境的目的。而这些机制服务于一个最终目的：保护和实现工人的人力资本产权。在达到这一目的的过程中，间接地避免或减少了国家人力资本"公地悲剧"发生的可能性，从而帮助国家提高了整体工人的人力资本积累速度、优化了国家整体人力资本的结构。

结　论

英国早期资本主义市场经济的实践证明，如果完全依靠市场机制，工人的人力资本"公地悲剧"是难以避免的。因为工人与雇主之间产权交易留下的"公共领域"为工人人力资本"公地悲剧"的产生提供了可能，而雇主与工人人力资本产权交易中存在的"强权界定产权"问题，使工人人力资本"公地悲剧"由可能变成了现实。要治理工人人力资本"公地悲剧"问题，遏制雇主侵犯工人权利的企图和行为，除了提高劳动契约对工人权利初始界定时的完全和清晰程度，提高政府对工人权利的保护力度外，还必须提高工人自己直接保护其人力资本产权的能力和努力。而工会通过集体发言权和集体行动等机制，可以在一定程度上防范和治理工人人力资本"公地悲剧"问题。

参考文献

阿尔钦. 产权，一个经典注释［A］. 科斯. 财产权利与制度变迁［C］. 上海：上海三联书店，1994，169.

盛洪. 生产性努力的增长［A］. 盛洪. 现代制度经济学［C］. 北京：北京大学出版社，2003，228－242.

巴泽尔. 产权的经济学分析［M］. 上海：上海三联书店，1997.

周其仁. 市场里的企业：一个人力资本与非人力资本的特别合约［J］. 经济研究，1996（6）.

李维安. 公司治理结构前沿［C］. 北京：中国财政经济出版社，2003：37.

杨瑞龙，周业安. 企业的利益相关者理论及其应用［M］. 经济科学出版社，2000，159.

Raghuram G. Rajan & Luigi Zingales. 新型企业的治理［A］//李维安. 公司治理结构前沿［C］. 北京：中国财政经济出版社，2003：38－39.

马克思. 资本论第1卷［M］. 人民出版社，1975：197.

杨瑞龙，周业安. 企业的利益相关者理论及其应用［M］. 北京：经济科学出版社，2000，161.

亚当·斯密. 国富论［M］：西安：陕西人民出版社，2001：104－105.

科斯. 社会成本问题的注释 [A]. 盛洪. 现代制度经济学（上卷）[C]. 北京：北京大学出版社, 2003, 39.

青木昌彦. 比较制度分析 [M]. 上海：远东出版社, 2001.

玛格丽特·列维（Margaret Levi）. 恰当防范促成好邻居关系：对信任、信任缺乏和不信任的交易成本分析 [A]. 科斯、诺斯、威廉姆森. 制度、契约与组织——从新制度经济学角度的透视 [C]. 北京：经济科学出版社, 2003, 176.

Alison L. Booth, (1995), *The Economics of The Trade Union*, Cambridge University Press.

Freeman, R. and Medoff, J., (1984) *What Do Unions Do?* New York: Basic Book, 14.

Grief, A. (1997), Microtheory and Recent Developments in the Study of Econonic institutions Through Economic History, in D. Kreps and K. Wallis (eds.). *Advances in Economics and Econometrics: Theory and Applications* 2: 79 – 113, Cambridge: Cambridge University Press.

Grief, A. (1998), "Historical and Comparative Institutional Analysis", *American Economic Review*, 88 (May): 88 – 85.

Garrett Hardin (1968), "The Tragedy of the Commons," *Science*, 162 (1968): 1243 – 1248.

Umbeck, J. R., (1986), "Might Makes Right: A Theory of the Formation and Initial Distribution of Property Right", *Economic Inquiry* 20 (2): 38 – 39.

（作者单位：吉林大学商学院）

我国残疾儿童和青少年教育培训研究

吴 江

2010年5月17日是我国第十九个全国助残日，主题是"关爱残疾孩子　发展特殊教育"，今年是第一次把主题定位在特殊教育。特殊教育是针对特殊的学习对象或者有特殊困难的学习对象，通过特殊的教育手段，采取一些特殊的、必要的教育措施来实施的教育的过程。要保障残疾儿童和青少年的受教育权和劳动就业权利，缩小其和健全人在教育、培训和能力养成之间的差距，提高其生存技能和职业技能，实现其"平等、参与、共享"的目标，必须强化社会各界在扶助残疾儿童和青少年生活与发展中的责任，给予残疾儿童和青少年群体以特别的教育培训保障，为其能力养成提供全方位的社会支持和提供针对性的教育培训服务与保障。其中，家庭、组织、政府、社会各界都负有责任并承担相应的角色。

一、残疾儿童和青少年教育培训的范畴界定与侧重点

残疾儿童和青少年的教育培训从目的上可以分为两大类别：生存性教育培训和职业性教育培训。生存性教育培训更侧重于个人生存能力的康复教育和融入社会生活的能力训练，主要针对0~16岁的残疾儿童和少年；在生存性教育的基础上，按照残疾儿童和青少年的残疾类别、残疾程度以及身心发展状况，针对其在职业领域中发展的需求进行进一步的职业性教育培训，更侧重于残疾儿童和青少年未来参与职业发展的实际需要和技能养成，主要面向17~25岁残疾儿童和青少年进行。在教育培训中，根据不同阶段的儿童、少年和青年的年龄特点、自身特点和需求差异，可实施分类指导、阶段推进。

（一）生存性康复训练阶段

这是残疾儿童和青少年教育培训的启动环节，早期教育，科学训练，在最恰当的年龄期提高残疾儿童的心智能力和生活能力，这是提高残疾儿童当期的自主生活技能以及此后一生的重要生活和工作能力的基础，也是贯穿于残疾儿童和青少年教育培训始终的内容。在这一阶段，需要保护性的、科学化的教育培训内容和手段才能达到预期效果。

（二）能力性教育训练阶段

这是基于生存性教育培训并与之同行的一个阶段。在对身体素质进行康复训练的基础上，使残疾儿童具备基本的学习能力和社会能力，具备一定的文化素质和心理素质，这是塑造残疾儿童和青少年健全人格的一个关键环节，是残疾儿童教育培训的核心内容和目的。

（三）职业性技能训练阶段

这是残疾儿童和青少年融入工作世界的重要时期，也是前期的康复性教育培训、

基本能力教育和培训的目标和最终结果的体现。当残疾人群体通过技能开发能够实现较高的就业时，他们会发自内心地意识到技能开发的重要性，出于就业的进一步保障和进一步提升的需求，他们在工作之余有机会和有条件时重新投入新的教育培训当中；如果技能训练并不能为其带来相应的效益和提高，他们往往会对技能培训缺乏动力或表现出极度的不愿意。因此，注重技能训练的实效性最为关键。

二、残疾儿童和青少年教育培训中的主要问题分析

（一）残疾儿童和青少年教育培训："点"上的问题

2006年，国家统计局、民政部、卫生部、中国残联、第二次全国残疾人抽样调查办公室发布《关于开展全国残疾人状况监测工作的通知》，正式启动了残疾人状况监测工作。2009年度监测是继2007和2008年度后的第三次全国残疾人状况监测。2010年5月，中国残联、英国救助儿童基金会以及首都经济贸易大学劳动经济学院共同组成调研小组，深入云南省昆明市及下辖县以及北京市西城区进行了入户调查和集中座谈，获得了对残疾儿童和青少年教育培训工作的切身感受。因此，我们根据2006年第二次全国残疾人抽样调查合2007~2009年的监测数据及调查体验，结合文献资料研究，对我国残疾儿童和青少年教育培训问题做一些分析。

1. 残疾儿童及家长的教育需求不足

残疾人的需求非常广泛，根据2006年全国第二次残疾人调查显示，有13项之多，主要分为三大类：生活发展类，医疗康复类，文化参与类。不同类别的残疾儿童和青少年主要需求的内容和重要程度存在差别。依类别看，各类残疾的儿童和青少年第一层面的主要需求集中在医疗服务与救助、贫困残疾救助与扶持和辅助器具这三项，分别属于生活发展类和医疗康复类。不难理解，这些项目是残疾儿童和青少年生存的物质和医疗基础。第二层面的需求主要是教育费用补助或减免、职业教育与培训和就业安置或扶持，累计分别为12.6%、7.26%和11.6%，其中对职业教育与培训的需求愿望最低（如表1）。这也说明家长没有科学、正确地评价自己的子女，对其子女接受教育的期望值不高并且动力不足，存在着对教育培训带给残疾青少年的意义与收益认识不足的倾向和偏差，对参与教育培训的积极性和主动性不够，工作和参与未能转到以教育培训为本位的重点上来。

2. 6~14岁残疾儿童义务教育在学率不到七成

在学率是指应接受教育年龄人口中实际接受教育人数/应接受教育年龄的人口。对于残疾儿童和青少年群体而言，是指接受教育年龄的残疾儿童和青少年中实际接受教育人数与应接受教育年龄的残疾儿童和青少年之比。在学率最重要的意义就是评估就学年龄中的人口是否享有充分接受教育的机会。

2006年第二次全国残疾人抽样调查数据显示，6~14岁学龄残疾人口为246万，占全国残疾人口的2.96%，63.19%正在学校接受义务教育。从残疾类别看，各类别残疾儿童的在学率为：视力残疾儿童79.09%，听力残疾儿童85.05%，言语残疾儿童为76.92%，肢体残疾儿童为80.36%，智力残疾儿童为64.86%，精神残疾儿童为69.42%，多重残疾儿童为40.99%（参见表2）。

表1 2006年全国0~25岁残疾儿童和青少年主要需求（单位:%）

	医疗服务与救助	辅助器具	康复训练与服务	教育费用补助或减免	职业教育与培训	就业安置或扶持	贫困残疾救助与扶持	法律援助与服务	无障碍设施	信息无障碍	生活服务	文化服务	其他	无选择
视力残疾	83.1	32.5	20.8	16.3	6.75	12.6	59.5	1.23	2.54	0.78	17.0	5.96	1.33	0.81
听力残疾	78.1	64.6	21.6	11.1	5.48	9.32	47.0	0.54	0.09	2.3	8.25	3.34	1.8	2.55
言语残疾	64.8	10.1	61.2	18.2	4.74	6.01	48.5	1.38	0	0.61	10.5	7.32	1.9	3.2
肢体残疾	73.7	25.9	35.8	15.9	8.74	18.3	66.4	2	1.56	0.41	12.5	3.19	0.98	0.77
智力残疾	54.9	3	52.7	12.3	8.7	9.58	60.2	2.14	0.19	0.47	19.7	11.4	3.1	3.49
精神残疾	95.8	1.24	26.9	5.76	5.91	18.6	77.1	2.58	0.45	0.28	19.3	4.78	2.79	1.73
多重残疾	68.7	21.2	50.7	10.3	5.73	8.56	68.7	1.61	0.94	0.81	17.5	3.91	1.76	1.47
合计	68.1	17.1	44.6	12.6	7.26	11.6	63.6	1.84	0.8	0.64	16.4	6.37	2.05	2.06

数据来源：2006年第二次全国残疾人抽样调查数据。

注：此次调查就"残疾人需求"进行多项选择，要求被调查对象在以下需求选项中选择自己认为最主要的三项。此题为多项选择题，合计百分比总和大于100%。

表2 6~14岁儿童残疾类别与在学率

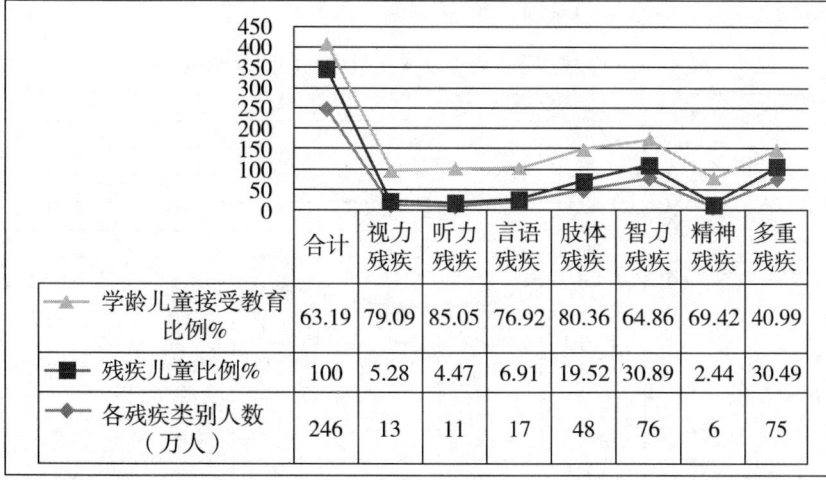

	合计	视力残疾	听力残疾	言语残疾	肢体残疾	智力残疾	精神残疾	多重残疾
学龄儿童接受教育比例%	63.19	79.09	85.05	76.92	80.36	64.86	69.42	40.99
残疾儿童比例%	100	5.28	4.47	6.91	19.52	30.89	2.44	30.49
各残疾类别人数（万人）	246	13	11	17	48	76	6	75

数据来源：2006年第二次全国残疾人抽样调查。

三年监测数据表明，2009年度6~14岁儿童接受义务教育的在学比例为69.5%，与2008年度上升了5.7个百分点。其中城镇上升9.2个百分点，达到73.7%，农村上升4.8个百分点，达到68.5%。但仍有30.5%的学龄残疾儿童没有接受义务教育（见表3）。

表3　6～14岁残疾儿童少年义务教育在学率（单位：%）

	城镇	农村	全国
2007年度	65.6	63	63.3
2008年度	64.5	63.7	63.8
2009年度	73.7	68.5	69.5

数据来源：2007～2009年残疾人监测数据。

3. 残疾儿童和青少年失学原因主要在身体

从监测数据看，6～17岁残疾儿童和青少年失学的状况有两类，一类是孩子从未上过学，一类是辍学或未升学。

第一，孩子从未上过学的原因。对于6～17岁孩子从未上过学的情况，其原因有个人身体状况、附近无特殊教育学校、学校拒收和家庭经济条件差上不起学，以及不明其他原因。其中最主要的个人身体原因居高不下，2007年至2009年，由于自己身体状况的限制而未上学的孩子比例三年来分别达到52.1%、53%和66.1%，且呈现上升的趋势。位列第二的原因是附近无特殊教育学校（盲、聋、弱智），其他还有学校拒收和因家庭经济装上不起学的原因（见表4）。

表4　6～17岁孩子为什么从未上过学的原因（单位：%）

	身体原因	学校不收	上不起	附近无特殊教育学校	其他	合计
2009年度	66.1	6.6	3.4	23.9	0	100
2008年度	53	5.2	2.3	21.6	17.9	100
2007年度	52.1	5.2	4.7	23.4	14.6	100

数据来源：2007～2009年中残联监测数据。

第二，残疾儿童和青少年辍学原因。残疾儿童和青少年辍学问题严重，其原因多样化，但其身体问题是关键。由于学校和家庭两方面原因辍学的比例相对较小，由于学校原因辍学的比例最低（见表5）。

表5 6~17岁残疾儿童和青少年失学的辍学原因（单位:%）

	2007年度	2008年度	2009年度
学校原因	2.61	2.58	2.44
家庭原因	5.88	5.81	5.69
自身原因	81.05	81.29	81.3

数据来源：2007~2009年中残联监测数据。

第三，残疾青少年未能继续升学的原因。对于残疾青少年个人及其家长来说，能够升入更高级别的学校进一步学习和深造，对于其个人的成长和未来的生活、工作、发展具有重大的意义和作用；同时，进一步学习和深造又是一件非常奢侈的事情。从实际的监测情况来看，残疾青少年继续升学的压力很大，升学限制条件多。

从2007年至2009年的监测数据看，18~25岁残疾青少年未能继续升学比较明确的原因依次是个人不愿意继续升学、因学校限制身体条件无法升学和家里无能力支付学费，其他不明原因比例很高（见表6）。不明原因比例很高，但监测数据无法清楚地显示个人不愿意继续升学和其他不明原因，这说明有关部门对于学生的实际需求不明确，产生辍学的原因不清晰。这需要在今后工作中进一步明确其细化的项目，才能使有关部门有针对性地施以对策和措施。

表6 残疾青少年失学没有继续升学（大学专科以上）的原因（单位:%）

	家里无能力支付学费	因学校限制身体条件无法升学	因学校没有无障碍设施	个人不愿意继续升学	其他
2007年度	13.3	15	0.2	16.4	55.1
2008年度	8.7	11.8	0	18.1	60.4
2009年度	8.3	14.7	0.7	14.8	61.5

数据来源：2007~2009年中残联监测数据。

4. 残疾青少年接受职业技能培训比重低于百分之十

在2007~2009三年的监测数据中，三年的监测样本数分别625、663和1193

个,18~25岁残疾儿童和青少年未接受过职业技能培训的比例分别高达94.7%、93.4%、93.8%,说明在对残疾儿童和青少年进行的职业技能培训活动的极度欠缺,残疾青少年接受职业技能培训的问题严重,状况堪忧(见表7)。

表7 您在1年内是否曾接受过职业技能培训(单位:%)

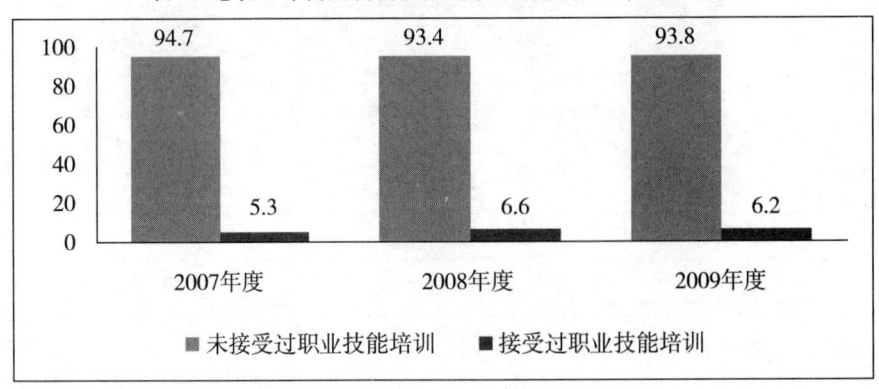

数据来源:2007-2009年中残联监测数据。

在第二次抽样调查中获得的数据也说明,曾接受职业教育与培训的18~25岁残疾青少年合计只占5.37%,与接受医疗服务与救助和康复训练与服务相比差距甚远(见表8)。这也说明,在对残疾儿童和青少年的救助服务中,接受医疗服务与救助和康复训练与服务更为到位,对接受职业教育与培训的服务效果很低。这一方面原因可能是对教育培训带给残疾孩子未来发展的作用的认识还未达到更高层次的认识,或者是对这一作用的体会尚未得到实际的收益;另一方面是针对残疾青少年的教育培训项目和措施的缺位。

表8 曾接受职业教育与培训、接受医疗服务与救助和康复训练与服务(单位:%)

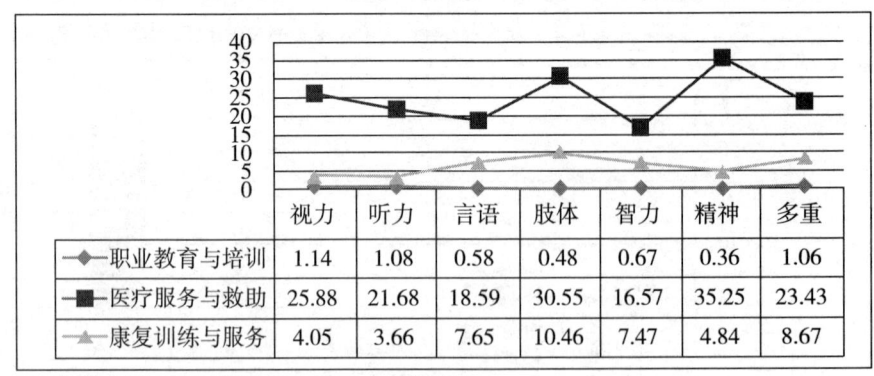

数据来源:2006年残疾人第二次抽样调查。

2006年全国残疾人抽样调查数据显示,在教育费用的补助或减免、职业教育与培训、再就业安置与扶持三个方面,无论是在曾经接受过这些项目的服务和扶助,还是在对这些项目的需求上,与同期调查的医疗服务与救助方面的服务与需求数据相比,都显示出很低的比例(见表9,表10)。数据充分显示出残疾家庭和儿童本人在接受教育培训的服务和教育费用减免方面接受状况和实际需求之间的差距,这一状况令人担忧。

表9 曾接受教育费用补助或减免及本人主要需求（单位:%）

	视力	听力	言语	肢体	智力	精神	多重
教育费用补助或减免曾接受	4.57	3.52	3.68	3.76	3.27	1.79	2.9
教育费用补助或减免需求	6.6	4.55	7.83	6.4	5.25	2.5	4.09

数据来源：2006年残疾人第二次抽样调查。

表10 曾接受职业教育与培训服务或扶助及本人主要需求（单位:%）

	视力	听力	言语	肢体	智力	精神	多重
职业教育与培训曾接受	1.14	1.08	0.58	0.48	0.67	0.36	1.06
职业教育与培训需求	2.69	2.21	1.99	3.41	3.65	2.36	2.23

数据来源：2006年残疾人第二次抽样调查。

（二）残疾儿童和青少年教育培训："面"上的问题

我国残疾儿童和青少年教育虽然取得了巨大的成就，但是从监测数据和调研情况来看还存在着很多的问题，对这些问题成因的分析可以从以下几方面来看。

1. 政府责任缺失，教育公平落实不到位

第一，教育公平缺乏监督、约束与评价机制。目前的情况是，我国的特殊教育立法体系仍然不成熟，专门性的特殊教育立法层次低、立法体系不完备；特殊教育制度不健全、不完善，缺失特殊教育法本身特有的原则和制度。虽有《纲要》和其他相关条例的约束，但特殊教育法律规范过于原则、笼统、内容空洞，没有配套的定性、定量评价指标，不具有操作性。

第二，政府对特殊教育投入不足。由于政府责任的缺位导致了教育的不均衡发展，使残疾儿童的义务教育成为教育领域最为薄弱的内容。虽然政府每年在预算内安排特殊教育专款，但是这部分专款既要用于义务教育阶段的特殊教育，还要用于特殊职业教育、特殊高等教育等多个方面。而残疾儿童的教育要比普通儿童的教育需要更多的经费投入。因此，其数目不足以用来支持特殊教育学校的发展。此外，政府对于随班就读形式并没有稳定的经费补助，随意性较大，没有建立起完善的经费支持系统。

第三，残疾儿童教育公平的落实不到位。我国残疾儿童教育在教育机会、教育过程、教育结果的公平三方面均存在令人担忧的问题。在教育机会上，与普通儿童相比，残疾儿童义务教育入学率、学前教育入学率相对较低，辍学率则高于普通儿童；残疾儿童内部，不同残疾类型、不同性别、不同经济发展水平地区的残疾儿童之间也存在受教育机会不均衡的现象。在教育过程上，残疾儿童随班就读质量较低，残疾儿童教育师资比较薄弱，残疾儿童受教育质量难以保障。在教育结果上，较高教育层次的残疾人在校生数量急剧下降，残疾人职业教育发展非常薄弱，造成了教育与就业之间的断层。我国残疾儿童教育公平事业面临诸多挑战，任重道远。

2. 社会支持体系不全面，民间教育机构生存困难

第一，社会支持体系不全面。在中国，已经有很多有社会责任感的企业开始关注残疾儿童的义务教育，并对其进行捐赠。但总体来看，目前大多数企业对残疾儿童义务教育的捐赠积极性不高，救助意识不强；社会层面上的支持与援助体系不健全。基层社区的支持力度不足，还没有形成有效的机制保证基层社区的支持。

第二，民间特殊教育机构生存困难。有些针对残疾儿童和青少年的民间教育培训机构不能及时获得注册，面临着合法性危机。此外这些第三部门还在不同程度上遇到了资金短缺、无办公场所、工作人员不稳定等困难。由于第三部门主要的经费来源是社会组织和个人的捐赠，而能否获得社会捐赠与这些组织的能力、信誉度有直接的关系，因此在这些组织建立初期，一些企业或者个人不敢放心捐赠，其直接后果就是这些组织筹不到资金。这些特教机构除靠服务收费外，有时接受市县级残联的资金扶助，常常出现资金缺口，运行一直难以步入正轨。

3. 特殊教育师资有限，办学条件无法适应特殊需求

第一，特殊教育师资不足。多年来，残疾儿童少年接受义务教育比例不断提高，但一些省市提高特殊教育教师待遇、解决残疾学生生活困难等问题尚未得到很好的解决，成为制约残疾儿童和青少年就学的"瓶颈"。

第二，办学条件无法满足残疾儿童的需要。我国的特殊教育仍处于初级阶段，办学条件与普通教育相比有差距，而选择随班就读形式在普通学校接受教育，也因为支持系统的缺失，无法满足残疾儿童的需要。对特殊教育学校而谈，专项资金单一，投入相对不足。对此，中国残联副理事长程凯表示，现在推行残疾人特殊教育的主要的资金来源还是各级财政，与其他的教育投入的幅度比例相比，特殊教育的投入还显不足。总体特殊教育的投入和特殊教育发展的需要之间还有一定的距离。

4. 观念认识存在误区，残疾人教育培训定位不准

通过分析残疾儿童接受义务教育的现状，我们可以发现在残疾儿童接受义务教育中面临着两大突出的矛盾急待解决：

第一，家长观念认识的误区。这表现为家长没有科学、正确地评价自己的子女，对其子女接受教育的期望值不高并且动力不足。有些家长没有对子女的残疾状况进行检测鉴定的意识；有些家长持一种放弃的心态，不让子女入学，入学只是让学校代管，"只要不出事就可以了"；而有些家长在对残疾子女的早期康复中已经投入了很多，现在已经没有能力再为他们提供教育。此外，残疾家庭和本人获得教育培训的机会和资源有限，无法获知相关信息及从中获取收益，在实际调研与访谈中也基

本验证了这样的判断。

第二，对残疾儿童和青少年教育培训的定位不准。目前残疾儿童和青少年教育培训问题的存在，究其原因，一方面是受制于现有教育体系的影响，教育培训的目的不明确或定位不清楚带给残疾家庭和本人的实际收益和效果不佳，使其无法得到更多的认同和积极的参与；对残疾家庭和儿童和青少年本身的教育培训需求不明确，不清楚受教育者的学习愿望与学习要求，比如，由于残疾的影响，残疾儿童和青少年适合的教育、培训类型受到其残疾类型和残疾程度的制约；适应的教育和技能训练范围较狭窄；对无障碍环境和安全环境有特殊要求，等等。

三、对残疾儿童和青少年教育培训发展的深层审视与定位

（一）教育公正重于政策关怀

对有身体障碍残疾儿童和青少年而言，生存与成长过程中获得的教育公正比政策关怀更为重要，它触及的是残疾儿童和青少年生存与发展的核心理念。以确立教育公正为前提，提供适应残疾儿童和青少年个体水平和发展需要的教育机会，通过合理的教育培训手段和积极的人生体验，达到残疾儿童和青少年主动调节身体、心理、社会三维的健康和谐状态，努力实现其与普通儿童和青少年的同步发展。

在我国现阶段的残疾儿童和青少年教育和培训中，生命关怀和生存保障还是学校教育重要的价值取向，尚未把"以人为本"作为残疾儿童和青少年教育培训的根本出发点。从更高级的需求层面来说，教育对残疾儿童和青少年的生命关怀，应从保障每一个学生都能得到基本学习权利的初级关怀，提高到使每一个残疾儿童和青少年都能得到公平教育机会和最大发展的深层关怀。因此，重视和践行和谐社会背景下残疾儿童和青少年的教育公正问题，意味着对残疾儿童和青少年的社会保障从自体发展开始走向融合发展的新阶段，是"以人为本"、"健康第一"等理念下的中国残疾儿童和青少年教育培训与世界接轨的必由之路，也是使残疾儿童和青少年走向健康、融入主流群体的重要途径。

（二）教育发展重于生存保障

向特殊教育对象提供的教育不再是局限于基础教育，而延伸为终身教育。

美国盲聋女作家、社会活动学家、教育家海伦凯勒克服三重残疾，考取了美国哈佛大学哈德克利夫女子学院。这是早期对多重障碍残疾人教育取得成功的最突出的案例。此后不少残疾人都得到了进行较高层次学习的机会。特别是一体化教育的实施使更多的残疾儿童不仅可以接受义务教育，还可以借助在普通中学中取得的成就进入高等教育阶段学习。这样残疾儿童的教育就延伸到了高等教育阶段，他们有机会获得学士、硕士和博士学位。另一方面对特殊儿童的教育也向下延伸，根据儿童发展的关键期理论和缺陷补偿的规律，对障碍儿童进行早期预防或减轻其障碍程度，从而减少新生的缺陷儿童，或帮助他们补偿身心缺陷、克服障碍，能够更好地回归社会。这种将局限于义务教育阶段的特殊服务向两端延伸的做法，符合终身教育的精神。

随着社会文明程度的提高，残疾儿童和青少年已经开始作为一个有独立人格和社会价值的公民生活在社会上，他们对教育培训的需求层次也出现较大变化，由渴

求温饱向多层次的职业需求转变。像健全人一样寻求未来，到社会总目标中去实现自身的价值，获得更好的职业发展，这乃是他们更高层次上的一种生存需要，对此社会应该设法予以保障。

（三）需求识别重于身份识别

分类别、分层次、全方位开展特殊教育培训活动，特殊教育向多元化发展。

在最初的特殊教育机构中，残障儿童被看作是低能的、需要给予保护的客体，因而采取的态度是将他们安置在隔离制的养护机构中，以起到保护他们的作用。教育内容也以简单的生活技能和浅显的科学文化知识为主；对残疾儿童的鉴定、测查也缺乏科学系统的了解和把握，往往将不同程度的孩子混在一起进行管教，其效果自然不佳。因为按照儿童的外在特征进行分类仅仅具有医学意义，而不具有教育意义。

当特殊教育发展到一定水平后，不仅对同一类儿童根据程度上的差异进行分化，而且在横向上覆盖更多的特殊儿童。人们也不再强调以儿童外在的特征来划分其类别，首先是对某些特定的残疾儿童根据其障碍程度加以分化，将不同类别的特殊儿童分离出来，根据他们的身心特点开展适合的教育培训。并将着眼点放在有儿童存在什么缺陷或不足改为儿童有什么优点或潜能。对儿童的分类主要考虑其教育需要，而不再仅仅从医学上对他们进行分类。打破传统的特殊儿童分类方法及教育安置措施，根据这些儿童的残疾程度和不同需要来针对性地进行教育培训，使每个儿童都能真正从学校活动中受益。

四、残疾儿童和青少年教育培训发展的主要建议

（一）构建"能力导向"教育培训体系的基本目标

第一，以学生需求为主设定教育培训目标。建构"能力导向"教育培训体系的目的主要是想让学生了解一些关于自然和社会的常识并能应用于日常生活。

第二，以学生生活教育、生存教育为目的建构教育培训内容。依据残疾儿童和青少年的培养目标，教育培训可设计为三大部分的训练内容，即：①生活适应能力训练；②生活实践能力训练；③生存技能训练。通过这些教育培训使他们的潜力在最少受限制的情况下得到最大限度的发挥。

第三，采用新颖灵活的教学方式和方法提高学习效果。美国著名教育学家杜威的著名观点是"从做中学"，在这一社会中，课堂教学应该是真实生活中问题解决的实验室。学生通过参与各种集体的社会活动，结合生动的现实生活经验，在自主的活动中进行积极的建构，使学生在轻松愉快的氛围中学到生活的技能，生存的本领。

（二）构建残疾儿童和青少年教育培训体系的基本框架

构建残疾儿童和青少年教育培训体系，重要的关键的环节是建构符合残疾儿童和青少年教育培训的整体性的社会支持体系，应重视其差异性、层次性、递进性与发展性的基本特性。应根据残疾儿童和青少年教育培训的教育理念，在对学生的需求进行科学化评估与分析的基础上，充分利用政府和社会各个层面、各个部门和各个环节的综合资源，充分利用政府及其他社会力量合作等方式，建构多样性的、可

持续发展的、相互衔接合作的残疾儿童和青少年及其未来人生发展的教育、培训、发展体系。

对此，应从国家的宏观框架上制定"特殊教育促进计划"，建立了一个国家层面上全面支持体系。由国家教育部、中国残疾人联合会、民政部、人力资源和社会保障部等分别负责，将残疾人一生中的康复、教育和职业发展需要结合起来（见图1）。

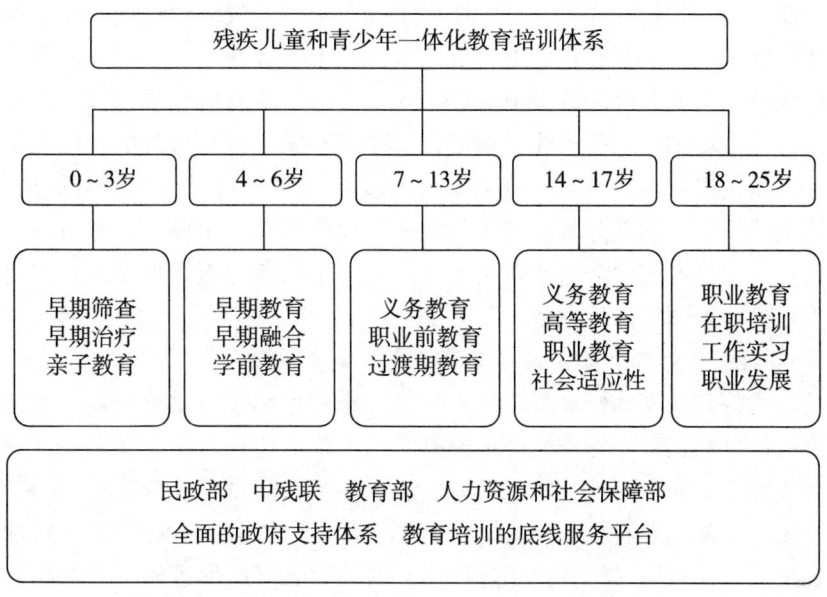

图1　政府全面支持的残疾人终身教育培训体系

作为一名残疾儿童或青少年必须接受三个方面的教育培训：生存性教育培训、职业性教育训练、发展性终身教育，与此相应，残疾儿童和青少年教育培训则包括三个不可缺少的基本环节：一是早期教育环节，即个人所受的早期康复性教育训练和亲子教育阶段；二是中等教育和职业性初步训练环节，即在个人早期教育环节的基础上进行职业理论的学习和技能型教育实践，直至成为具备一定职业技术和能力的工作者；三是高等教育和在职继续教育培训环节，这是前两个环节的补充和继续，它贯穿于残疾人员职业生涯的全过程。

这样，残疾儿童和青少年的早期基础性教育培训——过渡性职业教育培训——发展性职业教育培训三个阶段便连成了一个整体。将残疾儿童和青少年的教育培训过程视为一个可持续发展的终生教育过程，不仅有利于残疾孩子的成长，而且符合终身教育的思想，也是特殊教育一体化的充分体现。它带给我们的思考就是：一次性、终结性的教育培养模式变为了连续性、终身性的教育培养模式。早期教育不是全部，而是起点和基础。特殊儿童和青少年教育培训不仅要有好的起点和基础，也要有不断发展的未来，要用发展性教育培训深化特殊教育。

（三）残疾儿童和青少年教育培训长效机制构建

基于对我国残疾儿童义务教育和职业培训事业的发展现状、问题、局限性以及成因分析，我们认为，在我国残疾儿童和青少年教育培训的治理结构中，政府应处于主导地位，从根本上承担起推动残疾儿童义务教育福利事业的责任，此外还要有限度有条件的引入市场机制，推进社会的多元参与。在运行管理机制上，应本着"以人为本，转弱为强；着眼未来，服务社会"的办学理念，遵循"赋权"、"增能"的指导思想，实施"人本特教"、"能本特教"、"效本特教"，构建残疾儿童和青少年教育培训长效机制，推动我国残疾儿童和青少年教育培训事业的进一步发展。

1. 政府层面：做到政策、资金、责任"三到位"

政府教育在残疾儿童和青少年教育领域的多中心供给中起着核心作用。政府作为社会公众和公共利益的代表，有责任在残疾儿童义务教育和培训产品的提供和管理中发挥更大的作用，有责任促进残疾儿童和青少年教育培训品质的改善和公平分配。在残疾儿童义务教育的政策中需要引入新理念，政府的基本职责是为残疾家庭和儿童打造接受基础教育的底线服务平台。政府要保障所有适龄的残疾儿童都有学可上，而不是仅仅保障少数残疾儿童能够享受等同于普通学生的教育需求。另外，政府应该把残疾儿童的义务教育和职业技能培训看作是一个整体，在目前义务教育公平的前提下，发展相对落后的残疾儿童和青少年的职业教育事业，以实现残疾儿童和青少年教育培训均衡的发展。

2. 教育层面：做到办学条件、教学师资"双改善"

一是改善特殊教育学校办学条件。改善特殊教育学校办学条件是特教学校实施有效管理的基础性工程。特殊教育学校根据残疾儿童的身心特点和发展开设普通课程和针对残疾学生的专门的特殊课程；加强薄弱特殊教育学校改造进程。二是加强特教学校教师专业化发展。学校应根据学校学科发展的需要有计划地分批选送学校教师到高校、专业培训机构进行专业培训，以最大限度地促进教师专业的发展和能力的提升。同时，学校应在生活、学习、工作、职称评定等方面倡导"人文关怀"，提高特教学校教师待遇，使特教教师队伍整体素质才能得到不断提高。

3. 社会层面：引导舆论、社区、资金的"全面支持"

第一，积极宣传，加强舆论导向，提高社会公众对特教发展的关注度，吸引社会各界的资源支持。第二，发掘社区课程资源、开展社区教育。社区支持是最为直接与最为及时的，社区还具备了一定的课程资源，最容易被学校使用和开发。第三，还要争取社会各种教育基金的资助。政府部门和广大特殊教育工作者们要积极与社会慈善团体和社会基金建立联系，争取它们在资金、人员培训、就业安置等方面的支持，以利于特殊教育学校未来发展和深层次发展。

4. 家庭层面：构建观念、培训、互动的基础条件

残疾儿童的家长应该在残疾儿童的义务教育供给中发挥基础性作用，家长在不同的情景下可以充当不同的角色。残疾儿童的家长要在残疾儿童义务教育中发挥积极的正面的作用，首先要调整好自己的心理状态，坦然地接受自己有残疾的孩子，了解残疾产生的真正原因，积极面对困难，寻找补救方法，用科学、理智、正确的教育来补偿残疾儿童的身心障碍，最大程度的使儿童朝正常方向发展。此外，还可通过建立残疾儿童家长团体，积极地创造社会支援系统，争取社会的支持；家长团体除了共同代表一股有效的推动力量外，彼此间还获得感情的共鸣，化解家长心理压力；互相提供资讯，以便充分地利用社会上的教育、医疗、就业、福利服务等。

参考文献

陈久奎，阮李全．特殊教育立法问题研究：人文关怀的视角．中国特殊教育，2006，(6)．

论残疾儿童少年受教育权及其实现，中国听力学网 www.chineseaudiology.com，2009 – 7 – 14.

中国残联副理事长程凯接受中国政府网专访，就"关注第十九次全国助残日，积极推进残疾人社会保障和服务体系建设"与网友在线交流。中央政府门户网站 www.gov.cn，2009 – 05 – 14.

教育部，全国教育事业发展统计公报，1998 – 2008.

第二次全国残疾人抽样调查结果，光明日报 2007 – 05 – 29.

国务院，关于第二次全国残疾人抽样调查主要数据的说明，国务院网，2010 – 4 – 20.

朴永馨主编．特殊教育辞典（第二版）．华夏出版社，2006，(84)．

阐丽．加拿大特殊教育研究，辽宁师范大学硕士研究生论文，2004.

杨晓琳．残疾儿童衣物教育福利的治理．西北大学硕士学位论文，2008.

吴康宁．教育社会学阅，人民教育出版社，1998，(112)．

黄丽娇，张宁生．韩国特殊教育发展经纬．现代特殊教育，2000，(3)．

叶澜．教育理论与学校实践．高等教育出版社，2000，(36)．

陈久奎，阮李全．特殊教育立法问题研究：人文关怀的视角．中国特殊教育，2006，(6)．

北京市残疾人就业工作"十一五"实施方案．

陈超，义务教育阶段残疾儿童入学工作的思考，蕲春县残联，2009 – 1 – 4.

卫宏，杜文平．中国特殊需求群体适龄儿童义务教育发展研究报告，中国义务教育科研网，2005 – 04 – 05.

论残疾儿童少年受教育权及其实现，现代特殊教育，www.chineseaudiology.com，2009 – 7 – 14.

苏婷，普特融合：让残疾儿童享受更好的教育《中国教育报》2006，12 – 9（2）．

田宝，张扬．两次全国残疾人抽样调查主要数据的比较与分析，特殊教育，2010 – 4 – 13.

兰继军．论国外特教对象的演变对我国特殊教育的影响，陕西师范大学硕士林文，2001.

李霞．美国全纳教育之研究，南京师范大学硕士论文，2007.

罗盈．转型期我国基础教育公平及其政策研究，西南政法大学硕士论文，2007.

（作者单位：首都经济贸易大学劳动经济学院）

我国老年居民慢性病患病状况及影响因素研究

——基于全国九省区的调查研究

和 红 李宝生

近年来，随着社会经济的发展、人民生活水平的提高和人口老龄化进程的加快，疾病谱和死因谱正在发生变化。其中，慢性非传染性疾病（即慢性病）问题日益严峻，患病率逐渐增加，成为我国居民的主要死因，并带来了严重的社会经济负担，成为广大群众因病致贫、因病返贫、累及家庭和社会的重要因素之一。

2005年10月，世界卫生组织发表了题为《预防慢性病：一项至关重要的投资》的报告。同时，也发表了《全球死亡与疾病负担的重新评估，2002 – 2030》的技术报告。报告指出，慢性病是目前世界上首要的死亡原因，由慢性病造成的死亡，约占所有死亡的60%。WHO预计，如果不采取积极的行动，在2005～2015年的未来10年里，慢性病导致的死亡将增长17%，全球将有3.88亿人死于慢性病。中国将有8000万人死于慢性病，慢性病死亡增长19%。

我国是世界上老年人最多的国家，也是人口老龄化速度最快的国家之一。人口老龄化加重了慢性病流行压力。随着社会经济的发展和生活水平的提高，各国人口的平均期望寿命不断延长，越来越多的人可以活到老年期。随着年龄的增长，慢性病的发病率逐年上升，60岁及以上年龄的人群即老年人成为慢性病的高发人群。2004年，世界卫生组织发表了"人口老龄化社会的健康隐忧"的报告，在报告中指出全球人口趋于老龄化，慢性非传染性疾病给公共健康系统带来的负担不断加重。慢性病流行压力随着人口老龄化的加剧而愈加严重，随着人口老龄化而伴随的慢性病流行趋势严重。可见，慢性病已成为全球的首要公共卫生问题。

2009年底的最新报告显示，我国现有老龄人口1.6亿，以每年近800万的速度增加。专家预测到2050年，我国老龄人口将达总人口的1/3。老龄人口数量的增长和人口比例的增加，特别是80岁以上的高龄老人和失能老人的快速增长，导致我国慢性病患病率不断升高，患者规模日渐扩大。据卫生部统计，60岁及以上居民的慢性病患病率是全人群患病率的3.2倍。许多老年人是在承受各种慢性病及并发症的过程中度过晚年的，其健康寿命年明显减短。我国卫生部和国家疾病预防控制中心于2006年发布《中国慢性病报告》，描述了慢性病在我国的流行态势和疾病负担，这些都表明加强慢性病的防治已刻不容缓。

我国慢性病的流行状况日渐严峻，如何有效预防和控制慢性病的蔓延，增强和改善我国居民尤其是60岁及以上人群的健康水平和生命质量已经成为摆在我们面前的一项重大课题。本文将利用2006年中国居民健康与营养调查数据对我国60岁及以上居民的慢性病患病情况及影响因素进行探讨和分析。提出有针对性的对策、措施或建议，对于改善全人群的健康水平，提高老年居民以至全人群居民的生活质量都有着重要意义和现实价值。

一、对象和方法

（一）研究对象

本文利用北卡罗来那大学卡罗林那人口中心、美国营养和食品研究所和中国疾病预防控制中心的 2006 年的中国居民健康与营养调查（CHNS）数据。该数据采集范围覆盖黑龙江、辽宁、山东、江苏、河南、湖北、湖南、广西、贵州 9 个省区的城市和农村，具有较好的代表性。本文仅对数据中的 2415 名年龄 ≥60 岁的居民进行慢性病患病状况的探讨和分析。

慢性病主要指以心脑血管疾病（高血压、冠心病、脑卒中等）、糖尿病、恶性肿瘤、慢性阻塞性肺部疾病（慢性气管炎、肺气肿等）、精神异常和精神病等为代表的一组疾病，具有病程长、病因复杂、难治愈、致死和致残率高、健康损害和社会危害严重等特点。其在人群中具有非常大的危害性，一旦患病终身带病，严重影响患者的生活质量，严重危害人群健康，增加患者和社会的经济负担。

由于数据资料的限制，本文仅对患病率较高，对人群危害比较严重的四种慢性病进行分析，即高血压、糖尿病、心肌梗死和中风。在本文中，为研究分析方便，规定只要研究对象患有上述四种慢性病中的一种，就界定为慢性病患者；若未患上述四种慢性病则界定为非慢性病患者。

（二）研究方法

本文采用文献研究和定量分析研究相结合的方法。利用 SPSS13.0 统计软件进行描述性分析和相关统计学检验。研究中采用的统计方法为 X^2 检验和二分类 Logistic 回归分析。

二、结　果

（一）研究对象的人口学特征

在所分析的 2415 名老年人中，男性为 1130 人（占 46.8%），女性 1285 人（占 53.2%）。调查对象的年龄均大于等于 60 岁，其中 60～69 岁年龄组人数最多，占 56.9%；70～79 岁年龄组次之，占 33.8%；80 岁及以上年龄人数最少，仅占 9.3%。农村居民人数明显多于城市，占所有研究对象人数的 63.1%。在所有研究对象中，73.0% 的老年人在婚，男性在婚率高于女性。72.9% 的老年人仅为小学及以下文化程度，男性文化程度高于女性。77% 的老年人目前已不在工作，但仍有 23% 的老年人处在工作劳动状态，其中大多数是农村的老年人以及 4% 的城市返聘工作的老年人（表1）。

表 1　研究对象的人口学特征

		男性		女性		X^2	P
		人数	百分比（%）	人数	百分比（%）		
年龄（岁）	60～69	667	59.0	706	54.9	6.83	0.033
	70～79	374	33.1	443	34.5		
	≥80	89	7.9	136	10.6		

续表

		男性		女性		X^2	P
		人数	百分比（%）	人数	百分比（%）		
城乡	城市	417	36.9	474	36.9	0.00	1.000
	农村	713	63.1	811	63.1		
婚姻状况	在婚	978	86.5	781	60.8	203.57	<0.001
	不在婚	149	13.2	501	39.0		
文化程度	小学以下	213	18.9	681	53.0	327.70	<0.001
	小学	471	41.8	393	30.6		
	初中	243	21.6	117	9.1		
	高中及以上	195	17.3	88	6.9		
工作情况	无	799	70.7	1061	82.6	47.78	<0.001
	有	331	29.3	224	17.4		
地区	辽宁	119	10.5	127	9.9	5.92	0.657
	黑龙江	83	7.3	83	6.5		
	江苏	159	14.1	160	12.5		
	山东	125	11.1	167	13.0		
	河南	117	10.4	141	11.0		
	湖北	109	9.6	128	10.0		
	湖南	120	10.6	127	9.9		
	广西	146	12.9	187	14.6		
	贵州	152	13.5	165	12.8		

（二）研究对象的慢性病患病状况

对2415名老年人患慢性病的情况进行分析结果见表2。结果表明有657人确诊患有慢性病，占27.2%。其中城市为38.5%，高于农村的20.6%，慢性病患病在城乡间的差异有统计学意义（P<0.05）。

表2 研究对象总的慢性病患病情况

	城市		农村		合计
	人数	百分比（%）	人数	百分比（%）	
有慢性病	343	38.5	314	20.6	657
无慢性病	548	61.5	1210	79.4	1758
合计	891	100.0	1524	100.0	2415

注：$X^2=90.89$，P<0.001。

（三）影响因素研究

1. 单因素分析

对研究对象的一般特征及可能影响慢性病患病情况的因素与慢性病的关系进行单因素分析。由表3可见，年龄、城乡、文化程度、地区、吸烟、饮酒、医疗保险、卫生服务利用及体质指数（Body Mass Index，BMI）在是否患有慢性病的差异上是有统计学意义的（$P<0.05$）。而性别、婚姻状况、饮茶、参加体育运动、久坐对慢性病患病的影响在本研究对象中不显著（$P>0.05$）。

表3 研究对象总的慢性病患病的单因素分析

		无慢性病		慢性病		χ^2	P
		人数	百分比（%）	人数	百分比（%）		
性别	男	828	73.3	302	26.7	0.246	0.647
	女	930	72.4	355	27.6		
年龄	60~69	1043	76.0	330	24.0	16.221	<0.001
	70~79	559	68.4	258	31.6		
	≥80	156	69.3	69	30.7		
城乡	城市	548	61.5	343	38.5	90.893	<0.001
	农村	1210	79.4	314	20.6		
婚姻状况	在婚	1280	72.8	479	27.2	0.120	0.942
	非在婚	474	72.9	176	27.1		
文化程度	小学以下	679	76.0	215	24.0	17.509	0.002
	小学	629	72.8	235	27.2		
	初中	257	71.4	103	28.6		
	高中以上	181	64.0	102	36.0		
地区	辽宁	153	62.2	93	37.8	65.607	<0.001
	黑龙江	118	71.1	48	28.9		
	江苏	204	63.9	115	36.1		
	山东	208	71.2	84	28.8		
	河南	185	71.7	73	28.3		
	湖北	162	68.4	75	31.6		
	湖南	189	76.5	58	23.5		
	广西	272	81.7	61	18.3		
	贵州	267	84.2	50	15.8		

续表

		无慢性病		慢性病		χ^2	P
		人数	百分比（%）	人数	百分比（%）		
区域	东北	271	65.8	141	34.2	53.442	<0.001
	华东	412	67.4	199	32.6		
	华中	536	72.2	206	27.8		
	华南	272	81.7	61	18.3		
	西南	267	84.2	50	15.8		
吸烟	否	132	62.9	78	37.1	23.439	<0.001
	是	449	78.9	120	21.1		
饮酒	否	1275	71.5	509	28.5	6.066	0.014
	是	483	76.5	148	23.5		
饮茶	否	1118	73.9	394	26.1	3.126	0.209
	是	639	70.9	262	29.1		
体育运动	不参加	1560	73.4	565	26.6	3.650	0.066
	参加	163	67.6	78	32.4		
久坐	否	248	74.9	83	25.1	0.816	0.387
	是	1493	72.5	565	27.5		
医疗保险	无	886	75.8	283	24.2	10.271	0.001
	有	872	70.0	374	30.0		
卫生服务利用情况	无	1696	74.0	597	26.0	31.335	<0.001
	有	58	50.9	56	49.1		
BMI	偏瘦	132	83.0	27	17.0	1.172	<0.001
	正常	1157	78.1	324	21.9		
	超重	334	62.4	201	37.6		
	肥胖	53	42.4	72	57.6		

由表3可见，年龄对慢性病患病的影响具有显著性，即随着年龄的增大，老年居民慢性病的患病率呈上升趋势，患病风险也在加大；城市老年人患慢性病明显高于农村，这可能与城市居民就医意识较强以及卫生服务可及性较高有关；文化程度方面，表现为学历越高，患病率越高；慢性病患病具有明显的地区差异，表现为从北向南，从东向西，患病率逐渐降低。老年人BMI对慢性病患病影响显著，表现为随着BMI的逐渐升高，慢性病患病率呈显上升趋势，尤以肥胖者患病率最高。

通过对研究对象生活方式的分析，我们发现吸烟和饮酒与老年人慢性病患病具有相关性。但却表现为不吸烟和不饮酒的老年人慢性病患病率较高，由于本研究是横断面研究，不能确定因素间的因果关系，因此这可能与这部分老年人在患慢性病后改变生活方式有关。对于是否参加医疗保险及卫生服务利用情况的分析，结果发现参加医疗保险及利用卫生服务的老年居民慢性病患病率较高。由于本研究对慢性病患病的界定是以医生是否下过诊断为依据的,因此享受医保的人及利用卫生服务的人可能就医意识和行为更为强烈和频繁,因此确诊患慢性病的机会就更多,从而表现为参加医疗保险和利用卫生服务的老年居民慢性病患病率高。

2. 多因素分析

在单因素分析的基础上,采用二分类 Logistic 回归模型对我国老年人患慢性病的影响因素进行进一步分析。以老年居民是否患慢性病作为二分类因变量(无慢性病为 0,患慢性病为 1),我们选择性别、年龄、城乡、婚姻状况、文化程度、区域、吸烟、饮酒、体育运动、医疗保险、卫生服务利用及 BMI 作为协变量,建立二分类 Logistic 回归模型,结果有统计学意义的因素见表 4。

表 4 慢性病影响因素的 Logistic 回归分析结果

自变量	参照组	回归系数	Wald 值	P 值	OR 值
年龄					
70~79	60~69	0.333	8.718	0.003	1.395
≥80	60~69	0.456	6.149	0.013	1.578
城乡					
农村	城市	-0.794	55.685	0.000	0.452
区域					
东北	西南	0.526	6.636	0.010	1.692
华东	西南	0.488	6.518	0.011	1.630
华中	西南	0.482	6.660	0.010	1.619
华南	西南	-0.014	0.004	0.951	0.986
饮酒情况					
是	否	-0.244	4.145	0.042	0.784
卫生服务利用					
是	否	0.853	15.810	0.000	2.348
BMI 指数					
偏瘦	肥胖	-1.678	32.646	0.000	0.187
正常	肥胖	-1.412	49.130	0.000	0.244
超重	肥胖	-0.800	14.207	0.000	0.449
常数		-0.340	1.251	0.263	0.712

结果显示,与老年人慢性病患病有关的因素有年龄、城乡、区域、饮酒情况、卫生服务利用情况和 BMI;而与性别、婚姻状况、文化程度、吸烟、体育运动、参加医疗保险情况不显著。与不患慢性病者相比,年龄偏大者、城市居民、东北部地区、卫生服务利用以及超重的老年人更易患慢性病。其中,年龄 70~79 岁组以及 ≥80 岁组的老年人患慢性病概率是 60~69 岁组老年人的 1.395 倍和 1.578 倍。农村老

年人的患病概率只有城市老年人的 0.452 倍。从老年人居住的区域来看，可以明显的看出由东北向西南，慢性病患病概率逐渐降低。BMI 越大，即超重的老年人更易患慢性病。

本研究显示，饮酒的老年人患病危险是不饮酒者的 0.784 倍，即不饮酒者患病危险反而高，这可能与患慢性病的老年人改变了生活方式，即已经戒酒有关。同样，过去四周中接受过卫生服务利用的老年人患病危险性是未接受过服务人群的 2.348 倍，这与就医行为以及本文中慢性病的界定有关。

三、结　论

对慢性病患病状况及影响因素的研究是对其进行预防和控制的前提条件，它是预防和控制慢性病发病的有效策略和评价居民健康状况的重要内容。本研究结果表明，年龄是慢性病患病的重要危险因素；慢性病患病具有明显的城乡差异性和区域差异性，城市高于农村，东北地区患病危险度相对较高；居民体质状况与慢性病关系密切，肥胖和超重者患病危险度明显高于体质正常者。而性别、文化程度和婚姻状况与慢性病的差异不显著。生活方式是影响居民慢性病患病的一个重要因素，吸烟和饮酒对慢性病的发病影响明显。

慢性病的重点在于预防，采取何种措施来有效预防和控制慢性病的流行就成为问题的关键。基于本文的研究结果和目前我国慢性病流行和防控现状，本文就如何更好的预防和控制居民慢性病的发生尤其是老年人慢性病的发病，提出一些建议，以提高老年人乃至全人群居民的生活质量：①加强对居民慢性病的监测与预防控制，切实贯彻"三级预防"的理念和原则，把慢性病三级预防真正落到实处。②加强对居民慢性病健康促进与健康教育。加强对居民慢性病的健康教育，倡导健康文明的生活方式，尤其是增强老年人慢性病防控意识和健康意识，促进合理营养，提高自我保健能力。③建立、健全和完善城乡居民医疗保健制度。以新医改为机遇，健全和完善城乡居民医疗保健制度，提高城乡居民参保率，提高居民的医疗保障水平和卫生服务的利用率，这样也可以适时发现和了解居民健康状况，可以及时采取措施预防和控制疾病的发生和发展，从而切实提高居民的健康水平和生命质量。④城市要健全社区卫生服务网络。要积极建立健全社区卫生服务，建立以社区为基础的慢性病监测、防控和治疗网络。合理利用卫生资源，实现社区诊断——医院治疗——社区康复的目标，最大限度地降低医疗成本，提高居民尤其是老年人的生活质量。⑤建设和完善城乡体育健身场所，引导居民积极参与体育锻炼。生活方式是影响慢性病患病的一个重要因素，积极参与体育健身，对于增强居民体质，预防慢性病有着重要作用。⑥加强对肥胖和超重者的关注。研究发现，肥胖和超重者罹患慢性疾病的危险度非常高，是慢性病发病的高危人群，因此要特别加强对肥胖和超重者的关注和支持，积极鼓励和引导体质肥胖和超重的居民投身体育锻炼，积极有效预防和控制慢性病的发生和发展。

虽然本文的研究存在一定的局限性，如本文研究对象的患病情况是以医生的诊断为依据，因此慢性病患病率要低于实际人群的慢性病患病率；鉴于数据资料的限制，只选取了部分慢性病作为分析之用，因此不能完全代表整个慢性病的患病情况。

但是，本文在已有资料的基础上，充分挖掘信息，对可能影响慢性病发生的因素进行了分析，找出影响慢性病发生的影响因素，从而为更好和有效地提出预防和控制慢性病的建议和措施提供了理论依据。

参考文献

WHO. Preventing Chronic Diseases: A Vital In-vestment: WHO Global Report. Geneva: WHO 2005: 13.

陶立群. 我国老年人慢性病现状及发展趋势. 老龄问题研究, 2006, 3: 17-29.

中华人民共和国卫生部. 全国疾病预防控制工作规范——慢性非传染病疾病预防与控制. 2001.

WHO. Health Topics. http://www.who.int/topics/chronic_disease/en/.

王彤. 医学统计学与SPSS软件应用. 第1版. 北京: 北京大学医学出版社, 2008: 211-220.

Lain CLK, Fong DYT, Lauder IJ, et al. "The Effect of Health-related Quality of Life (HRQOL) on Health Service Utilization of Chinese Population". *Social Science and Medicine* 2002, 55 (9): 1635.

吴多文, 范华, 肖晓燕. 国内慢性病的现状、流行趋势及其应对策略. 中国临床康复 2005, 9 (47): 126-128.

程旻娜, 缪隼, 李新建. 上海市18岁以上社区居民慢性病患病现状及相关知识和卫生需求. 中国慢性病预防与控制 2009, 4 (2): 194-197.

杨虹, 蒙晓宇, 韦元元等. 广西城乡居民慢性病相关危险因素调查研究. 现代预防医学 2009, 36 (5): 809-812.

王粤湘, 邓小妮, 李燕芬. 广西老年人慢性病患病情况调查研究. 中国医药指南 2009.9 (17): 107-108.

钟澜, 王建富. 社区常见慢性病防治策略. 中医药管理杂志 2008, 4 (4): 313-314.

曹闻. 慢性病的社区预防与控制. 中医药管理杂志 2008, 8 (8): 617-618.

祝白春. 良好的生活方式和慢性病的防治. 职业与健康 2006, 6 (12): 890-891.

丁冬, 汪丽萍, 张锡斌等. 吉林省居民体力活动与慢性病的关系. 中国卫生工程学 2008, 8 (4): 238-239.

李洋, 傅华. 从公共卫生的本质看慢性病防治中的群体策略. 中国卫生资源 2008, 7 (4): 167-168.

曾伟, 贾勇, 魏咏兰等. 成都市成年居民肥胖流行现状及其与慢性病的关系. 中国慢性病预防与控制 2009, 10 (5): 514-516.

吴毅, 陆蓉蓉. 加强慢性病的社区康复治疗和规范化管理. 中国康复医学杂志 2009, 24 (11): 967-968.

（作者单位：中国人民大学人口与发展研究中心）

农村人才管理体系与人才工作绩效关系实证研究

——基于山西省某市 273 份问卷调查结果的分析

陈小平

农村人才资源是整体性人才资源的重要组成部分，开发利用农村人才资源，是加强农业专业技术人才队伍建设、促进我国农业和农村经济快速发展的关键。为了提高地方政府对农村人才管理工作的绩效，需要对它们进行详细研究。基于此，本文主要通过对山西省某市的相关单位进行问卷调查，重点研究地方政府对农村人才的人才管理体系与人才工作的绩效的关系，以便为改善农村人才工作绩效提供人才管理体系角度的重要的参考依据。

一、概念界定和研究假设

农村人才指在农村开发应用、推广普及先进科学技术，把科技成果转化为现实生产力的带头人，活跃在农村和农村经济发展第一线的具有一定科学文化知识或有一技之长，并取得专业技术、技能或经过人事部门认定获得相关证书的人。依据这一标准，纳入农村实用人才管理范围的人员有：乡镇一级应具有中专以上学历，初级以上职称，从事农业种植、养殖、农机、兽医和乡镇企业经营管理等直接为农业和农村经济服务的各类专业实用人才；村一级为具有掌握专业生产技术、技能的土专家、田秀才、种养殖业能人、农民企业家或为农产品开发、销售服务的致富带头人、农村经纪人。总体而言，山西省该市农村人才队伍由四部分组成，一是由人事系统选拔的农村拔尖乡土人才；二是由农业系统推出的农业技术推广人才和围绕国家千百万工程培养的技术人才；三是在改革开放过程中涌现出来的民营企业家和农民经纪人；四是长期在农村工作时间中成长起来的土专家、田秀才。这些人才在不同的行业和领域内为繁荣农村经济、解放农民思想、宣传科普知识、传授实用技术、带动农民致富奔小康等方面发挥了自己的聪明才智，做出了突出的贡献。

本文依据国内外学者对人力资源管理体系与其工作绩效之间的关系做过的实证研究成果，根据当地实际情况，作出如下研究假设：

假设1：农村人才管理体系中的人才规划与计划管理对人才工作绩效显著正向影响。
假设2：农村人才管理体系中的人才引进管理对人才工作绩效显著正向影响。
假设3：农村人才管理体系中的薪酬激励管理对人才工作绩效显著正向影响。
假设4：农村人才管理体系中的绩效考核管理对人才工作绩效显著正向影响。
假设5：农村人才管理体系中的培训与开发管理对人才工作绩效显著正向影响。
假设6：农村人才管理体系中的劳动关系管理对人才工作绩效显著正向影响。
假设7：农村人才管理体系中的晋升管理对人才工作绩效显著正向影响。

假设8：农村人才管理体系中的保障机制对人才工作绩效显著正向影响。

假设9：农村人才管理体系中的监督与约束管理对人才工作绩效显著正向影响。

二、研究方法

（一）问卷设计

本文以前人量表为基础，结合当地的具体情况，设计了"农村人才管理体系与人才工作绩效关系研究"调查问卷，以测量8个影响因素变量和5个绩效变量。该问卷采用了通行的7级量表形式，从1至7代表程度从最低到最高。

因变量包括人才吸引力、人才个人绩效、人才数量与素质、人才组织承诺、人才工作满意度等五个方面，运用七点法，从1到7代表程度最差到最好。这种方法相对而言更易引发回答者的反应。这种自我报告式的衡量尽管有一定的风险，但知觉衡量与客观衡量间存在确定的相关性。自变量包含九个部分：人才规划与计划、人才引进、薪酬激励、绩效考核、培训与开发、劳动关系管理、晋升管理、保障机制、监督与约束。运用七点法，从1到7代表程度最差到最好。自变量和因变量的各个维度均分别采用多个问题测量，这些问题的均值代表该变量的测量值。

（二）数据收集

本文选取了山西省某市的相关单位作为正式对象进行调研，从2009年10月到12月，共收回问卷296份，其中有效问卷273份。被调查对象是对农村人才的管理工作比较熟悉的人员。

（三）样本的信度与效度

信度分析采用"Cronbach's alpha"系数法＊α＝（题数/题数—1）＊（1—每一题数方差/总分之方差），首先分析各因子层面的内在信度，然后测量总问卷的信度系数。信度系数α的标准：按照学者Gay（1992）的观点，若大于0.80，则表示各项目间的内部一致性很高，若介于0.70–0.80之间，则尚可接受，最低不得低于0.70。经过SPSS信度分析，各变量的α值都在0.7以上（见表1），可以认为这次问卷调查的信度尚可。

表1 Cronbach's α 系数

自变量	标准化α值	因变量	标准化α值
人才规划与计划	.820	人才吸引力	.743
人才引进	.815	人才个人绩效	811
薪酬激励	.926	人才数量与素质	.924
绩效考核	.868	人才的组织承诺	.858
培训与开发	.869	人才工作的满意度	.836
劳动关系管理	.910	整体人才工作绩效	.942
晋升管理	.860		
保障机制	.856		
监督与约束	.906		
整体管理体系	.955		

在效度检验方面，本文利用验证性因素分析（CFA）来检验问卷的构建效度，

＊ 美国心理学家、教育学家克伦巴赫（Cronbach）创建的一套衡量心理或教育测验可靠性的方法。

以进一步了解量表的构建是否与操作性定义的构建数目和内容一致。对不同的量表进行因素分析。首先对 KMO 取样的适合度与 Barlett 球形进行检验，对各量表的输入资料进行主成分分析；然后将各分析的结果以最大变异转轴法进行直交转轴，萃取重要因素；最后对各维度因素的取舍依据泰森与布莱克的建议，取出大于 1 的特征值，因素负荷量尽量大于 0.5 以上，排除不适合的因素负荷量。各量表均抽取一个因素，用验证性因素分析各项指标（见表 2）。可见，总体上自变量和因变量的效度均达到可接受的水平。

表 2　各变量验证性因素分析结果

自变量	累计解释变异量	因变量	累计解释变异量
人才管理体系	71.958%	人才工作绩效	66.988%

（四）数据分析

1. 所有变量均值、标准差和相关系数

表 3 给出了所有变量均值、标准差和相关系数。该表显示，所有农村人才管理体系的自变量均与整体农村人才工作绩效显著正相关。

表 3　平均值、标准差和各变量关系

	均值	标准差	1	2	3	4	5	6	7	8	9
1	4.27	1.214	1	.785**	.668**	.725**	.739**	.712**	.654**	.652**	.608**
2	4.33	1.244	.785**	1	.741**	.658**	.705**	.706**	.672**	.685**	.583**
3	4.22	1.221	.668**	.741**	1	.791**	.688**	.729**	.697**	.695**	.710**
4	4.32	1.199	.725**	.658**	.791**	1	.801**	.734**	.707**	.676**	.701**
5	4.36	1.266	.739**	.705**	.688**	.801**	1	.776**	.670**	.677**	.626**
6	4.44	1.130	.712**	.706**	.729**	.734**	.776**	1	.719**	.739**	.753**
7	4.55	1.171	.654**	.672**	.697**	.707**	.670**	.719**	1	.809**	.692**
8	4.42	1.152	.652**	.685**	.695**	.676**	.677**	.739**	.809**	1	.781**
9	4.43	1.187	.608**	.583**	.710**	.701**	.626**	.753**	.692**	.781**	1
10	4.47	.867	.667**	.645**	.650**	.663**	.604**	.657**	.741**	.691**	.639**

注：N = 273；* 表示 p < 0.05，** 表示 p < 0.01。

1 表示人才规划与计划，2 表示人才引进，3 表示薪酬激励，4 表示绩效考核，5 表示培训与开发，6 表示劳动关系管理，7 表示晋升机制，8 表示保障机制，9 表示监督与约束，10 表示整体农村人才工作绩效。

2. 农村人才管理体系与人才工作绩效回归关系

在表 3 分析的基础上，本文运用逐步回归法将各影响因素对目标值作了整体回归分析（见表 4）。

表 4　逐步回归法结果

自变量	模型 1 （人才工作绩效）	模型 2 （人才工作绩效）	模型 3 （人才工作绩效）
1 人才规划与计划		.318	.274
2 人才引进			
3 薪酬激励			
4 绩效考核			

续表

自变量	模型1 （人才工作绩效）	模型2 （人才工作绩效）	模型3 （人才工作绩效）
5 培训与开发			
6 劳动关系管理			
7 晋升机制	.741	.533	.450
8 保障机制			
9 监督与约束			.160
R2	.549	.607	.619
修正后的 R2	.547	.604	.615
F	329.682***	208.195***	145.631***

注：N = 273；* 表示 $p < 0.05$，** 表示 $p < 0.01$，*** 表示 $p < 0.001$。

模型1表示了人才晋升对农村人才工作绩效有正向显著影响，即假设7得到支持。模型2检验了人才晋升与人才规划和计划对农村人才工作绩效的影响，发现这两个因素作为一个整体与企业经营管理人才工作绩效相关，即假设7和假设1得到支持。模型3检验了人才晋升、人才规划和计划、监督与约束对农村人才工作绩效的影响，即假设7、假设1和假设9得到支持。

3. 农村人才管理体系与人才工作绩效现状

上述研究发现，农村人才管理体系中的人才晋升、人才规划和计划、监督与约束三个方面对农村人才工作绩效关系正向显著，即对农村人才工作绩效有显著的正向影响作用，因此对这三个方面和农村人才工作绩效的现状进行分析，结果如表5所示：

表 5 整体描述统计结果

	样本	最小值	最大值	均值	标准差
1 人才规划与计划	273	1.00	7.00	4.2753	1.21410
7 晋升机制	273	1.00	7.00	4.5597	1.17109
9 监督与约束	273	1.00	7.00	4.4368	1.18773
整体农村人才工作绩效	273	1.29	6.46	4.4757	.86766
有效样本	273				

Mean 表示得分均值；1分表示完全不符合；2分表示中等不符合；3分表示轻微不符合；4分表示中性；5分表示轻微符合；6分表示中等符合；7分表示完全符合。

表5显示：当地农村人才在人才规划与计划、晋升、监督与约束等工作处于中等稍偏上水平，还需要进一步提高。其中对晋升机制的评价得分最高，人才规划与计划工作的评价得分最低。

表6 人才规划与计划描述统计分析

	样本	最小值	最大值	均值	标准差
各单位每年都进行人才需求调研	270	1	7	4.09	1.553
各单位每年都有明确的人才发展的数量目标	273	1	7	4.08	1.533
您对人才工作重点非常清楚	272	1	7	4.44	1.365
各单位根据整体发展战略制定相应的人才发展规划	273	1	7	4.37	1.411
各单位根据变化的实际及时调整人才发展相关政策	273	1	7	4.40	1.447
有效样本	269				

表6显示：当地农村人才在人才规划与计划工作方面处于中等稍偏上水平，还需要进一步提高。其中对人才工作重点非常清楚的得分最高，各单位每年都有明确的人才发展的数量目标的得分最低。

表7 晋升描述统计分析

	样本	最小值	最大值	均值	标准差
选拔任用人才的视野宽阔	273	1	7	4.58	1.391
人才竞聘上岗机制健全	273	1	7	4.65	1.367
人才的交流机制健全	272	1	7	4.54	1.328
人才的职称晋升渠道很宽阔	273	1	7	4.44	1.336
人才职称晋升具备公开的民主监督和法律保障	273	1	7	4.58	1.367
有效样本	272				

表7显示：当地农村人才在晋升管理工作方面处于中等偏上水平，但还需要进一步提高。其中，人才竞聘上岗机制健全的得分最高，人才的职称晋升渠道很宽阔的得分最低。

表8 监督与约束描述统计分析

	样本	最小值	最大值	均值	标准差
对人才监督与约束机构科学合理	273	1	7	4.45	1.380
对人才的监督与约束意识强烈	273	1	7	4.45	1.308
对人才监督与约束工作具有制度与法律保障	273	1	7	4.54	1.334
具有对人才的有力的惩治制度，形成了强大的威慑力	273	1	7	4.38	1.417
对人才的末尾淘汰制规范健全	271	1	7	4.35	1.518
有效样本	271				

表8显示：当地农村人才在监督约束工作方面处于中等偏上水平，但还需要进一步提高。其中，人才监督与约束工作具有制度与法律保障的得分最高，人才的末尾淘汰制规范健全的得分最低。

三、研究结论与相关建议

（一）研究结论

本文对山西省某市的273位农村人才调查数据进行分析，研究了中国农村人才管理体系和人才工作绩效的关系。本文的结论是：

（1）农村人才管理体系的人才规划与计划管理对农村人才工作绩效显著正向影响。人才规划与计划管理在西方发达国家得到了高度重视，并已经产生了非常熟悉的理论、技术和方法。中国目前也是十分重视，一般来讲，中国非常重视人才规划与计划工作，并且已经积累的丰富的宝贵经验，为农村人才工作绩效提供了重要的保障机制。当地农村人才在人才规划与计划工作方面处于中等稍偏上水平，还需要进一步提高。其中对人才工作重点非常清楚的得分最高，各单位每年都有明确的人才发展的数量目标的得分最低。

（2）农村人才管理体系的晋升机制对农村人才工作绩效显著正向影响。西方发达国家十分重视人才晋升管理，本研究结论与此一致。山西省处于中部地区，经济不够发达，人才的吸引力不强，因此农村人才晋升机制管理显得尤其重要，在研究中的各项自变量中，它的重要性程度最高，对农村人才工作绩效的影响最为显著。当地农村人才在晋升管理工作方面处于中等偏上水平，但还需要进一步提高。其中，人才竞聘上岗机制健全的得分最高，人才的职称晋升渠道很宽阔的得分最低。

（3）农村人才管理体系的监督与约束管理对农村人才工作绩效显著正向影响。农村人才的监督与约束管理是一个非常难解决的问题，也是一项很重要的因素，这与世界各国的现状基本一致。当地农村人才在监督约束工作方面处于中等偏上水平，但还需要进一步提高。其中，人才监督与约束工作具有制度与法律保障的得分最高，人才的末尾淘汰制规范健全的得分最低。

（4）农村人才管理体系中的薪酬激励管理、绩效考核、培训与开发等未能进入回归方程，也就是说它们对农村人才工作绩效的影响不显著。这与农村人才管理工作的特性相关，政府机构对农村人才管理工作中的这些管理职能的自由度有限，因此工作创新的空间不大，所以它们对农村人才工作绩效的影响不明显。

（二）相关建议

综上所述，农村人才工作绩效受到地方政府的农村人才管理体系中的人才规划与计划、人才晋升机制、监督与约束三个因素的显著影响。因此，当地政府需要从这三个方面进行深入研究，提出相应的改进措施或者办法，具体来说：

第一，在人才规划与计划管理方面，建议对上一阶段的人才规划与计划进行评价分析，总结经验与教训，认真评估面临的内外部环境，分析优势、劣势、机会和威胁，借鉴国内外的先进做法，据此，制定下一阶段的人才规划与计划，并严格贯彻执行，确保不断提高人才规划与计划工作的有效性。例如可以从每年都进行人才需求调研、每年明确的才发展的数量目标、帮助大家非常清楚每年人才工作重点、根据整体发展战略制定相应的人才发展规划、根据变化的实际及时调整人才发展相关政策等方面提高。

第二，在人才晋升管理方面，首先需要进行目前人才现状的盘点分析，摸清人才现状底数，分析人才需求的因素，测算出需要的人才数量，并对人才需求的类型、质量等方面进行合理的科学界定，然后，优化人才晋升政策，制定相应的人才晋升管理办法措施，真正做到晋升的人才是单位切实需要的有用之才。例如可以加强下列方面的工作：拓宽选拔任用人才的视野、健全人才竞聘上岗机制、健全人才的交流机制、拓宽人才的职称晋升渠道、使得人才职称晋升具备公开的民主监督和法律保障等等。

第三，在监督与约束管理方面，建议可以从经济因素（严惩腐败）、法律因素（法治化环境）、社会因素（舆论监督）和技术因素（信息技术、受理机构和配套机制）等方面着手，加强监督与约束管理，从而提升农村人才工作的绩效。可以从下列方面入手：建立健全人才监督与约束机构、强化对人才的监督与约束意识、使得对人才监督与约束工作具有制度与法律保障、建立健全具有对人才的有力的惩治制度，形成了强大的威慑力、规范健全对人才的末尾淘汰制。

可见，要提高农村人才工作的绩效，有赖于地方政府的农村人才管理体系的深入发展，尤其是人才规划与计划管理、人才晋升管理、监督与约束管理这三个方面的进一步改善。因此，笔者也希望今后在机会成熟时，对这些内容作进一步的研究。希望这些研究能够为推进地方政府对农村人才的管理改革创新、提升农村人才工作绩效和当地的绩效有所裨益。

参考文献

Tomaskovic Devey D, Leiter J, Thompson S. Organizational Survey Non – responses [J]. 1994 (39)：439 – 457.
中央人才工作协调小组办公室编．人才工作理论研究报告．党建读物出版社，2003．
【南非】罗伯特·里特加德．控制腐败．中央编译出版社，1998 年．
萧鸣政．人力资源开发学．高等教育出版社，2002．
王通讯．人才学痛论．中国社会科学出版社，2001．

（作者单位：首都经济贸易大学劳动经济学院）

制造型企业员工极端事件原因分析与应对策略研究

——基于富士康员工跳楼事件的思考

苏 琴 杜秋永 牛雄鹰

2010年初发生的富士康跳楼事件在社会上引起了广泛讨论，人们开始关注制造型企业中员工的生存状态，探究企业中发生员工极端事件的原因和解决方法。经过仔细思考我们发现，这不是富士康一家企业的困境，而是一个社会现象，是中国社会转型、经济发展过程中不得不面对的一个社会问题。追求生产和生活条件的改善是劳动力迁移者最主要的动机，他们纷纷涌入大城市寻找工作机会，农村剩余劳动力"进城务工"就成为了中国经济发展过程中农村劳动力转移的代名词。但是，长期注重资本引进的政策倾向将关注的重点放在了企业规模扩大和收益增长之上，而忽视了对工人的关怀。现代企业中很大一部分员工是来自农村的务工人员，他们除了要适应工厂的工作以外，还必须适应新的社会环境，这对员工个人来说这是很大的挑战。而作为员工社会生活主要场所的现代企业应该却缺乏对员工发展的重视，从而导致极端事件的发生。只有在企业管理实践中体现以人为本的思想理念，才能真正实现企业与个人共赢，才能从根本上促进中国社会的和谐发展。

一、制造型企业员工极端事件发生的原因

探究富士康跳楼事件的原因我们发现，这其中并不是一个简单的因果关系，而是社会、企业和个人等多种因素共同作用的结果。

（一）制造型企业发生员工极端事件的社会原因分析

从大环境来看，中国目前正处于社会转型期，企业的硬件设施和技术在不断更新，但是企业管理的软实力却没有跟上硬件设施发展的步伐。经济正在实现跳跃式发展，人民的收入水平不断提高，但是个人却没有足够的心理准备去面对应接不暇的社会变迁，由此产生的心理落差难以排解。

内陆偏远地方人口向发达城市流动，形成了像深圳这样外来人口占大多数的奇特现象。2000年第五次全国人口普查数据显示，深圳市总人口700.9万人，其中户籍人口124.9万，外来人口577.0万，外来人口比例高达82.1%。这些打工者离乡背井来到一个陌生的城市，必须学会适应新环境，同时还要依靠自己的双手闯出一片天，而且必须承受来自家庭和社会的压力，具有很大的心理负担。同时他们还必须抵御社会上的很多诱惑，以免误入歧途。

在强调经济增长的社会大环境下，人们对于资本的崇拜也更加凸显。金钱似乎已经成为一种社会地位的象征，很多人把追求金钱作为自己的奋斗目标，相信金钱可以达到一切目的。特别是在深圳这样由陌生人组成的社会环境中，人际交往多是

以利益和金钱为纽带的。而作为新进入该社会的打工者来说，他们往往处于人际交往的边缘，很难建立自己的朋友圈，从而遭受社会的孤立和冷遇。

更可惜的一点是，学校教育本来应该帮助学生塑造强大的自我以应对生活中的挫折，并帮助其增长解决困难的智慧，但是我国现在的应试教育只注重课本知识，而忽略了对员工心智的培养，使其面对困境时手足无措，特别是刚毕业踏上社会的年轻人。

（二）制造型企业发生员工极端事件的企业原因分析

除了社会因素以外，企业也为该类事件发生设定了特定的情境。中国很多企业一直以来依靠加工出口来实现增长的模式依赖的是中国廉价的劳动力，借此成长起来的加工型企业也将劳动力作为其国际竞争优势的来源，就像富士康能够快速成长为全球最大的 EMS（Electronics Manufacturing Services）厂商也与其"总成本领先"战略密切相关，而这其中最主要的成本是人工成本。虽然廉价劳动力创造了富士康的大部分财富，但是在富士康，人力资源管理只是企业实现其核心战略的重要手段，而一线的生产工人只是工具，在其中我们看不到任何一点以人为本的现代管理理念。

在这类制造型企业中，组织结构是典型的科层制，以富士康为例，其整个金字塔大致可以分为三层：中高级管理者、中层干部和底层员工。在职位设置上还对员工进行了进一步分类，从下到上可以分为线长、组长、副课长、课长、专理、副理、经理、协理、事业群的副总经理、总经理、总裁特助、总裁十二个职级。这些组织结构设计体现的是如何对员工进行控制，而缺少人员之间沟通和交流的考虑。富士康的人力资源管理架构如图 1 所示：

虽然我们强调公司应该以人为本，但是很多企业的薪酬设计处处体现的还是以"资"为本。在富士康，中高级管理者的待遇是相当优厚的，高级管理者可以享受股权激励，中层干部也有很有竞争力的福利保障，这些群体中对公司存在着很高的忠诚度和奉献精神。但是如果是底层员工，那么除了基本工资以外，额外收入都是与其他奖惩严格挂钩的。

在制造企业中，普通生产线工人的工资水平是很低的，一般都等于国家规定的最低工资标准。对于来自农村的务工人员来说，这样的工资水平要想在深圳这样消费水平的城市中维持基本的生活水平都是比较困难的。据劳动和社会保障部 2004 年 9 月 8 日发布的《关于民工短缺的调查报告》显示，最近 12 年，珠江三角洲农民工工资增幅只有 68 元，考虑到物价上涨等因素，农民工实际工资呈下降趋势。而作为外出务工人员，他们身上还带着家人的期许与厚望，所以很多人都被迫选择了加班。富士康的员工每天平均工作 12 小时，13 天休息一天才能拿到 2000 元左右的工资。鸿海旗下富士康科技集团 6 月 1 日宣布即日起全面调升流水线员工（包括作业员、线长和组长）薪资至少三成，并将最低阶的作业员起薪由原来的 900 元提升到 1200 元，如此大的提薪幅度不得不让人感叹此前工人的利益遭到了怎样的压榨，更多的利益都分配给了资本投入者。

流水线生产是制造型企业成功的关键因素之一。富士康作为全球最大的电子制造服务商（Electronics Manufacturing Services）能够实现模具生产的从物料加工到零部件制造到终端产品设计制造的垂直整合（eCMMS，Component、Module、Move、

Service），依靠的也是先进的流水线生产，因此制造型企业在工作设计中一定着重强调效率和质量控制，每个岗位的工作一定都是分解再分解、细化再细化，每个员工只要在岗就必须不断重复相同的动作，并且中间不能停顿，同时还要求员工迅速做出生理反应，一旦出现次品，质检人员也能及时发现，从而影响该员工的绩效和薪酬，这样的设计使员工面临很大的生理压力和心理压力。富士康现在的工作制度是每 2 小时可以休息 10 分钟，平均每天工作 12 小时，长时间不断重复如此枯燥的工作对于员工的生理和心理都是一个巨大的考验。

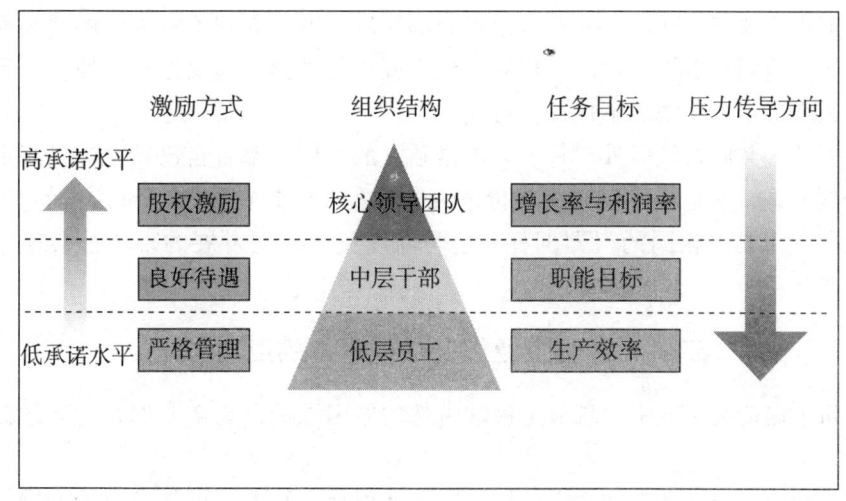

图 1　富士康的人力资源管理架构

来源：李刚、张沈伟、刘巳洋著《富士康的成长与管理模式》，三星中国经济研究院，*SERI China Review*，第 08—08 号，2008 年 6 月 24 日。

而一线管理者作为与员工直接接触的管理人员，更应该关注员工的组织行为，及时反映员工中存在的问题，为改进工作提供最宝贵的现场经验，对于新进员工也应该多些关怀与帮助。但是由于缺乏人本理念的管理制度设计和来自绩效要求的压力，一线管理者往往就是工厂的监视器，只负责督促员工完成工作，没有给予员工人文关怀，甚至还呵斥员工，这样做会严重打击员工的工作积极性，成为企业管理的一大弊病。

很多制造型企业基本工资只与国家最低工资标准看齐，员工必须牺牲生活来获得加班工资，但是尽管如此还是只能生活在社会的底层。而企业中的生产设计也是完全为了实现效率最大化，而让工人达到了生理疲劳的极限。正是借助法律的漏洞和对个人心理的了解，这类制造型企业才完成了资本积累，但是这样做虽然降低了企业的经济成本，但却带来了很高的社会成本，这种经济利益至上，完全忽视对个人尊重的企业管理理念应该是今后企业管理改革的重点。

（三）制造型企业员工极端事件的个人因素分析

这类制造型企业中发生极端事件的个人都具有一些共同的特征，他们的年龄都在 20 岁左右，是 80 后 90 后中的一员，是从异地到大城市工作的打工人员，是独生子女一代。相比较于他们的父辈，第二代打工者已经有了很多变化，但是用人单位似乎却没有意识到这中间的变化，或者即使意识到也没有很好地采取措施进行有效应对。

这一代人在其成长过程中受到了父母和祖父母两辈人的关爱，同时也承载了两辈人的期望。同时他们也是有梦想的一代，背井离乡出门打工是对自己抱有很高期望的。但同时他们没有独立生活的经历，缺乏面对挫折的勇气与智慧。再加上离家以后失去了对家人的依靠，如果不能够很好地融入群体生活，与人交流沟通，消极情绪不能及时排解，那就很有可能产生极端想法。他们接受了更多、更好的教育，从媒体、网络等渠道获得了更多信息，形成了更加多元的价值观，对新事物有更多包容。但由于缺乏生活经验，有时很难分辨好坏，容易受到不良人士的诱导而产生不良行为。他们也更短期导向，容易受到周围事物诱惑，但又缺乏自律性，且我行我素，很容易染上赌博等不良社会习气。

除了这些共同特征以外，每一人都是独立的个体，都有自己特征，且每个人都应该受到尊重，这是现代以人为本价值观的体现，但是在像富士康这样的工厂里，人都被同质化成了相同的机器部件，这与高度关注人的发展的现代社会理念是相悖的。

二、制造类企业员工极端事件的应对办法

分析了制造类企业中出现员工极端事件的原因以后，更重要的是为问题提出应对之策。

作为政府，应该考虑如何引导社会舆论认识社会转型期可能存在的问题：收入分配问题、流动人口问题及教育改革问题等，从而得出解决之道。通过报道引起社会对于企业用工环境的关注，关爱社会底层打工者的生存环境和心理健康。同时加强对企业用工情况的监督，通过相关政策指引和立法导向引导企业管理向人本管理转变，妥善处理劳资关系，缓和社会矛盾。同时引起家庭对于子女从学生到工作过程中的心理角色转变，及时帮助他们做好心理准备，给予他们更多关爱和支持。

作为企业自身，暂时的应对策略是大规模对现职员工进行安抚，普涨工资，即提高起薪，保证所有员工都得到关注和关爱。但根本的解决之道是改变公司的管理理念，不再把人当机器使，而应该真正在管理中做到以人为本。企业作为社会存在，除了承担促进经济增长、提供就业这些经济责任以外，还必须勇于承担社会责任。

对于现代人来说，即使按照每天工作 8 小时计算，工作也已经成为一种重要的存在方式，所以企业的使命除了为个人提供生活的经济基础以外，还必须让人获得生活的意义和乐趣。鉴于此，企业的薪酬设计就不能只考虑自身的成本，更应该考虑员工的追求和发展需要，这就要求公司降低利润率，提高工资，使员工在不加班的情况下获得的工资也能够满足其除基本生活需要以外的其他社会需要。企业应当对当地的生活成本进行测算，充分考虑员工衣食住行和休假、社会交往等各方面需求而制定工资标准。现代的新工人和第一代工人相比，在价值观、人生观和人生态度等方面都发生了重大变化，那企业的相关制度也应该做出相应调整，这样才能顺应社会的进步，也才能为国家和社会的发展做出应有贡献。

在工作设计中应当根据人的心理、生理和身体结构等因素，研究人、机械和环境之间的合理关系，以保证人们安全、健康、舒适地工作，同时能够取得满意的工

作效果，充分实现人－机－环境三者的协调。这就需要摒弃只考虑效率和企业利益的做法，因为任何工作不能以损害员工身心健康为代价，人有工作的需要，但其对恶劣工作环境的忍受也是有一定限度的，加之新工人受教育水平高、易于获取信息、对新事物好奇、易受外在刺激诱惑等特点使其工作表现与企业中枯燥乏味的工作对工人的要求之间存在很大矛盾，所以企业在工作中应该注意观察员工身心的变化，及时对工作中的不利因素进行调整，控制流水线速度，营造令人愉悦的工厂氛围等，这样才能解决其中的矛盾。

企业在实现经济实力增长的同时也要注重树立良好的社会形象，富士康事件披露以后，很多制造型企业都被称为"血汗工厂"，如何做好危机公关，重塑企业形象是公司在发生员工极端事件以后工作的重点之一，其中雇主品牌建设就是一个很好的途径。雇主品牌是雇主和雇员之间能够被广泛传播到其他利益相关人、更大范围社会群体以及潜在雇员的一种情感关系，能够通过各种方式向社会表明企业是最值得期望和尊重的雇主。[6]这种以雇主为主体，以核心雇员为载体，以为雇员提供优质与特色服务为基础的品牌建设，旨在建立良好的雇主形象，提高雇主在人才市场的知名度与美誉度。此外企业也可以为每位员工建立心理档案，把员工心理健康管理当作企业的一项常规事务开展，而不仅仅将其用来应对突发事件。

参考文献

程名望，史清华，刘晓峰．中国农村劳动力转移：从推到拉的嬗变．浙江大学学报（人文社会科学版），35（6）．

2000年第五次全国人口普查主要数据．中国统计出版社．

季孝龙．"双重边缘人"——城市农民工的身份研究．西安外事学院学报，2008－03，4（1）．

李刚，张沈伟，刘巳洋．富士康的成长与管理模式．三星中国经济研究院，SERI-China Review，第08－08号，2008－6－24．

程名望，王莉．我国农民工进城务工收入的调查分析：2000－2008．当代经济管理，2009－02，31（2）．

邓婷，刘兴阳．打造雇主品牌．HR经理人，2007，（7）．

（作者单位：对外经济贸易大学）

我国教育性别差异的宏观、微观影响因素分析

牛建林 齐亚强

一、研究背景

现代社会中，教育是决定个人社会流动、经济发展和社会进步的重要因素。新中国成立以来，我国居民的整体教育水平得到了快速发展，性别平等的教育理念受到了前所未有的重视，教育的总体性别差距不断缩小。2000年，全国65~69岁男性平均受教育年限约为5.6年，而女性仅为2.4年，男女相差约3.1年；相比之下，同一时期35~39岁男女平均受教育年限分别约为9.4年与8.3年，相差约1.1年；20~24岁男女平均受教育年限分别为9.7年与9.3年，相差仅约0.4年*。近半个世纪以来我国不同出生队列居民教育状况的变化特征显示，女性教育的总体发展速度超过男性，这有力地推动了教育性别差距的缩小（易翠枝，2007）。

不容忽视的是，受各地区社会、经济、文化发展差异的影响，现阶段我国居民教育的性别差异呈现突出的地区不均衡性。概括而言，目前我国教育的性别差异城市小于农村、非农业户口小于农业户口，京、津、沪以及辽宁等地区小于全国其他多数城市和地区。教育性别差异的地区非均衡性状况，在年轻队列中尤为突出。例如，不少城镇地区20世纪70年代末以来出生的人口中，女性在各教育阶段升学率与男性基本持平，有的甚至开始超过男性。相比之下，在广大农村地区、农业人口中，男女在升学率、平均教育年限等方面的差距依然相当突出，部分地区（如西部欠发达地区）甚至存在教育性别差距不断扩大的现象（张岩，2007）。由此可见，在教育的总体性别差距不断缩小的同时，各地区的社会、经济、文化等差异已经成为影响教育平等和教育大众化发展的瓶颈性因素。系统全面地理解教育的均衡状况、发展特征及其影响机制，必须综合考察宏微观社会经济等因素的作用。

本文利用2006年中国综合社会调查（CGSS2006）数据与县级社会经济统计资料，从教育的性别差异出发，通过建立多层线性模型，分析宏观、微观社会经济与人口因素对我国现阶段教育均衡发展的重要影响。通过对比不同性别的教育状况，本文为系统了解当前我国教育性别差异的特征及影响因素提供了实证资料，对制定切实有效的政策措施、促进教育平等与协调发展具有重要意义。

二、文献回顾

性别平等是教育均衡发展中极为重要的方面。近二三十年来，随着教育统计调

---

* 数据来源：第五次人口普查0.95‰抽样原始数据。

查数据的日益丰富，不少学者从社会人口学、经济学、教育制度学等学科视角对我国男、女居民的教育状况进行了广泛的探讨，并积累了一系列重要的理论与实证研究成果。就教育发展中性别差异的表现形态而言，多数研究指出，尽管近年来我国女性整体教育发展速度超过男性，目前女性的教育水平与男性仍存在不小的差距（郑真真、连鹏灵，2004；郑真真、牛瑞琴，2008）；更为重要的是，男女教育差异在城乡之间、不同地区与人群之间存在明显的多样性与复杂性（张岩，2007）。

运用1990年全国人口普查数据，Connelly和Zheng（2003）分析指出，城镇地区10～18岁男、女青少年的在校率均明显高于农村同龄男性，而农村同龄女性青少年的在校率最低。该研究还发现，居住地特征（山区、丘陵）对各教育阶段男、女孩入学和毕业存在重要影响。其中，山区学龄儿童小学毕业的概率明显较低，丘陵地区学龄女童中学毕业的概率也明显较低。Hannum（2003）对农村地区基础教育机会的研究表明，村级经济状况对男、女童教育机会的影响存在显著差异，较好的村级经济状况更有利于女童教育机会的提高。

类似的家庭经济资源、社会人口特征等因素对男、女教育机会和教育状况的影响也存在重要差异。张巧霞等（2008）从制度学的角度分析了家庭对子女教育机会的不同影响。该研究指出，我国在20世纪80年代以来实施的"分级办学"制度，催化了微观家庭在教育机会分配中的性别意识与性别歧视。由于"分级办学"将教育的投资主体转移到基层，这样，微观家庭承担着较多的教育投资。受经济资源的约束，不少农村家庭对子女接受教育的机会进行差别配置，男孩往往享有更多的教育机会。陈仲常等（2003）对高等教育机会的研究同样指出，由于我国高等教育成本中个人支付部分较大，家庭经济约束和对子女教育预期收益的差异制约了欠发达地区和农村地区女性接受高层次教育的机会。与之相对，Zhang等（Zhang, Kao & Hannum, 2007）运用甘肃跟踪调查数据分析指出，男孩接受更高教育的机会受家庭经济状况的影响更为明显，而女孩则受自身学习成绩的影响较大。

不少研究指出，在农村地区和欠发达地区，父母对子女的教育期望不同（Connelly和Zheng，2003）。这一状况与不少城市地区男、女教育机会相对平等的现状形成了鲜明的对比。吕开宇等（2006）对甘肃省某地区儿童辍学现状的研究指出，欠发达地区多数家长对男孩的教育期望高于女孩，当家庭面临经济困难时，往往会选择让女孩辍学（另见王鉴，2008；Hossain，1997）。Zhang等（2007）研究指出，母亲的受教育程度在很大程度上影响其对子女的教育期望，进而影响子女继续接受教育的可能性。Hannum（1999）指出，父亲的教育程度对女儿受教育程度的正向影响比对儿子的相应影响更为突出。

综上所述，宏观社会经济、文化等因素与微观家庭及个人的社会经济特征对个人教育机会、教育状况存在不同程度的重要影响。一方面，这些因素从不同层次、不同角度揭示了个人对教育资源的可及性、教育质量与环境、教育的成本与预期收益、以及家庭对教育的支付能力和支付意愿等方面的差异；更为重要地，这些因素对个人教育状况的影响可能存在重要的性别差异，尤其是在社会经济欠发达的地区。受社区中传统文化、家庭性别观念与教育理念的不同影响，宏观教育资源与微观家庭经济约束对男、女孩教育机会的影响可能大不相同。因此，系统全面地理解我国教育发展的非均衡性特征及其影响因素，必须统筹考虑宏、微观社会经济和文化等因素，并考察相关因素与性别之间可能的交互效应。

现有研究已从不同角度分析了我国教育的性别差异及其影响因素。然而，受以往数据资料可得性等因素的限制，现有的研究成果在以下方面仍值得进一步探讨：①目前除少数研究（如 Connelly 和 Zheng, 2003；Hannum, 2003）外，相关研究成果相对缺乏对宏、微观因素的综合考察。②现有对教育地区差异的研究，主要采用简单的统计控制，未能系统科学地分析地区特征（包括社会经济以及教育资源等）对男女个体教育差异的群组效应（cluster effect）。这一研究现状严重忽视了我国教育体系中存在的地区分割特征，包括教育资源的按地区分配以及教育机会的地区性限制。③目前不少对教育性别差异的研究将性别视为自变量之一，对各种宏微观社会经济因素与性别的交互效应考察不足。④现有不少关于教育性别差异的实证研究是基于少数地区的调查数据，因而研究结论的可推广性值得进一步检验。

三、研究假设

本文所检验的主要假设包括：

假设 1：未成年时的户口性质对个人（尤其是女性）的教育年限具有重要的影响。既有研究指出，户口性质（或城乡居住地）对男女的教育存在不同影响。这在一定程度上反映了我国城乡二元社会经济结构对教育资源分配状况的影响。具有农业户口的女性，在教育获得过程中可能会遭受"双重劣势"。然而，受数据资料的限制，以往不少研究利用被访者在调查时点的户口性质检验户口对教育的影响。在我国，由于户口性质可能因教育结果而改变（如升入大学、中专等），使用调查时点的户口性质可能高估户口对教育年限的影响，因而本研究使用未成年时（如 14 岁时）的户口性质检验其对教育获得的影响，以期更为真实地反映户口对教育的作用。

假设 2：成长过程中（如 10 岁时）家中兄弟姐妹数量对个人的教育年限存在负向影响。10 岁时家中兄弟姐妹数在一定程度上反映个人的教育资源与教育机会可能受到的挤压程度，兄弟姐妹数越多，个人教育资源受到挤压的可能性越大，这一点对女性尤为重要。

假设 3：成长过程中（如 10 岁时）家中兄弟姐妹性别构成对男性和女性教育年限的影响不同。受家庭性别偏好以及对子女教育期望差异的影响（如 Connelly 和 Zheng, 2003），女孩对家庭教育资源的享用和受重视程度更有可能因兄弟姐妹性别构成而异。

假设 4：县级人均地区生产总值（GRP），第二、第三产业比重，城乡人均收入比率对个人教育年限具有重要影响。尽管是否接受（继续接受）教育主要是微观决策，但它在很大程度上也会受到宏观环境的影响。较好的地区（县级）经济状况有利于公共教育资源与教育环境的改善，较为平等的城乡收入有利于促进教育资源的共享，因而这些因素对居民教育年限可能具有重要的正向作用，同时也有利于缩小教育获得的性别差距。

四、数据与方法

（一）数据

本文主要利用 2006 年中国综合社会调查数据（CGSS2006）与全国县级社会经济统计资料，通过建立多层线性模型，检验上述个人与地区层次的社会、经济、文化等因素对男女教育年限的不同影响。

CGSS2006 是由中国人民大学社会学系与香港科技大学调查研究中心合作完成的中国综合社会调查项目中 2006 年度调查数据，该调查采用分层多阶段随机抽样设计，在全国 28 个省、自治区、直辖市*中随机抽取县（区）级样本（共 125 个）、在此基础上进一步抽取乡镇/街道、居委会/村委会、以及家庭样本，最后在抽中的每个家庭（约10000 个）中，随机抽取一名 18～69 岁的调查对象。就调查内容而言，CGSS 收集了个人、家庭社会经济活动等方面极为详尽的信息。该数据涉及内容的丰富性与覆盖范围的代表性，为系统地研究男女教育差异、更新我们在相关领域的知识提供了重要的机会。考虑到 18～24 岁的被访者中仍有一定比例（约占相应年龄的 30%）尚未完成教育过程，本文在分析中将样本限制在 25 岁及以上（对应于 1937～1981 年出生队列，下称"分析样本"），相应人群中在读比例约为 0.3%，在读者对模型结果的影响可以忽略。

如表 1 所示，本文研究对象的教育年限男性平均为 8.5 年，女性平均为 7.3 年。分析样本在各队列间分布相对均匀，其中以 1962～1971 年出生队列所占比例最高（约占 30%），反映了我国 1960 年代出现的生育高峰的影响。分析样本中，少数民族约占 6.5%，14 岁时为农业户口者约占 65%。18 岁时父亲的职业以农业为主（约为 59%），其次为工业，二者合计比例超过 3/4。父亲的教育程度以"小学及以下"为主，接近 3/4，其次为初中，高中及以上比例最低（不及 10%）。此外，超过 40% 的调查对象 18 岁时家中藏书量为 0，家中藏书量超过 20 本的不及 15%。10 岁时家中兄弟姐妹数均值约为 3 个，其中"既有兄弟又有姐妹"的被调查者比重最高（男女均超过 50%）。

表 1　分析样本的主要宏、微观社会经济特征（均值或%）

变量	男	女	变量	男	女
个体层面：					
样本量（N）	4191	4898	父亲教育程度		
教育年限※	8.5 (3.92)	7.3 (4.44)	小学及以下	74.80	73.97
出生队列			初中	14.94	16.37
1972～1981 年	20.16	22.21	高中及以上	8.95	8.19
1962～1971 年	29.85	31.58	缺失	1.31	1.47
1952～1961 年	22.98	23.32	18 岁时家中藏书量		

---

* 西藏、青海、宁夏除外。

续表

变量	男	女	变量	男	女
个体层面：					
1937~1951年	27.01	22.89	0本	42.43	45.90
少数民族	6.47	6.39	1~20本	43.07	40.93
14岁时农业户口	65.14	64.9	21-50本	7.62	7.52
18岁时父亲职业			50本以上	6.87	5.65
管理人员/专业技术人员	9.78	10.92	10岁时兄弟姐妹构成		
办事/服务人员	7.35	7.33	无兄弟姐妹	10.00	6.78
农业劳动者	59.27	59.43	仅有兄弟，无姐妹	15.70	17.84
工业劳动者	17.61	17.11	仅有姐妹，无兄弟	14.70	9.25
其他	2.03	1.45	既有兄弟、又有姐妹	59.60	66.13
缺失	3.96	3.76	10岁时兄弟姐妹数※	2.9 (1.87)	3.2 (1.87)
县级层面：					
样本量（n）	125		人均GRP（万元）※	2.1 (2.03)	
东部地区	44.8%		第二产业产值比重※	43.0 (14.9)	
中部地区	29.6%		第三产业产值比重※	38.5 (14.8)	
西部地区	25.6%		城乡人均纯收入比率※	3.8 (1.7)	

数据来源：国家统计局国民经济综合统计司编《中国区域经济统计年鉴2007》，北京：中国统计出版社，2007.12。

※均值，括号内数值为标准差。

从样本县的特征来看（表1下半部分），位于东部地区的县占总数的44.8%，中部地区约占30%，西部占26%左右。2006年样本县人均地区生产总值（GRP）平均约为2.1万元，1/3左右（36%）的县（区）人均GRP在1万元以下，另有约1/5（22.4%）的县人均GRP在3万元以上。这些样本县的产业构成显示，第二产业比重平均为43%，第三产业比重平均为38%，约有68%的样本县第二产业产值比重在28.1%到57.9%之间、第三产业产值比重在23.7%到53.3%之间。各县人均收入存在较大的城乡差异，城乡人均纯收入之比平均为3.8，大约68%的样本县城乡人均纯收入之比在2.1到5.5之间。

（二）模型

本文建立的多层线性随机截距模型可表示为：

(1) 无条件随机截距模型：$Yredu_{ij} = \gamma_{00} + \mu_{oj} + \varepsilon_{ij}$

(2) 考虑个人特征的随机截距模型：$Yredu_{ij} = \gamma_{00} + \sum_{k=1}^{K}\beta_{kj}X_{kij} + \mu_{oj} + \varepsilon_{ij}$，

(3) 考虑个人与地区特征的随机截距模型：$Yredu_{ij} = \gamma_{00} + \sum_{m=1}^{M} \gamma_{0mj} Z_{mj} + \sum_{k=1}^{K} \beta_{kj} X_{kij} + \mu_{oj} + \varepsilon_{ij}$，

其中，$Yredu_{ij}$ 为第 j 个县（区）中第 i 个个人的教育年限，γ_{00} 为固定截距，在无条件模型中反映样本（在条件模型中反映当所有解释变量取 0 时对应的人群）的平均教育年限；μ_{oj} 与 ε_{ij} 分别为县级随机效应和个人层次的残差项，二者的方差构成可以反映因变量的变化在地区内与地区间的分布状况（详见本文下一部分）。β_{kj} 与 γ_{omj} 分别为个人解释变量 X_k 与县级变量 Z_m 的固定效应系数（相应变量详见表1）。考虑到各宏、微观因素对不同性别的教育获得可能存在复杂的交互效应，我们分别对男性和女性样本拟合上述模型。

五、主要研究发现

表 2 – 表 4 分别展示了上述模型的主要结果，即在无条件模型的基础上，依次加入个人、家庭层次的变量以及县级主要社会经济变量，检验教育差异在县级水平的群组效应、以及微观和宏观层次的社会经济特征对男女教育年限的影响。

（一）教育差异在县级水平的群组效应

由表 2 可见，分析样本（即1937~81年出生队列）中，男性平均教育年限约为 8.6 年，女性平均教育年限为 7.3 年，男女相差约 1.3 年。男性教育年限的个体差异中，约有 26% [= 3.98/（3.98 + 11.58）]* 来源于县级社会经济等因素的影响；对女性而言，相应比例约为 31% (= 6.13/（6.13 + 13.84））。两个模型中，群组效应均相当显著。这表明，男女两性的平均教育年限在各地区之间存在重要的差异，多层模型是考察不同地区教育差异的理想方法。

对比男女模型的组内相关系数可得，女性在各地区之间的教育差异相对更大。因而，各地区的宏观社会经济特征对女性教育差异的影响比男性更大。

表 2　无条件随机截距模型结果（男性样本 = 4191，女性样本 = 4898；县总数 = 125）

模型 0	男		女	
	系数	标准误	系数	标准误
固定效应				
截距	8.64***	0.19	7.25***	0.23
随机效应				
τ_{00}	3.98***	0.56	6.13***	0.83
σ^2	11.58***	0.26	13.84***	0.28
Log restricted-likelihood (df = 3)	−11236.3		−13566.6	

注：τ_{00}、σ^2 分别为随机效应 μ_{oj} 与 ε_{ij} 的方差；***$P < 0.001$。

（二）微观层面社会经济与文化特征对男女教育的不同影响

表 3 给出了加入个人与家庭层次主要变量后的模型结果。具体而言，在控制其他因素的情况下，较早的出生队列比年轻队列（1972~1981出生队列）接受正规教育的年数明显更短。与 1972~1981 年出生的男性相比，1962~1971、1952~1961 与 1937~

---

* 即组内相关系数 $\tau_{00}/(\sigma^2 + \tau_{00})$，用以反映因变量总方差中由于县级差异所导致的方差比例。

1951 年出生的男性平均分别少接受 1.1 年、1.7 年与 2.5 年的正规教育;类似地,与 1972~1981 年出生的女性相比,相应较早出生队列的女性接受正规教育的平均年限分别约少 1.2 年、2.1 年与 3 年。对比男女两性模型系数,女性教育年限在不同出生队列间变化幅度更大,反映了近几十年来尽管我国女性总体教育状况不如男性、但其改善速度快于男性的事实。此外,与本文理论假设(假设 1)相一致,未成年时(14 岁时)的户口性质对个人教育年限存在显著的影响。平均而言,农业户口比非农业户口者接受更少的正规教育(约少 1 年),而较早出生队列(1937~1951)的女性农业户口者比同一队列非农业户口女性接受的正规教育明显更少(约少 0.8 年),这反映了新中国成立前后大量农业户口女性在教育获得方面所遭受的性别与户口的双重劣势。此外,与汉族相比,少数民族平均教育年限显著偏低,其中少数民族男性比汉族男性平均少接受 0.6 年正规教育,而少数民族女性的教育年限比汉族女性少 0.75 年。

除个人特征外,家庭社会经济与文化特征也在相当程度上影响着个人的教育状况。父亲教育程度越高,子女的平均教育年限也越长。与父亲教育程度为小学及以下的子女相比,父亲为初中的男女接受正规教育的年限约长半年,而父亲为高中及以上学历的男女接受正规教育的年限则分别长 1.2 年与 1.5 年。这也印证了以往研究中(如 Hannum,1999)关于父亲较高的教育程度对子女(尤其是女儿)教育的显著促进作用,从一个侧面反映了家庭文化资本与教育资源对个人教育状况的重要影响(如 Bourdieu,1977)。家庭文化资本与文化氛围,通过潜移默化、熏陶与引导,往往会对子女的教育状况和教育结果产生重要影响。特别地,在家庭文化资本匮乏、教育理念淡薄的情况下,女孩教育受到不利影响的可能性更大;因而,随着家庭文化资本的增加,女孩教育状况得到的改善更为明显。类似地,18 岁时家中藏书量的多少对个人教育状况也存在显著影响。藏书量越多,个人接受正规教育的年限平均更长。然而,藏书量的多少对男女教育的差异性影响呈非线性特征,也即,家中藏书量从无到有,最初男性教育所受的促进作用大于女性、男女教育差距扩大;随着藏书量的增加(如超过 50 本),相应文化资源对女性教育的积极影响更为明显,从而推动了男女教育差距的缩小。

父亲职业对子女的教育年限也存在不同程度的影响。与父亲为管理人员或专业技术人员的子女相比,父亲为农业劳动者的子女接受正规教育的年限明显偏短,且相应女性的教育年限所受影响更大(约为男性的两倍)。究其原因,父亲职业在一定程度上反映了家庭经济资源和社会资本的差异。父亲从事农业劳动的家庭社会经济资源往往较少,在有限资源的约束下,女孩教育所受的重视程度和实际投入往往会受到更明显的限制(如张巧霞等,2008)。相比之下,父亲职业为"其他"的*,男性教育年限比参照组明显较短,而女性则与参照组无显著差异。

此外,与本文假设 2 相一致,家中兄弟姐妹的数量对个人教育的影响主要表现为对女性教育的挤压作用——兄弟姐妹数每增加 1 个,女性教育年限平均减少 0.14 年。相对而言,男性教育受兄弟姐妹数量的影响并不显著。兄弟姐妹数量对男女教育状况的不同影响表明,近几十年来我国各地区的生育转变、微观家庭对子女数量—质量偏好的替代

---

* 18 岁时父亲职业为"其他"的男性中,父亲已去世和父亲无职业者分别占 72% 与 11%;女性中的相应比例分别为 56% 和 20%。

关系，对促进教育均衡发展、缩小男女教育差距发挥了重要的积极作用（罗凯、周黎安 2010；牛建林，2002；郑真真、吴要武，2005）。在控制其他变量的情况下，兄弟姐妹性别构成对男女教育状况均没有明显的影响，这与本文假设并不一致。

表3 仅考虑个人特征的随机截距模型结果
（男性样本 = 4191，女性样本 = 4898；县总数 = 125）

模型1	男		女	
	系数	标准误	系数	标准误
出生队列（参照组 = 1972~1981）				
1962~1971 年	-1.05***	0.23	-1.17***	0.22
1952~1961 年	-1.71***	0.25	-2.14***	0.23
1937~1951 年	-2.45***	0.26	-2.98***	0.24
农业户口	-1.04***	0.25	-1.04***	0.23
出生队列（参照组 = 1972~1981）*农业户口				
1962~1971 年*农业户口	0.29	0.28	0.07	0.26
1952~1961 年*农业户口	0.20	0.30	-0.43	0.28
1937~1951 年*农业户口	-0.09	0.30	-0.78**	0.28
少数民族	-0.60**	0.24	-0.75**	0.23
父亲教育程度（参照组 = 小学及以下）				
初中	0.58***	0.15	0.54***	0.13
高中及以上	1.19***	0.20	1.54***	0.19
缺失	0.72	0.43	-0.12	0.38
父亲职业（参照组 = 管理/专业技术人员）				
办事/服务人员	-0.02	0.23	0.07	0.21
农业劳动者	-0.67**	0.20	-1.33***	0.18
工业劳动者	-0.36	0.20	-0.21	0.18
其他	-1.38***	0.37	-0.65	0.39
缺失	0.39	0.29	0.27	0.28
18岁时家庭藏书量（参照组 = 0本）				
1~20 本	1.73***	0.11	1.57***	0.11
21~50 本	2.84***	0.21	2.56***	0.19
50 本以上	3.08***	0.23	3.45***	0.23
10岁时兄弟姐妹数	-0.02	0.04	-0.14***	0.03
10岁时兄弟姐妹构成（参照组 = 无兄弟姐妹）				
仅有兄弟，无姐妹	-0.06	0.21	-0.25	0.21
仅有姐妹，无兄弟	-0.12	0.21	0.08	0.24
既有兄弟又有姐妹	-0.11	0.22	-0.09	0.23
截距	9.88***	0.31	9.86***	0.31
τ_{00}	1.31***	0.21	2.02***	0.30
σ^2	8.87***	0.20	9.04***	0.19
Log restricted-likelihood (df = 26)	-10641		-12492	

注：τ_{00}、σ^2 分别为随机效应 μ_{oj} 与 ε_{ij} 的方差；*** $p<0.001$，** $p<0.01$，* $p<0.05$。

(三) 地区层面社会经济特征对男女教育的影响

除个人与家庭社会经济特征外，已有研究（Connelly 和 Zheng，2003；Hannum，2003 等）表明，地区社会经济状况也在不同程度上影响着个人的教育状况。特别地，在我国的教育实践中，县级单位对教育资源的配置与管理扮演着重要的角色（如1980年代以来实施的"分级办学"等改革）。因而，本文在控制个人与家庭特征的基础上，进一步加入县级社会经济变量以检验相应特征对个人教育年限的影响（如表4所示）。

表4：考虑个人与地区变量的随机截距模型
（男性样本=4191，女性样本=4898；县总数=125）

模型1	男		女	
	系数	标准误	系数	标准误
个人层次变量				
出生队列（参照组=1972~1981）				
1962~1971年	-1.05***	0.23	-1.20***	0.22
1952~1961年	-1.80***	0.25	-2.22***	0.23
1937~1951年	-2.51***	0.26	-3.06***	0.24
少数民族	-0.51*	0.24	-0.68**	0.23
农业户口	-0.95***	0.25	-1.00***	0.23
出生队列（参照组=1972~1981）*农业户口				
1962~1971年*农业户口	0.29	0.28	0.10	0.26
1952~1961年*农业户口	0.30	0.30	-0.35	0.28
1937~1951年*农业户口	-0.04	0.30	-0.72*	0.28
父亲的职业（参照组=管理/专业技术人员）				
办事/服务人员	-0.08	0.23	0.07	0.21
农业劳动者	-0.67**	0.20	-1.32***	0.18
工业劳动者	-0.40*	0.20	-0.23	0.20
其他	-1.36***	0.37	-0.67	0.39
缺失	0.31	0.29	0.20	0.28
父亲教育程度（参照组=小学及以下）				
初中	0.56***	0.15	0.54***	0.13
高中及以上	1.18***	0.20	1.52***	0.19
缺失	0.73	0.43	-0.16	0.38
18岁时家庭藏书量（参照组=0本）				
1~20本	1.67***	0.11	1.52***	0.11
21~50本	2.73***	0.21	2.48***	0.19

续表

模型1	男		女	
	系数	标准误	系数	标准误
50本以上	3.00***	0.23	3.33***	0.23
10岁时兄弟姐妹数	-0.02	0.04	-0.14***	0.03
10岁时兄弟姐妹构成（参照组=无兄弟姐妹）				
仅有兄弟，无姐妹	-0.01	0.21	-0.19	0.21
仅有姐妹，无兄弟	-0.08	0.21	0.14	0.23
既有兄弟又有姐妹	-0.04	0.22	-0.03	0.23
县级层次变量				
地区（参照组=东部）				
中部	0.31	0.26	0.42	0.30
西部	-0.35	0.28	-0.20	0.32
人均GRP（万元）	0.23**	0.08	0.20*	0.09
第二产业比重	0.01	0.01	0.03**	0.01
第三产业比重	0.02*	0.01	0.05***	0.01
截距	7.82***	0.78	6.18***	0.88
τ_{00}	0.94***	0.16	1.36***	0.21
σ^2	8.86***	0.20	9.03***	0.19
Log restricted-likelihood（df=31）	-10630		-12476	

注：τ_{00}、σ^2分别为随机效应μ_{oj}与ε_{ij}的方差；*** $p<0.001$，** $p<0.01$，* $p<0.05$。

由表4可见，考虑了个人（家庭）与地区层次主要社会经济变量的模型（模型2）中，因变量的组间（地区间）差异τ_{00}进一步下降，反映了相应县级社会经济变量对县级平均教育年限的重要解释作用。与模型1（见表3）相比，模型2中个人层次变量的系数变化很小，其效应保持稳健，在此不再赘述。与本文假设（假设4）相一致，模型2中加入的主要县级社会经济变量对个人教育年限有着重要的影响。具体而言，在控制其他变量的情况下，县级人均地区总产值（GRP）越高的地区，其居民平均教育年限越长。县级人均GRP每增加1万元，居民平均教育年限对应延长约0.2年；县级人均GRP每增加1个标准差，相应的男女居民平均教育年限延长近半年。由此可见，地区社会经济的发展、人均地区总产值的提高，对男女教育状况的改善具有普惠性影响。尽管是否接受（或继续接受）教育主要是微观决策，但宏观社会经济因素对教育机会、教育资源、教育质量等方面存在重要的影响。较好的地区（县级）经济状况有利于公共教育资源与教育环境的改善，从而对该地区的男女居民教育状况具有重要的积极作用，这一点在上世纪八十年代以来实施的分级办学制度下显得尤为重要。

各县第二、第三产业的比重也对居民的教育年限存在显著的正向效应。县级第二产业比重每增加一个百分点，该县女性居民的教育年限平均延长 0.03 年；其比重每增加一个标准差，相应的女性居民教育年限平均延长约半年。第三产业比重每增加一个百分点，男性居民的教育年限平均延长 0.02 年，女性居民的教育年限平均延长 0.05 年；第三产业比重每上升一个标准差，相应男、女居民教育年限分别延长四分之一年和四分之三年。不难看出，一个地区第二、第三产业的发展不仅对提高居民的教育水平具有重要的意义，而且有利于推动男女教育的均衡发展。

（四）个人与地区层面社会经济特征对男女教育影响的层间交互效应

上文模型 1 与模型 2 分别检验了个人与地区层次主要社会经济特征对男女教育状况的独立影响，然而，个人社会经济特征对其教育结果的影响可能因地区社会经济状况的不同而呈现重要差异。为此，本文在模型 2 的基础上，考虑了地区变量与个人变量之间可能存在的交互效应。结果表明，县级主要经济指标中城乡人均纯收入之比是影响个人社会经济特征对其教育年限作用的重要因素；相对而言，本研究考察的其他县级变量与个人变量之间的交互效应并不显著。表 5 展示了包含城乡人均纯收入比率*与个人变量之间交互效应的模型结果，为避免相应变量之间的多重共线性问题，在模型中对城乡人均纯收入比率进行了标准化处理。这样，城乡人均纯收入比率与相应交互效应的系数均应根据该变量在均值左右每变化一个标准差的相应效应来解释（详见下文）。

表 5 所示的模型 3 中，个人层次变量的系数与模型 2（仅包含个人与地区层次主效应的模型系数）相比变化不大，且主要表现为系数本身大小的微略差异，并未影响相关作用的方向与统计检验的显著性。值得强调的是，县级城乡人均纯收入比率对包括户口性质和家庭兄弟姐妹性别构成在内的个人特征具有显著的交互效应，且相应效应对男女个体差异较大。具体而言，在控制模型中其他变量的情况下，县级城乡人均纯收入比率每增加一个标准差，与无兄弟姐妹的男性相比，仅有兄弟（无姐妹）的男性平均所受教育年限延长 0.58 年，仅有姐妹（无兄弟）的男性平均所受教育年限延长 0.52 年，既有兄弟又有姐妹的男性平均延长 0.61 年正规教育。然而，由城乡人均纯收入比率的主效应可见，城乡收入差距的增大，对男性平均教育年限具有明显的负面效应。由此可见，一个地区城乡收入差异越大，该地区家庭子女性别构成对男孩教育的影响越为突出。其中，多子女家庭对男孩教育的促进效应大于挤压效应，这可能与多子女家庭中男孩在教育资源、经济条件等方面得到兄弟姐妹不同形式的支持与资助有关。这一点在城乡收入差距较大的地区更为重要。

此外，城乡人均纯收入比率对不同户口性质女性的教育年限存在显著的差异性影响。标准化的城乡人均纯收入比率越大，女性农业户口者比非农业户口者所受正规教育年限明显更短。由模型系数可见，在其他因素不变的情况下，城乡人均纯收入比率处于均值水平的县（区），其 1972~1981 女性出生队列中，农业户口比非农业户口者平均少接受 1.22 年正规教育；城乡人均纯收入比率每增加一个标准差，相

---

* 由于县级城乡人均纯收入比率的数据有缺失，即有十个县未能收集到相应数据，因而，模型 3 所示结果中个人层次与县级样本量比模型 1、2 均有所下降。为检验缺失县对研究结果的影响，本文也利用排除了相应十个县的样本拟合了模型 0 – 模型 2，结果表明，两组模型结果相当接近，因而，有数据缺失的十个县对本研究结果没有选择性影响。

应女性农业户口比非农业户口者接受正规教育的年数进一步下降 0.72 年,也即二者相差 1.94(=1.22+0.72)年,依此类推。这一结论进一步表明,地区收入差距悬殊不利于女性教育状况的改善。

表 5:考虑层间交互效应的随机截距模型
(男性样本 = 3878,女性样本 = 4521;县总数 = 115)

模型 3	男		女	
	系数	标准误	系数	标准误
个人层次变量				
农业户口	-0.76**	0.45	-1.22***	0.42
10 岁时兄弟姐妹构成(参照组 = 无兄弟姐妹)				
仅有兄弟,无姐妹	0.16	0.52	-0.18	0.54
仅有姐妹,无兄弟	0.10	0.51	0.17	0.59
既有兄弟又有姐妹	0.10	0.47	-0.04	0.51
县级层次变量				
城乡人均收入比率	-0.87**	0.15	0.21	0.17
兄弟姐妹构成(参照组 = 无兄弟姐妹)* 城乡人均收入比率				
仅有兄弟无姐妹*城乡人均收入比率	0.58*	0.13	-0.16	0.15
无兄弟仅有姐妹*城乡人均收入比率	0.52*	0.13	0.00	0.16
既有兄弟又有姊妹*城乡人均收入比率	0.61**	0.11	-0.06	0.14
农业户口*城乡人均收入比率	-0.18	0.11	-0.72***	0.10
截距	8.06***	0.97	6.97***	1.09
τ_{00}	0.81	0.15	1.26	0.21
σ^2	9.00	0.21	9.16	0.20
Log restricted-likelihood (df = 36)	-9861		-11546	

注:该模型也控制了模型 2 中的所有其他个人及县级变量,由于这些变量系数与模型 2 相比变化不大,为节省篇幅,本表未列出相应系数。τ_{00}、σ^2 分别为随机效应 μ_{0j} 与 ε_{ij} 的方差;*** $p < 0.001$,** $p < 0.01$,* $p < 0.05$。

六、结论与讨论

现阶段,在教育的总体性别差距不断缩小的同时,各地区之间教育差距的比重不断上升,地区社会经济发展的非均衡性问题已成为制约教育平等和教育大众化的突出因素。本研究主要利用 CGSS2006 抽样调查数据与相关县级社会经济统计资料,通过建立多层线性模型,分析了影响我国男女居民教育状况的主要因素。研究结果表明,个人及其家庭的社会、经济、文化特征与地区(县级)社会经济因素对男女个人教育年限存在独立的显著影响;同时,地区收入的不平等状况对具有不同社会经济特征的个人的教育差异也具有极为重要的影响。

具体而言，与本文假设相一致，个人成长过程中的户口性质、家庭社会经济资源与文化资源、家庭兄弟姐妹数量及性别构成对男女教育状况有着不同程度的影响。农业户口者接受正规教育的年限比非农业户口明显更短。然而，与男性相比，户口性质对女性教育的影响更为严重，这一点在较早的出生队列中体现得尤为突出；这反映了在教育资源相对短缺的条件下，农业户口女性的教育遭受了性别与户口性质的双重不利影响。父亲职业、教育程度等特征对子女的教育年限也有着显著的影响，其中，女性教育状况受这些因素影响更为明显，这反映了家庭社会经济与文化资本对子女（尤其是女儿）教育的重要意义。平均而言，家庭藏书量的增多对子女教育年限的延长具有正向作用，这从另一个侧面反映了家庭文化资源对子女教育的重要促进作用。特别值得一提的是，家庭子女数量仅对女性的教育年限存在显著的挤压效应，即兄弟姐妹数量越多，女性接受正规教育的年限平均越少。这一结果反映了我国不少地区存在的男孩偏好、家长对子女教育期望的差异以及家庭教育资源分配中的不均等现象。

此外，地区社会经济条件对个人教育年限也存在显著的影响。与男性相比，县级第二、第三产业的发展、相应产业产值比重的提高，对女性教育年限的延长具有更为明显的促进作用；因而，这些因素有利于缩小男女教育差距、实现教育均衡。与之相比，县级人均地区生产总值的增加，对男女居民教育年限的延长具有普惠性效应。这在很大程度上反映了经济发展状况对地区教育资源和教育质量改善的重要作用。值得强调的是，地区收入的不平等状况对个人的教育差异具有极为重要的差异性影响。县内城乡人均收入差距越大，农业户口女性的教育劣势越为明显。而多子女家庭子女性别构成对男性教育状况的促进作用，恰恰从另一个侧面反映了社会经济发展不均衡的地区，男性对家庭教育资源的挤占效应。

综上所述，我国教育的性别差异近年来有了明显的下降，然而，即使是在年轻的出生队列中，男女教育差距仍在一定程度上存在，且在不同地区、不同人群中相应差距的严重程度明显不同。本文利用全国性概率抽样数据，综合宏、微观社会经济与文化因素，考察了男女教育差异的影响因素。研究发现，个人的教育差异存在重要的地区群组效应，女性在不同地区之间的教育差异相对更大，因而受宏观社会经济等因素的影响更为明显。本文使用的被访者在成长过程中的重要社会经济特征，如14岁时的户口性质、18岁时家中藏书量、10岁时兄弟姐妹构成等回顾性数据，对于检验相关因素对教育获得的影响、排除反向因果关系提供了可能，从而将研究教育获得的因果关系推进一步。

本研究主要结论表明，过去几十年来我国家庭规模的缩小、家庭与社会性别平等观念的传播、地区经济模式的升级以及城乡社会经济的均衡发展，对提高我国女性居民的整体教育水平、缩小男女教育差异发挥了极为重要的作用。为进一步缩小教育的性别差距以及与之有关的地区和城乡差距，真正实现教育均衡发展，我们一方面要大力促进微观家庭社会经济与文化资源等方面的积累，更为重要地，我们需要切实推进地区之间、城乡之间、不同户口性质的居民对教育资源的平等利用，不断推动城乡收入的均衡化发展与经济结构的优化升级，最终促成教育与社会经济的持续均衡发展。

参考文献

陈仲常、谢曼、张薇（2003）. 我国教育机会性别均等与教育结果性别差异分析. 高等工程教育研究，(2).

罗凯，周黎安（2010）. 子女出生顺序和性别差异对教育人力资本的影响. 经济科学，(3).

牛建林（2002）. 农村妇女孩子数量与质量偏好转换现状研究. 市场与人口分析，(2).

王鉴（2008）. 少数民族贫困地区大龄女童辍学问题追踪研究. 民族教育研究，(1)

文东茅（2005）. 我国高等教育机会、学业及就业的性别比较. 清华大学教育研究，(5).

易翠枝（2007）. 婚姻市场的教育分层与女性人力资本投资. 华东经济管理，(2).

滕星，苏红（1998）. 中国少数民族地区现代化过程与教育机会均等. 教育科学，(1).

张巧霞，刘美华，董飞等（2008）. 造成教育机会性别不均等的政策原因. 教育实践与研究，(4).

张岩（2007）. 我国教育机会均等的性别差距研究. 北京印刷学院学报，(5).

郑真真，连鹏灵（2004）. 中国人口受教育状况的性别差异. 妇女研究论丛，(5).

郑真真，牛瑞琴（2008）. 从两次人口普查结果看中国的教育发展. 人口与经济，(4).

郑真真，牛瑞琴，邢立强（2002）. 中国 10-18 岁青少年就学的影响因素分析. 人口与经济，(2).

郑真真，吴要武（2005）. 人口变动对教育发展的影响. 北京大学教育评论，(2).

Jerome Karabel and A. H. Halsey (eds.), *Power and Ideology in Education*. New York: Oxford University Press, pp. 487-511.

Coleman, J. S. (1988), "Social Capital in the Creation of Human Capital". *American Jouranl of Sociology*, 94 (1): 95-120.

Connelly, Rachel and Zhenzhen Zheng (2003), "Determinants of School Enrollment and Completion of 10 to 18 Years Olds in China". *Economics of Education Review* 22: 379-388.

Hannum, Emily (1999), "Poverty and Basic-Level Schooling in China: Equity Issues in the 1990s". *Prospects XXIX* (4): 561-577.

Hannum, Emily (2002), "Educational Stratification by Ethnicity in China: Enrollment and Attainment in the Early Reform Years". *Demography* 39 (1): 95-117.

Hannum, Emily (2003), "Poverty and Basic Education in Rural China: Villages, Households, and Girls' and Boys' Enrollment". *Comparative Education Review* 47 (2): 141-159.

Hossain, Shaikh I. (1997), "Making an Equitable and Efficient Education: the Chinese Experience". *China: Social Sector Expenditure Review*, 1996, World Bank Report.

Lu, Yao and Donald J. Treiman (2005), "The Effect of Family Size on Educational Attainment in China: Cohort Variations". CCPR – 052 – 05, Department of Sociology, University of California – Los Angeles & California Center for Population Research.

Tsui, Ming and Lynne Rich (2002), "The Only Child and Educational Opportunity for Girls in Urban China". *Gender and Society*, 16 (1): 74 – 92.

Zhang, Yuping, Grace Kao, and Emily Hannum (2007), "Do Mothers in Rural China Practice Gender Equality in Education Aspirations for their Children". *Comparative Education Review* 51 (2): 130 – 156.

(**作者单位**：中国社会科学院人口与劳动经济研究所)

企业人力资源部门的虚拟化探讨

牛全伟　宋　恺　牛雄鹰

当今世界，知识经济蓬勃发展，信息技术日新月异，全球化浪潮更为汹涌，企业所面临的外部竞争日益激烈。在这种环境下生存或发展，企业需要加速变革，不断创新，充分利用信息技术增强组织灵活性和反应性。企业人力资源部门也有了高要求，需要达到四项看似非常矛盾的目标：保持战略性，更加柔性化，注重成本节约，向管理者和员工提供优质的服务与支持。为达此目标，企业人力资源部门必须进行改革，使之能够整合内外部资源、技术与知识，把握发展机遇，向顾客传递更高价值。而企业人力资源部门虚拟化则是一种有效的改革途径和发展趋势。

一、虚拟人力资源、虚拟人力资源管理与虚拟人力资源部门

"虚拟"（Virtual）这一术语原用于描述电子环境替换一个场所或事件，与"现实"相对，而"虚拟组织"、"虚拟人力资源"等概念主要借用的是类似计算机"虚拟存储器"中"虚拟"的文字含意。

通过信息技术提供远距离服务的本企业员工，为本企业提供服务的编外人员，以及不是员工却像员工一样提供服务的机器或技术装置，都可看作虚拟人力资源。人力资源的虚拟化是信息技术的大发展，以及劳务派遣、服务外包等专业雇主组织（PEO，Professional Employer Organization）的出现共同催生的。

没有现实的人力资源管理活动，通过网络、计算机技术等实现人力资源管理职能或提供相关服务，或者通过外包借助外部机构达到人力资源管理目标的做法就是虚拟人力资源管理。它是一种基于外包以及企业协作网络与计算机信息网络的网络化管理模式。其内涵主要揭示了两个方面：一是指企业将自身人力资源管理的部分职能分离出来，由其它组织承担并为企业提供服务，而同时专注于自身核心业务与能力的开发；二是指企业利用网络资源或信息系统整合和实现人力资源管理的部分职能，即人力资源管理的信息化与智能化。

如果企业的人力资源部门主要管理的是虚拟的人力资源，主要通过外包和信息技术实现人力资源管理职能和目标，那么这样的人力资源部门就是虚拟人力资源部门。国外学者则认为虚拟人力资源部是"一种基于合作关系并利用信息技术来帮助组织同时保持战略性、柔性化、成本效益以及服务导向的网络组织机构"。

二、企业人力资源部门的虚拟化实践

学术界的研究以及知名跨国公司的实践都表明，引领企业人力资源部门虚拟化

进程的有两大要素：一是信息技术，二是伙伴关系。现实中，与之相对应，则展示会出两种人力资源部门虚拟化的重要途径。

首先，人力资源部门可以借助自动化设备设施或者信息系统等信息技术整合和实现人力资源管理的部分职能，比如执行现代企业上班打卡制度的考勤机代替最初的考勤人员；公司的呼叫中心采用互动式语音应答系统（IVRS，Interactive Voice Response System）替代最初的员工值守模式；企业利用网络招聘取代以前的现场招聘；而BBS，局域网，外部网，电视电话会议以及视频会议如今都已经在某种程度上替代了与其相对应的传统沟通方法成为主要的沟通方式。

此外，人力资源部门虚拟化的另一种途径就是企业将自身人力资源部门承担的部分职能分离出来，由其它组织承担并为企业提供各种所需的服务。这种方式就是与其它组织如专业雇佣公司建立合作伙伴关系，通过人力资源的部分职能外包来实现其虚拟化。比如公司中高端人才的招聘工作通常会外包给猎头公司；公司普通职员的招聘也会将前期工作交由其他专业招聘公司承担（如智联招聘和前程无忧等公司）；企业内部流程再造，员工满意度调查，薪资、福利调查，员工培训甚至人力资源规划以及制度设计等都开始由公司内部完成逐渐转变为外包给其他专业公司。

（一）信息技术驱动的人力资源部门虚拟化

据统计，我国中小企业信息化程度在逐年提升，在内部网建设的基础上其他自动化系统也得到了广泛应用，其中财务管理系统普及率最高，为82.4%；其次是OA系统，有63.5%的企业在使用；ERP系统有46.6%的企业在使用。如今，西方发达国家企业的信息化程度更高，企业的信息化、虚拟化浪潮势不可挡。

信息技术是虚拟人力资源部门的中枢，它对人力资源具有广泛而又深刻的影响。信息技术可以使企业迅速、便捷地存储和获取信息，促进企业在急剧变化的世界中，发现并抓住发展趋势，做出及时、准确的反应。此外，通过信息网络，公司人员可以与其他区域的员工方便、快捷地进行沟通，从而促进了信息的更好利用。因此，信息技术不仅可以降低管理成本，提高生产效率，加快反应速度，改进决策流程和顾客服务水平，而且在协调外部合作伙伴活动方面具有十分重要的作用，通过信息交流最终赢得竞争优势。

信息技术对人力资源虚拟化的影响主要体现在运营、沟通、革新、监控四个方面。

信息技术在运营方面影响主要是实现公司日常操作的自动化、信息化和智能化。对诸多企业来说，使用信息技术的初衷大抵都是提高公司运营效率以及降低管理成本。比如，考虑到人力资源部门沉重的工作负担，公司有必要采用自动化系统来完成一些例行性工作，比如做记录、工资单的制作与发放、福利管理等。能够简化这些业务程序的系统可以大幅度的提高一个员工传统模式下无法完成的工作量。因此，信息技术使公司运营自动化与智能化，不仅可以减少员工数量，提高运营效率，而且还可以降低管理费用和交易成本。这种智能化实践就是企业走向人力资源虚拟化的方式之一。

但是，如果企业的ERP系统只用来满足事务性的需要，解放简单、重复的手工劳动，提供基本的数据处理功能，那么人力资源的虚拟化则会阻碍企业的长远发展。

因此，我们需要利用该系统来实现标准化的管理流程和管理流程的优化，并为企业决策提供数据支持。这样才能满足当前需要和战略层面的考虑，最终推动企业向前发展。

信息技术另外一个重要用途就是为公司提供数据信息，也就是使公司运营信息化。公司使用管理信息系统（如用友公司和甲骨文公司开发的 ERP 支持系统）储存员工各种数据比如休假、缺勤情况、员工技能等，这些信息经过处理、整合为成熟信息之后，本企业员工可以在自身权限范围内在地球的任何一个角落获取。公司管理人员也可以利用决策支持系统（DSS，decision support system）重新配置人力资源数据，并通过从动态的数据变化中发现有助于提升生产效率和改善工作流程的趋势，满足其决策的特殊需求。智能信息系统避免了大量的数据收集、整理、分析等工作，同样可以减少员工数量，提高工作效率，使企业逐步走向人力资源虚拟化。

信息技术对沟通层面的影响主要是提供远程访问。信息技术扮演者纽带和桥梁的作用，可以使人力资源部门帮助管理者和普通员工提供远程获取其人力资源数据，支持其与人力资源相关的决策，提升其与公司其他部门以及商业合作伙伴之间的沟通能力，从而改善自身的服务水平。比如，对一个跨国公司来说，在管理其他区域员工方面就面临着一系列的问题。但是如果企业采用信息技术使得管理者可以通过公司内部信息系统获取该区域管理现状的各种数据和信息，这些问题就会迎刃而解。企业可以将通过将各个区域业务现状，如员工性别比例、年龄段比例、受教育水平、工龄、流动率、技能、信仰、内部工作流程、生产效率以及工资水平等信息上传到公司信息系统，让企业总部负责人及时、准确地获取这些信息，从而做出完善的决策。通过这种人力资源管理活动的虚拟化，人力资源部门可以使公司减少浪费，缩短生产周期，提升决策质量以及灵活性。

信息技术的变革作用体现在拓展人力资源的领域和职能这一层面。信息技术不仅可以改变人力资源活动的管理方式，而且还可以扩展人力资源活动的内容和方式。比如，一些跨国公司和跨区域公司采用基于内部网的技术创建了虚拟会议模式，这样就可以把处在世界各地各个分公司、事业部或者外部合作伙伴的管理者召集在一起共同讨重大论问题对策，经验分享等。公司还可以建立聊天室、BBS 等来促进员工之间、管理者与员工之间、企业与外部专家之间以及企业与关键利益相关者之间的沟通，最终促进公司运营效率的提升。此外，企业员工还可以利用这些内部平台，共享业务知识、工作经验以及最佳实践方案，最终大幅提升其工作效率。信息技术的其他变革领域还包括员工培训这一方面，公司的传统培训模式为课堂授课方式，但现在许多公司都开发出了基于网络的数字化学习方式（e-learning），通过两种方式的完美结合，公司可以权衡各种优势和弊端（如会议室短缺、日程安排冲突与自觉性问题等因素），达到培训的最佳效果。随着信息科技的发展，一些公司开始创建更为完善的培训系统，它不仅可以提供各种方便快捷的教育、培训资源，更重要的是，它还可以帮助管理者衡量和预测员工发展方面的培训需求，并提出针对性的培训计划。

信息技术在监控层面的作用则体现在探测企业人力资源发展态势方面。信息技术的发展催生了一大批软件公司，而企业可以利用这些公司开发的 ERP 信息系统来监测企业的人力机制如招聘甄选、调配管理、职务分析、组织设计以及人力规划等事项；其次，企业的开发模块如教育培训、职业测评等以及激励模块如薪酬福利、期权股权和奖惩管理等也都在信息系统监测的范围内。此外，企业的智能化系统还能监控员工勤务、工作及绩效管理，人力成本分析，员工满意度调查等事项。信息系统对这上述四个模块的监控可以使企业发现并弥补当前的组织缺陷，提高组织效率；并能协助企业发现微妙的动态趋势，做出及时有效的反应；最为重要的是，它还有利于建立起与组织战略目标相匹配的完善的人才机制，进而提升企业的核心竞争力。

综上所述，在人力资源管理方面，信息技术可以提高企业运营效率，提升公司内部之间以及与外部合作伙伴之间的沟通效率，拓展人力资源的领域和职能并塑造企业的核心竞争力。信息技术是驱动企业人力资源部门走向虚拟化的重要途径。

（二）外包驱动的人力资源部门虚拟化

数据显示，在美国有77%到93%的公司至少外包其部分人力资源职能，而且相当比例的一部分公司有增加外包在人力资源部角色的计划。在国内，据中国人民大学劳动人事学院和中国人力资源外包网的调查，有10%以上的企业外包了其人力资源部分职能，准备采用人力资源外包的企业则超过了20%。根据IDC的统计数据，我国人力资源外包基本由内需驱动，2006年的产业规模就已经达到了2.6亿美元；并将在2006年到2010年间保持25.8%的高速发展态势。这表明，人力资源外包在我国虽然起步较晚但也有了一定程度的发展，人力资源外包已经成为我国企业逐渐考虑和使用的一种虚拟人力资源管理模式。

信息技术是虚拟人力资源部的中枢，而外部合作伙伴和沟通的网络则能够给这种组织形式带来活力和任务执行的柔性化。专业雇主组织和其他人力资源服务机构的出现为企业人力资源外包提供了必要条件，这些外部合作伙伴可以使企业人力资源部门灵活应对技术和市场方面日新月异变化的同时，克服外部环境日趋复杂化所带来的不利影响。

企业可以通过把例行性或者低价值的管理工作外包给其他公司来实现成本最小化，从而可以把更多资源集中在能够创造高价值的业务上。此外，外包可以使管理者实时、灵活，随需应变地配置资源。随着企业需求的变化，管理者可以与外部人力资源供应商签订合同来完成某项企业自身无法完成的特殊任务。比如宝洁公司和IBM于2003年签订了为期10年、价值约5亿美元的人力资源外包合同。通过该合约，IBM为宝洁员工提供包括补偿计划，工资、津贴管理以及人力资源数据管理等服务；并利用宝洁公司的全球SAP（System application program）系统，为其人力资源系统提供各种开发和管理服务。通过外包其外围非核心职能，宝洁公司将企业的绝大部分资源和精力集中于开发核心业务——创新与供应链管理上，成功实现了业务转型。

虽然人力资源外包有诸多益处，但仍然存在潜在的消极面。其一，绝大多数外包决策都是基于削减管理成本而非企业战略层面的考虑。如果企业高层管理者无法及时意识到该问题的严重性，则会影响其长期的健康发展。其二，人力资源外包之后，很有可能会给企业带来许多在其他操作层面的损失。企业不断地与其他公司或者劳务派遣机构签订合同、成立伙伴关系会使自身受到一定程度的约束与限制，使得最终无法满足不断变化的组织需求。企业太依赖于外部资源也会损害其建立竞争优势的能力。如果人力资源外包程度太深或者管理不善，那么人力资源虚拟化实际上降低了其满足和支持公司战略目标的能力。

因此，人力资源外包面临的问题不是它对企业是否有利，而是人力资源部门应该采用何种方式才能更为妥善、更有效率，什么样的业务需要内部化而什么样的业务需要外包，以及如何平衡业务模块内部化和外包之间的关系；此外，如何管理其与内部和外部各方之间的关系也同样尤为重要。

在交易成本经济学的范畴内，依据罗纳德·科斯的观点，企业的边界就是"在企业内部组织一笔额外交易的成本等于在公开市场中进行同样交易的成本"这样一个均衡点。因此，如果业务内部化的成本高于外包，则企业应该选择外包。而依据奥利佛·威廉姆森、阿曼·阿尔钦以及本杰明·克莱因等人的观点，"资产专用性程度越高、产生的可占用准租金越多（通过机会主义行为取得的可能性收益也会随之增加）时，缔约成本也会逐渐增加并超过纵向一体化的成本"。具体来说，当某项资源使用频率越高，专用性程度越强，不确定性和复杂性程度越深越应该内部化，反之则应该外包。

根据专业分工理论，人力资源外包在实质上属于劳动分工的延伸。企业将自身不擅长或者非核心的业务承包给 PEO 或者劳务派遣公司，不仅可以优化管理流程，同时也可以使企业利用其专业化和高效率的优势专注于其核心业务的开展。目前，社会上已经涌现出了诸多人力资源服务商，如人力资源咨询公司、猎头公司、专业培训公司、人事代理机构等。该类型的机构和组织均利用专业化的优势为企业提供高效率、高质量的专门化服务。这种趋势促使不同类型的企业可以将其资源和精力专注于自身更具优势的业务上。

此外，根据企业核心竞争力理论，企业的竞争优势来源于其拥有的独特的资源和核心能力。企业应集中精力和资源确定、开发和培养其核心业务及核心优势，最大限度地发挥自身核心竞争力的作用。外包与企业核心竞争力是紧密相连的，人力资源外包就是企业在保留自身核心职能的同时，将非核心业务承包给比自身更具成本和专业化优势的企业，使企业能够把更多的资源与精力投入到其核心业务上，最终提高其核心竞争力。

奎因认为，企业应该对公司成功不关键的业务外包，而把资源集中到企业核心能力上去。而管理大师杜拉克也曾指出："任何企业中仅做后台支持而不创造营业额的工作都应该外包出去。任何不提供向高级发展的机会和活动、业务也应该采取外包形式。"

Lepak 和 Snell 则建立了人力资源外包的模型，并对其进行了详尽的探讨。该模型具有两个维度，它们分别是人力资源活动的价值和人力资源活动的独特性。结合二者，企业可以从四种外包选项中进行决策。

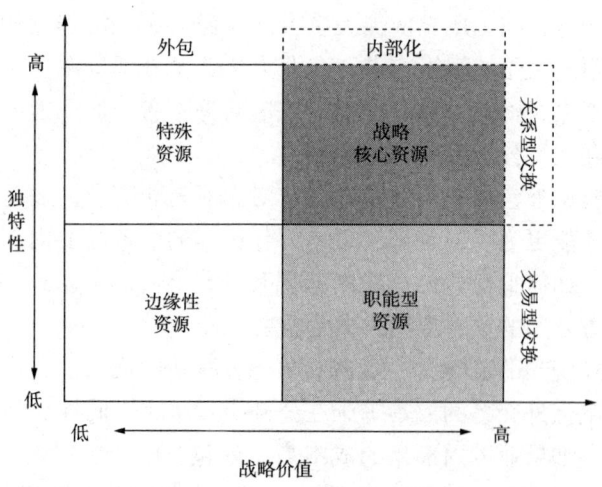

图 1　人力资源外包模型

人力资源活动是否具有价值要看它能否帮助企业实施战略举措来提升效率和效果，抓住市场机遇并消除潜在威胁。而模型中的资源泛指知识、技能、流程、技术、数据库、关系等。人力资源的独特性是指该资源的外部市场稀缺或者企业专有，此类资源或者活动能够给企业带来持久的竞争优势。战略价值和独特性是决定外包或内部化的标准。该模型为企业人力资源部门走向虚拟化提供了外包蓝图。

战略核心资源（高价值、高独特性）是企业竞争优势的源泉。比如英特尔公司才华横溢且富有创造力的设计师们，他们设计的计算机微型处理器（CPU）能够不断满足市场需求，创造极大的顾客价值，使得英特尔公司能够在激烈的市场竞争中遥遥领先于其他同类企业。对于战略核心资源，企业为了增强自身的核心竞争力将其内部化，交由自身部门实施，如人力资源战略规划一般都由企业内部人事部门实施。职能型资源对大部分企业都是重要的，具有较高的价值，同时也较为标准化和社会化，也就是在不同的企业中不存在太大的差异性。对于例行性的人力资源管理职能，随着外部专业化服务提供商的兴起与完善以及信息技术的进步，人力资源经理可以有多种选择来实现此类功能。比如引进人力资源管理信息系统，实现人力资源部分职能的自动化和智能化；或外包诸如工资发放、福利管理等不具有太多公司独特性的行政性事务。边缘性资源和业务在价值增值上有更多的限制。由于此类业务更具变动性和临时性，因而寻找外部合作伙伴是提供此类服务更具效率的方法，企业应该选择外包。例如，在今天急剧变化的环境中，对一些临时性的人力需求，选择提供此类服务的中介机构来满足需求会更具效率。当该职能对企业能力没有多大贡献时，依赖外部专营机构来获得质量更高、效率更高的服务同时又能降低成本，外包应该成为企业自然的选择。特殊的人力资源对创造客户价值没有直接的贡献但是具有独特性，企业应该通过与外部伙伴建立密切的合作关系来外包这些事务。当一种资源具有很高的独特性，特别是能够给企业带来较高战略价值的时候，企业通常会选择内部化。

人力资源外包模型的二维模式虽然为企业人力资源部门走向虚拟化提供了外包蓝图，但它也并非完美无缺。加入另外两个维度——企业发展阶段和情境因素会更加合理。

企业成长周期可以划分为：创业期、成长期、成熟期、衰退期四个阶段。情境因素包括市场竞争激烈程度，外包市场成熟程度等。在企业创业期和衰退期，公司外包需求比较小，这两个时期的人力资源状况不仅要考虑到其竞争力和独特性两种情况，还要考虑公司的财务能力，因此，企业内部化比较合适。而在企业成长期和成熟期，公司各项业务都比较成熟，这时候 Lepak 和 Snell 的外包模型才比较合适。同样，如果市场竞争相对较弱，外包市场不太成熟，企业就没有外包的必要性。如果市场竞争比较激烈，外包市场相对成熟，企业则可采用上述外包决策模型。

此外，资源的独特性对企业外包决策并不局限于是否外包这一个层面上。通用资源（资源独特性较低）与独特资源的管理方式大相径庭。对于通用资源，企业可以根据其市场公允价值通过交易取得；但是对独特资源来说该方式肯定行不通，市场上的 PEO 或者其他人力资源服务公司无法提供企业独特的资源，满足其独特的需求。因此，企业应当采取关系型交易方式获取该资源，即企业与外部合作伙伴建立起长期合作关系，让其了解公司经营理念，价值观，企业文化等，经过长期的相互信任、协作、共享信息和磨合，完善外包的定制化，来满足企业的特殊资源需求。例如 IBM、AT&T 和福特公司长期雇佣一批心理学家、律师以及会计师来帮助企业调查研究做一系列的人力资源分析报告，这些分析报告服务于人力资源战略决策以及整个公司的战略决策。在国内，近年来，越来越多的企业开始选择与高等院校、科研院所或咨询公司合作的形式引进人力资源管理顾问，来诊断企业的人力资源管理现状并提供人力资源管理策划方案等。与外部机构的关系型合作既能满足企业内部的独特性需要，又不至于分散集中于高附加值业务上的企业资源。

但是企业完全把一种职能外包或者内部化也并不合理。比如企业可能选择控制基本工资方面的决定权，而把工资发放、福利管理等外包给其他公司，并与咨询公司合作完成薪资调查以及工作评估等诸项工作。企业倾向于保持部分人力资源活动内部化，并与外部伙伴合作外包余下的其他活动，这种方式叫"联包"（co-sourcing）。在这种方式下，企业与一个或多个承包商共同承担与某一特定职能相关的信息收集、技术提供、管理流程和沟通责任。

总之，劳务派遣公司等供应商和人力资源咨询公司、培训公司等服务商的大量涌现，为人力资源外包提供了条件，使得人力资源部门的战略价值得到提升。外包是驱动企业人力资源部门走向虚拟化的又一条重要途径。

三、企业人力资源部门虚拟化进程中的关键问题

第一，外包要和信息化统合。外部合作与信息技术是企业走向人力资源部门虚拟化的两个基本杠杆，与外部建立伙伴关系和外包使企业能够灵活应对外界变化，利用外部优势资源和专业技术，削减管理成本，并集中资源发展企业核心能力。然而，建立起一个外部合作伙伴网络并不能解决所有问题。企业不断发展合作伙伴，但是又没有一个协调、控制不同业务模块的网络系统，就会造成组织逐步走向分化。组织设计的一个原则就是结构分化需要由整合力量来平衡，而现代信息技术恰恰具有巨大的整合能力，它可以使企业通过信息共享和远程沟通消除地域、时空限制带

来的问题，使企业大规模拓宽企业边界（虚拟化）。因此，在发展外部合作伙伴关系的同时，企业要开发出一系列信息系统来整合外包化带来的分化问题，使企业人力资源部门虚拟化顺利有效地进行。

第二，有效的人力资源自助系统要结合多方需求。有学者认为，企业进行人力资源的虚拟化管理是为了减轻人力资源部门的工作负荷，降低该部门管理成本。然而事实上，对人力资源部门来说，真正的"顾客服务"不仅仅是指采取措施减轻人事专家的负担，而是帮助企业员工更有效地完成工作。因此，企业人力资源部门在虚拟化过程中，一定要将企业人力资源体系、企业员工需求、信息技术、和企业文化紧密结合。

第三，要审慎处理外部合作伙伴关系管理问题。比如员工利益问题，虚拟人力资源管理导致员工多重职业身份的现象普遍存在，处理不好可能会造成劳资关系重叠，影响员工个人职务升迁甚至整个职业生涯。再者，企业间工作性质的不同给员工绩效评估也带来了一定的难度。此外，还有企业安全性问题如商业泄密、知识产权纠纷，多头领导问题，有效沟通问题以及文化冲突问题等。面对这些问题，企业管理者应该在虚拟化方式采取之前就采取相应的措施。企业与外部服务提供商签订合同之前要考虑其公司信誉，专业技术水平，公司文化等各方面要素，并与该企业建立起一种完善的长期互惠互利的合作关系，双方对彼此拥有明确的期待，并通过相互学习巩固这种合作关系。比如上述员工使用问题，用人企业应该抱着一种对人才负责的态度，对外借人才进行必要的培训，这样不仅在人才外借期间可以为企业创造更大的价值，而且也为人才的再次外借奠定了基础。同时，人才所属单位要帮助外借的人才制定自己切实的职业生涯规划，用人企业要积极配合人才所属单位完成对人才的考核工作。而建立沟通渠道，积极协调则可解决多头领导和多文化冲突与融合问题。

第四，长期打算和灵活应变相结合。笔者认为，随着科技的发展以及市场竞争程度的日趋白热化，企业所拥有资源的独特性与战略价值大小也会随之改变。因此，企业人力资源部门必须以长远和发展的眼光审视其人力资源虚拟化战略，长期规划与策略调整相结合，确保企业人力资源部门的虚拟化实践有利于企业自身的生存和发展。

随着经济的飞速发展，市场竞争日趋激烈，相信会有越来越多的企业人力资源部门走向虚拟化。虚拟化以后，企业人力资源部门不是被取消，而是更加重要。虽然，从形态上看，它拥有的员工越来越少，占有的办公场所越来越无，但是，凭着信息技术和外包的结合，虚拟化的企业人力资源部门最终能够达到"保持战略性，更加柔性化，注重成本节约，向管理者和员工提供优质的服务与支持"四个高要求。

参考文献

王兰英，陈宏. 人力资源虚拟管理的决策模型分析及运用 [J]. 华东经济管理，2005，(5).

中国社会科学院信息化研究中心,中国中小企业信息化发展状况调查报告[J]. 中国计算机报, 2006-02-10.

Schnitt, D. L. 1993. "Reengineering the Organization Using Information Technology". *Journal of Systems Management*, January: 14-20, 41-42.

Davidson, W. H., &Davis, S. M. 1992. "Management and Organization Principles for the Information Economy". *Human Resource Management*, 29 (4): 365-383.

Quinn, J. B. & Hilmar, F. G. 1994. "Strategic Outsourcing". *Sloan Management Review*, Summer: 43-55.

Dess, G. G., Rasheed, A. M. A. McLaughlin, K. J. & Priem, R. L. 1995. "The New Corporate Architecture". *Academy of Management Executive*, 9: 7-18.

Bettis, R. A., Bradley, S. P. & Hamel, G. 1992. "Outsourcing and Industrial Decline". *Academy of Management Executive*, 6: 7-22.

左锐. 人力资源管理外包发展的动因与创新取向[J]. 企业天地, 2006, (5).

Quinn, J. B. 1992. *Intelligent Enterprise*. New York, NY: Free Press.

Lepak, D. P. & Snell, S. A. 1999. "The Human Resource Architecture: Toward A Theory of Human Capital Development and Allocation". *Academy of Management Review*, 24 (1): 31-48.

Barney, J. 1991. "Firm Resources and Sustained Competitive Advantage". *Journal of Management*, 17: 99-129.

Stewart, T. 1997. *Intellectual Capital*. New York: Doubleday-Currency.

Parkhe, A. 1993. "Strategic Alliance Structuring: A Game Theoretic and Transaction Cost Examination of Interfirm Cooperation". *Academy of Management Journal*. 36: 794-829.

McCormick, S. C. 1999. Reinventing Employee Services Delivery—on the Road to Virtual Human Resources, *Benefits Quarterly*, 15 (3): 7-10.

Galbrath, J. 1973. "Designing Complex Organizations". *Reading*, MA: Addition-Wesley.

(作者单位:对外经济贸易大学)

我国教师工资水平在地区间的应有差异

付 尧

我国是一个幅员辽阔的大国,经济与社会发展状况非常不均衡,这造成了我国不同区域之间劳动者的工资收入水平、地区提供的公共产品与服务尤其是教育资源在地区间的悬殊差异。教师是劳动者群体当中的一员,同时也是教育投入的重要资源之一,因此相同特征教师的工资水平在地区间的差距过大不仅不利于劳动者收入分配的平等,而且过低的工资收入影响教师的教学积极性和稳定性,不利于教育资源投入在地区间的公平与有效配置。我国目前教师工资水平在地区间的分布十分不均。以甘肃为例,"越是偏远的地方,工资反而越低,一些代课老师的工资甚至不足150元,而且常常拖欠。"可见,适当缩小教师工资水平的差距不仅有利于我国社会公平的实现,而且有利于横向教育公平的实现。

然而,由于我国不同地区的产品与服务的价格也有一定的差异,因此要达到相同的生活水平,不同地区劳动者的工资收入也不需要完全相同。那么对于不同地区工作的相同特征教师工资水平来说,究竟有何种差异才适合的呢?本文将从政策制定者的角度,运用劳动经济学的理论框架对这个问题进行规范分析,并进行解答。文章将从一般到特殊,从一般劳动者工资水平差异的决定机制入手,缩小到教师这一特定劳动者群体的工资差异决定机制。分析框架将从简单到复杂,首先在新古典劳动力市场理论框架下进行探讨,最后在劳动力市场分割理论框架下进行分析。

关于劳动者工资差异的来源,李实、王亚柯(2005)、陶涛、翟振武、夏亮(2010)等学者分别从经验研究的角度证实,职工的工资收入在不同地区之间具有一定差距。对于工资差别的理论解释,杨河清(2002)指出,工资差别的成因包括产业(企业)间工资差别、职业间工资差别、劳动者个人间工资差别、地区工资差别、年龄间工资差别、以及性别间工资差别。因此,从劳动经济学理论来说,在行业、职业、劳动者个人特征等其他影响工资收入的条件相同的情况下,劳动者在不同地区就业所获得的工资收入也有所区别。

在行业、职业、劳动者个人特征等其他影响工资收入的条件相同的情况下,劳动者工资收入的地区间差异可能有多种来源。包括地区经济发展水平、劳动力市场竞争程度、地方的工资政策,等等。但是归根结底,本文以劳动力市场分割理论为前提,认为在满足下列假设的前提下,当其他条件相同时,地区间工资差异的成因不外乎可分为补偿性工资差异和区域间劳动力市场分割。

假设1——劳动者在选择工作地区时追求效用最大化。关于劳动者对工作地区的选择行为,国内外很多学者都进行了相关研究。Mark C. Berger, Glenn C. Blomquist 和 Klara Sabirianova Peter(2008)对俄罗斯城市生活质量的研究发现:

对于生活质量指数较高的城市，政府通常需要规定较低的地区工资系数。John V Winter（2009）针对美国不同地区工资水平的研究结果显示：城市配套设施和生活便利程度越高，劳动者的工资越低，劳动者为居住在生活质量较高的城市可以放弃较高的工资水平。这些研究分别表明了劳动者对较高工资、较低的生活成本，以及较高的地区非货币效用的偏好会影响他们的工作决策。即劳动者在做出工作地区选择的决策时同时追求高工资和工作地区的低生活成本以及较高的非货币效用。

假设单个劳动者的效用函数为 $U(Y, COL, R)$，其中 Y 为劳动者的工资收入，COL 为劳动者工作地区的生活成本，R 表示该工作地区给劳动者带来的非货币效用（宜人的气候、整洁的市容、较低的犯罪率等）。本研究假设在其他条件相同的情况下，所有劳动者在生活成本高的地区工作就要求获得更高的工资性收入，在非货币效用较高的地区可以容忍获得较低的工资性收入。即 $\frac{\partial U}{\partial Y} > 0$，$\frac{\partial U}{\partial COL} < 0$，$\frac{\partial U}{\partial R} > 0$。劳动者对工作的选择行为追求效用函数的最大化。理论模型表示如下：

$$\max U(Y, COL, R)$$

假设2——信息对称。劳动者能够获得有关自身特征、重要的工作特征以及工作地区特征方面的信息。即在上式中，劳动者的特征以及每份可能工作及地区的 Y、COL、R 均为已知。

为了阐释在满足上面两个假设的前提下，地区间工资差异的成因可分为补偿性工资差异和区域间劳动力市场分割这一命题，以下将分别在新古典劳动力市场理论和劳动力市场分割理论框架下讨论劳动者的工作选择行为，从而确定在行业、职业、劳动者个人特征等其他影响工资收入的条件相同的情况下，劳动者地区间工资差异的来源。

（一）新古典劳动力市场理论框架下的情形

新古典劳动力市场理论认为劳动力市场是统一的。此时，劳动者工资收入在地区之间的差异由劳动力供求双方的行为共同决定。对于劳动力需求方来说可以根据通过制定相应的工资政策确定一定特征教职员工的工资。通常来说，在其他条件不变的情况下，根据劳动者的性别、工作经验、受教育程度等与生产力相联系的特征，需求方会提供不同的工资标准。一旦需求方确定了工资水平，劳动力供给方将会通过工作搜寻行为搜寻自己的偏好与特征相匹配的工作岗位。根据假设2可知，搜寻成本为0。

由于地区间的劳动力市场统一时，劳动力可以自由流动，流动成本为0。因此，根据假设1，如果一个地区劳动者的工资收入相对于生活成本和地区带来的非货币效用来说较低，他们就可以转向另一个工资更高或生活成本更低、地区非货币效用更强的地区生活或工作。即当

$$\sum_{t=1}^{T} \frac{U_{it}}{(1+r)^t} - \sum_{t=1}^{T} \frac{U_0}{(1+r)^t} > 0$$

成立时，劳动力流动就会发生。其中，$U_{it} = U(Y_{it}, COL_{it}, R_{it})$ 为劳动者在 t 年时在下一个流入地 i 从事岗位更加匹配的工作所获得的效用；U_0 为在 t 年时从事原来的工作所获得的效用；T 为在地区 i 的工作上预期的工作年限；r 为贴现率。

因此，当劳动者与工作岗位的匹配程度不够时，劳动力流动就会发生，劳动者在下一个工作岗位获得的效用现值大于当前工作岗位的效用现值

$$\sum_{t=1}^{T} \frac{U_{it}}{(1+r)^t} - \sum_{t=1}^{T} \frac{U_{it}(Y_{it}, COL_{it}, R_{it})}{(1+r)^t} > \sum_{t=1}^{T} \frac{U_0}{(1+r)^t}$$

对于与现有岗位相匹配的特定劳动者来说，下式成立：

$$\sum_{t=1}^{T} \frac{U_{it}}{(1+r)^t} - \sum_{t=1}^{T} \frac{U_{it}(Y_{it}, COL_{it}, R_{it})}{(1+r)^t} > \sum_{t=1}^{T} \frac{U_0}{(1+r)^t}$$

因此劳动者在选择工作地区时达到效用最大化时可以取得

$$\max U\ (Y, COL, R)$$

此时，Y 由 COL 和 R 决定。即地区间劳动者的工资差异由地区生活成本和地区的非货币效用（地区的补偿性工资差异）决定。

（二）在劳动力市场分割理论框架下的情形

劳动力市场分割理论（Labor Market Segmentation，LMS）是在新古典劳动力市场理论的争论中产生和发展起来的。由于新古典劳动力市场理论不能很好地解释现实社会中劳动力市场的诸多问题，20 世纪 70 年代以来，很多经济学家放弃了居于主流地位的竞争性劳动力市场理论，转向研究分割的劳动力市场。我国学者从 20 世纪 90 年代开始涉足劳动力市场分割领域，赖德胜是最早对西方劳动力市场分割理论进行系统评述的学者之一。

蔡昉（1998）、许经勇与曾芬钰（2000）、朱镜德（2001）、李建民（2002）、John Knight and Shi Li（2003）、张展新（2004）及郭丛斌（2004）等学者分别从不同角度指出，中国的劳动力市场存在着地区分割。地区分割主要表现在两个方面：一是农村地区之间的分隔；二是城市地区之间的分隔。因此，放松劳动力市场统一的假定，更符合我国劳动力市场目前的现实。

舒尔茨（1961）认为就业流动是人力资本投资的一种重要手段，能够实现人力资本价值的增值。将劳动力跨区域的资源流动性为当成一种投资行为看待，即劳动者为了在今后一个相当长的时间内获得收益而在之前承担这种投资的成本。如果与流动相联系的收益限制超过了与之相联系的成本，那么可以认为，劳动者将会进行跨区域流动。其中收益是由于找到了与自身特征更加匹配的工作而获得的。相反，如果流动之后的收益贴现值并不比成本高，那么劳动者就不会决定进行这种流动。即在满足下面数学公式的情况下，劳动者才可能选择跨区域流动。

$$\sum_{t=1}^{T} \frac{U_{it}}{(1+r)^t} - \sum_{t=1}^{T} \frac{U_0}{(1+r)^t} > C$$

其中，U_{it} 为在 t 年时在下一个流入地 i 从事岗位更加匹配的工作所获得的效用；U_0 为在 t 年时从事原来的工作所获得的效用；T 为在地区 i 的工作上预期的工作年限；r 为贴现率；C 为在流动过程中所产生的成本（包括货币成本和心理成本）。

当 C>0 时，劳动者在下一个流入地 i 从事岗位更加匹配的工作所获得的效用要高于从事目前地区的工作所获得的效用。即在劳动力流动发生之前，劳动者在目前地区所获得的效用要低于与岗位匹配后的效用（也就是在一定的自身特征下所应获得的效用）。因此，劳动者的工资受流动成本的影响，所面对的流动成本越高，在

其他条件均相同的情况下,目前的工资水平越低。随着劳动力流动成本的逐渐升高,劳动者的流动能力逐渐减弱。

本研究认为我国的劳动力市场存在区域分割,即下式成立:

$$\begin{cases} \sum_{t=1}^{T} \frac{U_{it}}{(1+r)^t} - \sum_{t=1}^{T} \frac{U_0}{(1+r)^t} > C \\ C > 0 \end{cases}$$

在劳动力市场区域存在分割的情况下,不能认为每个行业所面临的区域劳动力市场分割完全相同,也不能认为不同受教育程度的劳动者面临的劳动力市场分割程度相同。当 $C \to +\infty$ 时,劳动力流动行为不会发生。这时,劳动者的工资水平完全取决于其所在劳动力市场的政策和工资安排。

教师工资水平在地区间应有差异的规范分析

我国地区间经济发展不均衡,自改革开放以来,东部沿海地区经济发展较为迅速。相对来说,中部和西部发展相对缓慢。劳动者基于效用最大化的考虑,更偏好在东部就业。从毕业生初次就业地区的选择来看,赖德胜与吉利(2003)的研究发现,很多大学毕业生即使没有工作也不愿意去西部工作。李锋亮(2009)通过对科技部中国科技促进发展研究中心硕士就业数据进行实证分析的实证结果发现选择迁移就业的毕业生在全国各省市分布极不均衡,其中北京、上海、广东与浙江吸引了大部分各种形式的迁移就业的毕业生,而中西部省份对毕业生迁移就业的吸引力非常不足。

从人口流动的方向来说,大多流向东部沿海地区。汪令江(2003)、余世仁与简玉兰(2004)等学者的研究体现了我国西部人才流失的问题。而教育行业的人才流失现象尤其严重。在西部的教育行业,一些岗位工资较低,留不住教师。能力较强的教师更容易离岗。教师队伍相对东部来说资质更差。就投入教育资源的人员部分来说,低于东部地区。

由于教师的劳动是教育投入最重要的资源之一,吸引个人素质较高的毕业生,以及稳定教师队伍对教学产出非常重要。但是在教育经费有限的情况下,学校和地区教育部门希望在不增加工资投入的条件下用行政手段制约教师的流动。很多地区提出硬性规定,提高教师流动成本。但这更使得新毕业大学生对该工作岗位望而生畏,而在岗教师即使不流动,也会降低工作积极性。如此一来,向学生所提供的教育服务就更差。

要教师提供相同的教育服务,就需要让各地教师达到相同的满意度。究竟何种工资差异对相同特征的教师来说是公平的、能够使各地教师达到相同的满意度是以下研究的重点。

(一)新古典劳动力市场理论框架下的情形

教师属于劳动者中的一员,具体来说属于教育行业的劳动者。为简化问题,先假设劳动力市场是完全竞争的,不存在区域间的劳动力市场分割,此时地区间工资差异的唯一来源就是地区补偿性工资差异。假设两个处于不同地区的学校为教师提供相同的工作条件,而且对相同特征教师提供相同水平的工资。那么劳动者在这两所学校进行工作选择时,由于一个学校所处的地区生活成本较高,或者当地气候条件较不适合居住,而选择了另一个学校任职,此刻一个学校相对于另一个学校所处地区的不利条件就显示出来了。同样，如果处于不利地区的学校，得知另一地区学校向他提供相同的工资待遇时，这名教师将流动到另一个学校的工作岗位上。如果向教职员工支付相同水平的工资，位于不利地区的学校将失去它的教师，而且也无法吸引新进教师。因此，为了吸引并挽留劳动者，处于劣势地区的中学校必须向相同特征的教职员工支付更高的工资，也即在该地区义务教育人员经费的购买力低于其他地区。这种学校区位的劣势是学校和当地教育部门都无法控制的，属于不可控因素。

但是应注意的是，相对的，还存在由于学校与地区教育部门的政策引起的工资差异因素，与不可控因素相对，可称之为可控因素。例如，位于地区 A 的学校规定只招收硕士及以上学历的教师，这种对学历的要求显然高于其他学校。根据人力资本理论，该学校须向新进教师支付更高的工资。而其他地区的学校则不需要支付这种较高的工资。此时，在其他条件相同的情况下，地区 A 的学校生均人员经费支出从而生均教育经费支出将高于其他地区的学校。另外，在招聘时对女性教职员工的歧视，也会减学校校面临的劳动力市场的半径，学校需要为这种歧视支付更高的成本，即向符合较苛刻条件的新进劳动者支付更高的工资，从而引起较高的人员经费支出和教育经费支出。这种由于政策引致的地区间工资差异属于学校和当地教育部门控制下的工资水平差异，属于可控因素引起的工资差异。此时，该地区学校使用较高的义务教育人员经费购买了相对来说较多或较为优质的教育资源，因此不能说该地区的义务教育人员经费购买力低于其他地区。

因此，在劳动力市场不存在区域分割的条件下，学校之间的教育经费支出人员部分差异有两方面可能的来源，其一是由学校和当地教育部门面临的不可控因素引致的；另一方面是由学校和地区教育部门的可控因素引致的。在其他条件相同的情况下，地区的高物价使教师面临更高的生活成本，使得相同资质教职员工要求更高的工资水平作为补偿，不适不安全的生活环境等生活和工作地区带来的较低非货币效用也使得相同资质教职员工主张更高的工资水平作为补偿。此时，在该地区人员经费的购买力降低，从而使学校在政策相同处的情况下为提供相同教学服务需要支付比其他地区学校更高的教育经费。进行地区间教育价格调整的目的正是要度量由这种学校和教育部门的不可控因素所造成的各个地区之间义务教育经费的购买力差异，并根据购买力差异对各地不同的教育经费支出进行调整。因此，在这里计算教育价格指数所使用的模型与方法需要设法避免对可控与不可控因素的混淆，是至关重要的问题。如果把某些可控因素错误地当作不可控因素进行调整，不论对教育部门的政策制定者还是相关领域的学者来说，都会带来严重的后果。对教育部门的政策制定者来说，将会把高支出的学校或地区错当作面对高价格的学校或地区，因而其所进行的资源配置也会缺乏效率；对于学者来说，会对教育资源配置状况得出错误的结论，从而还会对教育资源与当地经济情况或教育产出之间的关系做出错误的判断。

（二）在劳动力市场分割理论框架下的情形

在现实中，我国教育行业人员的流动性较弱。而这种较弱的流动性，源于其过高的流动成本，而这正这是由于其职业和行业特点以及政府部门对教育行业的行政制度造成的。例如，位于我国西部的陕西省某市教育局 2005 年 6 月针对各乡镇中心校、中学、市直中小学出台的《关于教师工作调动的有关规定》明确指出，"严格控制教师的调出调入，稳定教师队伍。""申请调动的教师，毕业分配后，平川工作满四年以上、山区工作满二年以上（定向毕业生山区工作满五年以上），才允许申请调动"。

可见，教师工资的决定并非市场因素，而很大程度上取决于行政命令，只要地区的教育部门提高教师流动与当地教育部门的交易成本，就可以将教师工资压得更低，同时学校也能够运作，因此地区间教师的工资收入差距处于一种扭曲的状态。教师流动的成本不仅包括由地区间劳动力市场分割带来的流动成本，而且包括当地教育部门的行政命令带来的流动成本。

对义务教育行业来说，教师的劳动投入是教育服务的重要资源，教师工资又与教师的劳动投入密切相关。如果采取行政手段一方面为教师的流动设置障碍，另一方面提供较低的工资报酬，将不利于对教师的工作激励，从而影响产出。尽管教师特征相同，但教师的工作积极性不同，也不能提供相同质量的教育服务。另外，对于将要加入教育行业从教的大学毕业生来说，也将尽量避免选择用行政手段限制流动的地区工作，这种地区要吸引较为优秀的教师也将存在困难。因此，不能由于教师跨省迁移所面对的劳动成本高而打压省内教师的工资，不应使用行政手段限制教师流动，而应遵循正常的市场规律，通过双向选择，提供令教师满意的工资来增强教师的工作积极性，从而稳定教师队伍。除补偿性地区工资差异和与其他劳动者相同的地区劳动力市场分割造成的工资差异外，由当地教育部门和学校的规定带来的流动成本从而带来的工资差异将使得对教师的激励下降，从而导致相同特征教师劳动力的实际投入质量下降，因此这种因素造成的工资差异属于教师工资水平在地区间的应有差异。

综上所述，遵循劳动力市场的规律，教师工资水平在地区间的应有差异应该与其他劳动者一样，可以包含地区的补偿性工资差异，可以包含地区劳动力市场分割造成的工资差异，但是不应包含教育行业内部规定所造成的额外的劳动力流动成本带来的工资水平差异。

（三）结论与启示

根据文章的分析可以发现，只有由地区的补偿性工资差异和地区劳动力市场分割两个因素造成的工资差异，才是我国不同地区之间相同特征教师工资收入的应有差异。而由教育部门和学校可控因素造成的劳动力流动的额外成本所带来的教师工资收入差异不属于应有差异。

因此，我国该加大力度，缩小地区之间教师的收入差距，逐步取消各个地区，尤其是经济落后地区和农村地区对教师流动的制度性限制，用市场调节的手段稳定教师队伍，吸引新进教师。这就需要提高落后地区教师的工资水平，使其提高到应有的水平。而这个应有的水平，并不是指各个地区相同特征的教师工资水平相等，而是应该保持在一个合理的差距之内。这个差距值是由补偿性工资差异和地区劳动力市场分割两个因素引致的。

要定量掌握不同地区间教师工资应有的差距水平，需要覆盖范围较大、样本容量较大的微观数据来进行计量。而这一定量研究也是具有一定理论和现实意义的，可以作为教师工资制定的重要参考。

（作者单位：北京师范大学　经济与工商管理学院）

网络阅读影响下学术期刊的编辑策略研究

方 志

　　网络阅读正在成为我国年青人群的主流阅读方式，在每年中国新闻出版研究院进行的全国国民阅读调查中，网络阅读率逐年攀升，2009年已经达到了44.9%，我国的国民阅读出现了数字化趋势。相比传统阅读方式，网络阅读方式越来越被欢迎，并因此而形成了一种对其他出版方式资源的加速侵蚀。在此大的环境下，我国学术期刊也面临着重大的挑战。近年来，我国众多学术期刊出现发行量大幅下滑，有效发行量严重不足的情况。而且，这种情况正在愈加恶化，众多学术期刊甚至已经到了生死存亡的困境。

　　鉴于此，我国学术期刊如何应对这种网络阅读方式的强烈冲击，如何能在大环境的不利影响下保持生存进而获得发展，这是本文深入研究并试图找到解决方案的地方。

一、我国学术期刊面临的复杂困境

（一）学术期刊经营困境普遍显现

　　出现经营困境，主要是因为网络阅读方式飞快发展带来的影响。这一问题，并非学术期刊独有，而是众多传统出版单位，包括出版社等共同面临的问题。经营困顿的表现，主要体现在两个方面。

　　（1）发行量连续下降。近些年来，我国传统出版单位书籍、期刊等发行量总体上都呈现出不断下滑的趋势。主要原因有三：一是我国总体阅读率不断下降，带来了需求下落的问题。二是我国新阅读方式发展速度较快，对传统阅读方式带来了重大的冲击。三是我国出版发行的布局与管理上存在重要问题，作品趋同严重，带来竞争加强。表现在学术期刊方面，一是学术氛围浮躁，主动阅读的需求不足。尤其是理论研究的期刊方面，不同于战略研究与行业研究，其主动阅读更是呈现下降趋势。二是论文数据库的推广对学术期刊带来重要的替代影响。据有关部门统计，近些年的论文数据库的建设，平均起来造成了学术期刊20% – 30%的滑落。网络阅读正在从普通年青人群向高知化转变。三是我国学术期刊普遍出现"综合化"的倾向，稿子来源广泛，研究领域同样广泛，缺乏定位，缺少对目标群体的精准把握。由此造成了综合性期刊扎堆，而专业性期刊严重缺乏的现象。这种现象的存在，也造成了内部竞争的激烈，使得学术期刊整体发行量下降。

　　（2）成本大幅提升。受近年来世界产业格局调整的影响，生产制造业的原材料价格普遍上涨，国际金融环境的变化，使得这种上涨压力得到进一步的助推。传统出版业面临纸张等原材料上涨的巨大压力。同时，印刷、装订等其他成本也在不断上升。众多中间环节的成本呈现上升趋势，使得我国的传统出版业利润空间得到进一步压缩。单纯从学术期刊来说，一方面，纸张、印制等成本在不断上升；另一方面，随着发行量下滑而带来的印刷量的降低，使得单位成本出现很大的提升。

发行量的下滑同成本的进一步攀升，两者的合力造成了我国学术期刊在经营管理上的困境。利润创造方面，我国学术期刊能够通过期刊发售所带来的利润，也即我们通常所说的直接价值正在不断降低，而同时，在支出方面又存在成本控制的困难，两者的结合，形成了整个学术期刊经营单位利润的挤压。据新闻出版单位的相关统计，我国的学术期刊经营单位，很多在单纯的利润创造方面已经达到入不敷出的境地。

鉴于此种情况，我国不少学术期刊的经营单位不得不强调利润创造，通过所谓"版面费"的形式来获取一定的利润，从而获得生存的保证。但版面费的收取，能够解决的只是很小一部分问题，反而往往会因为收费问题降低收录文章的标准，从而影响期刊整体品牌，形成收费——降低文章质量——收更多费用——质量进一步降低的恶性循环。

（二）学术期刊间接价值的实现缺乏制度化保障

对于学术期刊来说，不仅仅创造商品价值，同时也创造一定的社会价值。商品价值，也即通过期刊的发售所带来的利润部分，通常又被称为学术期刊的直接价值。社会价值，即学术期刊通过资源内容的发表给社会带来重要的教育教化功能。社会价值，往往又被称为间接价值。学术期刊的间接价值往往是通过补偿机制来的实现的。即学术期刊为自身上级主管单位带来必要的社会影响力，上级单位因为受益为此补偿一部分资金给予学术期刊的编辑部门。

我国学术期刊间接价值的实现，或者简单来说是学术期刊从上级单位获取资助，是一种常见的现象，也是我国不少学术期刊赖以生存的一种必要手段。然而从当前现状来看，学术期刊间接价值的实现缺乏一个制度化的保障，由此给学术期刊的编辑部门带来众多不利的影响。具体而言，主要有以下一些问题。

（1）缺乏补偿机制的合规性。学术期刊创造社会价值，能够为上级主管单位，甚至是无主管关系但属关联群体的一些其他单位，带来影响力的提升。这是客观事实，受益单位从情理上应该给予学术期刊必要的价值补偿。但这也只是在"情理"上，在实际的运作中，缺乏必要的法理依据。抛开无主管关系的那些单位不说，就是连学术期刊的主管单位，也没有明确的为学术期刊资助的义务。从经济学上来说，主管单位受益的行为，往往是一种"搭便车"的行为，并非主观上向学术期刊提出需求，为此，很难保证补偿机制的顺利进行。事实上，不少学术期刊的编辑部门能够得到其上级主管单位的资助，其实现往往也是具有随意性，并具有人治的特点，在行为上也缺乏连续性。简单来说，上级主管单位的资助往往难以明确，给与不给，什么时候给，给多少，今年给，明年还给不给，这些都很难保证。

（2）社会上还缺乏一个社会价值评定的标准。学术期刊创造的社会价值到底有多大，能够得到多少的相对应的补偿，这个问题在当前还缺乏统一的衡量标准。在当前，这个问题往往都是通过间接标准来实现的，也即学术期刊给主管单位带来的利益是等同于学术期刊自身的发展情况的，论文被引率、影响因子等往往被看重。实际操作中，学术期刊能够得到多少的资助，往往还是受单位领导意识、双方议价能力的影响的。在此，学术单位的社会价值转化往往会被学术期刊带来两个方面的不利影响：一是主管单位资助具有救济性，其金额往往同学术期刊的经营状况关联，经营差时给多点，好时给少点，这往往又会造成学术期刊编辑单位经营动力的不足。二是上级主管单位的资助往往是属于"必要资助"，其金额只满足于学术期刊的生存，很难考虑到学术期刊的发展问题，这使得我国的学术期刊难以获得成长的动力。

（3）间接价值的实现往往是以损害学术期刊核心竞争力为代价的。主要表现在三个方面：一是补偿机制的实现过程中会伴随形成底线交易行为。学术期刊获取上级主管单位的资助，在此同时往往会被迫接受上级主管单位的指定，在稿源上往上级主管单位进一步倾斜，有可能降低学术期刊的质量。二是伴随补偿行为，学术期刊编辑部门从属化的倾向进一步加重，学术期刊在同行竞争中更加缺乏动力。三是对学术期刊人力资源产生重要影响。伴随补偿机制，学术期刊编辑部门往往会在上级单位中被进一步边缘化。编辑部门的人员在培训、上升空间等方面都会明显次于其他人员，为此往往会造成编辑人员的流失。就算不离职，也会以其他形式影响原有的编辑热情，其中，编辑学者化、人才的自我沉没便是很好的例证。

二、当前出版界所提供的对策短期内并不可行

（一）学术期刊传统出版方式的集约经营在短期内很难实现

面对我国当前网络阅读的巨大冲击，国内众多出版人士加以深刻思考，不少人给出应对策略，但大多是从宏观经营方面来考虑的。给出的策略，归纳起来，主要有两种，一是数字出版，即传统出版方式主动向数字出版方式转型；另一种是集约经营，即不同的传统出版单位共同合作，通过规模效应降低成本从而来应对网络阅读的巨大挑战。当然也有出版人认为将两者结合起来是当前我国传统出版业应对的最佳之策；还有的出版人认为从当前来看，集约经营是最佳策略，但集约经营只是一种过渡的手段，从长远来看，主动进入数字出版才是最好的出路。

集约经营是一种很好的策略，正如众多出版人所认为的那样，通过整合，将原先不同的出版单位集中起来，采购纸张和印制服务，这样做的确能够很大程度地降低成本。据中国知网的相关人士测算，该一项大约能降低当前单独经营的成本的20%~30%；而另有乐观的估计，通过集约经营，在纸张材料、印制，包括邮局寄送上的规模效应，大约能够降低40%的成本。十多年前，西方学术出版单位在应对结构调整中普遍采取了三种方式：削减人员、控制成本和改善发行，由此可见，控制成本是不少出版单位的首要措施，这是在考虑问题时最容易被想到的。

集约经营的优点并不仅仅只是控制成本这一个方面：改善发行才是集约经营能够实现的最主要的方面。我国当前学术期刊呈现的特点在于"全、散、小、弱"，在发行环节中，因为自身的"小、弱"，严重缺乏同发行商、中间商的议价能力。在包括邮局发行以及同民营发行的互动中，学术期刊往往表现出一种被动与弱势，成为利益受损方。究其原由，正是因为我国的学术期刊本身弱小，加之分散经营，从而缺乏统一的对抗力量，同时也在采用民营发行渠道时使得成本加大。反观集约经营则不然，一旦我国的学术期刊能够实现相应程度的集中，则在发行环节中话语权必将加大，可以实现同民营渠道甚至是邮局发行方面的平等协商，同时，在更可能主动进入民营发行渠道，通过民营发行改善当前邮局发行量大幅回落的不良局面。

集约经营固然很好，能够在很大程度上解决当前我国学术期刊面临的最大压力，但我们也应该看到，这种方法在短期内很难实现。究其原因，这同我国学术期刊长

期以来属于事业单位体制，远离市场，缺乏市场意识，同时也缺乏市场需要的人才储备有很大的关系。但最重要的，集约经营短期内很难实现还是同我国学术期刊固有的一种"制度内"特征相关的。众所周知，我国的学术期刊大多呈现出一种"制度内"的"单位制"的性质。不同的学术期刊，分属于不同的主管单位，在布局上有一种分割的局面。而学术期刊的编辑单位，大多数都并不具有法人资格，为此，在当前的市场竞争中缺乏必要的市场活动资质。要想实现集约化经营，从目前的形势来看，还需要一种自上而下的制度性改革。从我国出版单位改革的进程来看，当前我国的出版业改革的重点还在出版社方面，对于期刊还不曾真正意义上涉及，想要完成对于期刊的市场化资质的改革还需要很长一段时间。而学术期刊，因为其本身所特有的学术性特征，在这场改革中必然是处于后期。为此，我们完全可以说，学术期刊传统出版方式的集约经营短期内很难实现。

（二）当前的数字出版模式对学术期刊是一种品牌的重大损害

虽然数字出版概念的出现已经有了十多年的历史，其发展也正在不断受到国内出版业的关注，尤其是近些年来，数字出版在某些方面有了很大程度的发展，并在呈加速度前进，但从目前情况来看，数字出版还是新生事物，还属于发展的早期阶段。其中一个最重要的表现就是数字出版的模式单调，缺乏创新。

从当前国内的总体情况来看，学术期刊的数字出版模式主要分为集中式数字出版和分散式数字出版两种。集中数字出版模式主要是指众多学术期刊集中整合成为某一个资料库的一种数字出版模式，分散数字出版模式主要是指学术期刊单位自行通过建站方式在网上进行内容的发布。分散式数字出版模式对于学术期刊的要求较高，学术期刊编辑部需要提供必要的网络软硬件支持，同时还需要专门的编辑进行内容的维护。同时，分散式数字出版模式的最重要的一个制约在于其内容信息量的有限。众所周知，数字出版相对于传统出版的一个最主要的优势在于对内容出版资源的量的突破，数字出版通常没有纸质出版那样具有信息量的制约，一个大型的论文库通常可以做到覆盖全国的大部分同类期刊，但分散的数字出版则做不到这种海量的要求，虽然编辑单位本身便是内容提供者，但因为分散单一，其内容量并不充分，有少数学术期刊将自己从创刊以来所有的文章都上网，但有效资源还是比较缺乏，并不足以支撑整个网站的运营。为此，分散的数字出版模式往往具有内容缺乏、更新缓慢等等缺点，正在被市场所抛弃，成为一种非主流的出版方式。

相比分散的数字出版模式，学术期刊集中的数字出版模式则在我国有很大程度的发展。近些年，基于国内学术期刊整合而形成的大型论文资料库的建设获得飞快的发展，并成为了学术期刊数字出版的主流。这当中，万方数据、中国知网等最有代表性。通过对学术期刊的内容整合，我国大型的期刊论文库已经形成规模，创造了丰厚的出版利润，并形成了良好的竞争品牌。

但需要看到的是，当前我国的这种学术期刊集中的数字出版模式对于单个学术期刊来说，是具有很大的品牌损害的。主要表现在两个方面。

一方面，当前的数字出版模式，其主导者通常并不是内容提供者，而是技术提供者，为此，在数字出版中，获取更多利益的是对内容进行整合的技术平台供应商，而不是学术期刊本身。期刊论文数据库的一方通过合作或独家买断等方式一次性地获取学术期刊的内容信息，并通过大型数据库获得大部分利润。学术期刊在整个交易环节中处于弱势地位，缺乏公平竞争的议价能力，为此，所获取的只是一次性的微薄的利润。这些微薄的利润并不足以支撑其更进一步的发展。不仅如此，学术期刊通过集中式的数字出版在获得微薄的利润的同时，还要承受因网络阅读而带来的对纸质发行的冲击。很多时候，这种冲击是很强的，对学术期刊的生存与发展带来很大的不利影响。

另一方面，当前的学术期刊数字出版模式，传播方式上是一种对学术期刊切割式的传播。数据库阅读固然可以让学术期刊的内容得到更进一步的传播，扩大其影响力，但这一种传播是以单篇切割为主的，遵循关键词搜索的原则。原本完整的学术期刊在当前网络阅读的情况下演变成为论文集，而其传统固有的作为一个完整学术期刊的一系列功能正在逐渐丧失。从品牌构建的角度来看，则学术期刊在丧失品牌建设主体性的情况下，又更进一步地，丧失了品牌形成所必备的价值性。同时，遵循"就近原则"，消费者只会对离自己最近的供应环节感兴趣，为此，提供最终内容资源的数字技术平台才是消费者最容易记住的，而做为最初的内容提供者学术期刊则反而被淡忘。换言之，当前的学术期刊数字出版容易形成技术供应平台的品牌，却难以提高学术期刊本身的品牌。在此一轮的数字出版的冲击中，学术期刊的品牌是在不段弱化的。

综上所述，当前我国学术期刊境况困难，同时又难以改变现状，从宏观的经营管理的思路出发，想要从根本上来改变学术期刊的生存困境是很难实现的。有鉴于此，转变思路，期刊本身的功能性出发，通过提高学术期刊本身的阅读功能，来应对网络阅读的冲击，这在当前的情况下，或许是一种有效的途径。

三、重视传统阅读与网络阅读功能性的差异

（一）当前情况下两种阅读环境的比较

网络阅读作为一种全新的阅读方式，相比传统阅读方式而言具有很多不一样的地方，因此深受众多读者的关注。相比传统阅读方式，网络阅读正在获得越来越多读者的欢迎。从近些年的发展趋势来看，网络阅读正在从年轻人群向高龄化发展，从普通读者向高知化方向发展。学术研究领域，原先那些习惯于传统阅读的读者也慢慢地向网络阅读转变。

相比传统阅读，网络阅读通常具有如下传统阅读方式难以企及的优点：一是网络阅读信息量大，能够满足研究人员基本的需求。一方面，国内大型论文资料库的完善，使得阅读平台上的信息丰富，海量存在，且更新迅速，为此，相比传统书籍期刊的纸面束缚，更能够满足读者对信息的获取的需求；另一方面，基于互联网的开放性的特征，读者能够在网络上获取更多正式渠道之外的更多来源的信息。为此，网络阅读往往成为了学术研究人员进行前期研究时必不可少的一种信息获取方式。二是网络阅读具有更好的便捷性，能够保证读者快速地有针对性地获得需要的资料。传统阅读的检索通常通过目录索引来实现，并不具有向外搜索的可能，但网络阅读从根本上来说是一种检索性阅读，读者可以根据自己的需要、兴趣主动快速、便捷地获取自己最需要的信息。三是网络阅读的环境适宜写作环境，读者可以从网络阅读的界面快速转换到自己写作的环境中，甚至可以直接复制、粘贴一定信息量的内容。

虽然网络阅读具有上述明显的重要优势，但并不能说传统阅读就要被完全代替。相比而言，传统阅读同样也具有一定的优势，两者各有自己的特点，能够分别满足读者不同方面的需求。综合来说，有不少人将网络阅读方式总结为是一种"浅阅读"的方式，而传统阅读则是一种"深阅读"方式。也即，网络阅读更多的是一种知识获取性的阅读，读者通过网络阅读快速地获得自己想要获得的知识，而传统阅读则不仅仅是一种知识获取性的阅读，更多地它是一种带有体验性的、过多停留因而适宜深度思考的阅读方式。至于学术期刊，两者的阅读方式则又有如下不同之处。

（1）网络阅读是一种浅层次的快速阅读，基于阅读终端的弊端，并不适宜重复性回读。而传统期刊阅读则是一种深度阅读，读者可以通过期刊文章的反复阅读、缓慢阅读得到必要的启示思考。

（2）网络阅读是一种检索性阅读，能够很快地获取自己需要的资料，读者是一种伴随选择活动的阅读。传统期刊的阅读则更多地是一种全面阅读，读者在阅读之前的选择活动很少。

（3）网络阅读是一种目的性阅读，读者在读取文章时事先已经想好了自己的真实需求，有目的地排他地进行阅读。而传统期刊则是一种发散性阅读，读者在阅读完文章后更多可能地阅读其同期的所有文章。

（4）网络阅读是一种海量阅读，数量上足够多，但在被检索的文章中，其具体的内容质量难以评判。而传统期刊则是遵循"少而优"的原则，在内容质量上事先已经有了一定的标准，同时，读者往往可以通过期刊本身的品牌来判定其所载文章的质量。

（5）网络阅读是一种断裂性的阅读，读者在阅读完一篇文章后，很少考虑其同期文章。而传统期刊阅读则是一种整体性阅读，读者在读取一篇文章以后，会考虑到同期文章的呼应。读者可以从期刊的风格来初步判定该文章的价值取向，可以从期刊的主题获取更多的关联文章的发散性思考。

（二）基于阅读环境带来的阅读功能性差异

综合上面的分析，两种阅读环境各自具有自己的特点，分别能够满足读者不同方面的需求。"浅阅读"与"深阅读"能够很好地表明其各自不同的阅读需求：网络阅读更多地适宜想要获得参考的人群，传统期刊阅读适宜深度学习的人群。

需要指出的是，两方面的人群不一定是不同的群体，更多时候，属于前者的人群同样也会属于后者。之所以会这样，是因为学术期刊的读者本身在需求上具有多重性，在研究时既有获取参考的需要，又有日常学术活动中深度学习的需要。从层次上来说，前者是第一层次的需要，后者是更深层次的需要；从功能性上来看，前者解决研究前期时的问题，后者解决研究过程中或研究之外深入学习的问题。

四、网络阅读影响下学术期刊的编辑策略

（一）学术期刊在网络阅读冲击下应走差异化道路

从未来长远的发展结果来看，我们目前主要的各类出版物都将会最终转向数字出版，纸质出版最终的存在只为满足于收藏和按需印刷这两块很少的部分。但从近期的发展趋势来看，至少在网络阅读终端技术层面还没有能够很好地解决"深阅读"问题时，纸质出版依然还是有旺盛的生命力，它将以一种网络阅读无法完全代

替的阅读形式生存；而在网络阅读终端技术革新，能够很好地解决终端"深阅读"之后，纸质出版将可能被数字出版完全代替，但学术期刊依旧存在，但是其阅读方式已经发生变化，不再是传统阅读，而改为网络阅读。此时，学术期刊的品牌效应会发挥很大的作用，能够保证其出版内容作为读者满足深度阅读的号召。

从当前发展情况来看，普遍存在的问题是传统出版受到数字出版巨大的冲击，这种冲击的出现，甚至已经很大程度上动摇了不少出版社和期刊社传统出版的生存基础。之所以会出现这样的情况，主要是因为有两种情况在起作用：一是当前的传统出版在内容资源上过于重视"大而全"，缺乏专业化，更加缺乏自身的定位，不少传统出版的内容还是停留在"浅阅读"层面，其出版的内容很大程度上能够被网络阅读所代替，为此不可避免地遭受了网络阅读的巨大冲击。二是当前的社会发展状况、学术科研状况，包括网络内容资源的快速发展，使得读者的阅读旨趣还主要是集中在"浅阅读"层面，社会还没有发展到读者大规模出现"深阅读"的需求，但这种阅读旨趣的升级是迟早要出现的。为此，传统出版应该重视在内容资源上与网络阅读的差异，应该加强自身的定位，走与网络阅读的差异化道路。

具体到学术期刊来说，与图书出版及大众普及读物不同，其内容资源大多已经实现了集中的数字出版模式下的数字出版，可以说，在不考虑两三个月甚至更少的时差的情况下，基本上传统阅读与网络阅读是并存的，在此情况下，可以说学术期刊受到的网络阅读的冲击更大，也更直接。为此，要想生存并获得发展，学术期刊相比出版社及大众普及类期刊杂志社来说，更应该走与网络阅读差异化的道路。

而学术期刊如何走与网络阅读不同的差异化道路？在当前网络阅读冲击下，一个好的学术期刊应该是符合如下特征的：

（1）是有自己固有风格的。好的学术期刊应该有自己一定的价值判断的，读者在阅读文章时，能够通过对期刊的风格的判断，知道文章之外更多的信息。这一种对文章价值取向的认识是检索性阅读所不能实现的。

（2）各期期刊是有自己的主题的。网络阅读环境下，学术期刊不能等同于简单的杂乱的论文集，各篇文章在一起是能够集中解决某一领域内的问题的。读者通过期刊能够满足自己的需要，从而不再需要更多的检索性阅读。

（3）每篇文章有良好的品质要求。期刊本身就是一种很好的学术品牌，所刊文章应该是符合一定标准的，读者不需要再对期刊内容质量再进行复杂的、有时候是单个人不能完成的学术价值判断。数据库检索阅读虽然信息量大，但难以保证文章的质量，文章多而杂难以确定重点是网络阅读最大弊端，而品牌学术期刊少而优这是其最大的优点。

（4）坚持专业化。网络阅读背景下，除了少数品牌期刊，大部分综合化的期刊其内容资源都更容易被割裂、分解，因而也更容易被网络阅读所代替。

（5）文章是原创、新颖的。学术期刊之所以可以被当作完整的作品来阅读而不是简单地通过数据库检索阅读，很大方面的原因在于该期刊能够满足读者发散性思维的功能。期刊内的文章能够很好地扩宽读者在固定领域内的思路，保证其知识积累及时更新。当然，我们所的发散是在保证专业化的前提下进行的，不属于某人核心领域内的发散是多余的，也是失败的。

总而言之，网络阅读背景下一个好的学术期刊应该是具有以上特征的，最终表现其内容资源适宜深度阅读的。一个好的学术期刊，应该是读者阅读后有反思和回味的。同时，也是读者倾向于重复阅读的。

（二）注重整体内容的编辑策略

从品牌方面来说，一个好的学术期刊拥有一个良好的学术品牌不管什么时候都是至关重要的，但在当前网络阅读冲击下，品牌的概念已经有所变化，原先那种单纯通过保证单篇文章质量，通过严格审稿把关能够创造出知名的品牌。只是在目前网络阅读冲击中，这样的品牌已经不足以保证学术期刊立于不败之地。期刊的编辑部门不能单纯地重视单篇内容质量，而应该在其基础上加强对整体内容的关注，即重视期刊的风格、主题等。学术期刊编辑部门应该通过风格、主题等整体内容的呼应以及单篇文章内容质量的提升来创造适宜"深阅读"的期刊品牌。

为此，从学术期刊编辑部门自身的工作来看，有必要在以下几个方面加强未来的学术期刊编辑工作。

（1）重视学术期刊的定位。无论是从当前学术期刊自身竞争情况来看，还是从学术期刊传统阅读与网络阅读的竞争来看，缺乏精准的读者定位都是不可取的。当前我国学术期刊众多，但普遍表现出"大而全"的特征，在稿源与审稿中不重视读者需求，不关注自身的核心领域，片面追求综合化倾向，结果却是表现出同质化。在同行竞争中，往往因为同类期刊过多，造成内部竞争加强。在网络阅读背景下，这类综合化期刊更加适合于索引性阅读，更容易被肢解割裂来提供内容信息，为此，所造成的品牌损害也最为严重。事实上，专业化才是学术期刊更好的选择，一方面，我国专业化的学术期刊数量有限，学术期刊通过专业化能够找到自己的核心客户群，同时也能够避免同类期刊的挤压。而专业化的学术期刊，其主题更为集中，也更容易被作为整体作品加以阅读，同时，因为专业化，能一定程度上实现检索功能，为此，在网络阅读环境下受冲击的可能性相对较小。

（2）注重期刊风格与主题。我国的学术期刊虽多，但往往表现出一种"千刊一面"的特征。之所以会出现这种情况，一方面是同众多期刊综合化倾向严重有关，另一方面，也是因为我国的学术期刊往往在风格与内容主题上不被重视。编辑部门缺乏对期刊的风格策划，同时，也在入选文章的管理中缺乏整体统筹的考虑。事实上，风格与主题对于期刊是十分重要的。正是它们才使得期刊能够通过差异化被读者主动识别并获得强化记忆，从而通过重复体验形成品牌认可。在网络阅读环境下，并不是所有的期刊都会被数字出版代替，也不是所有的数字出版都以割裂式的检索阅读呈现，那些有自己风格，每期具有固定主题的期刊往往更加可能被读者整体性阅读。风格与主题对于学术期刊品牌的支持作用是十分重要的，一方面，能够提高读者对该期刊传统出版的认同，提高发行量；另一方面，在数字出版中，也能够保证期刊被整体性阅读，从而降低因断裂式阅读带来的对品牌的巨大损害。后一方面在目前的不少大众类数字期刊的发展中已经得到证明。

（3）加强组稿工作。主题的形成一般会以两种方式出现：一是稿件自然地有所侧重，另一是从当前社会热点、焦点等演化出需求。对于第一种情况，从组稿的环节来看，学术期刊的来稿面很广，而稿件的选取通常是以单篇的方式来实现的。因为作者研究领域与写作兴趣的原因，所获稿源在整体上往往没有明确的侧重，很难判断出当期的主题。为此，要保证该期期刊有统一的占支配性的主题，很多时候编辑部门还需要在已有稿件的基础上有所侧重，很多时候，需要编辑部门主动向社会上约请固定主题的稿件。对于第二种情况，则更是需要编辑部门开发自身作者资源，主动获取与当前社会热点、焦点等有关联的优秀稿件。

（4）关注稿件之间的关联性。网络阅读环境下学术期刊之所以能够被当作完整作品进行全面阅读而非断裂式的阅读，很大程度上在于稿件之间的关联性。编辑部门在保证文章有所差异的情况下，同时还要安排适当的文章进行聚合。一方面，同主题的文章可以进行统筹安排，另一方面，还可以在同主题文章之外，通过后面文章与前面文章、本期文章与前期文章之间的回应，对重要的文章进行编者或专家加注等方式，来提高不同文章之间的粘连。

（5）关注专业领域内文章的分布。随着我国几个大型论文数据库的完善，读者在科学研究中使用论文数据库进行检索性阅读已经成为常态，但从读者的深入学习来说，这种检索性阅读都是目的性阅读，关键词检索是最常用的方法，读者的阅读范围被制约在有限的几个关键词构建的网络中，很难有主动的突破。而传统阅读则是完整性阅读、发散性阅读，读者通过同期文章的完整阅读，可以有效地拓展自己在某一领域内的视角。为此，好的学术期刊可以让读者通过每期"少而优"的文章阅读实现该领域的知识维护与更新。有鉴于此，专注专业领域内文章的分布情况是十分重要的。学术期刊需要专业化，但专业化不等同于狭窄，在专业的领域内，学术期刊的视角应该扩展到该领域内的全部，为此，编辑部门在选稿时要特别注意入选的文章能否反映该领域的所有最重要的、最突出的变动。只有做大这点，则学术期刊才能被读者当作一个完整性的作品进行阅读，并产生收藏动机。

总而言之，在网络阅读环境中，学术期刊的编辑，在组稿、审稿和编校等众多环节中都需要改变观念，原先的那种单篇组稿，只关注单篇文章质量的做法，并不能够保证整个期刊内容的"深阅读"的需要。学术期刊在编辑中需要关注期刊的整体内容，通过对整体内容的策划，加强各文章之间的关联性，为此，才能在版面固定的情况下实现整个内容的提升，才能满足网络阅读所不能实现的"深阅读"的功能。也为此，才能使得学术期刊在网络阅读的巨大冲击中获得生存已经发展的机会。

参考文献

叶继元. 中国哲学社会科学学术期刊布局研究［M］. 北京：社会科学文献出版社，2008.

汤菲. 关于学术期刊数字出版的思考［J］. 科技管理研究，2009（9）.

刘英. 我国学术期刊网络出版研究综述［J］. 河海大学学报（哲学社会科学版），2007（4）.

吴巧红. 学术期刊网络出版模式探讨［J］. 编辑之友，2007（1）.

罗彦卿，黄萍等. 网络时代对科技期刊编辑工作的影响. 第四届全国核心期刊与期刊国际化、网络化研讨会论文集［M］，2006.

（作者单位：《人口与经济》编辑部）

人口学期刊的"马太效应"*

侯佳伟　黄四林　张银锋　刘宸

作为一名研究者或学者，我们都希望自己的研究论文获得同行的关注与认可，因为这直接反映着研究成果的影响力和生命力。研究成果得到同行的关注和认可以表现在两个方面，一是该项研究在观点或方法等一个或多个方面有所创新，开辟了一个新的研究领域或视角，为进一步的研究奠定了坚实的基础。可以说，这也是我们每位研究者都期望实现的目标。另一方面，适得其反地，某项研究成果亦有可能成为备受诘难的"众矢之的"，众多的后续研究都是建立在对它的批评或批判的基础上的。当然，从另一个角度来看，那些成为"标靶"的学术成果也还是具有抛砖引玉的效能的。正如希尔加德所说："应当承认，在科学领域中，批评是颂扬的最高形式。微不足道的理论很少受到批评，它们只能受到轻视，在冷落中悄悄离世。"但无论结果如何，当前反映学术成果关注度的一个量化指标就是论文的下载量和引用率。众多的学者可能都非常希望自己的论文被大量下载或广泛引用，因为这也是自己研究成果受到学界重视的一个直观表现。那么，到底哪些因素会影响到论文的关注度呢？为了回答这个问题，本文以2009年度人口学7种期刊上发表的603篇论文为研究对象，对影响论文下载和引用的因素进行了深入分析。笔者力图使用量化的评价方法，对论文的学术影响力进行全面、综合的评价，以此来揭示学术期刊的发展现状，同时希望能为读者选刊提供一定依据，更为重要的是促进学术期刊、论文质量的提升，并促进学术研究的进一步发展。

面对每年成千上万篇公开发表的论文，读者阅读时必然会有所取舍。那么，哪些论文更容易受到关注？读者在选择阅读时，是关注论文研究的热点性、时效性，或是看重刊载论文的期刊质量，还是更热衷于阅读知名度较高的作者所撰写的论文呢？

《马太福音》说："凡有的，还要加给他，叫他有余；而没有的，连他所有的也要夺过来。"R. K. 默顿把对科学成果之荣誉的不平等分配的复杂模式描述为马太效应。具体而言，非常有名望的科学家更有可能被认定取得了特定的科学贡献，并且这种可能性会不断增加，而对于那些尚未成名的科学家，这种承认就会受到抑制（默顿1968）；依此类推便可以得出这样一个结论：在声誉较高的学术期刊上发表的论文更容易受到认可和追捧，而在声望低的学术期刊上发表的论文关注度则会相对较低。事实是否如此呢？以下我们就来具体分析这些问题。

---

* 本研究受到中央财经大学211项目第三期资助。

一、数据和方法

由于学科之间存在较大差异,对不同学科的研究成果进行比较,许多因素都难以控制。故而选取某一学科某一年的论文发表状况为对象进行分析,对本问题的研究可能更为适宜。于是,本文便对 2009 年 CSSCI 收录的人口学 7 个期刊所发表的 603 篇论文进行了分析。期刊影响因子数据来自中国引文数据库,其他数据均来自中国知网。此外,本研究主要使用线性回归方法和 Logistic 回归方法。

二、研究假设

假设一:期刊声望越高,论文受关注的程度越高。

通常情况下,期刊声望越高,文章质量就越好,其可信度会越高,学界认可度也越强。对于研究内容相近的论文,读者更喜欢阅读发表在声望较高期刊上的论文。

假设二:作者知名度越高,论文受关注的程度越高。

当几乎是相同的观点或发现分别被一名很有声望的科学家和一名尚不知名的科学家独立得出时,前者通常首先获得承认(默顿 1968)。对于同一个问题的论述,人们更愿意倾听学界内知名专家的意见,这亦可以说是一种"名人效应"。因此,作者在学界内的地位越高,其发表的论文受到的关注度也会相应较高,相对应地,普通学者的论文关注度可能就会比较低。

假设三:论文内容的热点性越强,论文受关注的程度越高。

在某段特定的时期,某一话题的讨论可能会成为社会关注的焦点,受此方面的影响,热点性论文便更容易获得读者的青睐。因此,论文热点性越强,受关注的可能性也就越大。

假设四:在影响论文关注度的各种因素中,其影响力的高低排序是:论文内容热点性、期刊声望、作者知名度。

考虑到读者在中国知网上查找论文时,通常都是按照主题、关键词进行搜索,因此可将论文内容热点性排在影响因素的首位。部分读者在搜寻论文时也会过滤掉一些期刊,将注意力重点放在核心期刊上,故而期刊声望可能是位居第二的影响因素,再次是作者知名度。

三、变量操作化

因变量一:下载频次。

论文被关注的初级程度是被阅读,阅读次数越多,关注度越高。通过纸质期刊,我们是难以准确测量每篇论文被阅读次数的,而从中国知网下载论文阅读早已成为众多研究者查找资料的主要方式,并且中国知网还提供了每篇文章下载频次的数据,通过下载频次,我们可以方便、快捷、准确地获悉每篇论文被阅读的次数,因此本文选用中国知网提供的"下载频次"作为度量论文关注度的指标之一。本研究选用了截止 2010 年 7 月 1 日零时人口学 7 种刊物 2009 年发表的 603 篇论文的下载频次作为因变量。在这 603 篇论文中,下载频次最多的为 1047 次,最少的为 6 次,中位数为 103 次,平均数为 138 次(标准差 124.7 次)。

因变量二：被引频次。

论文被引用是被关注的高级程度。自美国著名情报学家加菲尔德（Eugene Garfield）在20世纪50年代创立引文索引系统以来，应用引文分析方法评价科学研究成果和学术期刊已成为国际通用的文献计量评价方法（孟连生1999）。被引频次选取时点与下载频次相同。在603篇论文中，有75.8%的论文尚未被引用过，24.2%的论文至少被引用过一次，最多的被引用过8次，被引用的论文平均被引频次为1.6次（标准差1.073）。

自变量一：期刊影响因子。

期刊影响因子是目前国际上公认的衡量期刊影响力的比较好的指标。它的计算方法为：在一年之内，某种期刊近两年来发表的论文被全部源刊物所引证的次数，与该刊近两年来所发表的全部源论文数之比。期刊影响因子越大说明期刊等级越高，学术地位越高。通过中国引文数据库上2009年引文数量和2007、2008年期刊发文数量，本文分别计算出了2009年7种期刊的影响因子。7种期刊影响因子最高为3.52，最低为0.67，中位数为1.18。

自变量二：高知名度作者（专家）。

公开发表论文的数量常被作为衡量作者知名度的指标。一般而言，作者发表论文的数量越多，其知名度也有可能越高。由于学术具有连贯性，所以本研究统计了这603篇论文作者在1977年（我国第一本人口学期刊创刊）至2009年的32年间的发文量，单个作者发文量最多的为102篇，最少的为1篇，55.1%的作者发文量不超过4篇，有75%的作者发文量不超过12篇。本研究按照发文量大致将作者分为两类：专家和非专家，发文量在12篇以上的可称为专家，12篇及以下的则称为非专家。如果论文作者有2位及以上，则按发文最多的作者计算，因为读者通常会注意到他们所熟悉的人的名字，即使其位列最后，也会是最显眼的一个。

自变量三：热点论文。

衡量论文的热点性，可以采用专家打分的方法，将论文分为热点论文和非热点论文两类，其中热点论文占到了24.4%。

控制变量一：论文的发表时长。

论文发表的越早，出现在中国知网上的时间就越长，被下载、被引用的可能性越大，这样可能会致使结果出现较大的偏误，所以要对论文的发表时间进行控制。由此，本研究加入了控制变量——论文的发表时长。

控制变量二：各研究方向发文量。

学者们一般都有自己的主要研究方向，通常更关注自己涉及领域的论文。同时，在学术领域内，学者们的研究方向并非是以均匀状态分布的，这样很有可能会导致研究者多的领域或方向的论文下载频次高，由此也就掩盖了论文受到期刊、作者知名度和热点性的影响作用，所以要加以控制。本研究选用各研究方向的发文量作为控制变量。研究方向主要以7个期刊2009年最后一期的总目录为依据进行划分，在此基础上略作调整，共分为21个研究方向。

表 1　因变量和自变量的情况

	变量名称	变量类型	均值	标准差	中位数	全距
因变量	下载频次	连续型数据	138.10	124.657	103	1041
	被引频次	连续型数据	1.60	1.073	1	7
自变量	期刊影响因子	连续型数据	1.61	1.060	1.18	2.85
	高知名度作者（专家）	分类型数据				
		1=是，0=否	0.25			
	热点论文	分类型数据				
		1=是，0=否	0.24			
控制变量	论文发表时长	连续型数据	11.04	3.439	12	10
	各研究方向发文量	连续型数据	28.71	31.600	12	95

四、回归分析

对于论文关注度的分析，本文拟采用中国知网提供的"下载频次"和"被引频次"的数据。"下载频次"反映的是论文初级认可——被阅读的情况，由于此变量是数值型数据，而且在603篇论文中下载频次最低的也有6次，此变量没有缺失值，因此选用线性回归模型进行分析，建立模型1。"被引频次"反映的是论文高级认可——被使用的情况，尽管此变量也是数值型数据，但是603篇论文中75.8%的论文暂无被引记录，于是构建了两个模型进行分析。模型2考虑全部论文，把"被引频次"转化为二分类数据，有1次及以上被引用定义为1，尚未被引用定义为0，采用二分类Logistic回归方法分析。模型3只把有被引频次的146篇论文纳入模型，使用线性回归模型对被引频次进行分析。采用强制纳入方法，把3个自变量和2个控制变量分别全部纳入这3个模型，结果如表2所示。通过多重共线性检验，模型中不存在多重共线性现象，5个变量共同解释了3个模型因变量变化的28.4%、24.8%和13.0%，模型解释力良好。

在三个模型中前三个假设都得到了验证，自变量和因变量均呈正相关关系，即：期刊影响因子越高，论文的关注度越高；高知名度作者（专家）的论文比非专家的论文更受关注；热点论文比非热点论文的关注度更高。

然而模型显示结果与第四个假设不尽相同。从下载量来看（如模型1所示），影响最大的是期刊的权威性，其次是论文的热点性，作者知名度尽管有显著的影响作用，但是影响作用相对较小，这表明载体重于内容，更重于作者。对于论文是否会被引用（如模型2所示），作者的知名度没有显著的影响作用，论文的热点性和期刊的权威性则有显著的、重要的影响作用，可见学者在引用论文时更加注重实用性，"专家权威幻想"现象并不明显。这进一步支持了大家所熟知的道理：要扩大影响的范围和力度，论文就要发表在影响因子高的期刊上。值得欣慰的是，作者知名度对论文关注度的影响比较小，这为更多的学术新手提供了较好的成长环境。不过，在已被引用的论文中（如模型3所示），与作者相关的"马太效应"表现突出，对于同样的问题，学者们更倾向引用高知名度作者的观点，所以，年轻学者还需要进一步努力，并成为知名的学者，这样才能在学界内获得大致公正的待遇；早期的成果容易被低估，后期的成就易得到过高的评价。

表 2 回归模型

	模型 1		模型 2			模型 3	
	回归系数	标准化回归系数	发生比	偏确定系数	回归系数		标准化回归系数
截距	−78.39***		0.008***		−0.36		
期刊影响因子	32.03***	0.27	1.353**	0.026	0.15!		0.15
高知名度作者(专家)							
参照类:非专家	21.23*	0.07	1.337	0.003	0.40*		0.17
热点论文							
参照类:非热点	65.62***	0.23	2.062**	0.027	0.20		0.09
论文发表时长	12.17***	0.34	1.311***	0.176	0.09**		0.26
各研究方向发文量	0.15	0.04	0.985!	0.009	0.00		0.09
调整后的 R^2	0.284		0.248		0.130		
Sig.	0.000		0.000		0.000		

注：-p<0.1，*-p<0.05，**-p<0.01，***-p<0.001。

五、结论与建议

综上所述，期刊权威、作者知名度和内容热点性都对其论文的关注度有正向的影响作用。在读者选择阅读时，他们考虑的因素依次是期刊、内容和作者；读者进一步使用——引用时，则主要考虑两方面的因素：内容和期刊；知名度高的作者的论文不一定被引用，但是被引用论文的作者知名度一般比较高。

本研究进行变量测量时也遇到了一些问题，在此提出以供参考。一是建议参考国际做法，统一论文关键词，使用固定的关键词，这样做可以按照关键词出现的频次来判定文章是否属于热点论文，同时也可以为读者查找同类文献提供便利。二是建议中国引文数据库在设计查询作者 H 指数时，可将作者姓名和单位两项指标更改为"并且"的关系，这样可以避免因重名而导致的误差，如此一来，测量作者知名度时便可使用 H 指数作为一项衡量指标。三是文献出现先后顺序的测量还有待于进一步的操作化，按照通常的阅读习惯，人们往往会选择先看到的，不一定会将所有检索出来的文献名称都浏览完毕再择其优，在中国知网上不同时间、不同主题检索出的文献顺序会不一样，如果能将其操作化后并进行控制，或许会对模型有重要的意义。四是如果测量更长时间的文献，也许会发现下载量在某一时点出现滞缓现象，在进一步的研究中，有兴趣的同仁可以尝试一下。

参考文献

R. K. 默顿，科学社会学（下册）. 北京：商务印书馆，2004.
孟连生，引文分析方法在科技期刊评价工作中的应用. 编辑学报，1999，（4）.

（作者单位：中央财经大学社会发展学院）